# भारतीय संविधान का विकास तथा राष्ट्रीय आन्दोलन

स्वतन्त्रता आन्दोलन का इतिहास, विभिन्न अधिनियम और भारतीय संविधान

**(Constitutional Development of India and National Movement)**

(बी.ए./एम.ए. एवं प्रतियोगी परीक्षाओं के लिए उपयोगी)

**संशोधित संस्करण**

**आर. सी. अग्रवाल**

एम.ए. (राजनीति शास्त्र तथा इतिहास), एच.ई.एस. (I)

*प्रिन्सिपल (सेवा निवृत्त), गवर्नमेंट कॉलेज*

*नारायणगढ़ (अम्बाला)*

*संशोधनकर्त्ता*

**डॉ. महेश भटनागर**

एम.ए., पी-एच.डी.

S. CHAND
PUBLISHING

**एस चन्द एण्ड कम्पनी लिमिटेड**

**(ISO 9001 Certified Company)**

# एस चन्द एण्ड कम्पनी लिमिटेड

**(ISO 9001 Certified Company)**

***मुख्य कार्यालय:*** ब्लॉक बी-1, मकान नं. डी-1, भूतल, मोहन कोऑपरेटिव इंडस्ट्रियल एस्टेट, नई दिल्ली-110 044 | फोन: 011-66672000

***रजि. कार्यालय:*** ए-27, द्वितीय तल, मोहन कोऑपरेटिव इंडस्ट्रियल एस्टेट, नई दिल्ली-110 044 फोन: 011-49731800

www.**schandpublishing.com**; e-mail: **info@schandpublishing.com**

*शाखाएँ*

चेन्नई : Ph: 23632120; chennai@schandpublishing.com

गुवाहाटी : Ph: 2738811, 2735640; guwahati@schandpublishing.com

हैदराबाद : Ph: 40186018; hyderabad@schandpublishing.com

जालंधर : Ph: 4645630; jalandhar@schandpublishing.com

कोलकाता : Ph: 23357458, 23353914; kolkata@schandpublishing.com

लखनऊ : Ph: 4003633; lucknow@schandpublishing.com

मुम्बई : Ph: 25000297; mumbai@schandpublishing.com

पटना : Ph: 2260011; patna@schandpublishing.com



प्रथम संस्करण 1962

परिवर्द्धित संस्करण तथा पुन: मुद्रित 1994, 96, 98, 2000, 2001, 2004, 2007, 2010, 2012, 2013, 2014 (*Twice*), 2015, 2016 (*Twice*), 2017, 2018, 2019, 2020, 2021 (Twice)

**पुन: मुद्रित *2022***

**ISBN:** 978-81-219-0571-8 **Product Code:** H5CNS41PLSC10HIZX0XO

भारत में,

विकास पब्लिशिंग हाउस प्रा. लि., प्लाट नं. 20/4, साइट-4, इंडस्ट्रियल एरिया साहिबाबाद, गाजियाबाद-201010 द्वारा मुद्रित एवं एस चन्द एण्ड कम्पनी लिमिटेड, ए-27, द्वितीय तल, मोहन कोऑपरेटिव इंडस्ट्रियल एस्टेट, नई दिल्ली-110 044 द्वारा प्रकाशित।

# संशोधित संस्करण की भूमिका

श्री आर. सी. अग्रवाल द्वारा लिखित **'भारतीय संविधान का विकास तथा राष्ट्रीय आन्दोलन'** पुस्तक का संशोधित एवं परिवर्द्धित संस्करण प्रस्तुत है। प्रस्तुत संस्करण में भारतीय संविधान में अब तक हुए संशोधनों का सम्पूर्ण विवरण विस्तृत रूप में प्रस्तुत किया गया है। पुस्तक में जहाँ भी संशोधन की आवश्यकता अनुभव की गई है, वहाँ आवश्यक संशोधन किया गया है। प्रस्तुत पुस्तक में जम्मू-कश्मीर से सम्बन्धित धारा 370 पर एक पृथक अध्याय जोड़ा गया है। चूंकि यह धारा सदैव से विवादास्पद रही है और देश के कुछ राजनैतिक दल इस धारा को समाप्त करने की माँग को निरन्तर उठाते चले आ रहे हैं, अतः विद्यार्थियों को यह जानना आवश्यक है कि धारा 370 क्या है, और इसका विरोध क्यों हो रहा है? सर्वोच्च न्यायालय की वर्तमान सन्दर्भों में बदलती भूमिका पर भी पर्याप्त सामग्री उपलब्ध कराई गई है।

पुस्तक की भाषा सरल होने के साथ ही प्रवाहपूर्ण भी है। राष्ट्रीय आन्दोलन, भारतीय संविधान के विकास और भारतीय संविधान के प्रत्येक बिन्दु को विस्तार से और स्पष्ट रूप से समझाने का प्रयास किया गया है। पुस्तक की सामग्री को विद्यार्थियों की परीक्षा संबंधी वर्तमान आवश्यकताओं के परिप्रेक्ष्य में हर संभव बेहतर बनाने का प्रयास किया गया है। आशा ही नहीं वरन् पूर्ण विश्वास है कि पुस्तक विद्यार्थियों के लिए बहुत उपयोगी साबित होगी।

पुस्तक को और अधिक उपयोगी बनाने हेतु आपके सुझाव सादर आमंत्रित हैं।

**डॉ. महेश भटनागर**
***संशोधनकर्त्ता***

# विषय-सूची

# साम्राज्यवाद—भारत में ब्रिटिश साम्राज्यवाद

## [IMPERIALISM—BRITISH IMPERIALISM IN INDIA]

जब से संसार में मानव-सभ्यता का जन्म हुआ, तभी से मनुष्य ने अपनी आवश्यकताओं की पूर्ति के लिए संघर्ष प्रारम्भ कर दिया। उसके अन्दर कीर्ति, कामिनी व कंचिनी को प्राप्त करने की लालसा जाग उठी। यहीं से साम्राज्यवादी भावनाओं का जन्म हुआ। इन्हीं भावनाओं से प्रेरित होकर वैभव की प्राप्ति के लिए मनुष्य ने एक-दूसरे का शोषण प्रारम्भ कर दिया। इस प्रकार जब एक राष्ट्र दूसरे राष्ट्र का शोषण करता है तो साम्राज्यवाद का प्रारम्भ होता है। इस साम्राज्यवाद के कारण ही विश्व की दो-तिहाई जनसंख्या एक लम्बे समय तक गुलाम रही जिसकी मुक्ति बीसवीं सदी के आठवें दशक तक कड़े संघर्ष के बाद हो सकी। इस साम्राज्यवाद व उपनिवेशवाद के कारण ही मानव-जाति को दो विश्व-युद्ध झेलने पड़े जिसके कारण अपार धन-जन की हानि हुई।

### साम्राज्यवाद क्या है ?
### (What is Imperialism ?)

जब कोई राष्ट्र अपनी सीमा के बाहर रहने वाले लोगों पर अपने स्वार्थों की पूर्ति के लिए नियन्त्रण स्थापित करता है, चाहे वह आर्थिक क्षेत्र में हो या राजनीति के क्षेत्र में, तो वह उस राष्ट्र का साम्राज्यवाद कहलाता है। दूसरे शब्दों में, जब कोई देश किसी दूसरे देश के लोगों के आर्थिक एवं राजनैतिक जीवन पर अपना अधिकार, नियन्त्रण या शासन स्थापित करके अपने हितों के लिए उसके सभी स्रोतों का शोषण करता है, तब उसे साम्राज्यवाद कहते हैं। जो देश साम्राज्यवाद को बढ़ावा देते हैं, उन्हें 'मेट्रोपोलिस देश' कहा जाता है जिसका अर्थ होता है **मातृ-देश**। साम्राज्यवाद को अनेक विद्वानों ने अपने-अपने दृष्टिकोण से परिभाषित किया है। कुछ प्रमुख परिभाषाएँ निम्नांकित हैं–

**(1) मा.ग्रेन्थो** साम्राज्यवाद को एक राष्ट्र द्वारा अपनी सीमा से बाहर के क्षेत्रों पर शक्ति का विस्तार करना मानते हैं।

**(2) लेनिन** साम्राज्यवाद को पूँजीवाद से जोड़ते हुए कहते हैं कि, "साम्राज्यवाद पूँजीवाद की ही सर्वोपरि अवस्था है।"

**(3) डॉ० सम्पूर्णानन्द** साम्राज्यवाद की परिभाषा को स्पष्ट करते हुए कहते हैं कि, "साम्राज्यवाद पूँजीवादी राज्यों द्वारा शक्ति के बल पर दूसरे देशों पर आर्थिक नियन्त्रण स्थापित करना है।"

**(4) प्रो० शूमैन** ने साम्राज्यवाद की परिभाषा देते हुए लिखा है कि, "पाश्चात्य राष्ट्रीय राज्यों द्वारा संसार की अश्वेत जातियों पर सैन्य बल द्वारा अपनी शक्ति का आरोपण है।"[1]

**(5) पार्कर मून** ने भी लिखा है कि, "अंग्रेज भारत में क्यों दाखिल हुए और उनके यहाँ रहने का मुख्य कारण भारत को किसी प्रकार का लाभ पहुँचाना नहीं था, वरन् इंग्लैण्ड को ही लाभ पहुँचाना था।"[2]

यह नियन्त्रण अनेकों प्रकार से होता है, यथा–**(1) आर्थिक नीति द्वारा**–इसके द्वारा साम्राज्यवादी देश दूसरे देश के प्राकृतिक संसाधनों का दोहन करते हैं तथा अपने यहाँ के उत्पादन उस देश में महँगे मूल्य पर देने की कोशिश करते हैं। इस

1. **Prof. Schuman** observes : Imperialism is a control over non-white races by western national states by force.
2. **Parker Moon** also says, "The reason why the British entered India and the primary reason why they remained there was not to benefit India, but to benefit Great Britian."

तरह साम्राज्यवादी देश दोनों तरह से दूसरे देश का शोषण करते हैं। एक ओर तो वे सस्ते मूल्य पर कच्चे उत्पाद को लेते हैं और दूसरी ओर अपनें उत्पादन को महँगे मूल्य पर बेचने की कोशिश करते हैं। इसके लिए कितनी ही बार वे अमानवीय मूल्यों का सहारा लेते हैं। इतिहास में ऐसे अनेकों उल्लेख हमें मिलते हैं।

**सामाजिक नीति द्वारा**—इसके द्वारा साम्राज्यवादी देश दूसरे देशों पर अपनी संस्कृति को लादने की कोशिश करते हैं। इससे दूसरे देश में एक ऐसा गुट बन जाता है जो उस साम्राज्यवादी देश का समर्थक होता है। अंग्रेजों के शासनकाल में मिशनरियों ने इसमें महत्वपूर्ण योगदान दिया।

**राजनीतिक परिवर्तन**—इसके द्वारा साम्राज्यवादी देश दूसरे देश की राजनीति पर नियन्त्रण करते हैं। इसके लिए वे दूसरे देश में सम्प्रदायवाद, जातिवाद जैसी निकृष्ट चीजों को बढ़ावा देते हैं।

**उपनिवेशवाद**—साम्राज्यवाद तथा उपनिवेशवाद दोनों ही एक-दूसरे के पूरक हैं। प्रारम्भिक अवस्था में साम्राज्यवादी देश दूसरे पर अपना प्रभुत्व स्थापित करते हैं। तत्पश्चात् वे उसका आर्थिक व राजनीतिक शोषण करते हैं। इस प्रक्रिया में शोषित राष्ट्र साम्राज्यवादी देश का उपनिवेश कहलाता है। भारत में ब्रिटिश साम्राज्य की स्थापना इसका उदाहरण है। दूसरे शब्दों में, उपनिवेशवाद साम्राज्यवादी शक्तियों द्वारा अपने नियन्त्रण में लाए गए क्षेत्रों के आर्थिक, राजनीतिक व सामाजिक शोषण का नाम है। इसके द्वारा साम्राज्यवादी देश न केवल प्रभुत्व स्थापित करता है, अपितु अपनी शक्तियों का विस्तार भी करता है।

**नव-उपनिवेशवाद**—संसार के बहुत से देश जो कभी साम्राज्यवादी देशों के अधीन थे, किन्तु अब स्वतन्त्र हैं, उन पर साम्राज्यवादी देश आज परोक्ष रूप से प्रभुत्व स्थापित करने की कोशिश करते हैं। इसके लिए धन या किसी अन्य प्रकार की कोई सन्धि माध्यम हो सकती है। दूसरे शब्दों में, शक्तिशाली तथा विकसित राष्ट्रों द्वारा कम विकसित राष्ट्रों पर अपना प्रभुत्व स्थापित करना या उनका आर्थिक शोषण करना, **'नव-उपनिवेशवाद'** कहलाता है। आज भी अनेक देश इस नव-उपनिवेशवाद के शिकार हैं।

यदि हम उपनिवेशवाद तथा नव-उपनिवेशवाद दोनों को एक साथ देखें तो हम पाते हैं कि उपनिवेशवाद में शक्तिशाली राष्ट्रों का अपने प्रभुत्व वाले राष्ट्र पर पूर्णरूप से नियन्त्रण होता है, चाहे वह आर्थिक क्षेत्र में हो, चाहे राजनैतिक क्षेत्र में हो या अन्य क्षेत्र में हो। इसके अतिरिक्त उपनिवेश शक्तिशाली राष्ट्रों के गौरव के प्रतीक होते थे, जबकि नव-उपनिवेशवाद में आर्थिक शोषण प्रमुख घटक रहता है। इसके अन्तर्गत राजनीतिक व आर्थिक स्वतन्त्रता का समावेश भी रहता है तथा शक्तिशाली राष्ट्र इन नव-उपनिवेशों द्वारा अपनी राजनीतिक विचारधारा तथा हितों को पूरा करते हैं।

## साम्राज्यवाद के विकास की सहायक दशाएँ
### (Helping Conditions for the Development of Imperialism)

साम्राज्यवाद का फैलाव किसी व्यक्ति-विशेष के मस्तिष्क की उपज ही नहीं थी, वरन् उसमें ऐसे अनेक कारण भी निहित थे जिन्होंने साम्राज्यवाद को बढ़ावा दिया। प्रमुख कारण निम्नांकित थे—

**घोर साम्राज्यवाद**—19वीं सदी का उत्तरार्द्ध घोर साम्राज्यवाद का काल माना जाता है। इस समय इटली तथा जर्मनी ने अपने राज्यों को मिलाकर एक राष्ट्र का निर्माण किया। इसी काल में शक्तिशाली राष्ट्रों में अधिक उपनिवेश बनाने की एक होड़-सी लग गयी। वे अपनी नस्ल तथा राष्ट्र की गौरवमयी कहानियाँ गढ़ने लगे। जिस राष्ट्र के जितने अधिक उपनिवेश होते थे, वह राष्ट्र उतना ही अधिक शक्तिशाली माना जाता था। दूसरे देशों पर अधिकार करना उनका वांछित उद्देश्य बन गया था।

नए राज्यों को उपनिवेश बनाने में शक्तिशाली राष्ट्रों के निजी स्वार्थ भी रहते थे। इस माध्यम से वे आर्थिक लाभ तो प्राप्त करते ही थे, समय-समय पर ये राष्ट्र उनके लिए सैनिकों की आपूर्ति भी करते थे। वास्तव में घोर साम्राज्यवाद शक्तिशाली राष्ट्रों की दम और शक्ति का प्रदर्शन था।

**सांस्कृतिक पुनर्जन्म**—मध्य युग में यूरोप की जनता पर चर्च का अत्यधिक प्रभाव था। उनके दैनिक जीवन का निर्धारण भी चर्च के ही अधीन था। किसी को चर्च का विरोध करने का अधिकार न था। यदि कोई ऐसा करता था तो उसका जीवन संकट में पड़ जाता था। इस काल का शासन उच्च घराने के लोगों के हाथों में था। व्यापार करने वालों को सम्मान की दृष्टि से नहीं देखा जाता था, किन्तु यूरोपीय पुनर्जागरण के काल में व्यापार को सम्मान की दृष्टि से देखा जाता था।

सांस्कृतिक पुनर्जन्म का मुख्य कारण शिक्षा था। इस काल के छात्र, धर्म की अपेक्षा प्लेटो एवं अरस्तू के दार्शनिक विचारों को महत्व देते थे। इटली विश्वविद्यालय में धर्म के स्थान पर कानून एवं चिकित्साशास्त्र को अधिक महत्व दिया जा

रहा था। विज्ञान में भी उन्नति होने लगी थी। छापेखाने का आविष्कार हो चुका था। व्यापार के कारण बढ़ते हुए वैभव ने लोगों को व्यापार के प्रति आकृष्ट ही नहीं किया, वरन् अब वे राष्ट्रीय स्तर से बढ़कर अन्तर्राष्ट्रीय स्तर पर व्यापार करने लगे थे। ये व्यापारी किसी एक देश के नहीं थे परिणामत: विदेशी व्यापार के लिए संघर्ष होना स्वाभाविक था। इससे भी साम्राज्यवाद का विकास हुआ।

**औद्योगिक क्रान्ति**—18वीं सदी में अनेकों महत्वपूर्ण आविष्कार हुए जिन्होंने एक नयी अर्थव्यवस्था को जन्म दिया। इसी नयी अर्थव्यवस्था को **'औद्योगिक अर्थव्यवस्था'** कहते हैं। इन आविष्कारों ने उत्पादन के तरीकों को भी परिवर्तित किया। इस परिवर्तन को ही **'औद्योगिक क्रान्ति'** कहा जाता है। यहाँ औद्योगिक क्रान्ति से सम्बन्धित कुछ आविष्कारों का वर्णन प्रस्तुत है—

(i) हरग्रीव्ज ने 'स्पिनिंग जैनी' का आविष्कार सन् 1764 ई. में किया। इसकी सहायता से पहले की अपेक्षा तीव्र गति से सूत काता जा सकता था।

(ii) सन् 1776 ई. में 'म्यूल' का आविष्कार हुआ जिसकी सहायता से सूत को तेजी व बारीकी से काता जाने लगा।

(iii) सन् 1793 ई. में 'जिन' का आविष्कार हुआ। यह कपास ओटने की मशीन थी।

(iv) सन् 1750 ई. में **अब्राहम डर्बी** ने लोहे को पत्थर के कोयले द्वारा पिघलाने की विधि का आविष्कार किया, जिससे मशीनों के निर्माण में सहायता मिली। इसी काल में **सर हम्फ्री डेवी** ने सेफ्टी लैम्प का आविष्कार किया। इसकी सहायता से कोल गैस के कारण लगने वाली आग की सम्भावनाएँ कम होने लगीं। यह खदानों में प्रकाश के काम आती थीं।

इन औद्योगिक आविष्कारों के परिणामस्वरूप उत्पादन में तीव्रता आयी। अत: निर्माण के लिए कच्चे माल की तथा तैयार माल की बिक्री के लिए व्यापारियों को नए बाजारों की आवश्यकता अनुभव होने लगी। इस आवश्यकता ने भी साम्राज्यवाद को बढ़ावा दिया।

**यातायात और संचार के साधनों में सुधार**—18वीं तथा 19वीं सदी में यातायात के क्षेत्र में भी कई ऐसे आविष्कार हुए, जिन्होंने मार्ग की दूरी को कम किया, जिसके परिणामस्वरूप जिन दूरियों को पूरा करने में लम्बा समय लगता था, अब वे कम समय में पूरी होने लगीं। इससे सम्बन्धित प्रमुख आविष्कार निम्न हैं—

(i) **जेम्स वाट** ने सन् 1769 ई. में भाप से चलने वाले 'इंजन' का आविष्कार किया।

(ii) **मैकेडम** ने पत्थर के प्रयोग द्वारा यातायात के साधनों के लिए पक्की सड़कों के बनाने की विधि का निर्माण किया।

(iii) सन् 1914 ई. में **जॉर्ज स्टीफेन्स** ने कोयला तथा लोहे को ढोने की आसानी के लिए 'रॉकेट' नामक भाप का इंजन बनाया। यह लोहे की पटरी पर चलता था।

(iv) सन् 1835 ई. में तार का तथा सन् 1876 ई. में टेलीफोन का आविष्कार हुआ, जिससे सन्देशों का आवागमन शीघ्र होने लगा।

इन आविष्कारों ने एक स्थान से दूसरे स्थान की दूरी को कम कर दिया, साथ ही शक्तिशाली देशों को साम्राज्यवाद फैलाने में भी सहायता दी।

**श्वेत जातियों का प्रभाव**—साम्राज्यवाद के युग में श्वेत जातियाँ अपने को सर्वश्रेष्ठ मानती थीं। उनका मानना था कि वे ही सभ्य तथा श्रेष्ठ हैं। हिटलर तो अपनी जाति को विश्व पर शासन करने के लिए सर्वश्रेष्ठ मानता था। श्वेत जातियों के गर्व की परिणति हम अफ्रीका में दास व्यापार, महात्मा गाँधी को ट्रेन से धक्का मारे जाने की घटना के रूप में देख सकते हैं। श्वेत जातियों द्वारा दासों के साथ तो पशुओं से भी गया-गुजरा व्यवहार किया जाता था। श्वेत जातियों की श्रेष्ठता सिद्ध करने के लिए **किप्लिंग** ने कहा था कि "गौर वर्ण मानव (श्वेत जातियों) का बोझ उठाना अश्वेत जातियों का कर्तव्य है।" उस समय यूरोपीय लोग साम्राज्यवाद को उचित मानते थे।

**ईसाई मिशनरी तथा सरकारों की निर्बलता**—ईसाई मिशनरियों का भी साम्राज्य को फैलाने में विशेष योगदान था। ये मिशनरी ईसाई विचारधारा को समर्पित थीं तथा ईसाइयत (ईसाई धर्म) के प्रचार-प्रसार को अपना दायित्व मानती थीं तथा प्रचार के लिए किसी भी अनजान जगह पर चले जाते थे, किन्तु ये व्यापारियों तथा महत्वाकांक्षी सैनिकों के लिए पथ-प्रदर्शक का काम भी करते थे। इन मिशनरियों के लिए अनेक युद्ध भी हुए। ये मिशनरी शक्तिशाली देशों को दो तरीकों से फायदा पहुँचाते थे—**पहले,** ये अपने ईसाई धर्म का प्रचार कर उस जगह की संस्कृति को अपने देश के अनुकूल बनाते थे। **दूसरे,** ये उन अज्ञात स्थानों की रिपोर्ट लेकर आते थे, जो व्यापारियों तथा साम्राज्यवादी देशों को अपना साम्राज्य फैलाने में सहायक होती थीं।

**भौगोलिक अन्वेषण**—साम्राज्यवाद को फैलाने में भौगोलिक अन्वेषणों का भी महत्वपूर्ण योगदान था। इन भौगोलिक अन्वेषणों के लिए यूरोप के साहसी नाविकों का योगदान उल्लेखनीय है। इन साहसी नाविकों की यात्रा का प्रमुख उद्देश्य धर्म का प्रचार करना और व्यापार की वृद्धि करना रहता था। ऐसे ही कुछ साहसी नाविकों का वर्णन निम्नानुसार है—

**मार्को पोलो**—इसने 13वीं सदी में यात्रा की थी। इसकी यात्रा का प्रमुख उद्देश्य व्यापार था। यह अनेक कठिनाइयों के बाद चीन के सम्राट् के दरबार में पहुँचा था।

**कोलम्बस**—यह एक स्पेनी नागरिक था। सन् 1482 ई. में यह अटलांटिक महासागर को पार कर अमेरिका तक पहुँचने में सफल हुआ। स्पेन के दो अन्य साहसी नाविकों ने दक्षिण अमेरिका की खोज की थी।

**वास्को-डि-गामा**—यह पुर्तगाली नागरिक था। यह सन् 1498 ई. में पुर्तगाल से चलकर केप ऑफ गुड होप से होता हुआ हिन्द महासागर पार कर कालीकट पहुँचा तथा जमोरिन के राजदरबार में गया। वास्को-डि-गामा की इस यात्रा के परिणामस्वरूप पुर्तगाल के अनेक व्यापारिक केन्द्र पूर्वी देशों में स्थापित हो गए।

इन साहसी नाविकों ने न केवल विभिन्न देशों की खोज की, अपितु अपने राष्ट्र को साम्राज्य बढ़ाने के लिए आवश्यक जानकारियाँ भी उपलब्ध करायीं, जिसके परिणामस्वरूप यूरोपीय देश विश्व के अधिकांश भाग पर अपना प्रभुत्व स्थापित कर सके।

## एशिया में साम्राज्यवाद
### (Imperialism in Asia)

जब यूरोप में औद्योगिक क्रान्ति हो रही थी, एशिया के अधिकांश देश आपसी वैमनस्य में लिप्त थे। यूरोप के लोग विज्ञान की ओर बढ़ रहे थे, जबकि एशियाई देशों के लोग रूढ़िवादी दृष्टिकोण को अपनाए हुए थे। यूरोपीय देश व्यापार के लिए विभिन्न प्रकार के अन्वेषण कर रहे थे और एशियाई देश जातिवाद, गरीबी जैसी समस्याओं से जूझ रहे थे। इन परिस्थितियों का लाभ उठाकर यूरोपीय देशों ने एशिया में अपने प्रभुत्व का विस्तार करना प्रारम्भ किया।

बहुत प्राचीनकाल से भारत के पश्चिमी देशों से व्यापारिक और सांस्कृतिक सम्बन्ध रहे हैं। भारत का व्यापार प्राचीनकाल में अफगानिस्तान, ईरान, सीरिया, ईराक, अरब, मिस्र तथा रोम में चलता रहा है। रोम द्वारा ही भारत का माल सब यूरोपियन मण्डियों में पहुँचाया जाता था। सातवीं-आठवीं शताब्दी में अरबों ने भारत से अधिक व्यापार करना शुरू कर दिया और धीरे-धीरे उनके हाथ में भारत का पश्चिमी देशों में होने वाला व्यापार आ गया। यह स्थिति चौदहवीं-पन्द्रहवीं शताब्दी तक जारी रही।

उन दिनों भारत का यह व्यापार तीन मार्गों से होता था—

**पहला मार्ग,** भारत से ओक्सस, कैस्पियन और काले सागर होते हुए यूरोप जाता था।

**दूसरा मार्ग,** सीरिया होते हुए भूमध्य सागर जाता था।

**तीसरा मार्ग,** समुद्री था। वह भारत से मिस्र और मिस्र की नील नदी से होता हुआ यूरोप जाता था।

मध्यकाल में इटली के प्रसिद्ध नगर वेनिस तथा जनेवा की समृद्धि का यही कारण था कि भारत का सारा माल पहले इन्हीं नगरों में आता था और यहीं से यूरोप की सारी मण्डियों में जाता था।

## विदेशियों का भारत में प्रवेश
### (Entrance of Foreigners in India)

**पुर्तगालियों का भारत में आगमन**—इटली के वेनिस तथा जेनेवा नगरों की समृद्धि से प्रभावित होकर पुर्तगालियों ने भी भारत से व्यापार करने का इरादा किया किन्तु पन्द्रहवीं शताब्दी में यूरोप में तुर्कों के उत्थान के कारण ये तीनों मार्ग उनके कब्जे में आ गए थे। इसीलिए भारत पहुँचने के लिए पुर्तगालियों को एक नए समुद्री मार्ग की खोज करनी पड़ी। इसी के लिए पुर्तगाल के सम्राट् इमेनुवल ने जुलाई, 1497 ई. में वास्को-डि-गामा को एक नया समुद्री मार्ग खोजने के लिए भेजा। वास्को-डि-गामा आशा अन्तरीप (अफ्रीका) का चक्कर लगाता हुआ 20 मई, 1498 ई. को कालीकट पहुँच गया। वास्को-डि-गामा ने कालीकट के राजा से एक सन्धि की और इसके बाद वह वापस पुर्तगाल लौट आया। सन् 1500 ई. में पुर्तगालियों ने पूरे जोर से भारत से व्यापार शुरू कर दिया।

**इंग्लैण्ड, हॉलैण्ड और फ्रांस के व्यापारियों का भारत में आगमन**—जब इंग्लैण्ड, हॉलैण्ड और फ्रांस के व्यापारियों ने भारत के व्यापार से समृद्ध हुए पुर्तगाल के व्यापारियों को देखा, तो उन्होंने भी भारत से व्यापार करने का इरादा किया। जब

सन् 1591 ई. में रेल्फफिच भारत और बर्मा की यात्रा समाप्त करके इंग्लैण्ड पहुँचे, तो उन्होंने अपने देश के व्यापारियों को भारत से व्यापार करने के लिए बहुत अधिक प्रोत्साहित किया। 22 दिसम्बर, 1599 ई. को लार्ड मेयर की अध्यक्षता में एक प्रस्ताव पास किया गया जिसमें भारत से व्यापार करने के लिए अंग्रेज व्यापारियों की एक संस्था बनाने का निश्चय किया गया। 31 दिसम्बर, 1600 ई. को ब्रिटिश महारानी एलिजाबेथ प्रथम ने अंग्रेज व्यापारियों की इस संस्था को भारत से व्यापार करने के लिए अधिकार-पत्र (Charter) दे दिया। इसी संस्था का नाम **ब्रिटिश ईस्ट इण्डिया कम्पनी** रखा गया। बाद में इसका नाम केवल **ईस्ट इण्डिया कम्पनी** रह गया।

सन् 1602 ई. में **'डच ईस्ट इण्डिया कम्पनी'** बनाई गई। इसके बाद हॉलैण्ड के व्यापारियों ने भी भारत से व्यापार करने के लिए **'फ्रेंच ईस्ट इण्डिया कम्पनी'** बनाई। सन् 1667 ई. में फ्रांसीसियों ने अपनी एक फैक्टरी सूरत में खोली। सन् 1669 ई. में उन्होंने मछली पट्टनम (मसोलीपीटम) में भी अपनी एक फैक्टरी खोल दी। इसके बाद उन्होंने पाण्डिचेरी में अपना प्रभाव जमाना शुरू कर दिया। फ्रांसीसियों ने पाण्डिचेरी, यनाम, माही और चन्द्रनगर में अपने उपनिवेश स्थापित कर लिए। अंग्रेजों ने अपनी फैक्टरियाँ सूरत, मद्रास, कलकत्ता तथा बम्बई में खोल लीं और अनेक स्थानों पर अपने उपनिवेश स्थापित कर लिए। सन् 1600 से 1756 ई. तक ईस्ट इण्डिया कम्पनी औपनिवेशिक स्थिति में रही।

**यूरोपियन व्यापारियों द्वारा भारतीय व्यापार पर एकाधिकार स्थापित करने के लिए आपस में संघर्ष**—कुछ समय बाद यूरोप के व्यापारियों में आपस में ईर्ष्या और द्वेष उत्पन्न हो गया। कोई भी जाति दूसरी जाति को अधिक समृद्ध होते हुए देखकर चुप नहीं बैठ सकती थी, इसलिए उनमें युद्ध अवश्यम्भावी हो गया। सन् 1580 ई. में पुर्तगाल पर स्पेन का अधिकार हो गया था, इसीलिए पुर्तगालियों की शक्ति को भारत में भी बड़ा भारी धक्का पहुँचा। दूसरे, पुर्तगालियों को मुस्लिम व्यापारियों से अत्यधिक शत्रुता थी, इसलिए सम्राट् शाहजहाँ ने पुर्तगालियों को बहुत कठोरता से दबाया। उनकी रही-सही शक्ति को अंग्रेजों ने नष्ट कर दिया।

इसके बाद अंग्रेजों ने हॉलैण्ड के व्यापारियों की शक्ति को भारत में नष्ट करने का प्रयास शुरू कर दिया। सन् 1623 ई. में अम्बोयना के युद्ध में बहुत से अंग्रेज मारे गए किन्तु सन् 1654 ई. में क्रामवेल के समय में अंग्रेजों ने हॉलैण्ड को हराकर अपना बदला ले लिया। इसके बाद हॉलैण्ड की शक्ति भारत में निरन्तर कमजोर होती चली गई।

इसके पश्चात् वास्तविक मुकाबला अंग्रेजों और फ्रांसीसियों के बीच रह गया। सन् 1742 ई. में फ्रांस द्वारा डूप्ले को पाण्डिचेरी का गवर्नर बनाया गया। डूप्ले का उद्देश्य सम्पूर्ण भारत में फ्रांसीसी राज्य स्थापित करना था। उसने देशी राजाओं की असमर्थता का अनुभव कर लिया था। उसने देशी राजाओं की आपसी फूट से भी लाभ उठाने का प्रयास किया। इसलिए फ्रांसीसियों और अंग्रेजों के बीच कर्नाटक में तीन युद्ध हुए।

22 जनवरी, 1760 ई. को वन्देवाश के युद्ध में फ्रांसीसियों की भारी पराजय हुई और भारत में फ्रांसीसी राज्य स्थापित करने का उनका स्वप्न सदैव के लिए मिट्टी में मिल गया। इसके बाद फ्रांसीसियों का नियन्त्रण केवल चन्द्रनगर, पाण्डिचेरी, यनाम, माही इत्यादि बस्तियों पर ही रह गया और भारत में अंग्रेजों का प्रभुत्व सबसे अधिक छा गया।

## भारत में ब्रिटिश साम्राज्यवाद की स्थापना
### (Establishment of British Imperialism in India)

**अंग्रेजों द्वारा बंगाल की विजय और दीवानी अधिकारों की प्राप्ति**—सन् 1707 ई. में अन्तिम महान् मुगल सम्राट् औरंगजेब की मृत्यु हो गई। उसकी मृत्यु के बाद मुगलों में आपसी लड़ाई-झगड़े इतने अधिक बढ़ गए कि कोई भी मुगल सम्राट् देर तक मजबूती से दिल्ली पर शासन न कर सका। इसका परिणाम यह निकला कि मुगल साम्राज्य छिन्न-भिन्न होने लगा और सारे देश में अशान्ति फैल गई। बंगाल तथा कई अन्य प्रान्त मुगलों के हाथ से निकल गए और वहाँ छोटे-छोटे नवाबों ने अपने स्वतन्त्र राज्य स्थापित कर लिए। अंग्रेजों ने इस परिस्थिति का पूरा-पूरा लाभ उठाया। अंग्रेजों ने बंगाल के नवाब सिराजुद्दौला को सन् 1757 ई. में प्लासी के युद्ध में हराया और सन् 1764 ई. में बक्सर के युद्ध में मीर कासिम को पराजित किया। इसके बाद अंग्रेजों ने सन् 1765 ई. में दिल्ली के शासक शाह आलम से एक सन्धि कर ली। इस सन्धि के अनुसार अंग्रेजों ने बंगाल, बिहार और उड़ीसा के दीवानी अधिकार (सम्पत्ति के अभियोगों का निर्णय करने और भूमिकर इत्यादि इकट्ठा करने के अधिकार) प्राप्त कर लिए और शाह आलम को इसके बदले में इलाहाबाद और कड़ा के जिले तथा 26 लाख रुपए वार्षिक पेन्शन देने का वायदा कर दिया। **डॉ. ईश्वरीप्रसाद** के अनुसार, **"दीवानी अधिकारों का महत्व इसलिए है कि शाह आलम अभी तक भारत का सम्राट् माना जाता था। इस सन्धि के द्वारा क्लाइव ने अपने अधिकारों को कानूनी रूप प्रदान कर दिया।"**

'प्लासी और बक्सर के युद्ध भारत के इतिहास में बहुत प्रसिद्ध हैं क्योंकि उनके परिणामों का सम्पूर्ण भारत पर बहुत ही गहरा प्रभाव पड़ा। इसका सबसे बड़ा परिणाम यह निकला कि अंग्रेजों का बंगाल, बिहार और उड़ीसा के शासन और सम्पूर्ण आय पर अधिकार हो गया, वहाँ के नवाब अंग्रेजों की कठपुतली बन गए और दिल्ली का बादशाह उनका पेन्शनर बन गया। अंग्रेजों ने बंगाल, बिहार और उड़ीसा में अपनी स्थिति को दृढ़ करने के बाद भारत को विजय करने का विचार किया। इसीलिए यह कहना अनुचित न होगा कि इन विजयों से अंग्रेज बंगाल, बिहार और उड़ीसा के वास्तविक शासक बन गए और उन्होंने इन प्रान्तों को शेष भारत की विजय के लिए अपना आधार बना लिया। इसके अतिरिक्त अवध की ओर भी अंग्रेजों का बढ़ना बहुत अधिक आसान हो गया।'

## शेष भारत में ब्रिटिश साम्राज्यवाद का विस्तार
## (Expansion of British Imperialism in the Rest of India)

इसके बाद अंग्रेजों ने शेष भारत पर अपना प्रभाव धीरे-धीरे बढ़ाना आरम्भ कर दिया। सबसे पहले गवर्नर-जनरल वारेन हेस्टिंग्ज के समय में अवध पर अंग्रेजों का नियन्त्रण स्थापित हो गया। वारेन हेस्टिंग्ज ने अवध की बेगमों पर अत्याचार करके 76 लाख रुपया छीन लिया। इसके अतिरिक्त हेस्टिंग्ज ने बनारस और रोहिलखण्ड पर अपना प्रभाव स्थापित कर लिया।

**लार्ड वेलेजली द्वारा शुरू की गई सहायक सन्धि** (Subsidiary System of Lord Wellesley)—इसके बाद **लार्ड वेलेजली** (सन् 1798-1805 ई.) के समय में भारत में ब्रिटिश सत्ता के विस्तार के लिए **सहायक सन्धि** (Subnsidiary System) जारी की गयी। सहायक सन्धि के मानने वाले देशी राजा-महाराजाओं को निम्नलिखित शर्तें माननी पड़ती थीं—

1. देशी राजा ब्रिटिश ईस्ट इण्डिया कम्पनी को अपना सर्वोच्च स्वामी मानेंगे।
2. वह ईस्ट इण्डिया कम्पनी की स्वीकृति के बिना अन्य देशी राजाओं से युद्ध अथवा सन्धि नहीं कर सकते थे। यदि उनका किसी देशी राजा से झगड़ा हो जाता था, तो उन्हें अंग्रेजों की मध्यस्थता या निर्णय स्वीकार करना पड़ता था।
3. वह अपनी नौकरी में अंग्रेजों के अतिरिक्त किसी अन्य यूरोपियन को नहीं रख सकता था।
4. उसे अपने राज्य में एक अंग्रेजी सेना रखनी पड़ती थी और उसका खर्च उसे देना पड़ता था या उसके बदले में कुछ प्रदेश अंग्रेजों को देना पड़ता था।
5. उसे अपने दरबार में ईस्ट इण्डिया कम्पनी का एक रेजीडेण्ट (प्रतिनिधि) रखना पड़ता था।
6. इन सब शर्तों के बदले में ब्रिटिश सरकार उस राजा की बाहरी आक्रमण या आन्तरिक विद्रोह से रक्षा की जिम्मेदारी लेती थी।

**'सबसिडीयरी सिस्टम'** का शाब्दिक अर्थ उस धनराशि से था जो देशी राजाओं को अंग्रेजी सेना की सहायता के बदले में देनी पड़ती थी। लार्ड वेलेजली ने इस सिस्टम द्वारा भारत के बहुत से भागों में ईस्ट इण्डिया कम्पनी का प्रभुत्व स्थापित कर दिया। निजाम हैदराबाद ने सबसे पहले इस सिस्टम को स्वीकार कर लिया क्योंकि उसे मैसूर के शासक सुल्तान टीपू तथा मराठों से सदैव भय बना रहता था।

**टीपू द्वारा ब्रिटिश साम्राज्यवाद के विरुद्ध कड़ा संघर्ष**—इसके बाद लार्ड वेलेजली ने मैसूर के सुल्तान टीपू को अधीनता स्वीकार करने के लिए कहा। टीपू सुल्तान अंग्रेजों को भारत से बाहर निकालने के लिए फ्रांसीसियों तथा अन्य स्वदेशी और विदेशी शक्तियों से गठजोड़ कर रहा था। जब टीपू ने अंग्रेजों की अधीनता स्वीकार करने से इन्कार कर दिया, तो लार्ड वेलेजली ने उसके विरुद्ध सन् 1799 ई. में युद्ध की घोषणा कर दी। यह मैसूर का चौथा युद्ध कहलाता है। इसमें टीपू की हार हुई और वह मातृभूमि की रक्षा करता हुआ शहीद हो गया। इसके पश्चात् अंग्रेजों ने उसके राज्य का काफी बड़ा भाग ब्रिटिश साम्रोज्य में मिला लिया, कुछ भाग निजाम हैदराबाद को दे दिया और शेष भाग पर मैसूर के पहले हिन्दू राजा के वंशज को गद्दी पर बैठा दिया। उल्लेखनीय है कि हैदर अली से पहले मैसूर पर एक हिन्दू राजा का शासन था। हैदर अली ने उसे अपदस्थ करके उसके राज्य पर कब्जा कर लिया था।

**मराठों द्वारा ब्रिटिश साम्राज्यवाद का कठोरतम मुकाबला**—इसके बाद तन्जौर, सूरत और कर्नाटक तथा अवध के कुछ भागों को ब्रिटिश राज्य में मिला लिया गया। मराठों के पारस्परिक झगड़ों तथा परिस्थिति से विवश होकर सन् 1802 ई. में पेशवा बाजीराव द्वितीय ने बसीन (बम्बई के पास अंग्रेजों की एक बस्ती) में सहायक-सन्धि (Subsidiary System) पर अपने हस्ताक्षर कर दिए। इसमें मराठों के नेता बाजीराव द्वितीय पर अंग्रेजों का नियन्त्रण स्थापित हो गया। अन्य मराठा सरदारों ने इस सन्धि को अपमानजनक समझा और अंग्रेजों के विरुद्ध युद्ध की घोषणा कर दी। सन् 1803 ई. में मराठों का अंग्रेजों से दूसरा युद्ध तथा सन् 1804.05 ई. में तीसरा युद्ध हुआ। इस युद्ध में मराठा सरदार सिन्धिया (ग्वालियर के महाराजा)

तथा भोंसले (नागपुर के महाराजा) और होल्कर (इन्दौर के महाराजा) को कहीं-कहीं पर जीतने के पश्चात् अन्त में हार हुई और उनके बहुत से प्रदेश पर अंग्रेजों का अधिकार स्थापित हो गया। सन् 1818 ई. में मराठों का अंग्रेजों से चौथा युद्ध हुआ। उसमें भी मराठों की अन्त में हार हुई और पेशवा बाजीराव द्वितीय को गद्दी से उतार दिया गया तथा मराठों की स्वतन्त्रता का अन्त हो गया। मराठों के पतन के बड़े भयानक परिणाम निकले। भारत का अधिकांश भाग पराधीन हो गया और कोई भी देशी शक्ति अंग्रेजों का मुकाबला करने में समर्थ न रही।

राजपूताने और मध्य भारत की रियासतों को अंग्रेजों ने सन् 1817-18 ई. में अपने संरक्षण में ले लिया। इसके अतिरिक्त भोपाल, मालवा और बुन्देलखण्ड की रियासतों से भी अंग्रेजों ने सन्धियाँ कीं। सन् 1823 ई. में सिन्ध और पंजाब के अतिरिक्त शेष भारत अंग्रेजों के आधिपत्य में आ गया। सन् 1843 ई. में अग्रेजों ने सिन्ध को अपने अधिकार में ले लिया। **सन् 1839 ई. में पंजाब-केसरी महाराजा रणजीत सिंह का स्वर्गवास हो गया। लगभग 40 वर्ष के शासनकाल में रणजीत सिंह ने सारे पंजाब, कश्मीर तथा उत्तर-पश्चिमी सीमाप्रान्त में अपना सुदृढ़ राज्य स्थापित किया था।** उसने फ्रेंच जनरलों की सहायता से आधुनिक शस्त्रों से सुसज्जित और प्रशिक्षित एक सेना तैयार की थी। **यद्यपि उसका यह अनुरोध था कि एक दिन अवश्य ही सारे भारत में ब्रिटिश राज स्थापित हो जाएगा किन्तु उसको यह स्वप्न में भी कल्पना न थी कि उसका 40 वर्ष का महान् कार्य केवल 10 वर्ष में ही मिट्टी में मिल जाएगा।**

**सिक्खों द्वारा ब्रिटिश साम्राज्यवाद का कड़ा मुकाबला**—महाराजा रणजीत सिंह की जब 27 जून, 1839 ई. को मृत्यु हो गयी तो उनके कई पुत्रों में, जो विभिन्न रानियों से थे, राजसिंहासन के लिए बहुत झगड़े और षड्यन्त्र चल पड़े। ऐसी परिस्थिति में सिंहासन का प्रत्येक दावेदार सिक्ख सेना की सहायता प्राप्त करने का प्रयत्न करने लगा। इन षड्यन्त्रों में कई प्रधानमन्त्री तथा राजकुमार मारे गए। सिक्ख सेना बेकाबू हो गयी और उसने प्रधानमन्त्री जवाहर सिंह को जान से मार डाला (जवाहर सिंह महाराजा रणजीत सिंह की रानी जिन्दां का भाई था)। इसलिए महारानी जिन्दां ने सिक्ख सेना की शक्ति को तोड़ने के लिए अंग्रेजों से गठजोड़ किया। सन् 1845 ई. में सिक्खों का पहला युद्ध अंग्रेजों से हुआ। इसमें यद्यपि सिक्खों ने बहुत वीरता दिखाई किन्तु अन्त में उनकी हार हुई। इस युद्ध में सरदार श्याम सिंह अटारीवाले ने अद्वितीय वीरता दिखाई, इसलिए उनका नाम स्वर्ण अक्षरों में लिखने योग्य है। लार्ड हार्डिंग (सन् 1844-45 ई.) ने पंजाब को ब्रिटिश राज्य में नहीं मिलाया किन्तु सिक्खों से कई करोड़ रुपए युद्ध-क्षति की पूर्ति के रूप में प्राप्त किए। इसके अतिरिक्त कांगड़ा तथा व्यास और सतलुज नदी के बीच का प्रदेश सिक्खों से छीन लिया गया। लाहौर-दरबार में प्रशासन पर नियन्त्रण रखने के लिए एक कौन्सिल बनायी गयी जिसका अध्यक्ष सर हेनरी लॉरेन्स को बनाया गया। सिक्ख सेना बहुत घटा दी गयी।

'सर हेनरी लॉरेन्स ने सिक्खों पर बहुत कड़ा नियन्त्रण रखा। उसने महारानी जिन्दां पर अनेक आरोप लगाए और उसे पहले शेखूपुरा (पंजाब) में और बाद में बनारस में कैद कर दिया। राजमाता के साथ सर हेनरी लॉरेन्स के दुर्व्यवहार से सारी सिक्ख जनता तथा अधिकारी भड़क उठे। मुल्तान के गवर्नर मूलराज ने विद्रोह कर दिया और अन्य सिक्ख सरदार भी उससे मिल गए। सन् 1849 ई. में अंग्रेजों से सिक्खों का दूसरा युद्ध हुआ। उस समय भारत के गवर्नर-जनरल लार्ड डलहौजी थे जो सन् 1848 से 1856 ई. तक पदासीन रहे। वे बहुत कठोर थे। चिलियाँवाले (पंजाब) में एक भयानक युद्ध हुआ जिसमें सिक्खों को अंग्रेजों के ऊपर निर्णायक विजय प्राप्त हुई। गुजरात (पश्चिमी पंजाब) के स्थान पर सिक्खों तथा अंग्रेजों में फिर जबर्दस्त मुठभेड़ हुई। इस युद्ध में अंग्रेजों के पास 2,50,000 सैनिक तथा 100 तोपें थीं। सिक्खों के पास 21 तोपें तथा 61,500 सैनिक थे। यद्यपि सिक्खों ने बहुत वीरता दिखायी किन्तु उनकी हार हुई क्योंकि उनकी सैनिक शक्ति अंग्रेजों से कम थी। इस युद्ध का यह भयानक परिणाम निकला कि सारे पंजाब को अंग्रेजी राज्य में मिला दिया गया और महाराजा दलीप सिंह (रणजीत सिंह के सबसे छोटे लड़के) को सिंहासन से उतारकर इंग्लैण्ड भेज दिया गया जहाँ उसे ईसाई बना लिया गया। पंजाब की विजय से अंग्रेजों का सारे भारतवर्ष पर साम्राज्य स्थापित हो गया और भारतीयों की स्वतन्त्रता का पूर्ण लोप हो गया। ब्रिटिश ईस्ट इण्डिया कम्पनी का राज्य भारत के विभिन्न भागों पर सन् 1858 ई. तक रहा।'

## भारत में ब्रिटिश साम्राज्यवाद के विनाशकारी राजनीतिक परिणाम

### (Worst Political Consequences of the British Imperialism in India)

ब्रिटिश शासन में भारत के राजनीतिक जीवन पर निम्नलिखित प्रभाव पड़े—

**(1) पराधीनता का कटुतम अनुभव** (Bitterest Experience of the Loss of Independence)— भारत में अंग्रेजी राज्य का प्रारम्भ सन् 1757 ई. के **प्लासी युद्ध** से हुआ। वहाँ पर अंग्रेजों ने अपने छल-कपट और फूट डालने की

नीति के कारण विजय प्राप्त की। सन् 1764 ई. में बक्सर के युद्ध में विजय प्राप्त करने के कारण अंग्रेजों ने बंगाल, बिहार और उड़ीसा पर अपना प्रभाव स्थापित कर लिया।

इस विजय के फलस्वरूप सन् 1765 ई. में अंग्रेजों को बंगाल, बिहार और उड़ीसा के दीवानी अधिकार (राजस्व इकट्ठा करने और असैनिक मुकद्दमों का निर्णय करने का अधिकार) दिल्ली के बादशाह शाह आलम द्वितीय से प्राप्त हो गए। बक्सर के युद्ध में बंगाल के नवाब मीर कासिम, अवध के नवाब शुजाउद्दौला तथा दिल्ली का निर्बल तथा शक्तिहीन सम्राट् शाह आलम द्वितीय पराजित हो गया था। इसलिए अंग्रेजों ने दिल्ली के सम्राट् को अपनी शरण में ले लिया और अवध पर अपना प्रभाव स्थापित कर लिया। बंगाल, बिहार और उड़ीसा को अपना आधार बनाकर अंग्रेजों ने शेष भारत पर अपनी कूटनीति, उत्कृष्ट सैनिक शक्ति को धीरे-धीरे नष्ट करना आरम्भ कर दिया।

लार्ड क्लाइव और वारेन हेस्टिंग्स तथा लार्ड कार्नवालिस ने जिस ब्रिटिश राज की स्थापना में अपना योग दिया था, उसको आगे बढ़ाने तथा भारत में सर्वोच्च शक्ति बनाने का श्रेय लार्ड वेलेजली को प्राप्त है। उसने निजाम हैदराबाद को अपनी **सहायक सन्धि** (Subsidiary System) के अधीन कर लिया। बाद में पेशवा बाजीराव द्वितीय को भी मराठों के पारस्परिक झगड़ों के कारण इस सन्धि को मानना पड़ा। उसने मराठों और निजाम हैदराबाद को अपने साथ मिलाकर मैसूर के सुल्तान टीपू की शक्ति को बिल्कुल कुचल दिया और सन् 1799 में मैसूर को विजय कर लिया। इसके बाद वेलेजली ने मराठों को दूसरे युद्ध (1803 ई.) और तीसरे युद्ध (1904-05 ई.) में बुरी तरह पराजित करके उनसे बहुत-सा प्रदेश छीन लिया।

लार्ड हेस्टिंग्स ने सन् 1818 ई. में मराठों को चौथे युद्ध में पराजित करके उनकी शक्ति को नष्ट कर दिया तथा पेशवा का पद समाप्त कर दिया। उनसे बहुत से प्रदेश छीन लिए गए। मराठों की राजधानी पूना को बम्बई प्रान्त में मिला दिया गया। ग्वालियर, इन्दौर, बड़ौदा और नागपुर के मराठे राजाओं ने पराधीनता स्वीकार कर ली। राजपूताने की रियासतों को अंग्रेजों ने सन् 1817-18 ई. में अपने संरक्षण में ले लिया। अगस्त, 1843 ई. में सिन्ध को विजय कर लिया गया और सन् 1849 ई. में पंजाब को जीत लिया गया। इस तरह से अंग्रेजों ने सन् 1849 ई. तक सम्पूर्ण भारत को अपने अधीन कर लिया। **लार्ड डलहौजी** ने **'देशी राज्यों को हड़प करने की नीति'** (Doctrine of Lapse) के अन्तर्गत सतारा, नागपुर, झाँसी तथा कई अन्य रियासतों को ब्रिटिश साम्राज्य में मिला लिया। सन् 1856 ई. में अंग्रेजों की स्वामिभक्त रियासत अवध को भी ब्रिटिश साम्राज्य में मिला लिया गया। लार्ड डलहौजी की नीति का देशी नरेशों पर बहुत गहरा प्रभाव पड़ा। अब वे भली-भाँति समझ गए कि अंग्रेज केवल उनकी पराधीनता से ही सन्तुष्ट नहीं हैं अपितु वे उनके राज्य को समूल नष्ट करना चाहते हैं। भारतीयों को अंग्रेजों की लम्बी पराधीनता का बहुत की कटु अनुभव हुआ। सम्पूर्ण देश की शान मिट्टी में मिल गयी और भारतीयों के पास विदेशी राज के विरुद्ध कुछ भी करने की शक्ति न रही। उनकी स्वतन्त्रता को पूर्ण रूप से कुचल दिया गया। अब वे अपनी खोई हुई स्वतन्त्रता को पुनः प्राप्त करने के लिए व्याकुल हो गए और किसी स्वर्ण अवसर की तलाश में रहने लगे। यह स्वर्ण अवसर भारतीयों को सन् 1857 ई. में प्राप्त हुआ जब उन्होंने अपनी खोई हुई स्वतन्त्रता को प्राप्त करने के लिए प्रथम संग्राम लड़ा।

**(2) उच्च पदों से भारतीयों को वंचित रखना**—अंग्रेजों ने आरम्भ से ही भारतीयों के विरुद्ध नौकरियों में भेदभाव की नीति को जारी रखा। लार्ड कार्नवालिस (ईस्ट इण्डिया कम्पनी के गवर्नर-जनरल, सन् 1786-1793 ई.) को यह सिद्धान्त था कि भारतीयों पर अधिक विश्वास न किया जाए। ज्यों-ज्यों ब्रिटिश राज की सीमाएँ भारत में बढ़ती गयीं, त्यों-त्यों भारतीय ऊँचे पदों से वंचित रहने लगे। सन् 1831 ई. में प्रचारित एक अधिनियम द्वारा लार्ड विलियम बैंटिक (सन् 1828 से 1836 ई. तक गवर्नर जनरल) ने भारतीयों को न्यायाधीश के पद पर नियुक्त करने का अधिकार दे दिया और भारतीय न्यायाधीशों का अधिकार- क्षेत्र एक निश्चित रकम तक के मुकद्दमों तक सीमित कर दिया। सन् 1833 ई. के चार्टर अधिनियम ने भारतीयों के विरुद्ध सभी भेदभावों को दूर करने की घोषणा की किन्तु फिर भी नौकरियों में ये भेदभाव चलते रहे। सन् 1857 ई. में जब अंग्रेजों के विरुद्ध सशस्त्र संघर्ष हुआ, तो उस समय भी अंग्रेजी राज के विरुद्ध भारतीयों की यह शिकायत जारी रही। फलतः सन् 1858 ई. में महारानी विक्टोरिया ने पुनः सब भेदभावों को दूर करने की घोषणा को दोहराया किन्तु इसके बावजूद ये भेदभाव बाद में भी जारी रहे। जैसाकि सुरेन्द्रनाथ बनर्जी तथा अरविन्द घोष के मामलों से सिद्ध होता है, जिन्होंने भारतीय नागरिक सेवा की सबसे ऊँची परीक्षा भी पास कर ली थी किन्तु फिर भी उन्हें ऊँचे पदों से वंचित कर दिया गया। सुरेन्द्रनाथ बनर्जी को सन् 1874 ई. में बिना विशेष कारण के नौकरी से हटा दिया गया और अरविन्द घोष को घोड़े की सवारी अच्छी तरह न आने के कारण ऊँचे पदों से वंचित रखा गया। इस बात को **लार्ड हाउटन** ने स्वयं स्वीकार किया था—

**"भारत का शासन बिना किसी प्रजातीय भेदभाव के चलाया जाएगा, यह घोषणा बहुत शानदार है किन्तु अब तक व्यर्थ रही है।"**

अत: यह स्वाभाविक ही था कि जब भारतीयों को पराधीनता के कारण अपने ही देश के ऊँचे पदों से वंचित कर दिया गया, तो वे कुपित हो गए। इस प्रकोप (क्रोध) का विस्फोटक सन् 1857 ई. में अंग्रेजों के विरुद्ध दृष्टिगोचर हुआ।

**(3) पुलिस व्यवस्था का पुनर्गठन**–लार्ड कार्नवालिस ने पुलिस व्यवस्था का पुनर्गठन किया और पुलिस के ऊँचे अधिकारी अंग्रेज या वफादार भारतीय जमींदार नियुक्त किए गए। इस पुलिस को यह प्रशिक्षण दिया गया कि वह ब्रिटिश शासन के प्रति पूर्ण वफादार (भक्त) रहे और ब्रिटिश शासन के विरुद्ध आवाज उठाने वाले भारतीयों को सख्त दण्ड दे। इसलिए इस पुलिस ने स्वतन्त्रता आन्दोलनकारियों को कुचलने और ब्रिटिश राज को बनाए रखने के लिए कम प्रयत्न नहीं किया।

सन् 1813 ई. में इंग्लैण्ड की संसद की एक **समिति** ने रिपोर्ट प्रकाशित की–**"पुलिस ने शान्तिपूर्वक जीवन व्यतीत करने वाले नागरिकों पर इस तरह के अत्याचार किए हैं जैसे उन डाकुओं पर किए जाते थे जिन्हें कुचलने के लिए पुलिस की नियुक्ति की जाती थी।"**[1]

ब्रिटिशकाल में कानून और व्यवस्था की स्थिति बिल्कुल खराब थी। इस बात का साक्ष्य **सर फ्रेडरिक होलीडे** के इस कथन से प्रतीत होता है–**"चाहे ठीक हो या गलत किन्तु साधारण जनता की कानून और व्यवस्था के बारे में यह धारण बनी हुई है कि फौजदारी न्याय का प्रकाशन एक लाटरी से अच्छा नहीं जिसमें अपराधी को टूटने के अधिकतर अवसर होते हैं।"**[2]

**(4) नवीन न्याय-प्रणाली का प्रारम्भ**–अंग्रेजी शासन का एक और जबर्दस्त प्रभाव यह हुआ कि पुरानी न्याय व्यवस्था को समाप्त करके एक नई न्याय व्यवस्था स्थापित की गई। वारेन हेस्टिंग्स द्वारा सबसे पहले भारत में यह न्याय व्यवस्था आरम्भ की गई थी और उसको बाद में लार्ड कार्नवालिस ने सन् 1793 ई. में ठोस रूप प्रदान किया। उसने प्रत्येक जिले में एक दीवानी न्यायालय (असैनिक न्यायालय) स्थापित किया जिसका मुखिया जिला न्यायाधीश होता था। दीवानी मामलों में अपील के लिए 4 दीवानी न्यायालय स्थापित किए गए। लार्ड कार्नवालिस का उद्देश्य भारतीयों को सब अधिकारों से वंचित करना था।

**(5) अंग्रेजों की महँगी न्याय प्रणाली**–अंग्रेजों की न्याय प्रणाली बहुत महँगी थी। उसमें वादी (Plaintiff) को अपना केस जीतने के लिए वकील करने पड़ते थे और उसकी फीस देनी पड़ती थी। न्यायालय में मुकद्दमे जीतने के लिए स्टाम्प फीस देनी पड़ती थी। मुकद्दमा लम्बे समय तक चलता था। मुकद्दमे में हजारों रुपए खर्च हो जाते थे। इसमें लाखों लोग निर्धन और बर्बाद हो जाते थे।

**(6) भ्रष्टाचारी शासन की व्यवस्था**–कम्पनी के शासन के राजनीतिक परिणाम बहुत बुरे निकले। कम्पनी ने पहले-पहल अपने आपको मुगलों का अभिकर्ता (एजेण्ट) कहा और धीरे-धीरे देश की बिगड़ती हुई परिस्थिति से लाभ उठाकर एक के बाद दूसरे प्रदेश की विजय करनी आरम्भ कर दी। कम्पनी ने बहुत चालाकी, चतुराई और कूटनीति से काम लिया। कम्पनी की सैनिक शक्ति भी धीरे-धीरे बढ़ती गयी। सबसे पहले उसने छल-कपट और मीर जाफर के साथ षड्यन्त्र करके बंगाल के नवाब सिराजुद्दौला को परास्त किया। इसके बाद कम्पनी ने बंगाल, बिहार और उड़ीसा की दीवानी प्राप्त की किन्तु नागरिक प्रशासन नवाब के हाथों में ही रहने दिया। इससे बंगाल की जनता की बहुत दुर्दशा हो गयी। **लायल** ने ठीक ही लिखा है कि, **"मजिस्ट्रेट, पुलिस और राजस्व अधिकारी विभिन्न पद्धतियों से काम करने वाले विरोधी हितों की रक्षा करने वाले थे। उनका कोई संयुक्त मुखिया नहीं था, इसलिए सरकार को बुरी तरह चलाने में वे एक दूसरे से आगे बढ़ जाते थे। बंगाल में कोई अच्छा कानून नहीं था और बहुत ही कम न्याय था।"**

अंग्रेजों ने बंगाल में बहुत ही भ्रष्टाचार फैलाया था। सन् 1770 ई. में बंगाल में बड़ा भारी, दुर्भिक्ष पड़ा और बंगाल की 1/5 जनता नष्ट हो गयी। **रिचर्ड बेचर** ने लिखा है कि, **"अंग्रेजों को यह जानकर दुःख होगा कि जबसे कम्पनी के पास दीवानी अधिकार आए हैं, बंगाल के लोगों की दशा पहले की अपेक्षा अधिक खराब हो गयी है।"**

---

1. "The police committed depredations on the peaceable inhabitants of the same nature as those practised by the dacoits, for whom they were employed to suppress."
2. "Wheather right or wrong the general nature opinion is that the administration of criminal justice is little better than a lottery in which the best chances are with the criminals." —Fredrick Hollide

सर ल्यूइस ने लिखा है कि, **"सन् 1765 ई. से लेकर 1772 ई. तक ब्रिटिश ईस्ट इण्डिया कम्पनी का शासन इतना दूषित तथा भ्रष्ट रहा कि संसार की सभ्य सरकारों में उसका उदाहरण नहीं मिलता है।"**[1]

**(7) भारत में ब्रिटिश राज्य का विस्तार करने के अत्याचारी तरीके–विलियम हाविट** नामक एक अंग्रेज ने लिखा है कि, **"जिस तरीके से ईस्ट इण्डिया कम्पनी ने हिन्दोस्तान पर कब्जा किया, उससे अधिक वीभत्स और ईसाई सिद्धान्तों के विरुद्ध किसी दूसरे तरीके की कल्पना नहीं की जा सकती।..... यदि कोई कुटिल से कुटिल तरीका हो सकता था–जिसमें नीचे से नीचे अन्याय की कोशिशों पर न्याय का बढ़िया मुलम्मा चढ़ाने की कोशिश की गयी हो–यदि कोई तरीका अधिक से अधिक निष्ठुर, क्रूर, दर्पयुक्त और दया शून्य हो सकता था, तो यह वह तरीका है जिससे भारतवर्ष की अनेक देशी रियासतों का शासन देशी राजाओं के हाथों से छीन-छीनकर ब्रिटिश सत्ता के चंगुल में जमा कर दिया गया..... जब कभी हम दूसरे कौमों के सामने अंग्रेज कौम की सच्चाई और ईमानदारी की चर्चा करते हैं, तो वे भारत की ओर इशारा करके बड़ी घृणा के साथ हमारा मजाक उड़ा सकते हैं..... जिस तरीके पर चलकर, लगातार सौ साल के ऊपर देशी राजाओं से उनके इलाके (प्रदेश) छीने जाते हैं और वह भी न्याय और औचित्य की पवित्रतम आड़ में, उस तरीके से बढ़कर दूसरों को यन्त्रणा (कष्ट) पहुँचाने का तरीका राजनीतिक या धार्मिक, किसी मैदान में किसी भी जालिम हुकूमत (अत्याचारी शासन) ने कभी पहले ईजाद (आविष्कृत) न किया था; संसार में उसके मुकाबले की कोई दूसरी मिसाल (उदाहरण) नहीं मिल सकती।"**

## ब्रिटिश साम्राज्यवाद के सामाजिक दुष्परिणाम

### (Worst Consequences of the British Imperialism in the Social Field)

भारत में ब्रिटिश राज के निम्नलिखित सामाजिक दुष्परिणाम निकले–

**(1) पश्चिमी सभ्यता का खराब प्रभाव**–अनेक भारतीयों पर पश्चिमी वेशभूषा तथा रहन-सहन और खान-पान का प्रभाव पड़ा। कई लोग अंग्रेजों जैसी वेशभूषा पहनने लगे और विदेशी ढंग से रहने लगे तथा अंग्रेजी में बातचीत और पत्र-व्यवहार करने लगे। कुछ लोग शिक्षा की प्राप्ति के लिए इंग्लैण्ड गए और वहाँ पर उनकी सभ्यता से बहुत प्रभावित हुए। इससे उनका अपना गौरव नष्ट हो गया।

**(2) भारतीय शिक्षा-पद्धति का नाश**–भारत में प्राचीन शिक्षा-पद्धति बहुत अच्छी थी। उसके अनुसार भारतीयों पर अपने धर्म तथा संस्कृति के बारे में अच्छे संस्कार डाले जाते थे। भारत में शिक्षा मुफ्त होती थी और प्रत्येक गाँव में एक पाठशाला होती थी। इसलिए भारत में निरक्षरता और अशिक्षा बहुत कम होती थी। अंग्रेजों ने भारत की इस प्राचीन शिक्षा-पद्धति का सर्वनाश कर दिया और उसकी बजाय अंग्रेजी शिक्षा-पद्धति जारी की। **उसका परिणाम यह निकला कि भारतीयों को अपना अतीत गौरव तथा इतिहास भूल गया। वे अंग्रेजी सभ्यता तथा संस्कृति को श्रेष्ठ और अपनी सभ्यता और संस्कृति को घटिया समझने लगे।**

**(3) भारतीयों का नैतिक पतन**–अंग्रेजों ने भारत में निर्धनता फैलाई तथा उनको सब ऊँचे पदों से वंचित रखा। विदेशी राज के कारण भारतीयों के ऊपर अच्छे संस्कार न पड़ सके और उनके चरित्र का पतन हो गया। अंग्रेज शासक होने के कारण अपने आपको श्रेष्ठ तथा भारतीयों को घटिया समझने लगे। **उन्होंने भारत के प्राचीन गौरवमय इतिहास को पूर्णतया दूषित कर दिया और उसको इस तरह पेश किया कि भारतीय गर्व न कर सकें।**

**(4) भारतीयों के चरित्र का पतन**–अंग्रेजों ने भारतीयों को सब प्रकार से हीन बनाए रखा। उन्होंने उनको अशिक्षित तथा निर्धन रखने का भरसक प्रयत्न किया। अंग्रेजों ने भारतीय इतिहास में बहुत-सी गलत बातें डाल दीं और उसे इस प्रकार से प्रस्तुत किया ताकि भारतीय गर्व न कर सकें। इस विषय में **मैलकम लेविन** ने लिखा है कि, **"हमने भारतीयों को जान-बूझकर उन समस्त सुविधाओं से वंचित कर दिया है जिनकी एक व्यक्ति को समाज में सम्मानपूर्वक जीवन व्यतीत करने के लिए आवश्यकता होती है। हमने उन्हें असभ्य तथा अशिष्ट मनुष्य कहकर धीरे-धीरे उनके आत्म-सम्मान को खत्म कर दिया। हमने उनके बड़े-से-बड़े व्यक्ति को अंग्रेज अफसरों के सामने झुकने पर विवश किया।"** इन सब उपायों से भारतीयों में हीनता की भावना उत्पन्न हुई।

---

1. Sir Lewis had said, "No civilized Government ever existed on the face of this earth which was more corrupt, more perfidious and more rapacious than the Government of East India Company from 1765 to 1772."

**(5) न्याय में देरी**—ब्रिटिश राज में न्याय बहुत महँगा था क्योंकि प्रत्येक मुकद्दमे को लड़ने के लिए वकीलों को करने की आवश्यकता थी जो काफी फीस इस हेतु वसूल करते थे। मुकद्दमे भी न्यायालयों में कई वर्ष चलते थे। इनमें इतना खर्च होता था कि आदमी तबाह हो जाता था।

**(6) ईसाई धर्म का प्रचार**—अंग्रेजों का प्रिय लक्ष्य था कि भारतवर्ष को ईसाई धर्म में दीक्षित किया जाए। संचालक सभा के अध्यक्ष **रौस मैंगल्स** (Ross Mangles) ने कामन सदन में स्वयं घोषणा की थी कि, **"परमात्मा ने हिन्दुस्तान का विशाल साम्राज्य इसलिए इंगलिस्तान को सौंपा है ताकि हिन्दुस्तान में एक सिरे से दूसरे तक ईसा मसीह का विजयी झण्डा फहराने लगे। हममें से प्रत्येक को अपनी पूरी शक्ति इस काम में लगा देनी चाहिए ताकि सारे भारत को ईसाई बना लेने के महान् कार्य में देशभर के अन्दर कहीं पर किसी कारण जरा भी ढील न आने पाये।"**

**कैनेडी** ने लिखा था कि, **"हमारा प्रमुख कार्य भारत भूमि में ईसाई मत का प्रचार करना है। जब तक कन्याकुमारी से हिमालय तक का सारा हिन्दुस्तान इस्लाम तथा हिन्दू धर्म को छोड़कर ईसाई मत ग्रहण नहीं करता, हमारी कोशिशें दृढ़ता से जारी रहनी चाहिए। इस कार्य में सफलता प्राप्त करने के लिए हमें अपनी सारी राजनीतिक शक्ति भी लगा देनी चाहिए।"**[1]

लार्ड विलियम बैंण्टिक, लार्ड डलहौजी, सर जॉन लॉरेन्स तथा सर हेनरी लॉरेन्स, सर रॉबर्ट गोन्टगुमरी इत्यादि ने ईसाई धर्म के प्रचार के लिए भरसक प्रयत्न किया। लार्ड विलियम बैंण्टिक के समय सन् 1832 ई. में एक कानून द्वारा ईसाई धर्म ग्रहण करने वाले व्यक्तियों के मार्ग में सब बाधाओं को दूर कर दिया गया और उन्हें पैतृक सम्पत्ति का भाग प्राप्त करने का अधिकार दे दिया गया। इससे हिन्दुओं में बहुत जबर्दस्त रोष फैला क्योंकि हिन्दू न तो अपनी लड़के या लड़की से कोई सरोकार रखना चाहते थे जो ईसाई धर्म को स्वीकार कर ले और न ही पैतृक सम्पत्ति में किसी प्रकार का कोई भी भाग देने के लिए तैयार थे।

**(7) साम्प्रदायिकता को बढ़ावा**—अंग्रेजों ने अपने राज्य को चिरस्थायी बनाने के लिए मुसलमानों को हिन्दुओं के विरुद्ध भड़काया और साम्प्रदायिकता के विष को इतना उग्र बना दिया कि उनमें सदैव झगड़े रहने लगे और अन्त में अंग्रेजों के जाते समय देश का विभाजन करना पड़ा।

## भारत में ब्रिटिश साम्राज्यवाद के आर्थिक दुष्परिणाम

## (Disastrous Consequences of the British Imperialism in the Economic Field)

भारत में ब्रिटिश शासन के निम्नलिखित आर्थिक परिणाम निकले—

**(1) अंग्रेज व्यापारियों द्वारा भारत का शोषण** (Exploitation of India by British Traders)—अठारहवीं शताब्दी के पिछले पचास वर्षों में अर्थात् सन् 1750 ई. से लेकर 1800 ई. तक भारत में अंग्रेज व्यापारियों द्वारा जो अत्याचार और शोषण किया गया, उसके विषय में प्रसिद्ध अंग्रेज विद्वान् **बर्क** (Burke) ने ब्रिटिश संसद के सामने कहा था कि, **"व्यापार, जो संसार के हर देश को धनवान बनाता है, बंगाल को सर्वनाश की ओर ले जा रहा था। इससे पहले, जबकि कम्पनी को देश में कहीं भी शासन करने का अधिकार प्राप्त नहीं था, अपने दस्तक अथवा आज्ञापत्र** (Pass) **के ऊपर उन्हें बड़े बड़े अधिकार मिले थे, कम्पनी का माल बिना महसूल दिए देश भर में आ-जा सकता था। धीरे-धीरे कम्पनी के नौकर (कर्मचारी) अपने निजी व्यापार के लिए इस पास का उपयोग करने लगे। यह मामला जब तक कि थोड़ा होता रहा, देश की सरकार ने कुछ हद तक इसे सहन कर लिया, किन्तु जब सभी लोग ऐसा करने लगे, तब व्यापार को जगह उसे डकैती कहना अधिक ठीक प्रतीत होता था।"**

**"ये व्यापारी हर जगह पहुँचते थे, अपने दामों पर माल बेचते थे और दूसरे लोगों को जबर्दस्ती मजबूर करके उनका माल अपने दामों पर खरीदते थे। बिल्कुल ऐसा मालूम होता था कि व्यापार के बहाने एक सेना-लोगों को लूटने जा रही है। लोग अपने देशी न्यायालयों से रक्षा की आशा करते थे, किन्तु व्यर्थ। अंग्रेज व्यापारियों की यह सेना जिधर जाती थी, उधर ही तातारी विजेताओं से बढ़कर लूटमार और बर्बादी करती थी। .... इस तरह इस अभागे देश पर दोहरा अन्याय जारी था, जिसकी भयंकर लूट द्वारा देश चूर-चूर हो गया था।"**

---

1. "Our chief work is the propagation of Christianity in the land until Hindustan from Cape Comorin to the Himalayas, embraces the religion of Christ and until it condemns the Hindu and Muslim religions, our efforts must continue persistently."
—*Kennady*

**(2) भूमिकर तथा भूमि अधिकारों की नयी व्यवस्थाएँ और उनका कृषि पर विनाशकारी प्रभाव**—जब अंग्रेजों को शाह आलम द्वितीय से दीवानी अधिकार प्राप्त हो गए, तो उस समय अंग्रेजों को पहली बार भारत में भूमिकर इकट्ठा करने का अवसर प्राप्त हुआ। उस समय भूमिकर की आय ही ईस्ट इण्डिया कम्पनी की आय का मुख्य भाग था। सन् 1767 ई. में ब्रिटिश संसद ने एक कानून पास कर दिया था जिसके अनुसार ब्रिटिश ईस्ट इण्डिया कम्पनी को 4,00,000 पौण्ड प्रतिवर्ष ब्रिटिश सरकार को भेंट के रूप में देने पड़ते थे।

इसलिए कम्पनी चाहती थी कि किसान से अधिक से अधिक भूमिकर वसूल कर लिया जाए ताकि ब्रिटिश सरकार को देने के पश्चात् भी उसके पास बहुत-सा धन बच जाए। इससे किसानों की अत्यन्त दुर्दशा हो गयी क्योंकि किसानों से मनमाने टैक्स वसूल किए जाने लगे।

अंग्रेज गवर्नर-जनरल वारेन हेस्टिंग्स (सन् 1772-1784 ई.) ने भूमि से अधिक से अधिक आय प्राप्त करने के लिए भूमि को पहले 5 वर्ष के लिए (सन् 1772 ई. में) और बाद में (सन् 1777 ई. में) एक वर्ष के लिए ठेके पर देना आरम्भ कर दिया। जो भी जमींदार अधिक भूमिकर देने की बोली लगा देता था, भूमि उसी के नाम छूट जाती थी। विभिन्न जमींदार पारस्परिक जिद में आकर ऊँची-ऊँची बोलियाँ बोलकर अपने नाम ठेका छुड़ा लेते थे। इसक बाद उनके लिए उस धनराशि को सरकार को देना अत्यन्त कठिन होता था, इसलिए वे बेचारे निर्दोष किसानों को तंग करते थे और उनसे मनमाने कर वसूल करते थे। इससे कृषकों की अत्यन्त शोचनीय दशा हो गयी और कृषि की अवनति होने लगी।

दूसरे, जमींदार या ठेकेदार यह नहीं जानते थे कि अगले वर्ष भूमि उनके पास रहेगी या नहीं, इसलिए वे भूमि के दीर्घकाल सुधार में कोई रुचि नहीं लेते थे। तीसरे, इतना ही नहीं, बल्कि जब उनका ठेके का समय समाप्त होने वाला होता था, तो वे कुओं और खेतों की नालियों को मिट्टी से भर देते थे तथा भूमि को अन्य तरीकों से खराब कर देते थे ताकि भूमि का ठेका ऊँची कीमत पर न छूटे और उनको ही मिल जाए। इससे भी कृषकों और कृषि की दुर्दशा हो गयी और कृषि-योग्य भूमि में स्थायी सुधार होने बन्द हो गए।

**(3) बंगाल के स्थायी बन्दोबस्त से कृषकों का शोषण**—लार्ड कार्नवालिस ने जो बंगाल के गवर्नर जनरल सन् 1786 ई. से 1793 ई. तक रहे, बंगाल की कृषि-सम्बन्धी समस्या का बहुत गहरा अध्ययन किया। जब यह पद्धति कुछ सफल दिखायी दी, तो लार्ड कार्नवालिय ने **22 मार्च, 1793 ई. को बंगाल का स्थायी बन्दोबस्त** (Permanent Settlement of Bengal) कर दिया। बाद में यह प्रबन्ध उड़ीसा, बनारस और उत्तर प्रदेश के कुछ भागों में भी लागू किया गया। इसके अनुसार जमींदार स्थायी रूप से भूमि के स्वामी मान लिए गए और उनका लगान (भूमिकर) प्रतिवर्ष निर्धारित कर दिया गया।

स्थायी बन्दोबस्त के निम्नलिखित परिणाम निकले—

(क) इससे बंगाल में किसानों की बहुत दुर्दशा हो गयी क्योंकि उनको जमींदार इच्छानुसार बेदखल कर सकते थे।

(ख) लार्ड कार्नवालिस को किसानों के हितों की कोई परवाह नहीं थी। कम्पनी के लिए केवल निश्चित भूमिकर वसूल करना उसका उद्देश्य था। वह एक ऐसा वर्ग उत्पन्न करना चाहता था जो अंग्रेजों की सदा आड़े समय में सहायता करे। इस उद्देश्य की सिद्धि में उसे पूर्ण सफलता भी मिली।

(ग) बंगाल के इस स्थायी बन्दोबस्त से एक हानि भी हुई कि कम्पनी को तो निश्चित राशि ही मिलती रही परन्तु जब फसल अच्छी होती थी, तो जमींदार किसानों से अधिक भूमिकर वसूल कर लेते थे। इससे किसानों की दुर्दशा हो गयी।

(घ) ब्रिटिश राज्य की इस पद्धति से यह लाभ अवश्य हुआ कि जमींदार ब्रिटिश राज्य को भारत में बनाए रखने में अपना हित समझने लगे और सन् 1857 ई. के स्वतन्त्रता संग्राम के समय भी वे अंग्रेजों के प्रति वफादार बने रहे परन्तु इससे राष्ट्रीय हितों को बहुत ठेस पहुँची।

**(4) रैयतवाड़ी प्रणाली तथा महलवाड़ी प्रथा**—अंग्रेजों ने दक्षिणी भारत तथा दक्षिणी-पश्चिमी भारत में भूमिकर की एक अन्य पद्धति शुरू की जिसे रैयतवाड़ी प्रणाली कहा जाता है। इस प्रणाली के अनुसार किसान और सरकार में सीधा सम्पर्क स्थापित हो गया और बीच का शोषणकर्त्ता जमींदार न रहा। ब्रिटिश सरकार ने यह समझौता किसान के साथ पहले 30 वर्ष के लिए किया। प्रत्येक 30 वर्ष के पश्चात् इसका पुनरीक्षण (Review) किया जाता था।

अंग्रेजों ने उत्तर प्रदेश, मध्य प्रदेश तथा पंजाब में विजय प्राप्त करने के पश्चात् महलवाड़ी प्रथा को जारी किया। इसके अनुसार सरकार प्रति किसान की बजाय एक महल (ग्रामों के समूह) से समझौता कर लेती थी और उनसे भूमिकर वसूल करती थी। यद्यपि इन दोनों प्रणालियों में जमींदार नामक बिचौलिए शोषक वर्ग का अन्त हो गया परन्तु ब्रिटिश सरकार ने **किसान का भूमिकर उपज का आधा भाग रखा जो कि बहुत अधिक था।** इसलिए **डॉ. आर. सी. मजूमदार** ने लिखा

है कि, **"अंग्रेजों द्वारा भूमिकर वसूल करने की जो नयी व्यवस्थाएँ स्थापित की गयीं और उनमें भूमिकर वसूल करने की जो दर (Rates) रखी गई, वे दरें इतनी अधिक थीं कि उससे किसान इतने निर्धन हो गए कि उनके पास अपने भोजन तथा कपड़े की न्यूनतम आवश्यकताओं को पूरा करने के लिए भी धन नहीं रहा।"**

**(5) भारत के छोटे उद्योगों का नाश** (Destruction of Small-scale Industries)–भारत में बहुत बारीक और सुन्दर कपड़ा बनता था और यूरोप के बाजारों में इसकी बड़ी भारी खपत थी। सूरत, ढाका और मुर्शिदाबाद (बंगाल) विशेष रूप से इसके केन्द्र थे। **डॉ. ताराचन्द** ने इस विषय में लिखा है कि, **"अंग्रेज शताब्दियों से चले जा रहे मोटे ऊनी वस्त्रों की बजाय हल्के सूती वस्त्रों को अधिक पसन्द करने लगे।"**

एक अंग्रेज विद्वान् **डेफो** (Dafoe) ने लिखा है कि, **"भारतीय कपड़ा हमारे घरों में घुस गया था और हमारे गद्दे, पर्दे, चादर तथा कुर्सियों पर यह दिखाई देता था।"**

अंग्रेज स्त्रियों को भारत के बेल बूटेदार कपड़े बहुत अधिक पसन्द थे। पहले पहल ईस्ट इण्डिया कम्पनी ने इंग्लैण्ड में भारत के सूती कपड़ों का निर्यात करके खूब धन कमाया परन्तु बाद में इंग्लैण्ड के राजनीतिज्ञ तथा लेखक चिल्ला उठे। इंग्लैण्ड के उद्योगपतियों ने कम्पनी की निन्दा करनी शुरू कर दी। फलतः सन् 1760 ई. में इंग्लैण्ड में एक कानून पास कर दिया गया जिसके अनुसार रंगे हुए कपड़े पहनने की मनाही कर दी गयी। इंग्लैण्ड में भारत से सूती कपड़ा आने पर भारी निर्यात-कर लगा दिया गया जो कि 70 से लेकर 80 प्रतिशत तक था। भारत में मनमाने दामों पर रुई खरीदकर कम्पनी इंग्लैण्ड भेजने लगी और वहाँ की मिलों द्वारा तैयार कपड़ा बहुत ही साधारण आयात कर लगाए जाने के बाद भारत में बिकने लगा। उद्देश्य यह था कि भारत का कपड़ा इंग्लैण्ड या तो जाने न पाए और यदि जाए, तो बहुत महँगा बिके ताकि इसकी खपत वहाँ कम से कम रह जाए जबकि भारत में इंग्लैण्ड का तैयार कपड़ा सस्ते भाव में बिके जिससे भारत का धन निरन्तर इंग्लैण्ड पहुँचता रहे। इस विषय में **विल्सन महोदय** ने लिखा है कि, **"यदि ऐसा न किया जाता तो फैसले और माचेस्टर की मिलें आरम्भ में ही बन्द हो जातीं और फिर भाप की शक्ति द्वारा भी कभी गति में न लायी जा सकतीं। भारतीय उद्योग की आहुति देकर इंग्लैण्ड के कपड़ा उद्योग का पोषण किया गया।"**

**डॉ. ताराचन्द** ने भी ठीक ही लिखा है कि, **"निःशुल्क अंग्रेजी माल भारतीयों पर थोपा गया और विदेश उत्पादन ने अपने प्रतिद्वन्द्वी को दबाने के लिए, राजनीतिक गला घोंटने के लिए राजनीतिक अन्याय का सहारा लिया परन्तु वह उसका सामना समानता के आधार पर न कर सका।"**

**(6) अंग्रेजों द्वारा भारतीय जुलाहों पर अत्याचार**–अंग्रेज भारत में छल-कपट और 'फूट डालकर राज करो की नीति' से जब सत्ता हथियाने में सफल हो गए, तो सूती कपड़ा उद्योग नष्ट-भ्रष्ट करने के लिए उन्होंने बहुत से अत्यन्त निन्दनीय उपाय अपनाये। कम्पनी के गुमाश्ते (एजेण्ट) सूत, ऊन और रेशम थोक भावों पर खरीद लेते थे और बेचारे जुलाहों को मजबूर करते थे कि वे उनसे इस कच्चे माल को खरीद कर तैयार माल को केवल उन्हीं को ही उन दामों पर बेचें जो वे निर्धारित करें। जुलाहों को अपना माल कम्पनी के अतिरिक्त और किसी को बेचने की आज्ञा नहीं थी । यदि वे ऐसा करने से इन्कार करते तो उन्हें बन्दी बना लिया जाता था और कोड़े मारे जाते थे। इस विषय में **विलियम बोल्ट्स** ने उस समय लिखा था कि, **"निर्धन जुलाहों की अनुमति लेना आवश्यक नहीं समझा जाता है कि क्योंकि कम्पनी के खर्चे पर रखे गए गुमाश्ते (एजेण्ट) प्रायः उन्हें अपनी इच्छानुसार हस्ताक्षर करने पर विवश कर देते हैं। जो कीमत गुमाश्ते जुलाहों को देते थे, उससे इन्कार करने पर प्रायः उनके हाथ लंगोट से बाँध दिए जाते थे और उन्हें कोड़े मारकर भगा दिया जाता था।"**

संक्षेप में, जुलाहों को हर तरह से तंग किया गया। बेचारे जुलाहे विवश होकर अपना पैतृक धन्धा छोड़ते गए और खेतों में जाकर मजदूर बन गए। इस तरह से सूरत, ढाका तथा मुर्शिदाबाद जैसे विश्व-प्रसिद्ध बढ़िया सूती कपड़ा बनाने के केन्द्र नष्ट हो गए। भारत की इस तबाही व बर्बादी को देखकर तत्कालीन एक अंग्रेज साहित्यकार **मोन्टगुमरी मार्टिन** से न रहा गया और उसने सन् 1840 ई. में ब्रिटिश संसदीय जाँच कमेटी के सामने कहा था कि, **"सूरत, ढाका, मुर्शिदाबाद तथा अन्य स्थानों में जहाँ देशी कपड़ा बनाया जाता था, उनकी तबाही व बर्बादी इतनी दर्दनाक है कि उसको बयान करना कठिन है। मैं नहीं समझता कि यह व्यापार में कोई उचित तरीका है। मेरे विचार में यह एक शक्तिशाली द्वारा निर्बल पर शक्ति का प्रयोग किया गया है।"**

**(7) ब्रिटिश सरकार की अन्यायपूर्ण आयात-निर्यात नीति द्वारा भारत को तैयार माल की खपत के लिए मण्डी बनाना**–ईस्ट इण्डिया कम्पनी की नीति भारत में यह थी कि भारत को ब्रिटिश माल के लिए कच्ची मण्डी बनाया

जाए। इस हेतु कम्पनी के मालिक भारत में कच्चा माल बहुत सस्ती दर (Rate) पर खरीद लेते थे और उसे इंग्लैण्ड भेज देते थे, वहाँ से वह तैयार माल में बदलकर दुबारा भारत में बहुत महँगा बिकने के लिए आता था। कई बार ईस्ट इण्डिया कम्पनी भारत में चावल इत्यादि का भारी स्टॉक सस्ते दामों पर खरीद लेती थी और जब इस कारण से उस वस्तु की कमी दिखायी देती थी, तो उसको भारी मुनाफे पर बेच देती थी। इस तरह विभिन्न ढंगों से अंग्रेजों ने भारत का शोषण करना आरम्भ कर दिया और सन् 1857 ई. से पूर्व भारत को पूर्णरूप से निर्धन देश बना दिया।

**औद्योगिक आयोग** ने सन् 1916-18 ई. में अपने प्रतिवेदन में लिखा था कि, **"जिस समय अंग्रेजों ने भारत में पदार्पण किया, तो उस समय भारत यूरोप के किसी भी औद्योगिक दृष्टि से उन्नत देश से पिछड़ा हुआ नहीं था, इसको स्वयं अंग्रेजों ने स्वीकार किया है।"**

**श्री रजनी पाम दत्त** ने लिखा है कि, **"यह सब जगह स्वीकार किया जाता है कि भारत प्राकृतिक साधनों में, चाहे वे कृषि सम्बन्धी हों अथवा खनिज सम्बन्धी, बहुत समृद्ध देश है। यह भी सर्वमान्य तथ्य है कि अंग्रेजों ने भारतीय व्यापार तथा उद्योगों को जान-बूझकर नष्ट किया। इस हेतु उन्होंने भारत से इंग्लैण्ड आने वाले माल पर भारी आयात कर** (Import duty) **लगा दिया और सब तरीकों से भारत में अपने माल की बिक्री को प्रोत्साहन दिया।"**[1]

**ग्रीफिथ** ने लिखा है कि, "इसमें सन्देह नहीं कि ईस्ट इण्डिया कम्पनी के संचालक मण्डल (Board of Directors) ने सन् 1769 ई. से ही इस प्रकार की नीति को जान-बूझकर अपनाया था।" उस समय दीवानी के अधिकारों की प्राप्ति को केवल चार वर्ष ही हुए थे। **डॉ. आर. सी. मजूमदार** ने लिखा है कि, "उन्नीसवीं शताब्दी के आरम्भ में ब्रिटिश सरकार ने भारत से इंग्लैण्ड आने वाली मलमल पर 27 प्रतिशत तथा छींट के कपड़े पर 71 प्रतिशत आयात कर लगा दिया था। इतना होने पर भी भारतीय माल से मुकाबला न कर पाने पर ब्रिटिश सरकार ने छींट के कपड़े का आगमन इंग्लैण्ड में बिल्कुल बन्द कर दिया। इंग्लैण्ड में सिल्क तथा सूती कपड़े पर 70 प्रतिशत से लेकर 80 प्रतिशत तक भारी आयात-कर लगाया गया। इस कारण ये उद्योग-धन्धे तबाह हो गए जबकि भारत में ब्रिटिश माल साधारण से आयात-कर के साथ आने लगा।"[2]

प्रसिद्ध ब्रिटिश इतिहासकार **विल्सन** ने लिखा है कि, **"सन् 1813 ई. के साक्ष्य में यह बयान किया गया है कि भारत के सूती तथा सिल्क के कपड़े उस समय ब्रिटिश मार्केट में इंग्लैण्ड के बने हुए कपड़े से 50 से लेकर 60 प्रतिशत कम दामों पर बिक सकते थे। इसलिए यह आवश्यक हो गया कि भारतीय माल पर 70 से 80 प्रतिशत तक आयात-कर लगाया जाए या उनका इंग्लैण्ड में आना बिल्कुल बन्द कर दिया जाए। यदि ऐसा न किया जाता, यदि निषेधात्मक कर न लगाए जाते और कानून न बनाए जाते, पेसले तथा मानचेस्टर की मिलें प्रारम्भ में ही बन्द हो जातीं और भाप के द्वारा भी दुबारा नहीं चलाई जा सकती थीं। उनको भारतीय माल की बलि देकर उत्पन्न किया गया (या जीवित रखा गया)।"**

**(8) भारतीय उद्योगों का सर्वथा नाश**—सन् 1832 ई. में **आर. एम. मार्टिन** ने पर्यवेक्षण किया कि, **"ब्रिटेन द्वारा भारत में सूती कपड़े के माल के निर्यात करने से लाखों भारतीय सर्वथा बर्बाद हो गए हैं।"**[3]

**डॉ. आर. सी. मजूमदार** ने लिखा है कि, **"जब ब्रिटिश माल भारतीय बाजारों में एक बाढ़ की भाँति आ गया और उसके द्वारा भारतीय तैयार माल की बर्बादी की आशंका उत्पन्न हो गयी, तो उस समय आने वाली बर्बादी को रोकने के लिए ईस्ट इण्डिया कम्पनी ने कोई भी कदम नहीं उठाया।"** जैसा कि बहुत से अंग्रेज इतिहासकारों (ग्रिफिथ) ने लिखा है कि, **"स्वतन्त्र व्यापार की नीति तथा ब्रिटिश मशीनों के द्वारा बनाए हुए सामान के मुकाबले में भारतीय माल को संरक्षण न देने के कारण भारतीय कारीगर अथवा उद्योगपति नष्ट हो गए।"**

---

1. Mr. Rajni Palm Dutt has written, "It is now universally admitted that India is very rich in natural resources, both mineral and agricultural. It is also an admitted fact that the British deliberately crippled Indian trade and manufacture by erecting a high tariff wall in Britain against Indian goods to India." —Rajni Palm Dutt : Today, p. 99
2. "In the early nineteenth century the duty on Muslin and Calico was respectively, more than 27 and 71 percent ad valorem. Even then, unable to compete with Indian manufactures, Britain prohibited the import of Calico clothes. Heavy protective duties in England 70 and 80 percent respectively on Indian silk and cotton goods ruined those industries, while British goods were imported in India with a nominal duty."
3. "By increase of export of cotton goods to India from Britain many millions of Indo-British subjects have been totally ruined."

**(9) भारतीय व्यापार का सर्वथा नाश** (Total Destruction of Indian Trade)–**कार्ल मार्क्स** ने लिखा है कि, **"सन् 1818 ई. से लेकर सन् 1836 ई. तक ग्रेट ब्रिटेन से भारत में बटे हुए रेशमी धागे का निर्यात 1 और 5,200 के अनुपात में बढ़ गया। सन् 1824 ईं. में ब्रिटिश मलमल का भारत को निर्यात मुश्किल से 60,00,000 गज था जबकि सन् 1837 ई. में यह 6,40,00,000 गज से भी अधिक बढ़ गया। इसी समय ढाका की आबादी 1,50,000 से घटकर 20,000 रह गयी। सूती कपड़ों के लिए प्रसिद्ध भारतीय नगरों का पतन ही केवल ब्रिटिश नीति का सबसे बुरा परिणाम नहीं था। अंग्रेजी मिलों तथा विज्ञान ने सारे भारत में कृषि तथा उद्योगों के बीच सम्बन्ध को जड़ से उखाड़ दिया।"**[1]

**कार्ल मार्क्स** ने आगे लिखा है कि, **"इंग्लैण्ड की रुई उद्योग का भारत पर विनाशकारी प्रभाव पड़ा। सन् 1834-35 ई. में गवर्नर-जनरल ने अपनी रिपोर्ट में लिखा है कि इस प्रकार की विपत्ति का शायद ही भारतीय व्यापार के इतिहास में कोई समानान्तर मिलता हो। भारत के रुई बुनने वालों की हड्डियाँ भारत के मैदानों में सड़ रही हैं।"**

**(10) कम्पनी द्वारा भारत का पूर्ण आर्थिक शोषण–कार्ल मार्क्स** ने लिखा है कि, **"अठारहवीं शताब्दी में जो कोष भारत से इंग्लैण्ड ले जाए गए, वे इतने व्यापार के द्वारा प्राप्त नहीं किए गए जितना कि उस देश (भारत) के प्रत्यक्ष शोषण के द्वारा प्राप्त किए गए। भारत से बहुत अधिक धन जबर्दस्ती प्राप्त किया गया और इंग्लैण्ड भेज गया।"**

सन् 1780 ई. में ग्रेट ब्रिटेन का निर्यात 1,26,48,616 पौण्ड का था और भारतीय व्यापार कुल व्यापार का 1/32 था। सन् 1850 ई. में ग्रेट ब्रिटेन और आयरलैण्ड का भारत से व्यापार 80,24,000 पौण्ड का था जिसमें से केवल रुई के कपड़े का व्यापार 52,20,000 पौण्ड का था और यह व्यापार कुल व्यापार का 1/8 भाग था अथवा कपड़े के कुल व्यापार का चौथा भाग था।

भारत के जिम्मे अब (सन् 1850 ई. में) 500 लाख पौण्ड का ऋण है। भारत का राजस्व लगातार घट रहा है जबकि खर्च लगातार बढ़ रहा है। इस घाटे को चीन के साथ अफीम के व्यापार से प्राप्त आमदनी के द्वारा सन्तुलित करने का प्रयत्न किया जा रहा है। अब इस अफीम के व्यापार की समाप्ति की आशंका है क्योंकि चीनी स्वयं अफीम उत्पन्न करने लगे हैं। यह खर्च बेसमझ बर्मा युद्ध के कारण और भी अधिक बढ़ गया है।"

**(11) अंग्रेजों द्वारा भारतीय ग्रामीणों अर्थव्यवस्था को नष्ट करना**–भारत में ग्रामीण अर्थव्यवस्था का मुख्य आधार कृषि तथा छोटे-छोटे उद्योगों में समन्वय था। **रजनी पाम दत्त** ने लिखा है कि, **"न केवल वस्तुएँ बनाने वाले नगर तथा केन्द्र अंग्रेजों द्वारा बर्बाद किए गए और उनकी आबादी को ग्रामों में भीड़ करने के लिए भेज दिया गया, अपितु ग्रामीण अर्थव्यवस्था के पुराने आधार को ही नष्ट कर दिया गया, अर्थात् कृषि और घरेलू उद्योगों के मेल को ही घातक धक्का लगा। लाखों कारीगर, शिल्पी, सूत कातने वाले, जुलाहे, कुम्हार, चमड़ा रंगने वाले, धातु पिघलाने वाले, लुहार इत्यादि के पास गाँवों में भीड़ करने के अतिरिक्त कोई विकल्प नहीं रहा। इस तरह से भारत के कृषि तथा उद्योगों के मेल को जबर्दस्ती तोड़कर भारत को ब्रिटिश औद्योगिक पूँजीवाद का उपनिवेश बना दिया गया।"**[2]

तत्कालीन एक उदारवादी अंग्रेज अधिकारी **मोण्टगुमरी मार्टिन** ने सन् 1840 ई. में संसदीय जाँच कमेटी के समक्ष कहा कि, **"भारत जितना कृषि-देश है, उतना ही औद्योगिक देश भी है। उसके द्वारा वस्तुएँ शताब्दियों से तैयार होती**

1. "From 1818 to 1836 the export of twist from Great Britian to India rose in the proportion of 1 to 5,200. In 1824 the export of British Muslins to India hardly amounted to 60,00,000 yards, while in 1837 it surpassed 6,40,00,000. But at the same time population of Dacca decreased from 1,50,000 inhabitants to 20,000. This decline of Indian towns clelbrated for their fabrics was by no means the wrost consequence. British steam and science uprooted, over to whole suface of Hindustan, the union between agricultural and manufacturing industry."
—Karl Marx in New York Daily Tribune, June 10, 1853.

2. "The ruin of Indian industry and commerce was followed by another disastrous result. It was not only the manufacturing towns and centres that were laid waste, and their population driven to crowd and over-crowd the villages, it was above all the basis of the old village economy, the unuon of agriculture and domestic industry, that received its mortal blow. The mollions or ruined artisans and craftsmen spinners. Weavers, potters, tanners, smelters, smiths, alike from the towns and from the villages had no alternative save to crowd into agriculture. In this way India was forcibly transformed from being a country of combined agriculture and manufactures, into an agricultural colony of British manufacturing capitalism." —Rajni Palm Dutt, India Today, p. 103.

**आ रही हैं और कोई भी राष्ट्र उनका मुकाबला नहीं कर सका है जहाँ उनको उचित अवसर दिया गया है। अब उसको केवल कृषि देश के स्तर तक नीचे गिराना उसके साथ अन्याय करना होगा।"**

**(12) इनाम-कमीशन द्वारा जमींदारों की जागीर छीनना**—सन् 1852 ई. में कम्पनी ने एक इनाम-कमीशन (Rent-free Grant Commission) की स्थापना की। बहुत से लोगों को भूमि पिछले शासकों द्वारा इनाम में मिली हुई थी और उसका भूमिकर भी उनको नहीं देना पड़ता था। इनाम-कमीशन ने जागीरदारों से पुराने कागज या प्रलेख (Documents) माँगे जिसके अनुसार उन्हें पिछले शासकों से भूमि इनाम में मिली हुई थी। बहुत से लोगों के पास भूमि 100 वर्ष से भी अधिक समय से चली आ रही थी और उसका वे टैक्स या भूमि-कर भी नहीं देते थे तथा उनके पास पुराने प्रलेख मौजूद नहीं थे। इसलिए कमीशन ने उनकी जमीनें जब्त कर लीं। इस तरह हजारों जमींदार या ज़ागीरदार तबाह हो गए। अंग्रेजों का उद्देश्य बड़े-बड़े जमींदारों या जागीरदारों को नष्ट करना था ताकि वे जनता का नेतृत्व न कर सकें। इस इनाम-कमीशन की सख्ती का इसी बात से पता चलता है कि केवल दक्षिणी भारत में ही इसके द्वारा पाँच वर्ष में 20,000 से अधिक जागीरें जब्त की गयीं।

**(13) विनाशकारी अकाल**—डॉ. आर. सी. मजूमदार ने लिखा है कि, **"नयी और बदलती हुई भूमि-कर पद्धतियों ने तथा बहुत ऊँचे दर से भूमि-कर वसूल किए जाने के कारण किसान इतना निर्धन हो गया कि उसके पास भोजन तथा कपड़े की न्यूनतम आवश्यकताओं की पूर्ति के लिए धन नहीं रहा। इस तरह से यह प्रतीत होता है कि जमींदार, मध्य वर्ग, किसान, मिस्त्री (कारीगर अथवा शिल्पी) व्यापारी, उद्योगपति, संक्षेप में सभी वर्ग अंग्रेजों द्वारा जारी की गयी आर्थिक नीति के कारण पूर्ण निर्धनता के कगार तक आ पहुँचे।"**

**अतः यह कोई आश्चर्य की बात नहीं है कि गम्भीर असन्तोष तथा कटुता सारे भारतवर्ष में फैल गयी और लोगों की यह कष्टग्रस्त स्थिति बार-बार पड़ने वाले अकालों में दृष्टिगोचर होती थी।**[1]

सन् 1876-78 ई. में तो अकाल ने इतनी भयानक तबाही-बर्बादी मचाई कि इसका वर्णन करना ही कठिन है। इस अकाल के कारण महाराष्ट्र के आठ लाख, मद्रास के पैंतीस लाख तथा मैसूर के लगभग 20 प्रतिशत लोग मृत्यु को प्राप्त हुए।

## भारत में ब्रिटिश साम्राज्यवाद के विरुद्ध तीव्र प्रतिक्रिया और स्वतन्त्रता संघर्ष का प्रारम्भ

### (Strong Reaction against the British Imperialist Rule the beginning of the Armed Struggle for Freedom)

भारत में ब्रिटिश साम्राज्य के विरुद्ध तीव्र प्रतिक्रिया होना स्वाभाविक था। सन् 1857 ई. में तो ब्रिटिश शासन के विरुद्ध व्यापक स्तर पर स्वतन्त्रता संघर्ष छिड़ गया परन्तु उससे पूर्व भी उनके शासन के विरुद्ध अनेक संघर्ष हुए जिनका इतिहास में बहुत ही कम वर्णन मिलता है। यहाँ इनका संक्षिप्त उल्लेख किया जा रहा है ताकि कहीं कोई पाठक भूल से यह न समझ ले कि अंग्रेजों के शासन को भारतीय 100 वर्ष तक (सन् 1757 से 1857 ई. तक) चुपचाप सहन करते रहे।

**ब्रिटिश उपनिवेशवादी और साम्राज्यवादियों के विरुद्ध सामन्तों, किसानों और सिपाहियों के सशस्त्र विद्रोह**—भारत में ब्रिटिश उपनिवेशवादी और साम्राज्यवादी शासकों और उनके कर्मचारियों ने निरन्तर शोषण किया, उद्योगों को मटियामेट कर दिया और कृषि को बर्बाद कर दिया। वे देश के धन को लगातार बाहर ले गए, उन्होंने अपने स्वार्थ के लिए भारत को तैयार माल की मण्डी बना लिया और रजवाड़ों को नष्ट करके छल और बल से सारे देश को पराधीन करके निर्धन बना दिया। उन्होंने सामयिक अकालों के लिए परिस्थितियाँ तैयार कर दीं और हिन्दू धर्म तथा इस्लाम को भ्रष्ट करना

---

1. "It would thus appear that the Zamindars of landed nobility, the middle class, the peasants, artisans, traders and industrialists—in short, all classes of people were hard hit by the new economic policy introduced by the British and a large number was reduced to abject poverty."
"It is hardly any wonder", continues Dr. R. C. Majumdar, "Therefore, that grave discontent and disaffection prevailed all over India, and this was kept alive, rather underlined, by the most visible sign of the wretched condition of the people, namely periodical recurrence of famine. There were no less than seven famines in the first half of the nineteenth century with an estimated total of one and half million deaths."

और ईसाई धर्म को विभिन्न अनुचित तरीकों से फैलाना प्रारम्भ कर दिया। ऐसी परिस्थितियों में भारत के विभिन्न वर्गों का उनके विरुद्ध विद्रोह करना स्वाभाविक ही था।

**सामन्तों के विद्रोह**–ब्रिटिश साम्राज्यवादियों के विरुद्ध सामन्तों ने जो विद्रोह किए, उनमें प्रमुख हैं–(1) विजयनगरम् के विजयराज का विद्रोह (1794), (2) केरल के पायररस्सी राजा का विद्रोह (1799-1805), (3) अवध के नवाब वजीर अली खाँ का विद्रोह (1799), (4) गंजाम के जमींदारों का संघर्ष (1800-1834), (5) दक्षिण के पायडकारों (किलेदारों) का संग्राम (1801-1805), (6) वेलूथंपी के नेतृत्व में त्रावनकोर का स्वाधीनता संग्राम (1808-1809), (7) रानी येनम्मा के नेतृत्व में कित्तूर (मैसूर) विद्रोह (1824), (8) असम में गदाधर सिंह और कुमार रूपचन्द के नेतृत्व में विद्रोह (1828-1830), (9) कुर्ग का मोचा (1833-1834), (10) सम्भलपुर में सुरेन्द्रसाई के नेतृत्व में विद्रोह (1839-1862), (11) बुन्देलखण्ड में मधुकरशाह बुन्देला का विद्रोह और भूमिया आन्दोलन (1842), (12) सावन्तवाड़ी के सामन्तों की बगावत (1844-1859), (13) आन्ध्र में नरसिंह रेड्डी का विद्रोह (1846-1847)।

**किसानों के विद्रोह**–ऊपर लिखे हुए सामन्तों के सभी विद्रोहों के पीछे मुख्य शक्ति किसानों की थी। किसानों के अपने प्रधान विद्रोह निम्नलिखित थे–(1) गोरखपुर का विद्रोह (1778-1781), (2) रंगपुर (पूर्वी बंगाल) में विद्रोह (1784), (3) सुर्वादिया (अब बंगला देश के बाकर जिले में) विद्रोह (1792), (4) बरासात के (पश्चिमी बंगाल के चौबीस परगना जिले में) तीतूमीर का विद्रोह (1830-1831, 1846-1866), (5) मैसूर की रैयत (प्रजा) का विद्रोह (1830-1831), (6) फरीदपुर जिले (बंगाल) का फराजी विद्रोह (1834-1847) (आजकल फरीदपुर बंगला देश में है), (7) महाराष्ट्र का सर्वेक्षण हंगामा (1852)।

**आदिवासी किसानों के प्रधान विद्रोह**–(1) बांकुड़ा और मेदिनीपुर जिले के चोआड़ विद्रोह (1798-1799), (2) भील विद्रोह (1818-1821), (3) सिंह भूमि (बिहार) में ही आदिवासियों का विद्रोह (1820-1821), (4) गारो (असम) विद्रोह (1825-1833, 1846-1866), (5) खसिया (असम) विद्रोह (1829-1833), (6) सिगफो विद्रोह (1830-1831), (7) छोटा नागपुर में कोल विद्रोह (1831-1832), (8) सम्भलपुर में गौंड विद्रोह (1833), (9) उड़ीसा में खोंड विद्रोह (1846), असम में अबोरो, लुशाइयों और नागाओं का विद्रोह (1848-1900) और इतिहास प्रसिद्ध संथाल विद्रोह (1855-1856)।

**सिपाहियों के विद्रोह**–भारत में किसानों का ऐसा वर्ग था जो देशी राजाओं के सिपाहियों का काम करता था और जब खेती को बोने तथा काटने का समय होता था, तो छुट्टी लेकर आ जाता था और खेती के काम से निपटकर पुनः सेना में चला जाता था। जब अंग्रेजों ने देशी राजाओं के राज्य पर कब्जा कर लिया तो उनकी सेनाएँ भंग कर दीं और सैनिकों तथा पुलिस कर्मचारियों के अधिकार छीनने शुरू कर दिए। फलतः इन सैनिकों तथा सिपाहियों ने मर मिटने और ब्रिटिश राज को जड़ से उखाड़ फेंकने की कोशिश की। ऐसे विद्रोह की कड़ी में आ जाते हैं (1) कटक के पाइकों का विद्रोह (1817), (2) पश्चिम घाट के कोलियों का विद्रोह (1824-1850), (3) पूना के रमोलियों का विद्रोह (1826-1829), कोल्हापुर का गड़कारी विद्रोह (1844)।

कम्पनी सरकार के अत्याचारों के विरुद्ध सेना में सन् 1857 ई. से पहले भी कई विद्रोह हुए। इनमें सबसे पहले विद्रोह सन् 1764 ई. में हुआ जबकि 22 सिपाहियों को (16 छपरा और 6 को बैरकपुर में) तोप के मुँह से बाँधकर उड़ा दिया गया था। सन् 1806 ई. में भी दक्षिण भारत में कम्पनी की सेनाओं ने बड़ा भयंकर विद्रोह खड़ा कर दिया था जिसे वेलोर का विद्रोह कहा जाता है क्योंकि वेलोर इसका केन्द्र था। सन् 1824 ई. में जब ईस्ट इण्डिया कम्पनी ने बर्मा को विजय करने के लिए बिना उचित कारण बताए चढ़ाई कर दी, तो उस समय बंगाल आर्मी की बैरकपुर में स्थित 26वीं, 47वीं और 62वीं पल्टन में अशान्ति दिखाई दी क्योंकि वे बर्मा युद्ध में भाग नहीं लेना चाहते थे। 2 नवम्बर, 1824 ई. को जब 47वीं पल्टन ने युद्ध में जाने से इन्कार कर दिया, तो उस पर अंग्रेज अधिकारियों ने तोपखाने से गोलाबारी की जिसमें लगभग डेढ़ सौ सिपाही मारे गए। इसके बाद फौजी अदालत ने अनेक सिपाहियों को मृत्यु दण्ड तथा कड़ी सजा दी। इसके अतिरिक्त ब्रिटिश सरकार के विरुद्ध सन् 1810-1811 ई. में बनारस की जनता ने हड़ताल की क्योंकि गृह-कर बहुत अधिक बढ़ा दिया गया था। सन् 1850 तथा 1857 ई. के बीच भारतीयों तथा अंग्रेजों में पहले लिखे गए कारणों से विरोध बहुत उग्र हो गया था जिसका विस्फोट सन् 1857 ई. के स्वतन्त्रता संघर्ष में पूर्ण रूप से हुआ था। इसके बाद भी भारतीयों और अंग्रेजों में कड़ा विरोध जारी रहा और अन्त तभी हुआ जब भारत स्वतन्त्र हो गया।

# प्रश्न
# (Questions)

## दीर्घ उत्तरीय प्रश्न (Long Answer Type Questions)

1. साम्राज्यवाद क्या है ? इसकी परिभाषा दीजिए। साम्राज्यवाद के विकास की सहायक दशाओं की विवेचना कीजिए।
   (What is Imperialism ? Define it. Discuss the helping conditions for the development of Imperialism.)
2. भारत में ब्रिटिश साम्राज्यवाद की स्थापना के बारे में आप क्या जानते हैं ? संक्षेप में विवेचना कीजिए।
   (What do you know about the establishment of British Imperialism in India ? Discuss in brief.)
3. भारत में ब्रिटिश साम्राज्यवाद विनाशकारी राजनीतिक परिणामों की विवेचना कीजिए।
   (Discuss the worst political consequences of the British Imperialism in India.)
4. ब्रिटिश साम्राज्यवाद के सामाजिक दुष्परिणामों की विवेचना कीजिए।
   (Discuss the worst consequences of the British Imperialism in the social field.)
5. भारत में ब्रिटिश साम्राज्यवाद के आर्थिक दुष्परिणामों की विवेचना कीजिए।
   (Discuss the disastrous consequences of the British Imperialism in the economic field of India.)

## लघु उत्तरीय प्रश्न (Short Answer Type Questions)

1. साम्राज्यवाद क्या है ?
2. साम्राज्यवाद की कोई तीन परिभाषाएँ लिखिए।
3. साम्राज्यवाद किन तरीकों से अपना नियन्त्रण स्थापित करता है ?
4. साम्राज्यवाद के विकास की किन्हीं तीन सहायक दशाओं की संक्षेप में विवेचना कीजिए।
5. प्राचीनकाल में किन-किन मार्गों से भारत का व्यापार होता था ?
6. भारत में विदेशियों के आगमन पर एक संक्षिप्त नोट लिखिए।
7. संहायक सन्धि की क्या शर्तें थीं ?
8. टीपू सुल्तान ने ब्रिटिश साम्राज्यवाद का विरोध किस प्रकार किया ?
9. मराठों द्वारा ब्रिटिश साम्राज्यवाद का विरोध किस प्रकार किया गया ?
10 सिक्खों ने ब्रिटिश साम्राज्यवाद का विरोध किस प्रकार किया ?

## बहुविकल्पीय वस्तुनिष्ठ प्रश्न (Multiple Choice Type Objective Questions)

**1. "साम्राज्यवाद को एक राष्ट्र द्वारा अपनी सीमा के बाहर के क्षेत्रों पर शक्ति का विस्तार" निम्न में से कौन विद्वान् मानता है–**

(a) माग्रेन्थो (b) लेनिन
(c) शूमा (d) पार्कर मून।

**उत्तर**–(a) माग्रेन्थो।

**2. साम्राज्यवाद को पूँजीवाद की सर्वोपरि अवस्था किस विद्वान् ने माना है–**

(a) पार्कर मून (b) लेनिन
(c) माग्रेन्थो (d) शूमा।

**उत्तर**–(b) लेनिन।

**3. किस सदी के उत्तरार्द्ध को घोर साम्राज्यवाद का काल कहा जाता है–**

(a) 17वीं सदी (b) 18वीं सदी
(c) 19वीं सदी (d) 20वीं सदी।

**उत्तर**–(c) 19वीं सदी।

**4. औद्योगिक क्रान्ति किस सदी में हुई–**

(a) 15वीं सदी (b) 16वीं सदी

(c) 17वीं सदी (d) 18वीं सदी।

**उत्तर**–(d) 18वीं सदी।

**5. 13वीं सदी में किस यात्री ने चीन के सम्राट् के दरबार में उपस्थिति दर्ज कराई थी–**

(a) मार्को पोलो (b) कोलम्बस

(c) वास्कोडिगामा (d) जमोरिन।

**उत्तर**–(a) मार्को पोलो।

**6. वास्कोडिगामा कहाँ का नागरिक था–**

(a) स्पेन का (b) पुर्तगाल का

(c) चीन का (d) फ्रांस का।

**उत्तर**–(b) पुर्तगाल का।

**7. कोलम्बस किस सन् में अटलाण्टिक महासागर पार कर अमेरिका तक पहुँचने में सफल हुआ था–**

(a) सन् 1480 ई. में (b) सन् 1481 ई. में

(c) सन् 1482 ई. में (d) सन् 1483 ई. में।

**उत्तर**–(c) सन् 1482 ई. में।

**8. वास्कोडिगामा किस सन् में कालीकट पहुँचा था ?**

(a) सन् 1495 ई. में (b) सन् 1496 ई. में

(c) सन् 1497 ई. में (d) सन् 1498 ई. में।

**उत्तर**–(d) सन् 1498 ई. में।

**9. प्लासी का युद्ध किस सन् में हुआ था ?**

(a) सन् 1757 ई. में (b) सन् 1758 ई. में

(c) सन् 1759 ई. में (d) सन् 1760 ई. में।

**उत्तर**–(a) सन् 1757 ई. में।

●●

# भारत का प्रथम स्वतन्त्रता संग्राम

## [INDIA'S FIRST ARMED STRUGGLE FOR FREEDOM, 1857]

अथवा

# सन् 1857 का विप्लव (विद्रोह)

## [THE REVOLT OF 1857]

यूँ तो कांग्रेसजन तथा उनके समर्थक इतिहासकार एवं विद्वान् भारतीय राष्ट्रीय कांग्रेस के इतिहास अर्थात् उसके आन्दोलन के इतिहास को ही '**भारतीय राष्ट्रीय आन्दोलन**' अथवा '**भारतीय स्वतन्त्रता संग्राम का इतिहास**' मानते हैं किन्तु इस धारणा के विपरीत अनेक इतिहासकार और विद्वान् सन् 1857 ई. के विद्रोह को मात्र सैनिक विद्रोह न मानकर उसे भारत का '**प्रथम स्वतन्त्रता आन्दोलन**' अथवा '**संघर्ष**' होने का श्रेय प्रदान करते हैं। वे उसे सन् 1885 ई. में भारतीय राष्ट्रीय कांग्रेस की स्थापना के बाद संवैधानिक आन्दोलन से प्रारम्भ होकर गाँधी जी के अहिंसात्मक आन्दोलन तक अपनी यात्रा जारी रखने वाला भारतीय राष्ट्रीय आन्दोलन अथवा प्रथम स्वतन्त्रता संग्राम स्वीकार करते हैं, यद्यपि ऐसे विद्वानों की संख्या कम है। अंग्रेज इतिहासकारों, विद्वानों और राजनीतिज्ञों में से एकाधिक को छोड़कर सभी ने उसे राष्ट्रीय आन्दोलन अथवा स्वतन्त्रता संग्राम नहीं माना है।

**सर जॉन लॉरेन्स** और **सीले** जैसे ब्रिटिश इतिहासकारों एवं विद्वानों ने उसे '**सैनिक विद्रोह**', **एल. ई. आर. रीस** ने उसे '**ईसाई धर्म के विरुद्ध धर्मयुद्ध**', कुछ अंग्रेज इतिहासकारों ने उसे '**काली और गोरी जातियों के बीच संघर्ष**', **टी. आर. होम्स** एवं उनके समर्थकों ने उसे '**सभ्यता और बर्बरता के बीच संघर्ष**' तथा **सर जेम्स आउट्रम** और **डब्लू टेलर** सदृश्य इतिहासकारों ने उसे अंग्रेजों के विरुद्ध **हिन्दू-मुसलमानों के षड्यन्त्र की संज्ञा दी है।** ब्रिटेन के जानेमाने और पहली पंक्ति के राजनीतिज्ञ तथा विख्यात प्रधानमन्त्रियों में से एक **डिजरायली** ने अंग्रेज जाति के पूर्वाग्रह से अपने को अलग रखते हुए उसे भारतवासियों का राष्ट्रीय विद्रोह कहा है।

ब्रिटिश इतिहासकारों का अनुगमन करने वाले भारतीयों से अपने को अलग रखते हुए **वीर सावरकर** तथा विख्यात समाजवादी विचारक **अशोक मेहता** ने उसे क्रमशः '**प्रथम स्वतन्त्रता संग्राम**' और '**राष्ट्रीय विद्रोह**' की संज्ञा प्रदान की है। विख्यात भारतीय इतिहासकार **डॉ. आर. सी. मजूमदार** तो किसी भी तरह '**भारतीय स्वतन्त्रता संग्राम**' स्वीकार करने के लिए तैयार नहीं हैं किन्तु **डॉ. एस. एन. सेन** का कहना है कि, "**राष्ट्रीयता के अभाव में भी वह 'भारतीय स्वतन्त्रता संग्राम' था।**" कुछ भी हो, राष्ट्रीय आन्दोलन की पृष्ठभूमि के रूप में तो उसका महत्व स्वीकार करना ही होगा।

### विद्रोह की पृष्ठभूमि
### (Background of Revolt)

यद्यपि सन् 1857 ई. के विद्रोह की प्रकृति के बारे में विद्वानों में मतैक्य नहीं है तथापि यह बात अस्वीकार नहीं की जा सकती कि यह भारतीय इतिहास की एक क्रान्तिकारी घटना के रूप में था। इसने ब्रिटिश सत्ता को इतना अधिक झकझोर दिया कि उसे कम्पनी का शासन समाप्त कर भारत की सत्ता को अपने हाथ में लेना पड़ा। इसे स्वतन्त्रता संग्राम अथवा राष्ट्रीय आन्दोलन माना जाए या नहीं किन्तु यह बात तो स्वीकार करनी ही पड़ेगी कि यह अंग्रेजी शासन के विरुद्ध समय-समय पर हुए स्थानीय विद्रोहों तथा भारतीय राष्ट्रीय कांग्रेस के नेतृत्व में होने वाले राष्ट्रीय आन्दोलन के बीच की एक महत्वपूर्ण कड़ी है। इसका तात्पर्य यह है कि इसके पूर्व के अनेक विद्रोह अथवा संघर्ष इसकी तथा सन् 1885 ई. से 15 अगस्त, 1947 ई. तक के राष्ट्रीय आन्दोलन की पृष्ठभूमि तैयार करता है। यह विद्रोह अचानक बिना किसी पृष्ठभूमि के नहीं हुआ था। यह भारतीयों

में उस संघर्ष की पराकाष्ठा के रूप में था जो सन् 1757 ई. में कम्पनी राज की शुरूआत के बाद से ही धीरे-धीरे प्रारम्भ होने लगा था।

कम्पनी शासन अर्थात् ईस्ट इण्डिया कम्पनी के राज के विरुद्ध जो संघर्ष हुए उन्हें हम मोटे तौर पर निम्न दो भागों में बाँट सकते हैं—

1. सामन्तों और अर्ध-सामन्तों का विद्रोह।
2. आदिवासी विद्रोह।

पहले प्रकार के विद्रोह का सिलसिला लगातार सौ वर्षों तक चला। सत्ताच्युत राजाओं और नवाबों या उनके उत्तराधिकारियों या जमींदारों, कास्तकारों और पोतिगारों आदि ने इस प्रकार के विद्रोहों का नेतृत्व किया। शोषित किसान दस्तकार तथा राजाओं या नवाबों की विघटित सेनाओं के सैनिक इसका जनाधार तैयार करते थे। यद्यपि ये मूलत: सामन्तों और अर्धसामन्तों के हितों की पूर्ति से सम्बन्धित थे तथापि ये अंग्रेजी शासन और अंग्रेज जाति के प्रति भारतीय जनता के क्षोभ और असन्तोष की भावना का प्रतिनिधित्व करते थे। यह सही है कि सामन्ती समाज और राजतन्त्रीय व्यवस्था में साधारण जनता का अपना कोई स्वतन्त्र अस्तित्व एवं अपनी कोई स्वतन्त्र सोच नहीं होती तथा वह अपने राजा या नवाब और अपने जमींदार या ताल्लुकेदार से अपने को भावनात्मक रूप से जुड़ा हुआ अनुभव करती है तथा उसके नेतृत्व में आँख मूँदकर चलती है किन्तु इसी के साथ यह सत्य भी अस्वीकार नहीं किया जा सकता कि भारत की सामान्य जनता के मन में अंग्रेजी शासन के विरुद्ध सदैव असन्तोष एवं क्षोभ की भावना पलती रही। वह अपनी परतन्त्र राजनीतिक और सामाजिक स्थिति तथा उससे पैदा हुई दब्बू मानसिकता के कारण केवल भीतर ही भीतर छटपटाती रहती थी। जब कभी उसके सामन्त स्वामियों ने अपने हितों की पूर्ति के लिए संघर्ष में उसकी भागीदारी का आह्वान किया, वह उसमें तुरन्त कूद पड़ी। सामन्तों के कारण तो नहीं किन्तु सामान्य जनता की किसी-न-किसी रूप में भागीदारी के कारण ये संघर्ष या विद्रोह एक प्रकार से राष्ट्रीय विद्रोह कहे जा सकते हैं।

ये विद्रोह सामान्यत: किसी स्थानीय असन्तोष अथवा मुद्दे के कारण उपजते थे—अत: इनका क्षेत्र सीमित होता था। बावजूद इसके ये भारतीय असन्तोष का प्रतिनिधित्व करते थे। अंग्रेजी शासन और अंग्रेज जाति ने अर्थव्यवस्था, प्रशासन और भू-राजस्व प्रणाली में तेजी से जो परिवर्तन किया, उसने इन विद्रोहों को जन्म दिया। अंग्रेजी राज की नीतियों के कारण जमींदारों और पोलिगारों को अपनी जमीन और उससे मिलने वाले राजस्व से हाथ धोना पड़ा क्योंकि या तो उनसे लगान वसूली का अधिकार छीन लिया गया था या उन्हें भारी दर से लगान न चुका पाने के कारण अपनी जमीन का अधिकार छोड़ने के लिए मजबूर होना पड़ा। इतना ही नहीं, सरकारी अधिकारियों और नवधनाढ्य व्यापारियों ने इनकी सामाजिक प्रतिष्ठा एवं प्रभुत्व पर कब्जा कर इनके मान-सम्मान को भी चोट पहुँचायी। लगान की बढ़ती दरों के कारण किसान या तो कर्ज के बोझ से दबते गए या उन्हें अपनी जमीन बेचने के लिए विवश होना पड़ा। नए भू-स्वामियों का रवैया उनके प्रति सहानुभूतिपूर्ण नहीं होता था। वे उन्हें जमीन से बेदखल करने का ही कार्य करते रहते थे।

नए कानूनों और अदालतों ने भी उन्हें जमीन से बेदखल ही किया। लगान या ब्याज की वसूली के लिए उन पर तरह-तरह के जुल्म ढाए जाते थे, जैसे—कोड़े मारना, अमानुषिक यातनाएँ देना तथा जेल भिजवाना आदि। पुलिस, प्रशासन और न्यायपालिका में निचले स्तरों पर व्याप्त भ्रष्टाचार से भी उनका जीवन नरक हो गया था। एक ब्रिटिश अधिकारी **विलियम एडवर्ड्स** के मतानुसार, **"पुलिस जनता की उत्पीड़क हो गयी तथा सरकार के प्रति असन्तोष का मुख्य कारण उसका जुल्म था। मुक्त व्यापार तथा भारतीय उत्पादकों के मनमाने ढंग से कर वसूली के कारण भारतीय दस्तकारी उद्योग चौपट हो गया। लाखों दस्तकारों के लिए रोटी तक मुहाल हो गयी थी। राजाओं, नवाबों और जमींदारों की खस्ताहाली का भी दस्तकारी उद्योग पर बुरा प्रभाव पड़ा। किसानों और दस्तकारों की खराब हालत ने उनके मन में असन्तोष एवं क्षोभ पैदा किया।"**

धार्मिक नेताओं और बुद्धिजीवियों ने भी विदेशी शासन के विरुद्ध नफरत और विद्रोह भड़काने में सक्रिय भूमिका निभाई। राजाओं, नवाबों और सामन्तों की इस स्थिति से उनकी भी हालत बहुत खराब हुई। ब्रिटिश शासन के विदेशी चरित्र तथा भारतीयों की परम्परागत निष्ठा के कारण वे अपने को अपमानित महसूस करते थे। तात्पर्य यह है कि उनके मन में किसी न किसी रूप में राष्ट्रीयता की भावना पल रही थी।

इन विद्रोहों का सिलसिला बंगाल और बिहार में अंग्रेजी राज की स्थापना के बाद से ही शुरू हो गया था। शायद ही ऐसा कोई वर्ष रहा हो जब अंग्रेजी शासन का सशस्त्र प्रतिरोध न किया गया हो। **शायद ही कोई ऐसा दशक बीता हो जिसने एक बड़ा सशस्त्र विद्रोह न देखा हो।**

सन् 1763 ई. से 1865 ई. के बीच पूरे देश में अंग्रेजों के विरुद्ध 40 से भी अधिक बड़े विद्रोह हुए। छोटे विद्रोह तो असंख्य हुए। सबसे पहले किसानों तथा राजाओं और नवाबों की विघटित सेनाओं के सिपाहियों ने बंगाल में बेदखल जमींदारों और धार्मिक नेताओं के नेतृत्व में सन् 1763 से 1800 ई. तक विद्रोह किया। इसकी शुरूआत के तीन वर्ष बाद सन् 1766 ई. में बंगाल तथा बिहार के पाँच जिलों में **चुआर विद्रोह** हुआ जो सन् 1772 ई. तक चला।

बाद में वह सन् 1795 ई. में फिर भड़का तथा सन् 1816 ई. तक चला। सन् 1783 ई. में **रंगपुर** और **दिनाजपुर**, सन् 1799 ई. में **विष्णुपुर** और **वीरभूमि** तथा सन् 1827 से 1840 ई. तक **संबलपुर** में अनेक बड़े विद्रोह हुए। तमिलनाडु के **पोलिगारों** ने सन् 1790 ई. विजयनगर के राजा ने सन् 1794 ई. मालाबार और समुद्रतटीय आन्ध्र क्षेत्र के पोलिगारों ने 19वीं शताब्दी के पहले दशक तथा पारलेकमड़ी के पोलिगारों ने सन् 1913-14 ई. में विद्रोह किया। त्रावनकोर के दीवान **वेलयंपी** के नेतृत्व में मैसूर में सन् 1895 ई. में एक ऐतिहासिक विद्रोह हुआ। **विशाखापत्तनम**, में सन् 1830 ई. से 1834 ई. तक, **गंजाम** में सन् 1835 ई. तथा **करनूल** में सन् 1846-47 ई. में कई बड़े विद्रोह हुए जिनमें किसानों और आम आदमियों ने भी खुली भागीदारी की। पश्चिम भारत भी पीछे नहीं रहा। **सौराष्ट्र** में सन् 1816 ई. से 1832 ई. तक उसके शासकों तथा सन् 1824-28 ई. और सन् 1839 ई. में गुजरात के केलियों ने भी जोरदार संघर्ष किया।

**महाराष्ट्र** में पेशवाओं की अन्तिम पराजय के बाद लगातार संघर्ष होते रहे जिनमें सन् 1818-31 ई. का **भील विद्रोह**, चिन्नावा के नेतृत्व में सन् 1824 ई. का **कित्तूर विद्रोह**, सन् 1841 ई. का **सतारा विद्रोह** तथा सन् 1844 ई. का **गडकरी विद्रोह** प्रमुख हैं। उत्तर भारत भी किसी से पीछे नहीं रहा। पश्चिमी उत्तर प्रदेश और हरियाणा के अनेक क्षेत्रों में सन् 1824 ई. में सशस्त्र विद्रोह हुआ। आज के मध्य प्रदेश का भी योगदान कम नहीं रहा। सन् 1842 ई. में जबलपुर के **बुन्देलों** तथा सन् 1852 ई. में **खानदेश** के लोगों ने संघर्ष का बिगुल बजाया। सन् 1848-49 ई. का द्वितीय पंजाब युद्ध भी अंग्रेजों के विरुद्ध सेना और जनता का संघर्ष था।

**एक जैसी पृष्ठभूमि**—उनमें से कई विद्रोहों का चरित्र एक जैसा था क्योंकि उनका जन्म एक जैसी पृष्ठभूमि और परिस्थितियों में हुआ था—इनके नेतृत्व करने वाले सामन्तों और अर्ध-सामन्तों की सामाजिक, आर्थिक और राजनीतिक पृष्ठभूमि तथा उनका दृष्टिकोण परम्परागत था। नए जमाने और नयेपन से उन्हें कोई लगाव नहीं था। उनके पास अंग्रेजी शासन और व्यवस्था का कोई नया सामाजिक विकल्प नहीं था। वे राजनीतिक और सामाजिक परम्परागत रूप ही फिर से स्थापित करना चाहते थे। उन पिछड़े दृष्टिकोण वाले तथा असंघटित विद्रोहों में विदेशी शासन को उखाड़ फेंकने की क्षमता नहीं थी। परिणामत: अंग्रेजी राज उन्हें कुचल देने में सफल रहा। अंग्रेजी शासन ने दमन के साथ-साथ कई क्षेत्रों में कूटनीति का भी सहारा लिया।.

अंग्रेजों ने विद्रोहियों का जिस निर्ममता से दमन किया, उसका एक परिणाम यह रहा कि आगे चलकर सन् 1857 ई. का विद्रोह दक्षिण भारत में नहीं फैल सका तथा पूर्वी व पश्चिमी भारत के अधिकांश क्षेत्रों में लोगों ने उससे अपने को अलग रखा। जो कुछ भी हो, सन् 1857 ई. के विद्रोह की पृष्ठभूमि के रूप में उपर्युक्त विद्रोहों के महत्व को अस्वीकार नहीं किया जा सकता है।

**आदिवासियों का विद्रोह**—उपर्युक्त के अतिरिक्त जो दूसरे प्रकार के विद्रोह या संघर्ष हुए, वह आदिवासियों के विद्रोह थे। इसका अर्थ यह है कि शासन के विरुद्ध केवल गैरआदिवासी ही नहीं अपितु आदिवासी समाज भी था। भारत के विभिन्न भागों में रहने वाले आदिवासियों ने 19वीं सदी में कई छापामार लड़ाइयाँ लड़ीं। उन्होंने अत्यन्त जुझारू संघर्ष कर अपने असीम शौर्य और बलिदान का परिचय दिया। अंग्रेजों ने भी आदिवासी आन्दोलनों के दमन में क्रूरता की सारी सीमाएँ तोड़ दीं।

अंग्रेजी शासन के भ्रष्टाचार, अत्याचार और संस्कृति पर प्रहार के लिए उसकी घुसपैठ के कारण आदिवासियों के मन में भी उसके प्रति घोर असन्तोष की भावना पैदा हुई। सामान्यत: आदिवासी समाज अपने को मुख्यधारा से अलग मानता है और उससे अलग तरह का जीवन बिताना चाहता है लेकिन अंग्रेजी राज ने उसके सरदारों को जमींदारों का दर्जा देकर लगान की नयी प्रणाली लागू की तथा आदिवासियों द्वारा उत्पादित वस्तुओं पर नए-नए कर लगाए। इतना ही नहीं, शासन के सहयोग और समर्थन से ईसाई मिशनरियों ने आदिवासी लोगों में घुसपैठ बना ली। महाजनों, व्यापारियों और लगान वसूलने वाले बिचौलियों ने उसके सहयोग से उनका शोषण करना शुरू कर दिया। उन्होंने धीरे-धीरे उनकी जमीनों पर कब्जा कर उन्हें असहाय, दीन और पददलित बना दिया। इस स्थिति में उनकी सामाजिक व्यवस्था छिन्न-भिन्न हो गयी। शासन ने अपनी नीतियों तथा कानूनों के द्वारा जंगल के उनके स्वच्छन्द उपयोग पर रोक लगा दी। परिणामत: उनकी आर्थिक स्थिति बहुत ही खराब होने लगी। पुलिस और छोटे-मोटे अधिकारियों के अत्याचार, शोषण और उनके द्वारा जबर्दस्ती कर उगाही से उनका जीना दूभर हो गया। इन आर्थिक, सामाजिक और सांस्कृतिक कारणों से आदिवासियों के मन में असन्तोष गहराता गया जो

उनके विद्रोह का कारण बना। उन्होंने कई बार हजारों की संख्या में एकत्रित होकर अंग्रेजी शासन के विरुद्ध सशस्त्र संघर्ष किया। कहीं उसका रूप बहुत जोरदार रहा तो कहीं कम कारगर रहा।

**जातीय आधार**—आदिवासियों का संघर्ष राष्ट्रीय और वर्गीय भावना नहीं अपितु जातीय आधार पर संघटित होता था। वे केवल अपने जातीय हित के लिए संघर्ष करते थे। वह केवल शासन ही नहीं अपितु उन सभी बाहरी व्यक्तियों के विरुद्ध होता था जो उनके क्षेत्रों में बसकर उनके शोषण में भूमिका निभाते थे। यहाँ यह बात उल्लेखनीय है कि वे गरीब बाहरी लोगों के विरुद्ध कोई कार्रवाई नहीं करते थे। शोषकों के सहयोगी होने के कारण उनका शासन से संघर्ष होता था। जहाँ एक ओर अंग्रेजी सेना आधुनिकतम शस्त्रास्त्रों से लैस होती थी, वहीं दूसरी ओर वे पत्थर, आरी, भाले और तीर-धनुष आदि से इस विश्वास के आधार पर संघर्ष करते थे कि उनके नेता के पास ईश्वरीय शक्ति है। इसका परिणाम यह हुआ कि वे लाखों की संख्या में मारे गए।

**आदिवासी विद्रोहों में संथाल विद्रोह सबसे जबर्दस्त था**—भागलपुर से राजमहल के बीच का क्षेत्र संथाल बहुल है। हजारों की संख्या में संघटित होकर गैरआदिवासियों के विरुद्ध जोरदार संघर्ष किया। जमींदारों, पुलिस, राजस्व विभाग और अदालतों के घोर अत्याचार से ऊबकर संथाली उठ खड़े हुए। सन् 1854 ई. के आते-आते उनके मुखिया बैठकें कर खुले विद्रोह की तैयारी करने लगे। 30 जून, 1855 ई. को भगनीडीह में 400 आदिवासी गाँवों के करीब 6 हजार प्रतिनिधियों की एक सभा हुई जिसमें एक स्वर से बाहरी लोगों को भगाने तथा विदेशी राज का अन्त कर सतयुग राज स्थापित करने के लिए खुला विद्रोह करने का संकल्प किया गया। उन्हें विश्वास था कि ईश्वर उनके साथ है क्योंकि उनके नेताओं ने घोषणा की थी कि ठाकुर जी ने हम लोगों को स्वतन्त्रता के लिए हथियार उठाने का आदेश दिया है। उनके आह्वान पर तत्काल 60 हजार संथालों ने एकत्र होकर महाजनों, जमींदारों, अधिकारियों, सरकारी कर्मचारियों, पुलिस स्टेशनों तथा सरकारी कार्यालयों पर हमला बोलकर अपना संघर्ष शुरू कर दिया। उनके इस संगठित विद्रोह का दमन करने के लिए एक मेजर जनरल के नेतृत्व में अंग्रेज सेना की 10 टुकड़ियाँ भेजी गयीं तथा उपद्रव ग्रस्त क्षेत्रों में मार्शल-लॉ लागू कर दिया गया। विद्रोही नेताओं की गिरफ्तारी के लिए काफी धनराशि के पुरस्कार घोषित किए गए। 15 हजार से अधिक संथाल मारे गए उनके गाँव के गाँव उजाड़ दिए गए। अगस्त, 1855 ई. में उनके नेता सीयो को पकड़कर मार डाला गया तथा दूसरा नेता कान्हू भाग गया जो फरवरी, 1886 ई. में गिरफ्तार हुआ। अन्ततः उनका संघर्ष पूरी तरह कुचल दिया गया किन्तु वह उनके अदम्य साहस का इतिहास छोड़ गया। छोटा नागपुर के कोल आदिवासियों ने भी सन् 1820 से 1836 ई. तक अंग्रेजी शासन के विरुद्ध जोरदार संघर्ष किया। हजारों की संख्या में उनके हताहत होने के बाद ही शासन उनके क्षेत्र को अपने कब्जे में ले पाया।

## विद्रोह के कारण
## (Causes of Revolt)

छोटी या बड़ी कोई भी घटना अचानक तथा शून्य में नहीं होती है। इसी तरह वह केवल तात्कालिक कारण से भी नहीं होती है। सन् 1857 ई. के विद्रोह के अनेक कारण थे जिन्हें हम दो भागों में बाँट सकते हैं—(1) तात्कालिक अथवा प्रत्यक्ष, (2) अप्रत्यक्ष अथवा परिस्थितियाँ। अप्रत्यक्ष कारण परिस्थितियों के रूप में होते हैं तथा उनका प्रत्यक्ष कारण से अधिक महत्व होता है। सन् 1857 ई. के विद्रोह के कारणों के बारे में भी यही बात लागू होती है। यूँ तो प्रत्यक्षतः सन् 1857 ई. का विद्रोह सैनिकों में घोर असन्तोष का परिणाम था किन्तु विवेचना से यह बात स्पष्ट हो जाती है कि उसके अनेक कारण थे।

सन् 1857 ई. के विद्रोह के कारणों का विवेचन निम्नांकित शीर्षकों के अन्तर्गत किया जा सकता है—

## राजनीतिक कारण
### (Political Causes)

सन् 1857 ई. के विद्रोह के लिए प्रमुख उत्तरदायी राजनीतिक कारण निम्नांकित थे—

**(1) व्यपगत के सिद्धान्त** (Doctrine of Lapse)—इस सिद्धान्त का यह अर्थ था कि भारत में ब्रिटिश ईस्ट इण्डिया कम्पनी की सत्ता सर्वोच्च या सर्वोपरि (Supreme) है, अतः देशी रियासतें उसके अधीन हैं और देशी रियासतों के शासकों को अपने उत्तराधिकारियों के बारे में मान्यता ब्रिटिश सरकार से प्राप्त करनी पड़ेगी, वरना ब्रिटिश सरकार उन उत्तराधिकारियों को उन रियासतों का वैध शासक (Legal Ruler) स्वीकार नहीं करेगी। यद्यपि यह नीति लार्ड डलहौजी से पहले भी प्रचलित थी किन्तु किसी भी पहले गवर्नर-जनरल ने इस नीति को इतनी कठोरता से लागू नहीं किया था जितनी कठोरता से लार्ड डलहौजी ने लागू किया। लार्ड डलहौजी प्रत्येक अवसर से लाभ उठाना चाहता था। उसके काल में कुछ देशी रियासतों के

राजाओं के पुत्र नहीं थे। उन्होंने लार्ड डलहौजी से पुत्र गोद लेने की आज्ञा माँगी जो कि उसने नहीं दी और उनके राज्य को अपने विशाल साम्राज्य में मिला गया। लैप्स या व्यपगत के सिद्धान्त के अनुसार जो देशी राज्य ब्रिटिश साम्राज्य में मिलाए गए, वे ये थे—सतारा (सन् 1848 ई.), जैतपुर और सम्भलपुर (सन् 1849 ई.), बघाट (सन् 1850 ई.), उदयपुर (सन् 1852 ई.) (यह उदयपुर रियासत राजस्थान की उदयपुर रियासत से भिन्न थी), झाँसी (सन् 1853 ई.) और नागपुर (सन् 1854 ई.)। इन देशी राज्यों को अंग्रेजी साम्राज्य में मिलाए जाने का केवल यह आधार था कि वहाँ के राजा पुत्र-हीन थे। यह आधार पूरी तरह अनुपयुक्त था क्योंकि गोद लेने की प्रथा भारत में बहुत प्राचीनकाल से प्रचलित थी। लैप्स की नीति से अन्य राजा भी भयभीत हो गए और समझने लगे कि कभी-न-कभी उनकी रियासतों को भी अंग्रेजी साम्राज्य में शामिल कर लिया जाएगा।

अंग्रेजों की यह साम्राज्यवादी नीति **सर चार्ल्स नेपियर** (Sir Charles Napier) के इस कथन से भली-भाँति स्पष्ट होती है कि, **"यदि मैं भारत का सम्राट् 12 वर्ष के लिए भी होता, तो एक भी भारतीय राजा नहीं बचता। निजाम का नाम भी कोई न सुन पाता ...... नेपाल हमारा देश होता।"**

अंग्रेजों ने झाँसी, सतारा और नागपुर जैसी रियासतों को अपने साम्राज्य में मिलाकर बहुत गम्भीर भूल की। इतना ही नहीं, अंग्रेजों ने उनके साथ काफी दुर्व्यवहार भी किया। नागपुर की रानियों के जेवर और महल का खूबसूरत सामान कलकत्ता में बेच दिया गया। इससे हिन्दू अंग्रेजी शासकों के विरुद्ध हो गए।

अंग्रेजों की लैप्स नीति बहुत खतरनाक थी क्योंकि उससे देशी राजाओं को यह विश्वास हो गया था कि उनका राज्य एक-न-एक दिन ब्रिटिश राज्य में अवश्य ही मिला लिया जाएगा। वास्तव में अंग्रेजों ने भारत के किसी भी भाग को स्वतन्त्र नहीं रहने दिया था। अपने छल, कपट, षड्यन्त्र तथा बेहतर सैनिक शक्ति द्वारा उन्होंने सम्पूर्ण भारतवर्ष को गुलामी की जंजीरों में पूरी तरह जकड़ लिया था। भारतीय नरेशों के साथ अंग्रेजों ने जो दुर्व्यवहार गत सौ वर्षों में किया, उसका अत्यन्त सुन्दर चित्रण **प्रो. इन्द्र विद्यावाचस्पति** ने निम्न शब्दों में किया है कि, "आप प्लासी के युद्ध से लेकर सन् 1856 ई. तक की 100 वर्षों की राजनीतिक प्रगति पर विचार कीजिए। पुराने राजवंशों को रोंदती हुई, पहाड़ों और नदियों की सीमाओं को लाँघती हुई, अंग्रेजी राज्य की गाड़ी आगे ही बढ़ती गई। भारत में शासन करने वाले बड़े-छोटे शासकों और सामन्तों की संख्या उस समय शायद सहस्त्रों तक पहुँचती थी। ब्रिटिश राज्य की गाड़ी के पहिए उन सबकी छाती पर बड़ी बेरहमी से गुजरे। यदि अंग्रेजी राज्य इतनी तीव्र गति से न फैलता और अंग्रेजी शासक जो घाव लगाते थे, उस पर साथ-ही-साथ मरहम लगाते जाते, तो शायद बेचैनी इतनी अधिक न बढ़ती, किन्तु सरल सफलता ने उन्हें इतना अधिक गर्वित और असावधान बना दिया कि उन्हें आहत स्थान (चोट लगे स्थान) पर मरहम लगाने की तो क्या सहलाने तक की फुर्सत न मिली।" जनता का यह रोष सन् 1857 ई. में प्रकट हुआ जब उत्तर भारत में स्वतन्त्रता की लड़ाई का बिगुल बहुत जोरों से बजा।

**(2) वफादार अवध का ब्रिटिश साम्राज्यवाद में मिलाया जाना**—अवध की राजधानी लखनऊ थी और वहाँ पर नवाब वाजिद अली शाह का राज्य था। अवध के नवाब सन् 1765 ई. के बाद से सदैव अंग्रेजों के बहुत वफादार रहे थे किन्तु अंग्रेजों की साम्राज्य-लिप्सा के सामने यह वफादारी भी कुछ काम नहीं आई। उन्होंने नवाब अवध पर यह आरोप लगाया कि उसका शासन-प्रबन्ध खराब है और 13 फरवरी, 1856 ई. को एक घोषणा द्वारा अवध को अंग्रेजी साम्राज्य में मिला लिया गया। बंगाल की सेना में अवध के बहुत अधिक सिपाही थे। जब उन्हें पता चला कि अंग्रेजों ने अवध के नवाब और वहाँ की जनता की वफादारी के बावजूद उनका राज्य नष्ट कर दिया है तो उनके असन्तोष की कोई सीमा नहीं रही। शेष भारत के राजे-महाराजे भी यही सोचने लगे कि अंग्रेजों के प्रति वफादारी का क्या लाभ जबकि अंग्रेजों ने अवध जैसे स्वामिभक्त राज्य को भी नहीं छोड़ा। **मेलसन** ने लिखा है कि, **"अवध को अंग्रेजी राज्य में मिलाए जाने और वहाँ पर नई पद्धति का शासन शुरू किए जाने से मुस्लिम कुलीनतन्त्र, सैनिक वर्ग, सिपाही और किसान सब अंग्रेजों के विरुद्ध हो गए और अवध असन्तोष का बड़ा भारी केन्द्र बन गया।"**

देशी रियासतों के विलीनीकरण (Annexation) की आलोचना करते हुए **लुडली** ने अपनी पुस्तक **'ताज की नीति पर विचार'** (Thought on the Policy of the Crown) में लिखा है कि, **"निश्चय ही भारत के निवासी मनुष्यों से गिरे हुए होते यदि ऐसी परिस्थितियों में भी उनकी भावनाएँ विलीनीकरण से पीड़ितों के पक्ष में और उनकी रियासतों को विलीन करने वालों के विरुद्ध न होती। निश्चय ही भारत में कोई ऐसी स्त्री या बच्चा नहीं था जो कि हमारे इस विलीनीकरण के कारण हमारा शत्रु न बना हो।"**

**(3) अन्तिम मुगल बादशाह बहादुरशाह के साथ अंग्रेजों का दुर्व्यवहार**—अंग्रेजों ने शुरू में मुगल सम्राटों से कई अधिकार-पत्र प्राप्त किए थे। कम्पनी के सिक्कों पर मुगल साम्राज्य का नाम होता था और अंग्रेज मुगलों को भेंट देते थे।

लार्ड एलनबरो ने बहादुरशाह को नजरें (भेंट) देना बन्द कर दीं। अंग्रेजों ने बहादुरशाह का नाम सिक्कों से भी हटा दिया और अंग्रेज प्रतिनिधियों ने बहादुरशाह के प्रति अपना उचित सम्मान प्रदर्शित करना बन्द कर दिया। लार्ड डलहौजी ने मुगल सम्राट् की उपाधि को खत्म करने का निश्चय किया और उसने बहादुरशाह के सबसे बड़े पुत्र मिर्जा जवा बख्त को युवराज बनाने से इन्कार कर दिया क्योंकि वह अंग्रेजों के विरुद्ध था। लार्ड डलहौजी ने षड्यन्त्र करके राजकुमार कोयाश (बहादुरशाह के छोटे बेटे) को युवराज बना दिया और उससे निम्न अपमानजनक शर्तें तय कर ली गयीं–

(1) तुम्हें बादशाह के स्थान पर केवल 'शाहजादा' (राजकुमार) कहा जाएगा।

(2) तुम्हें दिल्ली का लालकिला खाली करना होगा।

(3) एक लाख रुपए मासिक के स्थान पर तुम्हें 15 हजार रुपए मासिक खर्च के लिए मिला करेंगे। इसके बाद डलहौजी ने बहादुरशाह से लाल किला (दिल्ली) खाली करने और कुतुब (महरौली, दिल्ली) में रहने के लिए कहा। बहादुरशाह को यह सब बातें बहुत ही अपमानजनक लगीं और वह तथा उसके अनुयायी अंग्रेजों के घोर शत्रु बन गए। दिल्ली के बादशाह से अपमानजनक व्यवहार करने के कारण मुसलमान अंग्रेजों के विरुद्ध हो गए।

**डॉ. ईश्वरी प्रसाद** ने लिखा है कि, **"उधर मुगल बादशाह व्यक्तिगत रूप से जितना भी असहाय रहा हो किन्तु उसका पद अब भी जनता की श्रद्धा का विषय बना हुआ था। बादशाह के प्रति अंग्रेजों का व्यवहार जैसे-जैसे सम्मान रहित होता जा रहा था, वैसे-वैसे जनता के मन में अंग्रेजों के प्रति द्वेषभाव भी उग्ररूप धारण करता जा रहा था। बादशाह से उसका महल, किला और उसकी उपाधियाँ छीन लेने की एलेनबरो और डलहौजी की योजनाओं से अंग्रेजों के प्रति जनता का क्रोध और घृणा उग्र हो गयी और बादशाह के प्रति उनके मन में श्रद्धा का भाव बढ़ने लगा। अंग्रेज तो अपनी स्थिति दृढ़ बना चुके थे; अतः उनकी धृष्टता दिन-प्रतिदिन बढ़ती ही जा रही थी, जिससे उनके प्रति जनता की घृणा उग्रतर होती जा रही थी किन्तु अंग्रेजों के पास जनता की भावनाओं से परिचय पाने का साधन ही क्या था ? यह घृणा विप्लव के रूप में फूट पड़ी।"**[1]

**(4) नाना साहब के साथ अन्याय**–सन् 1857 ई. के विद्रोह का चौथा कारण ईस्ट इण्डिया कम्पनी का स्वर्गीय पेशवा बाजीराव द्वितीय के दत्तक पुत्र नाना साहब के साथ घोर अन्याय करना था। लार्ड डलहौजी ने नाना धुन्धुपन्त (नाना साहब) को पेन्शन देने से इन्कार कर दिया। इतना ही नहीं बल्कि बाजीराव द्वितीय की पेन्शन के 62 हजार रुपए, जो कम्पनी की ओर बाकी थे, वे भी नहीं दिए गए। अंग्रेजों के अत्याचार की यहीं तक सीमा न रही। नाना साहब को यह नोटिस दिया गया कि बिठूर की जागीर भी तुमसे चाहे जब छीन ली जाएगी। अंग्रेजों के दुर्व्यवहार ने नाना साहब को उनका घोर शत्रु बना दिया और उसने तथा उसके अनुयायियों ने सन् 1857 ई. में अंग्रेजों के विरुद्ध स्वतन्त्रता-संग्राम में बढ़-चढ़कर भाग लिया। पेशवा के साथ दुर्व्यवहार से हिन्दू अंग्रेजों के सख्त विरुद्ध हो गए। वे कहने लगे कि जब पेशवा के साथ ऐसा दुर्व्यवहार किया जा सकता है, तो सुरक्षित कौन है ?

**(5) क्रीमिया तथा अफगानिस्तान के युद्धों का प्रभाव**–सन् 1841-42 ई. में अंग्रेजों का जो सर्वनाश अफगानिस्तान में हुआ उससे कम्पनी की भारतीय सेना पर बहुत बुरा प्रभाव पड़ा और भारतीय यह समझने लगे कि अंग्रेज अजेय नहीं हैं। सन् 1857 ई. के संघर्ष में क्रीमिया के युद्ध में अंग्रेजों की जो दुर्दशा हुई, उससे विद्रोह के एक प्रमुख नेता अजीमुल्ला खाँ ने यह नतीजा निकाला था कि अंग्रेज अजेय नहीं हैं।

**(6) भारतीयों में अंग्रेजों की दासता से मुक्ति की उत्कट इच्छा**–अंग्रेजों ने मैसूर के शासक, मराठों तथा अन्य भारतीय शासकों को परास्त करके भारत की स्वाधीनता हड़प कर ली थी। सन् 1806 ई. में अंग्रेजों के विरुद्ध भारतीय सेनाओं ने वेल्लोर में विद्रोह किया था। पहले-पहल कम्पनी अपने आपको सम्राट् का दीवान कहती रही और उसी दृष्टि से राज करती रही किन्तु जब कम्पनी ने मुगल सम्राट् की उपाधि समाप्त कर दी, तो लोगों को पता चला कि कम्पनी का शासन वास्तव में स्थापित हो गया है जो कि विदेशी शासन था। सन् 1922 ई. में अंग्रेज इतिहासज्ञ **एच. डब्ल्यू. बकलर** ने लिखा था कि, **"अठारह सौ सत्तावन में कोई बागी था, तो ईस्ट इण्डिया कम्पनी थी।"**[2] अंग्रेजों ने मुगल सम्राट् के एजेण्ट के रूप में सत्ता ग्रहण की थी और बाद में सब वायदों को तोड़कर उन्होंने मुगलों को नजरें (भेंट), उपाधि देना बन्द कर दिया था। अतः यदि कानूनी रूप से देखा जाए, तो यह दिल्ली के बादशाह के विरुद्ध अंग्रेजों का विद्रोह था। भारत में इसलिए अंग्रेजों के विरुद्ध भावनाएँ उत्पन्न होना स्वाभाविक ही था। भारत में यह आम विश्वास प्रचलित था कि प्लासी के युद्ध के सौ वर्ष बाद

---

1 Dr. Ishwari Prasad, *History of Modern India,* pp. 236-237.

2 H. W. Buckler, *Transactions,* p. 875.

कम्पनी का राज्य समाप्त हो जाएगा। इसलिए जनता ने इस क्रान्ति में सिपाहियों के साथ मिलकर भाग लिया और ब्रिटिश राज्य को समाप्त करने का यत्न किया।

## सामाजिक तथा धार्मिक कारण
## (Social and Religious Causes)

सन् 1857 ई. के विद्रोह के लिए प्रमुख सामाजिक तथा धार्मिक कारण निम्नांकित थे—

**(1) भारतवर्ष में अंग्रेजों ने हिन्दुओं के धर्म और सामाजिक व्यवस्था में हस्तक्षेप करना आरम्भ कर दिया था।** उन्होंने सती-प्रथा को बन्द कर दिया था और विधवा विवाह की आज्ञा दे दी थी। यद्यपि आज हम इन बातों को देश की समाज व्यवस्था में सुधार समझते हैं किन्तु उस समय के रूढ़िवादी लोगों ने इस बात को अपने धर्म में हस्तक्षेप ही समझा।

**(2) अंग्रेजों द्वारा हिन्दू उत्तराधिकार कानून में आपत्तिजनक परिवर्तन**—अंग्रेजों ने हिन्दुओं के उत्तराधिकार कानून में भी ऐसे परिवर्तन कर दिए थे कि हिन्दू के ईसाई धर्म ग्रहण करने के बाद भी उस व्यक्ति का अपनी पैतृक सम्पत्ति में भाग बना रहेगा। इससे हिन्दुओं के रोष का ठिकाना न रहा।

**(3) अंग्रेजों ने भारतीय शिक्षा का भी नाश किया**—अंग्रेजों की नीति यहाँ की अधिकांश जनता को अशिक्षित रखने की थी क्योंकि अधिक शिक्षित व्यक्तियों से विद्रोह की सम्भावना सदैव बनी रहती थी। भारतीय शिक्षा का अंग्रेजों ने जिस तरह नाश किया था, इसके बारे में **जॉन ब्राइट** ने सन् 1853 ई. में **हाउस ऑफ कॉमन्स** में कहा था कि, **"जिस देश में शिक्षण-व्यवस्था का इतना प्रसार था कि प्रत्येक गाँव में अध्यापक वैसे ही नियमित रूप से मिलता था जैसे मुखिया और पटेल मिलते हैं। उस व्यवस्था को सरकार ने लगभग समूचा नष्ट कर दिया है। जो रिक्त (खाली) स्थान बना है उसकी पूर्ति के लिए या उसकी जगह और अच्छी व्यवस्था बनाए रखने के लिए अंग्रेजों ने कुछ भी नहीं किया। हिन्दुस्तान के लोग निर्धनता और ह्रास की दशा में हैं जिसकी मिसाल इतिहास में नहीं मिलती।"**[1]

**(4) अंग्रेजों का भारतीयों से बुरा व्यवहार था। मेलकन लेविन** ने, जो मद्रास हाई कोर्ट के जज और मद्रास कौन्सिल के सदस्य भी रह चुके थे, अपनी पुस्तक **'इण्डियन रिवोल्ट'** (भारतीय विप्लव) में लिखा है कि, **"समाज के सदस्य की हैसियत से हम दोनों अर्थात् अंग्रेज और हिन्दुस्तानी, एक-दूसरे से अपरिचित हैं, हमारा एक-दूसरे से वही सम्बन्ध रहा है जो कि मालिकों और गुलामों में होता है। हमने हर ऐसी चीज पर अपना अधिकार जमा लिया है, जिससे कि देशवासियों का जीवन सुखमय हो सकता था, हर ऐसी वस्तु, जो कि देशवासियों को समाज में उभार सकती थी या मनुष्य की हैसियत से उन्हें ऊँचा कर सकती थी, हमने छीन ली है।"**

**मेलकम लेविन** ने आगे लिखा है कि, "(अंग्रेजों ने) उन्हें (भारतीयों को) जाति-भ्रष्ट कर दिया है। उनके उत्तराधिकार के नियमों को रद्द कर दिया है। हमने उनकी विवाह की संस्थाओं को बदल दिया है। उनके धर्म के पवित्रतम रिवाजों की हमने अवहेलना की है। उनके मन्दिर की जायदादों को हमने जब्त कर लिया है। अपने सरकारी लेखों में हमने उन्हें काफिर (नास्तिक) कहकर कलंकित किया है। उनके द्वारा देशी नरेशों के राज्य हमने छीन लिए और अमीरों और रईसों की जायदादें जब्त कर ली गईं। अपनी लूट-खसोट में हमने देश को बर्बाद कर दिया है और लोगों को सता-सताकर उनसे मालगुजारी वसूल की है। हमने संसार के सबसे प्राचीन उच्च कुलों को निर्मूल कर देने और उन्हें गिराकर पतित शूद्रों की स्थिति में धकेलने की चेष्टा की है।"

**(5) भारत को ईसाई बनाने का प्रयत्न**—सन् 1857 ई. की क्रान्ति का एक मुख्य कारण यह था कि भारतीयों को ईसाई बनाने की अंग्रेजों की बड़ी भारी इच्छा थी। इसका कारण यह था कि अंग्रेजों का धर्म ईसाई था और अंग्रेज समझते थे कि यदि भारत को ईसाई राज्य बना लिया गया तो उनका शासन अच्छी तरह चल सकेगा क्योंकि उस दशा में शासितों का शासकों के विरुद्ध विरोध जाता रहेगा क्योंकि दोनों का धर्म एक ही हो जाएगा। इसलिए अंग्रेजों ने भारत को उसी तरह ईसाई राज्य बनाने की कोशिश की जैसे स्पेनवासियों ने अपनी विजय के बाद दक्षिण अमेरिका को ईसाई बनाने की कोशिश की थी। ईस्ट इण्डिया कम्पनी के अध्यक्ष **मैंगल्स** ने सन् 1857 ई. में पार्लियामेण्ट के अन्दर कहा था कि, "परमात्मा ने हिन्दुस्तान का विशाल साम्राज्य इंगलिस्तान को इसलिए सौंपा है ताकि हिन्दुस्तान में एक सिरे से दूसरे सिरे तक ईसा मसीह का विजयी झण्डा फहराने लगे। हममें से हर एक को अपनी पूरी शक्ति इस कार्य में लगा देनी चाहिए ताकि सारे भारत को ईसाई बना लेने के महान् कार्य में देश-भर के अन्दर कहीं पर किसी कारण से जरा भी ढील न आने पाए।"

---

1. George Smith, *Life of Alexander Duff*, pp. 394-395.

हमने पीछे मैंगल्स का विचार प्रकट किया है जो कि इंग्लैण्ड में कम्पनी के बहुत जिम्मेदार व्यक्ति थे। इसके बाद ब्रिटिश सरकार ने अपना ध्यान सेना की ओर लगाया और उसको ईसाई बनाने के लिए सेना में पादरी नियुक्त किए। इतिहास लेखक **नॉलेन** लिखता है कि, "**अंग्रेज सरकार सिपाहियों के धार्मिक भावों की अवहेलना करने लगी और बात-बात में उनके धार्मिक नियमों का उल्लंघन किया जाने लगा। यहाँ तक कि कम्पनी की सेना के अनेक अंग्रेज अफसर खुले तौर पर अपने सिपाहियों का धर्म-परिवर्तन करने के काम में लग गए।**" बंगाल की पैदल सेना के एक अंग्रेज कमाण्डर ने अपनी सरकारी रिपोर्ट में लिखा है कि, "मैं लगातार 28 साल से भारतीय सिपाहियों को ईसाई बनाने की नीति पर अमल कराता रहा हूँ।"

**डॉ. आर. सी. मजूमदार** ने लिखा है कि, "**सिपाहियों को यह आम आशंका तथा सन्देह था कि सरकार का इरादा जानबूझ कर सारे भारतवर्ष को ईसाई धर्म में परिवर्तित करना था, चाहे इस हेतु साधन अच्छे हों अथवा बुरे। जब सैनिक छावनियों में यह प्रचार होने लगा, तो उनको पूरी तरह यह विश्वास हो गया। कर्नल ह्वीलर जो कि बैरकपुर (बंगाल) में सिपाहियों की एक रैजीमैण्ट के आदेश अधिकारी थे, सिपाहियों में ईसाई धर्म का प्रचार करने के लिए साहित्य बाँटा करते थे और उन्हें ईसाई धर्म स्वीकार करने का उपदेश देते थे। ...... इस सिलसिले में एक सैनिक ईसाई प्रचारक, मेजर मैकन्जी का नाम भी लिया जाता है।**"[1]

**सर सैयद अहमद खाँ** ने लिखा है कि, "**सभी व्यक्ति, चाहे बुद्धिमान थे अथवा निरक्षर, सम्माननीय व्यक्ति थे अथवा नहीं, यह विश्वास करते थे कि सरकार वास्तव में सच्चे रूप में लोगों के रीति-रिवाज तथा धर्म में हस्तक्षेप करने की इच्छुक थी। चाहे वे हिन्दू हों अथवा मुस्लिम, सरकार सबको ईसाई बनाना चाहती थी और उनको यूरोपीय आदतों तथा रहन-सहन के तरीकों को अपनाने के लिए विवश कर रही थी।**"[2]

**(6) रेल, तार तथा डाक के प्रसार के कारण भ्रान्ति**—अंग्रेजों ने रेल, तार तथा डाक की व्यवस्था को पहली बार भारत में स्थापित किया था। अंग्रेजों का तात्कालिक उद्देश्य उस समय यह था कि सम्पूर्ण भारत में आवागमन के तेज साधन होने के कारण वे भारत के दूरस्थ भागों पर आसानी से नियन्त्रण रख सकेंगे। दूसरे, रेलों में सभी को यात्रा करने की आज्ञा थी चाहे वह ब्राह्मण हो अथवा शूद्र। इसलिए तत्कालीन रूढ़िवादी लोग समझते थे कि अंग्रेजों ने उनके धर्म को ही नष्ट करने के लिए रेलें चलाई हैं और रेल तथा डाक-तार का उद्देश्य केवल उनकी पराधीनता की बेड़ियों को और अधिक जकड़ना है।

**हिन्दू धर्म की निन्दा**—ईसाई प्रचारक (मिशनरी) खुले आम जलसे, जलूसों इत्यादि में हिन्दू धर्म और उनके पवित्र ग्रन्थों की निन्दा करते थे। फलतः हिन्दुओं की यह धारणा बन गयी थी कि ईसाई प्रचारक सरकार की अनुमति के बिना ऐसा नहीं कर सकते हैं, अतः वे ब्रिटिश सरकार के सख्त विरुद्ध हो गए और उसे उखाड़ने के लिए अवसर की तलाश करने लगे।

**(8) नये स्कूलों का असन्तोषजनक वातावरण**—अंग्रेजों ने पाश्चात्य शिक्षा देने के लिए नए स्कूल खोले थे, उनमें खुलेआम ईसाई धर्म की शिक्षा दी जाती थी। फलतः हिन्दू और मुसलमान दोनों यह समझने लगे थे कि नए अंग्रेजी स्कूलों को खोलने का ब्रिटिश सरकार का एकमात्र उद्देश्य हिन्दू तथा मुसलमानों के बच्चों को ईसाई बनाना है।

**(9) लार्ड डलहौजी द्वारा गोद की रस्म को न मानने के भयानक परिणाम**—लार्ड डलहौजी ने देशी शासकों को निःसन्तान होने पर किसी बच्चे को गोद लेने के अधिकार से वंचित कर दिया था। यह अधिकार प्रत्येक हिन्दू को हिन्दू कानून के अनुसार शताब्दियों से मिला हुआ था। इसलिए इस अधिकार से देशी शासकों को वंचित कर देने का तात्पर्य यह समझा गया कि ब्रिटिश सरकार हिन्दुओं के कानूनों में अनुचित हस्तक्षेप कर रही है और किसी-न-किसी तरीके से अपने साम्राज्य को फैलाना चाहती है। **डॉ. ईश्वरी प्रसाद** के मतानुसार, "भारतीय शासकों को इस अधिकार से वंचित करने से जले पर तेल का काम किया।"

## आर्थिक कारण
### (Economic Causes)

सन् 1857 ई. के विद्रोह के लिए प्रमुख उत्तरदायी आर्थिक कारण निम्नांकित थे—

**(1) भारतीय व्यापार का नाश**—उन्नीसवीं शताब्दी में औद्योगिक क्रान्ति हो जाने के परिणामस्वरूप इंग्लैण्ड में बड़े-बड़े कारखाने स्थापित हो गए थे। इन कारखानों को कच्चे माल की आवश्यकता थी और जो माल तैयार होता था,

1. Dr. R.C. Majumdar & others, *Cultural History of the Indian People*, Vol. IX (British Paramountey and Indian Renaissance), pp. 629-630.
2. *Ibid.*

उसके लिए मण्डियाँ चाहिए थीं ताकि वह माल वहाँ बिक सके। इसलिए अंग्रेजों ने अपने स्वार्थ के लिए भारतीय उद्योगों का नाश कर दिया और भारत से रुई तथा अन्य कच्चा माल इंग्लैण्ड भेजा जाने लगा। जब वहाँ माल तैयार हो जाता था, उसको बिकने के लिए भारत भेज दिया जाता था। इस तरह भारत का धन नियमित रूप से विदेश जाने लगा और भारत एक निर्धन देश होता चला गया।

**रजनी पाम दत्त** ने लिखा है कि, "सन् 1814 से 1835 ई. के बीच ग्रेट ब्रिटेन से भारत में भेजा जाने वाला कपड़ा 10 लाख गज से बढ़कर 510 लाख गज हो गया। दूसरी ओर इसी समय के बीच में भारत से इंग्लैण्ड भेजा जाने वाला कपड़ा $12\frac{1}{2}$ लाख टुकड़ों से घटकर 3,00,000 टुकड़े रह गया। सन् 1844 ई. तक यह घटकर 63,000 टुकड़े ही रह गया।

**रजनी पाम दत्त** ने आगे लिखा है कि, "इंग्लैण्ड से भारत में आने वाले तथा भारत से इंग्लैण्ड को भेजे जाने वाले कपड़े के मूल्य में भी काफी अन्तर था। सन् 1812 ई. और 1832 ई. के बीच में भारत से बाहर भेजे जाने वाले सूती कपड़े का मूल्य 13 लाख पौण्ड से घटकर एक लाख पौण्ड से कम रह गया अर्थात् 17 वर्ष में विदेशी व्यापार का बारहवाँ या तेरहवाँ भाग रह गया। इन्हीं वर्षों में इंग्लैण्ड से भारत में आयात किए जाने वाले कपड़े का मूल्य 26,000 पौण्ड से बढ़कर 4,00,000 पौण्ड हो गया अर्थात् 16 गुना बढ़ गया। सन् 1850 ई. तक भारत की यह दुर्दशा हो गयी कि जो देश शताब्दियों से संसार को सूती कपड़ा निर्यात करता रहा था, वह ब्रिटेन से बाहर भेजे जाने वाले कुल सूती कपड़े का चौथा भाग आयात कर रहा था।"[1]

भारतीय व्यापार को अंग्रेजों ने जो हानि पहुँचायी, यह ऊपर के आँकड़ों से स्पष्ट है। सूती कपड़े का निर्यात करने वाला देश आयात करने वाला देश बन गया। इस प्रकार अंग्रेजों ने जी खोलकर भारत का आर्थिक शोषण किया।

**(2) भारतीय उद्योगों का पूर्ण नाश—रजनी पाम दत्त** ने आगे लिखा है कि, "अंग्रेजों द्वारा भारतीय उद्योगों के सर्वथा नाश करने के परिणामों का अर्थव्यवस्था पर सहज में ही अनुमान लगाया जा सकता है। इंग्लैण्ड में पुराने हथकरघा उद्योगों का जो नाश हुआ उसके स्थान पर मशीन-उद्योग स्थापित हो गए। किन्तु भारत में ही लाखों कारीगरों तथा शिल्पियों की तबाही, बर्बादी के स्थान पर नए वैकल्पिक उद्योग स्थापित नहीं किए गए। पुराने घनी आबादी और कपड़ा वाले नगर, जैसे—ढाका और मुर्शिदाबाद (जिसकी क्लाइव ने सन् 1757 ई. में लन्दन जैसा विस्तृत तथा धनी आबादी वाला बयान किया था), सूरत तथा अन्य इसी प्रकार के नगर कुछ ही वर्षों में ब्रिटेन की शोषण करने की नीति के फलस्वरूप पूर्णरूप से ऐसे उजड़ गए जैसा कि कोई विनाशकारी युद्ध अथवा विदेशी विजय की लूट-पाट भी नहीं कर सकती थी।"[2]

**सर चार्ल्स ट्रिविलियन** ने संसदीय जाँच समिति के समक्ष सन् 1840 ई. में कहा था कि, **"ढाका की आबादी 1,50,000 से घटकर 30,000 या 40,000 रह गयी है और जंगल तथा मलेरिया शीघ्रता से नगर पर छा गए—ढाका जो कि भारत का मान्चेस्टर (इंगलैण्ड का प्रसिद्ध औद्योगिक नगर) था, एक अत्यन्त समृद्ध नगर से गिरकर एक छोटा-सा कस्बा रह गया। ऐसा प्रतीत होता था मानो बड़ी भारी विपत्ति आयी हुई है।"**

**(3) ईस्ट इण्डिया कम्पनी द्वारा कृषि की अवहेलना तथा भूमि-कर में वृद्धि**—अंग्रेज शासकों ने भारत में नयी-नयी भूमि-प्रबन्ध व्यवस्थाएँ लागू कीं जिनके परिणाम अच्छे दिखाई नहीं दिए। विशेष रूप से बंगाल में स्थायी बन्दोबस्त द्वारा अंग्रेजों ने एक नया वर्ग तैयार कर दिया। इस वर्ग को जमींदार कहा जाता था जो कि स्वयं भूमि नहीं जोतते थे किन्तु कानून की दृष्टि से भूमि के स्वामी समझे जाते थे। वे सरकार को तो निश्चित भूमि-कर देते थे किन्तु किसानों से इच्छानुसार भूमि-कर वसूल करते थे। इससे कृषकों की अंग्रेजों के काल में बहुत दुर्दशा हो गयी। जमींदार अंग्रेजों के पूरे वफादार रहते थे और उनकी सहायता से किसानों का दमन करते थे यदि किसान इनका विरोध करते तो उसे कठोरता से दबा दिया जाता था। जहाँ पर ब्रिटिश शासकों ने कृषकों से सीधा सम्बन्ध भी रखा, वहाँ भी भूमि-कर की दर (Rate) इतनी अधिक रखी कि किसान तबाह हो गए। **डॉ. आर. सी. मजूमदार** ने लिखा है कि, **"अंग्रेजों द्वारा भूमि-कर वसूल करने की जो नयी व्यवस्थाएँ लागू की गयीं और उनमें भूमि-कर वसूल करने (उगाहने) को जो दर** (Rate) **निर्धारित की गई, वे इतनी अधिक ऊँची थी कि उससे किसान इतने निर्धन हो गए कि उनके पास अपने भोजन तथा कपड़े की न्यूनतम आवश्यकताओं को पूरा करने के लिए भी धन नहीं रहा।"**[3]

---

1. Rajni Palm Dutt, *India Today,* pp. 101-102.
2. Rajni Palm Dutt, *India Today,* pp. 101-102.
3. Dr. R.C. Majumdar *History and Culture of the Indian People,* Vol. IX (British Paramountey and Indian Renaissance), p. 416.

**(4) नील की खेती के लिए बगीचे स्थापित करने की अंग्रेजों द्वारा आज्ञा देना तथा इसके विनाशकारी परिणाम**—अंग्रेजों की एक नयी नीति के कारण कृषकों पर बहुत गम्भीर संकट आ गया। यह नीति थी अंग्रेजों को भारत में भूमि अधिग्रहण (Acquire) करने की आज्ञा प्रदान करना तथा उनको बगीचे लगाने वाले के रूप में बसने की आज्ञा प्रदान करना। यह दु:ख का विषय है कि यह निर्णय सन् 1833 ई. में उस समय लिया गया जबकि पश्चिमी द्वीप समूह (West Indies) में दासता समाप्त हो गई थी। जब पश्चिमी द्वीप समूह के अंग्रेज जो वहाँ दासों से कृषि कराते थे, आकर भारत में बस गए और उन्होंने यहाँ नील की खेती करवाने के लिए बगीचे स्थापित कर लिए तथा किसानों को अपना नौकर रख लिया। यह नयी पद्धति दासता के अतिरिक्त और कुछ नहीं थी, विशेष रूप से यह नीति बंगाल तथा बिहार में स्पष्ट रूप से दिखाई देती थी। इन बगीचों के मालिकों ने किसानों के साथ जो अमानवीय तथा नृशंस व्यवहार किया, वह ब्रिटिश शासन के इतिहास में सबसे अधिक दु:खदायक और अशोभनीय घटना थी। सम्पूर्ण उत्तरी भारत में इसके कारण आतंक तथा क्षोभ की लहर फैल गयी जिसकी गूंज हमको सन् 1860 ई. के **'नील आयोग'** (कमीशन) के प्रतिवेदन (Report) में सुनने को मिलती है।

**(5) इनाम (पुरस्कार) में मिली हुई जागीरों को छीनना**—ब्रिटिश सरकार ने सन् 1852 ई. में एक अधिनियम (एक्ट) पास करके इनाम कमीशन की स्थापना कर दी थी। इस इनाम कमीशन के जिम्मे भू-स्वामियों (Land-owners) की भूमि के बारे में Titles का पता लगाना था कि उनको भूमि-कर रहित जागीर किस सरकारी आदेश द्वारा कब दी गयी थी? भू-स्वामियों के पास ये भूमियाँ अनेक पीढ़ियों से कर मुक्त (Rent free lands) चली आ रही थीं किन्तु उनके पास वे सदियों पुराने प्रलेख (Documents) मौजूद नहीं थे जिनके अनुसार उनके पूर्वजों को वे भूमियाँ इनाम में मिली थीं या उनका भूमि-कर माफ कर दिया गया था। इनाम कमीशन ने लार्ड डलहौजी के काल में बहुत सख्ती से कार्य किया और केवल पाँच वर्ष के भीतर ही सन् 1857 ई. के सशस्त्र स्वतन्त्रता संघर्ष से पूर्व दक्षिण में 20 हजार से अधिक जागीरों को जब्त कर लिया। जागीरदारों को सरकार की नयी राजस्व पद्धति से भी बहुत-सी कठिनाइयाँ पैदा हो गई थीं जिनके अनुसार सरकार तथा किसानों के बीच के जमींदारों को समाप्त कर दिया गया था। इसका सबसे अधिक प्रभाव अवध के ताल्लुकेदारों पर पड़ा जिन्होंने अपनी सम्पूर्ण सम्पत्ति खो दी। जिन जमींदारों को रहने भी दिया गया, उनकी भी दुर्दशा हो गई थी।

**(6) भयानक अकाल**—अंग्रेजों के राज में बार-बार अकाल पड़े जिससे आम जनता तथा किसानों की विशेष रूप से दुर्दशा हो गयी। सन् 1857 ई. से पूर्व ब्रिटिश भारत में कम-से-कम 7 अकाल पड़े जिनमें 15 लाख लोगों के मरने का अनुमान है। इससे सामान्य जनता और विशेषकर किसानों में सरकार के विरुद्ध भारी रोष उत्पन्न हो गया। भारत में इसके बाद भी अकाल पड़ते रहे। उन्नीसवीं शताब्दी के उत्तरार्द्ध में सन् 1821 से 1857 ई. तक भारत में 6 अकाल और सन् 1876 से 1900 ई. तक 18 अकाल पड़े जिनमें 2 करोड़ लोग मारे गए।[1]

**डब्ल्यू. एस. लिल्ली** ने अपनी पुस्तक **'भारत तथा उसकी समस्याएँ'** (India and Its Problems) में भारत में अकाल से मरने वाले लोगों के निम्नलिखित आँकड़े सरकारी प्राक्कलनों (Official Estimates) के आधार पर दिए हैं—[2]

| Year | (Famine Deaths) |
|---|---|
| 1800—1825 | 10,00,000 |
| 1825—1850 | 4,00,000 |
| 1850—1875 | 50,00,000 |
| 1875—1900 | 1,50,00,000 |

**डॉ. आर. सी. मजूमदार** ने लिखा है कि, "जबकि अंग्रेजों द्वारा भारत के कपड़ा बनाने तथा अन्य उद्योगों को नाश किए जाने के कारण जनता को कृषि के अतिरिक्त और कोई सहारा नहीं रहा, तो उस समय भारी भूमि-कर की वसूली ने लोगों की मुसीबत के प्याले को और भी अधिक भर दिया। भारी भूमि-कर की वसूली के कारण किसानों के लिए दो समय पेट भरकर रोटी खाना भी सम्भव नहीं रहा और संकट के दिनों के लिए वे शायद ही कुछ बचा सकते थे। इसीलिए जब प्राकृतिक कारणों से फसलें खराब हो जाती थीं जैसा कि प्रत्येक देश में होता है, तो उस समय भारतीय किसानों के पास बुरे दिनों का सामना करने के लिए कुछ नहीं बचता था और वे हजारों की संख्या में पिस्सू (तुच्छ प्राणी) की भाँति मर जाते थे। मौतों की संख्या तथा भू-राजस्व के निर्धारण (Assessment) में गहरा सम्बन्ध तत्कालीन सरकारी अधिकारियों ने स्वयं दर्शाया है किन्तु

---

1. Dr. R.C. Majumdar *History and Culture of the Indian People*, p. 837 (Vol. IX).
2. Rajni Palm Dutt. *India Today*, p. 105 see also W. Digby, *Prosperoas British India*.

ब्रिटिश सरकार अपने वरिष्ठ अंग्रेज अधिकारियों के परामर्श तथा भारतीयों के सर्वसम्मत विरोध के बावजूद अत्याचारी भू-राजस्व पद्धति से चिपकी रही।"[1]

**(7) भारत को भूखा मारने के लिए खाद्य पदार्थों को बाहर भेजना**—यद्यपि कृषि की असफलता और उद्योगों के नाश के कारण भारत में बहुत निर्धनता आ गयी थी किन्तु निर्दयी, नृशंस और क्रूर ब्रिटिश सरकार फिर भी इंग्लैण्ड में खाद्यान्न की कमी को पूरा करने के लिए भारत से निरन्तर खाद्य-पदार्थों को भेजती रही। इससे भारत की जनता भूखों मरने लगी और अन्न की कमी के कारण उसके दाम बढ़ने लगे। यह इस तथ्य से पुष्ट होता है कि सन् 1849 ई. में भारत से चावल और गेहूँ का निर्यात 8 लाख 58 हजार पौण्ड था जो सन् 1858 ई. में बढ़कर 38 लाख पौण्ड हो गया। सन् 1877 ई. में यह निर्यात 79 लाख पौण्ड तथा सन् 1901 ई. में 93 लाख पौण्ड का हो गया। सन् 1914 ई. में यह 193 लाख पौण्ड का हो गया अर्थात् यह 22 गुना बढ़ गया।[2]

भारत सरकार ने इस कुटिल नीति का इतनी सख्ती से पालन किया कि जिस समय बंगाल में अकाल पड़ रहा था, उस समय भी बंगाल के लेफ्टीनेण्ट गवर्नर-जनरल के परामर्श के बावजूद बंगाल से चावल बाहर भेजा जा रहा था।[3]

**(8) साम्राज्यवादी युद्धों के कारण भारत का ऋण बहुत अधिक बढ़ना**—भारत में अंग्रेजों ने अपने देश के लाभ के लिए साम्राज्यवादी युद्ध किए और उसके कारण भारत का बहुत अधिक ऋण बढ़ गया अर्थात् अंग्रेज भारत-विजय के लिए भी भारत के नाम ऋण दिखाकर उससे वसूल करते थे। इससे अधिक किसी देश का क्या शोषण हो सकता है कि किसी देश को उसकी इच्छा के विरुद्ध विजय किया जाए और युद्ध में जो खर्च आए, वह उसी से वसूल किया जाए। यह भारी खर्च साम्राज्यवादी युद्धों के अतिरिक्त अंग्रेजों द्वारा चलाए हुए प्रशासन पर भी होता था।

इस विषय में **डॉ. आर. सी. मजूमदार** ने लिखा है कि, "इस विषय में कोई सन्देह नहीं रह जाता कि भारी खर्चे के दो कारण थे। पहला कारण तो यह था कि प्रशासन केवल ऊँचे ब्रिटिश अधिकारियों द्वारा संचालित होता था और उनको बहुत अधिक वेतन मिलता था। दूसरा कारण यह भी था कि ब्रिटेन ने भारत में युद्ध भारत के खर्च पर ही लड़ा था। बर्मा तथा अफगानिस्तान के युद्धों में भारी खर्च हुआ। उसमें भारतीयों का कोई हित नहीं छिपा था। उसको अंग्रेजों ने केवल अपने स्वार्थों की पूर्ति के लिए लड़ा था किन्तु उसका सारा खर्च भारत के राजस्व पर डाल दिया गया था। अत: भारत में ऋण बढ़ने का कारण ब्रिटेन के साम्राज्यवादी युद्ध थे। दूसरे शब्दों में, भारत को अंग्रेजों द्वारा अपनी विजय के लिए भी खर्च सहन करना पड़ता था।"[4]

**(9) भारत को जबर्दस्ती एक पूर्ण निर्धन देश बनाना**—**डॉ. आर. सी. मजूमदार** ने लिखा है कि, "अंग्रेजी राज के पहले पचास वर्षों ने भारत के व्यापार तथा उद्योग-धन्धों का विनाश देखा जिसके फलस्वरूप अधिकांश लोगों को खेती पर निर्भर होना पड़ा। अगले पचास वर्षों में कृषक जो कि भारत की आबादी का $\frac{4}{5}$ भाग था, तबाही-बर्बादी के कगार पर पहुँच गया। 90 प्रतिशत किसानों को दिन में दो बार पेट भरने के लिए रोटी भी नहीं मिलती थी, न ही उनके रहने के लिए अच्छा मकान तथा पहनने के लिए अच्छे कपड़े थे। इस तरह भारत में उस पूर्ण तथा सर्वव्यापी निर्धनता की नींव रख दी गई जो कि ब्रिटिश राज के पहले 100 वर्ष की मुख्य विशेषता थी।"

**(10) भारत की अत्यन्त दुर्दशा के बारे में थॉमसन के विचार**—जॉर्ज थॉमसन ने जो कि एक अंग्रेज थे, सन् 1843 ई. में भारत की यात्रा की। **जॉर्ज थॉमसन** ने लिखा है कि, "भारत की दशा की ओर देखिए, लोगों की परिस्थिति की ओर देखिए जो कि अधिक-से-अधिक निर्धन बना दिए गए हैं। राजाओं के राजपाट छीन लिए गए हैं, सामन्त या बड़े-बड़े जमींदार अपमानित किए गए हैं, भू-स्वामी समाप्त कर दिए गए हैं, कृषक बर्बाद कर दिए गए हैं, बड़े-बड़े नगर खेती वाले गाँव बन गए हैं और गाँव बर्बाद हो गए हैं, भिक्षावृत्ति, गुण्डों के जत्थों द्वारा लूट-खसोट और विद्रोह प्रत्येक दिशा में बढ़ रहे हैं। यह कोई अतिशयोक्ति (Exaggeration) नहीं है। वर्तमान काल (सन् 1843 ई.) में भारत की यही स्थिति है। कई स्थानों पर बहुत अच्छी उपजाऊ भूमि को छोड़ दिया गया है। उद्योगों को प्रोत्साहन देने का काम किया जाता रहा है। लोगों के लिए काफी अन्न पैदा करने के बजाए भूमि उन लाखों लोगों को गाढ़ने की जगह बन गयी है जो कि भूख से तड़पते हुए मर गए हैं। इसे सिद्ध करने के लिए गत वर्ष के दृश्यों पर ध्यान दीजिए। इस हेतु मेरे साथ बंगाल प्रेसीडेन्सी के उत्तर-पश्चिमी प्रान्तों में

1. Report of the Famine Commission, 1901, p. 826 and Dr. R. C. Majumdar, *History and Culture of the Indian People,* Vol. IX (British Paramountcy and Indian Renaissance), p. 836.
2. Rajni Palm Dutt, *India Today,* p. 106.
3. Dr. R. C. Majumdar and Others, *History and Culture of the Indian People,* Vol. IX, p. 836.
4. Dr. R. C. Majumdar, *History and Culture of the Indian People,* Vol. IX, p. 357.

चलिए, जहाँ मैं आपको 5 लाख लोगों की खोपड़ियाँ दिखा दूँगा जो कि केवल कुछ ही महीनों में भूख से अकाल के दिनों में मर गए। हाँ, उस देश में मर गए जो संसार के अनाज का गोदाम कहलाता है।"[1]

**(11) अंग्रेजों का गला-सड़ा प्रशासन** (Rotten administration of the British)—ईस्ट इण्डिया कम्पनी का प्रशासन बहुत खराब था। **सर जॉन स्ट्रेची** ने सन् 1854 ई. में बंगाल की दुर्दशा का वर्णन करते हुए लिखा है कि, **"लगभग एक शताब्दी के ब्रिटिश शासन के बावजूद, प्रायः न तो सड़कें ही थीं न ही पुल और स्कूल थे और न ही जीवन और सम्पत्ति की कोई सुरक्षा थी। पुलिस निकम्मी थी और सशस्त्र व्यक्तियों के समूहों (जत्थों) द्वारा डाके तथा हिंसात्मक अपराध जो कि अन्य प्रान्तों में नहीं सुने जाते थे, बंगाल में कलकत्ता से थोड़ी दूर पर ही सुने जा सकते थे।"**

**डॉ. आर. सी. मजूमदार** ने लिखा है कि, "जहाँ तक ब्रिटिश प्रशासन का सम्बन्ध है, वह एक प्रकार से भारत में एक प्रयोग ही था जिसका कोई उपयोगी परिणाम नहीं निकला था। विदेशी आक्रमण के विरुद्ध जनता को सुरक्षा प्राप्त थी किन्तु चोरी, डकैती, अपराध तथा दूसरे अन्य कष्टों के विरुद्ध कोई सुरक्षा प्राप्त नहीं थी। न्यायालय अभी तक निष्पक्ष न्याय के साधन नहीं बने थे जबकि पुलिस जनता को संरक्षण देने की बजाए उत्पीड़न की एक एजेन्सी बन गयी थी (क्योंकि कम्पनी के राज में रिश्वत प्रचलित थी)। जेल की भयानक दुर्दशा थी और जिला मजिस्ट्रेट इस बात के लिए कटिबद्ध थे कि जेल कष्ट देने का स्थान ही बना रहे जबकि चिकित्सा अधिकारी यह प्रयत्न असफलतापूर्वक करते थे कि जेलों में जहाँ तक हो सके, मृत्यु दर (Death Rate) कम-से-कम रहे।"

**डॉ. आर. सी. मजूमदार** ने आगे लिखा है कि, "उस समय (कम्पनी के राज में) भारतीयों को अपने देश के ही प्रशासन में कोई भाग प्राप्त नहीं था और वे केवल निष्क्रिय दर्शक बनकर रह गए थे। दासता का अभिशाप जिसमें सभी प्रकार की बुराइयाँ होती हैं और जिसका करुणाजनक वर्णन मिस्टर मुनरो (ईस्ट इण्डिया कम्पनी के समय मद्रास प्रेजीडेन्सी के गवर्नर) ने किया है भारतीयों के चरित्र पर विनाशकारी तथा पतनोन्मुख प्रभाव डाल रहा था। ..... जब तक अंग्रेजों ने भारत में अपने राज के 100 वर्ष पूरे किए, उन्होंने सारे भारत को जीत लिया था किन्तु भारतीयों के दिल पर उनकी पकड़ या प्रभाव जाता रहा था। ब्रिटिश सरकार इस तरफ पूर्ण सचेत थी और अपने भारतीय साम्राज्य की सुरक्षा की योजना तैयार करते समय उन्होंने इस महत्वपूर्ण तत्व को पूरी तरह से ध्यान में रखा था।"

## सैनिक कारण
### (Military Causes)

ब्रिटिश ईस्ट इण्डिया कम्पनी ने भारतीयों को अपनी सेना में भर्ती करने की नीति अपनाई थी। चूँकि अंग्रेजों की तुलना में भारतीयों को कम भत्ता मिलता था और उनके साथ अंग्रेज अधिकारियों का व्यवहार खराब था, इसलिए उनमें विद्रोह की भावना वैलूर के गदर के समय से ही विद्यमान थी। जब अफगानिस्तान में अंग्रेजों की हार हो गयी, तो इससे बंगाल की सेना पर बहुत खराब प्रभाव पड़ा। बंगाल की सेना अधिकांशतः अवध से भर्ती की जाती थी और उसमें ऊँचे वर्ग के लोग शामिल होते थे। जब अवध को अंग्रेजी साम्राज्य में अकारण मिला लिया गया और बड़े-बड़े जमींदारों की जमीनें जब्त कर ली गईं, तो अवध के सैनिकों के मन में बहुत रोष उत्पन्न हो गया।

लार्ड कैनिंग ने एक कानून पास कर दिया था जिसके अनुसार भारतीय सिपाहियों को लड़ने के लिए समुद्र पार विदेशों में भेजा जा सकता था। भारतीय सैनिकों ने इस बात को बहुत बुरा समझा क्योंकि वे समझते थे कि इससे उनका धर्म नष्ट हो जाएगा। चूँकि सेना में ईसाई धर्म का प्रचार जोरों से चल रहा था, इसलिए सिपाहियों को ऐसा सन्देह होना स्वाभाविक ही था। ऐसी अवस्था में सिपाहियों को गाय और सूअर की चर्बी से मिले हुए कारतूस दिए गए जो उन्हें प्रयोग करने से पहले मुँह से तोड़ने पड़ते थे। बहुत से लेखकों का विचार है कि कारतूसों में गाय और सूअर की चर्बी नहीं मिली हुई थी किन्तु उनकी यह धारणा गलत है क्योंकि अंग्रेज इतिहासकारों ने यह स्वयं स्वीकार किया है कि इन कारतूसों में गाय और सूअर की चर्बी मिली हुई थी। उदाहरणस्वरूप, **सर जॉन केयी** (Kaye), जो कि सन् 1857 ई. की क्रान्ति का सबसे अधिक प्रामाणिक इतिहास लेखक माना जाता है, लिखता है कि, **"इसमें कोई सन्देह नहीं कि इस मसाले के बनाने में गाय की चर्बी का उपयोग किया गया था।"**[2]

---

1. George Thompson's Lectures on British India.
2. "There is no question that beef fat was not used in the composition of this tallow."
—Kaye's *Indian Mutiny,* Vol. I, page 381.

**सर जॉन केयी** (Kaye) यह भी लिखता है कि, **"दिसम्बर, सन् 1853 ई. में कर्नल टकर ने बहुत स्पष्ट शब्दों में इस बात को लिखा था कि नए कारतूसों में गाय और सूअर दोनों की चर्बी लगायी जाती थी।"**[1] कलकत्ता (दमदम) के कारखाने में जिस ठेकेदार को कारतूसों के लिए चर्बी का ठेका दिया गया था, उसके ठेके के कागज में यह साफ शब्दों में लिखा गया था कि, "मैं गाय की चर्बी लाकर दूँगा और चर्बी का भाव चार आने सेर रखा गया था।"[2] **लार्ड रॉबर्ट्सन** ने जो इस क्रान्ति के समय में मौजूद था, लिखा है कि, "फोरेस्ट ने भारत सरकार के कागजों की हाल में जाँच की है; उस जाँच से सिद्ध होता है कि कारतूसों के तैयार करने में जिस चिकने मसाले का उपयोग किया गया था, वह मसाला वास्तव में दोनों निषिद्ध पदार्थों, अर्थात् गाय और सूअर की चर्बी को मिलाकर बनाया जाता था और इन कारतूसों के बनाने में सिपाहियों के धार्मिक भावों की ओर इतनी बेपरवाही दिखाई जाती थी कि जिसका विश्वास नहीं होता।"[3] इसी तरह **लैकी** ने लिखा है कि, "यह एक लज्जाजनक और भयंकर सत्य है कि जिस बात का सिपाहियों को विश्वास था, वह बिल्कुल सच थी। इस घटना पर फिर से दृष्टि डालते हुए अंग्रेज लेखकों को लज्जा के साथ स्वीकार करना चाहिए कि भारतीय सिपाहियों ने जिन बातों के कारण बगावत की, उनसे अधिक जबर्दस्त बातें कभी किसी विद्रोह को उचित करार देने के लिए हो ही नहीं सकतीं।"[4]

इस तरह से हम कह सकते हैं कि ऊपर लिखे हुए कारणों से जो विस्फोटक स्थिति उत्पन्न हो रही थी, उस पर चर्बी के कारतूसों के मामले ने एक चिनगारी के रूप में कार्य किया किन्तु केवल कारतूस ही विद्रोह का एकमात्र कारण नहीं था। उदाहरणस्वरूप, **जस्टिस मैकार्थी** ने लिखा है कि, "सच तो यह है कि हिन्दुस्तान के उत्तरी और उत्तर-पश्चिमी प्रान्तों के अधिकांश भाग में यह देशी जनता की अंग्रेजी सत्ता के विरुद्ध बगावत (विद्रोह) थी..... चर्बी के कारतूसों का मामला केवल इस तरह की एक चिनगारी थी जो अकस्मात् इस सारे विस्फोटक मसाले में आ पड़ी थी। वह युद्ध एक राष्ट्रीय और धार्मिक युद्ध था।" एक अन्य इतिहासकार **मैडाले** ने लिखा है कि, "वास्तव में जमीन के नीचे-ही-नीचे जो विस्फोटक मसाला अनेक कारणों से बहुत दिन में तैयार हो रहा था, उस पर चर्बी लगे हुए कारतूसों ने केवल दियासलाई का काम किया।"[5]

यद्यपि अन्य कारणों से भी सैनिक क्षुब्ध और असन्तुष्ट थे तथापि वे विद्रोह करने का कोई मन नहीं बना पा रहे थे। कारतूसों की कहानी और अफवाह से वे विद्रोह पर उतारू हो गए। अनेक इतिहासकारों का मत है कि, **"यदि यह घटना न हुई होती तो शायद ही सन् 1857 ई. का विद्रोह हुआ होता। इस प्रकार हम देखते हैं कि यह घटना उसके तात्कालिक अथवा प्रत्यक्ष कारण के रूप में थी।"**

जिन राजनीतिक, शासनिक, आर्थिक, सामाजिक और धार्मिक परिस्थितियों ने विद्रोह की भूमिका तैयार की थी वे उसके अप्रत्यक्ष कारण के रूप में थीं। **उन्होंने भारतीयों के सभी वर्गों को क्षुब्ध और असन्तुष्ट कर रखा था और यही कारण था कि सिपाही विद्रोह के शुरू होते ही सभी तबके के लोग उसमें कूद पड़े। प्रारम्भिक सफलता ने लोगों में जोश पैदा कर दिया। 'बिशप हीपर'** ने तो सन् 1824 ई. में ही लिख दिया था कि, **"भारतीय हमें पसन्द नहीं करते हैं। यदि उन्हें अच्छा अवसर मिल जाए तो वे, मुख्यतः मुसलमान खुशी-खुशी हमारे विरुद्ध खड़े हो जाएँगे। सन् 1857 ई. में उन्हें यह अवसर मिल गया।**

यह सही है कि सैनिक विद्रोह से पहले जनता ने राष्ट्रीयता की भावना से ओतप्रोत होकर किसी संगठित विद्रोह की तैयारी नहीं की किन्तु सन् 1857 ई. के विद्रोह में उसकी भागीदारी ने यह बात साफ कर दी कि उसके मन में कहीं न कहीं अंग्रेजी राज उखाड़ फेंकने की लालसा थी।

## घटनाएँ (उत्तरी भारत)
### (Events North India)

यद्यपि घटनाओं का विस्तृत वर्णन करना इस पुस्तक का विषय नहीं है। यह केवल इतिहास की पुस्तकों का ही विषय है तथापि पाठकों की केवल ज्ञान वृद्धि के लिए हम संक्षेप में सन् 1857 ई. की महान् क्रान्ति की घटनाओं का उल्लेख कर देते हैं।

---

1. सुन्दरलाल—भारत में अंग्रेजी राज, दूसरा भाग, पृष्ठ 828।
2. उपरोक्त पुस्तक तथा वही पृष्ठ।
3. Lord Roberts : *Forty Years in India,* page 431.
4. W. H. Leckey : *The Man of the Life,* page 103-104.
5. Medley's *A Year's Campaigning in India from March 1857 to March 1858.*

**सशस्त्र क्रान्ति का श्रीगणेश**—यह क्रान्ति एक संगठित क्रान्ति थी और इस हेतु 31 मई, 1857 ई. की तिथि सम्पूर्ण भारतवर्ष में क्रान्ति करने के लिए निश्चित की गई थी किन्तु बैरकपुर के सिपाही मंगल पाण्डे की गलती से यह समय से पूर्व ही फैल गई। जब 29 मार्च, 1857 ई. को 19 नम्बर की पल्टन को बैरकपुर (कलकत्ता के पास) में गाय और सूअर की चर्बी से मिले हुए कारतूसों को मुँह से काटकर प्रयोग करने के लिए कहा गया, तो मंगल पाण्डे नामक सैनिक इसे सहन न कर सका और उसने अन्य सिपाहियों को भी भड़काना शुरू कर दिया। जब कुछ अंग्रेज सैनिक अधिकारी उसे गिरफ्तार करने के लिए आगे बढ़े, तो उसने उनको भी जान से मार दिया किन्तु अन्त में उसको गिरफ्तार करके 8 अप्रैल, 1857 ई. को उसे फाँसी पर लटका दिया गया। अंग्रेजों द्वारा भारतीयों के धर्म को भ्रष्ट करने के लिए चर्बी के कारतूसों की जो योजना बनायी गई थी, उसको विफल कराने के लिए मंगल पाण्डे का बलिदान व्यर्थ सिद्ध नहीं हुआ। उस हुतात्मा (शहीद) ने भारतीय स्वतन्त्रता के लिए जो अपना खून दिया, उससे सम्पूर्ण भारतवर्ष की सोयी हुई आत्मा जाग उठी और क्रान्ति की जो आग भड़की, उसमें ब्रिटिश ईस्ट इण्डिया कम्पनी जलकर राख हो गई।

**हरियाणा में क्रान्ति की योजना**—यद्यपि सशस्त्र क्रान्ति की योजना सर्वप्रथम अम्बाला छावनी में बनी थी किन्तु इसका पता ब्रिटिश सरकार को चल गया और उसने पल्टनों से हथियार रखवा लिए।

**मेरठ में क्रान्ति का श्रीगणेश**—6 मई, 1857 ई. को प्रयोग के तौर पर 90 भारतीय घुड़सवारों की एक कम्पनी को नए चर्बी लगे हुए कारतूस दिए गए। 85 सवारों ने उन्हें दाँत से काटने से इन्कार कर दिया। 9 मई, 1857 ई. को प्रात: इन सिपाहियों को दस-दस वर्ष की कैद की सजा दी गई, उनसे हथियार रखवा लिए गए और उन्हें हथकड़ियाँ पहनाकर जेल में भेज दिया गया। इस घटना को देखने के लिए मेरठ छावनी के अन्य सिपाही भी परेड मैदान में बुलाए गए थे। वे इसलिए बुलाए गए थे ताकि उनको भी भविष्य के लिए चेतावनी हो जाए। उन्हें यह सब दृश्य देखकर बहुत क्रोध आया और उन्होंने गुप्त सभाएँ कीं किन्तु क्रान्ति के नेताओं ने उन्हें 31 मई, 1857 ई. तक शान्त रहने की सलाह दी।[1] यह घटना 9 मई, 1857 ई. के प्रात:काल की थी। 9 मई, 1857 ई. की शाम को वे सिपाही मेरठ नगर में घूमने गए। **विलसन,** तत्कालीन जज, मुरादाबाद ने लिखा है कि मेरठ शहर की स्त्रियों ने स्थान-स्थान पर उन्हें यह कहकर लांछना दी—"छि: ! तुम्हारे भाई जेलखानों में हैं और तुम यहाँ बाजार में मक्खियाँ मार रहे हो ! तुम्हारे जीने पर धिक्कार है।"[2] मेरठ की स्त्रियों के ताने के शब्द सिपाहियों के मन में चुभ गए। उनके लिए अब धीरज रखना और 31 मई, 1857 ई. तक प्रतीक्षा करना असम्भव हो गया। इसलिए मेरठ के सिपाहियों और नागरिकों ने मिलकर 10 मई, 1857 ई. को जेलखाना तोड़ दिया और अपने कैदी सिपाहियों को छुड़ा लिया। मेरठ में बहुत अंग्रेजी सेना थी, किन्तु ऐसी परिस्थिति में वह कुछ भी न कर सकी। 10 मई, 1857 ई. की रात्रि को ही मेरठ के सिपाही दिल्ली की ओर रवाना हो गए। इससे पहले 9 मई, 1857 ई. को उन्होंने दिल्ली के नेताओं को कहला भेजा था कि हम दिल्ली पहुँच जाएँगे। आप लोग तैयार रहें।"[3]

**क्रान्तिकारियों का दिल्ली में प्रवेश**—मालेसन, ह्वाइट और निलरान, ये तीनों इतिहासकार स्वीकार करते हैं कि मेरठ में क्रान्ति का सबसे पहले प्रारम्भ हो जाना अंग्रेजों के लिए बरकत और भारतीय क्रान्तिकारियों के लिए हानिकर सिद्ध हुआ। **मालेसन** ने स्पष्ट लिखा है कि, "यदि पूर्व निश्चय के अनुसार एक साथ, एक तारीख को ही सारे भारत में स्वाधीनता का युद्ध शुरू हुआ होता, तो भारत में एक भी अंग्रेज जीवित न बचता और भारत में अंग्रेजी राज्य का अन्त हो गया होता।"[4] **जे. सी. विलसन** ने लिखा है कि, "वास्तव में मेरठ की स्त्रियों ने वहाँ के सिपाहियों को समय से पहले भड़काकर अंग्रेजी राज को गारत (नष्ट) होने से बचा लिया।"[5]

11 मई, 1857 ई. को दो हजार मुद्राबार मेरठ से दिल्ली पहुँच गए। जब दिल्ली के अंग्रेज अधिकारी कर्नल रिपले को मेरठ के विद्रोही सिपाहियों के आगमन की सूचना मिली, तो उसने 54 नम्बर की देशी पलटन को साथ लेकर मेरठ के क्रान्तिकारियों को रोकने की कोशिश की किन्तु उसके अपने देशी सिपाही क्रान्तिकारियों से जा मिले। कर्नल रिपले को जान से मार दिया गया। दिल्ली पर क्रान्तिकारियों ने कब्जा कर लिया और बहादुरशाह को सम्राट् घोषित कर दिया। बहादुरशाह ने बूढ़े होने के बावजूद क्रान्तिकारियों का नेतृत्व सम्भाला।

---

1. Kaye's *History of the Speay War,* Book IV, Chapter II.
2. J. C. Willson's *Official Narrative.*
3. G. B. Malleson : *The Red Pamphlet.*
4. Malleson : *Indian Mutiny,* Vol. V.
5. J. C. Willson's *Official Narrative.*

**क्रान्ति का फैसला**—दिल्ली की अंग्रेजी राज से मुक्ति का समाचार बिजली की तरह उत्तर भारत में फैल गया। 24 मई, 1857 ई. तक अलीगढ़, इटावा, मैनपुरी तथा दिल्ली के आस-पास के अन्य स्थानों ने अपनी स्वतन्त्रता घोषित कर दी और कम्पनी के राज को समाप्त कर दिया। 31 मई, 1857 ई. के पूर्व सम्पूर्ण रुहेलखण्ड, खान बहादुरखाँ के नेतृत्व में क्रान्ति में शामिल हो गया। बाद में यह सम्पूर्ण क्रान्ति कानपुर, लखनऊ, बिहार और मध्य प्रदेश में भी फैल गई।

**दिल्ली का अंग्रेजों द्वारा घेरा**—लार्ड कैनिंग को जब ये समाचार मिला, तो उसने इस क्रान्ति को दबाने के लिए एक महत्वपूर्ण योजना बनाई। उसने पटियाला, जींद और नाभा (पंजाब) की सिक्ख रियासतों, राजस्थान की राजपूत रियासतों, नेपाल, हैदराबाद और ग्वालियर से सेना प्राप्त करने की कोशिश की जो उसको मिल गई। **डॉ. ईश्वरी प्रसाद** ने लिखा है कि, "अंग्रेजों ने पंजाबी और हिन्दुस्तानी में और हिन्दू तथा मुस्लिमों में मतभेद पैदा किया। उन्होंने सारे पंजाब में बादशाह के नाम से झूठे फरमान जारी किए जिनमें कहा गया था कि लड़ाई में जीत होते ही प्रत्येक सिक्ख का वध कर दिया जाएगा।"[1] बहादुरशाह ने इस गलतफहमी को दूर करने का भरसक प्रयत्न किया। अंग्रेजों ने अपनी सफल कूटनीति द्वारा पंजाब में और नर्मदा के पार विद्रोह नहीं फैलने दिया। अंग्रेजों ने पंजाब से 6 प्रतिशत ब्याज पर बलपूर्वक सूद भी लिया, इस प्रकार अंग्रेजों को काफी धन प्राप्त हो गया। इसके बाद सिक्खों और गोरखों की सहायता से जनरल विलसन ने दिल्ली को मई, 1857 ई. में घेर लिया। दिल्ली में सप्लाई की कमी थी और बहादुरशाह 80 वर्ष का बूढ़ा नेता था, वह दिल्ली के शासन को ठीक तरह संगठित न कर सका। इतना होते हुए भी दिल्ली की सेनाओं ने अपने योग्यतम नेता सूबेदार बख्तखाँ के नेतृत्व में अंग्रेजों का कई महीने तक जमकर मुकाबला किया और प्रधान सेनापति जनरल विलसन को बहुत बुरी तरह दबाया। बाद में जनरल विलसन को कश्मीर तथा पंजाब की सिक्ख रियासतों से और अधिक सहायता प्राप्त हो गई। अंग्रेजों ने दिल्ली में भारतीयों की फूट से भी पूरा लाभ उठाया और उन्होंने सम्राट् बहादुरशाह के समधी मिर्जा इलाही बख्श को ऊँचे पद का लालच देकर अपनी ओर मिला लिया और उसके द्वारा बहादुशाह के सारे भेदों का पता लगा लिया। 14 सितम्बर, 1857 ई. को अंग्रेजी सेनाओं ने दिल्ली में प्रवेश किया और 17 सितम्बर, 1857 ई. को इलाही बख्श की सहायता से बहादुरशाह को गिरफ्तार कर लिया गया। इसके बाद ब्रिटिश जनरल हडसन ने बहादुरशाह के दो बेटों की गोली मारकर हत्या कर दी और बहादुरशाह पर मुकद्दमा चलाकर उसे देश-निर्वासित कर दिया। उसे आजन्म कैद की सजा दी गयी। सन् 1863 ई. में रंगून में बहादुरशाह की मृत्यु हो गई।

बहादुरशाह की गिरफ्तारी के बाद दिल्ली की जनता के लिए अंग्रेजों ने कत्लेआम अथवा नरसंहार (General Massacre) का आदेश दिया। इस बात की पुष्टि स्वयं अंग्रेज लेखकों के बयान से होती है। उदाहरणस्वरूप, इन अत्याचारों के बारे में **लार्ड एलफिन्स्टन** ने **सर जॉन लॉरेन्स** को लिखा था कि, **"दिल्ली के घेरे के खत्म होने के बाद हमारी सेना ने जो अत्याचार किए हैं, उन्हें सुनकर हृदय फटने लगता है। बिना मित्र या शत्रु में भेद किए ये लोग सबसे एक-सा बदला ले रहे हैं। लूट में तो सचमुच हम नादिरशाह से भी आगे बढ़ गए हैं।"** **जनरल चैपलेन** ने भी लिखा है कि, "दिल्ली के निवासियों के कत्लेआम का खुला ऐलान (घोषणा) कर दिया गया, यद्यपि हम जानते थे कि उनमें से बहुत से हमारी विजय चाहते हैं।"

**पंजाब**—सम्राट् बहादुरशाह ने पंजाब के सिक्ख नेताओं और रियासतों को मिलाने का बहुत प्रयत्न किया था और इस हेतु ताजुद्दीन को वहाँ भेजा गया था किन्तु उसे सर जॉन लॉरेन्स की चालों के कारण सफलता नहीं मिली थी। अंग्रेजों ने अपने विरुद्ध इस सशस्त्र संघर्ष को रोकने के लिए बहुत प्रयत्न किए और जहाँ-जहाँ क्रान्ति की लहर फैलती दिखाई दी, वहीं भारतीय सेनाओं से शस्त्र रखवा लिए गए, किन्तु इतना होते हुए भी कई स्थानों पर क्रान्ति की चिनगारी भड़क उठी। फिरोजपुर, पेशावर, होती मरदान, जालन्धर, फिल्लौर और अजनाला में देसी पलटनों ने अंग्रेजों के विरुद्ध विद्रोह कर दिया किन्तु अंग्रेजों ने बहुत से सैनिकों से हथियार रखवा लिए। जो सैनिक हथियार रखने के बजाए भाग गए, उनको बाद में गिरफ्तार कर लिया गया और मृत्युदण्ड दिया गया।

**हरियाणा में सशस्त्र क्रान्ति के प्रयत्न**—सन् 1857 ई. में हरियाणा में छोटे-बड़े राजाओं का राज था। 15 जून, 1857 ई. को हरियाणा में निम्नलिखित जिले थे—(1) गुड़गाँव, (2) रिवाड़ी, (3) फरीदाबाद, (4) सोनीपत, (5) रोहतक, (6) जींद, (7) करनाल, (8) हिसार, (9) भिवानी, (10) अम्बाला, (11) कुरुक्षेत्र, (12) कैथल, (13) सिरसा, (14) महेन्द्रगढ़, (15) पानीपत, (16) यमुना नगर।

---

1. डॉ. ईश्वरी प्रसाद—अर्वाचीन भारत का इतिहास, पृ. 303।

यह अत्यन्त दु:ख का विषय है कि इतिहासकारों ने हरियाणा के अनन्त बलिदानों की निरन्तर उपेक्षा की है। यह स्मरण रहे कि हरियाणा ने मध्यकाल में विदेशी आक्रमणकारियों का मुकाबला करने के लिए बहुत बलिदान दिए हैं और सभी खूनी लड़ाइयाँ हरियाणा की भूमि पर ही हुई हैं। जब ब्रिटिशकाल में स्वतन्त्रता जाती रही, तो भी स्वतन्त्रता प्राप्ति के लिए हरियाणा के लोगों ने अपने अद्वितीय त्याग और बलिदान का परिचय दिया है। सन् 1857 ई. में यहाँ के सारे राजे और नवाब अंग्रेजों के विरुद्ध और दिल्ली के बादशाह बहादुरशाह जफर के साथ हो गए। हरियाणा के कई गाँव (बिलासपुर, मुरथल, कुण्डली, खामपुर, अलीपुर, हमीदपुर, सराय, झाड़सा, गुरुगाँव (गुड़गाँव) तथा कई अन्य नगर रिवाड़ी, भिवानी, हिसार, हाँसी, रोहतक, झज्जर, बल्लभगढ़ और फर्रुख नगर इत्यादि सशस्त्र क्रान्ति के केन्द्र बन गए। मुहम्मद आजम ने हिसार के पास मंगल गाँव में अंग्रेजों के विरुद्ध बहुत कड़ा संघर्ष किया। झाड़सा परगना (तहसील) के शासक बख्तावर सिंह ने गुड़गाँव के आस-पास अंग्रेजों के विरुद्ध मोर्चा लिया। मेवात (गुड़गाँव जिले) में सरदार अली हसन खाँ और उसके ससुर समद खाँ तथा बल्लभगढ़ (फरीदाबाद जिले) में राजा नाहर सिंह ने अंग्रेजों के विरुद्ध कड़ा मोर्चा लिया। रोहतक में सबसे पहले रांघड़ों ने स्वतन्त्रता संघर्ष शुरू किया। मुहम्मद आजम ने हिसार के समीप अंग्रेजों के विरुद्ध जबर्दस्त मोर्चा लिया। हांसी (जिला हिसार) में असंख्य वीरों ने युद्ध में प्राणाहुति दी किन्तु अनेक युद्धों के बाद अन्त में हार हुई। फलत: सारे बचे हुए स्वतन्त्रता सेनानी तथा उनके नेता नसीबपुर (नारनौल) के पास इकट्ठे हो गए। यहाँ उन्होंने राव तुलाराम (रिवाड़ी के शासक) के नेतृत्व में अन्तिम खूनी युद्ध लड़ा। इस युद्ध में हरियाणा की सेना के प्रधान सेनापति राव किशन सिंह, राजकुमार मोहम्मद आजम और समद खाँ के सुपुत्र शहीद हो गए। दूसरी ओर ब्रिटिश सेनापति जेरर्ड मारा गया। अलवर और जयपुर से अंग्रेजों की सहायता के लिए सेनाएँ आ गईं। शाम हो चुकी थी। सूर्य के डूबते ही हरियाणा की सेनाएँ रणभूमि से प्रस्थान कर गयीं। राव तुलाराम तांत्या टोपे से मध्य प्रान्त में आ मिले। तांत्या टोपे ने राव तुलाराम को अफगानिस्तान सैनिक सहायता के लिए भेज दिया जहाँ कोई भी सैनिक सहायता स्वतन्त्रता सेनानियों को प्राप्त नहीं हुई। कुछ समय पश्चात् पेचिश के रोग से राव तुलाराम का स्वर्गवास हो गया। **हरियाणा के इतिहास में राव तुलाराम का नाम अमर है और प्रतिवर्ष रिवाड़ी में उनकी याद में शहीदी दिवस मनाया जाता है।**

अन्त में झज्झर के नवाब अब्दुल रहमान, फर्रुखनगर के नवाब अहमद अली खाँ, झाड़सा परगना के शासक चौधरी बख्तावर सिंह और बल्लभगढ़ के राजा नाहर सिंह को दिल्ली में फाँसी दे दी गई। हांसी के हुकमचन्द कानूनगो को उनके घर के सामने ही फाँसी पर लटका दिया गया। हमें यह कदापि नहीं भूलना चाहिए कि विभिन्न ब्रिटिश सेनापतियों ने सैकड़ों गाँवों को जलाकर राख कर दिया और हजारों व्यक्तियों को फाँसी के तख्तों पर लटका दिया। इसीलिए हरियाणा के बलिदानों की कथा अनन्त और अमर है।

**झाँसी, अवध तथा बिहार**—अवध, बिहार और झाँसी भी इस स्वतन्त्रता संघर्ष के महत्वपूर्ण केन्द्र बन गए। कानपुर, लखनऊ, बरेली और अलीगढ़ में विशेष रूप से अंग्रेजों के विरुद्ध संघर्ष चला। कानपुर में तांत्या टोपे और नाना साहब ने, बरेली तथा शेष रुहेलखण्ड में मौलवी अहमदशाह और खान बहादुर खाँ ने, अवध में बेगम हजरत महल तथा वजीर अली नकी खाँ ने, झाँसी में महारानी लक्ष्मीबाई ने और बिहार में जगदीशपुर के राजा कुंवर सिंह तथा उसके छोटे भाई अमर सिंह ने विशेष रूप से अंग्रेजों के विरुद्ध भारत की स्वतन्त्रता के लिए संघर्ष किया। राजा कुंवर सिंह की आयु उस समय 80 वर्ष की थी किन्तु आयु का उस पर कोई प्रभाव नहीं था, संघर्ष के बीच में ही यद्यपि उसकी मृत्यु हो गई किन्तु अपनी मृत्यु से पूर्व उसने कई स्थानों पर ब्रिटिश सेना को पराजित किया। वह अपनी मृत्यु तक अजेय रहा। उसकी मृत्यु के पश्चात् उसके छोटे भाई अमर सिंह ने अंग्रेजों के विरुद्ध काफी संघर्ष किया किन्तु अन्त में उसकी पराजय हुई। **महारानी लक्ष्मीबाई ने झाँसी और ग्वालियर के युद्धों में जो अद्वितीय वीरता दिखाई, उसके कारण उसका नाम सदैव के लिए अमर हो गया है।** यद्यपि वह ग्वालियर के समीप 18 जून, 1857 ई. को लड़ती हुई शहीद हो गई किन्तु भावी पीढ़ियों ने उसके बलिदानों से प्रेरणा प्राप्त करना जारी रखा और अंग्रेजों के विरुद्ध खूब संघर्ष किया। स्वतन्त्रता के पश्चात् उसकी एक भव्य मूर्ति ग्वालियर में स्थापित कर दी गई। तांत्या टोपे भी झाँसी की रानी की तरह बहुत वीर सेनापति था। वह अंग्रेजों को धोखा देने के लिए प्रसिद्ध है। उसने अंग्रेजों को अनेक स्थानों पर चकमे दिए। कुछ लोगों का विचार है कि तांत्या टोपे जब अलवर में मानसिंह नामक एक सामन्त के मकान में छिपा हुआ था, तो उसने पुलिस को सूचना दे दी। पुलिस ने तांत्या को गिरफ्तार करके अंग्रेजों के हवाले कर दिया। कहा जाता है कि 18 अप्रैल, 1859 ई. को उसे ग्वालियर के निकट स्थित शिवपुरी में फाँसी दे दी गई। किन्तु धर्मपाल इत्यादि इतिहासकार इस विचार से सहमत नहीं हैं। भावी शोधकार्य ही इस बात पर नया प्रकाश डाल सकता है। मौलवी अहमद शाह को पावान के देश विद्रोही राजा जगन्नाथ सिंह के भाई ने धोखे से मार दिया। नाना साहब, बेगम हजरत महल और

जगदीशपुर के राजा अमर सिंह नेपाल के जंगलों की ओर भाग गए। इसके बाद उनका कुछ पता नहीं चल सका। इस तरह इस महान् स्वतन्त्रता संग्राम का अप्रैल, 1859 ई. तक अन्त हो गया किन्तु स्वतन्त्रता की चिनगारी धधकती रही।

## दक्षिण का योगदान
## (Contribution of the South)

लोकमान्य बालगंगाधर तिलक स्मारक ट्रस्ट पुणे ने स्वतन्त्रता आन्दोलन को जोड़ने और उसमें खोज करने का अद्भुत कार्य किया है। इसमें सारे भारत के विभिन्न क्षेत्रों और लोगों का योगदान है। सरकारी प्रलेख के अनुसार अण्डमान में केवल 55 लोगों को भेजा गया था, जबकि खोज से पता चला है कि, **भारत के विभिन्न भागों और सम्प्रदायों के 800 लोगों को सन् 1857 ई. के आन्दोलन में भाग लेने के लिए दण्डित किया गया था। वी. डी. सावरकर** ने ठीक ही लिखा है कि, "जबकि स्वराज्य और स्वधर्म भारत की ओर थे, तो विस्तारवाद और साम्राज्य को सुदृढ़ करने की बात अंग्रेजों की ओर थी।" जिन लोगों ने इस आन्दोलन में भाग लिया, उनका केवल यह उद्देश्य था कि, **भारत माता किसी तरह अंग्रेजों के बन्धनों से मुक्त हो जाए। इस उद्देश्य की पूर्ति के लिए उनका एक सन्देश जरूर था कि हम सगठित होकर खड़े रहेंगे तो खड़े हो जाएँगे और यदि बँटे रहे, तो गिर जाएँगे** (United we stand and divided we fall)।

सन् 1856 ई. के अन्त में सतारा के **रंगो बापू जी**, कोल्हापुर तथा अन्य भागों में **अन्ना फड़नवीस** तथा **तांत्या मोहित**, हैदराबाद में **मौलवी सैयद अलाउद्दीन, सोन जी पण्डित** तथा अन्य, गोवा **में दीपू जी राणे**, उत्तरी अरकाट में **सैय्यद कूसा** इत्यादि ने अंग्रेजों के विरुद्ध लड़ने के लिए सेना की भर्ती करनी शुरू कर दी थी।

दक्षिण भारत में, सन् 1857 ई. में कई नेता निःस्वार्थ भाव से लड़े। उदाहरणार्थ, सतारा में रंगो जी बापू उनमें से एक था। सोन जी पण्डित, रंगाराव पगेय तथा मौलवी सैयद अलाउद्दीन हैदराबाद में, भीम राव मुन्डार्गी तथा छोटू सिंह कर्नाटक में थे। गुलाम गाउस मद्रास में था। भील, कोली तथा गोण्ड इत्यादि जंगल के सम्प्रदाय, महाराष्ट्र में, कर्नाटक में, बेदार तथा आन्ध्र में कोया तथा सवर्स में, भीम नायक, काजी सिंह, राम जी गोण्ड, गुडनोय, सुभ रेड्डी तथा अन्य ने सन् 1857 ई. के स्वतन्त्रता युद्ध में कार्य किया। सन् 1857 ई. में तमाम सम्प्रदाय हिन्दू, मुस्लिम, शहरी, कबीले, सैनिक, कन्धे से कन्धा मिलाकर ब्रिटिश शासन का अन्त करने के लिए लड़े। गुसाई सिंह यद्यपि उत्तरी भारत से सम्बन्धित था, वह भी बराबर खूब लड़ा। परन्तु वे तथा उनके नेता काम के बराबर सिद्ध नहीं हुए। जैसा कि सदैव होता है, सन् 1857 ई. का इतिहास विजयी नेताओं से सम्बन्धित है।

## विद्रोह का दमन
## (Suppression of Struggle)

जिस समय विद्रोह आरम्भ हुआ, उस समय भारतीय सैनिकों की संख्या 2,32,224 और अंग्रेजी सैनिकों की संख्या केवल 45,552 थी किन्तु भारतीयों ने युद्ध की न तो कोई निश्चित योजना बनायी थी और न अपनी शक्ति को केन्द्रित करने का प्रयत्न ही किया था। फलतः अंग्रेजों को उनसे अलग-अलग स्थानों पर युद्ध का अवसर मिल गया। जिससे वे विद्रोह का पूरी तरह दमन करने में सफल रहे। विद्रोह की सूचना पाते ही लार्ड कैनिंग ने बम्बई, मद्रास, बर्मा और श्रीलंका से सेना एकत्र करने का आदेश दिया। जो अंग्रेजी सेना चीन जा रही थी, उसे भी लौटने का आदेश दिया गया। पंजाब से वफादार सिक्ख सेना दिल्ली बुलायी गयी।

जनरल नील ने पहले बनारस और उसके बाद इलाहाबाद में विद्रोह का दमन किया। पहले तो कानपुर में नाना साहब ने अपने को पेशवा घोषित कर दिया तथा वहाँ आत्मसमर्पण करने वाले अंग्रेजों को नदी पर बीबीगढ़ में कत्ल कर दिया गया किन्तु इसके बाद दिसम्बर में सर कैम्पबेल ने कानपुर पर कब्जा कर विद्रोह को कुचल दिया। नाना साहब नेपाल भाग गए। लखनऊ में विद्रोहियों ने बेगम हजरत महल तथा उसके अल्पवयस्क पुत्र बिर्जिस कद्र को नवाब घोषित कर विद्रोह किया किन्तु हैवलॉक, सर आउट्रम और सर कैम्पबेल ने मार्च, 1858 ई. में उस पर कब्जा कर विद्रोह को कुचल दिया।

**दिल्ली पर अंग्रेज पहले ही अधिकार कर चुके थे।** निकोलस के कड़े संघर्ष के बाद सितम्बर, 1857 ई. में उनका उस पर कब्जा हो गया। बहादुरशाह के दो बच्चे मार डाले गए तथा बहादुरशाह को रंगून भेज दिया गया जहाँ सन् 1862 ई. को उनकी मृत्यु हो गई।

**सर ह्यूरोज ने झाँसी पर कब्जा कर लिया** लेकिन रानी भागकर तांत्या टोपे के पास काल्पी चली गयी। वहाँ से उन्होंने ग्वालियर पर अधिकार कर लिया। कड़े संघर्ष के बाद सन् 1858 ई. में अंग्रेज उस पर कब्जा कर पाए तथा रानी युद्ध के

मैदान में ही मारी गयी। तांत्या टोपे को एक विश्वासघाती जमींदार की सहायता से पकड़कर फाँसी पर लटका दिया गया। बिहार में भी विद्रोह पूरी तरह कुचल दिया गया। बाबू कुँवर सिंह को भी भागना पड़ा।

**बेगम हजरत महल भी नेपाल भाग गयीं** और वहीं उनकी मृत्यु हो गई। जुलाई, 1858 ई. तक विद्रोह प्राय: सभी स्थानों पर कुचल दिया गया।

**विद्रोह के समय दोनों पक्षों ने भयानक अत्याचार किए। यह एक ऐसा युद्ध था जिसमें दया और न्याय का कोई स्थान नहीं था। किसी भी तरह शत्रु का अन्त करना इस युद्ध का एकमात्र लक्ष्य था। अंग्रेज इतिहासकारों ने अंग्रेजों के साथ किए गए अत्याचारों का तो उल्लेख काफी बढ़ा-चढ़ाकर किया है किन्तु भारतीयों पर जो अत्याचार हुए, उनका उन्होंने बहुत कम जिक्र किया है। ऐतिहासिक तथ्यों से यह बात साफ है कि उन्होंने भारतीयों के साथ बहुत अन्याय और अत्याचार किया।**

जनरल नील ने कलकत्ते से बनारस और इलाहाबाद जाते हुए हजारों निरीह पुरुषों, स्त्रियों और बच्चों को कत्ल कराया। दिल्ली पर अधिकार करने के बाद अंग्रेजों ने जो अत्याचार किया, उसके सामने भारतीयों के अत्याचार फीके पड़ गए। **'टाइम्स'** के अनुसार, शाहजहाँपुर ने नादिरशाह के कत्लेआम के बाद उस तरह का दृश्य नहीं देखा जैसा अंग्रेजों के अत्याचार का था।

**फ्रेडरिक कूपर 26th N.I. के सैनिकों के साथ जो नृशंस व्यवहार किया गया, उसके सामने बीबीगढ़ की घटना फीकी पड़ जाती है।** बीबीगढ़ की घटना का जो विद्रोहियों द्वारा अंग्रेजों को कुँओं में गिराकर की गयी हत्या से सम्बन्धित थी, हवाला देते हुए कूपर ने कहा है कि यदि एक कुँआ कानपुर में है तो दूसरा उजनाला में जहाँ 282 गिरफ्तार सैनिकों में से 140 की हत्या कर शेष को एक कमरे में बन्द कर मार डाला गया था। **झाँसी और लखनऊ की जनता के साथ भी बहुत ही हृदय विदारक व्यवहार किया गया। अनेक स्थानों पर मार्शल-लॉ लागू किया गया। लोगों को रस्सियों से लटकाकर गोली मार देने की घटना सामान्य थी। गुजरते हुए अंग्रेज सैनिक केवल लाशें बिछाते जाते थे।**

## विद्रोह की विफलता
## (Failure of Struggle)

अंग्रेज सैन्य बल की तुलना में भारतीय सैनिकों की सात गुनी अधिक संख्या तथा प्रारम्भ में विद्रोहियों की सफलता के बावजूद अंग्रेज अन्त में अनेक कारणों से विद्रोह दबाने में सफल रहे।

**पहला**, तो यह कि **यह विद्रोह सम्पूर्ण भारत में नहीं फैल सका था। सवाल यह उठता है कि ऐसा क्यों हुआ ? सम्पूर्ण दक्षिण भारत, पंजाब, राजस्थान, गुजरात, मध्य भारत तथा बंगाल में इसका नहीं के बराबर असर था। दिल्ली, अवध, बिहार, रुहेलखण्ड और इनके आस-पास के भाग में ही यह अपना विस्तार कर सका था। यह पूरी तरह उत्तर भारत का भी विद्रोह नहीं बन सका।**

इस प्रकार अंग्रेजों को अपनी सारी शक्ति एक सीमित हिस्से में लगाने का अवसर मिल गया।

**दूसरा**, यह कि **भारतीयों की तुलना में अंग्रेजों के पास अच्छे शस्त्र थे।** भारतीय तलवार और भाले तथा अंग्रेज राइफलों का प्रयोग कर रहे थे। अंग्रेज अच्छे तोपखानों का प्रयोग कर रहे थे जबकि भारतीयों के तोपखाने केवल किलों की रक्षा कर रहे थे।

**तीसरा**, यह कि **अंग्रेजों के पास संचार व्यवस्था बहुत ही अच्छी थी** जिसके फलस्वरूप वे विभिन्न स्थानों से कारगर सम्पर्क बनाए रखने में सफल रहे जबकि भारतीय इस सुविधा और लाभ से पूरी तरह वंचित रहे।

**चौथा**, यह कि **अंग्रेजों की मदद अधिकांश देशी रजवाड़ों द्वारा की जा रही थी।** पटियाला, जींद, ग्वालियर और हैदराबाद के शासक तो इस कार्य में सबसे आगे थे। नेपाल ने भी उनकी सहायता की। एक अंग्रेज ने लिखा है कि **यदि हैदराबाद ने विद्रोह कर दिया होता तो हम पूरे दक्षिण भारत में विद्रोह से नहीं बच पाते। लार्ड कैनिंग** ने कहा है कि यदि सिन्धिया विद्रोहियों के साथ सम्मिलित हो जाते तो मुझे कल ही यहाँ से भागना पड़ता।

**पाँचवां**, यह कि **केवल देशी रजवाड़ों ने ही नहीं वरन् शिक्षित भारतीयों ने भी अपने को इससे अलग रखकर विद्रोहियों की पीठ में छुरा मारा था।** उनके अलग और उदासीन रहने से इस विद्रोह का कोई सैद्धान्तिक आधार तैयार नहीं हो सका जिसके अभाव में इसका विफल होना स्वाभाविक था।

**छठा**, यह कि **यह संघर्ष योजना विहीन था तथा इसका कोई संगठन नहीं था।** यह सैनिक संगठन, नेतृत्व और युद्ध-नीति विहीन भी था। किसी योग्य व्यक्ति ने इसका नेतृत्व नहीं किया था। इसके कई नेता थे जिनमें सहयोग नहीं था तथा उन्होंने कोई सम्मिलित योजना भी नहीं बनायी थी। अंग्रेजों के पास एक निश्चित योजना, एक विचार तथा एक लक्ष्य था।

**इसका नतीजा यह रहा कि कई गुना अधिक सैन्यबल के बावजूद विद्रोही अंग्रेजों को पराजित नहीं कर सके तथा उन्होंने अन्ततः पराजय स्वीकार कर ली। विद्रोहियों की विफलता और पराजय की यह कहानी किसी एक नहीं बल्कि सभी जगहों से जुड़ी हुई है। यह अंग्रेजों के चातुर्य और उनकी रणनीति तथा भारतीयों के योजनाविहीन, असंगठित, अव्यवस्थित और कुशल रणनीतिविहीन विद्रोह की कहानी है। दिल्ली से लेकर सभी प्रमुख स्थलों पर भारतीय सैनिकों की शक्ति कई गुना अधिक थी किन्तु अन्ततः विद्रोही हारे और अंग्रेज जीते। ऐसा नहीं हुआ होता यदि भारतीयों के पास एक भी राष्ट्रीय स्तर का योग्य नेता रहा होता। बहादुरशाह जफर बहुत ही कमजोर नेता थे। उनका सैनिकों पर विश्वास नहीं था। वह अन्त तक अंग्रेजों से गुप्त बातचीत करते रहे। विद्रोही सैनिकों पर उनका नियन्त्रण नहीं था तथा वे उनके सामने ही उनका अपमान करते थे। वे उन्हें 'अरे बादशाह', 'अरे बुड्ढे सुन' तक कहकर सम्बोधित करते थे।**

एक बार एक सैनिक ने तो उनकी दाढ़ी तक पकड़ ली थी और एक ने तो उनका हाथ झटक दिया था। वे शहर में लूटमार करते तथा उनसे लगातार अपनी तनख्वाह माँगते रहते थे। दिल्ली और मेरठ के सैनिकों में आपसी मतभेद था। बेगम जीनत महल और वजीर अंशानउल्ला अंग्रेजों से मिले हुए थे। हिन्दू और मुसलमानों के सम्बन्ध भी खराब होने लगे थे। **यदि विद्रोहियों के अन्य नेता बहादुर और समर्पित थे तो भी राष्ट्रीय स्तर के नहीं थे। तांत्या टोपे और कुँवर सिंह ने गुरिल्ला युद्ध में अपनी योग्यता प्रदर्शित की किन्तु उन्हें भी राष्ट्रीय स्तर के व्यक्तित्व की मान्यता नहीं मिल सकी।**

रानी लक्ष्मीबाई की बहादुरी, दृढ़ता और योग्यता को चुनौती नहीं दी जा सकती किन्तु उनकी शक्ति एक निश्चित क्षेत्र तक ही सीमित रही। उनका भी व्यक्तित्व और नेतृत्व उभरकर राष्ट्रीय स्तर का नहीं हो सका। इस प्रकार का अभाव भी इस विद्रोह की विफलता के प्रमुख कारणों में से एक रहा।

**नेताओं, सैनिकों और जनता के पास उच्च आदर्श का अभाव भी इसकी विफलता का एक मुख्य कारण था**—राष्ट्रभक्ति, जनकल्याण और यहाँ तक कि धर्म की रक्षा में से किसी भी बात को विद्रोहियों ने अपना लक्ष्य नहीं बनाया। **इसके विपरीत अंग्रेज राष्ट्रीयता और साम्राज्य की रक्षा की भावना से लड़ रहे थे। एकता, संगठन, नीति और दृढ़ता के कारण वे इसे दबाने में सफल रहे। त्याग एवं देश-प्रेम की भावना तथा हैवलॉक, नील निकोलस और ह्यूरोज जैसे सेनापतियों के युद्ध-कौशल के कारण भी वे सफल रहे।**

**कूटनीति ने भी उनकी मदद की**। उन सिक्खों को अंग्रेज अपने साथ मिलाने में सफल रहे जिनका 10 वर्ष पहले उन्होंने राज छीना था। अंग्रेजों ने उत्तर-पश्चिम सीमा की उन पठान और अफगान जातियों से सहायता प्राप्त की जिनसे वे लगातार युद्ध करते रहे थे। उन्हें भारत की विभिन्न जातियों, सम्प्रदायों, क्षेत्रों और शासकों के बीच चलने वाले अन्तर्द्वन्द्वों का अच्छी खासी जानकारी मिल गयी थी। सभी को वे युद्ध के जरिए दबाते और अपमानित करते रहे थे किन्तु सन् 1857 ई. का विद्रोह दबाने के लिए उन्होंने जिन लोगों की मदद की, जरूरत महसूस की, उसे अपनी कूटनीति से अपनी ओर मिलाया। **इस प्रकार उनकी सफल कूटनीति भी इस विद्रोह को विफल करने के कारणों में एक रही।**

## 1857 के विद्रोह की प्रकृति
## (Nature of Struggle of 1857)

सन् 1857 ई. के विद्रोह की प्रकृति के बारे में विद्वानों और इतिहासकारों में मतभेद है। कुछ इसे 'सैनिक विद्रोह' कुछ 'ईसाइयों के विरुद्ध धर्म युद्ध' अथवा 'काली और गोरी जातियों के बीच सत्ता संघर्ष' कुछ इसे 'पश्चिमी और पूर्वी सभ्यता का संघर्ष' कुछ इसे 'अंग्रेजी शासन के विरुद्ध हिन्दू और मुसलमानों का षड्यन्त्र तथा कुछ आधुनिक भारतीय इतिहासकार इसे प्रथम भारतीय स्वतन्त्रता संग्राम मानते हैं। **सर जॉन लॉरेन्स** तथा **सीले** ने इसे पूरी तरह सैनिक विद्रोह कहा है जिसमें जनता ने सेना के साथ कोई सहयोग नहीं किया। इस विचार का खण्डन इस आधार पर हो जाता है कि **विद्रोह तो निश्चित ही सैनिकों ने शुरू किया था किन्तु इसे केवल 'सैनिक-विद्रोह' नहीं माना जा सकता क्योंकि इसमें सभी भारतीय सैनिकों ने भाग नहीं लिया था तथा भारतीय जनता भी इसमें बहुत बड़ी संख्या में शामिल नहीं हुई थी।** विद्रोह के बाद हजारों की संख्या में असैनिक दण्डित हुए। **एम. इ. आर. रीस इसे ईसाई धर्म के विरुद्ध एक 'धर्म-युद्ध' मानते हैं।** यह सही है कि चर्बी लगे हुए कारतूसों के विरोध में यह विद्रोह शुरू हुआ था किन्तु यदि यह धर्म-युद्ध होता तो किसी भी हिन्दू-मुसलमान ने अंग्रेजों का साथ नहीं दिया होता। इसे **काली-गोरी जातियों के बीच युद्ध कहना** भी ठीक नहीं होगा क्योंकि अंग्रेजों के साथ बहुत बड़ी संख्या में भारतीय सैनिक भी थे।

**टी. आर. होम्स** तथा **अन्य का यह विचार भी स्वीकार योग्य नहीं है कि यह सभ्यता और बर्बरता का संघर्ष था**—क्योंकि भारतीय बर्बर और असभ्य जाति के नहीं थे। सभ्यता का उनका इतिहास अंग्रेज जाति के इतिहास से कई हजार वर्ष पुराना है। विद्रोह के दौरान अंग्रेजों ने जितना बर्बर व्यवहार किया, उसकी तुलना में भारतीयों की बर्बरता बहुत ही फीकी थी।

**सर जेम्स आउट्रम** और **डब्ल्यू. टेलर** इसे **'अंग्रेजों के विरुद्ध हिन्दू और मुसलमानों का षड्यन्त्र'** मानते हैं। यह भी स्वीकार किया जा सकता है **क्योंकि यह असंगठित था तथा उस समय हिन्दू और मुसलमानों में अनेक मतभेद थे।** असन्तोष और क्षोभ दोनों को था किन्तु उनके सम्मिलित षड्यन्त्र का सवाल ही नहीं उठता है। अशोक मेहता के अनुसार विद्रोह का स्वरूप राष्ट्रीय था।

**वीर सावरकर** ने भी **इसे राष्ट्रीय स्वतन्त्रता के लिए किए जाने वाले युद्ध की संज्ञा दी है। डिजरायली** ने भी इसे **'राष्ट्रीय विद्रोह'** कहा है।

निश्चित ही यह अंग्रेजी राज्य के विरुद्ध था किन्तु **अनेक कारणों से इसे पूरी तरह राष्ट्रीय नहीं कहा जा सकता है।** विदेशी राज के प्रति असन्तोष एवं क्षोभ इसके शुरू होने का कारण था। अत: अंशत: तो यह राष्ट्रीय था ही। **डॉ. एस. एन. सेन** और **डॉ. आर. सी. मजूमदार** अनेक बातों के बारे में एकमत होते हुए भी निष्कर्ष में भिन्न हैं। **दोनों मानते हैं कि इसकी कोई योजना नहीं थी और यह अचानक शुरू हुआ था। दोनों इस राय के हैं कि उस समय राष्ट्रीयता की भावना का सर्वथा अभाव था। विद्रोही नेता राष्ट्रीय नेता नहीं थे। सभी अपने निजी कारणों से इस विद्रोह में शामिल हुए। बहादुरशाह जफर ने भी इसमें जबरन भाग लिया था। सभी की निष्ठा अपने राज्य और क्षेत्र तक ही सीमित थी। सभी के हितों पर अंग्रेजों ने प्रहार किया था। अत: वे विद्रोही बन गए थे।**

राष्ट्रीयता की भावना से ओत-प्रोत होकर किसी ने भी विद्रोह का बिगुल नहीं बजाया था। नानाजी **पेन्शन** बन्द होने से क्षुब्ध थे। **लक्ष्मीबाई का नारा था कि मैं अपनी झाँसी नहीं दूँगी। अवध की बेगम और विभिन्न ताल्लुकेदारों के अपने स्वार्थ थे।**

किसी भी नेता के विचार से यह सिद्ध नहीं होता कि इस विद्रोह का स्वरूप राष्ट्रीय था। **इन सभी बातों पर एकमत होते हुए भी दोनों निष्कर्ष भिन्न हैं। डॉ. मजूमदार** के अनुसार **यह 'भारतीय स्वतन्त्रता का संग्राम' नहीं था। डॉ. सेन** का तर्क है कि **क्रान्ति में जनता का अल्पमत ही सक्रिय भाग लेता है।** अमेरिका के स्वतन्त्रता संग्राम तथा फ्रांस की महान् क्रान्ति के समय भी लगभग यही स्थिति थी। भारत में भी यही स्थिति थी किन्तु गह विद्रोह भारतीय सैनिकों और जनता (चाहे उनकी संख्या कुछ भी रही हो) द्वारा विदेशी शासन समाप्त करने के लिए किया गया था। अत: इसे **'स्वतन्त्रता संग्राम'** माना जा सकता है।

**कुछ भी हो, इस विद्रोह का यह महत्व अस्वीकार नहीं किया जा सकता है कि अंग्रेजी राज के विरुद्ध पहले के छिटपुट विद्रोहों की तुलना में यह काफी व्यापक और राष्ट्रीय स्तर का था।**

**सैनिकों के मन में धर्म जाने तथा अपने साथ किए जा रहे भेद-भाव के प्रति क्षोभ था।** हिन्दू और मुसलमान दोनों ही अपने मतभेदों के बावजूद अंग्रेजों से क्षुब्ध थे। सत्ता से वंचित देशी रजवाड़े और तालुकेदार अपने हितों पर आघात से असन्तुष्ट थे। असन्तुष्ट और क्षोभ के अलग-अलग कारणों के बावजूद सभी के मन में अंग्रेजी राज के अन्त की लालसा थी। **राष्ट्रव्यापी न होने के बावजूद यह विदेशी सत्ता के विरुद्ध देशी लोगों के मन में पल रही घृणा तथा पल रहे क्षोभ की पहली व्यापक अभिव्यक्ति के रूप में था।** सैनिक विद्रोह के रूप में शुरू इस संघर्ष में कुछ देशी रजवाड़ों, तालुकेदारों तथा अन्य सामन्तों के साथ-साथ जनता की भागीदारी के कारण यह एक प्रकार से विदेशी सत्ता को उखाड़ फेंकने की पहली लड़ाई थी अत: इसे प्रथम स्वतन्त्रता संग्राम की संज्ञा देना बहुत गलत नहीं होगा।

जिस किसी ने भी इसमें भाग लिया तथा जिस किसी ने भी इसका प्रत्यक्ष अथवा अप्रत्यक्ष समर्थन किया, उसकी **यह स्पष्ट मंशा थी कि अंग्रेजी राज का अन्त तथा उसके स्थान पर देशी राज की स्थापना हो। विद्रोहियों ने पूरे राष्ट्र के लिए एक शासन की परिकल्पना की थी और इसीलिए उन्होंने बहादुरशाह जफर को अपना नेता चुना था। इसमें हिन्दू और मुसलमान, दोनों ने अपने मतभेद भुलाकर भाग लिया था।**

इस प्रकार यह बात साफ है कि **हिन्दू या मुसलमान नहीं अपितु भारतीय होने की सभी के मन में भावना थी अत: यह एक राष्ट्रीय विद्रोह या संग्राम था। कुछ भी हो, इसने इतना तो अहसास करा ही दिया था कि भारतवासी अंग्रेजों से घृणा करते थे तथा स्वतन्त्र होने की लालसा रखते हैं। यह अवश्य कहा जा सकता है कि यह एक संगठित विद्रोह नहीं था। जो लोग अंग्रेजी राज से क्षुब्ध होकर उसे उखाड़ फेंकना चाहते थे, उन्होंने मेरठ में विद्रोह शुरू होते ही बिना योजना के बिगुल बजा दिया।**

**नजीर आशानुल्ला** जैसे कुछ लोगों का कहना है कि **विद्रोही सैनिकों ने पहले से ही योजना बना रखी थी तथा संगठित थे किन्तु इसकी पुष्टि के लिए ठोस तथ्य उपलब्ध नहीं हैं।**

अधिकांश अंग्रेज और भारतीय इतिहासकार यही मानते हैं कि सैनिकों का विद्रोह न तो योजनाबद्ध और न संगठित ही था। इसमें बाद में भाग लेने वाले सभी लोग पहले से ही क्षुब्ध तो थे किन्तु उनकी भी भागीदारी योजनाबद्ध नहीं थी।

यह विद्रोह चाहे जिस प्रकार का भी रहा हो, एक बात साफ है कि **यह सीमित था अर्थात् इसका प्रसार पूरे देश में नहीं हुआ था। उत्तर प्रदेश के अधिकांश भाग तथा उसके निकटवर्ती बिहार के कुछ क्षेत्रों ने ही इसमें भाग लिया था। बंगाल, असम, उड़ीसा, राजस्थान और पंजाब का अधिकांश भाग तथा मध्य प्रदेश और नर्मदा नदी के दक्षिण का भाग इसमें शामिल नहीं हुआ था।**

अनेक देसी नरेशों, जैसे—पटियाला, नाभा, जींद, भोपाल आदि के शासकों ने इसे दबाने में अंग्रेजों का साथ दिया। अनेक ताल्लुकेदारों, जमींदारों तथा अन्य प्रभावशाली लोगों ने भी ऐसा ही किया। सिक्ख तथा गोरखा के साथ-साथ अनेक सैनिक टुकड़ियाँ अंग्रेजों के साथ रहीं। जहाँ तक सामान्यजन का प्रश्न है, अधिकांश भारतवासियों ने अपने को इससे अलग रखा तथा उन्होंने अनेक मौकों पर संकट में पड़े अंग्रेजों की मदद भी की। अंग्रेज इतिहासकारों और अधिकारियों ने लिखा है कि अधिकांश लोग हमारे प्रति सहृदय थे तथा उन्होंने हमारी सहायता भी की।

अनेक भारतीय इतिहासकारों का मत है कि **विद्रोही सैनिकों तथा गुण्डागर्दी से सामान्य भारतीय इतने दुःखी थे कि उन्होंने राज की रक्षा के लिए ईश्वर से प्रार्थना तक की।** शिक्षित भारतीय तो विद्रोहियों को अपना शत्रु ही मानते थे। **यह नहीं कहा जा सकता है कि वास्तविक जन-इच्छा क्या थी ?** क्षुब्ध होते हुए भी सत्ता के प्रति ऊपरी वफादारी भारतीय रक्त के लिए कोई नयी बात नहीं है। **शायद यही कारण है कि यहाँ शासक बहुत दिनों तक सफल होते रहे। जहाँ के देशी रजवाड़ों और ताल्लुकेदारों ने विद्रोह में भागीदारी की, वहाँ की जनता ने भी किसी-न-किसी रूप में उनका साथ दिया।** एक बात अवश्य है कि हिन्दू जनता की तुलना में मुसलमानों ने इसमें अधिक भाग लिया और शायद यही कारण है कि **रॉबर्ट्स, कूपलैण्ड** और यहाँ तक कि **सर सैयद अहमद खाँ** जैसे अनेक इतिहासकारों तथा विद्वानों का मत है कि यह मुस्लिम विद्रोह था। यह भी हो सकता है कि मुसलमानों से अपने मतभेद के कारण अधिकांश हिन्दुओं ने अपने को इससे अलग रखा हो।

यह सही है कि राष्ट्रीय स्वतन्त्रता संग्राम की दृष्टि से इसमें अनेक त्रुटियाँ थीं, जैसे यह राष्ट्रव्यापी नहीं था, जनता का बड़ा भाग इसके दौरान निष्क्रिय, तटस्थ और अंग्रेजों का शुभेच्छु था, इसमें हिन्दू और मुसलमान बहुत सीमित रूप में साथ-साथ रहे, अधिकांश हिन्दू नरेश और सैनिक टुकड़ियाँ अंग्रेजों की सहायता कर रही थीं तथा इसमें भाग लेने और इसकी अगुवाई करने वालों के अपने निजी स्वार्थ थे न कि राष्ट्रीयहित उन्हें प्रेरित किए हुए थे किन्तु इसके पूर्व जितने भी विद्रोह हुए, उनके परिप्रेक्ष्य में विचार करने पर यह राष्ट्रीय प्रकृति का तथा भारत से अंग्रेजी राज के अन्त की लालसा से सम्बद्ध था।

इस प्रकार हम **डी. आर. मजूमदार** तथा अन्य लोगों के इस मत से कि **सन् 1857 ई. का विद्रोह न तो राष्ट्रीय था और न स्वतन्त्रता संग्राम ही था, पूरी तरह सहमत नहीं हो सकते हैं। यह इस अर्थ में राष्ट्रीय था कि पहली बार भारतीयों ने क्षेत्रीय, जातीय और धार्मिक सीमाओं से ऊपर उठकर व्यापक स्तर पर अंग्रेजी राज के अन्त के लिए संघर्ष किया था। यह इस अर्थ में भी राष्ट्रीय था कि विद्रोहियों ने बहादुरशाह जफर को पूरे भारत का बादशाह बनाने की मंशा के साथ उन्हें अपना नेता घोषित किया था। यह इस दृष्टि से भी राष्ट्रीय था कि इसमें भाग लेने वालों ने अपने तथा कथित मतभेदों और अपनी शंकाओं के बावजूद अपने को 'हिन्दू-मुसलमान' की भावना से ऊपर उठाकर भारतीय के रूप में अंग्रेजों के विरुद्ध संघर्ष छेड़ा था। यह सही है कि सैनिकों ने अपने-अपने धर्मों पर आघात की आशंका और अपने प्रति भेदभाव तथा कुछ रजवाड़ों एवं ताल्लुकेदारों आदि ने अपने निजी हितों पर प्रहार से क्षुब्ध एवं असन्तुष्ट होकर इसे शुरू किया था और इसमें भाग लिया था किन्तु बावजूद इसके, यह एक प्रकार से स्वतन्त्रता संग्राम था क्योंकि अंग्रेजी राज का अन्त तथा देशी राज की स्थापना सभी का घोषित लक्ष्य था।**

जनता के छोटे-बड़े जिस भाग ने भी अपने को इस विद्रोह से जोड़ा, उसका कोई भी निजी स्वार्थ नहीं था। उसकी तो यही लालसा थी कि अंग्रेजी राज का अन्त हो तथा बहादुरशाह जफर की बादसाहियत के साथ भारतीयों का अपना राज हो। इस प्रकार यह किसी-न-किसी रूप में भावी स्वतन्त्रता संग्राम की पृष्ठभूमि तैयार करने वाली पहली आजादी की लड़ाई के रूप में था।

## 1857 के आन्दोलन के परिणाम
### (Consequences of the Movement of 1857)

सन् 1857 ई. की घटनाओं के कारण ब्रिटिश जनता का ध्यान भारत की ओर खिंचा और उसने कम्पनी के शासन का अन्त करने का निश्चय किया। जैसा कि **ब्राइट** ने लिखा है कि इस प्रश्न पर ब्रिटिश राष्ट्र की आत्मा जाग उठी और उसने ईस्ट इण्डिया कम्पनी को तोड़ देने का निर्णय किया। कम्पनी को तोड़कर भारत का शासन ब्रिटिश राज के अधीन कर दिया गया।

**दूसरे**, सन् 1857 ई. के आन्दोलन के बाद अंग्रेजों और भारतीयों में आपसी घृणा बहुत अधिक पैदा हो गई थी। अंग्रेजों ने भारतीयों से मिलना-जुलना बहुत कम कर दिया था। इसलिए दोनों में जो खाई पहले से ही थी वह खाई और अधिक चौड़ी हो गई थी।

अंग्रेजों ने इस आन्दोलन को दबाने के लिए जो अत्याचार किए, उनकी स्मृति बहुत दिनों तक भारतीयों में रही।

**तीसरे**, अंग्रेजों का भारतीयों पर से विश्वास बिल्कुल उठ गया था। पहले तो अंग्रेज भारतीय सैनिकों पर कुछ विश्वास करते भी थे, किन्तु बाद में उन्होंने इतना भी विश्वास करना बन्द कर दिया। इसलिए इसके बाद अंग्रेजों ने भारतीयों को काफी समय तक कहीं भी किसी महत्वपूर्ण स्थान पर लगाने की नीति को अपनाया।

**चौथे**, भारत में अंग्रेजी शिक्षा का बहुत अधिक प्रचार किया गया ताकि भारतीय अपनी पुरानी कट्टरता को छोड़कर अंग्रेजी न्याय पद्धति और कानून को अच्छा समझें।

**पाँचवें**, भारतीय सेना को पुनर्गठित किया गया। अंग्रेजी सेना और अधिकारियों की संख्या बढ़ा दी गयी। भारतीयों को सेना में प्रान्तीय और जातीय आधार पर संगठित किया गया ताकि विविध जातियों के लोग एक-दूसरे के अधिक न मिल सकें और अंग्रेजों के विरुद्ध खड़े न हो सकें। इसके अलावा तोपखाने पर सम्पूर्ण नियन्त्रण (कन्ट्रोल) अंग्रेजों ने अपना रखा।

**छठे**, अंग्रेजों ने यह अनुभव किया कि उन्होंने भारतीय राजाओं, महाराजाओं से सम्बन्ध खराब करके बहुत गलती की है क्योंकि जनता उनका साथ नहीं दे सकती थी बल्कि नरेशों में से कुछ मित्र के रूप में तलाश किए जा सकते थे। इसलिए महारानी विक्टोरिया ने उनको विश्वास दिलाया कि भविष्य में उनके राज्य को अंग्रेजी साम्राज्य में शामिल नहीं किया जाएगा और अंग्रेजी सरकार उनके मान-सम्मान की रक्षा करेगी। इसका परिणाम यह निकला कि भविष्य में देशी राजाओं तथा अंग्रेजों में गठजोड़ हो गया और देशी राजाओं की आन्तरिक विद्रोहों से रक्षा की जिम्मेदारी अंग्रेजों ने सम्भाली और देशी रियासतों के शासक भोग-विलास में लीन हो गए। दोनों ने मिलकर भारतीय राष्ट्रवाद की प्रगति को रोकने का पूरा प्रयत्न किया।

## कम्पनी के शासन की समाप्ति; भारत ब्रिटिश ताज के अधीन
### (End of the Rule of East India Company; India Comes Directly Under British Crown)

सन् 1857 ई. में इंग्लैण्ड में आम चुनाव हुए और लार्ड पामर्स्टन वहाँ के प्रधानमन्त्री बन गए। 12 फरवरी, 1858 ई. में हाउस ऑफ कॉमन्स में एक भाषण देते हुए **पामर्स्टन** ने कहा कि, "हमारी राजनीतिक व्यवस्था का एक सिद्धान्त यह है कि सारे कार्य के लिए मन्त्रिमण्डल की जिम्मेदारी हो–संसद के प्रति जिम्मेदारी, लोकमत के प्रति जिम्मेदारी और ब्रिटिश ताज के प्रति जिम्मेदारी किन्तु भारतीय शासन की बागडोर एक ऐसी संस्था के हाथ में है जो संसाद के प्रति जिम्मेदार नहीं है और जिसे ब्रिटिश ताज ने नियुक्त भी नहीं किया है किन्तु जिसे कुछ ऐसे व्यक्तियों ने चुना है जिनका भारत से केवल इतना ही सम्बन्ध है कि कुछ पूँजी में उनका हिस्सा है।"

**लार्ड पामर्स्टन** ने कहा है कि दोहरे शासन के कारण इंग्लैण्ड में अनेक कठिनाइयाँ आती हैं। शासन कार्य और जिम्मेदारी को डायरेक्टरों, बोर्ड ऑफ कन्ट्रोल तथा भारत के गवर्नर-जनरल में बाँट दिया गया है। यद्यपि यह स्पष्ट है कि अधिकारियों के उद्देश्यों और आदेशों में एकता सम्भव नहीं है। लार्ड पामर्स्टन ने इन दोषों को दूर करने के लिए कोर्ट ऑफ डायरेक्टर्स (Court of Directors), कोर्ट ऑफ प्रोप्राइटर्स (Court of Proprietors) को तोड़ देने का प्रस्ताव रखा। उन्होंने इसकी बजाय एक सभापति बनाने का प्रस्ताव रखा जो शासन और मन्त्रिमण्डल का सदस्य हो और जिसकी सहायता के लिए एक परिषद् की व्यवस्था हो। इस परिषद् के आठ सदस्य बनाए गए जिनको ब्रिटिश ताज द्वारा नियुक्त किया जाता था। इनमें से प्रत्येक दो सदस्य दो वर्ष के बाद अवकाश ग्रहण करते थे और उनकी जगह नए सदस्य चुने जाते थे। वे ही व्यक्तिगत परिषद् के सदस्य हो सकते थे जो या तो ईस्ट इण्डिया कम्पनी के डायरेक्टर रह चुके हों या जिन्होंने एक निश्चित अवधि तक भारत में सैनिक या असैनिक पद पर काम किया हो या जो स्थानीय शासन से सम्बन्धित होकर कुछ वर्षों तक भारत में रहे हों।

पामर्स्टन ने कहा कि जिन सुधारों पर कम्पनी गर्व करती है, वे सब कम्पनी द्वारा ब्रिटिश पार्लियामेण्ट के दबाव द्वारा ही किए गए, और मन्त्री अपनी शक्ति का दुरुपयोग नहीं करेंगे। इसके बाद ब्रिटिश पार्लियामेण्ट ने कुछ संशोधन सहित सन् 1858 ई. का एक्ट पास कर दिया जिसके अनुसार ब्रिटिश सरकार ने भारत का सम्पूर्ण शासन स्वयं ले लिया।

**मूल्यांकन** (Evaluation)

यह सही है कि **सन् 1858 ई. का विद्रोह या प्रथम स्वतन्त्रता संग्राम पूरी तरह कुचल दिया गया तथा विफल रहा किन्तु इसका यह अर्थ नहीं है कि भारतीय इतिहास और राजनीति की दृष्टि से यह निरर्थक अथवा बिना छाप या बिना किसी परिणाम के रहा।** इसने भारत में अंग्रेजी राज के एक युग अर्थात् कम्पनी शासन का अन्त कर दूसरे युग अर्थात् **ब्रिटिश क्राउन** के राज की शुरूआत का मार्ग प्रशस्त किया। इसके समाप्त होते ही महारानी की अनेक घोषणाओं के साथ भारत का शासन और प्रशासन **ब्रिटिश क्राउन** ने अपने हाथ में ले लिया। उसने प्रशासन, सेना, भारतीय नरेशों, सामाजिक परिवर्तन और शिक्षा आदि के प्रति अनेक नीतिगत परिवर्तन किए।

**इस प्रकार भी इसने ब्रिटिश राज का दूसरा युग शुरू किया।** क्राउन की मदद के लिए 15 सदस्यों की एक परिषद् भारत कौन्सिल स्थापित की गयी जिसका अध्यक्ष भारत सचिव कहा गया। वह ब्रिटिश मन्त्रिमण्डल का सदस्य होता था। इस प्रकार 1 नवम्बर, 1858 ई. की महारानी की घोषणा के साथ भारत ब्रिटिश उपनिवेश बन गया। अंग्रेजों ने साम्राज्य विस्तार की नीति त्याग दी तथा उन्होंने भारतीय नरेशों की उनके राज्यों की सीमाओं, उनके सम्मान और उनके अधिकारों की सुरक्षा का आश्वासन दिया। उन्हें स्वेच्छा से बच्चा गोद लेने का अधिकार भी दिया गया। अवध के ताल्लुकेदारों को उनकी जमीन लौटा दी गयी। इस तरह ब्रिटिश क्राउन ने इस विद्रोह से सबक लेते हुए राज की रक्षा तथा अपने वफादार एजेण्टों का वर्ग तैयार करने के लिए प्रतिक्रियावादी तत्वों के पोषण की नीति अपनायी।

**शासन की दृष्टि से भारत को एक इकाई माना गया** तथा रेल, डाक एवं तार आदि के मामले में नरेशों के राज्यों की सीमाओं का कोई ध्यान नहीं रखा गया। ब्रिटिश क्राउन को ही भारत की एकमात्र सर्वोच्च सत्ता के रूप में घोषित किया गया तथा देशी नरेशों को उस पर आश्रित रखा गया। वे केवल उसके एजेण्ट के रूप में ही स्वतन्त्र थे। सन् 1861 ई. के **'असैनिक सेवा कानून'** द्वारा असैनिक सेवाओं के लिए वार्षिक परीक्षा की व्यवस्था की गयी जिसमें भारतीयों के लिए अनुकूल व्यवस्था नहीं थी। परीक्षा भी लन्दन में होती थी। इसका मतलब यह कि इसमें सामान्य भारतीय भाग लेने का मौका ही नहीं पा सकता था।

**विद्रोह के पश्चात् अंग्रेजों ने साम्प्रदायिकता, जातिवाद और क्षेत्रवाद आदि को बढ़ावा दिया।** उन्होंने **'फूट डालो और शासन करो'** की नीति को अपने राज का प्रमुख आधार बनाया। यह नीति सन् 1947 ई. तक भारतीय स्वतन्त्रता के पूर्व तक चलती रही। इसी के चलते वे भारत-विभाजन और उसके लिए स्थायी सिर दर्द के अनेक कारकों को पैदा करने में सफल रहे। भारतीय सेना का संगठन भी उन्होंने जातीय और क्षेत्रीय आधार पर किया ताकि सेना में कभी राष्ट्रीयता की भावना पैदा न होने पाए। सेना में अंग्रेज सैनिकों की संख्या काफी बढ़ायी गयी तथा तोपखाने पर उनका ही नियन्त्रण रखा गया। अंग्रेजों ने भारतीयों को शंका और अविश्वास की दृष्टि से देखना शुरू कर दिया।

इसके बाद जो भी अधिनियम बनाए गए वे अंग्रेजी राज को सुदृढ़ करने की दृष्टि से ही बने थे। अंग्रेजों ने भारत के आर्थिक शोषण की प्रक्रिया और अधिक तेज कर दी। परिणामत: भारतीयों की निर्धनता बढ़ती गयी।

**निष्कर्ष** (Evaluation)

इस विद्रोह से भारतीयों को यह लाभ हुआ कि इसने भारतीय पुनरुत्थान, राष्ट्रीय जागरण और भावी स्वतन्त्रता संग्राम की पृष्ठभूमि तैयार की। इसने भारतीयों को एकजुट होने का सबक दिया।

## प्रश्न
## (Questions)

### दीर्घ उत्तरीय प्रश्न (Long Answer Type Questions)

1. सन् 1857 ई. के संघर्ष का स्वरूप क्या था ? स्पष्ट कीजिए।
   (What was the nature of struggle of 1857 ? Clear.)

2. सन् 1857 ई. के स्वतन्त्रता संग्राम के प्रमुख कारणों की विवेचना कीजिए।
(Discuss the main causes of independence struggle of 1857.)
3. सन् 1857 ई. के प्रथम स्वतन्त्रता संग्राम के सामाजिक, धार्मिक तथा सैनिक कारणों की विवेचना कीजिए।
(Discuss the social, religious and military causes of first independence struggle of 1857.)
4. सन् 1857 ई. के स्वतन्त्रता संग्राम की असफलता के कारणों पर प्रकाश डालिए।
(Throw light on the causes of failure of independence struggle of 1857.)
5. सन् 1857 ई. के स्वतन्त्रता संग्राम के प्रमुख परिणामों की विवेचना कीजिए।
(Discuss the main consequences of struggle of independence of 1857.)
6. सन् 1857 ई. की घटना को स्वतन्त्रता संग्राम क्यों कहा जाता है ? संक्षेप में विवेचना कीजिए।
(Why the incident of 1857 is called the struggle of Independence ? Discuss in brief.)

## लघु उत्तरीय प्रश्न (Short Answer Type Questions)

1. सन् 1857 ई. के स्वतन्त्रता संग्राम के लिए उत्तरदायी राजनैतिक कारणों की विवेचना डालिए।
2. सन् 1857 ई. के स्वतन्त्रता संग्राम के लिए उत्तरदायी धार्मिक कारणों की विवेचना कीजिए।
3. सन् 1857 ई. के स्वतन्त्रता संग्राम के लिए उत्तरदायी आर्थिक कारणों की विवेचना कीजिए।
4. सन् 1857 ई. के स्वतन्त्रता संग्राम के लिए उत्तरदायी सामाजिक कारणों की विवेचना कीजिए।
5. सन् 1857 ई. के स्वतन्त्रता संग्राम के परिणामों की विवेचना कीजिए।
6. सन् 1857 ई. के स्वतन्त्रता संग्राम की विफलता के कारणों पर संक्षेप में प्रकाश डालिए।

## बहुविकल्पीय वस्तुनिष्ठ प्रश्न (Multiple Choice Type Objective Questions)

**1. भारतीयों द्वारा अपनी स्वतन्त्रता के लिए प्रथम स्वाधीनता संग्राम किस सन् में लड़ा गया था—**

(a) सन् 1806 ई. में
(b) सन् 1857 ई. में
(c) सन् 1885 ई. में
(d) सन् 1842 ई. में।

**उत्तर**—(b) सन् 1857 ई. में।

**2. सन् 1857 ई. के प्रथम स्वतन्त्रता संग्राम के प्रथम बलिदानी कुँवर सिंह कहाँ के जमींदार थे—**

(a) जगदीशपुर
(b) बैरकपुर
(c) अवध
(d) बिठूर।

**उत्तर**—(a) जगदीशपुर।

**3. निम्न में से कौन सन् 1857 ई. के स्वाधीनता संग्राम से सम्बन्धित है—**

(a) महात्मा गाँधी
(b) मंगल पाण्डे
(c) सुभाष चन्द्र बोस
(d) बल्लभ भाई पटेल।

**उत्तर**—(b) मंगल पाण्डे।

**4. तांत्या टोपे को किस सन् में मृत्यु दण्ड दिया गया—**

(a) सन् 1859 ई. में
(b) सन् 1857 ई. में
(c) सन् 1861 ई. में
(d) सन् 1860 ई. में।

**उत्तर**—(a) सन् 1859 ई. में।

**5. बेगम हजरत महल ने सन् 1857 ई. के स्वतन्त्रता संग्राम में कहाँ से नेतृत्व किया—**

(a) झाँसी
(b) लखनऊ
(c) कानपुर
(d) बरेली।

**उत्तर**—(b) लखनऊ।

**6. रानी लक्ष्मीबाई के पति का नाम क्या था—**

(a) राजा गंगाधर राव
(b) राजा बाजीराव
(c) राजा कुँवर सिंह
(d) नाना साहब।

**उत्तर**—(a) राजा गंगाधर राव।

**7. नाना साहब का वास्तविक नाम क्या था—**

(a) बाजीराव (b) धुन्धू पन्त

(c) गंगाधर (d) दामोदर।

**उत्तर**—(b) धुन्धू पन्त।

**8. प्रथम स्वतन्त्रता संग्राम का प्रमुख नेता निम्न में से कौन था—**

(a) महात्मा गाँधी (b) सरदार पटेल

(c) नाना साहब (d) जवाहर लाल नेहरू।

**उत्तर**—(c) नाना साहब।

**9. सन् 1857 ई. का स्वतन्त्रता संग्राम 'एक सैनिक क्रान्ति थी' यह कथन निम्न में से किसका है—**

(a) सर जॉन लॉरेन्स (b) सर जेम्स आउट्रम

(c) वीर सावरकर (d) एस. एन. सेन।

**उत्तर**—(a) सर जॉन लॉरेन्स।

**10. मंगल पाण्डे को कब फाँसी दी गई—**

(a) 6 मई, 1859 ई. को (b) 8 अप्रैल, 1857 ई. को

(c) 13 मई, 1857 ई. को (d) 17 जून, 1858 ई. को।

**उत्तर**—(b) 8 अप्रैल, 1857 ई. को।

●●

# भारतीय राष्ट्रीय आन्दोलन के उदय के कारण

# [CAUSES OF RISE OF THE INDIAN NATIONAL MOVEMENT]

**"भारत का राष्ट्रीय आन्दोलन कई शक्तियों और कारणों के संयोग का परिणाम था।"** —कूपलैण्ड

भारतीय राष्ट्रीय आन्दोलन की कहानी भारतीयों द्वारा स्वतन्त्रता प्राप्ति के लिए लड़े गए संग्राम का इतिहास है। यह अंग्रेजी शासन की दासता से मुक्ति प्राप्त करने के लिए भारतीयों द्वारा संचालित एवं संगठित आन्दोलन था।

राष्ट्रीय आन्दोलन का शाब्दिक अर्थ है—राष्ट्र का या राष्ट्र की अस्मिता के लिए आन्दोलन चलाया गया। यह आन्दोलन किसी देश के निवासियों द्वारा राष्ट्रहित में संचालित किया जाता है। दूसरे शब्दों में, विदेशी सत्ता से मुक्ति प्राप्त करने के लिए गुलाम उपनिवेशों के निवासियों द्वारा लम्बे समय तक संचालित किया गया संघर्ष है। इस आधार पर भारत में भारतवासियों द्वारा अंग्रेजों के विरुद्ध स्वाधीनता के लिए एक लम्बे समय तक संचालित किया गया संघर्ष '**भारतीय राष्ट्रीय आन्दोलन**' के नाम से जाना जाता है।

भारतीय राष्ट्रीय आन्दोलन अपनी विशेष प्रकृति के कारण विश्व के सभी राष्ट्रीय आन्दोलनों से भिन्न एक अद्भुत और चमत्कारिक घटना है। विश्व इतिहास में भारत के राष्ट्रीय आन्दोलन से पूर्व या पश्चात् अनेक देशों में विदेशी शासन से मुक्ति प्राप्त करने के लिए हिंसात्मक क्रान्तियाँ हुईं, परन्तु भारत में क्रान्तिकारी स्वतन्त्रता-प्रेमियों के बलिदान की घटनाओं के बावजूद महात्मा गाँधी के गौरवमय नेतृत्व में अहिंसात्मक आन्दोलन द्वारा भारतवासियों को स्वतन्त्रता प्राप्त हुई।

## राष्ट्रीय आन्दोलन के उदय के कारण
## (Causes of the Rise of National Movement)

18वीं सदी के विश्व इतिहास में भारत अपनी समृद्धि और गौरव के चरम बिन्दु पर था। भारत की इस आर्थिक सम्पन्नता से सम्पूर्ण विश्व प्रभावित था। इसी आर्थिक सम्पन्नता की चकाचौंध से प्रभावित होकर सर्वप्रथम अंग्रेज भारत में व्यापारियों के रूप में आए। उन्होंने ईस्ट इण्डिया कम्पनी की स्थापना कर अनेक पुर्तगाली, डच तथा फ्रेंच व्यापारिक कम्पनियों को पराजित कर भारत के व्यापार पर अपना एकाधिकार स्थापित कर लिया। तत्पश्चात् देश की राजनीतिक दुर्बलताओं का लाभ उठाकर शक्ति, राजनीति के खेल द्वारा भारत के शासक बन गए। सन् 1857 ई. के प्लासी युद्ध से भारत में अंग्रेजों का शासन आरम्भ हुआ। उस समय सिराजुद्दौला बंगाल का शासक था। अंग्रेजों ने उसे पराजित कर बंगाल की शासन सत्ता पर अधिकार स्थापित कर लिया। शनैः-शनैः समस्त भारत पर अंग्रेजों का आधिपत्य स्थापित हो गया तथा छोटे-बड़े सभी देशी राज्य ब्रिटिश साम्राज्य के अधीन हो गए। अंग्रेज शासकों ने भारतीयों का प्रत्येक प्रकार से शोषण करना प्रारम्भ कर दिया। उन्होंने न केवल आर्थिक एवं राजनीतिक शोषण किया, बल्कि सामाजिक और धार्मिक शोषण करना भी प्रारम्भ कर दिया, जिससे भारतीयों में अंग्रेजी शासन के प्रति अत्यधिक क्षोभ उत्पन्न होने लगा। कहा जाता है कि भारतीय राजनीतिक दृष्टि से तो पराधीन हो गए, परन्तु भारतवासियों की आत्मा पराधीनता की बेड़ियाँ काटने के लिए व्यग्र होने लगी। इस प्रकार 19वीं सदी के भारतीय इतिहास में एक नए युग का सूत्रपात हुआ, जिसे राष्ट्रीय जागरण का काल कहा जाता है। पाश्चात्य सभ्यता के सम्पर्क, धर्म-सुधार आन्दोलन और अंग्रेजी शासन की प्रतिक्रियावादी दमन और शोषण नीति ने भारतीयों में राष्ट्रीय जागरण की भावना को जन्म दिया। इसी भावना के फलस्वरूप भारतीयों ने प्रथम बार सन् 1857 ई. में अंग्रेजी साम्राज्य के समूल उन्मूलन के उद्देश्य से सशस्त्र क्रान्ति का बिगुल फूँका, जिसे अंग्रेजों ने निर्भयता से कुचल दिया। इसमें भारतीय जनता का

निर्ममता से दमन किया गया जिसका विपरीत प्रभाव पड़ा। भारतीयों के मन में अंग्रेजी शासन के प्रति और अधिक कटुता तथा घृणा के भाव उत्पन्न हो गए। इतिहासकारों का मत है कि सन् 1857 ई. की आग तो बुझ गयी थी, किन्तु राख का ढेर शेष था। उस राख के ढेर के नीचे ही राष्ट्रीय आन्दोलन की चिनगारियाँ धीरे-धीरे सुलग रही थीं। यही चिनगारियाँ कुछ वर्षों पश्चात् राष्ट्रीय आन्दोलन के शोले बनकर भड़क उठीं। इन्हीं शोलों से सन् 1885 ई. में **'भारतीय राष्ट्रीय कांग्रेस'** का जन्म हुआ। यह राष्ट्रीय जागृति एक कारण या परिणाम न होकर अनेक कारणों का परिणाम थी। अत: भारत में राष्ट्रीय आन्दोलन के उदय के कारणों की विवेचना निम्नलिखित रूपों में की जा सकती है–

**(1) सन् 1857 ई. का स्वतन्त्रता संग्राम**–सन् 1857 ई. का स्वतन्त्रता संग्राम एवं उसका परिणाम राष्ट्रीय आन्दोलन के उदय का प्रमुख कारण माना जाता है। यह विद्रोह एक 'सैनिक विद्रोह' से कहीं अधिक था। यह भारत में इतनी तीव्र गति से फैला कि उसने जन-विद्रोह और भारतीय स्वतन्त्रता के युद्ध का रूप धारण कर लिया। यद्यपि यह विद्रोह असफल रहा परन्तु ब्रिटिश शासन ने अमानुषिक ढंग से विद्रोह का दमन किया; गाँव के गाँव उजाड़ दिए गए; निर्दोष व्यक्तियों को जान से मार दिया गया। इन अत्याचारों से जनता का असन्तोष और अधिक बढ़ गया। उनमें ब्रिटिश शासन के प्रति घृणा की भावना और अधिक बढ़ गयी। **एडवर्ड थॉम्पसन** के शब्दों में, **"विद्रोह के बाद भारतीयों में अंग्रेजों के प्रति भयंकर घृणा की भावना आ गयी और भारतीयों में विद्रोह का विचार आते ही अंग्रेजों से बदला लेने की भावना बढ़ती ही जाती थी।"** बदले की इस भावना ने राष्ट्रीय जागरण में महत्वपूर्ण भूमिका निभायी।

**(2) भारत का गौरवपूर्ण अतीत**–भारत के आदर्श व वैभवपूर्ण अतीत ने भारतीयों को पुन: राष्ट्रीयता के पथ पर अग्रसर होने के लिए प्रेरणा दी और यह बताया कि वे कितने महान् हैं और उन्हें दासता की बेड़ियों को काट देना चाहिए। यही कारण था कि अंग्रेज भारतवर्ष को केवल राजनीतिक रूप से ही परतन्त्र बना सके लेकिन भारत के वैभवपूर्ण अतीत में पली हुई उसकी आत्मा ने परतन्त्रता को कभी स्वीकार नहीं किया। भारत की आत्मा सदैव पराधीनता की बेड़ियों को तोड़ फेंकने के लिए प्रयत्नशील बनी रही। जिस देश की संस्कृति अत्यधिक प्राचीन व महान् रही हो, जिस देश में राम जैसे आदर्श पुरुष, चक्रवर्ती सम्राट् अशोक और चाणक्य जैसे राजनीतिज्ञ हुए हों, उस देश में अंग्रेज राष्ट्रीयता की भावना समाप्त करने में कभी भी सफल नहीं हो सकते थे। अत: भारत का वैभवपूर्ण अतीत राष्ट्रीय आन्दोलन के उदय का एक कारण बना।

**(3) राजनीतिक एकता की स्थापना**–ब्रिटिश शासन के पूर्व भारत में राजनीतिक एकता का अभाव था। सम्पूर्ण भारत विविध राजनीतिक इकाइयों में विभाजित था। परन्तु ब्रिटिश शासन की स्थापना ने भारत को राजनीतिक रूप से इकाई के रूप में संगठित कर दिया। आवागमन के साधनों के विकास से भारत में सभी स्थानों पर एक जैसी शासन-व्यवस्था स्थापित हो गयी। देश के विविध भागों में बसे लोगों के बीच पारस्परिक सम्पर्क स्थापित हुआ। कश्मीर से कन्याकुमारी तक, आसाम से द्वारिका तक सम्पूर्ण भारत एकता के सूत्र में बँध गया। इस तरह भारत में राजनीतिक एकता स्थापित हुई जिससे राष्ट्रीय आन्दोलन को बल मिला। इस सम्बन्ध में **पण्डित जवाहरलाल नेहरू** ने कहा था कि, **"ब्रिटिश शासन द्वारा स्थापित भारत की राजनीतिक एकता सामान्य अधीनता की एकता थी, पर उसने सामान्य राष्ट्रीय एकता को जन्म दिया।"** यही राष्ट्रीय एकता राष्ट्रीय आन्दोलन के उदय का कारण बनी।

**(4) धार्मिक एवं सामाजिक पुनर्जागरण**–19वीं शताब्दी में भारत में धार्मिक और सामाजिक सुधार आन्दोलन प्रारम्भ हुए। उन्होंने एक ओर धर्म तथा समाज में व्याप्त बुराइयों को दूर करने का प्रयास किया तो दूसरी ओर भारत में राष्ट्रीयता का विकास करने में महत्वपूर्ण भूमिका निभायी। धार्मिक और सामाजिक आन्दोलन का नेतृत्व कर रहे नेताओं ने यह अनुभव किया कि भारत को राजनीतिक रूप से जाग्रत करने से पूर्व यह आवश्यक था कि पहले उसका मन, उसका मस्तिष्क, उसकी आत्मा जागे। यह कार्य भारत में सामाजिक, धार्मिक नेताओं ने **राजा राममोहन राय, स्वामी दयानन्द सरस्वती, रामकृष्ण परमहंस, स्वामी विवेकानन्द, श्रीमती एनीबेसेन्ट, देवेन्द्रनाथ सेन, ईश्वरचन्द विद्यासागर** आदि ने किया। समाज में व्याप्त विभिन्न कुरीतियों का अन्त कर भारतीयों में आत्मविश्वास जाग्रत किया और उन्हें भारतीय संस्कृति की गौरव-गरिमा का ज्ञान कराया जिससे उन्हें अपनी संस्कृति की श्रेष्ठता के विषय में पता चला।

इन महान् व्यक्तियों में **राजा राममोहन राय** को भारतीय राष्ट्रीयता का अग्रदूत कहा जाता है। उन्होंने समाज में व्याप्त सती प्रथा, छुआछूत, जाति भेदभाव एवं मूर्ति-पूजा जैसी बुराइयों को दूर करने के लिए अगस्त, 1828 ई. में **ब्रह्म समाज** की स्थापना की। उनके प्रयासों से ही आधुनिक भारत का निर्माण सम्भव हो सका। इसलिए उन्हें आधुनिक भारत का निर्माता कहा जाता है। राजा राममोहन राय ने सती प्रथा का अन्त, अंग्रेजी शिक्षा का प्रसार, स्त्रियों का उद्धार आदि कार्यों के साथ-साथ देशवासियों के राजनीतिक अधिकारों की रक्षा के लिए संघर्ष किया।

राजा राममोहन राय के बाद धार्मिक और सामाजिक पुनर्जागरण में **स्वामी दयानन्द सरस्वती** का महत्वपूर्ण योगदान है। उन्होंने सन् 1875 ई. में **बम्बई में आर्य समाज की स्थापना की**। दयानन्द जी ने हिन्दू धर्म तथा समाज में व्याप्त बुराइयों के विरुद्ध सशक्त आन्दोलन चलाया। उन्होंने ईसाई धर्म की रक्षा की और वैदिक धर्म की श्रेष्ठता को पुनः स्थापित किया। उन्होंने यह बताया कि भारतीय संस्कृति विश्व की प्राचीनतम और महत्वपूर्ण संस्कृति है। उन्होंने अपने ग्रन्थ **सत्यार्थ प्रकाश** में लिखा है कि, "विदेशी राज्य चाहे वह कितना ही अच्छा क्यों न हो, स्वदेशी राज्य की तुलना में चाहे वह कितना भी बुरा क्यों न हो, कभी अच्छा नहीं हो सकता।" **श्रीमती एनीबेसेन्ट** ने लिखा है कि, "स्वामी दयानन्द पहले व्यक्ति थे जिन्होंने सबसे पहले यह नारा लगाया था कि भारत भारतीयों के लिए है।" ऐसी भावनाओं के कारण ही राष्ट्रीय आन्दोलन की भावना प्रबल हुई।

राष्ट्रीय जागरण की दिशा में **स्वामी विवेकानन्द** का योगदान भी अत्यधिक महत्वपूर्ण है। उन्होंने न केवल भारत वरन् यूरोप और अमेरिका में भारतीय संस्कृति का प्रचार कर महत्वपूर्ण योगदान दिया। उन्होंने अंग्रेजों को यह बता दिया कि भारतीय संस्कृति पश्चिम की संस्कृति से महान् है और वे बहुत कुछ भारतीय संस्कृति से सीख सकते हैं। उन्होंने **रामकृष्ण मिशन** की स्थापना द्वारा हिन्दू धर्म को विश्व में अपूर्व सम्मान दिलाया। सन् 1893 ई. के **'शिकागो विश्व धर्म सम्मेलन'** में स्वामी विवेकानन्द ने भारतीय संस्कृति की श्रेष्ठता विश्व के सम्मुख प्रस्तुत की। उन्होंने अपने सन्देशों द्वारा देशवासियों को आत्म-विश्वास, आत्म-शक्ति और स्वाभिमान की शिक्षा दी। उन्होंने नवयुवकों को विदेशी सत्ता का विरोध करने के लिए नया उत्साह दिया। भारत में सांस्कृतिक चेतना जाग्रत कर भारतीयों की राजनीतिक स्वाधीनता का समर्थन किया जिससे राष्ट्रीय भावनाओं को असाधारण बल मिला।

धार्मिक और सामाजिक पुनर्जागरण में श्रीमती एनीबेसेन्ट ने महत्वपूर्ण योगदान दिया। श्रीमती एनीबेसेन्ट एक विदेशी महिला थीं जिन्होंने सन् 1857 ई. में थियोसोफिकल सोसाइटी की स्थापना न्यूयार्क में की। इस संस्था का उद्देश्य विश्व समाज में भ्रातृत्व का प्रसार करना, वेदान्त धर्म तथा विज्ञान के अध्ययन पर बल देना था। जब वे भारतीय हिन्दू धर्म से प्रभावित हुईं तो उन्होंने अंग्रेजों के विरुद्ध स्वाधीनता की प्राप्ति के लिए प्रयास प्रारम्भ किए। सन् 1882 ई. में उन्होंने मद्रास के पास अडयार में 'थियोसोफिकल सोसायटी' की स्थापना की। इस संस्था ने भारतीयों को उनके पतन के कारणों से अवगत कराया। सन् 1893 ई. में वे भारत आयीं और थियोसोफिकल सोसायटी नामक संस्था के माध्यम से भारतीय राष्ट्रीय जागरण के कार्य को आगे बढ़ाया।

इन विभिन्न सामाजिक, धार्मिक आन्दोलन एवं उनके नेताओं ने राष्ट्रीय जागृति उत्पन्न करने की दिशा में अभूतपूर्व कार्य किया। उन्होंने ऐसा वातावरण तैयार किया जिसके कारण भारतवासी अपने स्वतन्त्रता के लक्ष्य को प्राप्त कर सकें।

**(5) भारत का आर्थिक शोषण**—ब्रिटिश शासन द्वारा किए गए भारतीय समाज के शोषण के कारण जो आर्थिक असन्तोष पैदा हुआ था, उसने भी राष्ट्रीयता की भावना को बल दिया तथा भारतीयों को राष्ट्रीय आन्दोलन के लिए प्रेरित किया। भारत में ईस्ट इण्डिया कम्पनी की स्थापना का उद्देश्य भारत के साथ व्यापार करते हुए इस देश का आर्थिक शोषण करना था। सन् 1857 ई. के प्रथम स्वतन्त्रता संग्राम के पश्चात् सम्पूर्ण भारत पर ब्रिटिश आधिपत्य होने पर अंग्रेजों ने भारतीयों का प्रत्येक तरीके से आर्थिक शोषण करना प्रारम्भ कर दिया। भारतीय उद्योगों को पूरी तरह नष्ट कर दिया गया। देश के सम्पूर्ण व्यापार पर अंग्रेजों का पूर्ण एकाधिकार स्थापित हो गया। सर्वप्रथम उन्होंने भारत का कच्चा माल इंग्लैण्ड भेजना प्रारम्भ कर दिया जिससे उनके कारखाने व फैक्टरियाँ अधिक माल पैदा करने लगीं और अधिक से अधिक मशीनों द्वारा उत्पादित यह माल भारत भेजना प्रारम्भ कर दिया। यह माल भारत के माल से बहुत सस्ता होता था। परिणामस्वरूप भारतीय बाजार यूरोपियन माल से भर गए। भारतीय कुटीर उद्योग-धन्धे नष्ट हो गए तथा ग्रामीण कला समाप्त हो गई। करोड़ों की संख्या में लोग बेरोजगार हो गए। इस प्रकार भारत दिन-प्रतिदिन निर्धन होता चला गया। इसलिए सन् 1900 ई. में **सर विलियम डिग्वी** ने लिखा था कि, **"करीब दस करोड़ मनुष्य ब्रिटिश भारत में ऐसे हैं जिन्हें किसी भी समय भरपेट अन्न नहीं मिलता। इस अधःपतन की दूसरी मिसाल इस समय किसी सभ्य और उन्नतिशील देश में कहीं पर भी दिखाई नहीं दे सकती।"** भारतीय उद्योग-धन्धे चौपट हो जाने के कारण भारत के निवासी कृषि की ओर आकर्षित हुए जिससे भूमि पर बहुत अधिक दबाव पड़ गया। सरकार ने कृषि की उन्नति की ओर कोई ध्यान नहीं दिया जिससे किसानों की दशा निरन्तर शोचनीय होती चली गयी। कहा जाता है कि उस समय 75% से अधिक व्यक्तियों को भरपेट भोजन नहीं मिलता था। दूसरी ओर, प्राकृतिक प्रकोप, अकाल आदि ने भारतीयों की आर्थिक स्थिति को और भी अधिक दयनीय बना दिया जिससे भारतीय जनता में अंग्रेजों के विरुद्ध अत्यधिक असन्तोष फूट पड़ा। वे इस शोषण से मुक्त होना चाहते थे। इसलिए भारतीयों ने राष्ट्रीय आन्दोलन में सक्रिय रूप से भाग लेना प्रारम्भ कर दिया।

**(6) पाश्चात्य शिक्षा**—भारत में राजनैतिक चेतना के विकास में पाश्चात्य शिक्षा का भी महत्वपूर्ण योगदान है। अंग्रेजों ने भारतीय सभ्यता और संस्कृति का पूर्ण लोप करने तथा एक ऐसे वर्ग का निर्माण करने जो रक्त और वर्ण से तो भारतीय हो किन्तु रुचि, विचार और बुद्धि से अंग्रेज हो तथा प्रशासनिक कार्यों में सहयोग प्राप्त करने के उद्देश्य से शिक्षा का माध्यम अंग्रेजी को स्वीकार कर लिया। यह कार्य भारतीयों के लिए वरदान सिद्ध हुआ। पाश्चात्य शिक्षा के कारण भारतीयों को, अंग्रेज विचारकों को जानने का अवसर मिला जिसमें मेजिनी, मिल्टन, बर्क, मिल, मैकाले, हरबर्ट स्पेन्सर, रूसो, वाल्टेयर आदि प्रमुख हैं। इनके विचारों के अध्ययन से उनमें स्वतन्त्रता, राष्ट्रीयता तथा स्वराज्य के भावों को प्रेरणा प्राप्त हुई। वे देश की तत्कालीन राजनीतिक स्थिति से असन्तुष्ट होकर अधिकारों व स्वशासन की माँग करने लगे। भारतीयों पर पश्चिमी शिक्षा के प्रभाव का वर्णन करते हुए **ए. आर. देसाई** लिखते हैं कि, **"शिक्षित भारतीयों ने अमेरिका, इटली, फ्रांस, आयरलैण्ड के स्वतन्त्रता संग्राम के सम्बन्ध में पढ़ा, उन्होंने ऐसे लेखकों की रचनाओं का अनुशीलन किया जिन्होंने व्यक्तिगत और राष्ट्रीय स्वाधीनता के सिद्धान्तों का प्रचार किया। ये शिक्षित भारतीय भारत के राष्ट्रीय आन्दोलन के राजनीतिक और बौद्धिक नेता हो गए।"** इस प्रकार पाश्चात्य शिक्षा ने भारतवासियों में एकता की भावना का विकास करते हुए एक सम्पर्क भाषा का काम किया जिसके परिणामस्वरूप भारतवासी एक-दूसरे के निकट सम्पर्क में आए। अंग्रेजी भाषा ने भारतीयों को एक मंच पर लाने, समस्याओं पर विचार करने आदि का मार्ग प्रशस्त किया। देश को नई रोशनी **और जागृति दी।**

**(7) भारतीय समाचार-पत्र तथा साहित्य का योगदान**—भारतीय समाचार-पत्रों तथा साहित्य ने नवजागरण की दिशा में महत्वपूर्ण योगदान दिया। इन समाचार-पत्रों में अमृत पत्रिका, मरहठा, केसरी, वायस ऑफ इण्डिया, पायनियर, ट्रिब्यून, इण्डियन हैराल्ड, इण्डियन मिरर, हिन्दू, बॉम्बे, संवाद कौमुदी, बंगदूत आदि प्रमुख हैं। उस समय सम्पूर्ण देश में विभिन्न भाषाओं के लगभग 478 समाचार-पत्र निकलते थे। ये सभी विभिन्न भाषाओं के मुख्य रूप से देश-प्रेम और साम्राज्यवाद के विरोध की आवाज को बुलन्द कर रहे थे जिससे भारतीयों के हृदय में देशभक्ति, त्याग, बलिदान एवं राष्ट्रीयता की भावना प्रबल होने लगी और ब्रिटिश शासन की भारत विरोधी गतिविधियाँ उजागर होने लगीं। प्रेस का विकास होने के साथ-साथ विविध भाषाओं के साहित्य का भी तीव्र गति से विकास होने लगा। इन साहित्यकारों में बंकिमचन्द चटर्जी, ईश्वरचन्द विद्यासागर, भारतेन्दु हरिश्चन्द्र, रवीन्द्रनाथ टैगोर, नर्मद चिपलूणकर, मधुसूदन दत्त आदि प्रमुख थे। इन साहित्यकारों ने विभिन्न भाषाओं में राष्ट्रीयता की भावना से ओत-प्रोत उत्कृष्ट साहित्य का सृजन किया जिससे घबराकर लार्ड लिटन ने सन् 1878 ई. में **'वर्नाक्यूलर प्रेस एक्ट'** पास कर भारतीय समाचार-पत्रों पर प्रतिबन्ध लगा दिया। लार्ड लिटन के इस कार्य का तीव्र विरोध हुआ। फलस्वरूप सन् 1882 ई. में इस एक्ट को रद्द कर दिया गया। इस प्रकार अंग्रेजी तोपों के विरुद्ध भारतीय समाचार-पत्रों ने कड़ा संघर्ष किया। इस प्रकार समाचार-पत्रों और साहित्य सृजन को राष्ट्रीय आन्दोलन के उदय के लिए एक प्रमुख कारण माना जाता है।

**(8) लार्ड लिटन की दमनकारी नीति**—सन् 1876 से 1880 ई. तक लार्ड लिटन भारत का गवर्नर-जनरल था। इन चार वर्षों में लार्ड लिटन ने एक के बाद एक ऐसे दमनकारी कदम उठाए जिससे भारतवासी पंगु बन गए। वह घोर साम्राज्यवादी एवं प्रतिक्रियावादी शासक था। शासन की कुशलता की खोज में उसने ऐसे अदूरदर्शितापूर्ण और दमनकारी कदम उठाए जिसके कारण भारत में ब्रिटिश साम्राज्य की जड़ें हिल गईं। **सुरेन्द्र नाथ बनर्जी** ने लिखा है कि, **"राजनीतिक प्रगति के विकास में बुरे शासक प्रायः अनजाने में जनता के लिए वरदान बन जाते हैं।"** वास्तव में, लार्ड लिटन ने अपनी भूलों से भारतीय जनता में राष्ट्रीय चेतना और आन्दोलन उत्तेजित करने में महत्वपूर्ण योगदान दिया। लार्ड लिटन द्वारा किए गए दमनकारी कार्य निम्नांकित थे—

(i) इण्डियन सिविल सर्विस में भर्ती होने की आयु 21 वर्ष से घटाकर 19 वर्ष कर दी गई, ताकि भारतीय युवक परीक्षा न दे सकें।

(ii) सन् 1877 ई. में भीषण अकाल पड़ा। उसी समय दिल्ली में महारानी विक्टोरिया को भारत की साम्राज्ञी घोषित करने हेतु एक शाही विलासितापूर्ण दरबार का आयोजन कर अपार धन का अपव्यय किया गया जो भारतीयों की सहन शक्ति के बाहर था।

(iii) वर्नाक्यूलर प्रेस-एक्ट पास कर भारतीय समाचार-पत्रों पर प्रतिबन्ध लगा दिया गया। इस एक्ट के विरुद्ध भारत में तीव्र आन्दोलन चला। अन्त में सरकार को झुकना पड़ा और लार्ड रिपन ने इस एक्ट को समाप्त कर दिया। इस घटना ने भारतीयों को राष्ट्रीय आन्दोलन में और अधिक विश्वास और उत्साह से भाग लेने को प्रेरित किया।

(iv) आर्म्स एक्ट पास कर भारतीयों को शस्त्र रखने और शस्त्र लेकर चलने से वंचित कर दिया गया जबकि यूरोपियन, ऐंग्लो इण्डियन अथवा किसी विदेशी पर ऐसा कोई प्रतिबन्ध नहीं था। अंग्रेजों की इस विभेदपूर्ण नीति से भारतीयों को अत्यधिक असन्तोष हुआ और जनता ने इस विधेयक का घोर विरोध किया।

(v) अफगानिस्तान पर आक्रमण कर भारतीय धन का अपव्यय किया गया जिससे भारतीयों में अंग्रेजी शासन के विरुद्ध असन्तोष में वृद्धि हुई।

(vi) लार्ड लिटन ने लंकाशायर के मिल मालिकों के स्वार्थों की रक्षार्थ कपास पर सीमा शुल्क अर्थात् सूती कपड़े के आयात पर सीमा शुल्क हटा दिया जिससे भारत के सूती उद्योग को अत्यधिक आघात पहुँचा।

उपर्युक्त दमनात्मक कुत्सित कार्यों का परिणाम यह हुआ कि भारतीय जनता स्वतन्त्रता प्राप्ति के लिए व्यग्र हो उठी।

**(9) अंग्रेजों की जातीय भेदभावपूर्ण नीति**—सन् 1857 ई. के विद्रोह के पश्चात् ब्रिटिश शासकों ने जाति-विभेद की नीति अपनाई। इस नीति के अनुसार वे भारतीयों को घृणा की दृष्टि से देखने लगे थे और स्वयं को श्रेष्ठ जाति के रूप में मानते थे। वे भारतीयों को ऐसा जन्तु समझते थे जो आधा वनमानुष और आधा नीग्रो था। उनका मत था कि भारतीयों को केवल भय द्वारा ही समझाया जा सकता था। उनका मानना था कि एक यूरोपियन का जीवन अनेक भारतीयों के जीवन के बराबर है। इस धारणा के कारण वे अपना निवास-स्थान भारतीयों से पृथक् रखते थे। रेलगाड़ी में भारतीयों के साथ बैठना वे पसन्द नहीं करते थे; उन्हें काले लोग समझकर उनके साथ घृणा का व्यवहार किया जाता था और समय-समय पर भारतीयों का अपमान एवं उनके साथ दुर्व्यवहार किया जाता था। इस तरह अंग्रेजों ने रंगभेद की नीति के आधार पर भारतीयों पर जघन्य अत्याचार किए। यही नहीं, न्याय के मामलों में भी जाति विभेद को स्थान दिया गया। एक ही अपराध के लिए भारतीयों व अंग्रेजों के लिए पृथक्-पृथक् दण्ड निर्धारित किए गए थे। अंग्रेजों द्वारा अनेक भारतीयों की हत्याएँ कर दी गईं किन्तु उन्हें कोई दण्ड नहीं दिया गया तथा स्त्रियों के साथ अंग्रेज सिपाहियों द्वारा दुर्व्यवहार किए जाने पर भी कोई दण्ड नहीं दिया जाता था। इन सबके परिणामस्वरूप भारतीयों के हृदय में अंग्रेजी शासन के प्रति विद्रोह की ज्वाला भड़क उठी। इस प्रकार जातीय भेदभाव एवं कटुता ने देश में एक ऐसे वातावरण का निर्माण किया जिसने राष्ट्रीय आन्दोलन के उदय हो जन्म दिया।

**(10) विदेशी आन्दोलन का प्रभाव**—विदेशों से सम्पर्क स्थापित होने के कारण इटली, जर्मनी, रूमानिया, सर्बिया के राजनीतिक आन्दोलन एवं फ्रांस की राज्य क्रान्ति में स्वतन्त्रता, समानता और भ्रातृत्व के सन्देश आयरलैण्ड के होमरूल आन्दोलन, अमेरिका का स्वतन्त्रता संग्राम एवं इंग्लैण्ड में सुधार कानूनों के पारित होने आदि से भारतीयों को भी अपनी स्वतन्त्रता के लिए आन्दोलन करने के लिए प्रोत्साहन प्राप्त हुआ। परिणामस्वरूप वे स्वाधीनता प्राप्त करने के लिए संघर्ष में जुट गए। निष्कर्ष यह है कि विदेशी आन्दोलन ने भारतीयों में देशभक्ति और देशप्रेम की भावना को विकसित करने में महत्वपूर्ण योगदान दिया।

**(11) आवागमन व संचार के साधनों का विकास**—यातायात तथा संचार साधनों के विकास ने भी राष्ट्रीय आन्दोलन में महत्वपूर्ण योगदान दिया। ब्रिटिश सरकार ने देश में रेल, सड़क, डाक, तार आदि का अत्यधिक विकास किया। इसके पीछे अंग्रेजी शासन का मुख्य उद्देश्य यह था कि विद्रोह को दबाने के लिए अंग्रेजी सेनाएँ शीघ्रता से भेजी जा सकेंगी एवं दूर-दूर के प्रान्तों की सूचना शीघ्र प्राप्त हो सकेगी। संचार एवं यातायात के इन साधनों के विकास से भारतीयों को अत्यधिक लाभ हुआ। इससे देश के विविध दूरस्थ भाग सम्पर्क की दृष्टि से अत्यन्त निकट आ गए। समाचार-पत्र देश के दूर-दूर भागों में पहुँचने लगे। राष्ट्रवादियों को परस्पर मिलना तथा पत्र-व्यवहार करना सरल कार्य हो गया। अब वे एक स्थान से दूसरे स्थान का भ्रमण कर आन्दोलन को और अधिक उग्र बनाने लगे जिससे जनसाधारण में जागृति आई। परिणामस्वरूप एकता की भावना प्रबल हुई और राष्ट्रीय आन्दोलन को बल प्राप्त हुआ। **गुरुमुख निहाल सिंह** के शब्दों में, **"संचार के इन साधनों ने सम्पूर्ण देश को गूँथकर एक कर दिया और भौगोलिक एकता को एक मूर्त वास्तविकता में बदल दिया।"**

**(12) ऐतिहासिक अनुसन्धान**—विदेशी विद्वानों की ऐतिहासिक खोजों ने भी भारतीयों की राष्ट्रीय भावनाओं को बल प्रदान किया। सर विलियम जेम्स, मैक्समूलर, जैकोवी, कोल बुक, रौथ, ए. बी. कीथ आदि विदेशी विद्वानों ने भारत के संस्कृत भाषा में लिपिबद्ध ऐतिहासिक ग्रन्थों का अध्ययन किया और उनका अंग्रेजी भाषा में अनुवाद कर भारतीय सभ्यता और संस्कृति का गुणगान किया। इन अनुसन्धानों ने भारतीयों के स्वाभिमान को जागृत किया; उनके मन में एक नया उत्साह और आत्म-विश्वास पैदा किया। इससे उनके मन में यह प्रश्न उत्पन्न हुआ कि फिर हम पराधीन क्यों हैं ? **श्री के. एम. पन्निकर**

लिखते हैं कि, **"इन ऐतिहासिक अनुसन्धानों ने भारतीयों में आत्मविश्वास जागृत किया और उन्हें अपनी सभ्यता और संस्कृति पर गर्व करना सिखलाया। इन खोजों से अपने भविष्य के सम्बन्ध में भारतीय आशावादी बन गए।"**

**(13) सरकारी नौकरियों के सम्बन्ध में भेदभावपूर्ण नीति**—सन् 1858 ई. में महारानी विक्टोरिया द्वारा की गई घोषणा में विश्वास दिलाया गया कि भारतीयों को बिना किसी (रंग, धर्म, जाति आदि) भेदभाव के उच्च पदों पर नियुक्त किया जाएगा परन्तु ब्रिटिश सांम्राज्यवादी शासकों ने इस घोषणा को व्यावहारिक रूप प्रदान नहीं किया। **आई. सी. एम. सेवाओं** (भारतीय नागरिक सेवा) के द्वार भारतीयों के लिए बन्द कर दिए गए क्योंकि इसमें आयु सीमा 21 वर्ष निश्चित की गई थी जिसे घटाकर 19 वर्ष कर दिया गया जो भारतीयों के लिए सम्भव नहीं था। इसी के साथ ये परीक्षाएँ भारत में न होकर इंग्लैण्ड में रखी जाती थीं जो अंग्रेजी भाषा में होती थीं। किसी भी भारतीय द्वारा ऐसी परीक्षा को उत्तीर्ण कर पाना अत्यधिक कठिन कार्य था। इसके बाद भी यदि कोई भारतीय सफल हो जाता था तो उसे किसी न किसी बहाने से नौकरी में नहीं लिया जाता था, जैसे—सन् 1869 ई. में **श्री सुरेन्द्रनाथ बनर्जी** ने आई. सी. एस. की परीक्षा उत्तीर्ण कर ली परन्तु ब्रिटिश सरकार ने उनके द्वारा सेवा में प्रवेश प्राप्त करने के बाद मामूली-सी गलती पर उन्हें नौकरी से हटा दिया। इसी प्रकार सन् 1877 ई. में **अरविन्द घोष** ने इस परीक्षा को उत्तीर्ण किया परन्तु उनकी नियुक्ति भी नहीं की गई क्योंकि वे घुड़सवारी में प्रवीण नहीं थे। ब्रिटिश अधिकारी भारतीयों को उच्च पदों से वंचित रखने के लिए नए-नए बहाने ढूँढ़ते थे। इसका प्रभाव यह हुआ कि भारत के शिक्षित वर्ग में अंग्रेजी शासन के प्रति विद्रोह एवं घृणा की भावना और प्रबल हुई और सुरेन्द्रनाथ बनर्जी ने इस अन्याय का विरोध करने के लिए सन् 1876 ई. में **इण्डियन एसोसिएशन** की स्थापना की और सम्पूर्ण देश का भ्रमण कर राष्ट्रीय जनमत जागृत करने का कार्य किया। इससे अंग्रेज विरोधी राष्ट्रीय आन्दोलन को बल मिला।

**(14) इल्बर्ट विधेयक पर विवाद**—सन् 1880 ई. में लार्ड लिटन के स्थान पर उदारवादी लार्ड रिपन भारत के गवर्नर-जनरल बनकर आए। उन्होंने प्रशासन के विभिन्न क्षेत्रों में अनेक सुधार किए इसके पश्चात् न्याय-व्यवस्था में सुधार करने का निश्चय किया। उस समय न्याय के क्षेत्र में जाति-विभेद विद्यमान था। भारतीय न्यायाधीशों को यूरोपियन अथवा अपराधियों के अभियोग की सुनवाई का अधिकार नहीं था, जबकि अंग्रेज न्यायाधीशों को यह अधिकार प्राप्त था। इसलिए इस अन्यायपूर्ण नीति को दूर करने के लिए सन् 1883 ई. में लार्ड रिपन ने अपनी कौन्सिल के कानून सदस्य **मिस्टरं इल्बर्ट** को इस सम्बन्ध में एक विशेष विधेयक प्रस्तुत करने को कहा। इस पर इल्बर्ट ने एक बिल प्रस्तुत किया जिसे **इल्बर्ट बिल** कहते हैं। इसके द्वारा भारतीय न्यायाधीशों को यूरोपियनों के विरुद्ध अभियोगों की सुनवाई करने और दण्डित करने का अधिकार दिया गया। यह बिल बहुत अच्छा था परन्तु सभी अंग्रेजों ने इसे अपना जातीय अपमान समझकर पूरे जोर से इसके विरुद्ध आन्दोलन चलाया जिसके समक्ष लार्ड रिपन को झुकना पड़ा और इल्बर्ट विधेयक में संशोधन करना पड़ा तथा जूरी प्रथा को महत्व दिया गया जिसमें कम से कम आधे सदस्य यूरोपियन रखे गए। यह संशोधन भारतीयों को स्वीकार नहीं था। इससे भारतीयों को भली-भाँति मालूम हो गया कि अंग्रेजों ने अपनी जाति-भेद की नीति को नहीं छोड़ा है और यदि हम भी अंग्रेजों की भाँति संगठित होकर ब्रिटिश सरकार का विरोध करें तो हमें स्वाधीनता प्राप्त हो सकती है। यूरोपियन आन्दोलन से प्रभावित होकर भारतीयों ने भी राष्ट्रीय संस्था के गठन का निश्चय किया। परिणामस्वरूप कांग्रेस की स्थापना का मार्ग प्रशस्त हुआ। इससे राष्ट्रीय आन्दोलन को बल मिला।

**निष्कर्ष**—इस प्रकार उपर्युक्त कारणों के परिणामस्वरूप भारत के लोगों में राष्ट्रीय चेतना का विकास हुआ क्योंकि ब्रिटिश शासकों ने भारतीयों के प्रति सन्देह व अविश्वास की नीति अपनाई। उन्हें सेना, पुलिस, राजनीतिक और वैदेशिक विभाग के सभी महत्वपूर्ण पदों से पृथक् रखा गया। आर्म्स एक्ट पास कर भारतीयों से हथियार छीन लिए गए जिससे भारतीयों के मन में ब्रिटिश शासकों के विरुद्ध भावना और अधिक बलवती हुई। लार्ड लिटन के दमनकारी शासन से असन्तुष्ट होकर भारतीयों ने विभिन्न प्रान्तों में अनेक संगठन गठित करने का निर्णय लिया अर्थात् अखिल भारतीय संगठन बनाने के लिए उन्हें बाध्य कर दिया जिसके फलस्वरूप दिसम्बर, 1885 ई. में **'भारतीय राष्ट्रीय कांग्रेस'** की स्थापना कर राष्ट्रीय आन्दोलन का श्रीगणेश किया। इससे स्पष्ट है कि **भारतीय राष्ट्रीय आन्दोलन का उद्भव एक नहीं, अनेक कारणों का परिणाम था।** जिसमें से धार्मिक, सामाजिक पुनर्जागरण राष्ट्रीय आन्दोलन का प्रमुख परिणाम माना जाता है। इन सभी तत्वों के कारण भारत एक ऐसे कगार पर खड़ा हो गया था जहाँ से देश को विदेशी शासन की दासता से मुक्त कराने हेतु अखिल भारतीय राष्ट्रीय आन्दोलन का सूत्रपात हो।

# प्रश्न
# (Questions)

## दीर्घ उत्तरीय प्रश्न (Long Answer Type Questions)

1. भारतीय राष्ट्रीय आन्दोलन किसे कहते हैं ? भारतीय राष्ट्रीय आन्दोलन के उदय के कारणों की विवेचना कीजिए।
(What is Indian National Movement ? Discuss the causes of rise of Indian National Movement.)
2. भारत में राष्ट्रीय चेतना के उदय के प्रमुख कारणों की विवेचना कीजिए।
(Discuss the main causes of rise of National Consciousness in India.)
3. "भारतीय राष्ट्रीय आन्दोलन का जन्म धार्मिक, सामाजिक पुनर्जागरण के गर्भ से हुआ है।" विवेचना कीजिए।
("The birth of Indian National Movement was due to religious, social renaissance." Discuss.)
**अथवा**
"भारतीय राष्ट्रीय आन्दोलन मूलतः धार्मिक तथा सामाजिक आन्दोलनों का परिणाम था।" विवेचना कीजिए।
("Indian National Movement was the result of religious and social movement." Discuss.)
4. भारतीय राष्ट्रीय कांग्रेस की स्थापना में सहायक परिस्थितियों एवं कारणों की विवेचना कीजिए।
(Discuss the helpful conditions and causes of establishment of Indian National Congress.)
5. "भारतीय राष्ट्रीय आन्दोलन एक नहीं, अनेक कारणों का परिणाम था।" विवेचना कीजिए।
("Indian National Congress was the result of many causes." Discuss.)
6. भारतीय राष्ट्रीय आन्दोलन की उत्पत्ति के कारकों की विवेचना कीजिए।
(Discuss the factors of origin of Indian National Movement.)
7. "बहुत दिनों से ऐसे अनेक तत्व कार्य कर रहे थे जिन्होंने भारतीय राष्ट्रीय आन्दोलन को जन्म दिया।" विवेचना कीजिए।
("There were so many factors which are responsible for the birth Indian National Movement." Discuss.)
8. "भारत का राष्ट्रीय आन्दोलन कई कारणों का सामूहिक परिणाम था।" व्याख्या कीजिए।
("Indian National Movement was the collective result of many causes." Discuss.)
9. भारतीय राष्ट्रीय चेतना की उत्पत्ति के कारणों का वर्णन कीजिए।
(Describe the causes of origin of Indian National Consciousness.)
10. "एक स्वतन्त्र प्रेस और विदेशी राज्य एक-दूसरे के विरुद्ध हैं और वे दोनों एक साथ नहीं चल सकते।"—मुनरो। इस कथन के सन्दर्भ में स्पष्ट करते हुए भारतीय राष्ट्रीय आन्दोलन के कारणों का उल्लेख कीजिए।
("A free press and foreign state are against each other and they can not more with cooperation." (Munro). Discuss the causes of Indian National Movement in the light of above statement.)
11. उन कारणों की विवेचना कीजिए जिनके परिणामस्वरूप भारत में राष्ट्रीय चेतना का विकास हुआ।
(Discuss those fact which are responsible for the development of National Consciousness.)
12. भारत के राष्ट्रीय आन्दोलन के जन्म के कारणों का वर्णन कीजिए।
(Describe the causes of birth of National Movement in India.)
**अथवा**
भारत में राष्ट्रीय जागृति के उद्भव के उत्तरदायी कारणों की विवेचना कीजिए।
(Describe the responsible causes of rise of National Consciousness in India.)
**अथवा**
भारतीय राष्ट्रीय आन्दोलन के उदय के कारणों का विश्लेषणात्मक परीक्षण कीजिए।
(Analytically examine the causes of rise of Indian National Movement.)

13. 19वीं शताब्दी में भारतीय राष्ट्रीय जागृति के कारणों की विवेचना कीजिए।
(Discuss tha causes Indian National Consciousness in 19th century.)

## लघु उत्तरीय प्रश्न (Short Answer Type Questions)

1. राष्ट्रीय आन्दोलन के उदय के किन्हीं तीन कारणों की विवेचना कीजिए।
2. राष्ट्रीय आन्दोलन के उदय में धार्मिक एवं सामाजिक पुनर्जागरण की क्या भूमिका थी ?
3. अंग्रेजों की जातीय भेदभाव की नीति क्या थी ?
4. इल्बर्ट विधेयक पर क्या विवाद था ?
5. सन् 1857 ई. के स्वतन्त्रता संग्राम के परिणामों की विवेचना कीजिए।
6. सन् 1857 ई. के स्वतन्त्रता संग्राम की विफलता के कारणों पर संक्षेप में प्रकाश डालिए।

## बहुविकल्पीय वस्तुनिष्ठ प्रश्न (Multiple Choice Type Objective Questions)

**1. भारत में अंग्रेजी शासन का प्रारम्भ प्लासी युद्ध से माना जाता है। यह युद्ध किस वर्ष हुआ था–**

(a) सन् 1957 ई. में (b) सन् 1857 ई. में
(c) सन् 1756 ई. में (d) सन् 1856 ई. में।

**उत्तर**–(a) सन् 1957 ई. में।

**2. भारतीय राष्ट्रीय कांग्रेस का जन्म किस वर्ष हुआ–**

(a) सन् 1883 ई. में (b) सन् 1884 ई. में
(c) सन् 1885 ई. में (d) सन् 1886 ई. में।

**उत्तर**–(c) सन् 1885 ई. में।

**3. भारत में धार्मिक और सामाजिक सुधार आन्दोलन किस शताब्दी में शुरू हुए–**

(a) 17वीं शताब्दी में (b) 18वीं शताब्दी में
(c) 19वीं शताब्दी में (d) 20वीं शताब्दी में।

**उत्तर**–(c) 19वीं शताब्दी में।

●●

# उन्नीसवीं शताब्दी में राजनीतिक चेतना का विकास

## [GROWTH OF POLITICAL CONSCIOUSNESS IN THE NINETEENTH CENTURY]

स्वतन्त्रता के लिए राजनीतिक संघर्ष के पूर्व भारत में राष्ट्रीय चेतना की जो जागृति हुई, उसमें अनेक तत्वों का हाथ रहा परन्तु 19वीं शताब्दी में सामाजिक और धार्मिक सुधार आन्दोलनों के रूप में जो सामाजिक और सांस्कृतिक पुनर्जागरण हुआ, उसकी भूमिका सर्वाधिक महत्वपूर्ण रही। इन आन्दोलनों और इनके प्रवर्तक समाज सुधारकों ने राष्ट्रीयता की भावना पैदा कर विदेशी दासता से मुक्ति के लिए लोगों को प्रेरित करने में महत्वपूर्ण योगदान दिया। इन्होंने केवल हिन्दू धर्म और हिन्दू समाज की बुराइयाँ दूर कर उनमें सुधार करने का नहीं अपितु हिन्दुओं के मन में अपने धर्म और संस्कृति के प्रति गौरव का भाव भरने का भी कार्य किया। उस समय हिन्दू समाज में कर्मकाण्ड और पशु बलि का प्राधान्य था तथा धर्म का वास्तविक स्वरूप भूलकर लोग उसके नाम पर छोटी-छोटी बातों के लिए आपस में लड़ रहे थे। पूरा का पूरा हिन्दू समाज छुआछूत, सती प्रथा, बाल-विवाह, विधवा विवाह निषेध तथा विदेश गमन निषेध जैसी सामाजिक बुराइयों से ग्रस्त था। इन धार्मिक और सामाजिक बुराइयों पर प्रहार कर ईसाई धर्म प्रचारक हिन्दू धर्म, हिन्दू सामाजिक जीवन पद्धति और हिन्दू संस्कृति की कटु एवं उपहासात्मक आलोचना कर रहे थे। ईसाई धर्म तथा पाश्चात्य संस्कृति के प्रसार के लिए **लार्ड मैकाले** के षड्यन्त्र के अन्तर्गत अंग्रेजी भाषा के माध्यम से प्रारम्भ की गयी अंग्रेजी शिक्षा के कारण भारतीय युवकों का पाश्चात्य संस्कृति और सभ्यता की तरफ लगाव बढ़ने लगा। इसके परिणामस्वरूप वे अपने धर्म और अपनी संस्कृति से घृणा करने लगे।

इस बीच, जहाँ एक तरफ ईसाई धर्म प्रचारक हिन्दू धर्म और हिन्दू संस्कृति का उपहास कर रहे थे, वहीं दूसरी तरफ **सर विलयन जोन्स, मैक्समूलर कालब्रुक** और **रीथ** जैसे अनेक विख्यात पाश्चात्य विद्वानों ने भारतीय धर्म एवं संस्कृति की मुक्त कण्ठ से प्रशंसा की। इन विद्वानों के विचार से उन भारतीयों को प्रेरणा मिली जिनका अपने धर्म और अपनी संस्कृति के प्रति अगाध लगाव था तथा जिन्होंने हिन्दू समाज पर अतीतकालीन गौरव की प्राप्ति की लालसा अपने मन में सँजो रखी थी। उनमें से अधिकतर ने अंग्रेजी शिक्षा प्राप्त की थी तथा वे उससे प्रभावित थे। केवल भारतीय धर्म एवं संस्कृति के प्रभाव से ही नहीं अपितु अंग्रेजी शिक्षा के प्रभाव के कारण भी अनेक शिक्षित भारतीय धार्मिक और सामाजिक सुधार के लिए प्रेरित हुए। 19वीं शताब्दी में धार्मिक और सामाजिक सुधार आन्दोलन केवल हिन्दू समाज में ही नहीं अपितु मुस्लिम समाज में भी हुए। उसमें भी अनेक बुराइयाँ व्याप्त थीं तथा मुगल साम्राज्य के पतन के बाद से प्रारम्भ हुई उसकी अवनति उनके कारण तेजी से बढ़ रही थी। मुस्लिम समाज की धार्मिक, सामाजिक बुराइयाँ दूर करने के लिए प्रारम्भ किए गए आन्दोलनों में 'बहावी आन्दोलन' और 'अलीगढ़ आन्दोलन' के नाम प्रमुख हैं। संक्षेप में हम यह कह सकते हैं कि 19वीं शताब्दी का काल भारतीय पुनर्जागरण अर्थात् धार्मिक और सामाजिक सुधार का काल था। हिन्दू समाज में व्याप्त धार्मिक और सामाजिक बुराइयों का अन्त करने के लिए निम्नलिखित धार्मिक और सामाजिक सुधार आन्दोलन हुए। उन आन्दोलनों और उनके प्रवर्त्तकों ने भारतीय संस्कृति की अतीतकालीन श्रेष्ठता के प्रति गौरव की भावना पैदाकर राष्ट्रीय चेतना जागृत करने में महत्वपूर्ण भूमिका निभायी।

### ब्रह्म समाज तथा उसके प्रवर्त्तक राजा राममोहन राय
### (Brahm Samaj and Its Founder Raja Rammohan Roy)

19वीं शताब्दी में हिन्दू धर्म और हिन्दू समाज की बुराइयों का अन्त करने के लिए सर्वप्रथम **राजा राममोहन राय** ने '**ब्रह्म समाज**' नामक धार्मिक सुधार संस्था की स्थापना कर सुधार आन्दोलन प्रारम्भ किया। यही कारण है कि उन्हें भारतीय

पुनर्जागरण का जनक कहा जाता है। **ऐनीबेसेन्ट** के अनुसार उन्होंने हिन्दू कट्टरपन्थी सीमा को तोड़ने का साहसपूर्वक प्रयास किया तथा स्वतन्त्रता का बीज बोया। सन् 1772 ई. में बंगाल के एक कुलीन ब्राह्मण परिवार में जन्मे राजा राममोहन राय ने हिन्दी, अरबी, उर्दू, फारसी, संस्कृत, लैटिन और अंग्रेजी भाषाओं और उनके साहित्यों का अध्ययन कर उनमें प्रकाण्ड पाण्डित्य प्राप्त किया। उन्होंने वेदों और उपनिषदों का भी गहन अध्ययन किया। ईसाई धर्म और अंग्रेजी शिक्षा से वे प्रभावित थे परन्तु उन्होंनें अंग्रेजी शिक्षा प्राप्त सामान्य भारतीयों की तरह अपने धार्मिक ग्रन्थों और अपनी संस्कृति एवं सभ्यता को कभी हीन दृष्टि से नहीं देखा। अपनी संस्कृति के अतीतकालीन गौरव के प्रति उनके मन में गर्व की भावना थी। वेदों और उपनिषदों का अध्ययन कर उन्होंने यह सिद्ध करने का प्रयास किया कि हिन्दू धर्म और उसके ग्रन्थों में छुआछूत, मूर्ति-पूजा, सती-प्रथा, बाल-विवाह, विधवा-विवाह निषेध तथा बहुविवाह जैसी सामाजिक बुराइयों का कोई स्थान नहीं है।

वह हिन्दू धर्म को सरल युक्तिसंगत और पूर्ण मानते थे। इसमें आई बुराइयों को वह परतन्त्रता और शिक्षा के अभाव की देन मानते थे। हिन्दू धर्म और हिन्दू समाज की स्थापना के लिए उन्होंने इन बुराइयों के अन्त का निश्चय कर सन् 1828 ई. में 'ब्रह्म समाज' नामक **धार्मिक सुधार संस्था** की स्थापना की। शाब्दिक अर्थ की दृष्टि से **'ईश्वर में विश्वास करने वाले व्यक्तियों की संस्था' ब्रह्म समाज** ने हिन्दू समाज की **धार्मिक और सामाजिक बुराइयों के विरुद्ध आन्दोलन प्रारम्भ कर भारतीय पुनर्जागरण का श्रीगणेश किया।**

## ब्रह्म समाज के आधारभूत सिद्धान्त
### (Basic Principles of Brahm Samaj)

इसके आधारभूत सिद्धान्तों को हम दो भागों में बाँट सकते हैं—

(1) धार्मिक सिद्धान्त,

(2) सामाजिक सिद्धान्त।

**धार्मिक सिद्धान्त** (Religious Principles)—ब्रह्म समाज के धार्मिक सिद्धान्त इस प्रकार हैं—

(1) ईश्वर एक तथा सभी गुणों का केन्द्र एवं भण्डार है।

(2) वह न तो कभी पैदा हुआ और न उसने कभी शरीर धारण किया।

(3) सभी जाति और वर्ण के लोग उसकी पूजा कर सकते हैं। वह शुद्ध हृदय से ही की जा सकती है। उसके लिए मन्दिर, मस्जिद तथा अन्य प्रकार के बाह्य आडम्बरों की कोई आवश्यकता नहीं है।

(4) पाप कर्म छोड़ने तथा उसके लिए पश्चाताप करने से ही मोक्ष की प्राप्ति हो सकती है।

(5) किसी भी पुस्तक को दैवी मानने की जरूरत नहीं है क्योंकि सभी में कोई न कोई त्रुटि होती है। मानसिक ज्योति और विशाल हृदय से ही ईश्वर के बारे में ज्ञान प्राप्त हो सकता है।

**सामाजिक सिद्धान्त** (Social Principles)—इसके सामाजिक सिद्धान्त इस प्रकार हैं—

(1) भारतीय समाज में जातीय भेदभाव और छुआछूत का अन्त होना चाहिए क्योंकि इन बुराइयों के रहते कोई भी समाज प्रगति नहीं कर सकता है।

(2) समाज में अन्धविश्वास एवं रूढ़िवादिता का अन्त तथा विवेकसम्मत व्यवहार होना चाहिए।

(3) बाल-विवाह प्रथा, बहुविवाह प्रथा, सती प्रथा और भ्रूण हत्या का अन्त होना चाहिए।

(4) समाज में विधवा-विवाह का प्रचलन होना चाहिए।

ब्रह्म-समाज ने भारतीय समाज को जीवन के सभी क्षेत्रों में नवीन जीवन प्रदान किया। धर्म की दृष्टि से ब्रह्म-समाज ने अपने विचारों को उपनिषदों और वेदों पर आधारित करके यह बताया कि ईश्वर एक है, सभी धर्मों में सत्य है, मूर्ति-पूजा और कर्मकाण्ड निरर्थक है तथा सामाजिक कुरीतियों का धर्म से कोई सम्बन्ध नहीं है। तर्क के आधार पर धर्म की व्याख्या करने का विचार सबसे पहले उसने ही भारत को प्रदान किया। इस कारण, अपने उग्र स्वरूप को प्राप्त करने तक **'साधारण ब्रह्म-समाज ने वेदों को भी अन्तिम ईश्वरीय वाक्य मानने से इन्कार कर दिया। धर्म की व्याख्या करते हुए उसने ईसाई धर्म के कर्मकाण्ड और ईसा मसीह के ईश्वरीय अवतार होने पर भी आक्रमण किया और अनेक अवसरों पर राममोहन राय और केशव चन्द्र सेन ने ईसाई धर्म प्रचारकों से वाद-विवाद किया। इससे हिन्दू ईसाई धर्म में परिवर्तित होने से रुक गए।'**

हिन्दू धर्म को अनेक कुरीतियों से बचाने और उसे साधारण तथा आधुनिक युग के अनुकूल बनाने में ब्रह्म-समाज ने पर्याप्त सफलता पायी। **यह कहा गया कि ब्रह्म समाज पर ईसाई धर्म का प्रभाव था। यह सत्य है। लेकिन ब्रह्म-समाज ने मूलतया ईसाई धर्म से प्रेरणा प्राप्त नहीं की थी। उसका मूल स्त्रोत भारतीय प्राचीन धार्मिक ग्रन्थ ही थे। यह बात अवश्य स्वीकार की जा सकती है कि पश्चिमी सभ्यता की तर्क, स्वतन्त्रता और खोज की भावना से ब्रह्म-समाज अवश्य प्रभावित था। इसी कारण उसने तत्कालीन प्रचलित धर्म के अनेक सिद्धान्तों का विरोध किया और उसका विरोध करने में प्राचीन वेदों और उपनिषदों को अपना आधार बनाया। इस प्रकार हिन्दू धर्म को आधुनिक और सरल बनाने का श्रेय ब्रह्म-समाज को है।** यही नहीं बल्कि ब्रह्म-समाज ने भारत में अन्य धार्मिक सुधारों के लिए मार्ग-प्रशस्त किया।

ब्रह्म-समाज पहला संगठन था जिसने हिन्दू धर्म की प्राचीन दीवारों पर आक्रमण करने का साहस किया और उसमें दरारें बनायीं। उससे हिन्दू धर्म को नवजीवन प्राप्त हुआ और अन्य धार्मिक सुधारों को बल प्राप्त हुआ।

**ब्रह्म-समाज का मुख्य उद्देश्य समाज-सुधार था।** हिन्दू समाज की कोई भी ऐसी कुरीति न थी जिस पर उसने आक्रमण न किया हो। आधुनिक समय में जिन कुरीतियों का विरोध सभी सामाजिक और राजनीतिक नेताओं ने किया है तथा जिन्हें सम्पूर्ण भारतीय शिक्षित-वर्ग आज घृणा से देखता है, उन कुरीतियों पर प्रथम आक्रमण ब्रह्म-समाज ने किया। **ब्रह्म-समाज ने सती-प्रथा, बाल-विवाह, बहुविवाह, अल्पायु विवाह, जाति प्रथा, पर्दा प्रथा, अस्पृश्यता, नशा आदि सभी कुरीतियों का विरोध किया। उसके साथ-साथ समाज सुधार के लिए स्त्री शिक्षा, अन्तर्जातीय विवाह, विधवा-विवाह आदि क्रियात्मक कार्य भी ब्रह्म-समाज ने किए।**

भारतीय संविधान ने जिन कुरीतियों को अब अवैध घोषित कर दिया है उनके विरुद्ध संघर्ष का आरम्भ ब्रह्म-समाज ने किया था।

अपने धार्मिक और सामाजिक विचारों को फैलाने के लिए ब्रह्म-समाज ने आधुनिक समय के सभी साधनों का प्रयोग किया था। विभिन्न समाजों की स्थापना, भाषण, लेख, समाचार-पत्र, पत्रिकाएँ, स्कूल और कॉलेज आदि की स्थापना, धार्मिक वाद-विवाद आदि सभी प्रकार के साधनों का उपयोग ब्रह्म-समाज ने किया। **महर्षि देवेन्द्रनाथ की 'तत्व बोधिनी सभा', केशवचन्द्र सेन की 'संगत-सभा' और 'भारतीय सुधार समाज'** जैसी सभाएँ ब्रह्म-समाज के विचारों के प्रचार के लिए सहायक सभाओं की भाँति कार्य करती थीं। राममोहन राय की 'A Gift to Mono-thesis', 'The Precept of Jusus', 'The Guide to Peace and Happiness', 'Brief Remarks Regarding Modern Encroachments to the Ancient Rights of Female' जैसी पुस्तकें तथा अनेक धार्मिक ग्रन्थों का विभिन्न भाषाओं में अनुवाद भारतीय धर्म और समाज के लिए स्थायी योगदान है। उसी प्रकार राजा राममोहन राय का 'Appeals to the Christian Public' और केशवचन्द्र सेन के 'Young Bengal', 'This is for You', 'An appeal to the British Nation', 'The Destiny of Human Life' जैसे लेखों और वक्तव्यों ने भारतीय जन-जागरण और निर्माण में बहुत सहयोग दिया। ब्रह्म-समाज द्वारा समय-समय पर विभिन्न पत्रिकाएँ और समाचार-पत्र निकाले गए, जैसे—राजा राममोहन राय द्वारा 'संवाद-कौमुदी' और 'मिरातुल अखबार', केशवचन्द्र सेन द्वारा 'Indian Mirror' और 'वाम-बोधिनी', साधारण ब्रह्म-समाज द्वारा 'तत्व-कौमुदी', 'Brahma—Public Opinion', 'संजीवनी' आदि। इन समाचार-पत्रों और पत्रिकाओं ने भारतीय विचारों को परिवर्तित करने तथा विभिन्न धार्मिक और सामाजिक सुधार करने में महत्वपूर्ण योग दिया।

**शिक्षा के क्षेत्र में राजा राममोहन राय के नेतृत्व में ब्रह्म-समाज ने अंग्रेजी भाषा और पश्चिमी शिक्षा का समर्थन किया।** समाज ने विभिन्न स्थानों पर अनेक स्कूल और कॉलेज खोले। राजा राममोहन राय ने स्वयं 'वेदान्त कॉलेज', 'इंग्लिश स्कूल' और 'हिन्दू कॉलेज' को कलकत्ता में स्थापित किया था। केशवचन्द्र सेन ने भी अनेक स्कूल स्थापित किए और 'साधारण ब्रह्म-समाज' ने 'ब्रह्म-बालिका स्कूल' तथा 'City College of Calcutta' की नींव डाली। भारत के आधुनिकीकरण और समाज-सुधार में इन शिक्षण-संस्थाओं का कितना योगदान रहा होगा, इसका केवल अनुमान ही किया जा सकता है।

यद्यपि ब्रह्म-समाज का मुख्य प्रभाव बंगाल में हुआ परन्तु फिर भी समाज की स्थापना पंजाब, मद्रास और उत्तर प्रदेश जैसे प्रान्तों में भी की गयी। महाराष्ट्र का 'प्रार्थना-समाज' भी ब्रह्म-समाज से प्रेरित था जिसने 'विधवा-विवाह संघ', 'दक्षिण-शिक्षा समिति' और 'दलित-उद्धार मिशन' को स्थापित किया तथा समाज और धर्म-सुधार के लिए महाराष्ट्र में वही कार्य किया जो ब्रह्म-समाज ने बंगाल में किया।

**इसके अतिरिक्त ब्रह्म-समाज के नेताओं ने कृषकों की भलाई, प्रेस और समाचार-पत्रों की स्वतन्त्रता, कानूनों के निर्माण आदि विभिन्न कार्यों में भाग लिया।** हिन्दू समाज को चेतना प्रदान करने में, उसकी कुरीतियों को दूर करने की ओर ध्यान दिलाने में और व्यावहारिक दृष्टि से उन कुरीतियों का खण्डन करने में ब्रह्म-समाज भारतीय सुधार-आन्दोलन का मार्ग-प्रदर्शक था। इसी कारण जिस समय सन् 1828 ई. में ब्रह्म-समाज का शताब्दी-दिवस और सन् 1933 ई. में राजा राममोहन राय का मृतक-दिवस मनाया गया तब उनमें जैन, बौद्ध, सिक्ख, ईसाई, इस्लाम, आर्य-समाज, रामकृष्ण-मिशन आदि सभी के प्रतिनिधि सम्मिलित हुए। यह ब्रह्म-समाज की उदारता की भावना और भारतीय समाज द्वारा उसकी सेवाओं का स्वीकार किया जाना था। यहाँ तक कि महात्मा गाँधी ने भी अपने राजनीतिक आन्दोलन में जाति-प्रथा का विरोध, स्त्री-समानता, अछूतोद्धार जैसे समाज-सुधार के लक्ष्य सम्मिलित किए।

**राष्ट्रीयता की भावना के निर्माण में भी ब्रह्म-समाज ने योग दिया।** भारत के प्राचीन गौरव का निर्माण और अपनी सभ्यता तथा धर्म में विश्वास राष्ट्रीयता के निर्माण में बहुत सहायक था और इस दिशा में ब्रह्म-समाज ने महत्वपूर्ण कार्य किया। केशवचन्द्र सेन ने प्रथम बार भारतीय आधार पर समाज का निर्माण करने का प्रयत्न किया जिससे भारत की एकता का विचार दृढ़ हुआ और उन्हीं का उदाहरण लेकर सर्वप्रथम सुरेन्द्रनाथ बनर्जी ने अपने राजनीतिक आन्दोलन को सम्पूर्ण भारत में फैलाने का प्रयत्न किया। इसमें सन्देह नहीं कि राजनीतिक क्षेत्र में ब्रह्म-समाज का योगदान अप्रत्यक्ष और सीमित था। परन्तु फिर भी उसने उसमें सहायता प्रदान की। शिवनाथ शास्त्री ने '**साधारण ब्रह्म-समाज**' की प्रार्थना में अपने देश और उसके नागरिकों के उद्धार की प्रार्थना को सम्मिलित किया। ब्रह्म-समाज ने तर्क और स्वतन्त्रता की भावना को जन्म दिया यद्यपि उसका समर्थन वह पश्चिमी सभ्यता के आधार पर करता था। लेकिन उसी को भारत के राष्ट्रीय आन्दोलन के प्रचारकों ने मोड़ दे दिया। **राजनारायण बोस** जैसे व्यक्तियों ने कहा है कि, **"भारतीय धर्म और सभ्यता ईसाई धर्म और सभ्यता से श्रेष्ठ है।"**

इस प्रकार ब्रह्म-समाज ने समाज-सुधार, धर्म-सुधार और आधुनिक भारत के निर्माण में महत्वपूर्ण योग दिया। उसने पहली बार भारतीय समाज की आवश्यकताओं और समस्याओं को भारतीयों के सम्मुख रखा तथा बौद्धिक जागृति की ओर एक साहसी कदम उठाया जिससे आगे आने वाले सुधारकों को सहायता प्राप्त हुई। धीरे-धीरे भारतीय और भारतीय धर्म-सुधारक पश्चिमी सभ्यता से प्रेरणा लेना भूल गए और उन्होंने अपनी प्रेरणा का आधार भारतीय संस्कृति और धर्म को बनाया। इससे भारत में और भी अधिक उग्रवादी धर्म और सुधारक हुए जिनकी पृष्ठभूमि का निर्माण भारतीय धर्म, संस्कृति और राष्ट्रीयता ने किया।

ब्रह्म-समाज का कार्य इन कार्यों को आरम्भ करने का था। पश्चिमी सभ्यता से उसे प्रेरणा प्राप्त हुई थी। इस कारण वह उसके प्रति अपनी श्रद्धा न छोड़ सका था। **परन्तु उसके पश्चात् आर्य-समाज और रामकृष्ण मिशन को इसकी आवश्यकता नहीं रह गयी। भारतीय व्यक्तित्व निखर गया और उसमें पश्चिमी सभ्यता और धर्म से टक्कर लेने का साहस और आत्म-विश्वास आ गया। इस कारण आर्य-समाज और रामकृष्ण मिशन शुद्ध जैसे भारतीय आन्दोलन हुए। परन्तु इसमें सन्देह नहीं कि ब्रह्म-समाज ने इनकी आधारशिला का निर्माण किया। उसने ऐसा वातावरण तैयार कर दिया था जिसमें भारतीय यह साहसपूर्ण कदम उठा सकें।** इसी कारण **डॉ. जकारिया** (Dr. H. C. E. Zacharia) ने लिखा है कि, **"राममोहन राय और उनका ब्रह्म-समाज हिन्दू धर्म, समाज और राजनीति में उन सभी सुधार-आन्दोलनों को आरम्भ करने वाले थे जिन्होंने पिछले 100 वर्षों में भारत में उत्तेजना पैदा की और जिन्होंने हमारे समय में उसके अद्वितीय पुनर्जागरण को जन्म दिया है।"**[1]

ब्रह्म-समाज के धार्मिक और सामाजिक सिद्धान्तों की विवेचना से हम इस निष्कर्ष पर पहुँचते हैं कि तत्कालीन हिन्दू समाज में अन्धविश्वास एवं रूढ़िवादिता के रूप में जो धार्मिक और सामाजिक बुराइयाँ व्याप्त थीं, इन्हें दूर करने के लिए ही इसकी स्थापना हुई। राजा राममोहन राय द्वारा प्रवर्तित तथा बाद में बंगाल के विख्यात व्यक्तियों, केशवचन्द्र सेन और महर्षि देवेन्द्रनाथ ठाकुर के सुयोग्य एवं सफल नेतृत्व में पुष्पित एवं पल्लवित होकर इसने एक धार्मिक एवं सामाजिक सुधार आन्दोलन का रूप धारण कर लिया। इसकी स्थापना के कुछ ही वर्षों बाद राजा राममोहन राय का निधन हो गया परन्तु उक्त दोनों महापुरुषों (केशवचन्द्र सेन और महर्षि देवेन्द्रनाथ ठाकुर) ने इसके प्रचार और प्रसार में महत्वपूर्ण भूमिका निभायी।

---

1. "Ram Mohan Roy and his Brahm-Samaj form the starting point for all the various reform movements whether in Hindu religion, society or politics—which have agitated India during the past hundred year and which have led to her wonderful renaissance in these our own days."
—Dr. H. C. E. Zacharia

केशवचन्द्र सेन ने इसके सिद्धान्तों के प्रचार एवं प्रसार के लिए सन् 1864 ई. में मद्रास में 'वेद समाज' और सन् 1866 ई. में बम्बई में 'प्रार्थना समाज' की स्थापना की बाद में महादेव गोविन्द रानाडे, भण्डारकर और सरनारायण चन्द्रावरकर आदि ने इनके माध्यम से समाज सुधार और शिक्षा के प्रचार एवं प्रसार में महत्वपूर्ण योगदान किया। **उन्होंने धार्मिक, सामाजिक और सांस्कृतिक आन्दोलनों को तीव्र किया।**

## पुनर्जागरण और राष्ट्रीय चेतना की जागृति में राजा राममोहन राय की भूमिका

**(Role of Raja Rammohan Roy in Renaissance and Awakening of National Consciousness)**

राजा राममोहन राय तत्कालीन हिन्दू समाज की धार्मिक एवं सामाजिक बुराइयों से क्षुब्ध और दुःखित थे। वह अन्धविश्वास और रूढ़िवादिता को उसके पतन का प्रमुख कारण मानते थे। उनकी यह धारणा थी कि इन्हें दूर करके ही वह प्रगति के मार्ग पर अग्रसर हो सकता है तथा भारतीयों में चेतना की जागृति हो सकती है। **'ब्रह्म-समाज'** के रूप में **उन्होंने किसी नए धर्म और सम्प्रदाय का प्रवर्त्तन नहीं किया परन्तु इसके माध्यम से उन्होंने हिन्दू समाज की धार्मिक और सामाजिक बुराइयों पर करारा प्रहार किया जिसका बंगाल के उदारवादियों पर व्यापक प्रभाव पड़ा। लोग भारी संख्या में इसके धार्मिक और सामाजिक सिद्धान्तों की तरफ आकर्षित हुए। बंगाल का हिन्दू समाज अन्धविश्वास और रूढ़िवादिता से मुक्त होने की तरफ अग्रसर होने लगा।** उन्होंने शिक्षा में सुधार तथा अंग्रेजी एवं वैज्ञानिक शिक्षा पर बल देकर भारतीयों के मस्तिष्क को विवेकशील बनाने का प्रयास किया। **उनके धार्मिक, सामाजिक और सांस्कृतिक सुधारों ने राष्ट्रीय चेतना जागृत करने में उल्लेखनीय भूमिका निभायी। श्रीमती ऐनीबेसेन्ट ने उनकी प्रशंसा करते हुए कहा कि राजा राममोहन राय में अद्भुत शक्ति, लगन एवं दृढ़ता थी। उन्होंने हिन्दू रूढ़िवादिता की सीमा तोड़ने का साहसपूर्ण प्रयास किया तथा स्वतन्त्रता का बीज बोया जिसने पुष्पित, पल्लवित और फलित हो कर राष्ट्रीय जनजीवन को नयी चेतना से अनुप्राणित किया।**

भारतीय राष्ट्रीय चेतना की जागृति में उन्होंने केवल धार्मिक और सामाजिक सुधारों के ही नहीं अपितु अपने राजनीतिक विचारों एवं क्रियाकलापों के माध्यम से भी महत्वपूर्ण योगदान किया। **मैकनिकोल** ने उन्हें **नए युग का प्रवर्त्तक तथा ज्योति जलाकर भारतीय जीवन से अन्धकार नष्ट करने वाला कहा है।** सन् 1823 ई. में **प्रेस अध्यादेश** तथा सन् 1827 ई. में **जूरी एक्ट** का प्रबल विरोध कर और इनके अन्त के लिए संवैधानिक उपाय अपनाने पर बल देकर उन्होंने राजनीतिक चेतना की जागृति एवं राजनीतिक आन्दोलन के प्रारम्भ का बीजारोपण किया। **डॉ. आर. सी. मजूमदार** ने उन्हें **वैधानिक उपायों के जरिए किए जाने वाले अदालत के अग्रदूत की संज्ञा दी है।** उसके अनुसार **वह पहले भारतीय थे जिन्होंने ब्रिटिश सरकार के समक्ष अपने देशवासियों की कठिनाइयाँ एवं शिकायतें प्रस्तुत कीं। संक्षेप में हम यह कह सकते हैं कि राज राममोहन राय भारतीय पुनर्जागरण राष्ट्रीय चेतना के अग्रदूत थे।**

## आर्य समाज तथा स्वामी दयानन्द

**(Arya Samaj and Swami Dayanand)**

भारतीय पुनर्जागरण तथा राष्ट्रीय चेतना की जागृति में आर्य समाज तथा उसके प्रवर्त्तक **महर्षि दयानन्द सरस्वती** की भूमिका महत्वपूर्ण एवं उल्लेखनीय रही। वे एक सन्त, समाज सुधारक, और राष्ट्रभक्त व्यक्ति थे। वे हिन्दू समाज में अन्धविश्वास एवं रूढ़िवादिता के रूप में व्याप्त धार्मिक, सामाजिक और सांस्कृतिक बुराइयों तथा राजनीतिक पतन एवं परतन्त्रता से क्षुब्ध थे। भारतीयों में राष्ट्रभक्ति की भावना भरने के लिए उन्होंने अथक प्रयास किया जिसके फलस्वरूप भारतीयों में राष्ट्रीय चेतना की जागृति हुई।

**महर्षि दयानन्द सरस्वती** का जन्म सन् 1824 ई. में काठियावाड़ की मौरवी रियासत के टंकारा नामक स्थान पर हुआ। बचपन में उनका नाम **मूलशंकर** था तथा उनका परिवार शैव मतावलम्बी था। उन्होंने संस्कृत, व्याकरण और वेदशास्त्रों का अध्ययन किया। 14 वर्ष की आयु से ही उनके मन में सत्य की खोज के प्रति प्रेरणा पैदा हुई। उन्होंने शिवरात्रि के दिन शिव मन्दिर में एक चूहे को शिवजी के पिण्ड पर घूमते देखा। उनके मन में ईश्वर के साकार रूप के प्रति शंका पैदा हुई तथा सत्य की खोज में उन्होंने अपना घर छोड़ दिया। उन्होंने सन् 1875 ई. में बम्बई में आर्य समाज की स्थापना की तथा सन् 1883 ई. में 59 वर्ष की आयु में उनकी मृत्यु हो गयी।

## आर्य समाज के सिद्धान्त
## (Principles of Arya Samaj)

आर्य समाज के सिद्धान्तों को भी हम दो भागों में बाँट सकते हैं—

(1) धार्मिक सिद्धान्त,

(2) सामाजिक सिद्धान्त।

**आर्य समाज के धार्मिक सिद्धान्त** (Religious Principles of Arya Samaj)—आर्य समाज के धार्मिक सिद्धान्त निम्नांकित हैं—

(1) ईश्वर एक है तथा वह सर्वशक्तिमान, अनादि और अनन्त है। उनकी पूजा होनी चाहिए।

(2) मूर्ति-पूजा और तीर्थयात्रा आदि निरर्थक एवं अन्धविश्वास है। अवतारवाद मिथ्या बात है।

(3) संसार में केवल तीन बातें सत्य हैं—(a) ईश्वर, (b) आत्मा, (c) मद्‌गल।

(4) वेद ईश्वरीय, धार्मिक और वैज्ञानिक ज्ञान का आधार है। अन्य शास्त्रों का भी महत्व है परन्तु वे प्रामाणिक नहीं हैं।

(5) मरणोपरान्त जीव का एक शरीर से दूसरे में प्रवेश एवं कर्मवाद का सिद्धान्त सही है।

(6) मोक्ष शुभ कर्म से प्राप्त होता है। असत्य का परित्याग कर सदैव सत्य अपनाना चाहिए। सभी कार्य इसी के आधार पर किए जाने चाहिए।

**आर्य समाज के सामाजिक सिद्धान्त** (Social Principles of Arya Samaj)—आर्य समाज के सामाजिक सिद्धान्त निम्नांकित हैं—

(1) सभी के साथ प्रेम, न्याय और दया का व्यवहार होना चाहिए तथा जात-पाँत के भेदभाव का अन्त कर देना चाहिए।

(2) विधवा विवाह होना चाहिए तथा बड़ी आयु हो जाने पर ही विवाह होने चाहिए।

(3) वेदों के अनुसार जीवन व्यतीत करना चाहिए तथा वेदों एवं संस्कृत भाषा के पठन-पाठन का प्रचार होना चाहिए।

(4) अविद्या का नाश कर विद्या का प्रचार होना चाहिए।

(5) व्यक्ति को केवल अपनी उन्नति से सन्तुष्ट न हो सभी की उन्नति में अपनी उन्नति समझनी चाहिए। भौतिक, सामाजिक और आध्यात्मिक उन्नति कर मानव जाति की सेवा करनी चाहिए।

उपर्युक्त सिद्धान्तों के आधार पर आर्य समाज ने हिन्दू धर्म और समाज के सुधार हेतु महत्वपूर्ण कार्य किए। **स्वामी दयानन्द ने आर्य समाज के निर्माण में समानता की जिस भावना को सम्मिलित किया, वह विभिन्न समाज के संगठन और उनके प्रचार कार्य में अत्यधिक सहायता देने वाली सिद्ध हुई।** हिन्दू धर्म सिद्धान्त और व्यावहारिक दृष्टि से सर्वदा उदार रहा है। **स्वयं वेद भी अपनी श्रेष्ठता का दावा नहीं करते। इस कारण, हिन्दू धर्म ने ईसाई, इस्लाम, बौद्ध, जैन आदि सभी धर्मों के प्रति सहनशीलता का व्यवहार किया है। लेकिन यही हिन्दू धर्म की सबसे बड़ी दुर्बलता भी रही है। जबकि इस्लाम और ईसाई धर्म क्रमशः 'कुरान' और 'बाइबिल' को ही एकमात्र सत्य धार्मिक ग्रन्थ और 'मुहम्मद' या 'ईसा मसीह' को ही क्रमशः ईश्वर का एकमात्र दूत मानते हैं तथा उसी धर्म का पालन करना सत्य मार्ग और स्वर्ग जाने का मार्ग बताते हैं, हिन्दू धर्म सभी मार्गों को उचित मानता है और सभी महान् धार्मिक व्यक्तियों को ईश्वर का दूत स्वीकार करता है।**

इसी कारण हिन्दू धर्म की उदारता उसकी निर्बलता का कारण बनी और इसी कारण वह कट्टर इस्लाम और ईसाई धर्म का मुकाबला करने में असमर्थ रहा। **स्वामी दयानन्द ने इस दुर्बलता को समझा तथा इस्लाम और ईसाई धर्म की भाँति हिन्दू धर्म को कट्टरता प्रदान की। इसी कारण उन्होंने वेदों को सत्य ज्ञान का एकमात्र आधार बताया। इसके कारण आर्य समाज हिन्दू धर्म का कट्टर समर्थक बना और 'सैनिक हिन्दुत्व'** (Militant Hinduism) **कहलाया।**

इस प्रकार समानता और धार्मिक कट्टरता की भावना को लेकर आर्य समाज ने भारत में धार्मिक, सामाजिक, शैक्षिक और राजनीतिक क्षेत्र में जो कार्य किया उसकी तुलना किसी भी धार्मिक सुधार आन्दोलन से नहीं की जा सकती। आर्य समाज का कार्य उन्नीसवीं सदी के सामाजिक और धार्मिक आन्दोलनों की तुलना में अधिक सफल और स्थायी हुआ। आज भी भारत के गाँव-गाँव और नगर-नगर में आर्य समाज और उसकी शिक्षा-संस्थाएँ मौजूद हैं।

**धार्मिक क्षेत्र में आर्य समाज ने मूर्ति-पूजा, कर्मकाण्ड, बलि-प्रथा, स्वर्ग और नर्क की कल्पना तथा भाग्य में विश्वास का विरोध किया।** उसने वेदों की श्रेष्ठता का दावा किया और उसी आधार पर उसने मन्त्र-पाठ, हवन, यज्ञ, कर्म आदि पर बल दिया। आर्य-समाज ने हिन्दू धर्म को सरल बनाया और उसकी श्रेष्ठता में विश्वास उत्पन्न किया। वेदों की व्याख्या उसने इस प्रकार की जिससे वेद अनेक वैज्ञानिक, सामाजिक, राजनीतिक और आर्थिक सिद्धान्तों के स्रोत माने जा

सकते हैं। कोई भी ज्ञान ऐसा नहीं है जिसे हम वेदों से प्राप्त नहीं कर सकते, यह उनका विश्वास है। हिन्दू केवल अपने सत्य-ज्ञान को भूल गए हैं और यदि वे वेदों का अध्ययन करेंगे तो उन्हें संसार का सम्पूर्ण ज्ञान वेदों में प्राप्त हो जाएगा। इस कारण हिन्दुओं को धर्म के विषय में ही नहीं बल्कि राजनीतिक, आर्थिक और वैज्ञानिक धारणाओं के लिए भी इस्लाम और ईसाई धर्म या सभ्यता की ओर देखने की आवश्यकता नहीं है। इस विश्वास तथा हिन्दू धर्म और वेदों की श्रेष्ठता के आधार को लेकर आर्य समाज ने हिन्दू धर्म को इस्लाम और ईसाई धर्म के आक्रमणों से बचाव में सफलता पायी। आर्य-समाज ने इस्लाम और ईसाई धर्म-प्रचार पर जो हिन्दू धर्म का मजाक उड़ाते थे कठोरता से आक्रमण किया। नवयुवक आर्य-समाजी विदेशियों के प्रति तीव्र घृणा की भावना रखते थे, जैसा कि लिखा गया है कि, **"नवयुवक आर्य-समाजियों ने खुली घोषणा की कि वे उस दिन की प्रतीक्षा कर रहे हैं जबकि वे मुसलमान और अंग्रेज दोनों से फैसला करेंगे।"**[1]

**सामाजिक क्षेत्र में भी आर्य-समाज का कार्य बहुत सफल रहा।** उसने बाल-विवाह, बहु-विवाह, पर्दा-प्रथा, जाति-प्रथा, सती-प्रथा आदि सभी हिन्दू सामाजिक कुरीतियों का विरोध किया। स्त्री-शिक्षा, जाति-समानता और अछूतों के उद्धार के लिए उसने निरन्तर प्रयत्न किया। अन्तर्जातीय खान-पान और विवाह तथा पारस्परिक सम्पर्क आर्य-समाज के जीवन की दिनचर्या बन गया। परन्तु इससे भी अधिक महत्वपूर्ण कार्य आर्य-समाज ने शुद्धि-आन्दोलन को आरम्भ करके किया। जो भी व्यक्ति ईसाई या इस्लाम धर्म को छोड़कर हिन्दू धर्म को स्वीकार करना चाहता था, **'समाज'** ने उसकी शुद्धि करके उसे हिन्दू धर्म में सम्मिलित करना आरम्भ कर दिया। **अपने इस कार्य का समर्थन आर्य-समाज ने वेद और ऐतिहासिक परम्पराओं के आधार पर किया। ईसाई धर्म के प्रचार का प्रभाव अधिकांशतः निर्धन, अशिक्षित और भारत की पिछड़ी हुई या अस्पृश्य जातियों पर पड़ा था और ऐसे हिन्दू बहुत बड़ी संख्या में ईसाई बन गए थे। एक बार ईसाई बनने के पश्चात् वे इच्छा होते हुए भी हिन्दू धर्म में वापस नहीं जा सकते थे।** इस प्रकार हिन्दू धर्म निरन्तर अपने सदस्यों को केवल उनकी नादानी, भोलेपन या निर्धनता के कारण खोता जा रहा था। आर्य-समाज ने शुद्धि-आन्दोलन आरम्भ करके ऐसे व्यक्तियों के लिए हिन्दू धर्म के द्वार खोल दिए और बहुत बड़ी संख्या में ऐसे व्यक्तियों को हिन्दू बनाया।

**आर्य-समाज ने सम्पूर्ण भारत में, मुख्यतः उत्तरी भारत में अनेक शिक्षा संस्थाओं की स्थापना की।** आर्य-समाज ने गुरुकुल, कन्या-गुरुकुल और डी. ए. वी. कॉलेज अनेक स्थानों पर स्थापित किए हैं। इन शिक्षण-संस्थाओं में अंग्रेजी, विज्ञान और आधुनिक समय के सभी विषयों की शिक्षा का प्रबन्ध है परन्तु संस्कृत और वेदों की शिक्षा पर यहाँ विशेष बल दिया जाता है। ये शिक्षण-संस्थाएँ न केवल हिन्दू धर्म और संस्कृति तथा आर्य-समाज के सिद्धान्तों के प्रचार में ही सहायक सिद्ध हुई है बल्कि ज्ञान के विस्तार में भी इनका बहुत बड़ा योगदान है।

**राजनीतिक जागृति में भी आर्य-समाज का महत्वपूर्ण योगदान रहा है।** दयानन्द सरस्वती की जीवनी के एक लेखक ने उनके बारे में लिखा है कि, **"दयानन्द का एक मुख्य लक्ष्य राजनीतिक स्वतन्त्रता था। वास्तव में वह पहले व्यक्ति थे जिन्होंने 'स्वराज्य' शब्द का प्रयोग किया। वह प्रथम व्यक्ति थे जिन्होंने विदेशी वस्तुओं का बहिष्कार करना तथा स्वदेशी वस्तुओं का प्रयोग करना सिखाया। वह पहले व्यक्ति थे जिन्होंने हिन्दी को राष्ट्रभाषा स्वीकार किया।"**

## राष्ट्रीय चेतना की जागृति में आर्य समाज और स्वामी जी का योगदान
## (Contribution of Arya Samaj and Swamiji in Awakening of National Consciousness)

अपने धार्मिक और सामाजिक सिद्धान्तों तथा राजनीतिक विचारों के माध्यम से धार्मिक, सामाजिक, सांस्कृतिक तथा राजनीतिक क्षेत्रों में उल्लेखनीय योगदान कर स्वामी दयानन्द सरस्वती ने भी राष्ट्रीय चेतना की जागृति में महत्वपूर्ण भूमिका निभायी। उन्होंने अन्धविश्वास, अविद्या, अज्ञान, जात-पाँत, छुआछूत, बाल-विवाह, कटु विवाद और मूर्ति पूजा के विरुद्ध संघर्ष की प्रेरणा दे, हिन्दू पुनर्जागरण का मार्ग प्रशस्त किया। इसी के साथ उन्होंने अंग्रेजी शिक्षा और पाश्चात्य सभ्यता तथा उनसे प्रभावित भारतीयों की निन्दा कर भारत के लोगों में राष्ट्रीयता की भावना पैदा करने का भी कार्य किया। हिन्दू धर्म और हिन्दू समाज की बुराइयों पर करारा प्रहार तथा ईसाई धर्म एवं मुस्लिम धर्म के हिन्दू धर्म विरोध एवं प्रचारों का खण्डन और वैदिक धर्म का प्रचार कर उन्होंने हिन्दू पुनर्जागरण और हिन्दुओं में राष्ट्रीयता की भावना पैदा करने में महत्वपूर्ण भूमिका

1. "The young Arya Samajist openly declared that they were waiting for the day when they would settle their account both with Muslims and the Britishers."

निभायी। उन्होंने देश प्रेम, स्वदेशी और स्वतन्त्रता के प्रति भारतीयों के मन में उत्कृष्ट भावना पैदा कर राष्ट्रीय जागरण का कार्य किया। उन्होंने वैदिक धर्म और संस्कृति की श्रेष्ठता का प्रचार कर भारतीयों में आत्मबल पैदा किया जिसके फलस्वरूप उनके मन में राष्ट्रीयता की प्रबल भावना ने जन्म लिया।

**एनी बेसेन्ट** के अनुसार, **स्वामी दयानन्द जी पहले व्यक्ति थे जिन्होंने कहा कि भारत भारतीयों के लिए है।** अच्छे से अच्छे विदेशी राज्य का कट्टर विरोध तथा स्वदेशी राज्य का, चाहे उसमें कितनी ही त्रुटियाँ क्यों न हों, समर्थन कर उन्होंने राष्ट्रीय जागरण में महत्वपूर्ण भूमिका निभायी।

संक्षेप में हम कह सकते हैं कि **स्वामी दयानन्द सरस्वती ने बौद्धिक धर्म के प्रचारक, समाज सुधारक तथा विदेशी शासन के कट्टर विरोधी एवं स्वदेशी राज्य के समर्थक के रूप में भारतीयों में आत्मबल और देश प्रेम की भावना पैदा की तथा भारतीय नवजागरण का मार्ग प्रशस्त किया।**

## थियोसोफिकल सोसायटी तथा श्रीमती एनी बेसेन्ट

## (Theosophical Society and Smt. Annie Besent)

सभी धर्मों के अध्ययन तथा सत्य की खोज के लिए रूसी महिला **मैडम वेलवेस्टकी** तथा अमेरिका निवासी **कर्नल अल्काट** ने सन् 1875 ई. में न्यूयार्क (अमेरिका) में **थियोसोफिकल सोसायटी** की स्थापना की। यह सभी धर्मों में सौहार्द्र और बन्धुत्व की भावना का समर्थक तथा धार्मिक एवं वैचारिक संकीर्णता का कट्टर विरोधी है। इसके अनुसार सभी धर्म ईश्वर तक पहुँचने के भिन्न-भिन्न मार्ग हैं। इसके सिद्धान्तों से प्रभावित होकर **स्वामी दयानन्द सरस्वती** ने इसके दोनों संस्थापकों को भारत में आने का निमन्त्रण दिया। उन्होंने सन् 1879 ई. में यहाँ आकर तत्कालीन मद्रास प्रान्त के अडायर नामक स्थान पर सन् 1882 ई. में इसकी प्रथम भारतीय शाखा की स्थापना की। उन्होंने इस देश का भ्रमण तथा हिन्दू धर्म का अध्ययन कर यह निष्कर्ष निकाला कि हिन्दू धर्म सर्वश्रेष्ठ धर्म तथा हिन्दू संस्कृति सर्वश्रेष्ठ संस्कृति है। उन्होंने इनकी श्रेष्ठता की प्रतिष्ठापना के साथ-साथ इनका पूरे देश में प्रचार किया। इसका उन भारतीयों पर गहरा प्रभाव पड़ा जो अंग्रेजी शिक्षा और पाश्चात्य संस्कृति से प्रभावित हो हिन्दू धर्म एवं हिन्दू संस्कृति से विमुख हो रहे थे। हिन्दू धर्म और हिन्दू संस्कृति के प्रति लगाव पैदा कर **थियोसोफिकल सोसायटी** ने भी भारतीय पुनर्जागरण और राष्ट्रीय जागरण में महत्वपूर्ण भूमिका निभायी।

सन् 1893 ई. में **श्रीमती एनी बेसेन्ट** ने इंगलैण्ड से भारत आकर अपने को **थियोसोफिकल सोसायटी** से सम्बद्ध कर इसके सिद्धान्तों एवं लक्ष्यों के प्रसार और प्रचार में महत्वपूर्ण योगदान किया। वह भी हिन्दू धर्म एवं हिन्दू संस्कृति से अत्यधिक प्रभावित थीं तथा वह व्यवहारत: हिन्दू हो गयी थीं। उन्होंने सामाजिक सुधार, राजनीति तथा शिक्षा के क्षेत्र में उल्लेखनीय योगदान किया। भारत की स्वतन्त्रता के प्रति उनकी गहरी रुचि थी जिसके कारण भारतीय राष्ट्रीय कांग्रेस से अपने को सम्बद्ध कर उन्होंने तिलक जी के साथ होमरूल आन्दोलन चलाया और सन् 1916 ई. में यह कांग्रेस की अध्यक्ष बनीं।

## थियोसोफिकल सोसायटी के सिद्धान्त

## (Principles of Theosophical Society)

इसके धार्मिक और सामाजिक सिद्धान्त इस प्रकार हैं—

(1) ईश्वर एक तथा अनन्त, असीम, सर्वव्यापी और अज्ञेय है। उसकी पूजा का कोई प्रश्न ही नहीं उठता है।

(2) वह हमारा उद्‌गम एवं अन्त है। सप्तऋषि उसके मन्त्री तथा देवता उनके नीचे हैं।

(3) सारभूत रूप से सभी धर्म सत्य हैं परन्तु हिन्दू धर्म एवं बौद्ध धर्म पुरातन ज्ञान के भण्डार हैं।

(4) सभी मनुष्य समान हैं एवं जात-पाँत की भावना व्यर्थ है। सभी में भ्रातृत्व की भावना होनी चाहिए।

(5) मनुष्य को विवेक पर आधारित चरित्र निर्माण को प्रमुखता देनी चाहिए तथा बाल-विवाह और विधवा-विवाह निषेध जैसी रूढ़िवादी प्रथाओं का अन्त कर देना चाहिए।

## रामकृष्ण मिशन और स्वामी विवेकानन्द

## (Ramkrishna Mission and Swami Vivekanand)

रामकृष्ण-मठ की स्थापना सन् 1887 ई. में स्वामी रामकृष्ण के शिष्य विवेकानन्द ने बारानगर में की। सन् 1899 ई. में एक मठ वेल्लोर में स्थापित किया गया जो आज भी सम्पूर्ण भारत में फैले हुए मठों का केन्द्र-स्थल है। मठों के द्वारा रामकृष्ण मिशन का संगठन और प्रचार स्वामी विवेकानन्द ने आरम्भ किया। उनकी मृत्यु के पश्चात् सन् 1909 ई. में इसके प्रचार-कार्य के लिए रामकृष्ण मिशन के नाम से एक समुदाय को रजिस्टर्ड भी करा लिया गया।

वेल्लोर का रामकृष्ण-मठ संन्यासियों को अन्य मठों का संगठन करने और धर्म-प्रचार की शिक्षा प्रदान करने हेतु शिखालय की भाँति कार्य करता है। रामकृष्ण मिशन के वे सदस्य, जो ब्रह्मचर्य व्रत का पालन करते हुए जीवनभर धर्म-प्रचार की शपथ लेते हैं, इस मठ या अन्य मठों में निवास करते हैं। कोई भी वह व्यक्ति मिशन का साधारण सदस्य हो सकता है जो मिशन के सिद्धान्तों में विश्वास करता हो। रामकृष्ण मिशन का संगठन रामकृष्ण-मठ से पृथक् है। मिशन समाज-सेवा का कार्य करता है। भूचाल, अकाल आदि के समय पर मिशन लोक सेवा का कार्य भी करता है। इसके अतिरिक्त स्थायी रूप से मिशन ने विभिन्न स्थानों पर अस्पताल, स्कूल, कॉलेज, होस्टल आदि स्थापित किए हैं। मिशन की शाखाएँ और मठ न केवल भारत में ही स्थापित किए गए हैं बल्कि पाकिस्तान, बर्मा, श्रीलंका, मलाया, फीजी द्वीप, मौरीशस, उत्तरी व दक्षिणी अमरीका और यूरोप के विभिन्न देशों में भी स्थापित किए गए हैं। **इसके अतिरिक्त मिशन ने श्री रामकृष्ण और स्वामी विवेकानन्द के जीवन और उनके आदर्शों पर अनेक पुस्तकें संसार की विभिन्न भाषाओं में प्रकाशित की हैं। इस प्रकार रामकृष्ण-मठ इस मिशन के लिए योग्य और आदर्श संन्यासी तैयार करते हैं जो धर्म-प्रचार के मुख्य आधार हैं और मिशन समाज-सेवा, शिक्षा, पुस्तकों आदि द्वारा स्वामी रामकृष्ण और स्वामी विवेकानन्द के विचारों का प्रचार सम्पूर्ण संसार में करता है तथा भारत के आध्यात्मवाद और धार्मिक एकता के सन्देश को स्थान-स्थान पर पहुँचाता है। रामकृष्ण मिशन ने आध्यात्मिक उन्नति और सामाजिक सेवा के लिए न केवल भारत में बल्कि विदेशों में भी महत्वपूर्ण कार्य किया है।**

**स्वामी रामकृष्ण का जीवन और विचार इस मिशन की आत्मा है।** स्वयं स्वामी रामकृष्ण ने धर्म-प्रचार का कार्य नहीं किया परन्तु उन्होंने अपने व्यावहारिक जीवन से भारत की आध्यात्मवाद की भावना को झकझोर दिया और अपनी मृत्यु तक कुछ महान् व्यक्तियों को इसके प्रचार के लिए तैयार कर दिया। **महात्मा गाँधी** ने स्वामी रामकृष्ण परमहंस के बारे में लिखा है कि, **"रामकृष्ण परमहंस के जीवन की कहानी व्यावहारिक धर्म है। उनका जीवन हमें ईश्वर को हमारे समक्ष दिखाता है।"**[1]

रामकृष्ण परमहंस के बचपन का नाम गदाधर चट्टोपाध्याय था। पश्चिमी बंगाल के हुगली जिले में कमारपुकुर नामक एक गाँव में एक निर्धन ब्राह्मण परिवार में सन् 1836 ई. में उनका जन्म हुआ। उन्होंने गाँव में साधारण शिक्षा प्राप्त की। वे भक्ति-भावना में आरम्भ से ही परिपूर्ण थे। 17 वर्ष की आयु में वह कलकत्ता आए और 21 वर्ष की आयु में वे देवी काली के दक्षिणेश्वर मन्दिर के पुजारी बन गए। उन्होंने विवाह किया था और अपनी पत्नी में भी वे देवी काली को देखते थे। उनका कहना था कि उन्होंने विभिन्न रूपों में भगवान से साक्षात्कार किया था। अधिकांश जीवन देवी काली के मन्दिर में व्यतीत हुआ। सन् 1866 ई. में उनकी मृत्यु हो गयी।

**स्वामी रामकृष्ण ने न कोई धर्म चलाया, न मठ बनाए और न नवीन धार्मिक सिद्धान्तों को जन्म दिया।** वह साधारण तरीके से अपने उपदेश दिया करते थे और उन्हीं से उनके धार्मिक विचारों का पता लगता है। उन्होंने वेदों का अध्ययन नहीं किया था लेकिन उनके विचार उन्हीं पर आधारित थे। उनका कहना था कि मनुष्य का मूल लक्ष्य ईश्वर की प्राप्ति होना चाहिए जो आध्यात्मवाद के द्वारा ही सम्भव है। इसके लिए वे संसार को त्यागना आवश्यक नहीं मानते थे और न ही वे इच्छाओं के दमन में विश्वास करते थे। उनका कहना था कि संसार में रहो, कार्य करो और इच्छाओं का दमन करने के स्थान पर उनको ईश्वर की प्राप्ति में लगाओ। वह ज्ञान से अधिक चरित्र-निर्माण पर बल देते थे। उनका कहना था कि, **"बिना स्पष्ट और विकार-रहित बुद्धि के धर्म-शास्त्रों का ज्ञान और पवित्र पुस्तकों का अध्ययन बेकार है। विवेक और वैराग्य के बिना कोई भी आध्यात्मिक प्रगति सम्भव नहीं है।"**[2]

संसार के लिए रामकृष्ण की सबसे बड़ी देन आध्यात्मवाद है। अपने सरल उपदेशों और अपने जीवन के उदाहरण से उन्होंने वेदों और उपनिषदों के जटिल ज्ञान को साधारण व्यक्ति के निकट पहुँचा दिया और हिन्दुओं में अपने प्राचीन ज्ञान के प्रति श्रद्धा और विश्वास उत्पन्न किया।

**रामकृष्ण की दूसरी महत्वपूर्ण देन सभी धर्मों की एकता में विश्वास जाग्रत करना है।** अपने उपदेशों से ही नहीं बल्कि अपने जीवन के उदाहरण से भी उन्होंने यह स्पष्ट किया कि सभी धर्म समान हैं, सभी धर्म ईश्वर प्राप्ति के विभिन्न मार्ग

---

1. "The story of Ram Krishana Paramhans's life is a story of religion in practice. His life enables to see God face to face."
—**M. K. Gandhi**
2. "It is useless to pour over holy scriptures and sacred sastras without a discriminating and dispassionate mind. No spiritual progress can be made without discrimination (viveka) and dispassion (vairagya)." —**Ramkrishna**

हैं और किसी भी मार्ग का सही अनुकरण करने से ईश्वर को प्राप्त किया जा सकता है। उनका कहना था कि, **"ईश्वर को जिस शक्ल और नाम से तुम पुकारोगे, उसी नाम और स्वरूप में तुम उसे देखोगे।"**

**मनुष्य मात्र की सेवा और भलाई को धर्म बताना रामकृष्ण की संसार को तीसरी महत्वपूर्ण देन है।** उनका कहना था कि **प्रत्येक व्यक्ति भगवान का स्वरूप है और इस कारण मनुष्य की सेवा करना भगवान की सेवा करना है। मनुष्य मात्र की सेवा करने से एक व्यक्ति ईश्वर को प्राप्त कर सकता है। मनुष्य की सेवा करने का यह भाव बौद्ध और ईसाई धर्म की दया की भावना से श्रेष्ठ है।** बौद्ध धर्म क्योंकि ईश्वर में विश्वास नहीं करता, अतएवं मनुष्य की सेवा करना नैतिकता और आध्यात्मवाद की प्रगति के लिए आवश्यक मानता है। ईसाई धर्म कहता है कि, **"अपने समान ही अपने पड़ोसी से प्यार करो।"** परन्तु इसमें पड़ोसी का अर्थ ईश्वर से कभी नहीं होता क्योंकि ईसाई धर्म यह विश्वास नहीं करता कि प्रत्येक मनुष्य ईश्वर का ही स्वरूप है। इस कारण से दोनों धर्म मनुष्य को मनुष्य मानकर दया की भावना से मनुष्य की सेवा और भलाई करने में विश्वास करते हैं जिसके कारण सेवा करने वाले व्यक्ति का स्थान अवश्य ही उस व्यक्ति से श्रेष्ठ हो जाता है जिसकी सेवा की जाती है।

**लेकिन रामकृष्ण परमहंस की भावना मनुष्य के प्रति दया की भावना न थी बल्कि वे मनुष्य को ईश्वर स्वरूप मानकर उसकी सेवा करने में विश्वास करते थे।** उनके अनुसार, **सेवा करने वाला नहीं वरन् जिसकी सेवा की जाय उसका स्थान बड़ा होता है।** इस कारण रामकृष्ण मिशन का सेवा, करुणा और मनुष्य की सहायता करने का भाव छोटे, नासमझ, अशिक्षित अथवा निर्धन व्यक्तियों के प्रति दया की भावना का भाव नहीं बल्कि मनुष्य मात्र की सेवा करते हुए ईश्वर को प्राप्त करने का भाव है।

**इस प्रकार रामकृष्ण परमहंस ने अपने व्यवहार और कर्म से उपनिषदों और वेदों के मूल विचारों को स्पष्ट करके हिन्दू-पुनरुद्धार आन्दोलन को उसकी श्रेष्ठता पर पहुँचा दिया।** यही नहीं बल्कि उन्होंने मानव-मात्र को यह सन्देश दिया कि वे धर्म और संस्कृति के विभेदों को भूलकर मानव-मात्र की भलाई का प्रयत्न करें। भौतिकवाद, संघर्ष और घृणा के इस युग में उन्होंने संसार को आध्यात्मवाद का उपदेश देकर संसार को एकता, प्रेम और सहयोग का मार्ग बताया।

रामकृष्ण के उपर्युक्त विचारों को संसार में फैलाने का कार्य उनके शिष्य स्वामी विवेकानन्द ने किया। **स्वामी विवेकानन्द** ने लिखा है कि, **"शिष्य की आवाज द्वारा वास्तव में संसार गुरु की आवाज सुन रहा है। शिष्य गुरु का क्रियात्मक पूरक है। यदि गुरु का जीवन नवीन सिद्धान्तों की पुस्तक है तो शिष्य का जीवन उसके सिद्धान्तों की व्याख्या करते हुए उसका व्यावहारिक स्वरूप है।"**[1]

स्वामी विवेकानन्द के बचपन का नाम नरेन्द्रनाथ था। सन् 1863 ई. में कलकत्ता के एक धनवान क्षत्रिय परिवार में उनका जन्म हुआ। उन्होंने एक अंग्रेजी स्कूल में शिक्षा प्राप्त की और स्नातक (B. A.) की डिग्री प्राप्त की। उन्होंने जॉन स्टुअर्ट मिल, ह्यूम, हर्बर्ट स्पेन्सर जैसे पाश्चात्य विद्वानों के दर्शन का विस्तृत अध्ययन किया। आरम्भ में वह ब्रह्म-समाज की ओर आकर्षित हुए थे। वे एक अवसर पर स्वामी रामकृष्ण से मिलने दक्षिणेश्वर के मन्दिर गए। उसके पश्चात् स्वामी रामकृष्ण से उनका सम्बन्ध धीरे-धीरे घनिष्ठ होता गया। अपनी मृत्यु के अवसर पर स्वामी रामकृष्ण ने अपने विचारों को फैलाने और अपने शिष्यों की देखभाल का उत्तरदायित्व उन्हीं को सौंपा। उन्होंने ही सर्वप्रथम बारानगर में टूटे हुए मकान के एक मठ को स्थापित किया। उन्होंने सम्पूर्ण भारत का भ्रमण किया और उसी अवसर पर उन्हें भारत की दरिद्रता, अज्ञान, अन्धविश्वास और पतन का परिचय हुआ। सन् 1839 ई. में वह स्वयं के प्रयत्नों से अमेरिका के शिकागो नगर में आयोजित **'सर्व-धर्म सम्मेलन'** में भाग लेने गए और वहाँ उनके प्रथम भाषण ने ही सभी को प्रभावित कर दिया। वहाँ उन्होंने 'वेदान्त-समाज' की स्थापना की। वहीं से वे पेरिस और लन्दन गए और वहाँ धर्म-प्रचार किया। वह एक बार पुनः अमेरिका गए। वहाँ से वापस लौटकर उन्होंने भारत की निर्धनता, जाति-प्रथा, कर्म-काण्ड, अन्धविश्वास आदि के प्रति युद्ध छेड़ दिया। उनका विश्वास था कि भारत में अपूर्व शक्ति है, केवल उसे जागृत करने की आवश्यकता है और वह जागृति केवल धर्म के द्वारा ही सम्भव है। सन् 1897 ई. में उन्होंने रामकृष्ण मिशन की स्थापना की और सन् 1899 ई. में अपने प्राचीन मठ को वेल्लोर में स्थापित किया। सन् 1899 ई. में वह पुनः अमेरिका गए और उन्होंने सम्पूर्ण यूरोप का भ्रमण किया तथा विभिन्न स्थानों पर वेदान्त-सभाओं की स्थापना की। भारत वापस आने पर सन् 1902 ई. में 39 वर्ष की अल्पायु में उनका देहान्त हो गया।

---

1. "Through the voice of disciple, the world is really listening to the voice of the Master. The disciple is the dynamic counterpart of the Master. If the life of the master is a book of revelations, that of his worthy apostle is its appropriate commentary and a compendious guide-book of its practical application."—**Swami Vivekananda.**

**स्वामी विवेकानन्द उदार हिन्दू धर्म और आध्यात्मवाद की सजीव आत्मा थे।** हिन्दू आध्यात्मवाद का सहारा लेकर उन्होंने जिस प्रकार हिन्दू धर्म, समाज और राष्ट्र के निर्माण में सहयोग दिया, वह अद्वितीय है। यही नहीं बल्कि सभी धर्मों की समानता और मनुष्य मात्र की सेवा का आधार लेकर जो सन्देश उन्होंने पश्चिमी राष्ट्रों को प्रदान किया, वह भी अद्वितीय है। उन्होंने हिन्दू धर्म के आध्यात्मवाद को पुनर्जन्म दिया और एक बार फिर हिन्दू धर्म की श्रेष्ठता को स्थापित करके इस्लाम और ईसाई धर्म के प्रहारों से उसकी रक्षा की। उनके उपदेशों से हिन्दुओं को केवल अपने धर्म और सभ्यता के प्राचीन गौरव व हिन्दू धर्म की श्रेष्ठ आध्यात्मवाद की भावना का ही पता नहीं लगा बल्कि उन्हें यह भी पता लगा कि वे पतन की किस श्रेणी तक जा पहुँचे थे। उन्हें यह स्पष्ट हो गया कि उनकी शारीरिक दुर्बलता, आलस्य, नपुंसकता तथा गौरव, प्रेम, उदारता, आत्मविश्वास की कमी और भीरुता आदि ने उन्हें अत्यधिक हीन बना दिया था।

अपने प्राचीन गौरव और तत्कालीन दुर्बलताओं की तुलना करने से उनमें प्रगति करने की भावना और आत्म-विश्वास आया। स्वामी विवेकानन्द ने हिन्दू धर्म को आह्वान किया कि यदि वह एक बार फिर अपने विदान्तों के आदर्शों पर चलेगा, उन दीवारों को तोड़ डालेगा जिसने मनुष्य को मनुष्य से पृथक् कर दिया है और अपनी आत्मा को समझेगा तो फिर एक बार पुनः वह गौरवशाली समाज एवं राष्ट्र का निर्माण कर सकेगा।

**हिन्दू आध्यात्मवाद का प्रचार करके पश्चिमी देशों में उसकी श्रेष्ठता को स्थापित करके स्वामी विवेकानन्द ने न केवल हिन्दू धर्म को उसके अन्ध-विश्वासों और दुर्बलताओं से बचाया बल्कि उसमें एक गौरव और आत्म-विश्वास भी उत्पन्न किया जिसके कारण हिन्दू धर्म जागृत हो गया और हिन्दू धर्म का विकास हुआ जिसे 'निवेदिता'** (Sister Nivedita) **ने उग्र हिन्दू धर्म** (Aggressive Hinduism) **कहा था।**

उसके पश्चात् हिन्दू अपने धर्म और दर्शन के बारे में लज्जित न रहे। हिन्दुओं ने खुले तौर से अपने धर्म और दर्शन के विषय में अपने विचार प्रकट करने आरम्भ किए तथा कॉलेजों, विद्यालयों और विद्वानों द्वारा हिन्दू धर्म का समर्थन किया गया।

**स्वामी विवेकानन्द ने हिन्दू धर्म को न केवल प्रेरणा प्रदान की बल्कि सम्पूर्ण संसार में धर्म और आध्यात्मवाद के महत्व को बढ़ाया।** वे धर्म को **"देवत्व जो स्वतः ही मनुष्य में है"** (the manifestation of the divinity that is already in man) मानते थे। उनका कहना था कि **धर्म वास्तव में आत्म-ज्ञान है। मनुष्य अपनी प्रकृति पर अधिकार करके पूर्णता प्राप्त करता है और उसी के द्वारा ईश्वर को प्राप्त कर सकता है।** उनका कहना था कि, **"धर्म न पुस्तकों में हैं, न बौद्धिक विकास में हैं न तर्क में। तर्क, सिद्धान्त, पुस्तकें, धार्मिक क्रियाएँ आदि केवल धर्म के सहायक हैं। धर्म आत्म-ज्ञान में है।"**[1]

उन्होंने धर्म को प्रत्येक व्यक्ति के लिए स्वाभाविक और आवश्यक बताया। उनके अनुसार धर्म प्रत्येक व्यक्ति और समाज की एक ऐसी आवश्यकता है जो उसकी स्वाभाविक प्रकृति की पूर्ति के लिए आवश्यक है। एक राष्ट्र की प्रगति का मापदण्ड भी उसकी धार्मिक और आध्यात्मिक क्षेत्र में प्रगति ही है। इस प्रकार स्वामी विवेकानन्द ने सभी राष्ट्रों को धार्मिक और आध्यात्मिक प्रगति के लिए प्रेरित किया। परन्तु वह भौतिक क्षेत्र में भी मनुष्य की पूर्ण प्रगति चाहते थे। इसी आधार पर वे पूरब और पश्चिम के विचारों में आदान-प्रदान चाहते थे। उनका विश्वास था कि भारत पश्चिमी राष्ट्रों को आध्यात्मवाद की शिक्षा दे सकता है और स्वयं पश्चिम से भौतिक प्रगति की शिक्षा प्राप्त कर सकता है।

स्वामी विवेकानन्द सभी धर्मों की एकता में विश्वास करते थे और उन्होंने सर्वदा धार्मिक उदारता, समानता और सहयोग पर बल दिया। उन्होंने कहा था कि, **"सहायता करो, लड़ो नहीं; एक-दूसरे से ग्रहण करो, विनाश नहीं; मेल और शान्त विरोध नहीं।"**[2]

**उनका यह भी कहना था कि धर्मों की विभिन्नता स्वाभाविक है और आवश्यक भी।** उन्होंने कहा था कि, **"तुम सभी व्यक्तियों की विचारधारा को एक नहीं कर सकते, यह सत्य है और मैं इसके लिए ईश्वर को धन्यवाद देता हूँ। विचारों के अन्तर और संघर्ष से ही नवीन विचार जन्म लेते हैं।"**[3]

---

1. "Religion is neither in books, nor in intellectual consent, nor in reason. Reason, theories, doctrines, books, religious ceremonies are all helps to religion; religion itself consists in realization." —**Swami Vivekananda.**
2. "Help and not fight, assimilation and not destruction, harmony and peace and not dissension." —**Swami Vivekananda.**
3. "You cannot make all conform to the same ideas, that is a fact and I thank God that is so. It is the clash of thought, the differentiation of thought, that awakes thought." —**Swami Vivekananda.**

**स्वामी विवेकानन्द के धर्म में मानव-समाज की सेवा का महत्वपूर्ण स्थान था।** वे शिक्षा, स्त्री-पुनरुद्धार और आर्थिक प्रगति के पक्ष में थे। निर्धनता, अशिक्षा, अन्धविश्वास और रूढ़िवादिता पर उन्होंने कहा था कि, **"ईश्वर विभिन्न शक्लों में तुम्हारे सामने है। जो ईश्वर के बच्चों से प्यार करता है वह ईश्वर की सेवा करता है।"**[1]

उन्होंने एक पत्र में लिखा था कि, **"ईश्वर की खोज में एक व्यक्ति को कहाँ जाना चाहिए ? क्या निर्धन, असहाय और निर्बल ईश्वर नहीं है।"**[2]

उन्होंने अपने एक साथी को लिखा था कि, **"निर्धन, अज्ञानी, अशिक्षित और असहाय को अपना ईश्वर बनाओ। इनकी सेवा करना ही महान् धर्म है।"**[3]

उन्होंने यह भी कहा था कि, **"जब तक करोड़ों व्यक्ति भूखे और अज्ञानी हैं तब तक मैं उस प्रत्येक व्यक्ति को देशद्रोही मानता हूँ जो उन्हीं के खर्चे पर शिक्षा प्राप्त करता है परन्तु उनकी परवाह बिल्कुल नहीं करता।"**[4]

इस प्रकार समाज-निर्माण और सेवा स्वामी विवेकानन्द का प्रथम धर्म था। लेकिन प्रत्यक्ष रूप से वह सामाजिक सुधार में विश्वास नहीं करते थे। उनका कहना था कि **आध्यात्मवाद और आत्म-निर्माण होगा और आत्म-निर्माण से देश की सामाजिक और आर्थिक प्रगति होगी। आध्यात्मवाद का प्रचार करके वे मनुष्य बनाना चाहते थे और उसी को सम्पूर्ण प्रगति का आधार मानते थे।**

## अन्य हिन्दू धार्मिक आन्दोलन तथा पुनर्जागरण
## (Other Hindu Religious Movements and Renaissance)

हिन्दू समाज की बुराइयाँ दूर करने तथा उसकी संस्कृति एवं उसके धर्म की अच्छाइयों के प्रचार और प्रसार के लिए **श्री शिवदयाल जी** ने सन् 1861 ई. में आगरा में **राधास्वामी सत्संग** की स्थापना की तथा बाद में **पण्डित शिवनारायण अग्निहोत्री** ने **वेद समाज आन्दोलन** चलाया। भारतीयों ने शिक्षा के प्रचार एवं प्रसार और विधवा विवाह के प्रचलन के लिए **महादेव मन्दिर रानाडे** ने भी महाराष्ट्र में एक संस्था की स्थापना की। **गोपालकृष्ण गोखले** ने **भारत सेवक समाज** की स्थापना की। इन प्रयासों ने भारतीय पुनर्जागरण में महत्वपूर्ण योगदान किया।

## मुस्लिम सुधार आन्दोलन : अलीगढ़ आन्दोलन
## (Muslim Reformation Movement : Aligarh Movement)

भारत में केवल हिन्दू-समाज ही नहीं अपितु मुस्लिम समाज भी अनेक सामाजिक, धार्मिक और सांस्कृतिक बुराइयों से ग्रस्त था। इन बुराइयों के अन्त के लिए सबसे पहले सैयद बरेलवी ने अरब के **'बहाबी आन्दोलन'** के सिद्धान्तों के आधार पर भारत में धार्मिक सुधार आन्दोलन प्रारम्भ किया। अरब के बहाबी आन्दोलन से प्रभावित होने के कारण उसे भी बहाबी आन्दोलन ही कहा गया। मुस्लिम समाज की बुराइयों पर प्रहार एवं मुसलमानों के सर्वांगीण विकास के लिए प्रयत्न के साथ-साथ आन्दोलन ने अंग्रेजी शासन के विरोध की प्रेरणा भी दी। सत्ता का विरोध करने के कारण ब्रिटिश शासन ने इसे सख्ती से कुचल दिया। इसके बाद **सर सैयद अहमद खाँ** ने मुसलमानों के सर्वांगीण विकास और उनके बीच अंग्रेजी शिक्षा के प्रचार एवं प्रसार तथा मुस्लिम समाज में व्याप्त सामाजिक कुरीतियों के अन्त के लिए **अलीगढ़ आन्दोलन** चलाया। इसके अन्तर्गत उन्होंने अलीगढ़ में **एंग्लो मोहम्मडन कॉलेज** की स्थापना की जो आगे चलकर **अलीगढ़ विश्वविद्यालय** के रूप में परिवर्तित हो गया। उनके इस आन्दोलन ने मुस्लिम समाज में पुनर्जागरण का कार्य तो किया परन्तु इसने राष्ट्रीय जागरण को अवरुद्ध किया। वह पाश्चात्य शिक्षा और ब्रिटिश शासन से सहयोग के हिमायती थे। अत: उन्होंने मुसलमानों को ब्रिटिश सरकार के विरोध में विरत रखने का सतत् प्रयास किया।

भारतीय मुसलमानों ने उस समय तक अपने आपको न केवल अंग्रेजी शिक्षा और सभ्यता से पृथक् रखा था बल्कि अंग्रेजों से उनके सम्बन्ध भी अच्छे न थे और यह उनकी अवनति का मुख्य कारण था। **इस कारण, सर सैयद अहमद खाँ ने अपने जीवन के प्रमुख दो उद्देश्य बनाए–**

---

1. "God is here before you in various forms, he who loves his creatures, serves God." —**Swami Vivekananda.**
2. "Where one should go to seek for God ? Are not all the poor, the miserable, the week, God ?" —**Swami Vivekananda.**
3. "The poor, the ignorant, the illiterate, the afflicted—let these be your God, know that service to these is the highest religion." —**Swami Vivekananda.**
4. "So long as the millions live in hunger and ignorance, I hold every man a traitor who, having been educated at their expence, pays not the least heed to them." —**Swami Vivekananda.**

(1) अंग्रेज और मुसलमानों के सम्बन्धों को ठीक करना; तथा

(2) मुसलमानों में आधुनिक शिक्षा का प्रसार करना।

**अपने उद्देश्यों की पूर्ति के लिए उन्होंने मुसलमानों को यह समझाया कि उनके हित की पूर्ति सरकार के प्रति वफादार रहने से ही हो सकती है और अंग्रेजों को उन्होंने यह समझाया कि मुसलमान हृदय से अंग्रेजी शासन के विरुद्ध नहीं हैं और अंग्रेजों की थोड़ी सहानुभूति से वे सरकार के प्रति वफादार हो जाएँगे।** सर सैयद अहमद खाँ ने यह विचार उस समय आरम्भ किया जब अंग्रेज हिन्दुओं की उन्नति, शिक्षा और राजनीतिक विचारधारा के कारण उनकी तरफ से शंकित होते जा रहे थे। अंग्रेजों ने भी मुसलमानों के प्रति सद्भावना प्रकट करना उचित समझा क्योंकि हिन्दुओं की बढ़ती हुई राष्ट्रीयता के विरुद्ध मुस्लिम-साम्प्रदायिकता का प्रयोग कर सकते थे। इस कारण, सर सैयद अहमद खाँ को इस कार्य में शीघ्र ही सफलता मिल गयी।

**अपने दूसरे उद्देश्य की पूर्ति के लिए सर सैयद अहमद खाँ ने सर्वप्रथम सन् 1864 ई. में गाजीपुर में एक अंग्रेजी शिक्षा का स्कूल स्थापित किया,** एक वर्ष बाद अंग्रेजी पुस्तकों का उर्दू में अनुवाद करने के लिए एक 'विज्ञान-समाज' (Scientific-Society) की स्थापना की और सन् 1869 ई. में की गयी अपनी लन्दन यात्रा के पश्चात् सन् 1877 ई. में अलीगढ़ में ऐंग्लो-ऑरिएण्टल कॉलेज की स्थापना की जो बाद में मुस्लिम विश्वविद्यालय कहलाया और 'अलीगढ़ आन्दोलन' का केन्द्र बिन्दु बना। सर सैयद अहमद खाँ ने एक 'Mohammedan Education Conference' की भी स्थापना की और उसके द्वारा अनेक ऐसे मुसलमानों को अपने साथ सम्मिलित कर लिया जो मुसलमानों को अंग्रेजी शिक्षा और पाश्चात्य सभ्यता के सम्पर्क में लाने के लिए उत्सुक थे और उसके लिए प्रयत्न करने को तत्पर थे।

**'अलीगढ़-आन्दोलन' मुसलमानों की शिक्षा, सामाजिक व आर्थिक प्रगति और आधुनिकीकरण के लिए महत्वपूर्ण कार्य किया।** धीरे-धीरे भारतीय मुसलमान भी उस प्रगति के मार्ग पर अग्रसर हुए जिनका अनुकरण हिन्दू पहले से ही कर रहे थे। परन्तु 'अलीगढ़-आन्दोलन' निस्सन्देह, भारतीय राष्ट्रीयता और राजनीति के विरोध में रहा। यह आन्दोलन धीरे-धीरे हिन्दुओं और अखिल भारतीय कांग्रेस का कट्टर विरोधी हो गया। इसके कई कारण थे। प्रथम, सर सैयद अहमद खाँ और 'अलीगढ़-आन्दोलन' आरम्भ से ही अंग्रेजों की सहानुभूति पर निर्भर थे और अंग्रेजों की सहानुभूति प्राप्त करने के लिए यह आवश्यक था कि राजनीति में प्रगतिशील हिन्दुओं के विरुद्ध मुसलमान अंग्रेजों की कूटनीति का समर्थन करें। द्वितीय, सर सैयद अहमद खाँ हिन्दू धर्म और समाज-सुधारकों के विपरीत पश्चिमी सभ्यता से आवश्यकता से अधिक प्रभावित हो गए थे और वे अधिक मात्रा में अंग्रेजों का समर्थन करने लगे थे। तृतीय, मुसलमान अल्पसंख्यक थे और सर सैयद अहमद खाँ को सर्वदा यह भय रहा कि मुसलमान बहुसंख्यक हिन्दुओं का मुकाबला कभी भी नहीं कर सकेंगे। इस कारण, मुसलमानों को अंग्रेजों का समर्थन करना और उनकी सहायता पर निर्भर करना उनके हितों की पूर्ति के लिए आवश्यक था।

कुछ अवसरों पर सर सैयद अहमद खाँ के विचार साम्प्रदायिकता से मुक्त अवश्य दिखायी देते हैं लेकिन अधिकांशतया ऐसा नहीं है। इसी कारण इस 'आन्दोलन' के निम्नलिखित चार आधार बने—

(1) हिन्दू और मुसलमान दो पृथक्-पृथक् राजनीतिक इकाइयाँ हैं जिनके हितों और दृष्टिकोणों में बहुत अन्तर है।

(2) भारत में जनतन्त्र के आधार पर प्रतिनिधि-सभाओं की स्थापना करने तथा असैनिक सेवाओं (Civil Services) की परीक्षा भारत में करने से मुसलमानों के हितों की सुरक्षा सम्भव नहीं हो सकेगी क्योंकि वे हिन्दू-सत्ता के अधीन हो जाएँगे जो अंग्रेजी शासन से भी बुरा होगा।

(3) मुसलमानों को अंग्रेजी शासन की सुरक्षा में ही अपने हितों की सुरक्षा समझनी चाहिए और उन्हें अंग्रेजों के विरुद्ध किसी भी राजनीतिक आन्दोलन में भाग नहीं लेना चाहिए।

(4) मुसलमानों के हित क्योंकि अंग्रेजों के हाथों में पूर्णतया सुरक्षित हैं अतएव मुसलमानों को राजनीति से पृथक् रहकर केवल अपने सांस्कृतिक विकास का प्रयत्न करना चाहिए। इस प्रकार राजनीति से पृथक् रहकर वे हिन्दुओं के राजनीतिक आन्दोलन को भी दुर्बल कर सकेंगे।

अलीगढ़ का **'ऐंग्लो-ओरिएण्टल'** मुसलमानों की राजनीतिक कार्यवाही का केन्द्र-स्थान बना। इस कॉलेज के प्रथम प्रिन्सिपल थियोडर बैक (Theodore Beck) ने न केवल सर सैयद अहमद खाँ के विचारों को ही गम्भीरता से प्रभावित किया बल्कि उसने अंग्रेजी शासन की सुरक्षा और मुस्लिम-साम्प्रदायिकता को बढ़ाने में भी पर्याप्त भाग लिया। अपने इस उद्देश्य की पूर्ति के लिए उसने सन् 1893 ई. में 'Mohammedan Anglo-Orient Defence Association of India' की स्थापना की जिसके सदस्य केवल अंग्रेज और मुसलमान ही हो सकते थे तथा जिसका मुख्य लक्ष्य भारतीय मुसलमानों को राजनीति से पृथक् रखना था। बैक (Beck) के पश्चात् उस कॉलेज का प्रिन्सिपल मौरीसन (Morrison) बना और

उसने भी हिन्दुओं और अखिल भारतीय कांग्रेस का विरोध किया तथा मुस्लिम साम्प्रदायिकता को बढ़ावा देने की नीति को अपनाया। उस समय तक स्वयं सर सैयद अहमद खाँ भी कांग्रेस के कट्टर विरोधी हो गए थे। जब मद्रास में कांग्रेस का अधिवेशन हो रहा था तब उन्होंने अपने एक भाषण में कहा कि, **"अगर तुम यह स्वीकार करते हो कि यह देश बंगाली शासन के अत्याचारों से दबे और यहाँ के व्यक्ति बंगालियों के जूतों को चूमें तो ईश्वर के नाम पर कूदकर गाड़ी में बैठ जाओ और मद्रास चले जाओ।"**[1]

इस प्रकार, अलीगढ़-आन्दोलन मुस्लिम-साम्प्रदायिकता को बढ़ाने में बहुत सहायक हुआ। वह भारतीय राष्ट्रीय आन्दोलन के विरोध में रहा और पाकिस्तान के निर्माण में भी उसका बहुत बड़ा हाथ रहा। परन्तु **इस आन्दोलन का दूसरा पहलू भी है। जहाँ तक मुसलमानों का प्रश्न है, यह आन्दोलन उनके लिए अवश्य लाभदायक था।** जो कार्य भारतीय राष्ट्रीय आन्दोलन और हिन्दू सामाजिक तथा धार्मिक आन्दोलनों ने हिन्दुओं के लिए किया वही कार्य अलीगढ़-आन्दोलन ने भारतीय मुसलमानों के लिए किया।

**इस आन्दोलन ने मुस्लिम-सम्प्रदाय को अकर्मण्यता और निराशा से बचाया तथा उसे मध्य-युग से आधुनिक युग में लाने में सफलता दिलायी।** इसी प्रकार यह भी स्वीकार किया जाता है कि मुस्लिम-जाति की शिक्षा, समाज-सुधार और जागृति के लिए जो कार्य सर सैयद अहमद खाँ ने किया वह उस समय तक किसी भी अन्य भारतीय मुसलमान ने नहीं किया था।

**उन्होंने मुस्लिम-समाज और धर्म में सुधार करके उन्हें आधुनिक परिस्थितियों के अनुकूल बनाने का प्रयत्न किया।** उन्होंने ही मुसलमानों को पश्चिमी शिक्षा और सभ्यता के सम्पर्क में लाकर उन्हें प्रगतिशील बनाने का प्रयत्न किया। अपने इस लक्ष्य में उन्होंने सफलता भी प्राप्त की।

इस प्रकार यह स्वीकार करते हुए कि सर सैयद अहमद खाँ और अलीगढ़-आन्दोलन भारतीय राष्ट्रीयता के विरुद्ध थे, यह मानना पड़ता है कि भारतीय मुसलमानों की शिक्षा, सुधार और आधुनिकीकरण के लिए उन्होंने, निस्सन्देह, महत्वपूर्ण कार्य किया।

## पुनर्जागरण-आन्दोलन की प्रकृति और उसके परिणाम
### (Nature of Renissance Movement and Its Consequence)

भारतीय पुनरुद्धार-आन्दोलन ने न केवल विभिन्न सामाजिक और धार्मिक सुधार-आन्दोलनों को जन्म दिया बल्कि उसने आर्थिक, साहित्यिक, कलात्मक, राजनीतिक आदि सभी क्षेत्रों में भारतीयों को प्रभावित किया और जीवन के सभी अंगों में एक नवीन जागृति को जन्म दिया जिसका प्रभाव 19वीं सदी के भारत पर ही नहीं बल्कि 20वीं सदी के भारतीय जन-जीवन पर भी पड़ा।

**(1) धर्म** (Religion)—पुनरुद्धार-आन्दोलन का सबसे महत्वपूर्ण प्रभाव 19वीं सदी के धर्म-सुधार आन्दोलन थे। प्राय: सभी धर्मों ने एक नवीन चेतना का अनुभव किया। ईसाई, पारसी, इस्लाम और मुख्यत: हिन्दू धर्म में जो जागृति की भावना आयी उसने भारतीय समाज और राष्ट्र को एक नवीन जीवन प्रदान किया। ब्रह्म-समाज, प्रार्थना-समाज, आर्य-समाज, रामकृष्ण मिशन और थियोसोफिकल-समाज ने हिन्दुओं को अपने धर्म की श्रेष्ठता में विश्वास उत्पन्न करा दिया। यदि राजा राममोहन राय और उनके ब्रह्म-समाज ने सभी धर्मों की समानता को स्थापित किया तथा हिन्दू धर्म को ईसाई और इस्लाम धर्म के बराबर खड़ा कर दिया तो स्वामी दयानन्द ने हिन्दू धर्म को एक कदम और आगे बढ़ा दिया। भारतीय आध्यात्मवाद की भावना की पूर्ति स्वामी विवेकानन्द ने की।

हिन्दू धर्म को नवीन जीवन प्रदान करने में अनेक विदेशी विद्वानों, जैसे—मैक्स मूलर, सर विलियम जोन्स, चार्ल्स विलकिन्स आदि ने भी महत्वपूर्ण योग दिया। इन विद्वानों ने हिन्दू धार्मिक ग्रन्थों का अंग्रेजी भाषा में अनुवाद करके और उनकी महानता को स्पष्ट करके हिन्दू धर्म को श्रेष्ठ पद प्रदान करने में बड़ी सहायता दी। जब हिन्दुओं ने यह देखा कि विदेशी विद्वान् उनके धार्मिक ग्रन्थों का अध्ययन करके उनके धर्म की ओर आकर्षित हो रहे हैं तब उन्हें अपने धर्म में विश्वास उत्पन्न हुआ।

**इन धार्मिक आन्दोलनों ने हिन्दू धर्म को उसके दोषों से मुक्त किया और उसके सत्य सिद्धान्तों को खोज निकाला। प्राचीन वेदों और उपनिषदों के सत्य की खोज करके अनेक धर्म-सुधारकों ने उसका प्रचार जनता में किया। स्वामी विवेकानन्द और उनके साथियों ने उस सत्यता के सन्देश को अमेरिका और उपनिषदों के सत्य की**

---

1. "If you accept that the country should grow under the yoke of Bengali rule and its people lick the Bengali shoes then, in the name of God, jump into the train, sit down and be off to Madras." —**Sir Sayed Ahmed Khan.**

**खोज करके अनेक धर्म-सुधारकों ने उसका प्रचार जनता में किया। स्वामी विवेकानन्द और उनके साथियों ने उस सत्यता के सन्देश को अमेरिका और यूरोप तक पहुँचाया। इन सुधारकों ने हिन्दू धर्म और दर्शन को निरर्थक कर्मकाण्ड और अनुपयुक्त क्रियाओं से मुक्त करके उसे शक्तिशाली बनाया जिसके कारण वह साहसपूर्वक अन्य धर्मों का मुकाबला करने के लिए तत्पर हो गया। जिस प्रकार हिन्दु धर्म मध्य-युग में भक्ति-आन्दोलन के कारण इस्लाम के प्रहारों से अपनी रक्षा कर सका था उसी प्रकार आधुनिक युग में इन धर्म-सुधारकों के प्रयत्नों के कारण वह ईसाई धर्म के आक्रमणों से बच नहीं सका। यही नहीं बल्कि हिन्दू धर्म संसार को आध्यात्मवाद का सन्देश दे सका। आध्यात्मवाद भारत की श्रेष्ठता का प्रतीक है और इस श्रेष्ठता की स्थापना 19वीं सदी के धार्मिक आन्दोलनों ने की।**

**(2) समाज** (Society)—19वीं सदी के धार्मिक आन्दोलन केवल धर्म-सुधार तक ही सीमित न थे। समाज-सुधार इन आन्दोलनों का मुख्य लक्ष्य था। भारतीय समाज और मुख्यत: हिन्दू समाज में अनेक सामाजिक कुरीतियों का समर्थन धर्म के आधार पर किया जाता था जिसके कारण साधारण व्यक्ति इन कुरीतियों को तोड़ने का साहस नहीं कर पाते थे। इन धर्म-सुधारकों ने यह बताया है कि इन सामाजिक कुरीतियों का स्थान हमारे धर्म में तो क्या समाज में भी नहीं था। ये कुरीतियाँ मुख्यत: राजनीतिक परिस्थितियों या अन्धविश्वासों से उत्पन्न हुई थीं। अतएव इन सामाजिक कुरीतियों को समाप्त करना धर्म का विरोध करना नहीं है बल्कि, इसके विपरीत, अपने धर्म और समाज को शक्तिशाली बनाना है। इसी आधार पर ब्रह्म-समाज, आर्य-समाज और रामकृष्ण मिशन ने जाति-प्रथा, बाल-विवाह, सती-प्रथा, अस्पृश्यता, अनमेल-विवाह, पर्दा-प्रथा जैसी आदि सामाजिक कुरीतियों का विरोध किया और स्त्री-शिक्षा, अन्तर्जातीय विवाह और खान-पान, विधवा-विवाह आदि का समर्थन किया। ब्रह्म-समाज में स्त्रियों को समान अधिकार दिया गया और उसमें जाति-प्रथा का कोई स्थान नहीं रहा।

**आर्य-समाज ने स्त्री-गुरुकुलों की स्थापना की और 'शुद्धि आन्दोलन' को आरम्भ करके न केवल जाति-समानता पर ही बल दिया बल्कि ईसाई और इस्लाम धर्म के मतावलम्बियों के लिए भी हिन्दू धर्म और समाज के द्वार खोल दिए। स्वामी विवेकानन्द ने सभी मनुष्यों को ईश्वर का स्वरूप बताकर न केवल जाति-प्रथा की जड़ पर प्रहार किया बल्कि स्त्री और पुरुष को भी पूर्ण समान पद प्रदान किया। आधुनिक समय में सभी राजनीतिक नेताओं ने समाज-सुधार के कार्य को जो महत्व प्रदान किया है, उसका मूल कारण 19वीं सदी के ये धार्मिक और सामाजिक आन्दोलन ही थे। अब सती-प्रथा और बाल-विवाह जैसी कुरीतियों से हमारा समाज पर्याप्त मुक्त है, विदेश-यात्रा साधारण बात समझी जाती है तथा स्त्री-शिक्षा और सह-शिक्षा हमारी शिक्षा के अंग बन चुके हैं। इस प्रकार हिन्दू-समाज के अनेक प्रतिक्रियावादी तत्व समाप्त कर दिए गए हैं।**

**(3) तार्किक दृष्टिकोण** (Argumentive Point of View)—भारतीय पर्याप्त समय से अन्ध-विश्वासी और परम्परावादी रहे हैं। भाग्यवादी दृष्टिकोण ने उन्हें अत्यधिक अकर्मण्य बना दिया था। जीवन बुद्धि के स्थान पर सिर्फ आस्था का स्थान रह गया था चाहे वह गलत हो अथवा ठीक। पश्चिमी सभ्यता विचाराधारा और अंग्रेजी शिक्षा ने उनकी इस जड़ता को समाप्त कर दिया। उन्होंने अपनी बुद्धि और तर्क का उपयोग आरम्भ किया तथा उसी की कसौटी पर धर्म समाज और राजनीति के विचारों एवं सिद्धान्तों को जाँचना आरम्भ किया।

तर्क के आधार पर अच्छाई और बुराई का निर्णय करने की भावना ने भारतीयों को जीवन के सभी क्षेत्रों में विकास करने की प्रेरणा प्रदान की। भारतीयों की प्रगति का एक बड़ा कारण इस तर्क और बुद्धिवादी भावना की उत्पत्ति थी।

**(4) इतिहास की प्राप्ति** (Achievement of History)—भारतीय पुनरुद्धार-आन्दोलन की एक महत्वपूर्ण भावना भारत के गौरवपूर्ण अतीत की खोज करना था। अनेक युरोपीय विद्वानों ने नि:स्वार्थ भाव से इस कार्य को आरम्भ किया। जेम्स फर्गूसन, डॉ. फूलर, डॉ. क्लार्ट, पर्सी ब्राउन और मार्शल जैसे व्यक्तियों ने प्राचीन स्मारकों की खोज की और प्राचीन भारत के गौरव को खोजने के प्रयत्न आरम्भ किए और उसका पता लगाकर उन्हें यह अनुभव हुआ कि प्राचीनकाल में भारतीयों ने सभी क्षेत्रों में इतनी उन्नति की थी कि वे संसार की प्राचीनतम और गौरवपूर्ण सभ्यता से मुकाबला कर सकते हैं। अनेक नरेशों और सम्राटों के नाम और कार्य, जिन्हें भारतीय भूल चुके थे पुन: प्रकाश में लाए गए। सिन्ध की सभ्यता की खोज, अशोक के शिलालेखों का वर्गीकरण, उनकी लिपि को पढ़ना, विभिन्न साम्राज्यों के निर्माण की गाथाओं की खोज़, समुद्र पार भारतीय संस्कृति के विकास की कथा, अजन्ता के चित्रों की खोज और अनेक स्थानों पर स्थापत्य-कला, मूर्ति-कला आदि के नमूनों की खोज करने से भारतीयों में राष्ट्रीय गौरव की भावना आयी। **डॉ. आनन्द कुमार, डॉ. भण्डारकर, सर जदुनाथ सरकार, हरप्रसाद शास्त्री, रानांडे, सर देसाई, मैक्डोनल, रेपसन, स्मिथ, टॉड, ग्राण्ट डफ, एलफिन्सटन जैसे इतिहासकारों तथा 'भण्डारकर ओरिएण्टल इन्स्टीट्यूट' और 'इतिहास मण्डल' जैसी इतिहास-संस्थाओं ने न**

**केवल भारतीय इतिहास का निर्माण किया बल्कि प्राचीन भारत के गौरवपूर्ण इतिहास को स्पष्ट करके भारतीयों को गौरव प्रदान किया। राष्ट्र के निर्माण में इतिहास का विशेष महत्व होता है। पुनरुत्थान-आन्दोलन ने भारतीय इतिहास को जीवित करके राष्ट्र-निर्माण में अमूल्य सहयोग दिया।**

**(5) प्राचीन साहित्य की प्रगति** (Progress of Ancient Literature)—पुनरुत्थान-आन्दोलन के कारण भारतीय अपने प्राचीन वैदिक और बौद्ध-साहित्य को पुनः प्राप्त कर सके। इनमें से अनेक ग्रन्थों की मूल लिपियाँ भारत में नहीं रही थीं और न इसका अध्ययन ही भारत में किया जाता था। इस प्रकार भारतीय अपने प्राचीन भारत को भूल चुके थे। इस दिशा में भी उन्हें यूरोपीय विद्वानों से सहायता प्राप्त हुई जिन्होंने प्राचीन भारतीय साहित्य की खोज की, देश-विदेशों से अनेक मूल प्रतियों को प्राप्त किया, उनका प्रकाशन कराया और संसार की विभिन्न भाषाओं में उनका अनुवाद कराया। सर चार्ल्स विलकिन्स, सर विलियम जोन्स, कोलब्रुक विल्सन म्योर, मॉनियर, विलियम्स और मैक्समूलर जैसे यूरोपीय विद्वानों के उत्साह के कारण भारत के प्राचीन ग्रन्थों और संस्कृत भाषा के अध्ययन में रुचि आरम्भ हुई। विलकिन्स ने 'गीता' का अनुवाद किया, जोन्स ने अन्य ग्रन्थों के साथ-साथ 'मनुस्मृति', 'अभिज्ञान शाकुन्तलम्' और संस्कृत के अनेक नाटकों का संकलन किया। कोलब्रुक ने पाणिनि के 'व्याकरण' और 'हितोपदेश' जैसे अनेक संस्कृत ग्रन्थों का संकलन किया। जर्मनी के ग्लासेनहेप ने संस्कृत के अनेक ग्रन्थों पर टीकाएँ लिखीं और माधवाचार्य पर भी एक ग्रन्थ लिखा। पोलैण्ड के महान् विद्वान् **स्टेनिसला ए. एफ. माइकेलक्सी** ने अपना सम्पूर्ण जीवन संस्कृत भाषा और प्राचीन भारतीय इतिहास के अध्ययन में व्यतीत किया। **मैक्समूलर ने वेदों का अंग्रेजी में अनुवाद किया। उसके पश्चात् भारतीयों ने भी इस ओर ध्यान दिया।** हिन्दू धार्मिक आन्दोलनों के सभी नेताओं ने इन प्राचीन ग्रन्थों के अध्ययन पर बल दिया।

**इस प्रकार प्राचीन भारतीय साहित्य की खोज की गयी, धार्मिक ग्रन्थों का अध्ययन किया गया तथा भारत के ज्ञान और दर्शन को पुनः प्राप्त किया गया। इससे व केवल भारतीयों को अपने धर्म, दर्शन, ज्ञान और राष्ट्र में श्रद्धा उत्पन्न हुई बल्कि पश्चिमी देशों में भी भारत का सम्मान बढ़ा।**

**(6) प्रादेशिक भाषाओं का साहित्य** (Literature of Regional Langauge)—भारतीय पुनरुद्धार आन्दोलन के कारण संस्कृत के अतिरिक्त भारतीय प्रादेशिक भाषाओं, जैसे—हिन्दी, गुजराती, बंगाली, उर्दू, मराठी, तेलुगू, मलयालम, कन्नड़ आदि का तीव्र विकास हुआ। इससे पहले इन भाषाओं में केवल कुछ धार्मिक गाथाएँ और बहादुर व्यक्तियों के कार्यों का ही वर्णन प्राप्त होता था। गद्य (Prose) तो प्राय: नहीं के बराबर था। विचारों को मुख्यत: गीतों और भजनों द्वारा प्रकट किया जाता था। बच्चों के लिए पाठ्य-पुस्तकों का सर्वथा अभाव था। इस आन्दोलन की प्रेरणा के कारण इनके साहित्य का विकास आरम्भ हुआ। सर्वप्रथम, ईसाई धर्म-प्रचारकों ने 'बाइबिल' का अनुवाद किया तो इन भाषाओं के गद्य का निर्माण हुआ। छापेखाने की स्थापना, समाचार-पत्र, मासिक-पत्र, आदि के आरम्भ होने और पाश्चात्य साहित्य के अध्ययन आदि ने इन भाषाओं की नवीन शैलियों के निर्माण में सहयोग प्रदान किया।

**इसके अतिरिक्त, विभिन्न भाषाओं के विद्वानों ने अपनी रचनाओं से उनके साहित्य का निर्माण किया। पश्चिम के नाटक और उपन्यासों की नकल करते हुए भी भारतीयों ने बहुत कुछ सीखा। समालोचना की भावना भी भारतीयों ने पश्चिम से प्राप्त की। इन सभी ने विभिन्न प्रादेशिक भाषाओं के साहित्य के निर्माण में बहुत सहायता दी।**

**(7) वैज्ञानिक भावना का विकास** (Development of Scientific Sentiments)—पुनरुद्धार की भावना के कारण विज्ञान और दर्शन के क्षेत्र में भी उन्नति के लिए प्रयत्न किए गए। अंग्रेजों ने स्वयं अनेक शिक्षा-केन्द्रों और अनुसन्धान-शालाओं का निर्माण किया तथा भारतीयों ने उनसे पूर्ण लाभ प्राप्त किया। गणित-शास्त्र में रामानुजम और विज्ञान के क्षेत्र में जगदीशचन्द्र की खोजों ने भारत की अन्वेषण योग्यता का नेतृत्व किया। सी. बी. रमन, डॉ. मेघनाथ शाह, एस. चन्द्रासकर जैसे व्यक्तियों ने विज्ञान के विभिन्न क्षेत्रों में प्रगति की और बी. एन. सील तथा राधाकृष्णन जैसे व्यक्तियों ने भारतीय दर्शन-शास्त्र की प्रगति में सहायता दी। इस प्रकार अनुसन्धान और अन्वेषण की भावना भी इस काल में उत्पन्न हुई जिसने ज्ञान के विभिन्न क्षेत्रों में भारत की प्रगति की।

**(8) औद्योगीकरण की भावना** (Sentiments of Industrilization)—पुनरुद्धार की भावना ने आर्थिक क्षेत्र में भी अपना प्रभाव दिखाया। भारतीयों ने अपनी दरिद्रता को अनुभव किया और उसका मूल कारण कृषि पर अपनी निर्भरता तथा उद्योगों की कमी को समझा। इस कारण, भारत में कारखानों और उद्योगों को स्थापित करने का प्रयत्न किया गया। प्रथम महायुद्ध के अवसर पर भारत को औद्योगिक विकास का अवसर मिला और धीरे-धीरे भारत ने आर्थिक प्रगति की ओर कदम बढ़ाया।

**(9) ललित कलाओं की उन्नति** (Progress of Orient Art)—भारतीय पुनर्जागरण की भावना चित्रकला, वास्तुकला, संगीत, नृत्यकला आदि की प्रगति में प्रकट हुई। सिस्टर निवेदिता और हैवेल जैसे विदेशियों ने भारतीय कला की आत्मा को पहचान लिया था और उन्होंने चित्रकला को पुनर्जीवित किया। अवनीन्द्र द्वारा 'The Indian Society of Orient Art' स्थापित की गयी। उनके शिष्य सुरेन्द्र गंगोली, नन्दलाल बोस और असित कुमार हलधर ने भारतीय चित्रकला के विकास में सहयोग दिया। अब्दुर्रहमान चुगताई, अमृत शेरगिल, रवीन्द्रनाथ टैगोर और डॉ. ए. के. कुमारस्वामी ने भी इस दिशा में महत्वपूर्ण कार्य किए। आधुनिक समय में 'शान्ति-निकेतन' तथा बम्बई, शिमला, बड़ौदा, कलकत्ता आदि के 'कला-मन्दिर' इस क्षेत्र में पर्याप्त प्रगति कर रहे हैं।

**भारतीयों ने अपने प्राचीन स्मारकों को प्राप्त करके वास्तुकला और स्थापत्यकला में प्रगति करने का उत्साह प्राप्त किया। पश्चिमी कला से भी भारतीयों ने बहुत कुछ सीखा और आधुनिक समय में अनेक भवन और मूर्तियों का निर्माण किया।**

**संगीत और नृत्य की दृष्टि से भी भारत ने प्रगति की। सर्वप्रथम, ग्वालियर में एक संगीत-शाला खोली गयी। सन् 1916 ई. में बड़ौदा में एक 'अखिल भारतीय संगीत सम्मेलन' भी स्थापित किया गया। आधुनिक समय में भारत के विभिन्न स्थानों पर संगीत-शिक्षालय स्थापित हैं।**

**(10) मध्यम वर्ग की उन्नति** (Progress of Medium Class)—पुनर्जागरण की भावना ने शिक्षा, उद्योग, कला, साहित्य आदि सभी क्षेत्रों में प्रगति को प्रोत्साहन दिया और उन सभी की प्रगति में नवीन शिक्षा-प्राप्त और शासन या नवीन व्यवस्थाओं से उत्पन्न मध्यम-वर्ग ने सबसे अधिक सहयोग दिया। शिक्षक, वकील, डॉक्टर, पत्रकार, वैज्ञानिक आदि ने मध्यम-वर्ग का निर्माण किया। डब्ल्यू. सी. बैनर्जी और फिरोजशाह मेहता जैसे वकील, सुरेन्द्रनाथ बैनर्जी, गोपालकृष्ण गोखले और बालगंगाधर तिलक जैसे शिक्षक, आर. सी. दत्त जैसे शासनकर्ता और मोतीलाल घोष जैसे पत्रकार इसी मध्यम-वर्ग की देन है। इस मध्यम-वर्ग ने राष्ट्रीय जीवन के सभी क्षेत्रों में भारत की उन्नति में सहयोग प्रदान किया।

**(11) राष्ट्रीयता का निर्माण** (Formation of Nationalism)—भारतीय पुनरुद्धार-आन्दोलन ने राष्ट्रीय एकता के निर्माण और राजनीतिक आन्दोलन में भी भाग लिया। पुनर्जागरण की भावना ने भारतीयों में सांस्कृतिक एकता एवं गौरव का निर्माण किया। 'यह राष्ट्र महान् था' की भावना से 'यह राष्ट्र हमारा है' की भावना को प्रोत्साहन मिला। पुनरुद्धार-आन्दोलन के सभी नेता, चाहे वे धर्म-सुधारक हों या समाज-सुधारक, साहित्यकार हों अथवा कलाकार, राष्ट्र-प्रेमी भी थे। उन्होंने हमारे प्राचीन गौरव एवं भारतीय संस्कृति और धर्म की रक्षा की तथा भारतीयों को आत्म-विश्वास और राष्ट्र-प्रेम सिखाया। इस कारण, राष्ट्रीयता की भावना के निर्माण में यह आन्दोलन, निस्सन्देह, सहायक था। इसी कारण इसने राजनीतिक आन्दोलन को भी जीवन प्रदान किया। 'यह देश मेरा है' के बाद अगला कदम था—'यह देश विदेशियों का गुलाम क्यों है ?' इस प्रकार राष्ट्र प्रेम की प्रेरणा देकर इसने राष्ट्र को स्वतन्त्र कराने की भावना प्रदान की। इसके अतिरिक्त इसने राजनीतिक आन्दोलन की आधारशिला का भी निर्माण किया। भारतीयों को आत्मविश्वास, आत्म-गौरव और दृढ़ता प्रदान करके इसने उन्हें राजनीतिक आन्दोलन के योग्य बनाया।

**इस प्रकार भारतीय पुनरुद्धार-आन्दोलन ने भारतीय जीवन के सभी क्षेत्रों को प्रभावित किया। धर्म, समाज, राजनीति, कला, साहित्य आदि क्षेत्रों में वह भारतीयों के विकास का आधार बना। उसने उस आधारशिला का निर्माण किया जिस पर आधुनिक भारत की नींव है। परन्तु इस आन्दोलन की शक्ति अब समाप्त हो चुकी है। नैतिक पतन, विभाजन, फूट, स्वार्थ, धन और शक्ति की लालसा से पूर्ण आधुनिक भारत में राजा राममोहन राय, स्वामी दयानन्द, स्वामी विवेकानन्द, तिलक, गोखले, सुरेन्द्रनाथ बनर्जी, जवाहर लाल नेहरू, सरदार वल्लभभाई पटेल और महात्मा गाँधी जैसे व्यक्तियों की स्वतन्त्रता, त्याग और आत्मविश्वास की भावना का सर्वथा अभाव है। यदि भारत को पुनः अपना निर्माण करना है तो आवश्यक है कि वह एक बार फिर पुनर्जागरण की उस मूल भावना और स्त्रोत को प्राप्त करे।**

**मूल्यांकन** (Evaluation)

भारतीय राष्ट्रीय कांग्रेस की स्थापना तथा भारत में राष्ट्रीय आन्दोलन के प्रारम्भ के पूर्व हिन्दू सन्तों और धार्मिक नेताओं द्वारा प्रारम्भ किए गए विभिन्न धार्मिक आन्दोलन की विवेचना से **हम निष्कर्ष पर पहुँचते हैं कि उन्होंने हिन्दू धर्म एवं समाज की बुराइयों पर प्रहार तथा इस धर्म और हिन्दू संस्कृति की श्रेष्ठता प्रतिष्ठापित कर भारतीयों में आत्म-विश्वास, आत्म-शक्ति, आत्म-सम्मान और आत्म-गौरव की भावना पैदा की तथा उनमें व्याप्त आत्म-हीनता की भावना**

और पाश्चात्य शिक्षा एवं संस्कृति के प्रति लगाव का अन्त किया जिसके फलस्वरूप भारत में पुनर्जागरण हुआ। इसने राष्ट्रीय चेतना की जागृति में महत्वपूर्ण योगदान किया। ए. आर. देसाई के अनुसार ये आन्दोलन न्यूनाधिक रूप में व्यक्तिगत स्वतन्त्रता और सामाजिक समानता के लिए संघर्ष स्वरूप थे। राष्ट्रवाद इनका अन्तिम लक्ष्य था।

# प्रश्न
# (Questions)

## दीर्घ उत्तरीय प्रश्न (Long Answer Type Questions)

1. पुनर्जागरण आन्दोलन की प्रकृति एवं परिणामों की विवेचना कीजिए।
(Discuss the nature and consequences of Renissance.)
2. राजा राममोहन राय के जीवन व मुख्य कार्यों की विवेचना कीजिए।
(Discuss the life and main functions of Rammohan Roy.)
3. राजा राममोहन राय के बारे में आप क्या जानते हैं ? उन्हें आधुनिक भारत का जनक क्यों कहा जाता है ? संक्षेप में विवेचना कीजिए।
(What do you know about Raja Rammohan Roy ? Why he is called the father of modern India ? Discuss in brief.)
4. राजा राममोहन राय के व्यक्तित्व एवं उनके सामाजिक सुधारों का वर्णन कीजिए।
(Describe the personality and social reforms of Raja Rammohan Roy.)
5. ब्रह्म समाज के बारे में आप क्या जानते हैं ? उसकी स्थापना का क्या उद्देश्य था ? उसके धार्मिक व सामाजिक सिद्धान्तों की विवेचना कीजिए।
(What do you know about Brahama Samaj ? What was the aim of its establishment ? Discuss its religious and social principles.)
6. स्वामी दयानन्द सरस्वती का संक्षिप्त जीवन परिचय दीजिए। आर्य समाज के सिद्धान्तों व कार्यों पर प्रकाश डालिए।
(Give a brief introduction of Swami Dayanand Saraswati. Throw light on the principles and functions of Arya Samaaj.)
7. आर्य-समाज की स्थापना का मुख्य उद्देश्य क्या था ? इसके मूलभूत सिद्धान्तों की विवेचना कीजिए।
(What was the main aim of establishment of Arya Samaaj ? Discuss its basic principles.)
8. आर्य-समाज के धार्मिक एवं सामाजिक सुधारों का वर्णन कीजिए।
(Describe the religious and socialk reforms of Arya Samaaj.)
9. थियोसोफिकल सोसायटी का संक्षिप्त परिचय दीजिए। थियोसोफिकल सोसायटी में श्रीमती एनी बेसेन्ट के योगदान की विवेचना कीजिए।
(Give a brief introduction of Theosophical society. Discuss the contribution of Smt. Annie Besent in Theosophical Society.)
10. स्वामी विवेकानन्द कौन थे ? रामकृष्ण मिशन के प्रमुख कार्यों की विवेचना कीजिए।
(Who was Swami Vivekanand ? Discuss the chief functions of Ramkrishna Mission.)
11. मुस्लिम सुधार आन्दोलन क्या था ? इसे अलीगढ़ आन्दोलन क्यों कहते हैं ? संक्षेप में विवेचना कीजिए।
(What was Muslim Reformation Movement ? Why it is called Aligarh Movement ? Discuss in brief.)

## लघु उत्तरीय प्रश्न (Short Answer Type Questions)

1. ब्रह्म समाज के प्रमुख सिद्धान्त क्या थे ?
2. आर्य-समाज के किन्हीं चार कार्यों की विवेचना कीजिए।
3. रामकृष्ण मिशन के चार सिद्धान्तों की विवेचना कीजिए।

4. थियोसोफिकल सोसायटी के उद्देश्य क्या थे ?
5. अलीगढ़-आन्दोलन के मुख्य उद्देश्य क्या थे ?

## बहुविकल्पीय वस्तुनिष्ठ प्रश्न (Multiple Choice Type Objective Questions)

**1. मौहम्मडन एंग्लो ओरिएण्टल कॉलेज की स्थापना किसने की थी—**

(a) सर सैयद अहमद खाँ ने (b) मिर्जा गुलाम अहमद ने
(c) नवाब अब्दुल लतीफ ने (d) मुहम्मद अली जिन्ना ने।

**उत्तर**—(a) सर सैयद अहमद खाँ ने।

**2. भारत में बहाबी आन्दोलन की स्थापना किसने की थी—**

(a) शौकत अली ने (b) मौलाना अबुल कलाम आजाद ने
(c) सैयद अहमद बरेलवी ने (d) मुहम्मद अली जिन्ना ने।

**उत्तर**—(c) सैयद अहमद बरेलवी ने।

**3. रामकृष्ण मिशन की स्थापना किसने की थी—**

(a) स्वामी रामकृष्ण परमहंस ने (b) स्वामी विवेकानन्द ने
(c) स्वामी दयानन्द ने (d) स्वामी श्रद्धानन्द ने।

**उत्तर**—(b) स्वामी विवेकानन्द ने।

**4. शिकागो में आयोजित विश्व धर्म सम्मेलन में भारत का प्रतिनिधित्व किसने किया था—**

(a) स्वामी विवेकानन्द ने (b) स्वामी रामकृष्ण परमहंस ने
(c) स्वामी दयानन्द सरस्वती ने (d) स्वामी श्रद्धानन्द ने।

**उत्तर**—(a) स्वामी विवेकानन्द ने।

**5. थियोसोफिकल सोसायटी का मुख्यालय कहाँ बनाया गया था—**

(a) अड़यार में (b) बेंगलोर में
(c) कोलकाता में (d) मुम्बई में।

**उत्तर**—(a) अड़यार में।

●●

# कांग्रेस की स्थापना और आरम्भिक वर्षों में उसकी नीतियाँ

# [FOUNDATION OF THE CONGRESS AND ITS POLICY IN THE EARLY YEARS]

**"कांग्रेस की स्थापना का उद्देश्य ब्रिटिश साम्राज्य को खतरे से बचाना अधिक व भारत के लिए स्वतन्त्रता प्राप्ति कम था। ब्रिटिश साम्राज्य के हितों को मुख्य स्थान दिया गया और भारत के हितों को गौण। तर्क और न्याय के साथ यह कहना ठीक होगा कि राष्ट्रीय कांग्रेस के संस्थापक भारत में ब्रिटिश शासन बनाए रखने को भारत के लिए अधिक महत्वपूर्ण समझते थे।"**

—लाला लाजपत राय

19वीं शताब्दी के प्रारम्भ में अन्धेरा छटने लगा था। देश-प्रेम और राष्ट्रीय स्वाभिमान की तरंगें हिलोरें लेने लगी थीं। समाज के विभिन्न क्षेत्रों में अंग्रेजी शासन के प्रति असन्तोष की चिनगारियाँ फूटने लगी थीं। जिसके कारण भारतीयों ने राष्ट्रीय कांग्रेस से पूर्व राष्ट्रीय स्तर पर राजनीतिक संगठन की आवश्यकता अनुभव की। परिणामस्वरूप थोड़े ही समय में ब्रिटिश इण्डियन एसोसिएशन (सन् 1881 ई.) बम्बई में, बॉम्बे प्रेसीडेन्सी ऐसोसिएशन (31 जनवरी, 1885 ई.) एवं पूना सार्वजनिक सभा (सन् 1867 ई.) आदि प्रान्तीय संस्थाएँ अस्तित्व में आईं। लेकिन अखिल भारतीय स्तर पर ऐसा कोई संगठन या मंच नहीं था जहाँ सभी लोग एकत्रित होकर अपनी भावनाओं को व्यक्त कर सकें। कोई ऐसी सुदृढ़ संस्था नहीं थी जो सबको एक सूत्र में पिरोकर सम्पूर्ण समाज का मार्ग-दर्शन कर सके लेकिन इन संस्थाओं ने कांग्रेस की स्थापना के लिए आवश्यक पृष्ठभूमि का निर्माण किया था। देशव्यापी संगठन की आवश्यकता अधिकाधिक अनुभव की जाने लगी थी। सुरेन्द्रनाथ बनर्जी द्वारा स्थापित संस्था एसोसिएशन ने इस दिशा में महत्वपूर्ण कार्य भी किया परन्तु उसे पर्याप्त सफलता प्राप्त नहीं हुई।

## कांग्रेस की स्थापना—28 दिसम्बर, 1885
## (Establishment of Congress—28 Dec., 1885)

यहाँ यह उल्लेखनीय है कि उपर्युक्त सभी संस्थाओं द्वारा विभिन्न प्रान्तों में राजनैतिक चेतना उत्पन्न करने का कार्य किया जा रहा था और अखिल भारतीय स्तर पर एक सुदृढ़ राजनीतिक संगठन की आवश्यकता अनुभव की जा रही थी। ऐसे समय में एक अवकाश प्राप्त अंग्रेज उच्च अधिकारी **ऐलेन आक्टेवियन ह्यूम** (A. O. Hume) के मस्तिष्क में राष्ट्रीय कांग्रेस की स्थापना का विचार उत्पन्न हुआ और दिसम्बर, 1885 ई. में **ए. ओ. ह्यूम** द्वारा **'भारतीय राष्ट्रीय कांग्रेस'** की स्थापना की गई, इसलिए **ह्यूम को इस संस्था का जनक कहा जाता है**। उन्होंने इससे पूर्व 1 मार्च, 1883 ई. को कलकत्ता विश्वविद्यालय के छात्रों को सम्बोधित करते हुए एक खुला पत्र लिखा था। इस पत्र में उन्होंने 50 ऐसे नवयुवकों की माँग की थी जो भले, सच्चे, निःस्वार्थी, आत्मसंयमी एवं नैतिक साहस से युक्त हों। साथ ही साथ उन्होंने जागरूक युवकों को मातृभूमि की सेवा के लिए ललकारा भी था। उन्होंने उनसे भी अपने व्यक्तिगत हितों एवं स्वार्थों का परित्याग करने और देश-भक्ति की भावना दृढ़ करने तथा अपने एवं अपने देश के लिए अधिकतम स्वतन्त्रता प्राप्त करने के लिए दृढ़ संघर्ष छेड़ने की अपील की थी। ह्यूम का यही विचार राष्ट्रीय कांग्रेस की स्थापना का आधार बना। ह्यूम ने जब यह योजना गवर्नर-जनरल लार्ड डफरिन के सम्मुख रखी तो लार्ड डफरिन ने प्रस्तावित संगठन के कार्य-क्षेत्र को विस्तृत करने का सुझाव देते हुए कहा कि इस संगठन द्वारा राजनीतिक क्षेत्र में कार्य किया जाना चाहिए। ह्यूम भारत में समाज-सुधार करना चाहते थे, इसलिए उन्होंने कहा था कि यह बहुत अच्छा होगा कि यदि भारत के मुख्य राजनीतिज्ञ एक स्थान पर एकत्रित होकर सामाजिक विषयों पर विचार करें और एक-दूसरे के मित्र बनें। वे यह नहीं चाहते थे कि ये लोग एकत्रित होकर राजनीतिक विषयों पर विचार विनिमय करें। कांग्रेस

की स्थापना से पूर्व ह्यूम इंग्लैण्ड गए और वहाँ उन्होंने लार्ड रिपन, डलहौजी, जॉनब्राइट आदि राजनीतिज्ञों से भावी संगठन के बारे में विचार-विमर्श किया।

ह्यूम ने इंग्लैण्ड से वापस आने पर यह निश्चित किया कि कांग्रेस का प्रथम अधिवेशन 25 से 28 दिसम्बर, 1885 ई. को पूना में आयोजित किया जाए। परन्तु पूना में हैजा फैल जाने के कारण यह सम्मेलन बम्बई (मुम्बई) में आयोजित किया गया। दिसम्बर, 1885 ई. को दिन के 12 बजे गोकुलदास तेजपाल संस्कृत पाठशाला के प्रांगण में भारतीय राष्ट्रीय कांग्रेस के ऐतिहासिक सम्मेलन का आयोजन हुआ। इसमें देश के विभिन्न भागों से आए 72 प्रतिनिधियों ने भाग लिया। इन प्रतिनिधियों में श्री दादाभाई नौरोजी, फिरोजशाह मेहता, दीनशा इदलजी बाचा, काशीनाथ तैलंग, एन. जी. चन्द्रावरकर, बी. राघवाचार्य आदि प्रमुख थे। इस सम्मेलन की अध्यक्षता बंगाल के श्री वोमेशचन्द्र बनर्जी ने की। इसमें ह्यूम तथा अन्य कई सरकारी अधिकारियों ने भाग लिया। सुरेन्द्रनाथ बनर्जी इस अधिवेशन में भाग नहीं ले सके क्योंकि उन्हीं दिनों उनके द्वारा स्थापित इण्डियन एसोसिएशन का दूसरा अधिवेशन कलकत्ता में चल रहा था परन्तु इसके बाद उन्होंने अपनी संस्था भंग कर दी और वे कांग्रेस में सम्मिलित हो गए। इस प्रकार 28 दिसम्बर, 1885 ई. को बम्बई में आयोजित सम्मेलन में पर्याप्त विचार-विमर्श के पश्चात् यह निर्णय लिया गया कि इस नई संस्था का नाम **भारतीय राष्ट्रीय कांग्रेस** (Indian National Congress) रखा जाए। इस तरह एक ऐसी संस्था का जन्म हुआ जो कुछ ही वर्षों पश्चात् राष्ट्रीय आन्दोलन की अग्रदूत बन गई। इस प्रकार कांग्रेस की स्थापना सरकार के आशीर्वाद से हुई। **कूपलैण्ड** ने लिखा है कि, **"भारतीय राष्ट्रीयता ब्रिटिश राज की शिशु थी और ब्रिटिश अधिकारियों ने उसके पालन हेतु आशीर्वाद दिया।"**

## कांग्रेस के उद्देश्य
## (Aims of Congress)

28 दिसम्बर, 1885 ई. को कांग्रेस के प्रथम अधिवेशन में सभापति वोमेशचन्द्र बनर्जी ने भारतीय राष्ट्रीय कांग्रेस के निम्नलिखित उद्देश्य घोषित किए—

(1) साम्राज्य के विभिन्न भागों में देशहित के लिए लगन से कार्य करने वाले लोगों को परस्पर संगठित करना और उनमें मित्रता बढ़ाना।

(2) समस्त देश-प्रेमियों में वंश, धर्म तथा प्रान्त सम्बन्धी दूषित संस्कारों को समाप्त करके राष्ट्रीय एकता की भावनाओं का पोषण व परिवर्द्धन करना।

(3) महत्वपूर्ण सामाजिक समस्याओं के सम्बन्ध में भारत के शिक्षित लोगों से भली-भाँति चर्चा करने के बाद परिपक्व विचारों को संग्रहीत करना।

(4) उन तरीकों व दिशाओं का निर्धारण करना जिनके द्वारा भारत के राजनीतिज्ञ देश हित के लिए कार्य कर सकें।

### कांग्रेस की स्थापना के उद्देश्य सम्बन्धी विवाद

कांग्रेस की स्थापना के उद्देश्य के प्रश्न पर इतिहासकार एकमत नहीं हैं क्योंकि कांग्रेस की स्थापना का श्रेय ह्यूम को है। एक अंग्रेज तथा उसके सहयोगियों द्वारा कांग्रेस की स्थापना किए जाने से यह प्रश्न उठना स्वाभाविक है कि कांग्रेस की स्थापना का उद्देश्य क्या था ? क्या इसका उद्देश्य ब्रिटिश साम्राज्य की रक्षा करना था अथवा भारतीयों में राष्ट्रीय चेतना पैदा करना था ? इस सम्बन्ध में निम्नलिखित व्याख्याएँ प्रस्तुत की जाती हैं—

**(1) कांग्रेस की स्थापना का उद्देश्य राष्ट्रीय चेतना उत्पन्न करना था**—अंग्रेज विद्वान् **प्रो. कूपलैण्ड** जैसे लोग तो यही कहते थे कि कांग्रेस की स्थापना भारतीयों में राष्ट्रीय जागृति पैदा करने के लिए की गई थी। उन्होंने कहा कि, **"भारतीय राष्ट्रीय ब्रिटिश राज्य की शिशु थी और ब्रिटिश अधिकारियों द्वारा ही उसकी परवरिश हुई।"** परन्तु यह उचित नहीं है। ह्यूम तथा उनके अंग्रेज साथियों का उद्देश्य भारतीयों में राष्ट्रीयता की चेतना पैदा करके भारतीयों द्वारा ब्रिटिश साम्राज्य की जड़ें काटना कभी भी नहीं हो सकता। नि:सन्देह मि. ह्यूम को भारतीयों से सहानुभूति थी इसलिए वे भारतवासियों के कष्टों का निवारण करना चाहते थे। **ह्यूम** ने ब्रिटिश साम्राज्य की रक्षा के लिए **एक अभयदीप** के रूप में कांग्रेस की स्थापना की थी। यह कहना भी ह्यूम साहब के प्रति घोर अन्याय होगा। उन्हें साम्राज्यवादी नहीं कहा जा सकता। वे उदारवादी थे, वे भारतीयों की दयनीय दशा से चिन्तित थे इसलिए उन्होंने इस दशा को सुधारने के लिए कांग्रेस की स्थापना की थी। जैसा कि **लाला लाजपत राय** ने लिखा है कि, **"ह्यूम स्वतन्त्रता के पुजारी थे और उनका दिल भारत की निर्धनता व दुर्दशा पर रोता था। वे इस बात को भली-भाँति समझते थे कि कोई भी शासन चाहे देशी हो अथवा विदेशी, बिना किसी दबाव के जनता की माँगों को पूरा नहीं कर सकता।"**

**(2) कांग्रेस का लक्ष्य सुरक्षा नली की स्थापना करना था**—कांग्रेस की स्थापना ब्रिटिश साम्राज्य की रक्षा के लिए **एक अभयदीप** (Safety Valve) के रूप में हुई थी क्योंकि भारतीयों में ब्रिटिश शासन के प्रति अत्यधिक असन्तोष व्याप्त हो गया था तथा भारतीय जनता की दयनीय स्थिति, दरिद्रता और शिक्षित नवयुवकों में घोर असन्तोष धीरे-धीरे क्रान्ति का रूप ग्रहण करने लगा था। इसलिए भारतीयों के इस असन्तोष को रोकने के लिए स्वयं अंग्रेजों ने **अभयदीप** का निर्माण किया जिसे राष्ट्रीय कांग्रेस का नाम दिया गया। ह्यूम ने स्वयं एक बार कहा था कि, "**भारत में असन्तोष की बढ़ती हुई शक्तियों से बचने के लिए एक अभयदीप** (Safety Valve) **की आवश्यकता है और कांग्रेस आन्दोलन से बढ़कर अभयदीप कोई दूसरी वस्तु नहीं हो सकती।**" इस प्रकार कांग्रेस की स्थापना के सम्बन्ध में लाला लाजपत राय का यह कथन अत्यधिक महत्वपूर्ण है कि, "**जनता में असन्तोष और अराजकता की भावना बढ़ रही थी। अंग्रेजों को इस बात का डर था कि कहीं भारतीय शिक्षित वर्ग राष्ट्रीय विद्रोह का नेतृत्व न करे।**" मि. ह्यूम और उनके मित्रों का उद्देश्य ब्रिटिश साम्राज्य को इसी खतरे से बचाना था क्योंकि दक्षिण के कृषक विद्रोह में बंगाल के उग्र-क्रान्तिकारियों की गतिविधियों ने दूरदर्शी ह्यूम को भावी खतरे की पूर्व सूचना दे दी थी जिससे वे बहुत चिन्तित थे। इसलिए उन्होंने राष्ट्रीय कांग्रेस की स्थापना में महत्वपूर्ण योगदान दिया।

**(3) रूस के आक्रमण का भय**—**डॉ. नन्दलाल चटर्जी** ने लिखा है कि मि. ह्यूम ने कांग्रेस की स्थापना का विचार उस समय देश के सम्मुख रखा जबकि पश्चिमोत्तर में रूस की जार सरकार की विस्तारवादी नीति का भय उत्पन्न हो गया था। ह्यूम भारत के राष्ट्रीय आन्दोलन को सही दिशा देना चाहते थे और उसे रूसी हथकण्डों से बचाना चाहते थे। इसलिए उन्होंने अखिल भारतीय राष्ट्रीय कांग्रेस की स्थापना की। यही कारण है कि जब तक रूसी हमले का खतरा बना रहा, भारत की ब्रिटिश सरकार कांग्रेस के प्रति कृपापूर्ण रही परन्तु ज्यों ही यह खतरा समाप्त हो गया, ब्रिटिश सरकार का कांग्रेस के प्रति रवैया परिवर्तित हो गया।

उपर्युक्त कथनों के आधार पर कांग्रेस की स्थापना का उद्देश्य स्वत: स्पष्ट हो जाता है कि कांग्रेस की स्थापना में ब्रिटिश साम्राज्य की रक्षा की भावना तो विद्यमान थी, किन्तु उसमें भारतीयों के हित का विचार भी विद्यमान था। नि:सन्देह कांग्रेस की स्थापना करके अंग्रेजों ने एक बड़े विस्फोट को कुछ समय के लिए रोक दिया। सन् 1889 ई. में कांग्रेस रिपोर्ट में कहा गया था कि कांग्रेस आन्दोलन की यह विशेष महत्ता है कि उसने भारत में छोटी-मोटी क्रान्तिकारी संस्थाओं को दबा दिया और राजनीतिक असन्तोष को संवैधानिक उपायों द्वारा व्यक्त करने का साधन उपस्थित किया।

**कांग्रेस : एक राष्ट्रीय संगठन**—भारतीय राष्ट्रीय कांग्रेस की स्थापना एक अखिल भारतीय स्तर के राजनीतिक संगठन के रूप में सन् 1885 ई. में की गयी थी। इस संगठन का उद्देश्य जाति, धर्म या वर्ण आदि के किसी भेदभाव के बिना समस्त भारतवासियों का प्रतिनिधित्व करना था। इसका राष्ट्रीय स्वरूप इसी से प्रमाणित हो जाता है कि इसके प्रथम अध्यक्ष **वोमेशचन्द्र बनर्जी** ईसाई थे। तत्पश्चात् दादाभाई नौरोजी पारसी थे, बदरुद्दीन तैय्यवजी मुसलमान थे अर्थात् इसके अध्यक्ष विभिन्न जातियों एवं धर्मों के व्यक्ति रहे हैं। इसमें सन्देह नहीं है कि कांग्रेस के अधिकांश सदस्य एवं पदाधिकारियों में हिन्दुओं की संख्या सबसे अधिक थी। इसका मुख्य कारण यह था कि भारत में हिन्दुओं की संख्या अधिक है और कांग्रेस में आनुपातिक रूप में मुसलमानों की संख्या कम होने का कारण भी यही था कि सर सैयद जैसे और कुछ अन्य मुसलमान नेता अपने सहधर्मियों को कांग्रेस से बाहर रखने का पूरा प्रयत्न कर रहे थे लेकिन कांग्रेस ने सदैव मुसलमानों सहित सभी वर्गों के हितों की रक्षा का पूरा प्रयत्न किया और अपने राष्ट्रीय स्वरूप को बनाए रखा। कांग्रेस के राष्ट्रीय स्वरूप को स्पष्ट करते हुए सन् 1931 ई. में लन्दन में आयोजित '**द्वितीय गोलमेज सम्मेलन**' में **गाँधी जी** ने कहा था कि, "**कांग्रेस सच्चे अर्थों में एक राष्ट्रीय संगठन है। यह किसी विशेष जाति, वर्ग या हित का प्रतिनिधि नहीं है। यह समस्त भारतीय हितों और सब वर्गों का प्रतिनिधि होने का दावा करती है।**"

## प्रारम्भिक वर्षों में राष्ट्रीय कांग्रेस की नीतियाँ
## (Policies of National Congress in Early Years)

अपनी स्थापना के समय से ही कांग्रेस द्वारा राष्ट्रवाद को सृजित करने, राष्ट्रीय आन्दोलन को संगठित करने तथा राजनीतिक चेतना उत्पन्न करने में महत्वपूर्ण योगदान दिया गया परन्तु प्रारम्भिक कांग्रेस कोई क्रान्तिकारी संगठन नहीं था। इसके नेता सरकार के प्रति कोई विद्रोह की भावना नहीं रखते थे। वे न केवल संवैधानिक उपायों में विश्वास करते थे वरन् वे सरकार के प्रति पूर्णतया निष्ठावान भी थे। वे अंग्रेजी शासन, सभ्यता व संस्कृति के प्रशंसक थे। प्रारम्भिक वर्षों में कांग्रेस की नीतियों को सुविधा की दृष्टि से अग्रांकित बिन्दुओं के अन्तर्गत स्पष्ट किया जा सकता है—

**(1) ब्रिटिश शासन के प्रति निष्ठा**—प्रारम्भिक वर्षों में कांग्रेसी नेता उच्चकोटि के देशभक्त होने के साथ-साथ ब्रिटिश सरकार के प्रति निष्ठावान थे। उनके मन में ब्रिटिश शासन के प्रति कृतज्ञता के भाव थे क्योंकि वे मानते थे कि अंग्रेजी शासन के कारण ही भारत में शान्ति की स्थापना हुई और प्रगतिशील विकास हुआ। कांग्रेस के प्रथम अधिवेशन के अवसर पर अध्यक्ष वोमेशचन्द्र बनर्जी ने ब्रिटिश शासन के प्रति निष्ठा भाव प्रकट करते हुए कहा था कि, **"मैं सभी उपस्थित सज्जनों के मत को व्यक्त कर रहा हूँ। मैं कहता हूँ कि अंग्रेज सरकार को मेरे और यहाँ पर बैठे हुए मेरे दोस्तों की अपेक्षा अधिक गहरे व पक्के राजभक्त मिलना असम्भव है।"** कांग्रेस के दूसरे अधिवेशन के अध्यक्ष दादाभाई नौरोजी ने इसी तरह अपने साथियों की भावनाओं को प्रकट करते हुए कहा था कि, **"आओ हम पुरुषों की तरह बोलें और घोषणा कर दें कि हम अटूट राजभक्त हैं।"** इन नेताओं के सम्बन्ध में श्रीमती एनीबेसेन्ट ने कहा था कि कांग्रेस के नेता अपने को ब्रिटिश साम्राज्य की प्रजा मानने में गौरव का अनुभव करते हैं। इस प्रकार ब्रिटिश सरकार भी कांग्रेसी नेताओं की राजभक्ति से भली-भाँति परिचित थी जिसके कारण ब्रिटिश सरकार इन नेताओं का सम्मान करती थी।

**(2) अंग्रेजों की न्यायप्रियता में विश्वास**—प्रारम्भिक कांग्रेसी नेताओं को अंग्रेजों की उदारता, न्यायप्रियता और ईमानदारी में पूर्ण विश्वास था। उनकी यह धारणा थी कि वे स्वभाव से सच्चे और न्यायप्रिय होते हैं। यदि उन्हें भारतीय समस्याओं का सही ज्ञान करा दिया जाए तो वे भारतीय दृष्टिकोण को स्वीकार कर लेंगे। उनके विचार में अंग्रेज लोग स्वतन्त्रता-प्रेमी थे और जब उन्हें यह विश्वास हो जाएगा कि भारतीय स्वशासन के योग्य बन गए हैं, तब उससे निश्चय ही वंचित नहीं रखेंगे। वस्तुत: इस विश्वास ने ही उनमें राजभक्ति की भावना को जन्म दिया था। साथ ही भारतीय जनता के सामने जॉन ब्राइट, हेनरी फासेट और चार्ल्स ब्रेडला जैसे अंग्रेजों के उदाहरण थे जो ब्रिटिश संसद में सदैव भारतीय जनता के हितों के पक्ष में बोलते थे। ब्रिटिश न्याय के सम्बन्ध में **श्री सुरेन्द्रनाथ बनर्जी** ने कहा था कि, **"इंग्लैण्ड हमारा मार्गदर्शक है। हमको अंग्रेजों की उदारता तथा न्याय में विश्वास है। संसार ही महानतम प्रतिनिधि सभा, संसदों की जननी ब्रिटिश कॉमन्स सभा के प्रति हमारे हृदय में श्रद्धा है।"** इसी तरह **रहीमतुल्ला सयानी** ने कहा था कि, **"अंग्रेजों से बढ़कर सदाचारी व सत्यप्रिय जाति इस सूर्य के नीचे कहीं नहीं बसती।"**

**(3) क्रमिक सुधारों में विश्वास**—प्रारम्भिक कांग्रेसी नेता राजनीतिक क्षेत्र में क्रमबद्ध विकास की धारणा में विश्वास करते थे। वे इस बात से भली-भाँति परिचित थे कि एकदम स्वशासन के लक्ष्य को प्राप्त नहीं किया जा सकता है। इसलिए वे प्रशासकीय तथा राजनीतिक क्षेत्र में धीरे-धीरे सुधार लाना चाहते थे। उन्होंने प्रारम्भ में सुधार की छोटी-छोटी माँगें ब्रिटिश सरकार के समक्ष रखीं; जैसे—भारतीयों की उच्च पदों पर नियुक्ति, सरकार के खर्चे में कमी, स्थानीय स्वशासन संस्था की स्थापना, विधानसभा में भारतीयों की संख्या और अधिकारों में वृद्धि, जनता की आर्थिक व्यवस्था में सुधार व करों में कमी। इन सुधारों के लिए, वे क्रान्तिकारी परिवर्तन के विरुद्ध थे इसलिए, सदैव ही उन्होंने ऐसी माँगें प्रस्तुत कीं जिनका ब्रिटिश शासन द्वारा कड़ा विरोध न हो सके। कांग्रेसी नेताओं की नीति के विषय में **आर. जी. प्रधान** का मत है कि ये नेता न्यूनतम विरोध के सिद्धान्त में विश्वास रखते थे, वे व्यावहारिक सुधारक थे, जिनमें **विक्टोरिया** उदारवाद के तरीके, सिद्धान्त और भावनाओं से भरी हुई थी, वे एक कदम के बाद दूसरे कदम तक धीरे-धीरे बढ़कर स्वाधीनता प्राप्त करने पर कटिबद्ध थे। इस प्रकार प्रारम्भिक कांग्रेस का उद्देश्य स्वशासन प्राप्त करना था।

**(4) ब्रिटेन के साथ सम्बन्ध**—प्रारम्भिक कांग्रेसी नेता किसी भी प्रकार ब्रिटेन से सम्बन्ध विच्छेद करने के पक्ष में नहीं थे। वे ब्रिटेन के साथ सम्बन्धों को भारत के हित में समझते थे। उदारवादी नेता **गोपाल कृष्ण गोखले** ने कहा था कि हमको यह मानना पड़ेगा कि ब्रिटिश शासन विदेशी होने के कारण अपनी कमियों के साथ-साथ देशवासियों की प्रगति में एक बड़ा साधन रहा है। इसके निरन्तर बने रहने का अर्थ उस शान्ति और व्यवस्था के बने रहने से है जिन्हें केवल वही यथावत् बनाए रख सकता है जिनके साथ हमारे श्रेष्ठ हित बँधे हैं। कांग्रेसी नेताओं की धारणा थी कि ब्रिटेन के कारण ही भारत में प्रगतिशील सभ्यता का उदय हुआ है। अंग्रेजी साहित्य, शिक्षा पद्धति, यातायात एवं संचार के साधनों की व्यवस्था, न्याय-प्रणाली और स्थानीय स्वशासन आदि भारत के लिए हैं। उनका मानना था कि आंग्ल विचार और दर्शन लोगों में स्वतन्त्रता और लोकतन्त्र के प्रति आदर उत्पन्न करता है। अत: यह भारत के हित में है कि ब्रिटेन से उसका अटूट सम्बन्ध बना रहे।

**मूल्यांकन**—इस प्रकार कांग्रेस ने अपनी स्थापना के प्रारम्भिक वर्षों में राजनीतिक सुधारों की माँग को संवैधानिक ढंग से पूरा कराने का प्रयास किया। उसे अंग्रेजों की न्यायशीलता में आस्था थी और विश्वास था कि यदि वह ब्रिटिश शासन को

अपनी माँगों के औचित्य के विषय में सन्तुष्ट कर लेते हैं तो शासन उसकी माँगों को अवश्य पूरा करेगा। इसलिए कांग्रेस ने अपनी स्थापना के प्रारम्भिक वर्षों में 'धीरे चलो' की नीति का अनुसरण किया। अत: प्रारम्भिक वर्षों में कांग्रेस ने ब्रिटिश शासन से चन्द राजनीतिक सुधारों की भीख मात्र ही माँगी। परन्तु यह भी एक तथ्य है कि आगामी वर्षों में कांग्रेस ही ऐसी संस्था थी जिसके सफल नेतृत्व के कारण ही राष्ट्रीय आन्दोलन सफल हुआ।

## प्रश्न
## (Questions)

### दीर्घ उत्तरीय प्रश्न (Long Answer Type Questions)

1. भारतीय राष्ट्रीय कांग्रेस का जन्म कब और किन उद्देश्यों से हुआ ? उसकी प्रारम्भिक नीतियों की विवेचना कीजिए।
(When became the birth of Indian National Congress and what were its aims ? Discuss its early policies.)
2. क्या यह कहना सही है कि "कांग्रेस की स्थापना का उद्देश्य ब्रिटिश साम्राज्य की रक्षा करना था ?"
("It this right to say that the aim of establishment of congress was to protect British Empire ?")
3. क्या आप इस विचार से सहमत हैं कि कांग्रेस की स्थापना 'अभयदीप' के रूप में ब्रिटिश साम्राज्य की रक्षा के लिए की गई थी ? विश्लेषण कीजिए।
(Are you agree with this view that the establishment of Congress was to protect British Empire as Lamp Post ? Analysis.)
4. "कांग्रेस की स्थापना का उद्देश्य भारतीयों के हितों की साधना करना था।" इस कथन को स्पष्ट कीजिए।
("It aims to establish congress as to protect the welfare of Indians." Clear this statement.)
5. उदारवादी नेताओं के नेतृत्व में भारतीय राष्ट्रीय कांग्रेस के उद्देश्यों और नीतियों की विवेचना कीजिए।
(Discuss the aims and policies of Indian National Congress in the leadership of moderators.)
6. कांग्रेस का जन्म राष्ट्रीय जागरण का स्वाभाविक परिणाम था। समझाइए।
("The birth of Congress was the natural result of National Consciousness." Discuss.)
7. कांग्रेस की स्थापना कब और किस उद्देश्य से हुई ?
(When became the birth of Congress and what was its aims ?)
8. भारतीय राष्ट्रीय कांग्रेस की स्थापना की विवेचना कीजिए। इसकी स्थापना में ह्यूम का क्या योगदान था ?
(Discuss the establishment of Indian National Congress. What were the contribution of Hume in its establishment ?)
9. कांग्रेस की स्थापना के कारण क्या थे ? उसकी मूलभूत नीतियाँ क्या थीं ?
(What were the causes of establishment of Congress ? What were its basic policies ?)
10. भारतीय राष्ट्रीय कांग्रेस के प्रारम्भिक वर्षों के कार्यक्रम, नीतियों एवं योगदान की आलोचनात्मक समीक्षा कीजिए।
(Discuss critically the Programmes, Policies and Contribution of Indian National Congress in early years.)

**अथवा**

भारतीय राष्ट्रीय कांग्रेस की प्रारम्भिक नीतियों और कार्यक्रमों का वर्णन कीजिए।
(Describes the early policies and programmes of Indian National Congress.)

**अथवा**

कांग्रेस की स्थापना कब और किन उद्देश्यों से हुई ? आरम्भिक युग में इसकी नीतियों का वर्णन कीजिए।
(When becme the birth of Congress and what were its aims ? Describe its policies in early age.)

11. भारतीय राष्ट्रीय कांग्रेस के उद्‌भव की विवेचना कीजिए।
(Discuss the origin of Indian National Congress.)

12. "भारतीय राष्ट्रीय कांग्रेस की स्थापना एक सुरक्षा यन्त्र के रूप में की गई जिससे अंग्रेजी शासन के विरुद्ध किसी विस्फोट को रोका जा सके।" इस कथन की व्याख्या कीजिए।
("The establishment of Indian National Congress was the protect machine to cheek the explosion against english rule." Discuss the statement.)

13. भारतीय राष्ट्रीय कांग्रेस के जन्म की परिस्थितियों का वर्णन कीजिए।
(Describe the birth circumstances of Indian National Congress.)

**अथवा**

भारतीय राष्ट्रीय कांग्रेस की स्थापना में सहायक परिस्थितियों एवं कारणों का विवेचन कीजिए।
(Discuss the helpful conditions and causes of establishment of Indian National Congress.)

14. कांग्रेस के उदय के कारणों पर प्रकाश डालिए।
(Throw light on the causes of rise of congress.)

**अथवा**

भारतीय राष्ट्रीय कांग्रेस की उत्पत्ति, उद्देश्य एवं नीतियों की विवेचना कीजिए।
(Discuss the rise, aims and policies of Indian National Congress.)

**अथवा**

उन कारणों की विवेचना कीजिए जिनके परिणामस्वरूप भारत में भारतीय राष्ट्रीय कांग्रेस की स्थापना हुई।
(Discuss those causes which are responsible for the establishment of Indian National Congress in India.)

15. उन कारणों की विवेचना कीजिए जिनके फलस्वरूप भारतीय राष्ट्रीय कांग्रेस का जन्म हुआ। कांग्रेस की स्थापना में ए. ओ. ह्यूम के योगदान का मूल्यांकन कीजिए।
(Discuss those causes which are responsible for the birth of Indian National Congress. Evaluate the contribution of A. O. Hume in the establishment of Congress.)

## लघु उत्तरीय प्रश्न (Short Answer Type Questions)

1. (i) भारतीय राष्ट्रीय कांग्रेस के प्रथम अधिवेशन के सभापति कौन थे ?
(ii) भारतीय राष्ट्रीय कांग्रेस के संस्थापक कौन थे ?
2. भारतीय राष्ट्रीय कांग्रेस का जनक कौन था ?

## बहुविकल्पीय वस्तुनिष्ठ प्रश्न (Multiple Choice Type Objective Questions)

**1. ब्रिटिश इण्डियन एसोसिएशन की स्थापना किस वर्ष हुई—**
(a) सन् 1881 ई. में (b) सन् 1882 ई. में
(c) सन् 1883 ई. में (d) सन् 1884 ई. में।
उत्तर—(a) सन् 1881 ई. में।

**2. बॉम्बे प्रेसीडेन्सी एसोसिएशन की स्थापना किस वर्ष हुई—**
(a) सन् 1883 ई. में (b) सन् 1884 ई. में
(c) सन् 1885 ई. में (d) सन् 1886 ई. में।
उत्तर—(c) सन् 1885 ई. में।

**3. पूना सार्वजनिक सभा की स्थापना किस वर्ष हुई—**

(a) सन् 1866 ई. में (b) सन् 1867 ई. में

(c) सन् 1868 ई. में (d) सन् 1869 ई. में।

**उत्तर**—(a) सन् 1866 ई. में।

**4. भारतीय राष्ट्रीय कांग्रेस की स्थापना किसके द्वारा की गई थी—**

(a) ए. ओ. ह्यूम (b) ओ. ए. ह्यूम

(c) बाल गंगाधर तिलक (d) महात्मा गाँधी।

**उत्तर**—(a) ए. ओ. ह्यूम।

**5. भारतीय राष्ट्रीय कांग्रेस के संस्थापक कौन थे—**

(a) महात्मा गाँधी (b) तिलक

(c) लाला लाजपत राय (d) ए. ओ. ह्यूम।

**उत्तर**—(d) ए. ओ. ह्यूम।

**6. भारतीय राष्ट्रीय कांग्रेस के प्रथम अधिवेशन के सभापति दादाभाई नौरोज़ी थे—**

(a) सत्य (b) असत्य

**उत्तर**—(b) असत्य।

●●

# कांग्रेस की नरमपंथी शाखा और उसकी नीतियाँ

# [MODERN WING OF THE CONGRESS AND THEIR POLICIES]

## कांग्रेस के इतिहास का विभाजन

## (Division of History of Congress)

सन् 1885 ई. में अखिल भारतीय राष्ट्रीय कांग्रेस की स्थापना हुई। यह एक राष्ट्रीय संस्था थी। इस संस्था द्वारा सभी वर्गों का प्रतिनिभित्व किया जाता था। कांग्रेस ही ऐसी प्रथम संस्था थी जिसके सम्बन्ध में **पण्डित मदनमोहन मालवीय** के शब्दों में कहा जा सकता है कि, **"भारत ने अपनी आवाज इस महान् संस्था में पाई।"** साथ ही इस बात में कोई सन्देह नहीं कि कांग्रेस द्वारा भारतीय राष्ट्रवाद को सृजित करने, राजनीतिक चेतना उत्पन्न करने और राष्ट्रीय आन्दोलन को संगठित करके स्वतन्त्रता प्राप्त करने में बहुत अधिक योगदान दिया गया क्योंकि यह कांग्रेस के ही अथक् परिश्रम और सूझ-बूझ का परिणाम था कि 15 अगस्त, 1947 ई. को भारत स्वतन्त्र हो गया। अत: यह स्पष्ट है कि अपने जन्म से ही कांग्रेस राष्ट्रीय आन्दोलन का पर्याय बन गयी जिसके कारण कांग्रेस का इतिहास ही भारतीय राष्ट्रीय आन्दोलन का इतिहास बन गया जिसे हम सुविधा की दृष्टि से निम्नलिखित तीन भागों में बाँट सकते हैं–

(1) उदारवादी राष्ट्रीयता का युग–सन् 1885 से 1905 ई. तक।

(2) उग्रवादी राष्ट्रीयता का युग–सन् 1906 से 1919 ई. तक।

(3) गाँधीवादी युग–सन् 1920 से 1947 ई. तक।

## उदार या नरम राष्ट्रीयता का युग–1885 से 1905

## (Moderate Age of National from 1885 to 1905)

भारतीय राष्ट्रीय आन्दोलन का प्रारम्भिक युग उदारवादी युग के नाम से जाना जाता है। इसका समय कांग्रेस की स्थापना सन् 1885 से 1905 ई. तक माना जाता है। इस काल में राष्ट्रीय आन्दोलन का संचालन उन नेताओं के हाथों में रहा जो अपने विचार तथा कार्यों में उदारवादी थे। इन नेताओं ने अनुनय-विनय का रास्ता अपनाना ही उचित समझा क्योंकि उदार राष्ट्रीयता के इस युग में कांगेस पर ऐसे लोगों का नियन्त्रण था जिनकी शिक्षा-दीक्षा पर पश्चिम की उदार शिक्षा का प्रभाव था। उन्हें पश्चिम की शिक्षा, संस्कृति और सभ्यता अधिक श्रेष्ठ प्रतीत होती थी। इसलिए किसी ने कहा है कि वे रक्त और रंग से तो भारतीय थे परन्तु अपनी रुचियों, विचारों और नैतिक धारणाओं आदि में वे अंग्रेज ही थे। उनको सरकारी शिक्षण संस्थाओं में अंग्रेज शिक्षकों द्वारा शिक्षा प्राप्त हुई थी। उनके मन और मस्तिष्क पर भी पश्चिम के उदार अंग्रेज विचारकों का विशेष प्रभाव था। वे अंग्रेजी शिक्षा प्रणाली, न्यायिक व्यवस्था और राजनीतिक संस्थाओं में पूरी निष्ठा रखते थे। इसलिए वे भारतीय समाज को पश्चिमी समाज के ढाँचे पर गठित करना चाहते थे और पश्चिम की संस्थाओं का अनुकरण करना चाहते थे।

उदारवादियों का मत था कि यदि ब्रिटिश सरकार को भारतीय स्थिति, भारतीय समस्याओं से अवगत करा दिया जाये तो वे भारतीय जनता के हित में शासन करना आरम्भ कर देंगे। उन्हें विश्वास था कि यदि वे प्रार्थना-पत्र के माध्यम से ब्रिटिश सरकार के समक्ष अपनी माँगें प्रस्तुत करेंगे तो वह उन्हें स्वीकार कर लेगी। इस धारणा के आधार पर कांग्रेसी नेताओं ने अपने उद्देश्यों की प्राप्ति के लिए उदार दृष्टिकोण अपनाया। भारतीय राष्ट्रीय आन्दोलन के उदारवादी युग में कांग्रेस की बागडोर

**दादाभाई नौरोजी, सुरेन्द्रनाथ बनर्जी, महादेव गोविन्द रानाडे, फिरोजशाह मेहता, पण्डित मदनमोहन मालवीय, वोमेशचन्द्र बनर्जी** और **गोपालकृष्ण गोखले** जैसे नेताओं के हाथों में रही। इन नेताओं ने उदारवादी काल में नरम नीति का अनुसरण किया। उनकी भाषा अत्यधिक विनम्र और संयत होती थी। इसलिए उग्रवादियों ने इसे राजनीतिक भिक्षावृत्ति की संज्ञा दी।

**नरमपन्थी युग में कांग्रेस का लक्ष्य**—उदारवादी नेता यद्यपि सुधार में विश्वास करते थे। उनकी हार्दिक इच्छा थी कि ब्रिटिश सरकार के साथ सहयोग की नीति अपनायी जाए। अत: उनका अन्तिम लक्ष्य वैधानिक सुधारों के माध्यम से **स्वशासन की प्राप्ति** था। वे ब्रिटिश शासन के अन्तर्गत स्वशासन की स्थापना करना चाहते थे। श्री सुरेन्द्रनाथ बनर्जी ने कांग्रेस के दूसरे अधिवेशन में ही स्वशासन की बात कही थी और सन् 1906 ई. के कांग्रेस अधिवेशन में दादाभाई नौरोजी की अध्यक्षता में कांग्रेस द्वारा स्वशासन के इस लक्ष्य को स्पष्ट रूप से अपनाया गया था। परन्तु कांग्रेस का 'स्वशासन' से आशय पूर्ण स्वाधीनता से नहीं था, पूर्ण स्वाधीनता का लक्ष्य तो सन्.1929 ई. के लाहौर अधिवेशन में घोषित किया गया।

## नरमपन्थी युग में कांग्रेस द्वारा आयोजित विभिन्न अधिवेशन
### (Different Session of Congress in Moderate Age)

सन् 1885 से 1905 ई. तक के उदारवादी युग में कांग्रेसी नेताओं द्वारा विभिन्न समयों पर अलग-अलग स्थानों पर विभिन्न व्यक्तियों की अध्यक्षता में इक्कीस अधिवेशन आयोजित किए गए। इसका प्रथम अधिवेशन **श्री वोमेशचन्द्र बनर्जी** की अध्यक्षता में बम्बई में आयोजित किया गया। इस अधिवेशन में 72 प्रतिनिधियों ने भाग लिया तथा अनेक प्रस्ताव स्वीकृत कर ब्रिटिश सरकार के विचारार्थ भेजे गए जो संयत एवं विनम्र भाषा में थे। इस तरह प्रत्येक अधिवेशन में कुछ न कुछ माँगें ब्रिटिश सरकार के पास भेजी जाती थीं जिनका संक्षिप्त विवरण निम्नानुसार हैं—

(1) विधान परिषदों का विस्तार किया जाए तथा उनके लिए निर्वाचन की प्रणाली अपनाई जाए।

(2) जूरी प्रथा को देश के अन्य भागों में भी लागू किया जाए।

(3) कार्यकारिणी और न्यायपालिका एक-दूसरे से स्वतन्त्र होनी चाहिए।

(4) भारतीय परिषद् को समाप्त किया जाए।

(5) सेना पर व्यय कम किया जाए। भारतवासियों को सैनिक शिक्षा दी जाए व सरकार सैनिक शिक्षा के लिए विद्यालय खोले।

(6) भारतीयों के हितों की विदेशों में रक्षा की जाए।

(7) भारतीय नागरिक सेवा (आई. सी. एस.) की परीक्षाएँ भारत एवं इंग्लैण्ड में साथ-साथ आयोजित की जायें एवं उनमें भाग लेने के लिए अधिकतम आयु रखी जाए।

(8) भूमि-कर में कमी की जाए।

(9) भारतीयों को उच्च पदों पर नियुक्त किया जाए।

(10) नमक-कर कम किया जाए।

(11) शस्त्र कानून में संशोधन हो।

(12) बेगार प्रथा का अन्त हो।

(13) कृषि बैंक खोले जाएँ जिससे गरीब जनता को ऋण मिल सके। सरकार को कृषि व्यवस्था में सुधार करना चाहिए।

उपर्युक्त विवरण से स्पष्ट है कि अपने शैशवकाल में उदारवादी नेताओं ने सरकार से राजनीतिक, प्रशासकीय, आर्थिक और सामाजिक क्षेत्र में सुधारों की माँग की। वह किसी आन्दोलन द्वारा नहीं वरन् माँगों को कांग्रेस के अधिवेशनों में विभिन्न प्रस्ताव द्वारा सरकार के सम्मुख रखते थे, ताकि उसको जनता की इच्छाओं का ज्ञान हो जाए और वह इस दिशा में ठोस कदम उठा सके। उन दिनों कांग्रेस स्वतन्त्रता के लक्ष्य से बहुत दूर थी क्योंकि यह कुछ शहरी शिक्षित मध्यमवर्गीय लोगों की संस्था थी। पर इसमें सन्देह नहीं कि इसने भारतीय राष्ट्रीयता की आवाज बुलन्द कर भारतीय राष्ट्रीय आन्दोलन की मजबूत नींव रखी। ऐसा नहीं कि सरकार पर इसका कोई प्रभाव नहीं पड़ा हो। सन् 1892 ई. का सुधार अधिनियम पारित कराने में उदारवादी नेताओं की महत्वपूर्ण भूमिका रही।

## नरमपन्थियों की प्रमुख नीतियाँ या विचारधारा
## (Political Creed of Liberal Congress)

उदार राष्ट्रीयता के इस काल में कांग्रेसी नेता क्रमश: सुधार की नीति में विश्वास करते थे। उदारवादी नेता उच्च घरानों के थे। उन्होंने सम्पूर्ण देश के हित में ही अपना हित समझा। उन्होंने मजदूरों, जमींदारों, पूँजीपतियों और मध्यम वर्ग के हितों की रक्षा करने के प्रयास किए। सन् 1885 से 1905 ई. तक के काल में भारत के राष्ट्रीय आन्दोलन पर उदारवादियों का प्रभाव और नियन्त्रण बना रहा। इन उदारवादियों की विचारधारा या नीतियों का अध्ययन निम्नलिखित रूपों में किया जा सकता है—

**(1) ब्रिटिश शासन के प्रति निष्ठा**—उदारवादी युग में कांग्रेस नेता ब्रिटिश सरकार के प्रति निष्ठावान थे, वे ब्रिटिश शासन के अत्यधिक प्रशंसक थे। उनके मन में ब्रिटिश राज्य के उपकारों के प्रति कृतज्ञता का भाव था क्योंकि अंग्रेजी शासन के कारण ही भारत में राजनीतिक शान्ति स्थापित हुई थी। पाश्चात्य शिक्षा के प्रभाव के कारण भारतवासियों में नवीन चेतना जागृत हुई। कांग्रेस के दूसरे अधिवेशन के अध्यक्ष **दादाभाई नौरोजी** ने अपने साथियों की भावनाओं को प्रकट करते हुए कहा था कि, **"आओ हम पुरुषों की तरह बोलें और घोषणा कर दें कि हम अटूट राजभक्त हैं।"**

**(2) अंग्रेजों की न्यायप्रियता में विश्वास**—उदारवादी युग में कांग्रेस को अंग्रेजों की न्यायप्रियता और ईमानदारी में पूर्ण विश्वास था। उनकी यह धारणा थी कि अंग्रेज स्वभाव से सच्चे और न्यायप्रिय होते हैं। यदि उन्हें भारतीय समस्याओं का सही ज्ञान करा दिया जाए तो वे भारतीय दृष्टिकोण को स्वीकार कर लेंगे। उनके विचार में अंग्रेज लोग स्वतन्त्रता प्रेमी होते हैं और जब उन्हें यह विश्वास हो जाएगा कि भारतीय स्वशासन के योग्य हो गए हैं, तब वे उससे भारतीयों को वंचित नहीं रखेंगे। यही कारण था कि कांग्रेस शुरू से ही अंग्रेजी सरकार की सहानुभूति तथा ब्रिटिश जनमत के समर्थन को जीतने का प्रयास करती रही। **सुरेन्द्रनाथ बनर्जी** का कहना था कि, **"अंग्रेजों के न्याय, बुद्धि तथा दया की भावना में हमारा दृढ़ विश्वास है। संसार की महानतम प्रतिनिधि सभा, संसदों की जननी ब्रिटिश कॉमन्स सभा के प्रति हमारे हृदय में श्रद्धा है।"** अन्य उदारवादी नेताओं की भी यही धारणा थी।

**(3) ब्रिटेन के साथ सम्बन्ध भारत के हित में**—उदारवादी नेता किसी भी प्रकार ब्रिटेन से सम्बन्ध विच्छेद करने के पक्ष में नहीं थे। वे ब्रिटेन के साथ भारत के सम्बन्ध भारतीयों के लिए वरदानस्वरूप मानते थे। उनका मानना था कि इसी के परिणामस्वरूप भारत में प्रगतिशील सभ्यता का उदय हुआ। अंग्रेजी साहित्य, शिक्षा पद्धति, आवागमन के साधन, न्याय-प्रणाली, स्थानीय स्वशासन आदि अंग्रेजों की ओर से भारतीयों को अमूल्य देन है। भारत की एकता, शक्ति और राजनीतिक विकास उन्हीं प्रयत्नों का परिणाम है। कांग्रेस के छठे अधिवेशन के अध्यक्ष **फिरोजशाह मेहता** ने कहा था कि, **"इंग्लैण्ड और भारत का सम्बन्ध इन दोनों देशों और समस्त विश्व की आने वाली पीढ़ियों के लिए वरदान होगा।"** उदारवादी नेता कांग्रेस मंच से सदैव ब्रिटिश सम्बन्ध को स्थापित करने के विषय में बोलते थे। सन् 1905 ई. में कांग्रेस के अध्यक्ष पद से **गोपालकृष्ण गोखले** ने कहा था कि, **"हमारा भाग्य अंग्रेजों के साथ मिला हुआ है चाहे वह अच्छे के लिए हो या बुरे के लिए।"**

**(4) पाश्चात्य सभ्यता तक संस्थाओं में अटूट विश्वास**—उदारवादियों का ब्रिटिश लोकतन्त्र और वहाँ की लोकतान्त्रिक संस्थाओं में अटूट विश्वास था। वे लोग पाश्चात्य सभ्यता और संस्थाओं के पुजारी थे। उनका विश्वास था कि पाश्चात्य शिक्षा द्वारा ही भारत की उन्नति सम्भव है। भारतीयों को पाश्चात्य सभ्यता और संस्थाओं का अनुसरण करना चाहिए। उदारवादी युग के प्रमुख नेताओं पर पाश्चात्य सभ्यता और संस्कृति का गहरा प्रभाव था। इन नेताओं में **दादाभाई नौरोजी, उमेशचन्द्र बनर्जी, सुरेन्द्रनाथ बनर्जी, फिरोजशाह मेहता, गोपालकृष्ण गोखले** आदि प्रमुख थे। **श्री सुरेन्द्रनाथ बनर्जी** ने कहा था कि, **"इंग्लैण्ड हमारा राजनीतिक पथ-प्रदर्शक है।"** सदियों के संघर्ष के परिणामस्वरूप व्यापक मताधिकार, प्रतिनिधि, सरकार, संसद की सर्वोच्चता और विधि का शासन जैसी अनेक लोकतान्त्रिक संस्थाओं का विकास किया गया।

**(5) क्रमिक सुधारों में विश्वास**—उदारवादी नेता राजनीतिक क्षेत्र में धीरे-धीरे सुधार लाने में विश्वास करते थे। उन्होंने कभी भी अपनी माँगों को बहुत बढ़ा-चढ़ाकर प्रस्तुत नहीं किया क्योंकि वे इस तथ्य से परिचित थे कि एकदम प्रतिनिध्यात्मक शासन के लक्ष्य को प्राप्त नहीं किया जा सकता। इसीलिए उदारवादी नेताओं ने सर्वप्रथम छोटे-छोटे सुधारों की माँगें प्रारम्भ कीं; जैसे—भारतीयों की उच्च पदों पर नियुक्ति, सरकार के खर्च में कमी, विधान परिषद् में भारतीयों की संख्या में वृद्धि और आर्थिक सुधार व करों की कमी आदि प्रमुख थीं। इन सुधारों के लिए वे क्रान्तिकारी परिवर्तन के विरुद्ध थे। इसलिए सदैव ही उन्होंने ऐसी माँगें प्रस्तुत कीं जिनका ब्रिटिश शासन द्वारा कड़ा विरोध न हो सके। **महादेव गोविन्द रानाडे** का विचार था

कि, **"राजनीतिक सुधारों के लिए बातचीत करते समय यह समझ लेना चाहिए कि क्या सम्भव है और क्या असम्भव ?"** इस प्रकार क्रमिक सुधारों में विश्वास रखते हुए एक लम्बी अवधि के बाद सन् 1906 ई. में कांग्रेस ने स्वशासन और स्वराज्य की माँग ब्रिटिश साम्राज्य की छत्रछाया में की।

**(6) ब्रिटिश शासन के अधीन राजनीतिक स्वशासन का लक्ष्य**—उदारवादी नेताओं का अन्तिम लक्ष्य ब्रिटिश शासन के अधीन राजनीतिक स्वशासन की प्राप्ति था। कांग्रेस के द्वितीय अधिवेशन में **श्री सुरेन्द्रनाथ बनर्जी** ने कहा था कि, **"स्वशासन प्रकृति की व्यवस्था है, विधि का विधान है, प्रत्येक राज्य को स्वयं अपने भाग्य का निर्णायक होना चाहिए, ऐसा प्रकृति का सार्वभौम शाश्वत लेख है।"** इसी प्रकार सन् 1906 ई. में कांग्रेस के अधिवेशन में **दादाभाई नौरोजी** की अध्यक्षता में कांग्रेस द्वारा स्वशासन के लक्ष्य की घोषणा की गयी।

## नरमपन्थियों की कार्य-प्रणाली—संवैधानिक साधन
### (Methodology of Liberals—Constitution Methods)

उदारवादी नेता अपने लक्ष्य की प्राप्ति के लिए संवैधानिक साधनों में पूर्ण विश्वास रखते थे। वे सरकार से किसी भी कीमत पर लड़ने को तैयार नहीं थे। वे हिंसा और संघर्ष के विरोधी थे। उनकी कार्य-प्रणाली में क्रान्तिकारी साधनों का कोई स्थान नहीं था। उन्होंने अपनी माँगों को पूरा करने के लिए संवैधानिक साधनों का मार्ग अपनाया, जो इस प्रकार है—(1) प्रार्थना-पत्र, (2) स्मृति-पत्र, (3) प्रतिनिधि मण्डल।

दूसरे शब्दों में, उदारवादियों के प्रमुख साधन निम्नलिखित हैं—

**(1) शान्तिपूर्ण तथा संवैधानिक साधनों में विश्वास**—उदारवादी कांग्रेसी नेता शान्तिपूर्ण तथा संवैधानिक साधनों में विश्वास करते थे। वे अपनी आवश्यकताओं और माँगों की प्राप्ति का वैधानिक मार्ग सर्वथा उचित मानते थे।

**(2) प्रार्थना-पत्र तथा प्रतिनिधिमण्डल भेजने का तरीका**—उदारवादी युग में कांग्रेसी नेता प्रार्थना-पत्र भेजकर सरकार को जनता की समस्याओं से अवगत कराने में विश्वास करते थे। प्रभावशाली व्यक्तियों के प्रतिनिधिमण्डल भेजकर जनता पर दबाव डालने का भी तरीका अपनाया। भारत के कुछ शिष्टमण्डल इंग्लैण्ड भेजे गए थे, जहाँ ब्रिटिश संसद और जनता को भारतीय समस्याओं से अवगत कराया गया।

**(3) राजनीतिक याचना एवं स्मृति-पत्र**—उदारवादी शासन के सम्मुख बार-बार अपनी माँगें प्रस्तुत करने के तरीके में विश्वास करते थे। **मालवीय जी** के अनुसार, **"हमें शासन से बार-बार याचना करनी चाहिए जिससे कि वे हमारी माँगों पर शीघ्रता से विचार करें।"**

**(4) क्रमिक परिवर्तन में विश्वास**—उदारवादी धीरे-धीरे क्रमिक परिवर्तन चाहते थे। वे हिंसा या क्रान्ति द्वारा आकस्मिक विस्फोट तथा राजनैतिक परिवर्तन नहीं चाहते थे। वे भारतीय संस्थाओं में सुधार चाहते थे न कि उनकी समाप्ति।

**(5) नैतिक और राजनीतिक दबाव डालना**—उदारवादी अपनी माँगों को स्वीकृत कराने के लिए शासन पर राजनीतिक और नैतिक दबाव डालते थे। वे ब्रिटिश शासकों के प्रति राजभक्ति प्रस्तुत कर उनका हृदय परिवर्तन करना चाहते थे तथा तर्क के आधार पर शासन को समझने में विश्वास करते थे।

इस प्रकार उदारवादी नेता बार-बार प्रार्थना करने की बात को बुरा नहीं मानते थे और आवश्यकता पड़ने पर उनके शिष्टमण्डल सरकार से मिलते थे। इस सम्बन्ध में **पण्डित मदनमोहन मालवीय** ने कांग्रेस के तीसरे अधिवेशन में कहा था कि, **"यद्यपि अभी तक हमको हमारे प्रयत्नों में सफलता नहीं मिली है, फिर भी हमको सरकार के पास पुनः जाना चाहिए और उनसे अपनी माँगों को जल्दी पूरा करने के लिए प्रार्थना करनी चाहिए।"** इसे आलोचकों ने **'राजनीतिक भिक्षावृत्ति'** कहकर सम्बोधित किया है। इन उदारवादियों ने अनुनय-विनय का मार्ग अपनाया।

**उदारवादी युग में कांग्रेस के प्रति सरकार का दृष्टिकोण**—सन् 1885 ई. में जब भारतीय राष्ट्रीय कांग्रेस की स्थापना हुई तो उसे भारतीय गवर्नर-जनरल लार्ड डफरिन का आशीर्वाद प्राप्त था। कांग्रेस का जन्मदाता एक अंग्रेज रिटायर्ड उच्च अधिकारी ए. ओ. ह्यूम था। इसलिए प्रारम्भ के तीन वर्षों में कांग्रेस के प्रति शासन का दृष्टिकोण सहयोग और सहानुभूति से पूर्ण रहा क्योंकि सरकार कांग्रेस को अपने लिए एक सहयोगी संगठन समझती थी। सन् 1887 ई. तक सरकार यह नहीं सोच पायी थी कि कांग्रेस उसके लिए कभी कोई चुनौती बन सकती है। परन्तु जैसे-जैसे कांग्रेस की शक्ति में वृद्धि होती गई और कांग्रेस द्वारा प्रशासनिक सुधारों की माँग प्रबल की जाने लगी तथा कांग्रेस ने सरकार की आलोचना करनी प्रारम्भ कर दी, तब से कांग्रेस के प्रति सरकार के रुख में परिवर्तन होने लगा। अंग्रेज अधिकारियों ने उसके प्रति शत्रुतापूर्ण व्यवहार करना प्रारम्भ

कर दिया और अपनी प्रसिद्ध नीति 'फूट डालो और शासन करो' के अन्तर्गत मुसलमानों को कांग्रेस के विरोध में संगठित करना प्रारम्भ कर दिया। सन् 1895 ई. के बाद अंग्रेज सरकार का क़ांग्रेस के प्रति रुख निरन्तर कठोर होता चला गया। **रेम्जे मेक्डॉनल्ड** ने लिखा है कि, **"कांग्रेस के प्रति ब्रिटिश सरकार का दृष्टिकोण प्रारम्भ में मित्रतापूर्ण था लेकिन बाद में इसने कटु विरोध का रूप ले लिया।"** शासन के इस रवैये ने उदारवादियों द्वारा इक्कीस अधिवेशनों में रखी गयी अधिकांश माँगों की उपेक्षा कर दी जिससे इन नेताओं के मन में ब्रिटिश सरकार के प्रति राजभक्ति, निष्ठा आदि की भावनाओं में कमी-सी आने लगी।

## नरमपन्थी युग का मूल्यांकन–नरमपन्थियों का मूल्यांकन
### (An Estimate of Liberal Nationalism)

सन् 1885 से 1905 ई. तक राष्ट्रीय आन्दोलन की बागडोर जिन उदारवादी नेताओं के हाथों में रही उन्होंने अपने स्थानीय स्वशासन के लक्ष्य को प्राप्त करने के लिए जो निरन्तर प्रयास किए उसका यदि अवलोकन किया जाए तो हमें इस युग के दोनों पक्षों का उल्लेख करना होगा जो निम्न प्रकार हैं–

(अ) नरमपन्थियों की असफलताएँ या आलोचनाएँ,

(ब) नरमपन्थियों की सफलताएँ या महत्व।

**(अ) नरमपन्थियों की असफलताएँ** (Failures)

सन् 1885 से 1905 ई. तक जिन उदार राष्ट्रवादियों के हाथों में कांग्रेस का नेतृत्व रहा, उनकी अनेक आधारों पर आलोचना की जाती है। आलोचकों के अनुसार उदारवादियों की न तो राजनीतिक विचारधारा सही थी और न ही उनके साधन प्रभावकारी थे। इतिहास इस बात का साक्षी है कि उदारवादियों ने भले ही छोटी से छोटी माँगें नम्र भाषा में सरकार के सामने रखीं, परन्तु शासन ने उस ओर ध्यान ही नहीं दिया। प्रारम्भिक नेता बार-बार प्रार्थना करने से थकते ही नहीं थे। इसलिए उग्रवादियों ने उनकी नीतियों एवं साधनों को राजनीतिक भिक्षावृत्ति (Political mendicancy) का नाम दिया। अत: उदारवादियों की असफलता या भूलों के प्रमुख कारण निम्नलिखित हैं–

**(1) ब्रिटिश साम्राज्य के प्रति गलत धारणा**–आलोचकों के अनुसार उदारवादियों की सबसे बड़ी भूल यह रही है कि वे सदैव अंग्रेजों की न्यायप्रियता में विश्वास करते रहे। उनके द्वारा प्रस्तुत छोटी-छोटी माँगों को ब्रिटिश सरकार ने पूरा नहीं किया फिर भी उदारवादी अपने इस विश्वास पर अडिग रहे कि अंग्रेज स्वतन्त्रता के पुजारी हैं और वे इंग्लैण्ड की भाँति भारत में भी लोकतन्त्रात्मक व्यवस्था स्थापित करेंगे।

**(2) पाश्चात्य रंग से प्रभावित**–उदारवादी नेता पाश्चात्य रंग में रंगे हुए थे। वे पाश्चात्य शिक्षा, पाश्चात्य संस्थाएँ, तथा पाश्चात्य संस्कृति के सबसे बड़े प्रशंसक थे। वे भारत के लिए ब्रिटिश साम्राज्य को एक वरदान मानते थे और वे दोनों के हित समान मानते थे। उनके दृष्टिकोण तथा मनोवृत्ति पर भारतीयता की बजाए ब्रिटेन की अभूतपूर्व छाप थी।

**(3) साधनों की दुर्बलता**–उदारवादियों ने जिन साधनों को अपनाया, उन्हें कुछ लोगों ने राजनीतिक भिक्षा का नाम दिया। उदारवादी केवल शासन सुधारों की भीख माँगना ही पसन्द करते थे। इन लोगों में आत्मनिर्भरता व सक्रिय कार्यशीलता की कमी थी। ये लोग बलिदान के लिए तैयार नहीं थे, इसलिए उन्होंने सरकार के साथ संघर्ष करने का कभी साहस ही नहीं किया।

**(4) जन-सम्पर्क का अभाव**–उदारवादी बुद्धिजीवी अवश्य थे परन्तु सामान्य जनता पर वे अधिक प्रभाव नहीं डाल पाए। इनका देश की सामान्य जनता के साथ सम्पर्क ही नहीं था। इसी कारण उनका आन्दोलन शिक्षित वर्ग तक सीमित रहा। वे जन-आन्दोलन के प्रतीक नहीं बन सके जिससे प्रारम्भिक वर्षों में कांग्रेस जनसाधारण का संगठन नहीं बन सका।

**(5) स्वतन्त्र भारत के दृष्टिकोण का अभाव**–उदारवादी नेता न तो स्वतन्त्र भारत का सपना दे सके और न ही उनके विचार जनता में प्रसार पा सके। वे तो भारत और ब्रिटेन के हित समान समझते थे, वे भारत में सुधार चाहते थे। पराधीनता की बेड़ियाँ काटना उनका उद्देश्य नहीं था।

**(ब) नरमपन्थियों की सफलताएँ** (Achievements)

यद्यपि उदारवादियों को अपने उद्देश्य में पूर्ण सफलता नहीं मिली परन्तु इसका यह अर्थ नहीं कि सन् 1885 से 1905 ई. तक उदार राष्ट्रीयता का काल निरर्थक रहा, बल्कि उन परिस्थितियों में उदारवादियों द्वारा अपनाया गया मार्ग नितान्त औचित्यपूर्ण और व्यावहारिक था। उनके द्वारा अपनाए गए साधन दूरदर्शिता व बुद्धिमत्तापूर्ण थे। उदारवादियों के कार्यों के महत्व का अध्ययन अग्र रूपों में किया जा सकता है–

**(1) सन् 1892 ई. का भारतीय परिषद् अधिनियम**—कांग्रेस के उदारवादी नेताओं के प्रयत्नों के परिणामस्वरूप ब्रिटिश सरकार ने सन् 1892 ई. में भारतीय परिषद् अधिनियम पारित कर प्रान्तीय परिषदों की संख्या बढ़ा दी एवं परिषदों के अधिकारों में वृद्धि कर दी। यह उदारवादी नेताओं की सबसे बड़ी उपलब्धि थी।

**(2) राजनीतिक शिक्षा**—उदारवादियों की एक महत्वपूर्ण उपलब्धि यह भी रही कि उन्होंने जनता को राजनीतिक शिक्षा देकर राष्ट्रीय आन्दोलन की गति और अधिक तीव्र कर दी। इस शिक्षा द्वारा ही यह सम्भव हो सका कि जनता ने लोकतन्त्र का महत्व समझा। परिणामस्वरूप जनता और स्वशासन आगे जाकर पूर्ण स्वराज्य की माँग करने लगे।

**(3) राष्ट्रीय जागरण का शुभारम्भ**—उदारवादियों ने ब्रिटिश सरकार के प्रति राजभक्ति की प्रतिज्ञाओं एवं अनुनय-विनय का मार्ग अपनाकर उन्हें राजनीतिक शिक्षा प्रदान कर एकता के सूत्र में बाँधने और राष्ट्रीयता की भावना का निर्माण करने में महत्वपूर्ण सहयोग दिया। सर्वप्रथम उन्होंने ही देशवासियों को शिक्षा दी कि साम्प्रदायिकता तथा प्रान्तीयता जैसी संकीर्ण भावनाओं से ऊपर उठकर राष्ट्रीयता की भावना को अपने हृदय में विकसित करें। परिणामस्वरूप भारत में राष्ट्रीयता की लहर दौड़ पड़ी। इस दृष्टि से उदारवादियों को भारतीय राष्ट्रीयता के जनक कहना सर्वथा उचित है।

**(4) स्वतन्त्रता संग्राम के आधार का निर्माण**—भारतीय स्वतन्त्रता की नींव तैयार करने का श्रेय उदारवादी युग के नेताओं को ही जाता है। उन्होंने अपने कार्य-कलापों से एक ऐसी पृष्ठभूमि तैयार की, जिसके आधार पर ही भविष्य में स्वतन्त्रता हेतु विभिन्न आन्दोलन किए जा सके। **श्रीमती एनी बेसेन्ट** ने लिखा है कि उदारवादियों ने ही हमें इस योग्य बनाया कि हम स्वतन्त्रता की माँग सरकार के समक्ष रख सकें। **के. एम. मुन्शी** लिखते हैं कि, **"यदि पिछले 30 वर्षों में कांग्रेस एक अखिल भारतीय संस्था के रूप में देश के राजनीतिक क्षेत्र में कार्यरत न होती तो ऐसी अवस्था में गाँधी जी का कोई महान् आन्दोलन सफल नहीं होता।"**[1] इस प्रकार उदारवादी नेताओं की स्वदेश-भक्ति पर सन्देह करना अथवा उनको कायर कहना उचित नहीं है। कांग्रेस का प्रारम्भिक काल भारतीय राष्ट्रीय आन्दोलन का विचाराधीन युग था और इस युग में वैधानिक आन्दोलन की ही नीति का पालन किया जा सका।

**(5) ब्रिटिश शासन के दोष स्पष्ट करना**—उदारवादियों द्वारा आयोजित कांग्रेस के विभिन्न अधिवेशनों में ब्रिटिश सरकार की गलत नीतियों की आलोचना की जाती थी। जैसे-जैसे ब्रिटिश शासन के दोष स्पष्ट होते गए, वैसे-वैसे कांग्रेस में उग्रवादी तत्वों को प्रोत्साहन मिलता गया और आगे चलकर उग्रवादी तत्व विदेशी शासन के विरुद्ध लड़ने के लिए खुलकर सामने आ गए। इस प्रकार कांग्रेस अपने आरम्भिक दिनों में, **"सरकार का एक प्रतिपक्ष बन गयी किन्तु वह कोई मित्रतापूर्ण परामर्शदाता प्रतिपक्ष न बनी, अपितु वह एक ऐसा प्रतिपक्ष बनी जिसने सरकार की हैसियत और अधिकार को चुनौती दी।"**

**निष्कर्ष**—यद्यपि यह सत्य है कि उदारवादी आन्दोलन में अनेक कमियाँ थीं किन्तु उदारवादियों ने भारतीयों को प्रशासनिक, राजनीतिक, आर्थिक और सामाजिक सुधारों की माँग से राष्ट्रीय आन्दोलन को प्रारम्भ कर उसे स्वराज्य की माँग तक पहुँचाया। उदारवादी कांग्रेसी नेताओं ने ही आधुनिक स्वतन्त्रता की नींव डाली। उनके प्रयत्नों से ही इस नींव पर भारतीय स्वतन्त्रता का भवन खड़ा हो सका। पहले उपनिवेशों के ढंग का स्वशासन, फिर साम्राज्यवाद के अन्तर्गत होमरूल, तत्पश्चात् स्वराज्य और सबसे ऊपर जाकर पूर्ण स्वाधीनता की मंजिलें एक के बाद एक बन सकीं।

## नरमपन्थी युग के प्रमुख नेता
### (Main Leaders of Moderate Age)

उदार राष्ट्रीयतावादी युग के प्रमुख नेता ए. ओ. ह्यूम, दादाभाई नौरोजी, सुरेन्द्रनाथ बनर्जी, फिरोजशाह मेहता, उमेशचन्द्र बनर्जी और गोपालकृष्ण गोखले आदि थे। इनमें से प्रमुख उदारवादी नेताओं का राष्ट्रीय आन्दोलन में योगदान निम्नानुसार रहा—

**(1) ए. ओ. ह्यूम** (Allan Octavian Hume)—ए. ओ. ह्यूम को भारतीय राष्ट्रीय कांग्रेस का जन्मदाता कहा जाता है। ह्यूम ही वह व्यक्ति थे जिन्होंने कलकत्ता विश्वविद्यालय के स्नातकों के नाम खुला पत्र जारी कर भारत को सामाजिक, आर्थिक और राजनीतिक दृष्टि से उन्नत बनाने के लिए ऐसे पचास युवकों की माँग की थी जो भले, नि:स्वार्थ, नैतिक, साहसी और दूसरों का हित करने वाले, त्यागी एवं बलिदानी हों।

मि. ह्यूम स्कॉटलैण्ड के निवासी थे। वे भारतीय लोक सेवा (आई. सी. एस.) के सदस्य थे। उनका दृष्टिकोण अन्य सरकारी अफसरों की तरह न होकर भिन्न था। वे भारत और भारतीयों की सेवा में रुचि लेते थे। उन्होंने सार्वजनिक शिक्षा,

---

1. मुन्शी के. एम., **एडवेन्ट ऑफ इनडिपेन्डेन्स**, पृ. ४।

पुलिस सुधार, शराबबन्दी, वर्नाक्युलर प्रेस तथा अन्य क्षेत्रों में महत्वपूर्ण कार्य किए। सन् 1880 ई. में उन्हें नौकरी से रिटायर कर दिया गया। रिटायर होने के पश्चात् मि. ह्यूम ने भारत में सामाजिक सुधार आन्दोलन के लिए एक देशव्यापी संस्था की आवश्यकता पर विचार किया। उन्होंने अपने ये विचार तत्कालीन वायसराय लार्ड डफरिन के सम्मुख रखे। उन्होंने एक राजनीतिक संगठन की स्थापना पर जोर दिया जो भारत में ब्रिटिश संसद के विरोधी दल के समान कार्य करे। ह्यूम इससे सहमत हो गए।

सन् 1883 ई. में मि. ह्यूम ने अखिल भारतीय संस्था की स्थापना के लिए एक राष्ट्रीय सम्मेलन बुलाया और कलकत्ता विश्वविद्यालय के स्नातकों के नाम खुले पत्र के माध्यम से संस्था का विचार भारतवासियों के सम्मुख रखा। तत्पश्चात् सन् 1884 ई. में ह्यूम ने **'इण्डियन नेशनल यूनियन'** की स्थापना की। वे पुन: परामर्श लेने ब्रिटेन गए। ब्रिटेन से लौटकर उन्होंने दिसम्बर, सन् 1885 ई. में बम्बई में इसका एक सम्मेलन आयोजित किया जिसमें 72 प्रतिनिधियों ने भाग लिया। पर्याप्त विचार-विमर्श के पश्चात् इस संस्था का नाम बदलकर **'भारतीय राष्ट्रीय कांग्रेस'** रखा गया। इस संस्था का अधिवेशन 28 दिसम्बर, 1885 ई. को व्योमेशचन्द्र बनर्जी की अध्यक्षता में बम्बई में आयोजित किया गया।

यद्यपि अनेक विद्वानों का मत है कि मि. ह्यूम ने कांग्रेस की स्थापना ब्रिटिश साम्राज्य के हितों की रक्षा के लिए की थी परन्तु वे कांग्रेस के संस्थापक थे। उन्होंने ऐसे समय में इस संस्था की स्थापना की जबकि भारतीयों के लिए ऐसी संस्था की स्थापना एक असम्भव कार्य था। प्रारम्भ में यह संस्था मि. ह्यूम, विलियम वैडरवर्न आदि यूरोपियनों के सहयोग के कारण ही सरकार के क्रोध से बच सकी थी। मि. ह्यूम ने अपनी मृत्यु तक अर्थात् सन् 1912 ई. तक कांग्रेस में रहकर देश की सेवा के लिए कार्य किया। अनेक वर्षों तक वे कांग्रेस के सचिव भी रहे। नि:सन्देह ह्यूम को ब्रिटिश शासन में अनेक गलतियाँ दिखाई दे रही थीं और कांग्रेस के माध्यम से वे वैधानिक तरीकों के शासन की इन त्रुटियों को दूर कर श्रेष्ठ शासन स्थापित करना चाहते थे। इस प्रकार मि. ह्यूम कांग्रेस के माध्यम से ब्रिटेन तथा भारत दोनों का कल्याण चाहते थे।

**(2) गोपालकृष्ण गोखले** (Gopal Krishna Gokhale)—प्रारम्भिक कांग्रेस के उदारवादी नेताओं में गोपालकृष्ण गोखले का नाम अत्यधिक महत्वपूर्ण है। वे देश के इतिहास रूपी आकाश में सदैव ही एक नक्षत्र के रूप में चमकते रहेंगे। गोखले ने बहुत ही कम आयु में अपने जीवन की महानता स्पष्ट कर दी। वह एक ऐसे यात्री के समान थे जिसका मार्ग अधिक लम्बा था परन्तु जीवन बहुत कम था। वे एक के बाद एक समस्याओं को हल करते हुए सफलता प्राप्त करते गए। उन्होंने 18 वर्ष की आयु से अपना जीवन एक अध्यापक के रूप में प्रारम्भ किया था। वे न्यायाधीश रानाडे के अनुयायी थे। उनके विचार दादाभाई नौरोजी और फिरोजशाह मेहता से मिलते थे। वे 21 वर्ष की आयु में सार्वजनिक सभा के सम्पादक और 36 वर्ष की आयु में कांग्रेस के सभापति बने। उन्होंने अपना जीवन गरीबों व पीड़ित किसानों की सेवा में लगाया। सन् 1897 ई. में आपको भारतीय व्यय पर रॉयल कमीशन के सामने विरोध प्रकट करने के लिए ब्रिटेन भेजा गया। सन् 1899 ई. में वे बम्बई विधान परिषद् के सदस्य चुने गए। जहाँ आपने सरकार के भूमि सम्बन्धी कानून की निन्दा की। सन् 1902 ई. में वे केन्द्रीय विधान परिषद् के सदस्य बने। केन्द्रीय विधान परिषद् में आपने सरकार की आर्थिक नीति पर तीखे प्रहार किए तथा उच्च पदों पर भारतीयों की नियुक्ति न किए जाने की तीव्र आलोचना की।

भारतीय राष्ट्रीय आन्दोलन का उसके प्रारम्भिक काल में जिन महान् विभूतियों ने पथ-प्रदर्शन किया, उसमें गोखले अग्रणी हैं। इनकी प्रतिभा और योग्यता से प्रभावित होकर **लार्ड कर्जन** जैसे साम्राज्यवादी व्यक्ति ने भी उनकी सराहना करते हुए कहा था कि, **"ईश्वर ने आपको असाधारण योग्यता प्रदान की है और उसको आपने सुरक्षित रूप से देश को अर्पित कर दिया है।"**

गोपालकृष्ण गोखले का जन्म सन् 1866 ई. में बम्बई प्रदेश के रत्नागिरि जिले के एक गाँव में ब्राह्मण परिवार में हुआ था। 13 वर्ष की आयु में उनके पिता का निधन हो गया जिसके कारण उन्हें शिक्षा प्राप्त करने के लिए कठिन संघर्ष करना पड़ा, तब कहीं आगे जाकर अनेक महत्वपूर्ण पदों पर आरूढ़ हो सके। वे उदारवादियों के सिरमौर थे। वे पक्के यथार्थवादी नेता थे। वे अंग्रेजों को न्यायप्रिय मानते थे और उनका विश्वास था कि ब्रिटिश शासन द्वारा ही भारत का कल्याण हो सकता है। उन्होंने कहा था कि, **"भारत का शानदार भविष्य अंग्रेजी ताज की अबाध सर्वोच्चता** (Unchallenged Supremacy) **में ही प्राप्त किया जा सकता है।"** इसलिए वे स्वराज्य के स्थान पर राजनीतिक व दूसरे सुधारों की माँगों पर ही बल देते थे।

वे महादेव गोविन्द रानाडे के राजनीतिक और आध्यात्मिक शिष्य थे। गोखले नैतिक आचरण के दृढ़ समर्थक थे। उनका विश्वास था कि किसी देश की राजनीतिक मुक्ति से पूर्व उस देश का सामाजिक और नैतिक निर्माण होना चाहिए। उनकी वैधानिक उपायों में अटूट आस्था थी। उनका कहना था कि कांग्रेस को भारतीय प्रशासन में धीरे-धीरे सुधारों के लिए संवैधानिक आन्दोलन करना चाहिए। वे क्रमिक सुधारों के पक्षधर थे। **गोखले** के अनुसार त्याग की भावना को एक

राजनैतिक अस्त्र के रूप में प्रयोग किए जाने का समर्थन जनता की सहमति पर किया जाए। सन् 1903 ई. में **गोखले** ने अपने बजट भाषण में कहा कि, **"भावी भारत, परमेश्वर की कृपा से, घटती हुई समृद्धि खाली आशा और असन्तोष का भारत नहीं होगा बल्कि सदैव फैलने वाले उद्योगों, जाग्रत क्षमताओं तथा अधिक समान रूप में बँटी हुई दौलत तथा ऐश्वर्य का भारत होगा। मुझे अपने देश के लक्ष्य और चेतन में पूरा विश्वास है और उसकी असीमित क्षमताओं में मैं विश्वास करता हूँ, परन्तु भारत का यह शानदार भविष्य अंग्रेजी ताज की अबाध सर्वोच्चता में ही प्राप्त किया जा सकता है।"** अत: लोकमान्य तिलक एवं अन्य उग्रवादी नेता गोखले के इन विचारों से सहमत नहीं थे। वे उन्हें 'कमजोर दिल नरम नेता' अथवा 'दुर्बल हृदय उदारवादी नेता' समझते थे। दूसरी ओर, ब्रिटिश सरकार उनको एक छुपा हुआ 'राजद्रोही' समझती थी क्योंकि वे सरकार की केन्द्रीय विधान परिषद् के भीतर व उसके बाहर कटु आलोचना करते थे।

नि:सन्देह वे एक महान् राष्ट्र निर्माता थे। **डॉ. पट्टाभिसीतारमैया** ने गोखले के विषय में लिखा है कि, **"वास्तव में, वे न तो दुर्बल हृदय उदारवादी थे और न ही छिपे हुए राजद्रोही, वे जनता और सरकार के बीच एक सच्चे मध्यस्थ थे। वे जनता की आवश्यकताएँ, इच्छाएँ और आकांक्षाएँ सरकार को बताते थे और सरकार की कठिनाइयाँ जनता और कांग्रेस के सम्मुख रखते थे।"**

गोखले सच्चे देशभक्त और उदारवादी थे। उनके सम्बन्ध में जो कुछ भी कहा जाए वह थोड़ा है। **तिलक** के शब्दों में, **"गोखले भारत का हीरा, महाराष्ट्र का रत्न और मजदूरों के राजा थे।" चिन्तामणि** के अनुसार, **"वे बौद्धिक रूप से इतने ईमानदार थे कि पहले अपने आप से अच्छी तरह जिरह किए बिना कभी कोई राय प्रकट नहीं करते थे।"** उनके इन्हीं गुणों से प्रभावित होकर गाँधी जी ने उनको अपना आध्यात्मिक और राजनीतिक गुरु बनाना स्वीकार किया।

संक्षेप में, गोखले एक व्यावहारिक राजनीतिज्ञ और बहुत उच्चकोटि के देशभक्त थे। **लार्ड मार्ले** ने उनके विषय में ठीक ही कहा है कि उनमें **राजनीतिज्ञ का मस्तिष्क और प्रशासकीय जिम्मेदारी की भावना थी। उनकी कथनी और करनी में एकरसता थी और वे उन थोड़े से व्यक्तियों में से थे जिस कार्य को उचित समझते थे उससे कभी डिगते नहीं थे। गोखले भारतीय राष्ट्रीय आन्दोलन के सदैव प्रेरणास्त्रोत थे।**

## प्रश्न
## (Questions)

### दीर्घ उत्तरीय प्रश्न (Long Answer Type Questions)

1. भारतीय राष्ट्रीय आन्दोलन के उदारवादी युग का मूल्यांकन कीजिए।
   (Evaluate the moderate age of Indian National Movement.)
2. सन् 1885 से 1905 ई. तक भारतीय राष्ट्रीय कांग्रेस में उदारवादियों की उपलब्धियों का मूल्यांकन कीजिए।
   (Evaluate the achievements of moderates in Indian National Congress from 1885 to 1905.)
3. भारतीय राष्ट्रीय आन्दोलन में उदारवादियों के योगदान का वर्णन कीजिए।
   (Describe the Contribution of Moderates in Indian National Movement.)
4. भारतीय उदारवाद के प्रमुख सिद्धान्तों का वर्णन कीजिए।
   (Describe the main principles of Indian Modernism.)
5. "प्रारम्भिक वर्षों में कांग्रेस पूर्ण रूप से नरम दल वालों के प्रभाव में थी, जिनका विश्वास शुद्ध वैधानिक विधियों में था तथा जो भारतीय शासन में क्रमिक सुधार के लिए आन्दोलन करते थे।" विवेचना कीजिए।
   ("In early yearly congress was in impression of Moderates. The moderates were in favour of pure legal methods. Their movement was only for reformation of Indian Administration." Discuss.)
6. भारतीय राष्ट्रीय कांग्रेस में गोपालकृष्ण गोखले के योगदान की विवेचना कीजिए।
   (Discuss the contribution of Gopal Krishna Gokhale in Indian National Congress.)
7. "स्वतन्त्र भारत का वर्तमान महल राष्ट्रीय आन्दोलन के उदारवादी युग की नींव पर ही खड़ा है।" विवेचना कीजिए।
   ("The present palace of Independent India is standing on the foundation stone of moderate age of National Movement." Discuss.)

8. भारतीय राष्ट्रीय आन्दोलन में कांग्रेस के नरमपन्थियों के योगदान पर विस्तार से चर्चा कीजिए।
(Discuss in detail the contribution of Congress moderates in Indian National Movement.)
9. भारतीय उदारवाद के प्रमुख सिद्धान्तों का वर्णन कीजिए और इस बात पर प्रकाश डालिए कि इसका उद्‌गम कैसे हुआ ?
(Describe the chief principles of Indian Moderates and throw light on its origin.)
10. कांग्रेस के उदारवादी दल के प्रमुख प्रयोजनों एवं साधनों का परीक्षण कीजिए।
(Examine the chief aims and means of Moderate Wing of Congress.)
11. सन् 1885 से 1905 ई. तक भारतीय राष्ट्रीय कांग्रेस की प्रमुख नीतियों की चर्चा कीजिए।
(Discuss the chief policies of Indian National Congress from 1885 to 1905.)
12. सन् 1905 ई. तक भारतीय राष्ट्रीय कांग्रेस की उपलब्धियों का मूल्यांकन कीजिए।
(Evaluate the achievement of Indian National Congress since 1905.)
13. उदारवादी आन्दोलन का उद्देश्य एवं नीतियाँ क्या थीं ?
(What were the aims and Policies of Moderate Movement ? Evaluate the contribution of Moderates in Indian Movement.)
14. कांग्रेस के उदारवादी पक्ष और उसकी नीतियों का वर्णन कीजिए।
(Describe the Moderate wing and their policies of Congress.)

## लघु उत्तरीय प्रश्न (Short Answer Type Questions)

1. राष्ट्रीय आन्दोलन में ह्यूम की भूमिका बताइए।
2. उदारवादी नेताओं के नाम लिखिए।
3. उदारवादियों के राजनीतिक उद्देश्य क्या थे ?
4. उदारवादियों के साधन कौन-कौन से थे ?
5. उदारवादियों की उपलब्धियाँ क्या थीं ?
6. सन् 1884 से 1905 ई. तक कांग्रेस ने जिन कार्यक्रमों को अपनाया, उनकी विवेचना कीजिए।
7. उदारवादियों की कार्य-पद्धति पर प्रकाश डालिए।

## बहुविकल्पीय वस्तुनिष्ठ प्रश्न (Multiple Choice Type Objective Questions)

**1. गोखले एक ................ नेता थे–**

**उत्तर**–उदारवादी।

**2. नरमपन्थी राष्ट्रीयता का युग किस वर्ष से किस वर्ष तक रहा–**

(a) सन् 1885 से 1905 ई. तक (b) सन् 1906 से 1919 ई. तक
(c) सन् 1920 से 1947 ई. तक (d) सभी गलत हैं।

**उत्तर**–(a) सन् 1885 से 1905 ई. तक।

**3. कांग्रेस द्वारा स्वशासन के लक्ष्य की घोषणा किस वर्ष के कांग्रेस अधिवेशन में की गई–**

(a) सन् 1906 ई. के अधिवेशन में (b) सन् 1929 ई. के अधिवेशन में
(c) सन् 1905 ई. के अधिवेशन में (d) सन् 1892 ई. के अधिवेशन में।

**उत्तर**–(a) सन् 1906 के अधिवेशन में।

# कांग्रेस की उग्रपंथी शाखा और उसकी नीतियाँ

# [EXTREMIST WING OF THE CONGRESS THEIR POLICIES]

बीसवीं सदी के आरम्भ में भारत के राष्ट्रीय आन्दोलन में एक नई विचारधारा का जन्म हुआ जो उदारवादी विचारधारा से पूर्णतया भिन्न थी। राष्ट्रीय कांग्रेस अपनी स्थापना से सन् 1905 ई. तक पूर्णरूप से उदारवादी नेताओं के प्रभाव में थी जिनका अंग्रेजों की न्यायप्रियता तथा वैधानिक साधनों में दृढ़ विश्वास था। उनका मुख्य उद्देश्य भारतीय प्रशासन में क्रमिक सुधारों के लिए सरकार के समक्ष माँगें प्रस्तुत करना और संवैधानिक साधनों से उनकी पूर्ति के लिए प्रयत्न करना था। परन्तु उदारवादी नेता अपने उद्देश्य में सफलता प्राप्त नहीं कर पाए। उनके आवेदन, अभ्यावेदन, नैतिक अनुनय-विनय और अनुरोध के समस्त तरीके ब्रिटिश शासनाधिकारियों के सम्मुख विफल हो गए अर्थात् ब्रिटिश सरकार द्वारा उदारवादियों के प्रस्तावों एवं माँगों की ओर कोई ध्यान नहीं दिया गया तथा उनकी उपेक्षा कर दी गई। इसके अतिरिक्त, सन् 1885 से 1905 ई. के बीच भारत और विदेशों में कुछ ऐसी घटनाएँ घटित हुईं जिनसे कांग्रेस एवं भारतीय समाज की युवा पीढ़ी में एक नया जोश उत्पन्न हुआ जो संवैधानिक साधनों के प्रति अविश्वास की भावना रखता था। उनका अंग्रेजों की न्यायप्रियता से विश्वास उठ गया था और वे वैधानिक साधनों तथा कांग्रेस की भिक्षावृत्ति की नीति से ऊब चुके थे। अब वे यह अनुभव करने लगे थे कि स्वराज्य माँगने से नहीं बल्कि संघर्ष करने से ही प्राप्त होगा। संघर्ष द्वारा स्वतन्त्रता प्राप्त करने के मार्ग को अपनाने वाली इस धारा को ही उग्र राष्ट्रीयता के नाम से जाना जाता है। इसके प्रतिपादक बाल गंगाधर तिलक, लाला लाजपत राय और विपिन चन्द्र पाल थे जिन्हें बाल, लाल और पाल के नाम से भी जाना जाता है। इन नेताओं ने सन् 1906 से 1919 ई. तक भारतीय राष्ट्रीय आन्दोलन का नेतृत्व किया जिनका प्रमुख उद्देश्य स्वराज्य की प्राप्ति था। इसलिए **तिलक** ने कहा था कि, **"स्वराज्य मेरा जन्म-सिद्ध अधिकार है और मैं इसे लेकर ही रहूँगा।"**

उपर्युक्त परिस्थितियों के परिणामस्वरूप भारतीय राजनीति में दो विचारधाराएँ अस्तित्व में आईं जिनका उद्देश्य तो एक ही था परन्तु कार्य-प्रणाली एक-दूसरे के विपरीत थी। उनमें से एक अहिंसात्मक साधनों में विश्वास रखने वाला उग्रवादी दल था और दूसरा हिंसात्मक साधनों—बम, पिस्तौल, डकैती आदि में विश्वास रखने वाला क्रान्तिकारी वर्ग था। अत: यह स्पष्ट है कि सन् 1906 से 1919 ई. तक भारतीय राष्ट्रीय आन्दोलन की बागडोर अहिंसात्मक साधनों में विश्वास रखने वाले उग्रवादी नेता बाल, लाल, पाल और अरविन्द घोष के हाथों में रहीं।

## उग्रपन्थ के उदय के कारण
## (Causes of a Rise Extremism)

20वीं शताब्दी के प्रारम्भिक दशक में उग्र राष्ट्रीयता का उदय हुआ, वह आकस्मिक न होकर विभिन्न घटनाओं, परिस्थितियों और शक्तियों का स्वाभाविक परिणाम था। अत: उग्रपन्थी युग के उदय के प्रमुख कारण निम्नलिखित हैं—

**(1) सुधारों की अपर्याप्तता (अथवा सरकार द्वारा कांग्रेस की माँगों की उपेक्षा)**—लगभग बीस वर्षों तक उदारवादी नेताओं के हाथों में कांग्रेस की बागडोर रही। ये नेता अंग्रेजों की न्यायप्रियता में विश्वास रखते थे और प्रशासन में क्रमिक सुधार के लिए प्रार्थना-पत्रों, स्मृति-पत्रों और प्रतिनिधि मण्डलों के माध्यम से ब्रिटिश सरकार के समक्ष अपनी माँगें प्रस्तुत करते थे किन्तु ब्रिटिश सरकार ने अनेक वर्षों तक उनकी माँगों की ओर कोई ध्यान नहीं दिया और फिर भी उदारवादी नेता अपनी माँगें मनवाने के लिए निरन्तर प्रयास करते रहे। परिणामस्वरूप ब्रिटिश सरकार ने सन् 1892 ई. में भारतीय परिषद्

अधिनियम पारित किया। इसके द्वारा भारतीयों की सदस्य संख्या में वृद्धि की गई थी परन्तु अन्य बातों की ओर कोई ध्यान नहीं दिया गया था इसलिए यह अधिनियम भारतीयों को सन्तुष्ट नहीं कर सका। यहाँ तक कि उदारवादी नेता भी इससे असन्तुष्ट रहे फिर भी वे अपने प्रयत्न जारी रखने के पक्ष में थे लेकिन ब्रिटिश सरकार द्वारा कांग्रेस की माँगों के प्रति उपेक्षापूर्ण नीति अपनाए जाने के कारण लोकमान्य तिलक, लाला लाजपत राय तथा विपिनचन्द्र पाल आदि कांग्रेस के युवा नेता बेचैन हो उठे। उन्हें विश्वास हो गया कि अनुनय-विनय के संवैधानिक साधनों से कांग्रेस की माँगें पूरी नहीं हो सकतीं, उन्हें तो कठोरतापूर्वक कदम उठाकर सरकार को विवश करना होगा। **लाला लाजपत राय** ने कहा था कि, **"भारतीयों को अब भिखारी बने रहने में ही सन्तोष नहीं करना चाहिए और न ही उन्हें अंग्रेजों की कृपा पाने के लिए गिड़गिड़ाना चाहिए।"**

**(2) आर्थिक असन्तोष–लार्ड बेकन** का कथन है कि, **"अधिक दरिद्रता और आर्थिक असन्तोष क्रान्ति को जन्म देते हैं।"** भारत में उग्रवाद के उदय के सन्दर्भ में यह कथन पूर्णतया लागू होता है। 19वीं शताब्दी के अन्त तक अंग्रेजों ने भारतीय उद्योग-धन्धों को चौपट कर भारत को मात्र कच्चे माल की मण्डी बना दिया था। इंग्लैण्ड के व्यापारी भारत से कच्चा माल इंग्लैण्ड ले जाते थे और अपने कारखानों में अनेक वस्तुएँ अधिक से अधिक मात्रा में बनाकर भारत के बाजारों में सस्ती दरों पर बेचते थे। इससे भारत का करोड़ों रुपया ब्रिटेन चला जाता था। इससे भारत की आर्थिक दशा निरन्तर जर्जर होती जा रही थी। यही नहीं, अंग्रेजों ने भारतीयों का अधिक आर्थिक शोषण करने के लिए कपास की बनी वस्तुओं पर आयकर 5 प्रतिशत से $3\frac{1}{2}$ प्रतिशत कर दिया था और भारत के निर्मित माल पर $3\frac{1}{2}$ प्रतिशत का उत्पादन कर लगा दिया गया था। परिणामस्वरूप देशी सामान महँगा और विदेशी सामान सस्ते दामों पर बिकने लगा था। सरकार की इस नीति के कारण उन्हें योग्यता के अनुसार पद प्रदान नहीं किए जा रहे थे जिससे बेरोजगारी की समस्या उग्ररूप धारण करने लगी थी जो उग्रवाद के उदय का प्रमुख कारण बन गया था।

**(3) धार्मिक-सांस्कृतिक पुनरुत्थान**–कांग्रेस के उदारवादी नेता पाश्चात्य सभ्यता एवं संस्कृति से अत्यधिक प्रभावित थे। उनका मानना था कि पाश्चात्य धर्म, साहित्य, राजनीतिक संस्थाएँ, भाषा और संस्कृति भारतीयों की तुलना में श्रेष्ठ हैं परन्तु 19वीं शताब्दी के अन्तिम वर्षों में धार्मिक पुनरुत्थान के आन्दोलन व सांस्कृतिक नवजागरण के कारण भारतीयों का ध्यान अपने प्राचीन गौरव की ओर गया और पाश्चात्य सभ्यता के प्रति उनके मन में जो श्रेष्ठता का भाव था, वह जाता रहा। आर्य-समाज, रामकृष्ण मिशन, थियोसोफिकल सोसायटी आदि ने भारतीयों में अपनी समस्याओं को स्वयं हल करने के प्रति आत्म-विश्वास जागृत किया। इस धार्मिक पुनर्जागरण से बाल, लाल और पाल को जितनी प्रेरणा प्राप्त हुई, उतनी अन्य किसी दिशा से नहीं मिली। लाला लाजपत राय ने पाश्चात्य सभ्यता में रंगे भारतीयों की खिल्ली उड़ाई और उन्हें अपने देश के अतीत के गौरव को अपनाने का आह्वान किया। विपिन चन्द्रपाल ने काली और दुर्गा का आह्वान कर दलितों को सन्देश दिया। इस प्रकार पुनरुत्थानवादी नेताओं ने धर्म की आड़ में राष्ट्रीयता की विजय पताका फहराना, स्वामी दयानन्द सरस्वती द्वारा आर्य-समाज की स्थापना करना आदि प्रमुख कार्य हैं। तिलक, अरविन्द घोष आदि उग्र-राष्ट्रवादी नेता धार्मिक पुनरुत्थान के परिणाम है। अरविन्द घोष ने देश के नवजवानों को ललकारा कि स्वतन्त्रता हमारे जीवन का ध्येय है और इसकी प्राप्ति हिन्दू धर्म से ही सम्भव है। इस तरह उग्रवादी नेता स्वतन्त्रता प्राप्त करना अपना धार्मिक कर्तव्य समझते थे।

**(4) राष्ट्रीय साहित्य एवं समाचार-पत्र**– राष्ट्रीय साहित्य का विकास एवं समाचार-पत्रों का योगदान उग्रवादी राष्ट्रीयता के उदय की एक प्रमुख कारण माना जाता है। इस काल का बंगाली साहित्य देश-प्रेम की भावनाओं से ओत-प्रोत था। बंकिमचन्द्र चटर्जी का 'आनन्दमठ' उस समय की सबसे अधिक प्रिय पुस्तक थी। उनके द्वारा रचित प्रसिद्ध गीत 'वन्देमातरम्' राष्ट्रीय गान बन गया। समाचार-पत्रों में केसरी, युगान्तर, सन्ध्या आदि प्रमुख थे जिन्होंने अंग्रेजों के अमानुषिक अत्याचारों और उनकी साम्राज्यवादी नीति की कटु आलोचना की। उन्होंने भारतीयों को बताया कि जब भारतीय अंग्रेजी शासन से मुक्ति पाना अपना कर्तव्य समझने लगेंगे तभी देश अपने अतीत के गौरव को प्राप्त कर सकेगा।

**(5) प्राकृतिक प्रकोप**–उग्र-राष्ट्रवाद के उदय में प्राकृतिक प्रकोपों का भी महत्वपूर्ण योगदान रहा। 19वीं शताब्दी के अन्त में भारत बेरोजगारी और गरीबी से परेशान था, उसी समय सन् 1876 से 1900 ई. तक के 25 वर्षों में देश में 18 बार अकाल पड़े, जिनमें सबसे अधिक भीषण सन् 1896-97 ई. का अकाल था। इस अकाल का प्रभाव 7 करोड़ जनसंख्या और 70 हजार वर्ग मील पर पड़ा जिसमें शासन द्वारा दी गई सहायता अपर्याप्त थी, साथ ही यह सहायता बहुत धीमी गति से प्राप्त हो रही थी। यही नहीं, एक ओर जनता भूखों मर रही थी किन्तु दूसरी ओर शासन ने रानी विक्टोरिया का जयन्ती उत्सव मनाने के लिए ही सन् 1897 ई. में दिल्ली में शानदार दरबार का आयोजन किया था। इस समारोह पर धन का अपव्यय किया जा रहा था। अभी अकाल की स्थिति से मुक्ति भी नहीं मिल पाई थी कि बम्बई प्रान्त के दक्षिणी भाग में भयंकर प्लेग फैल गया।

इस स्थिति का शासन द्वारा अविवेकपूर्ण और निर्दयतापूर्ण ढंग से सामना किया गया। प्लेग कमिश्नर रैण्ड और सेना की महामारी रोकने का कार्य सौंपा गया। उन्होंने बीमारी वाले मकानों को गिराने, बीमारों के बिस्तर और कपड़े जलाने, रसोईघर, पूजाघर और स्त्रियों के कमरे में घुसकर उन्हें घसीटने व उनके साथ मनमाना व्यवहार किया। जनता इस दुर्व्यवहार को कब तक सहन कर सकती थी। **रामगोपाल** के अनुसार, **"सारा काम इस ढंग का था, जैसे दुश्मन द्वारा जीते गए किन्हीं शहरों को फूँका जा रहा हो।"**[1] इससे जनता में इतना अधिक रोष फैल गया कि एक नवयुवक द्वारा कमिश्नर रैण्ड और उनके साथी को गोली से उड़ा दिया गया। परिणामस्वरूप सरकार का दमनचक्र चला। इससे भारतीयों में सरकार विरोधी भावनाएँ अधिक उभरने लगीं। इन भावनाओं ने उग्र-राष्ट्रीयता के उदय में महत्वपूर्ण भूमिका निभाई।

**(6) ब्रिटिश उपनिवेशों में भारतीयों के साथ दुर्व्यवहार**—ब्रिटिश उपनिवेशों में रहने वाले भारतीयों के साथ अंग्रेजों का व्यवहार अन्यायपूर्ण, अभद्र और असभ्य था। इस व्यवहार ने भारतीयों के हृदय में ब्रिटिश साम्राज्य के प्रति असन्तोष पैदा कर दिया। नेपाल, ट्रांसवाल और दक्षिण अफ्रीका में भारतीयों के साथ अमानवीय व्यवहार तो किया ही गया इसके अतिरिक्त उन्हें राजनीति और सामाजिक अधिकारों से भी वंचित रखा गया, जैसे—अंग्रेज और भारतीय एक साथ प्रथम श्रेणी के डिब्बे में सफर नहीं कर सकते थे, कुछ अस्पतालों, होटलों, स्कूल और कॉलेजों में भी भारतीयों को प्रवेश नहीं दिया जाता था आदि। सन् 1903 ई. में दक्षिण अफ्रीका से लौटकर **डॉ. बी. एल. मुन्ज** ने दुःखपूर्वक कहा था कि, **"हमारे शासक इस बात पर विश्वास नहीं करते थे कि हम मनुष्य हैं।"**[2]

भारत के शिक्षित युवा वर्ग ने यह अनुभव किया कि विदेशों में भारतीयों के अपमान का मूल कारण भारत का पराधीनता की बेड़ियों में जकड़ा होना है। इसी कारण अंग्रेज भारतीयों के साथ दुर्व्यवहार करते हैं। अतः इसकी समाप्ति का एकमात्र उपाय भारत को पराधीनता से मुक्त कराना है। इसी कारण भारत में उग्रवादी आन्दोलन को अधिक बल मिला।

**(7) अन्तर्राष्ट्रीय घटनाओं का प्रभाव**—भारतीय राष्ट्रीय आन्दोलन में उग्रवादी युग के उदय होने में अन्तर्राष्ट्रीय घटनाओं ने भी सहयोग दिया। सन् 1893 ई. में एबीसीनिया की सेना ने इटली की महान् सेना को पराजित कर दिया। सन् 1904-1905 ई. में जापान ने महान् रूस को पराजित किया। इन युद्धों ने भारतवासियों की निराशा की भावना को दूर कर दिया। उनमें देश-भक्ति, साहस और त्याग की भावना को और अधिक विकसित कर दिया। वे अनुभव करने लगे कि जब इतने छोटे-छोटे देश अपनी स्वतन्त्रता के लिए संघर्ष कर सकते हैं तो भारत अपने को पराधीनता से मुक्त कराने के लिए संघर्ष क्यों नहीं कर सकता। इसी भावना के कारण नवयुवक वर्ग में एक नवसंचार हुआ।

**(8) बाल, लाल, पाल का नेतृत्व**—उग्र-राष्ट्रीयता के उदय में बाल गंगाधर तिलक, लाला लाजपत राय और विपिनचन्द पाल का नेतृत्व एक अत्यन्त महत्वपूर्ण कारण था। ये नेता अटूट देशभक्त और ब्रिटिश शासन के कट्टर शत्रु थे। इनमें अद्‌भुत संगठन की शक्ति और नेतृत्व के गुण थे। इनकी वाणी सशक्त और आत्म-विश्वास से भरी हुई थी जिसके कारण नवयुवकों में नए विचार और शक्ति का संचार हुआ। **तिलक** कहते थे कि, **"स्वतन्त्रता मेरा जन्म सिद्ध अधिकार है और मैं इसे लेकर रहूँगा।"** हमारा उद्देश्य आत्म-विश्वास है भिक्षावृत्ति नहीं। **लाला लाजपत राय** कहते थे कि, **"भिखारियों से अंग्रेज सबसे अधिक घृणा करते हैं और मैं सोचता हूँ कि भिखारी घृणा के पात्र है भी। अतः हमारा यह कर्तव्य है कि हम सिद्ध कर दें कि हम भिखारी नहीं हैं।"** इन महान् नेताओं ने महाराष्ट्र, पंजाब, बंगाल तथा अन्य क्षेत्रों में एक नई जागृति पैदा कर दी। इन नेताओं ने भिक्षावृत्ति का मार्ग त्यागकर अहिंसात्मक आन्दोलन का मार्ग अपनाने पर बल दिया।

**(9) पाश्चात्य क्रान्तिकारी सिद्धान्तों का प्रभाव**—पाश्चात्य शिक्षा और अंग्रेजी भाषा के अध्ययन के फलस्वरूप भारतीय नवयुवकों ने मेजिनी, बर्क, गैरीबाल्डी और वाशिंगटन के स्वतन्त्रता सम्बन्धी ओजस्वपूर्ण विचार पढ़े। उन्होंने अमेरिका, फ्रांस, इटली और आयरलैण्ड के स्वाधीनता आन्दोलनों का अध्ययन किया। इसके परिणामस्वरूप उनके विचार और दृष्टिकोण में अन्तर आया और वे उग्र-राष्ट्रवाद की ओर उन्मुख हुए।

**(10) जातीय कटुता और अंग्रेजों का अहंकारयुक्त व्यवहार**—अंग्रेज भारतीयों के साथ बहुत अभद्र और उद्दण्ड व्यवहार करते थे और अंग्रेजी समाचार-पत्र भारत विरोधी प्रचार करते थे। वे उनको **'काला आदमी'** कहते थे और उनको घृणा की दृष्टि से देखते थे। अंग्रेज भारतीयों की हत्या भी कर देते थे पर उन्हें कोई दण्ड नहीं मिलता था क्योंकि न्याय करने वाले अंग्रेज थे। इतना ही नहीं, आंग्ल समाचार-पत्र जातीय कटुता का व्यवहार करते थे और भारतीयों को अपमानजनक शब्दों से पुकारा जाता था, जैसे—लाहौर से प्रकाशित **"दी सिविल एण्ड मिलिट्री गजट"** पढ़े-लिखे भारतीयों को 'बल-बलाते'

1. Ram Gopal, *Lokmanya Tilak*, p. 137. —Dr. Pattabhi's *History of I. N. C.*, Vol. I, p. 47.
2. Our Rulers do not believe that we are men. —*Dr. B. S. Moonje*

बी. ए., 'वर्णशंकर' बी. ए., गुलाम, दास जाति और कलंकी जाति जैसे अपमानजनक शब्दों से सम्बोधित करते थे। इस सबका परिणाम था भारतीयों में अंग्रेज विरोधी भावना का उग्र रूप से उदय होना।

**(11) लार्ड कर्जन का प्रतिक्रियावादी शासन**—भारत में उग्र-राष्ट्रीयता के उदय के लिए यदि कोई एक कारण प्रमुख रूप से उत्तरदायी कहा जा सकता है तो वह था लार्ड कर्जन का प्रतिक्रियावादी शासन। सन् 1898 से 1905 ई. तक लार्ड कर्जन भारत का गवर्नर-जनरल रहा। उसने ब्रिटिश साम्राज्य के लिए वही कार्य किया जो मुगल साम्राज्य के लिए औरंगजेब ने किया था। उसने अपने इस अल्प कार्यकाल में ऐसे दमनकारी कार्य किए जिससे भारतीयों में ब्रिटिश शासन के प्रति असन्तोष की भावना और अधिक उग्र रूप धारण करने लगी। लार्ड कर्जन द्वारा किए गए दमनकारी कार्य निम्नांकित थे—

(i) कलकत्ता में स्वायत्त शासन का अन्त करने के लिए कर्जन ने सन् 1899 ई. में **कलकत्ता नगर निगम** अधिनियम पारित करके नगर निगम में निर्वाचित भारतीय सदस्यों की संख्या कम कर दी और सरकार द्वारा मनोनीत सदस्यों की संख्या में वृद्धि कर दी।

(ii) भारतीय विश्वविद्यालयों का पूर्णतया यूरोपीकरण करने के उद्देश्य से कर्जन ने सन् 1904 ई. में भारतीय विश्वविद्यालय अधिनियम पारित करके विश्वविद्यालय की सीनेट और सिण्डीकेट्स में भारतीय सदस्यों की संख्या कम कर दी।

(iii) सन् 1904 ई. में लार्ड कर्जन ने प्रशासकीय गोपनीय अधिनियम (Official Secrets Act) पारित करके समाचार-पत्रों की स्वतन्त्रता को सीमित कर दिया तथा सरकार विरोधी प्रयत्नों को कठोर दण्डनीय अपराध घोषित कर दिया।

इन सबके अतिरिक्त लार्ड कर्जन ने भारतीय जनता पर भारी मात्रा में करारोपण करके करों के रूप में वसूल किए गए भारतीय धन को सेना और राजकीय उत्सवों पर पानी की तरह बहाया। उपर्युक्त सभी कारणों के परिणामस्वरूप कर्जन के शासन के प्रति जनता में भारी रोष व्याप्त हो गया और भारतीय नेताओं को उग्रवादी रुख धारण करने के लिए विवश होना पड़ा।

**(12) बंगाल का विभाजन**—लार्ड कर्जन का सबसे बड़ा मूर्खतापूर्ण अन्तिम कार्य सन् 1905 ई. में किया गया बंगाल का विभाजन था। उसने बंगाल को पूर्वी तथा पश्चिमी दो भागों में विभाजित कर दिया। कहने को तो यह विभाजन प्रशासनिक सुविधा के लिए किया गया था क्योंकि उस समय बंगाल एक विशाल प्रान्त था जिसके अन्तर्गत आधुनिक बिहार, उड़ीसा, पश्चिम बंगाल तथा वर्तमान बांग्लादेश आते थे। बंगाल की जनसंख्या उस समय लगभग आठ करोड़ थी। परन्तु वास्तव में यह विभाजन हिन्दुओं और मुसलमानों में फूट डालकर उन्हें परस्पर लड़ाने का एक षड्यन्त्र था, ताकि देश में राष्ट्रवाद की बढ़ती हुई लहर को रोका जा सके। अंग्रेजों की 'फूट डालो और शासन करो' की नीति का यह एक महत्वपूर्ण उदाहरण था जिसका भारत में घोर विरोध किया गया। बंगाल विभाजन की तीव्र प्रतिक्रिया हुई। इस विभाजन ने न केवल बंगाल प्रान्त के निवासियों को ही वरन् सम्पूर्ण भारतवासियों को भी झकझोर दिया। **सुरेन्द्रनाथ बनर्जी** ने कहा कि, **"बंगाल का विभाजन हमारे ऊपर बम की तरह गिरा है। हमने समझा कि हमारा घोर अपमान किया गया है।"**[1] इस तरह बंगाल विभाजन का विरोध करने के लिए बंगाल में तीव्र आन्दोलन शुरू हो गया जो शीघ्र ही लगभग सम्पूर्ण भारत में फैल गया। जनता ने विदेशी वस्तुओं का बहिष्कार कर विदेशी वस्त्रों की होली जलाई। हड़तालों और प्रदर्शनों के अतिरिक्त हिंसा एवं आतंक का दौर प्रारम्भ हो गया। इस प्रकार संवैधानिक उपायों पर से देश का विश्वास उठ गया। इसलिए **गोपालकृष्ण गोखले** ने कहा कि, **"सबसे बुरी बात तो यह है कि बहुत से व्यक्ति अंग्रेजों की सत्यनिष्ठा और न्यायप्रियता में विश्वास खोने लगे हैं।"** इसी प्रकार तो उग्रवादी पैदा किए जाते हैं।

उपर्युक्त विवेचन से स्पष्ट है कि भारत में उग्रवाद के उदय के लिए बंगाल का विभाजन मुख्य रूप से उत्तरदायी था। यह उल्लेखनीय है कि सन् 1911 ई. में विवश होकर सरकार को बंगाल विभाजन निरस्त करना पड़ा। इससे भारतीयों को आत्मनिर्भरता और त्याग की शिक्षा मिली।

इस प्रकार उपर्युक्त कारणों के परिणामस्वरूप अखिल भारतीय कांग्रेस में एक नए दल का उदय हुआ जो अपनी उग्रवादी नीति के कारण इतिहास में उग्रवादी दल के नाम से प्रसिद्ध है।

## उग्रपन्थियों के राजनीतिक विचार और उद्देश्य

### (Political Thoughts and Aims of Extremists)

उग्र-राष्ट्रवादियों की राजनीतिक विचारधारा उदारवादियों से भिन्न और बहुत कुछ अंशों में विपरीत थी। उग्रवादियों में लाला लाजपत राय, लोकमान्य बालगंगाधर तिलक और विपिन चन्द्र पाल तीनों ही कुछ समान आदर्शों से प्रेरित थे। उन्हें

---

1. "The partition announcement feel like a bomb shell. We felt that we had been insulted and tricked."

*—Surendra Nath Bannerjee.*

उदारवादियों की भाँति अंग्रेजों की न्यायप्रियता और संवैधानिक तरीकों में कतई विश्वास नहीं था। वे भारत और ब्रिटेन के हितों को एक-दूसरे के पूरक न मानकर नितान्त विरोधी मानते थे। इन लोगों का मत था कि ब्रिटिश साम्राज्य के साथ कितना ही सहयोग क्यों न किया जाए, उसके द्वारा भारत अपने राजनीतिक लक्ष्य की प्राप्ति नहीं कर सकता। **लोकमान्य तिलक** ने कहा था कि, **"राजनीतिक अधिकारों के लिए लड़ाई लड़नी होगी। उदारवादी सोचते हैं कि अंग्रेजों को समझा-बुझाकर काम निकाला जा सकता है परन्तु हमारा विचार है कि सरकार पर दबाव डालने से ही अधिकारों की प्राप्ति सम्भव है।"**

उग्रवादियों ने **पूर्ण राजस्व** की प्राप्ति अपना उद्देश्य घोषित किया। **लोकमान्य तिलक** ने अपना उद्देश्य स्पष्ट करते हुए कहा था कि, **"स्वराज्य मेरा जन्म-सिद्ध अधिकार है और मैं उसे लेकर रहूँगा।" तिलक** के अनुसार, **स्वराज्य** का अर्थ था कि भारत केवल नाममात्र के लिए ब्रिटिश ताज के अन्तर्गत रहे। आन्तरिक और बाह्य विषयों में उसे पूर्ण स्वतन्त्रता प्राप्त हो। उनका विश्वास था कि सरकारी कार्यों में थोड़ा-बहुत हाथ बँटाने से देश का कल्याण नहीं हो सकता। सबसे महत्वपूर्ण बात यह है कि पहले देश स्वतन्त्र हो तभी आर्थिक, सामाजिक और नैतिक उन्नति हो सकती है। इसी तरह विपिन चन्द्र पाल का ब्रिटिश राष्ट्र के अन्तर्गत स्वशासन में विश्वास नहीं था वरन् वे पूर्ण स्वराज्य की माँग रखते थे। **अरविन्द घोष** ने कहा था कि, **"स्वतन्त्रता हमारे जीवन का लक्ष्य है और हिन्दू धर्म के माध्यम से ही इस आकांक्षा की पूर्ति हो सकती है।"** इस प्रकार उग्रवादियों की राजनीतिक विचारधारा और उद्देश्य उदारवादियों से भिन्न थे।

## उग्रपन्थियों के साधन (कार्य पद्धति)

### (Methods of the Extremists)

उग्रवादी अपने लक्ष्य पूर्ण स्वराज्य को प्राप्त करने के लिए हिंसा और आतंक की नीति में विश्वास नहीं करते थे, वे अहिंसात्मक साधनों द्वारा उसे प्राप्त करना चाहते थे। इस तरह उग्रवादियों की राजनीतिक विचारधारा और उद्देश्य तो उदारवादियों से भिन्न थे ही परन्तु उनकी कार्य-पद्धति और साधन भी उदारवादियों से नितान्त विपरीत और सर्वथा भिन्न थे। **नेविन्सन** के शब्दों में **तिलक** ने कहा था कि, **"अपने उद्देश्य के कारण नहीं वरन् उसे प्राप्त करने के उपायों के कारण हमें उग्रवादियों की उपाधि मिली है।"**[1] उग्रवादियों को अंग्रेजों की न्यायप्रियता, क्रमिक सुधारों और अपने राजनीतिक अधिकारों की प्राप्ति के लिए संवैधानिक साधनों में विश्वास नहीं था। इन साधनों को वे राजनीतिक भिक्षावृत्ति मानते थे और इनकी कड़ी निन्दा करते थे। उनका मत था कि ब्रिटिश राज्य भारत में शक्ति पर आधारित है और शक्ति द्वारा ही प्राप्त किया गया है इसलिए अंग्रेज भारत को खुशी से नहीं छोड़ेंगे। वे सरकार का विरोध कर उसे उखाड़ना चाहते थे। उनका विश्वास था कि राजनीतिक सत्ता प्रार्थना करने अथवा राजनीतिक सुधारों की भीख माँगने से प्राप्त नहीं हो सकती। उसे केवल स्वावलम्बन के आधार पर संघर्ष करके ही प्राप्त किया जा सकता है। **विपिन चन्द्र पाल** कहा करते थे कि, **"स्वराज्य स्वावलम्बन के आधार पर प्राप्त किया जा सकता है और हमें अपनी राष्ट्रीय शक्तियों को इस प्रकार संगठित करना चाहिए कि कोई भी शक्ति जो हमारे विरुद्ध हो हमारे सम्मुख झुकने को बाध्य हो जाये।"** पुनः उनका कथन था कि, **"यदि सरकार स्वयं मेरे पास आकर कहे कि स्वराज्य ले लो तो मैं उपहार के लिए धन्यवाद देते हुए कहूँगा कि मैं उस वस्तु को स्वीकार नहीं कर सकता जिसे प्राप्त करने की सामर्थ्य मुझमें नहीं है।"**[2] इसी प्रकार तिलक ने **केसरी** नामक पत्रिका में स्पष्ट किया था कि हमें अपने अधिकारों के लिए संघर्ष करना पड़ेगा। उग्रवादियों के प्रमुख साधन निम्नलिखित थे—

**(1) बहिष्कार**—उग्रवादियों ने अपने लक्ष्य की प्राप्ति के लिए बहिष्कार रूपी साधन को अपनाया था। वे इसके अन्तर्गत सरकार के साथ असहयोग करने पर बल देते थे। बहिष्कार कार्यक्रम के अन्तर्गत विदेशी सरकार का बहिष्कार, सरकारी नौकरियों, प्रतिष्ठानों, उपाधियों और ब्रिटिश वस्तुओं का बहिष्कार सम्मिलित था इस प्रकार के बहिष्कार आन्दोलन से उन्हें कुछ सफलता भी प्राप्त हुई।

**(2) स्वदेशी**—विदेशी वस्तुओं, संस्थाओं और मूल्यों को त्यागकर उनके स्थान पर भारतीय वस्तुओं, मूल्यों और संस्थाओं को अपनाने का नाम स्वदेशी था। इसके अन्तर्गत **"विदेशी कपड़ा जलाओ और भारत में बना हुआ कपड़ा पहनो"** पर बल दिया गया। उनका मत था कि इससे भारतीय उद्योग-धन्धों का विकास होगा और ब्रिटिश हितों एवं व्यापार को प्रत्यक्ष रूप से आघात पहुँचेगा। इसलिए **तिलक** कहा करते थे कि, **"जनता में आत्मनिर्भरता, स्वाभिमान और त्याग**

1. "It is not our purpose but by methods only that our party has earned the name of extremists." —*B. G. Tilak.*
2. Quoted by Velentine Chirol, *Indian Unrest,* pp. 11-12.

**की भावना जाग्रत करने के लिए स्वदेशी आन्दोलन को सफल बनाना आवश्यक है।"** इसको सफल बनाने के लिए स्वयंसेवकों की टोलियाँ बनाई गईं जिन्होंने विदेशी माल की दुकानों पर धरना दिया तथा विदेशी कपड़ों के स्थान पर स्वदेशी माल का उपयोग करने पर जोर दिया। इस कार्य में उन्हें पर्याप्त सफलता भी मिली क्योंकि इस आन्दोलन के परिणामस्वरूप भारत में विदेशी कपड़ों की होलियाँ जलाई जाने लगीं।

**(3) निष्क्रिय प्रतिरोध**—इसका अर्थ था—सरकार के प्रत्येक उस कार्य और कानून का विरोध करो जो भारतीयों का दमन करता हो और भारतीय हितों के प्रतिकूल हो परन्तु यह विरोध आक्रामक न होकर संगठित हो। उदाहरणार्थ—यदि सरकार हमारा शोषण करने के लिए हम पर कर लगाए तो हम संगठित होकर यह निश्चित करें कि हम वह कर नहीं देंगे। निष्क्रिय प्रतिरोध पर अपने विचार प्रकट करते हुए **विपिन चन्द्र पाल** ने कहा था कि, **"सरकार के कार्य को कई प्रकार से ठप्प किया जा सकता है। ऐसा तो सम्भव नहीं है कि प्रत्येक मजिस्ट्रेट कार्य करने से इन्कार कर दे तथा एक व्यक्ति के त्याग-पत्र देने पर उनके स्थान पर कोई दूसरा व्यक्ति न मिले, परन्तु सम्पूर्ण देश में यह भावना जाग्रत हो जाए कि समस्त सरकारी कार्यालयों में हड़ताल की जा सकती है। हम उस भारतीय की स्थिति को जो सरकारी कर्मचारी है, ऐसी कर सकते हैं जैसे वह भारतीय नागरिक के सम्मान से नीचे गिर गया हो। सरकारी नौकरी करने वाले यदि बिल्कुल सहयोग न दें तो हम सरकार को असम्भव बना सकते हैं।"**

**(4) राष्ट्रीय शिक्षा**—इसका तात्पर्य यह था कि अंग्रेजों द्वारा स्थापित विद्यालयों द्वारा मानसिक रूप से गुलाम बनाने वाली शिक्षा व्यवस्था का बहिष्कार करके ऐसे राष्ट्रीय विद्यालयों की स्थापना की जाए जो अपनी शिक्षा व्यवस्था द्वारा विद्यार्थियों को भारतीय सभ्यता, संस्कृति और परम्पराओं का ज्ञान कराएँ तथा उनमें राष्ट्रीय भावना पैदा करें। इस आन्दोलन को सफल बनाने के उद्देश्य से अरविन्द घोष महाराजा बड़ौदा की एक उच्चपदीय नौकरी छोड़कर कलकत्ता के राष्ट्रीय महाविद्यालय के प्राचार्य बन गए। इसी प्रकार तिलक ने **दक्षिण शिक्षा समाज** की स्थापना की और मदनमोहन मालवीय ने **हिन्दू विश्वविद्यालय** की स्थापना की योजना प्रस्तुत की। बंगाल में राष्ट्रीय शिक्षा व्यवस्था पर आधारित अनेक विद्यालयों की स्थापना हुई।

इस प्रकार उग्रवादियों द्वारा अपनाए गए साधनों में बहिष्कार और स्वदेशी के आन्दोलन को अभूतपूर्व सफलता प्राप्त हुई। भारत के कुछ क्षेत्रों में तो बहिष्कार इतना अधिक प्रबल और लोकप्रिय था इसका अनुमान इस तथ्य से लगाया जा सकता है कि, **"परीक्षार्थियों ने विदेशी कागज की कापियाँ छूने से इन्कार कर दिया, बच्चों ने विदेशी जूते पहनना या ज्वर में विदेशी दवा लेने से इन्कार कर दिया और विवाह में मिली ऐसी विदेशी भेटें भी अस्वीकार की जाने लगीं जो भारत में भी बन सकती थीं।"** इस बहिष्कार आन्दोलन का अन्तिम उद्देश्य भारत में विदेशी शासन को पंगु बनाकर भारतीय कपड़ा बुनकर उद्योगों को बल प्रदान करना था जिसके लिए सुरेन्द्रनाथ बनर्जी ने एक राष्ट्रीय कोष की स्थापना कर एक ही सार्वजनिक सभा में सत्तर हजार रुपए एकत्रित करने में सफलता प्राप्त की।[1]

## उग्रपन्थी आन्दोलन की प्रगति एवं कांग्रेस में फूट (गरम दल तथा नरम दल)

### [Progress of Extremists Movement and Split in Congress (Extremist and Moderate)]

सन् 1905 ई. में बंगाल विभाजन के पश्चात् कांग्रेस में एक ऐसा वर्ग उत्पन्न हो गया जो उदारवादियों की नीतियों और साधनों में विश्वास नहीं रखता था। जो उग्रवादी अहिंसात्मक साधनों द्वारा स्वराज्य प्राप्त करना चाहते थे, उनका नेतृत्व बालगंगाधर तिलक, लाला लाजपत राय और विपिनचन्द्र पाल की त्रिमूर्ति द्वारा किया गया। यह वर्ग सन् 1907 ई. तक कांग्रेस में रहकर और सन् 1907 ई. के सूरत अधिवेशन की फूट के बाद सन् 1916 ई. तक कांग्रेस के बाहर रहकर उग्रवादी आन्दोलन चलाते रहे। तत्पश्चात् सन् 1916 ई. में गरम दल और नरम दल में पुनः एकता स्थापित हो जाने पर महात्मा गाँधी के राजनीति में पदार्पण तक यह लोग निरन्तर कार्य करते रहे। संक्षेप में उग्रवादी आन्दोलन की प्रगति एवं कांग्रेस में फूट को सुविधा की दृष्टि से राजनीति में अग्रलिखित शीर्षकों के अन्तर्गत स्पष्ट किया गया है—

1. Surendra Nath Banerjee, *A Nation in the Making*, p. 196.

**(1) सन् 1905 ई. का बनारस अधिवेशन**—भारतीय राजनीति में उग्रवाद के उदय से राष्ट्रीय कांग्रेस का प्रभावित होना स्वाभाविक था। इन्हीं स्थितियों में **सन्** 1905 ई. में कांग्रेस का प्रथम अधिवेशन बनारस में आयोजित किया गया। इसमें बाल गंगाधर तिलक आदि उग्रवादि**यों ने** उदारवादियों की राजनीतिक भिक्षावृत्ति की कटु आलोचना की और इस बात पर बल दिया कि संगठित निष्क्रिय प्रतिरोध के मार्ग को अपनाकर विदेशी नौकरशाही का अन्त किया जा सकता है इस तरह कांग्रेस के प्रथम अधिवेशन में ही दो दल उभरकर सामने आ गए जिसमें एक नरम दल और दूसरा गरम दल के नाम से प्रसिद्ध हुआ। दोनों दलों के समान विचार न होने के कारण सन् 1906 ई. में वेल्स राजकुमार के स्वागत समारोह का उग्रवादियों ने विरोध किया और उदारवादियों ने इस प्रस्ताव को पारित करवा लिया। इस तरह यह प्रथम अधिवेशन तनावपूर्ण स्थिति में समाप्त हुआ।

**(2) सन् 1906 ई. में कांग्रेस का कलकत्ता अधिवेशन**—सन् 1906 ई. में कलकत्ता में होने वाले कांग्रेस अधिवेशन में अध्यक्ष पद को लेकर दोनों में विवाद उत्पन्न होने लगा। उग्रवादी इस अधिवेशन में तिलक को अध्यक्ष बनाना चाहते थे परन्तु उदारवादियों ने दादाभाई नौरोजी को अध्यक्ष बनाने के लिए ब्रिटेन से बुलाया क्योंकि उन्हें दोनों दलों का समर्थन प्राप्त था। इसलिए दादाभाई नौरोजी को कलकत्ता अधिवेशन का अध्यक्ष बनाया गया। इसमें कांग्रेस ने कुछ कार्यक्रम स्वीकार किए; जैसे—ब्रिटिश सरकार के भीतर स्वराज्य, विदेशी वस्तुओं का बहिष्कार, स्वदेशी वस्तुओं का प्रचार एवं राष्ट्रीय शिक्षा का विकास इन प्रस्तावों के स्वीकृत होने पर उग्रवादियों ने इसको अपनी विजय समझा। सन् 1906 ई. में दोनों दलों के मध्य तनावपूर्ण वातावरण में आयोजित कलकत्ता अधिवेशन के सम्बन्ध में **सी. वाई. चिन्तामणि** ने लिखा है कि, **"दोनों दलों में जो मतभेद था, वह निरन्तर बढ़ता ही गया और बाद में यह मतभेद इतना उग्र हो गया कि 81 वर्षीय वयोवृद्ध दादाभाई नौरोजी को इंग्लैण्ड से भारत बुलाकर अध्यक्ष बनाया गया जिसके परिणामस्वरूप अधिवेशन सम्भव हुआ। उस समय तो समझौता हो जाने के कारण अधिवेशन हो गया परन्तु परिणाम अच्छा नहीं हुआ।"** यह एक ज्वालामुखी था जो अन्दर ही अन्दर सुलगता रहा और अगले वर्ष सूरत में फूट पड़ा।[1]

**(3) सन् 1907 ई. में कांग्रेस का सूरत अधिवेशन और कांग्रेस में फूट**—सन् 1907 ई. का कांग्रेस अधिवेशन नागपुर में प्रस्तावित था परन्तु उग्रवादियों के प्रभाव से बचने के लिए यह अधिवेशन सूरत में किया गया। उदारवादियों की असफलता के कारण उग्रवादी कांग्रेस की बागडोर अपने हाथों में लेना चाहते थे। अत: उन्होंने सन् 1907 ई. के सूरत अधिवेशन के अध्यक्ष पद के लिए लाला लाजपत राय का नाम प्रस्तुत किया परन्तु उदारवादी रासबिहारी घोष को अध्यक्ष बनाना चाहते थे क्योंकि उस समय कांग्रेस में उनका बहुमत था। अन्त में रासबिहारी घोष को अध्यक्ष बना दिया और अशान्ति के भय से उस दिन सभा की कार्यवाही भंग कर दी गई परन्तु अधिवेशन के दूसरे दिन पुलिस की उपस्थिति में सभा प्रारम्भ हुई पर शीघ्र ही सभा में भगदड़ मच गई। मराठा उग्रवादियों ने जूतों और हड्डियों का प्रयोग किया जिससे अध्यक्षीय भाषण नहीं हो सका। एक लेखक ने सभा के पण्डाल में जो कुछ देखा, उसका वर्णन करते हुए लिखा है कि, **"हवा में कुर्सियाँ गोली की तरह चल रही थीं, लाठियाँ लड़ रही थीं, फूटे सिरों से खून बह रहा था, संघर्ष कठिन और अस्पष्ट था। दस हजार कुर्सियों पर बैठे दस हजार लोग, न कोई वर्दी न कोई पहचान, नरम और गरम में अन्तर करने का कोई उपाय नहीं, सिवाय उनके चेहरे के भाव के।"**[2]

इस दुर्घटना के पश्चात् अधिवेशन समाप्त हो गया और उदारवादियों ने अपना पृथक् सम्मेलन आयोजित किया जिसमें उन्होंने कांग्रेस का नया संविधान बनाया। दूसरी ओर उग्रवादियों ने अपना पृथक् सम्मेलन आयोजित करके औपचारिक रूप से अपने उग्रवादी गुट की स्थापना की और अपने कार्यक्रम को आगे बढ़ाने के लिए योजना तैयार की। सूरत की फूट के सम्बन्ध में **श्रीमती एनीबेसेण्ट** ने कहा कि, **"सूरत की फूट कांग्रेस के इतिहास की सबसे दु:खमय घटना है।"**[3] इस तरह उदारवादियों से असहमत होने के कारण उग्रवादी कांग्रेस से पृथक् हो गए और सन् 1907 से 1916 ई. तक वे कांग्रेस से अलग रहकर कार्य करते रहे। सन् 1916 ई. में दोनों के बीच पुन: एकता स्थापित हुई और वे गाँधी युग के पूर्व तक निरन्तर कार्य करते रहे।

---

1. गुरुमुख निहाल सिंह—**भारत का वैधानिक एवं राष्ट्रीय विकास**, पृ. 8।
2. राम गोपाल, **भारतीय राजनीति**, पृ. 190।
3. "The Surat split was the saddest episode in the history of Indian National Congress."

*—Annie Beasant.*

## देश के विभिन्न भागों में उग्रपन्थी आन्दोलन और उसका दमन

### (Extremist Movement in the different parts of the Country and its Suppression)

कांग्रेस के अन्दर सत्ता स्थापित करने के पूर्व ही उग्रवादियों ने देश के विभिन्न भागों में आन्दोलन प्रारम्भ कर दिया। विशेषकर महाराष्ट्र, बंगाल, पंजाब आदि में यह बहुत तेजी से फैला। सर्वप्रथम बंगाल में आन्दोलन की तीव्रता रही। सन् 1905 ई. में लार्ड कर्जन द्वारा जैसे ही बंगाल का विभाजन किया गया वैसे ही उसके विरोध में विपिनचन्द्र पाल के नेतृत्व में स्वदेशी और बहिष्कार की नीति अपनाई गई। रवीन्द्रनाथ टैगोर के स्वदेशी गीतों ने जनता के क्रोध और पीड़ा को अभिव्यक्ति दी। **वन्देमातरम्** गीत का जोरदार प्रचार किया गया। महाराष्ट्र में बाल गंगाधर तिलक उग्र-राष्ट्रीयता के प्रवर्तक थे। सच्चे अर्थों में उन्हें उग्रवाद का जनक कहा जाना चाहिए। उन्होंने **"स्वराज्य मेरा जन्म-सिद्ध अधिकार है"** का शंखनाद किया। मराठा व केसरी जैसे समाचार-पत्रों द्वारा उन्होंने आत्म-बलिदान की प्रेरणा दी। उन्होंने महाराष्ट्र में 'गणपति उत्सव' तथा 'शिवाजी उत्सव' प्रारम्भ किए। इस तरह बंगाल और महाराष्ट्र के उग्रवादी आन्दोलन का देश के अन्य भागों में व्यापक प्रभाव पड़ा। पंजाब में लाला लाजपत राय ने आत्म-बल से कार्य करने की प्रेरणा दी।

उग्रवादी आन्दोलन की तीव्रता और बढ़ते हुए प्रभाव को देखकर अंग्रेजों ने सोचा कि यदि इस समय आन्दोलन को नहीं दबाया गया तो अंग्रेजों का अधिक समय तक भारत में शासन करना असम्भव हो जाएगा। इसलिए सरकार ने उग्रवादियों का प्रत्येक तरीके से दमन करना प्रारम्भ कर दिया। दमन के उपायों में रूसी प्रणाली को अपनाते हुए सरकार ने उग्रवादी नेताओं को देश निकाला दिया। सन् 1908 ई. में पंजाब के उग्रवादी नेता लाला लाजपत राय और सरदार अजीत सिंह को बिना मुकदमा चलाए बर्मा (म्यांमार) की माण्डले जेल भेज दिया गया। **'केसरी'** समाचार-पत्र में प्रकाशित कुछ लेखों के कारण तिलक को 6 वर्ष के कठोर कारावास का दण्ड दिया गया जिसके कारण देश में व्यापक प्रतिक्रिया हुई। सरकार ने उग्रवादी आन्दोलन को कुचलने के लिए अनेक काले कानूनों का आश्रय भी लिया। सरकार ने सन् 1910 ई. में प्रेस एक्ट लागू करके समाचार-पत्रों पर प्रतिबन्ध लगा दिया और बंगाल में कई नेता और समाचार-पत्र के सम्पादकों को बिना मुकदमा चलाए जेल में ठूँस दिया गया। सन् 1911 ई. में षड्यन्त्रकारी सभा अधिनियम (Seditions Meetings Act) लागू करके सरकार के विरुद्ध सार्वजनिक सभाओं पर रोक लगा दी गई। भारतीय दण्ड संहिता में धारा 124 (A) और 153 (A) जोड़कर उग्रवाद का सफाया करने का मार्ग प्रशस्त किया गया।

परन्तु सरकार की दमनकारी नीति से उग्रवादी आन्दोलन को रोका नहीं जा सका। इस दमन नीति से न केवल उग्रवादी आन्दोलन में और अधिक उत्साह आया वरन् सरकार से संघर्ष करने के लिए देश में क्रान्तिकारी आन्दोलन का प्रादुर्भाव हुआ। तब सरकार ने विवश होकर भारतीयों को सन्तुष्ट करने के लिए सन् 1919 ई. में **'भारत सरकार अधिनियम'** पारित करके भारत में संवैधानिक सुधारों की घोषणा की।

## उग्र-राष्ट्रवादी आन्दोलन का मूल्याकन

### (Evaluation of Extremist Nationalist Movement)

**उग्रवादियों की देन**—उग्रवादी आन्दोलन ने राष्ट्रीय आन्दोलन को एक नई दिशा दी। उन्होंने भारतीयों के हृदय से इस भ्रम को निकालने में सहायता की कि अंग्रेज जाति सर्वशक्तिमान है। उन्होंने इस तथ्य को जनता के सम्मुख प्रस्तुत किया कि संवैधानिक सुधारों के लिए अटूट देश-प्रेम, त्याग व बलिदान की आवश्यकता है। उग्रवादियों ने स्वराज्य, भारतमाता और भारत राष्ट्र जैसे शब्दों का प्रयोग करके भारतीय जनता में एक अवर्णनीय देशभक्ति उत्पन्न कर दी थी। वास्तव में उग्रवादियों के हृदय में स्वराज्य के लिए जो तड़प थी, वह उदारवादी नेताओं में देखने को नहीं मिलती है। सन् 1908 ई. में तिलक को 6 वर्ष का कठोर कारावास का दण्ड सुनाए जाने पर उन्होंने कहा था कि, **"विश्व में इस अदालत से बड़ी कई और शक्तियाँ हैं। विधि का यही विधान होगा कि जिस लक्ष्य के लिए मैं संघर्षरत हूँ उसकी पूर्ति मेरे स्वतन्त्र रहने की बजाय बन्दी जीवन की यातनाओं द्वारा सम्भव हो।"**

उग्र-राष्ट्रवादियों के बहिष्कार और स्वदेशी आन्दोलनों में भारतीय जनता में साहस और आत्मविश्वास का बीजारोपण किया। उन्होंने जनता में एक ऐसी नवीन चेतना का संचार किया जिसके परिणामस्वरूप यह आन्दोलन मात्र उग्रवादी आन्दोलन ही न रहकर जनवादी आन्दोलन बन गया। 19वीं सदी तक राष्ट्रीयता केवल बुद्धिजीवी उच्च वर्ग तक सीमित थी। उग्रवादियों द्वारा अपनाए गए साधनों ने इसके कार्य-क्षेत्र को व्यापक बना दिया और उसे जनसाधारण तक पहुँचाने में सहायता

प्रदान की। उग्रवादियों में विशेषकर तिलक ने अपने समाचार-पत्र **'केसरी'** द्वारा भारतीय जनता को बहुत अधिक प्रभावित किया। उनका लक्ष्य न केवल राजनीतिक स्वतन्त्रता प्राप्त करना था वरन् भारतीय नवयुवकों के लिए सांस्कृतिक, धार्मिक स्वतन्त्रता भी प्राप्त करना था। उन्होंने बहिष्कार एवं स्वदेशी आन्दोलन चलाए। इन आन्दोलनों में उन्हें अभूतपूर्व सफलता प्राप्त हुई। इस सफलता के कई उदाहरण हैं; जैसे—कलकत्ता के गोदामों में कपड़े का अधिक से अधिक मात्रा में भण्डार हो जाना तथा विद्यार्थियों द्वारा परीक्षा में विदेशी परीक्षा कापी छूने से इन्कार, बच्चों द्वारा विदेशी खिलौने तथा जूते पहनने से इन्कार आदि प्रमुख हैं। यही साधन आगे चलकर महात्मा गाँधी के असहयोग आन्दोलन का आधार बने।

उग्रवादियों ने अपने राष्ट्रीय शिक्षा कार्यक्रम द्वारा भारतीय नवयुवकों के लिए सामाजिक और सांस्कृतिक स्वतन्त्रता की माँग की। उग्रवादियों की इस माँग ने नौजवानों में राष्ट्रीयता, त्याग एवं बलिदान की भावना जाग्रत की। इसका परिणाम यह हुआ कि जब सन् 1908 ई. में तिलक को गिरफ्तार किया गया तो इस अन्याय ने जनता को इतना अधिक क्षुब्ध कर दिया था कि कई जगह दंगे भड़क उठे। बम्बई (मुम्बई) में मिलों के मजदूरों ने सरकार के इस कार्य के विरोध में व्यापक हड़ताल कर दी। **लेनिन** ने इस हड़ताल को भारत के श्रमिक वर्ग की प्रथम राजनीतिक कार्यवाही बताते हुए भारतीय श्रमिकों को इस कार्य के लिए बधाई दी। इतना ही नहीं, उग्रवादियों के दूरदर्शितापूर्ण कार्यों के राष्ट्रीय आन्दोलन पर पड़ने वाले प्रभाव को रोकने के उद्देश्य से ही ब्रिटिश शासन को सन् 1909 ई. का **'मार्ले-मिण्टो सुधार अधिनियम'** पारित करना पड़ा।

## उग्र-राष्ट्रवाद की कमियाँ
## (Shortcomings of Extremist Nationalism)

यह सत्य है कि उग्रवादियों ने राष्ट्रीय आन्दोलन को एक नवीन दिशा दी। उग्रवादी हिन्दू पुनरुत्थानवाद और सांस्कृतिक नवजागरण के परिणाम थे। उनके द्वारा राजनीति के साथ धर्म को समन्वित किया गया जिससे हिन्दुओं में देश-प्रेम की अपूर्व धारा का संचार हुआ। लेकिन उग्रवादियों ने कुछ भूलें भी कीं जिनमें सबसे बड़ी भूल राजनीति का धर्म के साथ समन्वय करना थी। इस भूल का दुष्परिणाम यह हुआ कि राष्ट्रीय आन्दोलन के प्रति मुसलमानों में उदासीनता छा गई। साम्राज्यवादी ब्रिटिश सरकार ने अपनी प्रसिद्ध अपनी चिर-परिचित नीति का उपयोग करते हुए मुसलमानों के मन में यह भावना भरना शुरू कर दिया कि यह जो राष्ट्रीय आन्दोलन ब्रिटिश सरकार के विरुद्ध चलाया जा रहा है। इसका उद्देश्य भारत में विशुद्ध हिन्दू राज्य की स्थापना करना है। अंग्रेजों के इस प्रचार से भारतीय मुसलमान बहकावे में आकर राष्ट्रीय आन्दोलन से पृथक् हो गए और उन्होंने मुस्लिम लीग संस्था की स्थापना की साम्प्रदायिकता की राजनीति को ब्रिटिश साम्राज्य ने न केवल हवा दी वरन् उसे दाना-पानी भी दिया जिसका परिणाम देश को विभाजन के रूप में भोगना पड़ा। **पण्डित जवाहरलाल नेहरू** के अनुसार, **"उग्र-राष्ट्रीयता सामाजिक रूप से निश्चिततः प्रतिक्रियावादी थी।"**

**निष्कर्ष**—इस प्रकार हम कह सकते हैं कि उग्र-राष्ट्रवादी आन्दोलन हिन्दू पुनरुत्थान और नवजागरण का परिणाम था। इस कारण उनके नेतृत्व में राष्ट्रीय आन्दोलन उदारवादियों की भाँति धर्मनिरपेक्ष न रह सका। फिर भी उग्रवादी आन्दोलन का राष्ट्रीय आन्दोलन में अपना विशिष्ट स्थान है। देश को स्वराज्य की जानकारी देने और राजनीतिक अधिकारों के प्रति सचेत करने का श्रेय उग्रवादी नेताओं को ही है। देश को ब्रिटिश साम्राज्यवाद और नौकरशाही के विरुद्ध संघर्ष करने की प्रेरणा देने का श्रेय उग्रवादियों को ही है।

## नरमपन्थियों और उग्रपन्थियों में अन्तर
## (Difference between Moderates and Extremist)
## (नरमपन्थी और उग्रपन्थी पक्षों की राजनीति में अन्तर)

भारतीय राष्ट्रीय कांग्रेस के आन्दोलन के दो पक्ष थे। इनमें एक पक्ष उदारवादी था जो सन् 1885 ई. से 1905 ई. तक भारत के राष्ट्रीय आन्दोलन में सक्रिय रहा। दूसरा पक्ष उग्रवादियों का था। इस पक्ष का समय सन् 1906 इसे 1919 ई. तक माना गया है। इन दोनों ही पक्षों का मूल उद्देश्य भारतीय जनता का हित-साधन था लेकिन यह हित साधन किस माध्यम से किया जा सकता है, इसके लिए किन साधनों को अपनाया जाना चाहिए। इसके सम्बन्ध में दोनों पक्षों की विचारधारा और राजनीति में जो अन्तर था, उसका अध्ययन निम्नलिखित रूपों में किया जा सकता है—

**(1) सभ्यता और संस्कृति सम्बन्धी अन्तर**—उदारवादी पाश्चात्य शिक्षा पद्धति द्वारा शिक्षित होने के कारण पाश्चात्य सभ्यता और संस्कृति से प्रभावित थे, जबकि उग्रवादी प्राचीन हिन्दू धर्म, सभ्यता एवं संस्कृति के पुजारी थे, वे भारतीय

राष्ट्रीयता के पोषक होने के कारण भारत के गौरवपूर्ण अतीत से प्रेरणा ग्रहण करते थे। इस प्रकार उदारवादियों और उग्रवादियों की सभ्यता और संस्कृति में अन्तर था।

**(2) साधनों के सम्बन्ध में अन्तर**—उदारवादियों तथा उग्रवादियों में महत्वपूर्ण अन्तर उनके साधनों के सम्बन्ध में था। उदारवादी संवैधानिक साधनों में विश्वास रखते हुए राजनीतिक सुधारों के लिए केवल संवैधानिक साधनों; जैसे—प्रार्थना-पत्रों, अभ्यावेदनों, प्रतिनिधिमण्डलों और प्रस्तावों द्वारा ब्रिटिश शासन से याचना करने में विश्वास करते थे, जबकि उग्रवादी स्वराज्य के लिए बहिष्कार, स्वदेशी एवं राष्ट्रीय शिक्षा जैसे साधनों को अपनाने पर विशेष बल देते थे। उग्रवादी अपने उद्देश्य के कारण नहीं वरन् उसे प्राप्त करने के साधनों के अन्तर के कारण उग्रवादी कहे जाते हैं। वे नरमवादी नेताओं की राजनीतिक भिक्षावृत्ति के घोर विरोधी थे। वे आरामकुर्सी की राजनीति के स्थान पर जेल यात्रा करने एवं विद्रोह का शंख फूँकने के समर्थक थे।

**(3) ब्रिटिश शासन के प्रति दृष्टिकोण में अन्तर**—उदारवादियों की मान्यता थी कि ब्रिटिश शासन भारत में एकता स्थापित करके भारतीयों को बहुत कुछ सीखने का अवसर प्रदान कर रहा है। वह औद्योगीकरण द्वारा भारत का विकास कर रहा है। अत: वे अंग्रेज सरकार के सहयोग से भारतीयों का कल्याण चाहते थे। इतना ही नहीं, उदारवादियों को अंग्रेजों की न्यायप्रियता और ईमानदारी में भी पूर्ण विश्वास था, इसलिए वे ब्रिटिश शासन के प्रशंसक और राजभक्त थे और ब्रिटिश शासन को भारत के लिए एक वरदान मानते थे परन्तु इसके विपरीत, उग्रवादियों की मान्यता थी कि ब्रिटिश और भारतीय हित समान न होकर परस्पर विरोधी हैं। **तिलक** का कथन था कि, **"राष्ट्रवाद और साम्राज्यवाद एक-दूसरे के पूरक नहीं अपितु विरोधी हैं।"** उनका विचार था कि विदेशी शासन विदेशी ही होता है। वह कितना ही अच्छा क्यों न हो, जनता का शोषक होता है, उसे स्वशासन का दूसरा रूप नहीं कहा जा सकता। इस प्रकार उग्रवादी ब्रिटिश शासन को भारत के लिए एक अभिशाप मानते थे।

**(4) स्वशासन सम्बन्धी धारणा में अन्तर**—यद्यपि उदारवादी और उग्रवादी दोनों पक्षों का उद्देश्य स्वशासन प्राप्त करना था परन्तु दोनों की धारणा में अन्तर था। उदारवादी चाहते थे कि भारत ब्रिटिश शासन का अंग बना रहे और उसके अधीन रहकर ही क्रमिक राजनीतिक सुधारों द्वारा प्रतिनिध्यात्मक संसदीय संस्थाओं की स्थापना की जाए। वे ब्रिटिश शासन के अधीन ही स्वशासन प्राप्त करके भारतीयों का कल्याण चाहते थे। उग्रवादी किसी भी रूप में ब्रिटिश शासन को बनाए रखने के विरुद्ध थे। वे भारत के लिए '**स्वराज्य**' चाहते थे। उनकी इस धारणा में ब्रिटिश सम्राट् के प्रति कृतज्ञता और भक्ति के लिए कोई स्थान नहीं था। अत: वे भारत पर भारतीयों का पूर्ण शासन चाहते थे।

**(5) रणनीति में अन्तर**—उदारवादी अनुनय-विनय, शिष्टता और शालीनता में विश्वास रखते थे इसलिए वे ब्रिटिश शासन से संघर्ष और टकराव नहीं चाहते थे। इसके विपरीत, उग्रवादी जनशक्ति में विश्वास रखते हुए संघर्ष और टकराव की नीति में आस्था रखते थे। वे ब्रिटिश शासन के सहयोग के बिना ही स्वावलम्बी बनकर अपने भाग्य का निर्माण स्वयं करना चाहते थे। वे '**आरामकुर्सी की राजनीति**' के स्थान पर देश के लिए त्याग और बलिदान करने के लिए सदैव तत्पर रहते थे।

**पट्टभिसीतारमैया** द्वार लिखी गई पुस्तक '**कांग्रेस का इतिहास**' में गोखले और तिलक के सम्बन्ध में लिखे गए शब्दों से भी दोनों पक्षों में अन्तर स्पष्ट हो जाता है कि, **"गोखले का विषय शासन और उसमें सुधार था किन्तु तिलक सम्पूर्ण राष्ट्र को बदलना चाहते थे। गोखले का आदर्श सेवा और प्रेम था किन्तु तिलक सेवा और यातनाओं के प्रेमी थे। गोखले विदेशियों पर ज्ञान, तर्क और प्रेम से विजय प्राप्त करना चाहते थे किन्तु तिलक का उद्देश्य उन्हें देश से बाहर निकाल देना था। गोखले अपनी बातें बुद्धिजीवियों को सुनाना चाहते थे, परन्तु तिलक के श्रोता जनता का विशाल समुदाय था।"**

उपर्युक्त विवेचन से यह स्पष्ट हो जाता है कि उदारवादियों और उग्रवादियों में सभी दृष्टि से बहुत अधिक अन्तर था किन्तु अन्तरों का अर्थ यह कदापि नहीं लगाया जाना चाहिए कि वे दोनों परस्पर विरोधी थे। वे दोनों वास्तव में एक-दूसरे के पूरक और सच्चे देशभक्त थे। दोनों ने अपने-अपने तरीके से राष्ट्र की सेवा की। यदि उदारवादी वाणी के लेखन के क्षेत्र में अग्रणी थे तो उग्रवादी कर्म व व्यावहारिक क्षेत्र में अग्रणी थे। **श्री रामनाथ समुन** ने '**हमारे राष्ट्र निर्माता**' में लिखा है कि, **"जब हम नरम व गरम दोनों दलों की प्रवृत्तियों का विश्लेषण और अध्ययन करते हैं तो यह स्पष्ट होता है कि हमारे राष्ट्रीयता के विकास में दोनों एक-दूसरे के पूरक हैं और दोनों हमारी राजनीति के स्वाभाविक उपकरण हैं। वस्तुत: वे दोनों एक ही आन्दोलन के दो पक्ष हैं। एक ही दीपक के दो परिणाम हैं—पहला प्रकाश का द्योतक है तो दूसरा गर्मी का। पहला यदि बुद्धि पक्ष है तो दूसरा भाव पक्ष। पहला जहाँ कुछ सुविधाएँ प्राप्त करना चाहता है, वहीं दूसरे का उद्देश्य राष्ट्र में मानसिक परिवर्तन करना है।"** अत: राष्ट्रीय आन्दोलन के इतिहास में दोनों पक्षों का स्थान अजर-अमर है। दोनों ने अपने खून-पसीने से राष्ट्रीय आन्दोलन के पौधे को सींचकर वृहद् वृक्ष का रूप दिया था।

# उग्र-राष्ट्रवादी नेता
## (Extremist Nationalist Leader)

भारत में उग्र-राष्ट्रीय आन्दोलन का नेतृत्व मुख्यत: लोकमान्य बालगंगाधर तिलक, लाला लाजपत राय तथा विपिनचन्द्र पाल ने किया था। यह त्रिमूर्ति बाल, लाल और पाल के नाम से प्रसिद्ध है।

**उग्र-राष्ट्रीयता के काल में बालगंगाधर तिलक का योगदान**—भारतीय राष्ट्रीय आन्दोलन के उग्रवादी नेताओं में तिलक का नाम सबसे पहले आता है। उग्र-राष्ट्रवादी आन्दोलन के अग्रदूत तिलक का जन्म 23 जुलाई, 1856 ई. को शिवाजी की भूमि महाराष्ट्र में हुआ था। वे कुशाग्र बुद्धि थे और बचपन से ही उनका हृदय विद्रोही भावनाओं से पूरित था। वे कट्टर हिन्दू थे और उन्हें भारतीय संस्कृति पर गर्व था। बाल्यकाल से विलक्षण बुद्धि वाले तिलक ने सन् 1876 ई. में स्नातक की उपाधि प्राप्त की और सन् 1879 ई. में एल. एल. बी. परीक्षा उत्तीर्ण करने के बाद अपना जीवन शिक्षक के रूप में प्रारम्भ किया।

तिलक विदेशी शासन को अभिशाप समझते थे। उन्होंने जीवनभर ब्रिटिश शासन को चुनौती दी और अन्याय के विरुद्ध संघर्ष किया। तिलक जीवन भर ब्रिटिश सरकार के लिए खतरा बने रहे। महाराष्ट्र में उग्रवादी आन्दोलन की स्थापना का श्रेय तिलक को ही है। उन्होंने महाराष्ट्र के लोगों में वीरता की भावना उत्पन्न करने के लिए गौहत्या विरोधी सोसायटी, अखाड़े और लाठी क्लब स्थापित किए जिससे लोग स्वराज्य के लिए बलिदान कर सकें। तिलक ने सन् 1893 ई. में गणपति उत्सव एवं सन् 1895 ई. में शिवाजी उत्सव प्रारम्भ किया। इन दोनों समारोहों ने महाराष्ट्रवासियों में धार्मिक भावना पैदा की और उन्हें एक मंच पर इकट्ठा किया, इनमें एकता स्थापित कर उनमें नया उत्साह पैदा कर शिवाजी के पदचिह्नों पर चलने पर बल दिया। इसके अतिरिक्त, जनता में जाग्रति फैलाने के लिए 'केसरी' एवं 'मराठा' समाचार-पत्र प्रकाशित किए। उन्होंने चालीस वर्षों तक सशक्त एवं संघर्षशील राष्ट्रवाद तथा देशभक्ति का प्रचार किया।

तिलक का सम्पूर्ण जीवन मातृभूमि के लिए कष्टों व बलिदानों से पूर्ण रहा। उन्होंने ब्रिटिश शासन की अन्यायपूर्ण नीति के प्रति विद्रोह की भावना पर बल दिया तथा देशवासियों को नारा दिया कि, **"स्वराज्य मेरा जन्म-सिद्ध अधिकार है मैं इसे लेकर रहूँगा।"** सन् 1897 ई. में पूना में प्लेग फैलने पर उन्होंने जनता की अथक् सेवा की। सन् 1898 ई. में जब भारत में भयंकर अकाल फैला और बड़ी संख्या में लोग मरने लगे तो वे उनकी सेवा करने पहुँचे तथा **'लगानबन्दी'** आन्दोलन चलाया। पूना में प्लेग जैसी महामारी की रोकथाम के लिए सरकार द्वारा किए गए उपचार न केवल अपर्याप्त थे वरन् वे जन-भावनाओं के भी विरुद्ध थे। सरकार ने रोग से पीड़ित घरों में सेना व पुलिस के लोगों को जाँच करने हेतु भेजा जिन्होंने घरों में घुसकर स्त्रियों के साथ अमानुषिक व्यवहार किया। इससे जनता में रोष व्याप्त होना स्वाभाविक था। एक उत्तेजित नवयुवक ने प्लेग कमिश्नर **मि. रैण्ड** एवं **आयर्स्ट** की हत्या कर दी। इस हत्या से तिलक का कोई सम्बन्ध नहीं था, फिर भी तिलक पर इस षड्यन्त्र में शामिल होने का आरोप लगाया गया और उन्हें 18 माह के कठोर कारावास का दण्ड दिया गया। इस दण्ड के विरुद्ध तिलक ने ब्रिटिश प्रिवी कौन्सिल में अपील करनी चाही परन्तु उन्हें इसकी अनुमति नहीं दी गई। तिलक के प्रशंसक **प्रो. मैक्समूलर** ने महारानी विक्टोरिया से इस महान् विद्वान् के लिए दया की प्रार्थना की जिसे सुन लिया गया और 6 माह बाद तिलक को रिहा कर दिया गया।

सन् 1908 ई. में तिलक पर पुन: राजद्रोह का मुकदमा चलाया गया। उन पर यह आरोप लगाया गया कि उन्होंने अपने केसरी समाचार-पत्र में सरकार विरोधी लेख प्रकाशित किए हैं। निर्दोष होने पर भी उन्हें दोषी ठहराकर 6 वर्ष के कठोर कारावास की सजा सुनाकर बर्मा (म्यांमार) की माण्डले जेल भेज दिया गया जहाँ उन्हें नजरबन्द रखा गया। इस 6 वर्ष के कठोर कारावास में उन्होंने **'गीता रहस्य'** और **'वेदों का आर्कटिक गृह'** नामक दो प्रसिद्ध पुस्तकें लिखीं जो उनकी विद्वता को स्पष्ट करती हैं।

सन् 1914 ई. में जेल से रिहा होने पर तिलक पुन: राष्ट्रीय आन्दोलन की आत्मा बने। उन्होंने श्रीमती एनी बेसेन्ट के साथ मिलकर सन् 1916 ई. में होमरूल (गृहशासन) आन्दोलन चलाया। तिलक का कहना था कि जब तक सरकार की ओर से होमरूल (गृहशासन) का आश्वासन न दिया जाए, तब तक भारतीयों को प्रथम विश्वयुद्ध में ब्रिटिश सरकार की सहायता नहीं करनी चाहिए। तिलक ने सन् 1918 ई. में सर बैलेण्टाइन शिरोल के विरुद्ध मान-हानि का मुकदमा दायर कर दिया क्योंकि शिरोल ने उन्हें विद्रोही कहकर सम्बोधित किया था। इस मुकदमे के लिए तिलक इंग्लैण्ड गए परन्तु सरकार के पक्षपातपूर्ण रवैये के कारण वे यह मुकदमा हार गए। सन् 1919 ई. के भारत शासन अधिनियम का उन्होंने समर्थन किया। 1 अगस्त, 1920 ई. को असहयोग आन्दोलन प्रारम्भ होने वाला था, इसी समय तिलक का निधन हो गया।

लोकमान्य तिलक देश के उच्चकोटि के देशभक्त तथा प्रभावशाली नेता थे। त्याग और बलिदान उनकी नीति के आधार-स्तम्भ थे। वे जीवनभर ब्रिटिश सरकार के लिए खतरा बने रहे। वे किसी कीमत पर स्वाभिमान तथा सिद्धान्तों का सौदा करने के लिए तैयार नहीं थे। तिलक ने भारतीयों की स्वतन्त्रता और स्वराज्य में विश्वास करते हुए जनता को अवज्ञा का सिद्धान्त दिया। उन्होंने जनता को यह दिखाया कि यदि स्वराज्य संवैधानिक साधनों से प्राप्त नहीं होता तो संघर्ष के रास्ते को ग्रहण करने में कोई बुराई नहीं है। इस प्रकार तिलक को न केवल देश में राजनीतिक चेतना उत्पन्न की अपितु देश एवं देशवासियों के सामाजिक-सांस्कृतिक उत्थान का महत्वपूर्ण कार्य भी किया। इसी कारण उन्हें **'लोकमान्य'** कहकर पुकारा गया है।

**विपिनचन्द्र पाल का योगदान**—बाल, लाल और पाल की प्रसिद्ध त्रिमूर्ति के एक नक्षत्र विपिनचन्द्र पाल थे। पाल के विचार भी तिलक और लाला लाजपत राय से मिलते थे इसलिए उनका नाम उग्रवादी नेताओं में आता है। उन्होंने कहा था कि, **"यदि सरकार मेरे पास आकर कहे कि स्वराज्य ले लो तो मैं उपहार के लिए धन्यवाद देते हुए कहूँगा कि मैं उस वस्तु को स्वीकार नहीं कर सकता जिसको प्राप्त करने की सामर्थ्य मेरे हाथों में नहीं है।"**

विपिनचन्द्र पाल का जन्म सन् 1858 ई. में असम के सिलहट जिले में हुआ था। उन्होंने प्रधानाध्यापक के पद पर कार्य किया। उन पर बंकिमचन्द्र, सुरेन्द्रनाथ बनर्जी एवं विजयकृष्ण गोस्वामी का प्रभाव पड़ा। वे सन् 1887 ई. में कांग्रेस में सम्मिलित हो गए। सन् 1900 ई. में वे इंग्लैण्ड गए और सन् 1901 ई. में उन्होंने 'न्यू इण्डिया' नामक समाचार-पत्र निकाला।

सन् 1905 ई. में बंगाल विभाजन का उनके संवेदनशील हृदय पर गहरा प्रभाव पड़ा। परिणामस्वरूप उन्होंने विशुद्ध राष्ट्रीय चेतना का प्रचार किया तथा स्वदेशी आन्दोलन का नेतृत्व किया। सन् 1907 ई. में उन्होंने राष्ट्रीय कार्यक्रम के अन्तर्गत राष्ट्रीय शिक्षा प्रसार, राष्ट्रीय सेवा दल की स्थापना, भारतीय उद्योगों के विकास एवं ऐसे शासन की स्थापना की माँग की रूपरेखा प्रस्तुत की जो किसी भी परिस्थिति में शासन का कार्य अपने हाथ में लेने की क्षमता रखती हो। विपिनचन्द्र पाल और अरविन्द घोष पुनर्जाग्रत बंगाल के मसीहा थे। उन्होंने स्वराज्य और स्वदेशी का उद्घोष किया। सन् 1908 ई. में उन्हें 3 वर्ष के लिए मार्ले मिण्टो के काल में ब्रिटेन में निर्वासित व्यक्ति के रूप में रहना पड़ा। इससे पूर्व सन् 1907 ई. में अरविन्द घोष के विरुद्ध गवाही न देने के कारण उन्हें 6 माह के कठोर कारावास का दण्ड दिया गया।

विपिनचन्द्र पाल का अनेक वर्षों तक कांग्रेस से सम्बन्ध रहा परन्तु सन् 1918-19 ई. में माण्टफोर्ड सुधारों के सम्बन्ध में कुछ मतभेद हो जाने के कारण उन्होंने कांग्रेस से सम्बन्ध विच्छेद कर लिया। सन् 1920 ई. में गाँधी जी द्वारा चलाए गए असहयोग आन्दोलन में भी उन्होंने भाग लिया। इसके बाद उन्होंने राजनीति से संन्यास ले लिया और सन् 1932 ई. में उनका निधन हो गया। इस प्रकार विपिनचन्द्र पाल एक महान् शिक्षाशास्त्री और राजनीतिक विचारक थे। उनकी अद्भुत वाक्शक्ति और लेखों ने जनता में एक क्रान्ति और जाग्रति उत्पन्न की। वे चाहते थे कि भारतीय राष्ट्रीय आन्दोलन जनता के दिलों और दिमाग में हो, तभी वह सच्चा राष्ट्रीय आन्दोलन हो सकता है।

**लाला लाजपत राय का योगदान**—लाला लाजपत राय को **'शेरे पंजाब'** कहा जाता है। उनका जन्म 28 जनवरी, सन् 1865 ई. को पंजाब के लुधियाना जिले के दुधिके नामक ग्राम में हुआ था। बी. ए. और एल-एल. बी. की परीक्षा उत्तीर्ण कर सन् 1892 ई. में उन्होंने लाहौर में वकालत आरम्भ की। महर्षि दयानन्द सरस्वती और आर्य-समाज, इटालियन देशभक्त मैजिनी, गैरीबाल्डी का उन पर व्यापक प्रभाव पड़ा। सन् 1888 ई. में आप कांग्रेस में सम्मिलित हुए। सन् 1905 ई. में अंग्रेज शासन द्वारा किए गए बंगाल विभाजन का आपने दृढ़ता से विरोध किया। सन् 1905 ई. में कांग्रेस द्वारा लाला लाजपत राय को भारतीयों की कठिनाइयों एवं शिकायतों को ब्रिटिश जनता के समक्ष प्रस्तुत करने के लिए चुना गया। वे गोखले के साथ कांग्रेस के प्रतिनिधिमण्डल के सदस्य के रूप में इंग्लैण्ड गए।

लाला लाजपत राय प्रारम्भ से ही उग्र-राष्ट्रवादी विचारधारा के थे। उनका अंग्रेजों की न्यायप्रियता में तनिक भी विश्वास नहीं था। उन्होंने अन्य उग्रवादियों की भाँति राष्ट्रीय शिक्षा, स्वदेशी, बहिष्कार और निष्क्रिय प्रतिरोध की कार्य-शैली अपनाई। वे पूँजीवाद और आर्थिक शोषण के कट्टर विरोधी थे तथा किसानों व मजदूरों के विकास के लिए हर सम्भव प्रयास करने को तैयार थे। सन् 1907 ई. में पंजाब में उपनिवेशीकरण अधिनियम के विरोध में एक आन्दोलन चलाया गया। पंजाब सरकार ने उन्हें **'पंजाबी असन्तोष का जन्मदाता'** मानकर सन् 1907 ई. में छः माह के लिए देश से निकालकर बर्मा भेज दिया। जब वे जेल से छूटे, तब जनता ने उनका हार्दिक स्वागत किया। सन् 1907 ई. के सूरत अधिवेशन में उन्हें उग्रवादियों द्वारा अध्यक्ष बनाने का निश्चय किया गया लेकिन जब उन्होंने संघर्ष की स्थिति देखी तो अपना नाम वापस ले लिया। इसके पश्चात् वे देश के बाहर रहे और इंग्लैण्ड होते हुए अमेरिका चले गए। पाँच वर्ष वे वहाँ रहे उन्होंने वहाँ होमरूल लीग की स्थापना की। सन् 1916 ई. में उन्होंने **'यंग इण्डिया'** और **'भारत पर इंग्लैण्ड पराश्रण'** नामक पुस्तकें लिखीं। सन् 1920 ई. में कांग्रेस के

कलकत्ता अधिवेशन की उन्होंने अध्यक्षता की थी। इस सम्मेलन में ही असहयोग आन्दोलन सम्बन्धी प्रस्ताव पारित हुआ जिसके वे पक्ष में नहीं थे लेकिन फिर भी वे पूर्ण शक्ति से उसमें कूद पड़े और गिरफ्तार हुए। चौरी-चौरा घटना के कारण गाँधी जी द्वारा आन्दोलन को यकायक बन्द कर देना उन्हें पसन्द नहीं आया। सन् 1922 ई. के बाद वे गाँधी जी के विचारों से दूर हटने लगे। सन् 1926 ई. में वे केन्द्रीय विधान परिषद् के लिए पुनः चुने गए। सन् 1919 ई. में औपनिवेशिक स्वशासन के समर्थक थे परन्तु सन् 1928 ई. में उन्होंने पूर्ण स्वराज्य का समर्थन किया। साइमन कमीशन के बहिष्कार सम्बन्धी प्रस्ताव को लालाजी ने ही प्रस्तुत किया था। लाहौर में साइमन कमीशन का बहिष्कार करने वाले जुलूस का वे नेतृत्व कर रहे थे। पुलिस के लाठी प्रहार से उनकी छाती में गहरी चोट पहुँची। इन चोटों के फलस्वरूप सन् 1928 ई. में उनका निधन हो गया। उस समय उन्होंने कहा था कि, **"मेरे शरीर पर पड़ी लाठियाँ ब्रिटिश साम्राज्य के ताबूत की कीलें बनेंगी।"**

उनके निधन से भारत ने एक अमूल्य रत्न खो दिया वे देश की आजादी के लिए शहीद हो गए। उनके निधन पर शोक प्रकट करते हुए गाँधी जी ने कहा कि, **"एक विशाल नक्षत्र भारतीय गगन-मण्डल से लोप हो गया था इनकी मृत्यु से दुःखी होकर हमें उनके अदम्य साहस, आदरणीय चरित्र, परिश्रम, देशप्रेम के गुणों से प्रेरित होकर देश के स्वराज्य के लिए भरसक प्रयत्न करना चाहिए।"**

इस प्रकार लाला लाजपत राय आधुनिक भारत के अग्रणी राजनीतिक नेताओं में थे। वे उग्रवादी त्रिमूर्ति में से एक थे।

## प्रश्न
## (Questions)

### दीर्घ उत्तरीय प्रश्न (Long Answer Type Questions)

1. उग्रवादी राष्ट्रीय आन्दोलन से आप क्या समझते हैं ? इसके जन्म के क्या कारण थे ?
   (What do you understand by Extremist National Movement ? What were its causes ?)
2. उग्रवादी आन्दोलन का उदय क्यों हुआ ? इसके उदय के प्रमुख कारण दीजिए।
   (What was the causes of rise of extremist movement ? Give the main causes of it rise.)

   **अथवा**

   भारतीय राष्ट्रीय कांग्रेस मे उग्रवादियों की भूमिका की समीक्षा कीजिए।
   (Jucidate the role of extremists of Indian National Congress.)
3. बीसवीं शताब्दी के प्रारम्भिक वर्षों में भारत में उग्रवादी आन्दोलन की उत्पत्ति के कारण बतलाइए और उसके महत्व पर प्रकाश डालिए।
   (Clear the causes of rise of extremists movement in India in the early years of 20th century and there light on its importance.)
4. राष्ट्रीय आन्दोलन में उग्रवादियों की भूमिका का वर्णन कीजिए।
   (Describe the role of extremist in National Movement.)
5. भारतीय राष्ट्रीय कांग्रेस में उग्रवाद के उदय के कारणों की व्याख्या कीजिए।
   (Discuss the causes of rise of extremist in Indian National Congress.)

   **अथवा**

   उग्रवादी आन्दोलन की उत्पत्ति के कारणों का वर्णन कीजिए।
   (Describe the causes of rise of extremist movement.)

   **अथवा**

   भारतीय राष्ट्रीय कांग्रेस में उग्रवाद के उदय के कारणों का वर्णन कीजिए। उग्रवादियों के तरीकों का वर्णन कीजिए।
   (Describe the causes of rise of extremism in Indian National Congress. Describe the methods of extremists.)

   **अथवा**

   भारतीय राष्ट्रीय आन्दोलन में उग्रवादियों के तरीकों, कार्यक्रमों तथा नीतियों का वर्णन कीजिए।
   (Describe the methods, programmes and policies of extremists in Indian National Movement.)

6. भारतीय राष्ट्रीय कांग्रेस में उग्रवादी आन्दोलन की उत्पत्ति के कारण बताइए। उदारवाद एवं उग्रवाद में क्या अन्तर है ?
(Discuss the causes of rise of extremist movement in Indian National Movement. What is difference between moderates and extremists ?)
7. उदारवादी तथा उग्रवादी दल के सिद्धान्तों, कार्यों एवं उपलब्धियों के अन्तर को स्पष्ट कीजिए।
(Clear the distinction between the principles, functions and achievements of Moderates and Extremists.)

**अथवा**

उदारदल व उग्रदल की नीतियों में अन्तर स्पष्ट कीजिए।
(Clear the difference between the politics of Moderates and Extremists.)

**अथवा**

कांग्रेस की नरमपन्थी और उग्रपन्थी शाखाओं के कार्यक्रमों एवं नीतियों के अन्तर को स्पष्ट कीजिए।
(Clear the difference between the programmes and policies of Moderates and Extremists-branches of Congress.)
8. भारतीय राष्ट्रीय आन्दोलन के विकास में तिलक के योगदान का मूल्यांकन कीजिए।
(Evaluate the contribution of Tilak in the development of Indian National Movement.)
9. "स्वराज्य मेरा जन्म-सिद्ध अधिकार है और मैं इसे लेकर रहूँगा।" इस कथन की विवेचना कीजिए।
("Liberty is my birth right and I will get it." Discuss this statment.)
10. उदारवादियों एवं उग्रवादियों के सिद्धान्तों, कार्यक्रमों एवं उपलब्धियों के अन्तर की व्याख्या कीजिए।
(Discuss the distinction between principles, programmes and achievements of Moderated and Extremists.)
11. भारत में उग्रवादी आन्दोलन क्यों प्रारम्भ हुआ ? राष्ट्रीय आन्दोलन में उसका योगदान लिखिए।
(Why extremist movement became start in India ? Discuss its contribution in National Movement.)
12. उन परिस्थितियों का संक्षिप्त वर्णन कीजिए जिनके कारण भारतीय राजनीति में उग्रवादी विचारधारा का उदय हुआ। इसने कांग्रेस की नीति को किस प्रकार परिवर्तित किया ?
(Discuss those circumstances which are responsible for the rise of extremist thoughts in Indian Policies. How it changed the policies of congress ?)
13. उग्रवाद के जन्म के कारणों एवं कार्यक्रमों की विवेचना कीजिए। भारतीय राष्ट्रीय आन्दोलन में उसके महत्व का उल्लेख कीजिए।
(Discuss the causes and programmes of birth of extremism. Discuss its importance in Indian National Movement.)
14. उग्रवादी आन्दोलन में गरमवादी पक्ष के योगदान का मूल्यांकन कीजिए।
(Evaluate the contribution of extremist wing in extremist movement.)

**अथवा**

कांग्रेस का गरमवादी पक्ष और उसकी नीतियों का वर्णन कीजिए।
(Describe the extremist wing and their policies of congress.)

**अथवा**

उग्रवादियों की कार्य पद्धति एवं नीतियों का वर्णन कीजिए तथा राष्ट्रीय आन्दोलन में उनके योगदान की विवेचना कीजिए।
(Describe the working method and policies of extremists and discuss their contribution in National Movement.)

**अथवा**

कांग्रेस के उग्र राष्ट्रवादी पक्ष और उसकी नीतियों का उल्लेख कीजिए।
(Discuss the extremist Nationalist wing and its policies of congress.)

## बहुविकल्पीय वस्तुनिष्ठ प्रश्न (Multiple Choice Type Objective Questions)

1. "स्वराज्य मेरा जन्म-सिद्ध अधिकार है और मैं इसे लेकर रहूँगा।" यह उद्घोष निम्न में से किसने किया था–

   (a) बाल गंगाधर तिलक (b) सुभाष चन्द्र बोस

   (c) गोपाल कृष्ण गोखले (d) अरविन्द घोष।

   **उत्तर**–(a) बाल गंगाधर तिलक।

2. सबसे भीषण अकाल निम्न में से किस वर्ष पड़ा था–

   (a) सन् 1895-96 ई. में (b) सन् 1896-97 ई. में

   (c) सन् 1897-98 ई. में (d) सन् 1998-99 ई. में।

   **उत्तर**–(b) सन् 1896-97 ई. में।

3. 'कलकत्ता नगर निगम अधिनियम' किस वर्ष पारित किया गया–

   (a) सन् 1897 ई. में (b) सन् 1898 ई. में

   (c) सन् 1899 ई. में (d) सन् 1900 ई. में।

   **उत्तर**–(c) सन् 1899 ई. में।

4. भारतीय विश्व विद्यालय अधिनियम निम्न में से किस वर्ष पारित किया गया–

   (a) सन् 1904 ई. में (b) सन् 1905 ई. में

   (c) सन् 1906 ई. में (d) सन् 1907 ई. में।

   **उत्तर**–(a) सन् 1904 ई. में।

●●

# स्वदेशी आन्दोलन
## [SWADESHI MOVEMENT]

**स्वदेशी और विदेशी बहिष्कार आन्दोलन**– भारत में स्वदेशी का लम्बा इतिहास है। सम्भवत: भारतीयों को स्वदेशी का सन्देश सर्वप्रथम महाराष्ट्र में 'लोक हितवादी' संगठन ने 'प्रभाकर पत्र' के माध्यम से दिया था। सन् 1905 ई. में जन-समुदाय की भावनाओं में उद्वेलन पैदा करने वाले स्वदेशी और बहिष्कार के विचार नए नहीं थे। अमेरिका, आयरलैण्ड तथा चीन के नागरिकों ने इन आर्थिक उपायों का प्रयोग किया था। भारतीय उद्योगों के विकास के लिए विशुद्ध आर्थिक उपाय के रूप में स्वदेशी का प्रचार गोपाल राव देशमुख, जी. वी.जोशी, महाराष्ट्र के महादेव गोविन्द रानाडे ने व्यापक रूप से किया था। ब्रिटिश नागरिकों पर आर्थिक दबाव बनाने के उद्देश्य से भोलानाथ चन्द्र ने विदेशी वस्तुओं के सार्वजनिक रूप से बहिष्कार का विचार सन् 1879 ई. के दशक में दिया था। नवगोपाल मित्र एवं राजनारायण बोस द्वारा आयोजित वार्षिक हिन्दू मेला मुख्य रूप से स्वदेशी की भावना पर आधारित था। सन् 1896 ई. में बालगंगाधर तिलक ने व्यापक बहिष्कार आन्दोलन का नेतृत्व किया था। अर्थशास्त्रियों एवं राजनीतिज्ञों को भली-भाँति विदित था कि स्वदेशी एवं बहिष्कार, एक गाड़ी के दो पहियों के समान परस्पर पूरक हैं। एक के अभाव में दूसरे का अस्तित्व स्वत: ही समाप्त हो जाता है। एक दूसरे की सफलता अन्योन्याश्रित है। भारतीय राष्ट्रवादियों के अन्य अहिंसात्मक साधनों, उपवास एवं भूख हड़ताल को बाद में आयरलैण्ड ने भी स्वीकार कर लिया था।

विभाजन विरोधी आन्दोलन का शुभारम्भ 7 अगस्त, 1905 ई. को हुआ। उस दिन कलकत्ता में टाउन हॉल के सामने विभाजन के विरोध में विशाल सार्वजनिक प्रदर्शन किया गया। इस सभा में 'वन्दे मातरम्', 'विभाजन नहीं होना चाहिए' और 'बंगाल एक है' का नारा एक स्वर से उद्घोष किया गया। इससे जन-समुदाय में व्याप्त तीव्र आक्रोश एवं प्रवृत्ति का स्पष्ट पता चलता था। विरोध में स्वत: संगठित आन्दोलन को केन्द्रीय नेतृत्व एवं सही दिशा मिली। इसी ऐतिहासिक सभा में 'बहिष्कार का प्रस्ताव' पारित हुआ। विद्यार्थी समुदाय ने विभाजन विरोधी आन्दोलन में अपूर्व उत्साह के साथ सक्रिय भाग लिया। विद्यार्थियों की अपूर्व देशभक्ति की प्रशंसा करते हुए **सुरेन्द्रनाथ बनर्जी** ने लिखा था कि, "यह विद्यार्थियों का अपूर्व उत्साह था जिसने समस्त मानव समुदाय में नवीन चेतना का संचार किया और देशभक्ति की भावना से अनुप्राणित किया जो इससे पूर्व कभी नहीं थी।" 'बहिष्कार' एवं 'स्वदेशी' के उदात्त विचारों तथा भावनाओं का मातृभाषाओं के समाचार-पत्रों और पत्रिकाओं ने व्यापक प्रचार तथा प्रसार किया। नवोदित देशभक्ति की नवीन चेतना को समकालीन साहित्य में व्यक्त किया गया।

**16 अक्टूबर, 1905 को विभाजन कार्यान्वित किया गया।** इस दिन को 'राष्ट्रीय शोक दिवस' घोषित किया गया। व्रत-उपवास रखे गए तथा समस्त कलकत्ता में हड़ताल रही। रविन्द्रनाथ टैगोर ने इस अवसर के लिए राष्ट्रीय गान लिखा, जिसको जनसमूहों ने सार्वजनिक रूप से गाया। उनकी कविताओं ने जन-समुदाय में उदात्त देशभक्ति की भावना तथा उच्च आदर्शवाद के विचारों को प्रतिष्ठित किया। रामजे मैक डोनाल्ड ने उसी अवधि में भारत की यात्रा की और लिखा कि टैगोर नवीन राष्ट्रवाद के कवि थे और 'गीत तथा पूजा' के द्वारा बंगाल भारत का सृजन कर रहा था। **एजरा आउन्ड** ने लिखा कि रवीन्द्रनाथ ने बंगाल को एक राष्ट्र के रूप में गाया है। द्विजेन्द्र लाल राय, रजनीकान्त सेन एवं अन्य प्रतिष्ठित साहित्यकारों के नाटक एवं गीत गहन राष्ट्रवादी भावना से आप्लावित थे और देश के भविष्य एवं एकता की उत्कट भावनात्मक आस्था में वृद्धि की। रवीन्द्रनाथ के परामर्श पर विभाजन दिवस को रक्षाबन्धन के पर्व के रूप में मनाया गया और **टैगोर** ने लिखा कि, "राखी पर्व संकेत देता है कि किसी भी राजा की तलवार कितनी ही शक्तिशाली हो, मानव समुदाय में ईश्वर आरोपित एकता के पवित्र

बन्धन को नहीं काट सकती है।" रक्षाबन्धन, "पूर्वी बंगाल एवं पश्चिमी बंगाल, उसी भूमि से उत्पन्न, धनी एवं निर्धन, ईसाइयों, मुसलमानों तथा हिन्दुओं के मध्य अविघटनशील भ्रातृत्व का प्रतीक था।" बंकिमचन्द्र चटर्जी रचित 'वन्दे मातरम्' बंगाल का राष्ट्रीय गान बन गया। उसी दिन सायंकाल बंगाल के विख्यात देशभक्त आनन्दमोहन बोस ने बंगाल की अविभाज्य एकता के प्रतीक स्वरूप फेडरेशन हॉल का शिलान्यास किया और 50,000 व्यक्तियों के जनसमूह को सम्बोधित करते हुए बंगाल की एकता को बनाए रखने की शपथ ली। जनसभा के उपरान्त विशाल जुलूस निकाला गया और **स्वदेशी आन्दोलन के सफलतापूर्वक संचालन के लिए विशाल मात्रा में धन एकत्रित किया गया।** इस प्रकार भारतीय राष्ट्रवाद के इतिहास में असाधारण ऐतिहासिक स्वदेशी आन्दोलन आरम्भ हुआ।

7 अगस्त, 1905 ई. को जनसभा में जनसमुदाय ने यह संकल्प भी किया कि, "जब तक विभाजन का प्रस्ताव वापस नहीं लिया जाता, तब तक ब्रिटेन में निर्मित वस्तुओं का क्रय नहीं करेंगे।" 28 दिसम्बर, 1905 ई. को महालय के अवसर पर कालीघाट स्थित मन्दिर में विशेष पूजा का आयोजन किया गया और श्रद्धालुओं ने माँ काली के समक्ष प्रतिज्ञा की, "जहाँ तक सम्भव होगा, विदेशी वस्तुओं का प्रयोग नहीं करेंगे, जो वस्तुएँ देशवासियों की दुकानों में उपलब्ध हैं, विदेशी वस्तुओं के व्यापारियों से नहीं खरीदेंगे और जो काम देशवासी कर सकता है, विदेशी से नहीं करवाऊँगा।" इस प्रतिज्ञा की समस्त बंगाल के काली-मन्दिरों में पुनरावृत्ति की गयी। विदेशी सरकार की बुद्धिहीन आक्रामक प्रशासनिक गतिविधियों के विरुद्ध उदात्त भावनात्मक विरोध के रूप में आरम्भ आन्दोलन ने शीघ्र ही अपने सीमित तथा तात्कालिक उद्देश्य को त्याग दिया और यह एक अत्यधिक शक्तिशाली जनान्दोलन के रूप में परिवर्तित हो गया जिसने भावी भारतीय राष्ट्रीय संग्राम को नवीन चेतना एवं शक्ति प्रदान की।

स्वदेशी आन्दोलन के सफल संचालन के लिए 4 सूत्रीय कार्यक्रम बनाया गया—(1) विदेशी वस्त्र, नमक, चीनी आदि का प्रयोग नहीं करने की प्रतिज्ञा करना, (2) सरकार में सम्मान सूचक अवैतनिक पदों एवं परिषदों से त्याग-पत्र देना, (3) आंग्ल-भाषा न बोलने की प्रतिज्ञा करना, (4) विदेशी वस्तुओं का प्रयोग करने वालों का सामाजिक बहिष्कार करना। समाज के समस्त वर्गों के लोगों ने इस आन्दोलन में सक्रिय भाग लिया और विदेशी वस्त्रों तथा वस्तुओं की होली जलायी।

धार्मिक एवं सामाजिक दबाव का भी प्रयोग किया गया। पुरोहितों ने विदेशी वेश-भूषा वाले अथवा विदेशी वस्तुओं का प्रयोग करने वाले व्यक्तियों के घरों में धार्मिक संस्कार अथवा अनुष्ठान सम्पन्न करने से मना कर दिया। चिकित्सकों, वकीलों तथा शिक्षकों ने आन्दोलन में भाग नहीं लेने वाले व्यक्तियों को अपनी कुशल सेवाएँ अर्पित करने से मना कर दिया। श्रमिकों, नाइयों एवं धोबियों ने भी ऐसे व्यक्तियों का सामाजिक बहिष्कार किया। साधुओं, संन्यासियों को भी स्वदेशी का प्रचार करने के लिए प्रेरित किया गया। **सुरेन्द्रनाथ बनर्जी** ने इसकी व्यापकता पर विचार व्यक्त किया है कि, "स्वदेशी आन्दोलन एक पवित्र कर्तव्य के अनुरूप आगे बढ़ता गया क्योंकि उस पर धार्मिक नेताओं की स्वीकृति की छाप लग चुकी थी। वह हमारे पवित्रतम मन्दिर के पवित्रतम समारोह द्वारा पुनीत बनाया जा सकता था और उसकी परिपुष्टि सहस्त्रों भारतीयों के पवित्र संकल्प द्वारा हो चुकी थी।"

बहिष्कार एवं स्वदेशी, दोनों कार्यक्रम परस्पर सम्बद्ध थे। कुटीर उद्योगों के विकास के लिए सामूहिक प्रयासों की सफलता पर बहिष्कार आन्दोलन की सफलता निर्भर थी। **रमेश चन्द्र मजूमदार** ने विचार व्यक्त किया है कि, "बहिष्कार नकारात्मक, स्वदेशी सकारात्मक एक ही विचार के दो पक्ष थे।" यथार्थ में बहिष्कार एवं स्वदेशी आन्दोलन बंगाल-विभाजन आन्दोलन से उद्भूत था। बहिष्कार के दो उद्देश्य थे। भौतिक दृष्टि से इसका प्रयोग मैनचेस्टर पर दबाव डालने के लिए करना था जिसकी प्रत्यक्ष प्रतिक्रिया भारत स्थित ब्रिटिश सरकार पर होगी। आध्यात्मिक दृष्टि से इसके माध्यम से ब्रिटिश सत्ता के प्रति जन-समुदाय में मिथ्या मोह (माया) को दूर करना था। स्वराज के लिए इस प्रकार के त्याग की अतीव आवश्यकता होगी। लोकमान्य तिलक ने स्वदेशी आन्दोलन की व्याख्या 'बहिष्कार का योग' आत्म-दण्ड के एक धार्मिक संस्कार के रूप में की है। **सुरेन्द्रनाथ बनर्जी** के अनुसार, **"यह आध्यात्मिक, रूप से एक संरक्षणवादी आन्दोलन था जिससे जनसमुदाय के लिए भौतिक समृद्धि के नए युग के आरम्भ होने की सम्भावना थी। स्वदेशी की अवधारणा आधुनिक व्यापार के विरुद्ध थी।"** स्वदेशी की भावना से प्रेरित होकर उद्योगपति **जे. एन. टाटा** ने 'जमशेदपुर में **टाटा लौह एवं इस्पात कारखाने' की स्थापना की। तिलक तथा लाला लाजपत राय दोनों ने इस आन्दोलन को स्वावलम्बन, दृढ़ निश्चय तथा त्याग के लिए समुचित प्रशिक्षण के रूप में स्वीकार किया। यह राजनीतिक आन्दोलन का शक्तिशाली माध्यम था।**

उपग्रन्थियों ने केवल 'परिणामात्मक तथा गुणात्मक दृष्टियों से इन विचारों को विकसित किया था। ये दोनों विचार शीघ्र ही राष्ट्रीय आन्दोलन के दो प्रमुख अवयव बन गए और स्वावलम्बन की चेतना का प्रभावशाली ढंग से प्रचार और प्रसार

किया। स्वदेशी कार्यक्रम के सकारात्मक पक्ष पर बल देने के लिए सूती कपड़ा मिलें, राष्ट्रीय बैंक, बीमा कम्पनियाँ, साबुन, चमड़े, तम्बाकू आदि के कारखाने स्थापित किए गए। देशभक्ति की भावना से अनुप्राणित व्यक्तियों ने श्रेष्ठ तथा सस्ती विदेशी वस्तुओं की अपेक्षा हेय तथा महँगी स्वदेशी वस्तुओं के प्रयोग को महत्व दिया। स्वयंसेवक दलों ने घर-घर जाकर स्वदेशी वस्तुओं की आपूर्ति की। सुरेन्द्रनाथ बनर्जी, विपिनचन्द्र पाल, अश्विनी कुमार दत्ता, अरविन्द घोष आदि राष्ट्रीय नेताओं ने विभिन्न समितियों का गठन करके तथा समाचार-पत्रों एवं पत्रिकाओं के माध्यम से इन आन्दोलनों को अधिकाधिक लोकप्रिय एवं व्यापक बनाने का अथक् प्रयास किया।

बंगाल के राष्ट्रवादी नेताओं को भली-भाँति विदित था कि मात्र प्रदर्शनों, प्रस्तावों एवं सार्वजनिक सभाओं का ब्रिटिश सरकार पर अधिक प्रभाव नहीं पड़ेगा। जन-समुदाय की उत्तेजना को अभिव्यक्त करने वाले सकारात्मक कार्यों की अतीव आवश्यकता थी। परिणामस्वरूप स्वदेशी और बहिष्कार को भावी कार्यक्रम के रूप में स्वीकार किया गया। समस्त बंगाल में सार्वजनिक सभाओं का आयोजन किया गया जिसमें स्वदेशी अथवा भारतीय वस्तुओं के उपयोग एवं ब्रिटिश वस्तुओं के बहिष्कार की प्रतिज्ञा की। अनेक स्थानों पर विदेशी वस्त्रों की होली जलायी गयी। कलकत्ता से प्रकाशित समाचार-पत्र 'दि इंग्लिश मैन' ने प्राप्त सफलता के सन्दर्भ में लिखा कि, "यह नितान्त सत्य है कि कलकत्ता के गोदामों में कपड़ा इतना भरा हुआ है कि वह बेचा नहीं जा सकता। अनेक मारवाड़ी संस्थान नष्ट हो गए हैं और अनेक यूरोपीय निर्यात संस्थानों को बन्द करना पड़ा है अथवा उनका व्यापार अत्यधिक मन्द हो गया है। बहिष्कार के रूप में स्वराज के शत्रुओं पर कुठाराघात करने का एक प्रभावशाली अस्त्र पा लिया है।"

स्वदेशी आन्दोलन ने भारतीय उद्योगों को पर्याप्त प्रोत्साहन दिया। सूरत अधिवेशन के उपरान्त स्वदेशी एवं बहिष्कार आन्दोलन का बंगाल एवं भारत के अधिकांश नगरों में व्यापक प्रचार और प्रसार हुआ। अनेक स्थानों पर व्यापारियों ने स्वयं ही नमक और विदेशी वस्त्र नष्ट करने के लिए दिए। इस आन्दोलन ने कुटीर एवं लघु उद्योगों, जैसे—साबुन, दियासलाई, हथकरघा एवं बड़े उद्योगों, कपड़ा मिलों आदि को बहुत प्रोत्साहन दिया। **गुरुमुख निहालसिंह** ने अपनी कृति में विचार व्यक्त किया है कि, "इस बहिष्कार आन्दोलन ने भारतीय उद्योगों, विशेष रूप से वस्त्र उद्योग को अपूर्व बल प्रदान किया और कपड़ा बुनकर उद्योग की सहायतार्थ एक राष्ट्रीय कोष बनाया गया जिसके लिए सुरेन्द्रनाथ बनर्जी को एक ही सार्वजनिक सभा में 70 हजार रुपए एकत्रित करने में सफलता मिली।" आचार्य पी. सी. रे ने विख्यात बंगाल कैमीकल स्वदेशी स्टोर और टैगोर स्वदेशी स्टोर स्थापित किए। टाटा आयरन एण्ड स्टील कम्पनी में समस्त पूँजी निवेश भारतीयों ने ही किया था। कम्पनी ने स्वदेशी की प्रबल भावना से प्रेरित होकर सरकारी अथवा विदेशी पूँजीपतियों की सहायता को अस्वीकार कर दिया। चिदम्बरम् पिल्लई ने तूतीकोरीन में स्वदेशी जहाजरानी कम्पनी की स्थापना की।

स्वदेशी आन्दोलन निःसन्देह राष्ट्रीय स्वतन्त्रता संग्राम का स्वरूप ग्रहण कर रहा था। "अब केवल ब्रिटिश वस्तुओं के बहिष्कार का ही प्रश्न नहीं था वरन् ब्रिटिश शासन का बहिष्कार मूल था। ब्रिटिश सरकार आन्दोलन को विभिन्न पाशविक उपायों द्वारा दमन करने के लिए कृत संकल्प थी। 10 अक्टूबर, 1905 ई. को बंगाल के कार्यवाहक मुख्य सचिव आर. डब्ल्यू. कारलायल ने जिलाधीशों को गुप्त आदेश दिए कि विद्यार्थियों के विरुद्ध कार्यवाही करें जिससे विद्यार्थी आन्दोलन में सक्रिय भाग नहीं ले सकें। इसके अतिरिक्त, जिलाधीशों से अपने क्षेत्राधिकार में स्थित समस्त शैक्षणिक संस्थाओं के अधिकारियों द्वारा विद्यार्थियों के विरुद्ध उचित कठोर कार्यवाही करवाने का आग्रह किया गया। ब्रिटिश सरकार के उत्तेजक आदेशों के परिणामस्वरूप विद्यार्थी वर्ग में अत्यधिक आक्रोश था। तीव्र कटुता तथा आक्रोश के परिणामस्वरूप ही ब्रिटिश सरकार के नियन्त्रण अथवा प्रभाव से मुक्त, प्राचीन राष्ट्रीय परम्पराओं और परिवर्तित आधुनिक अपेक्षाओं के अनुरूप **राष्ट्रीय शिक्षा** के विचार का उद्भव हुआ। सरकार की दमनात्मक नीति के प्रत्युत्तर में तत्काल आदेश विरोधी समितियों का गठन किया गया तथा जुलूसों, धरनों, धन संग्रह एवं देशभक्तिपूर्ण ओजस्वी गीतों तथा भाषणों द्वारा नवीन चेतना जाग्रत करने का प्रयास किया गया और सरकारी आदेशों के अन्तर्गत दण्डित विद्यार्थियों को उचित शैक्षणिक सुविधाएँ प्रदान की गयीं।

**'राष्ट्रीय शिक्षा'** शब्दों का प्रयोग सम्भवतः सर्वप्रथम जून, 1839 ई. में हिन्दू कॉलेज पाठशाला के सन्दर्भ में किया गया था। सन् 1840 ई. में तत्वबोधिनी पाठशाला तथा सन् 1846 ई. में हिन्दू-हितार्थी विद्यालय की स्थापना में भी बाह्य नियन्त्रण तथा प्रभाव से पूर्णतया मुक्त शैक्षणिक व्यवस्था की पुनीत निहित थी। राजनारायन बोस, बंकिमचन्द्र चटर्जी, गुरुदास बनर्जी और रवीन्द्रनाथ टैगोर ने कालान्तर में अपनी कृतियों तथा भाषणों के माध्यम से इस विचार को विकसित किया, परन्तु राष्ट्रीय शिक्षा के गठन तथा व्यापक प्रचार एवं प्रसार का वास्तविक श्रेय सतीश चन्द्रमुकर्जी तथा उनके द्वारा स्थापित 'डान सोसायटी' को है। शिक्षा की राष्ट्रीय योजना का विचार सन् 1898 ई. में, भारतीय हस्तशिल्पों तथा उद्योगों की अमूल्य जनगणना के लिए

विख्यात सन जॉर्ज बर्डवुड के 'डान' के सम्पादक के नाम लिखे पत्र से प्राप्त हुआ था जिसमें उन्होंने लिखा था कि भारत को वैज्ञानिक संस्कृति के लिए पश्चिम से अपेक्षा करनी चाहिए, परन्तु भारत को अपनी आध्यात्मिक संस्कृति का भी त्याग नहीं करना चाहिए। 'डान' के सम्पादक सतीशचन्द्र मुकर्जी ने बर्डवुड के विचार को विकसित करना आरम्भ किया तथा निर्माण करने वाली शिक्षा पद्धति आरम्भ करने का प्रयास किया। अंग्रेजी भाषा की शिक्षा का मूलोद्देश्य सीमित एवं संकीर्ण, राजनीतिक तथा प्रशासनिक था। इसने केवल नियोजन के लिए प्रयत्नशील व्यक्तियों का सृजन किया। रवीन्द्रनाथ टैगोर ने तत्कालीन प्रचलित शिक्षा पद्धति की कटु आलोचना की।

भारतीय विश्वविद्यालय अधिनियम, 1904 ने पूर्ण रूप से विदेशी शासन द्वारा नियन्त्रित शिक्षा प्रणाली की सीमाओं तथा संकटों को स्पष्ट कर दिया था। स्वदेशी आन्दोलन तथा सरकार के विद्यार्थियों का दमन करने हेतु आदेश तथा विरोध में गठित समितियों ने राष्ट्रीय शिक्षा की आवश्यकता का व्यापक प्रचार किया तथा शिक्षा की राष्ट्रीय परिषद् की स्थापना को अनिवार्य बना दिया। सतीशचन्द्र मुकर्जी रचित 'भगवंत् चतुष्पथी' (सन् 1895 ई.), डान सोसायटी द्वारा आयोजित साप्ताहिक परिसंवाद एवं कक्षाओं, ब्रह्मोबन्धव उपाध्याय रचित 'सारस्वत आयतन' (अगस्त, 1902 ई.) तथा रवीन्द्रनाथ टैगोर द्वारा बोलपुर में स्थापित 'ब्रह्मचर्य आश्रम' ने राष्ट्रीय शिक्षा पद्धति का शुभारम्भ कर दिया था। मार्च, 1904 ई. में जोगेन्द्र चन्द्र घोष द्वारा प्रेरित एवं स्थापित संघ, जिसका उद्देश्य वैज्ञानिक तथा औद्योगिक शिक्षा की प्रगति था, को भी शिक्षा की राष्ट्रीय परिषद् का अग्रज स्वीकार किया जा सकता है। इस संघ ने विदेश में उच्च शिक्षा ग्रहण करने के लिए छात्रवृत्तियाँ देने तथा कलकत्ता स्थित निजी महाविद्यालयों के लिए एक केन्द्रीय प्रयोगशाला स्थापित करने के उद्देश्य से धन एकत्रित किया। इसी उद्देश्य से लोकमान्य तिलक ने 'दक्षिण शिक्षा समाज' (Deccan Education Society) की स्थापना की थी।

5 नवम्बर, 1905 ई. को आयोजित तथा रवीन्द्रनाथ टैगोर, सतीशचन्द्र मुकर्जी आदि द्वारा सम्बोधित विरोध सभा में राष्ट्रीय शिक्षा के विचार ने अधिक साकार रूप ग्रहण किया। सुबोध चन्द्र मलिक ने 1 लाख रुपए तथा मैमन सिंह के अन्य सम्पन्न जमींदारों ने अनुदान दिए और मलिक को कृतज्ञ जनता ने 'राजा' की उपाधि से सम्मानित किया जो भारतीय स्वतन्त्रता संग्राम का विशिष्ट उदाहरण है। 14 अगस्त, 1906 ई. को राष्ट्रीय शिक्षा परिषद् (जातीय शिक्षा परिषद्) का औपचारिक उद्घाटन किया गया। राष्ट्रीय शिक्षा परिषद् के तत्वावधान में विभिन्न स्थानों पर राष्ट्रीय विद्यालय स्थापित किए गए। प्रौद्योगिक शिक्षा की उन्नति के लिए तारकनाथ पलित ने एक संस्था (Society) स्थापित की जिसने बंगाल प्रौद्योगिकी संस्थान स्थापित किया। अधिकांश विद्यालय तथा संस्थाएँ ब्रिटिश सरकार की राष्ट्रीय शिक्षा कार्यक्रम के प्रति शत्रुतापूर्ण नीति तथा समुचित साधनों के अभाव में कालान्तर में विलुप्त हो गयीं। राष्ट्रीय शिक्षा परिषद् द्वारा स्थापित जादवपुर इन्जीनियरी कॉलेज ने निरन्तर प्रगति की और इसके संस्थापकों की नि:स्वार्थ सेवा, आदर्शों और समर्पण की भावनाओं का सम्मान करते हुए सरकार ने सन् 1956 ई. में विश्वविद्यालय का स्वरूप प्रदान किया।

स्वदेशी आन्दोलन ने साहित्यिक एवं सांस्कृतिक गतिविधियों के लिए नई शक्ति एवं चेतना का संचार किया। परिणामस्वरूप रवीन्द्रनाथ टैगोर, रजनीकान्त सेन और मुकुन्द दास ने देशभक्तिपूर्ण गीतों की रचना की। इनके गीत आज भी बंगाल में बहुत लोकप्रिय हैं। राष्ट्रीय शैक्षणिक संस्थाएँ स्थापित की गयीं। राष्ट्रवादी ब्रिटिश सरकार द्वारा संचालित शिक्षा पद्धति को राष्ट्र विरोधी मानते थे। 15 अगस्त, 1906 ई. को राष्ट्रीय शिक्षा परिषद् स्थापित की गयी। कलकत्ता में एक राष्ट्रीय महाविद्यालय आरम्भ किया गया। इसके प्रधानाचार्य अरविन्द घोष थे।

शीघ्र ही स्वदेशी एवं स्वराज्य की पवित्र भावनाओं का देश के अन्य प्रान्तों में प्रसार हो गया। स्वदेशी आन्दोलन के देश के अन्य भागों में प्रचार एवं प्रसार में बाल गंगाधर तिलक की प्रमुख भूमिका थी। तिलक ने अनुभव किया कि बंगाल में इस आन्दोलन के शुभारम्भ से भारतीय राष्ट्रवाद के इतिहास में एक नए अध्याय का सूत्रपात हुआ। बंगाल की एकता एवं विदेशी वस्तुओं के समर्थन में बम्बई, मद्रास एवं उत्तरी भारत में आन्दोलनों का संचालन किया गया। पूना में विदेशी वस्त्रों की होली जलायी गयी। बम्बई के मिल मालिकों से सामान्य मूल्य पर जनता को धोती उपलब्ध कराने का आग्रह किया गया। बाल गंगाधर तिलक ने महाराष्ट्र में गणेश उत्सव के पवित्र अवसर का व्यापक राष्ट्रवादी आन्दोलन को संगठित करने के लिए प्रयोग किया और जून, 1906 ई. में तिलक कलकत्ता आए और शिवाजी उत्सव बहुत उत्साह के साथ मनाया गया।

विदेशी शासन के विरुद्ध पंजाब में भी आन्दोलन हुआ। मुल्तान में पुरोहितों ने विदेशी चीनी मिश्रित उपहार अस्वीकार कर दिए। उत्तर भारत में स्वदेशी एवं बहिष्कार आन्दोलन की लहर जम्मू, हरिद्वार और दिल्ली तक पहुँच गयी। बहिष्कार आन्दोलन अत्यधिक प्रबल एवं लोकप्रिय था।

बंगाल के विद्यार्थियों की स्वदेशी आन्दोलन में प्रमुख भूमिका थी। उन्होंने स्वदेशी वस्तुओं का प्रयोग किया एवं व्यापक प्रचार किया। विदेशी कपड़ा बेचने वाली दुकानों के सामने धरनों (Picketing) को संगठित किया। विद्यार्थी बंगाल में

स्वदेशी की भावना के मुख्य जनक थे। ब्रिटिश सरकार ने विद्यालयों एवं महाविद्यालयों के सक्रिय कार्यकर्ताओं का दमन करने के लिए उनको दण्ड देने के आदेश दिए। शिक्षण संस्थाओं के अनुदान बन्द कर दिए गए और अन्य विशेषाधिकार समाप्त कर दिए। विद्यालयों की मान्यता समाप्त कर दी। उनके विद्यार्थियों को छात्रवृत्तियों के लिए प्रतियोगिता परीक्षाओं में बैठने की अनुमति नहीं दी। सरकारी पदों पर नियुक्ति पर प्रतिबन्ध लगा दिया। स्वदेशी आन्दोलनों में भाग लेने वाले दोषी विद्यार्थियों के विरुद्ध अनुशासनात्मक कार्यवाही की गयी। कुछ को बन्दी बनाकर लाठियों से मारा गया। गोरखा सैनिक टुकड़ियाँ तैनात की गयीं और कुछ स्थानों पर विद्यार्थियों को कोड़ों से पीटा गया। इन समस्त अमानुषिक अत्याचारों के उपरान्त भी विद्यार्थियों ने आत्म-समर्पण नहीं किया।

ब्रिटिश सरकार ने मातृभाषा के पत्रों एवं पत्रिकाओं विशेष रूप से अरविन्द घोष द्वारा सम्पादित 'वन्देमातरम्' भूपेन्द्रनाथ दत्ता द्वारा सम्पादित 'युगान्तर' तथा ब्रह्मबन्धव उपाध्याय द्वारा सम्पादित 'सन्ध्या' का क्रूरतापूर्वक दमन किया। राजद्रोह के लिए दोषी उपाध्याय जी ने न्यायालय के क्षेत्राधिकार को स्वीकार करने से मना कर दिया। उन्होंने विचार व्यक्त किया कि "मैं किसी भी प्रकार से विदेशी जनता के प्रति, जो हमारे ऊपर शासन करती है और जिनकी हमारी राष्ट्रीय विकास में बाधक बनने में ही रुचि है और दोनों भी चाहिए, उत्तरदायी नहीं हूँ।" न्यायालय में विवाद की अवधि में उनके असामयिक निधन ने एक सर्वोत्कृष्ट ओजस्वी सक्रिय देशभक्त तथा अद्वितीय व्यक्तित्व से राष्ट्र को वंचित कर दिया। पूर्वी बंगाल में ब्रिटिश सरकार की अमानुषिक घटनाओं पर 'अमृत बाजार पत्रिका' ने लिखा कि, "प्रान्त में शान्ति और व्यवस्था का स्थान पुलिस राज ने ले लिया है।" **मैनचेस्टर गार्जियन** ने लिखा कि, "इसमें सन्देह है कि रूस भी इस प्रकार का तुच्छतापूर्ण कार्य कर सकता है।"

स्वदेशी आन्दोलन की अवधि में अनेक औद्योगिक हड़तालें भी हुईं। बर्न आयरन वर्क्स (हावड़ा), भारत सरकार प्रेस, बंगाल सरकार प्रेस, फोर्ट ग्लोस्टर जूट मिल्स, ईस्ट इण्डियन रेलवे, कलकत्ता टेलीग्राफ आदि के कर्मचारियों ने सफल हड़तालों का आयोजन किया। यद्यपि ये हड़तालें आर्थिक असन्तोष से उद्भूत थीं, परन्तु राजनीतिक आकांक्षा एवं दृष्टिकोण से मुक्त नहीं थीं। समस्त हड़तालें यूरोपीय प्रबन्धकों के विरुद्ध थीं। अत: राष्ट्रवादियों ने इनका प्रबल समर्थन किया। बंगाली समाचार-पत्रों ने हड़तालों के प्रति सहानुभूति एवं समर्थन व्यक्त किया तथा औद्योगिक अशान्ति को उग्रपन्थियों ने योगदान दिया। वन्दे मातरम् ने सन् 1907 ई. में अपने सम्पादकीय में राष्ट्रीय शिक्षा, स्वयं सेवी संगठनों के गठन और श्रमिक हड़तालों को अनायास विकास की संज्ञा देते हुए स्वागत किया और स्वदेशी आन्दोलन का दैविक स्वभाव व्यक्त किया।

परम्परागत घर की चारदीवारी में सीमित रहने वाली शहरी मध्यम वर्ग की महिलाओं ने इन आन्दोलनों में महत्वपूर्ण योगदान किया। महिलाओं ने जुलूसों और धरनों में सक्रिय भाग लिया। उसी समय में महिलाओं ने राष्ट्रीय आन्दोलन में सक्रिय भाग लेना आरम्भ कर दिया।

अब्दुल रसूल विख्यात अधिवक्ता, लियाकत हुसैन लोकप्रिय आन्दोलनकारी, गजनवी एक व्यापारी आदि पमुग्व मुसलगानों ने भी सक्रिय भाग लिया। ढाका के नवाब के नेतृत्व में अनेक मध्य एवं उच्च वर्गों के मुसलमान तटस्थ रहे। कुछ मुसलमानों ने मुस्लिम बहुमत के आधार पर बंगाल विभाजन का समर्थन भी किया। ब्रिटिश अधिकारीतन्त्र ने ढाका के नवाब एवं अन्य मुसलमानों के साम्प्रदायिक दृष्टिकोण को प्रोत्साहित किया। नवाव ने विशेषाधिकारों तथा उपयोगी लाभ प्राप्त होने की आशा से विभाजन का समर्थन किया।

स्वदेशी आन्दोलन ने क्रान्तिकारी प्रवृत्तियों के विकास के लिए अनुकूल वातावरण बनाया और नरमपन्थियों तथा उग्रपन्थियों के मध्य विभाजन की प्रक्रिया को तीव्र किया। **सन् 1911 ई. में आयोजित दिल्ली दरबार में ब्रिटिश सम्राट् ने घोषणा की कि बंगाल के विभाजन को निरस्त करके इसका पुनः एकीकरण किया जाता है। तदुपरान्त भारत की राजधानी कलकत्ता से दिल्ली स्थानान्तरित की जाती है।"** बंगाल का विभाजन निरस्त होने के साथ ही बिहार को बंगाल से अलग कर दिया गया, लेकिन यह शक्तिशाली आन्दोलन चलता रहा। बंगाल विभाजन ने सरकार तथा बुद्धिजीवियों के मध्य मतभेदों में पूर्वापेक्षा अधिक वृद्धि की और "कांग्रेस आधार को नवीन देशभक्ति के स्फुलिंगों को ऊर्ध्वमुखी करने के लिए हथौड़ा प्रदान किया।"

**मूल्यांकन**—स्वदेशी आन्दोलन में परिणत विभाजन विरोधी आन्दोलन की निश्चित रूप से अपनी सीमाएँ थीं। यह आन्दोलन देशव्यापी औद्योगिक पुनरुत्थान के लक्ष्य की प्राप्ति में असफल रहा। राष्ट्रीय शिक्षा पद्धति का स्वर्णिम एवं सुखद स्वप्न भी अपेक्षानुसार साकार नहीं हो सका। पूर्ण स्वतन्त्रता को अपने लक्ष्य के रूप में राष्ट्रवादियों ने दो दशक बाद ही स्वीकार किया। विदेशी वस्तुओं का बहिष्कार तथा स्वदेशी उद्योगों को प्रोत्साहन की पवित्र भावनाओं का राष्ट्रीय अर्थव्यवस्था पर स्थायी प्रभाव नहीं पड़ा। ग्रामीण उत्थान, ग्रामों को संगठित करने की प्रक्रिया तथा विदेशी प्रबन्धकों के विरुद्ध औद्योगिक

अशान्ति अल्पकालीन सिद्ध हुई। कृषि प्रधान भारत की अधिकांश जनसंख्या को इस आन्दोलन की परिधि में नहीं लाया जा सका। यह आन्दोलन हिन्दू-मुस्लिम समुदायों में एकता स्थापित करने और परस्पर सुखद, मधुर एवं सौहार्द्रपूर्ण सम्बन्ध बनाने में विफल रहा। साम्प्रदायिक वैमनस्य तथा कटुता भारतीय राजनीति का एक घृणित एवं निन्दनीय पक्ष रहा है, परन्तु यह आन्दोलन साम्प्रदायिक घृणा एवं दोष के उन्मूलन के लिए कोई ठोस तथा प्रभावी उपाय प्रस्तुत करने में भी विफल हुआ। मुस्लिम लीग की निरन्तर बढ़ती हुई लोकप्रियता तथा साम्प्रदायिक भावनाओं की उग्रता निश्चित रूप से भारतीय स्वतन्त्रता संग्राम का मूलभूत गम्भीर दोष रहा। निःसन्देह अनेक सहिष्णु, उदारवादी एवं व्यापक दृष्टिकोण वाले मुसलमानों ने इस आन्दोलन में सक्रिय भाग लिया लेकिन संकीर्ण, अनुदार तथा रूढ़िवादी "मुल्लाओं द्वारा, हिन्दुओं के प्रभुत्व के प्रति भ्रामक दुष्प्रचार" तथा ब्रिटिश सरकार की कुटिल नीति 'फूट डालो और शासन करो' के कारण अधिकांश मुस्लिम समुदाय आन्दोलन से विलग ही रहा। **सुमित सरकार** ने विचार व्यक्त किया है कि स्वदेशी आन्दोलन की मुख्य दुर्बलता 'कृषक जन-समुदाय को आन्दोलन की ओर आकर्षित करने तथा हिन्दुओं और मुसलमानों के मध्य मतभेदों को दूर करने की असमर्थता थी। यह दुर्बलता आन्दोलन की सामाजिक-आर्थिक 'संरचनात्मक सीमाओं' तथा पैतृक निधि के रूप में प्राप्त 'सांस्कृतिक परम्पराओं' के कारण रही है।

इसके उपरान्त भी स्वदेशी आन्दोलन का भारत के स्वतन्त्रता संघर्ष के इतिहास में विशिष्ट स्थान है। सीमित उद्देश्यों से आरम्भ यह आन्दोलन अन्ततोगत्वा भारतीय राष्ट्रीय आन्दोलन की विशाल धारा में समाहित हो गया। **आर. सी. मजूमदार** लिखते हैं कि, **"यह स्वदेशी आन्दोलन था, जो राष्ट्रवाद को सैद्धान्तिक क्षेत्र से व्यावहारिक राजनीति के क्षेत्र में लाया और समस्त भारत के जीवन को उद्वेलित किया।"** अब विभाजित अथवा संयुक्त बंगाल का प्रश्न नहीं था। मुख्य विषय था कि, "क्या ब्रिटिश शासन स्वयं बंगाल में अथवा भारत के किसी भी स्थान पर बना रह सकता था।" **सुमित सरकार** ने विचार व्यक्त किया है कि स्वदेशी आन्दोलन की एक उल्लेखनीय विशेषता "अनेक प्रवृत्तियों तथा शक्तियों की कम से कम कीटाणु के रूप में साथ-साथ उपस्थिति थी जो हमारे जन-समुदाय के जीवन को सन् 1947 ई. तक और उसके बाद एक स्वरूप देती गयी।" इसने "गाँधीवादी असहयोग की तकनीकों, स्वयंसेवी संगठनों अथवा समितियों, राजनीतिक मार्गदर्शन के तत्वों के साथ श्रम संगठनों, विशिष्ट वर्ग तथा जन-समुदाय के मध्य बाधाओं पर विजय प्राप्त करने के लिए धर्म के माध्यम का प्रयोग, हिन्दू-मुस्लिम तनावों की तीव्रता, अप्रत्याशित परिणामों एवं बम की अवधारणा की पूर्व कल्पना की थी।"

**सुरेन्द्र बनर्जी** ने विचार व्यक्त किया था कि, "स्वदेशी आन्दोलन केवल आर्थिक अथवा राजनीतिक आन्दोलन नहीं था वरन् हमारे राष्ट्रीय जीवन के पूर्ण वृत्त के साथ सह-विस्तृत सर्वाधिक व्यापक था।" नरमपन्थी नेता गोपालकृष्ण गोखले ने यद्यपि बहिष्कार का अनुमोदन नहीं किया था, परन्तु इस आन्दोलन को 'राष्ट्रीय प्रगति के इतिहास में एक 'युगान्तरकारी घटना' कहा था। **महात्मा गाँधी** ने इस आन्दोलन के सन्दर्भ में अपने उद्‌गार व्यक्त करते हुए लिखा कि, "भारत की वास्तविक जागृति बंगाल विभाजन के बाद आरम्भ हुई। विभाजन के बाद भारतीयों ने अनुभव किया कि निवेदन शक्ति द्वारा समर्थित होने चाहिए और उनको कष्ट सहन करने योग्य होना चाहिए।" स्वदेशी आन्दोलन की प्रमुख विशेषताओं का मूल्यांकन करते हुए विचार व्यक्त किया कि, "सन् 1905 ई. से पूर्व तक राजनीति उच्च वर्ग तक सीमित थी। सन् 1906 ई. के उपरान्त बंगाल में राष्ट्रवादी आन्दोलन ने बंगाल को आन्दोलित किया और बंगाली निम्न मध्यवर्ग तथा कुछ अंशों तक जन-समुदाय में नवीन जीवन का संचार किया।"

बंगाल में जीवन तथा विचारों पर अनेक दृष्टियों से असाधारण प्रभाव था। स्वदेशी आन्दोलन के परिणामस्वरूप बंगाली साहित्य के क्षेत्र में अनेक देशभक्ति पूर्ण उत्कृष्ट रचनाओं का सृजन हुआ। साहित्यिक इतिहास तथा लोक परम्पराओं में रुचि जाग्रत की। इसने वैज्ञानिक अध्ययन को प्रोत्साहित किया तथा प्राचीन शास्त्रीय संगीत तथा चित्रकला के प्रति रुचि उत्पन्न की। एक विद्वान् ने इसकी उपलब्धियों के सन्दर्भ में मत व्यक्त किया है कि, "स्वदेशी की अपेक्षा राष्ट्रीय आन्दोलन का अन्य कोई चरण समृद्धशाली सांस्कृतिक उपलब्धियों के लिए गर्व नहीं कर सकता है।"

## कांग्रेस का विभाजन
### (Split of Congress)

स्वदेशी आन्दोलन ने कांग्रेस में संकट को गहन कर दिया था और दो वर्गों, नरमपन्थी और उग्रपन्थी, में विभाजन सुनिश्चित कर दिया और कांग्रेस में आन्तरिक तथा बाह्य रूप से उग्र प्रवृत्ति को प्रोत्साहित किया था। तिलक के उग्रवादी विचारों ने युवा पीढ़ी को सम्मोहित किया था। **पण्डित जवाहरलाल नेहरू** अपनी आत्म-कथा में लिखते हैं कि, "सन्

1907 ई. के उपरान्त भारत अनेक वर्षों तक अशान्ति तथा कष्टों से आन्दोलित रहा था। सन् 1857 ई. के विद्रोह के बाद भारत पहली बार विदेशी शासन के समक्ष कायरतापूर्वक समर्पण करने की अपेक्षा संघर्ष की भावना प्रदर्शित कर रहा था। तिलक और अरविन्द घोष की गतिविधियाँ तथा दृढ़ संकल्प के समाचार और बंगाल के जन-समुदाय द्वारा स्वदेशी और बहिष्कार के लिए की जा रही प्रतिज्ञाएँ, इंग्लैण्ड में हम समस्त भारतीयों को उत्तेजित कर रही थीं। बिना किसी अपवाद के लगभग हम सब तिलक समर्थक अथवा उग्रवादी (जैसा भारत में नए दल को कहा जाता था) थे।"

कांग्रेस में अनेक राष्ट्रवादी नेताओं का ब्रिटिश सरकार की बहु प्रशंसित न्याय की भावना के प्रति मोहभंग हो चुका था और वे उग्रवाद की ओर उन्मुख हो रहे थे। **अरविन्द घोष** ने विचार व्यक्त किया था कि, "राजनीतिक स्वतन्त्रता एक राष्ट्र की जीवनदायिनी श्वांस है।" उन्होंने विदेशी शासन के विरुद्ध संघर्ष में निष्क्रिय विरोध के सिद्धान्त के एक प्रभावशाली अस्त्र के रूप पर बल देते हुए व्याख्या की थी कि, "निष्क्रिय विरोध पद्धति का अर्थ किसी कार्य से, जिसके द्वारा व्यक्ति सरकार की सहायता कर रहा हो, अलग रहना है।" बहिष्कार की व्याख्या करते हुए उन्होंने कहा था कि, "हमारे देश के औद्योगिक शोषण, शिक्षा, सरकार, न्यायिक प्रशासन, सरकारी कार्य पद्धति में सहयोग करने से मना करना है।"

नरमपन्थी, उग्रपन्थियों के निष्क्रिय विरोध के सिद्धान्त तथा राजनीतिक स्वतन्त्रता से असहमत थे और इन विचारों को हानिकारक अथवा व्यावहारिक मानते थे। **गोखले** ने उपहास करते हुए कहा था कि, "पागलखाने के बाहर केवल पागल व्यक्ति ही स्वतन्त्रता की बात कर सकते थे अथवा सोच सकते थे।" नरमपन्थियों का दृढ़ विश्वास था कि ब्रिटिश शासन का दीर्घकाल तक कोई विकल्प नहीं था और संवैधानिक विरोध राष्ट्रीय आन्दोलन को आगे चलाने का सर्वोत्कृष्ट एवं प्रभावशाली साधन था। एक विद्वान् ने मत व्यक्त किया कि, "यह अनुभव करना कठिन नहीं प्रतीत होता है कि नरमपन्थी उस समय सही थे, जबकि तिलक भविष्य के लिए उचित थे। नरमपन्थियों और उग्रपन्थियों के मध्य मतभेद निरन्तर बढ़ रहे थे। सन् 1905 ई. एवं सन् 1906 ई. में कांग्रेस विभाजन के स्पष्ट संकेत मिल चुके थे। सन् 1906 ई. में कलकत्ता में आयोजित कांग्रेस अधिवेशन के अध्यक्ष के प्रश्न पर विभाजन की स्थिति आ गयी थी, परन्तु दादाभाई नौरोजी के अध्यक्ष बनने से सम्भावित विभाजन टल गया था। इस अधिवेशन में अस्पष्ट भाषा में स्वदेशी आन्दोलन, बहिष्कार आन्दोलन, राष्ट्रीय शिक्षा और स्वशासन से सम्बन्धित चार प्रस्ताव किए गए और दोनों दलों ने अपने ढंग से व्याख्या की।

दोनों दलों में परस्पर तीव्र असन्तोष एवं असहिष्णुता की भावना थी। सदस्यों ने वयोवृद्ध नेताओं के साथ भी अभद्र एवं अशिष्ट व्यवहार किया। दादाभाई नौरोजी ने अपने दूरदर्शितापूर्ण अध्यक्षीय भाषण का आरम्भ सर हेनरी बैनरमैन के वाक्य से किया कि सुराज्य किसी भी स्थिति में स्वराज्य का स्थानापन्न नहीं हो सकता। इस प्रकार स्वराज्य भारत का अन्तिम राजनीतिक लक्ष्य घोषित किया। "कांग्रेस अधिवेशन में इस प्रकार का प्रस्ताव पारित होना यथार्थ में उग्रदल की विजय ही थी।"

नरमपन्थी घोषित स्वराज्य की प्राप्ति के लिए किसी प्रकार का आन्दोलन करने के लिए तत्पर नहीं थे और उन्होंने स्वराज्य की व्याख्या इस प्रकार की कि उसमें शब्द की आत्मा का ही अभाव था। उग्रवादी सन् 1906 ई. की घोषणाओं को क्रियान्वित करने के लिए प्रयत्नशील थे। इसके अतिरिक्त, उग्रवादी विदेशी वस्तुओं के साथ सरकारी सेवा पदों तथा संस्थाओं के बहिष्कार के प्रबल समर्थक थे।

सन् 1907 ई. के राष्ट्रीय कांग्रेस के ऐतिहासिक अधिवेशन में दोनों दलों के मध्य व्याप्त मतभेद स्पष्ट हो गए। उग्रपन्थियों ने कांग्रेस अध्यक्ष पद के लिए लाला लाजपत राय के नाम का प्रस्ताव रखा परन्तु कांग्रेस ने रास बिहारी बोस को अध्यक्ष चुना। स्वशासन, बहिष्कार तथा राष्ट्रीय शिक्षा सम्बन्धी प्रस्तावों पर तीव्र मतभेद हो गया। उग्रपन्थी, नरमपन्थी राष्ट्रीय नेताओं को अपने उद्देश्यों की प्राप्ति में सबसे बड़ी बाधा मानते थे और अरविन्द घोष के नेतृत्व में नरमपन्थियों से सम्बन्ध-विच्छेद करने तथा कांग्रेस नेतृत्व लेने का निश्चय कर चुके थे और असफलता की स्थिति में कांग्रेस का विभाजन करने के लिए कटिबद्ध थे। फिरोजशाह मेहता के नेतृत्व में नरमपन्थी भी विभाजन के लिए उत्सुक थे। नरमपन्थियों का विश्वास था कि उग्रपन्थियों के साथ रहना अत्यधिक खतरनाक था। 2 दशक के कठोर परिश्रम से निर्मित कांग्रेस संगठन को उग्रपन्थी एक ही झटके में अस्त-व्यस्त कर देंगे। ब्रिटिश सरकार साम्राज्यवाद विरोधी किसी भी आन्दोलन का दमन करने के लिए कृत संकल्प थी। ऐसी स्थिति में दमन को आमन्त्रित करने का क्या औचित्य था। सन् 1907 ई. में **गोखले** ने नरमपन्थियों को सम्बोधित करते हुए कहा था कि, "आप ब्रिटिश सत्ता की शक्ति को अनुभव नहीं करते हैं। यदि कांग्रेस उग्रपन्थियों के विचारों से कार्य करेगी, तो सरकार को इसे समाप्त करने में पाँच मिनट भी नहीं लगेंगे।"

इसके अतिरिक्त, राजनीति तथा प्रशासन में नरमपन्थियों के हिस्सेदारी के स्वप्न के साकार होने की सम्भावना थी। उग्रपन्थियों के विचारों एवं भावनाओं के अनुरूप कार्य करने से ब्रिटेन में उदार दल (Liberal Party) की सरकार के अप्रसन्न

होने का खतरा था। अस्तु, नरमपन्थियों की दृष्टि में उग्रपन्थियों के साथ मित्रता हानिकारक सिद्ध होगी। परिणामस्वरूप नरमपन्थियों ने उग्रपन्थियों के साथ सम्बन्ध-विच्छेद करने का निश्चय किया था।

बाह्य रूप से नरमपन्थियों और उग्रपन्थियों के विचारों, भावनाओं एवं सिद्धान्तों की दृष्टि से कुछ मतभेद दृष्टिगत होते हैं, लेकिन यथार्थ में, सूक्ष्म विश्लेषण करने से ज्ञात होता है कि दोनों में महत्वपूर्ण मतभेद नहीं थे। नरमपन्थियों और उग्रपन्थियों दोनों के विचार और अनुमान एवं पारस्परिक मतभेद राष्ट्रवादी दृष्टिकोण से गलत थे। नरमपन्थियों ने कभी यह अनुभव नहीं किया कि ब्रिटिश शासन उसकी शक्ति की अपेक्षा उग्रपन्थियों से भयभीत होकर ही राष्ट्रीय विषयों पर उनसे विचार-विमर्श कर रही थी। उग्रपन्थियों ने कभी यह अनुभव नहीं किया कि नरमपन्थी उनके संघर्ष के कवच के रूप में कार्य कर सकते हैं, क्योंकि वे अभी इतने शक्तिशाली नहीं हो पाए थे कि अपनी शक्ति के आधार पर ही सशक्त ब्रिटिश शासन का सामना कर सकते। दोनों ने ही वस्तुस्थिति का तर्कसंगत मूल्यांकन नहीं किया था। भारत जैसे विशाल देश में शक्तिशाली साम्राज्यवादी सत्ता के विरुद्ध किसी आन्दोलन की सफलता उसके देशव्यापी स्वरूप एवं सशक्त एवं लोकप्रिय संगठन के नेतृत्व पर निर्भर थी।

यह सत्य है कि दोनों दलों में बाल गंगाधर तिलक एवं गोपालकृष्ण गोखले जैसे विद्वान्, उत्साही, कर्मठ, उत्कट देशभक्त, साहसी एवं कुशल राजनीतिज्ञ थे और राष्ट्रवादियों में परस्पर मतभेद के खतरों को भली-भाँति समझते थे। तिलक की हार्दिक इच्छा थी कि संयुक्त राष्ट्रीय मोर्चे में किसी प्रकार का मतभेद न हो। उनको भली-भाँति विदित था कि बिना विभिन्न राजनीतिक विचारधाराओं की एकता के किसी भी आन्दोलन का सफलतापूर्वक संचालन सम्भव नहीं था और अपनी राजनीतिक माँगों को स्वीकार करवाने के लिए ब्रिटिश सरकार पर दबाव डालना भी सम्भव नहीं था। अस्तु, तिलक की व्यक्तिगत इच्छा थी कि सर्वप्रथम अपनी राजनीतिक विचारधारा के प्रति व्यापक जन-समर्थन प्राप्त किया जाए। तत्पश्चात् नरमपन्थियों को समझौते के लिए बाध्य किया जाए, लेकिन महाराष्ट्र ने उनके उग्रपन्थी समर्थकों तथा बंगाल के अति उग्रपन्थी समर्थकों ने उनकी योजना को सफल नहीं होने दिया। इसके अतिरिक्त, उन्हें बंगाल के अति उग्रपन्थी अरविन्द घोष के साथ विवश होकर सहयोग करना पड़ा।

गोपालकृष्ण गोखले ने भी राष्ट्रवादियों में विभाजन को टालने के लिए अथक् प्रयास किया। सन् 1907 ई. में गोखले ने अपनी आशंका को व्यक्त करते हुए एक मित्र को लिखा था कि, "विभाजन का अर्थ विनाश होगा और तब अधिकारीतन्त्र को दोनों तलों का दमन करने में कोई कठिनाई नहीं होगी।" लेकिन गोखले को भी शक्तिशाली व्यक्तित्व वाले फिरोजशाह मेहता एवं अन्य उग्र नरमपन्थियों की इच्छाओं के समक्ष आत्म-समर्पण करना पड़ा।

**सूरत अधिवेशन**—26 दिसम्बर, 1907 ई. को ताप्ती नदी के तट पर सूरत में कांग्रेस अधिवेशन में उग्रपन्थी इस समाचार से अत्यधिक उत्तेजित थे कि नरमपन्थी कलकत्ता अधिवेशन के चारों प्रस्तावों को निष्प्रभावी करना चाहते थे। तीन दिन की अवधि में सूरत में आयोजित जनसभाओं में नरमपन्थियों का उपहास किया गया और विषाक्त भाषण दिए गए। अस्तु, नरमपन्थी अत्यधिक क्षुब्ध थे। उग्रपन्थी चारों प्रस्तावों की स्वीकृति का स्पष्ट आश्वासन चाहते थे। दोनों ही पक्ष अधिवेशन में उत्तेजित विचार-विमर्श के लिए तैयार होकर आए थे। कुछ ही काल में 1,600 प्रतिनिधि परस्पर आरोप-प्रत्यारोप करने लगे और मारपीट के लिए तत्पर हो गए एवं कुर्सियाँ फेंकने लगे। इसी अवधि में किसी अज्ञात व्यक्ति द्वारा फेंका हुआ जूता मंच पर फिरोजशाह मेहता तथा सुरेन्द्रनाथ बनर्जी को लगा। तदुपरान्त पुलिस ने सभागार खाली करवा लिया और अधिवेशन समाप्त हो गया। लार्ड मिण्टो ने लार्ड मोर्ले को लिखा कि, "सूरत में कांग्रेस का पतन हमारी बहुत बड़ी विजय है।" **एनी बेसेन्ट** ने तीव्र प्रतिक्रिया व्यक्त करते हुए कहा कि, "सूरत घटना कांग्रेस इतिहास की सर्वाधिक दु:खद घटना थी।" (The Surat episode was the saddest episode in the history of Congress.)

नरमपन्थियों को ब्रिटिश शासन से बहुत आशाएँ थीं और उनके अनुसार ब्रिटिश शासन ही केवल देश में शान्ति और व्यवस्था स्थापित कर सकता था। इसके विभिन्न विजातीय तत्वों, जिससे भारत का गठन हुआ था, में से शनै:-शनै: विकसित हुए राष्ट्र के लिए आवश्यकता थी और इसको आश्वस्त करने के लिए विभिन्न क्षेत्रों में निरन्तर प्रगति की आवश्यकता थी। सूरत अधिवेशन के निर्वाचित कांग्रेस अध्यक्ष रासबिहारी बोस ने अपने अध्यक्षीय भाषण में इसी तथ्य पर बल दिया था और स्पष्ट रूप से कहा था कि, "उग्रपन्थी यदि विरोध के संवैधानिक साधनों का अनुमोदन नहीं करते हैं और पुराने नेतृत्व के साथ सौहार्द्रपूर्वक कार्य करने में असमर्थ हैं, उनके लिए कांग्रेस में कोई स्थान नहीं है।" उनके अनुसार जन-समुदाय के सर्वोच्च हितों के लिए ब्रिटिश शासन की निरन्तर आवश्यकता थी।

दूसरे दिन जब नरमपन्थी प्रतिनिधियों की आयोजित सभा में निर्णय लिया गया कि 100 प्रतिनिधियों की सीमित कांग्रेस का संविधान बनाए। इन प्रतिनिधियों द्वारा निर्मित संविधान की पहली धारा में प्रावधान था कि, "भारत की राष्ट्रीय कांग्रेस का उद्देश्य हैं कि भारत की जनता को उसी प्रकार की शासन व्यवस्था प्राप्त हो, जिस प्रकार की शासन व्यवस्था ब्रिटिश साम्राज्य के अन्य उपनिवेशों में प्रचलित है और उनके अनुरूप ही भारतवासी भी साम्राज्य के अधिकारों तथा उत्तरदायित्वों में भागीदार बनें। इन उद्देश्यों की प्राप्ति वर्तमान शासन व्यवस्था में धीरे-धीरे सुधार कर, राष्ट्रीय एकता तथा जनोत्साह को प्रोत्साहन देकर और देश के मानसिक, नैतिक, आर्थिक एवं औद्योगिक साधनों को सुसंगठित करके वैधानिक ढंग से की जाए।"

उग्रवादियों ने इसको अस्वीकार किया और वे कांग्रेस से अलग हो गए और सन् 1916 ई. में दोनों पक्षों में समझौता होने तक अलग रहे।

सूरत अधिवेशन की घटनाओं से तिलक अत्यधिक क्षुब्ध थे। **अरविन्द घोष** ने बाद में लिखा कि, "तिलक जानते थे कि कांग्रेस में विभाजन बहुत बड़ा अनर्थ होगा क्योंकि उनकी दृष्टि में कांग्रेस एक राष्ट्रीय आवश्यकता एवं राष्ट्रीय सत्यता थी और इससे बहुत आशाएँ थीं।" तिलक ने बाद में मतभेदों को समाप्त करने के लिए अथक् प्रयास किए। अपने विरोधियों को पत्र लिखकर खेद व्यक्त किया, रासबिहारी बोस को कांग्रेस अध्यक्ष के रूप में स्वीकार कर लिया और कांग्रेस की एकता के लिए कार्य करने की इच्छा व्यक्त की, लेकिन फिरोजशाह मेहता एवं उनके समर्थकों का दृष्टिकोण कठोर बना रहा, क्योंकि उनको विश्वास था कि विजय हमारी ही होगी। कांग्रेस विभाजन से दोनों दलों में किसी को भी लाभ नहीं हुआ वरन् यह विभाजन दोनों दलों के लिए विनाशकारी सिद्ध हुआ।

कांग्रेस के विभाजन के बाद तत्काल ब्रिटिश सरकार ने उग्र राष्ट्रवादियों के विरुद्ध दमनात्मक कार्यवाही आरम्भ कर दी। उग्रपन्थियों के समाचार-पत्रों पर प्रतिबन्ध लगा दिया। तिलक को छः वर्ष के कठोर कारावास का दण्ड देकर बर्मा स्थित माण्डले जेल भेज दिया गया। अरविन्द एक क्रान्तिकारी षड्यन्त्र में अभियुक्त थे, लेकिन निर्दोष सिद्ध होने पर मुक्ति के उपरान्त उन्होंने सक्रिय राजनीति से संन्यास ले लिया और लाला लाजपत राय सन् 1908 ई. में ब्रिटेन चले गए। वहाँ से 1909 ई. में लौटकर आए और अमेरिका चले गए। इस प्रकार ब्रिटिश सरकार कुछ काल के लिए राष्ट्रवादी आन्दोलन का दमन करने में सफल रही।

सन् 1908 ई. के उपरान्त राष्ट्रीय आन्दोलन अस्थिर रूप से पतनोन्मुख था। सन् 1909 ई. में **अरविन्द घोष** ने जेल से मुक्त होने पर परिवर्तित परिस्थितियों पर टिप्पणी की कि, "जब मैं जेल जा रहा था, तब समस्त देश एक नए राष्ट्र की परिकल्पना संजोए जीवन्त दृष्टिगत हो रहा था, लाखों सुप्त हृदयों में राजनीतिक चेतना हिलोरें ले रही थी, लेकिन जब मैं जेल से बाहर आया, तब समस्त देश स्तब्ध मौन था।" यह एक अस्थायी प्रभाव था। जन-समुदाय में राष्ट्रीय चेतना पूर्ववत् विद्यमान थी।

सन् 1911 ई. में बंगाल विभाजन के विलोपन ने नरमपन्थियों में आस्था और विश्वास को सुदृढ़ किया। उदारवादियों ने सुधारों का समर्थन नहीं किया, लेकिन सुधारों के कार्यान्वयन में सरकार के साथ पूर्ण सहयोग किया। सरकार के साथ सहयोग और उग्रपन्थियों के कार्यक्रमों का विरोध उदारवादियों के लिए घातक सिद्ध हुआ। जन-समुदाय ने उनका समर्थन करना बन्द कर दिया और उनकी छवि धूमिल हो गयी। राजनीतिक दृष्टि से सजग अधिकांश भारतीय बाल गंगाधर तिलक एवं उग्र-राष्ट्रवादियों का समर्थन करते रहे।

तदुपरान्त उग्रवादियों एवं उदारवादियों के मध्य मतभेद समाप्त हो गए। अरविन्द घोष राजनीति से संन्यास ले चुके थे। तिलक 6 वर्ष माण्डले (बर्मा) में कारावास में रहे। लाला लाजपत राय अमेरिका में थे। उग्रवादी निर्बल हो गए थे। नरमपन्थी प्रभुत्व वाली कांग्रेस ने अपने संविधान में संशोधन किया जिससे तिलक को पुनः कांग्रेस में लिया जा सके।

16 जून, 1914 ई. को मुक्त होने के उपरान्त तिलक ने स्वयं एवं अपने साथियों को कांग्रेस में सम्मिलित करने का निश्चय किया। तिलक को विश्वास हो गया था कि भारतीय राष्ट्रीय कांग्रेस भारतीय राष्ट्रीय आन्दोलन का पर्याय बन चुकी है। उदारवादियों की सहमति एवं उनका विश्वास प्राप्त करने तथा ब्रिटिश शासन दमनकारी गतिविधियों की पुनरावृत्ति नहीं करे, **तिलक** ने घोषणा की कि, "मैं स्पष्ट रूप से कहता हूँ कि हम लोग भारत में प्रशासनिक व्यवस्था में सुधार चाहते हैं जैसा कि आयरलैण्ड में वहाँ के निवासी माँग कर रहे हैं। ब्रिटिश शासन के उन्मूलन का हमारा कोई उद्देश्य नहीं है। इस बात को कहने में मुझे कोई संकोच नहीं है कि भारत के विभिन्न भागों में जो हिंसात्मक घटनाएँ हुई हैं, वे केवल मेरी विचारधारा के विपरीत ही नहीं हैं वरन् उनके कारण हमारी राजनीतिक विकास की प्रक्रिया भी मन्द हुई है।"

तिलक एवं एनी बेसेन्ट के सतत् प्रयासों के परिणामस्वरूप भारतीय राष्ट्रीय कांग्रेस ने दिसम्बर, 1915 ई. के अधिवेशन में उग्रवादियों को कांग्रेस में पुन: सम्मिलित करने का निर्णय लिया। सन् 1916 ई. के कांग्रेस अधिवेशन में तिलक को राष्ट्रीय कांग्रेस में सम्मिलित कर लिया गया। कांग्रेस अध्यक्ष **अम्बिकाचरण मजूमदार** ने कहा कि, "वर्षों की दु:खद पृथकता तथा परस्पर भ्रान्तियों के कारण अकारण विवादों में भटकने के बाद भारतीय राष्ट्रीय कांग्रेस के दोनों दलों ने यह अनुभव किया कि पृथकता पराजय है और एकता उनकी विजय है। अब भाई-भाई पुन: मिल गए हैं।" तिलक कांग्रेस को पूर्वापेक्षा अधिक प्रगतिशील, संघर्षशील और सक्रिय बनाना चाहते थे।

## प्रश्न
## (Questions)

### दीर्घ उत्तरीय प्रश्न (Long Answer Type Questions)

1. स्वदेशी आन्दोलन पर एक संक्षिप्त निबन्ध लिखिए।
   (Write a brief essay on Swadeshi Movement.)
2. स्वदेशी आन्दोलन क्या था ? इस आन्दोलन की प्रकृति व स्वरूप की विवेचना कीजिए।
   (What was Swadeshi Movement. Discuss the nature and form of movement.)
3. भारतीय राष्ट्रीय आन्दोलन में स्वदेशी आन्दोलन की भूमिका की विवेचना कीजिए।
   (Discuss the role of Swadeshi Movement in Indian National Movement.)

### लघु उत्तरीय प्रश्न (Short Answer Type Questions)

1. स्वदेशी आन्दोलन का क्या अर्थ है ?
2. स्वदेशी आन्दोलन के आर्थिक पक्ष की विवेचना कीजिए।
3. स्वदेशी आन्दोलन का राजनीतिक पक्ष क्या था ?
4. स्वदेशी आन्दोलन की व्यापकता पर एक संक्षिप्त नोट तैयार कीजिए।

### बहुविकल्पीय वस्तुनिष्ठ प्रश्न (Multiple Choice Type Objective Questions)

**1. 'स्वदेशी' का सन्देश सर्वप्रथम निम्न में से किस प्रदेश ने दिया था–**

(a) महाराष्ट्र (b) बंगाल
(c) गुजरात (d) उत्तर प्रदेश।

**उत्तर**–(a) महाराष्ट्र।

**2. 'स्वदेशी' का सन्देश सर्वप्रथम एक समाचार-पत्र के माध्यम से दिया गया इस समाचार-पत्र का नाम था–**

(a) लोकसत्ता (b) जनजागरण
(c) प्रभाकर पत्र (d) जनसंचार।

**उत्तर**–(c) प्रभाकर पत्र।

**3. निम्न में से किस नेता ने स्वदेशी का व्यापक प्रचार किया था–**

(a) गोपाल राव देशमुख (b) जी. बी. जोशी
(c) महादेव गोविन्द रानाडे (d) उपर्युक्त सभी ने।

**उत्तर**–(d) उपर्युक्त सभी ने।

**4. किस सन् में जनसमुदाय ने यह संकल्प किया कि, "जब तक विभाजन का प्रस्ताव वापस नहीं लिया जाता तब तक ब्रिटेन में निर्मित वस्तुओं का क्रय नहीं करेंगे"–**

(a) सन् 1905 ई. में (b) सन् 1906 ई. में
(c) सन् 1907 ई. में (d) सन् 1908 ई. में।

**उत्तर**–(a) सन् 1905 में।

●●

# असहयोग आन्दोलन
# [NON-CO-OPERATION MOVEMENT]

भारतीय राष्ट्रीय आन्दोलन के सन् 1920 से 1947 तक के काल को **'गाँधी-युग'** के नाम से जाना जाता है। इतिहास साक्षी है कि मनुष्य ने सदैव अन्याय के विरुद्ध आवाज उठाई है। रूस में सन् 1917 में हुई क्रान्ति ने विश्व में विभिन्न स्थानों पर हो रहे अत्याचारों व शोषक प्रवृत्तियों के विरुद्ध संघर्षरत जनसमूहों की आवाज को और भी सशक्त बनाया। भारतीय जनता ने भी इससे प्रेरित होकर उन पर हो रहे अत्याचारों के विरुद्ध आवाज उठाई जिसमें गाँधी-युग के पूर्व सन् 1909 से 1919 तक के काल का भारतीय राष्ट्रीय आन्दोलन के इतिहास में विशेष महत्वपूर्ण स्थान रहा। इस काल में भारतीय राजनीति में कुछ ऐसी घटनाएँ घटित हुईं जिन्होंने असहयोग आन्दोलन की पृष्ठभूमि तैयार कर दी। इनमें होमरूल या गृहशासन आन्दोलन, सन् 1916 का कांग्रेस लीग समझौता और 20 अगस्त, 1917 की मॉण्टेग्यू घोषणा प्रमुख हैं।

## होमरूल या गृह-शासन आन्दोलन
### (Home Rule Movement)

उग्रवादी आन्दोलन को कुचलने के लिए ब्रिटिश सरकार ने अपनी सम्पूर्ण शक्ति के साथ दमनचक्र चलाया। सन् 1908 में लोकमान्य बालगंगाधर तिलक को 6 वर्ष के कठोर कारावास का दण्ड दिया गया। सन् 1914 में तिलक को रिहा किया गया। उस समय कांग्रेस में उग्रवादियों का प्रभुत्व था। अत: तिलक जैसे उग्रवादी नेता को कार्य करने के लिए किसी संगठन की आवश्यकता थी। उसी समय प्रथम विश्व-युद्ध के प्रारम्भ हो जाने से सरकार संकट में थी। अत: उग्रवादियों ने स्वायत्त शासन प्राप्त करने के लिए यह उपयुक्त समय समझा। इसलिए तिलक ने अपने उग्रवादी साथियों को पुन: संगठित किया तथा आयरलैण्ड से प्रेरणा लेकर इस दिशा में प्रयत्न करना प्रारम्भ कर दिया। तत्पश्चात् अप्रैल, 1916 में उन्होंने पूना में महाराष्ट्र होमरूल लीग की स्थापना की। श्रीमती एनी बेसेण्ट ने सितम्बर, 1916 में मद्रास (चेन्नई) में अखिल भारतीय होमरूल लीग की स्थापना की। इन दोनों संगठनों ने परस्पर सहयोग से कार्य किया तथा श्रीमती एनी बेसेण्ट के प्रयासों से तिलक को पुन: कांग्रेस में सम्मिलित कर लिया गया। इन प्रयासों के परिणामस्वरूप कांग्रेस में पुन: एकता स्थापित हो गई। इसी समय कांग्रेस और मुस्लिम लीग में भी सहयोग के लिए समझौता हुआ। यह सब देखते हुए होमरूल (गृह आन्दोलन) के समर्थकों ने कहा कि केवल स्वशासित भारत ही अंग्रेजी साम्राज्य को युद्ध में वास्तविक सहायता प्रदान कर सकता है, इसलिए भारत को होमरूल (गृह-शासन) प्रदान करना ब्रिटेन के हित में ही है। क्योंकि गृह-शासन आन्दोलन को पूर्णतया वैधानिक आन्दोलन का स्वरूप प्रदान किया गया था।

होमरूल (गृह-शासन) आन्दोलन का संचालन बहुत अधिक उत्साहपूर्वक किया गया। यह आन्दोलन धीरे-धीरे गति पकड़ने लगा तथा सम्पूर्ण देश में फैल गया। **श्रीमती एनी बेसेण्ट** ने अपने **न्यू इण्डिया** और साप्ताहिक **कॉमनवील** तथा तिलक ने अपने दैनिक **केसरी** और साप्ताहिक **मराठा** के माध्यम से होमरूल (गृह-शासन) आन्दोलन का जोरदार प्रचार किया। इस कारण सन् 1917 के मध्य तो यह आन्दोलन चरमोत्कर्ष पर पहुँच गया। इससे ब्रिटिश सरकार घबरा उठी और उसने लोकमान्य तिलक के पंजाब और दिल्ली प्रवेश पर प्रतिबन्ध लगा दिया तथा श्रीमती एनी बेसेण्ट और उसके सहयोगियों को नजरबन्द कर दिया। सरकार के दमन चक्र से सम्पूर्ण देश में उत्तेजना फैल गयी। सरकार के विरुद्ध रोष प्रकट किया जाने लगा। इसके लिए भारतमन्त्री मि. चेम्बरलेन को दोषी ठहराया गया। तब इसी समय लार्ड मॉण्टेग्यू घोषणा जारी की गई जिसके कारण यह आन्दोलन समाप्त हो गया।

**20 अगस्त, 1917 की मॉण्टेग्यू घोषणा**—होमरूल आन्दोलन, कांग्रेस-लीग समझौता, कांग्रेस में एकता होना व उग्रवादियों का प्रभुत्व स्थापित होना और मेसोपोटामिया आयोग की रिपोर्ट ने ब्रिटिश सरकार को यह सोचने के लिए विवश कर दिया कि उनके द्वारा भारतीय प्रशासनिक व्यवस्था में महत्वपूर्ण परिवर्तन किया जाए। ऐसी स्थिति में सन् 1917 ई. में मि. चेम्बरलेन के स्थान पर मि. मॉण्टेग्यू को भारतमन्त्री नियुक्त किया गया। 20 अगस्त, 1920 ई. को ब्रिटिश संसद में भारतमन्त्री लॉर्ड मॉण्टेग्यू ने ऐतिहासिक घोषणा की इस घोषणा में निम्नलिखित मुख्य बातें कही गयी थीं—

(1) सम्राट् सरकार की नीति जिससे भारत सरकार पूर्णत: सहमत है, यह है कि भारतीय शासन के प्रत्येक विभाग में भारतीयों का सम्पर्क उत्तरोत्तर बढ़े और उत्तरदायी शासन प्रणाली का धीरे-धीरे विकास हो जिससे अधिकाधिक प्रगति करते हुए शासन प्रणाली भारत में स्थापित हो और वह ब्रिटिश साम्राज्य के एक अंग के रूप में रहे।

(2) क्रमिक विकास द्वारा ही उत्तरदायी शासन की स्थापना सम्भव हो।

(3) ब्रिटिश सरकार और भारत सरकार उत्तरदायी शासन की दिशा में प्रगति के प्रत्येक चरण का निर्णय कर सकती है जिन पर भारतीय जनता की समृद्धि और भारत का उत्तरदायित्व है।

(4) भारतीय व्यक्तियों द्वारा दिए गए सहयोग और उनके द्वारा दिए गए उत्तरदायित्व के परिचय के आधार पर ही इस सम्बन्ध में ब्रिटिश सरकार द्वारा निर्णय लिया जाएगा।

इस घोषणा के पश्चात् भारतमन्त्री ने भारत आकर तत्कालीन गवर्नर जनरल के साथ देश का भ्रमण किया और भारतीय शासन के सुधार के लिए एक योजना का प्रारूप और तैयार किया। यही प्रारूप '**मॉण्टफोर्ड प्रतिवेदन**' के नाम से जाना जाता है। यही प्रतिवेदन सन् 1919 ई. के भारतीय शासन के निर्माण का आधार बना।

अगस्त, 1917 ई. की मॉण्टेग्यू घोषणा की भारत में मिश्रित प्रतिक्रिया हुई। उदारवादी इस घोषणा की कार्यरूप में परिणति को उचित एवं आवश्यक मानते थे जबकि उग्रवादी इस घोषणा की कुछ कमियों के कारण उसे भारतीय मर्यादा के विरुद्ध मानते थे। कुछ भी हो, अनेक कमियों के होते हुए भी इस घोषणा ने भारतीय शासन-सुधार की दिशा में एक नए युग का प्रारम्भ किया। **श्रीराम शर्मा** के शब्दों में, **"घोषणा-पत्र भारत के संवैधानिक इतिहास में एक अध्याय बन्द करता है और दूसरा अध्याय प्रारम्भ करता है।"**[1]

इस प्रकार होमरूल (गृह-शासन) आन्दोलन के परिणामस्वरूप की गयी मॉण्टेग्यू घोषणा ने ही राष्ट्रीय आन्दोलन में असहयोग आन्दोलन की पृष्ठभूमि तैयार की, जिसके आधार पर गाँधीजी द्वारा असहयोग आन्दोलन का सफलतापूर्वक संचालन किया गया।

## महात्मा गाँधी का भारतीय राजनीति में प्रवेश एवं असहयोग आन्दोलन
### (Mahatama Gandhi's Entrance in Indian Politics and Non-cooperation Movement)

प्रथम विश्व-युद्ध के समाप्त होने पर भारतीय राजनीति में एक नए युग का आरम्भ हुआ। इस युग को 'गाँधी युग' कहा जाता है। महात्मा गाँधी अपने युग के महान् नेता थे। वे जिस समय भारतीय राजनीति में आए, उस समय वे भारतीय शासन के दृष्टिकोण व कमियों के प्रति सतर्क होते हुए भी ब्रिटिश सरकार की न्यायप्रियता में विश्वास रखते थे और ब्रिटिश शासन के भक्त तथा सहयोगी थे। वे अपने राजनीतिक गुरु श्री गोखले की भाँति अंग्रेजों को एक न्यायप्रिय जाति मानते थे। इसलिए उन्होंने प्रथम विश्व-युद्ध के दौरान भारतीय जनता से ब्रिटिश सरकार को धन-जन की सहायता की अपील करते हुए कहा था कि, **"साम्राज्य की भागीदारी हमारा लक्ष्य है। हमें सामर्थ्य के अनुसार कष्ट उठाना चाहिए और साम्राज्य की रक्षा में अपनी जान तक दे देनी चाहिए। यदि साम्राज्य नष्ट हो जाएगा तो उसके साथ ही हमारी अभिलाषाएँ भी नष्ट हो जाएँगी। अत: साम्राज्य की रक्षा के कार्य में सहयोग देना स्वराज्य प्राप्ति का सरलतम और सीधा मार्ग है।"** इस तरह गाँधी जी की अपील पर भारतीय जनता ने ब्रिटिश साम्राज्य को भरपूर सहयोग प्रदान किया। इसी के प्रतिफल स्वरूप ब्रिटिश शासन ने गाँधी जी को '**केसर-ए-हिन्द**' की उपाधि से सम्मानित और उन्हें एक स्वर्ण पदक प्रदान किया। लेकिन युद्ध समाप्त होने के बाद एक वर्ष के भीतर ही कुछ ऐसी घटनाएँ घटित हुईं कि गाँधी जी सहित भारतीय जनता को यह अनुभव होने लगा कि प्रथम विश्व-युद्ध के दौरान भारतीयों के प्रति अपनायी गई दया की नीति अंग्रेजों की एक कूटनीति थी। इसलिए गाँधी जी का मन बहुत क्षुब्ध हुआ। उन्होंने ब्रिटिश सरकार के साथ सहयोग की नीति छोड़कर असहयोग का मार्ग अपनाना उचित समझा। सहयोगी गाँधी, असहयोगी गाँधी बन गए। उनके विचारों में जमीन-आसमान का अन्तर हो गया। एक वर्ष बीतते-बीतते ब्रिटिश साम्राज्य का प्रशंसक उसका सबसे बड़ा विनाशक बन गया। सन् 1920 ई. में गाँधी जी राष्ट्रीय

1. Sri Ram Sharma : *A Constitutional History of India.* p. 154

आन्दोलन के सेनापति के रूप में भारतीय राजनीति के सामने आए। इससे पूर्व सन् 1893 ई. में गाँधी जी द्वारा दक्षिण अफ्रीका सरकार की रंगभेद नीति के विरोध में लम्बे समय तक अहिंसात्मक सत्याग्रह आन्दोलन चलाया गया था, जिसके फलस्वरूप अफ्रीका की सरकार ने भारतीयों के विरुद्ध बने हुए अपमानजनक कानूनों को वापस ले लिया और भारतीयों पर से कई प्रकार के प्रतिबन्ध हटा दिए गए। गाँधी जी को इस महान् सफलता के फलस्वरूप ख्याति प्राप्त हुई। दक्षिण अफ्रीका में ख्याति प्राप्त कर चुकने के बाद जनवरी, सन् 1915 ई. में गाँधी जी भारत लौटे। भारतीय जनता उनसे प्रभावित थी। उस समय तिलक की अस्वस्थता, गोखले का निधन तथा अन्य नेताओं के उत्साह में कमी आ जाने के कारण भारतीय राजनीति की बागडोर स्वत: गाँधी जी के हाथों में आ गयी और भारतीय राजनीति में प्रवेश से पूर्व गाँधी जी ने चम्पारन सत्याग्रह, खेड़ा में आन्दोलन और अहमदाबाद में आमरण अनशन का सफल प्रयोग किया।

इस प्रकार गाँधी जी ने सत्य, अहिंसा और सत्याग्रह के आधार पर स्वतन्त्रता प्राप्ति के लिए विभिन्न प्रकार के आन्दोलन चलाए। उन्होंने सम्पूर्ण देश में राजनीतिक चेतना जाग्रत की और राष्ट्रीय आन्दोलन को एक जन आन्दोलन में परिवर्तित कर दिया। उन्होंने ब्रिटिश सरकार के विरुद्ध सर्वप्रथम सन् 1920 ई. में असहयोग आन्दोलन चलाने का निर्णय लिया।

## असहयोग आन्दोलन के प्रमुख कारण या पृष्ठभूमि
### (Background or Main Causes of Non-cooperation Movement)

जिन घटनाओं और कारणों ने असहयोग आन्दोलन को जन्म दिया उनमें से कुछ प्रमुख कारण निम्नलिखित हैं—

**(1) युद्धोत्तरकालीन भारत में घोर निराशा और असन्तोष**—स्वतन्त्रता, प्रजातन्त्र और आत्मनिर्णय के अधिकार की रक्षा के नाम पर लड़े गए प्रथम विश्व-युद्ध के समय भारतीय जनता से धन-जन की सहायता प्राप्त करने के लिए ब्रिटिश सरकार ने भारतीयों को यह आश्वासन दिया था कि भारत में शीघ्रातिशीघ्र उत्तरदायी शासन की स्थापना की जाएगी। लेकिन युद्ध की समाप्ति के बाद ब्रिटिश सरकार ने भारत को पूर्ण स्वराज्य न देकर सन् 1919 ई. में मात्र भारतीय शासन अधिनियम पारित कर दिया जो भारतीय जनता की आशाओं के विपरीत था। इस अधिनियम से कोई भारतीय सन्तुष्ट नहीं था। इस अधिनियम द्वारा प्रान्तों में तो आंशिक स्वशासन लागू किया गया था परन्तु केन्द्रीय सरकार को सर्वथा निरंकुश रखा गया था। इसलिए इस अधिनियम के सम्बन्ध में तिलक ने कहा था कि, **"हमें बिना सूर्य के प्रभात दिया गया है।"** इतना ही नहीं, सरकार द्वारा युद्ध में व्यय की गई अपार धनराशि जो लगभग डेढ़ अरब पौण्ड से भी अधिक थी उसे भारतीय जनता से करारोपण करके जबरदस्ती वसूल किया गया दूसरी ओर आवश्यक वस्तुओं के मूल्यों में असाधारण वृद्धि करके भी धन की वसूली की गई। इन स्थितियों के कारण जनसाधारण को भारी आर्थिक संकट का सामना करना पड़ा। कहीं-कहीं भुखमरी की स्थिति निर्मित हो गयी। किसानों और मजदूरों की दशा और भी दयनीय हो गयी और ऐसी ही स्थिति में अकाल तथा महामारी ने उनकी दशा को और अधिक शोचनीय बना दिया। इसी के साथ ब्रिटिश सरकार ने प्रथम विश्व युद्ध के दौरान सेना की भर्ती तथा युद्ध व्यय के रूप में धन की वसूली करने के लिए तथा सैनिकों की छँटनी के लिए जो उपाय काम में लिए वे अन्यायपूर्ण थे जिससे जनता के मन में असन्तोष की भावना और अधिक बलवती होने लगी। इस प्रकार की घटनाओं ने गाँधी जी को असहयोग आन्दोलन की दिशा में सोचने के लिए विवश कर दिया।

**(2) रौलेट एक्ट**—प्रथम विश्व-युद्ध के बाद भी ब्रिटिश सरकार क्रान्तिकारियों पर नियन्त्रण के नाम पर अपना दमन-चक्र निरन्तर बनाए रखना चाहती थी, जबकि युद्ध की समाप्ति के बाद इसकी कोई आवश्यकता नहीं थी। लेकिन अंग्रेज सरकार क्रान्तिकारियों के कृत्यों की जाँच करने और उनका दमन करके भारतीयों की राष्ट्रीय भावना कुचलना चाहती थी। इसके लिए ब्रिटिश सरकार ने सन् 1917 ई. में **सर सिडनी रौलेट** की अध्यक्षता में एक समिति का गठन किया। इस समिति को भारत में क्रान्तिकारियों व आतंकवादियों की गतिविधियों की जाँच करने व उनके द्वारा चलाए जा रहे आन्दोलनों को दबाने के लिए कैसे कानून बनाए जाएँ, विषयक रिपोर्ट देने के लिए कहा गया। समिति ने लगभग चार महीने जाँच-पड़ताल की और अप्रैल, 1918 ई. में अपनी रिपोर्ट प्रस्तुत की। इस रिपोर्ट में कहा गया कि भारत के वर्तमान फौजदारी कानून क्रान्तिकारियों और उनकी गतिविधियों को कुचलने के लिए अपर्याप्त हैं। समिति ने सलाह दी कि एक ऐसा कानून बनाया जाए जो युद्ध समाप्त होने पर भारतीय सुरक्षा अधिनियम के विकल्प के रूप में उपयोग किया जा सके तथा वर्तमान फौजदारी कानून में संशोधन किया जाए जिससे किसी भी आन्दोलन को कुचला जा सके। अत: भारत के सभी वर्गों ने इसका विरोध किया इसके बावजूद भी सरकार ने दो विधेयक तैयार कर उन्हें पारित कर दिया जिसे **रौलेट एक्ट** के नाम से जाना जाता है। इस अधिनियम के अनुसार किसी भी संदिग्ध व्यक्ति को गिरफ्तार कर उसे अनिश्चित समय तक नजरबन्द रखा जा सकता था। 18 मार्च, 1919 ई. को रौलेट एक्ट पारित हुआ। **पण्डित मोतीलाल नेहरू** के शब्दों में, **"अधिनियम ने अपील,**

**वकील और दलील की व्यवस्था का अन्त कर दिया।"** इसीलिए भारतीयों द्वारा इसे काला कानून कहा गया और इसका तीव्र विरोध किया गया देशव्यापी हड़तालें हुईं। पुलिस द्वारा किए गए गोलीचालन में अनेक लोग मारे गए। अप्रैल, 1919 ई. को दिल्ली आते हुए गाँधी जी को बन्दी बना लिया गया। इन सभी घटनाओं ने देश के वातावरण को उग्र बना दिया तथा गाँधी जी को असहयोग आन्दोलन की दिशा में आगे बढ़ने के लिए बाध्य कर दिया।

**(3) जलियाँ वाला बाग हत्याकाण्ड**—रौलेट एक्ट के विरोध में भारत के अन्य प्रान्तों के समान पंजाब में भी हड़तालें और प्रदर्शन हुए। इस समय पंजाब के गवर्नर मायकेल ओ डायर (Michael O. Dwyer) थे। वह रूढ़िवादी और दमनप्रिय व्यक्ति था। उसने निर्णय लिया कि वह इन आन्दोलनों को कुचल देगा। इसलिए कांग्रेसी नेताओं के पंजाब प्रवेश कर प्रतिबन्ध लगा दिया गया और दो महत्वपूर्ण नेताओं डॉ. किचलू और डॉ. सत्यपाल को बन्दी बना लिया गया। इससे देश-प्रेम की आग और भड़क उठी। इसके विरोध में पंजाब राज्य के एक नगर अमृतसर में जनता ने शान्तिपूर्ण जुलूस निकाला। उस जुलूस पर पुलिस द्वारा गोलियाँ चलायी गईं जिससे 10 स्वयंसेवकों की मृत्यु हो गई, इससे भीड़ उग्र हो गई और उसने कुछ अंग्रेजों की हत्या कर दी और कई अंग्रेजों की बहुत मार लगायी। परिणामस्वरूप अमृतसर सेना के सुपुर्द कर दिया गया। अंग्रेजों द्वारा नया सेनाध्यक्ष ब्रिगेडियर डायर को नियुक्त किया गया। उसने सम्पूर्ण नगर में अपना आतंक जमा लिया और सार्वजनिक सभाओं पर प्रतिबन्ध लगा दिया, जिसकी जनता को कोई जानकारी नहीं थी।

अत: रौलेट एक्ट और प्रशासन की दमनात्मक कार्यवाही का विरोध करने के लिए 13 अप्रैल, 1919 ई. को वैशाखी के पुनीत पर्व पर अमृतसर के जलियाँवाला बाग में पंजाब राज्य की जनता शान्तिपूर्ण सभा का आयोजन कर काले कानूनों और अन्धे दमनचक्र का विरोध करने के लिए एकत्रित हुई। इस जनसमूह में स्त्री-पुरुष, बालक एवं वृद्ध सभी मौजूद थे। यह बाग चारों ओर ऊँची-ऊँची दीवारों से घिरा था, उसमें आने-जाने के लिए केवल एक सँकरा मार्ग था। उस समय मैदान में 25,000 के लगभग जनता एकत्रित होकर अंग्रेजों के विरुद्ध अपना शान्तिप्रिय विरोध प्रकट कर रही थी। ऐसे ही समय जनरल डायर सेना की एक टुकड़ी के साथ वहाँ आ धमका, उसने जनता को तितर-बितर करने का आदेश दिए बिना सेना को फायरिंग का आदेश दे दिया। सरकारी आँकड़ों के अनुसार 10 मिनट तक निरन्तर हुई फायरिंग में लगभग 1,650 गोलियाँ चलीं और अन्तिम कारतूस तथा बन्दूकें उन निहत्थे व्यक्तियों, मासूम बच्चों और वृद्धों पर चलती रहीं। गोलियाँ विशेषकर उस ओर चलायी गयीं जहाँ से बाहर जाने के लिए बहुत सँकरा मार्ग था। इसलिए जनता शीघ्र ही गोलियों का शिकार हो गयी। इस गोलीकाण्ड में लगभग एक हजार व्यक्ति मारे गए तथा दो हजार लोग घायल हुए। उस समय का दृश्य बहुत ही हृदय-विदारक था, चारों ओर जनता की चीखें सुनायी दे रही थीं। जनता चीखते-चिल्लाते वहीं पर मृत्यु का शिकार होती जा रही थी। खून की धारा बह उठी। कई व्यक्ति अपंग हो गए। मरने वालों में अधिकांश बच्चे और बूढ़े व्यक्ति थे। इसके अतिरिक्त घायल व्यक्तियों के लिए न तो कोई दवा का प्रबन्ध किया गया और न ही उनके सम्बन्धियों को उनसे मिलने दिया गया परिणामस्वरूप घायल व्यक्तियों ने वहीं दम तोड़ दिया।

यही नहीं, जनरल डायर ने अमृतसर में मार्शल लॉ लागू कर दिया। इसके अतिरिक्त लाहौर, कसूर, गुजरानवाला, शेखूपुरा और बजीराबाद में भी हिंसा भड़कने के कारण सैनिक शासन घोषित कर दिया गया। सैनिक अधिकारियों द्वारा संगीन अपराधों में 298 व्यक्तियों पर मुकदमे चलाए गए जिनमें से 51 व्यक्तियों को फाँसी और शेष को काले पानी या कठोर कारावास का दण्ड दिया गया। इतना ही नहीं, जनरल डायर ने अपने शासनकाल में इस प्रकार की यातनाएँ भारतीयों को दीं जिन्हें पहले न कभी देखा गया था और न कभी सुना गया था। सार्वजनिक रूप से बेंत और कोड़े मारना तो एक साधारण-सी बात थी। गाँधी जी ने इन घटनाओं को **पाशविक अत्याचार** कहकर सम्बोधित किया।

सभ्य संसार के इतिहास की यह सर्वाधिक शर्मनाक घटना थी। यद्यपि शासन ने सभी प्रयत्न किए कि यह समाचार पंजाब से बाहर न जाने पाए परन्तु राष्ट्रवादी समाचार-पत्रों और पत्रकारों ने अपनी जान की परवाह न करते हुए इस समाचार को सम्पूर्ण विवरण के साथ प्रकाशित किया। जैसे-जैसे यह खबर पंजाब के बाहर पहुँची सम्पूर्ण देश क्रोध से पागल हो उठा। नवयुवक क्रान्तिकारियों का खून उबलने लगा। लाला लाजपत राय ने सार्वजनिक रूप से इन अत्याचारों की घोर निन्दा की। रवीन्द्रनाथ टैगोर ने अपनी उपाधि नाइटगुड शासन को लौटा दी। पण्डित मदनमोहन मालवीय ने केन्द्रीय असेम्बली में एक के बाद एक प्रश्न कर सरकार को विवश कर दिया कि वह घटनाओं का सच्चा विवरण दे। इस तरह भारत के कोने-कोने से पंजाब के इन अत्याचारों का घोर विरोध होने लगा। इस नरसंहार ने असहयोग आन्दोलन का मार्ग प्रशस्त किया।

**(4) हण्टर समिति प्रतिवेदन**—ब्रिटिश शासन ने पंजाब राज्य की घटना से उत्पन्न भारतीय जनता के क्रोध को शान्त करने के लिए एवं गाँधी द्वारा दोषी अपराधियों के विरुद्ध कार्यवाही की माँग को देखते हुए हण्टर समिति नियुक्त की गई इस समिति में लॉर्ड हण्टर अध्यक्ष तथा कुछ अन्य सदस्य नियुक्त किए गए। इस समिति का उद्देश्य जलियाँवाला बाग घटना से

सम्बन्धित आरोपित व्यक्तियों की जाँच करना था। लॉर्ड हण्टर की अध्यक्षता में गठित पाँच-सदस्यीय समिति द्वारा अपनी रिपोर्ट में दोषी अधिकारियों के कुकृत्यों को न्यायोचित ठहराया गया। जनरल डायर को दण्ड देने के स्थान पर उसके काले कारनामों को सही ठहराया गया तथा उनको गलत धारणा पर आधारित बताया गया। यही नहीं, ब्रिटिश लॉर्ड सभा ने जनरल डायर को ब्रिटिश साम्राज्य का शेर कहा तथा उसके समर्थकों ने उसे एक चाँदी की तलवार और 20 हजार पौण्ड की एक थैली भेंट की। यह सब कुछ भारत के घावों पर नमक छिड़कने के समान था। वास्तव में जलियाँवाला बाग का नरसंहार और हण्टर समिति के प्रतिवेदन ने भारतीय जनता के हृदय में एक ऐसे ज्वालामुखी को जन्म दिया जो आगे चलकर असहयोग आन्दोलन के रूप में फूट पड़ा।

**(5) खिलाफत आन्दोलन**—प्रथम विश्व-युद्ध में टर्की मित्र राष्ट्रों के विरुद्ध जर्मनी के साथ लड़ रहा था। चूँकि भारतीय मुसलमान टर्की के सुल्तान को अपना खलीफा (धर्म गुरु) मानते थे। अतः ब्रिटेन द्वारा टर्की के विरुद्ध युद्ध किया जाना उनकी दृष्टि में उनके धर्म गुरु का विरोध किया जाना था। इसलिए इस युद्ध में भारतीय मुसलमान ब्रिटेन को किसी भी प्रकार का सहयोग नहीं देना चाहते थे। लेकिन ब्रिटिश सरकार ने भारतीय मुसलमानों का सहयोग प्राप्त करने के लिए उन्हें आश्वासन दिया कि युद्ध की समाप्ति पर ब्रिटेन टर्की के प्रति बदले की भावना से व्यवहार नहीं करेगा और न ही वह उसे विभाजित करेगा। इस आश्वासन के फलस्वरूप उन्होंने सरकार को भरपूर सहायता प्रदान की लेकिन युद्ध समाप्ति के पश्चात् ब्रिटिश सरकार ने पराजित टर्की को सेवर्स सन्धि के अन्तर्गत छिन्न-भिन्न कर दिया और सुल्तान अर्थात् खलीफा को बन्दी बना लिया गया। इस घटना से भारतीय मुसलमान ब्रिटिश शासन के बहुत अधिक विरुद्ध हो गए। उन्होंने सरकार के विरुद्ध खलीफा की सत्ता पुनर्स्थापित करने के लिए खिलाफत आन्दोलन शुरू कर दिया। गाँधी जी ने खिलाफत आन्दोलन का समर्थन किया। हिन्दू-मुस्लिमों में एकता स्थापित होने के आधार पर असहयोग आन्दोलन करने का निश्चय किया गया।

## कांग्रेस की नीति में परिवर्तन और असहयोग आन्दोलन का निश्चय
### (Change in the Policy of Congress and Certainty of Non-cooperation Movement)

उपर्युक्त परिस्थितियों को देखते हुए सितम्बर, 1920 ई. में कांग्रेस का विशेष अधिवेशन कलकत्ता में आयोजित किया गया। इस अधिवेशन में महात्मा गाँधी द्वारा ब्रिटिश सरकार के विरुद्ध असहयोग आन्दोलन सम्बन्धी प्रस्ताव रखा गया जिसमें उन्होंने कहा कि, **"ब्रिटिश सरकार शैतान है जिसके साथ सहयोग करना सम्भव नहीं है, बिना स्वराज्य के पंजाब व खिलाफत जैसी गलतियाँ दोहरायी जाएँगी, उन्हें रोका नहीं जा सकेगा। अंग्रेज सरकार को अपनी भूलों पर कोई दुःख नहीं है, अतः हम यह कैसे स्वीकार कर सकते हैं कि नवगठित विधान-परिषदें हमारे स्वराज्य का मार्ग प्रशस्त करेंगी। स्वराज्य प्राप्ति के लिए हमारे द्वारा प्रगतिशील नीति अपनायी जानी चाहिए।"** इस प्रस्ताव को सभापति लाला लाजपत राय सहित अनेक वरिष्ठ नेताओं को छोड़कर सभी ने भारी बहुमत से स्वीकार कर लिया। दिसम्बर, 1920 ई. के नागपुर अधिवेशन में गाँधी जी का प्रस्ताव पुनः भारी बहुमत से स्वीकार कर लिया गया। अधिवेशन में एक अन्य प्रस्ताव पारित करके ब्रिटिश सरकार के विरुद्ध शान्तिपूर्ण और अहिंसात्मक आन्दोलन करने सम्बन्धी समस्त अधिकार गाँधी जी को प्रदान कर दिए गए। इस प्रकार नागपुर अधिवेशन में कांग्रेस ने अपने जीवन के 35 वर्षों में पहली बार ब्रिटिश सरकार के विरुद्ध इतना सशक्त कदम उठाया। इसी अधिवेशन में उसने ब्रिटिश शासन से पूर्ण छुटकारा पाने की घोषणा की।

## असहयोग आन्दोलन का उद्देश्य एवं कार्यक्रम
### (Aims and Programmes of Non-cooperation Movement)

गाँधी जी द्वारा संचालित असहयोग आन्दोलन का प्रमुख उद्देश्य ब्रिटिश शासन-तन्त्र को पूरी तरह ध्वस्त करना था इसके लिए ब्रिटिश भारत की समस्त राजनीतिक, सामाजिक एवं आर्थिक संस्थाओं के बहिष्कार का निश्चय किया गया। इस आन्दोलन का कार्यक्रम निम्नलिखित था जिसे दो भागों में विभक्त किया गया था।

**(अ) निषेधात्मक या विरोधात्मक पक्ष**—असहयोग आन्दोलन के इस पक्ष में निम्नलिखित कार्यक्रम निर्धारित किए गए थे—

1. सरकारी वैतनिक तथा अवैतनिक पदों और उपाधियों का त्याग।
2. स्थानीय संस्थाओं के मनोनीत सदस्यों द्वारा अपने पदों का त्याग।
3. सन् 1919 ई. के अधिनियम के अन्तर्गत होने वाले चुनावों का बहिष्कार।

4. विदेशी माल का बहिष्कार।
5. सरकारी न्यायालयों का बहिष्कार।
6. सरकारी दरबारों, उत्सवों और स्वागत समारोहों का बहिष्कार।
7. भारतीयों द्वारा मैसोपोटामिया में सैनिक क्लर्क का मजदूर के रूप में कार्य करने से इन्कार।
8. सरकारी और अर्द्ध-सरकारी स्कूल और कॉलेजों का बहिष्कार।

**(ब) रचनात्मक या सकारात्मक पक्ष**—आन्दोलन के कार्यक्रम का रचनात्मक पक्ष निम्नानुसार था—

1. राष्ट्रीय स्कूलों और कॉलेजों की स्थापना करना।
2. व्यापक पैमाने पर स्वदेशी वस्तुओं का प्रचार करना।
3. सरकारी न्यायालयों के स्थान पर गैर-सरकारी पंचायती न्यायालयों की स्थापना।
4. घर-घर में चरखे, हथकरघा और बुनाई का प्रचार करना।
5. अस्पृश्यता निवारण हेतु प्रचार करना।
6. हिन्दू-मुस्लिम एकता को सुदृढ़ करना।

## असहयोग आन्दोलन का प्रारम्भ–प्रगति और अन्त
## (Beginning Progress and End of Non-cooperation Movement)

महात्मा गाँधी ने सर्वप्रथम अपनी उपाधि '**केसर-ए-हिन्द**' सरकार को वापस कर असहयोग आन्दोलन का सूत्रपात किया। उन्होंने वायसराय को यह भी लिखा कि, **"मेरे हृदय में ऐसी सरकार के लिए कोई सम्मान और प्रेम नहीं रह सकता, जो अपनी अनैतिकता की रक्षा के लिए एक के बाद एक गलत कार्य करती चली आ रही है। मैंने इसलिए असहयोग का सुझाव रखा है जिससे वे लोग ऐसा करना चाहें, सरकार से सम्बन्ध विच्छेद कर सकें और यदि वह अहिंसात्मक बना रहा तो सरकार को मार्ग बदलना होगा तथा अपनी भूलों को सुधारना होगा।"** गाँधी जी द्वारा पद त्याग कर देने के पश्चात् सेठ जमनादास बजाज ने अपनी रायबहादुर उपाधि तथा मजिस्ट्रेट के पद से त्याग-पत्र दे दिया इसी क्रम में सी. आर. दास, मोतीलाल नेहरू, राजेन्द्र प्रसाद, पण्डित जवाहरलाल नेहरू, लाला लाजपत राय, चितरंजन दास, आसफ अली आदि ने वकालत करना छोड़ दिया तथा सरकारी न्यायालयों का बहिष्कार किया। स्थान-स्थान पर विद्यार्थियों ने सरकारी शिक्षण संस्थाओं का बहिष्कार करके आन्दोलन के नेताओं द्वारा स्थापित किए गए बिहार विद्यापीठ, पटना; गुजरात, विद्यापीठ, अहमदाबाद; तिलक महाराष्ट्र विद्यापीठ, पूना; मुस्लिम विद्यापीठ, अलीगढ़ तथा हिन्दू विद्यापीठ आदि राष्ट्रीय विद्यालयों में प्रवेश लिया।

विदेशी वस्त्रों का बहिष्कार किया गया। इस कार्य में जनता का अपूर्व उत्साह दिखायी दिया। स्थान-स्थान पर विदेशी वस्त्रों की होली जलाई गई। विदेशी वस्त्रों और शराब की दुकानों पर धरने दिए गए। परिणामस्वरूप स्वदेशी को लोकप्रियता प्राप्त हुई। लोग खादी के वस्त्र पहनने लगे जिससे भारतीय हथकरघा और बुनाई उद्योग को प्रोत्साहन प्राप्त हुआ। कांग्रेस ने 30 लाख स्वयंसेवकों की सूची तैयार की और 20 हजार चरखे तैयार कराए। कांग्रेस महासमिति ने मार्च, 1921 ई. की वैजवाड़ा बैठक में एक करोड़ रुपया एकत्रित करने का निश्चय किया। इस कोष में तेजी से राशि एकत्रित होने लगी। इस आन्दोलन ने अस्पृश्यता और हिन्दू-मुस्लिम एकता के लिए भी महत्वपूर्ण कार्य किया। यही नहीं, कांग्रेस के आह्वान पर भारतीय जनता ने विधानमण्डलों के निर्वाचनों का भी बहिष्कार किया। अनेक केन्द्रों पर मतदाता वोट डालने ही नहीं गए। इस प्रकार गाँधी जी द्वारा जनता से किए गए असहयोग के आह्वान का जनता ने भरपूर प्रत्युत्तर दिया और अदम्य साहस का परिचय देते हुए भारतीय जनता प्रत्येक प्रकार के त्याग और बलिदान के लिए आगे आयी।

## असहयोग आन्दोलन का शासन द्वारा दमन और प्रिंस ऑफ वेल्स का बहिष्कार
## (Suppression of Movement by Government and Boycott of Prince of Wales)

असहयोग आन्दोलन की प्रगति और लोकप्रियता के परिणामस्वरूप जनता के उत्साह और देश के कोने-कोने से आने वाले स्वराज्य के तूफान को देखकर शासन हैरान और परेशान हो गया। वह यह नहीं समझ पा रहा था कि इस विषम परिस्थिति का सामना कैसे किया जाए ? आन्दोलन के नेताओं की गिरफ्तारी से जनता में आग भड़क सकती थी। अत: आन्दोलन की लोकप्रियता और प्रगति को देखकर सरकार ने क्रूर दमन चलाने का निर्णय लिया। सरकार ने '**राजद्रोह सभा अधिनियम**' (Seditions Meeting Act) पारित करके उसका खुलकर प्रयोग किया। इस अधिनियम द्वारा सार्वजनिक सभाओं को

जबरदस्ती विसर्जित करा दिया जाता था। इतना ही नहीं, आन्दोलन के नेताओं के आगमन को प्रतिबन्धित कर दिया गया। अनेक नेताओं को गिरफ्तार कर लिया गया। आन्दोलन से सम्बद्ध अन्य व्यक्तियों को भी गिरफ्तार करके जेल में ठूँस दिया गया। लगभग 60 हजार व्यक्तियों की गिरफ्तारी के बाद भी भारतीय जनता के उत्साह में कमी नहीं आ रही थी। इतना ही नहीं, कहीं-कहीं सरकार द्वारा अनावश्यक रूप से शक्ति प्रयोग करके अनेक व्यक्तियों को मौत के घाट उतार दिया गया था। उदाहरणार्थ, ननकाना साहिब गुरुद्वारे में 4 मार्च, 1921 ई. को सिख लोग शान्तिपूर्वक एकत्रित थे। पुलिस ने अकारण ही उन पर धावा बोलकर अनेकों गोलियाँ चलायीं जिससे 70 व्यक्ति मारे गए। इसी समय 20 अगस्त, 1921 ई. को अलीबन्धुओं द्वारा दिए गए भाषण में हिंसा को प्रोत्साहन मिला। लेकिन अलीबन्धुओं द्वारा हिंसा का समर्थन न करने सम्बन्धी आश्वासन दिए जाने के बाद भी सरकार ने सितम्बर, 1921 ई. में उन्हें गिरफ्तार कर लिया। नवम्बर, 1921 ई. में प्रिंस ऑफ वेल्स भारत की यात्रा पर आने वाले थे। इसलिए गवर्नर लॉर्ड रीडिंग यह चाहते थे कि प्रिंस ऑफ वेल्स के भारत आगमन पर भारत में शान्ति बनी रहे और भारतीय जनता उनका स्वागत करे। परन्तु कांग्रेस महासमिति अलीबन्धुओं की गिरफ्तारी के विरोध में प्रिंस ऑफ वेल्स के भारत आगमन के दिन सम्पूर्ण देश में हड़ताल करने का निश्चय कर चुकी थी। ऐसी स्थिति में लॉर्ड रीडिंग ने पण्डित मदनमोहन मालवीय की मध्यस्थता में गाँधी जी से बातचीत कर समझौता करने का प्रस्ताव रखा। परन्तु गाँधी जी ने प्रस्ताव को ठुकराते हुए कहा कि जब तक अलीबन्धुओं को मुक्त नहीं किया जाता तब तक शासन से वार्ता का प्रश्न ही नहीं उठता। परन्तु शासन इसके लिए तैयार नहीं था। उसने अपना दमन-चक्र और तेज कर दिया। 17 नवम्बर, 1921 ई. को जब प्रिंस ऑफ वेल्स भारत आए तो कांग्रेस ने हड़ताल और प्रदर्शनों से उनका स्वागत किया। **रजनी पामदत्त** के अनुसार, **"जनता की नफरत का ऐसा व्यापक और सफल प्रदर्शन पहले कभी नहीं हुआ था।"** ऐसी स्थिति में सरकार का दमन-चक्र और अधिक तेज हो गया। अत: जनता के अभूतपूर्व उत्साह और शासन के दमन-चक्र की तीव्रता को देखते हुए आन्दोलन के अन्तर्गत कोई नवीन कदम उठाना आवश्यक हो गया था। फलत: फरवरी, 1922 ई. में गाँधी जी ने गवर्नर जनरल को एक पत्र द्वारा चेतावनी दी कि यदि 7 दिन के अन्दर शासन ने अपनी दमनात्मक नीति में परिवर्तन नहीं किया तो कांग्रेस द्वारा बारदोली और गुण्टूर में सविनय अवज्ञा आन्दोलन प्रारम्भ कर दिया जाएगा जिसमें 'कर न दो' कार्यक्रम भी सम्मिलित रहेगा।

## चौरी-चौरा काण्ड और आन्दोलन का अन्त

### (Chauri-Chaura Incident and End of Movement)

अभी गाँधी जी द्वारा गवर्नर जनरल को पत्र लिखे मात्र एक सप्ताह (अर्थात् सात दिन) ही हुआ था कि अचानक एक ऐसी घटना घटित हुई जिससे सम्पूर्ण दृश्य ही परिवर्तित हो गया। वह घटना थी 5 फरवरी, 1922 ई. को उत्तर प्रदेश में गोरखपुर जिले के चौरी-चौरा नामक स्थान पर शासन के अत्याचारों के क्षुब्ध होकर लगभग 30 हजार लोगों की भीड़ ने प्रदर्शन किया। पुलिस ने बल-प्रयोग करके इस प्रदर्शन को रोकने का प्रयास किया इससे जनता उत्तेजित होकर हिंसा पर उतर आयी और उसने एक पुलिस चौकी में आग लगा दी इस अग्निकाण्ड में एक थानेदार और 21 सिपाही जलकर मर गए। इस घटना से अहिंसा के पुजारी महात्मा गाँधी को भारी दु:ख हुआ। वे इस घटना को सहन नहीं कर सके। उन्होंने 12 फरवरी, 1922 ई. को कांग्रेस कार्य समिति की बैठक आयोजित करके अनेक नेताओं के इन्कार करने के बाद भी असहयोग आन्दोलन को स्थगित कर दिया गया। देशबन्धु चितरंजन दास, मोतीलाल नेहरू, लाला लाजपत राय और सुभाषचन्द्र बोस तो आन्दोलन स्थगित करने के बिल्कुल पक्ष में नहीं थे। इस सम्बन्ध में **सुभाषचन्द्र बोस** ने तो यहाँ तक कहा कि, **"ठीक उस समय जब जनता का उत्साह चरमोत्कर्ष पर था, उसे वापस लौटने का आदेश दिया जाना राष्ट्रीय दुर्भाग्य ही था।"**[1] इसके अतिरिक्त मोतीलाल नेहरू और लाला लाजपत राय ने जेल से ही लम्बे पत्र लिखकर गाँधी जी को किसी एक स्थान पर पाप के लिए सम्पूर्ण देश को दण्ड देने के लिए आड़े हाथों लिया।[2] इस प्रकार अन्य अनेक नेताओं द्वारा आन्दोलन के अचानक स्थगन का तीव्र विरोध किया गया। इस आन्दोलन स्थगन का हिन्दू-मुस्लिम एकता पर प्रतिकूल प्रभाव पड़ा। अलीबन्धुओं और दूसरे मुस्लिम नेताओं को प्रारम्भ से ही गाँधी जी के अहिंसक असहयोग आन्दोलन में विश्वास नहीं था, इसलिए आन्दोलन स्थगित किए जाने के बाद वे कांग्रेस से विमुख होने लगे। इतना ही नहीं, आन्दोलन स्थगन की प्रतिक्रियास्वरूप देश में गाँधी जी का जो विरोध हुआ उससे उनकी लोकप्रियता में भी कमी आई जिसका लाभ उठाते हुए 10 मार्च, 1922 ई. को सरकार ने गाँधी

1. Subhash Chandra Bose : *Indian Struggle,* p. 208.
2. Dr. Pattabhi : *History of the Congress,* pp. 399-400.

जी को गिरफ्तार कर लिया और उन पर राजद्रोह के आरोप में मुकदमा चलाया। उन्हें 6 वर्ष कारावास का दण्ड दिया गया। परन्तु उनकी बीमारी के कारण यह अवधि पूर्ण होने से पूर्व ही 5 फरवरी, 1924 ई. को उन्हें रिहा कर दिया गया।

## असहयोग आन्दोलन की दुर्बलताएँ या कमियाँ
## (Shortcomings of Non-cooperation Movement)

असहयोग आन्दोलन की प्रमुख दुर्बलताएँ निम्नांकित थीं—

**(1) गाँधी का ही एकमात्र प्रभाव**—असहयोग आन्दोलन की विफलता का मूल कारण यह था कि इस आन्दोलन का प्रस्ताव पारित होने का आधार कांग्रेस के नेताओं की सर्वसम्मति न होकर केवल गाँधी जी का प्रभाव मात्र था प्रस्ताव पर मतभेद के फलस्वरूप कांग्रेस के अनेक नेता अन्त तक इस आन्दोलन से अलग ही रहे और विपिनचन्द पाल, जिन्ना और श्रीमती एनी बेसेण्ट जैसे नेता तो कांग्रेस से अलग ही हो गए।

**(2) धर्म को राजनीति में सम्मिलित करना**—इस आन्दोलन की दुर्बलता का एक प्रमुख कारण खिलाफत जैसे धार्मिक प्रश्न को राष्ट्रीय आन्दोलन जैसे राजनीतिक प्रश्न के साथ सम्बद्ध करना गाँधी जी की सबसे बड़ी भूल थी हिन्दू-मुस्लिम एकता के लिए गाँधी जी द्वारा किए गए इस प्रयास के कारण ही भारतीय राजनीति में धर्म का ही नहीं अपितु धर्मान्धता का प्रवेश हुआ जिसका दुष्परिणाम हिन्दू-मुस्लिम तनाव के रूप में सामने आया। इसलिए **मजूमदार** ने लिखा है कि, **"गाँधी जी द्वारा हिन्दू-मुस्लिम एकता के लिए चुना गया आधार बहुत कमजोर था।"**

**(3) त्याग और अनुशासन का अभाव**—असहयोग आन्दोलन के लिए वांछित त्याग और अनुशासन का सर्वदा अभाव रहा। **पण्डित जवाहरलाल नेहरू** ने कहा कि आन्दोलन न केवल चौरी-चौरा की घटना के कारण स्थगित किया गया वरन् वास्तविकता यह थी कि बाहर से शक्तिशाली दिखने वाला आन्दोलन छिन्न-भिन्न हो रहा था।

**(4) नैतिक विरोध**—असहयोग आन्दोलन ब्रिटिश सरकार की शक्ति के विरुद्ध एक प्रकार का नैतिक विरोध था, जबकि ब्रिटिश सरकार का नैतिकता से दूर का भी सम्बन्ध नहीं था। इसलिए इस आन्दोलन की सफलता यदि असम्भव नहीं तो संदिग्ध अवश्य थी। परन्तु इस आन्दोलन से भारतीय जनता को जो आशाएँ थीं उनके पूर्ण हुए बिना ही आन्दोलन स्थगित कर दिए जाने से भारतीय जनता पर मनोवैज्ञानिक रूप से प्रतिकूल प्रभाव पड़ा इसलिए **सुभाषचन्द्र बोस** ने ठीक ही लिखा है कि, **"एक वर्ष में स्वराज्य प्राप्त करने का वचन न केवल अविवेकपूर्ण था, वरन् बालक सदृश था।"**[1] इसके अतिरिक्त जनता द्वारा जो भी छिट-पुट हिंसक घटनाएँ की गयी थीं वे तो सरकार द्वारा की जा रही दमनात्मक कार्यवाही की प्रतिक्रिया मात्र थीं। अत: जनता की मनोवृत्ति को ध्यान में रखकर उन घटनाओं को स्वाभाविक मानते हुए गाँधी जी को उनके लिए सरकार को उत्तरदायी ठहराना चाहिए था।

**(5) नकारात्मक पक्ष असफल**—असहयोग आन्दोलन की एक दुर्बलता यह भी थी कि इस आन्दोलन के कार्यक्रम का नकारात्मक पक्ष भी अधिक सफल नहीं रहा क्योंकि पुनर्गठित विधान मण्डलों के 784 स्थानों के लिए लगभग 2,000 प्रत्याशियों ने निर्वाचन में भाग लिया। मात्र 6 स्थान ही ऐसे थे जहाँ प्रत्याशियों के अभाव में निर्वाचन नहीं हो सका। अनेक अवसरवादी निर्वाचित होकर विधानमण्डलों में पहुँच गए। इतना ही नहीं, सरकारी संस्थाओं में कार्य भी होता रहा।

**(6) अनौचित्यपूर्ण**—कांग्रेस के अन्य नेताओं से विचार-विमर्श किए बिना अचानक ही गाँधी जी द्वारा आन्दोलन प्रारम्भ कर दिया जाना उचित नहीं था। अपनी चरम सीमा पर पहुँचा हुआ यह आन्दोलन यदि कुछ समय तक और चलाया जाता तो सुधारों की एक नवीन और रचनात्मक योजना प्रस्तुत करने के लिए सरकार को बाध्य होना ही पड़ता।

## असहयोग आन्दोलन का महत्व
## (Importance of Non-cooperation Movement)

उपर्युक्त दुर्बलताओं के होते हुए भी असहयोग आन्दोलन राष्ट्रीय आन्दोलन के इतिहास में महत्वहीन नहीं था। इस आन्दोलन के महत्व को निम्नांकित बिन्दु स्पष्ट करते हैं—

**(1) जन-आन्दोलन का रूप प्रदान करना**—असहयोग आन्दोलन को राष्ट्रीय आन्दोलन में अत्यन्त महत्वपूर्ण माना जाता है। इस आन्दोलन के कारण ही राष्ट्रीय आन्दोलन को एक जन-आन्दोलन का रूप प्राप्त हुआ। इसने जनसाधारण में अपूर्व त्याग, साहस और राष्ट्रीय भावना का संचार किया। अब तक देश-भक्ति कुछ गिने-चुने व्यक्तियों तक सीमित समझी

1. Subhash Chandra Bose : *Indian Struggle,* p. 208.

जाती थी। गाँधी जी और असहयोग आन्दोलन के प्रभाव से यह सर्वसाधारण की सम्पत्ति बन गई। यह आन्दोलन पहला जन-आन्दोलन था जिसने भारतीय जनता को अपने पैरों पर खड़ा होना सिखाया। गाँधी जी और कांग्रेस की यह एक आश्चर्यजनक सफलता थी।

**(2) निर्भीकता की भावना का विकास**—असहयोग आन्दोलन ने जनसाधारण में अदम्य साहस और निर्भीकता की भावना उत्पन्न की। सरकार का विरोध करने, जेल जाने में भारतीय जनता प्रारम्भ से ही घबराती थी। अब सरकार की आलोचना करने के साथ-साथ राष्ट्रीय संघर्ष के सभी क्षेत्रों में निर्भीक होकर अपना सहयोग करने लगी और बच्चे-बच्चे के मुँह से स्वराज्य शब्द सुनायी देने लगा।

**(3) प्रभावपूर्ण आन्दोलन**—असहयोग आन्दोलन के चलते रहने तक आन्दोलन से भयभीत सरकार उदारवादियों और जनता का पूर्ण सहयोग प्राप्त करने के लिए प्रयत्नशील रही। इस हेतु सन् 1919 ई. के सुधारों को उदारतापूर्वक कार्यान्वित किया गया।

**(4) रचनात्मक पक्ष सफल**—असहयोग आन्दोलन के कार्यक्रम का रचनात्मक पक्ष भी महत्वपूर्ण रहा। इस आन्दोलन द्वारा गाँधी जी ने जनता की भावना को उत्तेजित करने के लिए स्वदेशी वस्तुओं का प्रयोग और विदेशी वस्तुओं के बहिष्कार पर बल दिया। खादी पवित्रता और राष्ट्रीयता का प्रतीक बन गयी। घर-घर में चरखे और हथकरघे का प्रचलन हुआ और खादी को प्रोत्साहन मिला। इस आन्दोलन की सफलता को स्वीकार करते हुए **सुभाषचन्द्र बोस** लिखते हैं कि, "सन् 1921 ई. के वर्ष ने निःसन्देह एक सुव्यवस्थित दलीय संगठन प्रदान किया। इसके पूर्व कांग्रेस एक वैधानिक दल और मुख्यतः बात करने वाली संस्था थी। गाँधी जी ने इसे नया विधान दिया और देशव्यापी बनाया। उन्होंने इसे एक क्रान्तिकारी संगठन के रूप में भी परिवर्तित कर दिया। देश के एक कोने से दूसरे कोने तक एक जैसे नारे गूँजते थे और एक जैसी नीति व एक ही विचारधारा सर्वत्र दिखाई देती थी। अंग्रेजी भाषा का महत्व जाता रहा और कांग्रेस ने हिन्दी को राष्ट्रभाषा के रूप में स्वीकार किया खादी समस्त कांग्रेसजनों की पोशाक बन गई।"

इस प्रकार स्पष्ट है कि असहयोग आन्दोलन का भारतीय राष्ट्रीय आन्दोलन में विशेष स्थान है। असहयोग आन्दोलन के कारण स्वराज्य की मंजिल थोड़ा निकट आ गई। कांग्रेस व जनता को अपनी शक्ति का आभास हो गया। आगे चलकर ऐसे ही आन्दोलनों द्वारा भारतीयों ने स्वतन्त्रता प्राप्त की।

## प्रश्न
## (Questions)

### दीर्घ उत्तरीय प्रश्न (Long Answer Type Questions)

1. असहयोग आन्दोलन से आप क्या समझते हैं ? इस आन्दोलन के कारणों तथा कार्यक्रमों का वर्णन कीजिए।
   (What do you understand by Non-Cooperation Movement ?)
2. गाँधी जी ने एक नई रोशनी लेकर भारतीय राजनीति में प्रवेश किया। व्याख्या कीजिए।
   ("Gandhiji entered in Indian politics with new light." Discuss.)
   **अथवा**
   भारत के राष्ट्रीय आन्दोलन में महात्मा गाँधी के योगदान का मूल्यांकन कीजिए।
   (Evaluate the contribution of Mahatama Gandhiji in Indian Movement.)
3. उन परिस्थितियों का वर्णन कीजिए जिन्होंने असहयोग आन्दोलन को जन्म दिया। वह आन्दोलन क्यों वापस लिया गया ? इसके महत्व का मूल्यांकन कीजिए।
   (Discuss the circumstances which were responsible for the birth of Non-Cooperation Movement. Why this movement withdraw ? Evaluate its significance.)
   **अथवा**
   असहयोग आन्दोलन की सफलताओं एवं असफलताओं का मूल्यांकन कीजिए।
   (Evaluate the success and unsuccesses of Non-Cooperation Movement.)

**अथवा**

असहयोग आन्दोलन से आप क्या समझते हैं ?

(What do you understand by Non-Cooperation Movement ?)

**अथवा**

असहयोग आन्दोलन के उद्देश्य एवं कार्यक्रम का वर्णन कीजिए।

(Describe the objectives and programmes of Non-Cooperation Movement.)

4. महात्मा गाँधी द्वारा चलाए गए असहयोग आन्दोलन का वर्णन कीजिए।

(Describe the Non-Cooperation Movement of Mahatama Gandhi.)

**अथवा**

असहयोग आन्दोलन से आप क्या समझते हैं ? असहयोग आन्दोलन कैसे चलाया गया ?

(What do you understand by Non-Cooperation Movement ? How organised Non-Cooperation Movement ?)

**अथवा**

असहयोग आन्दोलन का वर्णन कीजिए तथा उसके प्रभावों का मूल्यांकन कीजिए।

(Describe the Non-Cooperation Movement and evaluate its impats.)

5. राष्ट्रीय संघर्ष में असहयोग आन्दोलन की भूमिका की विवेचना कीजिए।

(Discuss the role of Non-Cooperation Movement its National Struggle.)

**अथवा**

असहयोग आन्दोलन की परिस्थितियों का मूल्यांकन कीजिए।

(Evaluate the circumstancs of Non-Cooperation Movement.)

6. असहयोग आन्दोलन पर टिप्पणी लिखिए।

(Write a note on Non-Cooperation Movement.)

**अथवा**

असहयोग आन्दोलन के कारणों का संक्षिप्त स्पष्टीकरण दीजिए।

(Clear in brief the causes of Non-Cooperation Movement.)

7. असहयोग आन्दोलन के कारणों का संक्षिप्त स्पष्टीकरण दीजिए एवं आन्दोलन के कार्यक्रम का मूल्यांकन कीजिए।

(Clear in brief the causes of Non-Cooperation Movement and evaluate the programmes of Movement.)

8. महात्मा गाँधी द्वारा संचालित असहयोग आन्दोलन पर एक संक्षिप्त निबन्ध लिखिए।

(Write a short essay on Non-Cooperation Movement conducted by Mahatama Gandhi.)

9. असहयोग आन्दोलन के आरम्भ करने के क्या कारण थे ? आन्दोलन की उपलब्धियों का वर्णन कीजिए।

(What were the causes of beginning of Non-Cooperation Movement ? Describe the achievements of Movement.)

10. भारत के असहयोग आन्दोलन के कारणों, उद्देश्यों तथा कार्यक्रमों की विवेचना कीजिए।

(Discuss the causes, objectives and programmes of Non-Cooperation Movement in India.)

11. असहयोग आन्दोलन के कारणों, स्वरूपों और परिणामों का वर्णन कीजिए।

(Describe the causes, forms and results of Non-Cooperation Movement.)

**अथवा**

गाँधीवादी युग और असहयोग आन्दोलन का वर्णन कीजिए।

(Describe Ganghian age and Non-Cooperation Movement.)

**अथवा**

महात्मा गाँधी द्वारा चलाए गए असहयोग आन्दोलन का वर्णन कीजिए। यह आन्दोलन असफल क्यों हुआ ?

(Describe the Non-Cooperation Movement conducted by Mahatama Gandhi. Why this programme became unsuccessful ?)

**अथवा**

असहयोग आन्दोलन की सफलता का परीक्षण कीजिए।

(Examine the success of Non-Cooperation Movement.)

**अथवा**

असहयोग आन्दोलन के उद्देश्यों एवं कार्यक्रमों का वर्णन कीजिए।

(Describe the objectives and programmes of Non-Cooperation Movement.)

12. निम्नलिखित पर टिप्पणी लिखिए–

Write notes on the following :

1. खिलाफत आन्दोलन।

   Khilafat Movement.

2. जलियाँवाला बाग काण्ड।

   Jalianwala Bagh Accident.

3. रौलेट एक्ट।

   Rowalt Act.

4. हण्टर समिति।

   Hunter Committee.

13. असहयोग आन्दोलन के कारण, उद्देश्य, कार्यक्रम, प्रगति एवं सफलताओं तथा असफलताओं का मूल्यांकन कीजिए।

(Evaluate the causes, objectives, programmes, progress, successes and unsuccesses of Non-Cooperationk Movement.)

14. भारत के राष्ट्रीय आन्दोलन में खिलाफत आन्दोलन के महत्व का परीक्षण कीजिए।

(Examine the importance of Khilafat Movement in National Movement of India.)

15. असहयोग आन्दोलन की विचारधारा तथा कार्यक्रम का संक्षिप्त वर्णन कीजिए।

(Describe in brief the ideology and programme of Non-Cooperation Movement.)

**अथवा**

असहयोग आन्दोलन के प्रमुख कारणों का संक्षिप्त स्पष्टीकरण दीजिए तथा आन्दोलन सम्बन्धी कार्यक्रम का मूल्यांकन कीजिए।

(Clear in brief the main causes of Non Cooperation Movement and evaluate the programme of Movement.)

**अथवा**

असहयोग आन्दोलन से आप क्या समझते हैं ? इस आन्दोलन के कारणों तथा कार्यक्रमों का वर्णन कीजिए।

(Describe the causes and programmes of this movements.)

**अथवा**

गाँधी जी द्वारा चलाए गए असहयोग आन्दोलन का विवरण दीजिए। उसकी असफलता के क्या कारण थे ?

(Give description of Non-Cooperation Movement conducted by Gandhiji. What were the causes of its failure ?)

## लघु उत्तरीय प्रश्न (Short Answer Type Questions)

1. असहयोग आन्दोलन गाँधी जी ने क्यों चलाया ? केवल चार कारण दीजिए।
2. असहयोग आन्दोलन के कार्यक्रम, सफलता एवं असफलताओं की संक्षिप्त विवेचना कीजिए।
3. खिलाफत आन्दोलन के दो कारण बताइए।
4. असहयोग आन्दोलन का नेतृत्व किसने किया ?
5. खिलाफत आन्दोलन पर एक संक्षिप्त टिप्पणी लिखिए।
6. चौरी-चौरा घटना का संक्षिप्त विवरण दीजिए और उसके परिणाम बताइए।

7. जलियाँवाला बाग काण्ड का संक्षिप्त ब्यौरा दीजिए।
8. असहयोग आन्दोलन की असफलताओं के तीन कारण बताइए।
9. रौलेट कानून को काला कानून क्यों कहा गया है ?
10. होमरूल आन्दोलन पर संक्षिप्त निबन्ध लिखिए।

## बहुविकल्पीय वस्तुनिष्ठ प्रश्न (Multiple Choice Type Objective Questions)

1. होमरूल आन्दोलन का संचालक कौन था ?

**उत्तर**—होमरूल आन्दोलन की संचालक श्रीमती एनीबेसेण्ट थीं।

2. जलियाँवाला बाग हत्याकाण्ड की घटना कब घटित हुई ?

**उत्तर**—यह घटना 13 अप्रैल, 1919 ई. को अमृतसर में घटित हुई।

3. गाँधी जी ने भारतीय राजनीति में कब प्रवेश किया ?

**उत्तर**—गाँधी जी ने भारतीय राजनीति में सन् 1915 ई. में प्रवेश किया।

4. रौलेट एक्ट कब पारित हुआ ?

**उत्तर**—रौलेट एक्ट 18 मार्च, 1919 ई. को पारित हुआ।

5. खिलाफत आन्दोलन क्या था ?

**उत्तर**—खिलाफत आन्दोलन टर्की के सुल्तान (खलीफा) की सत्ता की पुनर्स्थापना का आन्दोलन था।

6. गाँधी जी ने सन् 1922 ई. में असहयोग आन्दोलन क्यों स्थगित किया ?

**उत्तर**—चौरी-चौरा काण्ड के कारण और आन्दोलन में हिंसक गतिविधियों के कारण इसको स्थगित किया।

7. निम्नलिखित में से जो सही हो उसे चिह्नांकित कीजिए—

(1) असहयोग आन्दोलन किसके द्वारा चलाया गया था—

(a) गाँधी जी द्वारा (b) तिलक द्वारा
(c) गोखले द्वारा (d) जिन्ना द्वारा।

**उत्तर**—(a) गाँधी जी द्वारा।

(2) असहयोग आन्दोलन स्थगित होने का क्या कारण था—

(a) मुसलमानों का असहयोग (b) ब्रिटिश सरकार की दमन नीति,
(c) कांग्रेस में फूट (d) चौरी-चौरा काण्ड।

**उत्तर**—(d) चौरी-चौरा काण्ड।

(3) असहयोग आन्दोलन का प्रस्ताव कब पास हुआ—

(a) सन् 1920 ई. के कलकत्ता अधिवेशन में (b) सन् 1929 ई. के लाहौर अधिवेशन में
(c) सन् 1888 ई. के इलाहाबाद अधिवेशन में (d) सन् 1893 ई. के लाहौर अधिवेशन में।

**उत्तर**—(a) सन् 1920 ई. के कलकत्ता अधिवेशन में।

(4) निम्नलिखित में से किस नेता ने असहयोग आन्दोलन में भाग नहीं लिया—

(a) सी. आर. दास (b) सुभाषचन्द्र बोस
(c) मुहम्मद अली जिन्ना (d) मौलाना शौकत अली।

**उत्तर**—(c) मुहम्मद अली जिन्ना।

(5) रौलेट एक्ट किस सन् में पास हुआ—

(a) सन् 1916 ई. में (b) सन् 1919 ई. में
(c) सन् 1921 ई. में (d) सन् 1935 ई. में।

**उत्तर**—(b) सन् 1919 ई. में।

# सविनय अवज्ञा आन्दोलन

# [CIVIL DISOBEDIENCE MOVEMENT]

## सन् 1923 से 1929 ई. तक भारत का राष्ट्रीय आन्दोलन एवं भारतीय राजनीति

### (National Movement of India from 1923 to 1929 A. D. and Indian Politics)

फरवरी, 1922 ई. में गाँधी जी द्वारा चौरी-चौरा काण्ड की हिंसात्मक घटना के कारण असहयोग आन्दोलन स्थगित कर दिया गया और 4 मार्च, 1922 ई. को सरकार द्वारा गाँधी जी को गिरफ्तार कर लिया गया। लेकिन असहयोग आन्दोलन स्थगित हो जाने के कारण स्वराज्य की मंजिल दूर हो गई थी। जनता के मार्ग-निर्देशन के लिए किसी नए कार्यक्रम की आवश्यकता थी। इसलिए इस काल-खण्ड में भारतीय राजनीति में तीन प्रमुख स्थितियाँ उत्पन्न हुईं जिनमें **प्रथम**, स्वराज्य दल की स्थापना, उसके कार्य और अन्त। **द्वितीय**, साइमन कमीशन और **तृतीय**, सर्वदलीय सम्मेलन और नेहरू रिपोर्ट। इन स्थितियों की संक्षिप्त जानकारी निम्नानुसार है–

**(1) स्वराज्य दल की स्थापना और कार्य**–सन् 1919 ई. के मॉण्टफोर्ड सुधार अधिनियम के अन्तर्गत होने वाले चुनावों में कांग्रेस ने असहयोग आन्दोलन के कारण भाग नहीं लिया। फरवरी, 1922 ई. में आन्दोलन स्थगित हो जाने और गाँधी जी को बन्दी बनाए जाने के बाद कांग्रेस के पास जनता के मार्गदर्शन के लिए कोई कार्यक्रम नहीं था। ऐसी परिस्थितियों में सी. आर. दास, पण्डित मोतीलाल नेहरू, हकीम अजमल खाँ और विट्ठल भाई पटेल आदि नेताओं ने 1 जनवरी, 1923 ई. को इलाहाबाद में **स्वराज्य दल** की स्थापना की। इन नेताओं ने उसके कार्यक्रमों का प्रचार करने के लिए देश का तूफानी दौरा किया। इस दल का उद्देश्य गाँधी जी के समान औपनिवेशिक स्वराज्य की प्राप्ति करना था लेकिन सभी नेताओं के मार्ग भिन्न-भिन्न थे। स्वराज्य दल के सदस्य कौन्सिलों का निर्वाचन लड़कर जनता में लोकप्रिय होना चाहते थे। वे अपनी अड़ंगा नीति द्वारा सरकार को सही रास्ते पर लाना चाहते थे। स्वराज्य दल ने अपना कार्यक्रम निर्धारित किया जिसके अन्तर्गत सरकार के बजट को रद्द करना, दमनकारी कानूनों का विरोध करना, रचनात्मक कार्यों में सहयोग देना, राष्ट्रीय शक्ति में वृद्धि करना आदि थे। सन् 1923 ई. में हुए आम चुनावों में कई प्रान्तों में स्वराज्य दल को अभूतपूर्व सफलता मिली। स्वराज्य दल के मध्य प्रान्त और बंगाल का विधानसभा में पूर्ण बहुमत प्राप्त करके द्वैध शासन को असफल कर दिया। उन्होंने अन्य प्रान्तों तथ केन्द्रीय शासन के कार्यों में बाधा डालने की नीति का सफलतापूर्वक पालन किया। किन्तु सन् 1925 ई. में चितरंजन दास की मृत्यु और पार्टी के भीतर पैदा हुए मतभेदों के कारण सन् 1926 ई. में हुए चुनावों में स्वराज्य दल को अधिक सफलता नहीं मिल सकी। इसके अतिरिक्त, हिन्दू-मुस्लिम दंगों तथा मालवीय और लाला लाजपत राय द्वारा हिन्दुओं की रक्षा के लिए केन्द्रीय विधान मण्डल में नेशनलिस्ट पार्टी का गठन आदि कारणों से सन् 1926 ई. के अन्त तक स्वराज्य पार्टी का अस्तित्व समाप्त हो गया।

**(2) साइमन कमीशन** (Simon Commission)–सन् 1919 ई. के भारतीय शासन अधिनियम योजना पर रिपोर्ट देने के लिए ब्रिटिश संसद का **सर साइमन** की अध्यक्षता में एक सात-सदस्यीय समिति 8 नवम्बर, 1927 ई. को गठित की गयी। इस समिति को **'साइमन कमीशन'** के नाम से जाना जाता है। इस समिति में सभी सदस्य अंग्रेज थे। इसमें भारतीयों को सम्मिलित नहीं किया गया था। इसलिए सम्पूर्ण भारत में इस आयोग का विरोध या बहिष्कार किया गया। 7 फरवरी, 1928 ई.

को **'साइमन आयोग'** भारत आने से लेकर उसके भारत में रहने तक सभी जगह हड़तालों, काले झण्डों और साइमन वापस जाओ के नारों से उसका स्वागत किया गया।

साइमन आयोग की मुख्य अनुशंसाएँ निम्नांकित थीं–

(1) प्रान्तों में द्वैधशासन समाप्त करके उत्तरदायी शासन स्थापित किया जाए।

(2) केन्द्रीय शासन में कोई भी परिवर्तन न किया जाए।

(3) भारत के लिए संघ शासन की स्थापना की जाए।

(4) अल्पसंख्यकों के हितों के लिए गवर्नर जनरल को विशेष शक्तियाँ दी जाएँ।

(5) प्रान्तीय विधानमण्डल के सदस्यों की संख्या में वृद्धि की जाए और सरकारी सदस्यों की व्यवस्था समाप्त कर दी जाए।

(6) म्यांमार को भारत से पृथक् कर दिया जाए।

(7) अधिक व्यापक मताधिकार की जाए आदि।

**साइमन कमीशन की रिपोर्ट का मूल्यांकन**–साइमन कमीशन को भारतीयों ने निम्नांकित कारणों से अस्वीकार कर दिया था–

(1) इसमें भारतीयों की औपनिवेशिक स्वराज्य की माँग पूरी नहीं हुई थी।

(2) केन्द्र में पूर्व की भाँति ही अनुत्तरदायी शासन की अनुशंसा की गई थी।

(3) प्रान्तों में उत्तरदायी शासन स्थापित करने के साथ-साथ गवर्नरों को विशेष शक्तियाँ दी गईं।

उपर्युक्त कारणों से **सर शिवास्वामी अय्यर** ने आयोग की रिपोर्ट को **"रद्दी की टोकरी में फेंक देने योग्य बताया"** तो दूसरी ओर **प्रो. कूपलैण्ड, प्रो. ई. रॉबर्ट्स, प्रो. कीथ** आदि जैसे विचारकों ने साइमन रिपोर्ट की अत्यधिक प्रशंसा की। मि. कूपलैण्ड ने इसे भारतीय समस्याओं का व्यापक अध्ययन कहकर सम्बोधित किया वस्तुतः साइमन रिपोर्ट न तो दोषरहित थी और न पूर्णतया अस्वीकार करने योग्य थी लेकिन इसकी अस्वीकृति का कारण विवेकात्मक और व्यावहारिक भी था।

**(3) सर्वदलीय सम्मेलन तथा नेहरू रिपोर्ट**–फरवरी, 1928 ई. में ब्रिटिश संसद द्वारा भेजे गए साइमन कमीशन का जब भारतीयों ने कड़ा विरोध किया तो इसकी व्यापक प्रतिक्रिया हुई। ब्रिटिश कैबिनेट में अनुदार दल के भारतमन्त्री **लॉर्ड बर्केनहेड** ने भारतीयों को चुनौती देते हुए कहा कि वे ऐसे संविधान का निर्माण कर ब्रिटेन की संसद के समक्ष प्रस्तुत करें जिसे भारत में सभी वर्गों की स्वीकृति प्राप्त हो। अन्यथा उन भारतीयों द्वारा जिन्होंने अभी तक अपने पैरों पर खड़ा होना ही नहीं सीखा हो, साइमन आयोग का बहिष्कार किया जाना उनकी कोई बुद्धिमानी प्रतीत नहीं होती। कांग्रेस ने इस चुनौती को स्वीकार कर 28 फरवरी, 1928 ई. को दिल्ली में **डॉ. एम. ए. अन्सारी** की अध्यक्षता में सर्वदलीय सम्मेलन का आयोजन किया। इस सम्मेलन में 29 राजनीतिक संगठनों ने भाग लिया। सभी दल इस बात पर सहमत थे कि पूर्ण उत्तरदायी शासन को अपना आधार बनाकर नया संविधान बनाया जाए। दो महीने में सम्मेलन की कुल 25 बैठकें हुईं। बैठक में प्रस्तुत किए गए अनेक प्रश्नों पर प्रतिनिधि सहमत थे। इसके बाद 19 मई, 1928 ई. को ये सभी प्रतिनिधि बम्बई (मुम्बई) में एकत्र हुए। इस बार संविधान का प्रारूप बनाने के लिए **पण्डित मोतीलाल नेहरू** की अध्यक्षता में एक समिति गठित की गई। इस समिति में दो मुसलमान तथा एक सिक्ख भी था। इस समिति ने 19 बैठकों में संविधान का प्रारूप तैयार किया। **डॉ. अन्सारी** की अध्यक्षता में लखनऊ में आयोजित सम्मेलन में स्वीकार कर लिया गया। संविधान का यह प्रारूप **'नेहरू रिपोर्ट'** के नाम से प्रसिद्ध है।

**नेहरू रिपोर्ट के प्रमुख अनुशंसाएँ या सुझाव**–नेहरू रिपोर्ट की प्रमुख अनुशंसाएँ निम्नलिखित थीं–

**(1) औपनिवेशिक स्वराज्य**–भारत को तुरन्त औपनिवेशिक स्वराज्य प्रदान किया जाना चाहिए और उसका स्थान ब्रिटिश शासन के अन्तर्गत अन्य उपनिवेशों के समान होना चाहिए।

**(2) प्रान्तों में उत्तरदायी शासन**–प्रान्तों में द्वैध शासन का अन्त करके उत्तरदायी शासन की स्थापना की जानी चाहिए। केन्द्र में भी गवर्नर जनरल को संवैधानिक प्रमुख के रूप में कार्य करना चाहिए।

**(3) संघीय व्यवस्था**–भारत के लिए संघात्मक शासन ही उपयुक्त बताया गया था परन्तु कहा गया था कि केन्द्र को अधिक शक्तियाँ प्रदान की जाएँ।

**(4) मूल अधिकार**–स्त्री-पुरुष को समान 19 मौलिक अधिकार दिए जाएँ जिसमें कानून के समक्ष समानता, सम्पत्ति, निःशुल्क प्राथमिक शिक्षा का अधिकार और धार्मिक स्वतन्त्रता का अधिकार प्रमुख हैं।

**(5) सर्वोच्च न्यायालय**–रिपोर्ट में कहा गया था कि भारतीयों द्वारा ब्रिटेन की प्रिवी कौन्सिल में अपील करने की व्यवस्था को समाप्त कर भारत में अन्तिम अपीलीय न्यायालय के रूप में सर्वोच्च न्यायालय की स्थापना की जाए।

**(6) साम्प्रदायिक निर्वाचन प्रणाली की समाप्ति**—रिपोर्ट में देश की एकता को सुदृढ़ करने के लिए साम्प्रदायिक निर्वाचन प्रणाली को समाप्त कर संयुक्त निर्वाचन प्रणाली की व्यवस्था का सुझाव दिया गया था।

**(7) केन्द्रीय विधान मण्डल**—रिपोर्ट में कहा गया था कि केन्द्रीय विधान मण्डल द्विसदनात्मक होना चाहिए। निचले सदन का निर्वाचन वयस्क मताधिकार के आधार पर प्रत्यक्ष रूप से होना चाहिए। उच्च सदन का निर्वाचन परोक्ष रूप से होना चाहिए जिसमें निम्न सदन की सदस्य संख्या 500 और उच्च सदन की सदस्य संख्या 200 होनी चाहिए।

**(8) देशी रियासतें**—रिपोर्ट में कहा गया था कि नए संविधान में केन्द्रीय सरकार को रियासतों के ऊपर वे सभी अधिकार प्राप्त होने चाहिए जो अभी ताज के अधीन केन्द्रीय सरकार को प्राप्त थे। नरेशों के अधिकारों की सुरक्षा का वचन दिया जाए।

**(9) नवीन प्रान्तों का गठन**—प्रतिवेदन में सिन्ध को मुम्बई (बम्बई) से पृथक् करके उसे एक पृथक् प्रान्त बनाने के साथ ही उत्तर-पश्चिम सीमा प्रान्त को भी अन्य प्रान्तों के समान ही वैधानिक स्तर प्रदान करने का सुझाव दिया गया था।

**नेहरू रिपोर्ट पर प्रतिक्रिया**—अगस्त, 1928 ई. में लखनऊ के सर्वदलीय सम्मेलन में तो नेहरू रिपोर्ट को सभी ने एक मत से स्वीकार कर लिया था परन्तु बाद में विभिन्न दलों ने अलग-अलग नेहरू रिपोर्ट पर विचार किया, परिणामस्वरूप रिपोर्ट के बारे में मतभेद पैदा हो गए। कांग्रेस ने नेहरू रिपोर्ट को स्वीकार तो कर लिया और डॉ. अन्सारी जैसे राष्ट्रवादी मुस्लिम ने भी इसका समर्थन किया परन्तु 31 दिसम्बर, 1928 ई. को दिल्ली में आयोजित सर्वदलीय मुस्लिम सम्मेलन में मौलाना मोहम्मद अली और मि. जिन्ना जैसे मुस्लिम पृथकतावादियों ने एक स्वर से प्रतिवेदन का विरोध किया। उधर ब्रिटिश सरकार द्वारा भी इस प्रतिवेदन को अत्यधिक प्रगतिवादी कहते हुए इसकी आलोचना की और उसे अस्वीकार कर दिया।

**नेहरू रिपोर्ट का महत्व**—नेहरू रिपोर्ट को भारतीय जनमत के सभी पक्षों द्वारा अस्वीकार कर दिया गया, किन्तु फिर भी इस रिपोर्ट के महत्व को नकारा नहीं जा सकता। यह प्रतिवेदन स्वयं में एक ऐसा व्यापक प्रलेख था जिसमें भारतीय जनमत की आकांक्षाओं और भावनाओं को प्रतिबिम्बित किया गया था। इसके महत्व के सम्बन्ध में **सर शफात खाँ** ने कहा था कि, **"नेहरू प्रतिवेदन एक अत्यन्त महत्वपूर्ण रचनात्मक प्रयास था।"** **जी. आर. प्रधान** के शब्दों में, **"सन् 1928 की नेहरू रिपोर्ट साम्प्रदायिकता की भावना मिटाने की उग्र तथा प्रयत्न था।"**[1]

निःसन्देह नेहरू रिपोर्ट भारतीयों की बुद्धिमता और राजनीतिज्ञता का सर्वोत्तम उदाहरण है तत्कालीन प्रधानमन्त्री बर्केनहेड की चेतावनी का उत्तर था।

**सविनय अवज्ञा आन्दोलन**—अगस्त, 1928 ई. में प्रकाशित नेहरू रिपोर्ट के सम्बन्ध में मुसलमानों के अतिरिक्त कांग्रेस के नेताओं में अत्यधिक मतभेद थे। पण्डित जवाहरलाल नेहरू, सुभाषचन्द्र बोस जैसे नवयुवक नेता अपनी पूर्ण स्वराज्य की माँग पर दृढ़ थे दूसरी ओर पण्डित मोतीलाल नेहरू जैसे पुरानी पीढ़ी के नेता तत्कालीन परिस्थितियों में औपनिवेशिक स्वराज्य की माँग को उचित समझते थे। इसी मतभेद के कारण जब दिसम्बर, 1928 ई. में कांग्रेस का अधिवेशन कलकत्ता में हुआ तो ऐसा प्रतीत होने लगा कि इस रिपोर्ट को लेकर कांग्रेस में विघटन को जाएगा और नेहरू रिपोर्ट के सम्बन्ध में कोई निर्णय नहीं लिया जा सकेगा परन्तु उन विषम परिस्थितियों में महात्मा गाँधी ने मध्यस्थता करके दोनों गुटों में समझौता करा दिया जिसके परिणामस्वरूप नेहरू प्रतिवेदन को स्वीकार कर लिया गया। इसी समय गाँधी जी ने कांग्रेस से एक प्रस्ताव और पारित करवा लिया जिसके द्वारा सरकार को एक अल्टीमेटम दिया गया जिसका महत्वपूर्ण अंश निम्न प्रकार है—

**"यदि ब्रिटिश संसद इस विधान को ज्यों-का-त्यों 31 दिसम्बर, 1929 ई. तक या उससे पहले स्वीकार कर ले तो कांग्रेस इस विधान को अपना लेगी बशर्ते कि राजनीतिक स्थिति में कोई परिवर्तन न हो लेकिन यदि उस तिथि तक ब्रिटिश संसद उसे स्वीकार न करे या इसके पहले ही अस्वीकार कर दे तो कांग्रेस देश को कर-बन्दी की सलाह देकर अन्य उपायों के आधार पर जिन्हें वह बाद में निश्चित करेगी, अहिंसात्मक असहयोग आन्दोलन चलाएगी।"**
लेकिन ब्रिटेन में सत्ता परिवर्तन होने पर भी लेबर दल सरकार ने भी भारतीयों की माँगों की ओर ध्यान नहीं दिया और इस प्रकार नेहरू रिपोर्ट सफल न हो सकी। सन् 1930 ई. के प्रारम्भ तक भारत के चारों ओर उत्तेजना का वातावरण निर्मित होता जा रहा था। देश की राजनीतिक, आर्थिक स्थिति बहुत अधिक खराब थी। इस बात की आशंका होने लगी थी कि यदि गाँधी जी अहिंसात्मक आन्दोलन का शुभारम्भ न करते तो बहुत अधिक दुर्दशा होती और सरकार के दमनचक्र के कारण भारत में हिंसक क्रान्ति का सूत्रपात होता। अतः इन परिस्थितियों में गाँधी जी ने कांग्रेस में **'सविनय अवज्ञा आन्दोलन'** का

1. "The Nehru Report of 1928, embodied the frankest attempt yet made by Indians to face squarty the difficulties of communalism."
—*G. R. Pradhan*

प्रस्ताव रखा। इस प्रस्ताव पर विचार के लिए कांग्रेस कार्यकारिणी ने 14 से 16 फरवरी को एक बैठक साबरमती में आयोजित की। कांग्रेस ने स्थिति का गम्भीरतापूर्वक अध्ययन कर एक प्रस्ताव पास किया और गाँधी जी को सविनय अवज्ञा आन्दोलन प्रारम्भ करने के सम्पूर्ण अधिकार दे दिए। इस आन्दोलन को चलाने का गाँधी जी ने क्यों निर्णय लिया, वे परिस्थितियाँ कौन-सी थीं कि मार्च, 1930 ई. को गाँधी जी द्वारा सविनय अवज्ञा आन्दोलन का प्रारम्भ किया गया।

## सविनय अवज्ञा आन्दोलन के प्रमुख कारण
## (Main Causes of Disobedience Movement)

सविनय अवज्ञा आन्दोलन के लिए निम्नलिखित कारण उत्तरदायी माने जाते हैं—

**(1) शोचनीय आर्थिक स्थिति**—गाँधी जी द्वारा चलाए गए सविनय अवज्ञा आन्दोलन के लिए भारतीयों की शोचनीय आर्थिक दशा विशेष रूप से उत्तरदायी थी। सन् 1930 ई. के आस-पास देश में भारी मन्दी और व्यापक रोजगार के कारण भारतीयों में असन्तोष व्याप्त था। मजदूर, व्यापारी, किसान और सामान्य जनता इससे परेशान थी। सरकार ने गाँधी जी की न्यूनतम माँगों को भी अस्वीकार कर दिया था। ऐसी स्थिति में गाँधी जी ने दूसरा आन्दोलन चलाने का निर्णय लिया।

**(2) असन्तोष और उत्तेजना का वातावरण**—देश में असन्तोष और उत्तेजना का वातावरण तेजी से फैलता जा रहा था। राजनीति में नवयुवक वर्ग अधिक सक्रिय हो गया था। सरकार ने रुपए की कीमत 16 पैसे से बढ़ाकर 18 पैसे कर दी थी जिससे इंग्लैण्ड को अधिक लाभ हुआ था। सरकार ने मजदूर संगठनों के नेताओं पर मेरठ पड्यन्त्र का अभियोग लगाकर उन्हें गिरफ्तार कर लिया था। जिससे मजदूर उत्तेजित हो उठे। सरदार भगतसिंह और बटुकेश्वर दत्त के क्रान्तिकारी कार्यों और लाहौर षड्यन्त्र के कारण भारत का राजनीतिक वायुमण्डल अत्यधिक उत्तेजित हो गया। दिसम्बर, 1928 ई. के कलकत्ता अधिवेशन में पारित गाँधी जी द्वारा भेजे गए अल्टीमेटम का सरकार ने कोई उत्तर नहीं दिया। परिणामस्वरूप लाहौर अधिवेशन में पूर्ण स्वाधीनता का निर्णय लिया गया।

**(3) स्वतन्त्रता दिवस की घोषणा (सन् 1929 ई. का लाहौर अधिवेशन)**—अभी तक ब्रिटिश सरकार की नीतियों एवं दृष्टिकोणों से भारतीयों को यह निश्चय हो गया था कि ब्रिटिश सरकार उस समय तक भारत को स्वराज्य नहीं देगी जब तक वह इसके लिए विवश न हो जाए। अत: भारी क्षोभ और निराशा के वातावरण में पण्डित जवाहरलाल नेहरू की अध्यक्षता में दिसम्बर, 1929 ई. को लाहौर में कांग्रेस का अधिवेशन आयोजित किया गया था। अधिवेशन में 31 दिसम्बर, 1929 ई. की रात्रि को 12 बजे रावी नदी के तट पर भारत का तिरंगा झण्डा फहराकर पूर्ण स्वाधीनता का प्रस्ताव पारित किया गया। कांग्रेस के विधान की पहली धारा में '**स्वराज्य**' शब्द का अर्थ पूर्ण स्वाधीनता उल्लेखित किया गया और नेहरू रिपोर्ट वापस लेने तथा पूर्ण स्वाधीनता की प्राप्ति हेतु जनता का आह्वान किया गया। यह भी निश्चय किया गया कि 26 जनवरी का दिन '**स्वाधीनता दिवस**' के रूप में मनाया जाएगा। आवश्यकता पड़ने पर सविनय अवज्ञा आन्दोलन प्रारम्भ करने का कांग्रेस कार्यसमिति को अधिकार दे दिया गया।

**(4) इंग्लैण्ड में लेबर पार्टी की सरकार एवं दिल्ली घोषणा-पत्र**—मई, 1929 ई. में इंग्लैण्ड में लेबर पार्टी की सरकार स्थापित हुई। भारतीयों को लेबर पार्टी की सरकार से बहुत आशाएँ थीं लेकिन भारत के सम्बन्ध में ब्रिटेन की नीति में कोई परिवर्तन नहीं हुआ। ब्रिटिश प्रधानमन्त्री **मैक्डोनेल्ड** ने भारत को शीघ्र ही राष्ट्रमण्डल में समानता का दर्जा दिए जाने की घोषणा की तथा भारत से गवर्नर को बातचीत के लिए इंग्लैण्ड बुलाया गया। इसके फलस्वरूप 31 अक्टूबर, 1929 ई. को गवर्नर लॉर्ड इरविन ने जो '**दिल्ली घोषणा**' की वह बहुत ही अस्पष्ट थी। इसमें भारत को औपनिवेशिक स्वराज्य प्रदान करने की कोई तिथि निश्चित नहीं थी। भारत का नवयुवक वर्ग इस घोषणा से असन्तुष्ट था।

**(5) स्वाधीनता दिवस की घोषणा**—लाहौर अधिवेशन में लिए गए निर्णय के अनुसार 26 जनवरी, 1930 ई. को कांग्रेस ने पहला पूर्ण स्वाधीनता दिवस बहुत उत्साह से मनाया। इस समारोह में स्वाधीनता को जनता का जन्म-सिद्ध अधिकार बताया गया।[1]

**कांग्रेस द्वारा सविनय अवज्ञा आन्दोलन प्रारम्भ करने का निर्णय**—14 से 16 फरवरी, 1930 ई. तक कांग्रेस कार्यकारिणी की एक बैठक साबरमती में आयोजित की गई। इस बैठक में एक प्रस्ताव पारित करके गाँधी जी को सविनय अवज्ञा आन्दोलन प्रारम्भ करने के सम्पूर्ण अधिकार दे दिए गए।

---

1. डॉ. पट्टाभि कांग्रेस का इतिहास, पृष्ठ 295।

यद्यपि कार्यकारिणी ने गाँधी जी को आन्दोलन प्रारम्भ करने के सम्पूर्ण अधिकार दे दिए थे किन्तु शान्ति और समझौते में विश्वास करने वाले गाँधी जी ने वायसराय को आन्दोलन प्रारम्भ करने से पूर्व एक अवसर और दिया। उन्होंने एक पत्र गवर्नर को लिखा जिसमें कहा गया कि यदि वह निम्नलिखित 11 शर्तों को सरकार मान ले तो उसे सविनय अवज्ञा आन्दोलन का नाम भी नहीं सुनना पड़ेगा–

1. पूर्ण नशाबन्दी हो।
2. मुद्रा विनिमय में एक रुपया एक शिलिंग चार पेंस के बराबर माना जाए।
3. मालगुजारी आधी कर दी जाए और उसे विधानमण्डल के नियन्त्रण में रखा जाए।
4. नमक पर लगने वाला कर बन्द किया जाए।
5. सैनिक व्यय में कमी की जाए और प्रारम्भ में इस आधा कर दिया जाए।
6. बड़े-बड़े अधिकारियों के वेतन कम से कम आधे कर दिए जाएँ।
7. विदेशी वस्त्रों पर तट कर लगाया जाए ताकि देशी उद्योगों को संरक्षण प्राप्त हो।
8. तटीय व्यापार संरक्षण कानून पारित किया जाए।
9. हत्या या हत्या की चेष्टा में दण्डित व्यक्तियों को छोड़कर सभी राजनीतिक बन्दियों को रिहा कर दिया जाए एवं सभी मुकदमे वापस ले लिए जायें।
10. ख़ुफिया पुलिस तोड़ दी जाए या उसे जन-नियन्त्रण में रखा जाए।
11. आत्मरक्षा के लिए बन्दूक आदि हथियारों के लाइसेंस दिए जायें।

शासन ने उक्त माँग-पत्र का सहानुभूतिपूर्वक उत्तर नहीं दिया। इतना ही नहीं, उसने कांग्रेसी कार्यकर्ताओं की गिरफ्तारी प्रारम्भ कर दी। इस समय सुभाषचन्द्र बोस व अन्य 11 व्यक्तियों को एक वर्ष की सजा भी दी गई। फिर भी गाँधी जी ने एक और अवसर देने के लिए अपने एक अंग्रेज मित्र रेनाल्ड्स के हाथों एक पत्र वायसराय को भेजा। इसका उत्तर वायसराय ने बहुत ही निराशाजनक दिया और उल्टे गाँधी जी को ही सावधान करते हुए कहा कि, **"मुझे दुःख है कि गाँधी जी वह रास्ता अपना रहे हैं जिसमें कानून और सार्वजनिक शान्ति भंग होना आवश्यक है।"** इसके उत्तर में गाँधी जी ने कहा कि, "मैंने घुटने टेककर रोटी माँगी थी परन्तु मुझे उसके स्थान पर पत्थर मिला। ब्रिटिश राष्ट्र केवल शक्ति के सामने झुकता है इसलिए वायसराय के पत्र से मुझे कोई आश्चर्य नहीं हुआ। भारत के भाग्य में तो जेलखानों की शान्ति ही एकमात्र शान्ति है। सम्पूर्ण भारत एक जेलखाना है। मैं उन ब्रिटिश कानूनों का अर्थ समझता हूँ और मैं उस शोकमय शान्ति को भंग करना चाहता हूँ जो राष्ट्र के दिल को कष्ट दे रही है।"

**सविनय अवज्ञा आन्दोलन का प्रारम्भ एवं दाण्डी यात्रा**–शासन द्वारा गाँधी जी के पत्र का सहानुभूतिपूर्वक उत्तर न मिलने के कारण गाँधी जी के सामने आन्दोलन प्रारम्भ करने के अतिरिक्त अन्य कोई रास्ता नहीं था। इसलिए 11 मार्च, 1930 ई. को साबरमती के मैदान में 75 हजार व्यक्तियों ने एकत्रित होकर प्रण किया कि जब तक स्वाधीनता नहीं मिल जाती तब तक न तो हम स्वयं चैन लेंगे और न सरकार को चैन लेने देंगे। उन्होंने इसमें से 79 ऐसे कार्यकर्ता चुने जो 12 मार्च, 1930 ई. को साबरमती आश्रम से डाण्डी समुद्र तट की ओर चल पड़े। 200 मील की लम्बी दूरी पैदल चलकर 24 दिनों में पूरी की गई। जैसे-जैसे गाँधीजी के नेतृत्व में कार्यकर्ताओं का समूह आगे बढ़ता गया वैसे ही वैसे मार्ग गाँवों का जनसमूह उमड़ने लगा। उनसे गाँधी जी यही कहते थे कि, **"ब्रिटिश साम्राज्य एक अभिशाप है, मैं इसे समाप्त करके रहूँगा।"** वे खादी पहनने, शराब पीना बन्द करने, सरकारी नौकरी छोड़ने का उपदेश भी देते थे। 5 अप्रैल, 1930 ई. को गाँधी जी अपने कार्यकर्ताओं के साथ डाण्डी पहुँचे। अगले दिन 6 अप्रैल, 1930 ई. को प्रार्थना के उपरान्त डाण्डी समुद्र तट पर गाँधी जी ने स्वयं अपने हाथ से नमक बनाकर ब्रिटिश सरकार के नमक कानून को तोड़ दिया। इस प्रकार नमक कानून तोड़कर गाँधी जी ने सविनय अवज्ञा आन्दोलन का श्रीगणेश किया।

**सविनय अवज्ञा आन्दोलन का कार्यक्रम**–6 अप्रैल, 1930 ई. को गाँधीजी द्वारा स्वयं नमक कानून तोड़ने के पश्चात् आन्दोलन के निम्नलिखित कार्यक्रम निर्धारित किए गए–

1. गाँव-गाँव में नमक कानून को तोड़कर नमक बनाया जाना चाहिए।
2. महिलाओं द्वारा शराब, अफीम और विदेशी वस्त्रों की दुकानों पर धरना दिया जाना चाहिए।
3. विदेशी वस्त्रों का प्रयोग बन्द करके सार्वजनिक रूप से विदेशी वस्त्रों की होली जलाई जानी चाहिए।
4. हिन्दुओं को अस्पृश्यता का त्याग कर देना चाहिए।
5. विद्यार्थियों द्वारा सरकारी स्कूलों और कॉलेजों का बहिष्कार कर दिया जाना चाहिए।

6. सरकारी कर्मचारियों को नौकरियों से त्याग-पत्र देने चाहिए।

7. 4 मई को महात्मा जी की गिरफ्तारी के बाद करबन्दी को भी आन्दोलन के कार्यक्रम में सम्मिलित कर लिया गया।

**आन्दोलन की प्रगति**—महात्मा गाँधी द्वारा नमक कानून तोड़े जाने के पश्चात् यह आन्दोलन सम्पूर्ण देश में फैल गया। स्थान-स्थान पर नमक कानून तोड़ा जाने लगा। बम्बई, बंगाल, उत्तर प्रदेश और मध्य प्रान्त में नमक कानून तोड़कर अवैध रूप से नमक बनाया जाने लगा। महात्मा गाँधी के आह्वान पर महिलाओं ने भी बढ़-चढ़कर इस आन्दोलन में भाग लिया। अकेली दिल्ली में ही विदेशी वस्त्रों और दुकानों पर 1,600 महिलाओं ने धरना दिया जिसके परिणामस्वरूप अनेक दुकानें बन्द हो गईं। विदेशी वस्त्रों का बहिष्कार करके सार्वजनिक रूप, से उनकी होलियाँ जलाई गईं। आन्दोलन प्रारम्भ होने के एक माह के भीतर ही 200 पटेल और पटवारियों के अतिरिक्त, अनेक सरकारी कर्मचारियों ने अपने त्याग-पत्र दे दिए। इसके अतिरिक्त स्थान-स्थान पर विद्यार्थियों ने सरकारी स्कूलों और कॉलेजों का परित्याग करके राष्ट्रीय शिक्षा को अपनाया। इस प्रकार आन्दोलन के अधिकांश कार्यक्रम को अभूतपूर्व सफलता प्राप्त हुई। विदेशी वस्त्रों के बहिष्कार की सफलता के सम्बन्ध में **ब्रेलिस फोर्ड** ने लिखा है कि, **"सन् 1930 ई. की शरद ऋतु तक विदेशी वस्त्रों का आयात पूर्व वर्ष के इन्हीं महीनों की आयात की तुलना में तिहाई या चौथाई के बीच रह गया था। बम्बई में अंग्रेज व्यापारियों की 16 मिलें बन्द हो गईं और 32 हजार मजदूर बेकार हो गये। इसके विपरीत, भारतीय व्यापारियों की मिलें दुगुनी गति से कार्य कर रही थीं।"**[1] इस आन्दोलन में खान अब्दुल गफ्तार खाँ के नेतृत्व में पठानों एवं अन्य राष्ट्रवादी मुसलमानों को छोड़कर मि. जिन्ना के नेतृत्व में अल्पसंख्यक मुसलमानों ने भाग नहीं लिया। फिर भी सविनय अवज्ञा आन्दोलन को अप्रत्याशित सफलता प्राप्त हुई।

**आन्दोलन का दमन**—प्रारम्भ में तो सरकारी अधिकारियों ने आन्दोलन की तकनीक का उपहास किया था परन्तु जब आन्दोलन पूरे देश में आँधी की तरह फैल गया तो सरकार की नींद हराम हो और उसने आन्दोलन को कुचलने के लिये दमन-चक्र चलाना प्रारम्भ कर दिया। प्रदर्शनियों और सभाओं पर रोक लगा दी गई। लाठी प्रहार रोजाना की आम बात हो गई। 21 मई, 1930 ई. को धरसाना में 2,500 स्वयंसेवकों ने नमक के गोदाम पर चढ़ाई की तो उन पर पाशविक लाठी प्रहार किया गया। इस लाठी प्रहार का करुण दृश्य यह था कि गोदाम के आसपास की सम्पूर्ण भूमि पीड़ा से कराहते हुए आदमियों से पट गई थी। किसी का कन्धा टूट गया था और किसी की खोपड़ी। लोगों के सफेद कपड़े खून में तर थे। धारसाना के बाद बडाला तथा दूसरे स्थानों पर भी ऐसी ही घटनाएँ हुईं। लगभग 90 हजार लोगों को जेलों में डाल दिया गया। इनमें स्त्रियाँ भी शामिल थीं। कक्षाओं में घुसकर विद्यार्थियों व अध्यापकों को भी लाठियों से पीटा गया। स्त्रियों को निर्दयतापूर्वक पीटा गया तथा उनसे अभद्र व्यवहार किया गया। देश को अध्यादेश शासन के अधीन कर दिया गया। चारों ओर काले कानून की गूँज थी। काँग्रेस को अवैध संस्था घोषित कर दिया गया। लोगों की सम्पत्ति को गलत तरीके से छीना गया। पण्डित जवाहरलाल नेहरू व गाँधी जी को बन्दी बना लिया गया। किन्तु इन नेताओं की गिरफ्तारी के बाद भी आन्दोलन निरन्तर चलता रहा। पुलिस के दमन कार्य की प्रतिक्रिया के रूप में कुछ स्थानों पर जनता ने हिंसात्मक कार्यवाही की। शोलापुर में एक उत्तेजित भीड़ ने थाने को जला दिया तथा कुछ चौकीदारों को मार डाला। संगठित कार्यकर्ताओं ने व्यवस्था स्थापित करने में सफलता प्राप्त की लेकिन पुलिस ने 25 व्यक्तियों को भूनकर और सैकड़ों को घायल करके प्रतिशोध लिया।

जहाँ अंग्रेज सरकार ने आन्दोलन को कुचलने के लिये कोई प्रयास शेष नहीं छोड़ा था वहीं सरकार की पहल पर एक अंग्रेज पत्रकार मि. सोलोकोम्ब, डॉ. जयकर और तेजबहादुर सप्रू ने गाँधी जी से जेल में मिलकर समझौते के प्रयास किए। लेकिन गाँधी जी ने जो शर्तें रखीं उन शर्तों को सरकार मानने के लिये तैयार नहीं थी। इसलिए आन्दोलन निरन्तर चलता रहा। इसी बीच सरकार द्वारा तीन गोलमेज कान्फ्रेंस का आयोजन लन्दन में किया गया। इस गोलमेल सम्मेलनों का विवरण निम्नानुसार है—

**प्रथम गोलमेज सम्मेलन 12 नवम्बर, 1930 ई.**—साइमन आयोग की रिपोर्ट प्रकाशित होने के बाद भारतीय समस्याओं को सुलझाने के लिये सरकार ने लन्दन में प्रथम गोलमेज सम्मेलन 12 नवम्बर, 1930 ई. को आयोजित किया इस सम्मेलन का उद्घाटन ब्रिटिश सम्राट् द्वारा किया गया। इसमें 86 प्रतिनिधियों ने भाग लिया। इसमें (काँग्रेस ने भाग लिया) तेजबहादुर सप्रू, श्रीनिवास शास्त्री, डॉ. अम्बेडकर जैसे व्यक्तियों ने भाग लिया किन्तु सम्मेलन में भारत की सबसे बड़ी राजनीतिक संस्था ने भाग नहीं लिया। इस प्रकार सम्मेलन में **भारत की आत्मा** विद्यमान नहीं थी। राष्ट्रीय मुसलमानों को आमन्त्रित नहीं किया गया था।

---

1. H. N. Brailsford, *Rebel India*, p. 26.

**प्रथम गोलमेज सम्मेलन के सुझाव**–(1) संघशासन के आधार पर भारत के नए संविधान के निर्माण पर बल दिया गया।

(2) प्रान्तों में उत्तरदायी शासन की स्थापना एवं अल्पसंख्यकों के लिये गवर्नर को कुछ विशिष्ट शक्तियाँ दी गयीं।

(3) केन्द्र में आंशिक उत्तरदायी शासन स्थापित हो जिसमें गवर्नर जनरल को विशेष शक्तियाँ प्राप्त हों।

(4) अन्तरिम काल की आवश्यकता को दृष्टि में रखते हुए कुछ रक्षात्मक विधान रखे जायें।

इस सम्मेलन में सर तेजबहादुर सप्रू व डॉ. जयकर ने औपनिवेशिक स्वराज्य की स्थापना पर बल दिया। **डॉ. जयकर** ने कहा कि, **"यदि आप आज भारत को औपनिवेशिक स्वराज्य प्रदान कर दें तो स्वतन्त्रता की आवाज स्वतः समाप्त हो जाएगी।"** परन्तु नए संविधान में साम्प्रदायिक समस्या के हल के बारे में प्रतिनिधियों में कोई समझौता नहीं हो सका। बहुसंख्यक वर्ग का कहना था कि संयुक्त निर्वाचन पद्धति को अपनाया जाय यद्यपि अल्पसंख्यकों के लिए स्थान सुरक्षित किए जा सकते हैं। परन्तु मुस्लिम प्रतिनिधियों ने पृथक् निर्वाचन मण्डल की माँग की। **मि. जिन्ना** अपनी 14 शर्तों को स्वीकार किए जाने पर बल देते रहे। **डॉ. अम्बेडकर** ने भी हरिजनों के लिये पृथक् प्रतिनिधित्व की माँग की। विद्वानों का मत है कि इस सम्मेलन में शामिल होने वाले प्रतिनिधि सरकार के ही पिट्ठू थे।

ब्रिटिश सरकार ने यह समझ लिया था कि राष्ट्रीय काँग्रेस के सहयोग के बिना भारत की कोई भी समस्या हल नहीं हो सकती। अत: समझौते का मार्ग प्रशस्त करने के लिए वायसराय ने गाँधी जी तथा काँग्रेस कार्यसमिति के 19 सदस्यों को मुक्त कर दिया। काँग्रेस के नेताओं में पण्डित मोतीलाल नेहरू (इलाहाबाद में स्वराज्य) को उनकी अस्थिरता के कारण पहले ही रिहा कर दिया गया था। नेताओं का मत था कि स्थितियाँ इतनी अच्छी नहीं हैं कि काँग्रेस दूसरे गोलमेज सम्मेलन में भाग ले। इसी दौरान 6 फरवरी, 1931 ई. को पण्डित मोतीलाल नेहरू का निधन हो गया।

**गाँधी-इरविन समझौता (5 मार्च, 1931 ई.)**–प्रथम गोलमेज सम्मेलन में भाग लेने के पश्चात् तेजबहादुर सप्रू, डॉ. जयकर आदि नेताओं ने गाँधी जी को सलाह दी कि यदि काँग्रेस सरकार के साथ वार्ता नहीं करेगी तो सम्भव है कि सरकार देशी रियासतों और अल्पसंख्यकों से ऐसा समझौता कर ले जो भारत के हित में न हो। इन नेताओं के प्रयासों के परिणामस्वरूप 5 मार्च, 1931 ई. को महात्मा गाँधी और वायसराय लॉर्ड इरविन के बीच एक समझौता हुआ जिसे **गाँधी-इरविन समझौता** कहा जाता है। इस समझौते के अनुसार लॉर्ड इरविन ने सरकार की ओर से निम्नलिखित आश्वासन दिए–

1. उन राजनीतिक बन्दियों के अतिरिक्त जिन पर हिंसा का आरोप है, शेष को मुक्त कर दिया जाएगा।
2. आन्दोलन अवधि में जब्त की गई सम्पत्ति उनके स्वामियों की वापस कर दी जाएगी।
3. सभी अध्यादेश और चालू मुकदमें वापस ले लिये जाएँगे।
4. भारत के लोग समुद्र के किनारे नमक बना सकते हैं।
5. भारतीय शराब व विदेशी वस्त्रों की दुकानों पर शान्तिपूर्वक धरना भी दे सकते हैं।

इस समझौते में महात्मा गाँधी द्वारा कांग्रेस की ओर से लॉर्ड इरविन को निम्न बातों का आश्वासन दिया गया–

1. सविनय अवज्ञा आन्दोलन स्थगित कर दिया जाएगा।
2. कांग्रेस निकट भविष्य में लन्दन में होने वाले द्वितीय गोलमेज सम्मेलन में भाग लेगी।
3. कांग्रेस ब्रिटिश सामान के बहिष्कार का राजनीतिक हथियार के रूप में प्रयोग नहीं करेगी।
4. कांग्रेस अपनी इस माँग को त्याग देगी कि आन्दोलन अवधि में पुलिस द्वारा जो अत्याचार किए गए हैं, उनकी निष्पक्ष जाँच होनी चाहिए।
5. कांग्रेस द्वारा यह समझौता स्वीकार न करने पर सरकार शान्ति व व्यवस्था के लिए आवश्यक कार्यवाही करने हेतु स्वतन्त्र होगी।

गाँधी-इर्विन समझौते पर अंग्रेज सरकार और गाँधी जी दोनों को ही कटु आलोचना का शिकार होना पड़ा। कुछ लोगों का कहना था कि अंग्रेज सरकार द्वारा भगतसिंह को रिहा करने की शर्तें स्वीकार न करने पर गाँधी जी को समझौता वार्ता तोड़ देनी चाहिए थी। पण्डित जवाहरलाल नेहरू, सुभाषचन्द्र बोस आदि ने कहा कि गाँधी जी ने अनजाने में भारत को बेच दिया है।[1] ऐसे कई आरोप लगाए गए। यह समझौता इरविन की कूटनीतिक चालों की अभूतपूर्व सफलता थी। इस समझौते पर **टाइम्स** (The Times, London) पत्र में यह टिप्पणी प्रकाशित हुई कि, **"इस प्रकार की विजय किसी वायसराय को बहुत कम मिलती है।"**

---

1. Masani, *Britain in India* p. 104.

लेकिन गाँधी-इरविन समझौते के तत्काल बाद अनेक दु:खद घटनाएँ हुईं जिसमें भगतसिंह, राजगुरु और सुखदेव को फाँसी तथा गणेश शंकर विद्यार्थी का बलिदान प्रमुख घटनाएँ थीं।

**शासन द्वारा गाँधी-इरविन समझौते का उल्लंघन**—17 अप्रैल, 1931 ई. को **लॉर्ड विलिंगडन** भारत के नए वायसराय नियुक्त हुए। उन्होंने गाँधी-इरविन समझौते को भंग करना शुरू कर दिया; जैसे—पुलिस द्वारा जबरन सभाएँ भंग करने, कांग्रेस कार्यकर्ताओं के घरों पर छापा मारने, उल्टे कांग्रेस पर दोषारोपण किया जाना कि वह समझौते का पालन नहीं कर रही है। तब गाँधी जी ने सुझाव दिया कि समझौते को लागू करने के लिए एक '**स्थायी समझौता बोर्ड**' नियुक्त कर दिया जाए परन्तु इस सुझाव को स्वीकार नहीं किया गया। दु:खी होकर गाँधी जी ने वायसराय को एक तार दिया जिसमें द्वितीय गोलमेज सम्मेलन में न जाने सम्बन्धी विचार व्यक्त किए। 27 अगस्त, 1931 ई. को शिमला में गाँधी जी की वायसराय से भेंट हुई। वायसराय ने गाँधी जी से आग्रह किया कि स्थायी शान्ति का मार्ग निकालने के लिए वे सम्मेलन में भाग लें। इस वार्ता के बाद गाँधी जी 29 अगस्त, 1931 ई. को कांग्रेस की ओर से एकमात्र प्रतिनिधि के रूप में लन्दन को रवाना हो गए।

**द्वितीय गोलमेज सम्मेलन**—7 सितम्बर, 1931 ई. को लन्दन में द्वितीय गोलमेज सम्मेलन प्रारम्भ हुआ। गाँधी जी सम्मेलन प्रारम्भ होने के बाद के 5 दिन बाद अर्थात् 12 सितम्बर, 1931 ई. को लन्दन पहुँचे। इस समय तक ब्रिटेन की राजनीतिक स्थिति बहुत परिवर्तित हो चुकी थी। पेजवुड के स्थान पर **सर सेम्युअल होर** भारतमन्त्री नियुक्त हुए जो पक्के अनुदारवादी थे। इस कारण नि:सन्देह गाँधी जी के लन्दन पहुँचने से पहले ही सब कुछ निर्णय हो चुका था। सम्मेलन मात्र दिखावा था। सरकार ने जान-बूझकर सम्मेलन में साम्प्रदायिक समस्या को बढ़ावा दिया। सम्मेलन में ऐसे ही लोगों को बुलाया गया था जो साम्प्रदायिक दृष्टि से सोचते थे। इसमें मुसलमानों, सिक्खों ने अपनी-अपनी माँगें रखीं। केवल गाँधी जी ने ही पूर्ण उत्तरदायी शासन की माँग की और उन्होंने केवल कांग्रेस को ही राष्ट्रीय संस्था बताया। गाँधी जी ने सम्मेलन में कहा कि, **"अन्य सभी दल साम्प्रदायिक हैं। कांग्रेस ही एकमात्र भारतीयों के हितों का प्रतिनिधित्व करने का दावा कर सकती है। कांग्रेस साम्प्रदायिक संस्था नहीं है। इसका प्लेटफार्म सभी के लिए खुला है।"** परन्तु सरकार ने एक नहीं सुनी क्योंकि वह तो मुसलमान तथा दूसरे ऐसे ही प्रतिनिधियों से गठबन्धन कर चुकी थी। सम्मेलन द्वारा ब्रिटेन, विश्व को केवल यह दिखाना चाहता था कि वह भारतीय समस्या का हल चाहता है परन्तु भारतीय ही किसी निष्कर्ष पर पहुँचने में असमर्थ हैं।

सम्मेलन में संघीय न्यायपालिका का संगठन, संघीय विधानमण्डल का संगठन और भारतीय संघ में देशी रियासतों के प्रवेश से सम्बन्धित कुछ बातों को तो निश्चित कर लिया गया परन्तु साम्प्रदायिक समस्या का कोई हल नहीं निकाला जा सका। 1 दिसम्बर, 1931 ई. को यह सम्मेलन समाप्त हो गया। सम्मेलन पूर्णतया असफल रहा। सम्मेलन की समाप्ति पर गाँधी जी ने स्पष्ट कह दिया कि, **"मेरे और प्रधानमन्त्री के रास्ते अलग-अलग हैं।"**[1]

**पुन: सविनय अवज्ञा आन्दोलन (1932-34)**—दिसम्बर, 1931 ई. को गाँधी जी लन्दन से खाली हाथ स्वदेश लौटे। जब वे मुम्बई आए तो उन्होंने जनसमूह के अभिनन्दन के उत्तर में कहा कि, **"मैं खाली हाथ लौटा हूँ, परन्तु मैंने अपने देश की इज्जत को बट्टा नहीं लगने दिया है।"**

गाँधी जी जब स्वदेश लौटे तो लॉर्ड विलिंगडन का दमन-चक्र तेजी से चल रहा था। ब्रिटिश नौकरशाही ने गवर्नर के निर्देशन में गाँधी-इरविन समझौते का खुला उल्लंघन शुरू कर दिया। वायसराय लॉर्ड विलिंगडन का दमन-चक्र इतना कठोर चल रहा था कि गाँधी जी के पास पुन: सविनय अवज्ञा आन्दोलन प्रारम्भ करने के अतिरिक्त दूसरा कोई रास्ता नहीं था। इस बार शासन का दमन-चक्र बहुत अधिक कठोर था। लाठी प्रहार, गोली वर्षा, सम्पत्ति की जब्ती, सामूहिक जुर्माने नित्य के कार्यक्रम बन गए थे। गाँधी जी को बन्दी बना लिया गया, कांग्रेस को अवैध संगठन घोषित कर दिया गया और समाचार-पत्रों पर कड़े प्रतिबन्ध लगा दिए गए। सन् 1932 ई. के अन्त तक राजनीतिक बन्दियों की संख्या 2 लाख 20 हजार तक पहुँच गई। परन्तु आन्दोलन चलता रहा। सन् 1932 ई. में कांग्रेस का दिल्ली अधिवेशन तथा सन् 1933 ई. का कलकत्ता अधिवेशन पुलिस के पहरे में हुआ। आन्दोलन की अवधि में मुस्लिम लीग ने सरकार का ही साथ दिया। 8 मई, 1933 ई. को गाँधी जी को जेल से रिहा कर दिया गया। 19 मई, 1933 ई. को महात्मा जी ने आन्दोलन 11 सप्ताह के लिए स्थगित कर दिया। 14 जुलाई, 1933 ई. को जन-आन्दोलन रोककर व्यक्तिगत सविनय अवज्ञा आन्दोलन शुरू किया जो 9 माह तक चलता रहा। जनता के ठण्डे उत्साह को देखते हुए 7 अप्रैल, 1934 ई. को गाँधी जी ने इसे भी समाप्त कर दिया, अत: अप्रैल, 1934 ई. को गाँधी जी द्वारा सविनय अवज्ञा आन्दोलन समाप्त कर दिया गया। पुन: गाँधी जी के नेतृत्व पर आक्षेप लगे। कांग्रेस से प्रतिबन्ध उठा लिया। सन् 1934 ई. को मुम्बई अधिवेशन ने एक प्रस्ताव द्वारा कांग्रेसियों को विधानमण्डलों में प्रवेश करने की अनुमति दे दी। 28 नवम्बर, 1934 ई. को वे कांग्रेस से पृथक् हो गए और हरिजन कल्याण कार्य में लग गए। ब्रिटिश

1. Coupland, *The Indian Problem*, Part, p. 127.

प्रधानमन्त्री रैम्जे मैक्डोनेल्ड के सन् 1932 ई. के साम्प्रदायिक निर्णय से ऊँची जाति के हिन्दुओं व हरिजनों के बीच बड़ी खाई पैदा हो गई थी। गाँधी ने इस समस्या पर गम्भीरता से विचार किया।

**तृतीय गोलमेज सम्मेलन नवम्बर, 1932 ई.**—17 नवम्बर, 1932 ई. से 24 दिसम्बर, 1934 ई. तक लन्दन में तीसरा गोलमेज सम्मेलन हुआ। कांग्रेस ने इस सम्मेलन में भाग नहीं लिया। इसमें सरकार के चाटुकार केवल 46 प्रतिनिधियों ने भाग लिया। तीसरा गोलमेज सम्मेलन भी असफल रहा। इसमें कोई नई बात नहीं हुई, वरन् प्रथम दो सम्मेलनों की पुष्टि ही की गई थी।

**सविनय अवज्ञा आन्दोलन की असफलता**—सविनय अवज्ञा आन्दोलन की कोई ठोस उपलब्धि नहीं थी। न तो भारत को स्वराज्य ही मिला और न ही स्वराज का कोई आश्वासन ही प्राप्त हुआ। आन्दोलन में भाग लेने वाले लोगों में जिस आत्मबल की आवश्यकता थी उसकी प्राय: लोगों में कमी रही। गाँधी जी द्वारा अकारण आन्दोलन समाप्त किया जाना आलोचना का विषय है। **सुभाषचन्द्र बोस** के अनुसार, **"आन्दोलन का स्थगन उसकी असफलता की घोषणा है। मुस्लिम लीग के तत्वाधान में अधिकांश मुसलमान इस आन्दोलन से दूर रहे। इतना ही नहीं, डॉ. अम्बेडकर के नेतृत्व में अछूत लोगों ने भी इस आन्दोलन में उत्साह से भाग नहीं लिया।"**

**सविनय अवज्ञा आन्दोलन का महत्व**—सविनय अवज्ञा आन्दोलन भी पूर्व में हुए असहयोग आन्दोलन की भाँति ही समाप्त हो गया किन्तु यह कहना गलत होगा कि इस आन्दोलन का राष्ट्रीय आन्दोलन में कोई योगदान नहीं रहा। भले ही इसकी कोई ठोस उपलब्धि न रही हो पर यह आन्दोलन राष्ट्रीय स्वाधीनता संघर्ष की महत्वपूर्ण कड़ी है। इस आन्दोलन ने देश को एक नए मोड़ पर लाकर खड़ा कर दिया जहाँ उसे से स्वाधीनता प्राप्ति के लिए आगे बढ़ना था। इस आन्दोलन के महत्व या प्रभाव को निम्नलिखित शीर्षकों के अन्तर्गत स्पष्ट किया जा सकता है—

**(1) ब्रिटेन में सुधारवाद की भावना**—सविनय अवज्ञा आन्दोलन के परिणामस्वरूप ब्रिटेन की सरकार का ध्यान भारत में सुधार करने की ओर गया। अब ग्रेट-ब्रिटेन की संसद ने भारत के प्रशासन में सुधार के लिए योजना बनानी आरम्भ कर दी।

**(2) हिन्दू एकता**—इस आन्दोलन के मध्य में ब्रिटिश सरकार ने साम्प्रदायिक निर्णय करके हिन्दुओं में मतभेद उत्पन्न करना चाहा था। किन्तु गाँधी जी ने हिन्दुओं में एकता स्थापित करने का संकल्प लिया। पूना पैक्ट द्वारा उन्होंने हरिजनों को हिन्दुओं से अलग होने से बचाया।

**(3) भारत में साम्प्रदायिकता का बढ़ता प्रभाव**—सविनय अवज्ञा आन्दोलन के कारण मुस्लिम लीग का प्रभाव बहुत अधिक बढ़ने लगा क्योंकि इस आन्दोलन में मुसलमानों ने इसे सहयोग न देकर मुस्लिम लीग को अत्यधिक सहयोग दिया, केवल राष्ट्रीय मुसलमानों ने आन्दोलन में भाग लिया था। इससे भारत में हिन्दू-मुस्लिम एकता भंग हो गई।

**(4) नये विधान की प्रस्तावना**—सविनय अवज्ञा आन्दोलन का महत्व इसलिए भी है कि ब्रिटिश संसद द्वारा सन् 1935 ई. में जो अधिनियम पारित किया गया था, वह इस आन्दोलन का परिणाम था।

**(5) राजनीतिक जागृति**—इस आन्दोलन के माध्यम से न केवल पुरुषों में वरन् पहली बार महिलाओं में भी जागृति देखने को मिली जो राष्ट्रीय आन्दोलन की प्रकृति में क्रान्तिकारी परिवर्तन का सूचक था। भारतीय महिलाओं ने अपने सामाजिक पिछड़ेपन और परम्पराओं को चीरते हुए सक्रिय रूप से देश की आजादी में भाग लिया। इस आन्दोलन ने देश में राजनीतिक चेतना का तूफान ला दिया।

संक्षेप में, राष्ट्रीय स्वाधीनता संघर्ष के इतिहास में 'सविनय अवज्ञा आन्दोलन' का स्थान अमर है।

# प्रश्न
# (Questions)

## दीर्घ उत्तरीय प्रश्न (Long Answer Type Questions)

1. महात्मा गाँधी द्वारा चलाए गए सविनय अवज्ञा आन्दोलन का वर्णन कीजिए। सविनय अवज्ञा आन्दोलन का क्या परिणाम निकला ?

   (Describe Civil Disobedience Movement conducted by Mahatama Gandhi. What was the result of Civil Disobedience Movement ?)

2. गाँधी जी द्वारा चलाए गए सविनय अवज्ञा आन्दोलन का वर्णन कीजिए।
(Describe the Civil Disobedience Movement conducted by Gandhijee.)
3. सविनय अवज्ञा आन्दोलन में महिलाओं का क्या महत्वपूर्ण योगदान रहा ?
(What was the important contribution of Women in Civil Disobedience Movement.)
4. सन् 1930 ई. में महात्मा गाँधी द्वारा संचालित सविनय अवज्ञा आन्दोलन का संक्षिप्त वर्णन कीजिए। यह आन्दोलन किस मात्रा में सफल रहा ?
(Describe in brief the Civil Disobedience Movement conducted by Mahatama Gandhi in 1930. How much successful was this movement ?)

**अथवा**

सन् 1930 ई. के सविनय अवज्ञा आन्दोलन के कारणों एवं महत्व का परीक्षण दीजिए।
(Examine the causes and significance of Civil Disobedience Movement of 1930.)
5. सविनय अवज्ञा आन्दोलन का वर्णन एवं उसका मूल्यांकन कीजिए।

**अथवा**

सविनय अवज्ञा आन्दोलन का वर्णन और उसके प्रभावों का मूल्यांकन कीजिए।
(Describe Civil Disobedience Movement and evaluate the impact.)

**अथवा**

सविनय अवज्ञा आन्दोलन का वर्णन कीजिए।
(Describe Civil Disobedience Movement.)

**अथवा**

सविनय अवज्ञा आन्दोलन की विवेचना कीजिए।
(Discuss Civil Disobedience.)
6. उन परिस्थितियों का वर्णन कीजिए जिन्होंने गाँधी जी को सविनय अवज्ञा आन्दोलन प्रारम्भ करने को विवश किया।
(Describe those circumstances which were made Gandhijee to start his movement.)
7. भारतीय राष्ट्रीय आन्दोलन में सविनय अवज्ञा आन्दोलन के द्वारा किए गए योगदान का मूल्यांकन कीजिए।
(Evaluate the contribution of Civil Disobedience Movement in Indian National Movement.)
8. नेहरू रिपोर्ट क्या थी ? नेहरू रिपोर्ट के सुझावों का वर्णन कीजिए।
(What was Nehru Report ? Describe the suggestions of Nehru Report.)
9. किन परिस्थितियों के कारण सन् 1931 ई. का गाँधी-इरविन समझौता सम्पन्न हुआ ? विवेचना कीजिए।
(Which conditions are responsible for Gandhi-Irwin Pact of 1931 ? Discuss.)
10. सविनय अवज्ञा आन्दोलन के कारणों एवं महत्व का परीक्षण कीजिए।
(Examine the causes and importance of Civil Disobedience Movement.)
11. सविनय अवज्ञा आन्दोलन छेड़ना क्यों आवश्यक हो गया था ? इस आन्दोलन का महत्व क्या था ?
(Why was neccessary to start Civil Disobedience Movement ? What was its importance ?)
12. गाँधीवादी युग और सविनय अवज्ञा आन्दोलन का वर्णन कीजिए।
(Describe Gandhian age and Civil Disobedience Movement.)
13. सविनय अवज्ञा आन्दोलन का संक्षिप्त वर्णन कीजिए।
(Describe in brief the Civil Disobedience Movement.)

## लघु उत्तरीय प्रश्न (Short Answer Type Questions)

1. सविनय अवज्ञा आन्दोलन पर टिप्पणी लिखिए।
2. साइमन कमीशन रिपोर्ट लिखिए।
3. गाँधी-इरविन समझौता 1931 पर टिप्पणी लिखिए।
4. सविनय अवज्ञा आन्दोलन का क्या महत्व रहा ?
5. सविनय अवज्ञा आन्दोलन की पुनरावृत्ति कब और क्यों हुई ?

6. स्वराज्य दल की स्थापना कब हुई ?
7. गोलमेज सम्मेलन से क्या तात्पर्य है ?
8. नेहरू रिपोर्ट की चार सिफारिशें बताइए।
9. मुस्लिम लीग की सविनय अवज्ञा आन्दोलन में क्या भूमिका थी ?

## बहुविकल्पीय वस्तुनिष्ठ प्रश्न (Multiple Choice Type Objective Questions)

1. सविनय अवज्ञा आन्दोलन कब प्रारम्भ हुआ—
(a) 6 अप्रैल, 1930 ई. को (b) 20 सितम्बर, 1920 ई. को
(c) 8 अगस्त, 1942 ई. को (d) 1 जनवरी, 1932 ई. को।
**उत्तर**—(a) 6 अप्रैल, 1930 ई. को।
2. गाँधी-इरविन समझौता कब हुआ—
(a) 10 अप्रैल, 1932 ई. को (b) 28 मार्च, 1939 ई. को
(c) 5 मार्च, 1931 ई. को (d) 8 अगस्त, 1942 ई. को।
**उत्तर**—(c) 5 मार्च, 1931 ई. को।
3. प्रथम गोलमेज सम्मेलन कब हुआ ?
**उत्तर**—प्रथम गोलमेज सम्मेलन 12 नवम्बर, 1930 ई. को इंग्लैण्ड में हुआ।
4. गाँधी-इरविन समझौता कब हुआ ?
**उत्तर**—गाँधी-इरविन समझौता 5 मार्च, 1931 ई. को हुआ।
5. डाण्डी यात्रा कब प्रारम्भ हुई ?
**उत्तर**—डाण्डी यात्रा 12 मार्च, 1930 ई. को साबरमती आश्रम से प्रारम्भ हुई।
6. गोलमेज सम्मेलन किसे कहते हैं ?
**उत्तर**—गोलमेज सम्मेलन से अभिप्राय है कि एक समस्या पर सम्बन्धित विविध पक्ष एक साथ बैठकर विचारों का आदान-प्रदान करें।
7. भारतीय राष्ट्रीय कांग्रेस द्वारा प्रथम बार पूर्ण स्वतन्त्रता की माँग की गयी—
(a) सन् 1920 ई. में (b) सन् 1929 ई. में
(c) सन् 1942 ई. में (d) सन् 1947 ई. में।
**उत्तर**—(b) सन् 1929 ई. में।
8. कांग्रेस ने कौन-से गोलमेज सम्मेलन में भाग लिया—
(a) प्रथम गोलमेज सम्मेलन (b) द्वितीय गोलमेज सम्मेलन
(c) तृतीय गोलमेज सम्मेलन (d) किसी भी सम्मेलन में नहीं।
**उत्तर**—(a) प्रथम गोलमेज सम्मेलन।
9. सविनय अवज्ञा आन्दोलन का नेतृत्व किसने किया—
(a) सुभाषचन्द्र बोस (b) मोतीलाल नेहरू
(c) सरदार पटेल (d) महात्मा गाँधी।
**उत्तर**—(d) महात्मा गाँधी।
10. अखिल भारतीय कांग्रेस के सन् 1929 ई. मे हुए लाहौर अधिवेशन का सभापतित्व किसने किया—
(a) पण्डित जवाहरलाल नेहरू (b) सुभाषचन्द्र बोस
(c) डॉ. राजेन्द्र प्रसाद (d) श्रीमती सरोजिनी नायडू।
**उत्तर**—(a) पण्डित जवाहरलाल नेहरू।
11. सविनय अवज्ञा आन्दोलन का नेतृत्व किसने किया ?
(a) सुभाषचन्द्र बोस (b) मोतीलाल नेहरू
(c) सरदार पटेल (d) महात्मा गाँधी।
**उत्तर**—(d) महात्मा गाँधी।

●●

# भारत छोड़ो आन्दोलन
## [THE QUIT INDIA MOVEMENT]

ब्रिटिश संसद ने भारत में संवैधानिक सुधारों की श्रृंखला में सन् 1935 ई. का **'भारतीय शासन अधिनियम'** पारित किया। इस अधिनियम द्वारा प्रान्तों में पूर्ण उत्तरदायी शासन तथा केन्द्र में आंशिक उत्तरदायी शासन की स्थापना की गई। कांग्रेस में इस बात पर मतभेद थे कि इस अधिनियम के आधार पर होने वाले चुनावों में भाग लिया जाए अथवा नहीं। अन्त में, कांग्रेस ने चुनाव में भाग लिया। सन् 1937 ई. के चुनाव परिणाम कांग्रेस के लिए उत्साहवर्द्धक रहे और सन् 1937 ई. में ही 11 में से 8 प्रान्तों में कांग्रेसी मन्त्रिमण्डल बन गए जिन्होंने अनेक जनहितकारी कार्य किए। लेकिन मन्त्रिमण्डल के प्रश्न को लेकर कांग्रेस और मुस्लिम लीग के बीच मतभेद उत्पन्न हो गए जो तीव्रतर होते गए।

**द्वितीय विश्व-युद्ध का प्रारम्भ और वायसराय द्वारा भारत की ओर से युद्ध की घोषणा**—1 सितम्बर, 1939 ई. को द्वितीय विश्व-युद्ध प्रारम्भ हुआ। इसी दिन जर्मनी ने पोलैण्ड पर आक्रमण किया था। ग्रेट-ब्रिटेन युद्ध से अलग नहीं रहा सकता था। अत: लोकतन्त्र और स्वतन्त्रता की रक्षा के नाम पर इंग्लैण्ड ने 3 सितम्बर, 1939 ई. को जर्मनी के विरुद्ध युद्ध की घोषणा कर दी। इसी दिन गवर्नर जनरल ने भारतीय जनता की सहमति के बिना भारत की ओर से जर्मनी के विरुद्ध युद्ध की घोषणा कर दी। भारतीय नेताओं ने वायसराय के इस अशोभनीय और अपमानजनक कार्य की कटु निन्दा करते हुए इसका घोर विरोध किया।

जिस अलोकतन्त्रीय ढंग से भारत को युद्ध में झोंक दिया गया था, उसका विरोध करते हुए 14 सितम्बर, 1939 ई. को कांग्रेस समिति की एक बैठक आयोजित की गई। समिति ने एक प्रस्ताव पास करते हुए कहा कि, **"जब तक भारत को स्वतन्त्रता का आश्वासन नहीं दिया जाता तब तक कांग्रेस भारतीय जनता को देश की सरकार को पूर्ण सहयोग करने की सलाह नहीं दे सकती।"** उदारवादियों ने भी कांग्रेस की उक्त माँग का समर्थन किया और केन्द्र में तुरन्त उत्तरदायी शासन की स्थापना की भी माँग की। मुस्लिम लीग भी बिना शर्त ब्रिटेन को सहयोग देने को तैयार नहीं थी। यद्यपि वह स्वतन्त्रता नहीं चाहती थी, वरन् विशेष रियायतें चाहती थी।

**वायसराय की घोषणा और कांग्रेस मन्त्रिमण्डलों का त्याग-पत्र**—वायसराय ने न तो युद्ध सम्बन्धी उद्देश्यों को स्पष्ट किया और न ही भारतीयों को स्वतन्त्रता का कोई आश्वासन दिया। ब्रिटिश सरकार ने मात्र यही कहा कि ब्रिटेन का वर्तमान उद्देश्य केवल युद्ध जीतना है। इसलिए उन्होंने भारत के 52 प्रतिनिधियों से जिनमें गाँधी जी, पण्डित नेहरू, मि. जिन्ना आदि शामिल थे, भेंट की। तत्पश्चात् 17 अक्टूबर, 1939 ई. को एक वक्तव्य दिया जिसकी महत्वपूर्ण बातें निम्न प्रकार थीं—

(1) कांग्रेस की यह माँग अव्यावहारिक है कि भारतीयों को तुरन्त सत्ता हस्तान्तरित कर दी जाए।

(2) समस्त संवैधानिक योजना पर युद्ध के बाद ही विचार किया जा सकेगा।

(3) वायसराय भारतीयों से मिलकर एक सलाहकार समिति का गठन करेंगे जो उन्हें युद्ध संचालन से सम्बन्धित विषयों पर परामर्श देगी।

वायसराय लॉर्ड लिनलिथगो की उपर्युक्त घोषणा से भारतीय जनता के किसी भी वर्ग को सन्तोष नहीं हुआ। सभी दलों ने अपने-अपने कारणों से इस घोषणा को निराशाजनक बताया। कांग्रेस ने इस घोषणा को विशेष रूप से असन्तोषजनक बताया। गाँधी जी ने कहा कि अंग्रेजों द्वारा अपनी पुरानी नीति 'फूट डालो और शासन करो' को दुहराया है।

कांग्रेस पहले ही प्रान्तीय मन्त्रिमण्डलों को आदेश दे चुकी थी कि वह ब्रिटिश सरकार की युद्ध तैयारियों में किसी प्रकार की कोई सहायता न दे।"

22 अक्टूबर, 1939 ई. को कांग्रेस कार्य-समिति ने एक बैठक कर प्रस्ताव पास किया जिसके द्वारा कांग्रेस मन्त्रिमण्डलों को त्याग-पत्र देने का आदेश दिया गया। फलस्वरूप 8 प्रान्तों में कांग्रेस ने मन्त्रिमण्डलों से त्याग-पत्र दे दिए। सन् 1935 ई. के अधिनियम के अनुसार प्रान्तों का शासन गवर्नरों ने सँभाल लिया। कांग्रेस मन्त्रिमण्डलों के त्याग-पत्र से जहाँ देशवासियों को दु:ख हुआ वहीं मि. जिन्ना के नेतृत्व में लीग ने प्रसन्नता प्रदर्शित की और 22 सितम्बर, 1939 ई. को घी के दिए जलाकर **'मुक्ति दिवस'** मनाया। मुस्लिम लीग के इस कार्य से हिन्दू-मुस्लिम कटुता बढ़ी।

**कांग्रेस द्वारा सशर्त का प्रस्ताव**—सन् 1940 ई. के मध्य तक विश्व-युद्ध में ब्रिटेन की स्थिति अत्यधिक खराब हो चुकी थी। जर्मन सेनाओं के सामने हॉलैण्ड, बेल्जियम, डेनमार्क, नार्वे और फ्रांस ने घुटने टेक दिए थे। जापान की सेना भी जर्मनी के सहयोग के लिए बढ़ रही थी। ब्रिटिश स्वतन्त्रता को खतरा पैदा हो गया था। लन्दन में बर्किंघम पैलेस पर बम वर्षा होने लगी थी। ब्रिटेन में संकट की इस घड़ी में चेम्बरलेन के स्थान पर चर्चिल को प्रधानमन्त्री बनाया गया था। नाजुक अवसर को दृष्टिगत रखते हुए गाँधी जी ने कहा कि, **"हम ब्रिटेन के विनाश द्वारा अपनी स्वतन्त्रता नहीं चाहते हैं।" पण्डित नेहरू** ने कहा कि, **"ब्रिटेन की कठिनाई भारत का सौभाग्य नहीं है।"** 7 जुलाई, 1940 ई. को कांग्रेस कार्यसमिति ने **पूना प्रस्ताव** पारित कर दो शर्तों पर सहयोग देना निश्चित किया—

(1) युद्ध की समाप्ति पर भारत को पूर्ण स्वतन्त्रता प्रदान की जाए।

(2) तात्कालिक कदम के रूप में भारतीय शासन के केन्द्रीय क्षेत्र में एक अस्थायी सरकार की नियुक्ति की जाए जिसमें सभी राजनीतिक दलों के प्रतिनिधि भाग लें। यह मिली-जुली अस्थायी सरकार केन्द्रीय व्यवस्थापिका के निर्वाचित सदस्यों के प्रति उत्तरदायी हो।

जुलाई, 1940 ई. के प्रस्ताव के माध्यम से कांग्रेस ने ब्रिटेन के प्रति सहयोग का हाथ बढ़ाया था, लेकिन ब्रिटिश सरकार पर इसका कोई प्रभाव नहीं हुआ और लॉर्ड लिनलिथगो अपने हठ पर अड़े रहे।

ब्रिटेन के नए प्रधानमन्त्री **चर्चिल** ने कहा कि अटलाण्टिक चार्टर में वर्णित आत्म-निर्णय का अधिकार केवल यूरोप के देशों पर ही लागू होता है, भारत और म्यांमार पर लागू नहीं होता। **चर्चिल** ने यह भी कहा कि, **"मैं ब्रिटिश साम्राज्य का प्रधानमन्त्री इसलिए नहीं बना हूँ कि मैं साम्राज्य का दिवाला ही निकाल दूँ।"**[1] अत: प्रधानमन्त्री चर्चिल का मकसद भारत को स्वतन्त्रता नहीं देने से था।

**अगस्त प्रस्ताव (8 अगस्त, 1940 ई.)**—युद्ध की गम्भीरता को देखते हुए वायसराय लिनलिथगो ने भारत की राजनीतिक गुत्थी को सुलझाने के लिए 8 अगस्त, 1940 ई. को निम्नांकित प्रस्ताव रखे—

(1) ब्रिटिश सरकार का उद्देश्य भारत में औपनिवेशिक स्वराज्य की स्थापना करना है।

(2) गवर्नर की कार्यकारिणी में भारतीय प्रतिनिधियों को अधिक से अधिक शामिल किया जाएगा।

(3) युद्ध परामर्श समिति गठित की जाएगी। इस प्रस्ताव द्वारा शासन ने कांग्रेस से सहयोग करने के लिए आग्रह किया लेकिन यह प्रस्ताव अत्यन्त असन्तोषजनक था। अत: कांग्रेस द्वारा इसे अस्वीकार कर दिया गया।

कांग्रेस ने अगस्त, 1940 ई. के प्रस्तावों पर 17 अक्टूबर, 1940 ई. को गाँधी जी ने व्यक्तिगत सत्याग्रह प्रारम्भ कर दिया। यह इसलिए कि वे ब्रिटिश सरकार के सम्मुख उत्पन्न संकट की स्थिति से अनुचित लाभ नहीं उठाना चाहते थे। यह केवल प्रतीकात्मक विरोध था और इसका उद्देश्य नैतिक विरोध की अभिव्यक्ति मात्र था। इस सत्याग्रह में अहिंसा के पालन पर विशेष बल दिया गया था। गाँधी जी ने आचार्य विनोबा भावे को पहला सत्याग्रही चुना। 17 अक्टूबर, 1940 ई. को उन्होंने सत्याग्रह प्रारम्भ करते हुए जनता से अपील की कि वह युद्ध में सरकार को किसी भी प्रकार की सहायता न दे। इसलिए सरकार द्वारा सत्याग्रहियों की गिरफ्तारियाँ प्रारम्भ हो गईं। मई, 1941 ई. तक लगभग 25 हजार सत्याग्रही जेल में पहुँच गए।

जुलाई, 1941 ई. में वायसराय ने अपनी परिषद् का विस्तार करते हुए उसमें 5 भारतीय सदस्य और शामिल किए। इस प्रकार कुल 13 में से 8 भारतीय सदस्य रह गए। वायसराय ने युद्ध सलाहकार समिति का भी गठन किया, परन्तु यह सब दिखावा मात्र था। अभी भी सभी शक्तियाँ वायसराय के पास थीं।

---

1. "I have not become his Majesty's First Minister to liquidate the British Empire." —*Mr. Charchil*

7 सितम्बर, 1941 ई. को अमेरिकी जहाज पर्लहार्बर पर आक्रमण करने के साथ ही जापान भी इस युद्ध में शामिल हो गया। जापान ने शीघ्र ही सिंगापुर, मलाया, इण्डोनेशिया आदि को जीत लिया। जापान की सेनाएँ म्यांमार व भारत की ओर तेजी से बढ़ने लगीं। अमेरिका के राष्ट्रपति ने ब्रिटेन पर दबाव डाला कि वह भारतीयों के साथ सहानुभूति का रवैया अपनाए और सत्याग्रहियों को रिहा किया जाए। दिसम्बर, 1941 ई. में नेहरू जी, मौलाना आजाद आदि को रिहा कर दिया गया।

अन्तर्राष्ट्रीय स्थिति अधिकाधिक गम्भीर होती जा रही थी। जर्मनी रूस की ओर बढ़ने जा रहा था। जापान से भारत की सुरक्षा को भी खतरा था। इन परिस्थितियों में दिसम्बर के अन्त में वारडोली में कांग्रेस कार्यसमिति की जो बैठक आयोजित हुई उसमें व्यक्तिगत सत्याग्रह को स्थगित कर दिया गया और सम्भावित संकट से देश की रक्षा के लिए उचित संगठन स्थापित करने का निश्चय किया गया।

**क्रिप्स मिशन या क्रिप्स प्रस्ताव (22 मार्च, 1942 ई.)**

द्वितीय विश्व-युद्ध में जापान की निरन्तर विजय ने और मित्र राष्ट्रों की बिगड़ती स्थिति के कारण ब्रिटिश प्रधानमन्त्री चर्चिल ने भारत के राजनीतिक गतिरोध को दूर करने के लिए मार्च, 1942 ई. में **सर स्टैफर्ड क्रिप्स** को भारत भेजा। क्रिप्स पण्डित नेहरू के व्यक्तिगत मित्र थे। भारतीयों को उनसे बहुत आशाएँ थीं। ब्रिटिश सरकार ने कुछ अनेक कारणों से क्रिप्स को भारत भेजा था, जैसे—(1) गाँधी जी के नेतृत्व में कांग्रेस का दृष्टिकोण, (2) ब्रिटिश जनमत का दबाव, (3) ब्रिटेन पर मित्र-राष्ट्रों का दबाव, (4) जापान का खतरा, (5) आजाद हिन्द फौज का खतरा आदि।

**मि. स्टैफर्ड क्रिप्स** 22 मार्च, 1942 ई. को भारत आए। उन्होंने अपने 20 दिन के भारत प्रवास में कांग्रेस मुस्लिम लीग, हिन्दू महासभा आदि वर्गों के प्रतिनिधियों से भेंट की। तत्पश्चात् 29 मार्च, 1942 ई. को अपना प्रस्ताव प्रकाशित किया। इस प्रस्ताव को ही **'क्रिप्स योजना'** कहा जाता है। वैसे तो क्रिप्स प्रस्तावों को दो भागों में बाँटा जा सकता है—(1) युद्ध के बाद लागू होने वाले प्रस्ताव, (2) तुरन्त लागू होने वाले या अन्तरित काल में लागू होने वाले प्रस्ताव। लेकिन सुविधा की दृष्टि से क्रिप्स प्रस्ताव की मुख्य बातें निम्नलिखित थीं—

(1) ब्रिटिश सरकार ने भारत में शीघ्र स्वशासन के विकास के लिए निश्चित कदम उठाने का निश्चय किया है।

(2) युद्ध की समाप्ति पर प्रान्तीय विधानसभाओं के लिए नए चुनाव होंगे एवं भारत में एक संविधान निर्मात्री सभा गठित की जाएगी जिसमें ब्रिटिश भारत और देशी रियासतें दोनों के प्रतिनिधि होंगे।

(3) क्रिप्स प्रस्ताव में यह भी कहा गया कि यदि भारत चाहेगा तो वह राष्ट्रमण्डल से सम्बन्ध विच्छेद कर सकेगा।

(4) युद्ध के इस नाजुक समय में भारत की सुरक्षा का उत्तरदायित्व ब्रिटिश सरकार पर होगा।

(5) उक्त सभी कार्य भारतीयों के सहयोग से ही हो सकते हैं।

यद्यपि क्रिप्स प्रस्ताव अगस्त, 1940 ई. के प्रस्ताव से बहुत अच्छे थे फिर भी भारतीयों को क्रिप्स प्रस्ताव सन्तुष्ट नहीं कर सके। गाँधी ने इस पर अपनी तीव्र प्रतिक्रिया व्यक्त की और **क्रिप्स** ने कहा है कि यदि आपके पास यही प्रस्ताव थे तो आपने आने का कष्ट क्यों किया ? यदि भारत के सम्बन्ध में आपकी यही योजना है तो मैं आपको यही परामर्श दूँगा कि आप अगले ही हवाई जहाज से इंग्लैण्ड लौट जाएँ। उन्होंने कहा कि क्रिप्स प्रस्तावों का पूर्ण अध्ययन करने पर यह बात स्पष्ट हो जाती है कि क्रिप्स प्रस्ताव नितान्त असन्तोषजनक हैं। कांग्रेस द्वारा सम्पूर्ण भारत के लिए पूर्ण स्वतन्त्रता की माँग की जा रही थी, लेकिन प्रस्तावों में औपनिवेशिक स्वराज्य की बात अनिश्चित तिथि सहित कही गयी थी।

इसी कारण गाँधी जी के द्वारा इन प्रस्तावों को **"दिवालिया बैंक के नाम भविष्य की तिथि में भुनाने वाला चैक कहा गया था।"[1] पण्डित जवाहरलाल नेहरू** के अनुसार, **"क्रिप्स योजना मान लेने से भारत के अनगिनत पाकिस्तानों में विभाजित होने की सम्भावना थी।"**

इस प्रकार कांग्रेस कार्य-समिति एवं मुस्लिम लीग आदि ने अनेक कारणों से क्रिप्स प्रस्तावों को अस्वीकृत कर दिया। यद्यपि इस अस्वीकृति के कारण भिन्न-भिन्न थे। कांग्रेस ने इस प्रस्ताव में भारत विभाजन के बीच, भारत पर ब्रिटेन द्वारा नियन्त्रण बनाए रखने की इच्छा तथा मुस्लिम लीग ने पाकिस्तान प्राप्त करने की प्रक्रिया पर तीव्र आलोचना की तथा उदारवादियों ने भी क्रिप्स प्रस्तावों को आत्मनिर्णय के सिद्धान्त का उपहास कहकर अस्वीकार कर दिया। इस प्रकार क्रिप्स प्रस्तावों का भारत के सभी क्षेत्रों में विरोध किया गया। फलस्वरूप 11 अप्रैल, 1942 ई. को ब्रिटिश सरकार ने क्रिप्स प्रस्तावों को वापस ले लिया।

# भारत छोड़ो आन्दोलन
## (The Quit India Movement)

क्रिप्स मिशन की असफलता और देश में व्याप्त निराशा से चिन्तित होकर गाँधी जी ने अनुभव किया कि भारत को निराशा से निकलने और स्वतन्त्रता प्राप्त करने के लिए एक और अन्तिम युद्ध लड़ना होगा। **'हरिजन'** नामक पत्रिका के एक लेख में गाँधी जी ने लिखा कि, **"भारत को ईश्वर के भरोसे छोड़कर चले जाओ और यदि तुम्हारे लिए यह बहुत बड़ी बात है तो उसे अराजकता में छोड़ दो परन्तु चले जाओ।"** उन्होंने एक-दूसरे लेख में लिखा कि भारत के लिए उसके परिणाम कुछ भी क्यों न हों भारत और ब्रिटेन की वास्तविक सुरक्षा समय रहते इंग्लैण्ड के भारत छोड़ देने में ही है, क्योंकि उस समय जापान तेजी से विजय प्राप्त करता हुआ म्यांमार और भारत की ओर बढ़ रहा था। वह कभी भी भारत पर आक्रमण कर सकता था। वह इसलिए कि भारत पर ब्रिटिश शासन था और उसकी शत्रुता भारत से नहीं इंग्लैण्ड से थी।

यदि ऐसे समय में कांग्रेस हाथ पर हाथ रखे रह जाती तो देश में कायरता का वातावरण बन जाता। अत: 5 जुलाई, 1942 ई. को **गाँधी जी** ने उद्घोष किया–**"अंग्रेजों भारत छोड़ो।"** उन्होंने **'हरिजन'** नामक पत्रिका में लिखा कि अब समय आ गया है कि जब अंग्रेजों भारत छोड़ो वह भी भारतीयों के लिए, जापानियों के लिए नहीं। गाँधी जी का यह लेख भारत छोड़ो भारत भर में गूँज उठा।

**भारत छोड़ो आन्दोलन के कारण** (Causes of Quit India Movement)

**(1) क्रिप्स मिशन की असफलता**–क्रिप्स वार्ता असफल होने के कारण एवं क्रिप्स प्रस्तावों को वापस लिए जाने और सर स्टैफर्ड क्रिप्स को इंग्लैण्ड बुलाए जाने से भारत में घोर निराशा के वातावरण को जन्म मिला। **क्रिप्स** के इस कथन से कि, **"स्वीकार करो अथवा छोड़ दो"** से यह स्पष्ट था कि ब्रिटिश सरकार भारत के संवैधानिक गतिरोध को दूर करने की इच्छुक नहीं है, वह केवल दिखावा कर रही है। यही नहीं, मिशन की असफलता का उत्तरदायित्व कांग्रेस पर डाला गया। अत: क्रिप्स प्रस्ताव का उद्देश्य अपने युद्ध सहयोगियों–अमेरिका, चीन को सन्तुष्ट करना था न कि भारत को। ऐसी परिस्थितियों में कांग्रेस ने जनता में फैली निराशा को दूर करने के लिए एवं स्वतन्त्रता प्राप्त करने के लिए एक नया आन्दोलन प्रारम्भ करने का निश्चय किया।

**(2) म्यांमार में भारतीयों के प्रति अमानवीय व्यवहार**–म्यांमार पर जापान की विजय के बाद ही म्यांमार से जो भारतीय शरणार्थी आ रहे थे उन्होंने यहाँ आकर बताया कि भारतीयों और यूरोपियनों के बीच भेदभाव पैदा किया गया है। भारतीयों को आने के लिए पृथक् और कष्टदायक रास्ते दिए गए थे और उनके लिए अलग मार्ग दिए गए थे। इसके साथ-साथ भारतीय शरणार्थियों से ऐसा अपमानजनक व्यवहार किया जा रहा है जैसे वे घटिया जाति से सम्बन्धित हों। इस घटना ने भी गाँधी जी को आन्दोलन प्रारम्भ करने के लिए प्रेरित किया।

**(3) शोचनीय आर्थिक स्थिति**–इस समय वस्तुओं के मूल्य बहुत अधिक बढ़ गए थे। इससे जनता के आर्थिक कष्टों में भी वृद्धि होने से उनमें ब्रिटिश शासन के प्रति असन्तोष की भावना बहुत बढ़ गयी थी। युद्ध की स्थिति और वस्तुओं के मूल्य बेतहाशा बढ़ते जाने के कारण लोगों का कागज के नोटों के प्रति विश्वास समाप्त होता जा रहा था। देश में चारों ओर असन्तोष भड़क रहा था परिणामस्वरूप गाँधी को भारत छोड़ो आन्दोलन प्रारम्भ करने के लिए विवश होना पड़ा।

**(4) पूर्वी बंगाल में आतंक का राज्य**–इस समय पूर्वी बंगाल में भय और आतंक का राज्य था। सरकार ने वहाँ सैनिक उद्देश्य के लिए अनेक किसानों की भूमि पर अपना कब्जा कर लिया था। इसी प्रकार उन सैकड़ों देशी नावों को नष्ट कर दिया गया जिनसे हजारों परिवार पलते थे। शासन के इन कार्यों से लोगों के दु:ख बहुत बढ़ गए थे। इन कष्टों से दु:खी होकर गाँधी जी ने ब्रिटिश सरकार के विरुद्ध अपना अन्तिम अस्त्र भारत छोड़ो आन्दोलन के रूप में प्रयोग करने का निश्चय किया।

**(5) जापान के आक्रमण का भय**–द्वितीय विश्व-युद्ध में जापान की सेनाएँ निरन्तर सिंगापुर, मलाया और म्यांमार में अंग्रेजों को पराजित करके भारत की ओर बढ़ रही थीं। इसलिए प्रतिक्षण भारत पर जापानी आक्रमण का खतरा बढ़ता जा रहा था। महात्मा गाँधी और अन्य भारतीय नेताओं ने अनुभव किया कि अंग्रेज भारत की रक्षा करने में असमर्थ हैं। इसके साथ ही वे यह भी सोचते थे कि अंग्रेज शासन के रूप में भारत छोड़कर चले जाएँ, तो शायद जापान का भारत पर आक्रमण न हो। इस कारण गाँधी जी का कहना था कि अंग्रेजों भारत को जापान के लिए मत छोड़ो वरन् भारत को भारतीयों के लिए व्यवस्थित रूप में छोड़ जाओ। **हरिजन** में अपने एक लेख में गाँधी जी ने लिखा था कि, **"भारत के लिए चाहे उसके परिणाम कुछ भी क्यों न हों, भारत और ब्रिटेन की वास्तविक सुरक्षा, समय रहते इंग्लैण्ड के भारत छोड़ देने में ही है।"**[1]

1. Dr. Pattabhi, *The History of Congress,* Vol. II, p. 360.

इस प्रकार उपर्युक्त कारणों से कांग्रेस ने गाँधी जी के नेतृत्व में '**भारत छोड़ो आन्दोलन**' प्रारम्भ करने का निश्चय किया।

**आन्दोलन का विचार और वर्धा प्रस्ताव**—जुलाई, 1942-27 अप्रैल, 1942 ई. को कांग्रेस कार्य-समिति की एक बैठक इलाहाबाद में हुई। इस बैठक में निश्चित किया गया कि कांग्रेस किसी ऐसी स्थिति को किसी भी दशा में स्वीकार करने को तैयार नहीं हो सकती जिसमें भारतीयों को ब्रिटिश सरकार के दास के रूप में कार्य करना पड़े। गाँधी जी ने कहा कि भारत की समस्या का एकमात्र हल अंग्रेजों के भारत छोड़ देने में ही है। 14 जुलाई, 1942 ई. में कांग्रेस कार्य-समिति की एक बैठक वर्धा में हुई जिसमें इलाहाबाद की बैठक में रखे गए विचारों का समर्थन किया गया। गाँधी जी के विचारों को महत्व देते हुए यह प्रस्ताव भी पास किया गया कि, "**अंग्रेजों भारत छोड़ो।**" इस प्रस्ताव को **वर्धा प्रस्ताव** के नाम से जाना जाता है। इसी प्रस्ताव का नाम '**भारत छोड़ो आन्दोलन**' रखा गया।

14 जुलाई, 1942 ई. को '**भारत छोड़ो प्रस्ताव**' पारित होने के पश्चात् गाँधी जी ने पत्रकारों को बतलाया कि अब हम खुला विद्रोह करेंगे। जनता में जागृति और मनोबल ऊँचा करने के प्रयास प्रारम्भ हो गए। गाँधी जी ने अपने साप्ताहिक पत्र '**हरिजन**' द्वारा **भारत छोड़ो** प्रस्ताव का प्रचार करना प्रारम्भ कर दिया। अगस्त, 1942 ई. को इलाहाबाद में तिलक दिवस मनाया गया। इस अवसर पर पण्डित जवाहरलाल नेहरू ने कहा कि, "**हम आग के साथ खेलने जा रहे हैं।**" इसी समय **बाबू राजेन्द्र प्रसाद** ने कहा कि, "**हमको इस बार गोली खाने और तोप का सामना करने के लिए तैयार रहना चाहिए।**" **सरदार पटेल** ने बम्बई में कहा कि, "**इस बार का आन्दोलन थोड़े दिनों का किन्तु बड़ा भयानक होगा।**" सरकार कांग्रेस की इन गतिविधियों से अनभिज्ञ नहीं थी।

'**भारत छोड़ो प्रस्ताव**' की अन्तिम स्वीकृति के लिए अखिल भारतीय कांग्रेस समिति की एक बैठक 7 अगस्त, 1942 ई. को बम्बई में प्रारम्भ हुई। अधिवेशन की अध्यक्षता मौलाना अब्दुल कलाम आजाद ने की। इस अधिवेशन पर भारत ही नहीं, समस्त विश्व की आँखें लगी हुई थीं। इस समिति ने पर्याप्त विचार-विमर्श के उपरान्त '**भारत छोड़ो प्रस्ताव**' पास किया। इस प्रस्ताव में कहा गया कि, "**यह समिति कांग्रेस कार्यकारिणी समिति के 14 जुलाई, 1942 ई. के प्रस्ताव का समर्थन करती है। उसका यह विश्वास है कि बाद कि घटनाओं ने इसे और भी औचित्य प्रदान कर दिया है और इस बात को स्पष्ट कर दिखाया है कि भारत में ब्रिटिश शासन का तत्काल ही अन्त, भारत के लिए और मित्र राष्ट्रों के उद्देश्यों की सफलता के लिए अति आवश्यक है। इसी पर युद्ध का भविष्य एवं स्वतन्त्रता और प्रजातन्त्र की सफलता निर्भर है।**" इस अवसर पर गाँधी जी ने 70 मिनट का एक भाषण दिया जो ऐतिहासिक था। इस सम्बन्ध में **डॉ. पट्टाभिसीतारमैय्या** ने कहा कि, "**महात्मा गाँधी एक अवतार एवं पैगम्बर की प्रेरक शक्ति से प्रेरित होकर भाषण दे रहे थे। उनके भीतर एक आग भभक रही थी।**"[1] कांग्रेस के नेता यह भली-भाँति जानते थे कि अंग्रेज भारत छोड़कर नहीं जाएँगे। अत: जन-आन्दोलन करना ही पड़ेगा। परन्तु आन्दोलन की कोई तिथि घोषित नहीं की गई थी। गाँधी जी आन्दोलन प्रारम्भ करने से पूर्व एक बार वायसराय से मिलना चाहते थे परन्तु वायसराय ने मिलने से इन्कार कर दिया। गाँधी जी ने **करो या मरो** का नारा भारतीय जनता को दिया। इस नारे का तात्पर्य यह था कि भारतवासियों द्वारा, स्वाधीनता प्राप्ति के लिए प्रत्येक सम्भव प्रयत्न किया जाना चाहिए किन्तु यह आन्दोलन होना चाहिए।

**भारत छोड़ो आन्दोलन का प्रारम्भ अथवा अगस्त क्रान्ति एवं शासन द्वारा दमन**—8 अगस्त, 1942 ई. को प्रसिद्ध 'भारत छोड़ो प्रस्ताव' पास किया गया। इस प्रस्ताव को पारित होने के बाद यह निश्चित था कि व्यापक पैमाने पर एक भीषण जन-आन्दोलन होने वाला है। आन्दोलन का स्वरूप, रूपरेखा, कार्यक्रम आदि तैयार होना था। परन्तु गाँधी जी को अभी भी ऐसा लगता था कि सम्भवत: कोई समझौता हो जाएगा। इसलिए उन्होंने वायसराय से मिलने की इच्छा व्यक्त की थी किन्तु उसे अस्वीकार कर दिया गया। 9 अगस्त, 1942 ई. की प्रात: महात्मा गाँधी सहित कांग्रेस के अधिकांश नेताओं को गिरफ्तार कर लिया गया। गाँधी जी और सरोजिनी नायडू को पूना के आगाखाँ महल में बन्दी बनाया गया। अन्य नेताओं को अहमद नगर के किले में बन्दी बनाया गया। भारत के सभी प्रान्तों में गिरफ्तारियाँ प्रारम्भ हो गयीं। कांग्रेस गैर-कानूनी संस्था घोषित कर दी गयी। इससे जनता अवाक्-सी रह गयी। जनता का मार्ग प्रदर्शित करने के लिए कोई नेता बाहर नहीं रह गया था। जनता के इस विरोध ने व्यापक जन-विद्रोह का रूप धारण कर लिया। जनता के सामने **करो या मरो** का नारा था इसलिए सम्पूर्ण देश आन्दोलनमय हो गया। जनता ने सरकार की नीति के विरोध में जुलूस निकाले, सार्वजनिक सभाएँ कीं और हड़तालें भी की गयीं। अनगिनत स्त्री-पुरुष आन्दोलन में कूद पड़े। सरकार ने आन्दोलन को कुचल देने के लिए अत्याचार प्रारम्भ किए।

1. *Indian Annual Register,* Vol. I, 1942, p. 144.

निहत्थी जनता पर लाठियाँ चलायी गयीं और गोलियाँ बरसायी गयीं, परिणाम यह निकला कि जनता भी हिंसा पर उतर आयी। आगजनी की घटनाएँ हुईं। हत्या व तोड़-फोड़ की कार्यवाही की गयी। लगभग 250 रेलवे स्टेशन जला दिए गए तथा 980 पुलिस स्टेशनों पर आक्रमण हुए यातायात के साधन, डाकघर, टेलीफोन आदि नष्ट कर दिए गए। लाठियों व गोलियों का जवाब पत्थरों व ईंटों से दिया गया। बम्बई, उत्तर प्रान्त व मध्य प्रान्त में जनता द्वारा बम भी फेंके गए। सरकार ने आन्दोलन दबाने के लिए नृशंसतापूर्ण अत्याचार किए फिर भी यह आन्दोलन जयप्रकाश नारायण, डॉ. राममनोहर लोहिया, आसफ अली जैसे समाजवादी नेताओं के नेतृत्व में तीन सप्ताह तक खुले रूप में निरन्तर चलता रहा। सन् 1942 ई. के भारत छोड़ो आन्दोलन ने इतना उग्र रूप धारण कर लिया जिसे देखकर ऐसा प्रतीत होता था मानो ब्रिटिश शासन का शीघ्र ही अन्त हो जाएगा लेकिन शासन की दमनकारी नीति के परिणामस्वरूप यह आन्दोलन भूमिगत हो गया।

## भारत छोड़ो आन्दोलन की असफलता के कारण
## (Causes of Failure of the Quit India Movement)

महात्मा गाँधी द्वारा अब तक किए गए आन्दोलनों में **'भारत छोड़ो आन्दोलन'** सबसे भीषण आन्दोलन था। यह भारतीय स्वाधीनता के लिए किया गया महानतम प्रयास था। लेकिन आन्दोलन का उद्देश्य पूरा नहीं हो सका। इसकी असफलता के लिए निम्नलिखित कारणों को उत्तरदायी माना जा सकता है—

**(1) आन्दोलन की योजना एवं संगठन—'भारत छोड़ो आन्दोलन'** की असफलता का प्रमुख कारण यह माना जाता है कि गाँधी जी द्वारा स्वयं भारत छोड़ो आन्दोलन की रूपरेखा और कार्यक्रम स्पष्ट नहीं था जबकि कांग्रेसी नेताओं को आन्दोलन प्रारम्भ करने से पूर्व ही अपनी रणनीति तथा कार्यक्रम सुनियोजित कर लेने चाहिए थे। इसका मुख्य कारण यह था कि गाँधी जी को अन्तिम समय तक यह आशा थी कि वायसराय या सरकार से कोई समझौता हो जाएगा और हमें आन्दोलन की आवश्यकता ही नहीं पड़ेगी। यह गाँधी जी की सबसे बड़ी भूल थी। ऐसी स्थिति में जब शासन द्वारा दमन कार्य की पहल की गई तो आन्दोलनकारी हतप्रभ रह गए और प्रमुख नेताओं की गिरफ्तारी के कारण आन्दोलन नेतृत्वहीन हो गया।

**(2) सरकारी कर्मचारियों और उच्च वर्गों की सरकार के प्रति वफादारी—'भारत छोड़ो आन्दोलन'** की असफलता का एक प्रमुख कारण यह भी था कि आन्दोलन की अवधि में सरकारी कर्मचारियों, देशी रियासतों के नरेश, सेना, पुलिस और उच्च सरकारी अधिकारी आदि में सरकार के प्रति वफादारी की भावना बनी रही जिससे सरकारी कार्य बिना किसी बाधा के सुचारू रूप से चलता रहा।

**(3) भारतीय राजनीतिक दलों और वर्गों का आन्दोलन विरोधी रवैया**—भारतीय साम्यवादी दल और मुस्लिम लीग जैसे राजनीतिक दलों ने आन्दोलन को सहयोग देने के स्थान पर आन्दोलन का खुलकर विरोध किया। अकाली दल और हिन्दू महासभा तथा समाज के कुछ उच्च और दलित वर्गों का आन्दोलन के प्रति असहयोग का रवैया ही रहा। इस प्रकार उक्त सहयोग के अभाव के कारण भी 'भारत छोड़ो आन्दोलन' असफल रहा।

**(4) आन्दोलनकारियों की तुलना में शासन की कई गुना शक्ति और कठोरता**—वस्तुतः **'भारत छोड़ो आन्दोलन'** की तात्कालिक असफलता अवश्यम्भावी थी क्योंकि आन्दोलनकारियों की तुलना में शासन की शक्ति कई गुना अधिक थी। आन्दोलनकारियों की न तो कोई गुप्तचर व्यवस्था थी और न ही एक स्थान से दूसरे स्थान सन्देश तक भेजने के साधन थे। उनकी आर्थिक शक्ति भी ब्रिटिश शासन की तुलना में बहुत ही कम थी।

**(5) आन्दोलन की हिंसात्मकता**—यद्यपि अपने प्रारम्भिक चरण में आन्दोलन पूर्णतया अहिंसात्मक ही रहा परन्तु कुछ समय के पश्चात् कुशल नेतृत्व के अभाव में आन्दोलन में हिंसा आ गई। इस संविधान अवधि में देश के विभिन्न भागों में हिंसा और तोड़-फोड़ की कार्यविधियाँ हुईं। इसका दुष्परिणाम यह हुआ कि शान्तिप्रिय हिंसा की प्रवृत्ति **'भारत छोड़ो आन्दोलन'** की असफलता का एक कारण बन गई।

## भारत छोड़ो आन्दोलन का महत्व या सफलताएँ
## (Importance or Successes of the Quit India Movement)

यद्यपि भारत छोड़ो आन्दोलन अपने मूल लक्ष्य को प्राप्त नहीं कर सका लेकिन इस आन्दोलन ने भारत की जनता में एक ऐसी अपूर्व जागृति उत्पन्न कर दी जिससे ब्रिटेन के लिए भारत पर लम्बे समय तक शासन कर सकना सम्भव नहीं रहा। इस आन्दोलन के दूरगामी महत्वपूर्ण परिणाम निकले जो अग्रांकित हैं—

---

1. डॉ. पट्टाभि सीतारमैय्या, **कांग्रेस का संक्षिप्त इतिहास**, पृष्ठ 531-533।

(1) अगस्त आन्दोलन ने भारतीय जनता को पूर्ण स्वतन्त्रता का दीप प्रज्वलित करने की प्रेरणा दी।

(2) आन्दोलन ने देश की जनता में असाधारण जागृति उत्पन्न कर दी।

(3) आन्दोलन के कारण जनता में सरकार का सामना करने के लिए उनमें साहस और शक्ति में वृद्धि हुई।

(4) आन्दोलन का क्षेत्र और प्रभाव देशव्यापी था। ब्रिटिश सरकार को स्पष्ट हो गया कि दमन व अत्याचार असन्तोष को नहीं रोक सकेंगे।

(5) भारत छोड़ो आन्दोलन ने विदेशों में भी भारत की स्वतन्त्रता का वातावरण बनाने में महत्वपूर्ण भूमिका निभायी। स्वयं ब्रिटिश जनमत को भारतीयों ने अपने पक्ष में किया।

(6) इस आन्दोलन से उत्पन्न चेतना के परिणामस्वरूप सन् 1946 ई. में जल सेना का विद्रोह हुआ जिसने भारत में ब्रिटिश शासन पर और भयंकर चोट की।

इस प्रकार यह निर्विवाद सत्य है कि भारतीय स्वतन्त्रता की पृष्ठभूमि **भारत छोड़ो आन्दोलन** ने ही तैयार की जिसके फलस्वरूप 5 वर्ष बाद ही भारत को स्वतन्त्रता प्राप्त हो गयी। **डॉ. सुभाष कश्यप** के शब्दों में, **"सन् 1942 ई. का भारत छोड़ो आन्दोलन सचमुच सन् 1857 ई. की असफल क्रान्ति के बाद भारत में अंग्रेजी राज की समाप्ति के लिए किया गया सबसे बड़ा प्रयास था।"**[1] पण्डित नेहरू ने इस आन्दोलन एवं उसके कार्यों के लिए गर्व व्यक्त किया था।[2] इस प्रकार '**भारत छोड़ो आन्दोलन**' ने भारतीय स्वतन्त्रता के लिए पृष्ठभूमि तैयार की।

## प्रश्न
## (Questions)

### दीर्घ उत्तरीय प्रश्न (Long Answer Type Questions)

1. उन परिस्थितियों का वर्णन कीजिए जिन्होंने सन् 1942 ई. के भारत छोड़ो आन्दोलन को जन्म दिया। इसने आन्दोलन में क्या योगदान किया ?

   (Describe those circumstances were responsible for the birth of Quit India Movement in 1942. What was its contribution in movement ?)

   **अथवा**

   भारत छोड़ो आन्दोलन से आपका क्या तात्पर्य है ? इसके प्रमुख कारण और सम्पन्नता पर टिप्पणी कीजिए।

   (What is meant by Quit India Movement ? Write a note on its main causes and completion.)
2. भारत छोड़ो आन्दोलन पर एक संक्षिप्त निबन्ध लिखिए।

   (Write a brief essay on Quit Indian Movement.)
3. भारत छोड़ो आन्दोलन के कारण, उसकी असफलता एवं महत्व को समझाइए।

   (Discuss the causes, its unsuccess and importance of Quit India Movement.)

### बहुविकल्पीय वस्तुनिष्ठ प्रश्न (Multiple Choice Type Objective Questions)

**1. भारत छोड़ो प्रस्ताव किस तिथि को प्रस्तावित किया गया–**

(a) 8 अगस्त, 1942 ई. को (b) 17 अगस्त, 1942 ई. को

(c) 6 अगस्त, 1942 ई. को (d) 5 अगस्त, 1942 ई. को।

**उत्तर**–(a) 8 अगस्त, 1942।

**2. 'अंग्रेजों भारत छोड़ो' प्रस्ताव को एक अन्य नाम से भी जाना जाता है। यह नाम क्या है–**

(a) भारत छोड़ो प्रस्ताव (b) वर्धा प्रस्ताव

(c) इलाहाबाद प्रस्ताव (d) पूना प्रस्ताव।

**उत्तर**–(b) वर्धा प्रस्ताव।

---

1. सुभाष कश्यप, **संवैधानिक विकास एवं स्वाधीनता संघर्ष**, पृष्ठ 185।
2. Nehru's Speech in Lahore on July 25, 1945.

# क्रान्तिकारियों का योगदान
# [CONTRIBUTION OF REVOLUTIONARIES]

## राष्ट्रीय आन्दोलन में क्रान्तिकारियों का योगदान
## (Contribution of Revolutionarics in National Movement)

ब्रिटिश शासन की दमनात्मक नीति के परिणामस्वरूप बीसवीं शताब्दी के आरम्भ में भारत में राष्ट्रीय जागृति की जो अपूर्व लहर आयी थी वह दो धाराओं में बँट गई। एक धारा उग्र राष्ट्रवादी धारा थी। उस धारा से सम्बद्ध लोग अहिंसात्मक साधनों में विश्वास रखते हुए अपने उद्देश्य को प्राप्त करना चाहते थे। इस धारा का नेतृत्व बाल, लाल और पाल द्वारा किया गया। दूसरी धारा क्रान्तिकारियों की थी। इस धारा के समर्थक हिंसात्मक साधनों; जैसे—हिंसा, डकैतियां, कत्ल और आतंकवाद में विश्वास रखते थे और इन्हीं साधनों के माध्यम से भारत को स्वाधीनता प्राप्त कराना चाहते थे। इस धारा का नेतृत्व वी. डी. सावरकर, चापेकर बन्धुओं, वारिन्द्र कुमार घोष, भूपेन्द्रनाथ दत्त, भगतसिंह, चन्द्रशेखर आजाद और सुभाषचन्द्र बोस जैसे नवयुवक नेताओं के हाथों में था।

क्रान्तिकारियों का विचार था कि पाशविक बल पर आधारित साम्राज्यवाद को हिंसा द्वारा ही नष्ट किया जा सकता है। ये गोला-बारूद व आतंक द्वारा ब्रिटिश साम्राज्य को जड़ से उखाड़ फेंकना चाहते थे। वे सरकारी खजानों को केवल इसलिए लूटना चाहते थे कि इससे स्वतन्त्रता प्राप्ति में सहायता मिल सकती है। बम और पिस्तौल का प्रयोग भी इसी उद्देश्य की प्राप्ति के लिए किया जाता था। ये लोग अंग्रेज अधिकारियों की हत्या व्यक्तिगत प्रतिशोध के लिए नहीं वरन् राष्ट्रीय प्रतिशोध के लिए किया करते थे। अत: ये लोग हत्यारे और डकैत नहीं थे। 4 जून, 1929 ई. को **सरदार भगतसिंह और बटुकेश्वर दत्त** ने अपनी गिरफ्तारी के समय न्यायालय में कहा था कि, **"क्रान्ति का अभिप्राय बम और पिस्तौल मात्र नहीं है। क्रान्ति से हमारा अभिप्राय यह है कि आज की वस्तु-स्थिति और समाज व्यवस्था जो कि स्पष्ट रूप से अन्याय पर टिकी हुई है............ को बदल दिया जाए। क्रान्तिकारी अपने उच्च आदर्श की प्राप्ति के लिए सभी प्रकार के त्याग, बलिदान करने व कष्ट उठाने के लिए तैयार हैं।"**

## क्रान्तिकारी आन्दोलन के उदय के कारण
## (Causes of Rise of Revolutionary Movement)

जिन कारणों से उग्रवाद का जन्म हुआ लगभग उन्हीं कारणों से क्रान्तिकारी राष्ट्रवाद का उदय हुआ। **सेडीशन कमेटी** (Sedition Committee) ने सन् 1918 ई. में अपनी रिपोर्ट में सरकार को क्रान्तिकारी राष्ट्रवाद के लिए निम्नांकित कारणों को उत्तरदायी बताया था—

**(1) मध्यम वर्ग का आन्दोलन**—सेडीशन कमेटी के अनुसार क्रान्तिकारी आन्दोलन का प्रारम्भ सबसे पहले बंगाल में मध्यम श्रेणी के पाश्चात्य शिक्षा प्राप्त नवयुवकों द्वारा किया गया था।

**(2) भारतीयों में आर्थिक असन्तोष**—अधिक दरिद्रता और आर्थिक असन्तोष क्रान्ति को जन्म देते हैं। शिक्षित नवयुवक बेरोजगारी, नौकरियों में जातीय भेदभाव, भूख और गरीबी के साम्राज्य, कला-कौशल एवं उद्योग-धन्धों के ह्रास, करारोपण की अन्यायपूर्ण नीति से त्रस्त थे। इनका कारण वे अंग्रेज शासन को मानते थे। अत: हिंसात्मक उपायों द्वारा वे अपना रोष प्रकट करते थे।

**(3) लॉर्ड कर्जन की प्रतिक्रियात्मक नीतियाँ**—क्रान्तिकारी आन्दोलन के उदय के लिए सबसे महत्वपूर्ण कारण लॉर्ड कर्जन का दमनात्मक शासन माना जाता है। लॉर्ड कर्जन ने अपने शासनकाल में कलकत्ता कॉरपोरेशन एक्ट भारतीय विश्वविद्यालय अधिनियम, प्रशासकीय गोपनीयता अधिनियम आदि अनेक दमनकारी कानून बनाए। उसने ऐसे कार्य किए जिनके कारण स्वतन्त्रता प्राप्ति की दिशा में कोई प्रयास करना तो दूर, स्वतन्त्रता का नाम लेना भी अपराध हो गया। उस समय ब्रिटिश सरकार का एकमात्र उद्देश्य भारतीय जनता को आतंकित करना और उसका यथासम्भव तरीकों से दमन करना था। इस प्रकार की अन्याय और दमन की स्थिति से मुक्त होने के लिए क्रान्तिकारी देशभक्त हिंसा का मार्ग अपनाने के लिए बाध्य हो गए।

**(4) उदारवादियों के संवैधानिक साधनों की असफलता**—उदारवादियों के संवैधानिक साधनों; जैसे—प्रार्थना-पत्र, प्रतिनिधिमण्डल, स्मृति-पत्र आदि की असफलता ने इन नवयुवकों को हिंसा द्वारा स्वतन्त्रता प्राप्त करने के लिए प्रेरित किया।

**(5) दमन के विरुद्ध प्रतिक्रिया**—उग्रवादियों ने शासन का विरोध करने के लिए बहिष्कार, स्वदेशी और राष्ट्रीय शिक्षा का मार्ग अपनाया। शासन ने इन अहिंसात्मक साधनों के विरुद्ध जो दमन-चक्र चलाया उसने नवयुवकों को अंग्रेजी शासन के अन्याय का अन्त करने के लिए शस्त्र उठाने को बाध्य किया।

**(6) राष्ट्रीय प्रतिशोध**—अंग्रेजी शासन के अत्याचारों, लॉर्ड कर्जन की प्रतिगामी नीतियों, देशभक्तों और राष्ट्रीय आन्दोलन में भाग लेने वाले भद्रपुरुषों पर अमानवीय अत्याचार आदि ने युवकों को प्रतिशोध लेने के लिए बाध्य किया।

**(7) पश्चिम की क्रान्ति का प्रभाव**—पश्चिम में फ्रांस, इटली, जर्मनी, अमेरिका और आयरलैण्ड की क्रान्तियों ने नवयुवकों को सिखाया कि आजादी की कीमत खून से चुकानी पड़ती है।

इस प्रकार उपर्युक्त कारणों से आजादी के दीवाने पिस्तौल, बन्दूक, बम आदि लेकर मातृभूमि की स्वतन्त्रता के लिए घर छोड़कर निकल पड़े। वे आजादी के लिए अपना सब कुछ न्यौछावर करके अपने को धन्य मानने लगे।

**क्रान्तिकारियों का लक्ष्य व विचारधारा**—भारतीय राष्ट्रीय आन्दोलन के इतिहास की क्रान्तिकारी धारा के सम्बन्ध में बहुत से लोगों में यह धारणा प्रचलित है कि सरदार भगतसिंह, चन्द्रशेखर आजाद और सुभाषचन्द्र बोस आदि के नेतृत्व में ब्रिटिश शासन के विरुद्ध किए गए कार्यों के पीछे न तो कोई निश्चित लक्ष्य था और न ही कोई निश्चित विचारधारा थी परन्तु यह धारणा भ्रान्तिपूर्ण है। वास्तविकता तो यह है कि क्रान्तिकारी भारत में ब्रिटिश शासन को समाप्त कर भारत को आजाद करना चाहते थे। इसलिए अंग्रेज क्रान्तिकारियों से अत्यधिक घृणा करते थे। उनका मूल उद्देश्य लूटमार तथा हत्या करना ही नहीं था वरन् विदेशी शासन का अन्त कर भारत में सच्चा लोकतन्त्र स्थापित करना था। उनमें देशभक्ति, आदर्शवादिता तथा बलिदान की भावनाएँ बहुत प्रबल थीं। इन क्रान्तिकारियों को आतंकवादी कहना भी अनुचित होगा क्योंकि उनका उद्देश्य समाज में आतंक का राज्य स्थापित करना नहीं था अपितु वे तो ब्रिटिश शासकों के मन में अत्याचारों के विरुद्ध आतंक उत्पन्न करना चाहते थे।

क्रान्तिकारियों का मुख्य उद्देश्य ब्रिटिश शासन का अन्त करना था। इसके लिए वे हिंसा, लूट एवं हत्या जैसे साधनों का उपयोग आवश्यक मानते थे। उनका मानना था कि अंग्रेजी शासन पाश्विक बल पर आधारित है। अत: यदि हम अपने आपको स्वतन्त्र कराने के लिए पाश्विक बल का प्रयोग करते हैं तो वह उचित ही है। क्रान्तिकारियों की विचारधारा सरदार भगतसिंह और बटुकेश्वर दत्त के संयुक्त बयान से पूर्णतया स्पष्ट हो जाती है। दोनों क्रान्तिवीरों द्वारा यह बयान सत्र न्यायाधीश के सम्मुख दिया गया था।

"क्रान्ति के विरोधियों द्वारा भ्रान्तिवश इस विचार को अपना लिया है कि क्रान्ति का तात्पर्य शस्त्रों, हथियारों या अन्य साधनों से हत्या या हिंसक कार्य करना है लेकिन क्रान्ति का अभिप्राय बम और पिस्तौल मात्र नहीं है। क्रान्ति से हमारा अभिप्राय यह है कि आज की वस्तु-स्थिति और समाज व्यवस्था जो स्पष्ट रूप से अन्याय पर टिकी हुई है, को बदला जाए। क्रान्ति व्यक्ति द्वारा व्यक्ति के शोषण को समाप्त करने और हमारे राष्ट्र के लिए पूर्ण आत्म-निर्णय के अधिकार प्राप्त करने के लिए है। क्रान्ति के हमारे विचार का अन्तिम उद्देश्य यही है। स्वतन्त्रता व्यक्ति का जन्म-सिद्ध अधिकार है और इस उच्च आदर्श की प्राप्ति के लिए हम सभी प्रकार के त्याग व कष्ट उठाने के लिए तैयार हैं, क्रान्ति जिन्दाबाद।" इस प्रकार सन् 1894 ई. में **चापेकर बन्धुओं** ने स्पष्ट रूप से घोषणा की थी कि, "केवल बैठे-बैठे शिवाजी की गाथा दोहराते रहने से स्वतन्त्रता नहीं मिल सकती। हमें तो शिवाजी और बाजीराव की तरह कमर कसकर भयानक कार्यों में जुट जाना पड़ेगा। मित्रों ! अब आपको स्वतन्त्रता के लिए ढाल, तलवार उठा लेनी पड़ेगी। हमें अब शत्रुओं के सैकड़ों सिरों को काट डालना पड़ेगा.......... चुपचाप मत बैठे रहो, बेकार पृथ्वी पर बोझ मत बनो। हमारे देश का नाम हिन्दुस्तान हैं फिर यहाँ पर अंग्रेज क्यों राज कर रहे हैं ?

इसलिए क्रान्तिकारियों ने देश के लिए सन्देश दिया कि तलवार हाथ में ले लो और सरकार को मिटा दो क्योंकि वह विदेशी और दुराचारिणी है।"[1] उनकी इसी विचारधारा पर क्रान्तिकारियों की कार्यप्रणाली आधारित थी।

**क्रान्तिकारियों के कार्यक्रम–श्री गुरुमुख निहाल** के अनुसार क्रान्तिकारियों के प्रमुख कार्यक्रम निम्नलिखित थे–

(1) समाचार-पत्रों के माध्यम से भारतीयों के मन में दासता के प्रति घृणा उत्पन्न करना।

(2) संगीत, नाटक और साहित्य के माध्यम से बेरोजगारी और भूख से पीड़ित भारतीयों को निडर बनाकर उनमें मातृभूमि और स्वतन्त्रता के प्रति प्रेम की भावना जाग्रत करना।

(3) सरकार को 'वन्देमातरम्' के प्रदर्शनों और अन्य प्रकार के आन्दोलनों में उलझाकर व्यस्त रखना।

(4) नवयुवकों को संगठित करके उन्हें हथियार चलाने आदि से सम्बन्धित सैनिक प्रशिक्षण तथा कठोर आज्ञापालन की शिक्षा देना।

(5) बन्दूक और बम जैसे आग्नेय अस्त्र चोरी-छिपे विदेशों से प्राप्त करना और उन्हें देश में बनाना।

(6) अपने उद्देश्य की पूर्ति हेतु व्यय करने के लिए चन्दे, दान और क्रान्तिकारी डकैतियों द्वारा धन एकत्रित करना।

**क्रान्तिकारियों के प्रमुख साधन**–क्रान्तिकारियों ने अपने उद्देश्य की प्राप्ति के लिए बम, पिस्तौल, बन्दूक, सशस्त्र डकैती, गोलाबारी, सरकारी खजाने की लूट और राजनीतिक हत्या आदि साधनों के प्रयोग पर बल दिया। उनका कहना था कि ब्रिटिश शासक गूँगे एवं बहरे हैं इसलिए बहरों को सुनाने के लिए ऊँची आवाज की आवश्यकता होती है। अत: वे इन साधनों को आवश्यकतानुसार अपनाकर ब्रिटिश शासकों के मन में भय और आतंक उत्पन्न करके ब्रिटिश शासन का अन्त करना चाहते थे।

इस प्रकार क्रान्तिकारी विचारधारा क्रियाकलापों और आन्दोलन का एक निश्चित लक्ष्य देश को स्वतन्त्र कराना था। देश की पूर्ण स्वतन्त्रता का नारा सबसे पहले क्रान्तिकारियों ने ही दिया था। उन्होंने न केवल नारा ही दिया वरन् उसकी प्राप्ति के लिए त्याग, तपस्या और फाँसी पर चढ़ने के लिए सदैव तैयार रहे।

## क्रान्तिकारी आन्दोलन की प्रगति अथवा क्रान्तिकारियों के क्रिया-कलाप

**(Progress of Revolutionary Movement or Activities of Revolutionaries)**

भारत में क्रान्तिकारियों के क्रिया-कलापों का एक लम्बा और गौरवपूर्ण इतिहास है। यह इतिहास उन्नीसवीं शताब्दी के उत्तरार्द्ध में प्रारम्भ होकर भारतीय राष्ट्रीय आन्दोलन का सहगामी बना रहा। इस शृंखला की प्रथम कड़ी सन् 1857 ई. की वह असफल क्रान्ति थी जो भारतीय जनता द्वारा भारत में ब्रिटिश शासन के विरुद्ध की गयी थी। तत्पश्चात् सन् 1872 ई. में पंजाब के 'कूका' नामक नामधारी सिक्खों ने देश की स्वाधीनता के लिए आन्दोलन चलाया। यह सिक्ख समुदाय पंजाब की अत्यधिक शोचनीय आर्थिक स्थिति से चिन्तित था। अत: इन्होंने अपने धार्मिक गुरु रामसिंह के उपदेशानुसार अंग्रेजी शासन से मुक्ति के लिए 'कूका आन्दोलन' चलाया। इसके बाद सन् 1879 ई. में पूना में वासुदेव बलवन्त फड़के ने भारत में ब्रिटिश सत्ता के विरुद्ध खुला विद्रोह करने के लिए सरकारी खजानों को लूटकर धन एकत्रित किया और ब्रिटिश शासन के विरुद्ध प्रचार करना प्रारम्भ किया।

इसी बीच सन् 1885 ई. में भारतीय राष्ट्रीय कांग्रेस की स्थापना के साथ ही क्रान्तिकारी गतिविधियों में कुछ शिथिलता आ गयी थी। लगभग 10 वर्षों तक यही स्थिति बनी रही परन्तु 22 जून, 1897 ई. को महाराष्ट्र के महान् क्रान्तिकारी **दामोदर चापेकर** ने पूना के प्लेग कमिश्नर रैण्ड के अत्याचारों के कारण उनको व उनके सहयोगी लेफ्टीनेंट आर्यस्ट को गोली से उड़ा दिया। इस अभियोग में सरकार द्वारा क्रान्तिकारी नवयुवकों को फाँसी पर लटका दिया गया। चापेकर बन्धुओं को भी फाँसी की सजा दी गई। सरकार के इस कार्य से केवल महाराष्ट्र में ही नहीं अपितु सम्पूर्ण भारत में अपूर्व जागृति और उत्साह की लहर फैल गई।

इन क्रान्तिकारी घटनाओं के पश्चात् क्रान्तिकारी आन्दोलन अत्यन्त उग्र होता गया। बीसवीं शताब्दी के प्रारम्भ में सन् 1905 ई. में यह आन्दोलन उग्रता के साथ शुरू हुआ। क्रान्तिकारी आन्दोलन देश को स्वतन्त्र कराने के लिए राष्ट्रीय आन्दोलन के साथ ही साथ सन् 1946 ई. तक निरन्तर चलता रहा। इस आन्दोलन को निम्नांकित तीन कालों में विभाजित किया गया है–

(1) सन् 1906 से 1914 ई. तक के काल में हुए क्रान्तिकारी कार्य।

(2) सन् 1915 से 1932 ई. तक किए गए क्रान्तिकारियों के कार्य।

(3) सन् 1939 से 1946 ई. तक की क्रान्तिकारियों की गतिविधियाँ।

---

1. Balshastri Hardas : *Amed Struggle for Freedom,* p. 343.

लेकिन सुविधा की दृष्टि से उक्त तीन काल-खण्डों के अन्तर्गत क्रान्तिकारी क्रिया-कलापों को निम्नलिखित शीर्षकों के अन्तर्गत विभाजित किया जा सकता है—

**(1) बंगाल में क्रान्तिकारी आन्दोलन (खुदीराम बोस का योगदान)**—बंगाल में क्रान्तिकारी आन्दोलन का सबसे अधिक जोर रहा। यहाँ पर इस आन्दोलन के नेता वारीन्द्र कुमार घोष व भूपेन्द्रनाथ दत्त थे। ये दोनों नेता क्रमश: '**युगान्तर**' और '**संध्या**' नामक दो समाचार-पत्रों के माध्यम से सरकार की कटु आलोचना करते थे और नवयुवकों को क्रान्तिकारी कार्यों के लिए प्रोत्साहित करते थे। वारीन्द्र कुमार घोष ने '**अनुशीलन समिति**' नामक पाश्चात्य ढंग की क्रान्तिकारी संस्था भी स्थापित की थी। इस समिति की 500 से अधिक शाखाएँ थीं। इसका कार्य लोगों को आतंकवादी कार्यों की शिक्षा देना था। इन संस्थाओं की गतिविधियाँ गुप्त रखी जाती थीं। इन नेताओं ने कहा था कि इस देश में अंग्रेजों की संख्या 1.5 लाख है। प्रत्येक जिले में इनकी संख्या बहुत अधिक नहीं है। यदि हम अपने संकल्प में दृढ़ हैं तो एक ही दिन में ब्रिटिश शासन को जड़ से समाप्त किया जा सकता है। उनका मन्त्र था कि, **"अपने प्राण दे दीजिए पर पहले प्राण ले लीजिए।"** बंगाल में क्रान्तिकारी क्रियाकलापों का वास्तविक प्रारम्भ 6 दिसम्बर, 1907 ई. को मिदनापुर के निकट गवर्नर लॉर्ड हार्डिंग को बम से उड़ा देने के षड्यन्त्र से हुआ। इसी वर्ष 23 दिसम्बर, 1907 ई. को ढाका के भूतपूर्व मजिस्ट्रेट मि. ऐलन को फरीदपुर जिले के स्टेशन पर गोली से उड़ा दिया गया। 30 अप्रैल, 1908 ई. को मि. किंग्सफोर्ड की हत्या करने का कार्य खुदीराम बोस और प्रफुल्ल चैकी नामक दो क्रान्तिकारियों को सौंपा गया। पूर्व-निर्धारित योजनानुसार मुजफ्फरपुर के जज किंग्सफोर्ड की कार पर बम फेंककर हत्या का प्रयास किया गया परन्तु संयोगवश वे उस कार में नहीं थे। उनके स्थान पर कार में बैठे अंग्रेज कैनेडी दम्पत्ति मारे गए। पुलिस द्वारा पीछा करने पर प्रफुल्ल चैकी ने तो पुलिस से बचने के लिए स्वयं को गोली मार ली परन्तु खुदीराम बोस को पुलिस ने गिरफ्तार कर लिया। 11 अगस्त, 1908 ई. को निर्दयी अंग्रेज सरकार ने 18 वर्षीय खुदीराम बोस को फाँसी पर चढ़ा दिया। खुदीराम बोस के इस बलिदान ने बंगाल को झकझोरकर रख दिया। इस घटना ने क्रान्तिकारियों में अप्रत्याशित उत्साह भर दिया। 10 नवम्बर, 1908 ई. को कन्हाई लाल और सत्येन्द्र नाथ नामक दो क्रान्तिकारियों को सरकारी गवाह नरेन्द्र स्वामी की हत्या के आरोप में फाँसी पर चढ़ा दिया गया। तत्पश्चात् अलीपुर केस में पुलिस द्वारा कलकत्ता में क्रान्तिकारियों के विशाल षड्यन्त्र का पता लग जाने पर अरविन्द घोष और उनके भाई वारीन्द्र कुमार घोष तथा हेमचन्द्र दास सहित 39 व्यक्तियों को गिरफ्तार कर लिया गया। षड्यन्त्र के मुकद्दमों की सुनवाई के समय अदालत के बाहर निकलते समय सब इन्सपेक्टर को गोली मार दी गई।

**(2) महाराष्ट्र में क्रान्तिकारी आन्दोलन**—महाराष्ट्र में क्रान्तिकारी आन्दोलन के नेता श्यामकृष्ण वर्मा, सावरकर बन्धु, चापेकर बन्धु आदि थे। इन नेताओं की शिक्षा थी कि, **"प्राण देने के पूर्व प्राण ले लीजिए।" 'अभिनव भारत समिति'** महाराष्ट्र की प्रमुख क्रान्तिकारी संस्था थी। सन् 1899 ई. में कमिश्नर रैण्ड और आर्यस्ट की हत्या से आतंकवाद का प्रारम्भ हुआ था। इस घटना के बाद श्यामजी कृष्ण वर्मा लन्दन चले गए क्योंकि कमिश्नर रैण्ड की हत्या में श्यामजी कृष्ण वर्मा का हाथ बताया जाता था। सावरकर बन्धुओं ने सन् 1900 ई. में '**मित्र मेला**' नामक संगठन बनाया। इस संगठन द्वारा एक क्रान्तिकारी संगठन का रूप ले लेने के कारण इसका नाम '**अभिनव भारत समाज**' कर दिया गया। इस संगठन की शाखाएँ सम्पूर्ण महाराष्ट्र में फैली हुई थीं। सन् 1906 ई. में विनायक दामोदर सावरकर भी लन्दन चले गए। वे वहाँ श्यामजी कृष्ण वर्मा के साथ क्रान्तिकारी क्रियाकलापों में संलग्न हो गए। वे दोनों लन्दन से अपने क्रान्तिकारी सन्देश और साहित्य दामोदर सावरकर के भाई गणेश सावरकर को भारत भेजा करते थे। इसी क्रम में सन् 1909 ई. में गणेश सावरकर को पिस्तौल का एक पार्सल भेजा गया परन्तु वह पार्सल प्राप्त नहीं कर सके, क्योंकि 2 मार्च, 1909 ई. को सम्राट् के विरुद्ध युद्ध छेड़ने के आरोप में उन्हें गिरफ्तार कर लिया गया। इस मुकदमे की सुनवाई के पश्चात् बम्बई उच्च न्यायालय द्वारा 9 जून, 1989 ई. को गणेश सावरकर को आजीवन निर्वासन (काले पानी) का दण्ड दिया गया। इसके प्रतिशोध स्वरूप नासिक के जिलाधीश मि. जैक्सन को 21 दिसम्बर, 1909 ई. को गोली से उड़ा दिया गया। इस अपराध के लिए धींगरा को 16 अगस्त, 1909 ई. को फाँसी पर चढ़ा दिया गया। नवम्बर, 1909 ई. में लॉर्ड मिण्टो की गाड़ी को बम से उड़ा देने का प्रयास किया गया लेकिन समय पर बम न फट सकने के कारण वे बच गए।

**(3) पंजाब व मद्रास में क्रान्तिकारी राष्ट्रवाद**—पंजाब में लाला लाजपत राय, लाला हरदयाल आदि ने क्रान्तिकारी संगठन में भाग लिया। पंजाब में कूकों के स्वाधीन आन्दोलन के पश्चात् और महाराष्ट्र की भाँति गुप्त क्रान्तिकारी समितियों का गठन नहीं हुआ परन्तु सरकार की भूमि सम्बन्धी नीति के कारण जनता में तीव्र असन्तोष था। इसलिए अजीत सिंह और सूफी अम्बाप्रसाद ने मिलकर सन् 1907 ई. में '**भारतमाता सोसाइटी**' नामक क्रान्तिकारी संस्था का गठन किया। इस संस्था के सदस्यों ने क्रान्तिकारी विचारधारा का प्रचार करते हुए शासन के विरुद्ध कार्य किए। मद्रास में अरविन्द घोष के विरुद्ध

गवाही न देने के कारण सन् 1907 ई. में विपिनचन्द्र पाल को गिरफ्तार कर 6 माह का कारावास दिया गया। जेल से मुक्त होने पर उनके स्वागत में एक सभा का आयोजन किया गया। सरकार ने सभा के आयोजकों पर स्वराज्य का ध्वज लगाए जाने तथा विदेशी वस्तुओं के बहिष्कार करने का आरोप लगाते हुए उन्हें गिरफ्तार कर लिया। इनके विरोधस्वरूप टिनेवेली में उपद्रव हुए। इस उपद्रव का दमन करने के लिए सरकार ने अनेक उपद्रवियों को गिरफ्तार कर लिया। इन गिरफ्तारियों का विरोध करते हुए 10 जून, 1911 ई. को क्रान्तिकारियों ने टिनेवेली के मजिस्ट्रेट को गोली से उड़ा दिया।

**(4) विदेशी क्रान्तिकारी के क्रिया-कलाप**—केवल भारत में ही नहीं अपितु विदेशों में भी भारतीय क्रान्तिकारी सक्रिय थे। लन्दन में **'इण्डिया हाउस'** से क्रान्तिकारी आन्दोलन चलाया जाता था। श्याम कृष्ण वर्मा तथा विनायक सावरकर ने लन्दन से ही अपनी गतिविधियाँ संचालित कीं। विनायक दामोदर ने होमरूल सोसाइटी के एक सदस्य धींगरा से सन् 1909 ई. में कर्जन विली को गोली से उड़वा दिया। इस अपराध पर धींगरा को मृत्युदण्ड दिया गया। विनायक दामोदर को लन्दन पुलिस ने गिरफ्तार कर बम्बई भेज दिया परन्तु रास्ते में वे जहाज से कूद पड़े और तैरते हुए फ्रांस पहुँच गए। फ्रांसीसी मल्लाहों ने उन्हें पुनः अंग्रेजों को सौंप दिया। इसके पश्चात् अंग्रेजों ने उन्हें भारत लाकर आजीवन कारावास का दण्ड दिया। इसी प्रकार फ्रांस, पेरिस, सेन-फ्रांसिस्को तथा न्यूयार्क नगर क्रान्तिकारियों के केन्द्र बन गए थे।

**(5) लाहौर षड्यन्त्र काण्ड**—प्रथम विश्व-युद्ध की अवधि में लाहौर षड्यन्त्र हुआ। इसमें क्रान्तिकारियों ने ब्रिटिश शासन के विरुद्ध सशस्त्र सैनिक विद्रोह की तैयारियाँ प्रारम्भ कर दीं। लाला हरदयाल ने जर्मनी जाकर कैसर विलियम द्वितीय से वार्ता करने के उपरान्त बर्लिन में कार्यरत **'भारतीय स्वाधीनता समिति'** के सदस्यों में चम्पक रमण पिल्लई, वारीन्द्र नाथ चट्टोपाध्याय, डॉ. प्रभाकर तथा रासबिहारी बोस, बागी करतार सिंह आदि से परामर्श करके सम्पूर्ण देश में 21 फरवरी, 1915 ई. को सशस्त्र विद्रोह करने की योजना बनाई लेकिन देशद्रोही कृपाल सिंह द्वारा पंजाब पुलिस को इस सम्पूर्ण योजना की जानकारी दे दी गई। परिणामस्वरूप पुलिस ने एक-एक करके 61 क्रान्तिकारियों को गिरफ्तार कर लिया। उन पर मुकदमा चलाया गया। यह सम्पूर्ण घटना **'लाहौर षड्यन्त्र काण्ड'** के नाम से प्रसिद्ध है। इस अपराध में 24 क्रान्तिकारियों को मृत्युदण्ड और शेष को कालेपानी की सजा दी गई।

**(6) काकोरी काण्ड (रामप्रसाद बिस्मिल द्वारा शंखनाद)**—फरवरी, 1920 ई. में जेल से रिहा होने के पश्चात् शचीन्द्र ने भारत के समस्त क्रान्तिकारी दलों को संगठित कर **'हिन्दुस्तान प्रजातान्त्रिक संघ'** की स्थापना की। इस क्रान्तिकारी दल द्वारा सशस्त्र क्रान्ति के उद्देश्य से भारी मात्रा में शस्त्र खरीदे गए इन शस्त्रों के मूल्य का भुगतान करने के लिए लखनऊ के निकट **'काकोरी'** नामक स्थान पर रेलगाड़ी से सरकारी खजाने को लूटने की योजना बनाई गई। पूर्व निर्धारित योजना के अनुसार 9 अगस्त, 1925 ई. को रात्रि आठ बजे रेलगाड़ी में बैठे दस सशस्त्र क्रान्तिकारियों ने जंजीर खींचकर **'काकोरी'** नामक स्थान पर गाड़ी रोक ली और हवाई फायर करते हुए सरकारी खजाने को लूटकर गायब हो गए। **पण्डित रामप्रसाद बिस्मिल** के नेतृत्व में हुआ यह काण्ड **काकोरी षड्यन्त्र काण्ड** के नाम से प्रसिद्ध है। इस काण्ड में पुलिस द्वारा 10 व्यक्ति गिरफ्तार किए गए। उन पर मुकदमा चलाया गया। इन क्रान्तिकारियों में रामप्रसाद बिस्मिल, राजेन्द्र लाहिड़ी, रोशनसिंह, अशफाक उल्लाह को फाँसी, शचीन्द्र सान्याल तथा बख्शी को कालेपानी तथा अन्य को 14 वर्ष एवं 10 वर्ष के कठोर कारावास का दण्ड दिया गया। इस प्रकार रामप्रसाद बिस्मिल, राजेन्द्र लाहिड़ी, रोशनसिंह आदि महान् देशभक्त क्रान्तिकारी देशवासियों को क्रान्ति और बलिदान का सन्देश देते हुए फाँसी के फन्दे पर झूल गए।

**(7) सरदार भगतसिंह का बम काण्ड**—क्रान्तिकारियों के उपर्युक्त अविस्मरणीय बलिदान के पश्चात् सरदार भगतसिंह, बटुकेश्वर दत्त, राजगुरु और चन्द्रशेखर आजाद ने **'हिन्दुस्तान प्रजातान्त्रिक संघ'** नामक क्रान्तिकारी संगठन का नाम परिवर्तित कर दिया। उन्होंने इस संगठन का नाम **'हिन्दुस्तान समाजवादी प्रजातान्त्रिक दल'** और बाद में **'हिन्दुस्तान समाजवादी प्रजातान्त्रिक सेना'** रख दिया। 10 अक्टूबर, 1928 ई. को लाहौर में साइमन कमीशन का विरोध करते हुए जुलूस निकाला गया। इस जुलूस का नेतृत्व शेरे पंजाब के नाम से प्रसिद्ध वयोवृद्ध नेता लाला लाजपत राय द्वारा किया जा रहा था। अंग्रेज पुलिस कप्तान साण्डर्स द्वारा नर्वस भीड़ पर भीषण लाठी वर्षा की गई। इस लाठीचार्ज में लाला लाजपत राय की मृत्यु हो गई। यह एक राष्ट्रीय अपमान था। इसलिए क्रान्तिकारियों द्वारा इसका प्रतिशोध लेने का निश्चय किया गया। 17 दिसम्बर, 1928 ई. को क्रान्तिकारियों द्वारा गोली मारकर साण्डर्स की हत्या कर दी गई।

इसके पश्चात् 8 अप्रैल, 1929 ई. को केन्द्रीय असेम्बली में **'पब्लिक सेफ्टी बिल'** पर बहस चल रही थी। जनता इसके विरुद्ध थी। सदन में इस विधेयक को अस्वीकृति निश्चित थी लेकिन गवर्नर अपनी विशेष शक्ति द्वारा इसे पास करा लेना चाहता था। उल्लेखनीय है कि पूर्व में भी 'ट्रेड डिस्प्यूट्स बिल' इसी तरह पारित करा लिया गया था। इसलिए क्रान्तिकारियों **'हिन्दुस्तान समाजवादी प्रजातान्त्रिक सेना'** ने जन-सामान्य की इच्छा को ध्यान में रखते हुए बिल को पारित होने से रोकने

के लिए एसेम्बली में बम फेंकने का निर्णय लिया। साथ ही यह भी निश्चय किया गया कि इस कार्य को सरदार भगतसिंह और बटुकेश्वर दत्त करेंगे और बम फेंकने के पश्चात् भागने के स्थान पर स्वयं को गिरफ्तार भी कराएँगे।

निर्धारित योजना के अनुसार 8 अप्रैल, 1929 ई. को एसेम्बली हॉल में 'पब्लिक सेफ्टी बिल' पर मतदान होने ही वाला था कि सरदार भगतसिंह ने एसेम्बली हॉल के अन्दर की दीवार पर बम फेंक दिया। बम फेंकने के साथ ही भगतसिंह और बटुकेश्वर दत्त दोनों ने एक साथ **'इन्कलाब जिन्दाबाद', 'साम्राज्यवाद का नाश हो'** का नारा लगाया। बम के साथ फेंके गए पर्चों में लिखा था कि बहरों को सुनाने के लिए ऊँची आवाज की आवश्यकता होती है। दोनों यदि चाहते तो भाग सकते थे परन्तु पूर्व निश्चय के अनुसार उन्होंने भागने के बजाय स्वयं को गिरफ्तार कराया। दोनों पर मुकदमा चलाया गया। बम फेंकने के अपराध में 12 जून, 1929 ई. को भगतसिंह और बटुकेश्वर दत्त को आजीवन कारावास की सजा सुनाई गई। परन्तु इस समय तक साण्डर्स की हत्या का भी रहस्य खुल चुका था जिससे उनके अन्य साथियों को गिरफ्तार कर लिया गया था। ये सभी मुकदमे की सुनवाई के दौरान 'भारत माता की जय', 'इन्कलाब जिन्दाबाद' के नारे लगाते तथा 'सरफरोशी की तमन्ना अब हमारे दिल में है' और 'मेरा रंग दे बसन्ती चोला' जैसे क्रान्तिकारी और देशभक्तिपूर्ण गीत गाया करते थे। जेल में किए जाने वाले दुर्व्यवहार और अमानवीय स्थिति सुधारने के लिए क्रान्तिकारियों ने जेल में ही अनशन प्रारम्भ किया। अनशन के 64वें दिन एक क्रान्तिकारी यतीनदास की मृत्यु हो गई। इस दु:खद समाचार को सुनकर भारत की जनता बहुत दु:खी हुई। अन्तत: 23 मार्च, 1931 ई. को भगतसिंह, राजगुरु, सुखदेव और शिवराम को मृत्युदण्ड देकर फाँसी पर चढ़ा दिया गया। इनके शवों को रात्रि में ही फिरोजपुर में जला दिया गया। अन्य साथियों को आजीवन कारावास का दण्ड दिया गया। शहीदों के इस बलिदान से सम्पूर्ण देश शोक-निमग्न हो गया।

**(8) चन्द्रशेखर आजाद का बलिदान**—सरदार भगतसिंह को फाँसी दिए जाने के बाद क्रान्तिकारी दल का नेतृत्व चन्द्रशेखर आजाद ने किया। आजाद काकोरी केस में भी सम्मिलित थे परन्तु वे पकड़े नहीं जा सके। आज़ाद ने सरदार भगतसिंह को जेल से रिहा कराने की भी योजना बनायी जिसमें उन्हें असफलता नहीं मिली। भगतसिंह की फाँसी के बाद आजाद और यशपाल ने 23 दिसम्बर, 1929 ई. को वायसराय लॉर्ड इरविन की गाड़ी को बम धमाके से उड़ा देने का प्रयास किया था। गाड़ी के डिब्बे चकनाचूर हो गए परन्तु वायसराय बच गए। आन्दोलन की बागडोर हाथ में आने पर 17 फरवरी, 1931 ई. को आजाद इलाहाबाद के अल्फ्रेड पार्क में अपने एक साथी सुखदेव के साथ बैठे अपनी योजना पर विचार-विमर्श कर रहे थे कि अचानक वहाँ पुलिस आ पहुँची। चन्द्रशेखर आजाद पर गोलियों की बौछार प्रारम्भ हो गयी। आजाद ने भी कई पुलिसकर्मियों व अफसरों को घायल कर दिया। परन्तु आजाद की पिस्तौल में मात्र एक गोली बची थी। उन्होंने प्रतिज्ञा की थी कि मैं कभी पुलिस द्वारा गिरफ्तार नहीं होऊँगा। अत: उन्होंने स्वयं को अन्तिम गोली मार ली और स्वतन्त्रता की बलिवेदी पर शहीद हो गए।

इस प्रकार देश का एक महान् क्रान्तिकारी देशभक्त और क्रान्तिकारी आन्दोलन का शीर्षस्थ नेता स्वतन्त्रता की बलिवेदी पर बलिदान हो गया। इसके पश्चात् अन्य क्रान्तिकारियों यशपाल व सूर्यसेन को गिरफ्तार करके सन् 1934 ई. में उन्हें फाँसी दे दी गई। परिणामस्वरूप क्रान्तिकारी गतिविधियाँ कुछ समय तक के लिए थम गईं।

**(9) सुभाषचन्द्र बोस और आजाद हिन्द फौज—"तुम मुझे खून दो, मैं तुम्हें आजादी दूँगा"** का नारा देने वाले स्वाधीनता संग्राम के अद्वितीय योद्धा, महान् क्रान्तिकारी सुभाषचन्द्र बोस और उनके द्वारा गठित आजाद हिन्द फौज का उल्लेख किए बिना क्रान्तिकारी राष्ट्रवाद का इतिहास अधूरा ही रह जाएगा।

प्रारम्भ से ही क्रान्तिकारी विचारधारा के पोषक और 21 वर्ष की आयु में आई. सी. एस. परीक्षा उत्तीर्ण कर लेने के बाद नेताजी सुभाषचन्द्र बोस ने सरकारी सेवा से त्यागपत्र देकर असहयोग आन्दोलन में सक्रिय भाग लियां। उनके क्रान्तिकारी विचारों के कारण ही सन् 1929 ई. में उन्हें 6 माह के कठोर कारावास का दण्ड भी दिया गया। सुभाषचन्द्र बोस की क्रान्तिकारी विचारधारा और गतिविधियों के कारण सन् 1940 ई. के अन्तिम दिनों में ब्रिटिश सरकार उन्हें अपना प्रबल शत्रु मानने लगी थी। इसलिए सरकार ने उन्हें उनके घर में ही नजरबन्द कर रखा था। परन्तु 16 जनवरी, 1941 ई. को वे पुलिस को चकमा देकर पठान के वेष में कलकत्ता से बाहर निकल गए और काबुल, इटली होते हुए जर्मनी पहुँचे जहाँ उनकी भेंट हिटलर से हुई, हिटलर ने उन्हें प्रत्येक प्रकार की सहायता देने का वचन दिया। जो भी भारतीय सैनिक इटली और जर्मनी के हाथ में पड़ गए उन सभी को एकजुट कर उन्होंने मुक्ति सेना बनाई। इन्हीं दिनों भारत में महान् क्रान्तिकारी रासबिहारी बोस जापानी बनकर जापान में रह रहे थे। द्वितीय विश्व-युद्ध में जर्मनी का साथ देने के लिए जापान युद्ध में शामिल हुआ तो इसे उन्होंने अपने लिए एक उपयुक्त अवसर माना। इस अवसर का लाभ उठाते हुए उन्होंने 28 मार्च, 1942 ई. को टोकियो में सभी भारतीय नेताओं का सम्मेलन आमन्त्रित किया जिसमें भारतीय स्वतन्त्रता लीग की स्थापना की गई और 'आजाद हिन्द फौज' बनाने की

घोषणा की। इस फौज में 50 हजार भारतीय सिपाही भर्ती हो गए। सेना के गठन के समय यह प्रस्ताव किया गया कि भारत की स्वतन्त्रता के अतिरिक्त अन्य उद्देश्य के लिए आजाद हिन्द सेना का प्रयोग नहीं किया जाएगा। जून, 1942 ई. में रासबिहारी बोस की अध्यक्षता में असंख्य भारतीयों के एक सम्मेलन में सुभाषचन्द्र बोस को टोकियो आने का निमन्त्रण दिया गया। वे अनेक रुकावटों को पार करते हुए 20 जून, 1943 ई. को टोकियो पहुँच गए। रास बिहारी बोस के अत्यधिक वृद्ध हो जाने के कारण सुभाषचन्द्र बोस को आजाद हिन्द फौज का नेतृत्व सौंप दिया गया। सुभाषचन्द्र बोस ने 2 जुलाई, 1943 ई. को सिंगापुर में लाखों लोगों के स्वागत का उत्तर देते हुए अपने ऐतिहासिक भाषण में कहा कि, "हमारी लड़ाई प्रत्येक प्रकार के साम्राज्य के विरुद्ध है, चाहे वह अंग्रेजी साम्राज्यवाद हो या जापानी। साथियों ! हमारा नारा होना चाहिए–'दिल्ली चलो' ! आज मैं आपको भूख, प्यास, घोर युद्ध और कठिनाइयों के अतिरिक्त और कुछ नहीं दे सकता। स्वतन्त्रता के इस अभियान में हममें से कौन जीवित रहता है और किसे मृत्यु आती है, यह अधिक महत्वपूर्ण नहीं है। हमें अपना सर्वस्व बलिदान कर देश की स्वतन्त्रता को प्राप्त करना है।"[1] आजाद हिन्द सेना को अपनी क्रान्तिकारी और प्रेरणादायक सन्देश में उन्होंने कहा था कि, **"तुम मुझे खून दो, मैं तुम्हें आजादी दूँगा।"**

आजाद हिन्द फौज के सर्वोच्च सेनापति के रूप में 21 अक्टूबर, 1943 ई. को उन्होंने स्वतन्त्र भारत की अस्थायी सरकार की घोषणा करते हुए नई सरकार के अध्यक्ष के रूप में शपथ ग्रहण की जिसे जापानी, जर्मनी, म्यांमार, फिलीपीन्स, कोरिया, इटली और आयरलैण्ड आदि ने मान्यता भी दे दी। 7 फरवरी, 1944 ई. को आजाद हिन्द फौज ने ब्रिटिश सेना पर आक्रमण करके अराकान मोर्चे पर विजय प्राप्त कर ली। यह उनकी प्रथम विजय थी। इसके पश्चात् सुभाषचन्द्र बोस के नेतृत्व में सेना ने कई भारतीय प्रदेशों को अंग्रेजों के आधिपत्य से मुक्त कराके उन पर भारतीय ध्वज फहराया और इस प्रकार मार्च, 1944 ई. तक आजाद हिन्द सेना इम्फाल तक पहुँच गयी। आजाद हिन्द फौज की इस विजय के समाचारों से भारत में एक विचित्र प्रकार की उमंग और उत्साह की लहर व्याप्त हो गयी। सभी को ऐसा प्रतीत होने लगा था कि अब आजाद हिन्द फौज भारत को अंग्रेजों के चंगुल से मुक्त कराके स्वतन्त्रता प्राप्त कराने वाली है परन्तु ऐसा नहीं हो सका क्योंकि सितम्बर, 1944 ई. को इटली द्वारा आत्मसमर्पण कर दिया गया तथा दूसरी ओर प्रशान्त महासागर में अमेरिका ने अपनी उपस्थिति सुदृढ़ कर लिए जाने के कारण जापान अपनी रक्षा व्यवस्था में लग गया जिसके कारण भारत और म्यांमार सीमा पर युद्धरत आजाद हिन्द सेना की टुकड़ियों को भोजन और आवश्यक सशस्त्र आदि की सहायता नहीं मिल सकी। परिणाम यह हुआ कि सेना हारने लगी और 13 अगस्त, 1945 ई. को अमेरिका ने जापान के दो बड़े नगरों **हिरोशिमा** और फिर **नागासाकी** पर बम गिराकर उन्हें पूर्णतया नष्ट कर दिया। इससे जापान ने मित्र राष्ट्रों के समक्ष घुटने टेक दिए। जर्मनी पहले ही आत्मसमर्पण कर चुका था। इन विषम परिस्थितियों में सुभाषचन्द्र बोस भूमिगत हो गए। कहा जाता है कि एक विमान दुर्घटना में उनकी मृत्यु हो गई और आजाद हिन्द फौज के अनेक सैनिक और अधिकारी बन्दी बना लिए गए जिन पर दिल्ली के लाल किले में राजद्रोह का मुकदमा चलाया गया। उनमें सबसे प्रमुख थे–केप्टेन शाहनबाज, केप्टेन जी. के. सहगल तथा लेफ्टिनेण्ट गुरुबख्श सिंह ढिल्लन। देशवासियों के हृदय में इन व्यक्तियों के साहस और देशभक्ति के प्रति भारी श्रद्धा और सम्मान था। अतः जनता ने इन नेताओं की मुक्ति की माँग की। नवम्बर, 1945 ई. में अभियोग प्रारम्भ हुआ। इनके कानूनी बचाव का कार्य कांग्रेस के निर्देशन में तेजबहादुर सप्रू, पण्डित जवाहरलाल नेहरू, कैलाशनाथ काटजू और आसफ अली आदि ने अपने हाथों में लिया। भूलाभाई देसाई ने अदालत के सामने जोर देकर कहा कि, "किसी भी परतन्त्र देश का यह जन्म-सिद्ध अधिकार है कि वह विदेशी आक्रान्ताओं के विरुद्ध हथियार उठाकर लड़े।"

आजाद हिन्द फौज यद्यपि अपने लक्ष्य में सफलता तो प्राप्त नहीं कर सकी परन्तु सुभाषचन्द्र बोस के नेतृत्व में सेना द्वारा लड़े गए युद्ध ने भारत को स्वतन्त्रता के निकट पहुँचा दिया। इस मुकदमे में सैनिक अदालत ने तीनों अभियुक्तों को आजीवन कारावास का दण्ड दिया लेकिन ब्रिटिश सरकार अदालत के इस निर्णय को क्रियान्वित करने का साहस नहीं जुटा पाई और जन-भावनाओं को देखते हुए गवर्नर ने अपने विशेष अधिकार के अन्तर्गत तीनों अभियुक्तों को रिहा कर दिया।

**(10) फौज में असन्तोष (जल सेना का विद्रोह)**–लम्बी अवधि से चलने वाले भारतीय राष्ट्रीय आन्दोलन और आजाद हिन्दी सेना के अनुकरणीय देशभक्तिपूर्ण शौर्य प्रदर्शन का भारतीय सैनिकों पर भी प्रभाव पड़ना नितान्त स्वाभाविक था। वैसे सन् 1942-45 ई. की अवधि में थलसेना और वायुसेना द्वारा असन्तोष का परिचय दिया गया था। सन् 1946 ई. के वर्ष में तो यह असन्तोष स्पष्ट रूप से उभरकर सामने आ गया। 20 जनवरी, 1946 ई. को वायु सेना के सैनिकों ने हड़ताल कर दी जो शीघ्र ही बम्बई, लाहौर और दिल्ली तक फैल गई। इस हड़ताल में 2,000 से भी अधिक वायुसैनिक हड़ताल पर रहे।

---

1. Balarajshastri Hardas : *Armed Struggle for Freedom,* p. 431.

इसके पश्चात् वास्तविक विद्रोह तो जलसेना का हुआ जिन्होंने ब्रिटिश अधिकारियों के जाति विभेद पर आधारित दुर्व्यवहार और भेदभावपूर्ण नीति तथा भारतीय राष्ट्रवाद से प्रेरित होकर नौ सैनिकों ने ब्रिटिश शासन के विरुद्ध विद्रोह का ध्वज उठा लिया। 18 फरवरी, 1946 ई. को बम्बई में तलवार नामक प्रशिक्षण जलयान के समस्त नौसैनिकों ने हड़ताल कर दी जिसका समर्थन बम्बई बन्दरगाह पर उपस्थित समस्त जलयानों के नौसैनिकों ने भी किया। अगले दिन उनकी संख्या 20 हजार तक पहुँच गई। 20 फरवरी, को यह हड़ताल अन्य बन्दरगाहों तक फैल गई जिसके परिणामस्वरूप 21 फरवरी तक शाही भारतीय नौसेना भी इस हड़ताल में सम्मिलित हो गई। इन हड़ताली सैनिकों ने आजाद हिन्द सेना के बिल्ले लगाए तथा समस्त जलयानों से यूनियन जैक के ध्वज उतारकर उनके स्थान पर कांग्रेस और लीग के ध्वज फहराए। इस जलसेना के विद्रोह को कांग्रेस का समर्थन छोड़कर समस्त जनता का समर्थन प्राप्त हुआ। इसके अतिरिक्त 22 फरवरी, को इस विद्रोह के समर्थन में बम्बई में अभूतपूर्व हड़ताल हुई जिसमें तीन लाख श्रमिकों, छात्रों और मध्यम वर्ग के लोगों ने भाग लेकर विद्रोही नौसैनिकों की यथासम्भव सहायता की। इस प्रकार जलसेना का यह विद्रोह इतना सफल रहा कि अंग्रेजों का भारतीय जलसेना से नियन्त्रण समाप्त हो गया।

ऐसी स्थिति में ब्रिटिश शासन ने पूरी शक्ति के साथ अपना दमन-चक्र चलाया जिसके परिणामस्वरूप पाँच दिन के लिए बम्बई शहर ने एक छोटे से युद्ध क्षेत्र का रूप धारण कर लिया था। इस विद्रोह को दबाने के लिए ब्रिटिश शासन को सेना की सहायता लेनी पड़ी। परन्तु भारतीय सेना को सैनिकों ने अपने भाइयों पर गोली चलाने से इन्कार कर दिया। अब ब्रिटिश शासन ने बाध्य होकर अपनी गोरी सेना बुलाई परन्तु अन्त में कांग्रेस और लीग के कुछ नेताओं द्वारा समझाए जाने पर ही मामला शान्त हो सका।

जलसेना द्वारा किया गया यह विद्रोह वास्तव में भारत में ब्रिटिश साम्राज्यवाद पर एक ऐसा निर्णायक प्रहार था जिसने अंग्रेजों को यह भली-भाँति समझा दिया कि जिस देश की जनता के साथ-साथ वहाँ की सेना भी विद्रोह के मार्ग पर हो उसे अधिक समय तक परतन्त्र नहीं रखा जा सकता।

## क्रान्तिकारी आन्दोलन की असफलता के कारण
## (Causes of Failure of Revolutionary Movement)

यद्यपि क्रान्तिकारियों ने भारतवासियों में अपूर्व राष्ट्रीय चेतना जाग्रत की तथापि उन्हें अपने उद्देश्य में सफलता नहीं मिली। क्रान्तिकारी आन्दोलन की असफलता के प्रमुख कारण निम्नलिखित हैं—

**(1) केन्द्रीय संगठन का अभाव**—क्रान्तिकारी आन्दोलन की असफलता का एक कारण यह था कि इसका कोई केन्द्रीय संगठन नहीं था जिसके माध्यम से देश के विभिन्न प्रान्तों में कार्यरत क्रान्तिकारियों से सम्पर्क स्थापित करके उनके मध्य पारस्परिक सहयोग और सम्बन्धों की स्थापना हो पाती। इसका परिणाम यह हुआ कि समस्त क्रान्तिकारी केन्द्रीय संगठन के अभाव में संगठित रूप से कार्य न कर सके। वैसे भी छिटपुट क्रान्तिकारी घटनाओं से ब्रिटिश शासन का अन्त सम्भव नहीं था।

**(2) आन्दोलन का मात्र मध्यम वर्ग के नवयुवकों तक ही सीमित होना**—क्रान्तिकारी आन्दोलन की असफलता का एक कारण इस आन्दोलन का मध्यम वर्ग के शिक्षित नवयुवकों तक ही सीमित होना था। चूँकि इन युवकों का जनता पर कोई विशेष प्रभाव नहीं था, अत: जनसाधारण का सहयोग तथा समर्थन इसे प्राप्त नहीं हो सका।

**(3) हथियारों की प्राप्ति में विशेष कठिनाई**—क्रान्तिकारी साहसी तथा उत्साही थे, वे हँसते-हँसते अपने प्राणों का बलिदान करने को तत्पर रहते थे, परन्तु ब्रिटिश सरकार से लड़ने के लिए उनके पास पर्याप्त हथियार नहीं थे। उन्हें अस्त्र-शस्त्रों की प्राप्ति में बहुत कठिनाई उठानी पड़ती थी। वे चोरी छिपे हथियार मँगवाते थे। सरकार उनके प्रति सदैव सचेत रहती थी। इन परिस्थितियों में वे कब तक सरकार की आँखों में धूल झोंक सकते थे।

**(4) गुप्तचर विभाग की कुशलता**—ब्रिटिश सरकार का गुप्तचर विभाग बहुत कुशल था। इसलिए वह उनकी प्रत्येक गतिविधि की सूचना तुरन्त सरकार के पास पहुँचा देता था। कई बार तो क्रान्तिकारियों की योजना के क्रियान्वित होने से पूर्व ही सरकार को पता चल जाता था और सरकार तुरन्त कदम उठा लेती थी।

**(5) ब्रिटिश सरकार की दमनकारी नीति**—क्रान्तिकारी आन्दोलन की असफलता का मुख्य कारण ब्रिटिश सरकार की कठोर दमन नीति थी। सन् 1907 ई. में सभाओं पर प्रतिबन्ध लगा दिया गया और सन् 1908 ई. में राजद्रोहात्मक सभाओं

पर प्रतिबन्ध लगाने के उद्देश्य से सिडीशिस मीटिंग्स एक्ट पास किया गया। सन् 1908 ई. में फौजदारी कानून में संशोधन करके उसे और अधिक कठोर बना दिया गया तथा उसका कठोरता से पालन करने के निर्देश दे दिए गए। कुछ संस्थाओं को अवैध घोषित कर दिया गया। इस प्रकार प्रेस एक्ट पास कर समाचार-पत्रों के मुँह बन्द कर दिए। इतना ही नहीं, क्रान्तिकारियों पर मुकदमे चलाने हेतु अंग्रेजों के बहुमत वाले न्यायाधीश मण्डल बनाए गए जिनके द्वारा मामूली अपराध के लिए भी भारतीयों को मृत्यु-दण्ड, कालापानी, देश निर्वासन या लम्बे कठोर कारावास के दण्ड दिए जाते थे। सरकार की कठोर दमन नीति के परिणामस्वरूप क्रान्तिकारियों का उत्साह मन्द पड़ गया और लोग इतने आतंकित तथा भयभीत हो गए कि वे क्रान्तिकारियों से दूर भागने लगे।

**(6) देशद्रोही**—क्रान्तिकारी संगठनों में कुछ ऐसे देशद्रोही भी होते थे जो क्रान्तिकारियों की गुप्त योजनाओं की सूचना सरकार को देकर उनके मनसूबों पर पानी फेर देते थे।

**(7) उच्च-मध्यमवर्गीय सहानुभूति का अभाव**—क्रान्तिकारी आन्दोलन के प्रति भारत की उच्च-मध्यमवर्गीय जनता की सहानुभूति का अभाव था। सुरेन्द्रनाथ बनर्जी, गोपालकृष्ण गोखले एवं फिरोजशाह मेहता आदि उच्च वर्ग के नेताओं ने क्रान्तिकारियों को घृणा की दृष्टि से देखा। ये नेता स्वराज्य प्राप्त करने के लिए वैधानिक उपायों में विश्वास करते थे।

**(8) क्रान्तिकारियों के प्रति कांग्रेस की उदासीनता**—भारत की सर्वाधिक प्रभावशाली संस्था कांग्रेस सन् 1885 ई. से ही अपनी उदारवादिता के कारण क्रान्तिकारी संगठनों की आलोचक थी। क्रान्तिकारियों को जनसमर्थन प्राप्त नहीं हुआ। यही नहीं, उदारवादी नेताओं द्वारा क्रान्तिकारी आन्दोलन को दबाने के लिए शासन को समय-समय पर परामर्श भी दिया जाता रहा।

**(9) महात्मा गाँधी का सत्याग्रह आन्दोलन**—क्रान्तिकारी आन्दोलन की असफलता का एक महत्वपूर्ण कारण गाँधी जी द्वारा क्रान्तिकारियों के विरुद्ध सत्याग्रह आन्दोलन भी था। यदि महात्मा गाँधी द्वारा क्रान्तिकारी आन्दोलन के विकल्प के रूप में अपना अहिंसात्मक सत्याग्रह आन्दोलन प्रारम्भ न किया गया होता तो कालान्तर में क्रान्तिकारी आन्दोलन के प्रति जनता का झुकाव हो सकता था परन्तु गाँधी जी द्वारा हिंसात्मक क्रान्तिकारी आन्दोलन के विकल्प के रूप में प्रस्तुत अहिंसात्मक सत्याग्रह आन्दोलन भारतीय जनता में अधिकाधिक लोकप्रिय होकर क्रान्तिकारी आन्दोलन के लिए अत्यन्त घातक सिद्ध हुआ।

इस प्रकार उपर्युक्त कारणों से क्रान्तिकारियों को अपने लक्ष्य में सफलता नहीं मिली। इसका मार्ग बहुत कठिन था। एक ओर तो संवैधानिक आन्दोलन के समर्थक उनकी आलोचना करते थे दूसरे गुप्तचर पुलिस कभी भी उन्हें अपना जौहर दिखलाने के लिए नहीं छोड़ती थी। जनता का भी उन्हें सहयोग नहीं मिला फिर भी क्रान्तिकारियों के कार्यों व बलिदानों को भुलाया नहीं जा सकता। स्वतन्त्रता प्राप्ति में इनका योगदान किसी भी प्रकार कांग्रेस से कम नहीं कहा जाना चाहिए। इन्होंने स्वतन्त्रता प्राप्ति का मार्ग प्रशस्त किया। सन् 1942 ई. की **अगस्त क्रान्ति** क्रान्तिकारी आन्दोलन का ही एक अंग थी। अन्त में यही कहा जा सकता है कि ब्रिटिश सरकार की दृष्टि में क्रान्तिकारियों के कार्य अपराध हो सकते थे पर भारतीयों के लिए उनके कार्य नितान्त आवश्यक थे जिनके द्वारा स्वतन्त्रता निकट आ सकी।

## प्रश्न
## (Questions)

### दीर्घ उत्तरीय प्रश्न (Long Answer Type Questions)

1. क्रान्तिकारी आन्दोलन के उदय के कारणों तथा उसके उद्देश्यों एवं कार्य-पद्धति पर प्रकाश डालिए।
   (Throw light on the causes, objectives and working method of Revolutionary Movement.)
2. भारत के राष्ट्रीय आन्दोलन में क्रान्तिकारियों के योगदान की समीक्षा कीजिए।
   (Evaluate the contribution of revolutionaries in National Movement of India.)
3. बीसवीं शताब्दी के प्रारम्भ में किन कारणों से भारत में क्रान्तिकारी आन्दोलन का उदय हुआ ?
   (Discuss the causes which were responsible for the rise of revolutionary movement in 20th century.)

4. भारत में क्रान्तिकारी आन्दोलन का उद्देश्य, विचारधारा, साधन और कार्यक्रम का वर्णन कीजिए। उन्होंने देश को स्वतन्त्र कराने के लिए हिंसात्मक तरीकों को क्यों अपनाया ?
(Describe the objectives, ideology, means and programme of revolutionary movement in Indian. Why the adopted violent methods to make country tree ?)
5. क्रान्तिकारी आन्दोलन की असफलता के कारणों पर प्रकाश डालिए।
(Throw light on the causes of unsuccess of Revolutionary Movement.)
6. क्रान्तिकारी आन्दोलन के कारण एवं प्रमुख कार्यों का उल्लेख कीजिए।
(Discuss the causes and main functions of Revolutionary Movement.)
7. राष्ट्रीय आन्दोलन में क्रान्तिकारियों की भूमिका का मूल्यांकन कीजिए।
(Evaluate the role of Revolutionaries in National Movement.)
8. क्रान्तिकारी आन्दोलन के संगठन, सिद्धान्त एवं मुख्य प्रवृत्तियों पर प्रकाश डालिए। इसकी असफलता के कारण बताइए।
(Throw light on organisation, principles and main tendencies of Revolutionary Movement. Discuss the causes of the failure.)
9. क्रान्तिकारी आन्दोलन के विकास के चरण समझाइए। भारतीय राष्ट्रीय आन्दोलन में क्रान्तिकारियों के योगदान का मूल्यांकन कीजिए।
(Discuss the steps of development of Revolutionary Movement. Evaluate the contribution of Revolutionaries in Indian National Movement.)
10. भारत के क्रान्तिकारी दल का उद्देश्य एवं कार्यक्रम बताइए। भारत के राष्ट्रीय आन्दोलन में उनके योगदान का मूल्यांकन कीजिए।
(Discuss the objectives and programmes of Revolutionary Party in India. Evaluate the contribution of Revolutionaries a National Movement of India.)
11. भारतीय राष्ट्रीय चेतना के विकास में क्रान्तिकारियों का क्या योगदान है ?
(What is the contribution of Revolutionaries in the development of National Consciousness in India ?)
12. क्रान्तिकारी आन्दोलन का उदय क्यों हुआ ? इसके उदय के प्रमुख कारण दीजिए।
(What was the causes of rise of Revolutionary Movement ? Discuss maink causes of its rise.)
13. भारतीय स्वतन्त्रता आन्दोलन में आजाद हिन्द फ़ौज के कार्यों का मूल्यांकन कीजिए।
(Evaluate the functions of 'Aazad Hind Fauz' in India.)

## लघु उत्तरीय प्रश्न (Short Answer Type Questions)

1. क्रान्तिकारियों के लक्ष्य, विचारधारा और कार्यक्रम का संक्षेप में वर्णन कीजिए।
2. क्रान्तिकारी आन्दोलन के उदय के कारण संक्षेप में बनाइए।
3. क्रान्तिकारी आन्दोलन की असफलता के कारणों की संक्षिप्त विवेचना कीजिए।
4. राष्ट्रीय आन्दोलन में महान् क्रान्तिकारी भगतसिंह तथा चन्द्रशेखर आजाद का क्या योगदान रहा ?
5. 'आजाद हिन्द सेना' पर एक टिप्पणी लिखिए।
6. जल सेना विद्रोह क्या था ?
7. टिप्पणी लिखिए–
   (i) चापेकर बन्धु,
   (ii) सन् 1915 ई. का सशस्त्र विद्रोह,
   (iii) खुदीराम बोस,
   (iv) काकोरी केस।
8. क्रान्तिकारी आन्दोलन के उद्देश्य बताइए।
9. क्रान्तिकारी आन्दोलन के पाँच कारण लिखिए।

## बहुविकल्पीय वस्तुनिष्ठ प्रश्न (Multiple Choice Type Objective Questions)

1. **सुभाषचन्द्र बोस किस विचारधारा के थे–**
   (a) क्रान्तिकारी (b) गाँधीवादी
   (c) उग्रवादी (d) उदारवादी।
   **उत्तर**–(a) क्रान्तिकारी।
2. **निम्नलिखित में से क्रान्तिकारी कौन था–**
   (a) रामप्रसाद बिस्मिल (b) दादाभाई नौरोजी
   (c) एस. एन. बनर्जी (d) ए. ओ. ह्यूम।
   **उत्तर**–(a) रामप्रसाद बिस्मिल।
3. **'दिल्ली चलो' का नारा किसने दिया–**
   (a) सरदार भगतसिंह (b) गाँधी जी
   (c) सुभाषचन्द्र बोस (d) जवाहरलाल नेहरू।
   **उत्तर**–(c) सुभाषचन्द्र बोस।
4. **किसने कहा था कि 'तुम मुझे खून दो, मैं तुम्हें आजादी दूँगा'–**
   (a) महात्मा गाँधी (b) सरदार पटेल
   (c) चन्द्रशेखर आजाद (d) सुभाषचन्द्र बोस।
   **उत्तर**–(d) सुभाषचन्द्र बोस।
5. **निम्न में से कौन क्रान्तिकारी नहीं था–**
   (a) भगतसिंह (b) चन्द्रशेखर आजाद
   (c) सुरेन्द्रनाथ बनर्जी (d) रामप्रसाद बिस्मिल।
   **उत्तर**–(c) सुरेन्द्रनाथ बनर्जी।

●●

# भारत में सम्प्रदायवाद का उदय, कारण, विकास और परिणाम

# [RISE OF COMMUNALISM IN INDIA, CAUSES, DEVELOPMENT AND CONSEQUENCES]

अंग्रेज सरकार ने भारत में अपना साम्राज्य सुदृढ़ करने के पश्चात् मुस्लिम विरोधी नीति अपनायी। वे मुसलमानों को अंग्रेजी शासन का विरोधी समझते थे। सन् 1857 ई. के विद्रोह के विषय में उनका विचार था कि इसके उकसाने वाले विशेष रूप से मुसलमान हैं। अत: उन्होंने मुसलमानों को कुचलने का हर सम्भव प्रयास किया। परिणामस्वरूप मुसलमान सामाजिक, राजनीतिक और आर्थिक दृष्टिकोण से बहुत पिछड़ गए, पर इस बीच कुछ ऐसी राष्ट्रीय एवं अन्तर्राष्ट्रीय घटनाएँ घटित हुईं जिसके कारण मुसलमानों को अपने पिछड़ेपन की स्थिति खलने लगी। उन्होंने यह अनुभव किया कि अंग्रेजों के सहयोग से ही उनकी स्थिति में सुधार हो सकता है। सर सैयद अहमद खाँ के नेतृत्व में मुसलमान अंग्रेजों के निकट आने लगे और मुसलमानों ने राजनीतिक रूप से संगठित होना शुरू किया, जिसके फलस्वरूप सन् 1870 ई. के पश्चात् ब्रिटिश नीति में परिवर्तन हुआ और अंग्रेजों ने अपनी '**फूट डालो और राज करो**' की नीति के आधार पर मुसलमानों को हिन्दुओं के विरुद्ध भड़काना प्रारम्भ कर दिया। सन् 1906 ई. में मुस्लिम लीग की स्थापना हुई, जिसका मुख्य उद्देश्य मुसलमानों में अंग्रेजों के प्रति राजभक्ति की भावना उत्पन्न करना, अपने अधिकारों और हितों की रक्षा करना था। यहीं से भारत में मुस्लिम सम्प्रदायवाद का श्रीगणेश हुआ जिसका परिणाम भारत के विभाजन अर्थात् हिन्दुस्तान और पाकिस्तान के रूप में हुआ।

## मुस्लिम साम्प्रदायिकता के उदय के कारण
## (Causes of Rise of Muslim Communalism)

भारत में राष्ट्रीय आन्दोलन के अन्तर्गत मुस्लिम साम्प्रदायिकता के उदय के प्रमुख कारण निम्नलिखित रहे हैं–

**(1) बहावी या धार्मिक आन्दोलन**– 18वीं शताब्दी के मध्यान्तर में अरब के पुनरुत्थानवादियों ने बहावी आन्दोलन प्रारम्भ किया, जिसका नेतृत्व मुहम्मद इब्न अब्दुल बहाव ने किया। इस आन्दोलन का उद्देश्य मुसलमानों में कुरान के प्रति निष्ठा उत्पन्न करना, उनमें स्वाभिमान व आत्मविश्वास उत्पन्न करना और उनकी बुराइयों को दूर करना था, जिसका प्रभाव व्यापक रूप से भारतीय मुसलमानों पर पड़ा। भारत में यह आन्दोलन जिहाद भी था। अंग्रेजों ने इस आन्दोलन को बुरी तरह कुचल दिया। हालांकि यह आन्दोलन तो दबा दिया गया, पर इस आन्दोलन के संस्कार मुस्लिम जनता के हृदय से नहीं गए। इस आन्दोलन ने मुसलमानों में साम्प्रदायिकता का बीज अंकुरित किया।

**(2) मुसलमानों के प्रति अंग्रेज शासकों की परिवर्तित नीति**–अंग्रेजों ने भारत में अपना साम्राज्य सुदृढ़ करने के बाद मुसलमान विरोधी नीति अपनाई। सन् 1857 ई. के विद्रोह को अंग्रेज मुख्य रूप से मुसलमानों द्वारा की हुई क्रान्ति मानते थे। तद्नुसार उन्होंने मुसलमानों को प्रताड़ित किया। उन्हें नौकरियों से वंचित कर दिया, उनके कुटीर उद्योग ठप्प कर दिए, जिससे मुसलमानों की स्थिति बहुत ही शोचनीय हो गयी, परन्तु शीघ्र ही अंग्रेजों ने अनुभव किया कि उनके साम्राज्य को खतरा मुसलमानों से नहीं बल्कि हिन्दुओं से है। इसलिए उन्होंने अपनी नीति परिवर्तित कर मुसलमानों के प्रति दया और प्रेम दिखाकर उनकी सद्भावना अर्जित करने की नीति प्रारम्भ की। अंग्रेज सरकार ने मुसलमानों को नयी सुविधाएँ देकर अपनी तरफ मिलाया, ताकि वे राष्ट्रीय आन्दोलन से अलग रहें।

**(3) फूट डालो और शासन करो**– भारत में जैसे-जैसे राष्ट्रीय आन्दोलन प्रगति कर रहा था, वैसे-वैसे अंग्रेजों को भारत में अपना साम्राज्य खतरे में दिखाई पड़ रहा था। अपने शासन को बनाए रखने के लिए अंग्रेजों ने '**फूट डालो और**

**शासन करो'** की नीति का अनुसरण किया। अंग्रेजों ने जान-बूझकर एक सुनियोजित षड्यन्त्र के रूप में हिन्दुओं और मुसलमानों के बीच नफरत की दीवार खड़ी करना शुरू कर दी। उन्होंने अपने षड्यन्त्रों से मुसलमानों के मन में हिन्दुओं के प्रति घृणा के बीज बोए। लॉर्ड कर्जन से लेकर लॉर्ड माउण्टबेटन तक जितने भी गवर्नर जनरल पदस्थ हुए, प्रत्येक ने इस नीति का अनुसरण किया। अंग्रेजों ने हिन्दू-मुस्लिम में फूट डलवाकर, साम्प्रदायिक दंगे भी करवाए। भारतीय राष्ट्रीय आन्दोलन का मार्ग अवरुद्ध करने के लिए साम्राज्यवादी अंग्रेज शासकों ने मुस्लिम साम्प्रदायिकतावाद का सफलतापूर्वक प्रयोग किया।

**(4) सर सैय्यद अहमद खाँ के प्रयास**—भारत में मुस्लिम साम्प्रदायिकतावाद के प्रयास में सर सैय्यद अहमद खाँ की महत्वपूर्ण भूमिका रही है। वे ईस्ट इण्डिया कम्पनी में लिपिक पद पर कार्यरत थे और अंग्रेजी पढ़े-लिखे थे। वे भारतीय मुसलमानों की पिछड़ी दीनदशा को देखकर बहुत दु:खी व चिन्तित थे। इसलिए वे इस समस्या पर विचार करते हुए इस निष्कर्ष पर पहुँचे कि मुसलमानों की स्थिति में सुधार तभी हो सकता है, जब वे अंग्रेजी पढ़ें और अंग्रेजों के प्रति वफादार रहें। उन्होंने भारत के वफादार मुसलमानों के नाम से एक पुस्तक लिखी, जिसमें उन्होंने लिखा कि भारत के मुसलमान अंग्रेजों के प्रति पूरी तरह वफदार हैं और सन् 1857 ई. के विद्रोह के समय मुसलमानों ने जो गलतियाँ की थीं, उसके लिए उन्हें माफ किया जाए। सन् 1857 ई. में उन्होंने अलीगढ़ में मोहम्मडन-ऐंग्लो ओरियण्टल कॉलेज की स्थापना की। इस संस्था के घोषणा-पत्र में कहा गया कि इस संस्था का उद्देश्य मुसलमानों को ब्रिटिश सरकार की सुयोग्य प्रजा बनाना है। इस प्रकार उन्होंने मुसलमानों के शैक्षिक पिछड़ेपन को दूर करने का प्रयास किया। उन्होंने मुसलमानों के विकास पर अत्यधिक ध्यान दिया, उनका राष्ट्रवाद विशिष्ट प्रकार का था। उनके विचार में राष्ट्र का हित और अहित मुसलमानों के हित व अहित से अलग नहीं था। इससे मुस्लिम साम्प्रदायिकतावाद को बढ़ावा मिला।

**(5) अलीगढ़ का वातावरण**—मुस्लिम साम्प्रदायिक राजनीति का प्रारम्भ करने का श्रेय अलीगढ़ को जाता है। अलीगढ़ कॉलेज के अंग्रेज प्रिन्सिपलों और अध्यापकों ने जान-बूझकर मुसलमानों के मस्तिष्क में हिन्दुओं के प्रति नफरत के बीज बोए। अलीगढ़ मुस्लिम साम्प्रदायिकता का गढ़ रहा। यहीं से पाकिस्तान की माँग उठी। सन् 1889 ई. में अलीगढ़ कॉलेज के प्राचार्य मि. बैक ने भारतीय मुसलमानों की ओर से एक परिचय-पत्र तैयार किया, जिसमें भारतीयों की प्रतिनिधिपूर्ण संस्थाएँ देने की ब्रिटिश नीति का विरोध किया था, तथा अंग्रेजों ने मुसलमानों के पृथक् अधिकारों की माँग को सरकार के सम्मुख प्रस्तुत करने हेतु मुसलमानों का प्रतिनिधिमण्डल बुलाया। अलीगढ़ कॉलेज के प्राचार्य आकवॉल्ड ने सन् 1906 ई. में मुसलमानों की माँग का प्रतिनिधित्व करने में महत्वपूर्ण भूमिका निभाई। सर सैय्यद अहमद खाँ के प्रयासों के परिणामस्वरूप अलीगढ़ आन्दोलन को सफलता प्राप्त हुई। इन पर अलीगढ़ कॉलेज के प्राचार्य का विशेष प्रभाव रहा, जिसके कारण वे राष्ट्रीय आन्दोलन के विरोधी हो गए। प्राचार्य बैक के प्रयत्नों से ही सन् 1893 ई. में मोहम्मडन-ऐंग्लो ओरियण्टल डिफेंस एसोसिएशन की स्थापना की गई। इस तरह अलीगढ़ का विषाक्त वातावरण मुस्लिम साम्प्रदायिकता के उदय का प्रमुख कारण माना जाता है।

**(6) बंगाल का विभाजन**—अंग्रेजों ने हिन्दू-मुस्लिम मतभेदों का पूरा लाभ उठाया और **'फूड डालो और शासन करो'** (Divide and Rule) को शासन-नीति का आधार बनाया। इस नीति के प्रतीक के रूप में लॉर्ड कर्जन ने सन् 1905 ई. में बंगाल का निभाजन कर दिया। वास्तविकता यह है कि बंगाल में हिन्दुओं और मुसलमानों को एक-दूसरे से अलग करने तथा राष्ट्रीयता की भावना को कुचलने के उद्देश्य से ही बंगाल का विभाजन किया गया था। परन्तु लॉर्ड कर्जन ने पूर्वी बंगाल का दौरा किया और मुसलमानों में यह प्रचार किया कि उनको प्रसन्न करने के लिए यह कदम उठाया गया है। इससे मुसलमानों को यह विश्वास हो गया कि ब्रिटिश सरकार उनके हितों की रक्षक है। अत: वे हिन्दुओं से विमुख होकर राष्ट्रीय आन्दोलन से पृथक् होने लगे। बंगाल विभाजन के विरोध में जबरदस्त आन्दोलन प्रारम्भ हो गया, लेकिन मुसलमानों की इस आन्दोलन में सक्रिय भूमिका नहीं रही। सन् 1911 में बंगाल का विभाजन रद्द करना पड़ा। विभाजन तो समाप्त हो गया, पर मुसलमानों के मन में यह भाव गहराई से बैठ गया, कि यदि उन्हें समृद्ध और स्वशासित होना है, तो इसका एकमात्र मार्ग भारत का विभाजन है।

**(7) मुस्लिम पुनरुत्थान**—मुस्लिम पुनरुत्थान ने भी मुस्लिम साम्प्रदायिकता के विकास में योगदान दिया। सर सैय्यद अहमद खाँ ने भारत में मुस्लिम पुनरुत्थान आन्दोलन प्रारम्भ किया और उसे चिराग अली, सैय्यद मेंहदी, अलादीन, खुदाबख्श, मौलाना करामत अली, मौलाना हाली, डॉ. इकबाल आदि ने आगे बढ़ाया। हाली ने अपनी कविताओं द्वारा मुसलमानों को जगाना शुरू किया। हाली और शिवाली ने कहा कि यूरोप की ओर जाने की कोई आवश्यकता नहीं है, क्योंकि इस्लाम का अपना ही इतिहास इतना उज्ज्वल है कि उसके पुनरुत्थान से ही मुसलमानों का भविष्य सुन्दर बन सकता है। इस सबका परिणाम यह हुआ कि मुसलमानों में जागृति उत्पन्न होने लगी और उनमें स्वाभिमान और आत्मविश्वास के भावों का संचार हुआ।

इन सभी कारणों से भारत में मुस्लिम साम्प्रदायिकता का जन्म हुआ। भारतीय राजनीति में मुस्लिम साम्प्रदायिकता के विषदन्त का जो रोपण हुआ, उसका परिणाम इस देश का दो टुकड़ों, हिन्दुस्तान तथा पाकिस्तान में विभाजन था।

## मुस्लिम साम्प्रदायिकता का विकास
## (Development of Muslim Communalism)

बहावी आन्दोलन के प्रभाव, सर सैय्यद अहमद खाँ के प्रयत्नों, अलीगढ़ के विषाक्त वातावरण, मुस्लिम जागरण और अंग्रेजों की फूट डालो और शासन करो की नीति के परिणामस्वरूप भारत में मुस्लिम साम्प्रदायिकता का उदय 19वीं शताब्दी के उत्तरार्द्ध में हो चुका था। 20वीं शताब्दी के प्रथम दशक में साम्प्रदायिक प्रतिनिधित्व की माँग व उसकी स्वीकृति ने उसे एक निश्चित दिशा दी और मुस्लिम लीग की स्थापना ने उसे ठोस तन्त्र दिया। भारत में मुस्लिम साम्प्रदायिकता के विकास को सुविधा की दृष्टि से निम्नलिखित बिन्दुओं के अन्तर्गत स्पष्ट किया जा सकता है—

**(1) राष्ट्रीय आन्दोलन के प्रति उदासीन**—सर सैय्यद अहमद खाँ के नेतृत्व में उनके अनुयायी मुसलमान ब्रिटिश सरकार के प्रति वफादारी व्यक्त करते रहे और राष्ट्रीय आन्दोलन से विमुख रहे। सर सैय्यद अहमद खाँ ने सन् 1887 ई. में कांग्रेस के विरुद्ध मुस्लिम शिक्षा सम्मेलन का प्रारम्भ किया, जिसके अधिवेशन प्राय: उसी शहर में और उसी समय किए जाते थे, जिस शहर व जिस समय कांग्रेस अधिवेशन होते थे। उन्होंने कांग्रेस के विरोध में एक अन्य संस्था देशभक्त एसोसिएशन की स्थापना की, उसके बाद मुस्लिम-ऐंग्लो ओरियण्टल डिफेन्स एसोसिएशन नामक संस्थान की स्थापना की। इस संस्था का उद्देश्य मुसलमानों में अंग्रेजों व अंग्रेजी शासन के प्रति वफादारी की भावना उत्पन्न करना और ब्रिटिश शासन को शक्तिशाली बनाना था।

**(2) मुसलमानों द्वारा साम्प्रदायिक प्रतिनिधित्व की माँग**—लॉर्ड कर्जन के स्थान पर लॉर्ड मिण्टो भारत के वायसराय बनकर भारत आए। उन्होंने शीघ्र ही अनुभव कर लिया कि भारत में कांग्रेस का बढ़ता हुआ प्रभाव ब्रिटिश साम्राज्य के लिए खतरनाक है। अत: उन्होंने कांग्रेस की शक्ति को कम करने के लिए उसकी विरोधी संस्था गठित करने की योजना बनायी। उन्होंने भारतीय शासन में भारतीय मुसलमानों का महत्व बढ़ाने का निश्चय किया। अलीगढ़ कॉलेज के प्राचार्य मि. बैक के माध्यम से गवर्नर ने भारतीय मुसलमानों के अलग सुधारों की माँग सम्बन्धी प्रस्ताव रखने को प्रोत्साहित किया। जिसके फलस्वरूप सर आगा खाँ के नेतृत्व में एक शिष्टमण्डल शिमला में 1 अक्टूबर, 1906 ई. को मिला। उसने—(1) मुसलमानों के लिए पृथक् निर्वाचन क्षेत्र, (2) विधान-परिषदों में मुसलमानों के लिए उनकी जनसंख्या के अनुपात से अधिक स्थान, (3) सरकारी नौकरियों में भी उनके लिए अधिक स्थान, (4) मुस्लिम शिक्षा संस्थानों की स्थापना में सरकारी अनुदान, (5) गवर्नर की परिषद् में भारतीयों की नियुक्ति किए जाने में मुस्लिम हितों के प्रति ध्यान दिए जाने की माँगें प्रस्तुत कीं। यह प्रतिनिधिमण्डल वायसराय की शह पर ही उनसे मिला था। अत: वायसराय ने उनकी माँगों को उचित बताते हुए सन् 1909 ई. के सुधार अधिनियम में साम्प्रदायिक प्रतिनिधित्व और मुसलमानों के लिए भारात्मक प्रतिनिधित्व को अपना लिया। इस प्रकार लॉर्ड मिण्टो ने भारत में सक्रिय मुस्लिम साम्प्रदायिकता को जन्म दिया।

**(3) मुस्लिम लीग की स्थापना, सन् 1906**—सर सैय्यद अहमद खाँ, लॉर्ड कर्जन और लॉर्ड मिण्टो के हिन्दू विरोधी कार्यों का आगामी परिणाम यह हुआ कि मुसलमानों ने कांग्रेस के विरोध में 30 दिसम्बर, सन् 1906 ई. में ढाका में मुस्लिम लीग की स्थापना की। लीग ने अपने उद्देश्य इस प्रकार घोषित किए—

(अ) भारतीय मुसलमानों में ब्रिटिश राज्य के प्रति राजभक्ति की भावना उत्पन्न करना और यदि ब्रिटिश सरकार की नीति के बारे में उनमें कोई भ्रम हो, तो उसका निवारण करना।

(ब) भारतीय मुसलमानों के राजनीतिक तथा अन्य अधिकारों की रक्षा करना और उनकी आवश्यकताओं व भावनाओं को सरकार के समक्ष प्रस्तुत करना।

(स) उपर्युक्त उद्देश्यों के अन्तर्गत यदि सम्भव हो सके, तो भारत की अन्य जातियों के साथ मित्रता स्थापित करना।

नि:सन्देह लीग की स्थापना का श्रेय अंग्रेजों को ही था। लीग की स्थापना कांग्रेस व राष्ट्रीय आन्दोलन के मार्ग में रुकावट पैदा करने और ब्रिटिश सरकार की चापलूसी करने के उद्देश्य से करायी गयी थी।

**(4) मुस्लिम लीग की नीति में परिवर्तन**—मुस्लिम लीग की स्थापना एक विशुद्ध साम्प्रदायिक संस्था के रूप में अंग्रेजों की शह पर कट्टरवादी मुसलमानों के द्वारा की गई थी। इस संस्था को सभी मुसलमानों का समर्थन कभी प्राप्त न हो सका। राष्ट्रवादी मुसलमान सदैव इससे अलग रहे। इन्होंने अपनी राष्ट्रीय संस्था 'जमीयत उल-उलमाये हिन्द' की स्थापना की जिसका नेतृत्व मुहम्मद अली जिन्ना, नवाब सैय्यद मोहम्मद मौलाना आदि ने किया। इस संस्था ने मुस्लिम लीग की

साम्प्रदायिक नीतियों की कटु आलोचना की और मुसलमानों को कांग्रेस में लाने का एक महत्वपूर्ण कार्य किया। यह राष्ट्रवादी मुस्लिम नेताओं के दबाव का परिणाम था, कि सन् 1912-13 ई. के आस-पास मुस्लिम लीग की नीति में परिवर्तन होने लगा और वे देश की राष्ट्रवादी विचारधारा के निकट आने लगे, जिसके फलस्वरूप सन् 1916 ई. में कांग्रेस और लीग दोनों में समझौता हो गया। इनका सन् 1916 में लखनऊ में वार्षिक अधिवेशन हुआ और दोनों ने सुधारों की एक समान योजना निर्धारित की। इसी योजना को कांग्रेस लीग अथवा **लखनऊ समझौता** कहा जाता है। इसके दो भाग थे—**एक भाग** में मुस्लिम अल्पसंख्यकों की समस्या का समाधान और **दूसरे भाग** में प्रस्तावित सुधार थे, लेकिन कांग्रेस ने लीग के साथ समझौता करके गलती की क्योंकि इस समझौते द्वारा अनजाने में पाकिस्तान की नींव पड़ गयी। एक बार साम्प्रदायिक सिद्धान्त को मान लेने पर अब कांग्रेस उनका विरोध करने की स्थिति में नहीं रही। हिन्दू-मुस्लिम समझौते के सम्बन्ध में ब्रिटिश सरकार ने साम्प्रदायिक भाग को तो स्वीकार कर लिया, परन्तु संवैधानिक सुधार योजना को अस्वीकार कर दिया गया।

**(5) मुस्लिम लीग पुनः साम्प्रदायिकता की नीति पर**—जो हिन्दू-मुस्लिम एकता खिलाफत आन्दोलन एवं असहयोग आन्दोलन के समय दिखायी दी, वह क्षणिक सिद्ध हुई। गाँधी जी ने सन् 1922 ई. में अपना असहयोग तथा खिलाफत आन्दोलन चौरी-चौरा काण्ड के कारण स्थगित कर दिया। इसके थोड़े समय बाद देश में साम्प्रदायिक दंगों का दौर आया। हिन्दू-मुसलमानों की एकता को भंग करने हेतु ब्रिटिश सरकार ने इन दंगों को प्रोत्साहित किया। शीघ्र ही देश के अनेक भागों में भयंकर हिन्दू-मुस्लिम दंगे हुए, जिनमें दोनों ही सम्प्रदायों के हजारों निर्दोष व्यक्ति मारे गए। लीग ने भी मुसलमानों को हिन्दुओं के विरुद्ध खूब भड़काया और इस प्रकार लीग ने इन देशों के द्वारा अपनी खिलाफत के दिनों में खोयी हुई प्रतिष्ठा को प्राप्त कर लिया। इस तरह अब राष्ट्रीय विचारधारा के मुसलमानों ने भी कांग्रेस से सम्बन्ध विच्छेद कर लिया। लीग की इस प्रकार की नीति के परिणामस्वरूप देश का विभाजन हुआ।

**(6) मुस्लिम लीग में फूट**—खिलाफत आन्दोलन में मुस्लिम लीग द्वारा सक्रिय भाग न लेने के कारण मुसलमानों में लीग की लोकप्रियता घट गई थी। हिन्दू-मुस्लिम साम्प्रदायिक दंगों का लाभ लेकर लीग अपनी लोकप्रियता मुसलमानों में पुनः प्राप्त करने हेतु प्रयासरत थी। इसलिए सन् 1927 ई. में मुसलमानों के प्रमुख नेताओं ने हिन्दू और मुस्लिम सम्प्रदाय में तनाव घटाने और लीग को लोकप्रिय बनाने हेतु एक सम्मेलन दिल्ली में आयोजित किया। इसमें निम्नलिखित माँगें रखी गईं—

(अ) सिन्ध को एक अलग प्रान्त बना दिया जाए।

(ब) पंजाब और बंगाल में मुसलमानों को उनकी जनसंख्या के अनुपात में प्रतिनिधित्व मिले।

(स) केन्द्रीय विधानमण्डल में मुसलमानों का प्रतिनिधित्व एक-तिहाई हो।

इधर कांग्रेस ने इन प्रस्तावों को स्वीकारा, उधर मुस्लिम लीग ने कांग्रेस के साथ सहयोग देना स्वीकार किया, पर लीग का एक गुट कांग्रेस के साथ सहयोग करने के पक्ष में नहीं था। उसने अपना अलग सम्मेलन लाहौर में किया। इस प्रकार लीग का एक गुट जिन्ना के नेतृत्व में साइमन कमीशन के विरोध में था, तो दूसरा गुट शफी मुहम्मद के नेतृत्व में साइमन कमीशन को सहयोग करने के पक्ष में था। इसने नेहरू रिपोर्ट को भी अस्वीकार कर दिया। लीग में फूट डलवाने और सम्प्रदायवादियों का लीग पर प्रभुत्व कायम करवाने में अंग्रेजों की भूमिका महत्वपूर्ण रही। अंग्रेज कभी नहीं चाहते थे कि कांग्रेस और लीग किसी संयुक्त कार्यक्रम को चलाएँ। थोड़े समय बाद अखिल भारतीय स्तर के अनेक मुस्लिम नेताओं—फजल हुसैन, अजमल खाँ, डॉ. अन्सारी, मोहम्मद शफी और मोहम्मद अली का देहावसान हो गया और मुस्लिम लीग का नेतृत्व **मि. जिन्ना** के हाथ में आ गया। **मि. जिन्ना** ने नेहरू रिपोर्ट स्वीकार करने के लिए पहले तीन शर्तें और बाद में 14 शर्तें रखीं। **मि. जिन्ना** की इन शर्तों से स्पष्ट था, कि अब उन्होंने राष्ट्रीय दृष्टिकोण छोड़कर साम्प्रदायिक दृष्टिकोण अपना लिया है। गोलमेज परिषदों में भी स्पष्टतः देखा गया, कि मुस्लिम लीग और प्रतिक्रियावादी तत्वों में गठबन्धन हो गया, और इससे मुस्लिम साम्प्रदायिकता को बहुत बढ़ावा मिला।

**(7) जिन्ना साम्प्रदायिकता की गोद में**—मुस्लिम लीग की फूट से जिन्ना बहुत दुःखी हुए। मुस्लिम राजनीति ने उन्हें इतना परेशान किया कि वे राजनीति से संन्यास लेकर लन्दन चले गए, और वहीं वकालत करने लगे। लन्दन में मुस्लिम समाज के नेतृत्व की इच्छा जिन्ना को अन्दर ही अन्दर सताए रही। कांग्रेस में वे जा नहीं सकते थे, क्योंकि उसे तो वे सन् 1920 ई. में ही त्याग चुके थे, और लीग उनके उदार विचारों के कारण उनके पीछे चलने को तैयार नहीं थी। लन्दन में अनुदार अंग्रेजों ने उन पर ही वहीं साम्प्रदायिकता उन्माद चढ़ाना शुरू कर दिया। उनका राष्ट्रवाद पिघलने लगा, ऐसे में जब उनसे विनती की गई कि वे भारत लौटकर मुस्लिम लीग का नेतृत्व सम्भाल लें, तो वे मान गए। नेतृत्व की प्रबल इच्छा ने सिद्धान्तों

को ताक पर रख दिया। जिन्ना को विश्वास हो चुका था कि मुसलमानों पर एकछत्र नेतृत्व जमाने का केवल एक ही रास्ता है, और वह है कि वे भी हिन्दुओं के विरुद्ध जहर उगलें। यह रास्ता उन्होंने स्वीकार किया।

**(8) जिन्ना का चौदह-सूत्री कार्यक्रम**—सन् 1921 ई. में मुहम्मद अली जिन्ना कट्टर नमाजी बनकर लन्दन से भारत लौटे। आगा खाँ के नेतृत्व में मुस्लिम नेताओं का दिल्ली में एक सम्मेलन हुआ। उसमें जिन्ना द्वारा एक चौदह-सूत्री कार्यक्रम प्रस्तुत किया गया, जिसके प्रमुख प्रावधान निम्नलिखित थे—

(1) भारत का भावी संविधान संघात्मक होगा, जिसमें अवशिष्ट शक्तियाँ प्रान्तों के पास रहेंगी।

(2) सभी प्रान्तों को समान स्वायत्तता।

(3) केन्द्रीय व्यवस्थापिकाओं में मुसलमानों को प्रतिनिधित्व एक-तिहाई से कम नहीं हो।

(4) सिन्ध को मुम्बई प्रेसीडेन्सी से पृथक् किया जाए।

(5) सभी सम्प्रदायों को धार्मिक स्वतन्त्रता।

(6) साम्प्रदायिक वर्गों का प्रतिनिधित्व पृथक् निर्वाचन व्यवस्था के अनुसार रहे।

(7) सरकारी नौकरियों और स्वायत्तशासी संस्थाओं में मुसलमानों को उचित प्रतिनिधित्व देने के लिए संवैधानिक व्यवस्था हो।

इन कार्यक्रमों के आधार पर मुस्लिम लीग के दोनों वर्गों में फिर एकता स्थापित हो गई। यद्यपि जिन्ना का चौदह-सूत्रीय कार्यक्रम उस समय मुसलमानों के सम्मेलन में ठुकरा दिया गया, लेकिन सन् 1932 ई. में ब्रिटिश प्रधानमन्त्री रैम्जे मैक्डानल्ड ने जो साम्प्रदायिक निर्णय लिया, उसमें इन माँगों में से अधिकांश स्वीकार कर ली गईं।

**(9) साम्प्रदायिक निर्णय**—लन्दन में दूसरी गोलमेज परिषद् के साम्प्रदायिक प्रतिनिधित्व के प्रश्न पर कोई निर्णय नहीं हो पाया था। उस समय प्रधानमन्त्री रैम्जे मैक्डानल्ड ने कहा था कि इस समस्या का समाधान उन्हीं पर छोड़ दिया जाए, ऐसा ही किया गया। परिणामस्वरूप 16 अगस्त, 1932 को प्रधानमन्त्री मैक्डानल्ड ने अपना निर्णय घोषित किया। इसे ही **साम्प्रदायिक निर्णय** कहा जाता है। इसमें घोषणा की गई थी कि प्रान्तीय व्यवस्थापिका में मुसलमान, सिक्खों, ईसाइयों और यहाँ तक कि हरिजनों के लिए भी पृथक् निर्वाचन की व्यवस्था की जाएगी। अल्पमतों के लिए जो स्थान सुरक्षित किए जाएँगे, वे उस प्रान्त में उनकी संख्या के अनुपात से अधिक होंगे। इस निर्णय की सबसे खतरनाक व्यवस्था यह थी, कि इसमें हरिजनों को, जो हिन्दू जाति का एक अंग है, अलग सम्प्रदाय मान लिया गया था। दूसरा और भी खतरनाक प्रावधान यह था, कि भारत में **'दो राष्ट्र'** का सिद्धान्त मान लिया गया था। साम्प्रदायिक निर्णय दो राष्ट्रों के काल्पनिक सिद्धान्त की शासन द्वारा घोषित स्वीकृति थी।

**(10) सन् 1935 ई. के अधिनियम के अन्तर्गत साम्प्रदायिकता को प्रोत्साहन**—सन् 1935 ई. में ब्रिटिश संसद ने भारत के सम्बन्ध में एक अधिनियम पारित किया। इस अधिनियम द्वारा भारत में पहली बार संघात्मक शासन की व्यवस्था की गई थी। साथ ही अधिनियम के अनुसार देश को विभिन्न प्रान्तों में स्वायत्तशासी शासन की स्थापना की गई, परन्तु मुसलमानों की अधिकांश माँगें इस अधिनियम द्वारा मान ली गईं। जिन्ना के चौदह सूत्री कार्यक्रम को लगभग पूरी तरह स्वीकार कर लिया गया। अब जिन्ना ने साम्प्रदायिकता का अधिक विष वमन किया। मार्च, 1938 में मुस्लिम लीग ने आरोप लगाया कि कांग्रेस मुसलमानों के साथ अन्याय और अत्याचार कर रही है। वे कांग्रेस के राष्ट्रीय स्वरूप को स्वीकार करने को तैयार न थे। इस प्रकार सन् 1935 ई. के अधिनियम ने साम्प्रदायिकता को पाकिस्तान के विभाजन के रूप में परिवर्तित कर दिया।

**(11) द्विराष्ट्र सिद्धान्त और पाकिस्तान की माँग**—सन् 1939 ई. में जब बिना भारतीयों से अनुमति लिए भारत को द्वितीय विश्व-युद्ध में अंग्रेजों ने सम्मिलित कर लिया, तब भारत के सभी प्रान्तों के कांग्रेसी मन्त्रिमण्डलों ने प्रतिक्रियास्वरूप त्याग-पत्र दे दिया। मुस्लिम लीग ने इस अवसर पर मुक्ति दिवस मनाया। उनका कहना था कि वे कांग्रेस के हिन्दू निरंकुशवाद से मुक्त हुए। पृथक् प्रतिनिधित्व, पृथक् निर्वाचन क्षेत्र एवं पृथक् प्रान्त से होती हुई मुस्लिम लीग की माँग दो राष्ट्रों के सिद्धान्त के आधार पर पृथक् राष्ट्र की माँग बन गई। हिन्दू साम्प्रदायिकता की ओर से यह माँग की गई कि हिन्दुस्तान केवल हिन्दुओं का ही राज्य है। फिर क्या था मुस्लिम लीग भड़क उठी। मुस्लिम लीग के नेता जिन्ना ने तो दो राष्ट्रों के सिद्धान्त का स्वर अलापना प्रारम्भ कर दिया, और सन् 1940 ई. के लाहौर अधिवेशन में जिन्ना ने पहली बार साफ-साफ घोषणा की, कि हिन्दू और मुसलमान दो अलग-अलग राष्ट्रीयताएँ हैं। अत: मुसलमानों को अलग राष्ट्र पाकिस्तान मिलना ही चाहिए।

लीग के इस द्विराष्ट्र सिद्धान्त का न केवल कांग्रेस और बहुसंख्यक संगठनों, वरन् अनेक मुस्लिम संगठनों द्वारा विरोध किया गया। यद्यपि यह द्विराष्ट्र सिद्धान्त एक राजनीतिक मूर्खता थी। लेकिन स्वार्थी राजनीतिज्ञों द्वारा इस मूर्खता का अपने

लाभ के लिए सर्वोत्तम उपयोग किया गया। लीग अपनी इस माँग को दृढ़तापूर्वक अपनाए रही। इस संवैधानिक गतिरोध को दूर करने के लिए क्रिप्स प्रस्ताव, राजगोपालाचारी योजना और केबिनेट मिशन योजना के रूप में जो प्रयत्न किए गए, वे लीग की हठधर्मिता से टकराकर असफल हो गए।

## पाकिस्तान की माँग के कारण
## (Causes of Demand of Pakistan)

पाकिस्तान के विचार के जन्मदाता **"सारे जहाँ से अच्छा हिन्दोस्ताँ हमारा"** के रचयिता सर मुहम्मद इकबाल को समझा जाता है। सन् 1930 ई. में लीग के इलाहाबाद अधिवेशन के अध्यक्षीय भाषण में उन्होंने इस बात का संकेत दिया था। उन्होंने कहा था कि मैं चाहता हूँ कि पंजाब, सीमा प्रान्त, सिन्ध और ब्लूचिस्तान को मिलाकर एक राज्य बना दिया जाए। यह एक विचारणीय प्रश्न है, कि अधिकांश मुस्लिम नेता अपने प्रारम्भिक जीवन में हिन्दू-मुस्लिम एकता के दावेदार थे। अचानक उनके दिमाग में पाकिस्तान की माँग क्यों उठी ? संक्षेप में पाकिस्तान की माँग के निम्नलिखित दो कारण थे–

**(1) द्विराष्ट्रों का सिद्धान्त**–पाकिस्तान की माँग का दार्शनिक आधार द्विराष्ट्रों का सिद्धान्त है। इस सिद्धान्त के प्रतिपादकों का मत था, कि भारत में हिन्दू और मुस्लिम दो अलग-अलग राष्ट्रीयताएँ हैं। इनकी जाति, इनका धर्म, सभ्यता, संस्कृति, भाषा सभी अलग-अलग हैं। जीवन के सम्बन्ध में दोनों के विचारों में भिन्नता है। हिन्दू और मुसलमान इतिहास की भिन्न धारणाओं से प्रेरणा लेते हैं। दोनों की सभ्यताओं का आधार नितान्त विरोधी विचार है। जब हिन्दू और मुसलमान दो पृथक् राष्ट्रीयताएँ हैं, तब इनके अलग-अलग राष्ट्र होने चाहिए। भारत के वायसराय लॉर्ड मिण्टो ने सन् 1906 में मुस्लिम शिष्टमण्डल की पृथक् निर्वाचन की माँग स्वीकार करके अप्रत्यक्ष रूप से इनके द्विराष्ट्रीयता के सिद्धान्त पर अपनी स्वीकृति की मोहर लगा दी। इस तरह सन् 1936 ई. और सन् 1940 ई. में मोहम्मद अली जिन्ना ने इस धारणा की स्पष्ट घोषणा की, जिसके फलस्वरूप पाकिस्तान का निर्माण हुआ।

**(2) एकछत्रीय इस्लामी राष्ट्रीयता**–हिन्दू धर्म एक ही देशज धर्म है। प्राचीनकाल से हिन्दू ही भारत में रहते आए हैं, पर इस्लाम धर्म के मानने वाले संसार के कई भागों में बसे हैं। मध्य पूर्व के अधिकांश राज्य मुस्लिम हैं। भारत के मुसलमानों की आस्था के केन्द्र भारत के बाहर भी हैं। उनके अन्दर एकछत्रीय इस्लामी राष्ट्रीयता की भावना है। इस इस्लामी राष्ट्रीयता के कारण भारत के मुसलमान अपने को हिन्दुओं की अपेक्षा अरब के मुसलमानों के अधिक नजदीक समझते हैं। उन्हें भारत से उतना प्यार नहीं था, जितना कि यहाँ के हिन्दुओं को। यही कारण था कि हिन्दुओं को भारत के विभाजन का कार्य भारतमाता को चीरने के समान लगा, जबकि मुसलमानों के लिए यह उन्हें अपने भाइयों के नजदीक लाने का कार्य था।

**(3) इस्लाम खतरे में**–भारत के कई मुस्लिम नेताओं और विद्वानों का यह विचार था, कि अंग्रेजों के भारत से चले जाने के बाद इस्लाम खतरे में पड़ जाएगा। स्वाधीन भारत की शासन प्रणाली प्रजातान्त्रिक होगी। हिन्दुओं का बहुमत होने के कारण सत्ता हिन्दुओं के हाथ में आएगी, और इससे मुसलमानों की भावना, उनकी जीवन पद्धति, उनकी सभ्यता और संस्कृति समाप्त हो जाएगी। अतः इस्लाम खतरे में है, का भय मुसलमानों को बताया गया। इस खतरे से बचने का उपाय केवल पाकिस्तान का निर्माण है, मुसलमानों को समझाया गया। इस कारण भारत के मुसलमान पाकिस्तान की माँग के समर्थक हो गए।

**(4) अंग्रेजों की कूटनीति**–ब्रिटिश शासन की सुरक्षा के दृष्टिकोण से अंग्रेजों ने **'फूट डालो और शासन करो'** की नीति को अपनाया। इसी उद्देश्य से उन्होंने साम्प्रदायिकता की भावना को प्रोत्साहन दिया। तत्कालीन अंग्रेजी समाचार-पत्रों के समाचार देने के ढंग और उनके सम्पादकीय लेखों से भी पाकिस्तान की माँग को निरन्तर बल मिलता रहता था। अंग्रेज शासकों ने द्विराष्ट्र के सिद्धान्त का समर्थन किया, और मुसलमानों को पृथक् राष्ट्र के लिए संघर्ष करने को प्रोत्साहित किया गया।

**(5) हिन्दू सम्प्रदायवाद की प्रतिक्रिया**–सन् 1922 से 1923 में हिन्दू-मुस्लिम साम्प्रदायिक दंगे हुए, जिसके कारण हिन्दू संगठनों का निर्माण हुआ। कट्टर हिन्दुओं ने अपनी संस्कृति की रक्षा करने के लिए हिन्दू-महासभा की स्थापना की। यह संस्था धीरे-धीरे साम्प्रदायिक संस्था बन गयी। उसने हिन्दुओं की ओर से साम्प्रदायिकता का प्रचार किया। उसने हिन्दू राष्ट्र का नारा बुलन्द किया, और शुद्धिकरण के कार्य को भी अपनाया। इस हिन्दू साम्प्रदायिकता के विकास की प्रतिक्रियास्वरूप मुसलमानों की साम्प्रदायिकता भी बढ़ गई। दोनों जातियों के बहुत से लोग परस्पर शत्रु हो गए। इस कारण भी पाकिस्तान की माँग को बल मिला।

**(6) सन् 1937 के निर्वाचन में असफलता**—सन् 1937 ई. के निर्वाचन में मुस्लिम लीग की भारी पराजय हुई। सीमा प्रान्त में खान अब्दुल गफ्फार के नेतृत्व में कांग्रेस को ही भारी सफलता मिली थी। पंजाब में लीग को एक ही स्थान मिला। संयुक्त प्रान्त में भी मुसलमानों के लिए सुरक्षित बहुत से स्थानों पर कांग्रेस के मुसलमान उम्मीदवार जीते थे। इस पराजय के प्रतिक्रियास्वरूप उसका रुख अधिक उग्र हो गया और उसने द्विराष्ट्र के सिद्धान्त का राग अलाप कर पाकिस्तान के निर्माण की माँग और उग्र कर दी थी।

**(7) कांग्रेस की तुष्टिकरण की नीति**—पाकिस्तान की माँग के पीछे एक कारण कांग्रेस द्वारा मुस्लिम लीग का तुष्टिकरण था। मुसलमानों को अपने खेमे में लाने के लिए समय-समय पर वह उसकी माँगों को स्वीकार करती रही। इस तुष्टिकरण की दिशा में सन् 1916 ई. का कांग्रेस-लीग समझौता कांग्रेस की सबसे बड़ी भूल थी, जिसके द्वारा स्वयं कांग्रेस ने साम्प्रदायिक प्रतिनिधित्व के सिद्धान्त को स्वीकार कर लिया। सन् 1920 ई. के अपने असहयोग आन्दोलन में मुसलमानों को मिलाने हेतु खिलाफत के प्रश्न को घसीट लिया गया। सन् 1932 ई. में जब साम्प्रदायिक निर्णय घोषित किया, तब उसने अपनी तुष्टिकरण की नीति के अन्तर्गत कोई विशेष कड़ा दृष्टिकोण नहीं अपनाया। कांग्रेस की इस तुष्टिकरण की नीति के कारण मुस्लिम लीग के हौसले बुलन्द होते गए और धीरे-धीरे अपनी माँगें बढ़ाती गई और अन्त में पाकिस्तान की माँग को रखा।

**(8) मुस्लिम लीग के नेताओं का स्वार्थ**—भारत के अधिकांश मुस्लिम लीग नेता यह मानते थे, कि वे संयुक्त भारत में सुरक्षित नहीं हैं। संयुक्त भारत में अधिकांश महत्वपूर्ण पद और स्थान कांग्रेसी नेताओं को मिलेंगे। यहाँ तक कि मुसलमानों को भी यदि शासन में सम्मिलित किया गया, तो वे कांग्रेसी मुसलमान ही होंगे। बेचारे मुस्लिम लीग के नेताओं का क्या होगा ? इसलिए तो जिन्ना ने तिलमिलाकर कहा था कि, "यदि समझौते की तनिक भी इच्छा विद्यमान है, तो मि. गाँधी जैसा कि मैं कई बार कह चुका हूँ, क्यों नहीं मान लेते कि कांग्रेस हिन्दुओं का संगठन है और वह हिन्दुओं का ही प्रतिनिधित्व करती है ? मि. गाँधी क्यों नहीं एक हिन्दू नेता के रूप में आते और तब मैं मुसलमानों के प्रतिनिधि के रूप में उनसे गर्व से मिलूँ।" मुस्लिम लीग के नेताओं का स्वार्थ उनसे बार-बार कह रहा था, कि एक अलग राज्य में ही उनके हित सुरक्षित हैं।

**(9) कांग्रेस की नीति से मुस्लिम लीग में घबराहट**—जब कांग्रेस मुसलमानों की माँग स्वीकार कर रही थी, मुसलमान कांग्रेस की ओर आकर्षित हो रहे थे। कांग्रेस में मुस्लिम अनुयायियों की बढ़ती संख्या देखकर मुस्लिम लीग में घबराहट होने लगी। अत: मुस्लिम लीग ने मुसलमानों को अपनी ओर आकर्षित करने हेतु अपना साम्प्रदायिक कार्यक्रम और उग्र कर दिया और पाकिस्तान के निर्माण की बात कहने लगी। यदि देखा जाए तो मुस्लिम लीग की स्थापना किसी निश्चित उद्देश्य के लिए नहीं हुई थी, यह अंग्रेजों की विभाजन करो और शासन करो की नीति की उपज थी।

भारत की बढ़ती हुई राष्ट्रीयता की लहर को दबाने के उद्देश्य से उसके प्रतिरोधक के रूप में उन्होंने मुसलमानों को बहकाकर सन् 1906 ई. में मुस्लिम लीग संस्था का निर्माण करवाया, जिसका प्रमुख उद्देश्य स्वार्थ-सिद्धि तथा देश में साम्प्रदायिकता का विष फैलाना था, जिसके परिणामस्वरूप पाकिस्तान की माँग प्रबल होती गई।

## लीग की प्रत्यक्ष कार्यवाही पाकिस्तान निर्माण के लिए
### (Direct Action of League for the Formation of Pakistan)

उपर्युक्त परिस्थिति में मुस्लिम लीग ने अपनी पाकिस्तान की माँग को पूरा करने के लिए प्रत्यक्ष कार्यवाही का आश्रय लिया। लीग ने 16 अगस्त, 1946 का दिन **प्रत्यक्ष कार्यवाही दिवस** के रूप में मनाने का निश्चय किया। इस कार्य के लिए मुसलमानों को साम्प्रदायिक उपद्रवों के लिए उत्तेजित किया। बंगाल की लीग सरकार ने इस दिन सार्वजनिक अवकाश की घोषणा कर दी। इस दिन कलकत्ता और सिलहट में भयंकर साम्प्रदायिक दंगे हुए। अकेले कलकत्ता में लगभग 7 हजार व्यक्ति मौत के घाट उतार दिए गए। हिंसा की आग पूर्वी बंगाल तक जा पहुँची। नोआखली, त्रिपुरा, बिहार, लाहौर और रावलपिण्डी तथा देश के अन्य भागों में भी साम्प्रदायिक दंगों की लहर फैल गयी। इस साम्प्रदायिक पागलपन ने हजारों निरीह लोगों को मौत के घाट उतार दिया। चारों ओर आतंक का वातावरण पैदा हो गया। परिस्थिति इतनी बिगड़ गयी थी, कि ब्रिटिश प्रधानमन्त्री एटली ने 20 फरवरी, 1947 को घोषणा की कि ब्रिटिश सरकार जून, 1948 से पहले ही भारतीयों को पूर्ण सत्ता हस्तान्तरित कर देगी। लॉर्ड माउण्टबेटन ने इस संवैधानिक गतिरोध का कोई समाधान सम्भव न होने के कारण 3 जून, 1947 को अपनी योजना में भारत और पाकिस्तान दो अलग-अलग राज्यों की स्थापना की बात कही। इसी योजना के आधार पर ब्रिटिश संसद ने जुलाई, 1947 में भारतीय स्वतन्त्रता अधिनियम पारित कर भारत को दो राज्यों में विभक्त कर दिया। 14 अगस्त, 1947 को

मि. जिन्ना ने पाकिस्तान के गवर्नर जनरल का पद सम्भाला। इस प्रकार मुस्लिम साम्प्रदायिकता व ब्रिटिश शासन के अपवित्र गठबन्धन तथा 'फूट डालो और शासन करो' के परिणामस्वरूप धर्म के आधार पर देश का विभाजन हुआ, तथा पाकिस्तान का निर्माण हुआ।

## भारत विभाजन के कारण
### (Causes of Division of India)

भारत का विभाजन एक महत्वपूर्ण ऐतिहासिक घटना थी। भारतीय राष्ट्रीय आन्दोलन का उद्देश्य भारत को संगठित भारत के रूप में स्वाधीन कराना था। महात्मा गाँधी कहा करते थे—"पाकिस्तान उनकी हड्डियों पर बनेगा।" सन् 1946 ई. तक इस बात की आशा की जाती थी कि भारत की एकता की रक्षा की जा सकेगी, परन्तु जुलाई, 1946 ई. से मार्च, 1947 ई. के मध्य कुछ ऐसी घटनाएँ घटित हुईं, कि उनसे उपजी समस्या के समाधान का भारत विभाजन के अतिरिक्त कोई अन्य विकल्प नहीं था।

जिस आकस्मिक ढंग से भारत का विभाजन हुआ, उससे यह विवादपूर्ण स्थिति उत्पन्न हो गयी, कि भारत का विभाजन अवश्यम्भावी हो गया, क्योंकि मौलाना आजाद जैसे विचारक मानते हैं, कि भारत का विभाजन अवश्यम्भावी नहीं था और नेहरू, पटेल जैसे राष्ट्रीय नेताओं ने स्वेच्छा से ही भारत विभाजन के मार्ग को अपनाया। इसके विपरीत, दूसरे विद्वानों के एक बहुत बड़े वर्ग का कहना था, कि एक वर्ष के मध्य जो विविध घटनाएँ घटीं, उनके फलस्वरूप भारत विभाजन अवश्यम्भावी हो गया था। यही विचार अधिक सत्य प्रतीत होता है, जिसके परिणामस्वरूप कांग्रेसी नेताओं को भारत विभाजन स्वीकार करना पड़ा। भारत विभाजन के प्रमुख कारण निम्नलिखित हैं—

**(1) ब्रिटिश शासन की 'फूट डालो और शासन करो' की नीति**—अंग्रेजों की 'फूट डालो और शासन करो' की नीति के परिणामस्वरूप शताब्दियों से पारस्परिक सहयोग के आधार पर साथ-साथ रहते चले आ रहे हिन्दुओं और मुसलमानों में पारस्परिक वैमनस्य की भावना उत्पन्न हो गई। ब्रिटिश शासन ने इन दोनों जातियों के हृदय में एक-दूसरे के प्रति घृणा, ईर्ष्या और अविश्वास उत्पन्न कर दिया। लॉर्ड मिण्टो ने मुसलमानों को साम्प्रदायिक प्रतिनिधित्व देकर भारतीय राष्ट्रीय जीवन में साम्प्रदायिकता का विष घोलने का निन्दनीय कार्य किया, जिसके दुष्परिणाम के रूप में पाकिस्तान अस्तित्व में आया। **डॉ. राजेन्द्र प्रसाद** ने ठीक ही लिखा है कि, **"पाकिस्तान के निर्माता कवि इकबाल या मि. जिन्ना नहीं, वरन् लॉर्ड मिण्टो थे।"** इसके अतिरिक्त सरकारी अधिकारी भी पाकिस्तान के विचार के प्रति बड़े उत्साही थे।[1]

**(2) हिन्दू साम्प्रदायिकतावाद**—पाकिस्तान की माँग के रूप में जहाँ मुस्लिम साम्प्रदायिकता अपनी चरम सीमा पर थी, वहीं कुछ अंशों में हिन्दू साम्प्रदायिकता भी उत्तरदायी है। हिन्दुओं की प्रतिनिधि संस्था हिन्दू महासभा जैसी संस्थाओं को भी इसके लिए दोषी कहा जा सकता है। सन् 1930 ई. के पश्चात् कट्टरपन्थी और प्रतिक्रियावादी तत्वों ने हिन्दू महासभा पर अपना आधिपत्य जमा लिया था। यह हिन्दू राष्ट्र की स्थापना का सपना देख रही थी। इसका कहना था कि मुसलमान एक अलग राष्ट्र हैं, जिनका हिन्दू भारत में कोई स्थान नहीं है। इस प्रकार हिन्दू साम्प्रदायिकता ने अप्रत्यक्ष रूप से मुस्लिम साम्प्रदायिकता को प्रोत्साहित किया, जिसका परिणाम भारत विभाजन के रूप में सामने आया।

**(3) मुसलमानों की अलगाववादी नीति**—20वीं शताब्दी के प्रारम्भ से ही मुसलमानों ने अलगाववादी नीति अपनानी शुरू कर दी थी। अंग्रेजों ने भारत में अपना साम्राज्य स्थापित कर मुस्लिम विरोधी नीति अपनाई थी, जिसके कारण उनकी स्थिति गिर गई थी। मुस्लिम नेता सर सैय्यद अहमद खाँ की धारणा थी, कि हिन्दुओं से अलग रहकर ही मुसलमान अपनी प्रगति कर सकते हैं। इससे मुसलमानों में अलगाववादी भाव पनपना शुरू हुआ। ब्रिटिश सरकार के प्रोत्साहन स्वरूप मुसलमानों के यह अलगाववादी भाव और दृढ़ हो गए। इससे देश का विभाजन अवश्यम्भावी हो गया।

**(4) जिन्ना की हठधर्मी**—मुस्लिम लीग के नेता मि. जिन्ना राष्ट्रीय नेताओं के साथ सहयोग करने के लिए कभी तैयार नहीं हुए। वे किसी ऐसी योजना को स्वीकार करने के पक्ष में नहीं थे, जिससे उनकी पाकिस्तान की माँग में कोई अड़चन आती हो। कांग्रेसी नेताओं ने जिन्ना से मिलना और स्वतन्त्रता के लिए राजी करने के लिए उनके प्रति समझौतावादी दृष्टिकोण अपनाने में कोई बुराई नहीं समझी, लेकिन जिन्ना ने सदैव इस बात का अनुचित लाभ उठाया। उन्होंने सदैव अपनी माँगों को बढ़ाना जारी रखा। जिन्ना की हठधर्मी के कारण गोलमेज सम्मेलन और वेवल योजना सफल न हो सकी। उन्हीं के कारण साम्प्रदायिक समस्या का कोई हल नहीं हो सका। वे पाकिस्तान की माँग पर अड़े रहे। उनकी हठधर्मी इतनी बढ़ गई कि वे

---

1. Thompson : *Enlist India for Freedom,* p. 59.

किसी भी सुधार योजना पर सहमत नहीं होते थे। जिन्ना की हठधर्मी के कारण राष्ट्रीय शक्तियों के सम्मुख पाकिस्तान की माँग को स्वीकार करने के अतिरिक्त अन्य कोई विकल्प नहीं था।

**(5) साम्प्रदायिक दंगे और उपद्रव**—जब संवैधानिक तरीके से मुस्लिम लीग अपने उद्देश्य की प्राप्ति में असफल रही, तो उसने मुसलमानों को उपद्रव और दंगों के लिए उकसाकर प्रत्यक्ष कार्यवाही दिवस पर कलकत्ता में दंगे कराए जिसमें 7 हजार व्यक्ति मारे गए। इस प्रकार की घटनाएँ त्रिपुरा और नौआखली आदि में भी हुई। नेहरू, मौलाना आजाद आदि सभी राष्ट्रीय नेताओं ने इसकी आलोचना की और कहा कि ब्रिटिश सरकार ने इन दंगों को दबाने में आवश्यक दिलचस्पी नहीं दिखायी, क्योंकि उपद्रव ब्रिटिश शासन की नीति के अनुरूप ही थे। इन साम्प्रदायिक उपद्रवों के कारण ही कांग्रेस यह सोचने के लिए विवश हुई, कि भारत विभाजन ही इस समस्या का एकमात्र विकल्प है।

**(6) अंग्रेज अधिकारियों के षड्यन्त्र**—अंग्रेज अधिकारियों की सहानुभूति मुस्लिम लीग की पाकिस्तान की माँग के प्रति थी। वायसराय के संवैधानिक परामर्शदाता ने सरदार पटेल को समझाया कि गृह-युद्ध की तरफ बढ़ने के बजाए देश का बँटवारा स्वीकार कर लेना अच्छा है। परिस्थितियाँ बहुत खराब हो रही थीं और पुलिस, प्रतिरक्षा, सूचना तथा यातायात विभाग में मुसलमानों को महत्वपूर्ण पदों पर पदस्थ किया जा रहा था और गैर कानूनी तरीकों से मुस्लिम लीग के सदस्य गोला-बारूद और हथियार इकट्ठा कर रहे थे। भारत का राजनीतिक विभाग देशी राज्यों के साथ मिलकर देश की एकता को चकनाचूर करने का प्रयास कर रहा था। ऐसी स्थिति में पण्डित जवाहरलाल नेहरू ने तंग आकर कहा कि, "हम दर्द से छुटकारा पाने के लिए सर कटवाने के लिए तैयार हो गए।" अर्थात् देश विभाजन के लिए तैयार हो गए।

**(7) कांग्रेस की मुस्लिम लीग के प्रति तुष्टिकरण की नीति**—कांग्रेस ने मुस्लिम लीग के प्रति प्रारम्भ में तुष्टिकरण की नीति अपनाई, परन्तु बाद में वैधानिक और कठोर कार्यवाही करने लगी। परिणाम यह हुआ कि कांग्रेस और लीग के मध्य स्थायी कटुता उत्पन्न हो गई। इसके अतिरिक्त कांग्रेस द्वारा की गई कुछ अन्य भूलें भी भारत विभाजन के लिए उत्तरदायी रही हैं; जैसे—सन् 1916 ई. का मुस्लिम लीग के साथ समझौता, सन् 1920 ई. में असहयोग आन्दोलन में खिलाफत के प्रश्न को मिलाना, सन् 1932 ई. में साम्प्रदायिक निर्णय के प्रति कांग्रेस का अरुचिपूर्ण रुख आदि हैं। ये कांग्रेस की भूलों का ही परिणाम था कि मुस्लिम लीग का मुसलमानों पर प्रभाव बढ़ा और वह पाकिस्तान की माँग पूरा करने में मुसलमानों का सहयोग जुटा सकी।

**(8) अन्तरिम सरकार की असफलता**—15 अक्टूबर, 1946 को अन्तरिम सरकार का पुनर्गठन किया गया, जिसमें लीग के पाँच सदस्यों को लिया गया। मुस्लिम लीग के सदस्य देश के बँटवारे के लिए सरकार में शामिल हुए थे। इसलिए वे पग-पग पर बाधाएँ उत्पन्न करते थे, जिसके परिणामस्वरूप अन्तरिम सरकार का चलना असम्भव हो गया। लियाकत अली उस समय सरकार के वित्तमन्त्री थे। उन्होंने अन्य मन्त्रालयों के छोटे-छोटे कार्यों के लिए वित्तीय स्वीकृति देने से इन्कार करने का रवैया अपनाया। इस कारण सरकार का चलना असम्भव हो गया। अन्तरिम सरकार की असफलता से कांग्रेस के नेताओं को यह विश्वास हो गया कि स्थायी रूप से बनी सम्मिलित सरकार कदापि सफलतापूर्वक नहीं चल पाएगी। उनके इस विश्वास ने उन्हें भारत विभाजन स्वीकार करने के लिए बाध्य किया।

**(9) सत्ता हस्तान्तरण की घोषणा**—ब्रिटिश प्रधानमन्त्री ने घोषणा की कि यदि जून, 1948 तक भारत का संविधान नहीं बनाया गया, तो ब्रिटिश सरकार सोचेगी कि क्या कुछ क्षेत्रों में प्रान्तों को शक्ति दे दी जाए। इस घोषणा ने भारत विभाजन को और भी अवश्यम्भावी बना दिया। यदि कांग्रेस भारत के विभाजन को स्वीकार नहीं करती, तो हो सकता है कि अंग्रेज शासक भारत के और भी अधिक टुकड़े कर उन्हें सौंप जाते। उस भयंकर स्थिति से बचने के लिए कांग्रेस ने भारत के विभाजन को स्वीकार करना बेहतर समझा।

**(10) सत्ता के प्रति आकर्षण**—भारतीय नेताओं द्वारा भारत विभाजन की योजना स्वीकार कर लेने का एक महत्वपूर्ण कारण उनका सत्ता के प्रति आकर्षण भी था। **माइकेल ब्रेचर** के अनुसार, **"कांग्रेसी नेताओं के सम्मुख सत्ता के प्रति आकर्षण भी था। इन नेताओं ने अपने राजनीतिक जीवन का अधिकांश भाग ब्रिटिश विरोध में बिताया था और अब वे स्वाभाविक रूप से सत्ता के प्रति आकर्षित हो चुके थे। कांग्रेसी नेता सत्ता का आस्वादन कर ही चुके थे और विजय की घड़ी में उससे अलग होने के इच्छुक नहीं थे।"**[1]

---

1. Michael Brecher, *Jawahar Lal Nehru*, p. 145.

**(11) कांग्रेस की थकावट**—कांग्रेस सन् 1885 ई. से भारतीय स्वाधीनता संघर्ष लड़ रही थी। इस समय तक इसके अधिकांश नेता वृद्ध हो गए थे। वे थक गए थे और किसी नई लड़ाई के लिए न उनमें साहस था और न ही ताकत और फिर जब उन्होंने स्वतन्त्रता को द्वार पर खड़ा देखा, तब उसका वरण करने का उनमें उन्माद छा गया। वास्तविकता यह थी कि कांग्रेस के ये नेतागण चाहते थे कि स्वतन्त्रता उन्हीं के हाथों में आए। **दुर्गादास** के शब्दों में, "कांग्रेस के नेता और उनका समूचा दल ही संघर्ष को और आगे बढ़ाने के लिए अब बुरी तरह थक गए थे।" इसलिए 15 जून, 1947 को जब इस सम्बन्ध में कांग्रेस महासमिति की बैठक हुई, तो भारत विभाजन के पक्ष में 157 वोट आए और विपक्ष में केवल 9 मत आए। इस तरह भारत विभाजन के लिए कांग्रेस की थकावट उत्तरदायी है।

**(11) जिन्ना द्वारा कटे-छटे पाकिस्तान की स्वीकृति**—सन् 1944 ई. में जब सी. आर. योजना के आधार पर महात्मा गाँधी जिन्ना से मिले थे तो जिन्ना ने इसे कटा-छटा और दीमक लगा पाकिस्तान कहकर अस्वीकार कर दिया था। पर अब माउण्टबेटन योजना द्वारा मि. जिन्ना का यह कटा-छटा पाकिस्तान ही दिया जा रहा था, जो उन्हें स्वीकार था। इसलिए भारतीयों द्वारा भारत-विभाजन स्वीकार कर लिया गया।

**(13) बाध्य एकता वांछनीय नहीं**—कांग्रेस को विश्वास हो गया था कि भारत के अधिकांश मुसलमान पाकिस्तान निर्माण के पक्ष में हैं। ऐसी स्थिति में यदि मुसलमानों को अविभाजित भारत में हिन्दुओं के साथ रहने को बाध्य किया जाएगा, तब वे शान्ति से हिन्दुओं के साथ नहीं रह सकेंगे। उनकी विध्वंसात्मक कार्यवाही चलती रहेगी, जिससे देश की प्रगति और विकास सम्भव न होगा और देश अन्दर ही अन्दर शक्तिहीन होता जाएगा। अतः दबाव के आधार पर गठित संघ न तो स्थायी हो सकता है और न ही प्रजातान्त्रिक प्रक्रिया के अनुकूल। अतः वे भारत के विभाजन के लिए इस कारण सहमत हो गए कि इस प्रकार बाध्य एकता न तो व्यावहारिक ही है और न वांछनीय ही।

**(14) लॉर्ड माउण्टबेटन का प्रभाव**—ब्रिटिश भारत के अन्तिम और स्वतन्त्र भारत के प्रथम गवर्नर जनरल लॉर्ड माउण्टबेटन के प्रभाव के कारण भी कांग्रेस भारत विभाजन के प्रस्ताव को स्वीकार करने के लिए सहमत हो गयी। लॉर्ड माउण्टबेटन ने अपने राजनीतिक चातुर्य, व्यावहारिकता, प्रशासकीय कौशल और प्रभावशाली व्यक्तित्व से भारत विभाजन योजना की स्वीकृति के लिए सरदार पटेल, पण्डित नेहरू आदि को तैयार कर लिया। उन्होंने सरदार पटेल को समझाया कि बेगुनाहों के कत्लेआम से पाकिस्तान की स्वीकृति अच्छी है। दूसरी ओर उन्होंने पण्डित नेहरू को समझाया कि मुस्लिम लीग के बिना शेष भारत को संगठित और शक्तिशाली बनाना अधिक अच्छा है। इस सम्बन्ध में **मौलाना आजाद** ने कहा कि इस कठिन कार्य में लॉर्ड माउण्टबेटन को अपनी आदर्श पत्नी से बहुत सहायता मिली, जिन्होंने नेहरू को अपने पति से अधिक प्रभावित किया।

इस प्रकार उपर्युक्त कारणों से भारतीय इतिहास की महानतम दुर्घटना ने भारत के विभाजन का मार्ग प्रशस्त किया। महात्मा गाँधी के शब्दों में, "यह एक आकस्मिक दुर्घटना और 32 वर्षों के सत्याग्रह का लज्जाजनक परिणाम था। मि. जिन्ना द्वारा द्विराष्ट्र सिद्धान्त का प्रतिपादन और सन् 1947 ई. का भारत विभाजन धार्मिक आधार पर किया गया था, जो स्थायी नहीं हो सकता।"

## प्रश्न
## (Questions)

**दीर्घ उत्तरीय प्रश्न** (Long Answer Type Questions)

1. भारतीय राष्ट्रीय आन्दोलन में मुस्लिम साम्प्रदायिकता की भूमिका की समीक्षा कीजिए।
   (Evaluate the role of Muslim Communalism in Indian National Movement.)
2. भारतीय राष्ट्रीय आन्दोलन में मुस्लिम सम्प्रदायवाद के उदय पर टिप्पणी लिखिए।
   (Write a note on the rise of Muslim Communalism in Indian National Movement.)
3. भारत में साम्प्रदायिकता की उत्पत्ति और विकास के कारणों का वर्णन कीजिए। इसमें ब्रिटिश सरकार की 'विभाजन करो और शासन करो' की नीति का क्या भाग रहा ?
   (Describe the causes of origin and development of communalism in India. What is the contribution of the policy of British Government of divide and rule.)

4. मुस्लिम साम्प्रदायिकता भारत विभाजन के लिए उत्तरदायी थी। विवेचना कीजिए।
(Muslim Communalism was responsible for the division of India. Discuss.)
5. भारतीय राजनीति में मुस्लिम साम्प्रदायिकता के विकास एवं प्रभाव पर प्रकाश डालिए।
(Throw light on the development and effect of Muslim Communalism in Indian Politics.)
6. मुस्लिम साम्प्रदायिकता को सन् 1906 से सन् 1940 तक किन अवस्थाओं में से गुजरना पड़ा और यह बताइए कि इसे ब्रिटिश सरकार ने कैसे प्रभावित किया ?
(What was the stages from 1906 to 1940 for Muslim Communalism ? How provoked British Government these stages ?)
7. भारत में मुस्लिम साम्प्रदायिकता का आरम्भ कैसे हुआ ? अंग्रेजी शासक इसके लिए कहाँ तक उत्तरदायी हैं ?
(How started Muslim Communalism in India ? How British ruler was responsible for this ?)
8. पाकिस्तान की माँग के प्रमुख कारणों की विवेचना कीजिए तथा उसके प्रति कांग्रेस की क्या नीति थी ?
(Discuss the main causes of demand of Pakistan and what was the policy of congress towards it ?)
9. भारत विभाज़न के क्या कारण थे ? उनका विश्लेषण कीजिए।
(What was the causes of partition of India ? Analysis.)
10. क्या भारत का विभाजन अवश्यम्भावी था ? इसके प्रमुख कारणों और परिस्थितियों की विवेचना कीजिए।
(Was certain the partition of India ? Discuss its main causes and circumstances.)
11. उन परिस्थितियों का विवरण दीजिए, जिसके परिणामस्वरूप सन् 1947 में भारत का विभाजन हुआ ?
(Describe those conditions which are responsible for the partition of India in 1947.)
12. भारत के विभाजन के जिम्मेदार कारणों पर प्रकाश डालिए।
(Throw light on the responsible causes for the partition of India.)
13. भारत विभाजन अथवा पाकिस्तान निर्माण के क्या कारण थे ?
(What were the causes of Indian partition Formation of Pakistan.)
14. भारत में साम्प्रदायिक आन्दोलन के उदय एवं विकास के कारणों पर प्रकाश डालिए।
(Throw light on the causes of rise and development of commuanl movement in India.)
15. मुस्लिम साम्प्रदायिकता पर एक संक्षिप्त निबन्ध लिखिए।
(Write a brief essay on Muslim Communalism.)
17. भारत में मुस्लिम साम्प्रदायिकता का विकास किन कारणों से हुआ ?
(Discuss the causes of Muslim Communalism in India.)

## लघु उत्तरीय प्रश्न (Short Answer Type Questions)

1. भारत विभाजन पर संक्षिप्त टिप्पणी लिखिए।
2. मुस्लिम लीग के उदय के चार कारणों की विवेचना कीजिए।
3. अंग्रेजों की 'फूट डालो और शासन करो' की नीति क्या थी ?
4. पाकिस्तान की माँग के पाँच कारण बताइए।
5. लखनऊ समझौता कब हुआ ?
6. मुस्लिम साम्प्रदायिकता पर संक्षिप्त टिप्पणी लिखिए।
7. मुस्लिम लीग की स्थापना कब हुई ?
8. द्विराष्ट्र सिद्धान्त क्या है ? मुस्लिम लीग अधिवेशन में यह कब स्वीकार किया गया ?
9. लीग ने प्रत्यक्ष कार्यवाही दिवस कब मनाया था ?
10. भारत में साम्प्रदायिक प्रतिनिधित्व की पद्धति को सर्वप्रथम कब अपनाया गया ?

## बहुविकल्पीय वस्तुनिष्ठ प्रश्न (Multiple Choice Type Objective Questions)

1. **मुस्लिम लीग की स्थापना कब हुई थी–**
   (a) सन् 1906 ई. में (b) सन् 1908 ई. में
   (c) सन् 1909 ई. में (d) सन् 1916 ई. में।
   **उत्तर**–(a) सन् 1906 ई. में।
2. **द्विराष्ट्र सिद्धान्त किसकी देन था–**
   (a) मोहम्मद इकबाल (b) लियाकत अली
   (c) मोहम्मद अली जिन्ना (d) सर सैय्यद अहमद खाँ।
   **उत्तर**–(c) मोहम्मद अली जिन्ना।
3. **बंगाल विभाजन कब रद्द हुआ–**
   (a) सन् 1909 ई. में (b) सन् 1911 ई. में
   (c) सन् 1906 ई. में (d) सन् 1916 ई. में।
   **उत्तर**–(b) सन् 1911 ई. में।
4. **लखनऊ समझौता कब हुआ–**
   (a) सन् 1916 ई. में (b) सन् 1919 ई. में
   (c) सन् 1919 ई. में (d) सन् 1914 ई. में।
   **उत्तर**–(a) सन् 1916 ई. में।
5. **मुस्लिम लीग ने पाकिस्तान की माँग का प्रस्ताव सर्वप्रथम कब रखा–**
   (a) मार्च, 1940 ई. के लाहौर अधिवेशन में
   (b) मार्च, 1929 ई. के दिल्ली की लीग बैठक में
   (c) सन् 1930 ई. के लीग के इलाहाबाद अधिवेशन में
   (d) उपरोक्त में से किसी में भी नहीं।
   **उत्तर**–(a) मार्च, 1940 ई. के लाहौर अधिवेशन में।

●●

# स्वतन्त्रता आन्दोलन के कुछ महान् नेता

# [SOME GREAT LEADERS OF THE FREEDOM MOVEMENT]

**नोट**—राजा राममोहन राय, स्वामी दयानन्द सरस्वती, सुभाष चन्द्र बोस तथा कई अन्य क्रान्तिकारी नेताओं का वर्णन पहले आ चुका है। अतः यहाँ हम शेष नेताओं का ही वर्णन करेंगे।

## ए. ओ. ह्यूम

**(Allan Octavian Hume, 1829-1912)**

ए. ओ. ह्यूम कांग्रेस के संस्थापक थे। वे स्कॉटलैण्ड के निवासी थे। वे सन् 1870 से 1879 ई. तक भारत सरकार के सचिव रहे। बाद में उन्हें स्वतन्त्र विचारों के कारण इस पद से हटा दिया गया। वे सन् 1882 ई. में रिटायर हो गए। सन् 1885 ई. में उन्होंने **'इण्डियन नेशनल कांग्रेस'** की नींव रखी। यद्यपि वे ब्रिटिश साम्राज्य के मित्र थे और भारत के साथ अंग्रेजों का सम्बन्ध बहुत हितकारी समझते थे, किन्तु वे ब्रिटिश सरकार की नीति के आलोचक भी थे। वे भारत की गरीबी को देखकर बहुत दुःखी होते थे और भारतीयों की दयनीय दशा को सुधारने के पक्ष में थे।

एक इतिहासकार ने लिखा है कि, "कभी-कभी ऐसा कहा जाता है कि ह्यूम ने भारत में ब्रिटिश साम्राज्य को बचाने के लिए कांग्रेस की स्थापना की। इसको **'साम्राज्य बचाओ सिद्धान्त'** कहा जाता है। यह सम्भव है कि यह तथ्य कि कांग्रेस जैसा कोई संगठन स्थापित करने से भारत व ब्रिटेन के सम्बन्ध अच्छे रहेंगे, ह्यूम के मन में हो किन्तु यह कहना कि ह्यूम ने कांग्रेस की स्थापना ब्रिटिश साम्राज्य को चिर-स्थायी बनाने के लिए की, केवल कृतघ्नता है। इसमें कोई सन्देह नहीं कि कांग्रेस निर्माण में ह्यूम का उद्देश्य पूर्णतः भद्र था।" वे आगे लिखते हैं कि, "ह्यूम का यह दृढ़ मत था कि ब्रिटिश सरकार भारत के प्रति अपने उत्तरदायित्व को पूर्ण रूप से नहीं निभा रही है। उनके विचार में राष्ट्र को राजनीतिक क्षेत्र में ऊँचा उठाने के लिए तथा सरकार के विरुद्ध रोष को स्वस्थ रूप में प्रकट करने के लिए कांग्रेस जैसा कोई संगठन आवश्यक था। भारत तथा इंग्लैण्ड में स्थित ब्रिटिश अधिकारियों ने ह्यूम को पूर्ण सहयोग दिया, क्योंकि वे सोचते थे कि इस प्रकार का एक संगठन सन्तुलित भारतीय विचारधारा का दर्पण होगा।"

ह्यूम कांग्रेस के संस्थापक थे, इसलिए उनका नाम बड़ी श्रद्धा से लिया जाता है। वे कांग्रेस के प्रथम महासचिव थे और इस पद पर वे सन् 1907 ई. तक रहे। 22 वर्ष तक इस महत्वपूर्ण पद पर रहना यह स्पष्ट करता है कि भारतीय जनता के उत्थान में उनकी गहरी रुचि थी। उन्होंने शिक्षा, पुलिस, प्रेस, शराबबन्दी सम्बन्धी अनेक सुधारों को ब्रिटिश सरकार से करवाने की कोशिश की। वे पुलिस अधिकारियों को न्याय-सम्बन्धी कार्य देने के सख्त विरुद्ध थे। दक्षिण की भूखी जनता की सहायता के लिए उन्होंने सन् 1890 ई. में एक योजना भी तैयार की। उन्होंने सन् 1895 ई. में **'लोक-मित्र'** (People's Friend) नामक एक पत्र को भी सहायता दी।

## दादाभाई नौरोजी

**(Dadabhai Naoroji, 1825-1917)**

दादाभाई नौरोजी का जन्म 4 दिसम्बर, सन् 1825 ई. को हुआ। उन्होंने अपने विद्यार्थी जीवन में भारी योग्यता का परिचय दिया। धन की कमी के कारण वे इंग्लैण्ड न जा सके। उन्होंने स्कूल में नौकरी कर ली और गणित के शिक्षक के रूप में बड़ी प्रसिद्धि प्राप्त की। शिक्षा के कार्य के साथ-साथ वे सार्वजनिक सेवा के कार्य में भी लगे रहे। उन्होंने अपने जीवन में 30 संस्थाएँ स्थापित कीं, जिनमें से अधिकांश संस्थाओं का उद्देश्य भारत की राजनीतिक उन्नति और शेष का उद्देश्य भारतीयों की

सामाजिक उन्नति था। सन् 1845 ई. में मैसर्ज कामा एण्ड कम्पनी ने उन्हें अपना प्रतिनिधि बनाकर इंग्लैण्ड भेजा। कुछ समय के बाद वे इस कम्पनी के साझेदार बन गए, जिसके कारण इंग्लैण्ड से उनका स्थायी सम्बन्ध स्थापित हो गया। वहाँ पर उन्होंने 'लन्दन भारतीय सोसायटी' और 'ईस्ट इण्डियन एसोसिएशन' की स्थापना की। इन्हीं संस्थाओं ने भारत की माँगों का वहाँ पर बहुत प्रचार किया। उन्होंने सन् 1873 ई. में भारतीय वित्त की जाँच करने वाली ब्रिटिश कम्पनी के सामने भी गवाही दी। सन् 1874 ई. में वे बड़ौदा के दीवान बन गए। सन् 1885 ई. में उन्हें बम्बई विधान सभा का अतिरिक्त सदस्य नियुक्त किया गया। सन् 1886 ई. में उन्हें कांग्रेस का प्रधान चुन लिया गया। सन् 1892 ई. में उन्होंने ब्रिटिश पार्लियामेण्ट के लिए चुनाव लड़ा और सफल हुए। वे पहले भारतीय थे, जिन्हें ये सम्मानजनक स्थान प्राप्त हुआ था। सन् 1893 तथा 1906 ई. में दादाभाई नौरोजी पुन: कांग्रेस के प्रधान निर्वाचित हुए। इस तरह दादाभाई नौरोजी ने कुल 61 वर्ष तक देश की महान् सेवा की, 40 वर्ष तक उन्होंने कांग्रेस के जन्म से पूर्व और 21 वर्ष बाद में की।

सन् 1905 ई. में बंगाल के बँटवारे के कारण देश में उग्रवाद (Extremism) का जोर बढ़ता जा रहा था, अत: सन् 1906 ई. में यह भय था कि कांग्रेस के जलसे में अध्यक्षता के लिए उग्रवादियों तथा उदारवादियों में संघर्ष होगा, परन्तु दादाभाई नौरोजी ने जब अध्यक्ष बनना स्वीकार कर लिया, तो किसी ने कोई आपत्ति नहीं उठाई। सन् 1916 ई. का कांग्रेस अधिवेशन अत्यन्त महत्वपूर्ण था, क्योंकि पहली बार उनके नेतृत्व में कांग्रेस के मंच से औपनिवेशिक स्वराज्य (Dominion Status) की माँग की गई। इससे पूर्व कांग्रेस के कलकत्ता अधिवेशन में उन्होंने जो शब्द कहे, उनसे उनके विचारों पर काफी प्रकाश पड़ता है। उन्होंने अपने अध्यक्षीय भाषण में कहा कि, **"हमारा विश्वास और भविष्य हमारे हाथ में है। यदि हम अपने और देश के प्रति सच्चे हैं और अपने उत्थान और अभ्युदय के लिए पूर्ण बलिदान कर सकते हैं, तो मुझे लेशमात्र भी सन्देह नहीं कि अंग्रेज जैसे न्यायप्रिय और सच्चे आदमियों के साथ व्यवहार करते हुए हमें इस बात का पूरा विश्वास हो सकता है कि हमारे कार्य व्यर्थ न जाएँगे। इसी विश्वास ने सब तरह की कठिनाइयों में मेरा साथ दिया है। हम दया की भीख नहीं माँगते, हम तो केवल न्याय चाहते हैं। ब्रिटिश नागरिक के रूप में अपने अधिकारों को छोटी-छोटी बातों का जिक्र करने की बजाए हम सारी बातों को एक शब्द में रख सकते हैं और वह है संयुक्त राज्य (U. K.) अथवा उपनिवेशों की तरह स्वशासन या स्वराज्य।"** तब से कांग्रेस की मूलभूत माँग औपनिवेशिक स्वराज्य बन गई, जो सन् 1928 ई. तक चलती रही। सन् 1906 ई. से कांग्रेस के इतिहास का दूसरा युग आरम्भ होता है, क्योंकि अब कांग्रेस केवल नौकरियों में अधिकार माँगने वाली संस्था ही नहीं थी, बल्कि इसने अपना लक्ष्य औपनिवेशिक स्वराज्य (Dominion Status) बना लिया था। सन् 1929 ई. में कांग्रेस ने पूर्ण स्वाधीनता का प्रस्ताव पास करके एक नया युग आरम्भ किया।

दादाभाई नौरोजी उदारवादी थे। वे अंग्रेजी शासन को भारत के हित के लिए मानते थे। इसलिए वे ब्रिटेन से सम्बन्ध तोड़ने के पक्ष में नहीं थे। औपनिवेशिक स्वराज्य की प्राप्ति के लिए वे वैधानिक आन्दोलन को काफी समझते थे। दादाभाई नौरोजी के नेतृत्व में कांग्रेस ने स्वदेशी आन्दोलन (स्वदेशी वस्तुओं का प्रयोग) विदेशी वस्तुओं का बहिष्कार और शिक्षा का कार्यक्रम अपनाया। उग्रवादी इस कार्यक्रम पर बहुत बल दे रहे थे। अत: कांग्रेस द्वारा इस प्रोग्राम को अपनाया जाना उग्रवादियों की जीत थी। दादाभाई नौरोजी ने अपनी प्रसिद्ध पुस्तक भारत में **अनिर्धनता व अब्रिटिश राज्य** (Poverty and Un-British Rule in India) में भारत की निर्धनता के कारणों पर प्रकाश डाला। उन्होंने सिद्ध किया कि भारत की निर्धनता का मुख्य कारण यह है कि यहाँ का धन खिंचकर इंग्लैण्ड जा रहा है। अंग्रेजों द्वारा भारत के शोषण की उन्होंने कड़ी निन्दा की।[1]

दादाभाई नौरोजी का योगदान कई क्षेत्रों में था। उन्होंने भारतीय राष्ट्रीयवाद की आर्थिक बुनियाद के सम्बन्ध में एक सिद्धान्त का निर्माण किया। उन्होंने अपनी पुस्तक **भारत में निर्धनता तथा अ-ब्रिटिश राज्य** (Poverty and Un-British Rule in India) में 'भारत के धन को चूसने के सिद्धान्त' (Drain Theory) का विशद् वर्णन किया है—उन्होंने इस सिद्धान्त द्वारा अपनी इस पुस्तक में यह सिद्ध करने का यत्न किया है कि भारत का धन अंग्रेजों द्वारा नियमित रूप से खिंचकर इंग्लैण्ड जा रहा है। दादाभाई नौरोजी ने लिखा कि, "भारत का धन इंग्लैण्ड द्वारा दो तरीकों से चूसा जा रहा है। पहला तरीका तो यह है कि यूरोपियन अधिकारी भारत से बहुत-सा पैसा अपनी बचत से इंग्लैण्ड भेजते हैं। कई ब्रिटिश

1. Dada Bhai Naoroji wrote, "It is at India's cost and blood that this British Empire has been formed and maintained up to this day. It is in consequence of the tremendous cost of these wars and because of the millions and millions you draw from us year by year that India is so completely exhausted and bled. It is no wonder that the time has come when India is bleeding to death. You have brought India to this condition by the constant drain upon the wealth of that country. (*From Indian Nation Builder,* Pt. II., Ganesh & Co., Madras)

अधिकारियों को भारत के खजाने से इंग्लैण्ड में वेतन तथा पेन्शन मिलती है। दूसरे, भारत से जो धन अंग्रेज इकट्ठा करते हैं, उसके कारण भारतीय निर्धन रह जाते हैं और उनके पास काफी पूँजी नहीं रह पाती है। अंग्रेज भारत के धन से पूँजीपति हो जाते हैं और उससे इंग्लैण्ड में वस्तुएँ तैयार करके भारत भेजते हैं तथा भारत के व्यापार पर एकाधिकार कर लेते हैं, इस तरह से अंग्रेज अधिक धनवान होते रहते हैं और भारतीय निर्धन होते रहते हैं।"[1] उन्होंने आगे कहा कि, "इंग्लैण्ड भारत से 30,000,000 पौण्ड या 40,000,000 पौण्ड धन प्रति वर्ष खींच रहा है, इससे भारत पूर्ण रूप से कुचला जाएगा।"[2] दादाभाई नौरोजी ने नैतिक शोषण (Moral drain) के सिद्धान्त को भी प्रतिपादित किया। उन्होंने यह सिद्ध किया कि, "जो अंग्रेज अधिकारी भारत से ज्ञान और अनुभव प्राप्त करके इंग्लैण्ड चले जाते हैं, उनसे भारत को कुछ लाभ नहीं पहुँचा है, दूसरी ओर भारतीयों को प्रशासनीय अथवा अन्य क्षेत्रों में अधिक अनुभव नहीं हो पाता है, क्योंकि उनको ऊँचे पदों से वंचित रखा जाता है।"[3] इसलिए उन्होंने भारतीयों के अधिकारों के सिद्धान्त का प्रतिपादन किया। उन्होंने सन् 1906 ई. के कांग्रेस अधिवेशन में अपने अध्यक्षीय भाषण में कहा कि भारत ब्रिटिश साम्राज्य का अभिन्न अंग है, अत: भारतीयों को ब्रिटिश नागरिकता प्राप्त होनी चाहिए और ब्रिटिश नागरिकों के समान अधिकार मिलने चाहिए। उन्होंने सन् 1833 ई. के एक्ट में की गई भारतीयों के अधिकारों की घोषणा और सन् 1858 ई. में महारानी विक्टोरिया द्वारा की गई घोषणा को अमल में लाने के लिए ब्रिटिश सरकार से बार-बार प्रार्थनाएँ कीं। दादाभाई नौरोजी इन घोषणाओं को भारतीयों के लिए मैग्ना कार्टा (Magna Carta) समझते थे।

सन् 1906 ई. में कांग्रेस के कलकत्ता अधिवेशन में उन्होंने भारतीयों के लिए तीन प्रकार के अधिकारों की माँग की। उनकी पहली माँग ब्रिटिश सरकार से यह थी कि भारतीयों को नौकरियों में अधिक भाग दिया जाए और सब विभागों का प्रशासन भारतीयों के हवाले कर दिया जाए। दूसरे, भारतीयों को विधानमण्डलों में अधिक प्रतिनिधित्व और शक्तियाँ दी जाएँ ताकि अन्य स्वशासित (Self-governing) ब्रिटिश उपनिवेशों की तरह भारत में भी औपनिवेशिक स्वराज्य (Dominion Status) स्थापित हो जाए। तीसरी, भारत और इंग्लैण्ड में वित्तीय सम्बन्धों का आधार न्यायपूर्ण है। उन्होंने राजनीतिक उद्देश्यों की प्राप्ति के लिए नैतिक साधन अपनाए।

कांग्रेस के इतिहास के प्रसिद्ध लेखक डॉ. पट्टाभि सीतारमैया ने दादाभाई नौरोजी के विषय में लिखा है कि, "भारतीय राष्ट्रीय महासभा (इण्डियन नेशनल कांग्रेस के बड़े-बूढ़ों की सूची में सबसे पहला नाम दादाभाई नौरोजी का आता है, जिन्होंने कांग्रेस के साथ उसके जन्म से सम्पर्क स्थापित करके अपने जीवन की सन्ध्या तक उसकी सेवा की और जो विकास के सब पहलुओं में उसके साथ रहे। उन्होंने इसे प्रशासन सम्बन्धी शिकायतों को दूर करवाने वाली संस्था की तुच्छ स्थिति से उठाकर राष्ट्रीय सभा की गौरवपूर्ण स्थिति पर पहुँचाया, जिसने स्वराज्य को अपना निश्चित उद्देश्य बनाकर उसकी प्राप्ति के लिए कार्य आरम्भ किया। उन्होंने सन् 1886, 1893 और 1906 ई. में तीन बार कांग्रेस के सभापति का आसन ग्रहण किया और इस संस्था के साथ अपने सम्बन्ध के दौरान इंग्लैण्ड और भारत में इसके झण्डे को ऊँचा रखा।" श्री सी. वाई. चिन्तामणि के मतानुसार, उस समय के प्रभावशाली और नि:स्वार्थ देशभक्तों के समाज में दूसरा ऐसा कोई व्यक्ति नहीं था, जिसकी दादाभाई से तुलना की जा सकती। श्री गोखले ने उनके विषय में कहा कि यदि किसी मनुष्य में भगवान का निवास है, तो वह दादाभाई हैं। सन् 1917 ई. में उनका स्वर्गवास हो गया।

## गोपाल कृष्ण गोखले
### (Gopal Krishna Gokhale, 1866-1915)

गोखले का जन्म सन् 1866 ई. में महाराष्ट्र के एक निर्धन ब्राह्मण परिवार में हुआ। गोखले न्यायाधीश रानाडे के शिष्य थे। वे रानाडे को अपना आध्यात्मिक और राजनीतिक गुरु मानते थे। उनके विचार दादाभाई नौरोजी और फिरोजशाह मेहता से मिलते थे। सन् 1884 ई. में ग्रेजुएट होने के बाद गोखले ने अपना जीवन देश की सेवा में बिताने का निश्चय किया और इसलिए वे दक्षिण शिक्षा समिति में शामिल हुए, जिसकी स्थापना में उसके गुरु रानाडे का मुख्य हाथ था। वे पहले पूना में स्कूल के अध्यापक हुए, परन्तु शीघ्र ही यह स्कूल फर्ग्यूसन कॉलेज बन गया और सन् 1902 ई. में गोखले इसी के प्रिंसीपल के पद से रिटायर हुए। सन् 1888 ई. में गोखले पूना की प्रसिद्ध संस्था 'सार्वजनिक' के मन्त्री बन गए। वे इस सभा के प्रमुख पत्र 'क्वार्टली रिव्यू' (Quarterly Review) के सम्पादक भी बन गए। सन् 1889 ई. में गोखले कांग्रेस के सदस्य बन गए।

---

1. Dada Bhai Naoroji : *Poverty and Un-British Rule in India,* Page 38.
2. उपरोक्त पुस्तक, पृष्ठ 224।
3. उपरोक्त पुस्तक, पृष्ठ 56-57।

सन् 1895 ई. में वे कांग्रेस के मन्त्री बन गए। वे कई वर्षों तक कांग्रेस की बम्बई शाखा के मन्त्री रहे। उन्होंने सन् 1882 ई. के एक्ट की कमियों पर प्रकाश डाला और सरकार को स्पष्ट शब्दों में बताया कि भारतीय इससे सन्तुष्ट होने वाले नहीं। सन् 1897 ई. दक्षिण शिक्षा समिति के प्रतिनिधि के रूप में वेल्बी कमीशन के सामने गवाही देने के लिए वे इंग्लैण्ड गए। वहाँ उन्होंने यह सुझाव दिया कि भारत सरकार का बजट इम्पीरियल कौन्सिल में पास होने के बाद ही लागू होना चाहिए। सन् 1902 ई. में वे केन्द्रीय विधान परिषद् के सदस्य बने। वहाँ उन्होंने बजट पर जो भाषण दिए, वे अत्यन्त मनोहर होते थे। उन्होंने केन्द्रीय विधान परिषद् में नमक-कर को हटाने, अनिवार्य प्रारम्भिक शिक्षा को शुरू करने, सरकारी नौकरियों में भारतीयों के साथ समान व्यवहार करने, सरकारी खर्च को कम करने और भारत के आर्थिक मामलों पर ब्रिटेन के नियन्त्रण को दूर करने के लिए बहुत सराहनीय प्रयत्न किया।

सन् 1905 ई. में बनारस में कांग्रेस का अधिवेशन हुआ। गोखले इसके सभापति चुने गए। सन् 1905 ई. में बंगाल का बँटवारा किया गया। गोखले ने बंगाल के बँटवारे की आलोचना की। उन्होंने कहा कि, **"जो कुछ मैं कह सकता हूँ यह है कि जनता व नौकरशाही के बीच पूर्ण सहयोग की समाप्ति की अत्यन्त सम्भावना है।"** उन्होंने विदेशी वस्तुओं के बहिष्कार के आन्दोलन को विशेष परिस्थितियों में न्यायसंगत बताया। सन् 1906 ई. में उन्हें भारतीय जनता की विचारधारा से ब्रिटिश जनता को जानकारी कराने के लिए इंग्लैण्ड भेजा गया। गोखले के भाषणों का इंग्लैण्ड की जनता पर बहुत प्रभाव पड़ा। **'नेशन'** नामक समाचार-पत्र के सम्पादक ने उनके विषय में लिखा, **"इंग्लैण्ड में गोखले के मुकाबले का कोई राजनीतिज्ञ नहीं है और वे श्री एस्क्विथ से भी बड़े हैं।"** सन् 1905 ई. में गोखले ने भारत सेवक समिति (Servants of India Society) की स्थापना की। इस संस्था का उद्देश्य देशभक्त तैयार करना था। इस संस्था ने ही भारत को श्रीनिवास शास्त्री, जी. के. देवधर, एम. एम. जोशी, पण्डित हृदय नाथ कुंजरू और अमृतलाल ठक्कर जैसे देशभक्त दिए। उन्होंने सन् 1909 ई. के सुधारों का पहले स्वागत किया, परन्तु बाद में नौकरशाही के कार्यों की कटु आलोचना भी की और सुधारों के व्यावहारिक रूप से निराशा प्रकट की। सन् 1912 ई. में गोखले दक्षिण अफ्रीका गए और वहाँ उन्होंने रंग-भेद की नीति के विरुद्ध आन्दोलन करने में गाँधी जी को सहायता दी। जनवरी, सन् 1915 ई. में गोखले के कहने पर महात्मा गाँधी ने दक्षिणी अफ्रीका में भारत के सुधारों की एक योजना तैयार की, जिसे गोखले की राजनीतिक वसीयत या इच्छा-पत्र (Political Testament) कहा जाता है। यह उनकी मृत्यु के बाद प्रकाशित हुआ। उनके अन्तिम दिन शिक्षा-प्रचार और देश-सेवा में व्यतीत हुए। 19 फरवरी, सन् 1915 ई. को गोखले का स्वर्गवास हो गया। उनको अपनी श्रद्धांजली अर्पित करते हुए तिलक ने उन्हें भारत का हीरा, महाराष्ट्र का रत्न और देश-सेवकों का राजा बतलाया। लाला लाजपत राय ने उन्हें सर्वश्रेष्ठ कांग्रेसी कार्यकर्ता कहकर अपनी श्रद्धांजली भेंट की और कहा कि उनकी देशभक्ति ऊँची और विशुद्ध थी।

**गोखले के विचार** (Views of Gokhale)—राजनीति में गोखले सच्चे उदारवादी थे। उन्होंने अपने गुरु महादेव गोविन्द रानाडे से न केवल व्यवहार में, बल्कि सिद्धान्त में मध्यमवृत्ति (Moderation) तथा तर्कसम्मतता (Reasoning) का पाठ सीखा था। गोखले के विचार दादाभाई नौरोजी तथा सर फिरोजशाह मेहता से काफी मिलते-जुलते थे। उनका यह विश्वास था कि कांग्रेस को भारतीय प्रशासन में धीरे-धीरे सुधारों के लिए संवैधानिक आन्दोलन करना चाहिए। कांग्रेस ने इस मार्ग को अपने जन्म से लेकर 35 वर्ष तक अपनाया। उनका अंग्रेजों की न्याय-भावना में पूर्ण विश्वास था। उनका विचार था कि अंग्रेज उसी समय भारत को तुरन्त स्वशासन दे देंगे, जब उनको यह विश्वास हो जाएगा कि भारतीय इसके योग्य बन गए हैं। उनका यह दृढ़ विश्वास था कि, **"देश का पुनर्निर्माण राजनीतिक उत्तेजना की आँधी में नहीं, बल्कि धीमे-धीमे हो सकता है। इस धीमी प्रक्रिया में समस्या का वास्तविक हल था, अंग्रेजों की प्रकृति के श्रेष्ठ पहलू पर विजय पाना और इस प्रकार उनकी सहायता और समर्थन प्राप्त करना।"** वे यह मानते थे कि ब्रिटेन के साथ सम्बन्ध भारत के हित में था, परन्तु साथ में उनके मन में भारत के शानदार भविष्य का चित्र भी रहता था। सन् 1903 ई. में गोखले ने अपने बजट भाषण में कहा कि, "भावी भारत परमेश्वर की कृपा से, घटती हुई समृद्धि, खाली आशा और असन्तोष का भारत नहीं होगा, बल्कि सदा फैलने वाले उद्योगों, जाग्रत क्षमताओं (awakened faculties), बढ़ती हुई समृद्धि तथा अधिक समान रूप में बँटी हुई दौलत तथा ऐश्वर्य का भारत होगा। **मुझे अपने देश के लक्ष्य और चेतना में पूरा विश्वास है और इसकी असीमित क्षमताओं में मैं विश्वास करता हूँ, परन्तु भारत का यह शानदार भविष्य अंग्रेजी राज्य की अबाध सर्वोच्चता में ही प्राप्त किया जा सकता है।"** लोकमान्य बाल गंगाधर तिलक तथा कई अन्य उग्रवादी विचारों के नेता गोखले के इन विचारों से सहमत नहीं थे कि ब्रिटिश साम्राज्य भारत के हित में है। अत: वे उन्हें (गोखले को) एक कमजोर दिल का नरम नेता (A faint-hearted moderate) समझते थे। दूसरी तरफ ब्रिटिश सरकार उनको (गोखले को) एक छुपा हुआ राजद्रोही (A Seditionist) समझती थी, क्योंकि वे केन्द्रीय विधान सभा में सरकार की निर्भीक आलोचना करते

थे। वास्तव में देखा जाए तो गोखले के विरुद्ध ये दोनों आरोप **बिल्कुल** निराधार थे। गोखले क्रान्तिकारी या उग्रवादी नेता नहीं थे और सरकार के विरुद्ध किसी प्रकार का विद्रोह उत्पन्न करना नहीं **चाहते थे**। वे तो केवल याचिकाओं तथा संवैधानिक आन्दोलनों द्वारा भारत में ब्रिटिश नौकरशाही (British Bureaucracy) की **बुराइयों को दूर करना** और भारतीयों के लिए अधिकार प्राप्त करना चाहते थे। वे कमजोर दिल के नरम-नेता (A faint-hearted moderate) **नहीं थे,** क्योंकि वे ब्रिटिश सरकार की कड़ी-से-कड़ी आलोचना करने से भी नहीं चूकते थे। हम अपने कथन की पुष्टि के लिए पण्डित मोतीलाल नेहरू के शब्द दोहराते हैं, जिन्होंने कहा था कि, "गोखले स्वशासन के एक महान् देवदूत (Apostle) थे। उन्होंने बंगाल के बँटवारे में ब्रिटिश नौकरशाही की अत्यन्त कठोरता और प्रशासन की बेहद अनियमितताओं की कड़ी आलोचना की। उन्होंने ब्रिटिश नौकरशाही के अत्याचारों का कड़ा विरोध किया। गोखले ने ब्रिटिश नौकरशाही पर इस बात के लिए बल दिया कि वह केवल भारत पर कुशलतापूर्वक शासन करने मात्र से ही सन्तुष्ट न रहे, बल्कि भारतीयों को इस योग्य बनाए कि वे पश्चिम के ऊँचे-से-ऊँचे स्तर के अनुसार स्वशासन का संचालन सीख जाएँ। उन्होंने ब्रिटिश शासन के अधीन भारत की बढ़ती हुई निर्धनता और अधिक खर्च की भी काफी आलोचना की। उन्होंने स्वदेशी वस्तुओं के आन्दोलन का भी समर्थन किया। वे राष्ट्रीय एकता में भी विश्वास करते थे। अत: ऐसे सच्चे और निर्भीक राष्ट्रवादी नेता को कमजोर दिल नेता कहना उचित नहीं होगा।

गोखले के कार्यों का सही मूल्यांकन यह है कि **वे एक महान् राष्ट्र-निर्माता** थे। यदि वे कोई बड़ा आन्दोलन ब्रिटिश सरकार के विरुद्ध नहीं छेड़ना चाहते थे, तो उसका यह कारण था कि उस समय जनता में इतनी जाग्रति नहीं थी और न ही इतनी शक्ति थी कि अंग्रेजों से बलपूर्वक स्वराज्य प्राप्त कर सके। इसलिए उन्होंने मध्यम वृत्ति (Moderation) का मार्ग अपनाया। उन्होंने जनता में जाग्रति उत्पन्न करने के ब्रिटिश नौकरशाही के अत्याचारों की आलोचना शुरू की और साथ-साथ जनता में सेवा, संगठन तथा त्याग की भावना उत्पन्न करने के लिए 12 जून, सन् 1905 ई. को भारत सेवक समाज (Servants of India Society) की स्थापना की। यह गोखले के जीवन का सबसे बड़ा रचनात्मक कार्य था। इस सेवक समिति का लक्ष्य अन्य ब्रिटिश उपनिवेशों की भाँति भारत के लिए स्वशासन प्राप्त करना था।

सन् 1905 ई. में गोखले बनारस में हुए कांग्रेस अधिवेशन के प्रधान चुने गए। वहाँ पर उन्होंने ब्रिटिश सरकार के सम्मुख निम्नलिखित माँगें पेश कीं, जिनकी प्राप्ति के लिए यत्न करना बहुत आवश्यक था—(1) विधान परिषद् का सुधार, ताकि उनमें चुने हुए सदस्यों की संख्या कम-से-कम आधी हो जाए और उनको बजट पास करने की आज्ञा दी जाए; (2) भारत सचिव की परिषद् में कम-से-कम तीन सदस्य नियुक्त किए जाएँ; (3) सारे देश में सब जिलों में परामर्शदाता मण्डल स्थापित किए जाएँ। जिला मजिस्ट्रेटों के लिए प्रशासन चलाते समय इन बोर्डों से सलाह लेना अनिवार्य होगा; (4) भारतीय नागरिक सेवा की न्यायिक शाखा में कानूनी पेशे के लोगों में से भर्ती की जाए; (5) न्याय प्रशासन को कार्यपालिका-प्रशासन से अलग किया जाए; (6) भारी सैनिक खर्चे में कमी; (7) प्रारम्भिक शिक्षा का विस्तार; (8) औद्योगिक तथा प्राविधिक शिक्षा का विस्तार; (9) ग्राम कर्जदारी को दूर करने के उपाय अपनाए जाएँ।

गोखले ने भारतीयों के लिए सन् 1833 ई. के चार्टर एक्ट तथा सन् 1858 ई. में महारानी विक्टोरिया की घोषणा के अनुसार अधिक अधिकारों की माँग की। उन्होंने कृषि की उन्नति के लिए सन् 1906 ई. में केन्द्रीय विधान सभा में एक योजना पेश की। उन्होंने सन् 1911 ई. में राजद्रोह सभा अधिनियम (Seditious Meeting, Act) का केन्द्रीय विधान सभा में बहुत कड़ा विरोध किया। उन्होंने सन् 1903 ई. तथा सन् 1904 ई. में सूती माल पर से उत्पादन कर हटाने तथा सन् 1907 ई. में नमक पर से कर हटाने के लिए केन्द्रीय विधान सभा में जोरदार भाषण दिए। इस तरह से गोखले ने अपना सारा जीवन देशभक्ति में लगा दिया। वे उच्चकोटि के राजनीतिक, समाज-सेवक तथा अर्थशास्त्री थे।

"वे भारतीय राजनीति में **व्यावहारिक आदर्शवादी** (Practical Idealist) थे। वे सदैव प्राप्त किए जा सकने वाले लक्ष्य और न प्राप्त किए जा सकने योग्य लक्ष्य में भेद करते थे। वे समझते थे कि राजनीतिक दूरदर्शिता इस बात में छिपी है कि परिस्थितियों में परिवर्तन के अनुसार मनुष्य अपने आपको ढाले।" यही कारण है कि महात्मा गाँधी ने उनके महान् व्यक्तित्व से प्रभावित होकर उनको अपना आध्यात्मिक और राजनीतिक गुरु बनाना स्वीकार कर लिया। महात्मा गाँधी ने उनसे अपनी मुलाकात का वर्णन करते हुए लिखा है कि, "सर फिरोजशाह मेहता मुझे हिमालय की तरह दिखाई पड़े, जिसे नापा नहीं जा सकता और लोकमान्य तिलक महासागर की तरह जिसमें कोई आसानी से नहीं उतर सकता, परन्तु गोखले गंगा के समान थे जो सबको अपने पास बुलाती है। राजनीतिक क्षेत्र में उनके जीवन-काल में और उनके अनन्तर गोखले का मेरे हृदय में जो स्थान रहा है, वह अपूर्व है।" अत: हमें यह मानना पड़ेगा कि गोखले एक व्यावहारिक राजनीतिज्ञ और बहुत उच्चकोटि के देशभक्त थे।

## लोकमान्य बाल गंगाधर तिलक
## (Lockmanya Bal Gangadhar Tilak, 1856-1920)

लोकमान्य बाल गंगाधर तिलक ने सन् 1879 ई. में कानून की डिग्री प्राप्त की। श्री आगरकर से मिलकर उन्होंने सस्ती शिक्षा की योजना बनाई और सन् 1890 ई. में 'पूना न्यू इंग्लिश स्कूल' खोला। दक्षिण शिक्षा समिति और फर्ग्यूसन कॉलेज, पूना की स्थापना में भी उनका हाथ था। उन्होंने अपने मित्र आगरकर की सहायता से **मराठा** और **केसरी** दो समाचार-पत्र निकालने शुरू किए। इन समाचार-पत्रों ने जनता में जाग्रति फैलाने में बहुत महत्वपूर्ण कार्य किया। सन् 1891 ई. में तिलक ने **सहमति आयु विधेयक** (Age of Consent Bill) का इस आधार पर विरोध किया कि विदेशी सरकार को जनता पर सामाजिक सुधार लादने का कोई अधिकार नहीं। राष्ट्रीय जाग्रति और वीरता उत्पन्न करने के लिए उन्होंने महाराष्ट्र में **'शिवाजी उत्सव'** और **'गणपति उत्सव'** मनाने की प्रथा जारी की। सन् 1879 ई. में तिलक बम्बई विधान परिषद् के सदस्य चुने गए। वहाँ पर उन्होंने बड़ी निर्भीकतापूर्वक सरकार की आलोचना की। उसी वर्ष महाराष्ट्र में बड़ा भारी दुर्भिक्ष पड़ा तथा अगले वर्ष पूना में बड़ी भयानक प्लेग फैली। सरकार ने उसकी रोकथाम के लिए बहुत धीमी कार्रवाई की और एक लाख से अधिक लोग मृत्यु को प्राप्त हुए। तिलक ने सरकार की कटु आलोचना की और अपने समाचार-पत्रों में इस हेतु कुछ लेख भी लिखे। उन्होंने लोगों की बहुत सहायता की और किसानों ने ऐसी स्थिति में कर चुकाने के लिए भूमि को न बेचने के लिए कहा। उन्होंने किसानों और जनता को सरकार का निर्भीकतापूर्वक मुकाबला करने की सलाह दी। सरकार के रवैये से जनता बहुत दु:खी थी, इसलिए दो नवयुवकों ने पूना के प्लेग कमिश्नर रैण्ड तथा एक अन्य अंग्रेज अधिकारी की हत्या कर दी। तिलक पर हिंसा तथा राजद्रोह भड़काने का आरोप लगाया गया और डेढ़ वर्ष की कैद की सजा दी गई।

**लाल, बाल और पाल**

तिलक भारतीय संस्कृति को पाश्चात्य संस्कृति से श्रेष्ठ समझते थे। वे पाश्चात्य संस्कृति और सभ्यता की अन्धाधुन्ध नकल करने के पक्ष में नहीं थे। वे ब्रिटिश राज्य को भारत के लिए सबसे अधिक अहितकारी मानते थे। अंग्रेजी राज को समाप्त करना तथा पूर्ण स्वतन्त्रता की प्राप्ति वे अपना धर्म समझते थे। इस हेतु वे राष्ट्रीय शिक्षा द्वारा संगठन तथा जाग्रति उत्पन्न करना चाहते थे। उन्होंने महाराष्ट्र में अनेक गो-वध विरोधी समितियाँ, अखाड़े और लाठी क्लब खोले। बंगाल के विभाजन की उन्होंने बड़ी सख्त आलोचना की और **'स्वदेशी आन्दोलन'** तथा विदेशी वस्तुओं के बहिष्कार को ठीक

बताया। सन् 1907 ई. में सूरत के अधिवेशन में उनमें तथा उदारवादियों में भारी मतभेद उत्पन्न हो गया और विवश होकर उन्हें कांग्रेस को छोड़ना पड़ा। तिलक की प्रसिद्धि तथा लोकप्रियता इस समय पराकाष्ठा को पहुँच गयी थी और सरकार उनके उग्रवादी दृष्टिकोण से भयभीत हो उठी। सूरत कांग्रेस की फूट से सरकार ने लाभ उठाया और उग्रवादियों तथा क्रान्तिकारियों को कुचलने के लिए बड़े सख्त कानून बनाए। सन् 1908 ई. में तिलक को छः वर्ष की सजा देकर माण्डले (बर्मा) भेज दिया गया। वहाँ पर तिलक ने **'गीता-रहस्य'** तथा **'आर्कटिक होम इन दी वेदाज'** (Arctic Home in the Vedas) नामक पुस्तकें लिखीं। सन् 1914 ई. में जेल से छूटने पर उन्होंने पुनः राष्ट्रीय संगठन का कार्य आरम्भ किया। सन् 1916 ई. में उन्होंने स्वराज्य की प्राप्ति के लिए होमरूल लीग बनाई और आन्दोलन चलाया। मिसिज एनी बेसेण्ट के प्रयत्नों से तिलक पुनः कांग्रेस में आ मिले और सन् 1920 ई. तक (अन्त समय तक) इसी में रहे। उन्हें भारत का आधुनिक निर्माता कहा जाता है।

**तिलक के द्वारा पेरिस शान्ति सम्मेलन का स्मरण-पत्र** (Tilak submits memorandum to the Paris Peace Conference)—प्रथम महायुद्ध के पश्चात् उससे सम्बन्धित मामलों को निपटाने के लिए पेरिस में एक शान्ति सम्मेलन 12 जनवरी, सन् 1919 ई. को आरम्भ हुआ। तिलक ने होमरूल आन्दोलन के पश्चात् पेरिस में शान्ति सम्मेलन को एक स्मरण-पत्र भेजा, जिसमें भारत के लिए आत्म-निर्णय के अधिकार की माँग की गई। इस अधिकार की जोरदार वकालत अमेरिका के तत्कालीन राष्ट्रपति कर रहे थे, परन्तु ब्रिटिश प्रधानमन्त्री लायड जॉर्ज के कड़े विरोध के कारण यह अधिकार भारत को उस समय प्राप्त नहीं हो सका।

**तिलक और मुसलमान**—कई लोगों की गलत धारणा है कि तिलक मुसलमानों के घोर विरुद्ध थे, क्योंकि वे शिवाजी के अनुयायी थे, अफजल खाँ के वध को उचित ठहराया और हिन्दुओं को गणपति (गणेश जी का त्यौहार) तथा शिवाजी का जन्मदिन मनाने के लिए प्रोत्साहन दिया। यद्यपि लोकमान्य तिलक हिन्दुओं के समर्थक थे, परन्तु वे मुस्लिम-विरोधी नहीं थे। उन्हें हिन्दुओं का समर्थन इसलिए करना पड़ा, क्योंकि ब्रिटिश शासक सन् 1857 ई. के पहले स्वतन्त्रता-संग्राम के पश्चात् **'फूट डालो और राज करो की नीति'** (Policy of Devide and Rule) अपना रहे थे और राष्ट्रवाद की प्रगति को रोकने के लिए साम्प्रदायिक झगड़ों को बढ़ावा दे रहे थे। उन्होंने सन् 1893 ई. में एक साम्प्रदायिक झगड़ा जूनागढ़ के पास प्रभाष पत्तनम (प्रभाष पाटम) तथा बम्बई में भड़काया (उस समय गुजरात तथा महाराष्ट्र का एक संयुक्त प्रान्त था। इस संयुक्त प्रान्त को बम्बई प्रेजीडेन्सी कहा जाता था। उस समय बम्बई इसकी राजधानी थी।) किसी भी मुस्लिम नेता को उनके बारे में कोई सन्देह नहीं था। **मुहम्मद अली जिन्ना ने बाल गंगाधर तिलक को बचाने के लिए बम्बई न्यायालय के समक्ष अपने तर्क सन् 1908 ई. में दिए थे। उन्हीं के प्रयत्नों से सन् 1916 ई. में कांग्रेस तथा मुस्लिम लीग में लखनऊ समझौता हुआ था। मौलाना मुहम्मद अली को भी उनकी नीयत के बारे में किसी प्रकार का सन्देह नहीं था। इसलिए निस्सन्देह वे हिन्दू-मुस्लिम एकता के प्रतीक थे।**

**लोकमान्य तिलक तथा खिलाफत और असहयोग आन्दोलन**—जुलाई, सन् 1920 ई. में लोकमान्य तिलक बहुत सख्त बीमार होने के कारण बम्बई में शैय्या में पड़े थे। महात्मा गाँधी उनके दर्शनों के लिए बम्बई गए। वहाँ उन्होंने पूछा कि क्या वे दिसम्बर, सन् 1920 ई. में चलाए जाने वाले असहयोग तथा खिलाफत आन्दोलन में उनको अपना सहयोग देंगे। इस पर लोकमान्य तिलक ने कहा कि, "मैं सदैव असहयोगी रहा हूँ। मुझे कार्यक्रम बहुत पसन्द है, किन्तु इसमें देश हमारा साथ देगा, इस बात में मुझे सन्देह है। कारण यह है कि असहयोग जनता के सामने आत्म-त्याग का प्रस्ताव प्रस्तुत करता है। मैं कोई ऐसा कार्य नहीं करूँगा, जिससे आन्दोलन की प्रगति में बाधा पड़े। मैं तुम्हारी सफलता की कामना करता हूँ और यदि जनता तुम्हारी बात सुनने के लिए तैयार हो जाए, तो मैं उत्साह के साथ तुम्हारा समर्थन करूँगा।"[1]

**लोकमान्य बाल गंगाधर तिलक का मूल्यांकन** (Evaluation of Lokmanya Bal Gangadhar Tilak)—डॉ. विश्वनाथ प्रसाद ने तिलक का मूल्यांकन करते हुए लिखा है कि, **"वे आधुनिक एशिया के इतिहास की महानतम विभूति थे।** वे प्रकाण्ड पण्डित भी थे। वैदिक तथा दार्शनिक शोध के क्षेत्र में चिरस्थायी रचनाओं के द्वारा उन्होंने भारत के साहित्य तथा सांस्कृतिक इतिहास में यश और कीर्ति प्राप्त कर ली है। उनका भारत के राजनीतिक इतिहास में ही नहीं, अपितु इस देश के पुनर्जागरण के इतिहास में भी चिरस्थायी स्थान रहेगा। **तिलक में पाण्डित्य तथा राजनीतिक नेतृत्व दोनों का समन्वय (मेल) था। इस कारण भारतीय इतिहास में उनका विशिष्ट स्थान है।** उनमें राजनीतिक यथार्थवाद की गम्भीर तथा पैनी

---

1. Tilak said a few days before his death : "I have been always non-co-operater. I like the programme well enough, but I have my doubts as to country being with us in the self-denying ordinance which non-co-operation presents to the kofle. I will do nothing to hunder the progress of the movement I wise you every success and if you gain the popular ear, you will find in me an enthusiastic supporter."

सूझ-बूझ तथा विशाल बौद्धिक आदर्शवाद का सम्मिश्रण था। यह दुर्भाग्य की बात है कि देश की राजनीतिक दासता के कारण उन्हें कारागार के एकान्त जीवन में ही अपने साहित्यिक कार्य-कलाप के लिए समय मिल सका।"[1]

लोकमान्य तिलक की महानता इस वाक्य में छिपी हुई है कि उनकी मृत्यु से भारत के स्वतन्त्रता इतिहास में एक युग समाप्त हो गया। श्री **तहमंकर** के शब्दों में, "बाल गंगाधर तिलक की मृत्यु के साथ ही भारत की वाणी मौन हो गई, उसके सामने लक्ष्यों का सतर्क प्रहरी विश्राम की चिर निद्रा में मग्न हो गया। स्वतन्त्रता की ज्योति-शिखा बुझा गई।"

तिलक महाराष्ट्र के ही नहीं, अपितु सारे भारतवर्ष के बेताज बादशाह थे, क्योंकि वे जनता के दिलों पर राज करते थे। अपने अद्वितीय त्याग, अनन्य देशभक्ति और मातृभूमि की स्वतन्त्रता के लिए असंख्य कष्ट उठाकर उन्होंने भारत की जनता के मन में एक उपास्या देव की तरह स्थान बना लिया था। उनके सन्देश का सार यह था, **"एक पराधीन जाति का कर्त्तव्य अपनी स्वतन्त्रता के लिए संघर्ष करने के अतिरिक्त और कुछ नहीं है, क्योंकि स्वतन्त्रता ही सामाजिक तथा समस्त भौतिक प्रगति के द्वार खोलती है।"** यही कारण है कि उन्होंने सामाजिक सुधारों की अपेक्षा राजनीतिक स्वतन्त्रता को प्राथमिकता दी। **उनका सारा जीवन भारत की स्वतन्त्रता के लिए महान् संघर्षों की एक अमर गाथा है।**

जब तिलक ने भारत के राजनीतिक क्षेत्र में पदार्पण किया, तो उस समय कांग्रेस केवल कुछ पढ़े-लिखे लोगों की एक संस्था थी, जो प्रत्येक वर्ष भारत के किसी बड़े नगर में इकट्ठा होकर अधिकारों की माँग करने के लिए प्रस्ताव पास करती थी और फिर एक याचिका ब्रिटिश सरकार को भेजती थी। **लोकमान्य तिलक ने इसमें प्रवेश करके इसके स्वरूप को ही बदल दिया। उन्होंने कांग्रेस को साधारण जनता की संस्था बनाया और स्वराज का सन्देश भारत के कौने-कौने तक पहुँचाया। वे पहले भारतीय नेता थे, जिन्होंने यह उद्घोष किया कि स्वतन्त्रता मेरा जन्म सिद्ध अधिकार है और मैं इसे लेकर रहूँगा।**

लोकमान्य तिलक राजनीति में यथार्थवादी थे। वे अच्छी तरह जानते थे कि उनका मुकाबला ब्रिटिश साम्राज्यवादियों से है, जो भारत में छल-कपट, सर्वोच्च सैनिक शक्ति तथा जनता में फूट डालकर राज्य कर रहे हैं। वे ब्रिटिश सरकार के सब दाँव-पेच तथा कूटनीतिक चालों से परिचित थे। इसलिए वे राजनीति में आध्यात्मिक जैसी आदर्शवादी बातें नहीं करते थे। उदाहरणस्वरूप, कांग्रेस के अमृतसर अधिवेशन (दिसम्बर, सन् 1919 ई.) के अवसर पर महात्मा गाँधी ने कहा कि सरकार शासन सुधार का वचन दे रही है और सम्राट् ने हमें सन्देश भेजा है, अत: उचित है कि हम पूरी सच्चाई से उनसे सहयोग करें, तो तिलक ने उत्तर दिया कि **हमें सरकार की नीयत पर भरोसा नहीं है। वह जितनी भलाई हमारे साथ दिखाए, उतना ही सहयोग हमें उनके साथ करना चाहिए।** लोकमान्य तिलक जितना भारतीय जनता को प्रभावित कर सके, उतना पश्चिमी सभ्यता से प्रभावित उदारवादी नहीं कर सके। जहाँ उदारवादी भारत का नव-निर्माण पश्चिमी ढंग से करना चाहते थे, वहाँ तिलक भारत का नव-निर्माण उसके उज्ज्वल अतीत के आधार पर करना चाहते थे। उन्होंने जनता में संगठन, शक्ति और राष्ट्रीय भावना उत्पन्न करने के लिए **'गणपति उत्सव'** और **'छत्रपति उत्सव'** मनाने की पद्धति चलाई। तिलक ने हमारी जनता को यह सन्देश दिया, **"सब कुछ त्यागकर देश के लिए बलिदान हो जाओ। तुम्हारा अपना कुछ नहीं है। जो कुछ भी तुममें है, वह देश की जनता का है और उसी को लौटा दो। न कुछ लेकर आए हो और न कुछ लेकर जाओगे। सब कुछ यहीं बखेर दो।"**

जब लोकमान्य तिलक का स्वर्गवास हो गया, तो उसी समय महात्मा गाँधी ने जो भाव भरी श्रद्धांजलि अर्पित की, उससे उनके जीवन के सही मूल्यांकन पर काफी नया प्रकाश पड़ता है। इसलिए हम उसे यहाँ दे रहे हैं। महात्मा गाँधी ने कहा—

**"भारत की भावी सन्तान के हृदय में यही भाव बना रहेगा कि लोकमान्य तिलक नवीन भारत के निर्माता थे जो हमारे लिए ही मरे। ऐसे महापुरुष को मरना कहकर ईश्वर की निन्दा करना है। उनके स्थायी तत्व सदा के लिए हम लोगों में व्याप्त हो गए और हम भारत के एकमात्र लोकमान्य का अविनाशी स्मारक अपने जीवन में उनके साहस, उनकी सरलता, उनके आश्चर्यजनक उद्योग (कठोर परिश्रम) और उनकी स्वदेश भक्ति को सीखकर बनाएँ। ईश्वर उनकी आत्मा को शान्ति प्रदान करे।"**

---

1. "Lokmanya Tilak was one of the greatest figures in the political history of modern Asia. But he was also a profound scholar. By his movemental writings in the field of Vedic and philosophical researches, he has created a name and dame for himself in the literary and cultural anuals of India. He will have permanent place not only in the political history of India but also in the renaissance of the country. The combination of scholarship and political leadership has given to Lokmanya a unique place in the Indian history. To the solver sense of keen political realism, he combined a most intellectual idealism. It was unportunate that due to the political servtitude of India, Lokmanya could pursue his literary endeavours only in the enforced seclusion of prison life, Lokmanya had movellous howers of intellectual creativism."

—**Dr. V. P. Verma**, *Modern Indian Political Thought,* (1961) P. 358.

## सुरेन्द्रनाथ बनर्जी

### (Surendra Nath Banerjee, 1848-1925)

सुरेन्द्रनाथ बनर्जी का जन्म सन् 1848 ई. में बंगाल में हुआ था। 20 वर्ष की आयु में वे बी. ए. पास करके इंग्लैण्ड गए और आई. सी. एस. की प्रतियोगिता में सफल हुए। चूँकि उस समय अंग्रेजों की नीति भारतीयों को ऊँची नौकरियों में लेने की नहीं थी, इसलिए दिखावे के लिए उन्हें पहले नौकरी दी गई और बाद में थोड़ी-सी भूल करने पर नौकरी से हटा दिया गया। इसके बाद उनके सार्वजनिक जीवन में परिवर्तन आ गया। सरकारी नौकरी से अलग होने के बाद वे कलकत्ता में मेट्रोपोलिटन कॉलेज में अध्यापक बन गए। कुछ समय के बाद उन्होंने अपना एक स्कूल खोला, जो बाद में रिपन कॉलेज बन गया। उन्होंने बंगाली नामक एक समाचार-पत्र प्रकाशित करना शुरू किया, जिसने जनता में बड़ी भारी जाग्रति फैलाई।

सन् 1876 ई. में सुरेन्द्रनाथ बनर्जी ने आनन्द मोहन बोस तथा कुछ अन्य बंगाली नेताओं के साथ मिलकर कलकत्ते में इण्डियन ऐसोसिएशन नामक संस्था खोली और इसके द्वारा उन्होंने वैधानिक आन्दोलन का प्रचार किया। इण्डियन नेशनल कांग्रेस की स्थापना में भी उन्होंने बहुत भाग लिया। उनके ऊपर इटली के महान् देशभक्त मेजिनी का बड़ा भारी प्रभाव पड़ा। उन्होंने बंगाल के नवयुवकों में एक नई चेतना उत्पन्न की। वे सन् 1895 और 1902 ई. में दो बार कांग्रेस के अध्यक्ष बने। बंगाल के विभाजन ने उन्हें सरकारी नीति का आलोचक बना दिया और उन्होंने बंगाल विभाजन विरोधी आन्दोलन तथा विदेशी वस्तुओं के बहिष्कार के लिए आन्दोलन चलाया। वे बंगाल की प्रान्तीय धारा सभा के भी सदस्य चुने गए।

सुरेन्द्रनाथ बनर्जी मदनमोहन मालवीय तथा गोखले की ही तरह कांग्रेस के नरम दल के नेताओं में से एक थे। वे ब्रिटिश राज्य को भी समूल उखाड़ना नहीं चाहते थे, बल्कि उसको भारतीयों के हित में और अधिक उदार बनाना चाहते थे। 34 वर्ष तक उन्होंने देश की बड़ी भारी सेवा कांग्रेस में रहकर की। सन् 1919 ई. के सुधारों (मान्टफार्ड रिफार्म) को अमल में लाने के वे पक्ष में थे, जबकि कांग्रेस इसमें उनसे सहमत नहीं थी। अत: उन्होंने कांग्रेस को छोड़ दिया। उन्होंने लिबरल फैडरेशन की स्थापना की। सन् 1919 ई. के सुधार जब क्रियान्वित किए गए, तो उनको बंगाल का मन्त्री बना दिया गया। उन्होंने कलकत्ता निगम में बड़े लाभदायक परिवर्तन किए। उन्होंने अपनी आत्मकथा लिखी, जिसका नाम था **ए नेशन इन दी मेकिंग** (A Nation in the Making)। वे बंगाल के बड़े लोकप्रिय नेता थे, और उनमें अद्‌भुत भाषण शक्ति थी। सर हेनरी काटन ने उनके विषय में लिखा है कि वे अपनी अद्‌भुत शक्ति से चटगाँव से लेकर मुल्तान तक विद्रोह की अग्नि प्रज्वलित भी कर सकते थे और बुझा भी सकते थे। वे उदारवादी नेताओं में से एक महान् नेता थे।

## बिपिन चन्द्र पाल

### (Bipin Chandra Pal, 1858-1932)

बिपिन बाबू का जन्म सिलहट जिले (आसाम) में हुआ। (आजकल सिलहट जिला बंगालदेश में शामिल है।) वे अत्यन्त उच्चकोटि के उग्रवादी नेता थे और उनके विचार लाला लाजपत राय तथा तिलक से मिलते-जुलते थे। इन नेताओं की बंगाल-विभाजन के समय में बड़ी प्रसिद्धि हुई और ये तब लाल, बाल और पाल के नाम से प्रसिद्ध हो गए। बिपिन चन्द्र पाल ने जेल भी काटी। वे पूर्ण स्वराज्य के पक्षपाती थे और इसको ब्रिटिश सरकार से उपहार के रूप में नहीं, अपितु जनता की शक्ति द्वारा प्राप्त करना चाहते थे। वे भारत के लिए संघात्मक सरकार के पक्ष में थे। वे प्रान्तों, जिलों और गाँवों को भी स्वायत्तता (autonomy, आन्तरिक स्वराज्य) देने के बड़े भारी समर्थक थे। उनका कई वर्ष कांग्रेस से घनिष्ठ सम्बन्ध रहा परन्तु बाद में बदलती हुई राजनीतिक परिस्थितियों में कुछ मतभेदों के कारण उन्होंने अपना सम्बन्ध कांग्रेस से तोड़ दिया। उनमें अद्‌भुत वाक् शक्ति थी और उनके लेखों ने जनता में बड़ी भारी जाग्रति उत्पन्न कर दी। वे एक अच्छे पत्रकार भी थे और उनके लेख **न्यू इण्डिया** तथा **वन्दे मातरम्** में प्रकाशित होते थे।

## श्रीमती एनी बेसेन्ट

### (Mrs. Annie Besant, 1847-1933)

श्रीमती एनी बेसेन्ट एक आयरिश (Irish) महिला थीं। उनमें बड़ी भारी बुद्धि, उत्साह तथा वाक् शक्ति थी। वे भारत में सन् 1893 ई. में थियोसोफिकल सोसाइटी की सदस्या के रूप में आईं। वे बाद में इस सोसाइटी की प्रधान भी बन गई थीं। सन् 1909 और 1923 ई. के बीच में वे इस सोसाइटी की प्रधान होने के नाते कई बार इंग्लैण्ड भी गयीं। उन्होंने भारत को अपनी मातृभूमि मान लिया और हिन्दू धर्म का अनेक ढंगों से प्रचार किया। हिन्दू संस्कृति और धर्म में उनकी अगाध श्रद्धा थी। उनके प्रचार से हिन्दुओं में एक नई जाग्रति उत्पन्न हुई और उनको अपने धर्म की श्रेष्ठता का ज्ञान हुआ। उन्होंने हिन्दू धर्म पर कई पुस्तकें लिखीं, जिनमें से उनकी गीता का अंग्रेजी में अनुवाद बहुत प्रसिद्ध है। उन्होंने बनारस के सेन्ट्रल हिन्दू कॉलेज की

स्थापना की, जिसको बाद में पण्डित मदनमोहन मालवीय ने बनारस हिन्दू यूनीवर्सिटी बनवा दिया। श्रीमती एनी बेसेन्ट स्त्री शिक्षा और राष्ट्रीय शिक्षा तथा स्वदेशी वस्तुओं की परम समर्थक थीं। स्वदेशी वस्तुओं के प्रयोग पर बल देते हुए भी वे राजनीतिक साधनों के लिए ब्रिटिश माल के बहिष्कार के पक्ष में न थीं।

बंगभंग आन्दोलन (बंगाल के विभाजन के विरुद्ध आन्दोलन) में उन्होंने कोई भाग न लिया, परन्तु सन् 1914 ई. में वे भारत की राजनीति में पूरे जोर से कूद पड़ीं। उन्होंने सन् 1916 ई. में होमरूल लीग की स्थापना की और पूरे जोर से होमरूल आन्दोलन चलाया। लोकमान्य बाल गंगाधर तिलक ने भी उनको पूर्ण सहयोग दिया। वे भारत के लिए गृह-शासन (Home Rule) चाहती थीं। वे न तो उग्रवादी थीं और न ही उदारवादी, बल्कि उदारवादियों से बहुत आगे बढ़ी हुई थीं। वे भारत का इंग्लैण्ड से सम्बन्ध तोड़ने के पक्ष में नहीं थीं। उन्होंने भारतीयों में जाग्रति उत्पन्न करने के लिए सन् 1914 ई. में **'कामनवील'** नामक साप्ताहिक पत्र भी निकालना शुरू किया, बाद में इसी को उन्होंने दैनिक **न्यू इण्डिया** में बदल दिया। यह दैनिक पत्र मद्रास से प्रकाशित होता था। उन्होंने उग्रवादियों और उदारवादियों में मेल कराने के लिए बड़े यत्न किए और उन्हीं के यत्नों से लोकमान्य तिलक और उनके साथी जो कांग्रेस से सन् 1907 ई. में सूरत की फूट के बाद अलग हो गए, पुनः सन् 1916 ई. में आ मिले। सन् 1917 ई. में उनका होमरूल आन्दोलन बहुत जोर पकड़ गया और सम्भवतः इसी से प्रभावित होकर माण्टेग्यू को सन् 1917 ई. में अपनी प्रसिद्ध घोषणा करनी पड़ी जिसमें धीरे-धीरे भारतीयों को उत्तरदायी पदों की ओर बढ़ाने का वचन दिया गया।

सन् 1917 ई. में उनकी महान् सेवाओं के कारण उन्हें कांग्रेस का प्रधान चुन लिया गया। सन् 1919 ई. के सुधारों को उन्होंने निराशाजनक और अपर्याप्त बताया। जब महात्मा गाँधी ने असहयोग आन्दोलन शुरू किया, तो कांग्रेस से उनका मतभेद हो गया और उन्होंने कांग्रेस छोड़ दी तथा वे उदारवादियों से मिल गयीं। उन्होंने भारत के हित के लिए ब्रिटिश पार्लियामेण्ट में कामनवेल्थ ऑफ इण्डिया बिल पास करवाने की कोशिश की, परन्तु सफलता न मिली। सन् 1933 ई. में उनका स्वर्गवास हो गया। आज भी भारत उनकी सेवाओं के कारण उनका ऋणी है।

## पण्डित मदनमोहन मालवीय
### (Pandit Madanmohan Malviya, 1861-1946)

पण्डित मदनमोहन मालवीय का जन्म सन् 1861 ई. में हुआ। सन् 1884 ई. में उन्होंने बी. ए. पास की। उसके बाद उन्होंने वकालत की परीक्षा भी पास की। सन् 1886 ई. में पहली बार उनका कांग्रेस से सम्पर्क हुआ और जीवन के अन्त तक वे इसके साथ रहे, चाहे उनके इस संस्था से कई बार कितने भी मतभेद क्यों न रहे हों। वे केन्द्रीय विधान सभा के सदस्य भी काफी समय तक रहे। सन् 1929 ई. में जब कांग्रेस के सदस्यों ने अपना त्याग-पत्र दे दिया, तो उन्होंने नहीं दिया उन्हें ऐसा करने का अधिकार भी था क्योंकि वे कांग्रेस के टिकट पर नहीं चुने गए थे। सन् 1930 ई. में जब राजनीतिक परिस्थिति बदली, तो उन्होंने अपना त्याग-पत्र केन्द्रीय विधान सभा से भी दे दिया। यद्यपि वे असहयोग आन्दोलन और सविनय अवज्ञा आन्दोलन के विरुद्ध थे, तथापि उन्होंने सच्चे सत्याग्रही की भाँति सरकार की आज्ञाओं और कानूनों को तोड़ा।

मालवीय जी सन् 1902 ई. में उत्तर प्रदेश की विधान परिषद् के सदस्य चुने गए। उन्होंने वहाँ वार्षिक वित्तीय विवरणों (बजटों), उत्पादन कर विधेयक (Excise Bill) तथा कई अन्य विधेयकों पर महत्वपूर्ण भाषण दिए। सन् 1910 ई. में मालवीय जी केन्द्रीय विधान सभा के सदस्य चुने गए और सन् 1920 ई. तक रहे। उन्होंने वहाँ गोखले के प्रारम्भिक शिक्षा विधेयक (Elementary Education Bill) का समर्थन किया। सन् 1919 ई. में उन्होंने रोलट बिल का केन्द्रीय विधान सभा में घोर विरोध किया। सन् 1924 ई. में मदनमोहन मालवीय दुबारा केन्द्रीय विधान सभा के सदस्य स्वतन्त्र कांग्रेसी के रूप में चुने गए। सन् 1927 ई. में वे राष्ट्रीय दल के केन्द्रीय विधान सभा में प्रधान चुने गए।

मालवीय जी भारत की औद्योगिक उन्नति में बहुत रुचि रखते थे। उनके प्रयत्नों से सन् 1905 ई. में बनारस में भारतीय औद्योगिक सम्मेलन हुआ। सन् 1907 ई. के बाद में उनके प्रयत्नों से ही यू. पी. औद्योगिक सम्मेलन की बैठक इलाहाबाद में हुई। सन् 1931 ई. में मालवीय जी दूसरे गोलमेज सम्मेलन में भाग लेने के लिए लन्दन गए। सन् 1932 ई. में इलाहाबाद में उन्होंने एकता सम्मेलन की अध्यक्षता की। उन्होंने सन् 1934 ई. में एम. एस. अणे से मिलकर रेम्जे मैक्डोनल्ड के साम्प्रदायिक निर्णय का विरोध किया।

मालवीय जी की हिन्दू धर्म के सिद्धान्तों में अगाध श्रद्धा थी। वे श्रीकृष्ण को अवतार मानते थे। वे गीता में बताए हुए कर्म के सिद्धान्तों में विश्वास रखते थे और कहते थे कि धर्म तथा सत्य की अन्त में पाप तथा अधर्म के विरुद्ध विजय होती है। वे गीता के इस सिद्धान्त में विश्वास रखते थे कि धर्म की रक्षा के लिए परमेश्वर या कोई महान् पुण्यात्मा इसी संसार में जन्म लेती है। मालवीय जी तिलक, विवेकानन्द तथा अरविन्द घोष की तरह हिन्दू धर्म की श्रेष्ठता में विश्वास रखते थे। उन्होंने सनातन

धर्म महासभा की भी बुनियाद डाली थी। यद्यपि वे पक्के हिन्दू थे, परन्तु साम्प्रदायिक मामलों में बहुत उदार थे, यहाँ तक कि मौलाना मोहम्मद अली और शौकत अली भी उनकी धार्मिक उदारता से प्रभावित हुए बिना नहीं रह सके। इसका कारण यह था कि वे हिन्दुओं की मुसलमानों पर हुकूमत स्थापित नहीं करना चाहते थे, बल्कि मुसलमानों की प्रत्येक उचित माँग को मानने के लिए तैयार थे और हिन्दू-मुस्लिम एकता के पक्के समर्थक थे।

मालवीय जी का स्वतन्त्रता और संवैधानिक आन्दोलन में पूरा विश्वास था। वे स्वराज्य के महान् समर्थक थे। वे चाहते थे कि शिक्षित भारतीयों को ऊँचे पद तथा विधान परिषदों में काफी प्रतिनिधित्व दिया जाए। उन्होंने राज्यपालों तथा गवर्नर जनरल की कार्यकारिणी परिषद् में भारतीयों के उचित प्रतिनिधित्व की माँग की। मालवीय जी ने स्वदेशी आन्दोलन का पूर्ण समर्थन किया। उन्होंने भारतीयों के लिए आत्म-निर्णय के अधिकार की सरकार से जबरदस्त माँग की। सन् 1918 ई. में दिल्ली कांग्रेस में अध्यक्षीय भाषण देते हुए उन्होंने कहा कि आत्म-निर्णय हमारा जन्म सिद्ध अधिकार है और हमें आशा है कि ब्रिटिश सरकार इसे अवश्य ही भारत में लागू करेगी। मालवीय जी सशस्त्र क्रान्ति के विरुद्ध थे और अहिंसा तथा धर्म के आधार पर आतंकवाद की निन्दा करते थे। यद्यपि मालवीय जी आर्थिक ढाँचे में सुधार चाहते थे, परन्तु समाजवाद से उन्हें सहानुभूति नहीं थी। उन्होंने भारत को राष्ट्रवाद का सिद्धान्त दिया जिसका आधार सांस्कृतिक था। वे भारत की सर्वांगीण उन्नति चाहते थे और इस हेतु धार्मिक तथा राष्ट्रीय शिक्षा पर बहुत बल देते थे।

यद्यपि वे राष्ट्रवादी थे, तथापि वे पक्के हिन्दू भी थे। उनके जीवन में राष्ट्रवाद और हिन्दुत्व का सुन्दर समन्वय पाया जाता था। वे साम्प्रदायिकता में बिल्कुल विश्वास नहीं करते थे। वे दो बार कांग्रेस के और तीन बार हिन्दू महासभा के प्रधान चुने गए। कोई भी व्यक्ति उनकी सच्चाई पर कभी सन्देह नहीं करता था। जब केन्द्रीय विधान सभा में उन्होंने स्वराज्य दल को मुसलमानों के सामने हिन्दू हितों को समर्पित (कुर्बान) करते देखा, तो उन्होंने लाला लाजपत राय से मिलकर हिन्दुओं के हितों की रक्षा के लिए राष्ट्रवादी दल को संगठित किया। साम्प्रदायिक निर्णय (Communal Award) की तरफ कांग्रेस का जो रवैया था, उससे भी उन्हें घोर निराशा हुई। वे मुसलमानों की अनुचित माँगों को मानने के विरुद्ध थे। उन्होंने गोलमेज सम्मेलन में कांग्रेस की माँगों का जबरदस्त समर्थन किया। सन् 1942-43 ई. के आन्दोलन के समय मदनमोहन मालवीय जेल के बाहर थे। उन्होंने 'कस्तूरबा निधि' के लिए एक करोड़ से अधिक रु. इकट्ठा किया। गाँधी जी उन्हें चन्दा इकट्ठा करने में सबसे चतुर मानते थे।

मदनमोहन मालवीय यद्यपि शुरू में ब्रिटिश सरकार के परम मित्र थे, परन्तु बाद में आलोचक बन गए थे। वे स्वदेशी कपड़े तथा अन्य वस्तुओं के प्रबल समर्थक थे। उन्होंने बड़े परिश्रम से बहुत चन्दा इकट्ठा करके 4 फरवरी, सन् 1918 ई. को बनारस विश्वविद्यालय की स्थापना की। यह उनके जीवन की सबसे बड़ी देन है। वे पक्के सनातनी थे और गौ-रक्षा के लिए उन्होंने महान् कार्य किया। उन्होंने अपना सारा जीवन देश और धर्म की रक्षा के लिए लगा दिया। वे हिन्दी के भी प्रबल समर्थक थे। उन्हीं के प्रयत्नों से यू. पी. में हिन्दी को ऊँचा दर्जा प्राप्त हुआ। वे अच्छे पत्रकार भी थे। वे **'हिन्दुस्तान'**, **'इण्डियन यूनियन'**, **'अभ्युदय'** इत्यादि के कुछ समय तक सम्पादक रहे। उन्होंने उत्तर प्रदेश में 'लीडर' नामक समाचार-पत्र के निकलवाने में भी हाथ बँटाया। वे समाज-सुधारक थे और उन्होंने हरिजनों को भी गले से लगाया। वास्तव में वे त्याग और तपस्या की मूर्ति थे। आचार्य पी. सी. रे ने कहा था कि महात्मा गाँधी के बाद किसी ऐसे अन्य व्यक्ति को पाना कठिन था, जिसने मालवीय जी के समान त्याग किया हो और विभिन्न प्रकार के कार्य करने का उन जैसा सबूत (प्रमाण) दिया हो।

## लाला लाजपत राय
### (Lala Lajpat Rai, 1865-1928)

लाला लाजपत राय पंजाब के शेर कहलाते थे। वे बड़े ओजस्वी वक्ता और अत्यन्त उच्चकोटि के देशभक्त थे। उन्होंने देश-हित के लिए कठिन-से-कठिन यातनाएँ भोगीं और जीवन की आहुति भी अन्त में स्वतन्त्रता-यज्ञ में दे दी। उनका नाम उनके त्याग और बलिदान के कारण सदा अमर रहेगा। इस हुतात्मा का जन्म 28 जनवरी, सन् 1865 ई. को दुधिके ग्राम में जगरांव के पास (पंजाब के लुधियाना जिले में) हुआ। उन्होंने गवर्नमेण्ट कॉलेज, लाहौर से बी. ए. किया और उसके बाद सन् 1885 ई. में वकालत पास की, जिसकी परीक्षा में उन्होंने दूसरा स्थान प्राप्त किया। पहले उन्होंने हिसार में वकालत शुरू की परन्तु बाद में (सन् 1892 ई. में) लाहौर आकर वकालत शुरू की। यहाँ उन्होंने डी. ए. वी. कॉलेज, लाहौर की उन्नति में बहुत महत्वपूर्ण योग दिया। उन दिनों पंजाब में आर्यसमाज का आन्दोलन पूरे जोरों से चल रहा था। लाला जी ने अपना तन-मन-धन इसमें लगा दिया। इसके अतिरिक्त उन्होंने फिरोजपुर (पंजाब) के अनाथालय की बड़ी सहायता की।

सन् 1905 ई. से उन्होंने देश की राजनीति में सक्रिय भाग लेना शुरू किया, उन्होंने बंगाल के विभाजन का बहुत विरोध किया। सन् 1905 ई. में कांग्रेस ने उन्हें गोखले के साथ इंग्लैण्ड भेजा, ताकि ये दोनों व्यक्ति ब्रिटिश सरकार और जनता के

सामने भारतीय दृष्टिकोण को रखें। उन्होंने वहाँ पर अनेक भाषण दिए और वहाँ के प्रमुख नेताओं से मिले। वहाँ के लोग अपनी नागरिक स्वतन्त्रता तथा राजनीतिक अधिकारों पर जितना बल देते थे, उससे वे काफी प्रभावित हुए। स्वदेश लौटकर लाला लाजपत राय ने बताया कि वहाँ की जनता की रुचि भारतीय मामलों में बहुत अधिक नहीं है और भारतीयों को विदेशी सहायता की बजाए अपने पर निर्भर रहना चाहिए तथा अपने में शक्ति उत्पन्न करके अपने पैरों पर खड़ा होना चाहिए।

लाला लाजपत राय, तिलक और बिपिनचन्द्र पाल की तरह, उग्रवादी नेता थे। उन्होंने अपने ओजस्वी भाषणों और लेखों द्वारा जनता में महान् जाग्रति उत्पन्न की। **वे समाजवादी थे और पूँजीवादी तथा आर्थिक शोषण के सख्त विरुद्ध थे।** वे किसानों और मजदूरों की उन्नति चाहते थे। सन् 1907 ई. में उन्होंने सरदार अजीत सिंह से मिलकर 'कोलोनाइजेशन बिल' (Colonization Bill) के विरुद्ध आन्दोलन चलाया। आन्दोलन बड़े जोरों से चला। ब्रिटिश सरकार आतंकित हो उठी और उसने इन दोनों देशभक्तों को बिना मुकदमा चलाए 6 महीने के लिए देश-निर्वासन का दण्ड देकर माण्डले (बर्मा) की जेल में बन्द कर दिया। सरदार अजीत सिंह तो बाद में बहुत वर्षों तक विदेशों में ही रहे और वहीं से स्वतन्त्रता आन्दोलन चलाते रहे। 18 नवम्बर, सन् 1907 ई. को लाजपत राय जेल से छूटकर लाहौर पहुँचे, जहाँ उनका अभूतपूर्व स्वागत किया गया। इसके बाद कांग्रेस के अधिवेशन में भाग लेने के लिए वे सूरत गए। वहाँ पर लोकमान्य तिलक ने कांग्रेस की अध्यक्षता के लिए आपका नाम पेश किया, परन्तु गोखले ने इसका विरोध किया और कहा कि, "यदि आप सरकार की अवज्ञा करेंगे, तो सरकार भी आपके मार्ग में अड़चनें डालेगी।" लाला जी ने नम्रतापूर्वक अपना नाम वापस ले लिया। वे जरा-सी बात पर कांग्रेस से मतभेद उत्पन्न नहीं करना चाहते थे।

लाला लाजपत राय राष्ट्रीय शिक्षा, स्वदेशी के प्रचार, विदेशी कपड़े के बहिष्कार और निष्क्रिय प्रतिरोध (Passive Resistance) तथा संवैधानिक आन्दोलन के महान् समर्थक थे। सन् 1914 ई. में उन्होंने एक शिक्षा-न्यास (Education Trust) बनाया और जगरांव में राधाकृष्ण हाई स्कूल की नींव रखी। इसके बाद सन् 1914 ई. में ही वे किसी काम से इंग्लैण्ड चले गए। प्रथम महायुद्ध छिड़ गया था। उनको भारत लौटने की सरकार ने आज्ञा नहीं दी, अत: उनको सन् 1919 ई. तक भारत से बाहर ही रहना पड़ा। वे इंग्लैण्ड से अमेरिका और जापान चले गए। वहाँ भी उन्होंने भारतीय स्वतन्त्रता का प्रचार बड़े जोर से जारी रखा। सन् 1919 ई. में उनको भारत लौटने की इजाजत मिल गई। यहाँ आकर उन्होंने पंजाब में मार्शल लॉ तथा अमृतसर में जलियाँवाला बाग हत्याकाण्ड देखा। सन् 1920 ई. में इन घटनाओं पर विचार करने के लिए कलकत्ता में कांग्रेस का विशेष अधिवेशन हुआ। लाला लाजपत राय को उस अधिवेशन का सभापति चुना गया। यद्यपि वे अनेक कारणों से असहयोग आन्दोलन के पक्ष में नहीं थे, परन्तु जब कांग्रेस ने एक बार असहयोग आन्दोलन का निर्णय कर लिया तो पूरे जोरों से इसका प्रचार करना शुरू किया। उनको गिरफ्तार कर लिया गया और कुछ वर्ष जेल में रखा गया। जेल से छूटने के बाद उन्होंने मोतीलाल नेहरू से मिलकर स्वराज्य दल को संगठित किया और केन्द्रीय विधान सभा का चुनाव जीता। वे केन्द्रीय विधान सभा में स्वराज्य दल के उपनेता (Deputy Leader) चुने गए। जब उन्होंने देखा कि स्वराज्य दल मुसलमानों की अनुचित माँगों को मानने और हिन्दू-हितों की उपेक्षा करने को तैयार है, तो उन्होंने स्वराज्य दल से अलग होकर मदनमोहन मालवीय के साथ मिलकर हिन्दू महासभा का संगठन किया। वे पक्के राष्ट्रवादी होते हुए भी हिन्दू-हितों का किसी कीमत पर भी बलिदान करने के लिए तैयार नहीं थे। वे भारतीय संस्कृति और धर्म को पाश्चात्य धर्म और संस्कृति से श्रेष्ठ मानते थे और इसकी रक्षा के लिए सदा तैयार रहते थे।

सन् 1921 ई. में लाला लाजपत राय ने 'लोक सेवक मण्डल' (Servants of India Society) की स्थापना की थी और इस हेतु पुरुषोत्तमदास टण्डन से मिलकर कार्य किया था। उन्होंने '**पंजाबी**' उर्दू दैनिक '**बन्देमातरम्**' और अंग्रेजी साप्ताहिक '**पीपल**' (People) नामक समाचार-पत्र निकाले। उन्होंने मेजिनी और गेरीबाल्डी (इटली के देशभक्त) की उर्दू में जीवनियाँ लिखीं, जो बहुत लोकप्रिय हो गईं। उन्होंने शिवाजी, श्रीकृष्ण और स्वामी दयानन्द सरस्वती की जीवनियाँ, 'भगवद् गीता का सन्देश', 'ब्रिटेन का भारत के प्रति ऋण' (Unhappy India), 'तरुण भारत' (Young India), 'हिन्दू-मुस्लिम एकता' इत्यादि महत्वपूर्ण पुस्तकें भी लिखीं, जिन्होंने जन-जागरण में बहुत महत्वपूर्ण योगदान दिया। उनकी महान् सेवाओं के कारण सन् 1925 ई. में उन्हें कलकत्ता में हिन्दू महासभा का अध्यक्ष चुना गया। 30 अक्टूबर, 1928 ई. को उन्होंने साइमन कमीशन के बहिष्कार के लिए लाहौर में एक बड़ा भारी जुलूस निकाला। पुलिस अधिकारी साण्डर्स ने उन पर बड़े घातक लाठी-प्रहार किए। इसका विरोध करने के लिए उसी शाम को लाहौर में एक विराट् सभा हुई, जिसमें लाजपत राय ने कहा कि मेरे शरीर पर लगा हुआ लाठी का प्रत्येक प्रहार ब्रिटिश साम्राज्य के कफन में एक कील की तरह सिद्ध होगा। इन घावों के कारण लाजपत राय जी का 17 नवम्बर, सन् 1928 ई. को स्वर्गवास हो गया। ऐसे महान् देशभक्त, शिक्षा-शास्त्री, ओजस्वी वक्ता और उच्चकोटि के साहित्यकार की मृत्यु से सारे देश में शोक छा गया। उनके निधन से जो **स्थान रिक्त हुआ,**

उसकी आज तक पूर्ति नहीं की जा सकी है। भारतीय स्वतन्त्रता आन्दोलन के इतिहास में उनका नाम सदा अमर रहेगा। राष्ट्रपति डॉ. राजेन्द्र प्रसाद ने 17 नवम्बर, सन् 1959 ई. को लाला लाजपत राय की स्मृति में दुधिके ग्राम (लुधियाना जिला, पंजाब) में एक स्मारक प्रतिष्ठित किया। प्रत्येक वर्ष सारे पंजाब में उनका शहीदी दिवस मनाया जाता है, ताकि आने वाली पीढ़ियाँ उनके त्यागमय जीवन से स्फूर्ति प्राप्त करें और देश के कल्याण में लगें।

## देशबन्धु चित्तरंजन दास
### (Chittaranjan Das, 1870-1925)

स्वतन्त्रता-संग्राम में भाग लेने वाले नेताओं में देशबन्धु चित्तरंजन दास अग्रगण्य हैं। वे बंगाल के अत्यन्त प्रसिद्ध बैरिस्टर थे और स्वराज्य-दल के निर्माताओं में सबसे अधिक प्रसिद्ध थे। सन् 1908 ई. में अरविन्द घोष के मुकद्दमे की उन्होंने पैरवी की (अरविन्द घोष को अलीपुर बम काण्ड में गिरफ्तार कर लिया गया था)। उनकी दलीलों से प्रभावित होकर मजिस्ट्रेट ने अरविन्द घोष को छोड़ दिया, तभी से उनकी प्रसिद्धि बहुत फैल गई। वे तिलक के राष्ट्रीय दल के पूर्ण समर्थक थे। उन्होंने सन् 1919 ई. में माण्टफोर्ड सुधारों के विषय में अमृतसर के कांग्रेस अधिवेशन में एक प्रस्ताव पेश किया, जिसमें इन सुधारों को अपर्याप्त और निराशाजनक कहा गया था। यद्यपि पहले वे गाँधी जी के असहयोग आन्दोलन के समर्थक न थे, तथापि बाद में वे पूरे समर्थक बन गए और सदा के लिए अपनी वकालत छोड़कर इसमें कूद पड़े। उनके प्रचार के कारण हजारों लोगों ने बंगाल में इस आन्दोलन में भाग लिया।

छूटने के बाद उन्होंने कांग्रेस के सामने कौन्सिल-प्रवेश का कार्यक्रम रखा और इस हेतु स्वराज्य दल को संगठित किया। उन्होंने बंगाल में दोहरे शासन (Dyarchy) को पूर्णतया असफल बना दिया।

सुभाष बोस देशबन्धु चित्तरंजन दास के शिष्य थे। जब सुभाष को सरकार ने सन् 1924 ई. में गिरफ्तार किया, तो चित्तरंजन दास उस समय कलकत्ता के मेयर थे। उन्होंने सुभाष बोस के सारे कार्य की जिम्मेदारी स्वयं ली और सरकार को कहा कि मुझे गिरफ्तार करो। जहाँ तक भारत के भविष्य के बारे में उनके विचारों का सम्बन्ध है, वे भारतीय राज्यों का संघ चाहते थे, जिसमें इकाइयों को सांस्कृतिक स्वायत्तता (Cultural Autonomy) हो। वे कहते थे यदि सरकार हमारे अधिकारों को मान्यता दे, तो हम औपनिवेशिक स्वराज्य चाहते हैं, वरन् हम ब्रिटिश साम्राज्य से सम्बन्ध तोड़ना चाहते हैं। 16 जून, सन् 1925 ई. को आपका स्वर्गवास होने से देश को बड़ी हानि पहुँची।

## मोती लाल नेहरू
### (Moti Lal Nehru, 1861-1931)

पण्डित मोतीलाल नेहरू जवाहरलाल नेहरू के पिता थे। आप उत्तर प्रदेश के अत्यन्त प्रसिद्ध वकील थे। उन्होंने सन् 1912 ई. में **'इण्डीपेण्डेण्ट'** नामक पत्र इलाहाबाद से निकालना शुरू किया। पहले वे उदारवादी विचारधारा के थे, परन्तु बाद में सन् 1919 ई. में अमृतसर के हत्याकाण्ड, पंजाब में मार्शल लॉ, मिसिज एनी बेसेण्ट की गिरफ्तारी, महात्मा गाँधी के सम्पर्क और अपने पुत्र जवाहरलाल के प्रभाव के कारण काफी हद तक उग्रवादी बन गए।[1]

अमृतसर के हत्याकाण्ड की जाँच करने के लिए जो कमेटी कांग्रेस की तरफ से बैठाई गई थी, आप उसके सदस्य थे। इस कमेटी के अन्य सदस्य गाँधी जी, चित्तरंजन दास, फजलुल हक और अब्बास तय्यब जी थे। सन् 1919 ई. में अमृतसर कांग्रेस के अधिवेशन के वे अध्यक्ष चुने गए। उन्होंने असहयोग आन्दोलन में भाग लिया और अपने सुखों को छोड़कर जेलें काटीं। जेल से छूटने के बाद उन्होंने भारत में चित्तरंजन दास से मिलकर स्वराज्य दल को संगठित किया। वे केन्द्रीय विधान मण्डल में स्वराज्य दल के नेता चुने गए। उन्होंने वहाँ सरकार की नीति की कड़ी आलोचना की और भारतीय स्वतन्त्रता की जोरों से माँग की। सन् 1928 ई. में उन्होंने साइमन कमीशन के बहिष्कार में महत्वपूर्ण भाग लिया। बाद में उनकी अध्यक्षता में भारत के भावी संविधान के लिए सर्वदल सम्मेलन ने एक कमेटी नियुक्त की। इस कमेटी की रिपोर्ट को नेहरू रिपोर्ट कहा जाता है। इसमें उनका प्रमुख हाथ था। यह रिपोर्ट अत्यन्त महत्वपूर्ण रिपोर्ट है। इसमें भारत की साम्प्रदायिक और राजनीतिक समस्याओं का हल दिया गया था। सन् 1930 ई. में गाँधी जी के नेतृत्व में उन्होंने सविनय अवज्ञा आन्दोलन में भाग लिया। सन् 1931 ई. में उनका स्वर्गवास हो गया। मरते समय जब उनसे पूछा गया कि उनकी अन्तिम इच्छा क्या है; तो उन्होंने उत्तर दिया कि मैं स्वाधीन भारत में मरना चाहता था, परन्तु यह इच्छा पूरी न हो सकी।

---

1. चिन्तामणि 'इण्डियन पॉलिटिक्स सिन्स म्यूटिनी', पृष्ठ 152।

# सरदार वल्लभ भाई पटेल

## (Sardar Vallabh Bhai Patel, 1875-1950)

सरदार वल्लभ भाई पटेल का जन्म 31 अक्टूबर, सन् 1875 ई. को गुजरात के करमसद गाँव में हुआ। वे गुजरात के बड़े प्रसिद्ध बैरिस्टर थे। सन् 1918 ई. में गाँधी के महान् व्यक्तित्व से प्रभावित होकर उन्होंने उस समय राजनीति में प्रवेश किया, जब गुजराती किसानों की तरफ से कर-मुक्ति आन्दोलन चल रहा था। सन् 1918 ई. में बारदौली में जो सत्याग्रह किसानों की तरफ से चला, उसका सफल नेतृत्व उन्होंने किया। इसी के कारण उनको सरदार की उपाधि से महात्मा गाँधी ने विभूषित किया। इस सत्याग्रह के कारण उनकी प्रसिद्ध सारे भारत में फैल गई और सन् 1931 ई. में वे कांग्रेस के प्रधान चुने गए। सन् 1937 ई. में उन्होंने कांग्रेस की चुनाव-मशीनरी को संगठित किया। जब कांग्रेस के आठ प्रान्तों में मन्त्रिमण्डल बन गए, तो उनके ऊपर निगरानी करने के लिए पार्लियामेण्टरी बोर्ड बनाया गया। सरदार पटेल इसके अध्यक्ष थे। सन् 1942 ई. में उन्होंने 'भारत छोड़ो आन्दोलन (Quit India Movement) में प्रमुख रूप से भाग लिया और जेलें काटीं। सन् 1945 ई. में जेल से छूटने के बाद शिमला सम्मेलन और अन्तरिम सरकार में शामिल हुए। सन् 1946 ई. में जो अन्तरिम सरकार बनी, उसमें उप-प्रधानमन्त्री नियुक्त किए गए। अंग्रेजों की भारत छोड़ने की घोषणा और मुस्लिम लीग की सीधी कार्रवाई तथा तोड़-फोड़ की नीति के कारण जो अव्यवस्था फैली, उसको उन्होंने बड़ी चतुरता से सुलझाया। ब्रिटिश सरकार और मुस्लिम लीग के अपवित्र मेल के कारण सन् 1947 ई. में जो स्थिति उत्पन्न हुई, उससे विवश होकर उन्हें पाकिस्तान स्वीकार करना पड़ा। स्वतन्त्र भारत में उनके पास गृह-विभाग तथा राज्य-विभाग था। उन्होंने न केवल आन्तरिक शान्ति और व्यवस्था उत्पन्न करने में कमाल दिखाया, बल्कि देशी रियासतों की समस्या का भी सन्तोषजनक हल निकाला। अंग्रेज जाते समय देशी रियासतों को सर्वोच्चता (Paramountcy) सौंप गए थे, फलतः 522 के लगभग देशी रियासतें अपनी आजादी का स्वप्न देखने लगी थीं। सरदार पटेल का यह महान् कार्य था कि उन्होंने उनको केवल भारतीय संघ में ही शामिल किया और देश की एकता को सुरक्षित रखा, बल्कि उनमें सामन्तशाही तथा निरंकुश शासन को खत्म करके वहाँ लोकतन्त्रीय व्यवस्था जारी की। संक्षेप में सरदार पटेल ने भारत का राजनीतिक नक्शा ही बदल दिया। इस कारण उनका नाम भारतीय इतिहास में सदा सूर्य की तरह चमकता रहेगा और आने वाली पीढ़ियाँ सदा उनकी ऋणी रहेंगी। 15 दिसम्बर, सन् 1950 ई. को उनका स्वर्गवास हो गया।

सरदार वल्लभ भाई पटेल

## सरदार वल्लभ भाई पटेल के योगदान पर राष्ट्रपति के विचार

### (President of India-on the contribution of Sardar Vallabh Bhai Patel)

भारत के राष्ट्रपति श्री रामास्वामी वेंकटरामन ने सरदार वल्लभ भाई पटेल के योगदान के बारे में 21 अक्टूबर, 1990 ई. को निम्नलिखित शब्द कहे—

"सरदार वल्लभ भाई पटेल में इस्पात की शक्ति तथा सोने की शुद्धता का मेल था। वे पूर्णतया ईमानदार तथा स्फुटवक्ता थे। स्वर्गीय पटेल आदेष्टा तथा प्रतिपक्षी दोनों बराबर की योग्यता के साथ बन सकते थे।"[1]

"बन्दीगृह में प्रायः रहने के कारण, सरदार पटेल निजी विलासों के प्रति उदासीन बन गए थे। उनमें आश्चर्यजनक धैर्य था, जो उनके धर्म का एक अंग था। देशी रियासतों के एकीकरण में सरदार पटेल की अत्यन्त महत्वपूर्ण भूमिका का शब्दों में पर्याप्त रूप में वर्णन नहीं किया जा सकता है। **यदि नेहरू आधुनिक भारत का निर्माता था, तो सरदार पटेल को संयुक्त भारत का इंजीनियर माना जा सकता है।**"[2]

1. "Sardar Vallabh Bhai Patel combined in him strength of steel and the huxity of gold. Direct, totally honest and frank, the late Patel could be a commandant as well as combatant with equal efficiency."

*—President R. Venkatraman*

2. "Sardar Patel's role in the integration of the Indian States could never lie adequately described in words. If Nehru was regarded as an architect, Sardar Vallabh Bhai Patel must be regarded as united India engineer."

*—President R. Venkatraman*

"पण्डित जवाहरलाल नेहरू उनको एक विश्वसनीय मन्त्री मानते थे। उनके साथी उनका बहुत सम्मान करते थे और लोगों की उनमें असीम श्रद्धा थी। **इसलिए पटेल हर आने वाले समय के लिए विश्वास और चरित्र का एक स्तम्भ बन गए हैं।**"[1]

## मौलाना अबुल कलाम आजाद
**(Maulana Abul Kalam Azad, 1888-1958)**

**जीवनी**—जिन मुसलमानों ने कांग्रेस का हमेशा साथ दिया और देश के स्वतन्त्रता आन्दोलन में महत्वपूर्ण भाग लिया, उनमें मौलाना आजाद का नाम सबसे आगे आता है। आपका जन्म मक्कां में 11 नवम्बर, सन् 1888 ई. को हुआ। सन् 1898 ई. में वे मक्का से कलकत्ता आए। सन् 1905 ई. में काहिरा गए और सन् 1907 ई. में वापस भारत लौटे। मौलाना आजाद ने सन् 1912 ई. में '**अलहिलाल**' नामक पत्र निकालना शुरू किया। इसके द्वारा उन्होंने सर सैयद अहमद खाँ द्वारा फैलाई हुई विचारधारा का विरोध किया और मुसलमानों को कांग्रेस के नेतृत्व में स्वतन्त्रता आन्दोलन में भाग लेने के लिए प्रेरित किया। अत: उनका सबसे बड़ा योगदान भारतीय राजनीति में साम्प्रदायिकता का विरोध और राष्ट्रवाद का प्रचार करना था। उन्होंने हिन्दू-मुस्लिम एकता के लिए भी महान् कार्य किया। उनके प्रयत्नों से सन् 1913 ई. में मुस्लिम लीग के लक्ष्य में तबदीली हुई और सन् 1916 ई. में कांग्रेस और मुस्लिम लीग का समझौता हुआ जिसे लखनऊ का पैक्ट कहा जाता है। **उन्होंने सन् 1920 ई. के असहयोग और खिलाफत आन्दोलन में मुसलमानों को बहुत अधिक संख्या में शामिल किया और स्वयं भी जेल से छूटने के बाद सन् 1923 ई. में वे दिल्ली अधिवेशन में कांग्रेस के प्रधान चुने गए। इसके बाद उन्होंने मुस्लिम लीग की साम्प्रदायिक नीतियों का हमेशा विरोध किया। सन् 1940 ई. में वे दुबारा कांग्रेस के प्रधान चुने गए और इस पद पर वे सन् 1946 ई. तक रहे।**

उन्होंने कांग्रेस के सब आन्दोलनों में प्रमुख रूप से भाग लिया। स्वतन्त्रता के बाद वे भारत के शिक्षा मन्त्री बने और अपनी मृत्यु तक इस पद पर रहे। उन्होंने कुरान पर एक टीका लिखी है जिसे '**तरजुमने कुरान**' कहा जाता है। यह टीका उर्दू में है। यह अत्यन्त प्रामाणिक मानी जाती है। उनकी एक अन्य पुस्तक बहुत प्रसिद्ध है। उसका नाम है 'Indian Wins Freedom' वे उर्दू, फारसी और अरबी के बहुत उच्चकोटि के विद्वान् थे। वे कांग्रेस के अतिरिक्त मुसलमानों की प्रसिद्ध संस्था 'जमय्यत-उल-उलमाए हिन्द' के भी प्रधान रहे। 22 फरवरी, सन् 1958 ई. को उनका स्वर्गवास हो गया। उनका मज़ार (कब्र) पुरानी दिल्ली में जामा मस्जिद के समीप परेड ग्राउण्ड में बनाया गया।

## मौलाना अबुल कलाम आजाद के विचार
**(Political Views of Maulana Abul Kalam Azad)**

**(1) मौलाना आजाद का सन् 1940 ई. का अध्यक्षीय भाषण**—मौलाना अबुल कलाम आजाद कांग्रेस के प्रधान सन् 1923 तथा 1940 ई. में रहे। मौलाना अबुल कलाम आजाद का मार्च, सन् 1940 ई. का रामगढ़ (बिहार) का अध्यक्षीय भाषण बहुत प्रसिद्ध है। इसलिए इसका कुछ निष्कर्ष हम दे रहे हैं। इसमें उन्होंने कहा कि **9 करोड़ मुसलमानों के लिए सबसे अच्छा और सही मार्ग वही है जो कि मैने सन् 1912 ई. में दर्शाया था अर्थात् मुसलमान कांग्रेस में बड़ी संख्या में शामिल हों और विदेशी (ब्रिटिश) शासन और उसकी समर्थक मुस्लिम लीग का कड़ा विरोध करें। मैं मुसलमान हूँ और इस पर गर्व करता हूँ। इस्लाम की 1300 वर्ष की परम्पराएँ मेरी विरासत हैं।** इस्लाम की शिक्षाएँ, इतिहास, साहित्य, कलाएँ और सभ्यताएँ मेरी विरासत हैं और मेरी सम्पत्ति हैं तथा इनकी रक्षा करना मेरा कर्त्तव्य है। **मैं भारतीय होने का गर्व करता हूँ और मैं उस अखण्ड एकता का भाग हूँ जो कि भारतीय राष्ट्रीयता है।** मौलाना आजाद ने कहा कि 1300 वर्षों में हिन्दू और मुस्लिम संस्कृतियों का मेल हुआ और यह इतिहास की महत्वपूर्ण घटना है। हमने भारत को लोकतन्त्र और मानव एकता का सन्देश दिया। भारत ने अपनी समृद्ध संस्कृति के द्वार हमारे लिए खोल दिए। इस तरह से दोनों संस्कृतियों का संगम गत 1300 वर्षों में हुआ है। इतिहास ने हमारी साँझी सफलताओं को समृद्ध किया है। हमारी भाषाएँ, हमारा साहित्य, काव्य, संस्कृति, कला, वेश-भूषा, हमारे रीति-रिवाज, दैनिक जीवन की घटनाएँ इत्यादि सभी साँझे प्रयत्नों की अमिट छाप हैं। **यह साँझी सम्पत्ति साँझी राष्ट्रीयता की विरासत है। गत 1300 वर्षों में इकट्ठे जीवन ने हमको एक साँझी राष्ट्रीयता में ढाल दिया है। हमारी सफलता तीन तत्वों पर है**—(1) एकता; (2) अनुशासन; (3) महात्मा गाँधी के नेतृत्व में पूर्ण विश्वास।

---

1. "Implieitly trusted by menter respected by his colleagues, venerated by the people, Sardar Patel is an all time reference point for India a pillar of confidence and character."

*—President R. Venkatraman*

**(2) मौलाना आजाद का राष्ट्रवाद की ओर दृष्टिकोण**—मौलाना आजाद ने जिस राष्ट्रवाद की कल्पना की, वह लोकतान्त्रिक तथा धर्म-निरपेक्ष था। गाँधी जी ने उनके विषय में कहा कि, "उनका राष्ट्रवाद में ऐसा ही सतेज (सुदृढ़) विश्वास है जैसा कि इस्लाम में है।" आजाद द्वारा प्रतिपादित राष्ट्रवाद और इस्लाम में किसी भी प्रकार का विरोधाभास (Contradiction) नहीं था। आजाद का अपने धर्म में ऐसा ही सुदृढ़ विश्वास था, जैसा कि ब्रिटिश साम्राज्यवादियों से भारत की मुक्ति अथवा स्वतन्त्रता में। मौलाना आजाद के अनुसार प्रत्येक मुसलमान भारतीय राष्ट्र का सदस्य था और अलग धर्म के कारण अपने आपको वृहत् भारतीय समाज से अलग नहीं कर सकता था और एक स्वतन्त्र राष्ट्रवाद के दर्जे का दावा नहीं कर सकता था। हालांकि मौलाना आजाद का इस्लाम में पक्का विश्वास था, परन्तु उनका राष्ट्रवाद धर्म पर आधारित नहीं था क्योंकि वे कहते थे कि भारत में अनेक मतावलम्बी हैं और राष्ट्रवाद को किसी सम्प्रदाय या धर्म से जोड़ने से देश में एकता उत्पन्न होने की बजाय आपस में विभाजन उत्पन्न होगा। भारत में राष्ट्रवाद की अनुभूति हिन्दू-मुस्लिम एकता के बिना असम्भव थी।

**(3) हिन्दू-मुस्लिम एकता**—आजाद ने हिन्दू-मुस्लिम एकता को देश की स्वतन्त्रता से भी अधिक प्रिय समझा। जवाहरलाल नेहरू का यह कथन था कि साधारण व्यक्तियों ने भारत के समृद्ध जीवन की विभिन्नताओं में विरोध पाया है, परन्तु आजाद इतने महान् है कि वे न केवल भारत की विभिन्नताओं में मौलिक एकता के दर्शन करते हैं, परन्तु वे राष्ट्रीय जीवन की विभिन्न धाराओं में एकता की आशा का अनुभव करते हैं। **मौलाना आजाद ने इस बात पर बहुत बल दिया कि दोनों सम्प्रदायों का एक साँझा लक्ष्य होना चाहिए और वह है—देश की स्वतन्त्रता।** आजाद ने कहा कि मुसलमानों को कांग्रेस में शामिल होना चाहिए, क्योंकि पैगम्बर को भी अबू सूफियान पर काबू पाने के लिए ऐसा ही करना पड़ा था।

**(4) साम्प्रदायिकता का विरोध**—मौलाना अबुल कलाम आजाद ने सदैव साम्प्रदायिकता का विरोध किया। इस हेतु उन्होंने सी. आर. दास की बंगाल सन्धि को आदर्श माना। वे सदैव आशावान् थे और कहते थे कि हिन्दू और मुसलमानों में भेद कभी भी इतने उग्र नहीं होंगे कि उनमें पारस्परिक युद्ध आरम्भ हो जाए और वे एक-दूसरे का खून बहाएँ। भारत में प्रत्येक प्रकार के धर्म, हर प्रकार की संस्कृति और प्रत्येक प्रकार के रहन-सहन को फलने-फूलने की आज्ञा दी गई।

**(5) सर सैयद अहमद खाँ के अलीगढ़ आन्दोलन की तरफ रवैया**—जब से सर सैयद अहमद खाँ ने मुहम्मडन-ऐंग्लो ओरियण्टल कॉलेज की नींव रखी थी, तबसे शिक्षित मुस्लिम समाज उस विचारधारा का अनुसरण कर रहा था। यह अलीगढ़ कॉलेज सर सैयद अहमद खाँ की सन् 1898 ई. में मृत्यु के पश्चात् एक विश्वविद्यालय बन गया था। मौलाना आजाद का विचार था कि सर सैयद अहमद खाँ ने एक सेवा मुसलमानों की अवश्य की कि उनको कट्टर धार्मिक शिक्षा और पुराने दीन-धर्म से बाहर निकाला और पश्चिमी विज्ञान तथा साहित्य और अंग्रेजी शिक्षा की ओर प्रेरित किया, परन्तु अनजाने में ही उन्होंने अपने आपको ब्रिटिश साम्राज्यवाद का एक उपकरण (tool) बना लिया, क्योंकि उन्होंने अंग्रेजों के विरुद्ध मुसलमानों की सारी राजनीतिक गतिविधियाँ रोक दीं और कांग्रेस का विरोध किया। इस तरह से उन्होंने मुसलमानों में आत्म-सम्मान, ऊँचे विचारों और विशाल दृष्टिकोण की बजाय पराधीनता की भावना उत्पन्न की। मौलाना जमालुद्दीन अफगानी के भी सर सैयद अहमद खाँ से भिन्न विचार थे। वे भी मौलाना आजाद की तरह ही ब्रिटिश साम्राज्यवाद के विरुद्ध थे। मौलाना आजाद ने **'अल-हिलाल'** नामक समाचार पहली जून, सन् 1912 ई. से निकालना शुरू किया और उसमें सर सैयद अहमद खाँ की विचारधारा का डटकर विरोध किया। मौलाना मुहम्मद अली और अल्ताफ हुसैन अली जैसे उच्चकोटि के विद्वानों ने **अल-हिलाल** की प्रशंसा की। मौलाना शिब्ब भी सर सैयद अहमद खाँ के विचारों से सहमत नहीं थे। अत: आजाद पर जमालुद्दीन अफगानी और शिब्ब का प्रभाव पड़ा।

**(6) अल्पसंख्यकों की तरफ रवैया**—मौलाना अबुल कलाम आजाद ने अपने अध्यक्षीय भाषण में कहा कि हम अल्पसंख्यक वर्ग के महत्व के बारे में इससे अधिक और कुछ नहीं कर सकते थे कि उनकी (मुसलमानों) की समस्या को हल करना राष्ट्रीय स्वतन्त्रता की प्राप्ति के लिए सबसे पहली शर्त होगी। कांग्रेस ने सर्वदा अपने सामने यह उद्देश्य रखा है, इस तथ्य को कोई भी व्यक्ति चुनौती नहीं दे सकता है। इसने अपने सामने दो बुनियादी सिद्धान्त रखे हैं और प्रत्येक कदम इसने उनको ध्यान में रखकर उठाया है।

(1) भारत के लिए चाहे जैसा भी संविधान अङ्गीकृत किया जाए, उसमें अल्पसंख्यक वर्गों के अधिकारों के लिए पूरी गारण्टी होगी।

(2) अल्पसंख्यक वर्ग स्वयं निर्णय करे कि उनके अधिकारों और हितों के लिए किन संरक्षणों की आवश्यकता है ? बहुमत को इसका निर्णय नहीं करना चाहिए। अत: इस बारे में निर्णय बहुमत के हाथ में नहीं, अपितु अल्पसंख्यक वर्ग के हाथ में होगा। मैं संसार के अन्य नेताओं से यह पूछने का साहस करता हूँ कि क्या इससे अधिक अच्छा कोई हल निकल सकता था ? यदि उनके पास कोई है, तो वे बताएँ।

**(7) आजाद का गाँधी जी की तरफ दृष्टिकोण**—जहाँ गाँधी जी अहिंसा को एक धर्म मानते थे, वहाँ मौलाना अबुल कलाम आजाद इसको एक धर्म न मानकर केवल एक नीति ही मानते थे। आजाद कहते थे कि भारतीयों को अपनी स्वतन्त्रता प्राप्ति के लिए तलवार सम्भालने का अधिकार है, यदि उनके पास और कोई विकल्प न रहे। यद्यपि आजाद ने अहिंसा को केवल नीति के रूप में अपनाया था, परन्तु उन्होंने गाँधी जी को अपना पूरा और अबाध समर्थन दिया तथा वे गाँधी जी के एक गहरे और विश्वसनीय साथी बन गए। आजाद ने कहा अहिंसा को धर्म के रूप में अपनाने की बजाए, कांग्रेस को स्वतन्त्रता पर अधिक बल देना चाहिए।

**(8) द्वितीय विश्व-युद्ध की ओर रवैया**—द्वितीय विश्व-युद्ध में ब्रिटिश सरकार के समर्थन के प्रश्न पर आजाद ने लिखा। प्रश्न युद्ध से निवृत्तिवाद का नहीं, अपितु स्वतन्त्रता का है। उन्होंने स्पष्ट रूप से कहा कि कांग्रेस युद्ध-निवृत्तिवादी संस्था (Pacific organisation) नहीं है, अपितु भारत की स्वतन्त्रता के लिए बनी हुई एक संस्था है। गाँधी जी का विचार था कि युद्ध का समर्थन नहीं करना चाहिए, चाहे इससे स्वतन्त्रता की प्राप्ति ही क्यों न हो। सरकार के साथ समझौते के अनेक प्रश्नों पर जैसे कलकत्ता में प्रिन्स ऑफ वेल्स के स्वागत के बहिष्कार, गोलमेज सम्मेलन में भाग लेने, असहयोग आन्दोलन को वापस लेने और द्वितीय विश्व-युद्ध में जापानियों को अंग्रेजों के विरुद्ध सहायता देने के प्रश्न पर आजाद ने खुले रूप में गाँधी जी से असहमति प्रकट की।

**(9) आजाद तथा जिहाद**—आजाद का यह विश्वास था कि इस्लाम युद्ध की स्वीकृति तब तक नहीं देता, जब तक कि यह अवश्यम्भावी न हो जाए। युद्ध और इस्लाम दोनों परस्पर विरोधी हैं और एक-दूसरे से बहुत दूर हैं। **स्थायी शान्ति स्थापित करने के लिए इस्लाम जिहाद का प्रचार करता है न कि युद्ध का। इस्लाम मानव जाति के लिए शान्ति का सन्देश देता है।** यह सिद्ध करने के लिए कि जिहाद का सार सन्तोष, दृढ़-संकल्प और त्याग है, मौलाना आजाद ने कुरान की बहुत-सी आयतों (Verses) का उदाहरण दिया। जिहाद का अर्थ धन-सम्पत्ति का संग्रह अथवा क्षेत्रीय विस्तारवाद नहीं है, अपितु अन्याय, युद्ध और अत्याचार का विरोध है। वह यह भी भली-भाँति जानते थे कि युद्ध के परिणाम न केवल निर्मम और भयानक होते हैं, अपितु विनाशक अथवा घातक भी होते हैं। इनका नैतिकता पर बहुत बुरा प्रभाव पड़ता है।

**(10) आजाद तथा खिलाफ्त**—इसमें सन्देह नहीं कि मौलाना अबुल कलाम आजाद ने खिलाफत आन्दोलन का समर्थन किया। उनके लिए यह केवल धार्मिक प्रश्न ही नहीं था, अपितु स्वतन्त्रता के लिए आन्दोलन भी था, क्योंकि इसके कारण मुसलमानों में विदेशी शासकों के विरुद्ध लड़ने की भी भावना उत्पन्न होगी और वे अपने देशवासियों को भी एकजुट कर सकेंगे। इसके कारण हमारे देशवासियों में भारतीय समस्याओं के प्रति जागरुकता उत्पन्न हो गई है। **इस्लाम पराधीनता की आज्ञा नहीं देता है।** इस्लाम में विश्वास तथा स्वतन्त्रता से प्रेम समानार्थक (पर्यायवाची) हैं। इसलिए खिलाफत आन्दोलन का अर्थ देश की स्वतन्त्रता और शरियत भेजने की स्थापना है।

**(11) तरीके**—आजाद ने उदारवादियों के तरीकों को प्रभावहीन माना। उन्होंने अनुभव किया कि प्रार्थना करना, याचिकाएँ भेजना और शिष्टमण्डल (Deputation) भेजना इत्यादि में से कोई भी तरीका लाभप्रद नहीं हो सकता है। इसलिए हमें उन तरीकों का प्रयोग करना है, जिनसे सरकार पर अधिक-से-अधिक दबाव पड़े, परन्तु अधिकतर लोग इस प्रकार की विचारधारा से दूर रहना चाहते हैं। आजाद ने अंग्रेजों की तरफ किसी प्रकार की शत्रुता का समर्थन नहीं किया, अपितु उन्होंने अहिंसात्मक असहयोग की एक योजना तैयार की। इस योजना के गुण थे—(1) एकता, (2) न्यायपूर्ण कार्य, (3) सन्तोष, (4) संगठन, तथा (5) स्वतन्त्रता के उद्देश्य के लिए आत्म-त्याग की भावना।

**(12) आजाद तथा देश का बँटवारा (विभाजन)**—आजाद ने देश के बँटवारे का न केवल राजनीतिक तथा सांस्कृतिक आधार पर अपितु धार्मिक आधार पर भी विरोध किया। उन्होंने कहा कि पाकिस्तान की योजना न केवल सारे भारतवर्ष के लिए, अपितु मुसलमानों के लिए विशेष रूप से हानिकारक है। यह समस्याओं को हल करने की बजाए अधिक समस्याएँ उत्पन्न करता है। यह इस्लाम की भावना के विरुद्ध है, क्योंकि यह एकता और मेल-जोल की भावना की बजाए बँटवारे पर अधिक बल देता है। खुदा (परमात्मा) ने सारे संसार को एक मस्जिद के रूप में बनाया है। मौलाना आजाद ने यह तर्क दिया कि 9 करोड़ मुसलमान हैं जो कि गुणवत्ता और संख्या की दृष्टि से काफी महत्वपूर्ण है तथा जिनकी प्रशासन और नीति निर्धारण में उपेक्षा नहीं की जा सकती है।

## मौलाना आजाद का मूल्यांकन
### (Estimate of Maulana Azad)

**(1) महात्मा गाँधी के विचार**—महात्मा गाँधी ने अबुल कलाम आजाद के बारे में कहा कि मुझे उनसे सन् 1920 ई. से सम्पर्क में आने का सौभाग्य प्राप्त हुआ है। इस्लाम के ज्ञान में उनको कोई भी मात नहीं दे सकता है। वे अरबी के अत्यन्त

उच्चकोटि के विद्वान् हैं। **उनका राष्ट्रवाद इतना ही सुदृढ़ है जितना कि उनका इस्लाम में विश्वास।** आज वे कांग्रेस के सर्वोच्च प्रमुख (प्रधान) हैं। इसका बहुत गहरा अर्थ है, जिसकी भारतीय राजनीति के प्रत्येक विद्यार्थी की उपेक्षा नहीं करनी चाहिए।

**(2) भारत के गवर्नर-जनरल श्री राजगोपालाचारी का मत**—श्री राजगोपालाचारी जून, सन् 1948 ई. में (लॉर्ड माउण्टबेटन के द्वारा पद छोड़ने के बाद) से 25 जनवरी, सन् 1950 ई. तक भारत के गवर्नर-जनरल रहे। स्वतन्त्रता के समय भारत के तत्कालीन प्रधानमन्त्री जवाहरलाल नेहरू ने अधिराज्य स्थिति (Domnion Status) प्राप्त कर लिया था और लॉर्ड माउण्टबेटन से प्रार्थना की थी कि वे स्वतन्त्र भारत के पहले गवर्नर-जनरल रहें। जून, सन् 1948 ई. में उनके द्वारा पद छोड़ने के बाद श्री राजगोपालाचारी भारत के गवर्नर-जनरल रहे।

उन्होंने मौलाना आजाद के बारे में लिखा है कि, "यदि इस समय भारत में कोई व्यक्ति है, जो अकबर महान् के धार्मिक मेल-जोल या सुलहकुल की नीति तथा सामंजस्यपूर्ण धार्मिक सिद्धान्त का प्रतिनिधित्व करता है जिसने हमारे देश पर 400 वर्ष पूर्व राज्य किया, तो वह मौलाना अबुल कलाम आजाद है। यदि अकबर को भी अपने साथी मुसलमानों से निराशा हुई, तो हमें क्यों आश्चर्य होता है यदि भारत के संगठित मुसलमानों की ओर से मुस्लिम संगठनों की ओर से मौलाना को कोई उत्तर प्राप्त नहीं होता है। इतिहास और प्रबुद्ध स्त्री तथा पुरुषों के विचार मौलाना साहिब की सेवाओं की प्रशंसा किए बिना नहीं रहेंगे जबकि उत्तेजित भावनाएँ शान्त हो जाएँगी और मनुष्य के निर्णय स्वतन्त्र होंगे। ........ मौलाना साहिब का वैज्ञानिक दृष्टिकोण और व्यापक विद्वता उन लोगों के लिए एक आश्चर्य है जो कि ऐसी महान् विभूतियों को अंग्रेजी विश्वविद्यालय की शिक्षाओं से जोड़ते हैं।"

**मौलाना आजाद के बारे में सरदार वल्लभ भाई पटेल के विचार**—सरदार वल्लभ भाई पटेल ने मौलाना अबुल कलाम आजाद के बारे में लिखा है कि, "छः वर्ष के इस परेशानी के समय (1940-46) में एक भी ऐसा अवसर नहीं आया जबकि मौलाना आजाद अपने इस उच्च पद (प्रधान-पद) की प्रतिष्ठा और गरिमा को बनाए रखने में असफल हुए हों। उन्होंने कभी भी कांग्रेस की प्रतिष्ठा को कलंकित नहीं होने दिया। यदि उनके स्थान पर कोई अन्य व्यक्ति होता, तो वह इतनी हिम्मत और दृढ़ संकल्प नहीं दिखा पाता जैसाकि उन्होंने लम्बे छः वर्ष के काल में इस महान् पद से सम्बन्धित जिम्मेदारियों को निभाते समय दिखाया। स्वतन्त्रता के इस संघर्ष में इस वर्तमान स्थिति तक लाने का श्रेय मौलाना साहिब को जाता है। हमने अंग्रेजों से भारत छोड़ने के लिए सन् 1945 ई. में कहा। उन्होंने अब हमें कहा है कि वे भारत को छोड़ने के लिए तैयार हैं। अब हम उन तरीकों पर बात-चीत कर रहे हैं जिनसे वे बिना किसी झगड़े के आसानी से भारत को छोड़कर चले जाएँ। बस हमारी सफलता के लिए मौलाना आजाद प्रशंसा के अधिकारी हैं।

## महात्मा गाँधी
### (Mahatama Gandhi, 1869-1948)

गाँधी जी का जन्म 2 अक्टूबर, सन् 1869 ई. को पोरबन्दर में हुआ था। उनके पिता करमचन्द गाँधी राजकोट रियासत के दीवान थे। उन्होंने इंग्लैण्ड से बैरिस्टरी भी पास की। भारत लौटने पर उन्होंने वकालत शुरू की। बाद में वे सन् 1894 ई. में दक्षिण अफ्रीका चले गए और बीस वर्ष वहाँ रहे। वहाँ उन्होंने काले और गोरे का भेद देखा। गाँधी जी को स्वयं वहाँ अपमानित होना पड़ा। इसलिए उन्होंने रंग-भेद की नीति के विरुद्ध सत्याग्रह चलाया और इसमें उन्हें महान् सफलता मिली। वे जनवरी, सन् 1915 ई. में भारत लौट आए। उन्होंने गोखले को अपना राजनीतिक गुरु बनाया और राजनीति में प्रवेश किया। उन्होंने पहले महायुद्ध में अंग्रेजों की सहायता की। इसके बाद उन्होंने चम्पारन (बिहार) में गोरों द्वारा किसानों पर हुए अत्याचारों के विरुद्ध आवाज उठाई। इसमें उन्हें सफलता भी मिली। इसी तरह उन्होंने अहमदाबाद में मिल-मालिकों से मजदूरों के हितों की रक्षा की। गुजरात के किसानों के हितों की रक्षा के लिए उन्होंने खेड़ा से सत्याग्रह किया, जिसमें उनकी जीत हुई।

प्रथम महायुद्ध के बाद महात्मा गाँधी ने युद्ध में दी गई भारतीय सहायता के बदले में अंग्रेजों से स्वराज्य माँगा। अंग्रजों ने स्वराज्य देने की बजाय लोगों की स्वतन्त्रता को कुचलने के लिए रौलट बिल पास किए। दूसरे, अंग्रेजों ने टर्की को युद्ध में हराने के बाद वहाँ के सुल्तान को गद्दी से उतार दिया, जो संसार के सब मुसलमानों का खलीफा (आध्यात्मिक मुखिया Spiritual Head) था। इसलिए मुसलमानों ने अंग्रेजों के इस कदम की घोर निन्दा की। जब लोगों ने रौलट बिल का विरोध किया, तो अंग्रेजों ने उन पर गोलियाँ चलाईं, जिनमें से अमृतसर के जलियाँवाला बाग का हत्याकाण्ड बहुत प्रसिद्ध है। पंजाब और खिलाफत की गलतियों को अंग्रेजों से ठीक कराने तथा स्वराज्य-प्राप्ति के लिए महात्मा गाँधी ने सन् 1920 से 1922 ई. तक सत्याग्रह चलाया। इसके बाद उन्हें गिरफ्तार कर लिया गया, परन्तु बीमारी के कारण कुछ महीनों के बाद छोड़ दिया

गया। जेल से छूटने के बाद उन्होंने अपना ध्यान हिन्दू-मुस्लिम एकता, खादी, चर्खा और हरिजन-उद्धार की तरफ लगाया। सन् 1924 ई. में वे कांग्रेस के प्रधान चुने गए। उन्होंने स्वराज्य दल को कौन्सिल में प्रवेश की आज्ञा दे दी, ताकि स्वतन्त्रता आन्दोलन को वहाँ पर भी चलाया जा सके। कांग्रेस ने साइमन कमीशन के विरोध करने का निश्चय किया और गाँधी जी से नेतृत्व करने की प्रार्थना की। सन् 1929 ई. में जवाहरलाल नेहरू की अध्यक्षता में कांग्रेस ने पूर्ण स्वतन्त्रता का प्रस्ताव पास किया। इसके बाद स्वतन्त्रता की प्राप्ति के लिए कांग्रेस ने महात्मा गाँधी के नेतृत्व में सविनय अवज्ञा आन्दोलन (Civil Disobedience Movement) चलाया। महात्मा गाँधी ने डाण्डी में स्वयं नमक के कानूनों को तोड़ा। महात्मा गाँधी और हजारों कांग्रेसी कार्यकर्त्ताओं को बन्दी बना लिया गया।

ब्रिटिश सरकार ने भारतीय समस्या को हल करने के लिए लन्दन में गोलमेज सम्मेलन बुलाया। गाँधी जी इस समय जेल में थे। इसलिए वे न जा सके। बाद में गाँधी-इरविन समझौते के फलस्वरूप वे कांग्रेस के एकमात्र प्रतिनिधि बनकर दूसरे गोलमेज सम्मेलन में शामिल हुए। साम्प्रदायिक समस्या का कोई हल नहीं निकल सका और गाँधी जी निराश होकर भारत लौट आए। ब्रिटिश सरकार ने अब कांग्रेस को दुबारा कुचलने की नीति अपनाई और महात्मा गाँधी तथा अन्य कांग्रेसी कार्यकर्त्ताओं को जेल में डाल दिया। जब ब्रिटिश सरकार ने अपना साम्प्रदायिक पंचाट (निर्णय) घोषित किया, तो उसमें हरिजनों को हिन्दुओं से अलग कर दिया गया था। महात्मा गाँधी ने इसके विरुद्ध मरण-व्रत रखा। उनके यत्नों से हिन्दुओं और हरिजनों के नेताओं में समझौता हो गया।

सन् 1937 ई. के चुनावों में कांग्रेस की शानदार विजय हुई और कई प्रान्तों में कांग्रेस के मन्त्रिमण्डल बन गए। सन् 1939 ई. में सुभाषचन्द्र बोस और गाँधी जी में अनेक मतभेद उत्पन्न हो गए और विवश होकर सुभाष को कांग्रेस छोड़नी पड़ी। सन् 1939 ई. में दूसरा महायुद्ध छिड़ गया था और वाइसराय ने जनता के प्रतिनिधियों से परामर्श किए बिना ही भारत को युद्ध में धकेल दिया। कांग्रेसी मन्त्रिमण्डलों ने अपना विरोध प्रकट करने के लिए त्याग-पत्र दे दिया। ब्रिटिश सरकार लोगों के भाषण की स्वतन्त्रता को खत्म कर रही थी, इसलिए सन् 1940 ई. में महात्मा गाँधी ने सरकार के विरुद्ध व्यक्तिगत सत्याग्रह चलाया। मार्च, सन् 1942 ई. में जापान ने बर्मा तक का सारा दक्षिण-पूर्वी एशिया फतेह कर लिया। ब्रिटिश सरकार ने विवश होकर भारतीय समस्या को हल करने के लिए क्रिप्स को भेजा। चूँकि क्रिप्स भारत को तुरन्त स्वाधीनता तथा प्रतिरक्षा पर नियन्त्रण देने के लिए तैयार नहीं हुआ, इसलिए महात्मा गाँधी ने क्रिप्स के सुझावों को अस्वीकार कर दिया और अगस्त, सन् 1942 ई. में अंग्रेजों के विरुद्ध 'भारत छोड़ो' आन्दोलन चलाया। गाँधी जी को गिरफ्तार कर लिया गया और हजारों अन्य कांग्रेसी कार्यकर्त्ता गिरफ्तार हुए। ब्रिटिश सरकार ने इस आन्दोलन को अपने अत्याचारों से कुचल दिया। सन् 1944 ई. में गाँधी जी को जेल से छोड़ दिया गया। जेल से छूटने के बाद उन्होंने संवैधानिक और साम्प्रदायिक समस्या को हल करने के लिए जिन्ना से वार्ता चलाई, जो विफल रही। ब्रिटिश सरकार ने भारतीय समस्या को हल करने के लिए मन्त्रिमण्डल मिशन को भारत भेजा। मुस्लिम लीग ने मन्त्रिमण्डल मिशन की योजना को अस्वीकार कर दिया और जिन्ना ने पाकिस्तान की प्राप्ति के लिए सीधी कार्रवाई शुरू की, जिसके कारण सारे देश में साम्प्रदायिक दंगे फैल गए और हजारों व्यक्ति मर गए। महात्मा गाँधी ने कलकत्ता और नोआखली में बड़ी कठिनता से शान्ति कायम की। वहाँ पर उन्होंने हिन्दू-मुस्लिम एकता का प्रचार किया। विवश होकर उनको पाकिस्तान (देश के बँटवारे को) स्वीकार करना पड़ा। इसके बाद दिल्ली में भी साम्प्रदायिक दंगे फैल गए। महात्मा गाँधी हिन्दू-मुस्लिम एकता के लिए दिल्ली आए। उनके यत्नों से वहाँ दंगे बन्द हो गए। उन्होंने उस समय पाकिस्तान को 55 करोड़ रुपए भी दिलवा दिए, जो भारत ने पाकिस्तान को प्रतिरक्षा स्टोरों के बँटवारे के कारण देने थे। चूँकि पाकिस्तान में लाखों शरणार्थियों की सम्पत्ति को जब्त कर लिया गया था और उनको वहाँ से मार-पीटकर बलपूर्वक निकाल दिया गया था, इसलिए गाँधी जी की इस नीति के विरुद्ध सारे देश में क्षोभ छा गया।

30 जनवरी, सन् 1948 ई. को एक हत्यारे नाथूराम गोड़से ने दिल्ली में प्रार्थना सभा में गाँधी जी पर गोली चलाई। राम, राम कहते हुए गाँधी जी पृथ्वी पर गिर पड़े और शहीद हो गए। उनकी इस निर्मम हत्या से सारे देश में शोक छा गया। दिल्ली में यमुना नदी के राजघाट पर उनकी अन्त्येष्टि की गई और वहाँ पर उनकी समाधि बना दी गई। दिल्ली में तत्कालीन अमेरिकन राजदूत चेस्टर बोल्स ने अपनी पुस्तक 'राजदूत की रिपोर्ट' (Ambassador's Report) में लिखा है कि, "संसार के इतिहास में किसी व्यक्ति की अर्थी के साथ आज तक इतने व्यक्ति शोकातुर होकर नहीं गए जितने महात्मा गाँधी के साथ। राजा न होते हुए भी उनका राजाओं से कई गुना अधिक स्वागत किया गया। गाँधी जी वास्तव में न केवल भारत अपितु सारे संसार की महान् विभूति थे।" उनकी तुलना महात्मा बुद्ध और ईसा से की जाती है। उनकी मृत्यु पर संयुक्त राष्ट्र संघ का झण्डा भी नीचे कर दिया गया। **हमारे देश के इतिहास में सन् 1920 से 1948 ई. तक का युग गाँधी युग कहलाता है। स्वतन्त्रता के इस महान् सेनानी को भारतीय जनता सदा याद रखेगी और उनकी ऋणी रहेगी। मरकर वे अमर हो गए और अपने अनुपम त्याग तथा बलिदान की छाप सदा के लिए भारत के इतिहास पर छोड़ गए।**

# महात्मा गाँधी के राजनीतिक विचार
## (Political Views of Mahatama Gandhi)

**डॉ. वी. पी. वर्मा** ने लिखा है कि, "**गाँधी जी एक उच्चकोटि के राष्ट्रीय नेता, पैगम्बर और शिक्षक थे। उन्होंने समाज के पुनर्निर्माण और मनुष्य के उत्थान के लिए कुछ मौलिक विचारों पर बल दिया। इस रूप में उनको नैतिक और राजनीतिक विचारक माना जाता है परन्तु शंकराचार्य या जर्मन फिलास्फर काण्ट की तरह वे उच्चकोटि के तत्ववेत्ता** (Philosopher) **नहीं थे।**"[1] **वे वास्तव में महात्मा बुद्ध और सुकरात** (Socrates) **की तरह थे जो सत्यों के सम्बन्ध में प्रयोग करते थे और उनका प्रचार करते थे। उनकी महत्ता इस बात में छिपी थी कि उनका ऊँचा चरित्र था, उन्होंने देश को राजनीतिक और नैतिक नेतृत्व दिया।** उन्होंने अपनी आत्मा में कुछ बातें अनुभव कीं और उनका सन्देश देश को दिया। उन्होंने स्वयं यह माना कि मैंने कोई नया वाद (Ism) या धर्म नहीं चलाया है। सन् 1936 ई. में सावली में गाँधी सेवा संघ के सदस्यों के सामने भाषण करते हुए गाँधी जी ने कहा था कि, "गाँधीवाद नाम की कोई चीज नहीं है और न ही अपने पीछे मैं कोई ऐसा सम्प्रदाय छोड़ जाना चाहता हूँ। मैं कदापि यह दावा नहीं करता कि मैंने किन्हीं नए सिद्धान्तों को जन्म दिया है; मैंने तो अपनी निजी तरीके से शाश्वत सत्यों (Eternal truths) को दैनिक जीवन और उसकी समस्या पर लागू करने का प्रयत्न मात्र किया है। मैंने जो समितियाँ बनाई हैं और जिन परिणामों पर पहुँचा हूँ, वे अन्तिम नहीं हैं। मैं उन्हें कल बदल भी सकता हूँ। मुझे संसार को कुछ भी नया नहीं सिखाना है। सत्य और अहिंसा इतने ही पुराने हैं जितनी कि इस देश की पहाड़ियाँ हैं। मैंने केवल व्यापक आधार पर सत्य और अहिंसा के क्षेत्रों में अपनी शक्ति के अनुसार परीक्षा करने का यत्न किया है। मेरा दर्शन, जिसे आपने गाँधीवाद का नाम दिया है, सत्य और अहिंसा में निहित है। आप इसे गाँधीवाद के नाम से न पुकारें क्योंकि इसमें कोई वाद तो है, नहीं।"[2]

**अहिंसा तथा सत्याग्रह** (Ahinsa and Satyagraha)—गाँधी जी एक धार्मिक व्यक्ति थे। उनका धर्म हिन्दू धर्म तक ही सीमित नहीं था, बल्कि इनमें सभी धर्मों के नैतिक सिद्धान्त शामिल थे। वे कहते थे कि राजनीति और धर्म दोनों एक ही वस्तु के दो पहलू हैं। उनके धर्म ने ही उन्हें राजनीति में खींच लिया था। उनके धर्म का आधार सत्य और अहिंसा था। वे राजनीति को सत्य और अहिंसा के अनुसार ही चलाना चाहते थे। **डॉ. परमात्माशरण** के अनुसार, "**गाँधी जी की महत्ता इसी में है कि उन्होंने कुटिल राजनीति को शुद्ध किया तथा उसे वर्तमान युग की कूटनीति से ऊँचा उठाकर धर्म नीति के उच्च स्तर पर पहुँचा दिया।**"[3] गाँधी जी ने धर्म का प्रयोग सभी क्षेत्रों में किया। वे इस कारण अच्छे उद्देश्य की सिद्धि के लिए अच्छे साधनों पर बल देते थे।

गाँधी जी कहते थे कि मेरे धर्म ने मुझे राजनीति में धकेल दिया है। वे कहते थे कि, "यदि मैं राजनीति में भाग लेता हूँ, तो केवल इसलिए कि राजनीति हमें साँप की कुण्डली की तरह चारों ओर से घेरे हुए है। हम कोशिश करके भी उसके घेरे से बाहर नहीं आ सकते। इसलिए मैं साँप से लड़ना चाहता हूँ।" चूँकि गाँधी जी राजनीति को सत्य और अहिंसा के आधार पर चलाना चाहते थे, इसलिए जिस समय भी उनके सत्याग्रह में हिंसा का समावेश हुआ, उन्होंने अपने सत्याग्रह को स्थगित कर दिया। हाबहाऊस ने कुछ हद तक गाँधी जी की शिक्षाओं को सूचीबद्ध करने का यत्न किया। उनके मतानुसार, "**अहिंसा (किसी को हानि नहीं पहुंचाना) का अभिप्राय है, असीम प्रेम। यह सबसे बड़ा नियम है। केवल इसी के द्वारा ही मानव जाति को बचाया जा सकता है। अहिंसा और सत्य एक-दूसरे से अभिन्न हैं और दोनों एक-दूसरे की पूर्व कल्पना करते हैं। अहिंसा वीरों का शस्त्र है। अहिंसा का पालन करने वाला व्यक्ति तलवार की शक्ति रखता हुआ भी कभी तलवार नहीं उठाता। अहिंसा का पालन करने वाला व्यक्ति किसी भी अंग्रेज को मन, कर्म और वाणी से हानि नहीं पहुंचाना चाहता।**"[4] गाँधी जी कहते थे कि वास्तव में अहिंसा की अग्नि-परीक्षा वह है कि जब हिंसक बनने के लिए भयंकरतम उत्तेजना का अवसर मौजूद हो तब भी आदमी अहिंसक रीति से सोचे, बोले और आचरण करे। वे कहते थे कि अहिंसा क्रूर-से-क्रूर व्यक्ति का भी हृदय पिघला सकती है।

---

1. Dr. V. P. Verma—*The Political Philosophy of Mahatma Gandhi and Sarvodaya.*
2. डॉक्टर पट्टाभि सीतारमैया—'गाँधी और गाँधीवाद', पृष्ठ 26।
3. डॉक्टर परमात्माशरण—'भारत और राष्ट्रीय आन्दोलन', पृष्ठ 227।
4. डॉक्टर पट्टाभि सीतारमैया—'गाँधी और गाँधीवाद', पृष्ठ 33।

गाँधी जी के मतानुसार, सत्याग्रह का अर्थ है, "सत्य से चिपटे रहना" अर्थात् सत्य की शक्ति। मैंने से प्रेम-शक्ति या आत्मिक-शक्ति भी कहा है। सत्याग्रह प्रयोग की प्रारम्भिक अवस्थाओं में मैंने यह अनुभव किया कि सत्य मार्ग का अनुसरण विरोधी पर हिंसा प्रयोग की स्वीकृति नहीं देता, परन्तु विरोधी को गलत रास्ते से छुड़ाकर ठीक रास्ते पर लाने की स्वीकृति देता है। सत्याग्रही अपने विरोधी को भी कष्ट नहीं पहुँचाता और हमेशा कोमल तर्क द्वारा या तो उसकी बुद्धि को प्रेरित करता है या आत्म-बलिदान द्वारा उसके हृदय को। सत्याग्रह दुहरा वरदान है, यह उसके लिए भी वरदान है जो इसका आचरण करता है और उसके लिए भी, जिसके विरुद्ध इसका प्रयोग किया जाए। सत्याग्रही हारना तो जानता ही नहीं क्योंकि वह बिना थके-हारे सत्य के लिए लड़ता है। इस संग्राम में मृत्यु मोक्ष होती है और कारागृह स्वतन्त्रता का द्वार है।"

महात्मा गाँधी

**विदेशी आक्रमण का मुकाबला करने के लिए सत्याग्रह** (Satyagraha as a technique to meet foreign aggression)—गाँधी का यह विचार था कि विदेशी आक्रमणकारी का भी अहिंसात्मक ढंग से मुकाबला हो सकता है यदि जनता उससे सहयोग करे। सत्याग्रहियों को मर जाना चाहिए परन्तु अधीनता स्वीकार नहीं करनी चाहिए।[1] उनका ख्याल था कि हिटलर से भी इस प्रकार मुकाबला किया जा सकता था।[2] गाँधी जी ने अक्टूबर, सन् 1938 ई. में चैकोस्लोवाकिया के आत्म-समर्पण के विषय में कहा था कि, "जब फ्रांस और इंग्लैण्ड ने चैको का साथ छोड़ दिया तो वे आत्म-समर्पण के अलावा और कुछ नहीं कर सकते थे। तब भी मैं यह कहने की धृष्टता करता हूँ कि अगर वे अपने राष्ट्रीय सम्मान की रक्षा के लिए अहिंसा के अस्त्र का प्रयोग करना जानते होते, तो वे जर्मनी और इटली की सम्मिलित शक्ति का मुकाबला कर सकते थे। ये ताकतें जानती हैं कि मनुष्य भौतिक शक्तियों के आगे हथियार डाल देते हैं परन्तु वे निरस्त्र स्त्री, पुरुष और बच्चे, जो कि घमण्डी शक्ति के आगे झुकने से इन्कार कर देते हैं और अपने पर किए जाने वाले जुल्मों को बिना किसी द्वेष-भाव के प्रसन्नतापूर्वक सहन करते हैं, इन ताकतों के लिए नए अनुभव होंगे।"[3]

**जातिवाद की समाप्ति के लिए सत्याग्रह** (Satyagraha for ending racism)—गाँधी जी ने सन् 1906 ई. से लेकर सन् 1914 ई. तक दक्षिणी अफ्रीका में सत्याग्रह का परीक्षण भारतीयों को अधिकार दिलवाने और प्रजातीयता (जातिवाद racism) को समाप्त करने के लिए किया, जिसमें उन्हें बहुत सफलता मिली। उन्होंने इसके द्वारा यह सिद्ध करने की कोशिश की कि सब मनुष्यों को समानता और स्वतन्त्रता का अधिकार है।

**अत्याचारों को मिटाने और स्वतन्त्रता की प्राप्ति के लिए सत्याग्रह** (Satyagraha to remove tyranny and gain independence)—गाँधी जी ने अत्याचारी गोरों से चम्पारन (बिहार) के किसानों की रक्षा के लिए सन् 1917 ई. में सत्याग्रह किया। गाँधी जी को इसमें अद्‌भुत सफलता मिली। इसके बाद उन्होंने अहमदाबाद के मजदूरों के हितों की रक्षा मिल-मालिकों से इसी अस्त्र के द्वारा की। गाँधी जी ने खेड़ा सत्याग्रह (गुजरात) में भी इस अस्त्र के द्वारा किसानों के अधिकारों की रक्षा की।

सन् 1920 ई. में गाँधी जी ने असहयोग आन्दोलन में सत्याग्रह का प्रयोग किया। सन् 1930 से 1934 ई. तक भारत में जो सविनय अवज्ञा आन्दोलन चला, उसमें गाँधी जी ने इस अस्त्र का प्रयोग किया। सन् 1940 ई. में भी गाँधी जी ने व्यक्तिगत सत्याग्रह किया। इसके बाद सन् 1942 ई. में भी महात्मा गाँधी ने इसके प्रयोग का इरादा किया। महात्मा गाँधी की सन् 1942 ई. में गिरफ्तारी के बाद कांग्रेसी कार्यकर्त्ताओं ने इसी अस्त्र को अपनाया। निःसन्देह इससे जनता में जाग्रति उत्पन्न हुई। सरकार अपनी लाचारी समझने लगी और भारतीय स्वतन्त्रता समीप आई।

---

1. '*Harijan*', April 13, 1940, page 90, and May 11, 1946, p. 128. Gopinath Dhawan—*The Political Philosophy of Gandhi*, page 329.
2. *The Indian Annual Register*, 1947. Vol. I, page 112 (i) Pyare Lal—*Mahatma Gandhi—The Last Phase*, Vol. II page 22.
3. डॉक्टर पट्टाभि सीतारमैया—'गाँधी और गाँधीवाद', पृष्ठ 53।

**सच्चे स्वराज्य की कल्पना** (Conception of true Swaraj)—स्वराज्य की कल्पना गाँधी जी ने अपनी पुस्तक 'हिन्द स्वराज्य' में की है। सन् 1915 ई. में उन्होंने स्वराज्य की परिभाषा इन शब्दों में की थी कि, **"स्वराज्य से मेरा अभिप्राय भारत की उस सरकार से है जो स्त्री, पुरुष, वासी, अधिवासी, किसी का भेद किए बिना ऐसी बालिग जनता के बहुमत से बनी हो, जो राज्य को अपना श्रम देते हों और जिन्होंने मतदाता सूची में स्वयं अपना नाम दर्ज करा लिया हो। मुझे आशा है कि स्वराज्य थोड़े से लोगों के सत्याग्रह करने से नहीं आएगा बल्कि स्वराज्य तब होगा जब सभी में इतनी सामर्थ्य आ जाए कि वे सत्ता का दुरुपयोग होने पर सत्ताधारियों का विरोध कर सकें। दूसरे शब्दों में, स्वराज्य की प्राप्ति तब होगी जब जनता को इतना शिक्षित कर दिया जाए कि वह सत्ता का सन्तुलन और नियन्त्रण कर सके।"** (यंग इण्डिया)

गाँधी जी सत्ता के विकेन्द्रीकरण के पक्ष में थे। वे पंचायतों को अधिक अधिकार देने के पक्ष में थे, ताकि ये ग्रामों के उत्थान के लिए योजनाएँ बना सकें और उनको अमल में ला सकें। वे चाहते थे कि अधिकार नीचे से ऊपर की तरफ चलें न कि ऊपर से नीचे की तरफ। इसलिए वे जनता का सहयोग प्राप्त करने के लिए प्रादेशिक संगठन बनाने और उनका अप्रत्यक्ष चुनाव कराने के पक्ष में थे। वे केन्द्रीय सरकार को कम-से-कम अधिकार देने के पक्ष में थे।

**अहिंसात्मक राज्य की कल्पना** (Conception of Non-violent State)—"गाँधी जी राज्य को साध्य (end) नहीं मानते थे, बल्कि इसको जनता की भलाई के लिए एक साधन मानते थे। इसलिए वे हीगल के इस विचार को नहीं मानते थे कि राज्य मानव संगठन का अन्तिम लक्ष्य है और यह नैतिकता से ऊपर है। वे मुसोलिनि के इस सिद्धान्त को भी मानने के लिए तैयार नहीं थे कि राज्य सबके ऊपर है, राज्य के बाहर कुछ भी नहीं और राज्य के विरुद्ध कुछ नहीं। वे राज्य को सबसे ऊँचा ग्रुप भी मानने के लिए तैयार नहीं थे। **वे तो राज्य को जनता की अधिक-से-अधिक भलाई के लिए एक साधन-मात्र मानते थे।** वे राज्य को कोई विशेष पवित्र संस्था भी मानने को तैयार नहीं थे। यद्यपि वे स्वयं कानून को मानने वाले नागरिक थे, परन्तु वे अत्याचारी कानूनों के विरुद्ध व्यक्ति को अहिंसात्मक ढंग से विरोध करने की आज्ञा भी देते थे।"[1] उन्होंने स्वयं सविनय अवज्ञा आन्दोलन के समय सरकार के अनुचित नमक के कानूनों को तोड़ा। वे चाहते थे कि जनता को ऐसी ट्रेनिंग दी जाए, जिससे यह सरकार का नियन्त्रण तथा नियमन (Control and regulation) कर सके।[2] **"बहुलवादियों** (Pluralists) **तथा अराजकतावादियों** (Anarchists) **की तरह वे निरंकुश राजसत्ता के सिद्धान्त** (Theory of Absolute Sovereignty) **में विश्वास नहीं रखते थे जो कि व्यक्ति को हर हालत में राज्य के आदेशों के पालन पर जोर देता है। वे वास्तव में लोगों की राजसत्ता** (Popular Sovereignty) **में विश्वास रखते थे और इसका आधार नैतिक मानते थे।"**[3] यद्यपि गाँधी जी राज्य की आज्ञा का उल्लंघन करने का व्यक्ति को अधिकार देते थे ताकि राज्य अपनी शक्तियों का दुरुपयोग न करे परन्तु वे अराजकता फैलाने के पक्ष में नहीं थे और इसी वास्ते नागरिक को हिंसात्मक ढंग से विरोध के लिए मना करते थे।[4]

अब यह प्रश्न उत्पन्न होता है कि गाँधी जी के अहिंसात्मक राज्य में पुलिस और सेना का क्या स्थान होगा ? यद्यपि गाँधी जी यह मानते हैं कि अहिंसात्मक राज्य में भी पुलिस की आवश्यकता होगी परन्तु वे पुलिस में कई तरह के सुधार चाहते थे।[5] पुलिस के सिपाही अहिंसा में विश्वास करने वाले होंगे। वे लोगों के सेवक होंगे स्वामी नहीं। पुलिसमैन सुधारवादी होंगे। उनका कार्य डाकुओं और लुटेरों तक सीमित होगा। इस हेतु उन्हें हथियार रखने की भी आज्ञा होगी। अपराध अहिंसात्मक राज्य में बहुत घट जाएँगे क्योंकि उसमें निजी सम्पत्ति अधिक नहीं होगी। आवश्यकता से अधिक सम्पत्ति का ट्रस्ट बन जाएगा। "गाँधी जी अन्दरूनी शान्ति, स्वतन्त्रता और देश की रक्षा के लिए सेना को भी आवश्यक समझते थे और वे अनिवार्य सैनिक प्रशिक्षण के विरुद्ध थे चाहे राष्ट्रीय सरकार ही क्यों न हो।"[6] वे अहिंसात्मक राज्य में अन्याय तथा आक्रमण के भी विरुद्ध प्रतिरक्षा का पूर्ण विकेन्द्रीकरण करना चाहते थे। वे ग्रामों और प्रत्येक नागरिक को सारे संसार से अपनी स्वतन्त्रता की रक्षा के लिए समर्थ बनाना चाहते थे। वे अहिंसात्मक सेना के पक्ष में थे।[7]

---

1. *Young India*, July 2, 1931 and *Young India* II, page 491. See also *Political Philosophy of Mahatma Gandhi* by Gopinath Dhawan M. A., Ph. D., page 293.
2. *Young India*, II page 49.
3. *Harijan*, Jan. 2, 1933
4. *Hindi Swaraj*, page 7.
5. *Young India*, II page 49.
6. *Young India*, Sept. 24, 1925, quoted in 'For Pacificists', page 48, *Harijan* Oct. 23, 1973, page 38, article on Civil Liberties.
7. *Political Philosophy of Mahatma Gandhi* by Dr. Gopinath Dhawan, page 309 and 310.

## हिलेरी क्लिंटन द्वारा महात्मा गाँधी की स्तुति

8 मार्च, सन् 1995 ई. को हिलेरी क्लिंटन ने (जो कि राष्ट्रपति बिल क्लिंटन की धर्मपत्नी हैं) साबरमती आश्रम का दौरा किया। उन्होंने कहा कि उस महान् व्यक्ति ने उन दिनों भी सार्वजनिक भाई-चारे और विश्व शान्ति के बारे में बातचीत की। महात्मा गाँधी की विचारधारा ने सब सीमाओं को पार किया और उनकी विचारधाराओं में गुजरात अथवा भारत ही शामिल नहीं थे, अपितु सारा संसार (सारी मानव जाति) शामिल था।

## गाँधी जी के आर्थिक विचार
### (Economic Views of Gandhi ji)

गाँधी जी राज्य का अधिक-से-अधिक न्याय सम्बन्धी कार्य पंचायतों को देना चाहते थे और न्याय को सस्ता बनाना चाहते थे। अहिंसात्मक राज्य में भारी उत्पादन और भारी परिवहन के लिए भी गाँधी जी इजाजत देने के लिए तैयार थे। इसके विषय में वे ध्यान रखना चाहते थे कि भारी उद्योग लाभ की दृष्टि से न चलाए जाएँ और घरेलू उद्योगों को तबाह न करें।[1] वे आवश्यक केन्द्रीयभूत उत्पादन (Centralised production) पर राज्य के स्वामित्व की अपेक्षा निजी स्वामित्व (Private ownership) के पक्ष में थे क्योंकि वे डरते थे कि राज्य अधिक हिंसा करता है, परन्तु यदि निजी स्वामी (Private owners) निक्षेपाधिकारी (Trustee) के रूप कार्य न करें, तो कम-से-कम राज्य का स्वामित्व भारी उद्योगों पर पसन्द करते थे। जब और कोई चारा न रहे, तभी राज्य को लोगों की सम्पत्ति अपने अधिकार में करनी चाहिए और वह भी कम-से-कम हिंसा के साथ।[2] गाँधी जी के विचार में अहिंसात्मक राज्य को आर्थिक आत्म-निर्भरता, सामाजिक न्याय तथा बराबर आर्थिक दशा लानी चाहिए। राज्य, जंगल, खान, बिजली और यातायात को जनहित की दृष्टि से नियन्त्रित करेगा और छोटे उद्योगों (कुटीर उद्योगों) को प्रोत्साहन देगा। यदि जमींदार और पूँजीपति ट्रस्टी के आदर्श का पालन न करें, तो राज्य कम-से-कम हिंसा का प्रयोग करते हुए उनकी सम्पत्ति छीन ले तथा मजदूरों और किसानों से मिलकर उनका प्रबन्ध करे तथा स्वामित्व ग्रहण करे। वे कहते थे कि कोई व्यक्ति आवश्यकता से अधिक भूमि न रखे। वे सरकारी खेती के पक्ष में भी थे।[3] अहिंसात्मक राज्य सच्चा लोकतन्त्र होगा, क्योंकि इसमें लोगों को अधिक-से-अधिक समानता और स्वतन्त्रता प्राप्त होगी।

गाँधी जी पश्चिमी लोकतन्त्र के भी विरुद्ध थे, क्योंकि उसमें अहिंसा तथा हृदय को शुद्ध करने वाले अनुशासन की उपेक्षा होती है। अत: पश्चिमी लोकतन्त्र में हथियारों की दौड़, साम्राज्यवाद, शोषण, पूँजीवाद, राजनीतिक अस्थिरता, भ्रष्टाचार, राजनीतिक और अच्छे नेतृत्व की कमी पाई जाती है। उनका विचार था कि पूँजीवाद की बुराइयों के कारण राज्य का आर्थिक मामलों में हस्तक्षेप आवश्यक हो गया और राज्य की शक्तियाँ बहुत अधिक बढ़ गई हैं, इससे व्यक्तिगत स्वतन्त्रता को खतरा उत्पन्न हो जाता है। **'हिन्द स्वराज्य'** में महात्मा गाँधी ने ब्रिटिश लोकतन्त्र की आलोचना की है।

**आदर्श समाज की कल्पना** (Conception of Ideal Society)—गाँधी जी वर्गहीन और राज्यहीन समाज की स्थापना को अपना सबसे बड़ा सामाजिक आदर्श मानते थे। यहाँ पर उनका लक्ष्य अराजकतावादियों और मार्क्सवादियों से मिलता था, परन्तु उनके साधनों में बहुत अन्तर था। गाँधी जी हिंसात्मक क्रान्ति और वर्ग-युद्ध में विश्वास नहीं रखते थे। वे पूँजीवाद को हिंसा द्वारा नहीं, बल्कि आर्थिक विकेन्द्रीयकरण, कुटीर उद्योग को बढ़ावा देकर और पूँजीपतियों तथा जमींदारों को ट्रस्टी बनाकर खत्म करना चाहते थे। यदि वे ट्रस्टी बनने के लिए तैयार न हों, तो वे अहिंसात्मक ढंग से राज्य द्वारा उनकी सम्पत्ति छीनने के पक्ष में थे। चूँकि गाँधी जी एक यथार्थ आदर्शवादी (Practical Idealist) थे, इसलिए वे जानते थे कि आदर्श समाज की स्थापना सम्भव नहीं है क्योंकि मनुष्य अभी अपूर्ण है, इस लिए उन्होंने इसकी रूपरेखा का अधिक विस्तार अनावश्यक समझा और अहिंसात्मक राज्य पर अधिक बल दिया जो उनके विचार के अनुसार ही शीघ्र व्यावहारिक रूप धारण कर सकता था।

## क्या गाँधी जी व्यावहारिक आदर्शवादी थे ?
### (Was Gandhi ji a Practical Idealist ?)

गाँधी जी केवल स्वप्नदृष्टा (dreamer) नहीं थे। उन्होंने जिन सिद्धान्तों और आदर्शों का प्रचार किया, उनको व्यावहारिक रूप दिया। उन्होंने आदर्श समाज की स्थापना पर बहुत बल नहीं दिया और इसका अधिक विस्तार अनावश्यक समझा, क्योंकि इसकी प्राप्ति बहुत शीघ्र सम्भव नहीं थी। इसलिए उन्होंने अहिंसात्मक राज्य पर अधिक बल दिया। वे रामराज्य और अशोक के राज्य को काफी हद तक आदर्श मानते थे। वे सर्वोदय में विश्वास रखते थे। उन्होंने अहिंसा और सत्याग्रह, को

1. The same book, page 313.
2. N. K. Bose, *Studies in Gandhism*, page 202.
3. *Harijan*, April 20, 1940, page 97.

व्यावहारिक रूप दिया और कई आन्दोलनों में इसका प्रयोग किया। उनका खादी प्रोग्राम, स्वदेशी आन्दोलन, राष्ट्रीय शिक्षा, हिन्दू-मुस्लिम एकता, ग्रामोद्धार, नशाबन्दी, छुआछूत का नाश, बाल-विवाह को बन्द करना और विधवा-विवाह की आज्ञा देना इत्यादि सब व्यावहारिक आदर्श थे। उन्होंने जातिवाद को नष्ट करने का भरसक यत्न किया। उन्होंने भारत की स्वतन्त्रता की प्राप्ति के लिए सत्याग्रह का प्रयोग किया, जिससे जनता में भारी जाग्रति हुई। उनके आर्थिक विचार भी जिनका पहले जिक्र किया जा चुका है; काफी व्यावहारिक हैं। वे पूँजीवाद का नाश करने के लिए आर्थिक विकेन्द्रीकरण, घरेलू उद्योगों तथा कुछ हद तक भारी उद्योगों पर राज्य के स्वामित्व के पक्ष में थे। उन्होंने जनता को वास्तविक स्वराज्य देने के लिए सत्ता के विकेन्द्रीकरण और पंचायतों को अधिक शक्तियाँ देने का सुझाव रखा। धार्मिक क्षेत्र में उन्होंने मानव धर्म और नैतिकता का सुझाव पेश किया। उनके धर्म का सार सहिष्णुता था। वे वास्तव में विश्व के नागरिक थे। विश्व-युद्ध से त्रस्त जनता को अहिंसा के पालन करने की आवश्यकता है। संयुक्त राष्ट्र संघ भी गांधी के समानता, स्वतन्त्रता, सहिष्णुता और अहिंसा सम्बन्धी सिद्धान्तों पर बल दे रहा है। यदि तीसरा विश्व-युद्ध हो गया, तो भयंकर अस्त्रों से मानवता ही नष्ट हो जाएगी। इसलिए संसार को गाँधी जी के सिद्धान्तों पर अमल करने की आवश्यकता है। डॉ. विश्वनाथ प्रसाद वर्मा के अनुसार, **"उनका भारतीय इतिहास में वही स्थान है जो अमेरिका में वाशिंगटन और जैफरसन का है। वे लाओ-सी** (Lao Tse), **युद्ध, जोरास्टर तथा सेण्ट पाल की तरह पैगम्बर थे।"**

## गाँधी जी का आधुनिक भारत पर प्रभाव
## (Gandhi ji's Influence on Modern India)

गाँधी जी की शिक्षाओं का आधुनिक भारत पर काफी प्रभाव पड़ा है। उनके अनेक विचारों को सरकार क्रियान्वित कर रही है। गाँधी जी शक्तियों के विकेन्द्रीयकरण और पंचायती राज्य के पक्ष में थे। वे ग्राम-सुधार में विश्वास करते थे। वे हरिजन उद्धार, हिन्दू-मुस्लिम एकता, खादी, घरेलू उद्योग, चर्खा, छुआछूत के नाश, आर्थिक शोषण, बाल-विवाह, जुआ तथा शराब की समाप्ति में विश्वास करते थे। वे अन्तर्राष्ट्रीय शान्ति और सब धर्मों तथा जातियों की समानता और मेल-मिलाप में विश्वास करते थे। भारत सरकार ने गाँधी जी के इन विचारों को क्रियान्वित किया है। छुआछूत को संवैधानिक दृष्टि से गैर-कानूनी घोषित कर दिया गया है। ग्रामों में पंचायतें स्थापित कर दी गई हैं और पंचायतों को विशेष शक्तियाँ दी गई हैं। सरकार अन्तर्राष्ट्रीय शान्ति को स्थापित करने के लिए हर सम्भव यत्न कर रही है। हमारी सरकार ने पंचशील की नीति को अपनाया है और बमों के परीक्षणों के विरुद्ध आवाज उठाई है। भारत के यत्नों से कोरिया, हिन्द-चीन, मिस्त्र, फिलस्तीन इत्यादि में शान्ति स्थापित हो गई है। भारत ने कांगो में शान्ति स्थापित करने के लिए संयुक्त राष्ट्र-संघ को बहुत सहयोग दिया है। घरेलू उद्योगों को भी भारत सरकार प्रोत्साहन दे रही है और गाँधी जी के विचारों के अनुसार भारत में सब धार्मिक भेदभाव नष्ट करके पूर्ण रूप से धर्म निरपेक्ष राज्य (Secular State) स्थापित कर दिया गया है। यह गाँधी जी का स्थायी योगदान है। सरकार आर्थिक शोषण दूर करने के लिए समाजवाद को लाने का यत्न कर रही है। जमींदारी को समाप्त कर दिया गया है।

## हिलेरी क्लिंटन और गाँधी

8 मार्च, सन् 1995 ई. को हिलेरी क्लिंटन (धर्मपत्नी, राष्ट्रपति क्लिंटन) ने साबरमती आश्रम की यात्रा की। उन्होंने कहा कि, **उस महान् व्यक्ति ने उन दिनों में भी विश्व भातृभाव तथा अन्तर्राष्ट्रीय शान्ति की बात कही। महात्मा गाँधी की विचारधारा सारी अन्तर्राष्ट्रीय सीमाओं को पार कर गई। गाँधी जी ने गुजरात या भारत को प्राथमिकता नहीं दी, अपितु सारी मानव जाति को अपनाया।**

## डॉक्टर राजेन्द्र प्रसाद
## (Dr. Rajendra Prasad, 3rd Dec., 1884 to 28th Feb., 1963)

जिन नेताओं ने देश के लिए अपना सर्वस्व न्यौछावर कर दिया, उनमें हमारे पहले राष्ट्रपति डॉ. राजेन्द्र प्रसाद की गणना भी होती है। आप सन् 1917 ई. में चम्पारन सत्याग्रह के समय गाँधी जी के शिष्य बने। उन्होंने जो महान् त्याग उस समय किया, उससे उनकी प्रसिद्धि सारे भारत में फैल गई। सन् 1920 ई. में उन्होंने अपनी वकालत छोड़ दी और असहयोग आन्दोलन में भाग लिया। इसके बाद सभी कांग्रेस आन्दोलन में उन्होंने भाग लिया और अनेक बार जेलों में गए। दिसम्बर, सन् 1946 ई. में वे संविधान सभा के अध्यक्ष चुने गए और उनकी देख-रेख में संविधान बना। जब 26 जनवरी, सन् 1950 ई. को संविधान लागू हुआ, तो वे भारत के प्रथम राष्ट्रपति चुने गए। दूसरे आम चुनाव के बाद आप दुबारा भारत के राष्ट्रपति चुने गए। उन्होंने अनेक महत्वपूर्ण विषयों पर प्रधानमन्त्री को बहुत अच्छी सलाह दी। आप बहुत अनुभवी, कुशल राजनीतिज्ञ, विद्वान् और महान् देशभक्त थे। वे त्याग, सादगी और तपस्या की साक्षात् मूर्ति थे। उनकी पुस्तक **'विभाजित भारत'** (Divided India) बहुत प्रसिद्ध है। वे दो बार कांग्रेस के प्रधान भी रहे।

12 मई, सन् 1962 ई. को डॉ. राजेन्द्र प्रसाद का राष्ट्रपति के रूप में कार्य-काल समाप्त हो गया और उन्होंने अपना कार्यभार नए राष्ट्रपति डॉ. राधाकृष्णन को सौंप दिया। इस पद से सेवा-निवृत्त होने के पश्चात् उन्होंने अपना सारा जीवन राष्ट्रसेवा में लगाने का निश्चय किया। हमारे स्वर्गीय राष्ट्रपति डॉ. राजेन्द्र प्रसाद ने 21 अक्टूबर, सन् 1962 ई. को चीनी हमले से उत्पन्न स्थिति के बारे में सदाकत आश्रम पटना में एक सभा में भाषण देते हुए कहा कि, "देश की सीमा पर काले बादल मण्डरा रहे हैं। भारत को नौजवानों की जरूरत है जो उसकी आजादी की रक्षा कर सकें। देश की आजादी की रक्षा के लिए समस्त देशवासियों को एक हो जाना चाहिए। मुझे पूरा विश्वास है कि देशवासी देश की आजादी की रक्षा करेंगे, चाहे उसकी कोई भी कीमत क्यों न चुकानी पड़े।"[1] 28 फरवरी, सन् 1963 ई. को इस महान् नेता का स्वर्गवास हो गया।

## पण्डित जवाहर लाल नेहरू
### (Pandit Jawahar Lal Nehru, 1889-1964)

इनका जन्म प्रयाग में 14 नवम्बर, सन् 1889 ई. को हुआ। आप पण्डित मोतीलाल नेहरू के सुपुत्र थे। इन्होंने अपनी शिक्षा इंग्लैण्ड में प्राप्त की और वहीं से बी. ए. ऑनर्स तथा बैरिस्टरी पास की। उन्होंने सन् 1912 ई. में पटना के कांग्रेस अधिवेशन में भाग लिया। इसके बाद वे कांग्रेस के सभी अधिवेशनों में भाग लेते रहे। सन् 1914 ई. में उन्होंने गोखले की अपील पर 50 हजार रुपया इकट्ठा किया और उसको प्रवासी भारतीयों की सहायता के लिए अफ्रीका भेजा। इसके बाद उन्होंने सन् 1916 ई. में होमरूल आन्दोलन में पूरे जोरों से भाग लिया। सन् 1919-20 ई. में उन्होंने अवध के किसानों की हालत को सुधारने के लिए आन्दोलन में भाग लिया और सफलता प्राप्त की। उन्होंने असहयोग आन्दोलन में भाग लिया और जेल काटी। उन्होंने बाद के सभी युवक आन्दोलनों, किसान आन्दोलनों और स्वतन्त्रता आन्दोलनों में प्रमुख भाग लिया। सन् 1923 से 1925 ई. तक प्रयाग नगरपालिका (म्युनिसिपैलिटी) के प्रधान रहे। सन् 1927 ई. में ब्रुसेल्स (बेल्जियम) में दलित राष्ट्रों के सम्मेलन में शामिल हुए। उस समय तक ये कई बार कांग्रेस के मन्त्री रहे। उन्होंने सन् 1928 ई. में नेहरू कमेटी की रिपोर्ट का घोर विरोध किया, क्योंकि इसमें स्वाधीनता की बजाए औपनिवेशिक स्वराज्य भारत का लक्ष्य घोषित किया गया था। वे पूर्ण स्वाधीनता के समर्थक थे। सन् 1929 ई. में इनकी अध्यक्षता में ही कांग्रेस ने पूर्ण स्वाधीनता का प्रस्ताव पास किया। उन्होंने सविनय अवज्ञा आन्दोलन तथा सन् 1942 ई. के आन्दोलन में भाग लिया और जेल गए। वे कई बार कांग्रेस के प्रधान बने। सन् 1946 ई. में ये अन्तरिम सरकार में पहली बार प्रधानमन्त्री बने और उस समय से लेकर आप 27 मई, 1964 ई. तक इसी महान् पद पर प्रतिष्ठित रहे।

स्वतन्त्रता के बाद उन्होंने देश के पुनर्निर्माण के लिए बहुत महत्वपूर्ण कार्य किया। आप समाजवादी विचारों में विश्वास रखते थे। इनके प्रयत्नों से ही कांग्रेस ने अवादी अधिवेशन में अपना पहला लक्ष्य सहकारी कामनवेल्थ (Co-operative Commonwealth) बदला और उसकी बजाए समाजवादी समाज (Socialistic pattern of Society) की स्थापना को अपनाया। आपका सहकारी खेती, पंचायती राज और अन्तर्राष्ट्रीय शान्ति में दृढ़ विश्वास था। उन्होंने, भारत के विदेशमन्त्री होने के नाते भारत की विदेश नीति बनाने में प्रमुख योगदान दिया है। वे भारत को किसी भी गुट में शामिल करने के पक्ष में नहीं थे और तटस्थ रहना चाहते थे। उनकी विदेश नीति का मुख्य आधार पंचशील था। उन्होंने साम्राज्यवाद, पूँजीवाद, जातिवाद (Racism), छुआछूत और उपनिवेशवाद के विरुद्ध आवाज उठाई। उन्होंने नि:शस्त्रीकरण के लिए संसार में अनुकूल वातावरण कायम किया। आपने तटस्थ राष्ट्रों के बाण्डूंग और बेलग्रेड सम्मेलनों में भाग लिया। उन्होंने भारत के सभी बड़े-छोटे देशों से अच्छे सम्बन्ध स्थापित करने का यत्न किया और इस हेतु अनेक देशों की यात्रा की और उनके प्रतिनिधियों को भारत में बुलाया। उन्होंने भारत की निर्धनता और गरीबी को दूर करने तथा भारत का सब तरह से पूर्ण विकास करने के लिए सामुदायिक विकास योजनाएँ (Community Projects) तथा तीन पंचवर्षीय योजनाएँ बनाईं। वे अपनी मृत्यु तक योजना आयोग के चेयरमैन रहे। वे साम्प्रदायिकता और प्रान्तीयता के विरोधी थे और उन्होंने भारत में भावनात्मक एकता (Emotional intergration) स्थापित करने के लिए एक महान् कार्य किया उन्होंने भारत में जमींदारी उन्मूलन और अस्पृश्यता निवारण तथा नशाबन्दी की दिशा में सराहनीय कार्य किया। उन्होंने अपना सारा जीवन हिन्दू-मुस्लिम एकता में लगा दिया और वे साम्प्रदायिक झगड़ों को बुरा समझते थे। वे वास्तव में सच्चे मानव-धर्म में विश्वास करते थे। वे सहिष्णुता और समानता तथा स्वतन्त्रता के समर्थक थे। वे केवल स्वतन्त्रता आन्दोलन के महान् सेनानायक ही नहीं, बल्कि उच्चकोटि के राजनीतिज्ञ और राष्ट्र-निर्माता भी थे। ऊपर लिखे हुए सिद्धान्तों के आधार पर आपने तीन आम चुनावों में हजारों मीलों की यात्रा करके कांग्रेस को जितवाया। ये वास्तव में सच्चे अर्थों में विश्व-नागरिक थे और इन्होंने विश्व-शान्ति के लिए संयुक्त राष्ट्र-संघ को सब प्रकार का सहयोग दिया। ये वास्तव में शान्ति के दूत थे।

---

1. नवभारत टाइम्स, दिल्ली 22 अक्टूबर, सन् 1962, पृष्ठ प्रथम, कॉलम 7।

स्वर्गीय प्रधानमन्त्री जवाहरलाल नेहरू ने भारत के पड़ोसी देशों से अच्छे सम्बन्ध स्थापित करने का भरसक प्रयत्न किया। उन्होंने कोरिया, हिन्द-चीन, मिस्र तथा कांगों में भारतीय सेनाएँ संयुक्त राष्ट्र-संघ के नेतृत्व में शान्ति स्थापना के लिए भेजीं। उन्होंने चीन से तिब्बत के सम्बन्ध में झगड़ा निपटाने के लिए पहली जून, सन् 1954 ई. को वहाँ के प्रधानमन्त्री चाउ-एन-लाई के साथ पंचशील पर हस्ताक्षर किए। परन्तु चीन ने इन सिद्धान्तों का पालन नहीं किया और उसने जून, सन् 1955 ई. से ही भारत की सीमाओं का अतिक्रमण आरम्भ कर दिया और ऐसी परिस्थिति उसने जून-जुलाई, सन् 1962 ई. तक रखी।[1] 8 दिसम्बर, सन् 1962 ई. से चीन ने उपूसी (North-East Frontier Agency) में घुसने की योजना बनाई और 20 अक्टूबर, सन् 1962 ई. को भारत पर बड़े पैमाने पर आक्रमण कर दिया। इस बड़े आक्रमण का सामना करने के लिए हमारे स्वर्गीय प्रधानमन्त्री ने प्रत्येक प्रकार की तैयारी की। 22 अक्टूबर, सन् 1962 ई. की रात्रि को आकाशवाणी के दिल्ली केन्द्र से भारत की सीमा पर चीनी हमले के कारण उत्पन्न परिस्थिति के सम्बन्ध में राष्ट्र के नाम सन्देश प्रसारित करते हुए दृढ़ता के साथ जवाहरलाल नेहरू ने कहा कि, **"दुश्मन के हमले के सामने हम अपना सिर कभी नहीं झुका सकते चाहे उसका नतीजा कुछ भी हो।"**[2] उन्होंने इसी सन्देश में आगे कहा कि, "अब वक्त आ गया है कि हम इस खतरे को पूरी तरह समझ लें। **देश की आजादी कायम रखने के लिए हमें अपनी हर चीज न्यौछावर करने को तैयार रहना चाहिए। इस समय हमें आपसी झगड़े और खुदगर्जी में नहीं पड़ना चाहिए और हम एक होकर दुश्मन का मुकाबला करें। चाहे प्रारम्भ में कुछ चौकियाँ क्यों न खोनी पड़ें परन्तु अन्त में विजय हमारी ही होगी। हम ऐसी स्थिति में किसी भी गुट में शामिल न होने की नीति को नहीं छोड़ेंगे।"**[3]

श्री जवाहरलाल नेहरू

जवाहरलाल की अपील का जनता पर बहुत प्रभाव पड़ा और लोगों ने करोड़ों रुपया तथा कई मन सोना प्रतिरक्षा कोष में दिया। लाखों लोगों ने सीमाओं पर देश की आजादी की रक्षा के लिए लड़ने के लिए अपनी सेवाएँ अर्पित कीं। 29 अक्टूबर, सन् 1962 ई. को सार्वजनिक प्रशासन की भारतीय संस्था (Indian Institute of Public Administration) में भाषण देते हुए जवाहरलाल ने कहा कि, "राष्ट्र ने जो शानदार योग दिया है, उससे भारत की जीत में मेरा विश्वास दुगुना हो गया है।" उन्होंने आगे कहा कि, "लड़ाई का सामना करने के लिए तैयार रहना चाहिए। लड़ाई चाहे कितनी ही लम्बी क्यों न चले, किन्तु मुझे यकीन है कि अन्त में विजय हमारी होगी।"[4] 8 नवम्बर, सन् 1962 ई. को लोकसभा में तालियों की गड़गड़ाहट के बीच उन्होंने घोषणा की कि, **"चीन साम्राज्यवादी हमलावरों की चुनौती हमें मंजूर है चाहे उसका कोई भी परिणाम क्यों न निकले। हमारा यह दृढ़ संकल्प है कि भारत हमारा प्यारा देश, किसी भी हमलावर के आगे नहीं झुकेगा और उसे निकालकर ही दम लेगा। भारत की लाखों-करोड़ों जनता ने संगठित रूप से यह दिखा दिया है कि उसे चीन की यह चुनौती मंजूर है। आज देश में जो एकता और जोशो-खरोश का वातावरण दिखाई दे रहा है, यह शायद ही कभी दिखाई दिया हो।"**[5]

**श्री जवाहरलाल नेहरू का स्वर्गवास**—27 मई, 1964 ई. को देश के कर्णधार तथा विश्व-शान्ति के महान् उपासक जवाहरलाल नेहरू का तीसरे पहर दो बजे दिल के दौरे से देहावसान हो गया और इस हृदय-विदारक समाचार को सुनकर सारा संसार शोक में डूब गया। सारे संसार ने उनको अपनी श्रद्धांजलि अर्पित की और भारत, संयुक्त राष्ट्र-संघ तथा कई अन्य देशों ने शोक मनाने के लिए कई दिन तक अपने झण्डे नीचे कर दिए। हमारे देश तथा विदेशों में शोक सभाएँ और हड़तालें हुईं। संसार भर के राष्ट्राध्यक्षों की ओर से उनकी अर्थी पर फूल चढ़ाए गए। भारत के लाखों नर-नारियों, विदेशी राजदूतों तथा नेताओं ने उनकी अन्त्येष्टि में भाग लिया। 28 मई, सन् 1964 ई. को स्वतन्त्र भारत के प्रथम प्रधानमन्त्री जवाहरलाल नेहरू का दाह-संस्कार दिल्ली में राजघाट के विशाल मैदान में महात्मा गाँधी की समाधि से थोड़ी दूर पर राजकीय और सैनिक

1. देखिए, नवभारत टाइम्स, दिल्ली, 24 अक्टबूर, सन् 1962 ई. पृष्ठ 8, कॉलम 2-3।
2. 'नवभारत टाइम्स', दिल्ली, 23 अक्टबूर, सन् 1962 ई. पृष्ठ 1, कॉलम 1-3।
3. 'नवभारत टाइम्स', दिल्ली, 23 अक्टबूर, सन् 1962 ई. पृष्ठ 1, कॉलम 1-3।
4. 'हिन्दुस्तान', दिल्ली, पृष्ठ 1, तिथि 30 अक्टूबर, सन् 1962 ई. कॉलम 4।
5. 'हिन्दुस्तान टाइम्स', दिल्ली, पृष्ठ 1, कॉलम 4-6, तिथि 9 अक्टूबर, सन् 1962 ई.।

सम्मान के साथ शाम को 4 बजकर 37 मिनट पर हो गया। श्री जवाहरलाल **नेहरू** ने 17 वर्ष तक **प्रधानमन्त्री** के **रूप में और** इससे पूर्व स्वतन्त्रता आन्दोलन के एक महान् नेता के रूप में जो भारत की सेवा की, उसके कारण उनका **नाम भारत के** इतिहास में सदा अमर रहेगा। अपनी मृत्यु से कुछ महीने पूर्व जनवरी, सन् 1964 ई. में जवाहरलाल नेहरू ने **कांग्रेस के भुवनेश्वर अधिवेशन में लोकतन्त्रात्मक ढंग से समाजवाद की स्थापना का प्रस्ताव पास कराया। 6 अप्रैल, सन् 1964 ई. को उन्होंने लोकसभा में महत्वपूर्ण घोषणा की कि हम चीन के गैर-कानूनी अधिकार से अपने सारे इलाके वापस लेने का इरादा रखते हैं तथा अक्षयचिन को चीन के अधिकार में छोड़ने की कोई बात नहीं है। उन्होंने आश्वासन दिया कि भारत की रक्षा दृढ़ हो रही है। इसको मजबूत करने का लक्ष्य चीनी आक्रमण का सामना करना तथा खोई हुई भूमि को उसके अधिकार से वापस लेना है।**

नेहरू न केवल भारतीय नेता ही थे, बल्कि विश्व के प्रमुख नेता भी थे। उन्होंने संसार में भारत के नाम को अपनी शान्तिमय नीतियों और अद्वितीय महान् कार्यों के द्वारा ऊँचा किया। उन्होंने संसार के पराधीन देशों के स्वतन्त्रता आन्दोलनों को अपना नैतिक समर्थन दिया और परमाणु परीक्षणों को रोकने पर बल दिया। तटस्थ नीति, पंचशील, लोकतन्त्र, धर्म-निरपेक्षता, मानव-समानता, समाजवाद, विश्व-बन्धुता इत्यादि में उनका अडिग विश्वास था। वे संकुचित भावनाओं और धार्मिक झगडों के सख्त विरुद्ध थे। संक्षेप में, वे नवीन भारत के निर्माता, स्वतन्त्रता के प्रतीक, जनता के प्रिय नेता और विश्व के सच्चे हितैषी थे। डॉ. राधाकृष्णन ने 27 मई, सन् 1994 ई. को स्वर्गीय प्रधानमन्त्री श्री जवाहरलाल नेहरू को आकाशवाणी से अपनी श्रद्धांजलि अर्पित करते हुए कहा कि, **"श्री नेहरू की मृत्यु से देश का एक युग समाप्त हो गया है। श्री नेहरू का जीवन अनन्त सेवा और समर्पण का जीवन था। वे हमारी पीढ़ी के महत्तम व्यक्ति थे। वे एक ऐसे अद्वितीय राजनीतिज्ञ थे जिनकी मानव-मुक्ति के प्रति सेवाएँ सदा स्मरण रहेंगी। आधुनिक भारत के लिए उनका योगदान अभूतपूर्व था। उनके जीवन और कार्यों का हमारे चिन्तन हमारे सामाजिक संगठन और बौद्धिक विकास पर गहरा प्रभाव पड़ा है। दुर्बल और हताश व्यक्तियों के प्रति उनके मन में गहनतम सहानुभूति उमड़ती थी। उनका लोकतन्त्र और स्वतन्त्रता में दृढ़ विश्वास था। उनके मन में सारे विश्व के लिए मुक्ति की कामना थी। इसलिए अफ्रीका, एशिया और दक्षिण अमेरिका में जहाँ कहीं भी कोई मुक्ति आन्दोलन चला, उसके लिए उनके मन में सहानुभूति और समर्थन का भाव रहता था। उन्होंने राष्ट्र-संघ के उद्देश्य पत्र (Charter) के प्रति जितनी आस्था दिखाई, उतनी शायद ही और किसी ने दिखाई हो। वे मानव सभ्यता को परमाणु युद्ध के विनाश से बचाना चाहते थे और इसलिए वे तनाव और संघर्ष कम करने पर बल देते थे। वे चाहते थे कि पारस्परिक सामंजस्य का वातावरण बनाया जाए।"**

26 मई, सन् 1965 ई. को राष्ट्रपति डॉ. राधाकृष्णन ने स्वर्गीय श्री जवाहरलाल नेहरू की पहली वर्षगाँठ पर बोलते हुए राष्ट्र को सन्देश दिया[1] कि श्री जवाहरलाल नेहरू की स्मृति को सम्मानित करने का सबसे अच्छा तरीका यह है कि जो कार्य श्री नेहरू अधूरा छोड़ गए, उसको हम पूरा करें। उनका कार्य था शान्ति, न्याय तथा स्वतन्त्रता की अपने देश तथा विदेश में वृद्धि करना। श्री नेहरू ने अपनी अद्वितीय योग्यता का मानव स्वतन्त्रता को बढ़ाने के लिए प्रयोग किया। उन्होंने अपने समय की सब राष्ट्रीय तथा अन्तर्राष्ट्रीय घटनाओं में भाग लिया परन्तु कभी भी उच्चतम सार्वजनिक आचरण को नहीं छोड़ा। यद्यपि वे अब हमारे साथ नहीं हैं परन्तु जो गुण उनमें विद्यमान थे और जिन आदर्शों पर उन्होंने सदैव अमल किया, वे अब भी हमारे साथ हैं।"

राष्ट्रपति डॉ. राधाकृष्णन ने श्री जवाहरलाल के योगदान के विषय में आगे कहा कि, "श्री नेहरू बहुत अधिक आध्यात्मवादी थे चाहे वे किसी विशेष धर्म को न मानते हों। श्री नेहरू ने राजनीतिक समस्याओं पर नैतिक सिद्धान्त लागू किए। उनके नेतृत्व में भारत ने कोरिया, गाजा (मिश्र) तथा कांगो में संयुक्त राष्ट्र-संघ के शान्ति स्थापित करने के कार्यों में भाग लिया। उन्होंने विश्व को दो सदैव लड़ने वाले गुटों में विभाजन होने से बचाया। उनकी संसदीय संस्थाओं में गहरी आस्था थी। वैज्ञानिक दृष्टिकोण का प्रसार तथा तेजी से औद्योगीकरण विशेष रूप से उनकी देन है। उन्होंने साधारण व्यक्ति को निर्धनता, बीमार, निरक्षरता (अशिक्षा) तथा भेदभावों से बचाने की कोशिश की। इसलिए उनकी स्मृति को कायम रखने का सबसे अच्छा तरीका यह है कि उनके शान्ति, न्याय तथा स्वतन्त्रता के अधूरे कार्य को अपने देश तथा विदेशों में पूरा करें।

---

1. President Dr. Radha Krishnan told the nation on May 26, 1965 that the best way to honour the memory of Shri Jawahar Lal Nehru was to get on with the work which he left unfinished—his work for peace, justice and freedom at home and abroad. Mr. Nehru spent lavishly his rich and varied gift for time, national and international. He participated in them all while maintaining the highest standard of public conduct. Thought he is no more with us, the qualities he possessed and the ideals he cherished remain with us. Give an estimate of the character and methods of Lokmanya Tilak and discuss his contribution to the growth of the nationalist movement in India.

# खाँ अब्दुल गफ्फार खाँ
## (Khan Abdul Gaffar Khan)

खाँ अब्दुल गफ्फार खाँ जिसे पठान प्रेम और आदर से बादशाह खाँ कहकर भी पुकारते थे, भारतीय स्वतन्त्रता आन्दोलन के एक प्रमुख नेता थे। वे स्वतन्त्रता से पूर्व प्राय: कांग्रेस कार्य-समिति (Congress Working Committee) के एक अत्यन्त महत्वपूर्ण सदस्य रहे। उन्होंने सन् 1920 से 1947 ई. तक उत्तर-पश्चिमी सीमा प्रान्त के पठानों को कांग्रेस के अहिंसात्मक आन्दोलन में भाग लेने के लिए प्रेरित किया। **इस बात का उन्हें ही श्रेय प्राप्त है कि उन्होंने बन्दूकधारी पठानों को सफलतापूर्वक ब्रिटिश राज्य के विरुद्ध एक नई दिशा प्रदान की और हिंसा ने उनका रुख अहिंसा की तरफ मोड़ दिया।** वे महात्मा गाँधी के परमानुयायी थे और उनका नाम बड़े आदर तथा मान से लिया जाता है।

ऐसे महापुरुष का जन्म सन् 1890 ई. में पेशावर जिले के उत्मनजाई ग्राम में हुआ था। उन्होंने शुरू से ही एशो-आराम (भोग-विलास) के जीवन को छोड़कर पठानों में जाग्रति उत्पन्न करने का बीड़ा उठाया। अपने पठान भाइयों के उत्थान की उनमें इतनी तीव्र इच्छा थी कि उन्होंने ब्रिटिश सेना में कमीशन लेने से इन्कार कर दिया तथा इंग्लैण्ड में उच्च शिक्षा प्राप्ति के अवसर को ठुकरा दिया।

खाँ अब्दुल गफ्फार खाँ ने उस समय पहली प्रसिद्धि प्राप्त की जब महात्मा गाँधी ने रौलट एक्ट के विरुद्ध सन् 1919 ई. में अपना आन्दोलन शुरू किया और इस आन्दोलन का उत्तर-पश्चिमी सीमा प्रान्त में खाँ अब्दुल गफ्फार खाँ ने नेतृत्व किया। उन्होंने कांग्रेस के नागपुर अधिवेशन (1920) में भाग लिया। उन्होंने पठानों में खुदाई खितमतगार आन्दोलन भी चलाया।

खाँ अब्दुल गफ्फार खाँ ने महात्मा गाँधी और जवाहरलाल नेहरू से पहली बार लखनऊ कांग्रेस (1929) में भेंट की। उसके बाद उन्होंने सन् 1930 ई. में महात्मा गाँधी द्वारा बनाए हुए सविनय अवज्ञा आन्दोलन में महत्वपूर्ण भाग लिया। **उनके नेतृत्व में उत्तर-पश्चिमी सीमा प्रान्त के पठान सविनय अवज्ञा आन्दोलन** (Civil Disobedience Movement) **में पूरे जोर से कूद पड़े।** इससे उनकी प्रसिद्धि को चार चाँद लग गए। उन्हें गुजरात जेल में कैद कर दिया गया और सन् 1931 ई. में उस समय छोड़ा गया, जब गाँधी-इरविन समझौता हो गया। इसके बाद उन्होंने अपने प्रान्त में ब्रिटिश सरकार को लगान न देने का अभियान आरम्भ किया। सन् 1932 ई. में लॉर्ड विलिंगटन (गवर्नर-जनरल) ने उन्हें दुबारा गिरफ्तार करके जेल में डाल दिया। उन्होंने (गवर्नर-जनरल ने) कांग्रेस के दमन का भी भरसक प्रयत्न किया, परन्तु सफलता न मिली।

सन् 1934 ई. में खाँ अब्दुल गफ्फार खाँ को कांग्रेस ने प्रधान पद देने का प्रस्ताव रखा, परन्तु उन्होंने यह कहकर उसे स्वीकार करने से इन्कार कर दिया कि वह सैनिक उत्पन्न हुआ है और उसी रूप में मरेगा। **इसके पश्चात् उन्होंने भारत छोड़ो आन्दोलन (1942) में महत्वपूर्ण भूमिका निभाई।**

**सन् 1920 से 1947 ई. तक खाँ अब्दुल गफ्फार खाँ ने अपने जीवन के 14 कीमती वर्ष ब्रिटिश शासकों की जेल में बिताए।** उन्होंने मुस्लिम लीग की साम्प्रदायिक नीतियों और पाकिस्तान का घोर विरोध किया। सन् 1946 इ. के आम चुनाव में जब कांग्रेस को किसी भी मुस्लिम बहुमत प्रान्त में मुसलमानों के मत प्राप्त नहीं हुए, तो भी उन्होंने कांग्रेस को उत्तर-पश्चिमी सीमा प्रान्त में जिताया। वहाँ पर उनके बड़े भाई डॉ. खाँ साहिब के नेतृत्व में कांग्रेस का मन्त्रिमण्डल बन गया। जब कांग्रेस ने परिस्थिति से विवश होकर देश के बँटवारे (पाकिस्तान) को स्वीकार कर लिया, तो उन्होंने महात्मा गाँधी से कहा कि कांग्रेस ने हमें भेड़ियों (मुस्लिम लीगियों) के सामने फेंक दिया है। यह स्मरण रहे कि महात्मा गाँधी, खाँ अब्दुल गफ्फार खाँ और मौलाना अबुल कलाम आजाद पाकिस्तान की स्थापना के घोर विरुद्ध थे, परन्तु ब्रिटिश सरकार और जिन्ना आपस में मिले हुए थे और उनके षड्यन्त्रों के सामने उनकी एक न चली। उन्होंने साम्प्रदायिक दंगों से विवश होकर पाकिस्तान को स्वीकार कर लिया। क्योंकि उनमें हजारों लोग प्रतिदिन मर रहे थे तथा लाखों रुपयों की सम्पत्ति नष्ट हो रही थी। लॉर्ड माउण्टबेटन की 3 जून, सन् 1947 ई. की योजना को कांग्रेस को स्वीकृति मिलने के बाद महात्मा गाँधी ने अत्यन्त दु:खी मन से बादशाह खाँ (सीमान्त गाँधी) को दिल्ली रेलवे स्टेशन पर भाव-भीनी विदाई दी।

पाकिस्तान बनने के बाद भी खाँ अब्दुल गफ्फार खाँ की कठिनाइयों में कोई कमी नहीं आई, क्योंकि वे अपने उत्तर-पश्चिमी सीमा प्रान्त के लिए पख्तूनिस्तान या आत्म-निर्णय के अधिकार की माँग करते रहे। उन्होंने पाकिस्तानी जेलों में अपने जीवन के 16 मूल्यवान वर्ष बिताए। उन्होंने दिसम्बर, सन् 1985 ई. में बम्बई में कांग्रेस के शताब्दी समारोह में भाग लिया। वे भारत में दो बार चिकित्सा के लिए आए। वे इलाज के लिए दुबारा बम्बई में 14 मई, सन् 1987 ई. को आए। 26 जून को वे स्वस्थ हो गए और उन्हें अस्पताल से छुट्टी दे दी गई, परन्तु कुछ दिनों के बाद वे पुन: बीमार हो गए और उन्हें अखिल भारतीय आयु संस्थान, दिल्ली (All India Medical Institute, Delhi) में दाखिल कराया गया। जब वे बेहोश

ही थे, तो उन्हें 14 अगस्त, सन् 1987 ई. को '**भारत रत्न**' की सर्वोच्च उपाधि से विभूषित किया गया। इस सम्मान को राष्ट्रपति ने खाँ अब्दुल गफ्फार खाँ के सुपुत्र खाँ अब्दुल वली खाँ को भेंट किया। बेहोशी के 158वें दिन 20 जनवरी, सन् 1988 ई. को खाँ अब्दुल गफ्फार खाँ का पेशावर में स्वर्गवास हो गया। श्री राजीव गाँधी ने वहाँ जाकर उन्हें अपनी श्रद्धांजलि अर्पित की। भारत के लाखों नर-नारियों ने अपनी श्रद्धांजलि यहीं अर्पित की। इस तरह से स्वतन्त्रता आन्दोलन का अन्तिम दिग्गज नहीं रहा।

# प्रश्न
# (Questions)

## दीर्घ उत्तरीय प्रश्न (Long Answer Type Questions)

1. महात्मा गाँधी के राजनीतिक और आर्थिक विचारों का वर्णन कीजिए और यह भी बतलाइए कि उनके विचार कहाँ तक आधुनिक समय में लागू हो सकते हैं ?

   (Trace the political and economic ideas of Mahatma Gandhi and show how far they are applicable to the conditions of modern times ?)
2. लोकमान्य बालगंगाधर तिलक के चरित्र और तरीकों का मूल्यांकन कीजिए और भारतीय राष्ट्रीय आन्दोलन में उनकी देन का वर्णन कीजिए।
3. दादाभाई नौरोजी की राष्ट्रीय आन्दोलन में देन का वर्णन कीजिए और इस कथन की विवेचना कीजिए कि उन्होंने भारतीय राष्ट्रीय कांग्रेस को शासन सम्बन्धी शिकायतों को दूर कराने वाली सार्वजनिक संस्था की स्थिति से उठाकर राष्ट्रीय असेम्बली की स्थिति तक पहुँचाया, जिसका निश्चित उद्देश्य स्वराज्य की प्राप्ति था।

   (Describe briefly the contribution made by Dada Bhai Naoroji to the growth of the national movement and examine the statement that he took it (the Indian National congress) through the whole gamut of evolution, from the humble position of being a people's organ seeking redress of administrative grievances to that of a national assembly working for the definite object of attaining Swaraj.)
4. गाँधी जी एक व्यावहारिक आदर्शवादी थे। इसे महान् नेता का यह कहाँ तक ठीक मूल्यांकन है ?

   (Gandhi was a practical Idealist. How far is this a correct estimate of the Great Leader ?)
5. महात्मा गाँधी का भारतीय राष्ट्रीय आन्दोलन में सन् 1920 से 1947 ई. तक जो भाग था, उसका आलोचनात्मक मूल्यांकन कीजिए।

   (Give a critical estimate of the role of Mahatma Gandhi in the Indian National Movement from 1920-1947.)
6. "राजद्रोह के सबसे खतरनाक अग्रदूतों में से एक" और "भारतीय असन्तोष के वास्तविक जनक" तिलक के सम्बन्ध में दिए गए इस विवरण से आप क्या समझते हैं ? भारतीय राष्ट्रीय आन्दोलन के विकास में तिलक का स्थान निर्धारित कीजिए।

   ("One of the most dangerous pioneers of disaffection" and "truly the father of Indian unrest." Do you agree with this description of Tilak ? Make an estimate of Tilak's contribution to the growth of the Indian National Movement.)
7. भारतीय राष्ट्रवाद की प्रगति और विकास में निम्नलिखित नेताओं की देन का वर्णन कीजिए—(क) एनी बेसेन्ट, (ख) लाला लाजपत राय, (ग) चित्तरंजन दास, (घ) जवाहरलाल नेहरू, (ङ) सरदार पटेल, (च) मौलाना आजाद, (छ) राजेन्द्र प्रसाद।

   (Narrate briefly the contributions made by the following leaders to the growth of Indian Nationalism—(a) Annie Besant, (b) Lala Lajpat Rai, (c) Chittranjan Dass, (d) Jawahar Lal Nehru, (e) Sardar Patel, (f) Maulana Azad, (g) Rajendra Prasad.)
8. 'एक नेता कमजोर दिल नेता', 'एक छुपा हुआ राजद्रोही' आप गोपाल कृष्ण गोखले के सम्बन्ध में इन विचारों से कहाँ तक सहमत हो ? भारतीय राष्ट्रीय आन्दोलन में जो उनकी देन है, उसका मूल्यांकन कीजिए।

   ('A faint-hearted moderate', 'a seditionist in disguise'. How far do you agree with these views about

Gopal Krishna Gokhale ? Give your own estimate of the contribution he made to the Indian National struggle.)

9. 'भारतीय असन्तोष के जनक', 'देशभक्तों के राजकुमार' बाल गंगाधर तिलक के सम्बन्ध में इन विचारों से तुम कहाँ तक सहमत हो ? भारतीय राष्ट्रीय आन्दोलन में उनकी जो देन है, उसका मूल्यांकन कीजिए।

   ('The Father of Indian Unrest', 'A Prince of Patriots.' How far do you agree with these views about Bal Gangadhar Tilak ? Give your own estimate of the contribution he made to the Indian National Movement.)

10. पण्डित मदनमोहन मालवीय का चरित्र बयान कीजिए और उनके चरित्र का मूल्यांकन कीजिए।

    (Sketch the character of Pandit Madan Mohan Malaviya and estimate the value of his work.)

11. तिलक और गोखले के उद्देश्य और तरीकों की तुलना कीजिए और उनकी राष्ट्रीय आन्दोलन में विशेष देन का वर्णन कीजिए।

    (Compare Tilak and Gokhale in respect of the aims and methods and bring out clearly their distinctive contribution to the national movement.)

12. गाँधी जी ने देश की सामाजिक तथा आर्थिक उन्नति के लिए क्या कार्य किया ? उनका कार्य कहाँ तक स्थायी महत्व का रहा ?

    (What did Gandhiji do far the social and economic progress of the country ? How far has his work been of lasting value ?)

## लघु उत्तरीय प्रश्न (Short Answer Type Questions)

1. ए. ओ. ह्यूम पर संक्षिप्त टिप्पणी लिखिए।
2. सुरेन्द्र नाथ बनर्जी के बारे में आप क्या जानते हैं ? संक्षेप में लिखिए।
3. विपिन चन्द्र पाल पर संक्षिप्त नोट लिखिए।
4. श्रीमती एनी बेसेन्ट के बारे में आप क्या जानते हैं ?
5. पंडित मदन मोहन मालवीय का संक्षेप में जीवन परिचय लिखिए।
6. देशबन्धु चितरंजन दास पर संक्षेप में टिप्पणी लिखिए।
7. मोतीलाल नेहरू के बारे में आप क्या जानते हैं ? संक्षेप में लिखिए।
8. भारतीय राष्ट्रीय आन्दोलन में सरदार पटेल के योगदान की संक्षेप में विवेचना कीजिए।
9. महात्मा गाँधी के आर्थिक विचारों पर संक्षिप्त नोट लिखिए।
10. क्या गाँधीजी व्यावहारिक आदर्शवादी थे ? संक्षेप में समझाइए।
11. आधुनिक भारत पर गाँधीजी के प्रभावों की संक्षेप में विवेचना कीजिए।
12. डा. राजेन्द्र प्रसाद के बारे में आप क्या जानते हैं ? संक्षेप में लिखिए।
13. खान अब्दुल गफ्फार खाँ पर एक संक्षिप्त नोट लिखिए।

## बहुविकल्पीय वस्तुनिष्ठ प्रश्न (Multiple Choice Type Objective Questions)

1. **कांग्रस की स्थापना किसने की थी–**

   (a) ए. ओ. ह्यूम ने (b) दादा भाई नौरोजी ने
   (c) लाला लाजपत राय ने (d) लोकमान्य तिलक ने।

   **उत्तर**–(a) ए. ओ. ह्यूम ने।

2. **"Poverty and un-British Rule in India" पुस्तक के लेखक कौन हैं–**

   (a) लोकमान्य तिलक (b) दादा भाई नौरोजी
   (c) पं जवाहर लाल नेहरू (d) महात्मा गाँधी।

   **उत्तर**–(b) दादा भाई नौरोजी।

3. **''भारत के धन को चूसने'' के सिद्धान्त का वर्णन किसके द्वारा किया गया है–**

(a) लाला लाजपत राय (b) डा. राजेन्द्र प्रसाद

(c) दादा भाई नौरोजी (d) पं जवाहर लाल नेहरू।

**उत्तर**–(c) दादा भाई नौरोजी।

4. **''भारत सेवक समिति'' की स्थापना निम्न में से किसने की थी–**

(a) डा. राजेन्द्र प्रसाद ने (b) पं जवाहर लाल नेहरू ने

(c) लाला लाजपत राय ने (d) गोपाल कृष्ण गोखले ने।

**उत्तर**–(d) गोपाल कृष्ण गोखले ने।

5. **महाराष्ट्र में 'गणपति उत्सव' और 'शिवाजी उत्सव' मनाना किसने शुरू किया–**

(a) लोकमान्य तिलक ने (b) गोपाल कृष्ण गोखले ने

(c) सावरकर ने (d) दामोदर चापेकर ने।

**उत्तर**–(a) लोकमान्य तिलक ने।

6. **'लिबरल फेडरेशन' की स्थापना किसने की थी–**

(a) विपिन चन्द्र पाल ने (b) सुरेन्द्र नाथ बनर्जी ने

(c) मदन मोहन मालवीय ने (d) दादा भाई नौरोजी ने।

**उत्तर**–(b) सुरेन्द्र नाथ बनर्जी ने।

7. **'पंजाब का शेर' किसे कहा जाता था–**

(a) सरदार भगत सिंह को (b) चन्द्रशेखर आजाद को

(c) लाला लाजपत राय को (d) अजीत सिंह को।

**उत्तर**–(c) लाला लाजपत राय को।

8. **'अभिनव भारत समिति' किस प्रदेश की क्रान्तिकारी संस्था थी–**

(a) पंजाब (b) बंगाल

(c) मध्य भारत (d) महाराष्ट्र।

**उत्तर**–(d) महाराष्ट्र।

9. **'भारत माता सोसायटी' नामक क्रान्तिकारी संस्था का गठन किसने किया था–**

(a) अजीत सिंह ने (b) सूफी अम्बा प्रसाद ने

(c) उपर्युक्त दोनों ने (d) उपर्युक्त में से किसी ने नहीं।

**उत्तर**–(c) उपर्युक्त दोनों ने।

10. **'होमरूल लीग' की स्थापना किसने की थी–**

(a) एनी बेसेन्ट ने (b) लाला लाजपत राय ने

(c) महर्षि अरविन्द ने (d) दयानन्द सरस्वती ने।

**उत्तर**–(a) एनी बेसेन्ट ने।

# भारत का संवैधानिक विकास : सन् 1909 एवं सन् 1919 के भारत के शासन अधिनियम

# [CONSTITUTIONAL DEVELOPMENT OF INDIA : GOVERNMENT OF INDIA ACT 1909 AND 1919]

*"यदि सुधारों के विषय में यह कहा जाए कि इससे प्रत्यक्ष या अप्रत्यक्ष रूप से भारत में संसदीय सरकार की स्थापना होती है तो मेरा ऐसे कार्य से कोई सम्बन्ध नहीं है।"*

—लॉर्ड मार्ले

## भारत के संवैधानिक विकास के प्रमुख पड़ाव
## (Main Halts of Constitutional Development of India)

ब्रिटिश महारानी एलिजाबेथ ने 31 दिसम्बर, सन् 1600 ई. में अंग्रेज व्यापारियों की एक कम्पनी '**ईस्ट इण्डिया कम्पनी**' को यह अनुमति प्रदान की कि वह भारत के साथ व्यापार करे। इस व्यापारिक कम्पनी ने अत्यधिक तेज गति से प्रगति करते हुए भारत के व्यापार पर अपना वर्चस्व स्थापित कर लिया। उसने इस व्यापारिक प्रतियोगिता में डच, पुर्तगाली और फ्रांसीसी कम्पनियों को बहुत पीछे छोड़ दिया। इस प्रकार 18वीं सदी के मध्य में ईस्ट इण्डिया कम्पनी ने एक महत्वपूर्ण और शक्तिशाली संस्था के रूप में भारत में अपने को स्थापित कर लिया। भारत में व्यापारिक सफलता प्राप्त करने के बाद ईस्ट इण्डिया कम्पनी के कुछ महत्वाकांक्षी सदस्यों ने भारत में कम्पनी का शासन स्थापित करने की दिशा में सोचना प्रारम्भ कर दिया। इसके लिए कम्पनी ने शक्ति राजनीति के खेल का उपयोग करना शुरू कर दिया। इस खेल के अन्तर्गत कम्पनी ने बंगाल में उल्लेखनीय सफलता प्राप्त की। 19वीं सदी के प्रारम्भ होने तक कम्पनी को भारत के एक विशाल क्षेत्र पर विजय प्राप्त करने में सफलता प्राप्त हुई। इस प्रकार जब कम्पनी का भारत के विविध क्षेत्रों पर राजनीतिक वर्चस्व स्थापित हो गया, तब कम्पनी की सम्पूर्ण गतिविधियों पर ब्रिटिश सरकार द्वारा विचार किया जाने लगा। ब्रिटिश सरकार में कम्पनी के सभी कार्यों पर पूर्ण नियन्त्रण बनाए रखने की आवश्यकता अनुभव की जाने लगी। कम्पनी पर नियन्त्रण बनाए रखने के लिए ब्रिटिश सरकार ने सन् 1773 ई. में रेग्यूलेटिंग एक्ट पारित किया। तत्पश्चात् इसी उद्देश्य की पूर्ति के लिए सन् 1784 ई. में पिट इण्डिया एक्ट पास किया गया। इसी प्रकार अन्य अधिनियम सन् 1793, 1813, 1833 और 1845 ई. में भी ब्रिटिश सरकार द्वारा पास किए गए किन्तु इन सभी अधिनियमों के बन जाने के बाद भी ब्रिटिश सरकार भारतीय मामलों पर अपना नियन्त्रण बनाए रखने में सफल न हो सकी।

सन् 1857 ई. का स्वतन्त्रता संग्राम इस दिशा में महत्वपूर्ण मील का पत्थर साबित हुआ। इस स्वतन्त्रता संग्राम के बाद भारत पर कम्पनी का शासन पूरी तरह समाप्त हो गया। ब्रिटेन की संसद ने सन् 1858 ई. में 'सत्ता हस्तान्तरण और भारत के उत्तम प्रशासन हेतु कानून' पारित किया और नवम्बर, सन् 1858 ई. में ब्रिटेन के सम्राट् ने भारत का शासन अपने हाथ में ले लिया।

## भारतीय परिषद् अधिनियम, 1861
## (Indian Council Act, 1861)

सन् 1857 ई. के स्वतन्त्रता संग्राम का एक मूल कारण यह था कि शासन करने वालों और जनता के बीच कोई प्रत्यक्ष सम्पर्क सूत्र नहीं था, अत: इस स्थिति को समाप्त करने के लिए ब्रिटिश सरकार द्वारा सन् 1861 ई. में भारतीय परिषद् अधिनियम पारित किया गया। इस अधिनियम में भारतीय जनता को प्रशासन से जोड़ने की नीति बनाई गई। इस अधिनियम

के अन्तर्गत भारतीयों को कानून बनाने के लिए कार्यकारिणी परिषदों का सदस्य बनाया गया। इस परिषद् को गठित करने में ब्रिटिश सरकार का उद्देश्य मात्र **यही** था कि कार्यकारिणी समिति कानून बनाते समय अपना परामर्श दे सके। इस अधिनियम को विधायी क्षेत्र में विकेन्द्रीकरण की नीति प्रारम्भ करने वाला माना जाता है।

**1892 का अधिनियम**

सन् 1892 ई. का अधिनियम अत्यन्त महत्वपूर्ण है, क्योंकि इसके द्वारा भारतीय सदस्यों की संख्या में वृद्धि की गयी और उनको पहली बार बजट पर बहस करने तथा प्रश्न पूछने का अधिकार दिया गया। कहा जाता है कि इसके द्वारा संसदीय सरकार की अप्रत्यक्ष रूप से नींव रख दी गयी, जबकि ब्रिटिश सरकार इस बात से स्पष्ट इन्कार करती रही।

सदस्यों को प्रश्न पूछने और बजट पर बहस करने का जो अधिकार दिया गया, उसके द्वारा वे थोड़ा-सा कार्यकारिणी परिषद् को प्रभावित कर सकते थे। इसलिए कई लेखक मानते हैं कि भारतीयों को शासन में कुछ भाग देने की जो नीति सन् 1861 ई. में प्रारम्भ हुई, उसी को सन् 1892 ई. के एक्ट के द्वारा कुछ सीमा तक व्यवहार में लाया गया। इस एक्ट में अप्रत्यक्ष चुनाव की प्रथा आरम्भ की गयी।

सन् 1892 ई. के सुधारों से जनता बहुत अधिक सन्तुष्ट थी, अत: उसने पुन: सुधारों के लिए वैधानिक आन्दोलन चलाए। संवैधानिक आन्दोलनों की असफलता से विवश होकर लोगों ने ब्रिटिश सरकार के विरुद्ध स्वदेशी आन्दोलन चलाये। जब ब्रिटिश सरकार द्वारा उनका कठोरता से दमन किया गया, तो लोगों को विवश होकर क्रान्तिकारी आन्दोलन चलाने पड़े। अन्त में जब सन् 1909 ई. के चुनावों में इंग्लैण्ड में लिबरल पार्टी को राजनीतिक शक्ति प्राप्त हो गई तो उसने भारतीयों को सन्तुष्ट करने के लिए एक बिल पास किया, जिसको मार्लो-मिण्टो सुधार या सन् 1909 ई. का एक्ट कहा जाता है।

## सन् 1909 ई. के अधिनियम की मुख्य धाराएँ
## (Main Provisions of the Act of 1909)

इस एक्ट की प्रमुख धाराएँ निम्नांकित हैं—

**(1) विधान परिषदों के सदस्यों की संख्या में वृद्धि**—सन् 1909 ई. के एक्ट के अनुसार गवर्नर-जनरल या वाइसराय की विधान परिषद् के अतिरिक्त सदस्यों की संख्या 16 से बढ़कर 60 कर दी गई। मद्रास (चेन्नई), बंगाल और बम्बई (मुम्बई) की विधान परिषदों के सदस्यों की संख्या 20 से बढ़ाकर 50 कर दी गई। उत्तर प्रदेश की विधान परिषद् के सदस्यों की संख्या 15 से बढ़ाकर 60 कर दी गई। पंजाब, असम तथा बर्मा (म्यांमार) की विधान परिषदों के सदस्यों की अधिक से अधिक संख्या 30 कर दी गई। केन्द्रीय विधान परिषद् की संख्या सन् 1912 ई. में 69 कर दी गई थी। अन्य प्रान्तों की विधान परिषदों के सदस्यों की संख्या में भी कुछ-कुछ परिवर्तन किया गया, सन् 1912 ई. में प्रान्तों की सीमाओं में भी कुछ परिवर्तन किया गया। इस एक्ट द्वारा निश्चित की हुई संख्या में कुछ परिवर्तन नए विनियमों द्वारा भी किया गया।

**(2) केन्द्रीय विधान परिषदों में बहुमत**—गवर्नर-जनरल की विधान परिषद् में चार प्रकार के सदस्य थे—पदेन सदस्य, मनोनीत सरकारी अधिकारी, नामजद गैर-सरकारी अधिकारी और चुने हुए सदस्य। गवर्नर-जनरल तथा उसकी कार्यकारिणी परिषद् के सभी सदस्य अपने पदों के कारण केन्द्रीय विधान परिषद् के सदस्य थे। उन्हीं को पदेन सदस्य कहा जाता था। इनके अतिरिक्त, जिन सरकारी अधिकारियों को भारत सरकार विधान परिषद् का सदस्य मनोनीत कर देती थी, वे सभी मनोनीत अधिकारी कहलाते थे। ऐसे व्यक्ति, जो सरकारी अधिकारी नहीं होते थे परन्तु जनता में अपना प्रभाव रखते थे, उनको भी सरकार मनोनीत कर देती थी। उनको मनोनीत गैर-सरकारी सदस्य कहा जाता था। जो व्यक्ति निर्वाचित होते थे, उनको निर्वाचित सदस्य कहा जाता था। जो भी सदस्य चुने जाते थे, वे प्राय: चैम्बर ऑफ कॉमर्स, जिला बोर्ड, नगरपालिकाओं और बड़े-बड़े जमींदारों द्वारा ही निर्वाचित किए जाते थे।

केन्द्रीय विधान परिषद् में सरकारी बहुमत रखा गया, ताकि कानून बनाने में किसी प्रकार की कठिनाई उपस्थित न हो। विधान परिषद् के 63 सदस्यों में से 37 सरकारी अधिकारी थे, 5 सदस्य मनोनीत और गैर-सरकारी अधिकारी और 27 चुने हुए सदस्य थे। जो भी सदस्य चुने जाते थे, उनमें से 5 मुसलमानों द्वारा 6 हिन्दू जमींदारों द्वारा, 1 मुस्लिम जमींदारों द्वारा, 1 बंगाल के चैम्बर ऑफ कॉमर्स द्वारा और 1 बम्बई के चैम्बर ऑफ कॉमर्स द्वारा चुना जाता था। शेष 13 सदस्य प्रान्तीय विधान परिषदों द्वारा चुने जाते थे। सदस्यों की अवधि तीन वर्ष रखी गई थी।

**(3) प्रान्तीय विधान परिषदों में गैर-सरकारी बहुमत**—सन् 1909 ई. के एक्ट में एक बड़ा भारी जो कदम आगे बढ़ाया गया, वह प्रान्तों में गैर-सरकारी बहुमत करना था परन्तु इसका यह आशय कदापि नहीं था कि वहाँ पर चुने हुए सदस्यों का बहुमत कर दिया गया था। सरकारी अधिकारी और सरकार द्वारा नामजद किए हुए गैर-सरकारी अधिकारी दोनों मिलकर

चुने हुए सदस्यों से निश्चित रूप से अधिक हो जाते थे। इतना होने पर भी यदि किसी प्रकार की कोई कठिनाई कानून के पास कराने में होती थी, तो वह केन्द्रीय विधान परिषद् में आसानी से पास करवाया जा सकता था, क्योंकि उस समय भारत में एकात्मक सरकार थी। प्राय: प्रान्तीय सरकार को प्रान्तीय विधान परिषदों में अपनी इच्छा के अनुसार कानून बनवाने में कठिनाई नहीं होती थी, क्योंकि सरकार द्वारा नामजद सदस्य अधिकारियों का ही पक्ष लेते थे और चुने हुए सदस्य विभिन्न हितों के प्रतिनिधि होने के कारण आपस में आसानी से नहीं मिल सकते थे।

**(4) साम्प्रदायिक चुनाव प्रणाली का आरम्भ**—मुसलमानों को अपने अलग प्रतिनिधि चुनने का अधिकार दिया गया। इसके अतिरिक्त यूनिवर्सिटियों, वाणिज्य संघ, जमींदारों, नगरपालिकाओं, जिला बोर्डों इत्यादि को भी कुछ सदस्य चुनने का अधिकार दिया गया।

**(5) विधान परिषदों के सदस्यों के अधिकारों में वृद्धि**—अभी तक सदस्यों को पूरक प्रश्न पूछने का अधिकार नहीं था,परन्तु इस अधिनियम के अनुसार उस सदस्य को पूरक प्रश्न भी पूछने का अधिकार दे दिया गया, जिसने पहले प्रश्न पूछा हो। इससे स्पष्ट है कि दूसरे व्यक्ति को पूरक प्रश्न पूछने का अधिकार नहीं दिया गया। विधान परिषद् के सदस्यों को बजट पर बहस करने और प्रस्ताव पेश करने का भी अधिकार दिया गया। जो ऋण स्थानीय सरकारों को दिए जाते थे, उनके सम्बन्ध में या अतिरिक्त अनुदानों तथा करों में परिवर्तन करने के भी प्रस्ताव रखे जा सकते थे। विधान परिषदों को सार्वजनिक महत्व के विषयों पर प्रस्ताव पास करने, उन पर बहस करने और मतदान करने का अधिकार था। ये सारे अधिकार कुछ विशेष नियमों के अनुसार ही प्रयोग किए जा सकते थे। विधान परिषद् का प्रधान सार्वजनिक हित का बहाना लेकर भी किसी प्रस्ताव की मनाही कर सकता था। सरकार इन प्रस्तावों से बँधी हुई नहीं थी अर्थात् यह सरकार की इच्छा पर निर्भर था कि इन प्रस्तावों को माने या न माने। इन सब रुकावटों का यह परिणाम निकला कि सदस्यों के पास सरकार के निर्णयों को प्रभावित करने की कोई वास्तविक शक्ति नहीं रही। इसके अतिरिक्त बजट का काफी भाग ऐसा रखा जाता था, जिस पर सदस्य मतदान नहीं कर सकते थे और केवल बहस कर सकते थे। सरकार उस विषय में अपनी मनमानी कर सकती थी।

**(6) कार्यकारिणी परिषदों के आकार में वृद्धि**—इस एक्ट के अनुसार बम्बई और मद्रास की कार्यकारिणी परिषदों के सदस्यों की संख्या बढ़ाकर चार-चार कर दी गई। गवर्नर-जनरल सहित परिषद् को यह अधिकार दिया गया कि अन्य प्रान्तों के लिए भी ब्रिटिश पार्लियामेण्ट की स्वीकृति से कार्यकारिणी परिषद् बना सके। अब गवर्नर-जनरल की कार्यकारिणी परिषद् में लॉर्ड सिन्हा को कानून-सदस्य नियुक्त किया गया।

**(7) सीमित तथा भेदभाव पर आधारित मताधिकार**—सन् 1909 ई. के एक्ट के अनुसार जो मताधिकार दिया गया, वह अत्यन्त सीमित था। वह अनेक प्रकार के भेदभावों पर आधारित था और प्रत्येक प्रान्त में भिन्न-भिन्न था। उदाहरणस्वरूप केन्द्रीय विधान परिषद् के चुनाव के लिए जमींदारों के चुनाव क्षेत्रों में केवल उन जमींदारों को मत देने का अधिकार था जिनकी बहुत अधिक आमदनी थी। मद्रास में यह अधिकार उनको दिया गया जिनकी आमदनी 15,000 रुपए वार्षिक थी या जो 10,000 रुपया वार्षिक भूमि-कर देते थे। बंगाल में यह अधिकार उनको दिया गया, जिनके पास राजा या नवाब की उपाधि थी। मध्य प्रान्त में यह अधिकार उनको दिया गया जो ऑनरेरी मजिस्ट्रेट थे।

इसी प्रकार से मुसलमानों में भी मताधिकार की योग्यताएँ प्रत्येक प्रान्त में भिन्न-भिन्न थीं। इतना ही नहीं बल्कि मुस्लिमों और गैर-मुस्लिमों में मताधिकार की योग्यताएँ बहुत भिन्न थीं। प्रत्येक मुसलमान को जो तीन हजार रुपए वार्षिक आमदनी पर आय-कर देता था, भूमि-कर देता था, मत देने का अधिकार था, परन्तु एक पारसी, हिन्दू या ईसाई को मत देने का अधिकार नहीं, था चाहे वह तीन लाख रुपए आमदनी पर भी कर देता हो। इसके अतिरिक्त प्रत्येक ऐसे मुसलमान स्नातक को वोट देने का अधिकार था, जिसे बी. ए. पास किए हुए पाँच वर्ष हो जाते थे, परन्तु यही अधिकार एक पारसी, हिन्दू या ईसाई को नहीं था, चाहे उसे बीस वर्ष बी. ए. पास किए हुए हो गए हों। इसकी कड़ी आलोचना पण्डित मदनमोहन मालवीय ने सन् 1909 ई. के इण्डियन नेशनल कांग्रेस के अधिवेशन में अध्यक्षीय भाषण देते हुए की। इसके अतिरिक्त, सरकार राजनीतिक आन्दोलन करने वालों को चुनाव लड़ने से मना कर सकती थी।

## एक्ट 1909 अथवा मार्ले-मिण्टो सुधारों की आलोचना
## (Criticism of Act of 1909 of Morley-Minto Reforms)

**(1) गोखले के द्वारा आलोचना**—सन् 1909 ई. के सुधार इसलिए किए गए थे, ताकि कांग्रेस के उदारवादियों (नरम दल) को ब्रिटिश सरकार के साथ लिया जा सके और उग्रवादियों तथा क्रान्तिकारियों को सख्ती से दबाया जा सके। अत: भारतीयों को आपस में बाँटने का यत्न किया गया था। शुरू में **गोखले** इन सुधारों से बहुत सन्तुष्ट थे और उन्होंने कहा कि,

"इन सुधारों ने नौकरशाही के स्वरूप को बिल्कुल बदल दिया है और चुने हुए सदस्यों को कार्यपालिका पर प्रभाव डालने का भी अवसर दिया।" एक वर्ष के बाद ही उदारवादियों को बहुत निराशा हुई और कांग्रेस ने सन् 1909 ई. में इन सुधारों द्वारा जारी की हुई साम्प्रदायिक चुनाव प्रणाली की घोर निन्दा की। सन् 1909 ई. में गोखले ने कहा कि सुधारों में जो भी अच्छी बातें थीं, वे सब अनेक सरकारी नियमों और विनियमों द्वारा नष्ट कर दी गई हैं। इन्हीं कारणों से **सुरेन्द्रनाथ बैनर्जी** ने कहा कि, "क्या नौकरशाही हमसे बदला ले रही है, क्योंकि हमने इन सुधारों के लागू करवाने में कुछ भाग लिया।"

**(2) इसके द्वारा भारत में उत्तरदायी सरकार की स्थापना नहीं की गई**—भारत सचिव लॉर्ड मार्ले का उद्देश्य भारत में उत्तरदायी शासन की स्थापना करना नहीं था। दिसम्बर, सन् 1908 ई. में उन्होंने हाउस ऑफ लॉर्ड्स में भाषण देते हुए स्पष्ट कहा था कि, "यदि सुधारों के विषय में यह कहा जाए कि इनसे प्रत्यक्ष या अप्रत्यक्ष रूप से भारत में संसदीय सरकार की स्थापना होती है, तब मुझे ऐसे कार्य से कोई सम्बन्ध नहीं है।" इससे भारतीयों को बहुत निराशा हुई। **डॉ. जकरिया** ने ठीक ही लिखा है कि, "इन सुधारों द्वारा जो चीज भारतीयों को दी गई, वह बिल्कुल अर्थशून्य थी।" **रॉबर्ट्स** ने इनका वर्णन करते हुए कहा है कि सुधार भारतीयों के लिए अधूरे भवन के समान थे। **मजूमदार** ने इन सुधारों की आलोचना करते हुए कहा था कि, "ये केवल चन्द्रमा की चमक की भाँति थे।" इसलिए ये सुधार भारत की राजनीतिक समस्या का हल नहीं थे।

**(3) इसमें साम्प्रदायिक चुनाव प्रणाली जारी की गई**—इन चुनावों में मुसलमानों को विधान परिषदों में अलग प्रतिनिधित्व दिया गया। सरकारी नौकरियों में भी बाद में मुसलमानों के लिए स्थान सुरक्षित किए जाने लगे। मुसलमान मतदाता केवल मुस्लिम उम्मीदवार को ही वोट दे सकते थे। इससे मुसलमानों में हिन्दुओं से अलग होने की भावना बढ़ी क्योंकि चुनाव में सफल होने के लिए उन्हें हिन्दुओं के मत की आवश्यकता नहीं पड़ती थी। इस तरह से जो उम्मीदवार चुने जाते थे, वे राष्ट्रीय विचारों के कदापि नहीं हो सकते थे, उनसे यह आशा की जाती थी कि वे सब तरह से अपने सम्प्रदाय के हितों की रक्षा करेंगे। उनको दूसरे सम्प्रदायों के हितों की तनिक भी चिन्ता नहीं थी। बाद में यह अलग प्रतिनिधि भेजने का अधिकार सन् 1919 ई. के अधिनियम के अनुसार सिक्खों, हरिजनों, ऐंग्लो-इण्डियनों, यूरोपियनों और ईसाइयों को भी दे दिया गया था।

**(4) कांग्रेस द्वारा साम्प्रदायिक पद्धति की आलोचना**—इस पद्धति की कड़ी आलोचना कांग्रेस के प्रस्ताव में की गई जिसमें यह कहा गया कि, "यह कांग्रेस जबकि कृतज्ञतापूर्ण ढंग से मार्ले-मिण्टो द्वारा कठोर परिश्रम और बिना कपट के लिए किए गए प्रयत्नों और सन् 1909 ई. में भारत को उदार संवैधानिक सुधारों को देने के कारण उनकी सराहना करती है, पृथक् निर्वाचकगण या साम्प्रदायिक चुनाव प्रणाली को जारी करने की घोर अस्वीकृति (नापसन्दगी) प्रकट करती है। कांग्रेस के प्रस्ताव में गैर-मुसलमानों तथा मुसलमानों में निर्वाचकगण, मताधिकार और उम्मीदवार की अर्हताओं के बारे में सन् 1909 ई. के अधिनियम के द्वारा किए गए अन्तर की तीव्र आलोचना की गई।

**जवाहर लाल नेहरू** ने बाद में साम्प्रदायिक चुनाव-पद्धति की इन शब्दों में आलोचना की, "मुसलमानों के चारों ओर एक राजनीतिक अवरोध उनको शेष भारत से अलग करने के लिए कर दिया गया और एकीकरण तथा सम्मिश्रण की गति को उलट दिया जो शताब्दियों से चल रही थी। यह राजनीतिक अवरोध पहले-पहल छोटा था क्योंकि निर्वाचकगण थोड़ी संख्या में थे परन्तु बाद में प्रत्येक मताधिकार के साथ-साथ सारे सामाजिक और सार्वजनिक जीवन का ढाँचा उसी तरह प्रभावित हो गया जिस तरह कि मुँह का नासूर (फोड़ा) सारे शरीर को खराब कर देता है।"

**पण्डित मदन मोहन मालवीय** ने लाहौर में कांग्रेस के अपने अध्यक्षीय भाषण में साम्प्रदायिक चुनाव-प्रणाली की इन शब्दों में निन्दा की, "यह ऐसा केस है जिसमें प्रतीत होता है कि अल्पमत द्वारा बहुमत को एक कोने में धकेल दिया गया। इसमें सबसे बड़ी बुराई यह है कि इस लाभ को केवल मुसलमानों तक सीमित कर दिया गया है जिनका कि अंग्रेजों द्वारा पक्षपात किया जा रहा है। इसी प्रकार का कोई संरक्षण हिन्दू अल्पसंख्यक वर्गों को पंजाब, पूर्वी बंगाल तथा असम में नहीं दिया गया है। इन दो प्रान्तों में हिन्दू अल्पसंख्यक वर्गों को बिना किसी संरक्षण के छोड़ दिया गया है।"

**(5) इसके द्वारा अप्रत्यक्ष-चुनाव प्रारम्भ किया गया**—इसमें जनता को केन्द्रीय और प्रान्तीय विधान परिषदों के लिए प्रतिनिधि भेजने का अधिकार नहीं दिया गया और इस तरह से जनता को राजसत्ता से वंचित रखा गया। इस एक्ट के अनुसार बालिग (वयस्क) को मत देने का अधिकार नहीं था, बल्कि मत देने का अधिकार बहुत ही थोड़े लोगों को दिया गया। जिन लोगों को केन्द्रीय विधान परिषद् के लिए मताधिकार था, उनकी संख्या भी 650 से अधिक नहीं थी। प्रान्तीय विधान परिषदों के लिए 200 से अधिक मतदाताओं को वोट देने का अधिकार नहीं था, इसका कारण यह था कि प्रान्तीय

विधान परिषदों में नगर पालिकाओं और जिला बोर्डों के सदस्यों को मत देने का अधिकार था और साधारण जनता को नहीं था। इसी तरह से केन्द्रीय विधान परिषद् में मत देने का अधिकार केवल प्रान्तीय विधान परिषद् के सदस्यों को ही था। इसके अतिरिक्त, मतदाताओं की योग्यताएँ प्रत्येक प्रान्त में भिन्न-भिन्न थीं और मुसलमानों को जो मताधिकार की सुविधाएँ दी गई थीं, वे अन्य सम्प्रदायों को नहीं दी गई थीं।

**(6) सरकारी अधिकारियों और मनोनीत गैर-सरकारी सदस्यों का सरकार को समर्थन**—केन्द्रीय विधान परिषद् में सरकारी अधिकारियों का बहुमत था, इसलिए सरकार आसानी से अपनी मनमानी कर सकती थी। प्रान्तीय विधान परिषदों में भी सरकारी अधिकारी और सरकार द्वारा नामजद किए हुए गैर-सरकारी सदस्यों को मिलाकर सरकार को बहुमत प्राप्त हो जाता था। इसलिए चुने हुए सदस्य कुछ भी न कर सकते थे। जो सदस्य इतने विभिन्न हितों के प्रतिनिधि होते थे, उनके लिए सरकार के विरुद्ध चलना कठिन था क्योंकि वे सरकार से मिलकर अपने-अपने सम्प्रदाय के हितों की रक्षा करने और उसके लिए अधिक-से-अधिक अधिकार प्राप्त करने के लिए प्रयत्नशील रहते थे। इसलिए **प्रिन्सीपल श्रीराम शर्मा** ने लिखा है कि, "यूरोपियन चुने हुए सदस्य सरकार के लिए इतने ही अच्छे थे जितने कि सरकारी अधिकारी। जमींदारों और मुसलमानों को ब्रिटिश साम्राज्य सेवा के कारण मताधिकार दिया गया था, इसलिए वे अधिक राजभक्ति दिखाकर अपने भविष्य को और अधिक उज्ज्वल बनाना चाहते थे।" सरकारी अधिकारियों को किसी प्रकार की स्वतन्त्रता नहीं थी। इसलिए विधान परिषदें सरकार के हाथ की कठपुतली बन गईं।

**(7) विधान परिषदों के सदस्यों की शक्तियाँ बहुत सीमित थीं**—विधान परिषदों के सदस्यों की शक्तियाँ बहुत अधिक सीमित थीं। वे कार्यकारिणी परिषद् से प्रश्न पूछ सकते थे, परन्तु कार्यकारिणी परिषद् के सदस्यों के लिए अनिवार्य नहीं था कि वे उन प्रश्नों का उत्तर अवश्य ही दें। "सदस्यों को सार्वजनिक मामलों पर प्रस्ताव पास करने का अधिकार था, परन्तु उनके प्रस्ताव केवल सिफारिशें ही होती थीं। यह सरकार की इच्छा पर निर्भर था कि उनको माने या माने। विधान परिषदों के सदस्य बजट पर बहस कर सकते थे परन्तु केन्द्रीय या प्रान्तीय सरकार के एक रुपए पर भी उसका सीधा नियन्त्रण नहीं था। इसी तरह सरकार को बिल पास करवाने में किसी प्रकार की कठिनाई नहीं होती थी क्योंकि सरकारी गुट सदा सरकार की सहायता के लिए तैयार रहता था।" जैसा कि **के. वी. पुन्याह** ने लिखा है कि, "चाहे गैर-सरकारी सदस्य कितने भी अच्छे तर्क अपनी बात की पुष्टि में दें परन्तु जिस समय बिल पर मतदान होता था, तो सरकारी गुट सामने आता था और बिल अपने पक्ष में पास करवा लेता था।" इसके अतिरिक्त, वाइसराय और गवर्नर को इन सब मामलों पर निषेधाधिकार (वीटो) की शक्तियाँ प्राप्त थीं।

**(8) अनेक नियमों और विनियमों द्वारा सदस्यों के अधिकार और भी घटा दिए गए**—गवर्नर-जनरल तथा गवर्नरों ने विधान परिषदों की कार्यवाहियों के नियम-विनियम इस तरह बनाए कि उनके द्वारा सदस्यों के अधिकार और अधिक सीमित हो गए। इन नियमों द्वारा अनेक उग्रवादी राष्ट्रीय नेताओं को चुनाव लड़ने के लिए अयोग्य घोषित कर दिया गया। इसलिए इन सुधारों द्वारा विधान परिषदों को कोई प्रभावशाली शक्ति नहीं दी गई, अपितु उनको केवल सलाह देने वाली समितियाँ बनाया गया। इसी कारण से **कूपलैण्ड** ने लिखा है कि, "ये विधान परिषदें संसद न होकर दरबार थीं। उनके हाथ में मनमानी करने वाली सरकार को बदलने की कोई शक्ति नहीं थी।" इन सुधारों के परिणामों पर प्रकाश डालते हुए **सर बार्टल फ्रेयर** ने कहा कि, "भारतीय सरकार अब भी पूर्ण रूप से एक निरंकुश राजसी दरबारी सरकार के समान बनी रही जो राजा की भाँति अपने दरबारियों से परामर्श लेती थी परन्तु उनके मत पर अनुसरण करने को विवश नहीं थी। इसके परिणामस्वरूप दरबारी असन्तुष्ट और बेचैन होने लगे और शासन संकोचपूर्ण तथा ढीला हो गया।"

**(9) भारतीयों को प्रभाव डालने का अधिकार दिया गया परन्तु उनको कोई शक्ति नहीं दी गई**—**सर एस. पी. सिन्हा** ने जो कि महाराज्यपाल की कार्यकारिणी परिषद् के पहले भारतीय कानून-सदस्य नियुक्त किए गए, एक मुलाकात में सन् 1917 ई. में कहा कि, "मार्ले-मिण्टो सुधार यद्यपि सन् 1892 ई. के पहले अधिनियम की अपेक्षा काफी आगे बढ़े हुए थे परन्तु उन्होंने भारतीयों को प्रभाव डालने का अधिकार तो दिया परन्तु कोई वास्तविक शक्ति प्रदान नहीं की। शक्ति प्रभाव से भिन्न है और हमें नीति को नियन्त्रित करने तथा लगाता, बढ़ाने के लिए शक्ति में निरन्तर वृद्धि की आवश्यकता है।" एक-दूसरे प्रसिद्ध भारतीय **श्री के. वी. रंगास्वामी आयंगर** ने सन् 1909 ई. के अधिनियम पर टिप्पणी करते हुए कहा कि, "विधान परिषदें जैसे कि वर्तमान दशा में हैं, कोई उपयोगी उद्देश्य सिद्ध नहीं करती हैं। इनसे केवल बाहरी सभ्य संसार को यह माया (भ्रान्ति या इन्द्रजाल) दिखानी है कि भारत पर प्रतिनिध्यात्मक विधान सभाओं के द्वारा शासन चलाया जा रहा है।"

# सन् 1919 ई. का एक्ट
## (Act of 1919 A. D.)

**सन् 1919 ई. के एक्ट के लिए उत्तरदायी परिस्थितियाँ** (Responsible Circumstances for 1919 Act)

**सन् 1909 ई. के सुधारों से निराशा**–मार्ले-मिण्टो सुधारों से देश में बड़ी निराशा फैली, क्योंकि इसके द्वारा भारतीयों को कोई वास्तविक अधिकार नहीं दिए गए थे। केन्द्रीय विधान परिषद् में सरकारी अधिकारियों का बहुमत रखा गया था और प्रान्तों की विधान परिषदों में चाहे सरकारी अधिकारियों का बहुमत नहीं रखा गया था, परन्तु चुने हुए सदस्य अभी भी थोड़ी संख्या में थे। प्रान्तों की विधान परिषदों में सरकारी अधिकारी और नामजद गैर-सरकारी अधिकारी दोनों मिलकर चुने हुए सदस्यों से अधिक हो जाते थे। चुनाव की साम्प्रदायिक प्रणाली के कारण चुने हुए सदस्य भी सरकार का बहुत कम विरोध करते थे। इसलिए विधान परिषदों के हाथ में सरकार के ऊपर कोई नियन्त्रण नहीं आया था, वे केवल बहस करने वाली सोसाइटियाँ बन गई थीं। **डॉ. जकरिया** ने ठीक ही कहा है कि, "जहाँ इन सुधारों ने लोकतन्त्र का चुनाव-सिद्धान्त स्वीकार कर लिया, वहाँ लोकतन्त्र विरोधी साम्प्रदायिक प्रतिनिधित्व भी इसमें जोड़ दिया गया। यद्यपि सरकारी बहुमत प्रान्तों में हटा दिया गया परन्तु चुने हुए सदस्यों की संख्या थोड़ी ही रखी गई। विधान परिषदों के सदस्यों की संख्या काफी बढ़ा दी गई परन्तु उसी के कारण जोरदार शब्दों में घोषित कर दिया गया कि इनका संसदीय प्रणाली से कोई सम्बन्ध नहीं। इण्डिया कौन्सिल और वाइसराय की कार्यकारिणी परिषद् इने-गिने भारतीयों के लिए अवश्य खोल दी गई, परन्तु सरकार इस बात को न छिपा सकी कि वास्तविक शासन-शक्ति भी सुरक्षित रूप से अंग्रेजों के ही हाथ में है।" यही कारण था कि न केवल क्रान्तिकारियों और उग्रवादियों, अपितु उदारवादियों की भी इन सुधारों से कोई सन्तुष्टि नहीं थी। उदारवादियों ने विधान परिषदों में साम्प्रदायिक चुनाव प्रणाली के रद्द कराने की माँग की।

**सरकार की दोहरी नीति**–यद्यपि उदारवादी सन् 1909 ई. के सुधारों की त्रुटियों से अच्छी तरह परिचित थे, तथापि वे सरकार को पूर्ण सहयोग देने के पक्ष में थे। तिलक को माण्डले भेज दिया गया था। श्री अरविन्द घोष राजनीति से अलग हो गए थे और पाण्डिचेरी में तपस्या तथा योग-अभ्यास करने लगे थे। सन् 1909 ई. में भारतीय प्रेस अधिनियम पास किया गया जिसके अनुसार पत्रों की स्वतन्त्रता को कुचल दिया गया। सन् 1911 ई. में राजद्रोह सभा अधिनियम पास किया गया, जिसके अनुसार सरकार के विरुद्ध सभाएँ करने पर कड़ा दण्ड दिया जाता था। सन् 1913 ई. में राष्ट्रवादियों को दबाने के लिए फौजदारी संशोधन अधिनियम पास किया गया। भारतीय विधान परिषदों के चुने हुए सदस्यों के घोर विरोध के बावजूद ये सब बिल पास करके कानून बना दिए गए। इस तरह से सरकार ने क्रान्तिकारियों और उग्र राष्ट्रवादियों को दबाने के लिए पूरा प्रयत्न किया। इसके विरुद्ध ब्रिटिश सरकार उदारवादियों को अपने साथ मिलाने का पूरा प्रयत्न कर रही थी। लॉर्ड हार्डिंग ने उदारवादियों को अपने साथ मिलाने के लिए बंगाल का विभाजन रद्द करवाना आवश्यक समझा। इसलिए उसने भारत सचिव को लिखा कि बंगाल का विभाजन रद्द कर दिया जाए और प्रान्तों को अधिक अधिकार दे दिए जाएँ। कांग्रेस ने इन सुझावों का स्वागत किया।

**सन् 1911 ई. का दिल्ली दरबार**–सन् 1911 ई. में लॉर्ड हार्डिंग ने सम्राट् जॉर्ज पंचम् तथा महारानी मेरी को बुलाया और इस हेतु दिल्ली में एक बड़ा भारी दरबार लगाया। वहाँ पर ब्रिटिश सम्राट् ने यह घोषणा की कि, "बंगाल का विभाजन समाप्त करके इसको दुबारा एक किया जाता है। इसके बाद भारत की राजधानी कलकत्ता की बजाय दिल्ली होगी।" सारे भारत ने इस घोषणा का स्वागत किया।

**लॉर्ड क्रिड की निराशाजनक घोषणा**–सन् 1911 ई. में लॉर्ड हार्डिंग ने भारत सचिव लॉर्ड क्रिड को लिखा था कि प्रान्तों को अधिक अधिकार दे दिए जाएँ; उसका बहुत-से कांग्रेसी नेताओं ने यह अर्थ निकाल लिया था कि प्रान्तों को स्वराज्य दे दिया जाएगा और कार्यकारिणी परिषदों को विधान परिषदों के अधीन कर दिया जाएगा। ब्रिटिश सरकार का ऐसा कोई इरादा नहीं था। इसलिए कांग्रेसी नेताओं की झूठी आशाओं को तोड़ने के लिए भारत सचिव **लॉर्ड क्रिड** ने सन् 1912 ई. में हाउस ऑफ लॉर्ड्स में बोलते हुए घोषणा की कि, "भारत में एक ऐसा वर्ग है जो यह सोचता है कि भारत में संवैधानिक सुधार का अगला कदम ऐसे स्वशासन के लिए होगा जो कि अन्य उपनिवेशों को दिया गया है। मैं इस दिशा में भारत का कोई भविष्य नहीं देखता। भारत सचिव होने के नाते मेरे द्वारा इस गलत विचार का खण्डन करना आवश्यक है।" इससे भारतीयों में सरकार के विरुद्ध बहुत निराशा फैली।

## प्रथम महायुद्ध और इसका प्रभाव
## (First World War and its Impact)

**भारत के द्वारा प्रथम महायुद्ध में सहायता**—सन् 1914 ई. में प्रथम महायुद्ध छिड़ गया। चाहे इसका तात्कालिक कारण ऑस्ट्रिया के राजसिंहासन के उत्तराधिकारी की राजनीतिक हत्या थी, परन्तु इसके वास्तविक कारण बहुत गहरे और दूरगामी थे। इस महायुद्ध का भारत की घटनाओं और इसके संवैधानिक विकास पर बहुत गहरा प्रभाव पड़ा। ब्रिटिश सरकार ने यह घोषणा की कि वह और उसके मित्र राष्ट्र संसार को लोकतन्त्र के लिए सुरक्षित करने के लिए लड़ रहे हैं। अमेरिका के राष्ट्रपति विल्सन ने भी बाद में उसी बात को दोहराया। इण्डियन नेशनल कांग्रेस के बहुत से उदारवादी नेताओं ने यह सोचा कि जब, लोकतन्त्र को सुरक्षित करने के लिए लड़ रहा है तो वह भारत को स्वभावतः उसी वस्तु को देने से इन्कार नहीं कर सकता। जिस समय प्रथम महायुद्ध छिड़ा, तो भारत का महाराज्यपाल लॉर्ड हार्डिंग था। उसने परिस्थिति को निपुण (कुशल) ढंग से सुलझाने के कारण भारत की सहानुभूति जीत ली थी। इसलिए भारत के राजाओं-महाराजाओं और जनता ने ब्रिटिश सरकार को अपना पूर्ण सहयोग प्रदान किया।

इण्डियन नेशनल कांग्रेस के प्रधान भूपेन्द्र नाथ बसु ने सन् 1914 ई. में मद्रास में यह घोषणा की कि, "भारत तथा ब्रिटेन न्याय, प्रतिष्ठा और स्वतन्त्रता की रक्षा के लिए कन्धे से कन्धा मिलाकर एक विनाशक युद्ध लड़ रहे हैं।" मद्रास के राज्यपाल लॉर्ड ने कांग्रेस के खुले अधिवेशन में भाग लिया, जबकि ब्रिटेन की ओर पूर्ण भक्ति प्रदर्शित करने का प्रस्ताव पास किया गया। इस प्रस्ताव का समर्थन करते हुए श्री सुरेन्द्रनाथ बनर्जी ने इस बात पर विशेष बल दिया कि कांग्रेस अपनी भक्ति के बदले में कुछ माँग नहीं करेगी। मोहनदास करमचन्द गाँधी जिन्होंने दक्षिणी अफ्रीका में रहने वाले भारतीयों के कष्टों को कम करने के लिए बहुत प्रशंसनीय कार्य किया था, इंग्लैण्ड में थे, जिस समय युद्ध छिड़ा। उन्होंने उस संकट में ब्रिटिश सरकार को अपनी पूर्ण सहानुभूति तथा समर्थन दिया। उन्होंने विरोधियों के इस तर्क को अस्वीकार कर दिया कि दास जाति को स्वतन्त्र होने के लिए अपने स्वामी की आवश्यकता को अपना अवसर बनाना चाहिए। उन्होंने कहा कि, "यदि हम अंग्रेजों की सहायता और सहयोग से अपना दर्जा सुधार सकते हैं तो हमारा भी यह कर्त्तव्य है कि हम संकट के समय उनकी सहायता करें।" महात्मा गाँधी तथा सुरेन्द्रनाथ बनर्जी भारत में स्थान-स्थान पर ब्रिटिश सेना में भर्ती कराने तथा ब्रिटिश सरकार को सब प्रकार की सहायता दिलवाने के लिए घूमते फिरे। **सुरेन्द्रनाथ बनर्जी** के भाषणों की मुख्य बात यह थी कि, "स्वशासन जो कि हमारी राजनीतिक आकांक्षाओं का लक्ष्य था; उसकी शर्त आत्मरक्षा है और यदि हम शाही नागरिकता के विशेष अधिकारों की इच्छा करते हैं तो हमें इसकी जिम्मेदारियों तथा बोझ को भी सहन करना चाहिए और उनमें सबसे अधिक साम्राज्य की प्रतिरक्षा के लिए लड़ना है।" इसी प्रकार से भारत के राजाओं और महाराजाओं ने ब्रिटिश सरकार को अपना पूर्ण समर्थन प्रदान किया और अपने साधन ब्रिटिश सरकार की सेवा में रख दिए। बीकानेर, जोधपुर, किशनगढ़, पटियाला तथा सीचन के राजे अपनी सेनाओं के मुखिया बनकर स्वयं रणभूमि में गए। इसके अतिरिक्त भारत ने 12-1/2 लाख व्यक्ति ब्रिटिश सरकार को दिए जिन्होंने रणभूमि तथा सेनाओं में अन्य कार्य किए। भारत ने ब्रिटिश सरकार को 3,00,00,000 पौण्ड दिए। इसके अतिरिक्त, भारत ने रेडक्रास को दान तथा युद्ध के लिए ऋण और चन्दों के रूप में 7,50,00,000 पौण्ड दिए।

इंग्लैण्ड के राज्य विशारद् सभी दलों के नेता और जनता भारत के सब क्षेत्रों में महत्वपूर्ण योगदान से बहुत प्रभावित हुए। उन्होंने बड़ी सन्तुष्टि के साथ अनुभव किया कि भारत के लोगों ने उनके उद्देश्य को अपना बना लिया है। ग्रेट ब्रिटेन के प्रधानमन्त्री **श्री एरिबचथ** ने पर्यवेक्षण करते हुए कहा कि, "हम भारत द्वारा दी गई सहायता की ऐसे साम्राज्य में जिसमें प्रजाति और वर्ग का कोई भेद नहीं है, सराहना करते हैं। हम सब सम्राट् की प्रजा हैं और सामान्य हितों तथा न्यायों के हम सब इकट्ठे और बराबर के अभिरक्षक हैं।" **माण्टेग्यू** ने भारत और ग्रेट ब्रिटेन दोनों की स्वतन्त्रता के आदर्श और भक्ति की सराहना की। प्रथम महायुद्ध के द्वारा भारत में आत्म-सम्मान की भावना जाग्रत हो चुकी थी।

**युद्ध के कारण स्वशासन की माँग में तेजी**—युद्ध के कारण भारत में स्वशासन की माँग बहुत तेज हो गई थी जैसी पहले कभी नहीं हुई थी। पहले ब्रिटिश प्रधानमन्त्री एस्क्विथ के आश्वासनों ने कि भारत की समस्याओं पर विभिन्न दृष्टिकोणों से विचार किया जाएगा तथा बाद में दूसरे ब्रिटिश प्रधानमन्त्री लॉयड जॉर्ज की इस घोषणा ने कि आत्म-निर्णय का सिद्धान्त उष्णकटिबन्धीय देशों पर लागू किया जाएगा, भारत में एक नई आशा और उमंग का संचार कर दिया। उन्होंने यह सोचा कि वे लोकतन्त्र की रक्षा के लिए निरंकुशवाद के विरुद्ध लड़ रहे हैं और युद्ध की समाप्ति के बाद उन्हें अधिराज्य स्थिति दे दी जाएगी। अमेरिका के राष्ट्रपति विल्सन के इन ऊँचे शब्दों से कि युद्ध के पश्चात् छोटे राष्ट्रों तथा राष्ट्रीयताओं को आत्म-निर्णय का अधिकार दिया जाएगा, भारतीयों में स्वतन्त्रता की भावना और अधिक जाग उठी। **प्रिन्सिपल श्रीराम शर्मा** के शब्दों में, "युद्ध में नैतिक मूल्यों के पुष्टीकरण (अनुमोदन) तथा आत्म-निर्णय के अधिकार ने भारत के लोकमत को बहुत गहरा

प्रभावित किया। यदि युद्ध इस संसार को लोकतन्त्र के लिए सुरक्षित रखने की दृष्टि से लड़ा जा रहा था तो यह आशा की जाती थी कि भारत को भी स्वशासन के मार्ग पर अग्रसर कर दिया जाएगा।"

युद्ध के लिए जो विशाल पैमाने पर तैयारियाँ हुईं, उनका दिल्ली में अधिक से अधिक दूर गाँव भी जोरदार प्रभाव पड़ा। युद्ध के लिए बलपूर्वक जो धन संग्रह किया गया, उससे भारत में आर्थिक दिवालियापन और राजनीतिक जाग्रति उत्पन्न हो गई। भारतीय सैनिकों तथा अधिकारियों ने जो विदेशी भूमि पर युद्ध लड़ने के लिए गए, स्वयं देखा कि एक दास (गुलाम) देश के निवासी तथा स्वतन्त्र देश के नागरिक में क्या अन्तर है ? युद्ध की समाप्ति के बाद वे भारत में कटे हुए अंगों और हृदय को लगी हुई ठेस से भारत लौटे। इस तरह से जिस भारत को युद्ध के फलस्वरूप कटे हुए अंगों वाले सैनिक; यतीम, विधवाएँ और दिवालियापन प्राप्त हुआ था, उसने स्वभक्त अंग्रेजों से युद्ध में दी गई सेवाओं के कारण अधिराज्य स्थिति की माँग की। अंग्रेज युद्ध में विजयी होने के बाद फूले न समाए और उन्होंने भारतीयों की आकांक्षाओं की अवहेलना कर दी। फलत: क्रान्तिकारियों ने अपनी गतिविधियाँ तेज कर दीं और लोकमान्य बालगंगाधर तिलक तथा मिसिज ऐनी बेसेण्ट ने होमरूल आन्दोलन चलाया।

**लोकमान्य तिलक की माण्डले जेल से छः वर्ष की कैद के बाद रिहाई**—लोकमान्य बालगंगाधर तिलक 16 जून, सन् 1914 ई. की अर्द्धरात्रि के थोड़ी-सी देर बार 6 वर्ष की कैद के पश्चात् छोड़े गए थे। उन्हें माण्डले की जेल में बन्द रखा गया था। ब्रिटेन ने जर्मनी के विरुद्ध युद्ध 4 अगस्त, सन् 1914 ई. को घोषित कर दिया था। यह महत्वपूर्ण बात है कि तिलक की युद्ध के बारे में पहली प्रतिक्रिया में किसी प्रकार की सौदेबाजी की भावना नहीं थी। उसने वीरतापूर्वक 27 अगस्त, सन् 1914 ई. को अपने एक कथन में यह घोषणा की कि, "ऐसे संकट के समय प्रत्येक भारतीय का यह परम कर्त्तव्य है, चाहे वह बड़ा हो अथवा छोटा; धनवान हो अथवा निर्धन; कि वह ब्रिटिश सरकार को अपना समर्थन तथा सहायता अपनी अधिकतम योग्यता के अनुसार दे।"

**तिलक की प्रतिक्रिया**—लोकमान्य तिलक की यह प्राथमिक प्रतिक्रिया शीघ्र ही बदल गई। तिलक ने यह अनुभव किया कि ब्रिटिश सरकार युद्ध के मध्य अपनी स्वार्थ-सिद्धि के लिए अधिक-से-अधिक सहायता चाहती थी, परन्तु भारतीयों को कुछ देने के लिए तैयार नहीं थी। इसलिए तिलक ने ब्रिटिश सरकार से यह माँग की कि इसे भारतीय सहायता के बदले में भारतीयों का स्वशासन देने का वायदा करना चाहिए। 20 जनवरी, सन् 1817 ई. को **तिलक** ने 'केसरी' में लिखा कि भारतीय प्रतिरक्षा अधिनियम के बनने से पूर्व हमारे नेता जैसे महात्मा गाँधी लोगों को सेना में भर्ती होने के लिए प्रोत्साहित कर रहे थे और इस हेतु सार्वजनिक सभाएँ कर रहे थे। वायसराय को इस बारे में कोई सन्देह नहीं होना चाहिए कि लोग भर्ती के लिए उनकी अपील को नहीं सुनेंगे। भारतीयों को यह सन्देह है कि ऐसे संकट के समय भी ब्रिटिश सरकार एक उदार और न्यायपूर्ण नीति का श्रीगणेश करेगी अथवा अपने भेदभाव की नीति को काले और गोरे में जारी रखेगी। सरकार की चाहे कुछ भी नीति हो, हमने अपनी नीति तथा कार्य निर्धारित कर लिया है और हमारे नेता महात्मा गाँधी बिना किसी शर्त के सरकार को भर्ती दे रहे हैं।

**तिलक** ने आगे लिखा है कि यह देखना अभी बाकी है कि सरकार भारतीय नेताओं द्वारा स्वराज्य के लिए की गई विभिन्न अपीलों को स्वीकार करती है या नहीं ? भारतीयों के लिए सेना में भर्ती खोलने का क्या अभिप्राय है ? इसका अर्थ स्पष्ट है कि सरकार भारतीयों की सहायता के बिना अपना काम नहीं चला सकती है। इसलिए सेना में भर्ती होने की जो सुविधा भारतीयों को दी गई है, वह भारतीयों के लिए एक उदार कार्य नहीं है अपितु ब्रिटिश सरकार की सबसे अधिक आवश्यकता है। उसने लिखा, "हम ब्रिटिश सरकार से यह पूछना चाहते हैं कि वह भारतीयों के लिए वास्तव में न्याय करना चाहती है या वह अपने उद्देश्यों की पूर्ति के लिए हमें केवल सैनिक बनाना चाहती है। हम भर्ती के लिए सरकार की पुकार को कहाँ तक सुनेंगे, यह हमारे प्रश्नों के उत्तर पर निर्भर करता है।"

**होमरूल लीग की स्थापना, तिलक द्वारा गृह-शासन की माँग**—28 अप्रैल, सन् 1916 ई. को बेलग्राम (मैसूर) में होमरूल लीग की स्थापना इस उद्देश्य से की गई थी कि यह भारत के लिए ब्रिटिश साम्राज्य के अन्तर्गत सारे संवैधानिक उपायों का प्रयोग स्वशासन की प्राप्ति के लिए करेगी तथा इसकी प्राप्ति के लिए भारत में लोकमत को संगठित तथा शिक्षित करेगी। तिलक ने उस लक्ष्य की प्राप्ति के लिए जोरदार प्रचार किया। प्रत्येक स्थान पर उनका अभूतपूर्व स्वागत हुआ और हजारों लोगों ने होमरूल लीग की सभाओं में भाग लिया। ब्रिटिश सरकार ने तिलक के भाषणों की बहुत गम्भीरतापूर्वक छानबीन की। सरकार युद्ध के बीच में जनआन्दोलन किसी दशा में भी सहन करने के लिए तैयार नहीं थी। बेलगाम और अहमदाबाद में तिलक द्वारा दिए गए भाषणों के आधार पर पूना के जिला दण्डाधीश (जिला मजिस्ट्रेट) ने तिलक को 22 जुलाई, सन् 1916 ई.

को यह कारण बताओ नोटिस दे दिया कि क्यों न उनसे 20,000 रुपए की राशि का बन्धपत्र तथा 10,000 रुपए की दो जमानतें एक वर्ष तक अच्छे व्यवहार रखने के लिए ली जाएँ ? अगले दिन तिलक का साठवाँ जन्म-दिवस था। तिलक तथा उनके प्रशंसकों ने जिला दण्डाधीश के नोटिस की तनिक भी परवाह नहीं की और समारोह को बड़े उत्साह के साथ मनाया गया। इस अवसर पर **लोकमान्य तिलक** ने कहा कि, "आज जो राष्ट्रीय कार्य हमारे सामने है, वह इतना महान् तथा आवश्यक है कि तुम्हें इकट्ठा होकर उससे कहीं अधिक लगन और हिम्मत के साथ कार्य करना चाहिए जितना मैं आपको दिखा सकूँ। यह ऐसा कार्य है जिसे टाला नहीं जा सकता है। हमारी मातृभूमि की यह पुकार है कि हम सब इकट्ठे होकर हिम्मत से काम करें। मैं यह नहीं सोचता कि उसके पुत्र इस प्रकार की उपेक्षा कर देंगे। यहाँ प्रतिस्पर्द्धा, ईर्ष्या, प्रतिष्ठा, अपमान या भय के लिए कोई गुंजाइश नहीं है। केवल परमात्मा ही हमारे प्रयत्नों में सहायता कर सकता है और यदि हमें इन प्रयत्नों का फल नहीं मिलेगा तो अगली पीढ़ी को अवश्य मिलेगा।" यद्यपि जिला मजिस्ट्रेट ने तिलक को दण्ड दे दिया, परन्तु बम्बई हाईकोर्ट ने उनको छोड़ दिया। बम्बई हाईकोर्ट ने राजद्रोह की उस व्याख्या को भी रद्द कर दिया, जिसके आधार पर तिलक को सन् 1897 ई. से तंग किया गया था। तिलक को अपराध से मुक्त करते समय बम्बई उच्च न्यायालय के न्यायाधीश **लल्लू भाई शाह** ने टीका-टिप्पणी करते हुए कहा कि, "तिलक की सारी वक्तृताओं का अध्ययन करने के बाद यह प्रतीत होता है कि उनका उद्देश्य भारतीयों के लिए गृह-शासन की माँग को करना, इस हेतु लोकमत को शिक्षित करना और होमरूल लीग की सदस्यता को बढ़ाना था।" भाषण की स्वतन्त्रता के लिए बम्बई हाईकोर्ट का यह निर्णय अत्यन्त महत्वपूर्ण था। तिलक की अपराध से मुक्ति के द्वारा होमरूल आन्दोलन को बहुत बढ़ावा मिला।

**मुसलमानों पर प्रभाव**—प्रथम महायुद्ध का एक और प्रभाव पड़ा कि भारत के मुसलमान इण्डियन नेशनल कांग्रेस के समीप आने लगे, क्योंकि टर्की का सुल्तान जो कि संसार भर के मुसलमानों का धार्मिक मुखिया था, अंग्रेजों के विरुद्ध लड़ रहा था। पहले मुस्लिम लीग अंग्रेजों की तरफ झुकी हुई थी परन्तु टर्की के सुल्तान के रवैये को देखते हुए यह कांग्रेस की तरफ झुकी और सन् 1916 ई. में लोकमान्य तिलक के प्रयत्नों से कांग्रेस तथा मुस्लिम लीग में एक समझौता हो गया और दोनों ने अपनी इकट्ठी माँगें ब्रिटिश सरकार के सम्मुख प्रस्तुत कीं।

**क्रान्तिकारियों द्वारा स्वतन्त्रता आन्दोलन**—जबकि उदारवादी ब्रिटिश सरकार को सब प्रकार की सहायता बिना शर्त दे रहे थे और उग्रवादी इस शर्त पर सहायता देने के लिए तैयार थे कि भारतीयों को स्वशासन अथवा गृह-शासन दे दिया जाए, क्रान्तिकारियों ने युद्ध में मातृभूमि को ब्रिटिश शासन से मुक्त कराने का एक स्वर्ण अवसर देखा। इसलिए **रासबिहारी बोस** ने, जिसने सन् 1911 ई. में लॉर्ड हार्डिंग पर बम फेंका था, अमेरिका में लाला हरदयाल द्वारा स्थापित गदर पार्टी की सहायता से सन् 1915 ई. में भारत में क्रान्ति करने की योजना बनाई। लाला हरदयाल ने अमेरिका में गए हुए भारतीयों में अपनी मातृभूमि को स्वतन्त्र कराने के लिए अदम्य उत्साह उत्पन्न कर दिया था। कई सौ भारतीय क्रान्तिकारी जो कि मातृभूमि की स्वतन्त्रता के लिए मृत्यु का आलिंगन करने के लिए तैयार थे, रासबिहारी बोस की सहायता के लिए भारत आए। रासबिहारी बोस, बागी करतार सिंह (करतार सिंह सराबा), शचीन्द्र सान्याल और गणेशचन्द्र पिंगल ने 21 फरवरी, सन् 1915 ई. को सारे देश में एक व्यापक क्रान्ति के लिए एक महान् योजना बनाई, परन्तु देशद्रोही कृपाल सिंह के द्वारा भारत की ब्रिटिश सरकार को सब कुछ पता चल गया। इससे क्रान्तिकारियों की सारी योजना पर पानी फिर गया। पुलिस ने कई स्थानों पर बहुत से क्रान्तिकारियों को गिरफ्तार कर लिया, जिनमें सबसे प्रसिद्ध बागी करतार सिंह, विष्णु गणेश पिंगले, जगत सिंह, भाई परमानन्द, मानसिंह तथा ऊधमसिंह थे। इतना सब कुछ होते हुए भी रासबिहारी बोस बचकर निकल गए। 24 व्यक्तियों को जिनमें करतार सिंह सराबा (बागी करतार सिंह), जगतसिंह, मानसिंह तथा ऊधमसिंह शामिल थे, मृत्युदण्ड मिला, जबकि बहुत से अन्य व्यक्तियों को आजीवन कैद की सजा मिली। इस केस को सरकार ने सन् 1915 ई. का लाहौर षड्यन्त्र केस कहा, क्योंकि जो क्रान्तिकारी पकड़े गए, उन पर अभियोग लाहौर में चलाया गया। भाई परमानन्द के मृत्युदण्ड को बाद में घटाकर आजीवन कारावास में बदल दिया गया और उन्हें अण्डमान भेज दिया गया। कुछ वर्षों के पश्चात् उन्हें बाद में मुक्त कर दिया गया। पंजाब के मुख्य न्यायाधिपति बागी करतार सिंह के मृत्युदण्ड को भी आजीवन कैद में बदलने को तैयार थे क्योंकि बागी करतार सिंह एक सुन्दर और योग्य व्यक्ति था, परन्तु उसने मुख्य न्यायाधिपति के प्रस्ताव को स्वीकार करने से इन्कार कर दिया। **बागी करतार सिंह** ने कहा कि, "मैं आजीवन कैद की बजाय फाँसी को अच्छा समझता हूँ। मैं चाहता हूँ कि मैं अपनी मातृभूमि की बेड़ियों को तोड़ने के लिए बार-बार जन्म लूँ। मैं प्रत्येक बार फाँसी के तख्ते पर चढ़कर प्रसन्न होऊँगा। जब तक कि मैं अपनी मातृभूमि को स्वतन्त्र नहीं करा लेता।"

## होमरूल आन्दोलन
## (Home Rule Movement)

**मिसेज ऐनी बेसेण्ट और होमरूल आन्दोलन**—जब सन् 1913 ई. में मिसेज ऐनी बेसेण्ट इंग्लैण्ड गईं तो आयरलैण्ड की होमरूल लीग ने उनको सुझाव दिया कि भारत में भी इस प्रकार का आन्दोलन प्रारम्भ किया जाए। मिसेज ऐनी बेसेण्ट आयरलैण्ड की रहने वाली थीं। वे थियोसोफिकल सोसाइटी की सबसे बड़ी कार्यकर्ता थीं। वे भारत से बहुत प्रेम करती थीं और आयरलैण्ड को छोड़कर वे भारत में बस गई थीं। वे यहाँ की सभ्यता तथा संस्कृति की श्रेष्ठता में अगाध विश्वास रखती थीं। वे भारत को उसी तरह का स्वराज्य दिलाना चाहती थीं, जैसा ब्रिटिश साम्राज्य के दूसरे उपनिवेशों में था अर्थात् वे भारत को अधिराज्य स्थिति दिलाने के पक्ष में थीं। उनका विचार था कि एक पराधीन भारत ब्रिटिश साम्राज्य के लिए जर्मनी के विरुद्ध इतना सहायक नहीं हो सकता, जितना कि स्वतन्त्र भारत। वे अपने आपको भारतीय टॉम-टॉम कहती थी, जिसका उद्देश्य सोते हुए भारतीयों को स्वतन्त्रता-संघर्ष के लिए जगाना था। वे कहती थीं कि बुद्धि और दूरदर्शिता का यह तकाजा है कि सरकार भारत को होमरूल देकर सन्तुष्ट करे। वे प्रथम महायुद्ध के समय अंग्रेजों को व्यर्थ तंग नहीं करना चाहती थीं। **डॉ. जकरिया** के मतानुसार, "उनकी योजना उग्रवादी राष्ट्रीय व्यक्तियों को क्रान्तिकारियों के साथ इकट्ठा होने से रोकने की थी। वे भारतीयों को ब्रिटिश साम्राज्य के अन्दर स्वराज्य दिलाकर सन्तुष्ट रखना चाहती थीं और वे कांग्रेस में उग्रवादियों को उदारवादियों के साथ दुबारा लाना चाहती थीं।"

इन उद्देश्यों को लेकर सन् 1914 ई. में मिसेज ऐनी बेसेण्ट कांग्रेस में शामिल हो गईं। इन उद्देश्यों के प्रचार के लिए मिसेज ऐनी बेसेण्ट ने पहले एक साप्ताहिक पत्र '*कॉमन वील*' अंग्रेजी भाषा में प्रारम्भ किया। बाद में उन्होंने '*नया भारत*' नामक एक दैनिक पत्र भी अंग्रेजी में शुरू किया। अपने उद्देश्यों पर प्रकाश डालते हुए **मिसेज ऐनी बेसेण्ट** ने अपने साप्ताहिक पत्र '*कॉमन वील*' के प्रथम अंक में लिखा कि, "राजनीतिक सुधारों से हमारा अभिप्राय ग्राम पंचायतों से लेकर जिला बोर्डों और नगर पालिकाओं, प्रान्तीय विधान सभाओं और राष्ट्रीय संसद तक स्वराज्य कायम करना है। इन सब संस्थाओं को वैसा ही स्वराज्य मिलना चाहिए, जैसा ब्रिटिश साम्राज्य के अन्य उपनिवेशों को मिला हुआ है। यदि ब्रिटिश संसद में अन्य स्वशासित उपनिवेशों के प्रतिनिधि लिए जाएँ, तो भारत को भी वहाँ पर प्रतिनिधि भेजने का अधिकार दिया जाए।"

सन् 1914 ई. में **मिसेज ऐनी बेसेण्ट** कांग्रेस में शामिल हो गयीं और उन्होंने स्पष्ट शब्दों में कहा कि, "भारत में राजभक्ति के बदले में पुरस्कार की बहुत बात हो रही है, लेकिन भारत कुछ स्वतन्त्रता या अधिकारों के लिए अपने पुत्रों के रक्त और पुत्रियों के आँसुओं से अंग्रेजों के साथ सौदेबाजी नहीं करता है। भारत राष्ट्र के रूप में अपना न्याय-अधिकार ब्रिटिश साम्राज्य से माँगता है। भारत इसको युद्ध से पूर्व माँगता था। भारत युद्ध के बीच में माँग रहा है और युद्ध के बाद माँगेगा, परन्तु वह इस न्याय को एक पुरस्कार के रूप में नहीं, बल्कि अधिकार के रूप में माँगता है, इसके बारे में किसी की भी कोई गलत धारणा नहीं होनी चाहिए।"

मिसेज ऐनी बेसेण्ट की प्रसिद्धि थियोसोफिकल सोसाइटी में काम करने के कारण सारे जगत् में फैल चुकी थी। वे बहुत बुद्धिमती थीं। उनके भाषणों से जनता बहुत अधिक प्रभावित होती थी। उन्होंने सन् 1914 ई. के मद्रास कांग्रेस अधिवेशन में कहा कि, "भारत अब साम्राज्य के शिशु-गृह में एक शिशु की भाँति बन्द नहीं रहना चाहता। भारत को स्वराज्य देना आवश्यक है।" इसी कांग्रेस अधिवेशन में **श्री भूपेन्द्रनाथ बसु** ने अपने अध्यक्षीय भाषण में कहा कि, "यदि भारत में अंग्रेजी शासन का अभिप्राय यह है कि विदेशी नौकरशाही पनपती रहे और भारतीय आत्मा परतन्त्रता और दासता की भावना से दबी रहे तो वह शासन सभ्यता के लिए एक अभिशाप और मानवता के लिए एक कलंक है।"

**कांग्रेस में उदारवादियों और उग्रवादियों का मिलन**—सन् 1914 ई. में श्री तिलक माण्डले में छ: वर्ष की कैद काटने के बाद छूटकर भारत आ गए थे। इनके भारत में आने से लोगों में प्रसन्नता की लहर दौड़ी और राष्ट्रीय विचारधारा दुबारा प्रबल हुई। मिसेज ऐनी बेसेण्ट उग्रवादियों और उदारवादियों को कांग्रेस में इकट्ठा करना चाहती थीं। वे होमरूल लीग की स्थापना करना चाहती थीं। उदारवादियों ने उन्हें कोई सहायता नहीं दी, इसलिए शुरू में उन्हें सफलता न मिली। 19 फरवरी, सन् 1915 ई. को गोखले का भी स्वर्गवास हो गया और नवम्बर, सन् 1915 ई. में सर फिरोजशाह मेहता भी इस संसार से चल बसे। इसलिए उदारवादियों में कोई प्रभावशाली नेता नहीं रह गया। उग्रवादी मिसेज ऐनी बेसेण्ट के प्रचार से बहुत प्रभावित थे, अत: उनके भरसक प्रयत्नों से उदारवादी तथा उग्रवादी दोनों सन् 1917 ई. में पुन: कांग्रेस में मिल गए।

**तिलक और होमरूल आन्दोलन**—मिसेज ऐनी बेसेण्ट ने पहली सितम्बर, सन् 1916 ई. को मद्रास के गोखले हॉल में होमरूल लीग की स्थापना की। इससे छ: महीने पहले लोकमान्य तिलक ने भी पूना में एक होमरूल लीग की स्थापना की थी। तिलक भी होमरूल आन्दोलन के समर्थक थे, अत: उन्होंने मिसेज ऐनी बेसेण्ट को अपना पूरा सहयोग दिया। सन् 1917 ई.

में होमरूल आन्दोलन बहुत तेजी से बढ़ा और घर-घर में इसकी आवाज गूँजने लगी। ब्रिटिश सरकार इस आन्दोलन को पहले महायुद्ध के समय कब सहन कर सकती थी ? इसलिए उसने तिलक पर अनेक पाबन्दियाँ लगाईं और ऐनी बेसेण्ट के समाचार-पत्र 'नया भारत' की जमानत जब्त करा ली। कुछ समय के बाद तिलक को दिल्ली और पंजाब में घुसने के लिए मनाही कर दी गई और मिसेज ऐनी बेसेण्ट तथा उनके दो साथियों को भी नजरबन्द कर दिया गया। ब्रिटिश सरकार के इस कदम का परिणाम यह निकला कि जनता सरकार के और अधिक विरुद्ध हो गयी तथा मिसेज ऐनी बेसेण्ट को छुड़ाने के लिए स्थान-स्थान पर सभाएँ होने लगीं। थोड़े समय के बाद सरकार ने मिसेज ऐनी बेसेण्ट को छोड़ दिया और वे सन् 1917 ई. में कांग्रेस की अध्यक्ष चुनी गयीं।

**माण्टेग्यू का भारत में पहली बार आगमन**—चूँकि प्रथम महायुद्ध में होमरूल आन्दोलन के कारण काफी रुकावट आ रही थी, इसलिए भारत सचिव श्री माण्टेग्यू स्वयं 10 नवम्बर, सन् 1917 ई. को नई दिल्ली पहुँचे जहाँ उनका भव्य स्वागत किया गया। वे पहले भारत सचिव थे जो यहाँ आए। वहाँ उन्होंने लोकमान्य बालगंगाधर तिलक और मिसेज ऐनी बेसेण्ट को सादर निमन्त्रित किया। दोनों भारत सचिव से मिलने के लिए नई दिल्ली पहुँचे, जहाँ अपार भीड़ ने उनका स्वागत किया। दोनों भारत सचिव से मिले जहाँ उन्होंने कड़वा अभिनन्दन-पत्र पढ़ा, जिसमें भारत की माँगों को दोहराया गया। तिलक से भारत सचिव ने अगले दिन भी मुलाकात की, क्योंकि तिलक कांग्रेस और मुस्लिम लीग में सन् 1916 ई. के समझौते के जनक थे और जितना प्रभाव उस समय लोकमान्य तिलक का आम जनता पर था, उतना और किसी नेता का नहीं था। **तिलक** ने यह स्पष्ट रूप से कहा कि, "आप जो भी हमको देंगे, हम उसे स्वीकार कर लेंगे परन्तु हमारी तसल्ली उससे कम में कुछ नहीं होगी जितनी कि कांग्रेस माँगती है।" इसलिए बहुत विचार करने के पश्चात् उसने सन् 1917 ई. में एक घोषणा की जिसके कारण होमरूल आन्दोलन स्थगित हो गया।

## लखनऊ समझौता (सन् 1916 ई.) अथवा कांग्रेस-लीग योजना
## (Luknow Pact (1916 A. D.) or Congress League Plan)

सन् 1906 ई. में मुस्लिम लीग स्थापित हुई थी। अंग्रेजों ने पहले सर सैय्यद अहमद खाँ द्वारा और बाद में मुस्लिम लीग द्वारा मुसलमानों को कांग्रेस के राष्ट्रीय आन्दोलन से अलग रखने का यत्न किया था, परन्तु सन् 1912 ई. के बाद यह परिस्थिति बदलने लगी। इसका कारण यह था कि सन् 1912-13 ई. में टर्की के विरुद्ध बलकान युद्ध किए। इसमें अंग्रेजों की सहानुभूति टर्की के साथ बिल्कुल नहीं थी। टर्की का सुल्तान संसार भर के मुसलमानों का खलीफा था। इसलिए भारत के मुसलमानों की सहानुभूति टर्की के साथ थी और उनमें अंग्रेजों के विरुद्ध द्वेष भावना उत्पन्न होना स्वाभाविक था। डॉ. अन्सारी, जो भारतीय मुसलमानों में बहुत महत्वपूर्ण स्थान रखते थे, सन् 1912-13 ई. में टर्की में एक मैडिकल मिशन लेकर गए थे। जब सन् 1914 ई. में प्रथम महायुद्ध छिड़ा, तो टर्की के सुल्तान ने जर्मनी का साथ दिया और अंग्रेजों का घोर विरोध किया इसलिए भारत के मुसलमान भी अंग्रेजों के विरुद्ध हो गए। इसके कारण भारत के मुसलमान कांग्रेस के समीप आने लगे।

प्रथम महायुद्ध के आरम्भ हो जाने पर भारत के मुसलमानों की सहानुभूति टर्की के साथ थी, इसलिए उन्होंने ब्रिटिश सरकार की तीव्र आलोचना शुरू कर दी। मौलाना अबुल कलाम आजाद, मौलाना मुहम्मद अली और शौकत अली को सरकार की आलोचना करने के कारण कैद कर लिया गया। इससे ब्रिटिश सरकार के विरुद्ध मुसलमानों का रोष और भी अधिक बढ़ा और उन्होंने कांग्रेस से समझौता करने की आवश्यकता को अनुभव किया। मुहम्मद अली जिन्ना के प्रयत्नों से सन् 1915 ई. में कांग्रेस और मुस्लिम लीग के अधिवेशन एक ही दिन बम्बई में बुलाए गए। महात्मा गाँधी, मदनमोहन मालवीय और सरोजनी नायडू जैसे प्रसिद्ध कांग्रेसी नेता मुस्लिम लीग के अधिवेशन में निमन्त्रित किए गए और उन्होंने वहाँ पर हिन्दू-मुस्लिम एकता के बारे में भाषण किए। कांग्रेस और मुस्लिम लीग ने एक संयुक्त कमेटी नियुक्त की, जिसमें दोनों संस्थाओं के बीच में मेल उत्पन्न करने के लिए एक योजना तैयार की। इस योजना को कांग्रेस-लीग योजना कहा जाता है। चूँकि दोनों संस्थाओं ने अपने लखनऊ अधिवेशन में सन् 1916 ई. में इस योजना को स्वीकार कर लिया, इसलिए इसे सन् 1916 ई. का लखनऊ समझौता भी कहा जाता है। इस योजना के जनक लोकमान्य बालगंगाधर तिलक थे, जिन्होंने दो वर्ष के लिए इस समझौते को स्वीकार किया था। इस योजना की निम्नलिखित मुख्य बातें थीं—

(1) सरकार के वर्तमान ढाँचे में कुछ आवश्यक परिवर्तन किए जाएँ, ताकि यह भारतीयों की इच्छाओं के अनुकूल हो जाए। इस हेतु ब्रिटिश सरकार यह घोषणा करे कि इसका उद्देश्य शीघ्र से शीघ्र भारतीयों को स्वशासन देना है। भारत को एक पराधीन उपनिवेश न समझा जाए, अपितु इसको दूसरे अधिराज्यों की तरह ब्रिटिश साम्राज्य में बराबर का दर्जा दिया जाए।

(2) प्रान्तीय विधान परिषदों में 1/5 चुने हुए सदस्य और 1/5 नामजद सदस्य होंगे। बड़े-बड़े प्रान्तों की विधान परिषदों के सदस्यों की संख्या कम से कम 125 होगी और छोटे प्रान्तों की विधान परिषदों के सदस्यों की संख्या 50 और 75 के बीच में होगी। प्रान्तीय विधान परिषदों के सदस्य जहाँ तक भी हो सके, वयस्क मताधिकार के आधार पर चुने जाएँगे।

(3) थोड़ी संख्या वाली जातियों को चुनाव द्वारा काफी प्रतिनिधित्व देने का विशेष प्रबन्ध किया जाए। मुसलमानों को पंजाब में चुने हुए स्थानों में से 50 प्रतिशत, उत्तर प्रदेश में 30 प्रतिशत, बंगाल में 40 प्रतिशत, बिहार में 25 प्रतिशत, मध्य प्रान्त में 15 प्रतिशत, मद्रास में 15 प्रतिशत और बम्बई में 33-1/3 स्थान दिए जाएँ। मुसलमानों को और स्थानों के लिए चुनाव लड़ने की आज्ञा नहीं होगी।

(4) यदि किसी गैर-सरकारी अधिकारी द्वारा कोई प्रस्ताव था या वित्त विधान परिषद् में रखा जाए, जो दूसरे सम्प्रदायों के हितों को प्रभावित करता है, तो उसको पास नहीं किया जाएगा, यदि उस सम्प्रदाय के 3/4 सदस्य उस बिल या प्रस्ताव का विरोध करते हों।

(5) प्रान्तीय विधान परिषद् द्वारा पास किया हुआ प्रस्ताव सरकार को लागू करना होगा जब तक कि गवर्नर सहित उसकी कौन्सिल द्वारा इस पर निषेधाधिकार न लागू किया जाए। यदि एक वर्ष के बाद प्रान्तीय विधान परिषद् उस प्रस्ताव को दुबारा पास कर दे, तो प्रान्तीय सरकार को उसे लागू करना पड़ेगा।

(6) कोई भी साधारण विधेयक प्रान्तीय परिषद् द्वारा बनाए हुए नियम के अनुसार पेश किया जा सके और उसके लिए सरकार की आवश्यकता नहीं रहे।

(7) कानून बनाने से पूर्व सब विधेयकों के लिए गवर्नर की मंजूरी की आवश्यकता होगी। गवर्नर-जनरल को किसी बिल को अस्वीकार करने की शक्ति होगी।

(8) प्रान्तीय कार्यकारिणी परिषद् में कम-से-कम आधे सदस्य भारतीय होंगे, जो उस प्रान्तीय विधान परिषद् द्वारा चुने जाएँगे।

(9) केन्द्रीय विधान परिषद् के सदस्यों की संख्या 150 होगी, जिसके 4/5 सदस्य चुने जाएँगे। चुने हुए सदस्यों में से 1/3 सदस्य मुसलमान होंगे जो मुस्लिम मतदाताओं द्वारा चुने जाएँगे। केन्द्रीय विधान परिषद् द्वारा पास किया हुआ प्रस्ताव लागू होगा, जब तक यह गवर्नर-जनरल तथा उसकी कौन्सिल द्वारा अस्वीकार न कर दिया जाए।

(10) गवर्नर-जनरल की कार्यकारिणी परिषद् के आधे सदस्य भारतीय होंगे जो केन्द्रीय विधान परिषद् द्वारा चुने जाएँगे। इस चुनाव में केन्द्रीय विधान परिषद् के चुने हुए सदस्यों को ही केवल मत देने का अधिकार होगा।

इस योजना में बड़ा भारी दोष यह था कि साम्प्रदायिक चुनाव प्रणाली को कांग्रेस ने स्वीकार कर लिया था और मुसलमानों को उनकी आबादी से बहुत अधिक प्रतिनिधित्व दे दिया गया था। जहाँ मुसलमानों का बहुमत था, वहाँ हिन्दुओं को यही अधिकार नहीं दिए गए थे, जो मुसलमानों को वहाँ दिए गए थे, जहाँ हिन्दुओं का बहुमत था। कई लेखकों के अनुसार यहीं से कांग्रेस की मुसलमानों को सन्तुष्ट और प्रसन्न करने की नीति का आरम्भ होता है। इन सब बातों का ही बुरा परिणाम निकला और मुसलमानों की माँगें बढ़ती गईं। अन्त में इसी नीति के परिणामस्वरूप देश का बँटवारा हुआ। इस योजना में दूसरा बड़ा भारी दोष यह था कि उसमें उत्तरदायी सरकार की कहीं भी माँग नहीं की गई थी। ब्रिटिश सरकार ने भी बाद में उस योजना की सारी बातों को नहीं माना।

**मेसोपोटामिया की दुर्घटनाएँ** (Masopotamian Muddles)—टर्की के विरुद्ध मेसोपोटामिया में भारत सरकार प्रथम महायुद्ध के समय संघर्ष कर रही थी परन्तु इसकी हार हुई क्योंकि सैनिकों की सुविधाओं की तरफ कोई ध्यान नहीं दिया गया था। फलतः इस दुर्घटना की जाँच करने के लिए कमीशन बिठाया गया। कमीशन ने अपनी रिपोर्ट में बताया कि भारत बिल्कुल अयोग्य है और भारतीयों से पूरा सहयोग प्राप्त करने के लिए उनको स्वशासन देना आवश्यक है।

## माण्टेग्यू की घोषणा
## (Montagu's Declaration)

ऊपर लिखी हुई सब परिस्थितियों ने ब्रिटिश सरकार को इस बात के लिए मजबूर कर दिया कि वह भारतीयों को कुछ नए अधिकार दे। इसलिए **माण्टेग्यू** ने 20 अगस्त, सन् 1917 ई. को एक घोषणा की जिसमें कहा गया कि, "ब्रिटिश सरकार की नीति जिससे भारत सरकार पूर्ण रूप से सहमत है, यह है कि भारतवासियों को शासन के प्रत्येक विभाग में अधिक-से-अधिक भाग दिया जाए और ऐसी संस्थाओं को उत्साहित किया जाए जो स्वशासन के कार्यों में लगी हुई हैं, जिससे भारत में धीरे-धीरे उत्तरदायी शासन की नींव रखी जा सके और वह ब्रिटिश सरकार के अन्दर रहकर स्वतन्त्र रूप से काम कर सके।" इस घोषणा

से भारत के किसी राजनीतिक दल को सन्तुष्टि नहीं हुई क्योंकि इसमें भारत की उन्नति करना और उसको स्वराज्य देना ब्रिटिश संसद के हाथ में रखा गया था। बाद में इसी के आधार पर ब्रिटिश पार्लियामेण्ट ने सन् 1919 ई. का अधिनियम पास किया।

## भारत सरकार का सन् 1919 ई. का अधिनियम
## (Government of India Act, 1919 A. D.)

सन् 1919 ई. के सुधारों से भारतीय असन्तुष्ट थे, क्योंकि इनके अनुसार सारा नियन्त्रण सरकार ने अपने पास रखा था और विधान परिषद् को केवल वाद-विवाद करने वाला क्लब बना दिया था। इतना ही नहीं, बल्कि उन सुधारों के अनुसार साम्प्रदायिक चुनाव प्रणाली जारी की गई थी, जिससे मुसलमान राष्ट्रीय जीवन से अलग होने लगे और साम्प्रदायिक समस्या विकट होने लगी।

जब सन् 1917 ई. में पहला महायुद्ध छिड़ा तो भारतीयों ने सरकार की हर तरह से सहायता की क्योंकि इसने घोषणा की थी कि यह लोकतन्त्र को सुरक्षित रखने के लिए लड़ रही है। भारतीयों ने यह भी अधिकार अपने लिए माँगा, परन्तु ब्रिटिश सरकार चुप रही। अत: भारतीयों ने तिलक और मिसेज ऐनी बेसेण्ट के नेतृत्व में होमरूल आन्दोलन चलाए। कांग्रेस तथा मुस्लिम लीग ने अपने आपसी मतभेदों को दूर करके ब्रिटिश सरकार के सामने सुधारों की एक योजना रखी, जिसे कांग्रेस लीग योजना कहा जाता है। अन्त में परिस्थिति से विवश होकर ब्रिटिश सरकार को एक घोषणा करनी पड़ी। यह घोषणा ब्रिटिश सरकार की तरफ से भारत सचिव माण्टेग्यू ने की। इस घोषणा में माण्टेग्यू ने कहा कि ब्रिटिश सरकार का लक्ष्य भारत में अन्त में उत्तरदायी सरकार की स्थापना करना और भारतीयों को शासन में अधिक भाग देना है, परन्तु यह केवल धीरे-धीरे ही हो सकता है। इसी घोषणा के आधार पर बाद में ब्रिटिश पार्लियामेण्ट ने एक एक्ट पास किया, जिसे भारत सरकार का सन् 1919 ई. का अधिनियम कहा जाता है। इस अधिनियम की निम्नलिखित मुख्य बातें हैं—

## सन् 1919 ई. के अधिनियम की मुख्य धाराएँ
## (Main Provisions of Act of 1919 A. D.)

**बुनियादी सिद्धान्त तथा प्रस्तावना**—माण्टेग्यू की घोषणा के बाद 8 जुलाई, सन् 1918 ई. को माण्टेग्यू-चैम्सफोर्ड सुधार प्रकाशित किए गए। इनको भारत सचिव श्री माण्टेग्यू और लॉर्ड चैम्सफोर्ड (भारत के वाइसराय) ने अनेक भारतीय नेताओं से मिलकर तैयार किया था। (इसी को माण्टेग्यू सुधार योजना भी कहा जाता है।) अधिनियम में एक प्रस्तावना दी गई जिसमें एक्ट के सिद्धान्त तथा उद्देश्य दिए गए। प्रस्तावना में कहा गया कि जहाँ तक भी हो सकेगा, स्थानीय संस्थाओं पर जनता का नियन्त्रण होगा और ऊपर के सरकारी अधिकारियों को कम-से-कम नियन्त्रण होगा अर्थात् अधिक-से-अधिक स्थानीय स्वराज्य लोगों को दिया जाएगा। दूसरे, प्रान्तों में थोड़ी-सी उत्तरदायी सरकार स्थापित की जाएगी और प्रान्तों को पहले की अपेक्षा अधिक शक्तियाँ दी जाएगी। तीसरे, भारत सरकार की ब्रिटिश संसद की ओर जिम्मेदारी ज्यों की त्यों बनी रहेगी परन्तु केन्द्रीय विधान परिषद् का विस्तार किया जाएगा, ताकि वह भारत सरकार को पहले से अधिक प्रभावित कर सके। चौथे, भारत सचिव का भारत सरकार पर नियन्त्रण कुछ ढीला कर दिया जाएगा। पाँचवें, सिक्ख, ईसाई, आंग्ल भारतीयों को साम्प्रदायिक प्रतिनिधित्व दिया गया।

उपर्युक्त सिद्धान्तों के आधार पर यह अधिनियम बनाया गया परन्तु इसके द्वारा न तो भारत सचिव की शक्तियों में कोई विशेष अन्तर आया और न ही भारत सरकार की। भारत सरकार पहले की तरह भारतीय जनता की तरफ गैर-जिम्मेदार (अनुत्तरदायी) रही। विस्तार में इसकी मुख्य बातें नीचे दी जा रही हैं—

## गृह सरकार
## (Home Government)

**सन् 1919 ई. के अधिनियम के अनुसार भारत सचिव का गवर्नर-जनरल पर नियन्त्रण**—भारत सचिव ब्रिटिश पार्लियामेण्ट के एजेण्ट के रूप में कार्य करता था। उसको भारत सरकार तथा भारतीय राजस्व से सम्बन्धित सभी मामलों की देखभाल का अधिकार था। वह इस हेतु भारत सरकार का कोई भी आदेश दे सकता था। सन् 1919 ई. के एक्ट में यह विशेष रूप से कहा गया कि भारत का गवर्नर-जनरल तथा उसके द्वारा गवर्नर अपने शासन सम्बन्धी सभी महत्वपूर्ण मामलों के बारे में भारत सचिव को सूचित रखेंगे और उसके आदेशों तथा निर्देशों का पालन करेंगे। भारत सचिव का भारत के शासन पर काफी अधिकार था। कोई भी महत्वपूर्ण नियुक्ति गवर्नर-जनरल उसकी स्वीकृति के बिना नहीं कर सकता था। भारत सचिव को किसी भी अधिकारी को पद से हटाने का अधिकार था। उसकी पूर्व स्वीकृति के बिना कोई भी महत्वपूर्ण पद समाप्त नहीं किया जा सकता था।

## महाराज्यपाल (गवर्नर-जनरल) तथा उसकी कार्यकारिणी परिषद्
## (Government General and his Executive Council)

**केन्द्र में सहानुभूतिसूचक तानाशाही (निरंकुश शासन)**—सन् 1919 ई. के अधिनियम के द्वारा भारत सरकार की कार्यकारिणी की रचना और शक्तियों में कुछ मौलिक परिवर्तन नहीं हुए। कार्यकारिणी शक्तियाँ पहले की तरह ही गवर्नर-जनरल तथा उसकी कार्यकारिणी परिषद् के पास ही रहीं। गवर्नर-जनरल पर जनता के प्रतिनिधियों का कोई नियन्त्रण स्थापित नहीं किया था। गवर्नर-जनरल की शक्तियों में इस अधिनियम (एक्ट) द्वारा कोई अन्तर नहीं आया और उसकी शक्तियाँ पहले की भाँति ही असीमित, निरंकुश और अनुत्तरदायी रहीं। पहले की भाँति ही भारत के सैनिक और गैर-सरकारी मामलों की देखभाल, नियन्त्रण और निर्देश देने की शक्तियाँ गवर्नर-जनरल के पास ही रहीं। यद्यपि वह इन शक्तियों का प्रयोग अपनी कार्यकारिणी परिषद् से मिलकर करता था, परन्तु अपनी कार्यकारिणी परिषद् पर गवर्नर-जनरल का विशेष प्रभाव था। इसका कारण यह था कि गवर्नर-जनरल अपनी कार्यकारिणी परिषद् का प्रधान था। उसकी सिफारिशों पर कार्यकारिणी परिषद् के सदस्यों की भारत सचिव द्वारा नियुक्ति होती थी। कार्यकारिणी परिषद् के सदस्य अपनी उन्नति के लिए गवर्नर-जनरल की सिफारिशों पर निर्भर रहते थे। कार्यकारिणी परिषद् के किसी भी सदस्य को उसकी सिफारिशों के बिना गवर्नर के पद तक उन्नत नहीं किया जाता था। गवर्नर-जनरल ही अपनी कार्यकारिणी परिषद् के सदस्यों में विभाग बाँटता था और वह ही सारे कार्य चलाने के लिए नियम बनाता था। वह चाहे जहाँ कार्यकारिणी परिषद् की बैठक बुला सकता था। गवर्नर-जनरल के इतने प्रभाव का कारण यह भी था कि वह भारत में ब्रिटिश सरकार का प्रतिनिधि था और भारत के शासन के सम्बन्ध में उसकी सारी जिम्मेदारी थी। इस हेतु उसका भारत सचिव से सीधा सम्पर्क था। गवर्नर-जनरल को यह भी शक्ति प्राप्त थी कि वह अपनी कार्यकारिणी परिषद् की सलाह की अवहेलना कर सकता था यदि उसके विचार में सलाह खतरनाक या गलत थी अथवा भारत में शान्ति कायम रखने के लिए इस सलाह की उपेक्षा करना आवश्यक था।

गवर्नर-जनरल को 2,56,000 रुपए वार्षिक वेतन और 1,72,700 रुपए का भत्ता मिलता था। इसके अतिरिक्त, उसे रहने के लिए एक शानदार महल मिलता था।

सन् 1919 ई. के अधिनियम के अनुसार गवर्नर-जनरल का विदेश विभाग तथा राजनीतिक विभाग पर सीधा नियन्त्रण था। राजनीतिक विभाग द्वारा गवर्नर-जनरल देशी रियासतों पर अपना पूरा नियन्त्रण रखता था। जब गवर्नर-जनरल देशी रियासतों के साथ काम चलाता था, तो वह वायसराय कहलाता था। वायसराय अपना प्रतिनिधि प्रत्येक देशी रियासत में रखता था, उसको रजीडेण्ट कहा जाता था। रेजीडेण्ट उस रियासत की सारी सूचनाएँ वायसराय के राजनीतिक विभाग को पहुँचाता रहता था।

## केन्द्रीय विधानमण्डल
## (Central Legislature)

केन्द्र में पहली बार दो सदन कर दिए गए। पहले सदन को विधानसभा और दूसरे सदन को राज्यसभा कहा जाता था। पहले सदन में सदस्यों की कुल संख्या 145 थी और दूसरे सदन में 60, इस तरह दोनों सदनों के सदस्यों की कुल संख्या मिलाकर 205 थी।

**केन्द्रीय विधानसभा की रचना**—विधानसभा के 145 सदस्यों में से 41 नामजद सदस्य थे और 104 चुने हुए सदस्य थे। जो चुने हुए सदस्य थे, वे विभिन्न सम्प्रदायों, हितों और वर्गों का प्रतिनिधित्व करते थे। उनमें से 52 सामान्य, 30 मुसलमान, 2 सिक्ख, 9 यूरोपियन, 7 जमींदार और 4 भारतीय वाणिज्य के हितों का प्रतिनिधित्व करते थे। जो सदस्य मनोनीत (नामजद) थे, उनमें से 26 सरकारी अधिनियम और 15 गैर-सरकारी अधिकारी थे।

**केन्द्रीय विधानसभा का कार्यकाल**—इस एक्ट के अनुसार केन्द्रीय विधानसभा का कार्यकाल 3 वर्ष रखा गया। केन्द्रीय विधानसभा का सन् 1919 ई. के अधिनियम के अनुसार अप्रत्यक्ष चुनाव कर दिया गया।

**केन्द्रीय विधानसभा का चुनाव**—प्रान्तों में जो स्थानों का विभाजन किया गया, वह किसी विशेष नियम या आबादी के अनुसार नहीं था, बल्कि उनके महत्व के अनुसार किया गया। उदाहरणस्वरूप यद्यपि पंजाब की आबादी बिहार और उड़ीसा की आबादी से काफी कम थी, तथापि पंजाब को उनसे अधिक स्थान दे दिए गए क्योंकि पंजाब का अंग्रेजों की दृष्टि में सैनिक महत्व था। केन्द्रीय विधानसभा में मुसलमानों, यूरोपियनों और सिक्खों के लिए साम्प्रदायिक प्रतिनिधित्व का सिद्धान्त अपनाया गया। जमींदारों और भारतीय वाणिज्य के हितों की सुरक्षा के लिए विशेष चुनाव क्षेत्र स्थापित किए गए। आंग्ल भारतीय समुदाय, भारतीय ईसाइयों और श्रमिकों के हितों की रक्षा के लिए कुछ व्यक्ति गवर्नर-जनरल द्वारा मनोनीत

किए गए। उन लोगों को केवल चुनाव में वोट देने का अधिकार दिया गया जो सरकार को आयकर, भूमिकर या अन्य कुछ विशेष टैक्स अथवा किराया आदि देते थे। अत: मताधिकार का मुख्य आधार सम्पत्ति था। मतदाताओं के लिए ये योग्यताएँ भी सारे देश में एक जैसी नहीं रखी गईं, बल्कि विभिन्न प्रान्तों में अलग-अलग थीं।

**केन्द्रीय विधानसभा के पदाधिकारी**—विधानसभा का पहला सभापति चार वर्ष के लिए गवर्नर-जनरल द्वारा मनोनीत किया गया। इसके बाद विधानसभा को अपना सभापति चुनने का अधिकार दिया गया, परन्तु इसके लिए गवर्नर-जनरल की अन्तिम स्वीकृति लेनी पड़ती थी। यद्यपि केन्द्रीय विधानसभा की अवधि या कार्यकाल तीन वर्ष था, परन्तु आवश्यकता के अनुसार इसे गवर्नर-जनरल घटा और बढ़ा भी सकता था।

**केन्द्रीय विधानसभा की कानूनी शक्तियाँ**—केन्द्रीय विधानसभा को यह अधिकार था कि वह केन्द्रीय सूची में बयान किए हुए सभी विषयों पर ब्रिटिश भारत की जनता के लिए कानून बना सके। गवर्नर-जनरल की पूर्व स्वीकृति से यह प्रान्तों के लिए भी कानून बना सकती थी। यह सन् 1919 ई. के अधिनियम में कोई परिवर्तन नहीं कर सकती थी। यह कोई ऐसा कानून पास नहीं कर सकती थी, जो ब्रिटिश पार्लियामेण्ट के किसी कानून के विरुद्ध हो। इसे भारतीयों के लिए किसी संविधान के बनाने का अधिकार नहीं था। संक्षेप में कहा जा सकता है कि इसके पास प्रभुसत्ता नहीं थी।

यह भारत की सचिव की किसी शक्ति में कोई परिवर्तन नहीं कर सकती थी।

**केन्द्रीय विधानसभा की वित्तीय शक्तियाँ**—वैधानिक शक्तियों के अतिरिक्त कुछ वित्तीय शक्तियाँ भी केन्द्रीय विधानसभा को दी गईं। बजट सबसे पहले केवल विधानसभा में ही प्रस्तुत किया जा सकता था। इसके बाद यह राज्यसभा के पास भेजा जाता था। बजट को दो भागों में बाँट दिया जाता था। पहले भाग में निम्नलिखित खर्चे शामिल किए जाते थे—(1) ऋण का ब्याज अथवा डूबती हुई रकमों पर कोई कर; (2) ब्रिटिश सम्राट् अथवा भारत सचिव द्वारा या उसकी स्वीकृति से नियुक्त किए हुए व्यक्तियों के वेतन तथा पेन्शनें; (3) सेना, राजनीतिक विभाग तथा ईसाई धर्म पर खर्च होने वाली रकमें; (4) मुख्य आयुक्तों के वेतन।

बजट के पहले भाग पर केन्द्रीय विधानसभा बहस तो कर सकती थी, परन्तु मतदान नहीं कर सकती थी। इस तरह से लगभग 85 प्रतिशत बजट पर केन्द्रीय विधानसभा का कोई प्रभावशाली नियन्त्रण नहीं था।

बजट के दूसरे भाग में 15 प्रतिशत खर्चे होते थे। इसके बारे में विधानसभा इन्कार कर सकती थी या कोई कटौती कर सकती थी, परन्तु यह किसी रकम (राशि) को बढ़ा नहीं सकती थी।

**केन्द्रीय विधानसभा का कार्यकारिणी परिषद् पर नियन्त्रण**—केन्द्रीय विधानसभा का गवर्नर-जनरल तथा उसकी कार्यकारिणी परिषद् पर बहुत थोड़ा नियन्त्रण था क्योंकि कार्यकारिणी परिषद् इसकी तरफ उत्तरदायी नहीं थी। केन्द्रीय विधानसभा गवर्नर-जनरल या उसकी कार्यकारिणी परिषद् के किसी सदस्य को अविश्वास प्रस्ताव द्वारा नहीं हटा सकती थी। यह उनसे प्रश्न तथा पूरक प्रश्न पूछ सकती थी परन्तु विधानसभा सरकार के विरुद्ध अत्यन्त आवश्यक सार्वजनिक मामलों पर काम रोको प्रस्ताव पास कर सकती थी। यह सरकार के पास जनता के हित में कोई अन्य सुझाव या प्रस्ताव भेज सकती थी। केन्द्रीय विधानसभा तथा सरकार के विरुद्ध निन्दा या आलोचना की जा सकती थी परन्तु सरकार को यह किसी कार्य करने के लिए मजबूर नहीं कर सकती थी। गवर्नर-जनरल की इच्छा पर यह निर्भर था कि वह इसकी किसी सिफारिश या प्रस्ताव को माने या न माने।

उसके बाद हम राज्यसभा का कुछ हाल बताते हैं—

**राज्यसभा की रचना तथा अवधि**—विधानसभा और राज्यसभा दोनों गवर्नर-जनरल सहित केन्द्रीय विधान मण्डल कहलाते थे। विधानसभा निचला सदन था और राज्यसभा ऊपर का सदन था। इसी बात को हम इस तरह भी कह सकते हैं कि विधानसभा पहला सदन था और राज्य सभा दूसरा सदन था। राज्य में कुल 60 सदस्य थे। उनमें से 33 चुने हुए सदस्य थे और 27 नामजद सदस्य थे। इन 27 नामजद सदस्यों में से 17 सरकारी अधिकारी थे और 10 गैर-सरकारी अधिकारी थे। चुने गए 33 सदस्य विभिन्न सम्प्रदायों और हितों में बँटे हुए थे।

**राज्यसभा का चुनाव**—राज्य-सभा का कार्य निचले सदन (विधानसभा) द्वारा पास किए बिलों पर पुन: विचार करना था, इसलिए इसको रूढ़वादी सदन बनाया गया था। इसमें बड़े-बड़े पूँजीवादी, जमींदार और व्यापारियों के प्रतिनिधि बैठते थे। इसके चुनावों में मत देने का अधिकार बहुत थोड़े मतदाताओं के पास था। सारे भारत में कुल मिलाकर इसके लिए 17,000 मतदाता थे।

इसके चुनावों के लिए मतदाताओं की योग्यताएँ प्रत्येक प्रान्त में भिन्न-भिन्न थीं। उदाहरणस्वरूप, मद्रास में केवल उन लोगों को वोट देने का अधिकार था जिनको अपनी सम्पत्ति से कम-से-कम 3,000 रुपए का वार्षिक आमदनी थी या जो 1,300 रुपया भूमि कर देते थे अथवा 20,000 रुपए की वार्षिक आमदनी पर आयकर देते थे। इसके अतिरिक्त, जिन लोगों के पास कुछ अन्य योग्यताएँ भी थीं। उनको भी मत देने का अधिकार था। उदाहरणस्वरूप, यदि किसी व्यक्ति को भारत की विधानसभा में काम करने का अनुभव था या वह किसी नगरपालिका अथवा स्थानीय बोर्ड का प्रधान या उप-प्रधान रहा हो या वह यूनिवर्सिटी के सीनेट का सदस्य हो या रहा हो अथवा उसके पास कोई साहित्यिक उपाधि हो तो भी उसको मत देने का अधिकार मिल जाता था। राज्यसभा का सभापति गवर्नर-जनरल द्वारा नियुक्त किया जाता था।

**राज्यसभा की शक्तियाँ**—राज्यसभा को केन्द्रीय विधानसभा के बराबर ही कानून बनाने के बारे में शक्तियाँ दी गईं। कोई भी बिल जब तक दोनों सदनों द्वारा पास नहीं हो जाता था, कानून नहीं बन सकता था। जहाँ तक बजट का सम्बन्ध है, यह राज्यसभा में भी उसी दिन रखा जाता था, जिस दिन विधानसभा में। अन्य धन विधेयक पहले विधानसभा में ही प्रस्तुत किए जाते थे और फिर राज्यसभा में। राज्यसभा माँगों पर अपना मत नहीं दे सकती थी, यह अधिकार तो केवल विधानसभा के पास ही था। जब विधानसभा किसी वित्तीय विधेयक को पारित कर देती थी, तो राज्यसभा या तो उसे सर्वथा अस्वीकार कर देती थी या कुछ संशोधनों के सुझाव दे सकती थी। यदि राज्यसभा किसी वित्तीय विधेयक या धन विधेयक को अस्वीकार कर देती थी या उसमें ऐसे संशोधन पेश करती थी जिसस विधानसभा सहमत न हो तो यह कानून केवल गवर्नर-जनरल व विशेष शक्तियों द्वारा ही बन सकता था। इसमें सन्देह नहीं कि वित्तीय मामलों में विधानसभा की अपेक्षा राज्यसभा की कुछ कम शक्तियाँ अवश्य थीं क्योंकि प्रत्येक माँग को पास करवाने के लिए उसके मत की आवश्यकता नहीं थी। वह तो केवल विधानसभा के कार्यों में कुछ रुकावट उत्पन्न कर सकती थी, जो गवर्नर-जनरल की विशेष शक्तियों द्वारा पास किए जा सकते थे।

विधानसभा की भाँति राज्यसभा को गवर्नर-जनरल तथा उसकी कार्यकारिणी परिषद् से प्रश्न और पूरक प्रश्न पूछने का अधिकार था। यह निन्दा प्रस्ताव, काम रोको प्रस्ताव इत्यादि भी पास कर सकती थी।

**दोनों सदनों में गतिरोध**—अब प्रश्न यह उत्पन्न हो जाता है कि यदि दोनों सदनों में किसी बिल के बारे में गतिरोध उत्पन्न हो जाता था तो उसको हल कैसे किया जाता था ? जब एक सदन बिल को पास कर देता था तथा दूसरा सदन पास नहीं करता था और इस तरह बिल को आरम्भ हुए 6 महीने बीत जाते थे तो गवर्नर-जनरल दोनों सदनों की एक इकट्ठी बैठक बुला सकता था और उसमें बहुमत से बिल को पास या अस्वीकार किया जाता था।

चूँकि राज्य सभा की संख्या विधानसभा कम थी, इसलिए विधानसभा को अपनी बात मनवाने में आसानी रहती थी।

## गवर्नर-जनरल की विशेष शक्तियाँ तथा केन्द्रीय सभा की दोषपूर्ण रचना
## (Special Powers of Governor General and Defective Organisation of Central Legislature)

**गवर्नर-जनरल का विधानसभा की तरफ उत्तरदायी न होना**—केन्द्रीय विधानमण्डल को भारत की पार्लियामेण्ट नहीं बनाया गया था। इसका ढाँचा अत्यन्त दोषपूर्ण था और इसकी शक्तियाँ अत्यन्त सीमित थीं। गवर्नर-जनरल तथा उसकी कार्यकारिणी परिषद् केन्द्रीय विधान मण्डल की तरफ जिम्मेदार नहीं थी। विधानसभा गवर्नर-जनरल तथा उसकी कार्यकारिणी परिषद् के किसी सदस्य को अविश्वास प्रस्ताव द्वारा नहीं हटा सकती थी। इसके पास केवल कुछ अन्य प्रकार के सार्वजनिक मामलों पर प्रस्ताव पास करने का अधिकार था। इन सब प्रस्तावों का मानना या न मानना गवर्नर-जनरल की इच्छा पर निर्भर था।

**गवर्नर जनरल के कानूनी अधिकार**—(1) वह किसी बिल अथवा इसकी किसी धारा पर विचार या संशोधन करने से केन्द्रीय विधानमण्डल को रोक सकता था, यदि उसके विचार में इससे भारत के किसी भाग की शान्ति अथवा सुरक्षा को खतरा उत्पन्न होता हो। (2) गवर्नर-जनरल किसी प्रश्न या पूरक प्रश्न का उत्तर देने से इन्कार कर सकता था या इसको मना कर सकता था। वह दोनों सदनों के सामने भाषण दे सकता था या सदनों में सदनों की आवश्यक उपस्थिति के लिए नियम बना सकता था। (3) अनेक प्रकार के बिलों पर उसकी पूर्व स्वीकृति के बिना विचार तक किसी भी सदन में नहीं किया जा सकता था। (4) प्रत्येक प्रान्तीय तथा केन्द्रीय बिल तभी कानून बन सकता था जबकि उसकी अनुमति या मंजूरी मिल जाए। वह किसी प्रस्ताव पर बहस को रोक सकता था। वह किसी भी काम रोको प्रस्ताव की मनाही कर सकता था। (5) गवर्नर-जनरल किसी भी बिल को ब्रिटिश सम्राट् की अनुमति के लिए आरक्षित कर सकता था। यदि सरकार किसी बिल को सदन में पास करवाना चाहती थी और दोनों सदन उसे स्वीकृति कर दें तो गवर्नर-जनरल उस बिल को अपनी विशेष शक्ति द्वारा कानून में तब्दील कर सकता था। सन् 1923 ई. में भारतीय राजाओं की रक्षा का अधिनियम और सन् 1925 ई. में वित्तीय विधेयक इसी

तरह कानून बनाए गए। (6) दोनों सदनों के इन्कार करने पर भी जो बिल इस प्रकार बनाए जाते थे, उनको रद्द करने की शक्ति केवल ब्रिटिश पार्लियामेण्ट तथा ब्रिटिश सम्राट् सहित मन्त्रिमण्डल को थी। इससे स्पष्ट है कि केन्द्रीय विधानमण्डल का गवर्नर-जनरल पर कोई प्रभावशाली नियन्त्रण नहीं था। गवर्नर-जनरल कानून के क्षेत्र में अपनी मनमानी कर सकता था। वह विधानसभा की तरफ उत्तरदायी नहीं था।

**अध्यादेश जारी करने की शक्ति**—जब केन्द्रीय मण्डल का अधिवेशन न हो रहा हो और उस समय यदि कोई संकटकालीन स्थिति गवर्नर-जनरल के सामने आ जाती थी तो उसका सामना करने के लिए वह विशेष आदेश जारी कर सकता था जो छः महीने के लिए पहले पहल जारी किए जा सकते थे परन्तु बाद में छः महीने और अधिक आवश्यकता पड़ने पर बढ़ाए जा सकते थे। इन विशेष आदेशों को अध्यादेश कहा जाता था।

**गवर्नर-जनरल की वित्तीय शक्तियाँ**—गवर्नर-जनरल को कानूनी शक्तियाँ तो प्राप्त थी हीं, उसे वित्तीय शक्तियाँ भी काफी प्राप्त थीं। बजट के बनाने पर गवर्नर-जनरल का पूरा नियन्त्रण था। गवर्नर-जनरल की आज्ञा के बिना बजट विधानसभा या राज्यसभा के सामने नहीं रखा जा सकता था। जैसा कि पहले बताया जा चुका है कि बजट को दो भागों में बाँटा जा सकता था। पहले भाग में सरकार के आवश्यक खर्चे रखे जाते थे। यह कुल खर्चों का 85 प्रतिशत होता था। इस पर केन्द्रीय विधानमण्डल केवल सुझाव दे सकता था परन्तु उसकी स्वीकृति की आवश्यकता नहीं थी, शेष 15 प्रतिशत खर्चे बजट के दूसरे भाग में रखे जाते थे। इनके लिए विधानसभा की मंजूरी ली जाती थी परन्तु यहाँ भी गवर्नर-जनरल को विशेष शक्तियाँ प्राप्त थीं। यदि विधानसभा किसी माँग को अस्वीकार कर दे तो गवर्नर-जनरल अपनी विशेष शक्ति द्वारा उस माँग की गंजूरी दे सकता है। यदि सरकार की इच्छा के विरुद्ध विधानसभा किसी सरकारी माँग या खर्चे में कोई कटौती कर देती थी तो गवर्नर-जनरल अपनी विशेष शक्ति द्वारा उसको पूरा कर सकता था। ऐसा करते समय वह कह सकता था कि उसकी विशेष जिम्मेदारियों को निभाने के लिए ये खर्च आवश्यक हैं। इससे स्पष्ट होता है कि गर्वनर-जनरल ही वित्तीय मामलों में सर्वेसर्वा था और केन्द्रीय विधानमण्डल (विधानसभा तथा राज्यसभा) तो उसके सामने बिल्कुल अशक्त था।

## प्रान्तीय सरकार के ढाँचे में परिवर्तन
## (Change in the Provincial Set-up)

**द्वैध या दोहरे शासन का अर्थ**—सन् 1919 ई. के अधिनियम के अनुसार जो सबसे अधिक महत्वपूर्ण परिवर्तन हुआ, वह प्रान्तीय ढाँचे में था। प्रान्तों में दोहरा शासन जारी किया गया। अंग्रेजी में दोहरे शासन को डाईआर्की कहा जाता है। डाइआर्की दो शब्दों से मिलकर बना है। डि यथा आर्किया। डि का अर्थ है—दो और आर्किया का अर्थ है—शासन। इस तरह से इसका अर्थ दो शासकों का शासन या दोहरा शासन। इस अधिनियम के अनुसार प्रान्तों में थोड़ी-सी उत्तरदायी सरकार जारी की गयी। सन् 1919 ई. के एक्ट से पहले भारत में एकात्मक सरकार थी और सारे विषय ही केन्द्रीय माने जाते थे। उस समय केन्द्रीय सरकार शासन को अच्छी तरह चलाने के लिए कुछ विभागों या विषयों को अपनी इच्छा के अनुसार प्रान्तों को दे देती थी। इस अधिनियम के अनुसार केन्द्रीय और प्रान्तीय विषयों का पहली बार बँटवारा किया गया। बाद में प्रान्तीय विषयों को भी दो भागों में बाँटा गया —आरक्षित विषय तथा हस्तान्तरित विषय। आरक्षित विषयों के शासन को गवर्नर अपनी कार्यकारिणी परिषद् की सहायता से चलता था। उसकी कार्यकारिणी परिषद् के सदस्य प्रान्तीय विधान परिषद् की तरफ जिम्मेदार नहीं होते थे। हस्तान्तरित विषयों को भारतीय मन्त्रियों को दे दिया गया। वे प्रान्तीय विधान परिषद् की तरफ जिम्मेदार होते थे। प्रान्तों में इस प्रकार की शासन व्यवस्था को ही दोहरा शासन कहा जाता था।

**केन्द्र तथा प्रान्तों के विषयों पर बँटवारा**—दोहरे शासन को विस्तारपूर्वक बताने से पहले केन्द्रीय और प्रान्तीय विषयों के बँटवारे पर थोड़ा-सा प्रकाश डालना आवश्यक है। जो विषय सारे भारत के हित के थे, उनको केन्द्रीय विषय रखा गया। 47 विषयों को केन्द्रीय विषय बनाया गया। उदाहरणस्वरूप, प्रतिरक्षा, विदेशों से सम्बन्ध, भारत से बाहर यात्रा, विदेशियों को भारत से बाहर यात्रा, विदेशियों को भारत की नागरिकता प्रदान करना, देशी रियासतों से सम्बन्ध, आवागमन के साधन (रेल, हवाई जहाज, पानी का जहाज), सीमा शुल्क, रुई इत्यादि पर उत्पादन कर, नमक, आयकर, डाकखाने, सिक्के तथा नोट, भारत में सार्वजनिक ऋण, वाणिज्य जिसमें बैंक तथा बीमा इत्यादि भी शामिल थे, केन्द्र को दिए गए। उदाहरणस्वरूप स्थानीय स्वशासन, सार्वजनिक स्वास्थ्य, सफाई, चिकित्सा विभाग, शिक्षा, पानी की सप्लाई, पुलिस तथा जेल, न्याय, सहकारिता, जंगल, सिंचाई, अकाल में सहायता, कृषि, भूमिकर इत्यादि विषय प्रान्तीय सरकारों को दिए गए। यह भी व्यवस्था की गई कि यदि गवर्नर-जनरल तथा उसकी परिषद् किसी भी केन्द्रीय विषय को स्थानीय हित का घोषित कर दे तो उस विषय पर प्रान्तों को कानून बनाने का अधिकार हो जाएगा।

इस अधिनियम में यह भी कहा गया कि जो विषय सूची में शामिल नहीं किए गए हैं, उन सब पर कानून बनाने का अधिकार केन्द्र का हो जाएगा। इसका यह अर्थ है कि शेष विषयों पर कानून बनाने की शक्तियाँ केन्द्र को दे दी गईं। जब कभी यह विवाद उत्पन्न हो जाता था कि कोई विषय प्रान्तीय है अथवा केन्द्रीय तो उस समय गवर्नर-जनरल का निर्णय अन्तिम समझा जाता था। केन्द्रीय सरकार को भी सब प्रान्तीय विषयों पर कानून बनाने की आज्ञा दी गई परन्तु ऐसा करने से पूर्व केन्द्रीय विधानमण्डल को गवर्नर जनरल से विशेष आज्ञा प्राप्त करनी पड़ती थी। सन् 1919 ई. के अधिनियम के अनुसार केन्द्र तथा प्रान्तों में विषयों का बँटवारा कोई सख्त नहीं था। गवर्नर-जनरल को इस बारे में काफी शक्तियाँ प्राप्त थीं क्योंकि विषयों के बँटवारे के बावजूद केन्द्र में संघात्मक सरकार जारी नहीं की गई थी। केन्द्र में सन् 1919 ई. के अधिनियम के अनुसार एकात्मक सरकार ही थी।

**प्रान्तों में आरक्षित तथा हस्तान्तरित विषयों का बँटवारा**—प्रान्तीय विषयों के दो भागों में बाँटा गया—आरक्षित तथा हस्तान्तरित। जिन विषयों को भारतीयों को देने से ब्रिटिश सरकार का कोई अहित नहीं होता था जिनमें गलती होने से ब्रिटिश सरकार को कोई विशेष हानि पहुँचने की सम्भावना नहीं थी और जिनका नियन्त्रण भारतीय अपने हाथों में विकास की दृष्टि से अधिक चाहते थे, उन विषयों को हस्तान्तरित किया गया। उसके शासन की जिम्मेदारी भारतीय मन्त्रियों के हाथों में दी गई। उदाहरणस्वरूप, स्थानीय स्वशासन, चिकित्सा शासन, सार्वजनिक स्वास्थ्य तथा सफाई, ब्रिटिश भारत में यात्रा, यूरोपियन और आंग्ल भारतीयों की शिक्षा को छोड़कर शेष जनता की शिक्षा, सार्वजनिक कार्य, कृषि, सहकारी समितियाँ, मछली क्षेत्र, उद्योग-धन्धे, खाद्य वस्तुओं में मिलावट जन्म तथा मृत्यु सम्बन्धी आँकड़े तोल और माप इत्यादि विषय हस्तान्तरित रखे गए। 50 विषय में से लगभग 22 विषय हस्तान्तरित रखे गए, शेष विषय आरक्षित रखे गए। जितने भी अधिक महत्वपूर्ण विषय थे, वे सब आरक्षित रखे गए। उदाहरणस्वरूप—भूमिकर, अकाल सहायता, न्याय-प्रशासन, खनिज साधनों का विकास, उत्पादन पूर्ति और बाँट पर नियन्त्रण, पुलिस, समाचार-पत्रों, पुस्तकों और छापेखानों पर नियन्त्रण, प्रान्तीय सरकार के नाम पर उधार लेना, प्रान्तीय वित्त इत्यादि आरक्षित विषय रखे गए। आरक्षित विषयों के शासन की जिम्मेदारी गवर्नर की कार्यकारिणी परिषद् की रखी गयी। गवर्नर अपनी कार्यकारिणी सहित इन विषयों के शासन के लिए प्रान्तीय विधान परिषद् की तरफ जिम्मेदार न होकर गवर्नर-जनरल तथा भारत सचिव की तरफ ही जिम्मेदार थे जो स्वयं लन्दन में ब्रिटिश सरकार तथा पार्लियामेण्ट की तरफ जिम्मेदार थे। इस तरह से रिजर्व या आरक्षित विषयों पर प्रान्तीय विधान परिषद् का नियन्त्रण नहीं था। जहाँ यह विवाद उत्पन्न होता था कि कोई विषय आरक्षित था अथवा हस्तान्तरित, वहाँ गर्वनर का निर्णय अन्तिम समझा जाता था।

**प्रान्तों पर केन्द्रीय नियन्त्रण में ढिलाई**—प्रान्तों में आंशिक उत्तरदायी सरकार को सफल बनाने के लिए यह आवश्यक हो गया कि केन्द्र का प्रान्तों पर कुछ नियन्त्रण ढीला किया जाए। सन् 1919 ई. की एक्ट के पूर्व प्रत्येक प्रान्तीय विषय के लिए गवर्नर-जनरल की पूर्व स्वीकृति आवश्यक थी परन्त सन् 1919 ई. के अधिनियम के अनुसार यह निर्धारित किया गया कि प्रान्तीय सूची पर कानून बनाने के लिए कुछ विशेष मामलों को छोड़कर शेष मामलों में गवर्नर-जनरल की पूर्व स्वीकृति की आवश्यकता नहीं होगी। केन्द्रीय सरकार उस समय प्राय: हस्तक्षेप नहीं करती थी जब प्रान्तीय सरकार किसी हस्तान्तरित विषय पर कानून बनाती थी, परन्तु जब यह किसी आरक्षित विषय पर कानून बनाती थी तो यह (केन्द्र सरकार) कभी-कभी हस्तक्षेप करती थी।

जहाँ कानूनी क्षेत्र में कुछ केन्द्रीय नियन्त्रण में ढिलाई की गई, वहाँ शासन सम्बन्धी क्षेत्रों में भी कुछ ढिलाई आवश्यक हो गई। जहाँ तक सन् 1919 ई. के अधिनियम का सम्बन्ध था, उसमें यह स्पष्ट रूप से कहा गया कि प्रान्तीय सरकारें केन्द्रीय सरकार की निगरानी, निर्देश और नियन्त्रण में रहेंगी और उनका यह कर्तव्य होगा कि वे सरकार को हर महत्वपूर्ण मामले की सूचना देती रहें। जहाँ तक हस्तान्तरित विषयों का सम्बन्ध था भारत सरकार (केन्द्रीय सरकार) का नियन्त्रण बहुत ढीला कर दिया गया और यह प्रान्तों के मामलों में प्राय: हस्तक्षेप नहीं करती थी परन्तु जहाँ तक आरक्षित विषयों का सम्बन्ध था। केन्द्रीय सरकार का प्रान्तीय सरकारों पर नियन्त्रण बहुत ढीला नहीं किया गया। उदाहरणस्वरूप, क्रान्तिकारी और राजनीतिक आन्दोलनों को दबाने के लिए भारत सरकार का गृह विभाग सारे प्रान्तों के निर्देश जारी करता था और उनका प्रान्तों को पालन करना पड़ता था।

वित्तीय क्षेत्र में भी केन्द्रीय नियन्त्रण कुछ ढीला किया गया। प्रान्तों को कुछ विषयों पर अलग कर लगाने की आज्ञा दी गई। प्रान्तों को कुछ अलग साधनों से टैक्स इकट्ठा करने की भी आज्ञा दे दी गई। इस तरह से केन्द्र और प्रान्तों के राजस्व के साधनों से टैक्स इकट्ठा करने की भी आज्ञा दे दी गई। इस तरह से केन्द्र और प्रान्तों के राजस्व के साधनों को अलग-अलग कर दिया गया। इससे प्रान्तीय सरकारों की केन्द्रीय सरकार पर निर्भरता कुछ कम हो गई और प्रान्त काफी हद तक वित्तीय

मामलों में आत्मनिर्भर बन गए। इस तरह से सन् 1919 ई. के अधिनियम का बड़ा भारी महत्व है कि इसके द्वारा चाहे प्रान्तीय स्वराज्य एकदम न शुरू किया गया हो परन्तु इसके द्वारा उस दिशा में पहला कदम अवश्य उठाया गया। इसी मार्ग पर चलते हुए बाद में सन् 1935 ई. के अधिनियम के अनुसार प्रान्तीय स्वराज्य एक वास्तविकता बन गया।

## दोहरा शासन
## (Dyarchy)

हमने यह बता दिया है कि प्रान्तों में थोड़ी-सी उत्तरदायी सरकार की स्थापना के लिए विषयों को हस्तान्तरित तथा आरक्षित में बाँटा गया। उसी के बारे में आगे बताया गया है–

**गवर्नर तथा उसके मन्त्री (हस्तान्तरित विषय)**–हस्तान्तरित विषयों का प्रान्तों में शासन चलाने के लिए मन्त्री नियुक्त किए गए। उनकी अधिक-से-अधिक संख्या निश्चित नहीं की गई। बम्बई (मुम्बई), कलकत्ता (कोलकाता) और मद्रास (चेन्नई) में तीन मन्त्री नियुक्त किए गए और शेष प्रान्तों में केवल दो मन्त्री वास्तव में नियुक्त किए गए। मन्त्री गनर्वर द्वारा नियुक्त किए जाते थे और उनके प्रसादपर्यन्त (कृपा तक) अपने पद पर बने रहते थे। मन्त्रियों को विधान परिषद् के सदस्यों में से प्राय: नियुक्त किया जाता था। किसी भी सरकारी अधिकारी को मन्त्री नियुक्त नहीं किया जा सकता था।

यदि किसी ऐसे व्यक्ति को मन्त्री नियुक्त कर दिया जाता था जो विधान परिषद् का सदस्य नहीं था तो उसे 6 महीने के अन्दर विधान परिषद् का सदस्य बनना पड़ता था। यदि वह व्यक्ति 6 महीने में सदस्य नहीं बन सकता था, तो वह मन्त्रिपरिषद् में नहीं रह सकता था।

संयुक्त चयन समिति ने यह सिफारिश की थी कि मन्त्रियों को तब तक उतना ही वेतन मिले, जितना गवर्नर की कार्यकारिणी परिषद् के सदस्यों को मिले, जब तक प्रान्तीय विधान परिषद् उसमें कोई कमी न करे। इसका यह परिणाम हुआ कि इस एक्ट में प्रान्तीय विधान परिषद् को मन्त्रियों के वेतन में कटौती का अधिकार दे दिया गया था। बम्बई (मुम्बई) विधान परिषद् ने वास्तव में प्रत्येक मन्त्री का वार्षिक वेतन 64,000 रु. से घटाकर 48,000 रु. कर दिया था।

व्यवहार में गवर्नर ऐसे व्यक्तियों को मन्त्री नियुक्त करता था जिनके पीछे विधान परिषद् के कुछ सदस्य हों। जिन व्यक्तियों को विधान परिषद् का विश्वास प्राप्त नहीं होता था, उनकी विधान परिषद् अविश्वास प्रस्ताव द्वारा हटा सकती थी। जब मन्त्रियों के वेतन की मन्जूरी प्रतिवर्ष विधान परिषद् से ली जाती थी तो उस समय भी मन्त्रियों के काम खराब होने पर उनकी आलोचना की जाती थी। विधान परिषद् के सदस्य मन्त्रियों से प्रश्न तथा पूरक प्रश्न भी पूछ सकते थे, इस तरह से मन्त्रियों को विधान परिषद् की सद्भावना पर निर्भर रहना पड़ता था। जिस मन्त्री में विधान परिषद् को विश्वास नहीं होता था, उसे अपना त्याग-पत्र देना पड़ता था। उत्तर प्रदेश में एक मन्त्री के विरुद्ध अविश्वास प्रस्ताव पास कर दिया गया और वहाँ के गवर्नर को अपनी इच्छा के विरुद्ध उस मन्त्री को हटाना पड़ा। इससे पता चलता है कि प्रान्तों में हस्तान्तरित विषयों में मन्त्रियों को विधान परिषद् के अधीन अवश्य कर दिया गया था परन्तु मन्त्रियों की स्थिति बहुत कठिन थी। इन्हें गवर्नर को भी प्रसन्न रखना पड़ता था। "गवर्नर को भी बिना कारण बताए हुए मन्त्रियों को हटाने का अधिकार था।" इस तरह से मन्त्रियों को दो स्वामियों को प्रसन्न करना पड़ता था।

सन् 1919 ई. के एक्ट के अनुसार राज्यपालों (गवर्नर) को एक निर्देश पत्र जारी किया गया जिसमें राज्यपालों से कहा गया कि मन्त्रियों की सलाह को मानने या उनकी उनकी करते हुए वे उनके (मन्त्रियों के) विधान परिषद् से सम्बन्धों और जनता के प्रतिनिधियों की इच्छा का ध्यान रखें। राज्यपाल मन्त्रियों की सलाह की उपेक्षा या उनकी इच्छा के विरुद्ध तभी कार्य कर सकता था जब प्रान्त की सुरक्षा और शान्ति थोड़ी संख्या वाली जातियों अथवा पिछड़ी हुई जातियों की उन्नति और कल्याण, सार्वजनिक सेवा के हितों की रक्षा और धार्मिक अथवा जातीय झगड़ों से जनता को बचाने के लिए वह ऐसा करने पर विवश हो जाए। गवर्नर की भी जिम्मेदारी थी कि भारत सचिव तथा गवर्नर-जनरल के सब आदेशों का पूरी तरह पालन हो। इसका यह अर्थ हुआ कि यदि मन्त्रियों की सलाह से प्रान्त की सुरक्षा या शान्ति में कोई बाधा उपस्थित हो या वह सलाह थोड़ी संख्या वाली जातियों या पिछड़ी हुई जातियों के हितों के विरुद्ध हो या वह सार्वजनिक सेवाओं के लिए उचित न हो या वह भारत सचिव अथवा गवर्नर-जनरल के आदेशों के विरुद्ध हो तो गवर्नर उनकी (मन्त्रियों की सलाह की) परवाह न करके अपनी इच्छा के अनुसार कार्य कर सकता था। यद्यपि इस एक्ट के बनाने वालों का इरादा था कि मन्त्रियों में सामूहिक उत्तरदायित्व की भावना को उत्साहित किया जाए परन्तु व्यवहार में गवर्नरों ने इस सिद्धान्त को नहीं अपनाया और वे मन्त्रियों से इकट्ठा विचार-विमर्श करने के बजाय अलग-अलग ही करते रहे। इससे राज्यपालों (गवर्नरों) के हाथ में सारी शक्तियाँ बनी रहीं और मन्त्रियों को गवर्नरों के विरुद्ध इकट्ठा होकर कुछ कहने का अवसर ही प्राप्त नहीं हुआ।

**राज्यपालों के लिए निर्देश-पत्र**–राज्यपाल या मन्त्रियों से अपने सम्बन्धों में मार्गदर्शन करने के लिए राज्यपालों को एक निर्देश-पत्र जारी किया गया। भारत सरकार सन् 1919 ई. के अधिनियम में यह उपबन्ध रखा गया कि, "हस्तान्तरित विषयों के बारे में राज्यपाल अपने मन्त्रियों के परामर्श को तब तक मानेगा जब तक कि वह उनकी सम्मति में मतभेद रखने का कोई विशेष कारण न समझे। उस समय वह मन्त्रियों की सम्मति की उपेक्षा करके अपनी इच्छानुसार कार्य कर सकेगा।"

**राज्यपाल की विशेष जिम्मेदारियाँ**–इन सामान्य जिम्मेदारियों के अतिरिक्त चाहे इस अधिनियम के द्वारा उत्पन्न की गई थीं अथवा किसी अन्य तरीके से उत्पन्न की गई थीं, निर्देश-पत्र ने राज्यपाल को निम्नलिखित जिम्मेदारियाँ सौंपी–

(1) यह देखना कि प्रान्त के सभी भागों में सुरक्षा और शान्ति स्थापित की जाए, धार्मिक और प्रजातीय झगड़े दूर किए जाएँ तथा जो आदेश भारत सचिव अथवा महाराज्यपाल द्वारा जारी किए जाएँ, उन सबका पालन किया जाए।

(2) अल्पसंख्यक तथा पिछड़ी हुई जातियों के समाज कल्याण और प्रगति के लिए व्यवस्था करना।

(3) अपने प्रान्त में लगे हुए नागरिक सेवाओं के सब सदस्यों के माने हुए अधिकार और विशेषाधिकार की रक्षा करना, ताकि वे अपने उचित कार्य कर सकें।

(4) यह देखना कि सरकार का कोई आदेश या विधान परिषद् का कोई अधिनियम लोगों को उनके विभिन्न हितों अथवा प्रजाति धर्म, शिक्षा, सामाजिक दशाओं, धन, विशेषाधिकारों तथा लाभों से वंचित न करे जो कि लोगों को अब तक मिलते रहे हैं या बाद में उनको मिलने वाले हैं।

यह ध्यान देने योग्य है कि भारत सरकार के सन् 1919 ई. के अधिनियम में राज्यपाल को बहुत-सी विशेष जिम्मेदारियाँ सौंपी। अपनी विशेष जिम्मेदारियों को निभाने के लिए राज्यपाल अपने मन्त्री से किसी भी महत्वपूर्ण मामले पर असहमत हो सकता था और अपनी इच्छानुसार कार्य कर सकता था। इस तरह से वह न तो सन् 1919 ई. के अधिनियम का उल्लंघन करता था और न ही निर्देश-पत्र का उल्लंघन करता था और साथ में अपनी मनमानी भी कर सकता था। भारतीय वैधानिक आयोग के अनुसार, "राज्यपाल के पास साधारण और असाधारण शक्तियाँ मिला दी गईं। वह दैनिक प्रशासन का भाग है परन्तु उसका यह प्राधिकार आरक्षित है जिसके कारण वह साधारण प्रक्रियाओं का उल्लंघन कर सकता है, जबकि उसको यह विश्वास हो जाए कि प्रान्त के साधारण प्रशासन में उसके विशिष्ट हस्तक्षेप की आवश्यकता है।" इतिहास इस बात का साक्षी है कि राज्यपाल का हस्तक्षेप केवल असाधारण परिस्थितियों तक ही सीमित नहीं था, अपितु साधारण परिस्थितियों में भी था।

गवर्नर की कार्यकारिणी के सब सदस्य पाँच वर्ष के लिए ब्रिटिश ताज द्वारा भारत सचिव की सिफारिशों पर नियुक्त किए जाते थे। उनकी नियुक्ति में गवर्नर का भी हाथ रहता था। व्यवहार में जिन व्यक्तियों के नाम की सिफारिश गवर्नर तथा गवर्नर-जनरल कर देते थे, उन्हीं को भारत सचिव की स्वीकृति दे देता था। उसके वेतन अधिनियम में निर्धारित कर दिए गए थे और उसमें प्रान्तीय विधान परिषद् कोई कटौती नहीं कर सकती थी। वे प्रान्तीय विधान परिषद् के पदेन सदस्य थे, परन्तु इसकी तरफ उत्तरदायी नहीं थे। इसका यह अर्थ हुआ कि प्रान्तीय विधान परिषद् उन्हें अविश्वास प्रस्ताव द्वारा उस तरह नहीं हटा सकती थी, जिस तरह यह मन्त्रियों को हटा सकती थी। वे वास्तव में केवल गवर्नर सहित भारत सचिव की ओर उत्तरदायी थे। चूँकि गवर्नर सारे प्रान्तीय शासन के लिए गवर्नर-जनरल भारत सचिव की तरफ जिम्मेदार था, इसलिए गवर्नर का अपनी कार्यकारिणी परिषद् के सदस्यों के ऊपर प्रभावशाली नियन्त्रण था।

**आरक्षित तथा हस्तान्तरित पक्षों में सम्बन्ध तथा गवर्नर का महत्वपूर्ण कार्य**–यद्यपि मन्त्रियों तथा कार्यकारिणी परिषद् के सदस्यों की नियुक्ति के तरीकों, अवधि और विधान परिषद् के साथ सम्बन्धों में महान् अन्तर था, तथापि सन् 1919 ई. के अधिनियम के बनाने वालों का यह उद्देश्य नहीं था कि ये दोनों पक्ष अलग-अलग रहें। उनका यह इरादा था कि दोनों पक्ष गवर्नर के नेतृत्व में आपस में मिल-जुलकर कार्य करें। इसलिए बाद में बनाए हुए नियमों में इस बात पर बल दिया गया कि गवर्नर दोनों पक्षों में सामूहिक विचार-विमर्श को उत्साहित करें। इसका कारण यह था कि सरकार के अनेक विषय होते थे, जिनका प्रभाव दोनों पक्षों पर पड़ता था। उदाहरणस्वरूप, जहाँ तक कर लगाने का सम्बन्ध था या उधार लेने अथवा धन के बँटवारे का सम्बन्ध था, दोनों पक्ष समान रूप से इन मामलों में रुचि रखते थे। इसका यह अर्थ नहीं कि दोनों पक्षों की बैठक में गवर्नर को बहुमत से एक संयुक्त निर्णय लेना होता था बल्कि यह है कि उनके विचारों को जानने के लिए संयुक्त बैठक बुलानी वांछनीय थी। जहाँ तक निर्णयों का सम्बन्ध था, गवर्नर मन्त्रियों की अलग और कार्यकारिणी परिषद् की अलग बैठक बुला सकता था।

**गवर्नर का वित्त पर नियन्त्रण**–चूँकि वित्त एक आरक्षित विषय था और उसके प्रशासन की जिम्मेदारी गवर्नर तथा उसकी कार्यकारिणी परिषद् की थी, अत: गवर्नर के पास इस विषय में बहुत अधिक शक्तियाँ थीं। बजट की तैयारी में उसका पूरा हाथ होता था क्योंकि उसके आदेशों के अनुसार बजट तैयार होता था। आरक्षित विषयों पर कितना खर्च हो और

हस्तान्तरित विषयों पर कितना हो, इसके बारे में निर्णय करने के लिए वह मन्त्रियों तथा अपनी कार्यकारिणी परिषद् की एक संयुक्त बैठक बुलाता था। दोनों पक्षों में मतभेद होने पर गवर्नर का निर्णय अन्तिम समझा जाता था। लगभग 70 प्रतिशत प्रान्तीय शासन का खर्च ऐसा होता था जिस पर विधान परिषद् अपना मतदान नहीं कर सकती थी। वह उस खर्चे पर बहस कर सकती थी और अपने सुझाव दे सकती थी। यदि विधान परिषद् आरक्षित विषयों से सम्बन्धित किसी माँग के बारे में इन्कार करती थी या उसमें कटौती करती थी तो गवर्नर इन्कार की हुई या कम की गई रकम की पूर्ति यह कहकर कर सकता था कि वह खर्च उस विषय के प्रशासन को ठीक तरह चलाने के लिए बहुत आवश्यक है।

यदि विधान परिषद् किसी हस्तान्तरित विषय से सम्बन्धित माँग में कटौती कर देती थी या स्वीकृति से इन्कार कर देती थी तो वह उस माँग की पूर्ति नहीं कर सकता था परन्तु संकटकालीन अवस्था में प्रान्त की शान्ति कायम रखने के लिए वह इस खर्चे की स्वीकृति अपने विशेष अधिकार द्वारा दे सकता था। विधान परिषद् द्वारा हस्तान्तरित विषय से सम्बन्धित किसी भी कम की हुई माँग पर वह इतने खर्च की मन्जूरी दे सकता था जितना खर्च इसके बारे में पिछले वर्ष हुआ था। गवर्नर ने अपनी इन विशेष वित्तीय शक्तियों का प्रयोग बंगाल और मध्य प्रान्त में खूब किया क्योंकि वहाँ स्वराजिस्ट पार्टी का बहुमत था और वह सरकार को पूरा सहयोग देने के लिए तैयार नहीं थी। इस तरह से वित्तीय क्षेत्र में गवर्नर की इच्छा के विरुद्ध कुछ भी नहीं हो सकता था और आर्थिक मामलों में उसके पास अन्तिम शक्तियाँ थीं।

## प्रान्तीय विधान मण्डल
## (The Provincial Legislature)

**प्रान्तीय विधान परिषद् की रचना**—इस अधिनियम के अनुसार व्यवस्था की गई कि कम-से-कम 70 प्रतिशत सदस्य प्रत्येक विधान परिषद् में चुने हुए होंगे और 20 प्रतिशत से अधिक सरकारी अधिकारी नहीं होंगे। चुने हुए सदस्य और सरकारी अधिकारियों के अतिरिक्त परिषद् में कुछ नामजद गैर-सरकारी अधिकारी भी थे। इससे पता चलता है कि प्रान्तों में चुने हुए सदस्यों का बहुमत स्थापित कर दिया गया। हरिजनों को काफी प्रतिनिधित्व देने के लिए उनके सदस्यों को मनोनीत करने की व्यवस्था की गई। गवर्नर की कार्यकारिणी परिषद् के सदस्य पदेन विधान परिषद् के सदस्य थे।

**चुनाव क्षेत्र तथा मताधिकार**—मार्ले-मिण्टो सुधारों की अपेक्षा मताधिकार अब अधिक विस्तृत कर दिया गया था परन्तु फिर भी यह इतना सीमित रहा कि सन् 1920 ई. में ब्रिटिश भारत की 24 करोड़ 17 लाख आबादी में से केवल 53 लाख आबादी को मताधिकार दिया गया। दूसरे शब्दों में, हम कह सकते हैं कि लगभग 2.5 प्रतिशत आबादी को ही मत देने का अधिकार प्राप्त हुआ। मताधिकार के लिए योग्यताएँ प्रत्येक प्रान्त में बहुत भिन्न-भिन्न थीं। प्रायः ऐसा किया गया जो लोग देहाती क्षेत्रों में 10 रुपए से लेकर 50 रुपए तक प्रतिवर्ष भूमि-कर देते थे, उनको मताधिकार दे दिया गया। नगरों में जो कम-से-कम 2,000 रुपए वार्षिक आमदनी पर आय-कर देते थे या जिनको मकान से कम-से-कम 36 रुपए वार्षिक किराया मिलता था या जो 36 रुपए वार्षिक किराया देते थे या जो नगरपालिका को कम-से-कम 3 रुपए वार्षिक कर देते थे, वे अपना नाम मतदाताओं की सूची में लिखवा सकते थे।

चुनाव-क्षेत्रों को सामान्य चुनाव-क्षेत्रों तथा विशेष क्षेत्रों में बाँट दिया गया। सामान्य चुनाव-क्षेत्र मुसलमान, गैर-मुस्लिम, ईसाई, आंग्ल-भारतीय समुदाय और सिक्ख इत्यादि के लिए बनाए गए। विशेष चुनाव-क्षेत्र यूनिवर्सिटी वाणिज्य, उद्योग और जिम्मेदारों के लिए बनाए गए। सामान्य चुनाव क्षेत्रों को भी देहाती और शहरी चुनाव-क्षेत्रों में बाँट दिया गया और जैसा पहले बताया जा चुका है कि वहाँ पर मताधिकार के लिए योग्यताएँ भी काफी अलग-अलग रखी गईं। सामान्य चुनाव-क्षेत्र में प्रत्यक्ष निर्वाचन रखा गया। नारियों को मताधिकार नहीं दिया गया परन्तु यह व्यवस्था की गई कि प्रान्तीय विधान परिषद् नारियों को मताधिकार दे सकेगी। प्रान्तीय विधान परिषद् ने बाद में नारियों को भी मताधिकार दे दिया था।

**विधान परिषद् की कानूनी शक्तियाँ तथा गवर्नर**—प्रान्तीय विधान परिषद् को यह शक्ति दी गई कि वह अपने प्रान्त की शान्ति तथा अच्छी सरकार के लिए कानून बनाए। सन् 1919 ई. के अधिनियम से पहले प्रत्येक प्रान्तीय कानून के लिए गवर्नर-जनरल की पूर्व आज्ञा लेना आवश्यक था परन्तु सन् 1919 ई. के अधिनियम के अनुसार यह तय किया गया कि कुछ विशेष मामलों को छोड़कर शेष को गवर्नर की पूर्व आज्ञा की आवश्यकता नहीं रहेगी परन्तु प्रत्येक प्रान्तीय बिल विधान परिषद् द्वारा पास होने पर कानून तभी बन सकता था जब गवर्नर तथा जनरल अपनी स्वीकृति दे दें। प्रान्तीय विधान परिषद् को जिन विशेष मामलों में कानून बनाने से पूर्व गवर्नर-जनरल की आज्ञा लेनी पड़ती थी, वे निम्नलिखित थे—

(1) कोई ऐसा कर लगाना जिसकी शक्ति प्रान्तीय विधान परिषद् को प्राप्त नहीं है।

(2) सार्वजनिक ऋण।

(3) सरकार के देशी राजाओं तथा विदेशी राज्यों से सम्बन्ध।

(4) सेना के अनुशासन या इसके किसी भाग के संगठन को प्रभावित करना।

(5) किसी केन्द्रीय विषय को प्रभावित करना।

प्रान्तीय विधान परिषद् को ऐसे कानूनों को बनाने की स्पष्ट रूप से मनाही कर दी गई जिसका प्रभाव ब्रिटिश संसद द्वारा बनाए हुए अधिनियमों पर पड़ता हो।

राज्यपाल को कानूनी क्षेत्र में बहुत शक्ति दी गई है। वह किसी भी विधेयक को विधान परिषद् के पास पुनर्विचार के लिए भेज सकता था। वह किसी भी बिल को गवर्नर-जनरल के विचार के लिए आरक्षित कर सकता था। गवर्नर-जनरल भी किसी विधेयक को विधान परिषद् के पास पुनर्विचार के लिए भेज सकता था। वह किसी भी विधेयक को ब्रिटिश सम्राट् की सरकार के लिए विचार के लिए आरक्षित कर सकता था। यदि आरक्षित विषय पर विधान परिषद् उस रूप में बिल पास करने से इन्कार कर दे जिस तरह गवर्नर चाहता था तो बिल को अपनी प्रमाण-शक्ति द्वारा यह कहकर पास कर सकता था कि, "उस विषय से सम्बन्धित उसकी विशेष जिम्मेदारी निभाने के लिए इस बिल को पास करना आवश्यक है। ऐसा न हो कि गवर्नर अपनी इन शक्तियों का कभी दुरुपयोग न करे इसलिए यह व्यवस्था की गई कि इस प्रकार पास किया हुआ प्रत्येक बिल गवर्नर-जनरल के पास जाएगा और वह तब ही कानून बन सकेगा जब उस पर ब्रिटिश सम्राट् को स्वीकृति प्राप्त हो जाए। संकटकालीन अवस्था में गवर्नर-जनरल उस कानून की अनुमति दे सकता था परन्तु बाद में यह आवश्यकता पड़ने पर ब्रिटिश सम्राट् द्वारा रद्द किया जा सकता था। गवर्नर द्वारा इस प्रकार के पाए किए हुए अधिनियम की स्वीकृति ब्रिटिश संसद से भी लेनी पड़ती थी।

**विधान परिषद् की वित्तीय शक्तियाँ**—विधान परिषद् को बहुत-सी शक्तियाँ दी गईं परन्तु गवर्नर की विशेष शक्तियों द्वारा उन पर अनेक रुकावटें भी लगा दी गईं, ताकि विधान परिषद् गवर्नर की इच्छा के अनुसार किसी माँग को पास न करे तो उसको गवर्नर अपनी विशेष शक्ति द्वारा पास करे। इस तरह से वित्तीय मामलों में अन्तिम नियन्त्रण गवर्नर के हाथ में था। बजट को दो भागों में बाँट दिया जाता था। पहले भाग में वे राशियाँ शामिल की जाती थीं जिन पर विधान परिषद् अपना मत नहीं दे सकती थी परन्तु केवल बहस कर सकती थी। इस तरह के लगभग 70 प्रतिशत खर्चे पर विधान परिषद् का कोई नियन्त्रण नहीं था, शेष 30 प्रतिशत बजट पर विधान परिषद् अपना मत दे सकती थी। वह किसी खर्चे में कटौती भी कर सकती थी। मन्त्रियों के वेतन में विधान परिषद् कटौती कर सकती थी परन्तु गवर्नर की कार्यकारिणी परिषद् के सदस्यों के वेतन में कटौती करने का उसे कोई अधिकार नहीं था।

जिन खर्चों पर विधान परिषद् का कोई नियन्त्रण नहीं था, वे निम्नलिखित थे—(1) प्रान्तीय सरकार द्वारा गवर्नर-जनरल की कौन्सिल के खर्चे के लिए दिया हुआ धन। (2) भारत सचिव और उसकी परिषद् या ब्रिटिश सम्राट् द्वारा अथवा उसकी मन्जूरी से नियुक्त किए हुए व्यक्तियों के वेतन तथा पेन्शन। (3) महाधिवक्ता तथा प्रान्त के हाईकोर्ट के जजों के वेतन। (4) ऋणों पर डूबते हुए फण्ड का भारतीय व्यय तथा सूद।

इन खर्चों पर विधान परिषद् अपना मत नहीं दे सकती थी अर्थात् वह उनमें कोई कटौती नहीं कर सकती थी।

**मन्त्री तथा कार्यकारिणी परिषद् पर विधान परिषद् का नियन्त्रण**—प्रान्तों में मन्त्रियों को इस अधिनियम के अनुसार विधान परिषद् की तरफ उत्तरदायी बनाया गया। यह उनको अविश्वास तथा निन्दा प्रस्ताव तथा अन्य तरीकों से हटा सकती थी परन्तु गवर्नर की कार्यकारिणी परिषद् के सदस्यों को इसे हटाने का अधिकार न था। यह तो केवल उनसे प्रश्न, पूरक प्रश्न पूछ सकती थी। विधान परिषद् के सदस्य काम रोको प्रस्ताव रख सकते थे।

## प्रश्न
## (Questions)

### दीर्घ उत्तरीय प्रश्न (Long Answer Type Questions)

1. "मार्ले-मिण्टो सुधार भारत की राजनीतिक समस्याओं के लिए कोई हल नहीं था।" इस कथन को समझाइए।

   ("Morley-Minto reforms afforded no answer and could affort no answer to Indian Problems." Discuss this statement.)

2. "सन् 1909 ई. के सुधार अपने उद्देश्यों को प्राप्त करने में असफल सिद्ध हुए।"–(कीथ) इस कथन की आलोचनात्मक परीक्षा कीजिए।

("The reforms of 1909 failed in their object."—(Keeth) Critically examine this statement.)

3. मार्ले-मिण्टो सुधारों की मुख्य विशेषताएँ, लाभ और हानियाँ बताइए।

(Examine the chief features, merits and demerits of Morley-Minto Reforms.)

4. सन् 1919 ई. के एक्ट की मुख्य विशेषताओं का वर्णन कीजिए।

(Describe some main features of Government of India Act, 1919.)

5. सन् 1919 ई. के एक्ट के अनुसार गवर्नर-जनरल की विशेष शक्तियों का वर्णन कीजिए।

(Describe the special powers of the Governor-General according to the Act of 1919.)

6. सन् 1919 ई. के एक्ट के अनुसार गवर्नर की शक्तियों का वर्णन कीजिए।

(Describe the powers of the Governor according to the Act of 1919.)

7. दोहरे शासन से आप क्या समझते हैं ? सन् 1919 ई. के एक्ट के अनुसार यह क्यों जारी किया गया ? इसकी क्या विशेषताएँ थीं ?

(What do you understand by Dyarchy ? Why wat it introduced according to the Act of 1919 ? What were its special features ?)

## बहुविकल्पीय वस्तुनिष्ठ प्रश्न (Multiple Choice Type Objective Questions)

**1. सन् 1909 ई. के एक्ट को दूसरे कौन-से नाम से पुकारा जाता है–**

(a) मार्ले-मिण्टो सुधार (b) राज्यसभा सुधार बिल

(c) होमरूल बिल (d) माण्टेग्यू बिल।

उत्तर–(a) मार्ले-मिण्टो सुधार।

**2. सन् 1909 ई. के एक्ट के अनुसार गवर्नर-जनरल या वायसराय की विधान परिषद् के अतिरिक्त सदस्यों की संख्या कितनी कर दी गई–**

(a) 15 से 60 कर दी गई (b) 16 से 60 कर दी गई

(c) 20 से 50 कर दी गई (d) 60 से 69 कर दी गई।

उत्तर–(b) 16 से 60 कर दी गई।

**3. निम्न में से किस उदारवादी नेता ने पहले तो मार्ले-मिण्टो सुधारों का समर्थन किया किन्तु बाद में उसकी कटु आलोचना की–**

(a) सुरेन्द्र नाथ बनर्जी (b) गोपाल कृष्ण गोखले

(c) विपिन चन्द्र पाल (d) मदन मोहन मालवीय।

उत्तर–(b) गोपाल कृष्ण गोखले।

**4. माण्टेग्यू-चैम्सफोर्ड सुधार निम्न में से कब प्रकाशित किए गए–**

(a) 8 जुलाई, 1918 ई. को (b) 8 जुलाई, 1919 ई. को

(c) 8 जुलाई, 1920 ई. को (d) 8 जुलाई, 1921 ई. को।

उत्तर–(b) 8 जुलाई, 1919 ई. को।

●●

# भारत शासन अधिनियम, सन् 1935 ई. की विशेषताएँ

## [FEATURES OF GOVERNMENT OF INDIA ACT, 1935 A. D.]

> *"सन् 1935 ई. का अधिनियम रचनात्मक राजनीतिक विचार की महान् सफलता थी।"*
>
> —प्रो. कूपलैण्ड

सन् 1935 ई. के भारत अधिनियम ने भारत के संविधानिक विकास में महत्वपूर्ण योगदान दिया है। भारत में उत्तरदायी शासन की स्थापना की दिशा में यह अधिनियम अपना विशेष महत्व रखता है। **प्रो. कूपलैण्ड** के अनुसार, "सन् 1935 ई. का अधिनियम रचनात्मक राजनीतिक विचार की एक महान् सफलता थी।" इसका कारण यह था कि सन् 1919 ई. के अधिनियम से भारतीय जनता प्रसन्न नहीं थी। अतएव, कांग्रेस तथा मुस्लिम लीग दोनों ने मिलकर सन् 1919 ई. के अधिनियम पर विरोध प्रकट किया था। सन् 1927 ई. में साइमन कमीशन की नियुक्ति से भी जनता अप्रसन्न थी। इसलिए भारतीयों ने साइमन कमीशन का बहिष्कार किया था। भारत के सभी दलों के नेताओं ने मिलकर पं. मोतीलाल नेहरू की अध्यक्षता में एक समिति गठित की और भारत के भावी संविधान की रूपरेखा बनाई, जिसे नेहरू रिपोर्ट कहा जाता है। इसमें भारत के लिए औपनिवेशिक स्वराज्य की माँग की गई। पुन: सन् 1919 ई. के लाहौर अधिवेशन में कांग्रेस ने पूर्ण स्वराज्य का प्रस्ताव पारित कर दिया। सन् 1930 ई. में जब साईमन कमीशन की रिपोर्ट प्रकाशित हुई, तब भारतीय उससे सन्तुष्ट नहीं थे। इसलिए भारत के भावी सुधार की दृष्टि से सन् 1930, 1931 तथा 1932 ई. में तीन गोलमेज सम्मेलनों का आयोजन लन्दन में किया गया था। पहले तथा तीसरे गोलमेज सम्मेलनों में कांग्रेस ने भाग नहीं लिया। लेकिन दूसरे (सन् 1931 ई.) में कांग्रेस के प्रतिनिधि के रूप में राष्ट्रपिता महात्मा गाँधी ने भाग लिया था। इन सम्मेलनों के निर्णयों के आधार पर सरकार की ओर से सन् 1933 ई. में एक श्वेत-पत्र जारी किया गया। उस श्वेत-पत्र पर विचार करने के लिए ब्रिटिश संसद ने एक समिति नियुक्त की जिसकी रिपोर्ट के आधार पर सन् 1935 ई. का भारत शासन अधिनियम पारित किया गया।

**सन् 1935 ई. के अधिनियम की विशेषताएँ** (Features of Act of 1935)—सन् 1935 ई. का भारत शासन अधिनियम एक लम्बा प्रलेख था। इसकी निम्नलिखित महत्वपूर्ण विशेषताएँ थीं—

**(1) प्रस्तावना**—सन् 1935 ई. के अधिनियम का वही लक्ष्य रखा गया जो लक्ष्य सन् 1919 ई. के अधिनियम का था। इसलिए सन् 1935 ई. के अधिनियम में सन् 1919 ई. के अधिनियम की प्रस्तावना ही जोड़ दी गई।

**(2) एक लम्बा प्रलेख**—सन् 1935 ई. के अधिनियम की एक अन्य विशेषता यह थी कि यह एक लम्बा और जटिल प्रलेख था। इसमें 321 धाराएँ सम्मिलित थीं और 10 परिशिष्ट थे। अधिनियम के अन्तर्गत केन्द्रीय तथा प्रान्तीय सरकारों के ढाँचे का विस्तृत विवरण प्रस्तुत किया गया था। इसमें एक संघात्मक योजना भी थी। इससे स्पष्ट है कि यह एक लम्बा प्रलेख था।

**(3) ब्रिटिश संसद की सर्वोच्चता**—सन् 1935 ई. के अधिनियम में ब्रिटिश संसद की सर्वोच्चता स्वीकृत कर ली गई थी। संसद को ही संविधान में संशोधन करने, सुधार करने तथा रद्द करने का अधिकार मिला हुआ था।

**(4) प्रान्तीय स्वराज्य**—सन् 1935 ई. के भारत शासन अधिनियम के अन्तर्गत प्रान्तीय स्वायत्तता की स्थापना भी की गई थी। इसके पहले प्रान्तों में केवल आंशिक उत्तरदायी शासन ही था। उसके अन्तर्गत भारतीय प्रान्तों की सरकारों को अभिकर्त्ता के रूप में भारत सरकार के नियन्त्रण में कार्य करना पड़ता था। लेकिन, सन् 1935 ई. के अधिनियम द्वारा प्रान्तों को पूर्ण स्वायत्तता प्रदान कर दी गई और उसमें पूर्ण उत्तरदायी शासन स्थापित किया गया। प्रान्तीय प्रशासन की पूरी जिम्मेदारी प्रान्तीय विधानमण्डलों के प्रति उत्तरदायी मन्त्रियों के हाथों में थी।

**(5) केन्द्र में द्वैध शासन-प्रणाली**—सन् 1935 ई. के अधिनियम में प्रान्तों में प्रचलित द्वैध शासन-प्रणाली को समाप्त कर दिया गया लेकिन यह द्वैध शासन व्यवस्था केन्द्र में लागू कर दी गई। प्रतिरक्षा, विदेश-नीति, ईसाई-धर्म से सम्बद्ध विषय तथा अनुसूचित जातियों के क्षेत्रों से सम्बन्धित विषयों को गवर्नर-जनरल के अधीन संरक्षित कर दिया गया। इन विषयों का प्रशासन गवर्नर-जनरल स्वविवेक के आधार पर करता था। अन्य हस्तान्तरित विषयों के प्रशासन के लिए एक मन्त्रिपरिषद् की व्यवस्था की गई थी जिसका काम गवर्नर-जनरल को सहायता प्रदान करना तथा विचार-विमर्श करना था। दो मन्त्री विधानमण्डल के प्रति उत्तरदायी थे, लेकिन अपने विशेष उत्तरदायित्व के अन्तर्गत वे मन्त्रिपरिषद् की सलाह अवहेलना कर सकते थे।

**(6) संघीय शासन-व्यवस्था**—सन् 1935 ई. के अधिनियम से पहले भारत में एकात्मक शासन-प्रणाली थी। सन् 1935 ई. के अधिनियम द्वारा भारतीय रियासतों को प्रथम ब्रिटिश शासन के साथ समान संघीय व्यवस्था में लाने का प्रयत्न किया गया।

**(7) विषयों का विभाजन**—संघ की स्थापना की दृष्टि से सन् 1935 ई. के अधिनियम में समस्त विषयों को तीन सूचियों में बाँट दिया गया था—संघीय सूची, प्रान्तीय सूची तथा समवर्ती सूची। संघीय सूची के विषयों पर केन्द्र और प्रान्तीय सूची के विषयों पर प्रान्तों या राज्यों को कानून बनाने का अधिकार प्राप्त था। समवर्ती सूची पर प्रान्त और केन्द्र दोनों को ही विधि-निर्माण का अधिकार प्राप्त था। संघीय सूची के अन्तर्गत 59 विषय, प्रान्तीय सूची के अन्तर्गत 54 विषय तथा समवर्ती सूची में 36 विषय रखे गए थे। अखिल भारतीय हितों से सम्बन्धित विषयों; जैसे—सेना, मुद्रा और नोट, डाक और तार, केन्द्रीय सेवाएँ तथा विदेशी मामलों को संघीय सूची में सम्मिलित किया गया था। भू-राजस्व, स्थानीय स्वशासन, सार्वजनिक स्वास्थ्य, कृषि सिंचाई इत्यादि कानून और व्यवस्था से सम्बन्धित विषयों को प्रान्तीय सूची में सम्मिलित किया गया। अवशिष्ट शक्तियाँ गवर्नर-जनरल के स्वविवेक पर छोड़ दी गई थीं।

**(8) संघीय न्यायालय**—सन् 1935 ई. के अधिनियम के अन्तर्गत एक संघीय न्यायालय भी स्थापित किया गया था। उसमें एक मुख्य न्यायाधीश और अन्य न्यायाधीश की नियुक्ति का प्रावधान था लेकिन दो ही न्यायाधीशों की नियुक्ति की गई। एक महत्वपूर्ण बात यह थी कि संघीय न्यायालय अपील का सर्वोच्च न्यायालय नहीं था। प्रिवी कौन्सिल अपील का सर्वोच्च न्यायालय था, जिसे प्रारम्भिक और अपीलीय दोनों प्रकार के अधिकार मिले हुए थे। संघीय न्यायालय का मुख्यालय दिल्ली में था। इसके न्यायाधीशों की नियुक्ति योग्यता के आधार पर ब्रिटिश सम्राट् द्वारा की जाती थी।

**(9) भारत परिषद् की समाप्ति**—सन् 1935 ई. के भारत शासन अधिनियम द्वारा पूर्व में गठित भारत परिषद् की समाप्ति कर दी गई तथा भारत सचिव की सहायता के लिए परामर्शदाताओं की व्यवस्था उपलब्ध कराई गई। इन परामर्शदाताओं की संख्या 6 तक रखी गई थी। भारत मन्त्री परामर्शदाताओं की परामर्श की उपेक्षा कर सकता था। इनकी नियुक्ति पाँच वर्षों के लिए होती थी, जिसमें वृद्धि सम्भव थी।

**(10) विधानमण्डलों का विस्तार**—सन् 1985 ई. के भारत शासन अधिनियम के अन्तर्गत केन्द्रीय विधानमण्डलों की सदस्य संख्या में वृद्धि कर दी गई। केन्द्र में राज्यसभा के सदस्यों की संख्या 260 तथा विधानमण्डल के सदस्यों की संख्या 375 निर्धारित की गई। प्रान्तीय विधानसभा के सदस्यों की संख्या भी पूर्व की अपेक्षा दुगुनी कर दी गई और 6 प्रान्तों में द्विसदनात्मक विधानमण्डलों का गठन किया गया।

**(11) मताधिकार का विस्तार**—सन् 1935 ई. के अधिनियम के अन्तर्गत मताधिकार का भी विस्तार किया गया। प्रान्तों के लिए 10 प्रतिशत जनता को मताधिकार प्राप्त हुआ।

**(12) संरक्षण और आरक्षण**—सन् 1935 ई. के अधिनियम के अन्तर्गत गवर्नर-जनरल और गवर्नरों को विशेष उत्तरदायित्व सौंपे गए थे। इसके अन्तर्गत उन्हें विशेष अधिकार प्राप्त थे और वे मन्त्रियों के विरुद्ध स्वविवेक से भी कार्य कर सकते थे। इन्हीं अधिकारों को 'संरक्षण एवं आरक्षण' की संज्ञा दी गई।

**(13) साम्प्रदायिक निर्वाचन पद्धति की व्यवस्था**—सन् 1935 ई. के अधिनियम में भी अंग्रेजों ने 'फूट डालो और शासन करो' की नीति अपनाई। इसके लिए अंग्रेजों ने साम्प्रदायिक निर्वाचन-पद्धति को अधिक विस्तृत बनाया। हरिजनों के लिए भी पृथक् साम्प्रदायिक निर्वाचन पद्धति अपनाई गई। केन्द्रीय विधानमण्डल में मुसलमानों को ब्रिटिश भारत से 33-1/2 प्रतिशत स्थान प्रदान किया गया। ईसाइयों, आंग्ल भारतीयों तथा यूरोपियनों को पूर्व की तरह ही साम्प्रदायिक निर्वाचन पद्धति के अन्तर्गत प्रतिनिधित्व प्रदान किया गया।

**(14) म्यांमार, बरार तथा अदन**—इस अधिनियम द्वारा म्यांमार को भारत से पृथक् कर दिया गया। अदन को भारत सरकार के नियन्त्रण से निकालकर इंग्लैण्ड के उपनिवेश विभाग के अन्तर्गत कर दिया गया। बरार प्रान्त को वैधानिक दृष्टि

से हैदराबाद के निजाम की सत्ता के अधीन कर दिया गया, लेकिन प्रशासन की दृष्टि से मध्य प्रान्त का एक अंग बना दिया गया। इस प्रकार, मध्य प्रान्त तथा बरार को एक गवर्नर का प्रान्त घोषित किया गया।

उपर्युक्त तथ्यों से यह स्पष्ट होता है कि सन् 1935 ई. के भारत शासन अधिनियम द्वारा भारतीय संविधानिक विकास के मार्ग को स्पष्ट कर दिया गया था। इसके द्वारा कुछ ऐसे महत्वपूर्ण कदम उठाए गए जो प्रशंसा योग्य थे; जैसे—प्रान्तीय स्वायत्तता की स्थापना। इसके द्वारा संघात्मक व्यवस्था की नींव डालकर भारतीयों को प्रशासन का प्रशिक्षण देने का सुन्दर प्रयास किया गया। इसके कुछ विपरीत पक्ष भी थे; जैसे—संरक्षण एवं आरक्षण की व्यवस्था। फिर भी, भारतीय संविधानिक विकास की दृष्टि से इसका अत्यधिक योगदान है।

## गृह सरकार
## (Home Government)

सन् 1935 ई. के भारत शासन अधिनियम के अन्तर्गत गृह-सरकार का ढाँचा कुछ महत्वपूर्ण परिवर्तनों को छोड़कर यथावत् ही रहा। सैद्धान्तिक दृष्टि से वही भारत के कल्याण, राजनीतिक प्रगति और सुशासन के लिए जिम्मेदार बना रहा जो अपने कार्यों तथा कर्त्तव्यों के लिए ब्रिटिश संसद के प्रति उत्तरदायी था। उसके कार्यों पर कुछ कानूनी प्रतिबन्ध अवश्य लगाए गए थे। इस अधिनियम द्वारा इण्डियन कौन्सिल भंग कर दी गई और उसके स्थान पर परामर्शदाताओं की व्यवस्था की गई।

**सन् 1935 ई. के अधिनियम में क्राउन के अधिकार और कार्य** (Powers and Functions of the Crown)—सन् 1935 ई. के अधिनियम द्वारा भारत-सचिव का प्रथम नियन्त्रण शिथिल कर दिया गया, क्योंकि प्रान्तों में स्वायत्त शासन और केन्द्र में आंशिक उत्तरदायी शासन की स्थापना की गई थी। भारत सचिव के समस्त निर्देशन, नियन्त्रण और निरीक्षण के अधिकार क्राउन के अधिकार में चले गए। विशेषाधिकार और संसद द्वारा निर्मित कानून के माध्यम से क्राउन को शक्तियाँ प्राप्त थीं। सन् 1935 ई. के अधिनियम द्वारा क्राउन को निम्नलिखित अधिकार और कार्य सौंपे गए थे—

**(1) उच्च पदाधिकारियों की नियुक्ति**—क्राउन के पास उच्च पदाधिकारियों, गवर्नर-जनरल, गवर्नर, सेनापति और संघीय न्यायालय के न्यायाधीशों की नियुक्ति का अधिकार था।

**(2) प्रवेश-पत्र की स्वीकृति**—क्राउन देश के राज्यों को भारत-संघ में सम्मिलित होने के लिए प्रवेश-पत्र की स्वीकृति देता था।

**(3) आदेश-पत्र जारी करने का अधिकार**—क्राउन ही गवर्नर-जनरल तथा गवर्नरों के नाम आदेश-पत्र जारी कर सकता था।

**(4) ऑर्डर-इन-कौन्सिल जारी करने का अधिकार**—क्राउन ही ऑर्डर-इन-कौन्सिल जारी कर सकता था।

**(5) सेना का प्रयोग**—क्राउन ही सैनिक सेवाओं के उच्च पदाधिकारियों की कमीशन द्वारा नियुक्ति तथा सेना का प्रयोग कर सकता था।

**(6) विधेयक सम्बन्धी अधिकार**—क्राउन ही संघीय एवं प्रान्तीय कानूनों को अस्वीकृत कर सकता था तथा क्राउन के लिए रोके गए विधेयकों की स्वीकृति देता था। उसे यह भी अधिकार प्राप्त था कि वह गवर्नर-जनरल या गवर्नरों द्वारा जारी किए गए कुछ अध्यादेशों को अस्वीकृत कर दे।

**(7) क्राउन के प्रसादपर्यन्त पदाधिकारियों का अपने पद पर बने रहना**—भारतीय शासन के उच्च पदाधिकारी तथा सिविल सर्विस के सदस्य क्राउन के प्रसादपर्यन्त ही अपने पद पर आसीन रह सकते थे।

**सन् 1935 ई. के अधिनियम द्वारा भारतीय सचिव की स्थिति में परिवर्तन**—सन् 1919 ई. के भारत शासन अधिनियम में भारत-सचिव को ही भारतीय प्रशासन को नियन्त्रित या निर्देशित करने का अधिकार दिया गया था, लेकिन सन् 1935 ई. के भारत शासन अधिनियम के द्वारा भारत-सचिव की स्थिति में परिवर्तन कर दिया गया। चूँकि प्रान्तों में स्वायत्तता तथा केन्द्र में आंशिक उत्तरदायी शासन की स्थापना की गई थी, इसलिए भारत-सचिव का नियन्त्रण शिथिल कर दिया गया लेकिन जिन मामलों में गवर्नर-जनरल और गवर्नर को स्वविवेक या व्यक्तिगत निर्णय का अधिकार प्राप्त था, उन विभिन्न विषयों पर भारत सचिव का नियन्त्रण यथावत् बना रहा। केवल सैद्धान्तिक दृष्टि से ही भारतीय प्रशासन पर निर्देशन, नियन्त्रण एवं निरीक्षण का अधिकार ब्रिटिश क्राउन को प्राप्त था, व्यावहारिक रूप से भारत-सचिव ही इन अधिकारों का दुरुपयोग करता रहा। भारत-सचिव के परामर्श से ही क्राउन के जिम्मे सौंपे गए कार्यों का सम्पादन किया जाता था। सन् 1935 ई. के अधिनियम में भी भारत-सचिव भारतीय मामलों में क्राउन के संविधानिक परामर्शदाता के रूप में कार्य करता था। संरक्षित विषयों;

जैसे—प्रतिरक्षा, विदेश-सम्बन्धी, चर्च-विषयक मामले, कबाइली क्षेत्र, संघीय रेलवे, रिजर्व बैंक इत्यादि पर भारत-सचिव का नियन्त्रण पूर्ववत् ही बना रहा। संक्षेप में, भारत-सचिव की शक्तियों को निम्नलिखित रूप में समझा जा सकता है—

(1) गवर्नर-जनरल तथा अन्य भारतीय गवर्नरों के ऊपर भारत-सचिव अधीक्षण, निर्देशन तथा नियन्त्रण का अधिकार रखता था। यह अधिकार उन क्षेत्रों में अधिक था जिनमें वे स्वविवेक से कार्य करते थे।

(2) भारत-सचिव ही ऑर्डर-इन-कौन्सिल जारी करता था।

(3) वह देशी राज्यों के सम्बन्ध में क्राउन की शक्तियों का प्रयोग करता था।

(4) भारत-सचिव ही भारत के ऑडिटर-जनरल तथा गृह विभाग के हिसाब की जाँच-सम्बन्धी वार्षिक रिपोर्ट प्राप्त करता था।

(5) वह ब्रिटेन में संघ या प्रान्तीय सरकार की ओर से कर्ज तथा पेन्शन आदि की व्यवस्था करता था।

(6) ठेके तथा अन्य देनदारियों सम्बन्धी कार्यों की व्यवस्था करता था।

(7) भारत-सचिव गवर्नर तथा गवर्नर-जनरल द्वारा बनाए गए आदेश-पत्र को ब्रिटिश संसद के समक्ष रखता था।

(8) गवर्नर-जनरल तथा भारतीय गवर्नरों द्वारा बनाए गए कानूनों और आपातकालीन अध्यादेशों को संसद में प्रस्तुत करता था।

(9) भारत-सचिव कुछ सेवाओं तथा स्थानों के लिए नियुक्ति तथा उनकी रक्षा की व्यवस्था करता था।

(10) भारत-सचिव ही भारतीय मामलों में क्राउन का संविधानिक परामर्शदाता था। इस सम्बन्ध में वह सम्राट् को विधेयकों पर हस्ताक्षर करने से रोक सकता था।

भारत-सचिव के उपर्युक्त कार्यों को देखने से यह स्पष्ट है कि यद्यपि उस पर शासन का कोई उत्तरदायित्व नहीं था, फिर भी शासन सम्बन्धी सारे अधिकार उसे ही प्राप्त थे। **प्रो. के. टी. शाह** ने इसलिए कहा है कि, "प्रकट रूप में भारत-सचिव के अधिकार उतने कठोर प्रतीत भले ही न हों जितने कि गवर्नर-जनरल या किसी प्रान्तीय गवर्नर के थे लेकिन ये सब ऐसे प्राणी थे जिन्हें भारत-सचिव के इशारों पर चलना पड़ता था और अपने स्वामी के प्रत्येक निर्देश का पालन करना पड़ता था।"

**भारत-सचिव के परामर्शदाता**—यह उल्लेख किया जा चुका है कि सन् 1935 ई. के अधिनियम के अनुसार भारत परिषद् का अन्त कर दिया गया था। भारत-परिषद् के स्थान पर भारत-सचिव के सहायतार्थ परामर्शदाताओं की नियुक्ति की गई थी। वह कम-से-कम 3 और अधिक-से-अधिक 6 परामर्शदाताओं की नियुक्ति कर सकता था। परामर्शदाताओं के लिए यह आवश्यक था कि उन्हें भारत में 10 वर्ष की सेवा का अनुभव प्राप्त हो तथा भारत छोड़े दो वर्ष से अधिक का समय नहीं हुआ हो। उनका कार्यकाल 5 वर्ष था और उनकी नियुक्ति पुन: हो सकती थी। उन्हें संसद में बैठने का अधिकार प्राप्त नहीं था। उन्हें 1,350 पौण्ड वार्षिक वेतन प्राप्त होता था। भारत-सचिव अपने परामर्शदाताओं का अभिमत नहीं भी मान सकता था, अतएव उसकी स्थिति पहले की अपेक्षा और बढ़ गई।

**भारतीय हाई कमिश्नर**—सन् 1919 ई. के भारत शासन अधिनियम के अन्तर्गत भारत के लिए इंग्लैण्ड में एक हाई कमिश्नर-पद की व्यवस्था की गई थी, लेकिन सन् 1935 ई. के अधिनियम द्वारा उसके पद और अधिकार के सम्बन्ध में कोई परिवर्तन नहीं किया गया। एक महत्वपूर्ण परिवर्तन यह किया गया कि उसकी नियुक्ति गवर्नर-जनरल के व्यक्तिगत निर्णय के अनुसार होने लगी। सन् 1935 ई. के पहले उसकी नियुक्ति सपरिषद् गवर्नर-जनरल द्वारा होती थी। भारतीय हाई कमिश्नर के निम्नलिखित कार्य थे—

(1) वह इंग्लैण्ड में भारतीय हितों की देखभाल करता था।

(2) वह इंग्लैण्ड में भारत सरकार के लिए अनावश्यक वस्तुओं की खरीद करता था।

(3) वह भारत की ओर से ब्रिटिश सरकार के साथ अनुबन्ध करता था।

(4) वह इंग्लैण्ड में भारतीय छात्रों की सुविधाओं का प्रबन्ध करता था।

(5) वह यूरोप के विभिन्न देशों में विशेष प्रशिक्षण के लिए भारतीयों की सुविधाओं का प्रबन्ध करता था।

## संघीय कार्यपालिका
## (Federal Executive)

सन् 1935 ई. के भारत शासन अधिनियम द्वारा केन्द्र में आंशिक उत्तरदायी सरकार की स्थापना की गई और इसी उद्देश्य से उत्प्रेरित होकर द्वैध शासन की नींव रखी गई थी। कुछ ऐसे विषय; जैसे—प्रतिरक्षा, विदेश सम्बन्ध, चर्च आदि थे जिन्हें संरक्षित विषयों में रखा गया। इनका प्रशासन गवर्नर-जनरल स्वविवेक के आधार पर करता था। इन विषयों में मन्त्रियों की

सलाह की कोई आवश्यकता नहीं थी। संरक्षित विषयों में गवर्नर-जनरल को परामर्श देने के लिए तीन परामर्शदाता होते थे, जो पदेन विधानमण्डल के सदस्य थे। यह स्पष्ट है कि संघीय कार्यपालिका न तो गवर्नर-जनरल और न परामर्शदाता किसी के प्रति उत्तरदायी थे। अतएव, संघीय कार्यपालिका अनुत्तरदायी निकाय था। परामर्शदाताओं की समिति को कार्यकारिणी परिषद् कहा जाता था। जहाँ तक हस्तान्तरित विषयों के प्रशासन का प्रश्न था, उसके लिए एक मन्त्रिपरिषद् की व्यवस्था की गई थी, मन्त्री संघीय विधानमण्डल के प्रति उत्तरदायी होते थे। इस प्रकार, सन् 1935 ई. के भारत शासन अधिनियम में संघीय कार्यपालिका के तीन अंग थे जिसे हम निम्नांकित रूप में रख सकते हैं–

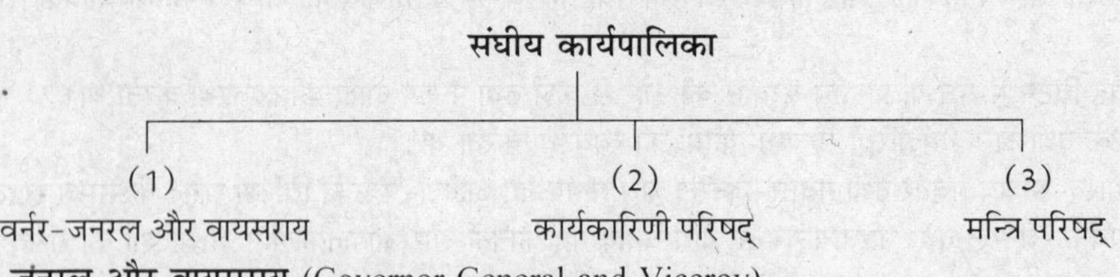


**गवर्नर-जनरल और वायसराय** (Governor General and Viceroy)

**परिचय**–सन् 1935 ई. के भारत शासन अधिनियम के अन्तर्गत गवर्नर-जनरल ब्रिटिश सम्राट् का व्यक्तिगत प्रतिनिधि माना गया था। वह भारत के सम्पूर्ण संविधान का केन्द्र बिन्दु था। गवर्नर-जनरल ही संविधान के संघर्षशील तत्वों में एकता स्थापित करता था तथा पथ-प्रदर्शन करता था। उसी के कन्धों पर भारत में ब्रिटिश हितों की रक्षा की जिम्मेदारी थी।

**गवर्नर-जनरल की नियुक्ति**–भारतीय गवर्नर-जनरल की नियुक्ति ब्रिटिश प्रधानमन्त्री की सिफारिश पर ब्रिटिश सम्राट् द्वारा की जाती थी। उसकी कार्यावधि 5 साल की थी और उसे भारतीय कोष से 2,51,800 रुपए वार्षिक वेतन प्रदान किया जाता था। प्राय: 18,00,000 रुपए प्रतिवर्ष गवर्नर-जनरल पर खर्च होते थे।

**गवर्नर-जनरल के अधिकार और कार्य** (Powers and Functions of Governor General)–सन् 1935 ई. के भारत शासन अधिनियम में गवर्नर-जनरल ही समस्त प्रशासन का केन्द्र बिन्दु था। वह कार्यकारिणी का प्रधान था और उसे विस्तृत अधिकार प्राप्त थे। उसके अधिकारों तथा कार्यों की विवेचना हम अग्रलिखित रूपों में कर सकते हैं–

**(अ) स्वेच्छाचारी अधिकार**–सन् 1935 ई. के भारत शासन अधिनियम के अन्तर्गत गवर्नर-जनरल को विस्तृत स्वेच्छाचारी अधिकर प्राप्त थे। इन विषयों पर मन्त्रियों की सलाह की कोई आवश्यकता नहीं थी। गवर्नर-जनरल के स्वेच्छाचारी अधिकारों को निम्नलिखित रूपों में रखा जा सकता है–

**(1) प्रशासकीय नियुक्तियों का अधिकार**–ऐसी नियुक्तियाँ करने का अधिकार गवर्नर-जनरल को प्राप्त था। इसके अन्तर्गत वह चीफ कमिश्नरों, उच्च-न्यायालयों के न्यायाधीशों, रिजर्व बैंक के गवर्नर तथा डिप्टी गवर्नर, रेलवे बोर्ड के सभापति, संघीय लोकसेवा आयोग के अध्यक्ष तथा अन्य सदस्यों की नियुक्ति करता था।

**(2) विधानमण्डल से जुड़े हुए अधिकार**–गवर्नर-जनरल को संघीय सभा का अधिवेशन बुलाने, स्थगित करने तथा भंग करने का अधिकार प्राप्त था। वह विधानमण्डल के दोनों सदनों का अधिवेशन भी बुला सकता था। वह विधानमण्डल को आदेश दे सकता था, सन्देश भेज सकता था तथा परामर्श दे सकता था।

**(3) विधि-निर्माण विषयक अधिकार**–विधि-निर्माण के क्षेत्र में भी गवर्नर-जनरल को विस्तृत अधिकार प्राप्त थे। संघीय विधानमण्डल द्वारा पारित कोई भी विधेयक तब तक कानून नहीं बन सकता था जब तक उसे गवर्नर-जनरल अपनी स्वीकृति न दे दे। कुछ विधेयक तो उसकी स्वीकृति पाकर ही विधानमण्डल में रखे जाते थे। वह अपने विवेकानुसार किसी भी विधेयक को लौटा सकता था या सम्राट् की स्वीकृति के लिए उसे रोक सकता था।

**(4) स्वयं कानून निर्माण करने का अधिकार**–गवर्नर-जनरल स्वयं कानून बना सकता था। उसके द्वारा निर्मित कानून को 'गवर्नर-जनरल एक्ट' कहा जाता था।

**(5) अध्यादेश जारी करने का अधिकार**–गवर्नर-जनरल कैसा भी अध्यादेश जारी कर सकता था। अध्यादेश केन्द्रीय विधानमण्डल का अधिवेशन न होने की अवस्था में जारी किया जा सकता था।

**(6) मन्त्रियों की नियुक्ति तथा पदच्युति का अधिकार**–गवर्नर-जनरल मन्त्रियों की नियुक्ति करता था और उन्हें पदच्युत करने का भी अधिकार रखता था। गवर्नर-जनरल ही मन्त्रिपरिषद् की बैठकों की अध्यक्षता करता था।

**(7) संविधान स्थगन का अधिकार**–सन् 1935 ई. के भारत शासन अधिनियम के 45वें भाग के अनुसार गवर्नर-जनरल अपनी एक घोषणा को स्थगित कर सकता था। ऐसा वह उस स्थिति में कर सकता था जब उसे विश्वास हो जाए कि संघीय

सरकार को संविधान के अनुसार नहीं चलाया जा सकता। संविधान की विफलता की घोषणा सम्बन्धी सूचना वह भारत-सचिव को भेजता था। भारत-सचिव उस घोषणा को ब्रिटिश संसद के समक्ष रखता था।

**(ब) विशेष उत्तरदायित्व और व्यक्तिगत निर्णय की शक्तियाँ**—सन् 1935 ई. के भारत शासन अधिनियम के अन्तर्गत गवर्नर-जनरल को कुछ विशेष उत्तरदायित्व भी दिए गए थे, जिनके संचालन के लिए वह व्यक्तिगत निर्णय का उपयोग करता था। ऐसी स्थिति में उसे मन्त्रियों की सलाह की कोई आवश्यकता नहीं थी और वह उनके सुझाव मानने के लिए भी बाध्य नहीं था। चूँकि गवर्नर-जनरल भारत में ब्रिटिश सम्राट् का प्रतिनिधि था, इसलिए संघीय कार्यपालिका की शक्तियों का प्रयोग वह स्वयं या अधीनस्थ अधिकारी के माध्यम से करता था। सन् 1935 ई. के अधिनियम द्वारा गवर्नर-जनरल को निम्नलिखित विशेष उत्तरदायित्व प्रदान किए गए थे—

(1) भारत या उसके किसी भाग में उत्पन्न अशान्ति और उसकी आशंका को रोकना।

(2) संघीय सरकार की आर्थिक स्थिरता तथा उसकी साख की रक्षा करना।

(3) अल्पसंख्यकों के हितों की रक्षा करना।

(4) सरकारी कर्मचारियों के अधिकारों की रक्षा करना।

(5) भारत में रहने वाले अंग्रेज व्यापारियों के विरुद्ध किसी भी प्रकार का विभेद नहीं होने देना।

(6) देशी राज्यों के अधिकारों तथा उनके शासकों की मान-मर्यादा को बचाए रखना।

(7) म्यांमार तथा ग्रेट ब्रिटेन से आने वाले माल को भारत में न आने देने के लिए किसी भी पक्षपातपूर्ण कार्य को रोकना।

(8) अपने विवेक और व्यक्तिगत निर्णय द्वारा किए जाने वाले कार्यों के सम्बन्ध में किसी भी प्रकार की बाधा नहीं आने देना।

**(स) प्रान्तीय सरकारों पर अधिकार**—यह स्पष्ट किया जा चुका है कि सन् 1935 ई. के भारत शासन अधिनियम द्वारा प्रान्तों को स्वायत्तता दे दी गई थी और वहाँ पूर्ण उत्तरदायी सरकार की स्थापना की गई थी। प्रान्तीय स्वायत्तता तथा पूर्ण उत्तरदायी शासन की स्थापना के बावजूद गवर्नर-जनरल प्रान्तों में गवर्नरों को अपने विवेक के अनुसार कार्य करने का आदेश दे सकता था। कुछ विषयों से सम्बन्धित विधेयक गवर्नर-जनरल की स्वीकृति से ही प्रान्तीय विधानमण्डल में रखे जा सकते थे। प्रान्तीय अर्थव्यवस्था को भी गवर्नर-जनरल प्रभावित कर सकता था।

**(द) मन्त्रियों के परामर्श से सम्बन्धित अधिकार**—चूँकि सन् 1935 ई. भारत शासन अधिनियम में केन्द्र के अन्तर्गत द्वैध शासन की स्थापना की गई थी, इसलिए केन्द्रीय विषयों को संरक्षित और हस्तान्तरित नामक दो विषयों में विभाजित किया गया था। संरक्षित विषयों में गवर्नर-जनरल स्वेच्छाचारी रूप से अधिकारों का प्रयोग कर सकता था लेकिन हस्तान्तरित विषयों के प्रशासन में मन्त्रियों का परामर्श लेता था और प्रशासन का संचालन करता था।

### गवर्नर-जनरल की वास्तविक स्थिति एवं उसका कार्यकारिणी परिषद् एवं मन्त्रिपरिषद् से सम्बन्ध

गवर्नर-जनरल के उपर्युक्त अधिकारों और कार्यों के विवेचन से यह स्पष्ट हो जाता है कि सन् 1935 ई. के अधिनियम के अन्तर्गत उसे व्यापक अधिकार प्रदान किए गए थे। वह भारत-सचिव के नियन्त्रण में भारत-संघ का सर्वोच्च पदाधिकारी था। वह संविधानिक प्रधान नहीं था, वरन् एक निरंकुश और स्वेच्छाचारी शासक भी था। गवर्नर-जनरल के पद के सम्बन्ध में **रैम्जे मैक्डोनाल्ड** ने कहा है कि, "गवर्नर-जनरल भारत में दीख पड़ने वाला क्राउन की प्रभुसत्ता का प्रतीक था।" **लॉवेल** के शब्दों में, "भारत का गवर्नर-जनरल तथा वायसराय और रूस का जार कभी-कभी विश्व के दो बड़े निरंकुश शासक कहे जाते थे।" **के. टी. शाह** के शब्दों में, "मन्त्री लोग उन समस्याओं पर परामर्श देते हुए अपना उत्तरदायित्व कदापि अनुभव नहीं करेंगे जब तक कि वे मन्त्री हों कि गवर्नर-जनरल उनका परामर्श स्वीकार करने के लिए बाध्य नहीं है।" **डॉ. कीथ** ने भी ऐसी ही बात कही है कि, "विशेष उत्तरदायित्व की यदि अत्यन्त संकुचित व्याख्या की जाए तो उसका यह परिणाम होगा कि मन्त्रियों के उत्तरदायित्वों की सम्भावना ही समाप्त हो जाएगी।" **सर शफात अहमद खाँ** ने कहा है कि, "गवर्नर-जनरल का विशेष उत्तरदायित्व सरकार के प्रत्येक विभाग में व्याप्त था और कोई भी विषय उससे स्वतन्त्र नहीं था।" प्रधानमन्त्री चर्चिल का विचार था कि, "गवर्नर-जनरल हिटलर और मुसोलिनी की सब शक्तियाँ प्राप्त किए हुए थे और कलम की एक नोंक से सम्पूर्ण संविधान को भंग कर सकता था।"

उपर्युक्त तथ्यों से यह स्पष्ट है कि भारत में गवर्नर-जनरल भारत का सर्वोच्च पदाधिकारी था। वह भारत में मुख्यत: तीन कार्यों का सम्पादन करता था—वह ब्रिटिश क्राउन का प्रतीक था, ब्रिटिश सरकार का प्रतिनिधित्व करता था और भारतीय शासन का प्रतीक था।

## कार्यकारिणी परिषद्
## (Executive Council)

**कार्यकारिणी परिषद्** सन् 1935 ई. के भारत शासन अधिनियम के अन्तर्गत गवर्नर-जनरल को परामर्श तथा सहायता देने के लिए कार्यकारिणी परिषद् की स्थापना की गई थी। कार्यकारिणी परिषद् में अधिक-से-अधिक 3 सदस्य होते थे। उसके सदस्यों की नियुक्ति भारत-सचिव के परामर्श पर ब्रिटिश सम्राट् द्वारा की जाती थी। वैसे तो इसके सदस्यों की कार्यावधि निश्चित नहीं थी, फिर भी इसके सदस्य 5 वर्ष तक अपने पद पर बने रहते थे। वे सदस्य संरक्षित विषयों में गवर्नर-जनरल की सहायता किया करते थे और इस प्रकार महत्वपूर्ण सलाह दिया करते थे। ये सदस्य अपने कार्य के लिए गवर्नर-जनरल के प्रति उत्तरदायी थे। ये सदस्य केन्द्रीय विधानमण्डल के दोनों सदनों के सदस्य हुआ करते थे। ये उनकी बैठकों में भाग लेते थे लेकिन विधानमण्डल के प्रति उत्तरदायी नहीं थे और न मतदान ही कर सकते थे।

### मन्त्रि परिषद्

सन् 1935 ई. के भारत शासन अधिनियम के अन्तर्गत हस्तान्तरित विषयों के प्रशासन के लिए एक मन्त्रि परिषद् की रचना की गई थी। इसके सदस्यों की संख्या अधिक-से-अधिक 10 रखी जा सकती थी। उन मन्त्रियों की नियुक्ति गवर्नर-जनरल द्वारा होती है और वे गवर्नर-जनरल के प्रसादपर्यन्त ही अपने पद पर बने रह सकते थे। गवर्नर-जनरल संघीय विधानमण्डल में संघीय विधानसभा के बहुमत दल के नेता की सिफारिश पर मन्त्रियों की नियुक्ति करता था। उनके लिए विधानमण्डल के किसी एक सदन का सदस्य होना आवश्यक था। यदि किसी गैर-सदस्य को मन्त्री बनाना है तो उसे 6 माह की अवधि में विधानमण्डल की सदस्यता प्राप्त करनी पड़ती थी। गवर्नर-जनरल ही मन्त्रि परिषद् की बैठकों की अध्यक्षता करता था। मन्त्रियों को विधानमण्डल के प्रति उत्तरदायी बनाया गया था।

निष्कर्ष के रूप में हम कह सकते हैं कि सन् 1935 ई. के भारत शासन अधिनियम के अन्तर्गत गवर्नर-जनरल को निरंकुश शक्तियाँ प्राप्त थीं और चूँकि उसके पास शक्तिशाली सेना थी, इसलिए वह शक्तियों का प्रयोग कर हिटलर तथा मुसोलिनी की भूमिका सफलतापूर्वक निभा सकता था। वह अपनी इच्छा के अनुसार कानून बना सकता था और अपनी तानाशाही प्रवृत्तियों को भारत के लोगों पर थोप सकता था। गवर्नर-जनरल एक ऐसा शासक था जिसकी शक्तियाँ सर्वव्यापी थीं। यही कारण है कि **सर शफात अहमद खाँ** ने कहा है कि, "उसका विशेष उत्तरादायित्व सरकार के प्रत्येक विभाग में व्याप्त था और कोई भी विषय उससे स्वतन्त्र नहीं था।"

### संघीय विधान पालिका

सन् 1935 ई. के भारत शासन अधिनियम के अन्तर्गत विधानपालिका की स्थापना एक महत्वपूर्ण विशेषता थी। इस अधिनियम द्वारा द्विसदनात्मक संघीय विधानसभा के गठन की व्यवस्था की गई थी। इसके उच्च सदन का नाम राज्यसभा और निम्न सदन का नाम संघीय सभा था। जहाँ राज्यसभा में विभिन्न इकाइयों का प्रतिनिधित्व होता था, वहाँ संघीय सभा जनता की प्रतिनिधि संस्था थी। इसकी विस्तृत व्याख्या निम्नांकित रूप में कर सकते हैं—

**संघीय विधान पालिका**

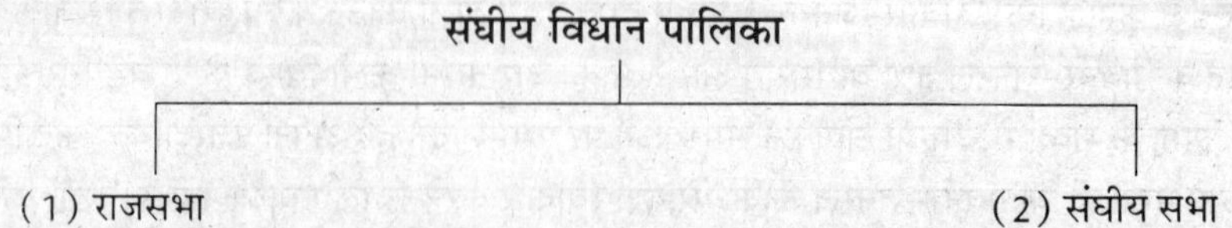


**(1) राज्य सभा**—राज्यसभा संघीय विधानसभा का उच्च सदन थी। इसके सदस्यों की संख्या 260 थी। ये सदस्य संघ की विभिन्न इकाइयों के प्रतिनिधि होते थे। इन 260 सदस्यों में 156 ब्रिटिश भारत के और 104 देशी राज्यों के प्रतिनिधि होते थे। 156 प्रतिनिधियों में 150 ब्रिटिश भारत के प्रतिनिधियों का चुनाव प्रत्यक्ष होता था और 6 प्रतिनिधियों का नामांकन गवर्नर-जनरल द्वारा किया जाता था। 104 प्रतिनिधियों का नामांकन भारतीय राज्यों के राजाओं द्वारा किया जाता था। देशी राज्यों के शासकों द्वारा मनोनीत प्रतिनिधि केवल अपने शासकों को ही प्रसन्न करना चाहते थे। वे अंग्रेजों का समर्थन करते थे तथा भारतीय प्रगति में बाधा डालने का प्रयास करते थे। फिर भी, संघ की सभी इकाइयों को समान प्रतिनिधित्व की व्यवस्था

सन् 1935 ई. के भारत शासन अधिनियम के अन्तर्गत नहीं की गई। विभिन्न भारतीय प्रान्तों में स्थानों का बँटवारा निम्नलिखित प्रकार था—

| प्रान्त | सदस्य | प्रान्त | सदस्य |
|---|---|---|---|
| बंगाल | 20 | उड़ीसा | 5 |
| मद्रास (चेन्नई) | 20 | पश्चिमोत्तर प्रदेश | 5 |
| संयुक्त प्रान्त | 20 | सिन्ध | 5 |
| बम्बई (मुम्बई) | 16 | ब्रिटिश बलूचिस्तान | 1 |
| बिहार | 16 | दिल्ली | 1 |
| पंजाब | 16 | अजमेर-मारवाड़ | 1 |
| मध्यप्रान्त और बरार | 8 | कुर्ग | 1 |
| असम | 5 | अन्य | 10 |

साम्प्रदायिक चुनाव-पद्धति के आधार पर 150 सदस्य निर्वाचित होते थे। इनका बँटवारा इस प्रकार किया गया—

| सदस्य | संख्या | सदस्य | संख्या |
|---|---|---|---|
| सामान्य | 75 | यूरोपियन | 7 |
| अल्पसंख्यक एवं दलित वर्ग | 6 | आंग्ल भारतीय | 1 |
| मुस्लिम | 49 | भारतीय ईसाई | 2 |
| सिक्ख | 4 | स्त्रियाँ | 6 |

**कार्यकाल**—राज्यसभा का कार्यकाल 9 वर्ष था। वह आज की राज्यसभा की तरह एक स्थायी सदन था जो कभी भंग नहीं होता था। इसके 1/3 सदस्य प्रत्येक तीन साल के बाद अवकाश ग्रहण करते रहते थे। इसके सदस्य एक अध्यक्ष तथा उपाध्यक्ष निर्वाचित करते थे। मताधिकार काफी सीमित था। केवल धनी व्यक्तियों को ही वह अधिकार दिया गया था।

**(2) संघीय सभा**—संघीय सभा संघीय विधानमण्डल का निम्न सदन था। वह भारतीय जनता की प्रतिनिधि सभा थी। इसमें 375 सदस्य थे जिनमें 125 देशी राज्यों के प्रतिनिधि थे और 250 ब्रिटिश भारत के। भारत के प्रतिनिधियों की संख्या निम्न प्रकार थी—

| | | | |
|---|---|---|---|
| मद्रास (चेन्नई) | 37 | उड़ीसा | 5 |
| संयुक्त प्रान्त | 37 | पश्चिमोत्तर प्रदेश | 5 |
| बंगाल | 37 | सिन्ध | 5 |
| बम्बई (मुम्बई) | 30 | बलूचिस्तान | 1 |
| पंजाब | 30 | दिल्ली | 2 |
| बिहार | 30 | अजमेर-मारवाड़ | 1 |
| मध्यप्रान्त और बरार | 15 | कुर्ग | 1 |
| असम | 10 | | |
| | | कुल | 240 |

संघीय सभा में विभिन्न सम्प्रदायों, वर्गों तथा स्वार्थों के आधार पर निम्नलिखित प्रकार से प्रतिनिधित्व दिया गया था—

| | | | |
|---|---|---|---|
| सामान्य | 105 | आंग्ल भारतीय | 4 |
| (अनुसूचित जातियों के 19 स्थान) | | वाणिज्य तथा उद्योग | 11 |
| मुस्लिम | 82 | श्रम | 10 |
| यूरोपियन | 8 | भूमिपति | 6 |
| भारतीय ईसाई | 8 | स्त्रियाँ | 9 |
| सिक्ख | 6 | | |
| | | कुल | 250 |

**मूल्यांकन**—इस प्रकार, सदस्यों के परोक्ष निर्वाचन की व्यवस्था की गई थी। प्रान्तीय विधानसभाओं के विभिन्न सम्प्रदायों के सदस्य अपने-अपने सम्प्रदाय के सदस्यों का निर्वाचन करते थे। देशी राज्यों के प्रतिनिधि वहाँ के शासकों द्वारा मनोनीत किए जाते थे। इससे यह स्पष्ट होता है कि संघीय सभा का संगठन दोषपूर्ण था और ब्रिटिश प्रान्तों को उनकी जनसंख्या के अनुपात में कम स्थान दिया गया था। जहाँ तक विभिन्न सम्प्रदायों का प्रश्न है, उनमें भी स्थानों का बँटवारा उचित रीति से नहीं किया गया था। ब्रिटिश भारत की जनसंख्या में 70 प्रतिशत हिन्दू थे, लेकिन उन्हें जो स्थान प्राप्त हुए थे वे शेष 30 प्रतिशत लोगों के ही समान थे।

**पदाधिकारी**—संघीय सभा के एक अध्यक्ष तथा उपाध्यक्ष होते थे, जिनकी नियुक्ति संघीय सभा के सदस्यों के द्वारा होती थी।

**संघीय विधानपालिका के अधिकार और कार्य**

सन् 1935 ई. भारत शासन अधिनियम के अन्तर्गत विधानमण्डल के निम्नलिखित अधिकार और कार्य थे—

**(1) विधायी शक्तियाँ**—संघीय विधानपालिका संघ सूची तथा समवर्ती सूची पर कानून निर्मित कर सकती थी। यदि संघीय और प्रान्तीय कानूनों में कोई अन्तर होता था तो संघीय कानून को ही प्राथमिकता दी जाती थी। संघीय विधानपालिका को प्रान्तों तथा कमिश्नरों दोनों के लिए कानून बनाने का अधिकार मिला हुआ था। देशी राज्यों के सम्बन्ध में संघीय विधानपालिका उन्हीं विषयों पर कानून बना सकती थी जिन्हें देशी राज्यों के शासकों ने सम्मिलन-विलेखपत्र के दौरान संघ को सौंपा था। किसी विधेयक को कानून का रूप देने के लिए यह आवश्यक था कि संघीय विधानपालिका के दोनों सदनों ने उसे पारित कर दिया हो। यदि गवर्नर-जनरल किसी अवशिष्ट विषय को संघीय विषय घोषित कर देता था, तो संघीय विधानमण्डल उस पर कानून निर्माण कर सकता था। दोनों सदनों द्वारा पारित विधेयक तब तक कानून नहीं बन सकता था जब तक कि गवर्नर-जनरल उस पर अपने हस्ताक्षर नहीं कर देता था। संघीय विधानपालिका के दोनों सदनों में मतभेद होने की स्थिति में संयुक्त बैठक की व्यवस्था की गई थी।

**(2) कार्यकारिणी शक्तियाँ**—संघीय विधानपालिका संघीय मन्त्रिमण्डल को नियोजित करती थी। हस्तान्तरित विषयों के प्रशासन से सम्बन्धित मामलों के लिए मन्त्रिमण्डल संघीय सभा के प्रति उत्तरदायी था। संघीय सभा मन्त्रिमण्डल को अविश्वास के प्रस्ताव द्वारा पदच्युत भी कर सकती थी, लेकिन गवर्नर-जनरल की कार्यकारिणी परिषद् के सदस्यों को हटाने का अधिकार विधानमण्डल के किसी भी सदन को प्राप्त नहीं था। संरक्षित विषयों के सम्बन्ध में संघीय विधानपालिका कार्यकारिणी परिषद् के सदस्यों से प्रश्न और पूरक प्रश्न भी पूछ सकती थी। विधानमण्डल 'काम रोको' प्रस्ताव भी पारित कर सकता था। विधानमण्डल में दोनों सदन किसी भी विषय पर प्रस्ताव पारित कर गवर्नर-जनरल के पास भेज सकते थे जिसे मानना या न मानना गवर्नर-जनरल की इच्छा पर निर्भर था।

**(3) वित्तीय शक्तियाँ**—सन् 1935 ई. के भारत शासन अधिनियम के अन्तर्गत संघीय विधानपालिका के वित्त सम्बन्धी अधिकार अत्यधिक सीमित थे। वैसे तो विधानमण्डल के दोनों सदनों को वित्तीय अधिकार प्राप्त थे लेकिन जहाँ तक बजट का प्रश्न है, वह सर्वप्रथम संघीय सभा में ही पुनः स्थापित होता था। बजट के दो भाग थे—

(i) भारतीय राजस्व पर भारित व्यय, और

(ii) अन्य व्यय।

बजट के पहले भाग पर संघीय विधानमण्डल को बहस करने का तो अधिकार था लेकिन उसमें कटौती का अधिकार प्राप्त नहीं था। 80 प्रतिशत मदों पर वह मतदान के अधिकार से वंचित था। शेष लगभग 20 प्रतिशत व्यय पर संघीय विधानपालिका को कटौती तथा अस्वीकृत करने का अधिकार प्राप्त था। गवर्नर-जनरल इस कटौती तथा अस्वीकृत राशि को पुनः स्वीकृत कर सकता था।

**आलोचनाएँ**—संघीय विधानपालिका के उपर्युक्त कार्यों तथा अधिकारों के विश्लेषण से ऐसा लगता है कि यह एक महत्वपूर्ण संस्था थी और भारतीयों के हित में महत्वपूर्ण कार्य सम्पन्न भी करती थी लेकिन अनेक आलोचकों ने निम्नलिखित आधारों पर संघीय विधानमण्डल की आलोचना की है—

**(1) सीमित विधायी शक्तियाँ**—संघीय विधानपालिका विधि-निर्माण के क्षेत्र में शक्तिशाली तो थी लेकिन इस क्षेत्र में भी उसकी शक्तियाँ सीमित ही थीं। संघीय विधानमण्डल को सन् 1935 ई. के भारत शासन अधिनियम में किसी भी प्रकार का संशोधन करने का अधिकार प्राप्त नहीं था। ब्रिटिश संसद के विरुद्ध भी वह किसी प्रकार के कानून का निर्माण नहीं कर सकता था।

**(2) सम्प्रभु निकाय नहीं**—सन् 1935 ई. में भारत शासन अधिनियम के अन्तर्गत संघीय विधानमण्डल सम्प्रभु निकाय नहीं था, क्योंकि केन्द्रीय विधानमण्डल द्वारा पारित विधेयकों पर गर्वनर-जनरल को निषेधाधिकार मिला हुआ था। वह अपनी इस शक्ति के अन्तर्गत किसी भी विधेयक को अस्वीकृत कर सकता था या ब्रिटिश सम्राट् की स्वीकृति के लिए रोक सकता था।

**(3) संघीय विधानमण्डल पर गवर्नर-जनरल की स्वेच्छाचारिता**—यह भी कहा जाता है कि संघीय विधानमण्डल गवर्नर-जनरल की इच्छा पर निर्भर था अर्थात् संघीय विधानमण्डल गवर्नर-जनरल के विशेष उत्तरदायित्व एवं स्वेच्छाचारी शक्तियों में बिल्कुल भी हस्तक्षेप नहीं कर सकता था। गवर्नर-जनरल की संरक्षण एवं स्व-विवेक से सम्बद्ध शक्तियों के चलते केन्द्रीय विधानमण्डल शक्तिशून्य हो गया था।

**(4) सीमित वित्तीय शक्तियाँ**—संघीय विधानमण्डल की वित्तीय शक्ति की आलोचना करते हुए कहा जाता है कि भारतीय राजस्व पर भारित व्यय के सम्बन्ध में वह बहस कर सकता था, लेकिन उनमें कटौती नहीं कर सकता था। 80 प्रतिशत मदों पर विधानमण्डल को मतदान का अधिकार प्राप्त नहीं था। शेष जिन 20 प्रतिशत मदों पर संघीय विधानमण्डल को जो कटौती और अस्वीकृति करने का अधिकार प्राप्त था, वह भी गवर्नर-जनरल के स्व-विवेक पर निर्भर करता था।

**(5) प्रजातन्त्र के विरुद्ध**—आलोचकों को यह भी कहना है कि संघीय विधानमण्डल की कार्यवाहियाँ प्रजातन्त्र के विरुद्ध थीं, क्योंकि हर विषय पर असमानता को बरता गया था और गवर्नर-जनरल को स्वेच्छा में जकड़ दिया गया था।

**(6) प्रतिक्रियावादी सदन**—आलोचकों का एक मत यह भी है कि सन् 1935 ई. के भारत शासन अधिनियम के अन्तर्गत केन्द्रीय विधानमण्डल का संगठन असमान तथा प्रतिक्रियावादी था। उसमें सभी वर्गों तथा सम्प्रदायों को समान प्रतिनिधित्व नहीं था और जनसंख्या के अनुपात पर भी ध्यान नहीं दिया गया था।

**(7) सीमित मताधिकार**—राज्यसभा के सम्बन्ध में एक अन्य आलोचना यह भी की जाती है कि मताधिकार अत्यधिक सीमित था और केवल सम्पन्न व्यक्तियों को ही मताधिकार प्रदान किया गया था। उतने ब्रिटिश प्रान्तों में लगभग एक लाख व्यक्तियों को ही मताधिकार प्राप्त था, जो उचित नहीं था।

निष्कर्ष के रूप में यह कहा जा सकता है कि संघीय विधानपालिका सन् 1935 ई. के भारत शासन अधिनियम की एक प्रमुख देन थी। अपने अन्तर्निहित दोषों के बावजूद इसके द्वारा पहली बार भारतीयों को मताधिकार प्रदान किया गया। एक उत्तरदायी सरकार की स्थापना की दृष्टि से भारतीय संविधानिक विकास में इसका महत्वपूर्ण योगदान कहा जा सकता है। इसके द्वारा भारतीयों को कुछ प्रशिक्षण मिला और स्वतन्त्रता सम्बन्धी उनकी माँगें बढ़ती गईं।

## संघीय-न्यायालय

संघात्मक शासन-व्यवस्था में एक संघीय न्यायालय का रहना आवश्यक समझा जाता है। सन् 1935 ई. के भारत शासन अधिनियम द्वारा संघीय न्यायालय की स्थापना भी की गई थी जिसका उद्देश्य विभिन्न संघीय इकाइयों के पारस्परिक झगड़ों, मतभेदों और उनके साथ केन्द्र के मतभेदों का निपटारा तथा संविधान की व्याख्या करना था। इस संघीय न्यायालय का उद्घाटन 1 अक्टूबर, सन् 1937 ई. को किया गया था।

**संघीय न्यायालय का संगठन**—सन् 1935 ई. के अधिनियम में स्थापित संघीय न्यायालय में एक मुख्य न्यायाधीश तथा अधिक-से-अधिक 6 अन्य न्यायाधीश नियुक्त किए जा सकते थे। उनकी नियुक्ति ब्रिटिश सम्राट् द्वारा की जाती थी। ब्रिटिश सम्राट् न्यायाधीशों की संख्या में संघीय विधानमण्डल की प्रार्थना पर वृद्धि कर सकता था। जहाँ तक न्यायाधीशों की स्वतन्त्रता का प्रश्न है, उनके कार्यकाल में उनके वेतन तथा भत्ते में किसी भी प्रकार की कटौती सम्भव नहीं थी। न्यायाधीशों की स्वतन्त्रता की रक्षा के उद्देश्य से ही गवर्नर-जनरल तथा संघीय विधानमण्डल को भी उन्हें पदच्युत करने का अधिकार प्रदान नहीं किया गया था।

**पदावधि**—संघीय न्यायालय के न्यायाधीश 65 वर्ष की आयु तक अपने पद पर बने रह सकते थे, लेकिन प्रिवी कौन्सिल की न्याय समिति द्वारा सदाचार या शारीरिक तथा मानसिक दुर्बलता के कारण दोषी ठहराये जाने की स्थिति में ब्रिटिश सम्राट् उन्हें पदच्युत भी कर सकता था।

**न्यायाधीशों की योग्यताएँ**—सन् 1935 ई. के भारत शासन अधिनियम के अन्तर्गत स्थापित संघीय न्यायालय के न्यायाधीशों की निम्नलिखित योग्यताएँ थीं—

(1) वह ब्रिटिश भारत या भारतीय संघ में सम्मिलित होने वाले किसी भी देशी राज्य के उच्च न्यायालय में कम-से-कम 5 वर्ष तक न्यायाधीश के पद पर रहा हो, या

(2) स्कॉटलैण्ड के एडवोकेट-संघ का सदस्य 10 वर्ष तक रहा हो, या

(3) वह इंग्लैण्ड या उत्तरी आयरलैण्ड में 10 वर्ष तक बैरिस्टर रहा हो, या

(4) ब्रिटिश भारत या उसके संघ में शामिल होने वाली किसी देशी रियासत के उच्च न्यायालय का एडवोकेट रहा हो।

जहाँ तक मुख्य न्यायाधीश की योग्यता का प्रश्न है, उसके लिए आवश्यक था कि वह 15 वर्ष तक एडवोकेट, बैरिस्टर या वकील अथवा किसी उच्च न्यायालय का न्यायाधीश रहा हो। जब मुख्य न्यायाधीश का स्थान रिक्त होता था तब गवर्नर-जनरल किसी भी न्यायाधीश को मुख्य न्यायाधीश के पद पर कार्य करने के लिए नियुक्त कर सकता था।

**वेतन तथा भत्ते**—संघीय न्यायालय के मुख्य न्यायाधीश को वेतन के रूप में 7,000 रुपए तथा अन्य न्यायाधीशों को 5,000 रुपए प्रतिमाह प्रदान किए जाते थे। ब्रिटिश सम्राट् को यह अधिकार था कि वह न्यायाधीशों के वेतन तथा भत्ते तथा पेन्शन मन्त्रिपरिषद् की सलाह से निर्धारित करे।

## संघीय न्यायालय का क्षेत्राधिकार
## (Jurisdiction of Federal Court)

सन् 1935 ई. के अधिनियम में संघीय न्यायालय को निम्नलिखित अधिकार प्राप्त थे—

**(1) प्रारम्भिक क्षेत्राधिकार**—संघीय न्यायालय को यह अधिकार प्राप्त था कि वह सन् 1935 ई. के अधिनियम की व्याख्या कर सकता है। इसके अलावा किसी प्रान्त, राज्य या संघ तथा विभिन्न राज्यों के बीच उत्पन्न विवाद के निबटारे के सम्बन्ध में भी संघीय न्यायालय को प्रारम्भिक अधिकार मिले हुए थे।

**(2) अपीलीय क्षेत्राधिकार**—सन् 1935 ई. के संघीय न्यायालय को अपीलीय क्षेत्राधिकार भी प्राप्त था। इसे प्रान्तों और संघ में शामिल होने वाले देशी राज्यों के उच्च न्यायालय के निर्णय के विरुद्ध अपील सुनने का अधिकार मिला हुआ था। ऐसा वह तभी कर सकता था जब उच्च न्यायालय यह प्रमाण-पत्र दे कि सम्बन्धित मामले में कोई संवैधानिक प्रश्न अथवा परिषद् आदेश सम्बन्धी व्याख्या अन्तर्निहित है। विधि की व्याख्या से सम्बन्धित मुकदमे प्रान्तों के उच्च न्यायालयों से संघीय न्यायालय में भेजे जा सकते थे।

**(3) परामर्शदात्री क्षेत्राधिकार**—संघीय न्यायालय को यह अधिकार भी था कि वह गवर्नर-जनरल को कानूनी या संविधानिक प्रश्नों पर परामर्श प्रदान करे। गवर्नर-जनरल किसी भी संविधानिक प्रश्न को अथवा कानून से सम्बन्धित किसी भी अंश को स्पष्टीकरण के लिए संघीय न्यायालय के पास प्रेषित कर सकता था।

**(4) संघीय न्यायालय एक अभिकरण न्यायालय के रूप में**—सन् 1935 ई. के भारत शासन अधिनियम के अन्तर्गत संघीय न्यायालय का एक अभिलेख न्यायालय के रूप में कार्य करना था। इसकी समस्त कार्यवाहियों तथा निर्णयों को रिकॉर्ड के रूप में रखा जाता था तथा उन्हें प्रकाशित किया जाता था। गवर्नर-जनरल संघीय न्यायालय को किसी भी प्रकार का कार्य दे सकता था।

**आलोचनाएँ**—सन् 1935 ई. के भारत शासन अधिनियम के अन्तर्गत संघीय न्यायालय के विश्लेषण से यह स्पष्ट होता है कि यह भारत में सबसे बड़ा न्यायालय था लेकिन अनेक तथ्यों के आधार पर इसकी आलोचनाएँ की जाती हैं जो निम्नलिखित हैं—

(1) संघीय न्यायालय भारत का सबसे बड़ा न्यायालय तो था लेकिन यह सर्वोच्च न्यायालय नहीं था जो इसका एक महान् दोष था। इसके निर्णयों के विरुद्ध प्रिवी कौन्सिल की न्याय-समिति के पास अपील की जा सकती थी।

(2) संघीय न्यायालय की एक अन्य आलोचना इस प्रकार की जाती है कि इसके न्यायाधीशों की नियुक्ति ब्रिटिश सम्राट् द्वारा होती थी, जो अंग्रेजी हुकूमत के संरक्षण में ही कार्य कर सकते थे।

उपर्युक्त आलोचनाओं के बावजूद सन् 1935 ई. के भारत शासन अधिनियम में स्थापित संघीय न्यायालय भारत का प्रथम अखिल भारतीय न्यायालय था और 13 वर्षों तक उसने महत्वपूर्ण कार्य किया। द्वितीय विश्वयुद्ध के दौरान संघीय न्यायालय ने जनता के नागरिक अधिकारों की रक्षा कार्यकारिणी की ज्यादतियों से की। इसने काफी निष्पक्षता से अपने कार्यों का सम्पादन किया और सन् 1950 ई. में इसे भारत का सर्वोच्च न्यायालय बना दिया गया। इसके बाद से इसके संगठन तथा कार्यप्रणाली में परिवर्तन भारतीय संविधान के अनुसार किया गया है।

## सन् 1935 ई. के अधिनियम में प्रस्तावित संघीय योजना
## (Proposed Federal Plan in Act of 1935)

सन् 1935 ई. के भारत शासन अधिनियम के अन्तर्गत भारत में संघीय शासन पद्धति प्रस्तावित की गई थी। इस संघीय शासन-पद्धति में ब्रिटिश भारत तथा भारतीय देशी राज्य भी सम्मिलित हो सकते थे। इसके द्वारा भारतीय देशी राज्यों को ब्रिटिश प्रान्तों के साथ समान संघीय शासन में लाने का यह प्रथम प्रयास था लेकिन व्यवहार में प्रस्तावित संघीय योजना कार्यान्वित नहीं हो सकी थी। सन् 1935 ई. के भारत शासन अधिनियम के पहले समस्त संविधानिक योजनाओं में भारत के लिए एकात्मक शासन की व्यवस्था की गई थी। भारतीय प्रशासन का उत्तरदायित्व केन्द्रीय सरकार पर था और केन्द्रीय सरकार

पर भारत-सचिव का नियन्त्रण रहता था। प्रान्तीय सरकारों का कोई अस्तित्व नहीं था लेकिन सन् 1935 ई. में भारत शासन अधिनियम द्वारा एकात्मक शासन-व्यवस्था समाप्त कर दी गई थी और केन्द्र में संघीय योजना लागू की गई थी। इस संघीय योजना में एक लिखित संविधान, एक स्वतन्त्र न्यायपालिका संघीभूत इकाइयों के बीच अधिकारों के विभाजन आदि की व्यवस्था की गई थी।

**संघ का संगठन**—सन् 1935 ई. के अधिनियम के अन्तर्गत प्रस्तावित संघीय व्यवस्था में 11 गवर्नरों के प्रान्त, 6 चीफ कमिश्नरों के प्रान्त और देशी राज्यों में सम्मिलित करने की व्यवस्था की गई थी। इस संघीय व्यवस्था में ब्रिटिश भारत के प्रान्तों को सम्मिलित होना अनिवार्य था जबकि देशी राज्य अपनी इच्छा से शामिल हो सकते थे। संघ में शामिल होने वाले देशी राज्यों के लिए यह शर्त थी कि उन्हें प्रवेश-पत्र पर इकरारनामा करना पड़ता। इन संघीय इकाइयों को अपने-अपने क्षेत्र में पूर्ण स्वायत्तता प्राप्त होती थी। इस संघीय व्यवस्था में केन्द्र तथा राज्यों के बीच शक्तियों का विभाजन किया गया और इन दोनों के बीच पारस्परिक झगड़े के निबटारे के लिए एक संघीय न्यायालय की भी स्थापना की गई थी। संविधान में संशोधन की प्रक्रिया जटिल थी, जिसका अधिकार केन्द्रीय विधानमण्डल को न होकर ब्रिटिश संसद को प्राप्त था।

**संघ की स्थापना की कुछ विशेष शर्तें**—सन् 1935 ई. के अधिनियम के अन्तर्गत संघ की स्थापना के लिए कुछ विशेष शर्तें थीं; जैसे—

(1) संसद के दोनों सदन सम्राट् से प्रार्थना करते कि संघ की स्थापना की जाए, तथा

(2) भारतीय देशी रियासतें जब विलयन की स्वीकृति दें तो उनकी जनसंख्या कुछ रियासती प्रजा की जनसंख्या की आधी से अधिक हो, और

(3) जो उच्च सदन में 52 स्थानों से अधिक स्थानों की अधिकारिणी हों। उस संघ का निर्माण एक शाही घोषणा द्वारा होता था। प्रस्तावित संघीय सरकार के दो मुख्य अंग थे—

**संघ सरकार के दो मुख्य अंग**

संघीय कार्यपालिका
(ब्रिटिश सम्राट् संघीय कार्यपालिका का प्रधान होता था, जिसकी शक्तियों का वास्तविक प्रयोग गवर्नर जनरल करता था।)

संघीय विधानपालिका
(i) राज्यसभा
(ii) संघीय सभा

देशी राज्य प्रस्तावित संघीय विधानमण्डल की संघीय सभा में 125 सदस्य और राज्यसभा में 104 सदस्य भेज सकते थे। ब्रिटिश प्रान्तों के प्रतिनिधियों की संख्या राज्यसभा में 156 तथा संघीय सभा में 250 थी।

**प्रस्तावित संघ की विचित्रताएँ** (Peculiarities of Proposal Federation)

**(1) स्वतन्त्र राज्यों से विहीन संघ**—वैसे तो किसी भी संघ का निर्माण स्वतन्त्र राज्यों के मिलने से होता है जो विशेष उद्देश्यों की पूर्ति के लिए एक संघ में सम्मिलित होते हैं लेकिन सन् 1935 ई. के अधिनियम द्वारा ब्रिटिश भारत के प्रान्तों को विभिन्न स्वतन्त्र इकाइयों में विभाजित कर एक संघ राज्य बनाने की योजना थी। ये विभिन्न इकाइयाँ स्वतन्त्र नहीं थीं।

**(2) भारतीय इकाइयों की स्वेच्छा का अभाव**—साधारणतया संघ का निर्माण विभिन्न इकाइयों की स्वेच्छा से मिलने या संगठित होने से होता है, लेकिन सन् 1935 ई. के भारत-संघ के निर्माण में इस प्रक्रिया का प्रयोग केवल देशी राज्यों के लिए ही किया गया था। ब्रिटिश प्रान्तों को संघ में मिलना आवश्यक नहीं था। इस प्रकार, यह एक थोपी हुई योजना थी जिससे भारतीय जनता में प्रेरणा शक्ति का अभाव दिखाई देता था।

**(3) इकाइयों में असमानता**—सामान्यतः संघ की विभिन्न इकाइयों में बहुत हद तक समानता रहती है लेकिन सन् 1935 ई. के अधिनियम में प्रस्तावित संघ में इसका पूर्णरूपेण अभाव था। जहाँ संघ राज्य की इकाइयों में देशी रियासतें स्वेच्छाचारी शासकों के नियन्त्रण में थीं वहाँ ब्रिटिश प्रान्तों में उत्तरदायी शासन की स्थापना की गई थी। इस प्रकार संघीय इकाइयों में असमानता थी।

**(4) उच्च सदन में समान प्रतिनिधित्व का अभाव**—वैसे तो संघात्मक व्यवस्था के अन्तर्गत द्वितीय सदन में संघीभूत इकाइयों में समान प्रतिनिधित्व प्राप्त रहता है लेकिन भारत की उस प्रस्तावित संघीय योजना में ऐसा कुछ नहीं था द्वितीय सदन में संघीभूत इकाइयों का प्रतिनिधित्व भी असमान था। वहाँ विभिन्न इकाइयों को जनसंख्या के आधार पर प्रतिनिधित्व प्राप्त था। भारत की कुल जनसंख्या की 13 प्रतिशत देशी राज्यों की जनसंख्या थी लेकिन उसे केन्द्रीय विधानमण्डल में निम्न सदन में 33 प्रतिशत और उच्च सदन में 40 प्रतिशत स्थान प्राप्त था।

**(5) संघीय सरकार का इकाइयों पर असमान नियन्त्रण**—सामान्यतया संघात्मक शासन-व्यवस्था में विभिन्न इकाइयों पर संघ-सरकार का समान नियन्त्रण रहता है लेकिन सन् 1935 ई. के भारत शासन अधिनियम द्वारा प्रस्तावित संघीय योजना में स्थिति बिल्कुल विपरीत थी। उसमें ब्रिटिश प्रान्तों पर समान नियन्त्रण था लेकिन देशी राज्यों के साथ ऐसी बात नहीं थी। देशी राज्य केवल उन्हीं विषयों में संघ के अन्तर्गत होते, जिनका वे अपने प्रवेश-पत्र में उल्लेख करते।

**(6) देशी राज्यों का मनोबल**—सन् 1935 ई. के भारत शासन अधिनियम में जहाँ निम्न सदन के सदस्यों के अप्रत्यक्ष निर्वाचन की व्यवस्था थी, वहाँ के नागरिकों को देशी राज्यों के प्रतिनिधियों को निर्वाचित करने का अधिकार नहीं था। प्रतिनिधियों के मनोनयन की व्यवस्था की गई थी और यह अधिकार देशी राज्यों के शासकों को दे दिया गया था।

**(7) साम्प्रदायिक निर्वाचन-पद्धति की व्यवस्था**—सन् 1935 ई. के भारत शासन अधिनियम में उच्च सदन के गठन में प्रत्यक्ष निर्वाचन की व्यवस्था की गई थी लेकिन दूसरी ओर साम्प्रदायिक निर्वाचन-पद्धति को स्थान देकर केन्द्रीय विधानमण्डल को अत्यधिक कमज़ोर बना दिया गया था।

**(8) गवर्नर-जनरल के विशेषाधिकार**—सन् 1935 ई. के अधिनियम में प्रस्तावित संघीय योजना में भारत-सचिव तथा गवर्नर-जनरल को विशेष अधिकार प्रदान किए गए थे। आपातकाल की उद्घोषणा कर गवर्नर-जनरल समस्त प्रशासन को अपने हाथ में लेकर संघीय व्यवस्था को समाप्त कर सकता था। ऐसी ही स्थिति प्रान्तों में भी थी जहाँ प्रशासनिक विफलता पर गवर्नर समस्त प्रान्तीय प्रशासन को अपने हाथ में लेकर स्वेच्छा से शासन कर सकता था।

**(9) सर्वोच्च न्यायालय का अभाव**—संघात्मक व्यवस्था की सफलता के लिए एक सर्वोच्च तथा निष्पक्ष न्यायालय की आवश्यकता होती है। सन् 1935 ई. के अधिनियम में एक संघीय न्यायालय की व्यवस्था तो थी, लेकिन सर्वोच्च न्यायालय का नितान्त अभाव था। भारत का अन्तिम न्यायालय इंग्लैण्ड स्थित प्रिवी परिषद् ही थी।

**(10) अवशिष्ट शक्तियाँ**—प्रत्येक संघीय राज्य में अवशिष्ट शक्तियाँ या तो केन्द्र के पास विद्यमान थीं या उसकी इकाइयों के पास। सन् 1935 ई. के अधिनियम के अन्तर्गत गवर्नर-जनरल को यह अधिकार प्राप्त था कि वह निर्णय करे कि अवशिष्ट शक्तियों का प्रयोग केन्द्र द्वारा करेगा या इकाइयाँ करेंगी।

**(11) संविधानिक संशोधन**—वैसे तो संविधान में संशोधन करने की शक्ति संसद को रहती है लेकिन सन् 1935 ई. के प्रस्तावित संघीय व्यवस्था में यह अधिकार भारतीय केन्द्रीय विधानमण्डल को प्राप्त नहीं था, वरन् ब्रिटिश संसद को प्राप्त था।

**प्रस्तावित संघ की आलोचनाएँ** (Criticism of Proposal Federation)—सन् 1935 ई. के अधिनियम में जिस संघीय योजना की व्यवस्था की गई थी, उसमें निम्नलिखित दोष थे—

**(1) संघात्मक व्यवस्था के विपरीत**—प्रस्तावित संघ का क्षेत्राधिकार विभिन्न प्रान्तों में अलग-अलग रहता था। जहाँ ब्रिटिश भारत के प्रान्तों के लिए संघ में शामिल होना अनिवार्य था वहाँ देशी राज्यों के लिए ऐसा नियम नहीं था। वे अपनी स्वेच्छा से प्रवेश-पत्र द्वारा संघ में शामिल हो सकते थे। यह निश्चित रूप से संघ-विरोधी सिद्धान्त था और इसी आधार पर इसकी आलोचनाएँ की गई हैं।

**(2) जनतन्त्रवाद तथा निरंकुशवाद का अस्वाभाविक समन्वय**—सन् 1935 ई. के अधिनियम में प्रस्तावित संघीय योजना के अन्तर्गत जनतन्त्रवाद तथा निरंकुशवाद के बीच अस्वाभाविक समन्वय स्थापित किया गया था। देशी राज्यों में निरंकुश शासन था और वहाँ की जनता को जनतान्त्रिक अधिकार प्राप्त नहीं थे। दूसरी ओर, ब्रिटिश भारत की जनता को राजनीतिक अधिकार मिले हुए थे। इन विरोधी तत्वों के समन्वय के चलते प्रस्तावित संघीय व्यवस्था की आलोचना की गई है।

**(3) केन्द्रीय विधानमण्डल में देशी राज्यों के प्रतिनिधित्व की प्रधानता**—सन् 1935 ई. के संघीय योजना की आलोचना इस आधार पर भी की जाती है कि केन्द्रीय विधानमण्डल में देशी राज्यों को जनसंख्या से अधिक प्रतिनिधित्व प्रदान किया गया था। उनकी जनसंख्या भारत की कुल जनसंख्या की केवल 23 प्रतिशत ही थी लेकिन उन्हें संघीय विधानमण्डल के निचले सदन में 33 प्रतिशत तथा उच्च सदन में 40 प्रतिशत स्थान प्रदान किए गए थे।

**(4) चुनाव पद्धति की आलोचना**—आलोचकों का विचार है कि निम्न सदन में निर्वाचन के लिए जिस अप्रत्यक्ष निर्वाचन पद्धति को अपनाया गया था, वह प्रजातान्त्रिक सिद्धान्तों के प्रतिकूल थी। इस चुनाव पद्धति का उद्देश्य राष्ट्रवादी तथा उग्रवादी तत्वों के प्रभाव को नियन्त्रण में रखना था।

**(5) संरक्षण तथा विशेषाधिकार सम्बन्धी आलोचना**—प्रस्तावित संघीय योजना में अनेक संरक्षणों की व्यवस्था की गई थी तथा भारत-सचिव और गवर्नर-जनरल के जिम्मे अनेक विशेषाधिकार किए गए थे। वे केन्द्रीय विधानमण्डल तथा

प्रान्तीय स्वायत्तता में हस्तक्षेप कर सकते थे। गवर्नर-जनरल को स्वविवेक से कार्य करने का अधिकार भी प्राप्त था। उनके विशेष उत्तरदायित्व से सम्बद्ध अधिकार जनतन्त्र-विरोधी थे।

**(6) द्वैध शासन संघात्मकता का विरोधी**–सन् 1935 ई. के अधिनियम के अन्तर्गत केन्द्र में द्वैध शासन की स्थापना की गई थी, जो संघात्मकता का विरोधी था। जहाँ महत्वपूर्ण विषयों पर गवर्नर-जनरल तथा उसे पार्षदों का अधिकार प्राप्त था, वहाँ महत्वहीन विषय मन्त्रियों के जिम्मे सौंपे गए थे। इसी आधार पर इसकी आलोचना की जाती थी।

**(7) केन्द्रीय विधानमण्डल में सर्वोच्चता का अभाव**–एक अन्य आलोचना यह की जाती है कि केन्द्रीय विधानमण्डल सर्वोच्च निकाय नहीं था, क्योंकि संविधान में संशोधन करने की शक्ति ब्रिटिश संसद को मिली हुई थी।

**(8) संघीय न्यायालय अन्तिम न्यायालय नहीं**–प्रस्तावित संघीय योजना की एक अन्य आलोचना यह की जाती है कि सन् 1935 ई. के अधिनियम में संघीय न्यायालय अन्तिम न्यायालय नहीं था। यह संघीय व्यवस्था की सबसे बड़ी कमजोरी थी। संघीय न्यायालय के ऊपर प्रिवी परिषद् थी।

उपर्युक्त विवेचन से यह स्पष्ट होता है कि सन् 1935 ई. के भारत शासन अधिनियम में प्रस्तावित संघ में अनेक त्रुटियाँ थीं और वह विषमताओं से परिपूरित था। इस संघीय योजना की स्थापना में भारत के लोगों का कोई हाथ नहीं था। वह एक ऊपर से थोपी हुई योजना थी जिससे भारतीय असन्तुष्ट थे, क्योंकि अन्य चीजों के अलावा विधानमण्डल में देशी राज्यों को अधिक प्रतिनिधित्व दिया गया था। गवर्नर-जनरल तथा गवर्नरों के विशेष उत्तरदायित्व तथा स्वविवेकी शक्तियों से संघीय योजना का कोई महत्व नहीं रह गया था। इसलिए, कांग्रेस, मुस्लिम लीग तथा हिन्दू-महासभा इत्यादि ने इसे दोषपूर्ण बताकर अस्वीकृत कर दिया था। इस सम्बन्ध में **पं. जवाहर लाल नेहरू** का विचार था कि, "संघीय सरकार का निर्माण इस प्रकार किया गया था कि उसमें किसी प्रकार की प्रगति सम्भव नहीं थी।"

## सन् 1935 ई. के अधिनियम में प्रान्तीय स्वायत्तता
## (Provinical Autonomy in 1935 Act)

भारतीय संविधानिक विकास में प्रान्तीय स्वायत्तता का महत्वपूर्ण स्थान रहा है। सन् 1935 ई. के अधिनियम की सबसे महत्वपूर्ण विशेषताओं में से एक प्रान्तीय स्वायत्तता की स्थापना भी थी। प्रान्तीय स्वायत्तता से ही भारत में स्थानीय स्वशासन का प्रारम्भ हुआ, क्योंकि प्रान्तीय स्वायत्तता के अन्तर्गत ही भारत के 11 प्रान्तों में प्रान्तीय स्वराज्य की स्थापना की गई और भारतीयों को स्वशासन में भाग लेने का अवसर मिला। सन् 1919 ई. के अधिनियम द्वारा प्रान्तों में आंशिक शासन की स्थापना की गई थी, जिसे द्वैध शासन-प्रणाली के नाम से जाना जाता था। सन् 1935 ई. के अधिनियम द्वारा प्रान्तों में द्वैध शासन का अन्त कर दिया गया था और उसके स्थान पर उत्तरदायी शासन की स्थापना की गई थी।

सन् 1935 के अधिनियम से पहले प्रान्त केवल प्रादेशिक विभाग मात्र थे, जो प्रदत्त शक्तियों का प्रयोग करते थे। प्रान्तों की स्वतन्त्र सत्ता नहीं थी लेकिन सन् 1935 ई. के अधिनियम द्वारा गवर्नर के प्रान्तों को शासन की स्वतन्त्र इकाइयाँ बना दिया गया और प्रत्येक प्रान्त में कार्यपालिका तथा व्यवस्थापिका की स्थापना की गई। इस अधिनियम द्वारा केन्द्र तथा प्रान्तों के बीच अधिकारों का विभाजन कर दिया गया। प्रान्तीय कार्यपालिका तथा व्यवस्थापिका को प्रान्तीय क्षेत्र में स्वायत्तता प्रदान की गई थी। गवर्नरों के प्रान्तों को भारतीय शासन की स्वतन्त्र इकाइयाँ बना दिया गया था। प्रान्तों के समस्त अधिकार और शक्तियाँ सीधे ब्रिटिश सम्राट् से मिलने लगी थीं। **प्रो. कूपलैण्ड** का कहना है कि, "सन् 1935 ई. के अधिनियम द्वारा प्रथम बार भारतीय प्रान्तों को पृथक् वैधानिक व्यक्तित्व प्रदान किया गया।"

**प्रान्तीय स्वायत्तता का अर्थ** (Meaning of Provinicial Autonomy )–'प्रान्तीय स्वायत्तता' शब्द अंग्रेजी के 'प्रोविन्सियल ऑटोनोमी' का हिन्दी रूपान्तर है इसे सामान्य भाषा में प्रान्तीय स्वराज्य भी कहा जाता है। प्रान्तीय स्वायत्तता के दो अर्थ हैं जिन्हें हम निम्नलिखित रूप में रख सकते हैं–

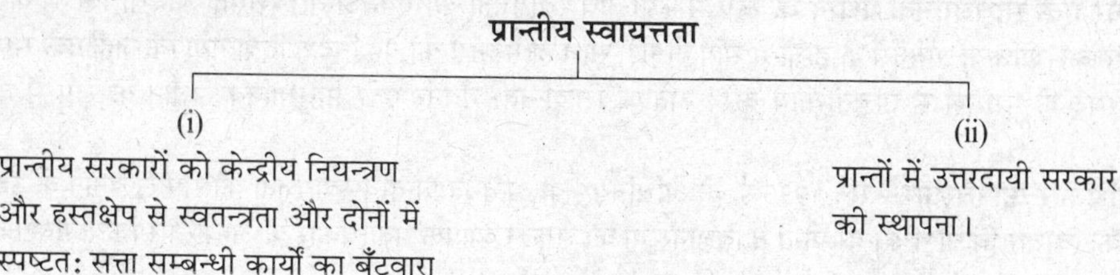

**(1) केन्द्रीय नियन्त्रण से स्वतन्त्रता**—इससे आशय यह हुआ कि प्रान्तीय सरकारें विधायी, प्रशासकीय तथा वित्तीय क्षेत्रों में स्वायत्तता प्राप्त करेंगी और केन्द्रीय सरकार से विधायन-प्रक्रिया के द्वारा सत्ता प्राप्त नहीं कर सकेंगी। विधायी स्वायत्तता से अभिप्राय उस व्यवस्था से है जिसमें प्रान्तों के कानून और विनियमन प्रान्तीय विधायिका द्वारा पारित किए जाते हैं और केन्द्र का उस पर कोई भी नियन्त्रण नहीं रहता। प्रशासकीय नियन्त्रण का अभिप्राय प्रान्तों के सेवी वर्ग से है जिसके हाथ में प्रान्तों का शासन रहता है। वे अपने प्रान्तों के प्रति श्रद्धा प्रकट करते हैं। वित्तीय स्वायत्तता का अभिप्राय हम तब लगाते हैं जब वित्तीय मामलों में केन्द्र और प्रान्तीय वित्तों में विभेद रहता है।

**(2) उत्तरदायी सरकार** का अभिप्राय यह है कि प्रान्तीय सरकारें जनता के प्रतिनिधियों के प्रति उत्तरदायी रहती हैं।

सन् 1935 ई. के अधिनियम में प्रान्तीय सरकार को केन्द्र से पृथक् रखा गया है और उपर्युक्त दोनों सन्दर्भों में ही प्रान्तीय स्वायत्तता-सम्बन्धी प्रावधान को स्वीकार कर लिया गया। प्रान्तों में द्वैध शासन की समाप्ति पर संरक्षित और हस्तान्तरित विषयों का भेद समाप्त कर दिया गया और समस्त प्रान्तीय विषयों को निर्वाचित विधानमण्डल के प्रति उत्तरदायी मन्त्रियों के जिम्मे दे दिया गया। इसी अर्थ में **के. वी. पुनैया** ने भी कहा है कि, "प्रान्तीय स्वायत्तता का प्रथम अर्थ था सम्पूर्ण प्रान्तीय क्षेत्र में उत्तरदायी सरकार की स्थापना और द्वितीयत: उस क्षेत्र में अपने अधिकार कार्यान्वित करने में बाह्य नियन्त्रण से मुक्ति।"

**प्रान्तीय स्वायत्तता का विकास** (Development of Provincial Autonomy)—सन् 1935 ई. के अधिनियम में प्रान्तों के अन्तर्गत जिस स्वायत्तता की स्थापना की गई, उसके विकास में अनेक तत्वों ने सहयोग किया तथा विभिन्न घटनाओं ने उसे प्रभावित किया। जिन विभिन्न घटनाओं ने इसके विकास में सहायता पहुँचाई, उनमें निम्नलिखित प्रमुख हैं—

(1) सन् 1858 ई. का भारत शासन अधिनियम तथा महारानी विक्टोरिया का घोषणा-पत्र,
(2) सन् 1861 ई. का भारतीय परिषद् अधिनियम,
(3) सन् 1892 ई. का भारतीय परिषद् अधिनियम,
(4) सन् 1909 ई. का मार्ले-मिण्टो सुधार अधिनियम,
(5) सन् 1919 ई. मॉण्ट-फोर्ड सुधार या भारत शासन अधिनियम,
(6) सन् 1933 ई. का गोलमेज सम्मेलन इत्यादि।

उपर्युक्त घटनाओं के अलावा, भारतीयों की सतत् आस्था तथा ब्रिटिश सरकार के प्रति अपनाई गई प्रतिक्रियावादी नीतियों के सन्दर्भ में सन् 1935 ई. के भारत शासन अधिनियम को स्वीकार किया गया। प्रथम गोलमेज सम्मेलन में ब्रिटिश सरकार तथा भारतीय प्रतिनिधियों ने भावी सुधार की दृष्टि से सिद्धान्तत: प्रान्तीय स्वायत्तता को स्वीकार कर लिया जिसका व्यावहारिक रूप सन् 1935 ई. के भारत शासन अधिनियम में दिया गया।

**प्रान्तीय स्वायत्तता की विशेषताएँ** (Features of the Provincial Autonomy)—सन् 1935 ई. के अधिनियम में प्रान्तीय स्वायत्तता की निम्नलिखित विशेषताएँ थीं—

**(1) प्रान्तों में उत्तरदायी शासन**—प्रान्तीय स्वायत्तता के अन्तर्गत प्रान्तों में उत्तरदायी शासन की स्थापना की गई और इसे केन्द्र के नियन्त्रण से मुक्त रखा गया। प्रान्तीय शासन का अधिकार मन्त्रियों को प्राप्त हुआ जो अपने कार्यों के लिए प्रान्तीय विधानमण्डल के प्रति उत्तरदायी थे।

**(2) केन्द्र तथा प्रान्तों के मध्य विषयों का बँटवारा**—प्रान्तीय स्वायत्तता की दृष्टि से ही केन्द्र तथा प्रान्त के मध्य विषयों का विभाजन किया गया। विषयों की तीन सूचियाँ बनाई गईं। संघीय सूची के अन्तर्गत 59 विषय तथा प्रान्तीय सूची में 54 विषय सम्मिलित थे। समवर्ती सूची के अन्तर्गत औद्योगिक झगड़े, श्रमिक कल्याण, समाचार-पत्र इत्यादि विषयों को रखा गया था। समवर्ती सूची पर प्रान्तीय और केन्द्र सरकारें दोनों कानून निर्माण कर सकती थीं लेकिन मतभेद की स्थिति में केन्द्र द्वारा निर्मित कानून को ही मान्यता प्रदान की जाती थी। यदि ब्रिटिश सम्राट् किसी प्रस्तावित कानून पर अनुमति दे देता था तो उसे रद्द नहीं किया जा सकता था।

**(3) गवर्नर एक संविधानिक प्रधान के रूप में**—प्रान्तीय स्वायत्तता की एक अन्य विशेषता यह थी कि प्रान्तों की समस्त कार्यपालिका-शक्तियाँ गवर्नरों के हाथों में सौंप दी गईं, साथ ही गवर्नरों को यह निर्देश दिया गया कि जहाँ तक सम्भव हो, वे मन्त्रिपरिषद् के परामर्श से उचित कार्य करें। अतएव सिद्धान्तत: गवर्नर एक संविधानिक प्रधान के रूप में कार्य करने लगे।

**(4) मताधिकार का विस्तार**—सन् 1935 ई. के अधिनियम के अन्तर्गत प्रान्तीय स्वायत्तता को सफल बनाने के उद्देश्य से मताधिकार का विस्तार किया गया। हर प्रान्त में विधानसभा का संगठन व्यापक मताधिकार के आधार पर किया गया। कुछ प्रान्तों के उच्च सदन के रूप में विधान परिषद् की भी व्यवस्था की गई।

**(5) उच्च न्यायालयों की स्थापना**—प्रान्तीय स्वायत्तता को कारगर बनाने के उद्देश्य से ही प्रान्तों में उच्च न्यायालयों की स्थापना की गई।

**(6) प्रान्तीय सेवाओं की व्यवस्था**—प्रान्तीय स्वायत्तता की एक अन्य विशेषता प्रान्तीय असैनिक सेवाओं की स्थापना की।

**प्रान्तीय स्वायत्तता पर प्रतिबन्ध** (Restrictions on the Provincial Autonomy)—यदि सन् 1935 ई. के अधिनियम की प्रान्तीय स्वायत्तता का सही ढंग से हम विश्लेषण करें तो यह स्पष्ट हो जाता है कि इस पर विभिन्न प्रकार की आन्तरिक तथा बाह्य परिसीमाएँ थीं—

**बाह्य प्रतिबन्ध**—वैसे तो प्रान्तीय सरकारें भारत सरकार के नियन्त्रण से मुक्त थीं, फिर भी विषयों का जो विभाजन किया गया था, वह संघीय दृष्टिकोण से अपूर्ण था। अवशिष्ट विषयों के निर्धारण की शक्तियाँ गवर्नर-जनरल के अधीन थीं। इसके साथ ही केन्द्रीय विधानमण्डल को यह अधिकार प्राप्त था कि सम्पूर्ण देश में संघीय कानून को कार्यान्वित कर सकें। साथ ही, गवर्नर-जनरल द्वारा आपात स्थिति की उद्घोषणा होने पर संघीय विधानमण्डल प्रान्तीय सूची के विषयों पर भी कानून निर्माण कर सकता था। प्रान्तीय विधानमण्डलों में प्रस्तावित होने वाले अनेक विधेयकों पर गवर्नर-जनरल की पूर्व स्वीकृति अनिवार्य थी। गवर्नर प्रान्तीय विधानमण्डलों द्वारा पारित विधेयकों को गवर्नर-जनरल के विचारार्थ सुरक्षित रख सकता था। गवर्नर-जनरल प्रान्तीय सरकारों के शासन में हस्तक्षेप कर सकता था। वह गवर्नरों को प्रान्तीय सरकारों के प्रशासन के सम्बन्ध में आदेश भी दे सकता था। वह भारत की शान्ति को ध्यान में रखकर प्रान्तीय शासन पर पूर्ण नियन्त्रण रख सकता था। इन तमाम बाह्य प्रतिबन्धों को देखते हुए **प्रो. ए. बी. कीथ** ने कहा है कि, "यह प्रान्तीय स्वायत्तता के गौरव पर अत्यन्त गम्भीर चोट थी। बाह्य दृष्टिकोण से प्रान्तीय सरकारें स्वतन्त्र नहीं थीं।"

**आन्तरिक प्रतिबन्ध**—प्रान्तीय स्वायत्तता पर आन्तरिक दृष्टि से भी अनेक प्रतिबन्ध थे। प्रान्तीय कार्यपालिका पर विधानपालिका का पूर्ण नियन्त्रण नहीं था। प्रान्तीय शासन की बागडोर गवर्नर के हाथों में थी, जो सीधे ब्रिटिश सम्राट् का प्रतिनिधि माना गया था। वैसे तो प्रान्तीय शासन की सम्पूर्ण जिम्मेदारी उत्तरदायी मन्त्रियों पर थी लेकिन गवर्नर को व्यापक शक्तियाँ प्रदान की गई थीं। वह अपने विशेष उत्तरदायित्वों के पालन तथा विवेक-सम्बन्धी शक्तियों के संचालन के लिए गवर्नर-जनरल के प्रति उत्तरदायी था। गवर्नर पर प्रान्तीय विधानमण्डल का किसी प्रकार का नियन्त्रण नहीं था, यहाँ तक कि मन्त्रियों के वेतन पर भी विधानमण्डल का कोई नियन्त्रण नहीं रखा गया था। गवर्नरों को यह आदेश दिया गया था कि वे मन्त्रिपरिषद् के निर्माण में अल्पसंख्यकों के हितों की रक्षा करें। सच पूछा जाए तो प्रान्तीय विधानमण्डल जनता का वास्तविक प्रतिनिधि संस्था नहीं थी क्योंकि वह सीमित मताधिकार और साम्प्रदायिक प्रतिनिधित्व-प्रणाली पर आधारित था।

**प्रान्तीय स्वायत्तता कार्यरूप में** (Provincial Autonomy at Work)—चूँकि सन् 1935 ई. के भारत शासन अधिनियम में अनेक दोष थे, इसलिए भी राजनीतिक दलों ने उसका कड़ा विरोध किया। विरोधी जनमत के चलते ही ब्रिटिश सरकार ने अधिनियम के संघीय अंश को कार्यान्वित नहीं किया। इस अधिनियम के प्रान्तीय अंश को ही केवल स्वीकार किया गया था।

**फरवरी, सन् 1937 ई. का चुनाव**—प्रान्तीय स्वायत्तता के सन्दर्भ में ब्रिटिश सरकार ने फरवरी, सन् 1937 ई. में सम्पूर्ण भारत में चुनाव करवाए। यद्यपि कांग्रेस सन् 1935 ई. के अधिनियम के विरुद्ध थी, फिर भी इसके संविधान को अन्दर से नष्ट करने की दृष्टि से विधानमण्डलों के लिए चुनाव लड़ने का कांग्रेस ने निश्चय किया। मुस्लिम लीग तथा उदारवादियों ने भी चुनाव लड़ने का निर्णय किया और इस प्रकार चुनाव में सभी दलों ने भाग लिया।

**चुनाव के परिणाम**—चुनाव के परिणामस्वरूप मद्रास, बम्बई, संयुक्त प्रान्त, मध्य प्रान्त और उड़ीसा में कांग्रेस ने बहुमत प्राप्त कर लिया। असम में कांग्रेस ने 106 स्थानों में से 35 पर अपना अधिकार जमा लिया। उत्तर-पश्चिमी सीमा प्रान्त में कांग्रेस ने 50 में से 19 स्थान प्राप्त कर लिए। मुस्लिम लीग ने कोई विशेष सफलता प्राप्त नहीं की। 482 स्थानों में से उसने केवल 51 स्थान प्राप्त किए। यहाँ तक कि मुस्लिम-बहुल प्रान्तों में भी उसे सफलता नहीं मिली। पंजाब में 'यूनियनिस्ट पार्टी', बंगाल में प्रजापार्टी तथा स्वतन्त्र उम्मीदवारों का विशेष प्रभाव था। इसके बाद सन् 1937 ई. में कांग्रेस ने 6 प्रान्तों में अपना मन्त्रिमण्डल बना लिया और बाद में उत्तर-पश्चिमी सीमा प्रान्त तथा असम में भी अन्य दलों से मिलकर मन्त्रिमण्डल का निर्माण कर लिया। कांग्रेस ने मुस्लिम लीग के साथ गठबन्धन नहीं किया।

**प्रान्तीय स्वायत्तता की कार्यप्रणाली**—इस प्रकार, सन् 1937 ई. में भारत के 11 प्रान्तों में प्रान्तीय स्वराज्य प्रारम्भ किया गया लेकिन प्रान्तीय स्वराज्य इन सभी प्रान्तों में एक जैसा नहीं चला। बम्बई, मद्रास, बिहार, संयुक्त प्रान्त, मध्य प्रान्त तथा उत्तर-पश्चिमी सीमा प्रान्त में यह केवल सन् 1939 ई. तक चला क्योंकि अक्टूबर, सन् 1939 ई. में कांग्रेस ने द्वितीय

विश्वयुद्ध के विषय में मतभेद होने के कारण अपना त्यागपत्र दे दिया। बाद में उन प्रान्तों के गवर्नरों ने प्रान्तीय प्रशासन अपने हाथ में ले लिया। यह परिस्थिति उन प्रान्तों में सन् 1946 ई. तक बनी रही।

प्रान्तीय स्वायत्तता के कार्यरूप का अध्ययन हम निम्नलिखित दो शीर्षकों के अन्तर्गत कर सकते हैं—

**(1) कांग्रेसी प्रान्तों में गवर्नरों का आचरण**—जिन प्रान्तों में कांग्रेस ने अपना मन्त्रिमण्डल बनाया वहाँ साधारणतया गवर्नरों ने मन्त्रियों के कार्यों में अनावश्यक हस्तक्षेप नहीं किया। गवर्नरों ने अपनी विशेष शक्तियों का प्रयोग बहुत ही कम किया। निम्नलिखित समस्याएँ कुछ कांग्रेसी प्रान्तों में उत्पन्न हुईं जिनका बाद में असन्तोषजनक हल निकाल लिया गया।

**(i) मध्य प्रान्त में खरे-विवाद**—मध्य प्रान्त के मुख्यमन्त्री डॉ. एन. बी. खरे ने अपने मन्त्रिमण्डल का पुनर्गठन करने के लिए अपने मन्त्रियों से त्यागपत्र माँगा। उसके दो मन्त्रियों ने त्यागपत्र देने से इन्कार कर दिया। मध्य प्रान्त के गवर्नर ने उन मन्त्रियों को हटा दिया जिन्होंने डॉ. खरे के आदेश का उल्लंघन किया था। कांग्रेस आलाकमान ने गवर्नर के इस हस्तक्षेप को अच्छा नहीं समझा। उन्होंने गवर्नर पर आरोप लगाया कि वे कांग्रेस में फूट डालने का प्रयास कर रहे हैं। कांग्रेस ने डॉ. खरे को हटाकर रविशंकर शुक्ल को मध्य प्रान्त का मुख्यमन्त्री बना दिया।

**(ii) उड़ीसा में संविधानिक संकट**—सन् 1938 ई. में उड़ीसा सरकार के मुख्य सचिव को उस प्रान्त का कार्यकारी राज्यपाल नियुक्त करने का निर्णय ब्रिटिश सरकार द्वारा लिया गया क्योंकि वहाँ का स्थायी राज्यपाल सर जॉन हब्बैक छुट्टी पर जाना चाहता था। उड़ीसा के मन्त्रिमण्डल ने इस बात का घोर विरोध किया, क्योंकि उनकी दृष्टि में मन्त्रियों के अधीन एक कर्मचारी को मन्त्रियों के ऊपर नियुक्त करना अनुचित था। इस प्रश्न को लेकर उड़ीसा-सरकार ने त्यागपत्र देने की धमकी दी थी। परिणामस्वरूप, उड़ीसा के स्थायी गवर्नर ने इस परिस्थिति से निबटने के लिए अपनी छुट्टी रद्द करवा ली।

**(iii) संयुक्त प्रान्त और बिहार में राजनीतिक कैदियों का प्रश्न**—फरवरी, सन् 1938 ई. में संयुक्त प्रान्त एवं बिहार के मन्त्रियों ने राजनीतिक कैदियों को छोड़ने का निर्णय लिया। इन प्रान्तों के राज्यपालों ने मन्त्रियों के इस निर्णय का शान्ति और व्यवस्था के नाम पर कठोर विरोध किया। मन्त्रियों ने गवर्नर-जनरल के इस हस्तक्षेप को नितान्त अनुचित ठहराया और उन्होंने अपना त्यागपत्र 16 फरवरी, सन् 1938 ई. को दिया। लेकिन बाद में लॉर्ड लिनलिथगो तथा कांग्रेस हाईकमान ने मिलकर उस मामले को निपटा लिया और निश्चित हुआ कि राजनीतिक कैदियों को धीरे-धीरे छोड़ा जाए और प्रत्येक राजनीतिक कैदी के मामले की पूरी तरह जाँच कर ली जाए।

**(iv) कांग्रेस पर मुसलमानों को तंग करने का आरोप**—जब कांग्रेस ने संयुक्त प्रान्त के मन्त्रिमण्डल में मुस्लिम लीग को अपने साथ सम्मिलित करने से इन्कार किया तब मुस्लिम लीग ने कांग्रेस पर अनेक झूठे आरोप लगाए। उसने यह कहना शुरू कर दिया कि मुसलमानों पर अत्याचार हो रहे हैं।

**(2) गैर-कांग्रेसी प्रान्तों में गवर्नरों का आचरण**—गैर-कांग्रेसी प्रान्तों में गवर्नरों ने अपनी इच्छानुसार कार्य करना जारी रखा। वे जब चाहते तब प्रान्तीय मामलों में हस्तक्षेप कर देते क्योंकि उन प्रान्तों में कांग्रेस जैसा ब्रिटिश विरोधी कोई भी संगठित दल नहीं था। उदाहरण के लिए, एक बार गवर्नर-जनरल ने पंजाब के गवर्नर से राजनीतिक कैदियों को छोड़ने के सम्बन्ध में सलाह दी। गवर्नर ने अपने मुख्यमन्त्री पर सिकन्दर हयात खाँ से सलाह किए बिना ही राजनीतिक कैदियों को शान्ति-व्यवस्था के नाम पर नहीं छोड़ने से सम्बन्धित निर्णय लिया। अक्टूबर, सन् 1942 ई. में सिन्ध के गवर्नर ने वहाँ के मुख्यमन्त्री नवाब अल्लाह बक्स को पद से हटा दिया गया क्योंकि उसने यह उद्घोषणा कर दी थी कि ब्रिटिश सरकार द्वितीय विश्वयुद्ध भारतीय जनता के हित में नहीं लड़ रही है। इसके साथ ही मुख्यमन्त्री ने 'खाँ बहादुर' की पदवी का भी बहिष्कार कर दिया तथा विभिन्न अवसरों पर ब्रिटिश सरकार की आलोचना की। मार्च, सन् 1943 ई. में बंगाल के मुख्यमन्त्री **मि. ए. के. फजलुल हक** को उनके पद से हटा दिया गया। बंगाल के मन्त्रिमण्डल के एक वरिष्ठ सदस्य डॉ. श्यामा प्रसाद को भी अपने पद से त्यागपत्र देना पड़ा।

**(3) मन्त्रिमण्डलों की कार्यप्रणाली**—सन् 1937 ई. तक कांग्रेसी तथा गैर-कांग्रेसी प्रान्तों में प्रान्तीय मन्त्रिमण्डल भली-भाँति कार्य कर रहे थे। मन्त्रिमण्डल के सामूहिक उत्तरदायित्व के सिद्धान्त को भी व्यावहारिक रूप दिया गया था। प्रान्तीय विधानसभा उन्हें अविश्वास प्रस्ताव द्वारा हटा सकती थी और मन्त्रियों से प्रश्न भी पूछ सकती थी लेकिन सन् 1939 ई. में कांग्रेस के पद-त्याग के बाद ब्रिटिश सरकार ने प्रान्तों में उत्तरदायी सरकार के नियमों का पालन करने की कोई कोशिश नहीं की।

**(4) संसदीय सचिवों की कार्यप्रणाली**—यद्यपि सन् 1935 ई. के अधिनियम में संसदीय सचिव के सम्बन्ध में कुछ भी नहीं कहा गया था फिर भी इंग्लैण्ड की भाँति भारत में भी यह परम्परा विकसित की गई कि मन्त्रियों की सहायता के लिए सचिव स्थायी सचिवों से बिल्कुल भिन्न थे। संसदीय सचिव सार्वजनिक सेवाओं से सम्बन्धित नहीं थे, वरन् राजनीतिक थे।

संसदीय सचिव शासक दल से सम्बन्धित होते थे और प्रत्येक राजनीतिक दल के उत्थान और पतन के साथ वे भी बदलते रहते थे।

**(5) सार्वजनिक सेवाओं की भूमिका**—सन् 1935 ई. के अधिनियम के अनुसार जब प्रान्तीय स्वराज्य शुरू किया जाने लगा तब बहुत से बड़े अधिकारियों ने यह अनुभव किया कि कांग्रेसी अधिकारी उन्हें परेशान करेंगे। बड़े-बड़े अधिकारियों की नियुक्तियाँ, सेवा की शर्तें, भारत-सचिव तथा उसकी परिषद् के अधीन कर दी गईं। उन्हें मन्त्रियों के नियन्त्रण से मुक्त कर दिया गया।

**(6) कांग्रेस हाईकमान का प्रभाव**—प्रान्तीय स्वायत्तता के सन्दर्भ में ही कांग्रेस ने एक संसदीय उप-समिति की स्थापना की जिसे कांग्रेस हाईकमान की संज्ञा दी गई। कांग्रेस हाईकमान ने कांग्रेसी मन्त्रियों तथा विधायकों को नियन्त्रण में रखा और अनेक अवसरों पर अपने अधिकार का प्रयोग किया। उन्होंने मध्य प्रान्त के मुख्यमन्त्री **डॉ. एन. बी. खरे** को हटाकर पं. रविशंकर शुक्ल को मुख्यमन्त्री नियुक्त किया।

**मन्त्रियों की उपलब्धियाँ** (Achievement of the Ministers)

जिन प्रान्तों में कांग्रेस ने मन्त्रिमण्डल बनाया था, उन प्रान्तों में गवर्नर प्रायः संविधानिक प्रधान के रूप में कार्य करते रहे लेकिन अन्य प्रान्तों में वे अपनी इच्छानुकूल कार्य करते रहे कांग्रेसी मन्त्रियों ने अनेक रचनात्मक कार्य सम्पन्न किए। उन्होंने न केवल प्रारम्भिक शिक्षा का विकास किया। बरन् नशीली वस्तुओं पर प्रतिबन्ध, कृषकों को ऋण से मुक्ति, ग्राम-विकास तथा कृषि-सुधार से सम्बद्ध विभिन्न महत्वपूर्ण कार्य भी सम्पन्न किए। प्रांतीय स्वायत्त शासन को कुछ स्वस्थ परम्पराओं पर चलाया जाने लगा। **प्रो. कूपलैण्ड** ने कहा है कि, "कांग्रेसी मन्त्रियों ने अपने को योग्य और परिश्रमी सिद्ध किया जिन्हें अपने उत्तरदायित्व तथा सार्वजनिक सेवा का पूरा ध्यान था।"

**कांग्रेसी मन्त्रिमण्डलों का त्यागपत्र** (Resignation of the Congress Ministeries)

1 सितम्बर, सन् 1939 ई. को जर्मनी ने पोलैण्ड पर आक्रमण कर दिया इस और आक्रमण के साथ ही द्वितीय विश्वयुद्ध प्रारम्भ हो गया। इंग्लैण्ड ने 3 सितम्बर, सन् 1939 ई. को द्वितीय विश्वयुद्ध में जर्मनी के विरुद्ध भाग लिया। उसी दिन भारत के तत्कालीन गवर्नर-जनरल लॉर्ड लिनलिथगो ने यह उद्घोषणा की कि भारत द्वितीय विश्वयुद्ध में जर्मनी के विरुद्ध एक योग्य देश होगा। परिणामस्वरूप, प्रान्तीय मन्त्रिमण्डलों को गवर्नर-जनरल के इस व्यवहार से काफी धक्का लगा। भारतीय राष्ट्रीय कांग्रेस की कार्यकारिणी समिति का कहना था कि, "यदि ग्रेट ब्रिटेन लोकतन्त्र की रक्षा और प्रसार के लिए लड़ता है तो उसे अनिवार्यतः अपने अधीन राज्यों में साम्राज्यवाद का अन्त कर देना चाहिए तथा भारत में पूर्ण लोकतन्त्र की स्थापना कर देनी चाहिए।" कांग्रेस ने ब्रिटिश सरकार के सामने निम्नलिखित दो माँगें रखीं—

(1) युद्ध के बाद स्वतन्त्रता, तथा

(2) युद्ध के दौरान भारतीयों के हाथों राज्य का सक्रिय नियन्त्रण।

उपर्युक्त दोनों माँगों को ब्रिटिश सरकार ने मानने से मना कर दिया। ब्रिटिश सरकार ने मत भिन्नता होने के परिणामस्वरूप भारत के प्रान्तीय मन्त्रिमण्डलों ने अपना पद त्याग दिया। यह संविधानिक गति अवरोध सन् 1946 ई. तक चलता रहा।

**प्रान्तीय स्वायत्तता की आलोचनाएँ** (Criticism of Provinicial Autonomy)—सन् 1935 ई. के अधिनियम में प्रान्तीय स्वायत्तता के सिद्धान्त में निम्नलिखित दोष थे—

**(1) गवर्नर की तानाशाही**—सन् 1935 ई. के अधिनियम में सिद्धान्ततः प्रान्तीय स्वायत्तता के सिद्धान्त को स्वीकार तो किया था लेकिन दूसरी ओर गवर्नर को एक वास्तविक प्रधान बनाकर प्रान्तीय स्वायत्तता के सिद्धान्त पर तुषारापात किया गया था। सिद्धान्ततः गवर्नर मन्त्रियों से परामर्श तो लेता था लेकिन व्यावहारिक रूप में वह उनके परामर्श के बिना भी कार्य कर सकता था। आलोचकों की राय है कि गवर्नर अपने विशेषाधिकार के प्रयोग से उत्तरदायी सरकार की बुनियाद ही समाप्त कर सकता था। इस सम्बन्ध में **के. एम. मुंशी** ने ठीक ही कहा है कि, "यदि प्रान्तों का गवर्नर अपने विशेष उत्तरदायित्व के अनुसार गम्भीरतापूर्वक कार्य करता तो यह बात निश्चित थी कि प्रान्तों में उत्तरदायी सरकार का विकास नहीं हो सकता था।" गवर्नर निम्नलिखित कार्यों से अपनी तानाशाही स्थापित कर सकता था—

(i) वह मन्त्रिमण्डल की बैठकों की अध्यक्षता कर सकता था, जिसके चलते वह विभिन्न मामलों में मन्त्रियों को निर्देश प्रदान कर सकता था।

(ii) वह किसी भी विधेयक पर बहस समाप्त करवा सकता था।

(iii) सूचना के लिए मन्त्रियों और सचिवों से सम्बन्धित कोई भी नियम तैयार कर सकता था।

(iv) वह अध्यादेश भी जारी कर सकता था।

(v) विधायिका द्वारा पारित विधेयकों पर अपनी असहमति प्रकट कर सकता था।

(vi) अपने व्यक्तिगत उत्तरदायित्व के अन्तर्गत वह प्रान्तों में शान्ति और सुरक्षा के लिए गवर्नर-जनरल के आदेशों के पालन के लिए, भारत-सचिव को ध्यान में रखते हुए तथा अपने ऊपर सौंपे गए शेष उत्तरदायित्वों को ध्यान में रखते हुए प्रान्तीय स्वायत्तता को सीमित कर सकता था।

**(2) प्रान्तीय सरकारें केन्द्रीय सरकार के नियन्त्रण में**—आलोचकों का यह मत है कि प्रान्तीय सरकारें केन्द्र से पूरी तरह स्वतन्त्र नहीं थीं। प्रान्तीय स्वायत्तता का एक बहुत बड़ा बहाना थी क्योंकि अधिनियम के अनुच्छेद 102 के अन्तर्गत गवर्नर-जनरल युद्ध या भयंकर आन्तरिक अशान्ति की आशंका को देखकर आपातकाल की उद्घोषणा करके प्रान्तीय क्षेत्र पर अतिक्रमण कर सकता था। इस उद्घोषणा के परिणामस्वरूप सम्पूर्ण प्रान्तीय प्रशासन को केन्द्र के अधीन रखा जा सकता था।

**(3) अनुच्छेद 93 और 123 की आलोचनाएँ**—आलोचकों ने इन दोनों अनुच्छेदों की भी आलोचनाएँ की हैं और बताया है कि इनसे प्रान्तीय सहायता का मजाक उड़ाया गया। अनुच्छेद 93 के अन्तर्गत गवर्नर यदि अपने प्रान्त के शासन-तन्त्र में विफल हो जाने की उद्घोषणा कर देता था तो प्रान्तीय स्वायत्तता-रूपी सम्पूर्ण ढाँचे की समाप्ति हो सकती थी। यदि गवर्नर-जनरल भारत में शान्ति और सुरक्षा बनाए रखने के दृष्टिकोण से प्रान्तीय सरकारों के लिए कुछ निर्देश निकालना आवश्यक समझता तो वह अधिनियम के अनुच्छेद 123 के अन्तर्गत निकाल सकता था। इससे यह स्पष्ट है कि सन् 1935 ई. के भारत शासन अधिनियम के अन्तर्गत प्रान्तीय स्वायत्तता अपूर्ण थी।

**(4) गवर्नरों के विवेक और व्यक्तिगत जिम्मेदारी गवर्नर-जनरल के नियन्त्रण में**—एक अन्य आलोचना यह की जाती है कि सामान्य परिस्थितियों में भी यदि गवर्नर अपने विवेक से कार्य थे या अपने व्यक्तिगत निर्णय का प्रयोग करते थे तो वे गवर्नर-जनरल के नियन्त्रण में होते थे। इसलिए कहा जाता है कि प्रान्तों के तानाशाह गवर्नर-जनरल के अधीन रखा गया था।

**(5) मन्त्रियों की नपुंसकता**—सन् 1935 ई. के अधिनियम के अन्तर्गत प्रान्तीय स्वायत्तता के अन्तर्गत मन्त्रियों की स्थिति बड़ी ही दु:खद थी। अधिनियम के अनुसार प्रान्त का शासन मन्त्रिमण्डल के परामर्श तथा सहयोग से चलाना था लेकिन दूसरी ओर, गवर्नर को यह अधिकार दिया गया था कि वह अपने स्वविवेक से कार्य कर मन्त्रियों की उपेक्षा कर सकता था। मन्त्रियों का उत्तरदायित्व दिखावा मात्र था क्योंकि गवर्नर ही मन्त्रियों की नियुक्ति तथा पदच्युति कर सकता था और समस्त प्रशासन का संचालन कर सकता था। वह मन्त्रियों के परामर्श को मानने के लिए बिल्कुल भी बाध्य नहीं था। मन्त्रियों के ऊपर शान्ति एवं सुव्यवस्था की जिम्मेदारी थी लेकिन गवर्नर आत्मनिर्णय के अन्तर्गत पुलिस नियमावली पारित कर सकता था। इस सम्बन्ध में **डॉ. राजेन्द्र प्रसाद** ने कहा था कि, "यह घोषणा कि कानून और व्यवस्था, मन्त्री को सौंप दी गई थी—जबकि उनके सम्बन्ध में विशेष उत्तरदायित्व गवर्नर और गवर्नर-जनरल को था—छल और कपट से कम नहीं थी।"

**(6) सार्वजनिक सेवाओं की बाधाएँ**—आलोचकों का यह विचार है कि सार्वजनिक सेवाएँ भी मन्त्रियों के कार्य के मार्ग में बाधा उत्पन्न करती थीं। सरकारी पदाधिकारियों पर मन्त्रियों का नियन्त्रण नहीं था। सरकारी पदाधिकारी सीधे गवर्नर के पास जाते थे और मन्त्रियों की शिकायत करते थे और तत्पश्चात् गवर्नर की सहमति से वे मन्त्रियों के कार्यों में बाधा भी उत्पन्न करते रहते थे।

प्रान्तीय स्वायत्तता की उपर्युक्त बुराइयों को देखकर ही उसकी कटु आलोचनाएँ की गईं। भारतीय राष्ट्रीय कांग्रेस ने भी प्रान्तीय स्वायत्तता को अस्वीकार कर दिया और कहा कि, "प्रान्तीय स्वायत्तता एक बहुत बड़ा चमत्कार थी जिसे ब्रिटिश राजनेताओं ने भारत में ब्रिटिश शासन को बनाए रखने के उद्देश्य से लागू किया था।" **पं. जवाहर लाल नेहरू** ने इसकी आलोचना करते हुए कहा था कि, "यह दासता का एक नया दस्तावेज है।" अतएव, अपनी अन्तर्निहित त्रुटियों के चलते प्रान्तीय स्वायत्तता सफल नहीं हो सकी क्योंकि मन्त्रियों के प्रत्येक पग पर अंकुश लगाया गया था और वे चारों ओर से संरक्षण से घिरे हुए थे। इस सम्बन्ध में **डॉ. राजेन्द्र प्रसाद** ने कहा था कि, "बहुत अधिक प्रचारित प्रान्तीय स्वायत्तता ने वस्तुत: गवर्नर को अधिक स्वतन्त्रता प्रदान की, न कि जनता और मन्त्रियों को।" **सर चिमन लाल** ने कहा है कि, "प्रान्तीय उत्तरदायित्व को संरक्षण, रक्षाकवच और स्वेच्छा के गड्ढे में गाढ़ दिया गया था।"

उपर्युक्त आलोचनाओं के बावजूद हम इस अधिनियम के महत्व से इन्कार नहीं कर सकते। इस अधिनियम ने भारतीयों को स्वशासन की शिक्षा दी और भारतीय जंनमत को ब्रिटिश खौफ से परिचित कराया। भारतीय नेताओं को लोक प्रशासन का प्रशिक्षण भी प्राप्त हुआ। प्रान्तीय स्वायत्तता से कांग्रेस जनता के नजदीक आई। प्रान्तीय स्वायत्तता के कार्यों से राष्ट्रीयता की भावना का विकास हुआ। **कूपलैण्ड** के शब्दों में, "सन् 1935 ई. के अधिनियम द्वारा पहली बार प्रान्तों को वैधानिक

व्यक्तित्व प्रदान किया गया।" कूपलैण्ड ने पुनः कहा है कि कांग्रेस ने भारतीय राजनीति में एक उत्प्रेरक शक्ति के रूप में कार्य किया। प्रान्तीय स्वायत्तता के गुणों को हम निम्नलिखित रूप में रख सकते हैं—

(1) प्रान्तीय स्वायत्तता ने देश के नेताओं को लोक प्रशासन की कलाओं और तरीकों से परिचित कराया।

(2) इसने भारतवासियों को संसदीय प्रणाली की सरकार की ओर आकर्षित किया।

(3) प्रान्तीय स्वायत्तता ने भारतीय कांग्रेस को जनता के सीधे सम्पर्क में लाया।

(4) मन्त्रियों द्वारा किए गए कार्यों से नेताओं के उत्साह एवं विश्वास में वृद्धि हुई।

(5) प्रान्तीय स्वायत्तता की कार्यप्रणाली ने भारत में राष्ट्रीयता की भावना का विकास किया।

## सन् 1935 ई. के अधिनियम में प्रान्तीय कार्यपालिका
## (Provincial Executive in the Act of 1935 A. D.)

सन् 1935 ई. के अधिनियम में प्रस्तावित संघीय शासन को केन्द्र में लागू न कर केवल भारत के 11 प्रान्तों में ही लागू किया गया। इन प्रान्तों के शासन को गवर्नरों के विशेष उत्तरदायित्व के अन्तर्गत रखा गया था। जहाँ तक प्रान्तीय कार्यपालिका का प्रश्न है, उसके दो अंग—गवर्नरों और मन्त्रिपरिषद् हैं। सन् 1935 ई. के अधिनियम के अन्तर्गत प्रान्त की कार्यपालिका शक्ति गवर्नर के अन्तर्गत निहित थी। वह प्रान्तीय कार्यपालिका का प्रमुख तथा भारत में ब्रिटिश सम्राट् का प्रतिनिधि था।

**गवर्नरों की नियुक्ति**—विभिन्न प्रान्तों के गवर्नरों की नियुक्ति में भी अन्तर था। बम्बई, मद्रास तथा बंगाल के गवर्नरों की नियुक्ति भारत सचिव की संस्तुति पर ब्रिटिश सम्राट् करता था लेकिन अन्य शेष प्रान्तों के गवर्नरों की नियुक्ति गवर्नर-जनरल की सिफारिश पर ब्रिटिश सम्राट् द्वारा की जाती थी। बम्बई, मद्रास तथा बंगाल में ग्रेट ब्रिटेन के सार्वजनिक जीवन में भाग लेने वाले धनी लोगों का गवर्नर के पद पर नियुक्त किया जाता था। जहाँ तक अन्य प्रान्तों का प्रश्न था, भारतीय सिविल सर्विस के उच्च पदाधिकारी गवर्नर नियुक्त किए जाते थे। गवर्नरों की कार्यावधि 5 वर्ष थी और भारतीय राजस्व से उन्हें वेतन तथा भत्ते प्रदान किए जाते थे। गवर्नर प्रान्तीय मन्त्रिमण्डल के नियन्त्रण से पूरी तरह मुक्त थे।

**गवर्नर के अधिकार और कार्य** (Rights and Functions of Governor)

सन् 1935 ई. के भारत शासन अधिनियम के अन्तर्गत गवर्नरों को प्रान्तीय प्रशासन का केन्द्र बिन्दु बनाया गया था। यदि हम कहें कि गवर्नर ही प्रान्तीय प्रशासन का संचालक था तो इसमें कोई अतिश्योक्ति नहीं हो सकती है। गवर्नरों को निम्नलिखित शक्तियाँ प्राप्त थीं—

**(अ) कार्यपालिका की शक्तियाँ**—यह स्पष्ट किया जा चुका है कि सन् 1935 ई. के अधिनियम में गवर्नर ही कार्यपालिका का प्रधान था इसलिए समस्त कार्यपालिका शक्ति उसी में समाहित थी। गवर्नर की कार्यपालिका शक्ति को निम्नलिखित तालिका द्वारा स्पष्ट कर सकते हैं—

**कार्यपालिका शक्तियाँ**

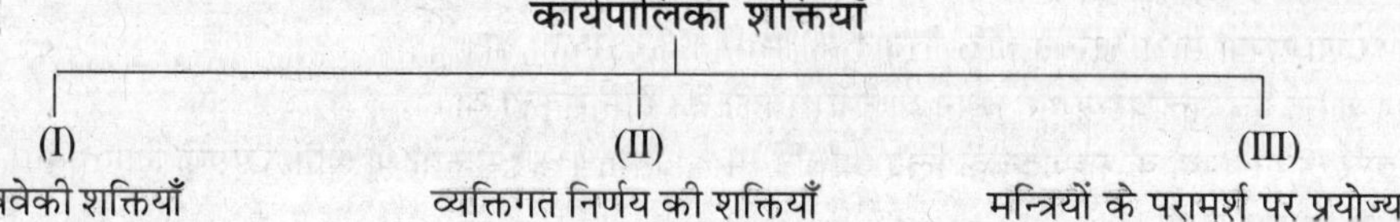


**(I) स्वविवेकी शक्तियाँ**—प्रान्तों के गवर्नरों को निम्नलिखित विषयों के सम्बन्ध में स्वविवेक से कार्य करने का अधिकार प्राप्त था—

(1) मन्त्रिमण्डल की बैठकों की अध्यक्षता करना।

(2) मन्त्रियों की नियुक्ति और पदच्युति करना।

(3) प्रान्तीय प्रशासन के संचालन के लिए नियम बनाना।

(4) प्रान्तीय विधानमण्डल की बैठकें बुलाना तथा स्थगित करना और उसके निचले सदन को भंग करना।

(5) इस बात का निर्णय करना कि किसी मामले में उसे अपनी स्वविवेकी शक्तियों का प्रयोग करना है अथवा नहीं।

(6) किसी विधेयक पर हुए मतभेद की स्थिति में दोनों सदनों का संयुक्त अधिवेशन बुलाना।

(7) किसी विधेयक या किसी अनुच्छेद पर विशेष परिस्थिति में वाद-विवाद को स्थगित करना।

(8) इस बात का निर्णय करना कि व्यय का कोई मद मतदान के योग्य है अथवा नहीं।

(9) गवर्नर अधिनियम बनाता था, जिसे गवर्नर एक्ट कहा जाता था।

(10) अध्यादेश जारी करना।

(11) प्रान्तीय लोकसभा आयोग के अध्यक्ष तथा सदस्यों को नियुक्त करना।

(12) उपवर्जित क्षेत्रों में अच्छी सरकार के संगठन एवं शान्ति-स्थापना से सम्बन्धित नियम बनाना।

उपर्युक्त तथ्यों से यह स्पष्ट होता है कि सन् 1935 ई. के अधिनियम के अन्तर्गत प्रान्तों के गवर्नरों को विस्तृत कार्यपालिका सम्बन्धी अधिकार प्राप्त थे।

**(II) व्यक्तिगत निर्णय की शक्तियाँ**—सन् 1935 ई. के अधिनियम के अन्तर्गत प्रान्तों के गवर्नरों को कुछ ऐसी जिम्मेदारियाँ भी दी गई थीं जिनके पालन के सम्बन्ध में वह अपने व्यक्तिगत निर्णय के अनुसार कार्य कर सकता था। इन विषयों पर गवर्नर के लिए मन्त्रियों से परामर्श करना आवश्यक था लेकिन यह आवश्यक नहीं था कि वे मन्त्रियों के परामर्श के अनुसार कार्य सम्पन्न करें। गवर्नरों के विशेष उत्तरदायित्वों को निम्नलिखित रूप में रखा जा सकता है—

(1) अपने प्रान्त या उसके किसी भाग में शान्ति एवं सुव्यवस्था भंग करने वाले खतरे की आशंका को दूर करना।

(2) अपने प्रान्त के अल्पसंख्यकों के हितों की रक्षा करना।

(3) अधिनियम के अन्तर्गत प्राप्त सरकारी अधिकारियों और उनके आश्रितों के अधिकारों की रक्षा करना।

(4) देशी राज्यों के अधिकारों और उनके शासनों की मर्यादा की रक्षा करना।

(5) अपने प्रान्त के अपवर्जित क्षेत्रों के प्रशासन का प्रबन्ध करना।

(6) गवर्नर-जनरल द्वारा जारी किए गए आदेशों और निर्देशों का पालन करना।

**(III) मन्त्रियों के परामर्श पर प्रयोज्य शक्तियाँ**—सन् 1935 ई. के अधिनियम में प्रान्तीय स्वराज्य के अन्तर्गत गवर्नरों से यह आशा की गई थी कि अपनी स्वविवेकी तथा व्यक्तिगत निर्णयों की शक्तियों का कम-से-कम उपयोग करेंगे तथा मन्त्रियों के परामर्श के अनुसार कार्य करेंगे। लेकिन व्यावहारिक रूप में गवर्नर एक वास्तविक प्रधान बन गया और संविधानिक प्रधान की बात ज्यों-की-त्यों रह गई।

**(ब) विधायी शक्तियाँ**—सन् 1935 ई. के अधिनियम के अन्तर्गत भारतीय प्रान्तों के गवर्नरों को निम्नलिखित विधायी शक्तियाँ प्राप्त थीं—

(1) वह प्रान्तीय विधानमण्डल के सदनों की संयुक्त बैठक बुलाता था, स्थगित करता और विधानसभा को भंग करता था।

(2) गवर्नर प्रान्तीय विधानमण्डल की संयुक्त बैठक बुलाता था और उसके सामने भाषण देता था।

(3) वह दोनों सदनों को सन्देश भेजता था।

(4) किसी भी विधेयक पर दोनों सदनों में मतभेद होने की स्थिति में वह संयुक्त बैठक बुलाता था।

(5) वह किसी भी विधेयक को विधानमण्डल के पास पुन: विचार के लिए लौटा सकता था।

(6) वह विधानमण्डल के कार्य-संचालन के लिए नियम बनाता था।

(7) वह देशी राज्यों से सम्बन्धित वाद-विवाद को स्थगित कर सकता था।

(8) वह शान्ति एवं सुव्यवस्था भंग करने वाले विधेयकों को रोक सकता था।

(9) गवर्नर अपने कार्यों के सम्पादन के लिए अधिनियम का निर्माण कर सकता था लेकिन इसके लिए गवर्नर-जनरल की पूर्व स्वीकृति आवश्यक थी।

(10) गवर्नर अध्यादेश जारी कर सकता था।

(11) अधिनियम के अनुच्छेद 93 के अनुसार गवर्नर को यह अधिकार प्राप्त था कि वह प्रान्तीय शासन का कोई या सम्पूर्ण अधिकार अपने हाथ में ले ले।

**(स) वित्तीय अधिकार**—सन् 1935 ई. के अधिनियम में गवर्नर को अनेक महत्वपूर्ण वित्तीय शक्तियाँ प्राप्त थीं। गवर्नर ही बजट तैयार करता था तथा उसे विधानमण्डल के सामने प्रस्तुत कर सकता था। किसी भी अनुदान के लिए माँग गवर्नर की आज्ञा से ही प्रस्तुत की जा सकती थी। गवर्नर ही प्रान्तीय राजस्व पर भारित व्यय की मदों का निर्णय करता था।

**मूल्यांकन**—सन् 1935 ई. के भारत शासन अधिनियम में गवर्नरों को दिए गए अधिकारों के विश्लेषण से यह स्पष्ट होता है कि वह प्रान्तीय प्रशासन रूपी नौका का कर्णधार था क्योंकि उसकी शक्तियाँ व्यापक एवं विस्तृत थीं। गवर्नर की शक्तियों की आलोचना निम्न बिन्दुओं द्वारा स्पष्ट है—

(1) आलोचकों का यह मत है कि गवर्नर की व्यापक शक्तियों के समक्ष प्रान्तीय स्वायत्तता एक मजाक थी। यह आश्चर्य है कि अधिनियम के निर्माताओं ने यह अनुभव नहीं किया कि इतनी शक्तियों से सम्पन्न गवर्नर प्रान्तीय स्वायत्तता के

सन्दर्भ में उपयुक्त नहीं हो सकता था। एक तरफ प्रान्तीय स्वायत्तता और दूसरी तरफ गवर्नरों की तानाशाही साथ-साथ नहीं चल सकती थी। वह एक म्यान में दो तेज तलवार रखने जैसी थी।

(2) **सर सैमुअल होर** का कहना है कि, "गवर्नर के विशेष उत्तरदायित्व इतने विस्तृत थे कि लगभग सम्पूर्ण शासन-क्षेत्र ही उसके अन्तर्गत आ जाता था और वे प्रान्तीय शासन में उत्तरदायित्व के सिद्धान्त के लिए खतरनाक थे।"

(3) आलोचकों की यह भी राय है कि अधिनियम के द्वारा गवर्नरों को केवल संविधानिक प्रधान बनाया गया था, लेकिन व्यवहारत: वह एक वास्तविक प्रधान हो गया था। **सर चिमनलाल सेतलवाद** ने कहा है कि, "प्रान्तीय उत्तरदायित्व को गवर्नरों के संरक्षण, रक्षा-कवच और स्वेच्छा के गड्ढे में गाढ़ दिया गया था।" अतएव, प्रान्तीय स्वायत्तता एक दिखावा था जिसमें गवर्नरों की तानाशाही बनी रही। एक आलोचक ने इसकी आलोचना करते हुए कहा है कि, "नए भारतीय संविधान को स्वायत्त-शासन की एक इमारत कहना एक बहुत बड़ा 'मजाक' है जिसका आनन्द केवल मजाक करने वाला ही ले सकता है न कि वे लोग जिसके लिए तथा जिसके मूल्य पर यह किया गया हो।"

उपर्युक्त विवेचन से यह स्पष्ट हो जाता है कि प्रान्तीय स्वायत्तता गवर्नरों के हाथों का एक मखौल था जिसका सदुपयोग गवर्नरों ने अपनी स्वविवेकी शक्तियों और विशेष उत्तरदायित्व के अन्तर्गत किया। अधिनियम के अनुसार गवर्नर को प्रान्तीय प्रशासन का मूल स्रोत एवं केन्द्र बिन्दु बना दिया गया था। इससे प्रान्तों में पूर्ण उत्तरदायी सरकार की स्थापना नहीं हो सकी।

## मन्त्रिपरिषद् और सन् 1935 ई. का अधिनियम
## (Council of Ministers and Act of 1935 A. D.)

वैसे तो सन् 1935 ई. के भारत शासन अधिनियम के अन्तर्गत प्रान्तीय कार्यपालिका-शक्ति गवर्नर के अन्तर्गत निहित थी, फिर भी गवर्नर की सहायता तथा मन्त्रणा के लिए वर्तमान की तरह ही एक मन्त्रिपरिषद् की व्यवस्था थी। आज भी प्रान्तीय कार्यपालिका-शक्ति राज्यपालों में निहित रहती है। अन्तर केवल यह है कि जहाँ सन् 1935 ई. के भारत शासन अधिनियम के अन्तर्गत मन्त्रिपरिषद् के प्रधान को प्रधानमन्त्री कहा जाता था, वहाँ आज के गणतान्त्रिक संविधान में मुख्यमन्त्री कहा जाता है।

**मन्त्रियों की नियुक्ति**—सन् 1935 ई. के अधिनियम के अनुसार मन्त्रियों की बहाली गवर्नर द्वारा की जाती थी लेकिन 'निर्देश-पत्र' के अनुसार गवर्नर उसी व्यक्ति को प्रधानमन्त्री नियुक्त करता था जो विधानसभा में बहुमत दल का नेता होता था। प्रधानमन्त्री की सलाह से गवर्नर अन्य मन्त्रियों की नियुक्ति भी करता था।

**मन्त्रियों की पदच्युति**—सन् 1935 ई. के अधिनियम के अनुसार मन्त्रिगण अपने पद पर गवर्नर के प्रसादपर्यन्त बने रह सकते थे लेकिन निर्देश-पत्र के अनुसार मन्त्रिगण तभी तक अपने पद पर बने रह सकते थे जब तक उन्हें विधानसभा का विश्वास प्राप्त होता था। वे स्वयं पदत्याग भी कर सकते थे अथवा विधानसभा द्वारा अविश्वास प्रस्ताव द्वारा हटाए भी जा सकते थे। मन्त्रियों का कार्यकाल साधारण रूप से 5 वर्ष का होता था।

**मन्त्रियों की योग्यताएँ एवं वेतन**—मन्त्रियों के लिए विधानमण्डल के किसी एक सदन का सदस्य होना आवश्यक है। यदि किसी ऐसे व्यक्ति का जो किसी भी सदन का सदस्य न हो, मन्त्री नियुक्त किया जाता था तो उसे 6 माह की अवधि में किसी भी सदन की सदस्यता ग्रहण करनी पड़ती थी, अन्यथा उसे अपने पद से त्यागपत्र देना पड़ता था। मन्त्रियों का वेतन प्रान्तीय विधानमण्डल द्वारा निश्चित किया जाता था।

**मन्त्रियों की संख्या**—सन् 1935 ई. के अधिनियम द्वारा मन्त्रियों की संख्या निर्धारित नहीं की गई थी। प्रत्येक प्रान्त में आवश्यकतानुसार मन्त्रियों की संख्या में कमी या वृद्धि की जा सकती थी। जहाँ उड़ीसा में केवल 3 मन्त्री थे, बंगाल में 12 मन्त्री। मन्त्रियों की सहायता के लिए एक या दो संसदीय सचिवों की व्यवस्था की गई थी।

**मन्त्रिपरिषद् में अल्पसंख्यकों का प्रतिनिधित्व**—गवर्नरों को 'निर्देश-पत्र' द्वारा यह आदेश प्राप्त था कि वे अल्पसंख्यकों को मन्त्रिपरिषद् में प्रतिनिधित्व प्रदान करें। अल्पसंख्यकों के प्रतिनिधित्व से एक कठिनाई यह उत्पन्न होती थी कि अल्पसंख्यक प्रतिनिधि बहुमत दल की नीतियों से मेल नहीं रख पाते थे।

**मन्त्रियों का कार्यकरण**—जहाँ तक मन्त्रिपरिषद् के कार्यकरण का प्रश्न है, प्रत्येक मन्त्री के पास एक या दो विभाग रहते थे। इन विभागों के प्रशासन के लिए सम्बन्धित मन्त्री ही जिम्मेदार होता था। मन्त्री लोग स्वयं सामान्य तथा दैनिक बातों का निर्णय करते थे लेकिन महत्वपूर्ण सैद्धान्तिक और नीति से सम्बन्धित प्रश्नों को मन्त्रिपरिषद् के समक्ष विचार के लिए रखा जाता था।

**मन्त्रिपरिषद् पर गवर्नरों का प्रभाव**—कुछ ऐसी बातें थीं जो प्रान्तीय संसदीय शासन की विरोधी थीं और उत्तरदायी शासन से बेमेल थीं। गवर्नरों की विवेकी शक्तियाँ तथा विशेष उत्तरदायित्व के चलते मन्त्रियों की स्थिति अत्यन्त नाजुक थी। गवर्नरों को यह अधिकार था कि वे मन्त्रिपरिषद् में अल्पसंख्यक प्रतिनिधियों को स्थान प्रदान करें। इससे व्यवहारतः बड़ी कठिनाई उत्पन्न होती थी तथा अल्पसंख्यक प्रतिनिधि बहुमत दल की नीतियों तथा कार्यक्रमों से मेल नहीं रख पाते थे। चूँकि गवर्नर ही मन्त्रिपरिषद् की अध्यक्षता करता था तथा प्रान्तों के उत्तरदायी शासन को वह स्थगित कर सकता था, इसलिए मन्त्रियों की स्थिति अत्यन्त शोचनीय थी और वास्तविक रूप में उन्हें बहुत कम अधिकार प्राप्त थे।

उपर्युक्त तथ्यों से स्पष्ट होता है कि सन् 1935 ई. के अधिनियम के अन्तर्गत प्रान्तीय मन्त्रिपरिषद् एक आडम्बर था जिसे भारतीयों को सन्तुष्ट करने के लिए बनाया गया था। मन्त्रियों और गवर्नरों में कोई अच्छा सम्बन्ध नहीं था, फिर भी संयुक्त प्रान्त के तत्कालीन गवर्नर **सर हैलेट** ने कहा था कि, "मन्त्रियों तथा गवर्नर के बीच का सम्बन्ध मालिक और नौकर के जैसा नहीं था, वरन् वे दोनों प्रान्तीय स्वशासन के सहयोगी थे।" इसलिए समस्त तथ्यों के सन्दर्भ में हम इतना तो स्वीकार कर सकते हैं कि मन्त्रिपरिषद् की स्थापना से भारतीय मन्त्रियों को भावी कार्यक्रम की दिशा के लिए निश्चित रूप से प्रशिक्षण मिला।

# प्रश्न
# (Questions)

## दीर्घ उत्तरीय प्रश्न (Long Answer Type Questions)

1. सन् 1935 ई. के अधिनियम की प्रमुख विशेषताओं का वर्णन कीजिए।
   (Discuss the salient features of Government of India Act, 1935.)
2. "सन् 1935 ई. का अधिनियम एक लेखा प्रलेख था।" इस कथन की विवेचना कीजिए।
   ("The Government of India Act of 1935 was a lengthy document." Clarify this statement.)
3. सन् 1935 ई. के अधिनियम में क्राउन के अधिकारों और कार्यों का वर्णन कीजिए।
   (Describe the powers and functions of Crown under the Government of India Act, 1935.)
4. सन् 1935 ई. के भारत शासन अधिनियम में 'गृह सरकार' पर एक लेख लिखिए।
   (Write an essay on Home Government under the Act of 1935.)
5. सन् 1935 ई. के अधिनियम के अन्तर्गत भारत सचिव के अधिकारों तथा स्थिति की विवेचना कीजिए।
   (Discuss the powers and positions of the Secretary of State under the Act of 1935.)
6. सन् 1935 ई. के अधिनियम के अन्तर्गत गवर्नर-जनरल के अधिकारों तथा कार्यों की विवेचना कीजिए।
   (Examine the powers and functions of the Governor General of India under the Act of 1935.)
7. क्या गवर्नर-जनरल एक तानाशाह था ? सन् 1935 ई. के अधिनियम के अन्तर्गत उसकी वास्तविक स्थिति की विवेचना कीजिए।
   (Was Governor General a dictator ? Discuss this real position under the Act of 1935.)
8. मन्त्रिपरिषद् और कार्यकारिणी परिषद् से गवर्नर-जनरल के सम्बन्धों की विवेचना कीजिए।
   (Discuss the relations of the Governor General vis-a-vis the council of ministers and the executive council.)
9. सन् 1935 ई. के अधिनियम के अन्तर्गत संघीय विधानपालिका के संगठन और अधिकारों का वर्णन कीजिए।
   (Discuss the composition and powers of the Federal Legistature under the Government of India Act, 1935.)
10. भारत सरकार अधिनियम सन् 1935 ई. के अन्तर्गत संघीय विधानपालिका के अधिकारों तथा कार्यों का आलोचनात्मक परीक्षण कीजिए।
    (Examine critically the powers and functions of the Federal Legistature under the Government of India Act, 1935.)

11. सन् 1935 ई. के अधिनियम के अन्तर्गत संघीय न्यायालय के गठन, अधिकार और कार्यों का वर्णन कीजिए।
(Describe the composition, powers and functions of the Federal Court of India under the Government of India Act, 1935.)
12. सन् 1935 ई. के अधिनियम के अन्तर्गत संघीय न्यायालय के क्षेत्राधिकार के सम्बन्ध में एक लेख लिखिए।
(Write an essay on the jurisdiction of the Federal Court under the Act of 1935.)
13. सन् 1935 ई. के अधिनियम में प्रस्तावित संघीय योजना का आलोचनात्मक परीक्षण कीजिए।
(Give the critical estimate of the proposed Federation in the Government of India Act, 1935.)
14. भारतीय शासन अधिनियम, सन् 1935 ई. द्वारा प्रतिपादित प्रान्तीय स्वायत्तता की प्रकृति का वर्णन कीजिए।
(Discuss the nature of Provincial Autonomy as introduced by the Government of India Act, 1935.)
15. सन् 1935 ई. के भारत शासन अधिनियम के अन्तर्गत प्रान्तीय स्वायत्तता के कार्यकरण पर प्रकाश डालिए।
(Throw light on the working of Provincial Autonomy under the Government of India Act, 1935.)
16. "सन् 1935 ई. के अधिनियम के अन्तर्गत प्रान्तीय स्वायत्तता गवर्नरों के लिए स्वायत्तता थी, न कि प्रान्तीय विधानमण्डल और मन्त्रियों के लिए।" व्याख्या कीजिए।
("Provincial Autonomy under the Act of 1935 was more an autonomy for Governors than for provincial legistatures of the ministers." Discuss.)
17. सन् 1935 ई. के अधिनियम में प्रान्तीय कार्यपालिका की विवेचना कीजिए।
(Discuss the Provincial Executive in the Act of 1935.)

## बहुविकल्पीय वस्तुनिष्ठ प्रश्न (Multiple Choice Type Objective Questions)

**1. "1935 ई. अधिनियम रचनात्मक राजनीतिक विचार की एक महान् सफलता थी।" यह कथन निम्न में से किसका था–**

(a) प्रो. कूपलैण्ड (b) पं. मोती लाल नेहरू
(c) सुभाष चन्द्र बोस (d) पं. जवाहर लाल नेहरू।

**उत्तर**–(a) प्रो. कूपलैण्ड।

**2. महात्मा गाँधी ने किस गोलमेज सम्मेलन में भाग लिया था–**

(a) प्रथम (b) द्वितीय
(c) तृतीय (d) किसी में नहीं।

**उत्तर**–(b) द्वितीय।

●●

# भारतीय स्वतन्त्रता अधिनियम

## [INDIAN INDEPENDENCE ACT]

> *"जहाँ स्वतन्त्रता की प्राप्ति काफी सीमा तक हमारे अपने त्यागों और बलिदानों के फलस्वरूप हुई है वहाँ यह विश्व-शक्तियों और घटनाओं का भी परिणाम है। इसके साथ ही यह ब्रिटिश जाति के लोकतन्त्रात्मक आदर्शों और ऐतिहासिक परम्पराओं की पूर्ति भी है।"*
>
> —डॉ. राजेन्द्र प्रसाद

## भारतीय स्वतन्त्रता अधिनियम की पृष्ठभूमि
## (Background of India Independence Act)
### वेवल योजना और शिमला सम्मेलन (जून-जुलाई, 1945)
### (Wavell Plan and Shimla Conference, June-July, 1945)

अक्टूबर, सन् 1943 ई. में लॉर्ड लिनलिथगो के स्थान पर लॉर्ड वेवल भारत के वायसराय बनकर आए। वे इससे पूर्व भारत में सेनापति के पद पर रह चुके थे, उन्होंने महत्वपूर्ण क्रिप्स वार्ता में भी भाग लिया था। वे भारतीय समस्याओं से भली-भाँति परिचित थे। उन्होंने लन्दन से भारत रवाना होने से पूर्व कहा था कि वे अपने थैले में भारत के लिए अनेक चीजें ले जा रहे हैं परन्तु 14 जून, सन् 1945 ई. को उन्होंने रेडियो द्वारा अपनी योजना प्रस्तुत की जिसे **'वेवल योजना'** कहते हैं। इस योजना की प्रमुख शर्तें निम्नलिखित थीं—

(1) इस योजना का उद्देश्य भारत के संवैधानिक गतिरोध को दूर करना है।

(2) इस लक्ष्य की प्राप्ति के लिए गवर्नर-जनरल की कार्यकारिणी परिषद् के सदस्यों की एक नई सूची तैयार की जाए जिसमें वायसराय और प्रधान सेनापति को छोड़कर अन्य सभी सदस्य भारतीय होंगे।

(3) वैदेशिक मामलों का विभाग परिषद् के भारतीय सदस्य के नियन्त्रण में होगा।

(4) परिषद् में हिन्दुओं और मुसलमानों की संख्या बराबर-बराबर रखते हुए भारत के सभी प्रमुख सम्प्रदायों को सन्तुलित प्रतिनिधित्व प्राप्त होगा।

(5) युद्धोपरान्त भारतीय संविधान की रचना स्वयं भारतीय करेंगे तथा इन प्रस्तावों से भारत के भावी संविधान के स्वरूप पर कोई प्रभाव नहीं पड़ेगा।

(6) कार्यकारिणी परिषद् एक अन्तरिम राष्ट्रीय सरकार की भाँति होगी।

(7) उपर्युक्त योजना पर विचार करने व स्वीकृत करने के लिए शिमला में शीघ्र ही भारत के राजनीतिक दलों के नेताओं का एक सम्मेलन बुलाया जाएगा।

**शिमला सम्मेलन**—वेवल योजना पर विचार करने के लिए उचित वातावरण बनाने हेतु 16 जून, सन् 1945 ई. को कांग्रेस कार्यकारिणी के सभी नेताओं को रिहा कर दिया गया। सम्मेलन की कार्यकारिणी की बैठक 25 जून, सन् 1945 ई. को प्रारम्भ हुई। सम्मेलन में कांग्रेस, मुस्लिम लीग, सिक्खों, केन्द्रीय विधानसभा और यूरोपियन दल आदि के निमन्त्रित व्यक्तियों ने भाग लिया। सम्मेलन में कांग्रेस की ओर से मौलाना अबुल कलाम आजाद ने भाग लिया। इसमें कुल मिलाकर 22 प्रतिनिधि थे जिनमें गाँधी, मिस्टर जिन्ना, मौलाना आजाद, मास्टर तारासिंह आदि प्रमुख थे। सम्मेलन अत्यन्त आशावादी

वातावरण में प्रारम्भ हुआ परन्तु मिस्टर जिन्ना की हठधर्मिता के कारण सम्मेलन सफल नहीं हो सका। मि. जिन्ना की हठ थी कि मुस्लिम लीग को ही मुसलमानों का प्रतिनिधित्व करने का एकमात्र अधिकार दिया जाए। इस प्रकार 14 जुलाई, सन् 1945 ई. को लॉर्ड वेवल ने घोषणा की कि नई कार्यकारिणी परिषद् के गठन पर एकमत न होने के कारण सम्मेलन भंग कर दिया गया है।

शिमला सम्मेलन की असफलता के लिए अनेक कारण उत्तरदायी थे; जैसे—मुस्लिम लीग की हठधर्मी, सरकार द्वारा मुस्लिम लीग को वीटो शक्ति प्रदान करना एवं सरकार की संवैधानिक गतिरोध को समाप्त न करने की इच्छा आदि।

इस तरह सम्मेलन में साम्प्रदायिकता की समस्या हल न हो सकने के कारण 14 जुलाई, सन् 1945 ई. को वायसराय ने सम्मेलन की असफलता की घोषणा कर दी।

शिमला सम्मेलन के कुछ लाभदायक परिणाम भी सामने आए; जैसे—सरकार सत्ता हस्तान्तरित करने को तैयार हुई, नेताओं की जेल से रिहाई हुई, संवैधानिक गतिरोध में कमी आई और साम्प्रदायिक समस्या पर एक दृष्टिकोण सम्मुख आया।

## ब्रिटेन में चुनाव एवं मजदूर दल की सरकार
## (Election in Britain and Government of Labour Party)

युद्ध की समाप्ति के बाद ब्रिटेन में आम चुनाव हुए। इन चुनावों में मजदूर दल को बहुमत प्राप्त हुआ। मि. एटली ब्रिटेन के प्रधानमन्त्री बने। उन्होंने भारतीय समस्या को अति शीघ्र हल करने का दृढ़ निश्चय प्रकट किया तथा भारत को शीघ्र स्वतन्त्रता देने की बात कही। प्रधानमन्त्री ने वायसराय लॉर्ड वेवल को विचार-विमर्श करने के लिए लन्दन बुलाया। दोनों की संयुक्त घोषणा में कहा गया कि भारत में शीघ्र ही केन्द्रीय और विधानमण्डलों के चुनाव कराए जाएँगे।

## भारत में आम चुनाव और चुनाव परिणाम
## (General Election in India and Election Result)

अप्रैल, सन् 1946 ई. में निश्चित समय पर भारत में आम चुनाव हुए। कांग्रेस मुस्लिम लीग आदि दलों ने चुनाव में भाग लिया। इन चुनावों में कांग्रेस को आशातीत सफलता प्राप्त हुई। बहुत बड़ी संख्या में कांग्रेसी उम्मीदवार निर्विरोध चुने गए। मध्य प्रान्त, संयुक्त प्रान्त, बिहार, उड़ीसा, मुम्बई, उत्तर-पश्चिम सीमा प्रान्त और असम में कांग्रेस को भारी सफलता प्राप्त हुई लेकिन चुनाव परिणाम का दूसरा पक्ष भी था जिसमें कांग्रेस की चुनाव सफलता सामान्य स्थानों तक ही सीमित थी। विशिष्ट सम्प्रदायों के लिए निर्धारित सीटों पर कांग्रेस को आशा के अनुरूप सफलता प्राप्त नहीं हुई क्योंकि चुनाव में मुस्लिम लीग को भी पर्याप्त सफलता प्राप्त हुई थी। सन् 1937 ई. के निर्वाचन की तुलना में उसकी सफलता उल्लेखनीय थी। बंगाल, पंजाब तथा सिन्ध में उसको पर्याप्त सफलता प्राप्त हुई। अप्रैल, सन् 1946 ई. में विभिन्न प्रान्तों में नए मन्त्रिमण्डलों का गठन किया गया। हिन्दू बहुल प्रान्तों में कांग्रेस मन्त्रिमण्डल बने, बंगाल और सिन्ध में मुस्लिम लीग को मन्त्रिमण्डल बनाने में सफलता मिली। इन निर्वाचनों ने सिद्ध कर दिया कि कांग्रेस और मुस्लिम लीग दोनों ही भली प्रकार से संगठित और जनाधार वाले राजनीतिक दल हैं।

**ब्रिटिश प्रधानमन्त्री एटली की घोषणा**—सन् 1945 ई. में द्वितीय विश्वयुद्ध की समाप्ति तक भारतीय स्थिति बहुत अधिक परिवर्तित हो चुकी थी। इस परिवर्तित स्थिति को ध्यान में रखते हुए ब्रिटेन की लेबर पार्टी (मजदूर दल) सरकार भारत की जटिल राजनीतिक समस्या का समाधान करने को उत्सुक थी। 19 फरवरी, सन् 1946 ई. को भारत मन्त्री लॉर्ड लॉरेन्स ने घोषणा की कि ब्रिटिश सरकार भारत में एक कैबिनेट मिशन भेजेगी जो भारतीय नेताओं से भारतीय स्वतन्त्रता के प्रश्न पर विचार करेगा। संसदीय मण्डल की रिपोर्ट और भारत में विपरीत परिस्थितियाँ उत्पन्न हो जाने के कारण **15 मार्च, सन् 1946 ई. को प्रधानमन्त्री एटली** ने ब्रिटिश कॉमनसभा में घोषणा की कि, **"सम्राट् की सरकार ने यह निर्णय लिया है कि भारत को स्वतन्त्रता दी जाए। भारत को यह निर्णय करने का भी अधिकार होगा कि वह राष्ट्रमण्डल से पृथक् होना चाहता है अथवा नहीं।"** उन्होंने यह भी कहा कि ब्रिटिश कैबिनेट के तीन मन्त्रियों को वे भारत भेज रहे हैं जो कि भारत के विभिन्न दलों के नेताओं से मिलकर भारत की समस्या का हल ढूँढ़ेंगे।

**कैबिनेट मिशन का भारत आगमन**—24 मार्च, सन् 1946 ई. को कैबिनेट मिशन भारत आया जिसमें ब्रिटिश कैबिनेट के तीन सदस्य सम्मिलित थे—लॉर्ड पैथिक लॉरेन्स (भारतमन्त्री), सर स्टैफर्ड क्रिप्स (बोर्ड ऑफ ट्रेड के अध्यक्ष) और ए. वी. ऐलेक्जेण्डर। इन्होंने भारत आते ही सबसे पहले वायसराय और प्रान्तों के गवर्नरों का सम्मेलन बुलाया और उनके विचारों से अवगत हुए। तत्पश्चात् मिशन ने कांग्रेस, मुस्लिम लीग और अन्य दल के प्रतिनिधियों से बातचीत की और वे देशी रियासतों के प्रतिनिधियों से भी मिले। तत्पश्चात् मिशन इस निष्कर्ष पर पहुँचा कि संविधान सभा के गठन, भारत की

संवैधानिक रूपरेखा व अन्तरिम सरकार के प्रश्न पर भारतीयों में मतभेद हैं। जिसके कारण 5 मई से 11 मई, सन् 1946 ई. को शिमला में विभिन्न दलों के प्रतिनिधियों का एक सम्मेलन आयोजित किया गया। इस सम्मेलन में मौलाना आजाद, पण्डित नेहरू, सरदार पटेल, मि. जिन्ना, नवाब इस्माइल खाँ और लियाकत अली खाँ ने भाग लिया। इस सम्मेलन में भी कांग्रेस और लीग किसी एक योजना पर सहमत नहीं हो सकीं। इसलिए 12 मई को इस सम्मेलन को असफल घोषित कर दिया गया।

## कैबिनेट मिशन योजना की मुख्य बातें
## (Main Points of Cabinet Mission Plan)

चूँकि कांग्रेस और लीग में समझौता न हो सका, इसलिए मिशन ने ही अपनी ओर से एक योजना प्रस्तुत की। इस योजना को ही **कैबिनेट मिशन योजना** कहा जाता है। यह योजना 16 मई, सन् 1946 ई. को प्रकाशित हुई। इस योजना की मुख्य बातें निम्नांकित थीं—

**(1) पाकिस्तान माँग की अस्वीकृति**—मिशन ने अपनी योजना में स्पष्ट रूप से लिखा कि हमने लीग की पाकिस्तान माँग पर विचार किया है, पर हम सोचते हैं कि इससे साम्प्रदायिक समस्या का समाधान सम्भव न हो सकेगा।

**(2) भारत के लिए संघ का प्रस्ताव**—योजना में कहा गया कि भारत के लिए संघ-शासन की स्थापना की जाए जिसमें ब्रिटिश भारत के प्रान्त तथा देशी रियासतें सम्मिलित हों। संघ की सरकार वैदेशिक नीति, सुरक्षा तथा यातायात विषयों को सम्भाले, शेष शक्तियाँ प्रान्तों को सौंप दी जाएँ।

**(3) संघ की कार्यकारिणी व विधायिका**—संघ की एक कार्यकारिणी व व्यवस्थापिका गठित की जाएगी जिसमें ब्रिटिश भारत के प्रान्तों व रियासतों को प्रतिनिधित्व दिया जाए।

**(4) साम्प्रदायिक प्रश्न**—विधायिका में किसी साम्प्रदायिक प्रश्न पर कोई प्रस्ताव उस समय तक पारित न किया जाए जब तक कि उस समुदाय के सदस्यों का बहुमत उसे स्वीकार न कर ले।

**(5) अवशिष्ट शक्तियों पर प्रान्तों का अधिकार**—कैबिनेट मिशन में यह भी स्पष्ट किया गया कि जो विषय संघ सूची में नहीं होंगे वे सब प्रान्तों के अधिकार में होंगे।

**(6) भारतीय रियासतों के अधिकार**—इस योजना में कहा गया कि रियासतें जिन विषयों को संघ को नहीं सौंपेंगी वे सब रियासतों के पास ही सुरक्षित रहेंगे।

**(7) संविधान पर पुनर्विचार**—संघ और ग्रुपों के संविधान में एक ऐसी धारा की व्यवस्था हो जिनके द्वारा किसी प्रान्त के विधानमण्डल के बहुमत द्वारा संविधान की धाराओं पर पुनर्विचार किया जा सके।

**(8) संविधान सभा की रचना**—संविधान निर्माण के लिए मिशन ने संविधान सभा की योजना भी प्रस्तुत की। मिशन ने कहा कि प्रत्येक प्रान्त को उसकी जनसंख्या के आधार पर संविधान सभा में स्थान दिए जाएँगे। लगभग 10 लाख लोगों पर एक सदस्य निर्वाचित होना था तथा संविधान सभा के सदस्यों का निर्वाचन अप्रत्यक्ष रूप से रखा जाएगा और प्रत्येक प्रान्त की विभिन्न जातियों को उनकी जनसंख्या के आधार पर स्थान दिया जाएगा। इस तरह कैबिनेट मिशन ने केवल तीन मतदाता संघ बनाने का ही सुझाव दिया। इस योजना के अनुसार संविधान सभा में कुल 389 सदस्य होने थे। इस प्रकार कैबिनेट मिशन योजना में तीन स्तरों के संविधान की कल्पना की गयी थी—भारतीय संघ का संविधान, वर्ग के प्रान्तों के लिए सामूहिक विधान और प्रान्तीय विधान।

**(9) अन्तरिम सरकार**—मिशन योजना में कहा गया कि केन्द्र में जल्दी ही प्रमुख राजनीतिक दलों की सहायता से एक अन्तरिम सरकार स्थापित की जाएगी जिसमें सभी विभाग भारतीय मन्त्रियों को प्राप्त होंगे।

**(10) ब्रिटिश भारतीय सन्धि**—भारतीय संविधान सभा तथा ब्रिटेन के मध्य सत्ता हस्तान्तरण के फलस्वरूप उठने वाले मामलों के सम्बन्ध में एक सन्धि होगी। इस योजना में आशा व्यक्त की गयी थी कि भारत राष्ट्रमण्डल का सदस्य बना रहे अथवा नहीं, यह उसकी इच्छा पर निर्भर होगा।

**(11) ब्रिटिश सर्वोपरिता की समाप्ति**—मिशन योजना में कहा गया कि भारतीयों को सत्ता सौंपने के बाद ही ब्रिटिश सरकार की देशी रियासतों पर से भी सर्वोपरिता समाप्त हो जाएगी परन्तु यह सर्वोपरिता भारत सरकार को भी प्राप्त नहीं होगी।

## कैबिनेट मिशन योजना का मूल्यांकन
## (Valuation of Cabinet Mission)

कैबिनेट मिशन योजना भारत के राजनीतिक गतिरोध को दूर करने का एक सच्चा और वास्तविक प्रयत्न था। तत्कालीन परिस्थितियों में यह सर्वोत्तम समाधान था। कैबिनेट मिशन में मुस्लिम लीग की पाकिस्तान की माँग को पूर्णतया अस्वीकार

कर दिया गया था। उन्होंने कहा कि इससे प्रशासनिक अकुशलता ही पैदा होगी और राष्ट्रीय एकता को आघात पहुँचेगा। इस योजना में अल्पसंख्यकों के हितों की रक्षा का पूरा ध्यान रखा गया था। यह एक लोकतान्त्रिक योजना थी जिसमें संविधान सभा को संविधान निर्माण का पूर्ण अधिकार दिया गया था तथा भारत के लिए राष्ट्रमण्डल की सदस्यता भी ऐच्छिक रखी गई थी। इस तरह कैबिनेट योजना में निश्चित रूप से अनेक गुण थे। इस सम्बन्ध में **गाँधीजी** ने कहा था कि, "यह उन परिस्थितियों में ब्रिटिश सरकार द्वारा प्रस्तुत की जा सकने वाली सर्वश्रेष्ठ योजना है।"

लेकिन कैबिनेट मिशन योजना में कुछ दोष भी थे। इस योजना में पाकिस्तान की माँग को अस्वीकार कर दिए जाने से मुस्लिम लीग इतनी अप्रसन्न नहीं थी जितनी पूर्व योजना में रही थी। इस योजना में प्रान्तों के अनिवार्य वर्ग बनाने की जो व्यवस्था की गई थी वह पाकिस्तान के सार-स्वीकृति के समान ही थी। इसके अतिरिक्त, इस योजना के अनुसार जिस केन्द्रीय सरकार की स्थापना की जानी थी उसमें केन्द्र अवश्य ही निर्बल रहता और भारत कभी शक्तिशाली नहीं बन सकता था। योजना में संविधान निर्माण का क्रम भी विपरीत था। रियासतों से सम्बन्धित प्रबन्ध भी शरारतपूर्ण था एवं अन्तरिम सरकार से सम्बन्धित प्रबन्ध भी दोषपूर्ण था। अन्तरिम सरकार में मुस्लिम लीग को कांग्रेस के लगभग बराबर स्थान प्रदान करना तर्क और औचित्य के विरुद्ध था। इसमें यह उल्लेख नहीं किया गया था कि प्रान्तों का वर्गों में विभाजन ऐच्छिक होगा या अनिवार्य। इस तरह कांग्रेस, लीग और अन्य दलों द्वारा अनेक बातों के आधार पर योजना की आलोचना की गयी लेकिन इन आलोचनाओं के बाद भी प्रायः सभी दलों ने इस योजना को स्वीकार कर लिया था।

कैबिनेट मिशन योजना के अन्तर्गत जुलाई, सन् 1946 ई. में संविधान सभा के लिए निर्वाचन हुए। इन निर्वाचनों में कांग्रेस को शानदार सफलता प्राप्त हुई। इन चुनावों में ब्रिटिश प्रान्तों के निर्धारित 210 सामान्य स्थानों में से 199 स्थानों पर कांग्रेस ने अधिकार प्राप्त कर लिया। मुसलमानों के लिए निर्धारित 78 स्थानों में से लीग ने 73 स्थान प्राप्त किए। स्थिति यह थी कि संविधान सभा के 296 सदस्यों में से कांग्रेस का साथ देने के लिए 212 और लीग का साथ देने के लिए मात्र 73 सदस्य थे। संविधान सभा में कांग्रेस के प्रचण्ड बहुमत को देखकर मुस्लिम लीग को आघात पहुँचा। मुस्लिम लीग इस बात से भयभीत थी कि संविधान सभा में मुसलमानों की पूर्ण उपेक्षा की जाएगी। इस कारण 29 जुलाई, सन् 1946 ई. को लीग द्वारा कैबिनेट मिशन योजना को अस्वीकार कर दिया गया। यही नहीं, मि. जिन्ना ने पाकिस्तान प्राप्त करने के लिए सीधी कार्यवाही करने की भी धमकी दी और प्रान्तों के समूहीकरण पर जोर दिया। लीग द्वारा प्रान्तों के समूहीकरण की माँग को सरकार ने स्वीकार कर लिया, किन्तु लीग संविधान सभा में भाग लेने के लिए सहमत नहीं हुई।

**अन्तरिम सरकार का गठन**—कैबिनेट मिशन योजना के आधार पर सितम्बर, सन् 1946 ई. में पण्डित नेहरू की अध्यक्षता में अन्तरिम सरकार का गठन हुआ। मुस्लिम लीग ने अन्तरिम सरकार में शामिल होने के बजाय पाकिस्तान की स्थापना की माँग मनवाने के लिए **प्रत्यक्ष कार्यवाही** (Direct Action) का मार्ग अपनाया। लीग की प्रत्यक्ष कार्यवाही से सम्पूर्ण देश में भयंकर साम्प्रदायिक दंगे हुए। अन्तरिम सरकार में कांग्रेस की नीतियों को विफल करने के लिए लीग ने अपने अनेक सदस्यों को नियुक्त किया। तत्पश्चात् 20 नवम्बर, सन् 1946 ई. को वायसराय ने संविधान सभा के सदस्यों को दिसम्बर, सन् 1946 ई. से आरम्भ होने वाली संविधान सभा की बैठक में भाग लेने के लिए आमन्त्रित किया लेकिन मि. जिन्ना ने उसे अस्वीकार कर दिया और लीग के सदस्यों को संविधान सभा से बाहर आने का निर्देश दिया। तब ब्रिटिश प्रधानमन्त्री ने कुछ सदस्यों को वार्ता के लिए लन्दन बुलाया लेकिन वार्ता असफल रही।

**लॉर्ड एटली की घोषणा**—9 दिसम्बर, सन् 1946 ई. को संविधान सभा का कार्य प्रारम्भ हुआ। मुस्लिम लीग अन्तरिम सरकार में सम्मिलित थी, किन्तु उसने संविधान सभा में भाग नहीं लिया। इस प्रकार देश में विषम स्थिति उत्पन्न होती जा रही थी। इस परिस्थिति में ब्रिटिश प्रधानमन्त्री एटली ने 20 फरवरी, सन् 1917 ई. को एक ऐतिहासिक घोषणा करते हुए कहा कि वर्तमान में जो संकटकालीन व अनिश्चित स्थिति है वह निरन्तर बनी रहने दी जाएगी। सम्राट् की सरकार यह स्पष्ट कर देना चाहती है कि वह उत्तरदायी भारतीयों के हाथों में जून, सन् 1948 ई. तक अवश्य ही सत्ता हस्तान्तरित कर देगी।"

## माउण्टबेटन योजना, 3 जून, सन् 1947 ई.
## (Mountbetten Plan, 3rd June, 1947 A. D.)

शीघ्र ही सत्ता का हस्तान्तरण करने के लिए लॉर्ड वेवल के स्थान पर लॉर्ड माउण्टबेटन को भारत का गवर्नर-जनरल नियुक्त किया गया। उन्होंने गाँधीजी सहित अन्य नेताओं से विचार-विमर्श किया। लॉर्ड माउण्टबेटन ने पण्डित नेहरू व सरदार पटेल से पाकिस्तान की माँग को स्वीकार कर लेने के लिए भी बातचीत की। दोनों नेता परिस्थितिवश माउण्टबेटन के प्रस्ताव

से सहमत हो गए। अन्ततः 3 जून, सन् 1947 ई. को माउण्टबेटन ने अपनी योजना को अन्तिम रूप देकर उसे प्रकाशित कर दिया। योजना की मुख्य बातें निम्न थीं–

**(1) पाकिस्तान की स्वीकृति**–इस योजना द्वारा भारत के विभाजन को स्वीकार कर लिया गया। यह निश्चित हुआ कि भारत को दो अधिराज्यों में विभाजित कर दिया जाएगा–भारत और पाकिस्तान। दोनों को ही 15 अगस्त, सन् 1947 ई. को स्वतन्त्रता प्रदान कर दी जाएगी।

**(2) कुछ प्रान्तों में जनमत संग्रह**–योजना द्वारा पंजाब, सिन्ध, ब्लूचिस्तान, उत्तर-पश्चिम सीमा प्रान्त तथा असम के सिलहट जिले के मुस्लिम वाले क्षेत्रों को जनमत संग्रह के अधिकार द्वारा भारत में रहने या न रहने की स्वतन्त्रता देने का निर्णय लिया गया।

**(3) लँगड़ा पाकिस्तान**–मि. जिन्ना सम्पूर्ण बंगाल और सम्पूर्ण असम को पूर्वी पाकिस्तान में मिलाना चाहते थे तथा पश्चिमी पंजाब और उत्तर-पश्चिम सीमा प्रान्त तथा सिन्ध और ब्लूचिस्तान को पश्चिम पाकिस्तान में मिलाना चाहते थे परन्तु माउण्टबेटन योजना में कांग्रेसी नेताओं की इच्छानुसार असम को पाकिस्तान से पृथक् कर दिया गया क्योंकि यहाँ हिन्दुओं का बहुमत था। इसी आधार पर पंजाब व बंगाल के विभाजन की व्यवस्था की गयी। इस प्रकार योजना के अनुसार हिन्दू बहुमत वाले जिलों को भारत में और मुस्लिम बहुमत वाले जिलों को पाकिस्तान में सम्मिलित करने का निर्णय लिया गया।

**(4) सीमा आयोग** योजना में कहा गया था कि जब यह निश्चित हो जाएगा कि बंगाल व पंजाब का विभाजन होना है तो वायसराय द्वारा उनके लिए अलग-अलग सीमा आयोग गठित किया जाएगा जो कि इन प्रान्तों की सीमा का निर्धारण करेगा।

**(5) राष्ट्रमण्डल से पृथक् होने का अधिकार**–योजना में कहा गया कि भारत व पाकिस्तान दोनों अधिराज्यों को ब्रिटिश राष्ट्रमण्डल से पृथक् होने का अधिकार होगा और वे अपनी पूर्ण स्वाधीनता की घोषणा कर सकेंगे।

(6) सत्ता हस्तान्तरण की तिथि जून, सन् 1948 ई. के बजाय 15 अगस्त, सन् 1947 ई. निर्धारित कर दी गयी।

(7) 15 अगस्त, सन् 1947 ई. को देशी रियासतों के ऊपर से ब्रिटिश सर्वोपरिता हटा ली जाएगी और उन्हें दोनों अधि-राज्यों में से किसी में भी मिलने अथवा अपनी स्वतन्त्रता की घोषणा करने का अधिकार होगा।

(8) असम के सिलहट जिले को जनमत-संग्रह द्वारा भारत या पाकिस्तान में मिलाया जाए।

(9) सिन्ध के विधानमण्डल को यह निश्चित करने का अधिकार दिया गया कि वह किस ओर शामिल होना चाहता है।

इस योजना में मि. जिन्ना ने 9 जून, सन् 1947 ई. को अपनी स्वीकृति दे दी। कांग्रेस कार्य समिति द्वारा विरोध की स्थिति होने के बाद भी इस योजना को एक आवश्यक बुराई के रूप में स्वीकार कर लिया गया। दोनों पक्षों की स्वीकृति मिलने के बाद माउण्टबेटन ने योजना के क्रियान्वयन का कार्य प्रारम्भ कर दिया। सर्वप्रथम दो नए अधिराज्यों की स्थापना के लिए ब्रिटिश संसद ने भारतीय स्वतन्त्रता अधिनियम पारित किया। इसे ही जुलाई, सन् 1947 ई. का **'भारतीय स्वतन्त्रता अधिनियम'** कहा जाता है।

**भारतीय स्वतन्त्रता अधिनियम–जुलाई, सन् 1947 ई.**

कांग्रेस व लीग द्वारा माउण्टबेटन योजना स्वीकार कर लिए जाने के बाद लॉर्ड माउण्टबेटन योजना पर आधारित भारत की स्वतन्त्रता से सम्बन्धित एक विधेयक 4 जुलाई, सन् 1947 ई. को ब्रिटिश संसद में सरकार द्वारा प्रस्तुत किया गया। 18 जुलाई, सन् 1947 ई. को ब्रिटिश संसद ने इस विधेयक को **'भारतीय स्वतन्त्रता अधिनियम'** के नाम से पारित कर दिया। इस अधिनियम द्वारा भारत से ब्रिटिश शासन समाप्त हो गया। भारतीय स्वतन्त्रता अधिनियम की मुख्य धाराएँ निम्नांकित हैं–

**(1) दो अधिराज्यों की स्थापना**–इस अधिनियम द्वारा 15 अगस्त, सन् 1947 ई. को भारत का विभाजन कर पाकिस्तान की स्थापना कर दी गयी। इस प्रकार भारत और पाकिस्तान दो अधिराज्यों का निर्माण हुआ। इन दोनों अधिराज्यों को सम्प्रभुता प्रदान करने का प्रावधान किया गया।

**(2) संविधान सभाओं द्वारा नए संविधान**–अधिनियम में कहा गया कि दोनों राज्यों की संविधान सभाएँ अपने-अपने देश के लिए संविधान बनाएँगी। उनको अपनी इच्छा के अनुसार संविधान का निर्माण करने की स्वतन्त्रता होगी। दोनों राज्यों की संविधान सभाएँ प्रभुत्वसम्पन्न होंगी।

**(3) राष्ट्रमण्डल छोड़ने की स्वतन्त्रता**–अधिनियम में कहा गया कि भारत और पाकिस्तान दोनों को यह स्वतन्त्रता होगी कि वे ब्रिटिश राष्ट्रमण्डल के सदस्य बने रहें अथवा सदस्यता त्याग दें।

**(4) अंग्रेजों के नियन्त्रण की समाप्ति**—अधिनियम के अनुसार भारत और पाकिस्तान पर ब्रिटिश नियन्त्रण पूरी तरह समाप्त हो जाएगा। भारत सचिव का पद समाप्त कर दिया जाएगा और दोनों देश ब्रिटिश नियन्त्रण से पूरी तरह मुक्त हो जाएँगे।

**(5) ब्रिटिश सम्राट् के अधिकारों की समाप्ति**—इस अधिनियम के अनुसार भारत और पाकिस्तान के सम्बन्ध में ब्रिटेन के सम्राट् की शक्तियाँ समाप्त कर दी गईं। दोनों अधिराज्यों में एक-एक अलग-अलग गवर्नर-जनरल होगा जिनकी नियुक्ति उनके मन्त्रिमण्डल की सलाह से की जाएगी। इन गवर्नरों को अपने-अपने देश के सम्बन्ध में कानून बनाने और उसे क्रियान्वित करने के सम्बन्ध में पूरी शक्तियाँ प्रदान की गईं।

**(6) संविधान सभा का विधानमण्डल के रूप में कार्य करना**—जिस समय तक संविधान सभाएँ संविधान का निर्माण नहीं कर लेती हैं उस समय तक वे विधानमण्डल के रूप में भी कार्य करती रहेंगी और उनकी विधायनी शक्तियों पर किसी प्रकार का नियन्त्रण नहीं होगा। 15 अगस्त, सन् 1947 ई. के उपरान्त ब्रिटिश संसद द्वारा पारित कोई अधिनियम इन अधिराज्यों पर प्रभावी होगा।

**(7) भारतमन्त्री के पद का अन्त**—भारतीय स्वतन्त्रता अधिनियम में कहा गया कि अब भारतमन्त्री का पद समाप्त कर दिया जाएगा क्योंकि 15 अगस्त, सन् 1947 ई. के उपरान्त ब्रिटिश संसद का भारत और पाकिस्तान पर कोई नियन्त्रण नहीं रहेगा।

**(8) प्रान्तीय विधानमण्डल**— जिस समय तक नवीन विधान के अनुसार प्रान्तों के निर्वाचन नहीं होते हैं उस समय तक प्रान्तों में इस समय के विधानमण्डल ही कार्य करते रहेंगे।

**(9) सन् 1935 ई. के अधिनियम में संशोधन द्वारा शासन**—जब तक नया संविधान बने उस समय तक दोनों राज्य सन् 1935 ई. के भारत सरकार अधिनियम में आवश्यक संशोधन करके अपना शासन कार्य चला सकेंगे। इस अधिनियम से वे धाराएँ निकाल दी गयीं जिनके द्वारा वायसराय व प्रान्तीय गवर्नरों को विशेष उत्तरदायित्व सौंपे गए थे।

**(10) देशी रियासतों पर ब्रिटेन की सर्वोपरिता का अन्त**—इस अधिनियम द्वारा देशी रियासतों पर से ब्रिटेन की सर्वोपरिता का अन्त कर दिया गया और उनको किसी भी अधिराज्य में सम्मिलित होने व अपने भावी सम्बन्धों का निश्चय करने की स्वतन्त्रता प्रदान की गयी।

**(11) अन्य उपबन्ध**—इस अधिनियम में दोनों अधिराज्यों के बीच सशस्त्र सेनाओं के विभाजन का भी उपबन्ध किया गया। इस अधिनियम को लागू करने के लिए गवर्नर-जनरल को आवश्यक नियम और उपनियम बनाने का अधिकार भी दिया गया।

इस प्रकार भारतीय स्वतन्त्रता अधिनियम सन् 1947 ई. द्वारा माउण्टबेटन ने 13 अगस्त, सन् 1947 ई. को करांची जाकर पाकिस्तान की संविधान सभा को सत्ता सौंप दी और 14 अगस्त, सन् 1947 को रात्रि को 'वन्देमातरम्' गीत के उद्घोष के साथ भारत को सत्ता सौंप दी। इस तरह यह अधिनियम वास्तव में अंग्रेजों की एक भव्य और गौरवपूर्ण विदाई थी। डॉ. राजेन्द्र प्रसाद ने कहा था कि, **"भारत पर ब्रिटिश प्रभुत्व का काल आज समाप्त होता है और अब ब्रिटेन के साथ हमारा अपना सम्बन्ध समानता, पारस्परिक सद्भावना और पारस्परिक लाभ के आधार पर होगा।"**[1]

15 अगस्त, सन् 1947 ई. को भारतीय स्वतन्त्रता अधिनियम के अनुसार भारतीय महाद्वीप पर ब्रिटिश शासन का अन्त हो गया। इसके द्वारा भारत और पाकिस्तान दो स्वतन्त्र अधिराज्य अस्तित्व में आए। लॉर्ड माउण्टबेटन को उनकी ईमानदारी, सेवाभावना व प्रभावशाली व्यक्तित्व के कारण स्वतन्त्र भारत का प्रथम गवर्नर-जनरल नियुक्त किया गया। जून, सन् 1948 ई. में माउण्टबेटन के अवकाश ग्रहण कर लेने के बाद चक्रवर्ती राजगोपालाचारी भारत के गवर्नर-जनरल नियुक्त हुए। 26 जनवरी, सन् 1950 ई. को नए भारतीय संविधान के लागू होने पर डॉ. राजेन्द्र प्रसाद को भारत के प्रथम राष्ट्रपति के रूप में शपथ दिलायी गयी तथा पाकिस्तान के गवर्नर-जनरल श्री जिन्ना बनाए गए।

## भारतीय स्वतन्त्रता प्राप्ति में सहायक तत्व
## (Helping Factors for the Independence of India)

15 अगस्त, सन् 1947 ई. को भारतीय सत्ता का हस्तान्तरण भारतीय इतिहास की एक अत्यन्त गौरवमयी घटना है। यह विदेशी शासन के एक युग का अन्त नहीं वरन् लम्बे और कष्टदायक संघर्ष के बाद भारतीय राष्ट्र का पुनर्जन्म था। प्रायः ऐसा कहा जाता है कि भारतीय स्वतन्त्रता केवल कांग्रेस या महात्मा गाँधी की देन थी परन्तु यह सत्य नहीं है। यह ठीक है कि भारतीय

1. Dr. Rajendra Prasad, *India Divided*.

स्वतन्त्रता के इतिहास में कांग्रेस और गाँधीजी का अत्यन्त विशिष्ट स्थान है परन्तु इनके अतिरिक्त ऐसे बहुत-से महत्वपूर्ण तत्व हैं जिन्होंने भारतीय स्वतन्त्रता के लिए महत्वपूर्ण योगदान दिए। उनको भी स्वतन्त्रता के इतिहास में उचित स्थान मिलना चाहिए। अत: भारतीय स्वतन्त्रता की प्राप्ति में मुख्य रूप से निम्नलिखित तत्वों का योगदान रहा—

**(1) भारतीय राष्ट्रीय आन्दोलन की शक्ति**—भारत की स्वतन्त्रता प्राप्ति में भारत के राष्ट्रीय आन्दोलन ने महत्वपूर्ण भूमिका निभायी। इस राष्ट्रीय आन्दोलन में उदारवादियों के साथ उग्रवादियों और क्रान्तिकारियों के कार्यों को विस्मृत नहीं किया जा सकता। सन् 1942 ई. के भारत छोड़ो आन्दोलन से सिद्ध हो गया था कि अब भारत को गुलाम नहीं रखा जा सकता। इस आन्दोलन में ही ब्रिटेन को भारत छोड़ देने की चेतावनी दी गई थी। गाँधीजी द्वारा चलाए गए असहयोग आन्दोलन, सविनय अवज्ञा आन्दोलन एवं भारत छोड़ो आन्दोलन का स्वतन्त्रता प्राप्ति में महत्वपूर्ण योगदान था। इन आन्दोलनों से देश में राष्ट्रीय जागृति पैदा हुई। आजाद हिन्द सेना के नायकों पर अभियोग और सैनिक विद्रोह की घटनाओं ने इस राजनीतिक जागृति का परिचय दे दिया। अपनी व्यवहार कुशलता और राजनीतिक दूरदर्शिता के लिए प्रसिद्ध अंग्रेज (ब्रिटिश) राजनीतिज्ञों ने ऐसी स्थिति में सम्मानपूर्वक भारत छोड़ देना ही उचित समझा।

**(2) द्वितीय विश्वयुद्ध के पश्चात् ब्रिटेन की कमजोर स्थिति**—द्वितीय विश्वयुद्ध के पश्चात् ब्रिटेन आर्थिक एवं अन्य दृष्टियों से अत्यधिक कमजोर हो गया था। अब उसमें यह सामर्थ्य शेष नहीं रह गयी था कि वह लम्बे समय तक बलपूर्वक भारत पर नियन्त्रण रख सके। भारत पर नियन्त्रण बनाए रखने के लिए आर्थिक और सैनिक भार को सहन करने में भी वह असमर्थ था। इंग्लैण्ड की यही कमजोर स्थिति उसे भारत छोड़ने के लिए बाध्य कर रही थी। **माइकेल ब्रेचर** के अनुसार, "इंग्लैण्ड की कमजोर स्थिति भारत के पक्ष में इतना सबल तथ्य थी कि सन् 1945 ई. में यदि अनुदार दल सत्तारूढ़ होता, तो वह भी भारतीय स्वतन्त्रता के प्रश्न को टाल नहीं सकता था।"

**(3) ब्रिटेन में लेबर पार्टी (मजदूर दल) की सरकार**—सन् 1945 ई. में ब्रिटेन में लेबर पार्टी (मजदूर दल) की सरकार की स्थापना ने भारतीय स्वतन्त्रता को निकट ला दिया। यह दल सदैव से ही भारत के प्रति सहानुभूति रखता था। सन् 1940 ई. के बाद उसका विचार था कि अब भारत को शीघ्र ही स्वतन्त्रता प्रदान की जानी चाहिए। सन् 1945 ई. के चुनावों में यदि लेबर पार्टी (श्रमिक) दल की सरकार न बनती तो भारत की स्वतन्त्रता कुछ और वर्षों के लिए स्थगित अवश्य हो जाती। **वी. पी. मेनन** लिखते हैं कि, "शक्ति के शीघ्र हस्तान्तरण का मुख्य कारण सन् 1945 ई. में इंग्लैण्ड में मजदूर दल द्वारा निरपेक्ष बहुमत प्राप्त करके सत्ता ग्रहण करना था।"

**(4) इंग्लैण्ड में जनमत भारतीय स्वतन्त्रता के पक्ष में**—सन् 1940 ई. के बाद ब्रिटिश जनमत भारत के पक्ष में हो गया था। ब्रिटिश जनमत को देखते हुए ब्रिटेन के सन् 1945 ई. के आम चुनावों में ब्रिटेन के राजनीतिक दलों ने विशेषकर लेबर पार्टी (मजदूर दल) ने अपने चुनाव घोषणा-पत्र में भारत के संवैधानिक गतिरोध को दूर करने की बात कही थी। इसी आधार पर कहा जाता है कि ब्रिटेन के चुनावों में लेबर पार्टी (मजदूर दल) की विजय का कारण यही था। लेबर पार्टी (मजदूर दल) भारतीय हितों से सहानुभूति रखता था। इसलिए अपने देश की जन-इच्छा का सम्मान करते हुए सरकार ने भारत को स्वतन्त्रता प्रदान की।

**(5) ब्रिटेन पर अन्तर्राष्ट्रीय दबाव**—द्वितीय विश्वयुद्ध के समय ब्रिटेन पर मित्र राष्ट्रों अमेरिका, रूस, चीन और आस्ट्रेलिया ने भारत को स्वतन्त्रता देने के लिए दबाव डाला था। ब्रिटेन को युद्ध में विजय दिलाने में अमेरिका की भूमिका को अस्वीकार करना सम्भव नहीं रहा। इसी तरह रूस ने ब्रिटेन की उपनिवेशवादी नीति का विरोध किया। चीन के नेता च्यांगकाई शेक ने ब्रिटेन से बार-बार भारत को स्वतन्त्रता देने का आग्रह किया। इस आग्रह को ब्रिटेन सरलता से नहीं टाल सकता था। इस प्रकार अन्तर्राष्ट्रीय दबाव का ब्रिटेन पर कुछ प्रभाव निश्चित रूप से पड़ा यही अन्तर्राष्ट्रीय दबाव भारतीय स्वतन्त्रता की प्राप्ति में सहायक तत्व माना जाता है।

**(6) साम्यवाद का खतरा**—भारत को ब्रिटेन द्वारा सन् 1947 ई. में स्वतन्त्रता दिए जाने का एक कारण ब्रिटेन को भारत में बढ़ते हुए साम्यवाद से खतरा था। इतिहास यह बताता है कि किसी देश की जनता पर अधिक अत्याचार करने पर वह साम्यवाद की ओर प्रवृत्त हो सकती है। ब्रिटिश सरकार साम्यवाद के प्रसार के विरुद्ध थी। इसलिए उसने भारत में साम्यवाद के प्रसार को रोकने के लिए भारत को शीघ्र ही स्वतन्त्रता प्रदान करना आवश्यक समझा।

**(7) सैनिक विद्रोह**—सन् 1857 से 1945 ई. तक भारतीय सेना ने कभी ब्रिटिश शासन का विरोध नहीं किया था। लेकिन सन् 1946 ई. में बम्बई में सेना द्वारा ब्रिटिश शासन के विरुद्ध एक विद्रोह किया गया। यह विद्रोह अत्यधिक उल्लेखनीय माना जाता है। इस विद्रोह को जलसेना का विद्रोह कहा जाता है। इस विद्रोह के परिणामस्वरूप ब्रिटिश सरकार ने भारत छोड़ देने में ही अपना कल्याण समझा। वैसे भी युद्ध के बाद ब्रिटेन की सैनिक शक्ति अत्यधिक दुर्बल हो गयी थी। इसलिए अब

वह बलपूर्वक भारत को गुलाम नहीं रख सकता था। **वी. पी. मेनन** ने लिखा है कि, "इन घटनाओं ने अंग्रेजों की आँखें खोल दीं और उन्होंने यह समझ लिया कि भारतीय सेना अब राष्ट्रवाद की ओर झुकने लगी है और भारत में इतनी ब्रिटिश सेना नहीं है कि वह सब जगह भेजी जा सकती।"

**(8) एशिया में नवजागरण**—बीसवीं शताब्दी का सूर्य सम्पूर्ण एशिया के लिए जागृति का सन्देश लेकर आया था। भारत के साथ-साथ एशिया के अन्य देशों—इण्डोनेशिया, हिन्दचीन, आयरलैण्ड आदि में आजादी की लड़ाई लड़ी जा रही थी। द्वितीय विश्वयुद्ध के बाद यह स्वतन्त्रता की प्रक्रिया और भी तेज़ हो गई थी जिसे देखकर ऐसा प्रतीत हो रहा था कि अब साम्राज्यवाद का सूर्य अस्त होने वाला है। अतः यह स्वीकार करना पड़ेगा कि भारत के अंग्रेज शासक समय की गति को पहचान गए थे। अतः उन्होंने यही उचित समझा कि भारत से सम्मान के साथ विदाई ली जाए।

**(9) माउण्टबेटन योजना की स्वीकृति**—जब अंग्रेज और मुस्लिम लीग द्वारा माउण्टबेटन योजना को स्वीकार कर लिया गया तो भारतीय स्वतन्त्रता के मार्ग की साम्प्रदायिक बाधा भी नष्ट हो गयी। भारत की स्वतन्त्रता की प्राप्ति के मार्ग में सबसे बड़ी बाधा मुस्लिम लीग ही थी। मुस्लिम लीग की हठधर्मी के कारण स्वतन्त्रता संग्राम को अत्यधिक क्षति पहुँच रही थी। विशेष रूप से सन् 1940 ई. के बाद तो लीग ने क्रान्ति की राह अपना ली थी। **गाँधीजी ने नारा लगाया "भारत छोड़ो"** और **जिन्ना ने नारा लगाया "भारत को विभाजित करो और छोड़ो।"** इस कारण अंग्रेजों को बहाना मिल गया था कि भारत स्वतन्त्रता के योग्य ही नहीं है क्योंकि भारत में एकता नहीं है। इसलिए अंग्रेज सत्ता किसको सौंपे लेकिन जब माउण्टबेटन योजना द्वारा लीग ने लँगड़ा पाकिस्तान तथा कांग्रेस ने तीन-चौथाई स्वतन्त्रता स्वीकार कर ली तो अंग्रेजों ने भारत को आजाद कर दिया।

इस प्रकार वास्तव में भारतीय स्वतन्त्रता किसी एक तत्व का परिणाम नहीं थी वरन् अनेक तत्वों का सामूहिक परिणाम थी फिर भी इनमें से भारत का अहिंसात्मक राष्ट्रीय आन्दोलन, लन्दन में मजदूर दल की विजय, जलसेना का विद्रोह तथा युद्ध में ब्रिटेन की आर्थिक कमर का टूटना अत्यधिक प्रमुख तत्व हैं। **डॉ. पट्टाभि** ने ठीक ही लिखा है कि, "भारतीय स्वतन्त्रता समय की गति और परिस्थितियों के दबाव का परिणाम थी।" अतः यह स्पष्ट है कि भारत का राष्ट्रीय आन्दोलन संसार के किसी भी स्वतन्त्रता संग्राम से सर्वथा पृथक् है। वह यह कि इतने व्यापक और सफल स्तर पर संसार के अन्य किसी भी देश में अहिंसात्मक जन-आन्दोलन नहीं हुए जितने कि भारत में। स्वतन्त्रता के बाद **डॉ. राजेन्द्र प्रसाद** ने लॉर्ड माउण्टबेटन के प्रति "धन्यवाद प्रस्ताव" प्रस्तावित करते हुए कहा था कि, "जहाँ स्वतन्त्रता की प्राप्ति काफी सीमा तक हमारे अपने त्यागों और बलिदानों के फलस्वरूप हुई है वहीं वह विश्व-शक्तियों और घटनाओं का भी परिणाम है। इसके साथ ही यह ब्रिटिश जाति के लोकतन्त्रात्मक आदर्शों और ऐतिहासिक परम्पराओं के अनुरूप ही है।"

## प्रश्न
## (Questions)

**दीर्घ उत्तरीय प्रश्न** (Long Answer Type Questions)

1. कैबिनेट मिशन योजना की रूपरेखा और उसकी आलोचनात्मक विवेचना कीजिए।
   (Discuss critically the outline of Cabinet Mission Plan.)
2. "सन् 1947 ई. के भारतीय स्वतन्त्रता अधिनियम की प्रमुख बातों का उल्लेख कीजिए।
   (Discuss the main points of Indian Development Act, 1947.)
3. माउण्टबेटन योजना क्या थी ? इसको मूर्त रूप देने के क्या परिणाम हुए ?
   (What was Mountbettan Plan ? What was its results ?)
4. भारत की स्वतन्त्रता प्राप्ति में सहायक तत्वों की विवेचना कीजिए।
   (Discuss the helping elements of freedom achievement in India.)
5. निम्नलिखित पर टिप्पणी लिखिए—
   Write short notes :
   (i) क्रिप्स प्रस्ताव।
   Cripps Proposal.

(ii) वेवल योजना एवं शिमला समझौता।
Wavell Plan and Shimla Agreement.
(iii) केबिनेट मिशन।
Cabinet Mission.
(iv) माउण्टबेटन योजना।
Mountbatten Plan.
(v) भारतीय स्वतन्त्रता अधिनियम, 1947।
Indian Independence Act, 1947.

## लघु उत्तरीय प्रश्न (Short Answer Type Questions)

1. वेवल योजना क्या थी ?
2. शिमला सम्मेलन कब हुआ ?
3. कैबिनेट मिशन कब भारत आया ?
4. माउण्टबेटन योजना की चार बातों का उल्लेख कीजिए।
5. प्रधानमन्त्री एटली की घोषणा क्या थी ?
6. सन् 1947 ई. के भारतीय स्वतन्त्रता अधिनियम की चार विशेषताएँ लिखिए।
7. भारतीय स्वतन्त्रता प्राप्ति के तीन सहायक तत्वों की बताइए।
8. कैबिनेट मिशन के अध्यक्ष कौन थे ?

## बहुविकल्पीय वस्तुनिष्ठ प्रश्न (Multiple Choice Type Objective Questions)

**1. कैबिनेट मिशन कब भारत आया—**

(a) मार्च, 1945 ई. (b) दिसम्बर, 1944 ई.
(c) मार्च, 1946 ई. (d) जनवरी, 1941 ई.।

**उत्तर**—(c) मार्च, 1946 ई.।

**2. माउण्टबेटन योजना कब प्रस्तावित की गई—**

(a) 10 जनवरी, 1946 ई. (b) 3 जून, 1947 ई.
(c) 19 अक्टूबर, 1920 ई. (d) 8 अगस्त, 1942 ई.।

**उत्तर**—(b) 3 जून, 1947 ई.।

**3. इंग्लैण्ड में मजदूर दल की सरकार कब बनी—**

(a) सन् 1948 ई. में (b) सन् 1946 ई. में
(c) सन् 1942 ई. में (d) सन् 1945 ई. में।

**उत्तर**—(d) सन् 1945 ई. में।

**4. स्वतन्त्र भारत के प्रथम गवर्नर-जनरल कौन थे—**

(a) पण्डित नेहरू (b) गाँधीजी
(c) सरदार पटेल (d) माउण्टबेटन।

**उत्तर**—(d) माउण्टबेटन।

**5. पाकिस्तान के प्रथम गवर्नर-जनरल कौन थे—**

(a) मि. जिन्ना (b) माउण्टबेटन
(c) डॉ. राजेन्द्र प्रसाद (d) डॉ. भीमराव अम्बेडकर।

**उत्तर**—(a) मि. जिन्ना।

# संविधान की प्रस्तावना का दार्शनिक आधार

# [PHILOSOPHICAL BASE OF THE PREAMBLE OF CONSTITUTION]

*"प्रस्तावना संविधान का सबसे महत्वपूर्ण अंग है। इसे संविधान की आत्मा भी कहा जा सकता है। यह संविधान की कुंजी है। यह एक ऐसा मानदण्ड है जिसके आधार पर संविधान का मूल्यांकन किया जा सकता है। मैं अपेक्षा करता हूँ कि भारतीय संविधान के सभी प्रावधानों को प्रस्तावना की कसौटी पर परखा जाए और तब हम यह फैसला करें कि संविधान अच्छा है अथवा नहीं।"*

*—पण्डित ठाकुरदास भार्गव*

**संविधान सभा में दिये भाषण का अंश**

## भारतीय संविधान की प्रस्तावना
## (Preamble of The Indian Constitution)

प्रत्येक संविधान एक प्रस्तावना से आरम्भ होता है। इस प्रस्तावना में संविधान के मूल उद्देश्य व लक्ष्य निहित होते हैं। यह प्रस्तावना संविधान की रचना करने के विचारों और भावनाओं का प्रतिरूप होती है। इसी के अनुसार संविधान का क्रियान्वयन किया जा सकता है।

भारतीय संविधान में भी एक प्रस्तावना है। 'प्रस्तावना' का भाग भारतीय संविधान का सबसे महत्वपूर्ण अंग है। यदि कहा जाए कि भारतीय संविधान रूपी अंगूठी में प्रस्तावना एक जड़ाऊ नगीना है, तो कोई अतिशयोक्ति नहीं होगी। इसे भारत के जनतन्त्रीय गणतन्त्रात्मक स्वरूप का एक संक्षिप्त घोषणा-पत्र भी कहा जा सकता है। भारतीय संविधान में निहित आदर्शों और मूल्यों का विवेचन संविधान की प्रस्तावना में निम्नानुसार किया गया है—

## भारतीय संविधान की मूल प्रस्तावना
## (Original Premable of Indian Constitution)

**"हम भारत के लोग, भारत के एक सम्पूर्ण प्रभुत्व सम्पन्न लोकतन्त्रात्मक गणराज्य बनाने के लिए तथा उसके समस्त नागरिकों को सामाजिक, आर्थिक और राजनीतिक न्याय, विचार, अभिव्यक्ति, विश्वास, धर्म और उपासना की स्वतन्त्रता, प्रतिष्ठा और अवसर को प्राप्त कराने के लिए तथा उन सब में व्यक्ति की गरिमा और राष्ट्र की एकता सुनिश्चित करने वाली बन्धुता बढ़ाने के लिए दृढ़ संकल्प होकर अपनी इस संविधान सभा में आज तारीख 26 नवम्बर, 1949 ई. (मिति मार्गशीर्ष शुक्ल सप्तमी, संवत् 2006 विक्रमी) को एतद् द्वारा इस संविधान को अंगीकृत, अधिनियमित और आत्मार्पित करते हैं।"[1]**

---

1. "We, the people of India, having solemnly resolved to constitute India into a Soverign, Democratic, Republic and to secure to all its citizens;
Justice, social, economic and political;
Liberty of thought, expression, faith, belief and worship;
Equality, of status and of opportunity, and to promote among them all;
Fraternity, assuring the dignity the individual and the unity of the nation;
In out Constituent Assembly this twenty-sixth day of November, 1949, do hereby adopt, enact and give to ourselves this constitution."

## 42वें संविधान संशोधन द्वारा प्रस्तावना में हुए संशोधन
## (Amendment in Preamble After 42nd Constitutional Amendment)

सन् 1976 ई. में 42वाँ संविधान संशोधन विधेयक पारित किया गया। इस संविधान संशोधन द्वारा संविधान की प्रस्तावना में अनेक नए शब्दों और भावों का समावेश किया गया। इस संशोधन के पश्चात् संविधान की प्रस्तावना का निम्न स्वरूप हो गया—

"हम भारत के लोग भारत को एक सम्पूर्ण प्रभुत्व सम्पन्न[1], **समाजवादी, धर्म निरपेक्ष** लोकतान्त्रिक गणराज्य बनाने के लिए तथा उसके समस्त नागरिकों को सामाजिक, आर्थिक और राजनीतिक न्याय, विचार, अभिव्यक्ति, विश्वास, धर्म और उपासना की स्वतन्त्रता, प्रतिष्ठा और अवसर को प्राप्त कराने के लिए तथा उन सबमें व्यक्ति की गरिमा और राष्ट्र की एकता[2] तथा अखण्डता सुनिश्चित करने वाली बन्धुता बढ़ाने के लिए, दृढ़ संकल्प होकर अपनी इस संविधान सभा में आज तारीख 26 नवम्बर, सन् 1949 ई. (मिति मार्गशीर्ष शुक्ल सप्तमी, सम्वत् 2006 विक्रमी) को एतद् द्वारा इस संविधान को अंगीकृत, अधिनियमित और आत्मार्पित करते हैं।"

उपर्युक्त प्रस्तावना यह स्पष्ट करती है कि भारतीय संविधान का लक्ष्य एक ऐसे समाज की स्थापना करना है जिसमें धर्मनिरपेक्षता एवं समाजवादी व्यवस्था को प्रमुखता प्राप्त हो। समाज में सामाजिक, आर्थिक और राजनीतिक न्याय की व्यवस्था का प्रावधान हो। देश में एकता व अखण्डता हो। समाज के प्रत्येक व्यक्ति को अपने विचार व्यक्त करने, अपने विश्वास, धर्म एवं उपासना करने की स्वतन्त्रता प्राप्त हो तथा सभी को अवसर की समानता प्राप्त हो। ऐसे समाज के निर्माण की कल्पना भारतीय संविधान की उपुर्यक्त प्रस्तावना में की गई है।

प्रस्तावना में वर्णित भावनाओं का उल्लेख सर्वप्रथम सन् 1931 ई. में द्वितीय गोलमेज सम्मेलन में सम्मिलित होने के अवसर पर महात्मा गाँधी ने एक पत्र प्रतिनिधि से वार्ता के दौरान किया था। पत्र प्रतिनिधि ने गाँधीजी ने प्रश्न किया था कि, **"आप भारत के लिए किस प्रकार का संविधान पसन्द करेंगे।"** इस प्रश्न के उत्तर में गाँधीजी ने कहा था—

"मैं भारत के लिए ऐसा संविधान पसन्द करूँगा जो भारत को परतन्त्रता और संरक्षण की जंजीरों से आजाद कर दे। जो उसे सभी अधिकार प्रदान करे। आवश्यकता के समय पाप कर्म करने तक का अधिकार दे। मैं ऐसे भारत की रचना करना चाहता हूँ जिसमें गरीब से गरीब व्यक्ति भी यह अनुभव कर सके कि भारत उसका अपना ही देश है और इसकी रचना में उसकी राय का भी महत्व है। मैं ऐसा भारत चाहता हूँ जिसमें ऊँच-नीच का कोई भेद-भाव न हो, जहाँ सभी सम्प्रदाय एक साथ मिलजुल कर रहें। ऐसे भारत में छुआछूत के लिए कोई स्थान नहीं होगा, न शराब के लिए कोई स्थान होगा और न नशीली दवाइयों के लिए कोई स्थान होगा। समाज में स्त्रियों और पुरुषों के अधिकार समान होंगे। भारत के शेष विश्व के साथ शान्तिपूर्ण सम्बन्ध होंगे। हम किसी का शोषण नहीं करेंगे और न किसी को अपना शोषण करने देंगे। ऐसी दशा में हमें बहुत कम सैन्य शक्ति की आवश्यता होगी। कोटि-कोटि मूक भारतीयों के हितों की रक्षा करते हुए हम देशी तथा विदेशी हितों की पूर्ण सतर्कता से रक्षा करेंगे। निजी रूप से मुझे देशी तथा विदेशी के भेद से घृणा है। यही मेरे स्वप्नों का भारत है।"[3]

पुन: संविधान सभा के भाषण में पण्डित जवाहर लाल नेहरू ने भी अपने द्वारा प्रस्तुत उद्देश्य प्रस्ताव में गाँधीजी की उपुर्यक्त भावनाओं को अपनाया था। अत: निष्कर्ष रूप में कहा जा सकता है कि संविधान की प्रस्तावना पर गाँधीजी के विचारों का पूर्ण प्रभाव है।

उपर्युक्त प्रस्तावना में दार्शनिक आधारों की विवेचना निम्नानुसार की जा सकती है—

(1) प्रस्तावना में कहा गया है कि 'हम भारत के लोग' संविधान को 'अंगीकृत अधिनियमित तथा आत्मार्पित' करते हैं। प्रस्तावना इस बात पर बल देती है कि अन्तिम सत्ता जनता में निहित है तथा भारतीय जनता ने ही संविधान को अधिनियमित और अंगीकृत किया है।

यहाँ प्रश्न यह उठता है कि जनता का संविधान की रचना में क्या हाथ था? क्या संविधान सभा जनता का प्रतिनिधित्व करती थी? इन प्रश्नों पर हम संविधान सभा के अन्तर्गत पहले ही विचार व्यक्त कर चुके हैं। फिर भी, उनका सारांश यहाँ दिया जा सकता है। संविधान का निर्वाचन वयस्क मताधिकार के आधार पर नहीं हुआ था। उनके सदस्य सीमित मताधिकार के आधार पर निर्वाचित प्रान्तीय विधान सभाओं द्वारा चुने गये थे। इस प्रकार संविधान सभा को सच्चे अर्थ में एक प्रतिनिधिक सभा नहीं कहा जा सकता है। फिर भी, संविधान सभा के गठन पर विचार करने से स्पष्ट हो जाता है कि वह भारतीयों की एक पूर्ण प्रतिनिधिक संस्था थी। उसमें सभी राजनीतिक दलों, वर्गों और विचारों के लोगों को प्रतिनिधित्व प्राप्त था। देश के

1. 42वें संविधान द्वारा जोड़े गए शब्द।
2. *Ibid.*
3. गाँधीजी वागमय—वियोगी हरि—**सस्ता साहित्य मण्डल प्रकाशक**

बड़े-बड़े नेता तथा विचारक उसमें सम्मिलित थे। उसने संविधन की रचना में प्रजातान्त्रिक क्रियाओं को अपनाया। पुनः सन् 1946 ई. में यह व्यावहारिक नहीं था कि वयस्क मताधिकार के आधार पर प्रतिनिधियों का देशव्यापी चुनाव होता।

संविधान का अनुमोदन लोकमत-संग्रह द्वारा नहीं किया गया। इस प्रक्रिया से जनता को संविधान को स्वीकृत या अस्वीकृत करने का अवसर मिलता और संविधान की लोकप्रियता स्पष्ट हो जाती लेकिन उस समय लोकमत संग्रह की प्रक्रिया को अपनाना भी व्यावहारिक नहीं था। संविधान निर्माताओं को इस बात में पूर्ण विश्वास था कि संविधान को जनता का पूर्ण समर्थन प्राप्त है। यह दावा डॉ. **भीमराव अम्बेडकर** के शब्दों से स्पष्ट हो जाता है कि, **"मैं समझता हूँ, प्रस्तावना इस सदन के प्रत्येक सदस्य की इच्छानुसार यह स्पष्ट कर देती है कि इस संविधान का आधार जनता है एवं इसमें निहित प्राधिकार एवं प्रभुसत्ता सब जनता से प्राप्त हुई है।"**[1] **अतः यह कहना सत्य है कि भारतीय जनता ने संविधान की रचना की थी तथा उसे स्वीकृत किया था।**

'हम भारत के लोग' शब्द का एक अन्तर्निहित अभिप्राय यह है कि चूँकि भारतीय जनता ने संविधान रचना की है तथा उसे स्वीकृत किया है, इसलिए भारत संघ का कोई एक राज्य अथवा अवयवी एककों का समूह न तो संविधान को समाप्त कर सकता है और न संविधान द्वारा गठित संघ से सम्बन्ध विच्छेद कर सकता है।

(2) संविधान की प्रस्तावना में भारत को एक सम्पूर्ण प्रभुत्व सम्पन्न समाजवादी धर्मनिरपेक्ष लोकतान्त्रिक गणराज्य कहा गया है। 26 जनवरी, 1950 ई. को भारत की अधिराज्य की स्थिति समाप्त हो गयी और वह अमेरिका तथा स्विट्जरलैंड की भाँति एक सम्पूर्ण प्रभुसत्ता सम्पन्न गणराज्य बन गया। वह अपने आन्तरिक और विदेशी सम्बन्धों के निर्वहन में पूर्ण रूप से स्वतन्त्र है। वह सब प्रकार की मर्यादाओं से उन्मुक्त है।

इस सम्बन्ध में यह आलोचना की जाती है कि सार्वभौम राज्य होने के बावजूद वह राष्ट्रमण्डल का सदस्य है तथा ब्रिटेन राज्य या ब्रिटेन की रानी के प्रति विशेष निष्ठा रखता है लेकिन राष्ट्रमण्डल की सदस्यता भारत की सार्वभौमिकता के मार्ग में विरोध पैदा नहीं करती। राष्ट्रमण्डल राज्यों का एक ऐच्छिक समझौता है। उसमें सम्मिलित रहना या उससे पृथक् हो जाना भारत की इच्छा पर निर्भर करता है। राष्ट्रमण्डलीय समझौते का कोई संवैधानिक महत्व नहीं है। इसका संविधान में कोई उल्लेख नहीं है। ब्रिटिश सम्राट का प्रधान पद भी केवल औपचारिक है। वह केवल एक प्रतीक मात्र है। भारत राज्य या भारतीय जनता पर इस निष्ठा के परिणामस्वरूप कोई बन्धन नहीं है। अतः राष्ट्रमण्डल की सदस्यता सार्वभौमिक स्थिति में किसी प्रकार की बाधा नहीं पहुँचाती है। पर इसे एक संवैधानिक विरोधाभास कहना गलत नहीं होगा।

संविधान सभा में सम्मिलित सभी सदस्यों ने यह मत व्यक्त किया था कि भारत को एक **"समाजवादी राज्य"** घोषित किया जाना चाहिए लेकिन इन सभी सदस्यों का मत था कि संविधान को किसी विशेष राजनीतिक दर्शन के साथ सम्बद्ध नहीं किया जाना चाहिए और उसे विवादों से मुक्त रखा जाना चाहिए। परिणामस्वरूप इस दूसरे विचार को ही संविधान सभा की स्वीकृति प्राप्त हुई किन्तु सन् 1976 ई. में देश की तत्कालीन सरकार द्वारा भारतीय शासन व्यवस्था को एक नई दिशा देने के विषय में विचार किया गया और संविधान में संशोधन करते हुए 'भारत राज्य' के लिए **"समाजवाद"** शब्द का उल्लेख किया गया। यहाँ यह उल्लेखनीय है कि राजनीति विज्ञान में समाजवाद के अनेक रूप प्रचलित हैं किन्तु भारतीय राज्य व्यवस्था के लिए अपनाया गया समाजवाद का रूप बिल्कुल अलग है। संविधान विशेषज्ञों का मत है कि भारत में देश की परिस्थितिगों के अनुरूप ही समाजवाद को अपनाया जाएगा।

42वें संविधान संशोधन द्वारा भारत को एक **'धर्म निरपेक्ष राज्य'** घोषित किया गया है। सन् 1976 ई. के पूर्व तक संविधान की प्रस्तावना में धर्मनिरपेक्ष शब्द को स्थान नहीं दिया गया था किन्तु अब इसे प्रस्तावना में स्थान प्राप्त हो गया है। **'धर्मनिरपेक्षता'** शब्द को संविधान की प्रस्तावना में स्थान मिल जाने से अब यह शब्द और अधिक प्रभावी होकर सामने आया है।

**'लोकतन्त्रात्मक'** शासन-व्यवस्था का राजनीतिक दृष्टिकोण से अर्थ राज्य कार्य के संचालन के लिए निर्वाचित एवं उत्तरदायी सरकार की स्थापना से है। भारत में विधानपालिका एवं कार्यपालिका जनता के प्रतिनिधि निकाय हैं तथा कार्यपालिका विधायिका के प्रति उत्तरदायी है। भारतीय लोकतन्त्र अमेरिकी एवं ब्रिटिश लोकतन्त्र के समान और रूस तथा साम्यवादी चीन के लोकतन्त्र के समान है क्योंकि यहाँ बहुदलीय व्यवस्था है। वस्तुतः व्यापक दृष्टिकोण से भारत में लोकतन्त्र को अपनाया गया है जिसमें सामाजिक एवं आर्थिक लोकतन्त्र भी शामिल है।

प्रस्तावना में भारत संघ को **'गणराज्य'** भी कहा गया है। **'गणराज्य'** का प्रमुख निर्वाचित होता है, जबकि लोकतन्त्र में राज्य का प्रधान निर्वाचित भी हो सकता है और वंशानुगत भी हो सकता है। भारत, अमेरिका तथा स्विट्जरलैण्ड में राज्य

1. I say that preamble embodies what that is the desire of every member of the House, that this constitution should have its roots, its authority, its sovereignty from the people, that it has. —*Ambedar*

के प्रधान एक निश्चित अवधि के लिए जनता द्वारा परोक्ष या प्रत्यक्ष रूप से चुने गये हैं। इसके विपरीत इंग्लैण्ड में, जहाँ राजतन्त्र है राज्य का प्रमुख एक वंशानुगत सम्राट होता है।

इस प्रकार, "भारतीय संविधान की प्रस्तावना में भारत में ऐसा शासन स्थापित किया गया है, जो स्वरूप में और यर्थाथ में सर्वसाधारण के लाभ के लिए शासन है और सर्वसाधारण के द्वारा शासन है।"

'न्याय' का अर्थ सामान्य सामाजिक हित तथा व्यक्ति-विशेष के हित का समन्वय है। व्यक्तिगत हितों से भिन्न सामान्य हित की प्राप्ति न्याय का सार है। सामाजिक तथा आर्थिक न्याय की प्राप्ति के लिए संविधान में अनेक उपबन्ध है, जैसे राज्य के नीति-निर्देशक तत्व तथा अस्पृश्यता निवारण, बेगार, श्रम, पिछड़े वर्गो का शैक्षणिक एवं आर्थिक विकास आदि से सम्बन्धित उपबन्ध। राजनीतिक न्याय की प्राप्ति के लिए भी संविधान में अनेक उपबन्धों का संकलन है; जैसे—वयस्क मताधिकार, निर्वाचन सम्बन्धी साम्प्रदायिक उपबन्धों की समाप्ति, सरकारी पदों की प्राप्ति के लिए सभी नागरिकों को समान अवसर आदि। इस प्रकार प्रस्तावना नागरिकों को समस्त राजनीतिक, सामाजिक एवं आर्थिक कार्य-क्षेत्रों में न्याय प्रदान करती हैं।

'स्वतन्त्रता' का उद्देश्य व्यक्ति को पूर्ण विकास के लिए उसे आवश्यक अधिकारों को प्रदान करना है। भारतीय संविधान में स्वतन्त्रता का प्रयोग निषेधात्मक तथा स्वीकारात्मक दोनों अर्थों में किया गया है जिससे नागरिकों के व्यक्तित्व का पूर्ण विकास हो सके। मौलिक अधिकारों के अन्तर्गत ऐसी ही व्यवस्था की गयी है।

'समानता' का अर्थ सभी नागरिकों को समान स्थिति एवं अवसर प्रदान करना है। अवसर की समानता का अर्थ प्रत्येक व्यक्ति को अपनी सामर्थ्य एवं कार्यक्षमता का यथाशक्ति विकास करने का अवसर मिलता है। भारतीय संविधान में नागरिकों के लिए ऐसी समानता की व्यवस्था की गयी है। संविधान के अनुसार कानून की दृष्टि में सभी नागरिक समान हैं तथा उन्हें समान रूप से कानून की सुरक्षा प्राप्त है।

अन्त में, व्यक्ति की गरिमा और राष्ट्र की एकता सुनिश्चित करने वाली 'बन्धुता और अखण्डता' को बढ़ाने के लिए प्रस्तावना में संकल्प किया गया है। फ्रांसीसी अधिकारों की घोषणा में प्रथम बार बन्धुत्व पर बल दिया गया। संयुक्त राष्ट्र संघ के मानव अधिकारों में भी कहा गया है कि सभी मनुष्यों को एक-दूसरे के साथ भ्रातभाव से व्यवहार करना चाहिए। भारत जैसे देश में जहाँ अनेक धर्म, जातियाँ, भाषाएँ तथा अन्य पृथक्कारी प्रवृत्तियाँ विद्यमान हैं, संविधान में बन्धुत्व की भावना के विकास पर बल देना उचित था। इसी हेतु साम्प्रदायिक स्थानीय एवं प्रान्तीय भावनाओं को दूर करने का व्यवधान आवश्यक था।

**भारतीय संविधान की प्रस्तावना में वर्णित प्रमुख सिद्धान्तों के सन्दर्भ में धर्म निरपेक्षता और राष्ट्रीय एकता की व्याख्या**

**धर्मनिरपेक्ष राज्य की स्थापना**—वेंकटारमन के शब्दों में, "भारतीय राज्य न तो धार्मिक है न अधार्मिक और न ही धर्म-विरोधी किन्तु यह संकीर्णताओं और वृत्तियों से बिल्कुल दूर है और धार्मिक मामलों में तटस्थ हैं।" अत: धर्मनिरपेक्ष राज्य का यह अर्थ नहीं कि राज्य धर्म-विरोधी गतिविधियों को प्रोत्साहित करेगा जैसा कि सोवियत संघ में होता है। इसका यह भी अर्थ नहीं कि राज्य नास्तिक है। इसका केवल यह अर्थ है कि भारत में कोई राजधर्म नहीं होगा। चूँकि भारत में अनेक सम्प्रदाय और मतमतान्तर है, इसलिए भारत में राज्य द्वारा किसी विशेष धर्म को मान्यता देना अच्छा समझा गया। इस सम्बन्ध में **प्रोफेसर लॉस्की** का विचार अत्यन्त महत्वपूर्ण प्रतीत होता है कि यदि राज्य किसी विशेष धर्म को मान्यता देता है, उसके अनुयायियों को किसी-न-किसी रूप में कोई विशेष अधिकार अवश्य ही प्राप्त हो जाता है। अत: भारत में धार्मिक मामलों में राज्य तटस्थ रहेगा और किसी भी धर्म का पक्षपात नहीं करेगा और न ही धार्मिक आधार पर सरकारी नौकरियाँ तथा किसी अन्य क्षेत्र में कोई भेदभाव दिखाएगा।

भारतीय संविधान में 42वें संशोधन के अनुसार अब प्रस्तावना में संशोधन करके 'धर्म निरपेक्ष राज्य' शब्द का समावेश कर दिया गया है।

**भारत में धर्म निरपेक्षता के बारे में ईरान के राष्ट्रपति के विचार**—ईरान के राष्ट्रपति श्री रफसनजारी ने 17 अप्रैल, 1995 की खलीफा अली की स्मृति में तीन दिन की अन्तर्राष्ट्रीय कान्फ्रेंस का उद्‌घाटन करते हुए भारतीय निरपेक्षवाद की स्तुति की। उन्होंने कहा कि भारत सह-अस्तित्व के सिद्धान्त द्वारा काफी ऊपर उठ गया है। लखनऊ इमामबाड़ा की यात्रा पूरी करने के पश्चात् भी उन्होंने इन शब्दों को दोहराया कि, "भारतीय निरपेक्षवाद, विभिन्न मतों और सम्प्रदायों को इकट्ठा रखने का सबसे अच्छा तरीका है।"

**राष्ट्रीय एकता को दृढ़ करने वाला संविधान**—हमारे संविधान में एकता को दृढ़ करने के लिए बहुत से उपाय अपनाये गये हैं। उदाहरणस्वरूप, राष्ट्रपति को संकटकालीन घोषणा करने का अधिकार दिया गया है। इस अवस्था में केन्द्रीय सरकार

का राज्यों पर इतना नियन्त्रण स्थापित हो जाएगा कि भारत में एक प्रकार से संघात्मक सरकार की बजाए एकात्मक सरकार स्थापित हो जाएगी। एकता को सुदृढ़ करने के लिए भारत में दोहरी नागरिकता की बजाए इकहरी नागरिकता स्थापित की गई है। भारत की एकता सुदृढ़ करने के लिए केन्द्रीय सरकार को शक्तिशाली बनाना अति आवश्यक था। प्राचीन और मध्यकाल में जिस समय केन्द्र निर्बल हो जाता था, तो उस समय प्रान्त अपनी स्वतन्त्रता घोषित कर देते थे, ऐसी दुर्घटना से भारत को बचाने के लिए संविधान में अनेक उपायों का प्रयोग किया गया है। प्रान्तों को भारतीय संघ से अलग होने की आज्ञा नहीं दी गई है और केन्द्र को उनकी अपेक्षा कानूनी, शासन सम्बन्धी और आर्थिक शक्तियाँ दी गई है। एकता को सुदृढ़ करने के लिए हिन्दी को सम्पूर्ण भारतवर्ष की राजभाषा घोषित की गई है और एक सुप्रीम कोर्ट तथा अखिल भारतीय प्रशासकीय सेवा की स्थापना की गई है।

**निष्कर्ष**–उपर्युक्त विवेचन का निष्कर्ष एक भारतीय विद्वान के शब्दों में उद्धृत करना उपयुक्त होगा–"भारतीय संविधान की प्रस्तावना आज तक अंकित इस प्रकार के प्रलेखों में सबसे उत्तम है। संसार के अन्य संविधानों की प्रस्तावना पर दृष्टिपात करने पर यह स्पष्ट हो जाता है कि विचार, आदर्श एवं अभिव्यक्ति भारतीय संविधान की प्रस्तावना भारतीयों के दृढ़ निश्चय का प्रतीक है कि वे एकता प्राप्त कर ऐसे स्वतन्त्र राष्ट्र का निर्माण करेंगे जिसमें न्याय, स्वतन्त्रता, समानता एवं बन्धुत्व की विजय हो।" संविधान सभा के एक सदस्य ने प्रस्तावना की सराहना करते हुए कहा है कि यह संविधान का अमूल्य अंग है। यह संविधान की कुंजी है।

## प्रश्न
## (Questions)

### दीर्घ उत्तरीय प्रश्न (Long Answer Type Questions)

1. भारतीय संविधान के प्रस्ताव के संवैधानिक महत्व की समीक्षात्मक विवेचना कीजिए।

   (Explain and examine the constitutional significance of the Preamble to the Indian constitution.)

2. भारतीय संविधान के प्रस्तावना में निहित मुख्य सिद्धान्तों की विवेचना कीजिए। उनका क्या महत्व है ?

   (Explain the main principles embodied in the Preamble to the constitution of.India. What is their significance ?)

3. "प्रस्तावना जो संविधान की भूमिका है, संविधान के स्रोत, अनुशक्ति, ढाँचा, उद्देश्य तथा विषय-वस्तु की चर्चा करता है।" इस कथन की समीक्षा कीजिए।

   (The Preamble, which walks before the constitution, indicates source the sanction, the pattern, the objects and contents of the constitution. Explain this statement.)

4. प्रस्तावना का संविधान में क्या महत्व है ? भारतीय संविधान की प्रस्तावना के मुख्य लक्षण लिखिए।

   (What is the importance of the Preamble to the constitution ? Bring out the salient features of the Preamble to the Indian Constitution ?)

### लघु उत्तरीय प्रश्न (Short Answer Type Questions)

1. भारतीय संविधान की प्रस्तावना पर टिप्पणी लिखिए।
2. भारतीय संविधान की मूल प्रस्तावना क्या है ? संक्षेप में लिखिए।
3. 42वें संविधान संशोधन द्वारा प्रस्तावना में क्या-क्या संशोधन किए गए है ? संक्षेप में लिखिए।

### बहुविकल्पीय वस्तुनिष्ठ प्रश्न (Multiple Choice Type Objective Questions)

1. **42वें संविधान संशोधन द्वारा प्रस्ताव में निम्न कौन-सा शब्द जोड़ा गया–**

   (a) लोकतान्त्रिक (b) समाजवाद

   (c) न्याय (d) राजनैतिक।

   **उत्तर**–(b) समाजवाद।

●●

# भारतीय संविधान की प्रमुख विशेषताएँ

# [MAIN FEATURES OF THE INDIAN CONSTITUTION]

> *"मेरा यह विचार है कि यह भारतीय संविधान व्यवहारिक है, इसमें परिवर्तन क्षमता है और इसमें शान्तिकाल और युद्धकाल में देश की एकता बनाये रखने की सामर्थ्य है। वास्तव में, मैं यह कहना चाहूँगा कि नवीन संविधान के अन्तर्गत यदि स्थिति खराब होती है, तो उसका कारण यह नहीं होगा कि हमारा संविधान बुरा था वरन् हमें यह कहना होगा कि मनुष्य ही बुरा था।"*
>
> —डॉ. भीमराव अम्बेडकर

संविधान राजकीय आचरण का विधान है। यह किसी देश की शासन व्यवस्था के उन आधारभूत नियमों का संग्रह है जिसके आधार पर उस देश का शासनतन्त्र संचालित होता है। इन नियमों द्वारा सरकार का संगठन, सरकार के विभिन्न अंगों की शक्तियाँ और इन शक्तियों के प्रयोग के सामान्य सिद्धान्त निर्धारित किये जाते हैं।

स्वाधीन राष्ट्र का अपना संविधान होता है। भारत का अपना संविधान है। इस संविधान की रचना एक संविधान सभा द्वारा की गई है। इस संविधान की रचना में 2 वर्ष 11 माह और 18 दिन लगे।

**कैबिनेट मिशन योजना** के अन्तर्गत गठित संविधान सभा की प्रथम बैठक 9 दिसम्बर, 1946 को **डॉ. सच्चिदानन्द सिन्हा** की अस्थायी अध्यक्षता में हुई। 11 दिसम्बर, 1946 ई. को डॉ. राजेन्द्र प्रसाद संविधान सभा के स्थायी अध्यक्ष चुने गये। इस तरह संविधान सभा के 310 सदस्यों द्वारा संविधान सभा का विधिवत् कार्य आरम्भ हुआ। इसमें योग्य एवं अनुभवी नेता सदस्य बनाये गये। इनमें राष्ट्रीय काँग्रेस के डॉ. राजेन्द्र प्रसाद, पण्डित जवाहर लाल नेहरू, सरदार बल्लभभाई पटेल, चक्रवर्ती राजगोपालाचारी, पण्डित गोविन्दबल्लभ पन्त, मौलाना अबुल कलाम आजाद, श्री कन्हैया लाल माणिक लाल मुन्शी और आचार्य कृपलानी जैसे शीर्षस्थ नेता सम्मिलित थे। इसके अतिरिक्त, अन्य प्रमुख दलों से सम्बन्धित व्यक्तियों में डॉ. सर्वपल्ली राधाकृष्णन्, डॉ. जय बख्शी, प्रो. के. टी. शाह, डॉ. भीमराव अम्बेडकर, श्रीमती सरोजनी नायडू, श्रीमती हंसा मेहता और श्रीमती दुर्गाबाई देशमुख आदि थे। 13 दिसम्बर, 1946 ई. को पण्डित जवाहर लाल नेहरू द्वारा एक उद्देश्य प्रस्ताव (Objective Resolution) प्रस्तुत किया गया जो 22 फरवरी, सन् 1947 ई. को स्वीकृत कर लिया गया। इस प्रस्ताव में संविधान सभा ने निम्नलिखित बातें प्रस्तुत कीं—

(1) भारत एक पूर्णतः स्वतन्त्र और प्रभुत्व सम्पन्न गणराज्य होगा। वह स्वयं अपने लिए संविधान की रचना करेगा।

(2) वे क्षेत्र जो इस समय ब्रिटिश भारत कहलाते हैं तथा भारतीय रियासतों के अन्तर्गत आते हैं तथा ब्रिटिश भारत और रियासतों के वे क्षेत्र जो स्वतन्त्र एवं पूर्ण प्रभुत्व सम्पन्न भारत में सम्मिलित होना चाहते हैं, सब मिलकर एक संघ कहे जाएंगे।

(3) ये तथाकथित क्षेत्र अपनी वर्तमान सीमाओं में अथवा संविधान द्वारा निश्चित सीमाओं में संविधान द्वारा की गई व्यवस्था के अनुसार स्वायत्तशासी इकाई होंगे।

(4) भारतीय संघ की सरकार और उसकी इकाइयों की सरकारों को समस्त राजनीतिक शक्ति एवं समस्त अधिकार जनता से प्राप्त होंगे।

(5) अल्पसंख्यक वर्गों, पिछड़ी जातियों और जनजातियों के हितों की रक्षा की समुचित व्यवस्था की जायेगी। वे देश के शासन में समान रूप से भाग ले सकेंगे।

(6) भारतीय क्षेत्र की अखण्डता, भूमि, जल तथा वायु पर उसकी प्रभुता की रक्षा न्याय तथा सभ्य राष्ट्रों के कानूनों के अनुसार की जायेगी।

(7) यह प्राचीन देश विश्व में अपना अधिकार व सम्मानपूर्ण स्थान प्राप्त करेगा और विश्व-शान्ति तथा मानव के कल्याण में अपना पूर्ण एवं स्वैच्छिक योगदान करता रहेगा।

उक्त उद्देश्य प्रस्ताव ही वास्तव में भारतीय संविधान के आधार हैं। इसके महत्व पर प्रकाश डालते हुए **श्री कन्हैया लाल माणिक लाल मुन्शी** ने कहा था कि, **"पं. जवाहर लाल नेहरू द्वारा यह उद्देश्य प्रस्ताव हमारे लोकतान्त्रिक प्रभुत्व-सम्पन्न गणराज्य की जन्म-कुण्डली है।"**

उद्देश्य प्रस्ताव पारित हो जाने के पश्चात् संविधान के पृथक्-पृथक् भागों पर विचार करने के लिए संविधान सभा को कई समितियों में विभाजित कर दिया गया। इनमें संघीय अधिकार समिति, संघीय संविधान समिति, मौलिक अधिकार समिति, अल्पसंख्यक समिति आदि प्रमुख थीं। परन्तु संविधान को अन्तिम रूप देने के लिए 29 अगस्त, सन् 1947 ई. को संविधान सभा ने डॉ. भीमराव अम्बेडकर की अध्यक्षता में एक सात सदस्यीय प्रारूप समिति गठित की। श्री एन. गोपालस्वामी अय्यंगर, अल्लादी कृष्णास्वामी अय्यर, श्री कन्हैया लाल माणिक लाल मुन्शी, मुहम्मद सादुल्ला, श्री एन. माधवराव आदि इसके सदस्य थे।

इस प्रारूप समिति द्वारा तैयार किया गया संविधान का प्रारूप 21 फरवरी, सन् 1948 ई. को संविधान सभा के पटल पर रखा गया। इस पर विचार हेतु प्रथम अधिवेशन 4 नवम्बर, सन् 1948 ई. तक चला जिसमें सामान्य विचार-विमर्श हुआ। तत्पश्चात् द्वितीय अधिवेशन में 15 नवम्बर, सन् 1948 ई. से 15 अक्टूबर, सन् 1949 ई. तक विचार-विमर्श चला। इस अवधि में 7,635 संशोधन प्रस्तुत किये गये परन्तु इनमें से 2,473 संशोधनों पर ही विचार किया गया। अन्तिम रूप से 395 धाराओं तथा 9 अनुसूचियों वाले संविधान को संविधान सभा द्वारा 26 नवम्बर, 1949 को स्वीकार कर लिया गया। संविधान के कुछ अनुच्छेद तत्काल प्रभाव से लागू कर दिये गये और शेष अनुच्छेद 26 जनवरी, 1950 को लागू किये गये क्योंकि 26 जनवरी का दिन राष्ट्रीय आन्दोलन में ऐतिहासिक महत्व का दिन था। इस दिन 26 जनवरी, 1930 को रावी नदी के तट पर अखिल भारतीय काँग्रेस के नेतृत्व में भारतीय जनता ने स्वतन्त्रता प्राप्त करने का संकल्प ग्रहण किया था। संविधान सभा ने अपने अन्तिम अधिवेशन में 24 जनवरी, 1950 ई. को सर्वसम्मति से **डॉ. राजेन्द्र प्रसाद** को भारतीय गणतन्त्र का प्रथम राष्ट्रपति निर्वाचित घोषित कर दिया।

इस तरह संविधान की रचना में 2 वर्ष, 11 माह और 18 दिन का समय लगा। इसके तीन वर्ष के अस्तित्वीकरण में 63 लाख, 96 हजार, 729 रुपये खर्च हुए। जनता ने संविधान सभा की कार्यवाही में सक्रिय रूचि ली।

## भारतीय संविधान की प्रस्तावना (उद्देशिका)
## (Premable of the Constitution)

प्रत्येक संविधान के प्रारम्भ में सामान्यता एक प्रस्तावना होती है। इस प्रस्तावना द्वारा संविधान के मूल उद्देश्यों व लक्ष्यों को स्पष्ट किया जाता है। इसमें संविधान के आदर्श एवं आकाक्षाएँ निहित होती हैं। भारतीय संविधान के प्रारम्भ में भी एक प्रस्तावना जुड़ी हुई है। इस प्रस्तावना को प्रभुत्व-सम्पन्न लोकतन्त्रात्मक गणराज्य का संक्षिप्त एवं सारगर्भित घोषणा-पत्र भी कहा जा सकता है। भारतीय संविधान की मूल प्रस्तावना में 42वें संविधान संशोधन (1976) द्वारा **'समाजवादी'** तथा **'धर्मनिरपेक्ष'**, **'एकता तथा अखण्डता'** शब्दों को जोड़ा गया। अब वर्तमान में संविधान की प्रस्तावना निम्नानुसार है—

**"हम भारत के लोग, भारत को एक सम्पूर्ण प्रभुत्व-सम्पन्न समाजवादी, धर्म-निरपेक्ष लोकतान्त्रिक गणराज्य बनाने के लिए तथा उसके नागरिकों को सामाजिक, आर्थिक और राजनीतिक न्याय, विचार अभिव्यक्ति, विश्वास, धर्म और उपासना की स्वतन्त्रता, प्रतिष्ठा और अवसर की समता प्राप्त करने के लिए तथा उन सब में व्यक्ति की गरिमा और राष्ट्र की एकता तथा अखण्डता सुनिश्चित करने वाली बन्धुता बढ़ाने के लिए दृढ़-संकल्प होकर अपनी इस संविधान सभा में आज तारीख 26 नवम्बर, सन् 1949 ई. (मिति मार्गशीर्ष शुक्ला, सप्तमी सम्वत् दो हजार छः विक्रमी) को एतद् द्वारा इस संविधान को अंगीकृत और आत्मार्पित करते हैं।"**

इस प्रकार सन् 1976 ई. में सरदार स्वर्णसिंह समिति की अनुशंसा पर संविधान की मूल प्रस्तावना में 42वें संविधान संशोधन द्वारा **समाजवादी धर्मनिरपेक्ष** शब्द जोड़े गये। एकता के साथ **अखण्डता** शब्द और जोड़कर संविधान को और अधिक स्पष्ट कर दिया गया।

---

1. "Objective resolution cast the horecope of our Soverign Democratic Republic." —*K. M. Munshi*

प्रस्तावना में इस बात पर बल दिया गया है कि अन्तिम सत्ता जनता में निहित है तथा भारतीय संविधान भारतीय जनता की इच्छा का परिणाम है। प्रस्तावना में भारतीय जनता के संकल्प की घोषणा की है कि वे भारत को सम्पूर्ण प्रभुत्व सम्पन्न लोकतन्त्रात्मक गणराज्य बनायेंगे। इसका अर्थ यह है कि भारत आन्तरिक या बाह्य दृष्टि से किसी विदेशी सत्ता के अधिकार में नहीं है वरन् दोनों क्षेत्रों में अपनी इच्छानुसार आचरण कर सकता है। प्रस्तावना में राजधर्म के विषय में भारत पूर्णत: तटस्थ है। स्वतन्त्रता, समानता और बन्धुत्व को भारतीय संविधान का लक्ष्य घोषित किया गया है। भारतीय संविधान राजनीतिक, सामाजिक और आर्थिक न्याय के साथ देश की एकता और अखण्डता को सुरक्षित रखने के लिए कृत-संकल्प है।

## भारतीय संविधान की प्रमुख विशेषताएँ
## (Main Features of the Indian Constitution)

संविधान वह प्रारूप है जिसे राज्य ने नागरिकों को स्वच्छ व नियमबद्ध प्रशासन देने के लिए अपनाया गया है। प्रत्येक राज्य किसी न किसी रूप में संविधान अवश्य ही होता है और संविधान का यह रूप उस देश की परिस्थितियों के अनुसार होता है। प्रत्येक राज्य की परिस्थितियाँ अलग-अलग होने के कारण उस देश के संविधान की भी अपनी कुछ विशेष बातें होती हैं जिन्हें संविधान की विशेषताएँ कहा जा सकता है। भारतीय संविधान की भी अनेक विशेषताएं हैं जिनमें से प्रमुख विशेषताएं निम्नलिखित है—

**(1) निर्मित एवं लिखित संविधान**—विश्व के अधिकांश संविधानों की तरह भारत का संविधान भी लिखित एवं निर्मित है। निर्मित संविधान इसलिए है कि भारत के संविधान की रचना एक विशेष समय और निश्चित योजना के अनुसार संविधान सभा द्वारा की गई थी। इसे लिखित इसलिए कहा जाता है कि इसमें सरकार के संगठन, उसके प्रमुख अंगों एवं कार्यपालिका, व्यवस्थापिका और न्यायपालिका का गठन व शक्तियों एवं नागरिकों के मौलिक अधिकारों, कर्तव्यों आदि का स्पष्ट रूप से उल्लेख किया गया है। अत: भारतीय संविधान का निर्मित एवं लिखित होना एक प्रमुख विशेषता है।

**(2) संसार का सर्वाधिक विस्तृत संविधान**—भारत का संविधान विश्व के अन्य संविधानों की तुलना में अत्यधिक व्यापक और विस्तृत संविधान है। इसका मुख्य कारण इसमें 395 अनुच्छेद, 22 अध्याय एवं 12 अनुसूचियाँ हैं, जबकि इसकी तुलना में संयुक्त राज्य अमेरिका के संविधान में 7 अनुच्छेद, आस्ट्रेलिया के संविधान में 128, कनाडा के संविधान में 147, चीन के संविधान में 106 और नेपाल के संविधान में 74 अनुच्छेद हैं। भारत के संविधान को इतना अधिक विस्तृत बनाने के अनेक कारण थे; जैसे—इसमें संघीय संविधान के साथ-साथ राज्यों का भी समावेश है, लोक सेवा आयोग का गठन, कार्य, राष्ट्रपति के निर्वाचन की प्रणाली का विस्तार से वर्णन, नीति निर्देशक तत्व आदि का विस्तृत उल्लेख किया गया है जिसके कारण भारतीय संविधान की विशालता उसका महत्वपूर्ण गुण माना जाता है।

**(3) लोक प्रभुता पर आधारित संविधान**—भारतीय संविधान की एक महत्वपूर्ण विशेषता यह भी है कि इस संविधान को भारत की जनता ने बनाया है और इसमें अन्तिम शक्ति जनता को प्रदान की गई है। इसीलिए संविधान की प्रस्तावना में स्पष्ट रूप से कह दिया गया था-**"हम भारत के लोग इस संविधान को अंगीकृत और आत्मर्पिता करते हैं।"** यह संविधान इस दृष्टि से भी विशिष्ट माना जाता है इसमें संशोधन करने की अन्तिम शक्ति भी जनता द्वारा निर्वाचित प्रतिनिधियों के हाथ में है। इस प्रकार भारतीय संविधान सन् 1935 ई. के भारतीय शासन अधिनियम की तरह ब्रिटिश संसद या अन्य किसी बाहरी शक्ति की कृति नहीं वरन् जनता द्वारा निर्मित, अधिनियमित और अंगीकृत है।

**(4) समाजवादी राज्य**—सन् 1976 ई. के 42वें संविधान संशोधन द्वारा प्रस्तावना में **'समाजवादी'** शब्द जोड़ा गया है। **'समाजवाद राज्य'** का अर्थ है कि समस्त नागरिकों को अपनी उन्नति और विकास के लिए समान अवसर प्राप्त होंगे। उत्पादन तथा वितरण आदि पर सम्पूर्ण समाज का अधिकार होगा। उनका प्रयोग सम्पूर्ण समाज के कल्याण के लिए किया जायेगा। इस तरह से भारतीय संविधान एक लोकतान्त्रिक समाजवाद की स्थापना करता है, चीन की तरह समाजवादी समाजवाद की रचना नहीं करता। यह भारतीय संविधान की महत्वपूर्ण विशेषता है।

**(5) सम्पूर्ण प्रभुत्व-सम्पन्न, लोकतन्त्रात्मक गणराज्य**—भारतीय संविधान की प्रस्तावना में भारत को एक सम्पूर्ण प्रभुत्व-सम्पन्न, लोकतन्त्रात्मक गणराज्य घोषित किया गया है। जिसका तात्पर्य इस प्रकार है—

**सम्पूर्ण प्रभुत्व-सम्पन्न** का अर्थ है कि भारत अपने आन्तरिक एवं बाह्य क्षेत्रों में पूर्णरूप से स्वतन्त्र है। किसी बाह्य शक्ति के अधीन नहीं है। वह अन्तर्राष्ट्रीय परिदृश्य में अपनी इच्छानुसार भूमिका का चयन कर सकता हे। वह किसी अन्तर्राष्ट्रीय सन्धि या समझौते को मानने के लिए बाध्य नहीं है।

**लोकतन्त्रात्मक** का अर्थ है राज्य की सर्वोच्च सत्ता जनता में निहित है। जनता को अपने प्रतिनिधि निर्वाचित करने का अधिकार होगा जो जनता के स्वामी न होकर सेवक होंगे।

**गणराज्य** का आशय यह है कि शासन का अध्यक्ष एक निर्वाचित व्यक्ति हो, भारत एक पूर्ण गणराज्य है क्योंकि भारतीय संघ का अध्यक्ष एक सम्राट् न होकर जनता द्वारा निश्चित अवधि के लिए निर्वाचित राष्ट्रपति है।

इस प्रकार भारत एक सम्पूर्ण प्रभुत्व-सम्पन्न लोकतन्त्रात्मक गणराज्य है जो भारतीय संविधान की प्रमुख विशेषता है।

**(6) कठोर एवं लचीले संविधान का सम्मिश्रण**—प्रत्येक संविधान का परिवर्तनशील अथवा अपरिवर्तनशील होना उसकी संविधान प्रक्रिया पर निर्भर होता है। यदि संविधान में संशोधन के लिए कोई विशेष या कठिन प्रक्रिया है तो उसे अपरिवर्तनशील या कठोर संविधान कहते हैं। यदि संविधान संशोधन प्रक्रिया आसान है तो उसे लचीला संविधान कहते हैं। अत: भारतीय संविधान न तो ब्रिटिश संविधान की भाँति अधिक लचीला है और न ही अमेरिका के संविधान की भाँति अधिक कठोर है। इसमें संशोधन करने की विधि न तो अत्यधिक दुष्कर बनाई गई है और न ही अधिक सरल बनाई गई। इसमें एक मध्य मार्ग अपनाया गया है, जिसे कठोर एवं लचीले संविधान का सम्मिश्रण कहा जा सकता है। लचीला संविधान इसलिए कि संविधान के अनेक ऐसे उपबन्ध हैं जिनमें संसद साधारण बहुमत से संशोधन कर सकती है। कुछ अनुच्छेदों में संशोधन के लिए संसद के दोनों सदनों के उपस्थित सदस्यों के दो-तिहाई बहुमत के साथ-साथ भारतीय संघ के कम से कम आधे राज्यों की विधान सभाओं की स्वीकृति आवश्यक होती है; जैसे—महत्वपूर्ण विषयों में संघ, राज्य एवं समवर्ती सूची में परिवर्तन, राष्ट्रपति की शक्तियाँ, सर्वोच्च न्यायालय के न्यायाधीशों की नियुक्ति, संख्या में परिवर्तन आदि की प्रक्रिया अत्यधिक जटिल है। इस तरह भारतीय संविधान की महत्वपूर्ण विशेषता संविधान का कठोर एवं लचीला होना है। अब तक भारतीय संविधान में 95 संशोधन हो चुके हैं।

**(7) संघात्मक होते हुए भी एकात्मक**—भारतीय संविधान बाहर से संघात्मक है परन्तु उसकी आत्मा एकात्मक है। इस प्रकार भारतीय संविधान में संघात्मक तथा एकात्मक दोनों प्रकार के संविधानों की विशेषताएँ हैं; जैसे—केन्द्र तथा राज्यों के मध्य शक्ति विभाजन, संविधान की सर्वोच्चता, स्वतन्त्र न्यायपालिका, इस प्रकार की व्यवस्थाओं के कारण भारतीय संविधान संघात्मक है और इसके विपरीत, आपातकाल में संविधान पूर्ण रूप से एकात्मक हो जाता है क्योंकि सम्पूर्ण शक्तियाँ केन्द्र के हाथ में आ जाती हैं। इसके अतिरिक्त, भारत में इकहरी नागरिकता, एक-सी न्याय-व्यवस्था और एक-सी अखिल भारतीय सेवाएँ भी एकात्मक संविधान की विशेषताएँ हैं। इन सब विशेषताओं के कारण कुछ लेखकों ने भारतीय संघ को अर्द्ध-संघात्मक कहा है। वास्तव में यह ऐसी संघात्मक शासन व्यवस्था है, जिसका झुकाव एकात्मकता की ओर है।

**(8) संसदीय शासन प्रणाली की व्यवस्था**—भारतीय संविधान में संसदीय प्रणाली को अपनाया गया है। इसमें शासन एक नाममात्र का प्रधान होता है तथा व्यवस्थापिका और कार्यपालिका में पारस्परिक सम्बन्ध घनिष्ठ तथा कार्यपालिका का कार्यकाल निश्चित होता है। ये सभी विशेषताएँ संविधान निर्माताओं ने केन्द्र और राज्यों में वर्णित की हैं; जैसे—मन्त्रिमण्डल लोकसभा के प्रति उत्तरदायी है और व्यवस्थापिका में से ही कार्यपालिका का गठन किया जाता है। देश का प्रधान राष्ट्रपति नाममात्र का शासक है और कार्यपालिका का कार्य 5 वर्ष निश्चित किया गया है। इस प्रकार संसदीय शासन-प्रणाली की व्यवस्था भारतीय संविधान की महत्वपूर्ण विशेषता है।

**(9) लोक कल्याणकारी राज्य की स्थापना**—भारतीय संविधान में एक लोक-कल्याणकारी राज्य की स्थापना का लक्ष्य निर्धारित किया गया है, जिसमें समस्त नागरिकों को सामाजिक, आर्थिक तथा राजनीतिक न्याय मिलेगा; विचारों की अभिव्यक्ति, विश्वास, धर्म और उपासना की पूर्ण स्वतन्त्रता प्राप्त होगी और सभी को समान अवसर प्राप्त होंगे जो भारतीय संविधान की एक अनोखी विशेषता है।

**(10) संविधान की सर्वोच्चता**—भारतीय संविधान, भारत का सर्वोच्च कानून है। संविधान के विपरीत बनाये गये कानूनों को सर्वोच्च न्यायालय अवैध घोषित कर देता है। यद्यपि **गोलकनाथ** बनाम **पंजाब राज्य** विवाद में सर्वोच्च न्यायालय ने यह निर्णय दिया था कि संसद ने मौलिक अधिकारों में संशोधन करने का अधिकार प्राप्त कर लिया है, परन्तु इसका अर्थ यह कदापि नहीं लगाया जाना चाहिए कि संसद सर्वोच्च है क्योंकि संसद भी इस सम्बन्ध में संविधान की व्यवस्थाओं की सीमाओं के अन्तर्गत ही संशोधन कर सकती है, अर्थात् संविधान ने ही संसद को संशोधन करने का अधिकार प्रदान किया है। अत: संविधान की सर्वोच्चता को कोई चुनौती नहीं दी जा सकती है। अत: संविधान की सर्वोच्चता भारतीय संविधान की महत्वपूर्ण विशेषता है।

**(11) वयस्क मताधिकार**—भारतीय संविधान के अन्तर्गत वयस्क मताधिकार को अपनाया गया है जिसके अनुसार सभी स्त्री-पुरुषों (दिवालिया, पागल और अपराधियों को छोड़कर) को निर्वाचन में मत देने का अधिकार प्रदान किया गया है। मतदान में वयस्कता की आयु सन् 1988 ई. के 61 वें संविधान संशोधन द्वारा 21 वर्ष से घटाकर 18 वर्ष कर दी गई है। अब प्रत्येक स्त्री-पुरुष नागरिक जिसकी आयु 18 वर्ष या अधिक है, मतदान में भाग ले सकता है। लोकसभा तथा सभी विधानसभाओं और स्थानीय संस्थाओं के निर्वाचन वयस्क मताधिकार के आधार पर ही होते हैं।

**(12) एकल नागरिकता**—भारतीय संविधान में समस्त नागरिकों के लिए इकहरी नागरिकता की व्यवस्था की गई है। यहाँ सभी व्यक्ति भारत के नागरिक है, पृथक्-पृथक् राज्यों के नागरिक नहीं हैं। भारत में अमेरिका के समान दोहरी नागरिकता नहीं है; जैसे—भारत के किसी भी प्रान्त में रहने वाला व्यक्ति भारत का ही नागरिक होगा न कि उस प्रान्त का एवं भारत दोनों का। राष्ट्र की भावात्मक एकता सुदृढ़ बनाने के लिए भारतीय संविधान में यह व्यवस्था की गयी है।

**(13) एक ही राष्ट्रभाषा हिन्दी**—भारतीय संविधान के अनुसार भारत की राजभाषा हिन्दी घोषित की गई है। संविधान के अनुच्छेद 343 में कहा गया है—संघ की अधिकृत भाषा, देवनागरी लिपि में हिन्दी होगी। संविधान में कहा गया था कि सरकार संविधान लागू होने के 15 वर्षों में इस बात की व्यवस्था करेगी कि केन्द्रीय शासन का समस्त कार्य हिन्दी के साथ-साथ अंग्रेजी में भी चल सकती है। सन् 1965 ई. में सहभाषा विधेयक पास कर हिन्दी के साथ-साथ अंग्रेजी को भी निरन्तर बनाये रखने की अनुमति दी गयी थी। यद्यपि अन्य प्रान्तीय भाषाओं को भी विकास का अवसर प्रदान किया गया है। संविधान में 22 भारतीय भाषाओं को विभिन्न राज्यों में प्रादेशिक भाषा के रूप में प्रयोग के लिये स्वीकार कर लिया गया है। तथापि एक राष्ट्रभाषा हिन्दी के माध्यम से विभिन्नता में एकता की स्थापना करने का प्रयास किया गया है जिससे राष्ट्रीय एकता की स्थापना की जा सकती है।

**(14) नागरिकों के मौलिक अधिकारों की व्यवस्था**—भारतीय संविधान के **अनुच्छेद 12 से 35 तक** में नागरिकों के मौलिक अधिकारों का वर्णन किया गया है। मौलिक अधिकार वे अधिकार हैं जो व्यक्ति के विकास के लिए आवश्यक हैं। इन्हें छीना नहीं जा सकता। छीने जाने की स्थिति में न्यायपालिका इनकी रक्षा करती है। जब संविधान की रचना हुई। उस समय नागरिकों को सात मौलिक अधिकार प्रदान किए गये थे। कुछ समय पश्चात् संविधान में **44वाँ संशोधन** (1977) करके सम्पत्ति के अधिकार को मौलिक अधिकारों में से हटा दिया गया है। वर्तमान में नागरिकों को निम्नलिखित 6 मौलिक अधिकार प्राप्त हैं—(1) समानता का अधिकार, (2) स्वतन्त्रता का अधिकार, (3) धार्मिक स्वतन्त्रता का अधिकार, (4) शोषण के विरुद्ध का अधिकार, (5) शिक्षा एवं संस्कृति का अधिकार, (6) संवैधानिक उपचारों का अधिकार। इस प्रकार वर्तमान में भारतीय नागरिकों को केवल 6 मौलिक अधिकार प्राप्त हैं। सम्पत्ति का अधिकार केवल कानूनी अधिकार रह गया है।

**(15) मौलिक कर्तव्यों की व्यवस्था**—मूल भारतीय संविधान में केवल मौलिक अधिकारों की ही व्यवस्था की गयी थी। परन्तु सन् 1976 ई. के **42वें संविधान संशोधन** द्वारा मूल संविधान में एक भाग चौथा "अ" जोड़ा गया है। इस भाग में नागरिकों के 10 मौलिक कर्तव्यों का उल्लेख किया गया है। इन कर्तव्यों में नागरिकों से यह अपेक्षा की गयी है कि वे संविधान तथा लोकतान्त्रिक संस्थाओं का सम्मान करें, हिंसा से दूर रहें और भारतीय संस्कृति के महत्व को समझें तथा उसकी रक्षा करें। प्राकृतिक वातावरण को दूषित होने से बचायें, सार्वजनिक सम्पत्ति की रक्षा करें एवं वैज्ञानिक दृष्टिकोण अपनायें, भाई-चारे की भावना को बढ़ावा दें आदि। यदि भारतीय इन कर्तव्यों का निष्ठापूर्वक पालन करें तो निश्चित रूप से लोकतन्त्र की जड़ें मजबूत होंगी और राष्ट्रीय एकता की स्थापना के साथ-साथ राष्ट्र का विकास होगा।

सन् 2002 ई. में एक और मौलिक कर्तव्य जोड़ दिया गया है। यह है : प्रत्येक माता पिता या संरक्षक अपनी सन्तान को या अपनी निगरानी में पल रहे 6 से 14 वर्ष तक के बच्चों को शिक्षा सम्बन्धी अवसर प्रदान करेंगे। इस प्रकार भारतीय संविधान में मौलिक कर्तव्यों की संख्या 10 से बढ़कर 11 हो गई है।

**(16) राज्य के नीति-निर्देशक तत्वों की व्यवस्था**—आयरलैण्ड के संविधान की भाँति भारतीय संविधान के **अध्याय चार** में राज्य के नीति निर्देशक तत्वों की व्यवस्था की गई है। ये वे सिद्धान्त हैं जिन पर भारत की भावी आर्थिक, सामाजिक व राजनैतिक नीति निर्धारित होगी। इनके पीछे कोई कानूनी शक्ति नहीं होती है लेकिन इन्हें मौलिक और राजनीतिक शक्ति अवश्य प्राप्त है। इस आधार पर केन्द्रीय और प्रान्तीय सरकारों का कर्तव्य होगा कि वे विधि निर्माण और शासन संचालन की नीति निर्धारण में इन तत्वों का ध्यान अवश्य रखें। इन तत्वों का उद्देश्य भारत को एक लोक-कल्याणकारी राज्य बनाना है। राज्य के कुछ महत्वपूर्ण नीति निर्देशक तत्व निम्नांकित हैं—

(i) सभी नागरिकों को आजीविका के पर्याप्त साधन प्रदान करना,

(ii) निःशुल्क शिक्षा की व्यवस्था एवं ग्राम पंचायतों की स्थापना करना,

(iii) कृषि की उन्नति करना।

**(17) स्वतन्त्र न्यायपलिका की व्यवस्था**—भारतीय न्यायपालिका को स्वतन्त्र और निष्पक्ष बनाये रखने के लिए उसे कार्यपालिका और व्यवस्थापिका के अनुचित दबाव से मुक्त रखा गया है। भारतीय सर्वोच्च न्यायालय संविधान का संरक्षक है। यह संविधान द्वारा नागरिकों के प्रदत्त मौलिक अधिकारों की रक्षा करता है और केन्द्र व राज्यों के बीच उठे विवादों का निपटारा करता है। इसके अतिरिक्त, संविधान के विपरीत संसद द्वारा बनाये गये कानूनों को अवैध घोषित कर देता है। सर्वोच्च न्यायालय के न्यायाधीशों की नियुक्ति राष्ट्रपति द्वारा की जाती है। इन्हें पर्याप्त वेतन दिया जाता है, ताकि वे निष्पक्ष न्याय प्रदान कर सकें। इनके कार्यकाल, वेतन और सुविधाओं में किसी प्रकार का परिवर्तन नहीं किया जा सकता, उन्हें केवल महाभियोग द्वारा ही उनके पद से हटाया जा सकता है। सर्वोच्च न्यायालय को न्यायिक पुनरावलोकन का अधिकार प्राप्त है। न्यायपालिका को स्वतन्त्र एवं निष्पक्ष बनाये रखने के लिए संविधान में अनेक व्यवस्थाएँ की गई हैं।

**(18) अल्पसंख्यकों एवं पिछड़े वर्गों के कल्याण हेतु व्यवस्था**—भारतीय संविधान में अल्पसंख्यकों के धार्मिक, आर्थिक, भाषायी और सांस्कृतिक हितों की रक्षा हेतु विशेष व्यवस्था की गई है जिससे वे बहुमत के अत्याचार के शिकार न हो सकें। इसके लिए भारतीय संविधान में पिछड़ी जातियों, अनुसूचित जातियों तथा जन-जातियों के क्षेत्रों के नागरिकों को राजकीय सेवाओं, व्यवस्थापिकाओं, शिक्षण संस्थाओं तथा अन्य क्षेत्रों में विशेष आरक्षण प्रदान किया गया है। प्रारम्भ में यह आरक्षण केवल सन् 1960 ई. तक के लिए था, परन्तु बाद में संविधान संशोधन द्वारा प्रति दस-दस वर्ष के लिए बढ़ाया जाता रहा है। 79वें संवैधानिक संशोधन (2000 ई.) के आधार पर आरक्षण की व्यवस्था 25 जनवरी 2010 ई. तक के लिए बढ़ा दी गई थी। संविधान द्वारा प्रान्तीय सरकारों को यह अधिकार दिया गया था कि वह इन जातियों के विकास और उन्नति के लिए उन्हें विशेष अधिकार और आरक्षण प्रदान कर सकती है।

संविधान के अनुच्छेद 334 में यह प्रावधान है कि अनुसूचित जातियों तथा अनुसूचित जनजातियों की सीटों के आरक्षण तथा लोकसभा और विधान सभाओं में आंग्ल-भारतीय समुदाय के प्रतिनिधित्व से सम्बन्धित व्यवस्था संविधान लागू होने के 60 वर्ष अर्थात् 26 जनवरी, 2010 को समाप्त हो जाएगी। अगस्त 2009 में संसद द्वारा पारित 109वें संविधान संशोधन विधेयक द्वारा अनुच्छेद 334 को संशोधित करके यह प्रावधान कर दिया गया है कि अनुसूचित जातियों और अनुसूचित जनजातियों का आरक्षण और आंग्ल भारतीय समुदाय का मनोरंजन प्रतिनिधत्व अगले 10 वर्षों तक (अर्थात् 25 जनवरी, 2020 तक) जारी रहेगा। इस संशोधन पर राष्ट्रपति ने 18 जनवरी, 2010 को हस्ताक्षर किए जिसे 95वें संविधान संशोधन अधिनियम, 2009 के रूप में अधिनियमित किया गया है।

**(19) आपातकालीन प्रावधान**—भारतीय संविधान की यह एक मुख्य विशेषता है कि संकटकाल में भारतीय राज्य व्यवस्था में अनेक महत्वपूर्ण परिवर्तन स्वत: हो जाते हैं। यह संघात्मक से एकात्मकता का रूप धारण कर लेता है। आपातकालीन स्थिति में राष्ट्रपति तथा राज्यपालों को विशेष शक्तियाँ प्रदान की गई हैं। संविधान के अनुच्छेद 352 से 360 तक में राष्ट्रपति की संकटकालीन शक्तियों का विवेचन किया गया है। राष्ट्रपति निम्नांकित तीन परिस्थितियों में संकटकाल की घोषणा कर सकता है—

(i) युद्ध या बाह्य आक्रमण या सशस्त्र विद्रोह की स्थिति के उत्पन्न होने पर,

(ii) राज्यों में संवैधानिक तन्त्र के विफल होने पर,

(iii) वित्तीय संकट के उत्पन्न होने पर।

इन संकटकालीन शक्तियों का प्रयोग राष्ट्रपति केवल मन्त्रिपरिषद् के परामर्श से ही कर सकता है। ये आपातकालीन उपबन्ध संविधान को परिवर्तनशीलता की स्थिति प्रदान करते हैं। भारत जैसे देश में जहाँ निरन्तर परिस्थितियाँ परिवर्तित होती रहती हैं ये उपबन्ध बहुत ही आवश्यक हैं।

**(20) धर्म-निरपेक्ष राज्य की स्थापना (पंथ निरपेक्ष राज्य की स्थापना)**—भारतीय संविधान द्वारा भारत में धर्म-निरपेक्ष राज्य की स्थापना की गई है। धर्म-निरपेक्षता का अर्थ है कि राज्य का अपना कोई धर्म नहीं होगा और देश के प्रत्येक नागरिक को किसी भी धर्म को ग्रहण करने व प्रचार करने की छूट होगी। राज्य किसी भी नागरिक के साथ केवल धर्म के आधार पर कोई भेदभाव नहीं करेगा। किसी भी धर्म को दूसरे धर्म से बड़ा या छोटा नहीं माना जायेगा। **42वें संविधान संशोधन** द्वारा प्रस्तावना में **'धर्म-निरपेक्ष'** (Secular) शब्द जोड़कर धर्म-निरपेक्षता की भावना को **स्पष्ट** कर दिया गया है। अत: संविधान सभी धर्मों और सम्प्रदायों के साथ एकसमान व्यवहार का आश्वासन देता है। यद्यपि मूल संविधान में कहीं पर भी भारत को स्पष्टतया धर्म-निरपेक्ष राज्य घोषित नहीं किया गया था, फिर भी ऐसी व्यवस्थाएँ की गई थीं

जिनके कारण भारत को धर्म-निरपेक्ष राज्य का रूप प्राप्त हो जाता है। प्रस्तावना में सभी नागरिकों को धर्म में विश्वास और पूजा की स्वतन्त्रता दी गई है और मौलिक अधिकारों के अन्तर्गत संविधान के 25वें अनुच्छेद में कहा गया है कि, **"सभी नागरिकों को अन्त:करण की तथा धर्म के अबाध मानने, आचरण तथा प्रसार करने की पूर्ण स्वतन्त्रता होगी।"** प्रत्येक धार्मिक सम्प्रदाय को धार्मिक संस्थाओं की स्थापना और पोषण का अधिकार प्रदान किया गया है। किन्तु यह देश का दुर्भाग्य है कि संविधान लागू होने के 62 वर्षों बाद भी देश से साम्प्रदायिकता दूर नहीं हुई है। भारत में विषैला साम्प्रदायिक वातावरण आज भी यथावत् बना हुआ है। इस स्थिति में प्रत्येक स्तर पर प्रतिकार करना आवश्यक था। अत: संविधान के 42वें संविधान संशोधन द्वारा संविधान की प्रस्तावना में कहा गया है कि, "भारत एक समाजवादी पंथ निरपेक्ष लोकतान्त्रिक गणराज्य है।" ऐसी स्थिति में भारत सरकार धर्म-निरपेक्षता के स्थान पर पंथ-निरपेक्षता का प्रयोग करके किसी एक सम्प्रदाय या पंथ के साथ पक्षपात नहीं करेगी, उसकी दृष्टि में सभी पंथ समान हैं।

**सर्वोच्च न्यायालय** की 9 सदस्यीय संविधान पीठ ने **11 मार्च, सन् 1993 ई.** को दिये अपने एक महत्वपूर्ण निर्णय में कहा है कि, "धर्म-निरपेक्षता भारतीय संविधान की मूल अवधारणा है, संविधान का एक आदर्श, एक लक्ष्य है।"

**(21) अस्पृश्यता का अन्त**—अस्पृश्यता (छुआछूत) को भारत की राष्ट्रीय एकता के लिए एक अभिशाप मानते हुए इसका अन्त कर दिया गया है। सामाजिक क्षेत्र में सभी नागरिकों को समानता के सिद्धान्त का प्रतिपादन किया गया है। भारतीय संविधान के **अनुच्छेद 17** में स्पष्ट उल्लेख है कि, "अस्पृश्यता का अन्त किया गया है और उसका किसी भी रूप में आचरण निषिद्ध किया जाता है। किसी भी रूप में अस्पृश्यता का आचरण विधि के अनुसार दण्डनीय होगा।" राज्य स्वयं भी केवल जाति, मूल वंश या वर्ग के आधार पर नागरिकों में कोई भेदभाव नहीं करेगा।

**(22) ग्राम पंचायतों की स्थापना (पंचायती राज्य की स्थापना)**—भारतीय राज्य व्यवस्था का आधार ग्राम हैं। इन ग्रामों का प्रबन्ध पंचायतों के आधार पर भली-भाँति सम्पन्न होता है। इसीलिए राज्य के नीति निर्देशक तत्वों में कहा गया है कि, "गाँवों में ग्राम पंचायतों की स्थापना कर उन्हें स्थानीय शासन की प्राथमिक इकाई बनाया जायेगा।" इसीलिए सन् 1959 ई. में लोकतान्त्रिक विकेन्द्रीकरण की व्यवस्था को अपनाया गया और ग्रामीण क्षेत्र में पंचायतों, पंचायत समितियों व जिला परिषदों की स्थापना की गयी है। सन् 1993 में 73वें **और 74वें संविधान संशोधन** द्वारा पंचायती राज तथा शहरी क्षेत्र की स्थानीय स्वशासन व्यवस्था को संवैधानिक दर्जा प्रदान किया गया है। यह भारतीय संविधान की महत्वपूर्ण विशेषता है।

**(23) विश्व-शान्ति का समर्थक**—भारतीय संविधान की एक महत्वपूर्ण विशेषता यह है कि इसमें विश्व-शान्ति, सुरक्षा और अन्तर्राष्ट्रीय सद्भावना पर बल दिया गया है। संविधान में वर्णित राज्य के नीति निर्देशक तत्वों में यह स्पष्ट उल्लेख किया गया है कि, "राज्य अन्तर्राष्ट्रीय शान्ति तथा सुरक्षा की उन्नति और राष्ट्रों के मध्य न्याय तथा सम्मानपूर्ण सम्बन्धों को बनाये रखने का प्रबन्ध करेगा।" भारत सरकार ने अपने संविधान के अनुसार यथासम्भव अपने आदर्शों का पालन किया है और स्वयं को गुटों और सैनिक सन्धियों से पृथक् ही रखा है। भारत आज भी नि:शस्त्रीकरण के पक्ष में निरन्तर वातावरण बना रहा है। वह दक्षिण अफ्रीका में रंगभेद की नीति के विरुद्ध विश्व जनमत तैयार कर अपने उद्देश्य में सफल हुआ है।

**(24) साम्प्रदायिक निर्वाचन क्षेत्रों की समाप्ति**—ब्रिटिश सरकार द्वारा भारत में साम्प्रदायिक निर्वाचन की पद्धति को अपनाया गया था। इस पद्धति से भारत की विभिन्न जातियों—विशेषकर हिन्दू और मुसलमानों में कटुता और वैमनस्यता उत्पन्न हो गयी थी। इस कटुता और वैमनस्यता का अन्त करने के लिए भारतीय संविधान में साम्प्रदायिक निर्वाचन प्रणाली को हटाकर सामूहिक (संयुक्त) निर्वाचन प्रणाली को अपनाया गया है। इस व्यवस्था में सब मिलकर एक साथ अपने प्रतिनिधि निर्वाचित करते है। **प्रो. श्रीनिवासन** ने लिखा है कि, **"साम्प्रदायिक निर्वाचन प्रणाली की समाप्ति तथा वयस्क मताधिकार की स्थापना, नये भारतीय संविधान की महत्वपूर्ण तथा क्रान्तिकारी विशेषताएँ हैं।"**

इस प्रकार उपुर्यक्त विशेषताओं से स्पष्ट हो जाता है कि भारतीय संविधान विश्व का सर्वश्रेष्ठ संविधान है। भारत की संविधान जनता की प्रभुसत्ता के मूल सिद्धान्त पर आधारित है तथा भारतीय जनता की वास्तविक एकता का प्रतीक है। यह एक आदर्श प्रलेख है कि जिसमें सिद्धान्त और व्यावहारिकता का श्रेष्ठ समन्वय है। यह समन्वय हमें विश्व के किसी भी देश के संविधान में देखने को नहीं मिलता है।

**भारतीय संविधान में संशोधन की प्रक्रिया**—भारतीय संविधान में संशोधन की प्रक्रिया न तो इंग्लैण्ड के समान अत्याधिक लचीली है और न ही अमेरिका के संविधान की भाँति अत्यधिक कठोर है। इसीलिए भारतीय संविधान को लचीलेपन और कठोरता का सम्मिश्रण कहा जा सकता है। **पण्डित जवाहर लाल नेहरु** ने संविधान सभा में कहा था कि,

"यद्यपि जहाँ तक सम्भव हो हम इस संविधान को एक ठोस और स्थायी संविधान का रूप देना चाहते है, संविधान में कोई स्थायित्व नहीं होता, इसमें कुछ लचीलापन होना ही चाहिए। यदि आप इसे कठोर और स्थायी बनाते हैं तो आप एक राष्ट्र की प्रगति पर जीवित, प्राणवत् एवं शरीरधारी व्यक्तियों की प्रगति पर रोक लगा देते हैं।" इसी प्रकार संविधान के लचीलेपन और उसमें संशोधन की आवश्यकता पर प्रकाश डालते हुए **फाइनर** ने कहा है कि, "अपनी रचना के दस वर्ष पश्चात् प्रत्येक संविधान पुराना पड़ जाता है जिसे यदा-कदा आवश्यकतानुसार परिवर्तन करके ही वर्तमान के अनुकूल रखा जा सकता है।" इसी प्रकार संविधान संशोधन की आवश्यकता पर बल देते हुए **श्रीमती इन्दिरा गाँधी** ने कहा था कि, "संविधान जनता की इच्छाओं का दर्पण है और उसमें जनता की आशाओं और आकांक्षाओं के अनुरूप संशोधन होना ही चाहिए।"

भारतीय संविधान के अनुच्छेद 368 की व्यवस्था के अनुसार संशोधन के लिए निम्नांकित तीन प्रणालियों को अपनाया गया है–

**(अ) साधारण विधि द्वारा संशोधन की प्रक्रिया**–संविधान के कुछ अनुच्छेदों में संशोधन करने के लिए साधारण विधेयकों को पारित करने वाली प्रक्रिया ही अपनायी जाती है। इसके अन्तर्गत संसद के दोनों ही सदन अलग-अलग अपने बहुमत द्वारा संशोधन प्रस्ताव पारित करते हैं। तत्पश्चात् उसे राष्ट्रपति की स्वीकृति हेतु भेज दिया जाता है। इस प्रकार संसद के प्रत्येक सदन में साधारण बहुमत पारित होने तथा राष्ट्रपति की स्वीकृति मिल जाने पर ही संविधान के अनुच्छेदों में संशोधन किया जा सकता है। संविधान में 22 अनुच्छेद ऐसे हैं जिनमें साधारण बहुमत द्वारा संशोधन किया जा सकता है; जैसे–नये राज्यों का गठन, राज्यों का पुर्नगठन, राज्य के विधानमण्डलों के द्वितीय सदन का गठन और समाप्ति, भारतीय नागरिकता आदि विषय ऐसे ही अनुच्छेदों से सम्बन्धित हैं।

**(ब) संसद के विशिष्ट बहुमत द्वारा संशोधन की प्रक्रिया**–संविधान ने कुछ अनुच्छेदों में संशोधन करने के लिए संसद के विशिष्ट बहुमत की आवश्यकता होती है; जैसे–मौलिक अधिकार, नीति-निर्देशक तत्व तथा न्यायपालिका की शक्तियों से सम्बन्धित अनुच्छेदों में संशोधन विशिष्ट बहुमत द्वारा ही होता है। इस प्रक्रिया में संशोधन सम्बन्धी प्रस्ताव संसद के किसी भी सदन में प्रस्तुत किया जा सकता है। यदि यह प्रस्ताव सदन के कुल सदस्यों की संख्या के बहुमत तथा उपस्थित और मतदान करने वाले सदस्यों के दो-तिहाई बहुमत द्वारा पारित हो जाता है और राष्ट्रपति इसे स्वीकृत कर देता है तो इस प्रस्ताव के अनुसार संविधान में संशोधन किया जा सकता है।

**(स) संसद के विशिष्ट बहुमत और राज्य विधानमण्डलों की स्वीकृति द्वारा संशोधन**–संविधान के कुछ अनुच्छेदों में संशोधन करने के लिए संसद के विशिष्ट बहुमत तथा उपस्थित और मतदान करने वाले सदस्यों के दो-तिहाई बहुमत से पारित विधेयक के राज्यों के कुल विधानमण्डलों के कम से कम आधे विधानमण्डलों की स्वीकृति की आवश्यकता होती है साथ ही राष्ट्रपति की स्वीकृति मिल जाने के पश्चात् ही प्रस्ताव के अनुसार संविधान में संशोधन किया जा सकता है; जैसे–राष्ट्रपति का निर्वाचन, संघीय कार्यपालिका शक्ति का विस्तार, राज्यों की कार्यपालिका की शक्ति का विस्तार, संघ-शासित क्षेत्रों के लिए न्यायपालिका की व्यवस्था, संघीय न्यायपालिका, राज्यों के उच्च न्यायालय, संघ और राज्यों के मध्य विधायी सम्बन्ध और अनुच्छेद 368 में वर्णित संविधान संशोधन सम्बन्धी उपबन्ध आदि।

भारतीय संविधान में संशोधन के लिए अपनायी गयी उपर्युक्त प्रक्रिया से नितान्त स्पष्ट है कि भारतीय संविधान लचीलेपन और कठोरता का अपूर्व सम्मिश्रण है। 1 दिसम्बर, 2011 ई. तक संविधान में 95 संशोधन हो चुके हैं।[1]

## प्रश्न
## (Questions)

**दीर्घ उत्तरीय प्रश्न** (Long Answer Type Questions)

1. भारतीय संविधान की प्रमुख विशेषताएँ बताइए।
   (Discuss the salient features of Indian constitution.)
2. भारतीय संविधान की प्रमुख विशेषताओं का अपने तर्कों से परीक्षण कीजिए।
   (Examine the salient features of Indian constitution with your arguments.)

---

1. India 2012

3. भारतीय गणतन्त्रात्मक संविधान की प्रमुख विशेषताओं का विवेचन आधुनिक सन्दर्भों में कीजिए।
(Discuss the salient features of Indian Democratic Constitution in modern context.)
4. भारतीय संविधान की प्रमुख विशेषताओं का वर्णन वर्तमान स्थितियों में कीजिए।
(Describe the salient features of Indian constitution in present conditions.)
5. भारतीय संविधान निम्नांकित विशेषताओं की व्याख्या कीजिए।
(Discuss the undermentioned features of Indian constitution.)
भारतीय संविधान की निम्नांकित विशेषताओं का विवेचन कीजिए।
(अ) सम्पूर्ण प्रभुत्व सम्पन्न, लोकतान्त्रिक, समाजवादी धर्म निरपेक्ष गणराज्य।
(Sovereign, Democratic, Socialistic Secular State.)
(ब) संघात्मक व्यवस्था और एकात्मक तत्व।
(Federal system and unitary elements.)
(स) सर्वोच्च न्यायालय और न्यायिक पुनरावलोकन।
(Supreme Court and Judical Review.)

## लघु उत्तरीय प्रश्न (Short Answer Type Questions)

1. भारतीय संविधान की तीन प्रमुख विशेषताओं का वर्णन कीजिए।
2. भारतीय संविधान की प्रस्तावना लिखिए।
3. भारतीय संविधान में संशोधन प्रक्रिया का वर्णन कीजिए।
4. धर्म-निरपेक्ष राज्य (पंथ निरपेक्ष राज्य) से आप क्या समझते हैं ?
5. भारतीय संविधान विस्तृत एवं व्यापक है, लिखिए।
6. भारतीय संविधान में कठोरता एवं लचीलेपन का समन्वय है, लिखिए।
7. भारतीय संविधान किन्हीं दो विशेषताओं का वर्णन कीजिए।

## बहुविकल्पीय वस्तुनिष्ठ प्रश्न (Multiple Choice Type Objective Questions)

**1. भारतीय संविधान की रचना निम्नलिखित में से किसके द्वारा की गई थी–**
(a) संसद द्वारा (b) भारतीय सर्वोच्च न्यायालय द्वारा
(c) संविधान सभा द्वारा (d) भारतीय राष्ट्रीय काँग्रेस द्वारा।
**उत्तर**–(c) संविधान सभा द्वारा।

**2. भारतीय संविधान का जनक निम्न में से किसे माना जाता है–**
(a) हृदयनाथ कुंजरू (b) डॉ. भीमराव अम्बेडकर
(c) डॉ. राधाकृष्णन् (d) डॉ. श्याम प्रसाद मुखर्जी।
**उत्तर**–(b) डॉ. भीमराव अम्बेडकर।

**3. भारतीय का संविधान निम्न में से कब निर्मित हुआ था–**
(a) 2 जनवरी, 1930 ई. को (b) 26 नवम्बर, 1949 ई. को
(c) 15 अगस्त, 1947 ई. को (d) 26 जनवरी, 1950 ई. को।
**उत्तर**–(b) 26 नवम्बर, 1949 ई. को।

**4. भारत का संविधान निम्न में से कब लागू हुआ–**
(a) 15 अगस्त, 1947 ई. को (b) 26 जनवरी, 1950 ई. को
(c) 15 अगस्त, 1948 ई. को (d) 26 जनवरी, 1930 ई. को।
**उत्तर**–(b) 26 जनवरी, 1950 ई. को।

**5. संविधान की प्रारूप समिति के सभापति निम्न में से कौन थे–**

(a) पण्डित जवाहर लाल नेहरू (b) डॉ. भीम राव अम्बेडकर

(c) महात्मा गाँधी (d) डॉ. राजेन्द्र प्रसाद।

**उत्तर**–(b) डॉ. भीम राव अम्बेडकर।

**6. भारतीय संविधान निम्न में से कैसा है–**

(a) लचीला (b) कठोर

(c) लचीला एवं कठोर (d) संशोधित नहीं किया जा सकता।

**उत्तर**–(c) लचीला एवं कठोर।

**7. भारतीय संविधान में कुल कितने अनुच्छेद है–**

(a) 174 (b) 128

(c) 395 (d) 007.

**उत्तर**–(c) 395.

**8. भारतीय संविधान में अब तक कितने संशोधन हुए हैं–**

(a) 74 (b) 93

(c) 78 (d) 59.

**उत्तर**–(b) 93.

**9. भारत में वोट देने के लिए मतदाता की उम्र निम्न में से कितनी निर्धारित की गई है–**

(a) 21 वर्ष (b) 20 वर्ष

(c) 18 वर्ष (d) 23 वर्ष।

**उत्तर**–(c) 18 वर्ष।

**10. भारतीय संविधान सभा के अध्यक्ष कौन थे–**

(a) के. एम. मुन्शी (b) पण्डित जवाहर लाल नेहरू

(c) डॉ. राजेन्द्र प्रसाद (d) कृष्णामचारी।

**उत्तर**–(c) डॉ. राजेन्द्र प्रसाद।

●●

# संघीय ढाँचा

## [FEDERAL STRUCTURE]

> *"संघात्मक सरकार का मुख्य लक्षण संविधान द्वारा विधायिनी और कार्यपालिका सत्ता का केन्द्र और इकाइयों में वितरण करना है। इस सिद्धान्त का हमारे संविधान में अनुसरण किया गया है। अतः यह कहना ठीक नहीं है कि राज्यों के केन्द्र के अधीन रखा गया है। केन्द्र अपनी इच्छा से विभाजन रेखा को बदल नहीं सकता और न ही न्यायालय इसमें कोई परिवर्तन ला सकता है।"*
>
> —डॉ. भीमराव अम्बेडकर (संविधान सभा में)

भारतीय संविधान द्वारा भारत के लिए एक संघीय शासन की स्थापना की गयी है परन्तु संविधान निर्माताओं ने संविधान में कहीं भी **'संघ'** (Federation) शब्द का प्रयोग न करके **'राज्यों का संघ'** (Union of States) वाक्यांश का प्रयोग किया है। ऐसा करने का उद्देश्य राष्ट्रीय एकता पर अधिक बल देना रहा है। **'राज्यों के संघ'** के महत्व को स्पष्ट करते हुए **डॉ. अम्बेडकर** ने संविधान सभा में कहा था कि, "प्रारूप समिति द्वारा इसका प्रयोग यह स्पष्ट करने के लिए किया गया है कि यद्यपि भारत एक संघ राज्य है परन्तु संघ राज्य किसी भी प्रकार से राज्यों के पारस्परिक समझौते का परिणाम न होने के कारण किसी भी राज्य को संघ से पृथक् होने का अधिकार नहीं है।"

वर्तमान में भारतीय संघ में 28 राज्य और 7 संघ शासित प्रदेश सम्मिलित हैं परन्तु भारतीय शासन व्यवस्था पूर्णतः एकात्मक नहीं है। अतः भारतीय संविधान संघात्मक है या एकात्मक, यह एक विवादस्पद प्रश्न है। भारतीय संविधान का ऊपरी ढाँचा एकात्मक है। परन्तु इसके व्यवहारिक पक्ष को देखने से यह सिद्ध होता है कि भारतीय संविधान एकात्मक है। ऐसी दुविधापूर्ण स्थिति में **श्री सी. डी. देखमुख** ने कहा था कि, "भारत का संविधान न तो संघात्मक है न एकात्मक" लेकिन कुछ आलोचकों का मत है कि भारतीय संविधान संघात्मक होते हुए भी एकात्मकता के लक्षणों से परिपूर्ण है। **श्री जी. एन. जोशी** ने लिखा है कि, "भारत संघ राज्य नहीं है अपितु अर्द्धसंघ है, जिसमें एकात्मक राज्य के कुछ महत्वपूर्ण तत्वों का समावेश है।" **श्री डी. एन. बनर्जी** के अनुसार, "भारतीय संविधान का ढाँचा संघीय है किन्तु उसका झुकाव एकात्मकता की ओर है।"[1] इसी प्रकार **प्रो. पायली** ने लिखा है कि, "भारत का संविधान न तो पूर्णतया संघात्मक है और न पूर्णतया एकात्मक वरन् दोनों का सम्मिश्रण है।" इस प्रकार विभिन्न विद्वानों के विचार सत्य के अधिक समीप हैं। भारतीय संविधान को न तो पूर्णतया संघात्मक ही कहा जा सकता है और न एकात्मक ही वरन् **भारतीय संविधान संघात्मक होते हुए भी एकात्मक है** क्योंकि भारतीय संविधान में दोनों ही प्रकार के संविधानों के लक्षण विद्यमान हैं।

## भारतीय संविधान में संघात्मक लक्षण
### (Federal Features of Indian Constitution)

विश्व के संघीय शासन व्यवस्था वाले देशों के संविधानों में मुख्य रूप से पाये जाने वाले निम्नांकित लक्षण भारतीय संविधान में भी विद्यमान हैं—

**(1) लिखित एवं कठोर संविधान**—भारत का संविधान अमेरिका तथा अन्य संघात्मक देशों वाले संविधानों की भाँति लिखित एवं कठोर है। भारतीय संविधान की रचना संविधान सभा द्वारा की गई है। शासन सम्बन्धी सभी बातों का उसमें

1. "The Indian Constitution is a Federal in form with a unitary bias." —*D. N. Banerji*

लिखित रूप से उल्लेख किया गया है। इसी कारण भारतीय संविधान को विश्व का एक विस्तृत संविधान माना जाता है। इसके अतिरिक्त, भारतीय संविधान में संशोधन की जिस प्रक्रिया का उल्लेख **अनुच्छेद 368** में किया गया है उससे भारतीय संविधान को लचीला नहीं कहा जा सकता क्योंकि कुछ संघीय उपबन्धों के संशोधन के लिए संसद के दोनों सदनों के दो-तिहाई बहुमत एवं राज्य विधानमण्डलों के कम से कम आधे राज्यों की स्वीकृति होना भी आवश्यक होती है। इस तरह भारतीय संविधान में संघात्मक शासन व्यवस्था का लक्षण देखने को मिलता है। इसी आधार पर हम कह सकते हैं कि भारतीय संविधान का स्वरूप संघात्मक है।

**(2) शक्तियों का विभाजन**—विश्व के अन्य संघात्मक संविधानों की भाँति भारतीय संविधान में भी संघ और राज्य सरकारों के बीच शक्तियों का स्पष्ट विभाजन किया गया है। संविधान की **सातवीं अनुसूची** में शक्ति विभाजन के सम्बन्ध में निम्न तीन सूचियों का उल्लेख किया गया है—

(i) संघ सूची—इसमें 97 विषय हैं।

(ii) राज्य सूची—इसमें 61 विषय हैं।

(iii) समवर्ती सूची—इसमें 1976 के 42वें संविधान संशोधन द्वारा 52 विषय रखे गये हैं।

इस प्रकार संघ सूची के 97 विषय पर संघ सरकार (संसद) को कानून बनाने का एवं राज्य सूची के 61 विषयों पर राज्य सरकार (विधानमण्डल) को कानून बनाने का अधिकार प्राप्त है। समवर्ती सूची के 52 विषयों में कानून बनाने के सम्बन्ध में पारस्परिक विरोध की स्थिति है। संविधान में यह प्रावधान किया गया है कि समवर्ती सूची के किसी विषय पर यदि संघ व राज्य सरकार दोनों ही कानून बनाती हैं तो संघ द्वारा बनाया गया कानून ही मान्य होगा।

**(3) संविधान की सर्वोच्चता**—यद्यपि संयुक्त राज्य अमेरिका के समान भारतीय संविधान को देश का आधारभूत कानून घोषित नहीं किया गया है फिर भी वह देश का आधारभूत एवं सर्वोच्च कानून है। केन्द्रीय सरकार और समस्त राज्यों की सरकारें इसका उल्लंघन नहीं कर सकतीं। उन्हें भारतीय संविधान की व्यवस्थाओं का पालन करते हुए ही कोई कानून बनाने का अधिकार प्रदान किया गया है। राष्ट्रपति, राज्यपाल मन्त्रिमण्डल तथा अन्य उच्च अधिकारियों को भी अपना पद ग्रहण करने से पूर्व भारतीय संविधान का पालन करने की शपथ लेनी होती है। इस प्रकार अन्य संघात्मक व्यवस्था वाले देशों की भाँति भारतीय संविधान को देश का सर्वोच्च कानून माना जाता है।

**(4) स्वतन्त्र न्यायपालिका**—संघात्मक शासन की अन्तिम आवश्यक शर्त है—एक स्वतन्त्र सशक्त न्यायपालिका। इसलिए संयुक्त राज्य अमेरिका की भाँति भारतीय संविधान द्वारा एक स्वतन्त्र, निष्पक्ष सर्वोच्च न्यायालय की स्थापना की गयी है। इस सर्वोच्च न्यायालय को वे समस्त अधिकार प्रदान किये गये हैं जो प्राय: अन्य संघात्मक शासन व्यवस्था वाले देशों के सर्वोच्च न्यायालय को प्राप्त होते हैं। भारतीय सर्वोच्च न्यायालय भारतीय संविधान के संरक्षक के रूप में कार्य करता है। सर्वोच्च न्यायालय केन्द्र और राज्यों के बीच संवैधानिक समस्याओं का निपटारा करता है। सर्वोच्च न्यायालय संसद और राज्य विधानमण्डलों द्वारा पारित कानूनों की संवैधानिकता की जाँच कर इन्हें अवैध घोषित कर सकता है। इस प्रकार भारतीय संविधान में संघात्मकता का यह गुण भी देखने को मिलता है।

अत: भारतीय संविधान की उपर्युक्त विशेषताओं के आधार पर यह कहा जा सकता है कि भारतीय संविधान एक संघात्मक व्यवस्था की स्थापना करता है। **डॉ. अम्बेडकर** ने कहा था कि, "भारतीय संविधान द्वैध शासन व्यवस्था की स्थापना करता है जिसके केन्द्र में संघ तथा परिधि में राज्य हैं। दोनों को संविधान द्वारा निर्दिष्ट क्षेत्रों में सार्वभौम शक्तियाँ प्रदान की गई है। संघ और राज्यों का न तो एक ढीला-ढाला संगठन है और न राज्य संघ के प्रतिनिधि हैं। उनकी शक्तियों का स्रोत संविधान है। अपने क्षेत्र में वे एक-दूसरे से निम्न नहीं हैं, दोनों समस्तरीय हैं। इसी का नाम संघात्मक शासन है।"

## भारतीय संविधान में एकात्मक लक्षण
## (Unitary Features of Indian Constitution)

भारतीय संविधान में संघात्मक संविधान के लक्षणों के साथ-साथ एकात्मक संविधान के लक्षण भी विद्यमान हैं। संघ को सबल बनाने के उद्देश्य से ही संविधान निर्माताओं ने इन एकात्मक लक्षणों का समावेश भारतीय संविधान में किया था। अपना उद्देश्य स्पष्ट करते हुए **डॉ. अम्बेडकर** ने संविधान सभा में कहा था कि, "मैं एक शक्तिशाली कन्द्र के पक्ष में हूँ।" यह सन् 1935 के अधिनियम के अन्तर्गत निर्मित केन्द्र से भी अधिक शक्तिशाली होना चाहिए। **डी. एन. बनर्जी** के मतानुसार, "भारतीय संविधान का ढाँचा संघीय है किन्तु उसका झुकाव एकात्मक है। अत: वे विद्वान जो भारतीय संविधान को पूरी तरह से संघात्मक नहीं मानते, निम्नलिखित तर्क देते हैं—

**(1) इकहरी नागरिकता**—सामान्यत: अमेरिका, स्विट्जरलैण्ड, जैसे संघात्मक राज्यों में नागरिकों को दोहरी नागरिकता प्राप्त है—एक, केन्द्र या संघीय सरकार की और दूसरी उस राज्य की नागरिकता जिसमें वह निवास करता है परन्तु भारत में

नागरिकों की इकहरी नागरिकता प्राप्त है। कोई भी व्यक्ति भारत के किसी भी भाग में रहे लेकिन वह भारत का नागरिक ही माना जायेगा।

**(2) शक्ति-विभाजन केन्द्र के पक्ष में**—भारतीय संविधान द्वारा राज्यों की अपेक्षा केन्द्र को अधिक शक्तियाँ प्रदान की गयी हैं। शक्ति विभाजन में संघ सूची में राष्ट्रीय महत्व के 97 विषय रखे गये हैं, जबकि राज्य सूची में 61 विषय ही हैं। इसके अतिरिक्त समवर्ती सूची के विषयों पर केन्द्र और राज्य दोनों को कानून बनाने का अधिकार है लेकिन विरोध की स्थिति में केन्द्र सरकार द्वारा बनाये गये कानून को मान्यता प्राप्त होगी। अवशिष्ट (सूची) शक्तियाँ भी केन्द्र को ही प्राप्त हैं। अत: केन्द्र को अधिक शक्तिशाली बनाने का प्रयास किया गया है। यह एकात्मकता का लक्षण है। केन्द्र की इस प्रकार की सबल स्थिति अन्य संघीय संविधानों में नहीं पायी जाती है।

**(3) एकीकृत न्याय-व्यवस्था**—संघीय व्यवस्था में संघ और राज्यों के कानून को लागू करने के लिए दोहरी न्याय-व्यवस्था होती है। अमेरिका में दोहरी न्याय-व्यवस्था है। अमेरिका में राज्यों के उच्च न्यायालय सर्वोच्च न्यायालय के नियन्त्रण में नहीं हैं। इसके विपरीत, भारत में न्याय-व्यवस्था को एकीकृत कर दिया गया है। भारतीय संघ की न्याय-व्यवस्था के शिखर पर नई दिल्ली में उच्चतम न्यायालय स्थापित है और राज्यों में इस सर्वोच्च न्यायालय की शाखाओं के रूप में उच्च न्यायालय स्थापित किए गए हैं। इन पर उच्चतम न्यायालय को व्यापक क्षेत्राधिकार प्राप्त है। साथ ही इनका गठन संघीय सत्ता द्वारा ही किया जाता है।

**(4) संघ और राज्यों के लिए एक ही संविधान**—अमेरिका, स्विट्ज़रलैण्ड आदि संघीय राज्यों में इकाइयों का अपना पृथक् संविधान बनाने और उसमें संशोधन करने का अधिकार प्राप्त है परन्तु भारत में संघ और राज्य सरकार दोनों के लिए एक ही संविधान है और दोनों को उसी का पालन करना अनिवार्य है।

**(5) राज्यों की सीमाओं में परिवर्तन का अधिकार**—सामान्यत: संघीय शासन व्यवस्था वाले देशों में उसके राज्यों की सीमाओं में परिवर्तन नहीं किया जा सकता। यदि यह परिवर्तन आवश्यक भी हो तो राज्यों की सहमति होना आवश्यक है परन्तु भारतीय संविधान के **अनुच्छेद** 2 और 3 द्वारा संसद में अधिनियम पास करा कर किसी भी राज्य का नाम बदला जा सकता है एवं राज्यों के क्षेत्रफल में कमी या वृद्धि की जा सकती है और दो राज्यों को मिलाकर कोई नया राज्य भी बनाया जा सकता है। केन्द्र ने कई बार इस शक्ति का उपयोग किया है; जैसे—सन् 1953 ई. में मद्रास राज्य को विभाजित करके आन्ध्र प्रदेश नामक राज्य का गठन किया गया है। सन् 1966 ई. में पंजाब को विभाजित कर पंजाब और हरियाणा नामक दो राज्य बनाये गये। सन् 1970 ई. में हिमाचल प्रदेश को केन्द्र प्रशासित क्षेत्र से पूर्ण राज्य का दर्जा दे दिया गया। उत्तर प्रदेश को उत्तर प्रदेश व उत्तराखण्ड और बिहार को बिहार व झारखण्ड में विभाजित किया गया है।

**(6) संविधान संशोधन में केन्द्र शक्तिशाली**—भारतीय संघ के राज्यों को संविधान में संशोधन करने के अधिकार से वंचित रखा गया है। संविधान संशोधन का प्रस्ताव केवल केन्द्रीय संसद में ही प्रस्तुत किया जा सकता है। इसके अतिरिक्त, संविधान के अधिकांश अनुच्छेदों में संसद अकेली ही संशोधन करने में समर्थ है। केवल विशिष्ट अनुच्छेदों में संशोधन के लिए संसद के अतिरिक्त कम से कम आधे राज्य विधानमण्डलों की स्वीकृति आवश्यक होती है। इस प्रकार संविधान संशोधन में भी केन्द्र, राज्यों की अपेक्षा अधिक शक्तिशाली है। इसी कारण कुछ विद्वानों का कहना है कि भारतीय संविधान एकात्मक है।

**(7) आर्थिक दृष्टि से राज्यों की केन्द्र पर निर्भरता**—भारतीय संघ में राज्य वित्तीय दृष्टि से न तो आत्म-निर्भर है और न केन्द्रीय नियन्त्रण से मुक्त हैं। कई प्रकार के कर राज्यों में केन्द्र सरकार द्वारा ही लगाये एवं वसूल किये जाते हैं। इन करों से प्राप्त होने वाली आय का पूरा या कुछ भाग राज्य सरकारों को संसदीय कानून के अन्तर्गत दिया जाता है। राज्यों को जो विभिन्न प्रकार के अनुदान दिये जाते हैं वे केन्द्र द्वारा ही दिये जाते हैं। जिससे स्पष्ट है कि वे केन्द्र पर निर्भर है। वित्त आयोग की नियुक्ति भी राष्ट्रपति द्वारा की जाती है। यह आयोग ही यह सुझाव देता है कि राज्यों को अनुदान के रूप में कितनी धनराशि प्रदान की जाये। इन परिस्थितियों में यह स्वाभाविक है कि राज्य स्वतन्त्रतापूर्वक अपना कार्य नहीं कर सकेंगे और वित्तीय आवश्यकताओं की दृष्टि से केन्द्र पर निर्भर रहने के कारण उनकी नीतियाँ भी प्रभावित होती हैं।

**(8) राज्यों को संघ से पृथक् होने का अधिकार नहीं**—भारतीय संविधान की व्यवस्था के अनुसार राज्यों को भारतीय संघ से अपने सम्बन्ध-विच्छेद करने का अधिकार नहीं है। राज्य भारतीय संघ का अभिन्न अंग है। इस कारण भी भारतीय संविधान का स्वरूप एकात्मक हो जाता है।

**(9) राष्ट्रपति द्वारा राज्यपालों की नियुक्ति**—अमेरिकन संघ राज्यों के राज्यपाल वहाँ के राष्ट्रपति द्वारा नियुक्त नहीं किये जाते हैं वरन् उनका निर्वाचन होता है। यह निर्वाचन राज्य की जनता द्वारा या फिर राज्य विधानमण्डल द्वारा किया जाता है परन्तु भारतीय संविधान में राज्यों के राज्यपालों की नियुक्ति राष्ट्रपति द्वारा की जाती है। वे राष्ट्रपति के आदेशानुसार ही अपने पद पर रह सकते हैं। इस व्यवस्था के माध्यम से केन्द्र राज्यों पर पूर्ण नियन्त्रण रख सकता है।

**(10) आपातकाल में एकात्मक**—भारतीय संविधान का यह एक ऐसा लक्षण है जो सामान्यत: किसी अन्य संघीय व्यवस्था वाले संविधान में नहीं पाया जाता है। संकटकाल में राष्ट्रपति द्वारा आपातकालीन घोषणा किये जाने की स्थिति में देश में एकात्मक शासन स्थापित हो जाता है। राष्ट्रपति तीन परिस्थितियों में संविधान द्वारा प्रदत्त शक्तियों का प्रयोग कर आपातकाल की घोषणा करता है—(i) युद्ध या युद्ध की सम्भावना तथा आन्तरिक अशान्ति से उत्पन्न संकट, (ii) किसी राज्य में वैधानिक संकट से उत्पन्न स्थिति में, (iii) वित्तीय संकट। इस व्यवस्था के अनुसार संघीय सरकार को बिना किसी औपचारिक संशोधन के ही राज्यों के शासन में हस्तक्षेप करने का अधिकार प्राप्त हो जाता है।

**(11) राज्यसभा में राज्यों का असमान प्रतिनिधित्व**—अमेरिका, आस्ट्रेलिया और स्विट्जरलैण्ड जैसे संघीय शासन व्यवस्था वाले देशों में समस्त इकाई राज्यों को संसद के उच्च सदन राज्यसभा में अपने बराबर-बराबर प्रतिनिधि भेजने का अधिकार प्राप्त है परन्तु भारतीय संघ में राज्यों को समान प्रतिनिधि का अधिकार प्राप्त नहीं है। राज्यों के क्षेत्रफल और जनसंख्या के आधार पर उनका असमान प्रतिनिधित्व निर्धारित किया गया है। यह भी एकात्मकता का प्रतीक है।

**(12) अन्तर्राष्ट्रीय विषयों पर केन्द्र का एकाधिकार**—अन्तर्राष्ट्रीय विषय केवल संघीय सरकार के हाथ में हैं, राज्य सरकारों को कोई अधिकार प्राप्त नहीं है, उन्हें तो केवल इन विषयों पर केन्द्र सरकार के आदेशों का पालन करना पड़ता है जिसके कारण कुछ विद्वानों ने कहा है कि भारतीय संविधान का स्वरूप एकात्मक है।

इस प्रकार उपर्युक्त विवेचन से स्पष्ट है कि **भारतीय संविधान संघात्मक होते हुए भी एकात्मक है। इसे दुर्गादास बसु** ने संघात्मक और एकात्मक दोनों का सम्मिश्रण कहा है परन्तु यह भी स्पष्ट है कि भारतीय संविधान की प्रवृत्ति केन्द्र को अधिक शक्तिशाली बनाने की है। इस सम्बन्ध में **डॉ. जेगिंग्स** का कहना है कि, "भारतीय संघ में संघात्मक व्यवस्था है जिसमें कठोर केन्द्रीकरण की प्रवृत्ति विद्यमान है।" अत: भारत की संघात्मकता विशिष्ट है जिसके कारण **प्रो. पायली** का यह कथन सत्य है कि, **"भारतीय संविधान का स्वरूप संघात्मक है और आत्मा एकात्मक है।"**

## प्रश्न
## (Questions)

### दीर्घ उत्तरीय प्रश्न (Long Answer Type Questions)

1. भारतीय संघ की प्रमुख विशेषताओं का वर्णन कीजिए।
   (Discuss the main features of Indian union.)
2. भारतीय संघीय व्यवस्था की मुख्य विशेषताएँ क्या है ?
   (What are the main features of Indian union system.)
3. भारतीय संविधान की संघीय विशेषताओं का वर्णन कीजिए।
   (Discuss the federal features of Indian constitution.)
4. "भारत के संविधान का स्वरूप संघात्मक है परन्तु आत्मा एकात्मक है।" इस कथन पर प्रकाश डालिए।
   ("The form of Indian constitution is federal but its soul is unitary." Throw light on this statement.)
5. "भारतीय संविधान में संघात्मक तथा एकात्मक व्यवस्था का मिश्रण विश्व में अनोखा है।" वर्णन कीजिए।
   (The mixture of federal and unitary is peculiar in Indian constitution. Describe.)
6. भारतीय संविधान के एकात्मक व संघात्मक स्वरूप को स्पष्ट कीजिए।
   (Clear the federal and unitary form of Indian constitution.)
7. भारतीय संविधान के संघात्मक स्वरूप को स्पष्ट कीजिए। वह कहाँ तक संघात्मक है ? समझाइए।
   (Clear the federal from of Indian Constitution. How it is federal ? Discuss.)
8. "भारतीय संविधान शरीर से संघात्मक हैं और आत्मा से एकात्मक।" व्याख्या कीजिए।
   (The body of Indian constitution is federal but should is unitary. Discuss.)
9. भारतीय संविधान में संघवाद के प्रमुख लक्षणों को इंगित करते हुए उनकी सीमाओं का परीक्षण कीजिए।
   (Discuss the main features of federalism in Indian constitution and examine its limitations.)

10. क्या आप इस कथन से सहमत है कि, "भारत एकात्मक तत्वों सहित एक संघ राज्य है?" तर्क सहित उत्तर दीजिए।
(Are you agree with this statement that India is federal state with unitary elements ? Give answer with arguments)
11. "भारतीय संविधान स्वरूप में संघीय तथा भावना में एकात्मक है।" व्याख्या कीजिए।
(Indian constitution is federal is shape and unitary is feelings. Discuss.)
12. "भारतीय संघ का रूप संघीय है, मगर आत्मा एकात्मक है।" इस कथन की उदाहरण देकर व्याख्या कीजिए।
(The form of Indian union is federal but soul is unitary. Discuss this statement with illustration.)
13. भारतीय संविधान की संघात्मक विशेषताएँ समझाइए।
(Discuss the federal features of Indian Constitution.)
14. (अ) भारत के संविधान के संघात्मक लक्षण लिखिए।
(Write the federal features of Indian constitution.)
(ब) भारत के संविधान के एकात्मक तत्वों का विवेचन कीजिए।
(Discuss the unitary elements of Indian cosntitution.)
15. भारतीय संविधान के एकात्मक लक्षणों का वर्णन कीजिए।
(Describe the unitary features of Indian constitution.)

## लघु उत्तरीय प्रश्न (Short Answer Type Questions)

1. भारतीय संविधान के संधात्मक तत्व लिखिए।
2. भारतीय संविधान के संघात्मक लक्षण बताइये।
3. संक्षेप में बताइए कि भारत का शासन कैसे संघात्मक है ?
4. भारत का संविधान अर्द्ध-संघीय है। विवेचना कीजिये।

## बहुविकल्पीय वस्तुनिष्ठ प्रश्न (Multiple Choice Type Objective Questions)

**1. भारतीय संघ में कितने राज्य हैं–**

(a) 22 (b) 21
(c) 28 (d) 20.

उत्तर–(c) 28.

**2. संघ सूची पर कानून बनाने का अधिकार निम्न में से किसे प्राप्त है–**

(a) संसद को (b) संसद व राज्य विधानमण्डल को
(c) राज्य विधानमण्डलों को (d) इनमें से किसी को नहीं।

उत्तर–(a) संसद को।

**3. भारतीय संविधान का रूप निम्न में से क्या है–**

(a) संघात्मक (b) एकात्मक
(c) अर्द्ध-संघीय (d) उपरोक्त में से कोई नहीं।

उत्तर–(c) अर्द्ध-संघीय।

**4. राज्य सूची में कितने विषय सम्मिलित हैं–**

(a) 61 (b) 61
(c) 65 (d) 64.

उत्तर–(b) 61.

**5. संविधान द्वारा अवशिष्ट शक्तियाँ किसे दी गई हैं–**

(a) राज्य सरकार को (b) केन्द्र सरकार को
(c) दोनों सरकारों को (d) किसी को नहीं।

उत्तर–(b) राज्य सरकार को।

# मौलिक अधिकार एवं कर्तव्य
# [FUNDAMENTAL RIGTHTS AND DUTIES]

*"एक स्वतन्त्र प्रजातन्त्रात्मक देश में मूल अधिकार सामाजिक, धार्मिक और नागरिक जीवन के प्रभावदायक उपभोग के एकमात्र साधन हैं। इन अधिकारों के बिना प्रजातन्त्रात्मक सिद्धान्त लागू नहीं हो सकते और सदैव ही बहुमत के अत्याचार का भय बना रहता है।"*

—जी. एन. जोशी

व्यक्ति के जीवन की एक सर्वोपरि अभिलाषा होती है— श्रेष्ठ और आदर्श पूर्ण जीवन व्यतीत करना। इस अभिलाषा की पूर्ति के लिए उसे समाज से स्वतन्त्रता और विभिन्न सुविधाओं की प्राप्ति की अपेक्षा रहती है। इनके अभाव में मानव आर्थिक, सामाजिक और शैक्षणिक आदि किसी भी क्षेत्र में विकास नहीं कर सकता। इन आधारभूत स्वतन्त्रताओं और सुविधाओं को ही **'मौलिक अधिकार'** कहा जाता है। **प्रो. लॉस्की** का मत है कि, "अधिकार सामाजिक जीवन की वे परिस्थितियाँ हैं जिनके बिना व्यक्ति प्राय: अपना विकास नहीं कर सकता।" अत: व्यक्ति के सर्वांगीण विकास के लिए जो अधिकार अपरिहार्य होते हैं, उनको **'मौलिक अधिकार'** कहा जाता है। ये वे अधिकार हैं जिन्हें संविधान द्वारा संरक्षण प्रदान किया गया है, ताकि सत्ताधारी दल बहुमत के जोश में उनको साधारण प्रक्रिया से न छीन सकें। इसी बात को दृष्टि में रखकर फ्रांस, अमेरिका आदि देशों की भाँति भारत के संविधान में भी मौलिक अधिकारों को स्थान दिया गया है।

भारतीय संविधान के अनुसार मौलिक अधिकार वे अधिकार हैं जिन्हें मानना हमारी संघीय सरकार और राज्य सरकारों के लिए अनिवार्य है। यदि ये सरकारें इन अधिकारों का हनन करती हैं तो इनके विरुद्ध न्यायालय में अपील की जा सकती है। दूसरे शब्दों में, मौलिक अधिकार वे अधिकार हैं जो व्यक्ति के जीवन के लिए मौलिक तथा अपरिहार्य होने के कारण संविधान द्वारा नागरिकों को प्रदान किये जाते हैं और व्यक्ति के इन अधिकारों में राज्य द्वारा भी हस्तक्षेप नहीं किया जा सकता। मौलिक अधिकारों की व्यवस्था का उद्देश्य नागरिकों की स्वतन्त्रता में कार्यपालिका के अनुचित हस्तक्षेप तथा विधान-मण्डलों के बहुमत दल की मनमानी से रक्षा करना है अर्थात् मौलिक अधिकार राज्य की कार्यपालिका और व्यवस्थापिका की निरंकुशता पर अंकुश लगाते हैं और न्यायपालिका नागरिकों के अधिकारों की रक्षा करती है।

व्यक्ति के इन अधिकारों को निम्न कारणों से मौलिक कहा जा सकता है—

(1) मौलिक अधिकार व्यक्ति के व्यक्तित्व के विकास के लिए अनिवार्य होते हैं, इनके अभाव में व्यक्ति अपना पूर्ण विकास नहीं कर पाता।

(2) मौलिक अधिकारों को देश के सर्वोच्च कानून अर्थात् संविधान में महत्वपूर्ण स्थान दिया जाता है। ये राज्य द्वारा पारित कानूनों से ऊपर होते हैं।

(3) मौलिक अधिकारों में परिवर्तन संविधान में संशोधन करने की विशेष प्रक्रिया द्वारा ही सम्भव होता है।

(4) मौलिक अधिकारों को वैधानिक शक्ति प्राप्त है अर्थात् व्यवस्थापिका या कार्यपालिका द्वारा इनका उल्लंघन नहीं किया जा सकता। यदि सरकार के इन अंगों द्वारा मौलिक अधिकारों के विरुद्ध कोई भी कार्य किया जाए तो न्यायपालिका द्वारा उन्हें अवैध घोषित किया जा सकता है।

इस प्रकार मौलिक अधिकारों को भारतीय संविधान का हृदय और आत्मा भी कहा जा सकता है।

## भारतीय संविधान में वर्णित मौलिक अधिकारों की विशेषताएँ
## (Described Features of Fundamental Rights in Indian Constitution)

यद्यपि फ्रांस, अमेरिका, रूस और स्विट्जरलैण्ड आदि देशों के संविधानों की भाँति भारतीय गणतन्त्र के संविधान में भी मौलिक अधिकारों और उनसे सम्बन्धित व्यवस्था के सम्बन्ध में वैसा नहीं है जैसे कि अन्य संविधानों के अधिकार पत्र हैं। भारतीय संविधान के अधिकार पत्र की निम्नलिखित विशेषताएँ हैं—

**(1) सर्वाधिक विस्तृत एवं व्यापक अधिकार पत्र**—भारतीय संविधान में मौलिक अधिकारों का वर्णन दूसरे देशों के संविधानों की अपेक्षा कहीं अधिक विस्तृत है। भारतीय संविधान के तृतीय भाग में मौलिक अधिकारों का वर्णन अनुच्छेद 12 से 30 और 32 से 35 तक है। इनमें भी कई अनुच्छेद बहुत लम्बे हैं। अकेले अनुच्छेद 19 में ही 450 शब्द हैं। भारतीय संविधान में मौलिक अधिकारों के सम्बन्ध में पूर्ण और स्पष्ट व्यवस्था करने के प्रयास में ही अधिकार पत्र इतना विस्तृत एवं व्यापक हो गया है।

**(2) मौलिक अधिकार सीमित हैं निरपेक्ष नहीं**—अमेरिका में नागरिकों के अधिकार निरपेक्ष हैं परन्तु भारतीय संविधान द्वारा नागरिकों को दिये गये अधिकार सीमित हैं। इनमें व्यक्तिगत स्वतन्त्रता को सामाजिक हित में सीमित करने की व्यवस्था की गयी है। संविधान में ही नागरिकों के अधिकारों के साथ-साथ प्रतिबन्धों की व्यवस्था भी कर दी गयी है जिससे राष्ट्रीय सुरक्षा के आदर्शों में सन्तुलन बना रहे।

**(3) व्यावहारिकता पर आधारित**—भारतीय संविधान में वर्णित मौलिक अधिकार केवल सिद्धान्त नहीं हैं, वरन् वास्तविकता पर आधारित हैं और सम्पूर्ण समाज के लिए उपयोगी हैं। इनमें सभी नागरिकों के लिए समानता के अधिकार की व्यवस्था के साथ ही साथ अल्पसंख्यकों, आदिम जातियों, आदिम जनजातियों एवं पिछड़े वर्गों की उन्नति व विकास के लिए विशेष व्यवस्थाएँ की गयी हैं। अल्पसंख्यकों के शिक्षा एवं भाषा सम्बन्धी हितों की रक्षा की व्यवस्था और धार्मिक स्वतन्त्रता के अधिकार की व्यवस्थाएँ की गयी हैं, जिससे समाज में शिक्षा का विकास हो और धार्मिक सहिष्णुता को प्रोत्साहन मिले।

**(4) न्यायालय द्वारा संरक्षण**—मौलिक अधिकार पूर्ण रूप में वैधानिक अधिकार हैं। भारतीय संविधान की व्यवस्था के अनुसार न्यायपालिका को मौलिक अधिकारों की रक्षा करने के लिए अधिकृत किया गया है। संविधान के अनुच्छेद 32 के अनुसार भारत का प्रत्येक नागरिक अपने इन अधिकारों की रक्षा के लिए न्यायपालिका की शरण ले सकता है। व्यवस्थापिकाओं द्वारा बनाए गये ऐसे कानूनों को जो मौलिक अधिकारों को अनुचित रूप में प्रतिबन्धित करते हों, न्यायालय अवैध घोषित कर देता है। चूँकि भारतीय न्यायपालिका, कार्यपालिका एवं व्यवस्थापिका के नियन्त्रण से मुक्त है इसलिए मौलिक अधिकारों की रक्षा के लिए संविधान द्वारा दिये गये संवैधानिक उपचारों के अधिकार के अन्तर्गत आवश्यक आदेश निर्गत कर सकती है।

**(5) प्राकृतिक अधिकारों के लिए स्थान नहीं**—भारतीय संविधान में नागरिकों के लिए जो मौलिक अधिकार उल्लिखित हैं उनके अतिरिक्त नागरिकों को कोई प्राकृतिक अधिकार प्राप्त नहीं हैं। भारत के विपरीत अमेरिका में नागरिकों को लिखित अधिकारों के अलावा अन्य अधिकार भी प्राप्त हैं।

**(6) राज्य के सामान्य कानूनों के ऊपर**—मौलिक अधिकार संसद अथवा राज्यों के विधानमण्डलों द्वारा बनाये गये कानूनों से ऊपर हैं। संघीय सरकार या राज्य सरकारें इनका हनन नहीं कर सकतीं। गोलकनाथ विवाद में सर्वोच्च न्यायालय ने संसद की इस शक्ति पर प्रतिबन्ध लगा दिया था। इस सम्बन्ध में न्यायाधीश **श्री पतंजलि शास्त्री** ने गोपालन बनाम **मद्रास राज्य** विवाद में कहा था, मौलिक अधिकारों की सर्वश्रेष्ठ विशेषता यह है कि वे राज्य द्वारा पारित कानूनों से ऊपर हैं।[1]

**(7) सरकार की निरंकुशता पर अंकुश**—मौलिक अधिकारों की एक महत्वपूर्ण विशेषता यह है कि ये मौलिक अधिकार सरकार की निरंकुशता पर अंकुश रखते हैं क्योंकि ये अधिकार प्रत्येक नागरिक की स्वतन्त्रता के परिचायक हैं और संविधान द्वारा इनके उपयोग का पूर्ण आश्वासन दिया गया है। अतः सरकार मनमानी करते हुए उन पर अनुचित रूप से प्रतिबन्ध नहीं लगा सकती। सरकार द्वारा लगाये गये अनुचित प्रतिबन्ध न्यायालय द्वारा अवैध घोषित हो सकते हैं। इस प्रकार मौलिक अधिकार निरंकुश शासन पर अंकुश के समान हैं।

**(8) मौलिक अधिकारों का निलम्बन**—भारतीय नागरिकों के मूल अधिकारों की एक विशेषता यह है कि इन अधिकारों को राज्य की सुरक्षा और सार्वजनिक सुरक्षा की दृष्टि से निलम्बित किया जा सकता है। संकटकाल की स्थिति में राष्ट्रपति को अधिकार दिया गया है कि वह मौलिक अधिकारों के अन्तर्गत नागरिकों से संवैधानिक उपचारों के अधिकार को निलम्बित कर सकता है।

---

1. Paramountecy to State-made laws is the hall-mark of Fundamental Rights. —*Justice Patanjali Shastri*

**(9) भारतीय नागरिकों तथा विदेशियों में अन्तर**—भारतीय नागरिकों तथा भारत में रहने वाले विदेशी नागरिकों के लिए संविधान द्वारा दिये गये मौलिक अधिकारों में अन्तर है। कुछ ऐसे अधिकार हैं जो भारतीयों के साथ-साथ विदेशियों को भी प्राप्त हैं; जैसे—जीवन तथा व्यक्तिगत स्वतन्त्रता का अधिकार, धार्मिक स्वतन्त्रता का अधिकार परन्तु शेष अधिकार केवल भारतीय नागरिकों को हैं प्राप्त हैं। इस प्रकार भारतीय नागरिकों को प्राप्त समस्त मौलिक अधिकारों का उपयोग विदेशी नागरिक नहीं कर सकते।

## भारतीय नागरिकों के मौलिक अधिकार
## (Fundamental Rights of the Indian Citizens)

भारतीय संविधान के भाग 3 द्वारा नागरिकों को 7 मौलिक अधिकार प्रदान किये गये थे परन्तु सन् 1979 के 44वें संवैधानिक संशोधन द्वारा सम्पत्ति के अधिकार को मौलिक अधिकार के रूप में समाप्त कर दिया गया है। सम्पत्ति के अधिकार का अस्तित्व अब केवल एक साधारण कानूनी अधिकार के रूप में ही रह गया है। इस प्रकार अब भारतीय नागरिकों को निम्नलिखित 6 मौलिक अधिकार प्राप्त हैं—

### (I) समानता का अधिकार (अनुच्छेद 14-18)

भारतीय संविधान के **अनुच्छेद 14** से लेकर 18 तक निम्न पाँच प्रकार की समानता का उल्लेख है—

**(1) विधि के समक्ष समानता**—अनुच्छेद 14 के अनुसार, भारत राज्य क्षेत्र में किसी भी व्यक्ति को विधि के समक्ष समानता से अथवा कानून के समान संरक्षण से राज्य द्वारा वंचित नहीं किया जायेगा। इसका तात्पर्य यह है कि कानून की दृष्टि से सब नागरिक समान हैं। कानून की दृष्टि में न कोई छोटा है न कोई बड़ा, न कोई धनवान है और न कोई निर्धन अर्थात् कानून के क्षेत्र में किसी के साथ भी भेदभाव नहीं किया जायेगा, सबको समान रूप से विधि का संरक्षण प्राप्त है।

**(2) सामाजिक समानता—अनुच्छेद** 15 में सामाजिक समानता का उल्लेख किया गया है जिसके अन्तर्गत कहा गया है कि राज्य के विरुद्ध केवल धर्म, वंश, जाति, लिंग, जन्म-स्थान अथवा इनमें से किसी एक के आधार पर कोई भेदभाव नहीं रहेगा।

**(3) सरकारी नौकरियों के लिए अवसर की समानता—अनुच्छेद** 16 के अनुसार, सभी भारतीय नागरिकों को सरकारी पदों पर नियुक्ति के समान अवसर प्राप्त होंगे और इस सम्बन्ध में केवल धर्म, जाति, लिंग या जन्म-स्थान अथवा किसी भी एक के आधार पर सरकारी नौकरियों में कोई भेदभाव नहीं किया जायेगा। परन्तु इस अधिकार के अन्तर्गत राज्यों को यह अधिकार रहेगा कि वह राजकीय सेवाओं के लिए आवश्यक योग्यता निर्धारित कर दे।

**(4) अस्पृश्यता का उन्मूलन**—संविधान के **अनुच्छेद** 17 में कहा गया है—अस्पृश्यता का अन्त किया जाता है और उसका किसी भी रूप में आचरण निषिद्ध किया जाता है। अस्पृश्यता से उपजी किसी अयोग्यता को लागू करना अपराध होगा। हिन्दू समाज में अस्पृश्यता के विष को समाप्त करने के लिए संसद द्वारा सन् 1955 में 'अस्पृश्यता अपराध अधिनियम' पारित किया गया जिसके अनुसार अस्पृश्यता को एक दण्डनीय अपराध घोषित किया गया। 'अस्पृश्यता अपराध अधिनियम' को सन् 1976 में संशोधित कर इसका नाम 'नागरिक अधिकार संरक्षण अधिनियम' सन् 1955 कर दिया गया। सन् 1989 में इस कानून को अधिक कठोर बनाते हुए इसे 'अनुसूचित जाति व जनजाति निरोधक कानून 1989' का नाम दे दिया गया।

**(5) उपाधियों का अन्त—अनुच्छेद** 18 के अनुसार, सेना अथवा शिक्षा सम्बन्धी किसी उपाधि के अतिरिक्त राज्य अन्य कोई उपाधि प्रदान नहीं कर सकता। इसके साथ ही भारतवर्ष का कोई नागरिक बिना राष्ट्रपति की आज्ञा के विदेशी राज्य के उपहार अथवा किसी प्रकार का पारिश्रमिक अथवा पदवी स्वीकार नहीं कर सकता लेकिन इसके कुछ अपवाद भी हैं।

### (II) स्वतन्त्रता का अधिकार (अनुच्छेद 19-22)

लोकतान्त्रिक उद्देश्यों के अनुरूप भारतीय संविधान में सभी नागरिकों को स्वतन्त्रता का अधिकार दिया गया। इस अधिकार का वर्णन भारतीय संविधान के **अनुच्छेद** 19 से 22 तक किया गया है। **अनुच्छेद** 19 में निम्न स्वतन्त्रताओं का उल्लेख किया गया है—

**(1) विचार तथा अभिव्यक्ति की स्वतन्त्रता—अनुच्छेद** 19(1)क के अनुसार, भारत के प्रत्येक नागरिक को भाषण, लेखन एवं अन्य व्यक्तियों के विचारों का प्रचार करने की स्वतन्त्रता प्रदान की गई है। इसमें प्रेस की स्वतन्त्रता भी निहित है अर्थात् समाचार-पत्रों के माध्यम से विचारों का प्रकाशन इस अधिकार में सम्मिलित है।

**(2) निःशस्त्र एवं शान्तिपूर्ण सभा करने की स्वतन्त्रता**—संविधान के **अनुच्छेद** 19(1) ख के अनुसार, सब नागरिकों को बिना हथियारों के शान्तिपूर्ण ढंग से सभा या सम्मेलन आयोजित करने का अधिकार प्राप्त है।

**(3) समुदाय या संघ बनाने की स्वतन्त्रता**—संविधान के **अनुच्छेद** 19(1)ग के अनुसार, सब नागरिकों को समुदाय और संघ बनाने की स्वतन्त्रता प्रदान की गयी है। किन्तु इस स्वतन्त्रता पर भारत की प्रभुसत्ता व अखण्डता अथवा सार्वजनिक व्यवस्था या नैतिकता के हित में राज्य की ओर से उचित प्रतिबन्ध लगाये जा सकते हैं।

**(4) देश के किसी भी भाग में भ्रमण तथा निवास की स्वतन्त्रता**—भारतीय संविधान के **अनुच्छेद** 19(1)घ और च के द्वारा भारत के सभी नागरिकों को बिना किसी प्रतिबन्ध के भ्रमण करने तथा आवास की सुविधा प्रदान की गई है पर इस अधिकार पर राज्य सामान्य जनता के हित तथा अनुसूचित जातियों के हित में उचित प्रतिबन्ध लगा सकता है।

**(5) व्यवसाय की स्वतन्त्रता**—संविधान के **अनुच्छेद** 19(1)ज के अनुसार, सभी भारतीय नागरिकों को वृत्ति उपजीविका, व्यापार या व्यवसाय करने की स्वतन्त्रता प्रदान की गई है जिसमें सार्वजनिक हित का उद्देश्य निहित है।

**(6) अपराध सिद्धि के विषय में सुरक्षा—अनुच्छेद** 20 के अनुसार, किसी व्यक्ति को तब तक अपराधी नहीं ठहराया जा सकता जब तक उसने अपराध के समय में लागू किसी कानून का उल्लंघन न किया हो और न उसे किसी एक अपराध के लिए एक बार से अधिक दण्ड दिया जा सकता है और न ही किसी व्यक्ति को स्वयं अपने विरुद्ध साक्षी होने के लिए बाध्य किया जा सकता है।

**(7) जीवन और शरीर-रक्षण की स्वतन्त्रता**—संविधान के **अनुच्छेद** 21 के अनुसार, किसी व्यक्ति को अपने प्राण अथवा शारीरिक स्वतन्त्रता के अधिकार को मान्यता प्रदान की गई है जिसमें कहा गया है कि—विधि द्वारा स्थापित प्रक्रिया को छोड़कर अन्य किसी प्रकार से किसी व्यक्ति को उसके जीवन या उसकी वैयक्तिक स्वतन्त्रता से वंचित नहीं किया जायेगा।

**(8) गिरफ्तारी व बन्दीकरण के विरुद्ध सुरक्षा**—संविधान के **अनुच्छेद** 22 द्वारा बन्दी बनाये जाने वाले व्यक्ति को कुछ संवैधानिक अधिकार प्रदान किये गये हैं। इसके अनुसार, किसी व्यक्ति को बन्दी बनाये जाने के पश्चात् यह आवश्यक होगा कि उसे बन्दी बनाये जाने का कारण बताया जाये तथा गिरफ्तारी के 24 घण्टे के भीतर ही निकटतम न्यायाधीश के सम्मुख उपस्थित किया जाये। न्यायाधीश की अनुमति के बिना किसी भी व्यक्ति को 24 घण्टे से अधिक हिरासत में नहीं रखा जा सकता। इस अवधि में उस व्यक्ति के किसी वकील से परामर्श करके अपनी प्रतिरक्षा करने की व्यवस्था करने का भी अधिकार है।

लेकिन स्वतन्त्रता के अधिकार असीमित नहीं हैं। राष्ट्रीय हित और सार्वजनिक हित की दृष्टि से संसद कोई भी नियम बनाकर स्वतन्त्रता के अधिकार को सीमित कर सकती है। सिक्खों को उनके धर्म के अनुसार कटार धारण करके सभा या सम्मेलन आयोजित करने का अधिकार दिया गया है, आदि।

**अनुच्छेद 22(क)** के खण्ड 4 में निवारक निरोध की चर्चा की गयी है, जिसका तात्पर्य है कि, **"किसी प्रकार का अपराध किये जाने से पूर्व और बिना किसी न्यायिक प्रक्रिया के ही नजरबन्दी।"** निवारक निरोध का उद्देश्य व्यक्ति को अपराध के लिए दण्ड देना नहीं वरन् उसे अपराध करने से रोकना है। यह सामान्य काल और संकट काल दोनों में ही लागू होता है। सर्वप्रथम सन् 1950 में भारतीय संसद निवारक निरोध अधिनियम बनाया गया था जो 31 दिसम्बर, 1969 तक चलता रहा। सन् 1969 में निवारक निरोध अधिनियम की अवधि नहीं बढ़ायी जा सकी। सन् 1971 में जब पाकिस्तान से शरणार्थियों का संकट उपस्थित हुआ तो राष्ट्रपति द्वारा 7 मई, 1971 को **आन्तरिक सुरक्षित व्यवस्था अध्यादेश** जारी किया गया और जून, 1971 में इस अध्यादेश ने कानून का रूप धारण कर लिया। इस कानून को बोलचाल की भाषा में मीसा (MISA) कहा जाता है। इसकी व्यवस्था निवारक निरोध अधिनियम से भी कठोर थी।

सन् 1971 में जारी किया गया आन्तरिक सुरक्षा अधिनियम (मीसा) 44वें संविधान संशोधन के प्रतिकूल था। इस कारण यह अधिनियम सन् 1979 में स्वत: ही रद्द हो गया।

जनवरी, 1980 में भारत में सत्ता परिवर्तन के बाद स्थापित इन्दिरा काँग्रेस सरकार द्वारा फरवरी, 1981 में **राष्ट्रीय सुरक्षा अध्यादेश** को कानून का रूप प्रदान किया गया। संसद में गृहमन्त्री ने आश्वासन दिया कि इस कानून का प्रयोग जमाखोरों काला-बाजारियों, समाज-विरोधी और देश की सुरक्षा के लिए खतरनाक तत्वों के विरुद्ध ही किया जायेगा। भारत में केन्द्र और राज्य दोनों को ही यह कानून बनाने और लागू करने का अधिकार प्राप्त है।

निवारक निरोध व्यवस्था के अन्तर्गत जो भी कानून बनाए गए, उनमें सम्भवतया सबसे अधिक कठोर कानून था—**आतंकवादी और विध्वंसात्मक गतिविधि निरोध अधिनियम या टाडा।** यह कानून मई, 1985 से 23 मई, 1995 तक लागू रहा। इस कानून से आतंकवाद को नियन्त्रित करने में सफलता मिली लेकिन इसके साथ ही कुछ राज्यों में टाडा का प्रयोग राजनीतिक उद्देश्यों से भी किया गया। ऐसी स्थिति में टाडा की आलोचना की गई। 23 मई, 1995 को यह समाप्त कर दिया गया। परन्तु वर्तमान में ऐसे ही अन्य किसी कानून की आवश्यकता पर जोर दिया जा रहा है।

**(III) शोषण के विरुद्ध अधिकार (अनुच्छेद 23 व 24)**

भारत का संविधान भारत में एक जन-कल्याणकारी राज्य की स्थापना करता है। इसके लिए समाज में व्याप्त विभिन्न प्रकार के शोषण के अन्त तक की व्यवस्था करता है, क्योंकि भारत में सदियों से किसी न किसी रूप में दासता की प्रथा

विद्यमान रही है जिसके अन्तर्गत हरिजनों, खेतिहर श्रमिक तथा स्त्रियों पर अत्याचार किये जाते रहे हैं। संविधान के अनुच्छेद 23 व 24 के अनुसार, कोई व्यक्ति किसी अन्य व्यक्ति का शोषण नहीं कर सकेगा। इस सम्बन्ध में निम्नलिखित व्यवस्थाएँ की गई हैं—

**(1) मनुष्यों का क्रय-विक्रय निषेध**—संविधान के **अनुच्छेद** 23(1) के अनुसार मनुष्यों, स्त्रियों और बच्चों को क्रय-विक्रय को घोर अपराध और दण्डनीय माना गया है।

**(2) बेगार का निषेध**—संविधान के **अनुच्छेद** 23(3) के अनुसार, किसी व्यक्ति से बेगार या बलपूर्वक काम लेना अपराध और दण्डनीय माना जाता है।

**(3) बाल श्रम का निषेध**—संविधान के **अनुच्छेद** 24 के अनुसार, 14 वर्ष के आयु वाले बालकों को कारखानों अथवा खदानों या किसी जोखिम भरे काम के लिए नौकर नहीं रखा जा सकेगा।

वास्तव में, शोषण के विरुद्ध अधिकार का उद्देश्य एक वास्तविक सामाजिक लोकतन्त्र की स्थापना करना है। शोषण के विरुद्ध अधिकार को वास्तविकता का रूप देने के लिए जुलाई, 1975 में घोषित किया गया कि बंधक मजदूरी प्रथा कहीं भी हो, गैर-कानूनी घोषित की जाती है। सन् 1996-97 में न्यायालयों ने बाल श्रम के निषेध पर जोर दिया था।

नि:सन्देह संविधान शोषण के विरुद्ध जो अधिकार नागरिकों को प्रदान करता है, वे सराहनीय हैं, परन्तु हमें ध्यान रखना होगा कि केवल संविधान में लिख देने मात्र से शोषण का अन्त नहीं हो जायेगा। उसके लिए सामाजिक जागृति लाना भी आवश्यक है। साथ ही शोषण के विरुद्ध जो अधिकार नागरिकों को दिये गये हैं, वे बहुत अपर्याप्त हैं। इस समाज में आज भी अनेक तरह से साधनहीन व्यक्तियों का साधन-सम्पन्न व्यक्तियों द्वारा शोषण किया जाता है। श्रम को सस्ता खरीदना भी शोषण करना ही है परन्तु इस शोषण के विरुद्ध नागरिकों को कोई अधिकार प्रदान नहीं किये गये हैं। यह अधिकार निषेधात्मक और नकारात्मक हैं। संविधान कुछ ऐसी व्यवस्थाएँ कर सकता था जिससे शोषण की अवस्था ही उत्पन्न न हो।

### (IV) धार्मिक स्वतन्त्रता का अधिकार (अनुच्छेद 25-28)

भारत का संविधान भारत को एक धर्म-निरपेक्ष राज्य घोषित करता है। भारतीय संविधान के **अनुच्छेद** 25 से 28 द्वारा सभी व्यक्तियों को चाहे वे विदेशी हों या भारतीय, धार्मिक स्वतन्त्रता का अधिकार प्रदान किया गया है। इस अधिकार के अन्तर्गत निम्नलिखित स्वतन्त्रताएं प्रदान की गयी हैं—

**(1) धार्मिक आचरण एवं प्रचार की स्वतन्त्रता**—संविधान के **अनुच्छेद** 25 के अनुसार, प्रत्येक व्यक्ति को अपने अन्त:करण की मान्यता के अनुसार किसी भी धर्म को अबाध रूप से मानने, उपासना करने और उसके प्रचार करने की पूर्ण स्वतन्त्रता प्रदान की गयी है।

**(2) धार्मिक कार्यों के प्रबन्ध की स्वतन्त्रता**—संविधान के **अनुच्छेद** 26 के द्वारा सभी धर्मों के अनुयायियों को धार्मिक और दान देने वाली संस्थाओं की स्थापना और उनके संचालन, धार्मिक मामलों का प्रबन्ध, धार्मिक संस्थाओं द्वारा चल एवं अचल सम्पत्ति अर्जित करके राज्य के कानून के अनुसार प्रबन्ध करने की स्वतन्त्रता प्रदान की गयी है।

**(3) धर्म विशेष की उन्नति हेतु कर देने अथवा न देने की स्वतन्त्रता**—संविधान के **अनुच्छेद** 27 के अनुसार, प्रत्येक नागरिक किसी धर्म विशेष की उन्नति के लिए कर या चन्दा देने के लिए स्वतन्त्र है परन्तु किसी नागरिक को कर देने के लिए बाध्य नहीं किया जा सकता।

**(4) व्यक्तिगत शिक्षण संस्थाओं में धार्मिक शिक्षा देने की स्वतन्त्रता**—भारत राज्य का स्वरूप धर्म-निरपेक्ष राज्य का है जिसे धर्म के क्षेत्र में निष्पक्ष रहना है। अत: **अनुच्छेद** 28 की व्यवस्था के अनुसार, किसी राजकीय शिक्षण संस्था में किसी धर्म की शिक्षा नहीं दी जा सकती परन्तु सरकार द्वारा मान्यता एवं सहायता प्राप्त व्यक्तिगत शिक्षण-संस्थाएँ जो गैर-सरकारी धन से स्थापित हुई हैं, में धार्मिक शिक्षा दी जा सकेगी, परन्तु ऐसी संस्थाओं में पढ़ने वाले विद्यार्थियों को उस धार्मिक शिक्षा या उपासना-प्रार्थना में भाग लेने के लिए बाध्य नहीं किया जा सकता।

किन्तु धार्मिक कट्टरता एवं धार्मिक संकुचन की भावना को रोकने के लिए राष्ट्रीय एकता के उद्देश्य से सार्वजनिक हित में सरकार द्वारा इस अधिकार पर प्रतिबन्ध लगाया जा सकता है तथा आर्थिक, राजनीतिक या अन्य किसी प्रकार के सार्वजनिक हित की दृष्टि से राज्य धार्मिक क्षेत्र में हस्तक्षेप कर सकता है।

### (V) संस्कृति और शिक्षा सम्बन्धी अधिकार (अनुच्छेद 29 व 30)

संविधान के **अनुच्छेद** 29 व 30 के द्वारा भारत के सभी नागरिकों को संस्कृति और शिक्षा सम्बन्धी दो अधिकार प्रदान किये गये हैं—

**(1) अल्पसंख्यकों के हितों का संरक्षण**—संविधान के **अनुच्छेद** 29 के अनुसार, नागरिकों को अपनी भाषा, लिपि या संस्कृति को सुरक्षित रखने का पूर्ण अधिकार है। इसी अनुच्छेद में यह भी कहा गया है कि किसी भी नागरिक को धर्म, वंश, जाति और भाषा या इनमें से किसी एक के आधार पर किसी राजकीय अथवा सहायता प्राप्त शिक्षण संस्था में प्रवेश के सम्बन्ध में कोई भेदभाव नहीं किया जायेगा।

**(2) अल्पसंख्यकों को अपनी शिक्षण संस्थाओं की स्थापना और प्रशासन का अधिकार**—संविधान के अनुच्छेद 30 के अनुसार, धर्म या भाषा पर आधारित सब अल्पसंख्यक वर्गों को अपनी रुचि की शिक्षण संस्थाओं की स्थापना और उनके प्रशासन का अधिकार है। राज्य किसी शिक्षण संस्था को इस आधार पर आर्थिक सहायता देने से इन्कार नहीं कर सकेगा कि वह किसी धर्म या भाषा पर आधारित किसी अल्पसंख्यक वर्ग के प्रबन्ध के अधीन है।

**पायली** के अनुसार, अन्य मौलिक अधिकारों पर अनेक प्रतिबन्ध हैं परन्तु इस अधिकार पर कोई प्रतिबन्ध न होना इस बात का द्योतक है कि संविधान निर्माता इस अधिकार को निर्बाध रखना चाहते थे।

**44वें संवैधानिक संशोधन द्वारा सम्पत्ति के** अधिकार को जो मूल अधिकार से अलग कर दिया गया है, उसमें यह स्पष्ट कर दिया गया है कि इससे अल्पसंख्यकों को अपनी पसन्द की शिक्षण संस्थाओं की स्थापना तथा इन सब शिक्षण संस्थाओं के प्रशासन के अधिकार पर कोई आघात नहीं पहुँचेगा।

**(VI) संवैधानिक उपचारों का अधिकार (अनुच्छेद 32)**

संविधान द्वारा जो मूल अधिकार प्रदान किये गये हैं इनका उल्लंघन शासन द्वारा न हो इस हेतु संविधान द्वारा व्यक्ति को संवैधानिक उपचारों का भी अधिकार एक मूल अधिकार के रूप में प्रदान किया गया है। अनुच्छेद 32 से 35 के अन्तर्गत प्रत्येक नागरिक को यह अधिकार प्रदान किया गया है कि वह अपने मौलिक अधिकारों की रक्षा के लिए उच्चतम न्यायालय की शरण ले सकता है। संवैधानिक उपचारों के अधिकार की व्यवस्था के महत्व को दृष्टि में रखते हुए **डॉ. अम्बेडकर** ने कहा था—"यह संविधान का हृदय तथा आत्मा है।" भूतपूर्व मुख्य न्यायाधीश ने इसे '**भारतीय संविधान का सर्वप्रमुख लक्षण**' और संविधान द्वारा स्थापित '**प्रजातांत्रिक भवन की आधारशिला**' कहा है।

नागरिकों के मौलिक अधिकारों की रक्षा के लिए न्यायालयों द्वारा निम्नलिखित पाँच प्रकार के लेख जारी किये जा सकते हैं—

**(1) बन्दी प्रत्यक्षीकरण लेख** (Writ of Habeas Corpus)—व्यक्तिगत स्वतन्त्रता हेतु यह लेख सर्वाधिक महत्वपूर्ण है। इस लेख का अर्थ है, शारीरिक उपस्थिति। इस लेख द्वारा न्यायालय बन्दी बनाये गये व्यक्ति की प्रार्थना पर अपने समक्ष उपस्थित करने तथा उसे बन्दी बनाने का कारण बताये जाने का आदेश दे सकता है। यदि न्यायालय के विचार में सम्बन्धित व्यक्ति को बन्दी बनाये जाने के पर्याप्त कारण नहीं हैं या उसे कानून के विरुद्ध बन्दी बनाया गया है, तो न्यायालय उस व्यक्ति को तुरन्त रिहा करने का आदेश दे सकता है।

**(2) परामदेश लेख** (Writ of Madamus)—इस लेख का अर्थ है, '**हम आज्ञा देते हैं।**' जब कोई सरकारी विभाग या अधिकारी अपने सार्वजनिक कर्तव्यों का पालन नहीं कर रहा है, जिसके परिणामस्वरूप किसी व्यक्ति के मौलिक अधिकार का हनन होता है, तो न्यायालय इस लेख द्वारा उस विभाग या अधिकारी को कर्तव्य-पालन हेतु आदेश दे सकता है।

**(3) प्रतिषेध लेख** (Writ of Prohibition)—इस लेख का अर्थ है—'**रोकना**'। यह लेख सर्वोच्च न्यायालय और उच्च न्यायालय द्वारा अपने अधीनस्थ न्यायालय को जारी करते हुए आदेश दिया जाता है कि वह उन मुकद्दमों की सुनवाई न करे जो उसके अधिकार क्षेत्र के बाहर हैं।

**(4) उत्प्रेक्षण लेख** (Writ of Certorari)—इस लेख का अर्थ है—'**पूर्णतया सूचित करना**'। इस आज्ञापत्र द्वारा उच्चतम न्यायालय, उच्च न्यायालय को और उच्च न्यायालय अपने अधीनस्थ न्यायालयों को किसी मुकदमे को सभी सूचनाओं के साथ उच्च न्यायालय में भेजने की आज्ञा देते हैं। प्रायः इसका प्रयोग उस समय किया जाता है जब कि कोई मुकदमा उस न्यायालय के क्षेत्राधिकार से बाहर होता है और न्याय के प्राकृतिक सिद्धान्तों का दुरुपयोग होने की सम्भावना होती है। इसके अतिरिक्त, उच्च न्यायालय अपने अधीनस्थ न्यायालयों से किसी मुकदमे के विषय में सूचनाएँ भी इस लेख के आधार पर माँग सकते हैं।

**(5) अधिकार पृच्छा लेख** (Writ of Quo-Warranto)—इस लेख का अर्थ है—'**किस अधिकार से**'। जब कोई व्यक्ति किसी सार्वजनिक पद को अवैधानिक तरीके से या जबरदस्ती प्राप्त कर लेता है तो न्यायालय इस लेख द्वारा उसके विरुद्ध पद को खाली कर देने का आदेश निर्गत कर सकता है। इस आदेश द्वारा न्यायालय सम्बन्धित व्यक्ति से यह पूछता है कि वह किस अधिकार से इस पद पर कार्य कर रहा है ? जब तक इन प्रश्न का सन्तोषजनक उत्तर सम्बन्धित व्यक्ति द्वारा नहीं दिया जाता, तब तक वह उस पद पर कार्य नहीं कर सकता।

व्यक्तियों द्वारा साधारण परिस्थितियों की शरण लेकर अपने मौलिक अधिकारों की रक्षा की जाती है लेकिन युद्ध, बाहरी आक्रमण या सशस्त्र विद्रोह जैसी परिस्थितियों में, जबकि राष्ट्रपति द्वारा संकटकाल की घोषणा कर दी गयी हो, मौलिक अधिकारों की रक्षा के लिए कोई व्यक्ति किसी न्यायालय से प्रार्थना नहीं कर सकेगा। इस प्रकार संविधान द्वारा संकटकाल में नागरिकों के मौलिक अधिकारों को स्थगित करने की व्यवस्था की गयी है।

**सम्पत्ति के मौलिक अधिकार का अन्त**—संविधान निर्माताओं ने भारत के सभी नागरिकों को सात मौलिक अधिकार प्रदान किये थे जिनमें '**सम्पत्ति का मौलिक अधिकार**' भी एक था। परन्तु सन् 1978 ई. में जनता सरकार द्वारा संविधान में 44वें संशोधन द्वारा सम्पत्ति के मौलिक अधिकार को समाप्त कर दिया गया। वास्तव में, सम्पत्ति का अधिकार प्रारम्भ से ही एक विवाद का विषय रहा है। संविधान सभा में पण्डित जवाहर लाल नेहरू ने सम्पत्ति के अधिकार का बहुत विरोध किया था लेकिन अधिकांश सदस्य इसके पक्ष में होने के कारण इसे मौलिक अधिकार के रूप में स्वीकार कर लिया गया था। तत्पश्चात् इस सम्पत्ति के अधिकार को लेकर अनेक विवाद उत्पन्न हुए जिसके कारण संविधान में सन् 1951, 1955 और 1971 ई. में संशोधन कर उसकी पुष्टि की गयी, लेकिन स्थायी हल न निकलने के कारण सन् 1978 ई. में जनता सरकार ने इसे मौलिक अधिकारों में से समाप्त कर एक कानूनी अधिकार का रूप प्रदान कर दिया।

### मौलिक अधिकारों का मूल्यांकन

मौलिक अधिकारों की व्यवस्था कर हमारा संविधान व्यक्ति की गरिमा, उसकी श्रेष्ठता और हितों का संरक्षक बन जाता है। मौलिक अधिकार हमारी संवैधानिक व्यवस्था की आत्मा और प्राण हैं। परन्तु प्रारम्भ से ही मौलिक अधिकारों का अध्याय आलोचना का विषय रहा है, उसके पक्ष और विपक्ष में बहुत कुछ कहा गया है जो इस प्रकार हैं—

### मौलिक अधिकारों के विपक्ष में तर्क (आलोचना)

मौलिक अधिकारों की निम्नलिखित आधारों पर कटु आलोचना की गई है—

**(1) महत्वपूर्ण अधिकारों की उपेक्षा**—मौलिक अधिकारों की सर्वप्रथम आलोचना इस आधार पर की जाती है कि इसमें काम का अधिकार, अवकाश का अधिकार, शिक्षा का अधिकार और भौतिक सुरक्षा जैसे महत्वपूर्ण अधिकारों का उल्लेख नहीं किया गया है। आलोचकों का मत है कि आर्थिक अधिकारों के अभाव में राजनीतिक और नागरिक अधिकार महत्वहीन हैं।

**(2) समता का अधिकार एक ढोंग**—भारतीय संविधान में जो समता के अधिकार की व्यवस्था की गयी है, उससे वास्तविक समानता स्थापित नहीं हो सकती है। भारत में जहाँ एक ओर करोड़पति और अरबपति हैं, वहीं दूसरी ओर अधिक संख्या में वे लोग भी हैं जो एक-एक पैसे के लिए मोहताज हैं। इस असमानता को दूर करने के लिए मौलिक अधिकारों में कोई व्यवस्था नहीं की गयी है। इसके साथ ही मौलिक अधिकारों की व्यवस्था में अस्पृश्यता का अन्त दिखावा मात्र है। वास्तव में आज भी जातीय आधार पर कुछ वर्गों को विशेष सुविधाएँ प्रदान की जाती हैं, जिसके कारण भारत में जातीय तथा वर्ग-भेद में वृद्धि के साथ-साथ और हीनता की भावना भी उत्पन्न हुई है। इस प्रकार असमानताएँ भारतीय लोकतन्त्र और राष्ट्रीय एकता के लिए आज भी खतरा बनी हुई हैं।

**(3) प्रतिबन्ध की प्रचुरता**—आलोचकों का कथन है कि भारतीय संविधान में मौलिक अधिकारों का उल्लेख तो व्यापक रूप से किया गया है परन्तु उन पर व्यापक प्रतिबन्ध लगाकर उनकी वास्तविक उपयोगिता को समाप्त कर दिया गया है। इसके अतिरिक्त उनके अपवादस्वरूप जो व्यवस्था की गयी है उससे मौलिक अधिकारों को देना और न देना बराबर हो गया है। इस सम्बन्ध मे **प्रो. के.टी. शाह** द्वारा कहा गया था कि ये स्वतन्त्रताएँ वस्तुत: इतनी सन्देहपूर्ण हो गयी हैं कि उन्हें ढूंढ़ने के लिए सूक्ष्मदर्शक यन्त्र की आवश्यकता होगी।

**(4) आपातकाल में मौलिक अधिकारों का स्थगन**—आपातकाल में राष्ट्रपति द्वारा अपराध-सिद्धि विषयक जीवन, शरीर-रक्षण के मौलिक अधिकारों को छोड़कर अन्य सभी मौलिक अधिकार स्थापित किये जा सकते हैं और कोई व्यक्ति इसके स्थगन के विरुद्ध न्यायालय की शरण नहीं ले सकता। इसीलिए इस व्यवस्था की आलोचना करते हुए **श्री. एच. वी. कामथ** ने संविधान सभा में कहा था कि, "इस व्यवस्था द्वारा हम तानाशाही न पुलिस राज्य की स्थापना कर रहे हैं।"[1]

**(5) शान्तिकाल में निवारक निरोध की व्यवस्था अनुचित**—भारत में निवारक निरोध, मीसा, नासा और टाडा जैसे कानूनों की रचना शान्तिकाल में की जाती रही है। ऐसे कानूनों से व्यक्तिगत स्वतन्त्रता खतरे में पड़ जाती है, जबकि अन्य देशों में युद्ध अथवा संकटकाल में ही ऐसे कानूनों का प्रयोग किया जाता है। अत: भारत में यह व्यवस्था एक स्वतन्त्र समाज के विरुद्ध है।

**(6) कार्यपालिका द्वारा शक्ति के दुरुपयोग की सम्भावना**—आपातकाल में राष्ट्रपति द्वारा स्वतन्त्रताओं तथा संवैधानिक उपचारों के निलम्बन या स्थगन के अधिकार को आलोचना का मुख्य बिन्दु माना जाता है, क्योंकि राष्ट्रपति के इस अधिकार से कार्यपालिका की शक्ति में बहुत अधिक वृद्धि हो जाती है और वह कुछ समय के लिए संसद और न्यायपालिका का अवहलेना भी कर सकती है।

1. "By this provision they were laying the foundation of a totalitarian state and a Police State." —*H. V. Kamath*

**(7) मौलिक अधिकारों की भाषा स्पष्ट न होना**—सर आइवर जैनिंग्स के अनुसार भारतीय अधिकार पत्र की भाषा ठीक नहीं है। उसमें अनेक बातें अस्पष्ट हैं और यह अमेरिका के अधिकार पत्र जैसे स्पष्ट और संक्षिप्त नहीं हैं।

**(8) बहुत अधिक विस्तृत**—मौलिक अधिकारों के सम्बन्ध में आलोचकों द्वारा यह भी कहा गया है कि भारतीय संविधान निर्माता मौलिक अधिकारों के सम्बन्ध में बहुत अधिक विस्तार में चले गये जो उचित नहीं था।

**मौलिक अधिकारों के व्यवस्था के पक्ष में तर्क (महत्त्व)**

मौलिक अधिकारों की व्यवस्था के सम्बन्ध में जो आलोचना की गई है, उससे अनेक विद्वान सहमत नहीं है। उन्होंने मौलिक अधिकारों की व्यवस्था को औचित्यपूर्ण ठहराते हुए आलोचकों के विभिन्न तर्कों का खण्डन किया और कहा है कि यह व्यवस्था हमारे संविधान का सर्वाधिक महत्वपूर्ण अंग है। इन अधिकारों के अभाव में स्वतन्त्रता का कोई मूल्य नहीं है। अत: विद्वानों द्वारा निम्न तर्कों के आधार पर मौलिक अधिकारों के महत्व को स्पष्ट किया है—

**(1) व्यावहारिकता पर आधारित**—मौलिक अधिकारों की व्यवस्था व्यावहारिक और वास्तविकता पर आधारित है। भारत आर्थिक संसाधनों की दृष्टि से इतना सम्पन्न नहीं है कि काम पाने, शारीरिक अयोग्यता की स्थिति में राजकीय सहायता प्राप्त करने, नि:शुल्क शिक्षा प्राप्त करने तथा न्यूनतम वेतन प्राप्त करने जैसे अधिकारों की मौलिक अधिकारों के रूप में व्यवस्था कर सके।

**(2) अनुसूचित जातियों तथा जनजातियों का कल्याण**—मौलिक अधिकारों द्वारा अनुसूचित जातियों तथा जनजातियों के हितों के संरक्षण को विशेष महत्व प्रदान किया गया है। जाति, धर्म, वंश, लिंग और ऊँच-नीच आदि के भेदभाव को समाप्त करके सभी नागरिकों को समान अधिकार प्रदान किये गये हैं। सभी को अपने विकास हेतु समान अवसरों की व्यवस्था की गयी है।

**(3) अपवादों और प्रतिबन्धों का औचित्य**—किसी अधिकार पर अपवाद और प्रतिबन्ध लगाना उचित ही था क्योंकि नागरिकों को असीमित अधिकार नहीं दिये जा सकते अन्यथा प्रत्येक व्यक्ति मनमाने तरीके से उसका उपयोग करने लगेगा। इसके अतिरिक्त, राष्ट्रीय सुरक्षा, वैदेशिक सम्बन्ध, सार्वजनकि हित, शिष्टाचार या नैतिकता आदि की दृष्टि से भी मौलिक अधिकारों के अपवादों और प्रतिबन्धों का आधार उचित है। इन अपवादों और प्रतिबन्धों के औचित्य की जाँच न्यायपालिका द्वारा की जा सकती है।

**(4) लोकतन्त्र की सफलता का आधार**—मौलिक अधिकारों के अभाव में लोकतन्त्र की कल्पना भी नहीं की जा सकती। लोकतन्त्रीय व्यवस्था जनता द्वारा निर्वाचित होती है जिसके लिए सभी नागरिकों को समान अधिकार एवं स्वतन्त्रताएँ होनी चाहिए क्योंकि स्वतन्त्रता और समानता लोकतन्त्रीय व्यवस्था के दो आधारभूत सिद्धान्त होते हैं इसलिए हमारे मौलिक अधिकारों में इन दोनों सिद्धान्तों को स्थान दिया गया है।

**(5) शासन की निरंकुशता पर अंकुश**—लोकतन्त्रीय शासन व्यवस्था में संसद या प्रान्तीय व्यवस्थापिकाएँ कानून बनाने का कार्य करती हैं जो नागरिकों के मौलिक अधिकारों को सीमित करने का प्रयास भी कर सकती हैं, परन्तु संविधान के विरुद्ध बनाये गये ऐसे कानून को, जो नागरिकों के मौलिक अधिकारों को सीमित करते हैं, उच्चतम न्यायालय अवैध घोषित कर सकता है। इस प्रकार की व्यवस्था का उद्देश्य शासन की निरंकुशता पर अंकुश लगाना ही है।

**(6) राष्ट्र-रक्षा की दृष्टि से निवारक निरोध की व्यवस्था भी ठीक है**—जहाँ राज्य की सुरक्षा तथा नागरिकों के अधिकारों के बीच टक्कर होगी वहाँ राज्य की सुरक्षा को महत्व दिया जाना समीचीन प्रतीत होता है। **प्रो. ऐलेक्जेण्डरोविच** के अनुसार, "निवारक निरोध भारत में प्रशासनिक आवश्यकता है अन्यथा हिंसक तथा देशद्रोही तत्वों के कारण राष्ट्र की स्वाधीनता खतरे में पड़ जायेगी।" वास्तव में, यह व्यवस्था एक भरी हुई बन्दूक के समान है, जिसका प्रयोग हत्या और रक्षा दोनों के लिए किया जा सकता है।

**(7) मौलिक अधिकारों की भाषा परिस्थितियों के अनुकूल**—मौलिक अधिकारों के पक्ष में तर्क देते हुए कुछ विद्वानों ने **सर आइवर जैनिंग्स** के इस मत का कि मौलिक अधिकारों की भाषा ठीक नहीं है तथा ये बहुत विस्तृत हैं, खण्डन किया है तथा कहा है कि यदि संविधान बनाने की परिस्थितियों के परिप्रेक्ष्य में देखें तब यह न्यायोचित लगता है।

**(8) सामाजिक बुराइयों का अन्त**—मौलिक अधिकारों के द्वारा सामाजिक बुराइयों का अन्त कर दिया गया है। भारतीय समाज में भयंकर बीमारी के रूप में व्याप्त छुआछूत, जातिवाद, सम्प्रदायवाद, धर्मवाद और भाषावाद आदि सामाजिक बुराइयों से उत्पन्न भेदभाव को समाप्त करके सामाजिक समानता स्थापित की गयी है।

इस प्रकार उपर्युक्त विवेचन से स्पष्ट है कि मौलिक अधिकारों की व्यवस्था में बुराई और अच्छाई दोनों ही विद्यमान हैं परन्तु व्यक्ति के सर्वांगीण विकास हेतु मौलिक अधिकारों की व्यवस्था आवश्यक ही नहीं वरन् अनिवार्य है। अधिकारों के अभाव में लोकतन्त्रात्मक व्यवस्था निराधार है। **प्रो. लॉस्की** के शब्दों में, "प्रत्येक राज्य की पहचान उसके अधिकारों की व्यवस्था से की जाती है। ये अधिकार राज्य की आधारशिला है।"

पिछले लगभग एक दशक से यह अनुभव किया गया कि नागरिक अधिकारों की रक्षा के लिए विशेष व्यवस्था की जानी चाहिए। इस प्रसंग में पहले तो सितम्बर, 1993 में राष्ट्रपति द्वारा अध्यादेश जारी किया गया तथा उसके बाद में दिसम्बर, 1993 में मानवाधिकार आयोग व न्यायालय गठन सम्बन्धी विधेयक पारित किया गया। मानव अधिकार आयोग का प्रमुख उद्देश्य नागरिकों के अधिकारों की रक्षा करना है। यह एक आठ-सदस्यीय आयोग होगा। आयोग की अध्यक्षता सर्वोच्च न्यायालय के वर्तमान या सेवानिवृत्त न्यायाधीश द्वारा की जायेगी। आयोग को मानवीय अधिकारों के हनन, दुरुत्साहन और मानवीय अधिकारों की हनन की रोकथाम में सरकारी कर्मचारियों की उपेक्षा की सभी शिकायतों पर विचार करने का अधिकार होगा। सन् 1994 ई. में राष्ट्रीय मानव अधिकार आयोग ने अपना कार्य प्रारम्भ कर दिया है।[2] भविष्य में सरकार की किसी एजेन्सी के कारण जब नागरिकों मौलिक अधिकारों या अन्य अधिकार का हनन होगा तब नागरिक के सामने विकल्प होगा कि वह सर्वोच्च न्यायालय या उच्च न्यायालय में जाये अथवा मानव अधिकार आयोग में जाये।

## नागरिकों के मौलिक कर्तव्य
## (Fundamental Duties of Citizens)

जब भारतीय संविधान बनाया गया था उस समय उसमें कर्तव्यों का कोई उल्लेख नहीं था लेकिन सन् 1976 ई. में संविधान में व्यापक संशोधन करते समय यह अनुभव किया गया कि संविधान में नागरिकों के मूल कर्तव्यों का भी उल्लेख किया जाना चाहिए। इसलिए संविधान में 42 वें संशोधन अधिनियम, 1976 के द्वारा भारतीय संविधान के भाग 4 के पश्चात् एक नया भाग 4(अ) जोड़ा गया जिसमें नागरिकों के 10 मौलिक कर्तव्यों का उल्लेख है। किन्तु सन् 2002 में एक मौलिक कर्त्तव्य और जोड़ दिया गया है। इस प्रकार मौलिक कर्त्तव्यों की संख्या बढ़कर 11 हो गई है। जो निम्नलिखित हैं–

**(1) संविधान का पालन तथा उसके आदर्शों, संस्थाओं और राष्ट्रीय प्रतीकों का सम्मान**–भारत के प्रत्येक नागरिक का कर्तव्य होगा कि वह संविधान का पालन करे और उसके आदर्शों, संस्थाओं, राष्ट्रध्वज और राष्ट्रगान का आदर करे।

**(2) राष्ट्रीय आन्दोलन के प्रेरक आदर्शों का पालन**–स्वतन्त्रता के लिए हमारे राष्ट्रीय आन्दोलन को प्रेरित करने वाले उच्च आदर्शों को हृदय में संजोये रखें और उनका पालन करें।

**(3) भारत की एकता, अखण्डता और सम्प्रभुता की रक्षा**–प्रत्येक भारतीय नागरिक का यह कर्तव्य है कि वह भारत की सम्प्रभुता, एकता और अखण्डता की रक्षा करे और उसे अक्षुण्ण बनाये रखे। इसे भारतीय नागरिकों के सर्वोच्च कर्तव्य की संज्ञा दी जा सकती है।

**(4) देश की रक्षा और राष्ट्र सेवा**–प्रत्येक भारतीय नागरिक का यह कर्तव्य है कि वह देश की रक्षा करे और आवश्यकता पड़ने पर राष्ट्र की सेवा करे।

**(5) भारत के लोगों में समरसता और भातृत्व की भावना का विकास**–भारत के सभी लोगों में समरसता और समान भ्रातृत्व की भावना का निर्माण करें, जो भाषा और प्रदेश या वर्ग पर आधारित सभी भेदभाव से परे हों और ऐसी प्रथाओं का परित्याग करें, जो स्त्रियों के सम्मान के विरुद्ध हो।

**(6) समन्वित संस्कृति की गौरवशाली परम्परा की रक्षा**–अपनी समन्वित संस्कृति की गौरवशाली परम्परा का महत्व समझें और संरक्षण करें।

**(7) प्राकृतिक पर्यावरण की रक्षा और सभी प्राणियों के प्रति दयाभाव**–प्रत्येक नागरिक का कर्तव्य है कि प्राकृतिक पर्यावरण की, जिसके अन्तर्गत वन, झील, नदी और वन्य जीव भी आते हैं, रक्षा करें और उसका संवर्द्धन करें तथा प्राणीमात्र के प्रति दयाभाव रखें।

**(8) वैज्ञानिक दृष्टिकोण, मानववाद और ज्ञानार्जन का विकास**–प्रत्येक नागरिक का कर्तव्य है कि वह वैज्ञानिक दृष्टिकोण, मानववाद और ज्ञानार्जन तथा सुधार की भावना का विकास करें।

**(9) सार्वजनिक सम्पत्ति और सुरक्षा व हिंसा से दूर रहना**–प्रत्येक नागरिक का कर्तव्य है कि वह सार्वजनिक सम्पत्ति को सुरक्षित रखे व हिंसा से दूर रहे।

**(10) व्यक्तिगत तथा सामूहिक उत्कर्ष का प्रयास**–प्रत्येक नागरिक का कर्तव्य है कि व्यक्तिगत व सामूहिक गतिविधियों के सभी क्षेत्रों में उत्कर्ष की ओर बढ़ने का सतत् प्रयास करें, जिससे राष्ट्र निरन्तर बढ़ते हुए प्रगति और उपलब्धि की नवीन ऊँचाइयों को छू सके।

**(11) 2002 ई. में एक और मौलिक कर्तव्य जोड़ दिया गया है। ये हैं**–प्रत्येक माता-पिता या संरक्षक अपनी सन्तान को या अपनी निगरानी में पल रहे 6 से 14 वर्ष तक के बच्चों को शिक्षा सम्बन्धी अवसर प्रदान करेंगे।

**मौलिक कर्तव्यों की आलोचना**

भारतीय नागरिकों के मौलिक कर्तव्यों की निम्नांकित आधारों पर आलोचना की जा सकती है—

**(1) कर्तव्यों में अत्यधिक आदर्शवाद**—मौलिक कर्तव्यों में अनेक ऐसे आदर्श सम्मिलित किये गये हैं, जिन्हें व्यवहार में लागू नहीं किया जा सकता है। ये ऐसे आदर्श हैं जिनका उदाहरण हमारे ऋषि-मुनि हजारों वर्षों से देते आये हैं किन्तु आज सामान्य जीवन में इनका इतना महत्व नहीं है; जैसे—अहिंसा का भाव रखना आदि।

**(2) कर्तव्यों के उल्लंघन पर दण्ड की व्यवस्था नहीं**—विश्व के अनेक देशों के संविधानों में ऐसी व्यवस्था है कि यदि नागरिक मूल कर्तव्यों का पालन नहीं करेंगे तो उन्हें मूल अधिकारों तथा नागरिकता से भी वंचित कर दिया जायेगा किन्तु भारतीय संविधान में मूल कर्तव्यों का उल्लंघन किये जाने पर दण्ड की व्यवस्था नहीं की गयी है। इसलिए आलोचकों के अनुसार इन कर्तव्यों के संविधान में उल्लेख करने का कोई महत्व नहीं रहा।

**(3) भाषा की अस्पष्टता**—संविधान में वर्णित कई मूल कर्तव्यों की भाषा अस्पष्ट है। उदाहरण के लिए वैज्ञानिक दृष्टिकोण, मानववाद सुधार की भावना का विकास और सभी क्षेत्रों में उत्कृष्टता के प्रयास आदि ऐसी बातें हैं, जिनकी व्याख्या विभिन्न व्यक्ति अपने-अपने दृष्टिकोण एवं मान्यता के अनुसार मनमाने रूप से कर सकते हैं।

## मौलिक कर्तव्यों का महत्व
## (Importance of Fundamental Duties)

अधिकारों और कर्तव्यों का घनिष्ठ सम्बन्ध सदैव से ही रहा है। अधिकार और कर्तव्य एक ही सिक्के के दो पहलू हैं, एक के बिना दूसरा अस्तित्वहीन हो जाता है। कर्तव्यों के बिना अधिकारों की माँग करना नीतिसंगत और न्यायोचित नहीं है। वाइल्ड के शब्दों में, केवल कर्तव्यों के संसार में ही अधिकारों की प्रतिष्ठा है। संविधान के 42वें संशोधन द्वारा नागरिकों के लिए कर्तव्यों का समावेश करके हमारे संविधान की एक बहुत बड़ी कमी को पूरा किया गया है। अत: मौलिक कर्तव्यों के महत्व को निम्नलिखित आधारों पर स्पष्ट किया जा सकता है—

**(1) सम्प्रभुता तथा अखण्डता की रक्षा**—मौलिक कर्तव्यों द्वारा नागरिकों को यह निर्देश दिया गया है कि वे देश की सम्प्रभुता, एकता और अखण्डता की रक्षा करें। यदि सभी नागरिक निष्ठा एवं ईमानदारी से अपने इस कर्तव्य का पालन करने लग जायें तो भारत की सम्प्रभुता एवं अखण्डता चिरस्थायी बनी रहेगी।

**(2) स्त्रियों का सम्मान**—मौलिक कर्तव्यों का इसलिए भी महत्व है कि इसके पालन करने से समाज में स्त्रियों को सम्मान प्राप्त होगा, जिससे उनकी गरिमा में वृद्धि होगी और लिंग सम्बन्धी भेदभाव समाप्त होकर समानता स्थापित होगी।

**(3) देश की सुरक्षा**—मौलिक कर्तव्यों द्वारा देश के नागरिकों का आह्वान किया गया है कि वे संकट के समय देश की सुरक्षा हेतु तन-मन-धन से अपना योगदान दें।

**(4) विश्व-बन्धुत्व की भावना का विकास**—मौलिक कर्तव्यों में भारतीय नागरिकों को सद्भावना तथा भाई-चारे की भावना बनाये रखने का निर्देश दिया गया है कि साथ ही हिंसा से दूर रहने का परामर्श दिया गया है। ये निर्देश और परामर्श मानवीय दृष्टिकोण अपनाने और विश्व-बन्धुत्व की भावना को विकसित करने में सहायक सिद्ध होंगे।

**(5) देश की प्रगति में सहायक**—नागरिकों द्वारा वैज्ञानिक दृष्टिकोण अपनाने जाने से देश प्रगति की दिशा में आगे बढ़ेगा और विकसित राष्ट्रों की श्रेणी में आ जायेगा।

**(6) संस्कृति की रक्षा और संरक्षण**—भारत में समन्वित संस्कृति होने के कारण कश्मीर से कन्याकुमारी तक विभिन्न प्रकार की गौरवशाली परम्पराएँ हैं। मौलिक कर्तव्यों के पालन से हम विभिन्न प्रकार की इन परम्पराओं में समन्वय स्थापित कर सकेंगे और उनका संरक्षण कर सकेंगे। इससे भारत की सांस्कृतिक एकता सुदृढ़ होगी।

**(7) प्राकृतिक तथा सार्वजनिक सम्पत्ति की रक्षा**—भारत में प्राकृतिक तथा सार्वजनिक सम्पत्ति को नष्ट करने में लोग कोई संकोच नहीं करते। मौलिक कर्तव्यों में दिये गये निर्देश के पालन में प्राकृतिक तथा सार्वजनिक सम्पत्ति की रक्षा होगी। प्रदूषण दूर होगा, जिससे स्वास्थ्य रक्षा होगी, साथ ही देश की प्रगति भी होगी।

**(8) लोकतन्त्र को सफल बनाने में सहायक**—भारत द्वारा अपनायी गयी लोकतान्त्रिक शासन व्यवस्था तब तक सफल नहीं हो सकती, जब तक नागरिक लोकतान्त्रिक संस्थाओं का आदर न करें। मौलिक कर्तव्यों को संविधान में स्थान दिये जाने से लोग इन संस्थाओं का आदर करेंगे, जिससे लोकतान्त्रिक शासन व्यवस्था सुदृढ़ होगी।

इस प्रकार उपर्युक्त विवेचन से स्पष्ट है कि हमारे मौलिक कर्तव्य संविधान के सर्वाधिक नैतिक और महत्वपूर्ण अंग हैं। इन कर्तव्यों के पालन से ही हमारे लोकतन्त्र और गणतन्त्र की नींव सुदृढ़ होगी। इन कर्तव्यों से ही हमारे मौलिक अधिकारों की रक्षा हो सकेगी।

# प्रश्न
# (Questions)

## दीर्घ उत्तरीय प्रश्न (Long Answer Type Questions)

1. भारतीय संविधान में उल्लखित मौलिक अधिकारों की आलोचनात्मक समीक्षा कीजिये।
(Discuss critically the fundamental rights given in the Indian constitution.)
2. भारतीय नागरिकों के मूल अधिकारों का संक्षेप में वर्णन कीजिये।
(Describe in brief the fundamental rights of Indian citizens.)
3. भारतीय संविधान में मौलिक अधिकारों का क्या महत्व है ?
(What is the importance of fundamental rights in Indian constitution ?)
4. मौलिक अधिकारों का अर्थ व महत्व बताते हुए स्पष्ट कीजिये कि ये नीति-निर्देशक तत्वों से किस प्रकार भिन्न हैं ?
(Discuss the meaning and importance of fundamental rights. How they are differ from Directive principles of state ?)
5. भारतीय संविधान में वर्णित नागरिकों के मौलिक कर्तव्यों का वर्णन कीजिये।
(Describe the fundamental rights of citizens given by Indian constitution.)
6. भारतीय संविधान में वर्णित मौलिक अधिकार क्या हैं ? इनमें और राज्य नीति निर्देशक सिद्धान्तों में क्या अन्तर है ?
(What are the fundamental rights given in Indian constitution? What is difference between fundamental rights and Directive principles of state policy ?)
7. भारत के नागरिकों के मौलिक अधिकारों का वर्णन कीजिये।
(Describe the fundamental rights of Indian citizens.)
8. मौलिक अधिकारों की परिभाषा दीजिए। मौलिक अधिकारों के महत्व को समझाइए।
(Define fundamental rights. Discuss the importance of fundamental rights.)
9. भारतीय संविधान के अन्तर्गत नागरिकों के मौलिक अधिकारों का विवेचन कीजिये।
(Discuss the fundamental rights of citizens given in Indian Constitution.)
10. भारतीय संविधान में जो मौलिक अधिकार दिये गये हैं, उनकी विवेचना कीजिये। क्या वे असीमित हैं ?
(Discuss the fundamental rights which are given in Indian constitution ? Are they unlimited ?)
11. भारतीय संविधान में जो मौलिक अधिकार दिये गये हैं। उनकी व्याख्या कीजिये।
(Discuss the fundamental rights which are given in Indian constitution ?)
12. भारतीय संविधान में उल्लखित मूलभूत अधिकारों तथा राजनीति के निर्देशक तत्वों का संक्षिप्त विवरण देते हुए दोनों में अन्तर स्पष्ट कीजिये।
(Discuss in brief the fundamental rights and directive principles of state policy given in Indian constitution. Clear difference in both.)
13. संविधान द्वारा उल्लखित मौलिक कर्तव्यों का महत्व एवं आलोचना सहित विवेचन कीजिये।
(Discuss the importance with criticism of fundamental duties given in constitution.)
14. भारतीय नागरिकों के मौलिक अधिकार एवं कर्तव्य क्या हैं ?
(What are the fundamental rights and duties of citizens ?)
15. भारतीय संविधान में वर्णित मूल कर्तव्यों की व्याख्या कीजिये।
(Discuss the fundamental duties given in Indian constutition.)
16. मौलिक कर्तव्यों की व्याख्या कीजिये।
(Discuss fundamental duties.)
17. भारतीय संविधान में उल्लिखित मूल अधिकारों पर एक निबन्ध लिखिये।
(Write an essay on fundamental rights given in Indian constitution.)

## लघु उत्तरीय प्रश्न (Short Answer Type Question)

1. किन्हीं तीन मौलिक अधिकारों को लिखिये।
2. समानता के मौलिक अधिकार को स्पष्ट कीजिये।
3. मौलिक अधिकारों और नीति निर्देशक तत्वों में चार अन्तर बताइये।
4. संवैधानिक उपचार का अधिकार क्या है?
5. नागरिकों के मौलिक कर्तव्यों को बताइये।
6. स्वतन्त्रता के अधिकार का वर्णन कीजिये।
7. मौलिक अधिकारों का महत्व बताइये।
8. समानता के अधिकार का संक्षेप में वर्णन कीजिये।
9. मौलिक कर्तव्यों की विवेचना कीजिये।

## बहुविकल्पीय वस्तुनिष्ठ प्रश्न (Multiple choice Type objective Questions)

**1. भारतीय संविधान में किस संशोधन के परिणामस्वरूप सम्पत्ति का अधिकार संविधान से हटा दिया गया है–**

(a) 42वें संशोधन (b) 44वें संशोधन

(c) 43वें संशोधन (d) 45वें संशोधन।

**उत्तर**–(b)

**2. संविधान के कौन-से संशोधन द्वारा संविधान में नागरिकों के मौलिक कर्तव्य जोड़े गए हैं–**

(a) सन् 1976 के 42वें संशोधन द्वारा (b) सन् 1971 के 25वें संशोधन द्वारा

(c) सन् 1978 के 44वें संशोधन द्वारा (d) सन् 1985 के 52वें संशोधन द्वारा।

**उत्तर**–(a)

**3. मौलिक अधिकारों का संरक्षक कौन है–**

(a) संसद (b) सर्वोच्च न्यायालय

(c) संविधान (d) भारत सरकार।

**उत्तर**–(b)

**4. भारतीय संविधान में स्वतन्त्रता का अधिकार किस अनुच्छेद में वर्णित किया गया है–**

(a) अनुच्छेद 14 (b) अनुच्छेद 25

(c) अनुच्छेद 19 (d) अनुच्छेद 32।

**उत्तर**–(c)

**5. संकटकाल में नागरिकों के मौलिक अधिकार–**

(a) सर्वोच्च न्यायालय की इच्छा पर निर्भर है (b) राष्ट्रपति की इच्छा पर निर्भर रहते हैं

(c) स्थगित किए जा सकते हैं (d) उपरोक्त में से कोई भी बात सही नहीं है।

**उत्तर**–(b)

**6. सन् 1976 के 42वें संविधान संशोधन द्वारा भारत के संविधान में 10 मौलिक कर्त्तव्य जोड़े गये थे। किन्तु अब इनकी संख्या बढ़कर निम्न में से कितनी हो गई है–**

(a) 13 (b) 12

(c) 11 (d) उपर्युक्त सभी गलत हैं।

**उत्तर**–(c)

**7. भारतीय संविधान में 11वाँ मौलिक कर्त्तव्य निम्न में से किस सन् में जोड़ा गया–**

(a) 1999 (b) 2000

(c) 2001 (d) 2002

**उत्तर**–(d)

# राज्य-नीति के निदेशक तत्व
# [DIRECTIVE PRINCIPLES OF STATE POLICY]

> *"राज्य के नीति निदेशक तत्व एक प्रज्ज्वलित ज्योति के रूप में राज्य के सभी अधिकारियों का राष्ट्र-निर्माण के प्रयासों में पथ-प्रदर्शन करेंगे और राष्ट्र धीरे-धीरे शक्तिशाली एवं समृद्धिशाली बनेगा जिससे वह विश्व के अन्य राष्ट्रों में अपना उचित स्थान प्राप्त कर सके।"*
>
> —एस. सी. सीतलवाड़

राज्य नीति के निदेशक तत्व भारतीय संविधान की एक अनोखी महत्वपूर्ण विशेषता है। इन सिद्धान्तों की विषय-वस्तु में हमारे संविधान का और उसके सामाजिक न्याय-दर्शन का वास्तविक तत्व निहित है। ये हमारे संविधान की संजीवनी व्यवस्थाएँ हैं। संविधान नीति निदेशक तत्वों का मार्ग प्रशस्त करता है। इस व्यवस्था का उद्देश्य उस दिशा का निर्धारण करना है जिसकी ओर राज्य को उन्मुख होना है तथा वह दिशा भारत को लोक-कल्याणकारी राज्य होने की ओर ले जाने की है। भारतीय संविधान की यह व्यवस्था आयरलैण्ड से संविधान जैसी है। विश्व के अन्य किसी देश के संविधानों में इस प्रकार के तत्व नहीं हैं। भारतीय संविधान के निर्माताओं ने संविधान में केवल राज्य के संगठन की व्यवस्था एवं अधिकार एवं अधिकार-पत्र का वर्णन ही नहीं किया, वरन् वह दिशा भी निश्चित की है, जिसकी ओर बढ़ने का प्रयत्न भारत राज्य को करना है।

## राज्य-नीति के निदेशक तत्वों का अर्थ, उद्देश्य एवं स्वरूप
## (Meaning, objectives and of Directive Principles of State Policy)

नीति-निदेशक तत्व वे निर्देश हैं जिन्हें संविधान ने राज्य को दिया है और उससे यह आशा की गयी है कि वह किसी बन्धन के रूप में नहीं वरन् अपने कर्तव्य के रूप में इन पर चलेगा तथा उनमें अन्तर्निहित लक्ष्यों को प्राप्त करेगा। भारतीय संविधान के चतुर्थ भाग में अनुच्छेद 36 से 51 तक नीति-निदेशक तत्वों का उल्लेख किया गया है। ये सिद्धान्त देश की विभिन्न सरकारों और सरकारी अभिकरणों के नाग जारी किये गये निर्देश है। जो देश की शासन व्यवस्था के मौलिक तत्व हैं। दूसरे शब्दों में, नीति निदेशक सिद्धान्त कार्यपालिका और व्यवस्थापिका को दिये गये ऐसे निर्देश है जिनके अनुसार उन्हें अपने अधिकारों का प्रयोग इस प्रकार करना होता है कि इन सिद्धान्तों को पूरा कर उनका उचित रूप से पालन हो सके। ये सिद्धान्त ऊँने-ऊँचे आदर्शों की घोषणाएँ हैं।

**डॉ. राजेन्द्र प्रसाद** के अनुसार, "राज्य नीति के निदेशक सिद्धान्तों का उद्देश्य जनता के कल्याण को प्रोत्साहित करने वाली सामाजिक व्यवस्था का निर्माण करना है।" संविधान के अनुच्छेद 37 में कहा गया है कि इस भाग में दिये हुए उपबन्धों को किसी न्यायालय द्वारा लागू नहीं किया जा सकेगा किन्तु फिर भी इनमें दिये हुए सिद्धान्त देश के शासन के मूलभूत सिद्धान्त हैं और विधि निर्माण में इस सिद्धान्तों का प्रयोग करना राज्य कर्तव्य होगा।

अनुच्छेद 37 से दो बातें स्पष्ट होती हैं—**प्रथम**, नीति निदेशक तत्वों के पीछे कोई कानूनी शक्ति नहीं है। यदि राज्य इन तत्वों को पूरी तरह मान्यता प्रदान नही करता है तो न्यायालय द्वारा उसे ऐसा करने के लिए बाध्य नहीं किया गया है। इसलिए नैतिक रूप से राज्य इनकी उपेक्षा नहीं कर सकता। यद्यपि इन तत्वों को कोई वैधानिक या कानूनी मान्यता प्राप्त नहीं है फिर भी ये तत्व राज्य के शासन संचालन के आधारभूत सिद्धान्त हैं, जिन्हें ध्यान में रखकर अपनी नीतियों का निर्धारण करना राज्य का एक नैतिक कर्तव्य है।

भारतीय संविधान के **अनुच्छेद 38** में कहा गया है कि राज्य ऐसी सामाजिक व्यवस्था करे, जिसमें सामाजिक, आर्थिक और राजनीतिक न्याय, राष्ट्रीय जीवन की सभी संस्थाओं को अनुप्रमाणित करें, भरसक कार्य-साधक रूप में स्थापना और संरक्षण कर लोक-कल्याण की उन्नति का प्रयास करेगा। इस प्रकार राज्य के नीति निदेशक तत्वों का मुख्य उद्देश्य भारत में लोक-कल्याणकारी राज्य की स्थापना करना है। **डॉ. अम्बेडकर** के मतानुसार, इन तत्वों को संविधान में स्थान दिये जाने का उद्देश्य आर्थिक लोकतन्त्र की स्थापना करना है। **प्रो.पायली** के अनुसार, निदेशक तत्व भारतीय प्रशासकों के आचरण के सिद्धान्त हैं। निदेशक तत्वों का उद्देश्य राज्य की भावी नीतियों को निर्धारित करना है जिससे भारतीय संविधान की प्रस्तावना में वर्णित उद्देश्यों, सामाजिक, आर्थिक एवं राजनीतिक न्याय को मूर्त रूप दिया जा सके।

## राज्य-नीति के निदेशक तत्व
## (Directive Principles of State Policy)

भारतीय संविधान के **भाग 4 के अनुच्छेद** 36 **से** 51 तक राज्य-नीति के निदेशक तत्वों का उल्लेख किया गया है। इन तत्वों को विभिन्न विद्वानों ने निम्नलिखित भागों में वर्गीकृत किया है—(1) लोक-कल्याणकारी तथा समाजवादी राज्य की स्थापना करने वाले तत्व, (2) आर्थिक सुरक्षा सम्बन्धी तत्व, (3) सामाजिक हित और शिक्षा सम्बन्धी तत्व, (4) शासन और न्याय सम्बन्धी तत्व, (3) सामाजिक हित और शिक्षा सम्बन्धी तत्व, (4) शासन और न्याय सम्बन्धी तत्व, (5) राष्ट्रीय महत्व के स्मारकों, स्थानों तथा वस्तुओं के संरक्षण सम्बन्धी तत्व, (6) अन्तर्राष्ट्रीय शान्ति व सुरक्षा सम्बन्धी तत्व। परन्तु उपर्युक्त वर्गीकरण का सुविधा की दृष्टि से निम्नलिखित बिन्दुओं के अन्तर्गत उल्लेख करेंगे—

**(1) लोकहितकारी सामाजिक व्यवस्था की स्थापना**—राज्य-नीति के निदेशक तत्वों के अन्तर्गत राज्य को आदेश दिया गया है कि राज्य ऐसी सामाजिक व्यवस्था की स्थापना करने का प्रयत्न करेगा, जिससे सार्वजनिक कल्याण का कार्य हो तथा भारत के सभी नागरिकों को एवं राष्ट्रीय संस्थाओं को राजनीतिक, आर्थिक तथा सामाजिक न्याय की उपलब्धि हो परन्तु किन उपायों द्वारा यह उपलब्धियाँ प्राप्त हो सकती हैं। इसका उल्लेख नहीं किया गया है।

**(2) ग्राम पंचायतों का गठन**—भारत गाँवों का देश है। इसलिए राज्य का यह भी कर्तव्य है कि वह भारत के गाँव-गाँव में ग्राम पंचायतों का गठन करे तथा इन ग्राम पंचायतों को अधिक से अधिक शक्ति एवं अधिकार प्रदान करे। इन अधिकारों एवं शक्ति को प्राप्त कर ये ग्राम पंचायतें स्वायत्त शासन की इकाई बन सकेंगी। महात्मा गाँधी का कथन था कि भारत गाँवों में बसता है, गाँवों की उन्नति ही भारत की उन्नति है इसलिए उन्होंने ग्राम उद्धार आन्दोलन चलाया, उनके आदर्श को संविधान में स्थान प्राप्त हुआ और भारत सरकार ने सन् 1993 ई. में **पंचायत राज अधिनियम** पारित कर गाँधीजी के स्वप्न को साकार करने का प्रयास किया।

**(3) नागरिकों को उचित काम की व्यवस्था करना**—नीति निर्देशक तत्वों के अन्तर्गत आर्थिक सुरक्षा व न्याय की व्यवस्था द्वारा लोक-कल्याणकारी राज्य की स्थापना हेतु राज्य के प्रयत्न करने को कहा गया है। इन तत्वों में कहा गया है कि वह देश के समस्त नागरिकों को सम्मानपूर्वक आजीविका उपार्जन के पर्याप्त साधन उपलब्ध कराये। देश का कोई नागरिक बिना काम के न रहे। प्रत्येक नागरिक अपनी योग्यता के अनुसार काम पाने में समर्थ रहे। स्त्री तथा पुरुषों के समान कार्य के लिए समान वेतन दिया जा सके। शैशव और किशोर अवस्था का शोषण न हो। जब बीमारीवश, दुर्घटनावश अथवा वृद्धावस्था कार्य करने में असमर्थ हो जाय तो राज्य का यह कर्तव्य है कि उस समय उसे राज्य की ओर से सहायता प्रदान की जाय। आज अनेक लोकतन्त्रीय देशों में ऐसा होता है। भारत भी इस दिशा में प्रयत्नशील है।

**(4) श्रमिकों के लिए उचित वेतन एवं सुविधाओं की व्यवस्था**—संविधान द्वारा राज्य को निर्देश दिया गया है कि वह समाज में उत्पादन के साधनों का इस प्रकार से नियन्त्रण करे कि जनसाधारण को अधिक से अधिक लाभ प्राप्त हो सकें। पूँजी एवं धन पर मुट्ठी भर लोगों को स्वामित्व न हो जाये। राज्य का कर्तव्य है कि वह यह देखे कि प्रत्येक श्रमिक चाहे वह कृषि में लगा हो, चाहे उद्योग-धन्धों में कार्यरत हो, चाहे मानसिक परिश्रम करता हो, चाहे शारीरिक परिश्रम करता हो, उसे इतना वेतन अवश्य मिलना चाहिए कि वह जीवन की प्रमुख आवश्यकताओं की पूर्ति कर सके तथा सुखी जीवन व्यतीत कर सके। उसे इतना अवकाश मिलना चाहिए जिससे कि वह व्यक्तिगत जीवन का विकास कर सके। राज्य को उद्योग-धन्धों में यथासम्भव सहायता करनी चाहिए जिससे भारत के ग्रामीण लोगों की गरीबी दूर होने में सहायता मिल सके। बीमारी अथवा दुर्घटना में आराम तथा धन की सहायता भी देनी चाहिए। इस तरह राज्य का यह कर्तव्य है कि वह प्रत्येक नागरिक को उसके मनोनुकूल व्यवसाय की व्यवस्था करे तथा काम के घण्टे तथा शरीर के अनुसार कार्य निश्चित होना चाहिए।

**(5) स्त्रियों को प्रसूति अवस्था में सहायता**—राज्य को ऐसी नीति अपनानी चाहिए कि वह काम दिलाने में स्त्री-पुरुष का भेदभाव न करे। अत: स्त्रियों को भी काम करने की सम्मानजनक सुविधा प्राप्त हो तथा उन्हें प्रसूति अवस्था में अवकाश

तथा राज्य की सहायता प्राप्त हो, जिससे व्यक्ति का जीवन सुरक्षित रह सके। भारत ने इस दिशा में कदम बढ़ाया है और स्त्रियों को प्रसूति अवस्था में वैधानिक अवकाश दिया जाता है।

**(6) अनिवार्य और निःशुल्क शिक्षा**—संविधान द्वारा राज्य को आदेश दिया गया है कि संविधान लागू होने से 10 वर्ष की अवधि में 14 वर्ष तक के सभी बालकों के लिए निःशुल्क अनिवार्य शिक्षा की व्यवस्था करे। इंग्लैण्ड में 18 वर्ष तक के बालकों के लिए निःशुल्क तथा अनिवार्य शिक्षा का प्रावधान किया गया है। भारतीय संविधान निर्माताओं के सम्मुख भी भारत को एक आदर्श राज्य बनाने की कल्पना थी। अतएव उन्होंने इन नीति निदेशक सिद्धान्तों में अनिवार्य तथा निःशुल्क शिक्षा को स्थान दिया। इन सिद्धान्तों में यह निर्देशित किया गया कि राज्य अनिवार्य निःशुल्क शिक्षा की व्यापक व्यवस्था कर निरक्षरता को समाप्त करने का प्रयास करे। शिक्षा, उन्नति का संकेत है जो जितना अधिक शिक्षित होगा वह उतना ही उन्नत होगा। इसके अतिरिक्त, अनुसूचित जातियों तथा अनुसूचित जनजातियों की शिक्षा तथा उनके आर्थिक हितों का सावधानी से विकास करें।

**(7) दलित वर्ग का उत्थान**—भारत में प्रत्येक राज्य का यह कर्तव्य है कि वह अपने क्षेत्र में आर्थिक तथा सांस्कृतिक विकास की ओर ध्यान दे। विशेषतया दलित वर्ग में अनुसूचित जातियों तथा अनुसूचित जनजातियों की शिक्षा तथा उनके आर्थिक हितों का विकास करे और सामाजिक तथा आर्थिक शोषण सहन न करे। इस प्रकार भारत के संविधान में दलित वर्ग का विशेष ध्यान रखा गया है। यदि इस सिद्धान्त को मौलिक अधिकारों में स्थान मिलता तो और भी अच्छा होता।

**(8) जनसाधारण के स्वास्थ्य का ध्यान**—संविधान द्वारा राज्य को यह भी आदेश दिया गया है कि भारत राज्य को जनता के स्वास्थ्य का भी पर्ण ध्यान रखना चाहिए। हानिकारण मादक द्रव्यों के प्रयोग पर प्रतिबन्ध लगाये। केवल इनका प्रयोग दवाओं के लिए किया जाये अतः चिकित्सा और मनोरंजन के उचित प्रबन्ध किये जायें। लोगों को सस्ते तथा हानिकारक मनोरंजन से हटाकर स्वास्थ्यवर्द्धक मनोरंजन की ओर उन्मुख किया जाना चाहिए। राज्य यह भी देखे कि जनता पौष्टिक पदार्थों का प्रयोग करे, अपौष्टिक पदार्थों का प्रयोग न करे ताकि उनका स्वास्थ्य अच्छा रहे।

**(9) कृषि तथा पशुपालन संगठन**—राज्य-नीति के निदेशक तत्वों में कृषि तथा पशुपालन के सुधार की ओर भी ध्यान दिये जाने का निर्देश दिया गया है। भारत एक कृषि-प्रधान देश है। कृषि पर ही भारत राज्य की उन्नति निर्भर करती है। इसलिए भारत में कृषि की शोचनीय दशा को देखते हुए उसका शीघ्र ही वैज्ञानिक आधार पर सुधार किया जाना चाहिए। किसानों को नये-नये उपकरणों एवं उचित मूल्य पर बीज, खाद्य आदि की व्यवस्था करना राज्य का प्रमुख दायित्व है। इस दिशा में सरकार ने सराहनीय कार्य किया है। इसके अतिरिक्त, पशुओं के संरक्षण पर भी जोर दिया गया है। नीति निदेशक तत्वों में कहा गया है कि बोझा ढोने वाले पशु तथा दूध देने वाले पशु विशेष रक्षा का पात्र हैं। इसलिए अच्छी नस्ल के बैल, गाय और भैसों का संरक्षण दिया जाना चाहिए। गो-वध एकदम बन्द किया जाना चाहिए।

**(10) राष्ट्रीय स्मारकों का संरक्षण**—संविधान के **अनुच्छेद** 49 में राज्य को आदेश दिया गया है कि वह राष्ट्रीय महत्व के स्मारकों, स्थानों एवं वस्तुओं की रक्षा करने का प्रयत्न करे। भारतीय संसद इस विषय में विधि निर्माण कर सकती है और राज्यों की सरकारें उनका पालन कर अनेक नष्ट होते हुए स्मारकों की रक्षा कर सकती हैं। ये स्मारक हमारे लिए गौरव की वस्तुएँ हैं। हमारी संस्कृति तथा इतिहास की महानता के चि हैं। हमारा कर्तव्य है कि अपनी पुरानी स्मृतियों अथवा स्मारकों की देखभाल करें तथा उन्हें नष्ट होने से बचायें।

**(11) शासन और न्याय सम्बन्धी तत्व**—शासन और न्याय के क्षेत्र में राज्य को आदेश दिया गया है कि वह समान अवसर के आधार पर कानून व्यवस्था का संचालन करे, लोकतान्त्रिक भावना के विकास हेतु अधिक से अधिक गाँवों में ग्राम पंचायतों को संगठित करे, ग्राम पंचायतों को इस प्रकार के अधिकार प्रदान किये जायें कि वे स्थानीय स्वायत्त शासन की इकाइयों के रूप में कार्य कर सकें। इसके अतिरिक्त, भारत के सम्पूर्ण राज्य क्षेत्र में नागरिकों के लिए एक ही आचार संहिता बनाने का प्रयत्न करे। इसका तात्पर्य यह है कि समस्त राज्य क्षेत्र में नागरिकों के लिए एक ही आचार संहिता बनाने का प्रयत्न करे। इसका तात्पर्य यह है कि समस्त भारतवासी बिना किसी जाति, वंश, रंग, धर्म आदि भेदभाव के एक-से ही कानून के लिए समान उत्तरदायी हों। किसी जाति अथवा धर्म विशेष के लिए विशेष आचार संहिता न हो; जैसे कि अभी तक भारत में हिन्दुओं के लिए हिन्दू विधि तथा मुसलमानों के लिए मुस्लिम विधि है। यह भेदभाव दूर किया जाना चाहिए। राज्य का यह दायित्व है कि वह कार्यपालिका और न्यायपालिका को एक-दूसरे से पृथक् रखने का प्रयत्न करे।

**(12) अन्तर्राष्ट्रीय शान्ति एवं सुरक्षा सम्बन्धी तत्व**—संविधान के **अनुच्छेद** 51 में कहा गया है कि राज्य का यह कर्तव्य होगा कि वह अन्तर्राष्ट्रीय शान्ति व सुरक्षा के क्षेत्र में वृद्धि करे तथा विभिन्न राष्ट्रों के मध्य न्याय पर आधारित

सम्मानपूर्ण सम्बन्धों की स्थापना करे। राष्ट्रों के पारस्परिक व्यवहार में अन्तर्राष्ट्रीय कानून सन्धि तथा समझौते के प्रति आदर की भावना का विकास करे। अन्तर्राष्ट्रीय विवादों के समझौते तथा पंच फैसले द्वारा सुलझाने की भावना को प्रोत्साहन प्रदान करे।

## राज्य-नीति के निदेशक तत्वों का मूल्यांकन
## (Directive Principles of State Policy)

**आलोचना (विपक्ष में तर्क)**

भारतीय संविधान की रचना के काल से लेकर वर्तमान तक विद्वानों द्वारा राज्य-नीति के निदेशक तत्वों की कटु आलोचना की जाती रही है। इन तत्वों की आलोचना के बिन्दु निम्नांकित हैं—

**(1) कानूनी संरक्षण का अभाव**—आलोचकों का कहना है कि इन तत्वों को कानूनी शाक्ति प्राप्त न होने के कारण ये निरर्थक हैं। आसानी से इनकी अवहेलना की जा सकती है। विद्वानों का कहना है कि इन तत्वों की उपेक्षा या अवहलेना की स्थिति में न्यायालय की शरण लेना भी व्यर्थ है, क्योंकि न्यायालय इन तत्वों को क्रियान्वित नहीं करा सकते हैं। **प्रो. के. सी. ह्वेअर** के शब्दों में, "ये तत्व उद्देश्य और आकांक्षाओं की घोषणा मात्र हैं।"[1] इसी प्रकार आलोचना करते हुए **प्रो. के. टी. शाह** ने कहा है कि, "यह एक ऐसा चैक है, जिसका भुगतान बैंक की इच्छा पर छोड़ दिया गया है।"

**(2) अतार्किक एवं अस्पष्ट**—कुछ आलोचकों का कहना है कि ये तत्व अतार्किक एवं अस्पष्ट हैं। **प्रो. श्रीनिवास** का कथन है कि "नीति-निदेशक तत्वों की व्यवस्था विशेष प्रेरणादायक नहीं है। ये स्पष्ट भी नहीं हैं और अनेक बातों को बार-बार दोहराया गया है। इनका न तो ठीक-ठीक वर्गीकरण ही हुआ है और न इनका क्रम ही ठीक है। देश की अत्यन्त महत्वपूर्ण सामाजिक और राजनीतिक समस्याओं को साधारण समस्याओं के साथ मिला दिया गया है। इससे भी अधिक रोचक तथ्य यह है कि इन सिद्धान्तों में नयी व पुरानी धारणाओं का सम्मिश्रण है।"

**(3) अव्यावहारिक एवं अनुचित**—राज्य के नीति निदेशक तत्वों में कुछ तत्व ऐसे भी हैं जिन्हें सरलता से व्यवहार में लागू नहीं किया जा सकता। उदाहरणार्थ, मद्यनिषेध से राष्ट्रीय कोष पर विपरीत प्रभाव पड़ने के कारण इसे पूर्णरूप से लागू नहीं किया जा सका। इसके अतिरिक्त, जहाँ इसे लागू भी किया गया है वहाँ मादक द्रव्यों के अवैध व्यापार एवं अनाधिकृत प्रयोग में वृद्धि हुई हैं। इन तत्वों में कुछ ऐसे आदर्शों को सम्मिलित किया गया है जिन्हें भारतीय परिस्थितियों में कोरे आदर्श ही कहा जा सकता है क्योंकि भारत की आर्थिक स्थिति इतनी सुदृढ़ नहीं है कि भविष्य में भी इन आदर्शो को प्राप्त करना सम्भव हो सके।

**(4) संवैधानिक गतिरोध की सम्भावना**—किसी व्यवस्थापिका द्वारा नीति निदेशक तत्वों के प्रतिकूल किसी कानून का निर्माण कर दिये जाने पर यदि संवैधानिक अध्यक्ष अपनी स्वीकृति न दे तो संवैधानिक गतिरोध उत्पन्न हो सकता है। इस स्थिति में कार्यपालिका के औपचारिक अध्यक्ष और वास्तविक अध्यक्ष के मध्य उत्पन्न हुआ गतिरोध संसदीय प्रजातन्त्र के लिए हानिकारक सिद्ध हो सकता है।

**(5) वर्तमान परिस्थितियों के प्रतिकूल**—परिवर्तन प्रकृति का नियम है। परम्परागत परिस्थितियों के अनुसार निर्धारित किये गये नीति निदेशक तत्व वर्तमान परिवर्तित परिस्थितियों में पूर्ण रूप से उपयुक्त नहीं हो सकते। ऐसी स्थिति में उन्हीं तत्वों पर बल देना उचित प्रतीत नहीं होता। **डॉ. जेनिंग्स** ने इस सम्बन्ध में लिखा है कि, "नीति निदेशक तत्व इंग्लैण्ड की उन्नीसवीं शताब्दी के राजनीतिक अनुभवों पर आधारित हैं। वे बीसवीं शताब्दी के मध्य भारत के लिए अनुपयुक्त हैं। ये तत्व पुराने होने के साथ देश की प्रगति में भी बाधक सिद्ध होंगे। इसलिए कहा गया है कि ये सिद्धान्त केवल पुराने ही नहीं पड़ जायेंगे, बल्कि वे प्रतिक्रियावादी भी हो जायेंगे और राष्ट्र के विकास को अवरुद्ध करेंगे।

## राज्य-नीति के निदेशक तत्वों का महत्व और उपयोगिता
## (Importance and Utility of Directive Principles of State Policy)

नीति निदेशक तत्वों की विद्वानों द्वारा जो आलोचना की गयी है उसका तात्पर्य यह नहीं लिया जाना चाहिए कि वे बिल्कुल व्यर्थ और महत्वहीन हैं। वास्तव में, संवैधानिक और व्यावहारिक दृष्टिकोण से नीति निदेशक तत्वों का अत्यधिक महत्व है। इन तत्वों के महत्व का अध्ययन अग्रलिखित रूप में किया जा सकता है—

1. "A Manifesto of aims and aspirations." —*K. C. Wheare*

**(1) जनमत की शक्ति के प्रतीक**—नीति-निदेशक तत्वों के पीछे कोई वैधानिक न्यायिक शक्ति न होने के कारण इनका महत्व समाप्त नहीं हो जाता क्योंकि इनके पीछे विशाल जनमत की शक्ति निहित हैं। जनमत की शक्ति प्रजातन्त्र का सबसे बड़ा न्यायालय है। अत: जनता के प्रति उत्तरदायी कोई भी सरकार इन तत्वों की अवहेलना का साहस नहीं कर सकती। यदि सरकार जान-बूझकर इन तत्वों की अवहेलना या उपेक्षा करेगी तो जनता उसे सहन नहीं करेगी और आगामी आम चुनाव में उसे सत्ता से अपदस्थ कर देगी।

**(2) न्यायपालिका के मार्गदर्शक**—नीति निदेशक तत्वों के पीछे कोई न्यायिक शक्ति न होते हुए भी ये न्यायपालिका का मार्ग-दर्शन करते हैं। ये तत्व न्यायालय के निर्णयों को भी अप्रत्यक्ष रूप से प्रभावित करते हैं। मुख्य न्यायाधीश **श्री केनिया** ने इस सम्बन्ध में कहा था कि, "राज्य-नीति के निदेशक सिद्धान्त संविधान के अंग हैं," इसलिए वे बहुमत दल की इच्छा मात्र नहीं हैं। ये तत्व तो सम्पूर्ण राष्ट्र की इच्छा के प्रतीक हैं, जिनको उस संविधान सभा के माध्यम से व्यक्त किया गया है, जिसको सम्पूर्ण देश की सर्वोच्च देश की सर्वोच्च विधि निर्मित करने की आज्ञा दी गयी थी।

**(3) संघात्मक व्यवस्था में महत्वपूर्ण**—भारतीय संविधान संघात्मक संविधान है। ऐसी स्थिति में यदि ये निदेशक तत्व नहीं होते, तो ये राज्य सरकारें भिन्न-भिन्न दिशा में कार्य करतीं तथा इससे संघात्मक व्यवस्था को आघात पहुँच सकता था। सम्पूर्ण भारत के सन्तुलित विकास और राज्यों को एक ही दिशा में आगे बढ़ाने के लिए ये निदेशक तत्व आवश्यक हैं।

**(4) लोक-कल्याणकारी राज्य की स्थापना में सहायक**—संविधान की प्रस्तावना में भारत के सभी नागरिकों को सामाजिक, आर्थिक तथा राजनीतिक न्याय प्रदान करने की बात कही गयी है और उद्देश्यों की प्राप्ति के लिए ही नीति निदेशक तत्वों को संविधान में महत्व दिया गया है। **डॉ. राजेन्द्र प्रसाद** ने कहा था कि, "राज्यों के नीति निदेशक तत्वों का उद्देश्य जनता के कल्याण को प्रोत्साहन देने वाली सामाजिक व्यवस्था का निर्माण करना है।"

**(5) संवैधानिक सत्ता का आधार**—नीति-निदेशक तत्वों का संवैधानिक दृष्टि से भी अपना विशेष महत्व है। ये संवैधानिक सत्ता के आधार हैं। इन सिद्धान्तों के माध्यम से भारत की राजकीय नीति में स्थिरता व समता बनी रहेगी। इसका कारण यह है कि किसी भी दल की सरकार क्यों न बने, उसे नीति निर्धारण करते समय नीति-निदेशक तत्वों को ध्यान में रखना होगा। ये तत्व सरकार के सामने एक आदर्श भी उपस्थित करते हैं।

**(6) नैतिक आदर्शों का महत्व**—यदि निदेशक तत्वों को केवल नैतिक धारणाएँ ही मान लिया जाय, तो इस रूप में भी इनका अपार महत्व है। ब्रिटेन में मैग्नाकार्टा, फ्रांस में मानवीय तथा नागरिक अधिकारों की घोषणा तथा अमेरिकी संविधान की प्रस्तावना को कोई वैधानिक शक्ति प्राप्त नहीं है, फिर भी इन देशों के इतिहास पर इतना प्रभाव पड़ा है। ये तत्व जनता तथा सरकार दोनों का ध्यान नैतिक आदर्शों की ओर आकर्षित करते हैं। इनके प्रचार से ही जनता तथा सरकार का नैतिक स्तर ऊँचा हो जाता है। **ऐलेन ग्लेडहिल** ने कहा है कि, **"अगणित व्यक्तियों के जीवन आदर्शों के फलस्वरूप सुधरे हैं और ऐसे उदाहरण मिलने भी कठिन हैं, जबकि नैतिक आदर्शों का राष्ट्रों के इतिहास पर प्रभाव पड़ा हो।"**

**(7) शासकीय कार्यों का मूल्यांकन**—नीति-निदेशक तत्वों के आधार पर शासक दल की सफलता और असफलता का मूल्याँकन किया जा सकता है। जो शासन दल अपने शासन काल में नीति निदेशक तत्वों का अधिकाधिक क्रियान्वयन करता है, वह सफल होता है और इसके विपरीत इन तत्वों के क्रियान्वयन को ध्यान में न रखने वाला शासक दल असफल होता है। इसी आधार पर आगामी चुनाव में जनता निवर्तमान शासक दल के प्रशासकीय कार्यों का मूल्यांकन करके आगामी शासन का चयन करती है। चुनाव के घोषणा पत्र के आधार पर ही विजयी दल की सरकार जनता से किये गये वायदों के अनुसार अपने कार्यक्रमों को क्रियान्वित करती है। इस प्रकार जनता भी देख लेती है कि सरकार ने अपने वायदों को किस सीमा तक पूरा किया है।

**(8) राजनीतिक दलों पर अंकुश**—लोकतन्त्रीय शासन व्यवस्था में जनमत के बहुमत के आधार पर विभिन्न राजनीतिक दल समय-समय पर अपनी सरकार गठित करते हैं। इन दलों में कोई अत्यधिक दक्षिणपन्थी होता है तो कोई अत्यधिक वामपन्थी, परन्तु नीति-निदेशक तत्व इन दलों की नीतियों पर अंकुश लगाते हैं तथा उनके लिए एक मध्यम मार्ग की व्यवस्था करते हैं।

**(9) सामाजिक-आर्थिक क्रान्ति के साधन**—सन् 1947 ई. में भले ही हमने राजनीतिक स्वतन्त्रता प्राप्त कर ली, लेकिन राजनीतिक स्वतन्त्रता देश की सामान्य जनता की सामाजिक एवं आर्थिक स्थिति सुधारने का एक साधन ही है। इस प्रकार की सामाजिक, आर्थिक क्रान्ति का मार्ग निदेशक तत्वों में बताया गया है। अत: निदेशक तत्वों को क्रियान्वित करते हुए सामाजिक व आर्थिक क्षेत्र के अन्तर्गत नवीन युग में प्रवेश किया जा सकता है।

इस प्रकार नीति निदेशक तत्व अनेक दृष्टि से महत्वपूर्ण हैं। इनमें गाँधीवादी आदर्शों को स्थान दिया गया है। इस सम्बन्ध में यह कहा जा सकता है कि वैधानिक शक्ति प्राप्त न होने पर भी निदेशक तत्वों का अपना महत्व और उपयोगिता है।

## राज्य-नीति के निदेशक तत्वों का क्रियान्वयन
## (Execution of Directive Principle of State Policy)

भारतीय संविधान के लागू होने के समय से ही संघ और राज्य सरकारों ने राज्य-नीति के निदेशक तत्वों के क्रियान्वयन हेतु यथासम्भव प्रयत्न किये हैं। **प्रो. एम. वी. पायली** ने कहा है कि, "यह कहा जा सकता है कि इन वर्षों में जो कार्य हो पाया है, उससे भारत एक कल्याणकारी राज्य तो नहीं बन सका है फिर भी निष्पक्ष पर्यवेक्षक इस दिशा में प्रगति अवश्य देख सकता है। इस प्रगति की गति यदि बहुत तीव्र नहीं होती है, तो बहुत मन्द भी नहीं है।"

नीति निदेशक सिद्धान्तों का लक्ष्य आर्थिक एवं सामाजिक न्याय है जिसके अन्तर्गत अधिकतम सीमा तथा आर्थिक समानता की स्थापना, सभी व्यक्तियों के लिए आजीविका के साधन, बच्चों, स्त्रियों, नवयुवकों और श्रमिकों सहित सभी व्यक्तियों की शोषण से रक्षा आदि शामिल हैं। आर्थिक एवं सामाजिक न्याय की प्राप्ति का लक्ष्य इतना विशाल है कि इसे पूरा करने के लिए दीर्घकालीन प्रयत्न, प्रचुर धन तथा तीव्र गति से आर्थिक सामाजिक और शैक्षणिक विकास आवश्यक है। संविधान लागू किये जाने के समय से ही इस दिशा में शासन द्वारा कुछ महत्वपूर्ण कदम उठाये गये हैं—

(1) सन् 1951 में जमींदारी तथा जागीरदारी व्यवस्था को समाप्त कर सैकड़ों वर्षों से हो रहे किसानों के शोषण का अन्त किया गया है।

(2) देश के आर्थिक विकास के लिए नियोजन के मार्ग को अपनाया गया है। अब तक आठ पंचवर्षीय योजनाएँ क्रियान्वित की जा चुकी हैं नौवीं पंचवर्षीय योजना के आधार पर विकास कार्य चल रहा है। इन योजनाओं में—कृषि, जन संसाधन, ग्रामीण विकास, ऊर्जा, उद्योग, वाणिज्य, परिवहन, संचार, स्वास्थ्य, पर्यावरण और शिक्षा आदि के सम्बन्ध में विविध कार्यक्रमों को अपनाकर उन्हें क्रियान्वित किया जा चुका है।

(3) कुटीर उद्योग और लघु उद्योग को प्रोत्साहित किया गया है। इसी उद्देश्य से अखिल भारतीय खादी एवं ग्रामोद्योग बोर्ड, अखिल भारतीय हथकरघा बोर्ड आदि अनेक संगठनों की स्थापना की गई है।

(4) नीति निदेशक तत्वों में ग्राम पंचायतों की स्थापना और उन्हें स्वायत्त शासन की इकाइयों का रूप देने की बात कही गई है। अत: 2 अक्टूबर, 1959 ई. से पंचायती राज की व्यवस्था को अपनाया गया और 1993 में संसद ने 73वाँ संविधान संशोधन अधिनियम पारित कर पंचायतों के चुनाव कराये और अधिकांश राज्यों में स्वायत्त शासन की दृष्टि से ग्राम पंचायतों को महत्वपूर्ण अधिकार प्रदान किये गये हैं और 74वें संविधान संशोधन अधिनियम के आधार पर शहरी क्षेत्रों में स्थानीय स्वशासन की व्यवस्था को सुदृढ़ करने का प्रयास किया गया है।

(5) अनुसूचित जातियों, अनुसूचित जनजातियों और पिछड़े वर्गों के लिए संविधान और शासन ने विशेष सुविधाएँ उपलब्ध करायी हैं।

(6) अनेक राज्यों में मद्य-निषेध कर दिया गया और कुछ राज्य इस दिशा में प्रयत्नशील हैं।

(7) युवा वर्ग व बालकों की शोषण से रक्षा करने के लिए अनेक कानून पारित किये गये हैं। कुछ राज्य सरकारों द्वारा वृद्धावस्था पेन्शन योजना लागू की गई है। बीमारी तथा दुर्घटना के विरुद्ध सुरक्षा के लिए कुछ सीमा तक मजदूर वर्ग बीमा योजना लागू की गई है तथा बेरोजगारी बीमा योजना को लागू करने और रोजगार की सुविधाएँ बढ़ाने के लिए प्रयास किये जा रहे हैं।

(8) प्राचीन व ऐतिहासिक महत्व के स्मारकों व स्थानों की सुरक्षा के लिए कानून बनाये गये हैं तथा भारत की जिस वैदेशिक नीति पर बल दिया गया है, उसे सरकार ने व्यावहारिक रूप दिया है।

(9) नीति निदेशक तत्वों के अन्तर्गत जीवन बीमा का राष्ट्रीयकरण, 20 बैंकों का राष्ट्रीयकरण, पर्यटन, परिवहन, कोयला खान और विद्युत आपूर्ति आदि का राष्ट्रीयकरण किया गया है। ये सभी कार्य आर्थिक समानता व लक्ष्य को प्राप्त करने के लिये किये गये हैं।

(10) न्यायपालिका का कार्यपालिका से पृथक्करण किया गया है। जिससे जनता को निष्पक्ष न्याय मिल सके। इसी प्रकार शीघ्र न्याय की प्राप्ति के लिए लोक अदालतों की व्यवस्था को अपनाया गया है।

इसी प्रकार उपर्युक्त के अतिरिक्त इस दिशा में कुछ अन्य कार्य भी हुए हैं। सन् 1975 ई. में बन्धक मजदूरी की समाप्ति और स्त्री-पुरुष को समान वेतन दिलाने का कानून पारित किया गया है। सन् 1976 ई. में ही शहरी भूमि सीमाकरण कानून पारित किया गया है। सन् 1989 से 1992 ई. के वर्षों में छोटे किसानों तथा कारीगरों के छोटे ऋणों को माफ किया गया है।

शासन द्वारा निदेशक तत्वों की क्रियान्विति की दिशा में जो अनेक कार्य किये गये उससे किसानों की स्थिति में सुधार हुआ तथा अनुसूचित जातियों का शोषण समाप्त होने लगा और श्रमिक वर्ग की स्थिति में सुधार, शिक्षा, स्वास्थ्य क्षेत्र में वृद्धि आदि हुई।

लेकिन इस दिशा में जैसा ठोस कार्य अपेक्षित था, वैसा नहीं किया जा सका क्योंकि अभी भी आर्थिक विषमता बनी हुई है और इसमें कमी न होकर वृद्धि हो रही है। बेरोजगारी की समस्या ज्यों की त्यों बनी हुई है। वर्ष 2001 की जनगणना के अनुसार शिक्षा के क्षेत्र में साक्षरता का प्रतिशत 64.84 ही है, स्त्रियों का साक्षरता प्रतिशत तो केवल 53.67 ही है।[1] इसके अतिरिक्त अन्य कुछ बातों के सम्बन्ध में स्थिति सन्तोषजनक नहीं है।

**निष्कर्ष**—इस प्रकार निदेशक सिद्धान्तों का निष्पक्ष विश्लेषण करें तो यह स्पष्ट हो जाता है कि ये सिद्धान्त कोरे आदर्शमात्र नहीं हैं। संविधान के अंग के रूप में इनका विशेष महत्व है। भूतपूर्व महान्यायवादी **एम. सी. सीतलवाड़** के शब्दों में, "निदेशक सिद्धान्त प्रज्ज्वलित ज्योति के रूप में राज्य के सभी पदाधिकारियों का राष्ट्र निर्माण के प्रयासों में मार्ग-दर्शन करेंगे जिससे राष्ट्र समृद्धिशाली और शक्तिशाली बन सके और विश्व के अन्य राष्ट्रों में अपना उचित स्थान प्राप्त कर सके।"

## राज्य-नीति के निदेशक तत्वों और मौलिक अधिकारों में अन्तर
## (Difference between Directive Principles of State Policy and Fundamental Rights)

भारतीय संविधान के भाग तीन में मौलिक अधिकारों तथा संविधान के भाग चार में राज्य नीति-निदेशक तत्वों का उल्लेख किया गया है। दोनों का उद्देश्य नागरिकों को किसी भेदभाव के बिना, उनके विकास के लिए समान अवसर उपलब्ध कराना है, अत: निदेशक तत्वों को मौलिक अधिकारों का पूरक कहा जा सकता है। निदेशक तत्व वे साधन हैं जो मौलिक अधिकार रूपी साध्य की प्राप्ति हेतु राज्य को कर्तव्य करने के लिए प्रेरित करते हैं। इस प्रकार दोनों में घनिष्ठ सम्बन्ध है परन्तु इन दोनों में बड़ा भारी अन्तर है जो इस प्रकार है—

(1) जहाँ मौलिक अधिकार न्यायालयों द्वारा लागू हो सकते हैं अर्थात् मौलिक अधिकारों के पीछे न्यायिक शक्ति होती है, वहाँ राज्य-नीति के निदेशक सिद्धान्त न्यायालयों द्वारा लागू नहीं हो सकते क्योंकिं इनके पालन हेतु न्यायालय द्वारा राज्यों को बाध्य नहीं किया जा सकता।

(2) नीति निदेशक तत्वों की सीधा सम्बन्ध राज्य से है, जबकि मौलिक अधिकारों का सम्बन्ध नागरिकों से है।

(3) मौलिक अधिकारों का उद्देश्य मुख्यत: सामाजिक स्वतन्त्रता पर बल देना है, जबकि नीति निदेशक तत्वों का उद्देश्य आर्थिक स्वतन्त्रता पर बल देना है।

(4) मौलिक अधिकारों की रक्षा हेतु कोई भी नागरिक न्यायालय की शरण ले सकता है, जबकि नीति निदेशक तत्वों की व्यवस्था के अनुसार राज्य द्वारा कार्य न किये जाने पर कोई भी नागरिक न्यायालय की शरण नहीं ले सकता।

(5) मौलिक अधिकार नकारात्मक हैं क्योंकि मौलिक अधिकारों द्वारा राज्य को यह आदेश दिया जाता है कि उसे क्या नहीं करना चाहिए, जबकि राज्य नीति के निदेशक तत्व सकारात्मक होते हैं क्योंकि इसमें राज्य को यह निर्देश दिया जाता है कि उसे क्या करना चाहिए।

(6) मौलिक अधिकारों का क्षेत्र सीमित है, जबकि राज्य नीति के निदेशक तत्व बहुत अधिक व्यापक एवं विस्तृत हैं क्योंकि भारतीय संविधान में अन्तर्राष्ट्रीय महत्व के निदेशक तत्वों को भी सम्मिलित किया गया है।

(7) मौलिक अधिकार संकटकालीन घोषणा के पश्चात् स्थगित या सीमित किये जा सकते हैं, जबकि नीति निदेशक तत्व संकटकालीन घोषणा के पश्चात् स्थगित या सीमित किये जा सकते हैं, जबकि नीति निदेशक तत्व संकटकालीन घोषणा के पश्चात् भी राज्य को सदैव निर्देश देते रहते हैं।

(8) मौलिक अधिकारों का कानूनी महत्व है, जबकि नीति निदेशक तत्व नैतिक आदेश मात्र हैं।

(9) मौलिक अधिकार राज्य के लिए वर्तमान की विषय-वस्तु हैं, जबकि नीति निदेशक तत्व राज्य के लिए भविष्य के परिणाम हैं।

इस प्रकार दोनों में उपर्युक्त लिखित अन्तर से यह निष्कर्ष नहीं निकाला जाना चाहिए कि मौलिक अधिकारों और नीति निदेशक तत्वों में कोई संघर्ष है अपितु वस्तुत: वे एक-दूसरे के पूरक हैं।

---

1. भारत 2009 पृष्ठ 14, सारणी 1.6

# प्रश्न
# (Questions)

## दीर्घ उत्तरीय प्रश्न (Long Answer Type Questions)

1. भारतीय संविधान में वर्णित राज्य के नीति निदेशक तत्वों का परीक्षण कीजिये तथा उसका महत्व बताइये।
   (Examine the directive principles of state policy given in Indian constitution and discuss its importance.)
2. राज्य के नीति निदेशक सिद्धान्तों का अर्थ समझाइए एवं कुछ सिद्धान्तों का वर्णन कीजिये।
   (Discuss the meaning of directive principles of state policy and describe some principles.)
3. भारतीय संविधान में राज्य-नीति के निदेशक तत्वों के स्वरूप एवं महत्व का संक्षिप्त परीक्षण कीजिये।
   (Examine in brief the nature and importance of directive principles of state policy.)
4. "राज्य के नीति निदेशक तत्व निरर्थक और अनावश्यक हैं।" क्या आप इस कथन से सहमत हैं ?
   ("Directive principles of state policy are useless and unnecessary" Are you agree with this statement.)
5. "भारतीय संविधान में वर्णित राज्य नीति के निदेशक सिद्धान्तों का भारत में एक आदर्श गणतन्त्र और लोक-कल्याणकारी राज्य की स्थापना में बहुत अधिक महत्व है।" विवेचना कीजिये।
   (Directive principles of state policy are more important for the establishment of and ideal democracy and welfare state. Discuss.)
6. राज्य के नीति-निदेशक तत्वों का वर्णन कीजिए।
   (Describe the directive principles of state policy.)
7. राज्य-नीति के निदेशक तत्व क्या हैं? क्या उनका क्रियान्वयन अनिवार्य है?
   (What are the directive principles of state policy ? Are their execution is compulsory ?)
8. राज्य-नीति के निदेशक सिद्धान्तों का वर्णन कीजिये एवं उनका महत्व बताइये।
   (Describe the directive principles of state policy and discuss its importance.)
9. राज्य-नीति के निदेशक सिद्धान्तों की विवेचना कीजिये।
   (Discuss the directive principles of state policy.)
10. भारतीय संविधान में राज्य-नीति के निदेशक तत्वों के स्वरूप तथा संवैधानिक महत्व का वर्णन कीजिये।
    (Describe the nature and constitutional importance of directive principles of state policy in Indian constitution.)
11. भारतीय संविधान में वर्णित राज्य के नीति निदेशक सिद्धान्तों से आप क्या समझते हैं ? कुछ नीति निदेशक सिद्धान्तों का उल्लेख कीजिये तथा इनके महत्व का विवेचन कीजिए।
    (What do you understand by directive principles of state policy ? Discuss some directive principles and their importance.)

## लघु उत्तरीय प्रश्न (Short Answer Type Question)

1. राज्य के नीति निदेशक तत्वों में से दो का वर्णन कीजिए।
2. लोक-कल्याणकारी राज्य का क्या अर्थ है ?
3. राज्य-नीति के निदेशक तत्वों से आप क्या समझते हैं ?
4. किन्हीं तीन नीति निदेशक तत्वों से आप क्या समझते हैं ?
5. नीति निदेशक तत्वों का स्वरूप समझाइए।

## बहुविकल्पीय वस्तुनिष्ठ प्रश्न (Multiple Choice Type Objective Questions)

1. **संविधान के कौन-से भाग में नीति निदेशक तत्वों का वर्णन है—**

   (a) प्रथम (b) दूसरे
   (c) चौथे (d) अन्तिम।

   **उत्तर**—(c) चौथे।

2. **कौन-से देश के संविधान से प्रेरित होकर भारतीय संविधान में नीति निदेशक तत्वों का समावेश किया गया है—**

   (a) सोवियत संघ (b) संयुक्त राज्य अमेरिका
   (c) आयरलैण्ड (d) ब्रिटेन।

   **उत्तर**—(c) आयरलैण्ड।

3. **राज्य के नीति निदेशक तत्त्व कैसे हैं—**

   (a) कानून द्वारा बन्धनकारी (b) कानून द्वारा बन्धनकारी नहीं हैं
   (c) राज्य के लिए रचनात्मक आज्ञाएँ हैं (d) इनमें से कोई नहीं।

   **उत्तर**—(c) राज्य के लिए रचनात्मक आज्ञाएँ हैं।

4. **राज्य-नीति के निदेशक तत्त्वों का उद्देश्य है—**

   (a) साम्यवादी राज्य की स्थापना करना (b) लोक-कल्याणकारी राज्य की स्थापना करना
   (c) पूँजीवादी राज्य की स्थापना करना (d) अध्यक्षात्मक लोकतन्त्र की स्थापना करना।

   **उत्तर**—(b) लोक-कल्याणकारी राज्य की स्थापना करना।

5. **संविधान का सामाजिक न्याय दर्शन निम्न में से संविधान के किस भाग में निहित है—**

   (a) न्यायपालिका में (b) संसद में
   (c) नीति निदेशक तत्त्वों में (d) मौलिक अधिकारों में।

   **उत्तर**—(c) नीति निदेशक तत्त्वों में।

6. **निदेशक तत्त्वों की दृष्टि से संविधान का सबसे महत्त्वपूर्ण अनुच्छेद निम्न में से कौन-सा है—**

   (a) अनुच्छेद 39 (b) अनुच्छेद 40
   (c) अनुच्छेद 51 (d) अनुच्छेद 44 ।

   **उत्तर**—(a) अनुच्छेद 39।

7. **निम्न में से कौन-सा कथन निदेशक तत्त्वों के सम्बन्ध में सही नहीं हैं—**

   (a) ये सिद्धान्त कार्यपालिका तथा विधानमण्डल के लिए निदेशक हैं।
   (b) निदेशक तत्त्व देश के शासन में मूलभूत हैं और विधि निर्माण में इन तत्त्वों का प्रयोग करना राज्य का कर्त्तव्य होगा।
   (c) निदेशक तत्त्व भारतीय प्रशासकों के आचरण के सिद्धान्त हैं।
   (d) निदेशक सिद्धान्तों का कानूनी महत्त्व है।

   **उत्तर**—(d) निदेशक सिद्धान्तों का कानूनी महत्त्व है।

8. **निम्न में से कौन-सी निदेशक तत्त्वों की विशेषता नहीं है—**

   (a) निदेशक तत्त्व वाद-योग्य हैं।
   (b) निदेशक तत्त्व सकारात्मक स्वरूप लिए हुए हैं।
   (c) निदेशक तत्त्वों द्वारा आर्थिक लोकतन्त्र की स्थापना होती है।
   (d) निदेशक सिद्धान्त नैतिक आदेश मात्रा है।

   **उत्तर**—(b) निदेशक तत्त्व सकारात्मक स्वरूप लिए हुए हैं।

# निर्वाचन पद्धति, सुधार

# [ELECTION METHOD, IMPROVEMENT]

> *"मैं वयस्क मताधिकार को स्वीकार करने से भयभीत नहीं होता .......... मैं गाँव के लोगों को जानता हूँ जो इस व्यापक निर्वाचन-मण्डल के बहुमत की रचना करते हैं। मेरी राय में हमारे लोगों के पास विवेक एवं सामान्य बुद्धि है। उनके पास संस्कृति भी है .......... उनमें वह क्षमता भी है जिससे वे अपने देश के हितों में यदि वे उनको समझा दिये जायें, रुचि ले सकते हैं।"*
>
> —डॉ. राजेन्द्र प्रसाद

स्वतन्त्रता प्राप्ति के पश्चात् भारतीय संविधान के द्वारा भारत में लोकतन्त्रीय शासन व्यवस्था को अपनाया गया है। चूँकि भारत जैसे विशाल राष्ट्र में प्रत्यक्ष लोकतन्त्र को अपनाना सम्भव नहीं था अत: संविधान निर्माताओं ने भारत के लिए अप्रत्यक्ष लोकतन्त्र की व्यवस्था की। भारत की जनता को अपने प्रतिनिधियों को निर्वाचित करने का अधिकार प्राप्त है। भारतीय जनता एक निश्चित समय के लिए अपने प्रतिनिधियों को निर्वाचित करती है तथा उनके माध्यम से शासन-कार्यों में भाग लेती है। लोकतन्त्र को चलाने के लिए निर्वाचन आवश्यक है। नागरिक अपने मताधिकार का प्रयोग निर्वाचन के माध्यम से ही करते हैं। निर्वाचनों के द्वारा ही सरकार का गठन होता है तथा जनता का सरकार पर नियन्त्रण रहता है। अत: लोकतन्त्र की सफलता के लिए स्वतन्त्र व निष्पक्ष निर्वाचन होना अत्यन्त आवश्यक है इसीलिए भारतीय संविधान के अनुच्छेद 324 से 329 तक में निर्वाचन से सम्बन्धित सम्पूर्ण व्यवस्था की गई है।

## भारत में वयस्क मताधिकार
## (Adult Franchise in India)

26 जनवरी, 1950 ई. को भारतीय संविधान लागू हुआ। भारतीय संविधान के अनुच्छेद 326 के द्वारा भारतीय नागरिकों को वयस्क मताधिकार प्रदान किया गया है। वयस्क मताधिकार का अर्थ है—संविधान द्वारा निर्धारित आयु प्राप्त करने के बाद मताधिकार प्राप्त होना। भारत के मूल संविधान में मताधिकार के लिए वयस्कता की आयु 21 वर्ष थी, जिसे सन् 1989 ई. के 61वें संवैधानिक संशोधन के द्वारा घटाकर 18 वर्ष कर दिया गया है। भारतीय संविधान के अनुसार भारत के प्रत्येक नागरिक को चाहे वह स्त्री हो या पुरुष, मताधिकार प्राप्त है। भारत में वयस्कता की आयु पूरी कर लेने वाले नागरिकों को धर्म, जाति, भाषा, लिंग अथवा क्षेत्र के आधार पर मताधिकार से वंचित नहीं किया जायेगा किन्तु पागल या दिवालिया अथवा भारत की किसी अन्य विधि के अधीन अपराध, भ्रष्टाचार या गैर-कानूनी व्यवहार करने वाले व्यक्तियों को मताधिकार प्राप्त नहीं होगा। शिक्षा तथा सम्पत्ति सम्बन्धी किसी योग्यता को मताधिकार का आधार नहीं बनाया गया है।

## भारत में निर्वाचन सहभागिता
## (Electoral Participation in India)

भारत विश्व का सबसे विशाल लोकतान्त्रिक देश है। भारत की जनता वयस्क मताधिकार के आधार पर विविध निर्वाचनों में भाग लेती रही है। जनता के द्वारा वयस्क मताधिकार के आधार पर निर्वाचनों में भाग लेने की व्यवस्था ही 'निर्वाचन सहभागिता' कहलाती है। अब तक भारत में 12 आम चुनाव हो चुके हैं जिनमें भारतीय जनता ने उत्साहपूर्वक भाग

लिया है। भारत में अब तक हुए आम निर्वाचनों के अध्ययन के आधार पर यह कहा जा सकता है कि निर्वाचनों में भारतीय जनता की भागीदारी में निरन्तर वृद्धि हुई है। जनसंख्या में वृद्धि तथा 61वाँ संविधान संशोधन मतदाताओं की संख्या में वृद्धि के प्रमुख कारण हैं। इस संशोधन के द्वारा ही मताधिकार की आयु 21 वर्ष से घटाकर 18 वर्ष कर दी गई है जिससे मतदाताओं की संख्या बहुत अधिक बढ़ गई है।

भारत में आम निर्वाचनों में जनता की सहभागिता को निम्नांकित तालिका में देखा जा सकता है—

| **निर्वाचन क्षेत्र** | **मतदाताओं की संख्या** (करोड़ों में) |
|---|---|
| 1952 | 17.2 |
| 1957 | 19.4 |
| 1962 | 21.6 |
| 1967 | 14.9 |
| 1971 | 27.4 |
| 1977 | 32.0 |
| 1980 | 35.6 |
| 1984 | 37.4 |
| 1989 | 49.8 |
| 1991 | 51.7 |
| 1996 | 59.2 |
| 1998 | 60.5 |
| 2004 | 62.5 |
| 2009 | 68.2 |

उपरोक्त तालिका से यह स्पष्ट हो जाता है कि सन् 1952 ई. के बाद से अब तक मतदाताओं की संख्या में निरन्तर वृद्धि हुई है।

**मतदान प्रतिशत**—भारत में अब तक हुए आम निर्वाचनों में मतदाताओं द्वारा किये गये मतदान के प्रतिशत के आधार पर निर्वाचन सहभागिता का अनुमान लगाया जा सकता है। निम्नांकित तालिका भारत में आम निर्वाचनों में मतदाताओं द्वारा किये गये मतदान का प्रतिशत बताती है—

| **निर्वाचन वर्ष** | **मतदान का प्रतिशत** |
|---|---|
| 1952 | 61.7 |
| 1957 | 63.7 |
| 1962 | 54.4 |
| 1967 | 61.3 |
| 1971 | 53.3 |
| 1977 | 60.5 |
| 1980 | 56.5 |
| 1984 | 63.6 |
| 1989 | 62.0 |
| 1991 | 53.0 |
| 1996 | 50.0 |
| 1998 | 55.0 |
| 1999 | 62.0 |
| 2004 | 62.2 |
| 2009 | 65.00 |

**उपरोक्त तालिका से स्पष्ट हो जाता है कि भारत में विभिन्न निर्वाचनों में मतदान का प्रतिशत घटता-बढ़ता जा रहा है। सन् 1952 ई. के आम चुनावों में मतदान का प्रतिशत 61.7 रहा, 1957 ई. में के निर्वाचन क्षेत्र में यह प्रतिशत बढ़कर 63.7 हो गया, किन्तु सन् 1962 ई. में यह प्रतिशत घटकर 54.4 रह गया। सन् 1967 ई. में यह प्रतिशत पुन: बढ़कर 61.3 हो गया किन्तु सन् 1971 में यह घटकर 53.3 ही रह गया । सन् 1977 ई. में काँग्रेस को सत्ताच्युत करने के उद्देश्य से मतदान का प्रतिशत बढ़कर 60.5 हो गया किन्तु सन् 1980 ई. में यह प्रतिशत घटकर 56.5 ही रह गया। श्रीमती गाँधी की हत्या के पश्चात्**

सन् 1984 ई. में हुए आम चुनावों में राजीव गाँधी के प्रति सहानुभूति की लहर उत्पन्न होने के कारण मतदान का प्रतिशत बढ़कर 63.6 हो गया। इसके बाद सन् 1989, 1991 व 1996 ई. में नवीं, दसवीं और ग्यारहवीं लोकसभा के निर्वाचनों में मतदान का प्रतिशत क्रमशः 62, 53 और 50 ही रह गया। सन् 1998 ई. में यह बढ़कर पुनः 55 हो गया और 1999 में बढ़कर 62% हो गया। 2004 में इसमें अधिक वृद्धि नहीं हुई पर 2009 के चुनावों में यह बढ़कर 65 प्रतिशत हो गया। इस प्रकार निर्वाचनों में मतदान प्रतिशत में निरन्तर गिरावट आई है।

किन्तु मतदान प्रतिशत में गिरावट की स्थिति का अर्थ यह नहीं है कि मतदाता लोकतान्त्रिक व्यवस्था और निर्वाचन प्रक्रिया के प्रति पूर्णतया उदासीन हो गये हैं। यह स्थिति तो मतदाताओं की तात्कालिक प्रतिक्रिया का परिणाम रही है। भारतीय मतदाताओं की राजनीतिक जागरूकता तथा सक्रियता में निरन्तर वृद्धि होती जा रही है। भारतीय मतदाताओं ने सदैव ही राष्ट्रीय और स्थानीय समस्याओं को ध्यान में रखकर मतदान किया है जिससे केन्द्र व राज्यों में अलग-अलग राजनीतिक दलों की सरकारों का गठन हुआ है।

भारतीय मतदाता की जागरूकता तथा सक्रियता का प्रमाण यह है कि सन् 1967 ई. के आम निर्वाचनों में अवैध मतों का प्रतिशत 4.68 था, सन् 1971 ई. के निर्वाचनों में यह घटकर 3.24 तथा 1977 के निर्वाचनों में प्रतिशत घटकर 2.74 ही रह गया। सन् 2009 ई. के निर्वाचनों में अवैध मतों का प्रतिशत 1.5 से भी कम था।

**निर्वाचन सहभागिता की प्रमुखा प्रवृत्तियाँ** (Main Trends of Election Participation)—स्वतन्त्रता प्राप्ति से लेकर अब तक भारतीय निर्वाचकों में राजनीतिक चेतना का निरन्तर विकास हो रहा है। जनता की राजनीतिक मुद्दों तथा उन मुद्दों पर समाज के विभिन्न वर्गों, राजनीतिक दलों व गुटों के दृष्टिकोण आदि के सम्बन्ध में रुचि में वृद्धि हुई है। शहर व गाँव दोनों ही क्षेत्रों में पुरुषों व स्त्रियों की निर्वाचन सहभागिता में व्यापक वृद्धि हुई है। निर्वाचन अध्ययनों से ये मालूम होता है कि भारतीय मतदाता किसी भी मुद्दे पर उग्र विचारधारा के समर्थक नहीं है। वे मध्य मार्ग के समर्थक हैं। इसीलिए भारतीय मतदाता जीवन के राजनीतिक क्षेत्र में लोकतान्त्रिक समाजवादी राज्य, सामाजिक क्षेत्र में विभिन्न सामाजिक वर्गों के मध्य सामंजस्य, आर्थिक क्षेत्र में मिश्रित अर्थव्यवस्था व नियोजित विकास तथा धार्मिक क्षेत्र में धार्मिक सहिष्णुता के प्रति आस्था रखते हैं।

## निर्वाचन सहभागिता का महत्व
## (Importance of Election Participation)

निर्वाचनों में जनता की सहभागिता लोकतन्त्र के लिए अनिवार्य है। जनता निर्वाचनों के माध्यम से ही अपने योग्यतम शासकों का चयन कर रही है तथा जनता की आकांक्षाओं की पूर्ति न करने वाले शासकों कों आगामी निर्वाचनों में सत्ता से हटा देती है तथा अन्य लोगों को सत्ता सौंप देती है। निर्वाचनों में जनता की सहभागिता के परिणामस्वरूप ही वैधानिक सरकार का गठन होता है तथा सरकार को लोकतन्त्रीय आधार प्राप्त होता है। निर्वाचन सहभागिता के अभाव में लोकतन्त्र की कल्पना ही नहीं की जा सकती। इस प्रकार निर्वाचन सहभागिता लोकतन्त्र के लिए आवश्यक ही नहीं, अपरिहार्य भी है।

## निर्वाचन आयोग
## (Election Commission)

लोकतन्त्र की सफलता और उसका भविष्य निर्वाचन व्यवस्था की कुशलता तथा निष्पक्षता पर निर्भर करता है। इस समबन्ध में निर्वाचनतन्त्र का विशेष महत्व है। भारतीय संविधान सभा में निर्वाचन तन्त्र के महत्व पर प्रकाश डालते हुए **पण्डित हृदयनाथ कुंजरू** ने कहा था कि, "अगर निर्वाचनतन्त्र दोषपूर्ण है या कुशल नहीं है या गैर-ईमानदार लोगों द्वारा संचालित होता है तो प्रजातन्त्र उत्पत्ति के स्रोत पर ही विषमय हो जायेगा, जनता निर्वाचनों से यह सीखने के बदले कि अपने मत का प्रयोग किस प्रकार करे और उनका न्यायपूर्ण मतदान किस प्रकार संविधान में परिवर्तन और प्रशासन में सुधार ला सकता है, वह केवल यह जानने लगती है कि किस प्रकार षड्यन्त्रों पर आधारित दलों का निर्माण किया जा सकता है और अपने लक्ष्य की प्राप्ति के लिए किन गलत तरीकों को अपनाया जा सकता है ?" भारतीय संविधान निर्माताओं के द्वारा स्वतन्त्र और निष्पक्ष निर्वाचन के महत्व को समझते हुए स्वतन्त्र निर्वाचन आयोग की स्थापना की गई है। भारतीय संविधान के भाग 15 में अनुच्छेद 324 से 329 तक निर्वाचन सम्बन्धी सभी प्रावधानों का उल्लेख किया गया है। संविधान के अनुच्छेद 324 के अनुसार सम्पूर्ण देश के लिए एक ही निर्वाचन आयोग की व्यवस्था की गई है। विभिन्न इकाई राज्यों के लिए अलग-अलग आयोग की व्यवस्था नहीं की गई है। निर्वाचन आयोग को निर्वाचन सम्बन्धी सभी अधिकार प्राप्त हैं।

**निर्वाचन आयोग की रचना या गठन** (Composition of Election Commission)—भारतीय संविधान के अनुच्छेद 324 (2, 3, व 4) में निर्वाचन आयोग की रचना का वर्णन किया गया है। भारतीय संविधान के अनुसार, निर्वाचन आयोग में

एक मुख्य चुनाव आयुक्त तथा कुछ अन्य निर्वाचन आयुक्त होंगे जिनकी संख्या राष्ट्रपति समय-समय पर निर्धारित करेगा। मुख्य निर्वाचन आयुक्त तथा अन्य निर्वाचन आयुक्तों की नियुक्ति राष्ट्रपति संसद द्वारा पारित कानून के अनुसार करेगा। अन्य निर्वाचन आयुक्तों की नियुक्ति होने पर मुख्य निर्वाचन आयुक्त निर्वाचन आयोग का सभापति होगा। निर्वाचन आयोग को सहायता देने के लिए लोकसभा व राज्य विधानमण्डलों के निर्वाचन से पूर्व राष्ट्रपति को प्रादेशिक निर्वाचन आयुक्त नियुक्त करने का अधिकार होगा। राष्ट्रपति संसद द्वारा इस सम्बन्ध में निर्मित कानून के अनुसार निर्वाचन आयुक्तों तथा प्रादेशिक निर्वाचन आयुक्तों के कार्यकाल तथा सेवाकाल सम्बन्धी शर्तें भी निश्चित करेगा।

सन् 1989 ई. से पूर्व निर्वाचन आयोग में केवल एक मुख्य निर्वाचन आयुक्त भी होता है। अन्य निर्वाचन आयुक्तों की नियुक्ति नहीं की गई थी। सन् 1989 ई. में राजीव गाँधी सरकार ने प्रथम बार दो अन्य निर्वाचन आयुक्तों की नियुक्ति करके निर्वाचन आयोग को बहुसदस्यीय बनाया किन्तु निर्वाचनों के बाद वी. पी. सिंह सरकार ने इन नियुक्तियों को रद्द करके निर्वाचन आयोग को एकसदस्यीय बना दिया। अक्टूबर, 1993 ई. को केन्द्र सरकार की सिफारिश पर राष्ट्रपति ने एक अध्यादेश जारी करके कृषि सचिव के. एस. गिल तथा विधि आयोग के सदस्य जी. वी. जी. कृष्णामूर्ति को निर्वाचन आयुक्त नियुक्त किया। इस अध्यादेश की प्रमुख बात यह थी कि नवनियुक्त दो आयुक्तों को मुख्य निर्वाचन के आयुक्त के समान ही अधिकार तथा स्थिति प्रदान की गई तथा यह कहा गया कि सदस्यों के बीच मतभेद होने पर तीन सदस्यीय निर्वाचन आयोग बहुमत से निर्णय लेगा तथा बहुमत का निर्णय ही मान्य होगा। 20 दिसम्बर, 1993 ई. को संसद ने निर्वाचन आयोग को बहुसदस्यीय बनाने सम्बन्धी विधेयक भी पारित कर दिया। तत्कालीन मुख्य निर्वाचन आयुक्त टी. एन. शेषन द्वारा इस व्यवस्था का विरोध किया तथा इसके विरुद्ध सर्वोच्च न्यायालय में अपील की गई। सर्वोच्च न्यायालय ने अपने निर्णय द्वारा अन्तिम निर्णय का अधिकार मुख्य निर्वाचन आयुक्त को ही प्रदान किया है। वर्तमान में तीन सदस्यीय निर्वाचन आयोग हैं।

**कार्यकाल तथा सेवा सम्बन्धी शर्तें**—निर्वाचन आयुक्तों के कार्यकाल तथा सेवा सम्बन्धी शर्तें राष्ट्रपति निश्चित करता है। मुख्य निर्वाचन आयुक्त की नियुक्ति के बाद उसकी सेवा शर्तों में उसके हितों के विरुद्ध कोई परिवर्तन नहीं किया जा सकता। सन् 1972 ई. के एक कानून द्वारा यह निश्चित किया गया है कि मुख्य निर्वाचन आयुक्त अपने पद पर 65 वर्ष की आयु तक या 6 वर्ष तक रह सकता है।

**पदमुक्ति**—मुख्य निर्वाचन आयुक्त को पद से हटाने के लिए वही प्रक्रिया अपनायी जाती है जिसके द्वारा सर्वोच्च न्यायालय के न्यायाधीशों को हटाया जाता है अर्थात् मुख्य निर्वाचन आयुक्त को महाभियोग द्वारा पदच्युत किया जा सकता है। मुख्य निर्वाचन आयुक्त के अतिरिक्त अन्य आयुक्तों को राष्ट्रपति मुख्य निर्वाचन आयुक्त के परामर्श से हटा सकता है।

**निर्वाचन आयोग के अन्य कर्मचारियों की व्यवस्था**—निर्वाचन आयोग को अपने कार्यों का सम्पादन करने के लिए राज्य, जिला, निर्वाचन क्षेत्र और मतदान केन्द्र स्तर तक विभिन्न कर्मचारियों की आवश्यकता होती है। प्रत्येक राज्य के लिए एक मुख्य निर्वाचन अधिकारी, उप मुख्य निर्वाचन अधिकारी, सहायक मुख्य निर्वाचन अधिकारी तथा निर्वाचन अधिकारी होते हैं। इसी प्रकार जिला स्तर पर जिला निर्वाचन अधिकारी, मतदान केन्द्र पर पीठासीन अधिकारी तथा मतदान अधिकारी होते हैं। निर्वाचन आयोग की प्रार्थना पर राष्ट्रपति तथा राज्यपाल निर्वाचन के लिए आवश्यक कर्मचारियों की नियुक्ति करते हैं। ये सभी कर्मचारी निर्वाचन आयोग के अधीन रहकर कार्य करते हैं।

## निर्वाचन आयोग के कार्य तथा शक्तियाँ
## (Functions and Powers of Election Commission)

भारतीय संविधान के अनुच्छेद 324(1) के अनुसार निर्वाचनों से सम्बन्धित सम्पूर्ण व्यवस्था करना निर्वाचन आयोग का कार्य है। निर्वाचन क्षेत्रों के परिसीमन से लेकर मतगणना और परिणामों की घोषणा तक की समस्त प्रक्रिया का विधि के अनुसार संचालन करना निर्वाचन आयोग का संवैधानिक दायित्व है। इसके अतिरिक्त, निर्वाचनों के लिए शान्तिपूर्ण तथा उपयुक्त व्यवस्था बनाना तथा प्रशासनिक तैयारियों का निरीक्षण करना भी निर्वाचन आयोग का कार्य है। निर्वाचन आयोग के प्रमुख कार्यों तथा शक्तियों का अध्ययन निम्नलिखित रूपों में किया जा सकता है—

**(1) निर्वाचन क्षेत्रों का परिसीमन करना**—निर्वाचन आयोग का प्रमुख कार्य निर्वाचन क्षेत्रों का परिसीमन या सीमांकन करना है। संसद द्वारा पारित 'परिसीमन आयोग अधिनियम 1952' में यह प्रावधान है कि प्रत्येक जनगणना (जो कि दस वर्ष बाद होती है) के पश्चात् परिसीमन आयोग निर्वाचन क्षेत्रों की सीमा निर्धारित करेगा। मुख्य निर्वाचन आयुक्त 'परिसीमन आयोग' का अध्यक्ष होता हैं। इस आयोग में अध्यक्ष के अतिरिक्त दो सर्वोच्च न्यायालय अथवा उच्च न्यायालयों के अवकाश प्राप्त न्यायाधीश होते हैं। आयोग की सहायता के लिए प्रत्येक राज्य में 2 से लेकर 7 तक सहायक सदस्य हो सकते

हैं। इन सहायक सदस्यों को सम्बद्ध राज्य से लोकसभा अथवा राज्य की विधान सभा के लिए निर्वाचित सदस्यों में से चुना जाता है। जनता भी व्यक्तिगत अथवा संगठित रूप से अपने सुझाव तथा आपत्तियाँ प्रस्तुत कर सकती हैं। इन पर खुली बैठकों में विचार किया जाता है। इसके पश्चात् ही आयोग द्वारा सीमांकन आदेश की घोषणा की जाती हैं। यह घोषणा अन्तिम होती है तथा इसके विरुद्ध किसी भी न्यायालय में अपील नहीं की जा सकती है। इस व्यवस्था द्वारा जैरी मैण्डरिंग की बुराई पर काबू पाया जा सकता है।

**(2) मतदान सूचियाँ तैयार करना**—निर्वाचन आयोग का प्रमुख कार्य निर्वाचनों से पूर्व मतदाता सूचियाँ तैयार करवाना है। प्रत्येक जनगणना के पश्चात् और आम चुनाव से पूर्व मतदाताओं की सूची में संशोधन किये जाते हैं। इन सूचियों में नये मतदाताओं के नाम लिखे जाते हैं तथा जिन नागरिकों की मृत्यु हो जाती है, उनके नाम काट दिये जाते हैं। मतदाता सूची तैयार होने पर निर्वाचन आयोग के द्वारा निश्चित तिथि तक आपत्तियों पर विचार किया जाता है। मतदाता सूची तैयार करने का उद्देश्य है—मताधिकार की योग्यता रखने वाला कोई भी व्यक्ति मताधिकार से वंचित न रहे। मतदाता सूचियाँ तैयार करने का कार्य नि:सन्देह एक कठिन तथा महत्वपूर्ण कार्य है।

**(3) राजनीतिक दलों को मान्यता देना**—निर्वाचन आयोग का एक महत्वपूर्ण कार्य विभिन्न राजनीतिक दलों को मान्यता प्रदान करना है। भारत में अनेक राष्ट्रीय तथा क्षेत्रीय स्तर के राजनीतिक दल हैं। वर्तमान में निर्वाचन आयोग कम-से-कम चार राज्यों में 4 प्रतिशत मत प्राप्तकर लेने वाले दल राष्ट्रीय दल के रूप में मान्यता प्रदान कर देता है तथा विभिन्न राज्यों से प्राप्त एक निश्चित प्रतिशत के आधार पर राज्यों में प्रादेशिक या क्षेत्रीय दलों के रूप में मान्यता प्रदान कर देता है।

**(4) चुनाव चिन्ह प्रदान करना**—निर्वाचन आयोग राजनीतिक दलों व निर्दलीय उम्मीदवारों को चुनाव चि आवंटित करता है। वह चुनाव चि ों से सम्बन्धित विवादों का निर्णय करता हैं। उसके निर्णय के विरुद्ध सर्वोच्च न्यायालय में अपील की जा सकती है।

**(5) राष्ट्रपति तथा उपराष्ट्रपति का निर्वाचन करना**—निर्वाचन आयोग राष्ट्रपति तथा उपराष्ट्रपति का निर्वाचन कराता है। राष्ट्रपति के निर्वाचन में संसद तथा राज्य विधान सभाओं के निर्वाचित सदस्य मतदान करते हैं तथा उपराष्ट्रपति के निर्वाचन में संसद के दोनों सदनों के सदस्यों द्वारा मतदान किया जाता है।

**(6) संसद व राज्य विधानमण्डलों के निर्वाचन कराना**—निर्वाचन आयोग का एक महत्वपूर्ण कार्य संसद के दोनों सदनों तथा राज्य विधान मण्डलों के सदस्यों का निर्वाचन करना है। संसद के निम्न सदन लोकसभा के लिए सामान्य निर्वाचनों तथा समय-समय पर रिक्त होने वाले स्थानों की पूर्ति के लिए उपचुनावों की व्यवस्था करता है। इसी प्रकार राज्य विधानमण्डलों के लिए सामान्य तथा उपनिर्वाचनों की व्यवस्था भी निर्वाचन आयोग ही करता है।

**(7) सांसदों व विधायकों की अयोग्यता के सम्बन्ध में परामर्श देना**—निर्वाचन आयोग का एक प्रमुख कार्य राष्ट्रपति को संसद के सदस्यों तथा सम्बन्धित राज्य के राज्यपालों को विधानमण्डलों के सदस्यों की अयोग्यता के सम्बन्ध में परामर्श देना है। इस परामर्श के आधार पर राष्ट्रपति सांसदों तथा राज्यपाल विधायकों की अयोग्यता को कम या समाप्त कर सकते हैं।

**(8) सांसदों, विधायकों व मतदाताओं की अयोग्यता को हटाना**—निर्वाचन आयोग को भ्रष्ट आचरण पर आधारित अयोग्यता को छोड़कर अन्य आधारों पर सांसदों व विधायकों की अयोग्यता को स्वयं समाप्त करने का अधिकार प्राप्त है। निर्वाचन आयोग दोष सिद्धि व भ्रष्ट आचरण से उत्पन्न मतदाताओं की मत देने की अयोग्यता को स्वयं हटा सकता है या उसके समय को कम कर सकता है।

**(9) निर्वाचन की तिथियाँ तथा कार्यक्रम घोषित करना**—निर्वाचन आयोग का कार्य सरकार से परामर्श कर सभी निर्वाचन की तिथियाँ तथा कार्यक्रम घोषित करना है। निर्वाचन आयोग नामांकन पत्र भरने, नामांकन पत्रों की जाँच, नाम वापसी तथा मतदान की तिथियों की घोषणा करता है।

**(10) कर्मचारियों पर नियन्त्रण रखना**—निर्वाचन आयोग निर्वाचन कार्य के लिए केन्द्र व राज्यों द्वारा उपलब्ध कराये गये कर्मचारियों पर अपना नियन्त्रण रखता है। ये कर्मचारी निर्वाचन आयोग के आदेशों का पालन करने के लिए बाध्य होते हैं।

**(11) अन्य कार्य**—निर्वाचन आयोग उपरोक्त कार्यों के अतिरिक्त कुछ अन्य कार्यों को भी करता है। ये निम्नलिखित हैं—

(क) निर्वाचन आयोग राजनीतिक दलों के लिए आचार-संहिता बनाता है।

(ख) निर्वाचन आयोग राजनीतिक दलों व उम्मीदवारों को चुनाव-प्रचार की सुविधाएँ दिलवाता है।

(ग) निर्वाचन आयोग उम्मीदवारों द्वारा निर्वाचन-व्यय की सीमा निर्धारित करता है।

(घ) मतदाताओं को राजनीतिक शिक्षण देना भी निर्वाचन आयोग का ही कार्य है।

(ड़) निर्वाचन आयोग चुनाव याचिकाओं के सम्बन्ध में सरकार को परामर्श देता है।

इस प्रकार यह स्पष्ट हो जाता है कि निर्वाचन आयोग निर्वाचनों से सम्बन्धित समस्त व्यवस्था करता है।

**निर्वाचन आयोग को स्वतन्त्र बनाये रखने की व्यवस्था**—निर्वाचन आयोग निष्पक्ष और स्वतन्त्र होकर कार्य कर सके, इसके लिए संविधान में निम्नांकित व्यवस्थाएँ की गई है—

(1) भारतीय संविधान में निर्वाचन आयोग की व्यवस्था का वर्णन किया गया है। यह भारतीय राजनीतिक व्यवस्था का एक महत्वपूर्ण अंग है।

(2) निर्वाचन आयुक्त की नियुक्ति एक निश्चित समय के लिए की जाती है।

(3) मुख्य चुनाव आयुक्त को पर्याप्त वेतन व सुविधाएँ प्रदान की गई हैं।

(4) निर्वाचन आयोग के सभी सदस्यों का कार्यकाल तथा सेवा शर्तें राष्ट्रपति निश्चित करता है।

(5) मुख्य निर्वाचन आयुक्त की नियुक्ति के पश्चात् उसके कार्यकाल तथा सेवा शर्तों में उसके हितों के विरुद्ध कोई परिवर्तन नहीं किया जा सकता।

(6) मुख्य निर्वाचन आयुक्त को राष्ट्रपति महाभियोग प्रस्ताव पारित होने पर ही हटा सकता है। महाभियोग प्रस्ताव संसद के दोनों सदनों द्वारा दो-तिहाई बहुमत से पारित किया जाता है।

(7) निर्वाचन कार्य के लिए उपलब्ध कर्मचारी निर्वाचन आयोग के अधीन रहकर कार्य करते हैं।

यद्यपि भारतीय संविधान के द्वारा निर्वाचन आयोग तथा मुख्य निर्वाचन आयुक्त की स्वतन्त्रता तथा निष्पक्षता के लिए पर्याप्त व्यवस्थाएँ की गई हैं किन्तु इन व्यवस्थाओं के होते हुए भी मुख्य निर्वाचन आयुक्त के सन्दर्भ में अनेक विवाद उत्पन्न होते रहे हैं। सन् 1991-92 ई. के काल में तो मुख्य निर्वाचन आयुक्त टी. एन. शेषन की भूमिका कटु विवाद का विषय बनी। मुख्य चुनाव आयुक्त को विवाद से दूर रखने के लिए कुछ परम्पराओं को अपनाया जाना चाहिए। जैसे—राष्ट्रपति द्वारा मुख्य निर्वाचन आयुक्त को नियुक्त करते समय सभी मान्यता प्राप्त राष्ट्रीय दल के नेताओं से भी परामर्श ले लेना चाहिए। इसके अतिरिक्त, संसद के द्वारा ऐसा कानून बनाये जाना चाहिए कि मुख्य निर्वाचन आयुक्त के पद से निवृत्त होने के बाद वह व्यक्ति कोई भी पद धारण नहीं कर सकेगा। इस व्यवस्था के कारण मुख्य निर्वाचन आयुक्त प्रलोभन से बचा रहेगा तथा निष्पक्षतापूर्वक कार्य करेगा। इसके अतिरिक्त, मुख्य निर्वाचन आयुक्त को स्वयं महत्वाकांक्षा, दम्भ, द्वेष, अहंकार आदि बुराइयों से दूर रहना चाहिए तथा स्वतन्त्रतापूर्वक निष्पक्षता के साथ सभी पक्षों के प्रति न्यायपूर्ण व्यवहार करना चाहिए।

यद्यपि निर्वाचन आयोग पर अनेक आरोप लगाये गये हैं किन्तु आमतौर पर मुख्य निर्वाचन आयुक्त ने निष्पक्षता और स्वतन्त्रापूर्वक कार्य किया है। निर्वाचन आयोग के सन्दर्भ में **डॉ. आर. पी. भल्ला** लिखते है कि, "देश के प्रशासनिक ढाँचे में निर्वाचन आयोग ने विशेष स्थान प्राप्त कर लिया है। शिकायत होने की अवस्था में कोई भी राजनीतिक दल या उम्मीदवार या नागरिक इसका सहारा लेने में संकोच नहीं करता। इसने जनता मे यह विश्वास उत्पन्न किया है कि निर्वाचन पद्धति उन्हें अपनी पसन्द से सरकार का निर्माण करने में हर सम्भव सहायता देगी। देश की कुछ संस्थाओं में निर्वाचन आयोग एक ऐसी संस्था है जिसके काम की देश के भीतर तथा बाहर प्रशंसा हुई है।"

## निर्वाचन प्रक्रिया
## (Election Process)

संविधान में उल्लिखित अवधि के पश्चात् विभिन्न पदों एवं संस्थाओं के लिए होने वाली निर्वाचनों की आरम्भ से लेकर अन्त तक की प्रक्रिया को निर्वाचन प्रक्रिया कहते है। भारतीय संविधान के द्वारा निर्वाचन प्रक्रिया निर्धारित करने का कार्य भारतीय संसद को तथा निर्वाचन के संचालन का उत्तरदायित्व निर्वाचन आयोग को सौंपा गया है। संसद ने 'जन प्रतिनिधित्व अधिनियम, सन् 1951' के द्वारा निर्वाचन प्रक्रिया निर्धारित की है। इन अधिनियमों में सदस्यों की अर्हताओं, अयोग्यताओं, निर्वाचनों की अधिसूचना, निर्वाचनों के संचालन, निर्वाचन सम्बन्धी विवादों का निपटारा, निर्वाचन सम्बन्धी अपराध व उपनिर्वाचन आदि से सम्बन्धित सम्पूर्ण व्यवस्था की गई है। सन् 1988 ई. में जन प्रतिनिधित्व अधिनियम में संशोधन करके

यह व्यवस्था की गई है कि अब आतंकवादी गतिविधि, तस्करी, जमाखोरी, खाद्य-पदार्थों व दवाओं में मिलावट करने वाले, 'विदेशी मुद्रा या नियमन अधिनियम' का उल्लघंन करने वाले व्यक्तियों तथा महिलाओं के विरुद्ध अपराध करने वाले व्यक्तियों को चुनाव लड़ने के लिए अयोग्य माना जायेगा। भारत में निर्वाचन इन जन प्रतिनिधित्व अधिनियमों के आधार पर ही संचालित किये जाते हैं।

**निर्वाचन प्रक्रिया के विभिन्न चरण** (Various Stages of Election Process) —भारत में निर्वाचनों से सम्बन्धित समस्त प्रक्रिया के विभिन्न चरण निम्नलिखित है—

**(1) निर्वाचन क्षेत्रों का निर्धारण**—भारत में निर्वाचन प्रक्रिया आरम्भ होने से पूर्व 'परिसीमन आयोग' द्वारा निर्वाचन क्षेत्रों का निर्धारण किया जाता है। परिसीमन आयोग द्वारा सम्पूर्ण राज्य के भौगोलिक क्षेत्र को विभिन्न निर्वाचन क्षेत्रों में इस प्रकार विभाजित किया जाता है कि सभी क्षेत्रों की जनसंख्या एक समान रहे। चूँकि भारत में लोकसभा तथा विधानसभा के सभी निर्वाचन क्षेत्र एक सदस्यीय हैं, अत: प्रत्येक निर्वाचन क्षेत्र से एक सदस्य चुन लिया जाता है। प्रत्येक जनगणना के बाद (सामान्यतया 10 वर्ष बाद)परिसीमन आयोग का गठन होता है और मुख्य निर्वाचन आयुक्त इस आयोग का अध्यक्ष होता है। जनगणना के आधार पर परिसीमन आयोग निर्वाचन क्षेत्रों में परिवर्तन करता है। यह आयोग आरक्षित क्षेत्रों को सामान्य तथा सामान्य क्षेत्रों को आरक्षित बना सकता है।

**(2) मतदाता सूचियाँ तैयार करना**—भारत में निर्वाचन आयोग चुनाव के पूर्व मतदाता सूचियाँ तैयार कराता है। मतदाता सूची तैयार कराने का उद्देश्य यह है कि मताधिकार की योग्यता रखने वाला कोई भी व्यक्ति मताधिकार से वंचित न रहे। मतदाता सूची में मतदान की योग्यता रखने वाले नये मतदाताओं के नाम लिखे जाते हैं तथा जिन मतदाताओं की मृत्यु हो चुकी होती है, उनके नाम काट दिये जाते हैं। इस प्रकार मतदाता सूची का नवीनीकरण कर दिया जाता है। मतदाता सूचियाँ तैयार करने का कार्य एक महत्वपूर्ण तथा कठिन कार्य है।

**(3) निर्वाचन की अधिसूचना**—भारत में निर्वाचन प्रक्रिया का आरम्भ लोकसभा तथा राज्य सभा निर्वाचनों के लिए राष्ट्रपति द्वारा तथा राज्य विधानमण्डल के निर्वाचनों के लिए सम्बन्धित राज्य के राज्यपाल द्वारा जारी की गई अधिसूचना से होता है। संघीय क्षेत्रों के निर्वाचकों के लिए सम्बन्धित क्षेत्र के शासन प्रमुख द्वारा निर्वाचन की अधिसूचना जारी की जाती है। इन अधिसूचनाओं में मतदाताओं से अपने प्रतिनिधि निर्वाचित करने का आह्वान किया जाता है। यह अधिसूचना जन प्रतिनिधित्व अधिनियम, 1951 की 14वीं धारा के अन्तर्गत लोकसभा या विधानसभा की अवधि के समाप्त होने पर या मध्यविधि चुनाव होने की स्थिति में जारी की जाती है। यह अधिसूचना राष्ट्रपति या राज्यपाल निर्वाचन आयोग के परामर्श से जारी करते हैं। इन अधिसूचनाओं का प्रकाशन सरकारी गजट (राजपत्र) में किया जाता है।

**(4) निर्वाचन कार्यक्रम की घोषणा**—निर्वाचन सम्बन्धी अधिसूचना के तुरन्त बाद निर्वाचन आयोग अधिसूचना जारी करके मतदान की तिथि तथा निर्वाचन सम्बन्धी समस्त कार्यक्रमों की घोषणा करता है। इस घोषणा में नामांकन पत्र भरने की अन्तिम तिथि, उनकी जाँच किये जाने की तिथि, नाम वापस लिये जाने की अन्तिम तिथि तथा मतदान की तिथि निश्चित की जाती है। मतदान की तिथि निश्चित हो जाने पर उम्मीदवार औपचारिक रूप से निर्वाचन के प्रबन्ध में जुट जाते हैं।

**(5) निर्वाचन अधिकारियों की नियुक्ति**—निर्वाचन आयोग निर्वाचन सम्पन्न कराने के लिए प्रत्येक राज्य में मुख्य निर्वाचन अधिकारी तथा प्रत्येक निर्वाचन क्षेत्र में एक निर्वाचन अधिकारी तथा अन्य कर्मचारियों की नियुक्ति करते हैं। ये अधिकारी तथा कर्मचारी निर्वाचन का सम्पूर्ण प्रबन्ध करते हैं।

**(6) नामांकन पत्र प्रस्तुत करना**—निर्वाचन आयोग द्वारा नियुक्त निर्वाचन अधिकारी अपने क्षेत्र में नामांकन-पत्र प्रस्तुत किये जाने का स्थान बताकर नामांकन-पत्र आमन्त्रित करते हैं। उम्मीदवार अपना नामांकन पत्र भरकर अधिकृत अधिकारी के समक्ष प्रस्तुत होते हैं। उम्मीदवार का नाम मतदाता सूची में होना आवश्यक है। उम्मीदवार का नामांकन पत्र उस क्षेत्र के दो मतदाताओं द्वारा प्रस्तावित तथा अनुमोदित होना चाहिए। इस अवसर पर प्रत्येक उम्मीदवार को 16वें संवैधानिक संशोधन, 1963 के अनुसार यह शपथ लेनी पड़ती है कि, "मैं संविधान के प्रति निष्ठा रखूँगा और भारत की अखण्डता तथा प्रभुसत्ता को बनाये रखूँगा।" नामांकन पत्र के साथ प्रत्येक प्रत्याशी को जमानत के रूप में एक निश्चित धनराशि भी जमा करनी पड़ती हैं।

**(7) नामांकन पत्रों की जाँच**—निर्वाचन आयोग द्वारा नियुक्त निर्वाचन अधिकारी एक निश्चित तिथि को जो सामान्यत: नामांकन पत्र प्रस्तुत करने की अन्तिम तिथि के तुरन्त बाद पड़ने वाली तिथि ही होती है, नामांकन पत्रों की जाँच करता है। इस दिन उम्मीदवार स्वयं या उसके द्वारा अधिकृत कोई निर्वाचन अभिकर्ता निर्वाचन अधिकारी के समक्ष उपस्थित हो सकते हैं। जिन उम्मीदवारों के नामांकन पत्र सही पाये जाते हैं, उन्हें उम्मीदवार घोषित कर दिया जाता है। नामांकन पत्र अपूर्ण होने

या सम्बन्धित उम्मीदवार के किसी आधार पर चुनाव लड़ने के अयोग्य पाये जाने पर निर्वाचन अधिकारी उसका नामांकन पत्र रद्द कर देता है।

**(8) नाम वापसी की व्यवस्था**—यदि कोई उम्मीदवार किसी कारण से अपना नाम वापिस लेना चाहे तो लिखित प्रार्थना पत्र देकर एक निश्चित तिथि तक वह अपना नाम वापस ले सकता है। इस स्थिति में उसके द्वारा जमा की गई जमानत की धनराशि उसे वापस मिल जाती है। इसके बाद चुनाव मैदान में बचे उम्मीदवारों की सूची तैयार करके प्रकाशित कर दी जाती है।

**(9) चुनाव चिन्हों का आवंटन**—नाम वापसी की तिथि के पश्चात् चुनाव मैदान में बचे उम्मीदवारों को चुनाव चिन्ह आवंटित किये जाते हैं। मान्यता प्राप्त राजनीतिक दलों के उम्मीदवारों को दल का 'सी' फार्म दिखाने पर दल का सुरक्षित चुनाव चिन्ह मिल जाता है। जैसे—भारतीय जनता पार्टी का 'कमल का फूल', काँग्रेस आई का 'हाथ का पँजा', बहुजन समाज पार्टी का 'हाथी' आदि। निर्दलीय उम्मीदवारों को निर्वाचन आयोग चुनाव चिन्ह प्रदान करता है। कोई भी उम्मीदवार अपनी इच्छानुसार चुनाव चिन्ह माँग सकता है किन्तु इस सम्बन्ध में निर्वाचन आयोग का निर्णय ही अन्तिम होता है।

**(10) चुनाव प्रचार**—अब उम्मीदवारों के द्वारा ही विधिवत् रूप से अपना चुनाव प्रचार आरम्भ कर दिया जाता है। सन् 1967 से चली आ रही व्यवस्था के अनुसार उम्मीदवारों को चुनाव प्रसार के लिए कम से कम 20 दिन का समय मिल जाता था किन्तु 19 जनवरी, 1992 को राष्ट्रपति ने एक अध्यादेश जारी करके लोकसभा तथा विधानसभा चुनावों में नामांकन वापस लेने की अन्तिम तिथि के बाद मतदान कराने की न्यूनतम समय सीमा को 20 दिन से घटाकर 14 दिन कर दिया है। इस अवधि में राजनीतिक दल अपने-अपने चुनाव घोषणा पत्र जारी करते हैं। इन घोषणा पत्रों में उनके दल की नीतियों तथा कार्यक्रमों को स्पष्ट किया जाता है। इन नीतियों और कार्यक्रमों के आधार पर ही जनता से मत माँगते हैं। राजनीतिक दल और उम्मीदवार अपने समर्थकों की संख्या बढ़ाने, मतदाताओं को प्रभावित करेन के लिए सभाओं, जुलूसों, रैलियों, सम्मेलनों, पोस्टरों तथा नुक्कड़ सभाओं का आयोजन करते हैं। उनके द्वारा चुनाव प्रचार के लिए विभिन्न प्रकार के नारे बनाये तथा प्रचारित किये जाते हैं तथा घर-घर जाकर मतदाताओं से सम्पर्क स्थापित करके मत माँगे जाते हैं। इसके अतिरिक्त, राजनीतिक दल चुनाव प्रचार करने तथा मतदाताओं से अपील करने के लिए आकाशवाणी तथा दूरदर्शन का प्रयोग भी करते हैं। वर्तमान में मान्यता प्राप्त प्रत्येक राजनीतिक दल को मतदाताओं से अपील करने के लिए आकाशवाणी तथा दूरदर्शन पर दो बार 15-15 मिनट का समय दिया जाता है। इस प्रकार राजनीतिक दल तथा उम्मीदवार विभिन्न साधनों का प्रयोग करके अपने चुनाव का प्रचार करते हैं। मतदान की तिथि से लगभग 48 घण्टे पूर्व चुनाव प्रचार नियमानुसार समाप्त हो जाता है।

**(11) मतदान केन्द्रों की व्यवस्था**—मतदाताओं की सुविधा के लिए प्रत्येक निर्वाचन क्षेत्र में कई मतदान केन्द्र बनाये जाते हैं। मतदान केन्द्र इस बात को ध्यान में रखकर बनाये जाते हैं कि किसी भी मतदाता को दो किलोमीटर से अधिक न जाना पड़े। एक मतदान केन्द्र पर कई बूथ बनाये जाते हैं। इन बूथों पर एक निश्चित संख्या में मतदाता मतदान करते हैं। प्रत्येक मतदान केन्द्र पर एक परिसीमन अधिकारी तथा मतदान अधिकारी तथा पुलिस कर्मचारी होते हैं।

**(12) मतदान**—निर्वाचन आयोग द्वारा निर्धारित तिथि को निश्चित समय पर मतदान आरम्भ होता है। मतदान-कक्ष में मतदान अधिकारियों के अतिरिक्त उम्मीदवारों के अधिकृत अभिकर्ता भी होते हैं। मतदाता सूची में अंकित नाम के आधार पर मतदान अधिकारी मतदाता को एक मत-पत्र देता है जिसमें सभी प्रत्याशियों के नाम तथा चुनाव चिन्ह छपे होते हैं। मतदान गुप्त होता है। मतदाता अपनी पसन्द के उम्मीदवार के सामने उसके चुनाव चिन्ह का बटन दबाते हैं। मतदान अधिकारी मत के समय मतदाता की उँगली पर ऐसी स्याही लगा देते हैं जो कि आसानी से नहीं छूटती। ऐसा करने का उद्देश्य जाली मतदान को रोकना है। मतदान निर्धारित समय पर बन्द हो जाता है तथा मतदान अधिकारी उम्मीदवारों या उनके अभिकर्ताओं की उपस्थिति में इलैक्ट्रॉनिक वोटिंग मशीन सील कर देता है। इन मशीनों को सुरक्षित मतगणना केन्द्र पर पहुँचा दिया जाता है।

**(13) मतगणना व परिणाम की घोषणा**—मतदान केन्द्र पर निश्चित तिथि व समय पर निर्वाचन आयोग द्वारा नियुक्त गणना अधिकारी की देखरेख में अन्य अधिकारियों व कर्मचारियों द्वारा मतों की गणना की जाती है। मतगणना के दौरान उम्मीदवार तथा उसके अभिकर्ता केन्द्र पर उपस्थित रहते हैं। मतगणना के परिणामस्वरूप सर्वाधिक मत प्राप्त करने वाले उम्मीदवार को विजयी घोषित कर दिया जाता है। यदि किन्हीं उम्मीदवारों को बराबर-बराबर मत प्राप्त होते हैं तो निर्णय लॉटरी से किया जाता है। परिणाम की घोषणा के बाद परिणाम की सूचना सम्बन्धित अधिकारी निर्वाचन आयोग तथा

सम्बन्धित सदन के सचिव को भेज देता है। जो उम्मीदवार निर्वाचित हो जाते हैं, उनके नाम शासकीय राजपत्र (गजट) में भी प्रकाशित किये जाते हैं।

**(14) चुनाव स्थगन या पुर्नमतदान**—प्रारम्भ में यह व्यवस्था थी कि यदि नामांकन की तिथि से लेकर मतदान की तिथि के मध्य किसी भी उम्मीदवार की मृत्यु हो जाती है तो उस निर्वाचन क्षेत्र में निर्वाचन स्थगित कर दिया जाता है। 19 जनवरी, सन् 1992 ई. को राष्ट्रपति ने एक अध्यादेश जारी किया। इस अध्यादेश के द्वारा यह व्यवस्था की गई है कि अब निर्दलीय प्रत्याशी की मृत्यु होने पर चुनाव स्थगित नहीं होंगे। किसी राजनीतिक दल के उम्मीदवार की मृत्यु होने पर ही चुनाव स्थगित होंगे।

इसके अतिरिक्त, यदि किसी मतदान केन्द्र पर कुछ व्यक्तियों द्वारा जबरदस्ती कब्जा कर लिया जाय, मतदाताओं को डराया-धमकाया जाये या उन्हें मतदान करने से रोका जाये तया मतदान कर्मचारियों द्वारा अनियमितताएँ की जायें तो निर्वाचन अधिकारी की संस्तुति पर या स्वयं की सन्तुष्टि के आधार पर निर्वाचन आयोग सम्बन्धित मतदान केन्द्रों पर दो या तीन दिन की अवधि के भीतर पुर्नमतदान की व्यवस्था कर सकता है। यदि किसी निर्वाचन क्षेत्र में व्यापक रूप से अनियमितताएँ की जाती हैं तो निर्वाचन आयोग उस सम्पूर्ण निर्वाचन क्षेत्र के मतदान को निरस्त कर देता है तथा उस निर्वाचन क्षेत्र के लिए नये निर्वाचन कार्यक्रम की घोषणा करता है।

**(15) चुनाव व्यय का विवरण देना**—निर्वाचन में भाग लेने वाले सभी उम्मीदवारों को निर्वाचन परिणाम की घोषणा के 30 दिन के अन्दर अपने निर्वाचन-व्यय का हिसाब सम्बद्ध निर्वाचन अधिकारी को देना पड़ता है। संसद द्वारा कानून बनाकर उम्मीदवारों के द्वारा निर्वाचनों में किये जाने वाले व्यय की सीमा निश्चित कर दी गई है। अक्टूबर 2003 से लोकसभा चुनाव हेतु चुनाव व्यय की न्यूनतम सीमा 10 लाख रु. और अधिकतम सीमा 25 लाख रु. निर्धारित कर दी गई है, जबकि राज्य विधान सभा चुनाव के लिए न्यूनतम सीमा 5 लाख रु. व अधिकतम सीमा 10 लाख रु. तय कर दी गई है।

**(16) निर्वाचन विवाद**—यदि निर्वाचन में असफल कोई उम्मीदवार यह अनुभव करता है कि जीते हुए उम्मीदवार के द्वारा निर्वाचन में अनुचित तथा भ्रष्ट उपायों को अपनाया गया था या निर्धारित सीमा से अधिक व्यय किया गया है तो वह उसके विरुद्ध 45 दिन के भीतर सम्बन्धित राज्य के उच्च न्यायालय तथा उच्च न्यायालय के निर्णय के विरुद्ध 30 दिन के भीतर सर्वाच्च न्यायालय में अपील कर सकता है। यदि न्यायालय इन आरोपों को सही पाता है तो वह जीते हुए प्रत्याशी का निर्वाचन अवैध घोषित कर देता है। यदि न्यायालय उचित समझता है तो वह विजयी प्रत्याशी के स्थान पर हारे हुए प्रत्याशी को विजयी घोषित कर सकता है या उस निर्वाचन क्षेत्र में पुन: निर्वाचन का आदेश दे सकता है। उच्च न्यायालय तथा सर्वोच्च न्यायालय अपने निर्णयों की सूचना निर्वाचन आयोग तथा सम्बन्धित सदन के अध्यक्ष को प्रेषित करता है तथा यह निर्णय सरकारी गजट में प्रकाशित किये जाते हैं।

**(17) उपचुनाव**—यदि किसी उम्मीदवार का चुनाव रद्द घोषित कर दिया जाता है या वह स्वयं त्यागपत्र दे देता है या किसी प्रतिनिधि की मृत्यु हो जाने के कारण स्थान रिक्त हो जाता है तो उस चुनाव-क्षेत्र के लिए शीघ्र ही चुनाव की व्यवस्था की जाती है। इसे ही उपचुनाव कहते हैं। उपचुनाव में निर्वाचन प्रतिनिधि अगले चुनाव तक अपने पद पर रहता है।

इस प्रकार भारत में निर्वाचन आयोग उपरोक्त निर्वाचन प्रक्रिया के आधार पर निर्वाचनों का संचालन करता है।

## भारतीय निर्वाचन प्रणाली की विशेषताएँ या गुण
## (Merits of Indian Election System)

वर्तमान समय में निर्वाचन भारतीय जनता के लिए कोई नवीन बात नहीं है। भारत में अब तक 15 आम चुनाव हो चुके हैं जिनमें भारत की जनता ने उत्साहपूर्वक भाग लिया है। भारतीय निर्वाचन प्रणाली की प्रमुख विशेषताएँ निम्नलिखित हैं—

**(1) वयस्क मताधिकार**—भारतीय निर्वाचन प्रणाली की प्रथम विशेषता वयस्क मताधिकार ही है। भारतीय संविधान के अनुच्छेद 326 के अनुसार, "लोकसभा तथा राज्य विधान सभाओं के लिए निर्वाचन वयस्क मताधिकार के आधार पर किये जायेंगे।" वयस्क मताधिकार की व्यवस्था करते हुए कहा गया है कि प्रत्येक व्यक्ति, जो भारत का नागरिक है तथा कानून के अन्तर्गत किसी निर्धारित तिथि पर कम से कम 18 वर्ष का है तथा संविधान अथवा कानून के अन्तर्गत निर्वाचन के लिए किसी भी दृष्टि से अयोग्य नहीं है, को निर्वाचन में मतदाता के रूप में भाग लेने का अधिकार है। सभी भारतीय नागरिकों को बिना किसी भेदभाव के मताधिकार प्राप्त है।

**(2) संयुक्त निर्वाचन पद्धति**— भारतीय निर्वाचन प्रणाली की दूसरी विशेषता संयुक्त निर्वाचन प्रणाली है। ब्रिटिश शासन ने भारत में निर्वाचन के लिए साम्प्रदायिक निर्वाचन पद्धति अपनाई थी। जिसके परिणामस्वरूप विभिन्न सम्प्रदाय एक-दूसरे के विरोधी बन गये थे। भारतीय संविधान निर्माताओं ने साम्प्रदायिक निर्वाचन पद्धति का अन्त करके संयुक्त निर्वाचन प्रणाली अपनाई। अब प्रत्येक निर्वाचन क्षेत्र के लिए एक ही मतदाता सूची होती है जिसमें उस क्षेत्र के सभी मतदाताओं, चाहे वे किसी भी धर्म, सम्प्रदाय या जाति से सम्बन्धित हों, के नाम होते हैं। वे सभी मिलकर अपना प्रतिनिधि निर्वाचित करते हैं।

**(3) अनुसूचित जातियों, जनजातियों तथा पिछड़े वर्गों के लिए सुरक्षित स्थान**—संविधान निर्माताओं ने भारत में संयुक्त निर्वाचन प्रणाली को अपनाते हुए अनुसूचित जातियों, जनजातियों तथा पिछड़े वर्गों के लिए निर्वाचनों में स्थान सुरक्षित कर दिये हैं। प्रारम्भ में यह व्यवस्था सन् 1960 तक के लिए की गई थी किन्तु अब यह व्यवस्था 79वें संवैधानिक संशोधन द्वारा सन् 2010 तक कर दी गई है। इस सम्बन्ध में एक विशेष बात यह है कि सुरक्षित स्थानों के प्रतिनिधि उस क्षेत्र की सम्पूर्ण जनता द्वारा चुने जाते हैं। वह प्रतिनिधि उस क्षेत्र की समस्त जनता का प्रतिनिधित्व करता है। इस व्यवस्था से इन वर्गों को भी राजनीतिक संस्थाओं में उचित प्रतिनिधित्व प्राप्त हो जाता है।

**(4) प्रादेशिक प्रतिनिधित्व**—भारतीय निर्वाचन प्रणाली की एक विशेषता प्रादेशिक प्रतिनिधित्व भी है। इसके अन्तर्गत एक क्षेत्र या प्रदेश के सभी मतदाता अपना प्रतिनिधि चुनते हैं।

**(5) एकसदस्यीय निर्वाचन क्षेत्र** भारतीय निर्वाचन प्रणाली की एक प्रमुख विशेषता एक सदस्यीय निर्वाचन क्षेत्र है। भारत में निर्वाचनों के लिए एक सदस्यीय निर्वाचन क्षेत्रों की व्यवस्था की गई है। इसके अन्तर्गत एक क्षेत्र से एक ही प्रतिनिधि निर्वाचित होगा। इस व्यवस्था में जितने प्रतिनिधि निर्वाचित होते हैं, उस प्रान्त या राज्य को उतने ही निर्वाचन क्षेत्रों में विभाजित कर दिया जाता है। प्रत्येक निर्वाचन क्षेत्र से सर्वाधिक मत प्राप्त करने वाला एक प्रतिनिधि निर्वाचित घोषित कर दिया जाता है। इस व्यवस्था के परिणामस्वरूप मतदाता तथा प्रतिनिधि के मध्य सीधा सम्पर्क बना रहता है।

**(6) प्रत्यक्ष या अप्रत्यक्ष निर्वाचन**—भारत की निर्वाचन प्रणाली की एक महत्वपूर्ण विशेषता यह है कि यहाँ निर्वाचन की प्रत्यक्ष तथा अप्रत्यक्ष दोनों ही प्रणालियों को अपनाया गया है। भारत में लोकसभा, राज्य विधान सभाओं, नगर पालिकाओं तथा पंचायतों आदि के निर्वाचन के लिए प्रत्यक्ष निर्वाचन प्रणाली को अपनाया गया है तथा राज्य सभा, विधान परिषद्, राष्ट्रपति तथा उपराष्ट्रपति के निवचिन में अप्रत्यक्ष निर्वाचन प्रणाली को अपनाया जाता है।

**(7) गुप्त मतदान**—भारतीय निर्वाचन प्रणाली की एक प्रमुख विशेषता यह है कि मतदान गुप्त रीति से होता है। मतदाता बिना किसी दबाव के अपना मत दे सकता है क्योंकि उसके अतिरिक्त अन्य किसी भी व्यक्ति को यह मालूम नहीं पड़ पाता है कि उसने अपना मत किसे दिया है ? स्वतन्त्र तथा निष्पक्ष चुनाव के लिए गुप्त मतदान आवश्यक है।

**(8) ऐच्छिक मतदान**—भारत में मतदान करना अनिवार्य नहीं है। मतदान करना या न करना मतदाता की स्वयं की इच्छा पर निर्भर है। यदि कोई निर्वाचन में मतदान नहीं करता है। तो उसे दण्डित नहीं किया जा सकता है।

**(9) साधारण बहुमत पद्धति तथा आनुपातिक पद्धति**—भारत में निर्वाचनों के लिए साधारण बहुमत की पद्धति तथा आनुपातिक पद्धति दोनों को ही अपनाया गया है। लोकसभा तथा विधानसभाओं के निर्वाचन में साधारण बहुमत पद्धति का प्रयोग किया जाता है तथा राज्य सभा, विधान परिषद्, राष्ट्रपति तथा उपराष्ट्रपति के निर्वाचन आनुपातिक प्रतिनिधित्व की एकल संक्रमणीय मत-प्रणाली द्वारा किये जाते हैं।

**(10) राजनीतिक दल**—भारत में प्राय: सभी निर्वाचनों से राजनीतिक दल सम्बद्ध होते हैं। उम्मीदवार राजनीतिक दलों के चुनाव चि के आधार पर लड़ते हैं तथा विजय प्राप्त करने के लिए प्रगतशील रहते हैं।

**(11) उम्मीदवारों को सुविधा**—भारत में निर्वाचन सम्बन्धी योग्यताएँ रखने वाला कोई भी व्यक्ति किसी भी राजनीतिक दल के उम्मीदवार के रूप में या निर्दलीय उम्मीदवार के रूप में निर्वाचन में भाग सकता है। एक व्यक्ति या एक या अधिक निर्वाचन क्षेत्रों से चुनाव लड़ सकता है। वह लोकसभा तथा विधानसभा के चुनाव-क्षेत्रों से एक साथ चुनाव लड़ सकता है।

**(12) चुनाव प्रचार**—भारत के सभी उम्मीदवारों को आवश्यक नियमों का पालन करते हुए अपने चुनाव का प्रचार करने की स्वतन्त्रता प्राप्त है।

**(13) चुनाव याचिका**—भारतीय निर्वाचन प्रणाली की एक प्रमुख विशेषता है कि इसके अन्तर्गत निर्वाचन सम्बन्धी विवादों के लिए चुनाव याचिका की व्यवस्था की गई है। निर्वाचन का परिणाम घोषित हो जाने पर कोई उम्मीदवार या मतदाता निर्वाचित उम्मीदवार के विरुद्ध चुनाव याचिका प्रस्तुत कर सकता है। प्रारम्भ में चुनाव याचिका निर्वाचन आयोग के सम्मुख प्रस्तुत की जाती थी, किन्तु अब सभी चुनाव याचिकाएँ उच्च न्यायालय में प्रस्तुत की जाती हैं तथा उसके निर्णय के विरुद्ध

सर्वोच्च न्यायालय में अपील की जा सकती है। किसी प्रतिनिधि द्वारा निर्वाचन में भ्रष्ट साधन अपनाये जाने पर उच्च न्यायालय निर्वाचित उम्मीदवार का निर्वाचन रद्द करके भविष्य में चुनाव लड़ने के अयोग्य घोषित कर सकता है।

**(14) स्वतन्त्र निर्वाचन आयोग**— भारतीय निर्वाचन प्रणाली की एक अन्य विशेषता यह है कि भारत में स्वतन्त्र निष्पक्ष निर्वाचनों के सम्पादन के लिए एक स्वतन्त्र निर्वाचन आयोग की व्यवस्था की गई थी। मुख्य निर्वाचन आयुक्त निर्वाचन आयोग का अध्यक्ष होता है। मुख्य निर्वाचन आयुक्त का पद राजनीतिक दबाव से पूर्णत: मुक्त व स्वतन्त्र है। निर्वाचन कार्य में लगाये गये सभी अधिकारी व कर्मचारी उसके ही अधीक्षण निर्देशन व नियन्त्रण में कार्य करते हैं। निर्वाचन आयोग ने स्वतन्त्र तथा निष्पक्ष रूप से निर्वाचनों का संचालन करके प्रशंसनीय कार्य किया है। भविष्य में भी उससे स्वतन्त्रता तथा निष्पक्षता के साथ कार्य करने की आशा की जाती है।

उपरोक्त विशेषताओं के आधार पर यह कहा जा सकता है कि भारतीय निर्वाचन प्रणाली एक श्रेष्ठ व्यवस्था है।

## भारतीय निर्वाचन प्रणाली के दोष
## (Demerits of Indian Election System)

भारतीय संविधान निर्माता भारत के लिए एक श्रेष्ठ निर्वाचन प्रणाली को अपनाने के पक्षधर थे। इसके लिए उन्होंने संविधान में सभी आवश्यक व्यवस्थाएँ कीं तथा निर्वाचन प्रणाली को यथासम्भव निर्दोष बनाने का प्रयत्न किया। यद्यपि हमारी निर्वाचन प्रणाली नि:सन्देह श्रेष्ठ है किन्तु उसे दोषरहित नहीं कहा जा सकता है। इस निर्वाचन प्रणाली के परिणामस्वरूप अनेक समस्याओं का जन्म हुआ हैं इसलिए संसद में तथा संसद के बाहर इस निर्वाचन प्रणाली के दोषों को प्रकट किया जा रहा है। भारतीय निर्वाचन प्रणाली के प्रमुख दोष निम्नांकित हैं—

**(1) दोषपूर्ण प्रणाली**— भारतीय निर्वाचन प्रणाली का सर्वप्रमुख दोष यह है कि एक निर्वाचन क्षेत्र से एक ही व्यक्ति निर्वाचित होता है। एक निर्वाचन क्षेत्र से सर्वाधिक मत प्राप्त करने वाला उम्मीदवार विजयी हो जाता है चाहे पराजित उम्मीदवारों को मिले मतों का योग उसे प्राप्त मतों से कितना ही अधिक हो। इसके परिणामस्वरूप कई बार उस दल को सरकार बनाने का अवसर मिल जाता है जिसे देश के मतदाताओं का बहुमत प्राप्त नहीं होता है। इसका परिणाम यह होता है कि सरकार द्वारा चलाये गये कार्यक्रमों को जनसमर्थन प्राप्त नहीं हो पाता है। यह स्थिति न्यायपूर्ण नहीं कही जा सकती।

**(2) भ्रष्ट आचरण**— भारतीय चुनाव प्रणाली का एक प्रमुख दोष यह है कि उम्मीदवार और राजनीतिक दल चुनाव जीतने के लिए भ्रष्ट उपायों का प्रयोग करते हैं जो कि अनुचित हैं। राजनीतिक दल या उम्मीदवार अनाप-शनाप धन खर्च करके निर्वाचनों में विजयी प्राप्त करना चाहते हैं। इसके लिए वे भ्रष्ट तरीकों से धन पैदा करते हैं। उनके द्वारा धन के बल पर निर्धन मतदाताओं के मत खरीद लिए जाते हैं। कोई भी उम्मदीवार अपने निर्वाचन-व्यय का सही विवरण प्रस्तुत नहीं करता। उनके द्वारा निर्धारित राशि से कहीं अधिक धनराशि व्यय की जाती है। इसके अतिरिक्त, वे मतदाताओं को मतदान के लिए आने व जाने के लिए वाहन उपलब्ध कराकर प्रभावित करने का अनुचित प्रयास करते हैं। उनके द्वारा सरकारी मशीनरी का दुरुपयोग भी किया जाता है।

**(3) खर्चीली व्यवस्था**— भारतीय निर्वाचन प्रणाली अत्यधिक खर्चीली है। जिसके कारण योग्य तथा ईमादार व्यक्ति धन का अभाव होने के कारण चुनाव लड़ने से वंचित रह जाते हैं, जबकि अयोग्य व्यक्ति धन के बल पर निर्वाचनों में विजयी हो जाते हैं। चौथे आम-चुनाव के बाद **एच. एम. पाटिल** ने अपने एक लेख में लिखा था कि गुजरात में एक काँग्रेसी उम्मदीवार ने संसद की सीट जीतने के लिए 90 लाख रुपये खर्च किये। इससे स्पष्ट है कि भारतीय मतदान प्रणाली बहुत अधिक खर्चीली है और आम आदमी की पहुँच से बाहर है। इस तथ्य को स्वीकारते हुए निर्वाचन आयोग ने अपने तृतीय प्रतिवेदन में कहा है कि "जहाँ चुनाव में कड़ा मुकाबला है, वहाँ यथार्थ में गम्भीर प्रत्याशियों को चुनाव व्यय की निर्धारित सीमा से अधिक व्यय करना पड़ता है और वे वास्तव में करते भी हैं।"

**(4) सत्तारूढ़ दल द्वारा सरकारी तन्त्र का दुरुपयोग**— भारतीय निर्वाचन प्रणाली का एक महत्वपूर्ण दोष यह है कि सत्तारूढ़ दल सरकारी तन्त्र का दुरुपयोग करते हैं। सत्तारूढ़ दल पर सदैव ही यह आरोप लगाया जाता है कि वे शासन की मशीनरी का प्रयोग अपने लाभ के लिए करते हैं। मन्त्रीगण सरकारी साधनों तथा खर्चे पर अपना चुनाव प्रचार करते हैं। निर्वाचनों के समय केन्द्रीय तथा राज्य सरकार के द्वारा जनता को अनेक रियायतें तथा सुविधाएँ देने की घोषणा की जाती हैं। इन घोषणाओं के द्वारा प्रलोभन देकर मतदाताओं को प्रभावित करने का प्रयास किया जाता है। इसके अतिरिक्त, सत्तारूढ़ दल सरकारी कर्मचारियों को अपने पक्ष में कार्य करने के लिए बाध्य करते हैं। भू. पू. मुख्य चुनाव आयुक्त टी. एन. शेषन ने निर्वाचन सुधार विषय पर आयोजित एक राष्ट्रीय संगोष्ठी में व्याख्यान देते हुए कहा था कि, "निर्वाचन प्रक्रिया में सत्तारूढ़

दल द्वारा प्रशासनिक अधिकारियों का दुरुपयोग चरम स्थिति में पहुँच गया है और कुछ सरकारी अधिकारी तो राजनीतिक दलों के हाथ के खिलौने बनकर रहे गये हैं। इससे देश में लोकतान्त्रिक निर्वाचन प्रक्रिया को काफी नुकसान पहुँचा है।"

**(5) जाली मतदान**– भारत में मतदाता परिचय पत्र का अभाव होने के कारण अनेक लोग दूसरे लोगों के मत का जाली प्रयोग करते हैं। इस दोष को दूर करने के लिए भारतीय मतदाताओं के लिए परिचय पत्र की व्यवस्था की गई है।

**(6) मतदान केन्द्रों पर कब्जा**– भारत में निर्वाचनों के दौरान मतदान केन्द्रों पर जबरदस्ती कब्जा करके फर्जी मतदान की प्रवृत्ति उत्पन्न हो गई है। अब ये घटनाएँ साधारण-सी बात हो गई हैं।

**(7) मतदाताओं की उदासीनता**– भारत में अधिकांश मतदाता मतदान में रूचि नहीं लेते हैं। वे अपने मत का महत्व नहीं समझते हैं तथा मतदान केन्द्र तक आने-जाने के लिए वाहन उपलब्ध होने पर ही मतदान करने जाते हैं। इससे भ्रष्टाचार को प्रोत्साहन मिलता है। साधारणतया 60 प्रतिशत मतदाता ही अपने मत का उचित प्रयोग करते हैं। मतदान के प्रति मतदाताओं की उदासीनता के फलस्वरूप जनता का सच्चा प्रतिनिधित्व सम्भव नहीं हो पाता है।

**(8) निर्दलीय प्रत्याशी**– भारत में अब तक हुए चुनावों में निर्दलीय प्रत्याशियों की एक बड़ी संख्या रही है। यह बड़ी संख्या चुनाव व्यवस्था करने में कठिनाई पैदा करती है। निर्दलीय प्रत्याशी न तो अनुशासित रहते हैं और न ही किसी के प्रति उत्तरदायी होते हैं। अनेक बार ये उम्मीदवार चुनाव मैदान से हटने के लिए किसी भी राजनीतिक दल से भारी कीमत वसूल कर सकते हैं। इन निर्दलीय उम्मदीवारों ने निर्वाचन को मजाक बनाकर रख दिया है।

**(9) जातीय व साम्प्रदायिक भावना**– भारत में आज भी मतदाता राजनीतिक दलों अथवा उम्मीदवारों की अच्छाई या बुराई के आधार पर मतदान नहीं करते हैं वरन् उनके द्वारा मतदान जाति, धर्म और सम्प्रदाय के आधार पर किया जाता है। उम्मीदवार भी मत प्राप्त करने के लिए मतदाता की जातिगत व साम्प्रदायिक भावना को उभारते हैं। यह भारतीय निर्वाचन प्रणाली का एक प्रमुख दोष है।

**(10) निर्वाचन आचार संहिता का उल्लंघन**– निर्वाचन आयोग सभी राजनीतिक दलों से परामर्श करके निर्वाचन आचार-संहिता बनाता है किन्तु कोई भी उम्मीदवार चुनाव आचार-संहिता का पालन नहीं करता। वे एक-दूसरे पर कीचड़ उछालते हैं तथा उनके चरित्र हनन का प्रयास करते हैं। झूठी अफवाहें तथा एक-दूसरे के प्रति दुष्प्रचार करते हैं। उनके द्वारा एक-दूसरे के लिए अपशब्दों का ही प्रयोग नहीं किया जाता वरन् मारपीट तक कर दी जाती है। इस प्रकार स्पष्ट है कि उम्मीदवारों के द्वारा चुनाव आचार-संहिता का खुले रूप में उल्लंघन किया जाता है । यह भी भारतीय निर्वाचन प्रणाली का प्रमुख दोष है।

**(11) निर्वाचन याचिकाओं पर निर्णय में विलम्ब**– भारत में निर्वाचनों में निर्वाचित प्रत्याशी के विरुद्ध उच्च न्यायालय में चुनाव-याचिका प्रस्तुत की जा सकती है किन्तु व्यवहार में इन याचिकाओं के निर्णय में बहुत अधिक विलम्ब होता है। कभी-कभी तो विवादास्पद प्रतिनिधि लोकसभा या विधानसभा आदि का कार्यकाल पूरा कर लेता है तब कहीं जाकर याचिका का निर्णय हो पाता है।

## निर्वाचन में सुधार हेतु सुझाव
## (Suggestions to Improve Election)

वर्तमान समय में भारतीय निर्वाचन प्रणाली में सुधार की आवश्यकता है। भारत की निर्वाचन प्रणाली के दोषों को दूर करने के लिए राजनीतिज्ञों, कानूनविदों, बुद्धिजीवियों, पत्रकारों तथा अन्य विचारकों द्वारा समय-समय पर निर्वाचन आयोग को अनेक महत्वपूर्ण सुझाव दिये गये हैं। स्वयं सरकार ने भारतीय निर्वाचन व्यवस्था में सुधार के हेतु सुझाव देने के लिए अनेक समितियों का गठन किया है जिनमें तारकुण्डे समिति तथा संयुक्त संसदीय समिति प्रमुख हैं। तारकुण्डे समिति की स्थापना जयप्रकाश नारायण ने अप्रैल, 1972 में मुम्बई के भूतपूर्व न्यायधीश तारकुण्डे की अध्यक्षता में की थी जिसके द्वारा चुनाव सुधारों के सम्बन्ध में बहुमूल्य सुझाव दिये गये थे।

सन् 1971 ई. में संसद ने स्वयं चुनाव सम्बन्धी सुधारों पर विचार करने के लिए संयुक्त संसदीय समिति की नियुक्ति की थी। संयुक्त संसदीय समिति ने चुनाव व्यवस्था में सुधार के लिए तीन सिफारिशें की थीं–

(1) निर्वाचन आयोग को बहुसदस्यीय संस्था बनाया जाये।

(2) सभी मान्य राजनीतिक दलों को रेडियो पर अपना चुनाव प्रचार करने के लिए बराबर समय दिया जाये।

(3) विशेषज्ञों की एक समिति की स्थापना हो, ताकि सूची प्रणाली को लागू करने की सम्भावना पर विचार किया जा सके।

भारतीय निर्वाचन प्रणाली में सुधार के लिए निम्नलिखित प्रमुख सुझाव दिये जा सकते हैं–

**(1) आनुपातिक प्रतिनिधित्व प्रणाली**– भारतीय निर्वाचन प्रणाली में सुधार के लिए यह आवश्यक है कि लोकसभा तथा राज्य विधानसभा निर्वाचनों में आनुपातिक, प्रतिनिधित्व की पद्धति को अपनाया जाय। श्री जयप्रकाश नारायण द्वारा स्थापित समिति, जनसंघ तथा अन्य विरोधी दलों के द्वारा चुनाव व्यवस्था में सुधार के लिए संसदीय चुनाव क्षेत्र के स्थान पर आनुपातिक प्रतिनिधित्व सूची प्रणाली को अपनाने की माँग की गई थी। **एम. आर. मेहर** ने भी यही विचार व्यक्त किये थे। तत्कालीन मुख्य निर्वाचन आयुक्त श्यामलाल शकधर ने 26 सितम्बर, 1980 को मतदाता परिषद और सिटीजन्स फॉर डेमोक्रेसी द्वारा गाँधी शान्ति प्रतिष्ठान में 'चुनाव सुधार' विषय पर आयोजित गोष्ठी में बोलते हुए यह सुझाव दिया था कि लोकसभा और राज्य विधान सभाओं के निर्वाचनों में राजनीतिक दलों को आनुपातिक आधार पर प्रतिनिधित्व प्रदान किया जाना चाहिए। इस पद्धति के अनुसार क्षेत्र बहुत बड़े होंगे और मतदाता व्यक्तिगत उम्मीदवार को वोट न डालकर सूची को वोट डालेंगे और प्रत्येक दल को उसके द्वारा प्राप्त मतों के अनुपात में सीटें मिल जायेंगी। विभिन्न विचारधाराओं के मतदाताओं को लोकसभा तथा विधान सभा में प्रतिनिधित्व प्रदान करने के लिए इस पद्धति को अपनाना आवश्यक है। भूतपूर्व मुख्य निर्वाचन आयुक्त **श्री आर. के. द्विवेदी** भी आनुपातिक प्रतिनिधित्व प्रणाली को अपनाये जाने के पक्ष में है।

**(2) निर्वाचनों में धन के प्रभाव को कम करने के सुझाव**– भारतीय निर्वाचन प्रणाली का सर्वप्रमुख दोष यह है कि इसमें धन सर्वाधिक प्रभावशाली भूमिका अदा करता है। भारत के निर्वाचनों में धन के प्रभाव से योग्य व्यक्ति चुनाव हार जाते हैं तथा अयोग्य व्यक्ति जीत जाते हैं। धन के प्रभाव को कम करने के लिए निम्नलिखित सुझाव दिये जा सकते हैं–

(i) निर्वाचनों में धन के प्रभाव को कम करने के लिए 19 अक्टूबर, 1974 ई. राष्ट्रपति द्वारा जारी अध्यादेश वापस लिया जाना चाहिए जिसमें चुनाव में उम्मीदवार के राजनीतिक दल द्वारा किये जाने वाले व्यय को निर्वाचन-व्यय में सम्मिलित न करने की व्यवस्था की गई है। सभी राजनीतिक दलों से अलग-अलग उम्मीदवारों के निर्वाचन में व्यय की गई धनराशि का हिसाब लिया जाना चाहिए। इसके अतिरिक्त स्वयं उम्मीदवार, उसके राजनीतिक दल, उसके मित्रों, सम्बन्धियों व शुभचिन्तकों सभी के द्वारा निर्वाचन में किये गये व्यय को उम्मीदवार के निर्वाचन व्यय में ही सम्मिलित किया जाना चाहिए।

(ii) हमारे देश में अनेक राजनीतिक दल काले धन के बल पर चुनाव लड़ते हैं जिससे भ्रष्टाचार पनपता है। चुनावों में भ्रष्टाचार को रोकने के लिए आवश्यक है कि विभिन्न राजनीतिक दलों के द्वारा आय-व्यय का समस्त विवरण रखना अनिवार्य कर दिया जाये। प्रत्येक राजनीतिक दल के लिए प्रतिवर्ष अपने आय के स्रोत तथा व्यय के मदों के पूर्ण विवरण को मुख्य निर्वाचन आयुक्त द्वारा नियुक्त किय गये लेखा-परीक्षक द्वारा जाँच कराकर प्रकाशित कराना अनिवार्य कर दिया जाना चाहिए। राजनीतिक दलों को प्राप्त होने वाले गुप्त चन्दों और विदेशी सहायता पर रोक लगा दी जानी चाहिए।

(iii) भारतीय निर्वाचन व्यवस्था में चुनावों के समय धन पानी की तरह बहाया जाता है। निर्वाचनों में व्यय की जाने वाली धनराशि को कम करना अत्यन्त अनिवार्य है। इसके लिए निर्वाचन आयोग को उम्मीदवारों द्वारा निर्वाचन के समय व्यय की जाने वाली धनराशि की एक सीमा निश्चित कर देनी चाहिए। इस सीमा से अधिक व्यय करने वाले उम्मीदवारों को दण्डित किया जाना चाहिए। निर्वाचन आयोग ने इस सम्बन्ध में एक आदेश जारी करके उम्मीदवारों के द्वारा निर्वाचनों में धन व्यय की एक सीमा निश्चित कर दी है। इसके साथ ही उम्मीदवार को निर्वाचन के बाद अपने निर्वाचन व्यय का हिसाब देने का आदेश दिया गया है। इस आदेश द्वारा यह व्यवस्था की गई है कि जो उम्मीदवार अपने निर्वाचन व्यय का हिसाब नहीं देगा, उसे आगामी निर्वाचनों के लिए घोषित कर दिया जायेगा। निर्वाचन आयोग ने सन् 1994 ई. में कुछ राज्यों के निर्वाचन में पोस्टर, बैनर, माइक, दीवारों पर लिखावट आदि पर प्रतिबन्ध लगाया, वाहनों की संख्या भी निश्चित कर दी तथा प्रतिदिन के व्यय का विवरण देने का आदेश दिया। इस आदेश का उम्मीदवारों पर अनुकूल प्रभाव पड़ा है तथा निर्वाचन में धन के महत्व में कमी आई है।

(iv) निर्वाचन सुधार के सम्बन्ध में एक महत्वपूर्ण सुझाव दिया जाता है कि निर्वाचनों में मान्यता प्राप्त राष्ट्रीय दलों के उम्मीदवारों तथा अन्य उम्मीदवारों के निर्वाचन व्यय का भारत सरकार द्वारा वहन किया जाना चाहिए मान्यता प्राप्त राष्ट्रीय दलों को शामियाने, दरी, जीप, पोस्टर छपवाने के लिए धन आदि की सुविधाएँ सरकार द्वारा प्रदान की जानी चाहिए। 27 नवम्बर, सन् 1974 ई. को काँग्रेस संसदीय दल की मीटिंग में निर्वाचन सम्बन्धी खर्चों को कम करने के लिए निम्नलिखित सुझाव दिये गये थे–

(अ) सरकार को उम्मीदवारों की सहायता करनी चाहिए।

(ब) मतदाता सूची सरकार की तरफ से उम्मीदवारों को मिलनी चाहिए।

(स) सरकार सार्वजनिक बैठक के लिए एक स्थान निश्चित करे और सभी उम्मीदवार उसी प्लेटफॉर्म से अपना भाषण दें।

**(3) राजनीतिक दलों के संगठनात्मक सुझाव**—निर्वाचन व्यवस्था में सुधार के लिए राजनीतिक दलों के संगठात्मक चुनाव समय से होने चाहिए। जो राजनीतिक दल सही समय पर चुनाव नहीं करवाते हैं, निर्वाचन आयोग को उनकी मान्यता समाप्त कर देनी चाहिए।

**(4) राजनीतिक दलों के लिए आचार-संहिता**—निर्वाचन आयोग को राजनीतिक दलों के लिए आचार-संहिता का निर्माण करना चाहिए तथा सभी राजनीतिक दलों को उस आचार-संहिता का पालन करना चाहिए। आचार-संहिता का उल्लंघन करने वाले राजनीतिक दल की मान्यता समाप्त कर देनी चाहिए।

**(5) निर्वाचन में हिंसा तथा शक्ति पर नियन्त्रण**—भारत में प्राय: लोग हिंसा तथा शक्ति का प्रयोग करके मतदान केन्द्रों पर कब्जा कर लेते हैं तथा मतदाता को डरा-धमकाकर अपने पक्ष में मत देने के लिए विवश करते हैं। परिणामस्वरूप अपराधी प्रवृत्ति के उम्मीदवार विजयी हो जाते हैं। इस सम्बन्ध में सरकार को निम्नलिखित व्यवस्था करनी चाहिए—

(i) जिन निर्वाचन क्षेत्रों में हिंसा और शक्ति के प्रयोग की आशंका हो, वहाँ चुनाव से दो दिन के लिए आग्नेय अस्त्रों तथा अन्य अस्त्रों के लाने-ले जाने पर प्रतिबन्ध लगाकर उसका कड़ाई के साथ पालन करवाया जाना चाहिए।

(ii) उन निर्वाचन क्षेत्रों में जहाँ हिंसा और शक्ति प्रयोग की आशंका हो, अन्य राज्यों की पुलिस तथा अर्द्ध-सैनिक बल पर्याप्त संख्या में तैनात किये जाने चाहिए। इन्हें स्थिति से निबटने के लिए सभी आवश्यक अधिकार प्रदान किये जाये।

(iii) मतदान के दो दिन पूर्व से शराब की बिक्री पर पूर्ण रोक लगा दी जानी चाहिए।

(iv) भ्रष्ट साधन अपनाये जाने के आधार पर सर्वोच्च न्यायालय या उच्च न्यायालय में प्रस्तुत याचिकाओं पर 6 माह के अन्दर-अन्दर निर्णय देना अनिवार्य कर दिया जाये तथा दोषी व्यक्तियों पर सदैव के लिए चुनाव लड़ने पर प्रतिबन्ध लगा देना चाहिए।

**(6) परिचय पत्र की अनिवार्यता**—फर्जी मतदान को रोकने के लिए यह आवश्यक है कि सभी मतदाताओं को फोटोयुक्त पहचान पत्र दिये जायें। भूतपूर्व मुख्य निर्वाचन आयुक्त श्री श्यामलाल शकधर ने भी मतदाताओं को परिचय पत्र दिये जाने की व्याख्या की सिफारिश की थी। निवर्तमान मुख्य निर्वाचन आयुक्त श्री टी. एन. शेषन का विचार है कि जाली मतदान को रोकने का एकमात्र उपाय यह है कि मतदाताओं को फोटोयुक्त परिचय पत्र दिये जायें। इस सम्बन्ध में टी. एन. शेषन ने सभी राज्य सरकारों तथा केन्द्र शासित प्रदेशों को सन् 1995 के निर्वाचनों से पूर्व मतदाताओं को परिचय पत्र जारी करने का आदेश दिया था। लगभग देश के सभी राज्यों में फोटोयुक्त परिचय-पत्र जारी कर दिए गए हैं।

**(7) जमानत राशि में वृद्धि**—भारत में निर्वाचनों में उम्मीदवारों की संख्या बहुत अधिक होती है। इस पर रोक लगाने के लिए उम्मीदवारों द्वारा जमा की जाने वाली जमानत राशि में वृद्धि कर देनी आवश्यक है। जमानत राशि बढ़ जाने पर उम्मीदवारों की संख्या में कमी आ जायेगी। निर्वाचन आयोग ने प्रत्याशियों के लिए जमानत राशि का प्रावधान निम्नानुसार किया है :

- लोकसभा निर्वाचन-सामान्य वर्ग के लिए 10 हजार रु. व अनुसूचित जाति/जनजाति के लिए 5 हजार रु.।
- राज्यसभा, विधानसभा, विधान परिषद निर्वाचन हेतु सामान्य वर्ग 5 हजार रु. व अनुसूचित जाति/जनजाति हेतु ढाई हजार रु.। यदि कोई उम्मीदवार कुल वैध मतों का 1/6 से कम मत प्राप्त करता है तो उसकी जमानत राशि जब्त हो जाती है।

**(8) बहुसदस्यीय निर्वाचन आयोग**—निर्वाचन व्यवस्था में सुधार करने के लिए निर्वाचन आयोग बहुसदस्यीय होना चाहिए तथा उसका कार्यकाल लम्बा होना चाहिए।

**(9) निर्वाचन आयोग को स्वतन्त्र तथा निष्पक्ष बनाना**—निर्वाचन निष्पक्ष ढंग से होने चाहिए। निष्पक्ष निर्वाचन तभी सम्भव हो सकते हैं जबकि निर्वाचन आयोग पूर्ण स्वतन्त्र तथा निष्पक्ष हो। इसके लिए मुख्य निर्वाचन आयोग के सदस्यों की नियुक्ति राष्ट्रपति, प्रधानमन्त्री विपक्षी दल के नेता तथा सर्वोच्च न्यायालय के प्रमुख न्यायाधीश से मिलाकर बनी समिति द्वारा की जानी चाहिए। निर्वाचन आयोग के पास अपना निर्वाचन कोष तथा कर्मचारी वर्ग होना चाहिए। मुख्य चुनाव आयुक्त टी. एन. शेषन के नेतृत्व में निर्वाचन आयोग ने स्वतन्त्र तथा निष्पक्ष होकर निर्वाचनों का संचालन करने का सराहनीय कार्य किया है।

**(10) चुनाव याचिकाओं पर निर्णय शीघ्र**—भारतीय निर्वाचन प्रणाली में सुधार करने के लिए यह आवश्यक है कि चुनाव याचिकाओं पर शीघ्र से शीघ्र निर्णय हो। इस सम्बन्ध में कानून बनाकर चुनाव याचिका का निर्णय छः माह के अन्दर करना अनिवार्य कर दिया जाना चाहिए।

**(11) धर्म और राजनीति को अलग करना**—निर्वाचन के सुधार के लिए धर्म को राजनीति से अलग कर देना चाहिए।

**(12) जनता में राजनीतिक चेतना जाग्रत करना**—चुनाव व्यवस्था को दोषों को दूर करने के लिए जनता में राजनीतिक चेतना जाग्रत करना अत्यन्त आवश्यक है। राजनीतिक चेतना के अभाव में सभी सुधार महत्वहीन हो जायेंगे। राजनीतिक दृष्टि से जागरूक जनता योग्यता के आधार पर अपने प्रतिनिधि निर्वाचित कर सकेगी।

**(13) कार्यवाहक सरकार**—केन्द्रीय तथा राज्य सरकारों के द्वारा निर्वाचन की घोषणा होने के दिन से लेकर नयी सरकार बनने तक कार्यवाहक सरकार के रूप में कार्य किया जाना चाहिए। इस अवधि में उन्हें जनता के लाभ की घोषणा करने का अधिकार प्राप्त नहीं होना चाहिए।

**(14) मतदान की अनिवार्यता**—चुनाव-व्यवस्था में सुधार के लिए कानून बनाकर मतदान को अनिवार्य कर दिया जाना चाहिए। मताधिकार का प्रयोग न करने वाले व्यक्तियों को आर्थिक-दण्ड दिया जाना चाहिए।

(15) राजनीतिक दलों तथा उम्मीदवारों के द्वारा मतदाताओं को लाने व ले जाने के लिए वाहनों की व्यवस्था को प्रतिबन्धित कर दिया जाना चाहिए।

(16) मतदान के लिए मतदान मशीनों का प्रयोग किया जाना चाहिए।

(17) चल-मतदान केन्द्रों की व्यवस्था की जाये जिससे समाज के निर्बल वर्ग अपने मताधिकार का प्रयोग कर सकें।

(18) सरकार के द्वारा निर्वाचन में सरकारी अधिकारियों तथा वाहनों के प्रयोग पर प्रतिबन्ध लगा दिया जाना चाहिए।

(19) निर्वाचित होने के लिए उम्मीदवार द्वारा एक निश्चित मत संख्या प्राप्त करना अनिवार्य कर दिया जाये, ताकि थोड़े से मत प्राप्त करके कोई भी उम्मीदवार निर्वाचित न हो सके।

(20) जनता को अपने प्रतिनिधि वापस बुलाने का अधिकार प्रदान किया जाना चाहिए।

**सरकार द्वारा निर्वाचन व्यवस्था में किये गये सुधार**—भारतीय निर्वाचन प्रणाली में सुधार करने के लिए 13 सितम्बर, सन् 1988 ई. को स्वर्गीय राजीव गाँधी की सरकार ने लोकसभा में दो विधेयक प्रस्तुत किये गये। इन विधेयकों में एक विधेयक 62वाँ संविधान संशोधन विधेयक था जो संसद तथा आधे राज्यों के विधानमण्डलों द्वारा स्वीकृत होकर 61वाँ संशोधन अधिनियम बना। दूसरे विधेयक द्वारा जन प्रतिनिधित्व अधिनियम, सन् 1951 ई. में संशोधन किया गया है। इन दोनों विधेयकों द्वारा भारतीय निर्वाचन प्रणाली निम्नलिखित सुधार किये गये हैं—

(1) 61वें संविधान संशोधन द्वारा मताधिकार की आयु 21 वर्ष से घटाकर 18 वर्ष कर दी गई है।

(2) जन प्रतिनिधित्व अधिनियम, सन् 1951 ई. में संशोधन करके निर्वाचनों में इलेक्ट्रॉनिक मतदान मशीनों द्वारा मतदान की व्यवस्था की गई है।

(3) जन प्रतिनिधित्व अधिनियम, सन् 1951 ई. संशोधन करके निर्वाचन प्रक्रिया में सम्मिलित सरकारी मशीनरी को निर्वाचन आयोग के अधीन कर दिया गया है।

(4) जन प्रतिनिधित्व अधिनियम, सन् 1951 ई. में संशोधन करके मतदान केन्द्रों पर कब्जा करने वालों के लिए कड़ी सजा का प्रावधान किया गया है।

(5) जन प्रतिनिधित्व अधिनियम, सन् 1951 ई. में संशोधन द्वारा यह व्यवस्था की गई है कि आतंकवादी गतिविधि, तस्करी, जमाखोरी, खाद्य पदार्थों व दवाओं में मिलावट करने वाले, विदेशी मुद्रा नियमन अधिनियम का उल्लंघन करने वाले व्यक्ति तथा महिलाओं के विरुद्ध अपराध करने वाले व्यक्ति लड़ने के अयोग्य होंगे।

(6) जन प्रतिनिधित्व अधिनियम, सन् 1951 ई. में संशोधन करके चुनावी बैठकों में बाधा डालने वाले व्यक्तियों के लिए एक हजार रुपये के जुर्माने और तीन महीने कैद की सजा की व्यवस्था की गई है।

(7) जन प्रतिनिधित्व अधिनियम, सन् 1951 ई. में संशोधन करके राजनीतिक दलों के पंजीकरण तथा पंजीकरण के नियमों की व्यवस्था की गई है।

(8) दल-बदल को विरुद्ध कड़ी कार्यवाही की व्यवस्था की गई है।

(9) किसी निर्दलीय उम्मीदवार की मृत्यु हो जाने पर चुनाव स्थगित नहीं किये जायेंगे।

(10) राष्ट्रपति ने जनवरी, सन् 1992 ई. में अध्यादेश जारी करके लोकसभा व विधानसभा चुनावों में प्रचार करने की न्यूनतम समय सीमा को 20 दिन से घटाकर 14 दिन कर दिया है।

(11) मतदाताओं को फोटोयुक्त परिचय-पत्र देने का कार्य लगभग सभी राज्यों द्वारा गम्भीरतापूर्वक किया जा रहा है।

यद्यपि भारत सरकार के द्वारा किये गये निर्वाचन सुधार अत्यन्त महत्वपूर्ण हैं किन्तु फिर भी ये निर्वाचन सुधार अधूरे हैं। भारतीय निर्वाचन व्यवस्था के दोषों को दूर करने के लिए चुनाव-व्यवस्था में व्यापक सुधार के साथ-साथ देश की जनता में राजनीतिक चेतना जाग्रत किया जाना अत्यन्त आवश्यक है। जनता के शिक्षित होने तथा उनमें राजनीतिक चेतना जाग्रत होने पर ही निष्पक्ष और स्वतन्त्र निर्वाचन सम्भव हो सकते हैं।

# प्रश्न
# (Questions)

## दीर्घ उत्तरीय प्रश्न (Long Answer Type Questions)

1. भारत में निर्वाचन प्रक्रिया के विभिन्न चरणों का वर्णन कीजिए।
(Describe the various steps of election process in India.)
2. निर्वाचन आयोग के प्रमुख कार्य तथा शक्तियों का वर्णन कीजिए।
(Describe the main functions and powers of election commission.)
3. भारतीय निर्वाचन पद्धति के प्रमुख दोष बताइये। दोषों को दूर करने के लिए कुछ सुझाव दीजिए।
(Descuss main defects of Indian Election method. Give Some suggestions to remove the defects.)
4. भारतीय निर्वाचन पद्धति की मुख्य विशेषताएँ क्या हैं?
(What are the main features of Indian Election Method?)
5. भारत में निर्वाचन आयोग के संगठन, शक्तियों तथा कार्यों का वर्णन कीजिए।
(Describe the Organisatin, Powers and Functions of Election Commission in Indian.)

## लघु उत्तरीय प्रश्न (Short Answer Type Questions)

1. आनुपातिक प्रतिनिधित्व प्रणाली पर संक्षिप्त टिप्पणी लिखिए।
2. सरकार द्वारा निर्वाचन व्यवस्था में क्या सुधार किए गए हैं?

## बहुविकल्पीय वस्तुनिष्ठ प्रश्न (Multiple choice Type objective Questions)

**1. भारत के संविधान के किस अनुच्छेद में निर्वाचन से सम्बन्धित प्रावधान किए गये हैं–**

(a) 324 से 329 (b) 329 से 334
(c) 334 से 339 (d) 339 से 344।

**उत्तर**–(a) 324 से 329।

**2. संविधान के किस अनुच्छेद द्वारा भारत के नागरिकों को वयस्क मताधिकार प्रदान किया गया है–**

(a) 325 (b) 326
(c) 327 (d) 328.

**उत्तर**–(b) 325.

# संघीय व्यवस्थापिका : संसद

# [UNION LEGISLATURE : PARLIAMENT]

> *"भारतीय संसद अधिक से अधिक शक्तियाँ प्राप्त करती जा रही है तथा चौबीसवें संशोधन विधयेक के पारित होने से न्यायपालिका पर इसकी सर्वोच्चता प्रतिष्ठित हो गयी है। भारतीय संसद को ब्रिटिश संसद की भाँति सर्वोच्च अधिकार प्राप्त नहीं है तथापि यह विश्व की सर्वाधिक शक्तिशाली संसदों में से एक है।"*
>
> —डॉ. टी. वी. राव
>
> *"भारत में संसदात्मक सरकार होने से संसद को सर्वोच्चता प्राप्त है और देश हित में सभी कार्य करने के लिए सक्षम है।"*
>
> —डॉ. अम्बेडकर

भारतीय संघ की विधि निर्माण करने वाली संस्था ही संसद कहलाती है। भारतीय संविधान के अनुच्छेद 79 द्वारा व्यवस्था की गयी है कि, **"भारतीय संघ के लिए एक संसद होगी, जो राष्ट्रपति तथा दोनों सदनों से मिलकर बनेगी जिनके नाम क्रमशः लोकसभा तथा राज्यसभा होंगे।"** इस प्रकार भारतीय संविधान द्वारा ब्रिटिश सरकार की भाँति राज्य के वैधानिक प्रधान को संसद का अंग माना गया है। सन् 1919 ई. तथा 1935 ई. के भारतीय शासन अधिनियमों के अन्तर्गत संसद प्रभुत्वहीन द्विसदनात्मक व्यवस्थापिका सभा है। यह भारतीय जनता के प्रभुत्वसम्पन्न होने का प्रतीक है। जनता द्वारा निर्वाचित प्रतिनिधि इसके सदस्य होते हैं। इन सदस्यों के माध्यम से जनता देश के शासन में भाग लेती है। सार्वजनिक हित के लिए विधि निर्माण करना तथा कार्यपालिका को नियन्त्रित करके जनता की सेवा में लगाये रखना संसद का ही उत्तरदायित्व है। इस प्रकार संसद लोकतन्त्र की अभिव्यक्ति होने के साथ-साथ सरकार को जनता की तथा जनता के लिए बनाये रखती है। भारत में ब्रिटेन की भाँति संसदीय लोकतन्त्र को अपनाया गया है।

**डॉ. राजेन्द्र प्रसाद** के शब्दों में, **"हमारी लोकतान्त्रिक शासन व्यवस्था का केन्द्र बिन्दु राष्ट्र की संसद है।"**

## संसद का संगठन
## (Organisation of Parliament)

भारतीय संविधान के अनुच्छेद 79 में कहा गया है कि, **"संघ के लिए एक संसद होगी जो राष्ट्रपति और संसद दोनों सदनों से मिलकर बनेगी, जिसके नाम क्रमशः लोकसभा और राज्यसभा होंगे।"** राष्ट्रपति संसद का अभिन्न अंग है। यद्यपि राष्ट्रपति संसद के किसी भी सदन का सदस्य नहीं है फिर भी उसे संसद का अधिवेशन बुलाने, स्थगित करने तथा लोकसभा भंग करने का अधिकार है। इस प्रकार विश्व के अन्य संघीय शासन व्यवस्था वाले राष्ट्रों की भाँति भारत में भी द्विसदनात्मक व्यवस्थापिका की स्थापना की गयी है। जिन तीन अंगों से मिलकर संसद का गठन होता है, वे निम्नलिखित हैं—

**(1) राष्ट्रपति**—यद्यपि राष्ट्रपति कार्यपालिका का वैधानिक प्रधान है लेकिन संसद द्वारा कोई विधेयक तब तक कानून का रूप नहीं ले सकता, जब तक कि राष्ट्रपति द्वारा उस पर हस्ताक्षर न कर दिये जायें। इस तरह विधि निर्माण के क्षेत्र में राष्ट्रपति की महत्वपूर्ण भूमिका है।

**(2) लोकसभा**—लोकसभा संसद का प्रथम एवं निम्न सदन है जिसके सदस्यों का निर्वाचन प्रत्यक्ष निर्वाचन प्रणाली के अनुसार (2 आंग्ल भारतीय वर्ग के मनोनीत सदस्य को छोड़कर) जनता द्वारा किया जाता है।

**(3) राज्यसभा**—राज्यसभा संसद का उच्च सदन एवं द्वितीय सदन है। राज्यसभा के सदस्यों का निर्वाचन (12 मनोनीत सदस्य को छोड़कर) एकल संक्रमणीय आनुपातिक प्रतिनिधित्व के आधार पर अप्रत्यक्ष निर्वाचन प्रणाली द्वारा होता है।

इस प्रकार राष्ट्रपति, लोकसभा तथा राज्यसभा तीनों का संयुक्त नाम संसद है अत: लोकसभा और राज्यसभा का संगठन व संगठन की शक्तियों का विवेचन निम्नानुसार है–

## लोकसभा का संगठन या रचना
## (Organisation or Sturcture of Lok-Sabha)

लोकसभा संसद का प्रथम और निम्न सदन है। इसे लोकप्रिय सदन भी कहा जाता है। इसके सदस्य जनता द्वारा प्रत्यक्ष रूप से निर्वाचित होते हैं। इसलिए इसे लोकप्रिय सदन कहा जाता है। लोकसभा राज्यसभा से अधिक शक्तिशाली है। लोकसभा के गठन को निम्नलिखित शीर्षकों में विभाजित किया जा सकता है–

**(1) सदस्य संख्या**–जब संविधान की रचना हुई थी, उस समय मूल संविधान में लोकसभा की सदस्य संख्या 500 निश्चित की गई थी। परन्तु समय-समय पर इसकी सदस्य संख्या में परिवर्तन किया जाता रहा है। सन् 1974 के 31वें संविधान संशोधन अधिनियम द्वारा लोकसभा की अधिकतम संख्या 547 निश्चितकर दी गई थी, परन्तु अब गोवा, दमन और दीव पुनर्गठन अधिनियम 1987 द्वारा निश्चित किया गया कि अधिकतम 530 सदस्य राज्यों के निर्वाचन क्षेत्रों से व अधिकतम 20 सदस्य संघीय क्षेत्रों से निर्वाचित किये जा सकेंगे एवं 02 सदस्य मनोनीत हो सकते हैं। इस प्रकार लोकसभा की अधिकतम सदस्य संख्या (530 + 20 + 2) 552 हो सकती है। वर्तमान में इसकी संख्या (530 + 13 + 2) 545 है। जिनमें से 530 सदस्य राज्यों के निर्वाचन क्षेत्रों से, 13 सदस्य संघीय क्षेत्रों से एवं 2 सदस्य आंग्ल भारतीय वर्ग के राष्ट्रपति द्वारा मनोनीत होंगे।

भारतीय संविधान के **अनुच्छेद** 82 में यह व्यवस्था की गयी है कि प्रति दस वर्ष पश्चात् होने वाली जनगणना के बाद **परिसीमन आयोग** संसद के निर्देशानुसार लोकसभा में राज्य व संघीय क्षेत्रों के प्रतिनिधियों की संख्या में आवश्यकतानुसार परिवर्तन करेगा। संविधान की इस व्यवस्था के अन्तर्गत सन् 1971 ई. की जनगणना के आधार परिसीमन आयोग द्वारा अगली लोकसभा के सम्बन्ध में निर्णय लिये गये। 42वें संविधान संशोधन द्वारा अनुच्छेद 82 में संशोधन करते हुए व्यवस्था की गई है कि लोकसभा और राज्य विधान सभाओं के निर्वाचन क्षेत्र सन् 2001 ई. तक वही रहेंगे जो सन् 1971 की जनगणना के आधार पर निर्धारित किये गये हैं। 71वें संवैधानिक संशोधन (1992) और 84वें संवैधानिक संशोधन (2000 ई.) द्वारा इस व्यवस्था में पुन: परिवर्तन किया गया है। 84वें संवैधानिक संशोधन के आधार पर लोकसभा के कुल सदस्यों की संख्या और लोकसभा में राज्यवार प्रतिनिधित्व 2026 ई. तक यथावत् रखने का निर्णय लिया गया है। वर्तमान में राज्यों व संघीय क्षेत्रों को लोकसभा में जो प्रतिनिधित्व प्राप्त है, उसे निम्नांकित तालिका के आधार पर समझा जा सकता है–

| राज्य | कुल सदस्य संख्या | अनुसूचित जातियाँ | अनुसूचित जनजातियाँ | सामान्य सदस्य |
|---|---|---|---|---|
| आन्ध्र प्रदेश | 42 | 06 | 02 | 34 |
| असम | 14 | 01 | 02 | 11 |
| बिहार | 40 | 07 | — | 33 |
| झारखण्ड | 14 | 01 | 05 | 08 |
| गुजरात | 26 | 02 | 04 | 20 |
| तमिलनाडु | 39 | 07 | — | 32 |
| महाराष्ट्र | 48 | 03 | 04 | 41 |
| कर्नाटक | 28 | 04 | — | 24 |
| उड़ीसा | 21 | 03 | 05 | 13 |
| पंजाब | 13 | 03 | — | 10 |
| राजस्थान | 25 | 04 | 03 | 18 |
| उत्तर प्रदेश | 80 | 17 | — | 63 |
| उत्तराखण्ड | 05 | — | — | — |
| पश्चिम बंगाल | 42 | 08 | 04 | 32 |
| जम्मू-कश्मीर | 06 | — | — | 06 |
| हरियाणा | 10 | 2 | — | 08 |

| | | | | |
|---|---|---|---|---|
| मध्य प्रदेश | 29 | 04 | 05 | 20 |
| छत्तीसगढ़ | 11 | 02 | 04 | 05 |
| केरल | 20 | 02 | — | 18 |
| नागालैण्ड | 01 | — | — | 01 |
| हिमाचल प्रदेश | 04 | 01 | — | 03 |
| मेघालय | 02 | — | — | 02 |
| मणिपुर | 02 | — | 01 | 01 |
| त्रिपुरा | 02 | — | 01 | 01 |
| सिक्किम | 01 | — | — | 01 |
| मिजोरम | 01 | — | — | 01 |
| अरुणाचल प्रदेश | 02 | — | — | 02 |
| गोवा | 02 | — | — | 02 |
| **संघ शासित क्षेत्र** | | | | |
| दिल्ली | 07 | 01 | — | 06 |
| पाण्डिचेरी (पुड्डुचेरी) | 01 | — | — | 01 |
| दमन व दीव | 01 | — | 01 | — |
| चण्डीगढ़ | 01 | — | — | 01 |
| दादर तथा नगर हवेली | 01 | — | 01 | — |
| अण्डमान निकोबार द्वीप समूह | 01 | — | — | 01 |
| लक्षदीव | 01 | — | 01 | — |
| **राष्ट्रपति द्वारा मनोनीत** | | | | |
| **आंग्ल भारतीय** | 02 | — | — | — |
| | 543 | 78 | 43 | 419 |

**(2) लोकसभा सदस्यों का निर्वाचन**—लोकसभा के सदस्यों का निर्वाचन प्रत्यक्ष निर्वाचन प्रणाली द्वारा वयस्क मताधिकार के आधार पर होता है। 18 वर्ष की आयु का प्रत्येक भारतीय अपने मत का उपयोग कर सकता है। देश को उतने ही निर्वाचन क्षेत्रों में विभाजित किया जाता है, जितने कि लोकसभा के लिए सदस्य निर्वाचित किये जाने हैं। प्रत्येक निर्वाचन क्षेत्र से कवल एक सदस्य चुना जाता है। इन्हें एकल सदस्यीय निर्वाचन क्षेत्र कहा जाता है। लोकसभा के सभी निर्वाचन क्षेत्र 'एकल सदस्यीय' हैं। इन निर्वाचन क्षेत्रों का निर्धारण इस प्रकार किया गया है कि लोकसभा का एक सदस्य कम-से-कम 5 लाख जनसंख्या का प्रतिनिधित्व करे। भविष्य के लिए यह प्रावधान किया गया है कि बदलती परिस्थितियों के अनुरूप अधिकतम सीमा का निर्धारण किया जाता रहेगा।

मूल संविधान में अनसूचित जातियों तथा जनजातियों के लिए 10 वर्ष की समयावधि तक के लिए स्थान सुरक्षित रखने का प्रावधान किया गया था। बाद में इस अवधि को समयानुसार बढ़ाया जाता रहा। सन् 1990 में किये गये 62वें संविधान संशोधन द्वारा 25 जनवरी, 2000 ई. तक उसके लिए स्थान आरक्षित कर दिये गये थे। 79वें संविधान संशोधन (2000 ई.) द्वारा आरक्षण की अवधि 2010 ई. तक बढ़ा दी गई थी। अब यह अवधि 95वें संविधान संशोधन द्वारा सन् 2020 तक बढ़ा दी गई है। प्रतिनिधित्व का अनुपात कुछ अपवादों को छोड़कर यथासम्भव समस्त देश में समान रखने का प्रयत्न किया गया है। अत: जाति, धर्म, लिंग आदि के आधार पर मताधिकार में कोई भेद नहीं किया जाता है। निर्वाचन व्यवस्था हेतु निर्वाचन आयोग गठित किया गया है, जिसमें मुख्य निर्वाचन आयुक्त की नियुक्ति राष्ट्रपति द्वारा की जाती है। भारत के चुनाव आयोग से यह अपेक्षा की जाती है कि वह निष्पक्षता और ईमानदारी से अपना कार्य करेगा।

**(3) मतदाताओं की योग्यताएँ** —लोकसभा के निर्वाचन में उन समस्त व्यक्तियों को मतदान का अधिकार है, जो निम्नलिखित योग्यताएँ पूर्ण करता हो—

(1) जो भारत का नागरिक हो।

(2) जिन्होंने कम से कम 18 वर्ष की आयु पूरी कर ली हो।

(3) जिनके नाम उनके निर्वाचन क्षेत्र की मतदाता सूची में अंकित हों।

(4) जो पागल, दिवालिया अथवा कोढ़ी न हों।

(5) जिन्हें संसद के किसी कानून द्वारा किसी अपराध के कारण मताधिकार से वंचित न किया गया हो।

(6) निर्वाचन आयोग द्वारा सन् 1996 के लोकसभा चुनाव के लिए फोटो पहचान पत्र मतदाता के पास होना अनिवार्य कर दिया गया था लेकिन यह प्रक्रिया पूर्ण न होने के कारण प्रस्तावित प्रतिबन्ध कुछ शिथिल कर दिया गया था। किन्तु भारत के अधिकांश राज्यों में यह कार्य लगभग पूर्ण हो चुका है।

**(4) सदस्यों की योग्यताएँ**–लोकसभा की सदस्यता के लिए उम्मीदवार के लिए संविधान के **अनुच्छेद 84** के द्वारा निर्धारित योग्यताएँ निम्नांकित हैं–

(1) वह भारत का नागरिक हो,

(2) कम से कम 25 वर्ष की आयु पूर्ण कर चुका हो,

(3) संसद के किसी कानून द्वारा अयोग्य न ठहराया गया हो,

(4) भारत सरकार या राज्य सरकार के अधीन किसी लाभ के पद पर कार्यरत न हो,

(5) किसी न्यायालय द्वारा पागल अथवा दिवालिया घोषित न किया गया हो।

**(5) कार्यकाल**–संविधान के **अनुच्छेद** 83(2) की व्यवस्था के अनुसार लोकसभा का कार्यकाल प्रथम बैठक की तिथि से 5 वर्ष निर्धारित किया गया हैं। यह अवधि पूर्ण होते ही लोकसभा स्वत: भंग हो जाती है परन्तु पाँच वर्ष से पूर्व भी प्रधानमन्त्री के परामर्श पर राष्ट्रपति द्वारा लोकसभा को भंग किया जा सकता है। ऐसा अब तक 8 बार (सन् 1970, 1977, 1979, नवम्बर 1984, नवम्बर 1989, मार्च 1991, दिसम्बर 1997 एवं सन् 1998) किया गया है। आपातकालीन स्थिति में संसदीय कानून द्वारा राष्ट्रपति लोकसभा के कार्यकाल में वृद्धि भी कर सकता है। एक बार में यह अवधि 1 वर्ष से अधिक के लिए नहीं बढ़ायी जा सकती और तीन बार में 3 वर्ष से अधिक इस अवधि को नहीं बढ़ाया जा सकता।

सन् 1976 में लोकसभा का कार्यकाल दो बार एक-एक वर्ष की अवधि के लिए बढ़ाया गया था।

**(6) वेतन, भत्ते तथा पेन्शन**–4 अगस्त, 1988 को संसद द्वारा 'संसद सदस्यों' के लिए वेतन, भत्ता तथा पेन्शन भत्ता संशोधन अधिनियम, 1998 पारित किय गया। इस अधिनियम के अन्तर्गत दोनों सदनों के प्रत्येक संसद सदस्य को 4,000 रु. मासिक वेतन, 8,000 रु. मासिक निर्वाचन क्षेत्र भत्ता तथा 2,500 रु. कार्यालय खर्च प्राप्त होता था। प्रत्येक सांसद को अधिवेशन में भाग लेने, समितियों आदि की बैठकों में भाग लेने और अन्य ऐसे ही कार्यों के लिए 400 रु. प्रतिदिन के हिसाब से भत्ता प्राप्त होता था। इसके अतिरिक्त निवास, टेलीफोन, प्रथम श्रेणी में रेल यात्रा, बिजली-पानी व चिकित्सा सुविधा उपलब्ध कराई गई। नवीन संशोधनों के अनुसार 1 जनवरी, 2008 तक प्रत्येक सांसद को लगभग 68,000 रु. मासिक वेतन एवं भत्ता आदि प्राप्त रहा है।

सांसद के रूप में 4 वर्ष का कार्यकाल पूरा कर लेने पर अथवा दो लोकसभा के कार्यकाल मे सदस्य रहने पर प्रत्येक सांसद को प्रतिमाह पेन्शन प्राप्त करने का प्रावधान भी किया गया है। भूतपूर्व सांसदों को नि:शुल्क चिकित्सा सुविधा भी उपलब्ध कराने की व्यवस्था की गई है। भूतपूर्व सांसद के आश्रितों के लिए भी पारिवारिक पेन्शन, नि:शुल्क रेल यात्रा व नि:शुल्क चिकित्सा सुविधा का प्रावधान किया गया है।

**प्रतिवर्ष पाँच करोड़ के विकास कार्यों के लिए सुझाव देने का अधिकार**–प्रधानमन्त्री और वित्तमन्त्री द्वारा 1 अप्रैल, 2011 को लोकसभा में की गई एक घोषणा के अनुसार प्रत्येक लोकसभा सदस्य **'स्थानीय क्षेत्र विकास योजना'** के अन्तर्गत अपने निर्वाचन क्षेत्र में और राज्य सभा का सदस्य अपने प्रदेश के चुने हुए क्षेत्र में 5 करोड़ रुपये तक की विकास परक योजना का सुझाव दे सकेंगे। प्रत्येक सांसद एक वर्ष में दो करोड़ रुपये तक की योजनाओं का सुझाव दे सकेंगे। इन योजनाओं के क्रियान्वयन का दायित्व सरकारी एजेन्सियों को होगा।

**(7) पदाधिकारी**–संविधान के **अनुच्छेद** 93 के अनुसार लोकसभा के सदस्यों में से ही एक अध्यक्ष और एक उपाध्यक्ष निर्वाचित किये जाने की व्यवस्था है। इन दोनों पदाधिकारियों का कार्यकाल 5 वर्ष होता है। इससे पूर्व भी स्वेच्छा से वे अपने पद से त्यागपत्र दे सकते हैं। अध्यक्ष द्वारा उपाध्यक्ष को और उपाध्यक्ष द्वारा अध्यक्ष को त्यागपत्र प्रस्तुत किये जाने की व्यवस्था है। इसके अतिरिक्त उन्हें 14 दिन से पूर्व सूचना पर लोकसभा के तत्कालीन समस्त सदस्यों के बहुमत से पारित

संकल्प द्वारा पद से हटाया जा सकता है। लोकसभा अध्यक्ष को मासिक वेतन के अतिरिक्त अन्य सुविधाओं में नि:शुल्क आवास आदि सुविधाएँ मिलती हैं। भारत में लोकसभाध्यक्ष पद का आरंभ सन् 1921 से हुआ। जब मॉटरेब्यू चेम्सफोर्ड सुधारों के अन्तर्गत सर्वप्रथम केन्द्रीय विधानसभा का गठन हुआ। सन् 1947 तक इस पद का अधिकारी सभापति कहलाता था। सर्वप्रथम सर प्रेदरिक व्हाइट को इस पद हेतु मनोनीत किया गया था। स्वतन्त्र भारत की लोकसभा के प्रथम अध्यक्ष गणेश वासुदेव मावलंकर थे। इन्हें 'लोकसभा का पिता' कहा जाता है।

**लोकसभा अध्यक्ष की नियुक्तियाँ एवं शक्तियाँ**—यदि भारत की लोकसभा ब्रिटिश कामन्स सभा का भारतीय प्रतिरूप है तो लोकसभा का अध्यक्ष स्पीकर (अध्यक्ष) का भारतीय संस्करण मात्र है। अत: लोकसभा का अध्यक्ष अपने पद, कार्य, शक्ति, ज्ञान और गरिमा की दृष्टि से ब्रिटिश स्पीकर के समतुल्य ही है।

लोकसभा अपने सदस्यों में से ही एक सदस्य को निर्वाचित करके अध्यक्ष पद पर नियुक्त करती है। प्रत्येक आम चुनाव के बाद लोकसभा गठित होते ही अध्यक्ष की नियुक्ति हेतु निर्वाचन होता है। प्राय: जिस राजनीतिक दल का लोकसभा में बहुमत होता है, उसी दल का सदस्य निर्वाचित होकर अध्यक्ष पद पर नियुक्त हो जाता है। परन्तु अब यह परम्परा विकसित हो रही है कि अध्यक्ष का चयन लोकसभा का बहुमत प्राप्त राजनीतिक दल कर लेता है और उपाध्यक्ष का चयन विपक्षी दल मिलकर कर लेते हैं। इस प्रकार लोकसभा के अध्यक्ष की नियुक्ति प्राय: सर्वसम्मति से ही हो जाती है। वह लोकसभा भंग हो जाने की स्थिति में भी नयी लोकसभा की प्रथम बैठक की तिथि तक अपने पद पर बना रहता है। अध्यक्ष की अनुपस्थिति में उपाध्यक्ष सदन की अध्यक्षता करता है। दोनों की अनुपस्थिति में सदन की कार्यवाही के संचालन हेतु पहले से वरिष्ठता के अनुसार 6 सदस्यों की सूची तैयार कर ली जाती है। जिसमें से वरिष्ठता के अनुसार कोई सदस्य सदन की अध्यक्षता करता है। लोकसभा अध्यक्ष सदन के विश्वास-पर्यन्त ही अपने पद पर बना रह सकता है परन्तु अविश्वास की स्थिति में एक विशेष प्रक्रिया द्वारा लोकसभा के तत्कालीन सदस्यों के बहुमत से उसको पद से हटाया जा सकता है या वह स्वयं त्यागपत्र भी दे सकता है।

सन् 2008 में पारित एक संविधान के प्रावधान के अन्तगत लोकसभा के अध्यक्ष को एक लाख दस हजार रुपये वेतन मिलता है।

**लोकसभा अध्यक्ष की शक्तियाँ एवं कर्तव्य**—भारतीय संविधान द्वारा लोकसभा अध्यक्ष की शक्तियाँ एवं कर्तव्य निर्धारित नहीं किये गये हैं। परन्तु संसदीय कार्यवाही की प्रक्रिया एवं कार्य संचालन सम्बन्धी नियमों के अनुसार लोकसभा अध्यक्ष की शक्तियाँ एवं कर्तव्य निम्नलिखित हैं—

(1) लोकसभा की बैठकों की अध्यक्षता और कार्यवाही का संचालन करना।

(2) लोकसभा के नेता (प्रधानमन्त्री)के परामर्श से सदन की कार्यवाही का कार्यक्रम निश्चित करना।

(3) प्रधानमन्त्री के परामर्श से राष्ट्रपति के अभिभाषण पर वाद-विवाद के लिए समय निश्चित करना।

(4) सदस्यों से प्रश्न पूछने की अनुमति प्रदान करना।

(5) सदस्यों को भाषण की अनुमति देना तथा उनका क्रम व समय निश्चित करना।

(6) कार्य स्थगन प्रस्तावों को प्रस्तुत करने की अनुमति देना।

(7) किसी विचाराधीन विधेयक पर वाद-विवाद रोकने सम्बन्धी प्रस्ताव प्रस्तुत करने की अनुमति देना।

(8) प्रवर समितियों के अध्यक्षों की नियुक्ति करना।

(9) अध्यक्ष ही यह निश्चित करता है कि कोई विधेयक वित्त विधेयक है अथवा नहीं।

(10) सदन की विभिन्न समितियों की बैठकों की अध्यक्षता करना।

(11) सदन में अनुशासन एवं शान्ति बनाये रखना। अनुशासनहीनता या शान्ति भंग होने की स्थिति में सदन की कार्यवाही को स्थगित कर देना।

(12) संसद और राष्ट्रपति के बीच पत्र-व्यवहार के माध्यम अथवा मध्यस्थ के रूप में कार्य करना।

(13) विधेयकों तथा बजट पर भाषणों के लिए समय-सीमा निर्धारित करना।

(14) विधेयकों तथा प्रस्तावों पर सदन में मतदान कराना एवं परिणाम की घोषणा करना। प्रस्तावों के पक्ष और विपक्ष में समान मतदान होने की स्थिति में अपना निर्णायक मत देना।

(15) संसद द्वारा पारित विधेयकों पर हस्ताक्षर करके राष्ट्रपति की स्वीकृति हेतु भेजना।

(16) लोकसभा सदस्यों के विशेषाधिकारों की रक्षा करना।

(17) लोकसभा सचिवालय पर नियन्त्रण रखना।

(18) किसी विधेयक को समाचार-पत्र में प्रकाशित करने के लिए अनुमति प्रदान करना।

(19) लोकसभा की प्रक्रिया से सम्बन्धित विवादस्पद प्रश्नों की व्याख्या करके निर्णय देना।

इस प्रकार संसदीय परम्पराओं के विकास में लोकसभा अध्यक्ष की महत्वपूर्ण भूमिका रही है। भारत में लोकसभा अध्यक्ष की स्थिति ब्रिटिश कामन्स सभा के अध्यक्ष व अमेरिकन प्रतिनिधि सभा के अध्यक्ष के बीच की हैं। ब्रिटेन का अध्यक्ष पूर्णरूप से अराजनीतिक व्यक्ति होता है। वह अध्यक्ष पद पर निर्वाचित हो जाने के बाद अपने राजनीतिक दल से त्याग पत्र दे देता है। परन्तु भारत में अभी तक इस परम्परा का पूर्ण रूप से निर्वाह नहीं किया जा रहा है। हमारे देश के लोकसभा अध्यक्ष व्यवहार में अपने राजनीतिक दल में बने रहते हैं। यद्यपि वह दलगत राजनीति से ऊपर होता है। वह सदन में किसी मतदान में भाग नहीं लेता, पर समान मत आने की स्थिति में वह अपना निर्णायक मत दे सकता है। उल्लेखनीय है कि लोकसभा अध्यक्ष का पद अत्यधिक प्रतिष्ठा, सम्मान, गरिमा एवं गौरव का पद है। भारतीय संविधान में यह अत्यधिक महत्वपूर्ण पद है।

**(7) अधिवेशन**—लोकसभा और राज्यसभा, के अधिवेशन राष्ट्रपति द्वारा ही बुलाये और स्थगित किये जाते हैं। इस सम्बन्ध में नियम केवल यह है कि लोकसभा की बैठकों में 6 माह से अधिक का अन्तराल नहीं होना चाहिए। आवश्यकतानुसार दो से अधिक सत्र भी बुलाये जा सकते हैं। संसद के दोनों सदनों के सत्र साथ-साथ चलते हैं।

गणपूर्ति के लिए प्रत्येक सदन के समस्त सदस्यों की संख्या के 1/10 सदस्यों की उपस्थिति अनिवार्य होती है।

**लोकसभा की शक्तियाँ एवं कर्तव्य**—भारतीय संसद के दोनों सदनों में लोकसभा लोकप्रिय सदन है। इसमें जनता द्वारा प्रत्यक्ष निर्वाचन के आधार पर निर्वाचित सदस्य होते हैं। इसके अतिरिक्त भारतीय संविधान द्वारा भी लोकसभा को राज्यसभा की तुलना में उच्च स्थिति प्रदान की गई है। संसद लोकसभा, राज्यसभा तथा राष्ट्रपति इन तीनों से मिलकर बनती है। लेकिन लोकसभा संसद की सबसे महत्वपूर्ण इकाई है। लोकसभा की शक्तियाँ तथा कार्यों का अध्ययन निम्नलिखित रूपों में किया जा सकता है—

**(1) विधि निर्माण सम्बन्धी शक्तियाँ**—भारतीय संविधान के अनुसार संसद संघ सूची, कुछ समवर्ती एवं अविशिष्ट विषयों पर तो कानून की रचना कर ही सकती है परन्तु विशेष परिस्थितियों में राज्य सूची के विषयों पर भी कानून बना सकती है। कोई भी विधेयक लोकसभा की स्वीकृति के बिना कानून का रूप ग्रहण नहीं कर सकता। यद्यपि संविधान द्वारा साधारण विधेयक, गैर वित्तीय विधेयक और संविधान संशोधन सम्बन्धी विधेयक के सम्बन्ध में दोनों सदनों को समान शक्तियाँ प्रदान की गई है। दोनों सदनों द्वारा पारित होने पर ही प्रत्येक विधेयक राष्ट्रपति के पास हस्ताक्षर के लिए भेजे जाते हैं किन्तु यदि दोनों सदनों में किसी विधेयक को लेकर मतभेद उत्पन्न हो जाता है, तो राष्ट्रपति द्वारा दोनों सदनों का संयुक्त अधिवेशन बुलाया जाता है और बहुमत के आधार पर विधेयक के सम्बन्ध में निर्णय किया जाता है। लोकसभा की सदस्य संख्या राज्यसभा से अधिक होने के कारण सामान्यतः लोकसभा के पक्ष में ही निर्णय सम्भव होता है। इस प्रकार विधि या कानून बनाने के क्षेत्र में अन्तिम शक्ति लोकसभा में ही निहित होती है। जब संसद के अधिवेशन न चल रहे हों तो राष्ट्रपति अध्यादेश जारी कर सकता है लेकिन जैसे ही संसद के अधिवेशन प्रारम्भ होते हैं तो सर्वप्रथम राष्ट्रपति द्वारा जारी किये अध्यादेश तीस दिन के अन्दर लोकसभा में प्रस्तुत किये जाते हैं। यदि लोकसभा इन अध्यादेशों को स्वीकार कर लेती है तो वे कानून का रूप ग्रहण कर लेते हैं अन्यथा अस्वीकार होने की स्थिति में वे निरस्त हो जाते हैं। इस प्रकार विधि यानि कानून बनाने के क्षेत्र में लोकसभा को बहुत अधिक शक्तियाँ प्रदान की गई हैं।

**(2) कार्यपालिका सम्बन्धी शक्तियाँ**—भारतीय संविधान द्वारा संसदीय व्यवस्था की स्थापना की गई है। अतः संविधान के अनुसार, कार्यपालिका अर्थात् मन्त्रिपरिषद् का गठन लोकसभा में से (संसद) ही किया जाता है। इसलिए मन्त्रिपरिषद् संसद (लोकसभा) के प्रति सामूहिक रूप से उत्तरदायी होती है एवं लोकसभा के विश्वासपर्यन्त ही पद पर बनी रह सकती है। संसद (लोकसभा) का प्रमुख कार्य कार्यपालिका पर नियन्त्रण बनाए रखना होता है। इसलिए संसद अनेक प्रकार से मन्त्रिपरिषद् पर नियन्त्रण रख सकती है; जैसे—संसद सदस्य मन्त्रियों से सरकारी नीति व सरकार के कार्यों के सम्बन्ध में प्रश्न तथा पूरक प्रश्न पूछ सकते हैं, उनकी आलोचना कर सकते हैं, उनके विरुद्ध अविश्वास प्रस्ताव, कामरोको प्रस्ताव आदि के द्वारा नियन्त्रण रख सकते हैं, यही नहीं संसद सरकारी विधेयक तथा बजट को अस्वीकार करके मन्त्रियों के वेतन में कटौती का प्रस्ताव स्वीकार करके अपना विरोध प्रदर्शित कर सकती है। इस प्रकार लोकसभा कार्यपालिका पर

नियन्त्रण की शक्ति के अन्तर्गत संघीय आयोगों भारत के नियन्त्रक और महालेखा परीक्षक, वित्त आयोग, अनुसूचित जाति और जनजाति आयोग की रिपोर्ट पर विचार करती है। इस प्रकार लोकसभा जनता के कष्टों का निवारण करने वाले सदन के रूप में महत्वपूर्ण दायित्वों को सम्पादित करती है।

**(3) वित्तीय शक्तियाँ**—वित्तीय कार्यों के क्षेत्र में भारतीय संविधान द्वारा राज्यसभा की तुलना में लोकसभा को अधिक शक्तियां प्रदान की गई है। संविधान के **अनुच्छेद** 109 के अनुसार वित्त विधेयक लोकसभा में ही प्रस्तावित किये जा सकते हैं, राज्यसभा में नहीं। लोकसभा में पारित होने के बाद, वित्त विधेयक (प्राप्ति की तिथि) राज्यसभा में भेजा जाता है। राज्य सभा को वित्त विधेयक प्राप्ति की तिथि से 14 दिन के अन्दर-अन्दर लोकसभा को लौटा देना होता है। राज्यसभा वित्त विधेयक में संशोधन के लिए अपने सुझाव दे सकती है लेकिन उन्हें स्वीकार या अस्वीकार करना लोकसभा की इच्छा पर निर्भर करता है। संविधान में यह भी व्यवस्था की गई है कि यदि राज्यसभा 14 दिन के अन्दर वित्त विधेयक को पारित नहीं करती है और न लोकसभा को वापस लौटाती है तो वित्त विधेयक निश्चित तिथि के बाद दोनों सदनों द्वारा पारित मान लिया जाता है। अत: राज्य सभा को वित्त विधेयक के सम्बन्ध में केवल 14 दिन तक अपने पास रोक कर रखने की शक्ति प्राप्त है। इसके अतिरिक्त वार्षिक बजट और अनुदान सम्बन्धी माँगे भी लोकसभा के पटल पर ही रखी जाती हैं। उन पर स्वीकृति देने का एकाधिकार लोकसभा को हीं प्राप्त है। अत: वित्तीय क्षेत्र में लोकसभा एक शक्तिशाली सदन प्रतीत होता है।

**(4) संविधान में संशोधन सम्बन्धी शक्तियाँ**—संविधान में संशोधन करने का अधिकार दोनों सदनों को समान रूप से दिया गया है। संविधान के **अनुच्छेद** 368 के अनुसार, संविधान के अधिकांश भाग में संशोधन का कार्य केवल संसद द्वारा ही किया जा सकता है। इस सम्बन्ध में प्रक्रिया यह है कि संशोधन का प्रस्ताव संसद के किसी भी सदन में प्रस्तुत किया जा सकता है किन्तु प्रस्ताव पारित होने के लिए यह आवश्यक है कि उसे संसद के दोनों सदनों द्वारा अलग-अलग अपने कुल बहुमत तथा उपस्थित एवं मतदान में भाग लेने वाले सदस्यों के दो-तिहाई बहुमत से पारित किया जाये। किसी विषय पर असहमति होने पर प्रस्ताव अस्वीकार समझा जाता है। लेकिन गत कुछ वर्षों से भारतीय संसद की संविधान में संशोधन करने सम्बन्धी शक्ति अधिक वाद-विवाद का विषय बन गई है। सर्वोच्च न्यायालय ने संसद की इस शक्ति पर एक कड़ा प्रतिबन्ध लगा दिया था लेकिन संविधान के 24वें एवं 25वें संशोधन के पश्चात् संसद को उसकी यह संशोधन सम्बन्धी शक्ति पुन: मिल गई है। अब यह निश्चित हो गया है कि संसद मौलिक अधिकार सहित संविधान के किसी भी भाग में संशोधन कर सकती है लेकिन संविधान के मूल स्वरूप को परिवर्तित नहीं कर सकती है। संविधान के मूल स्वरूप में कौन-सी बातें आती हैं, इसे स्पष्ट नहीं किया गया है।

**(5) न्यायिक शक्तियाँ**—राष्ट्रपति पर महाभियोग का प्रस्ताव संसद के दोनों सदनों में से किसी एक सदन में प्रस्तावित किया जा सकता है। दूसरा सदन उसकी जाँच करता है। उपराष्ट्रपति को पदच्युत करने सम्बन्धी प्रस्ताव राज्यसभा द्वारा पारित होने पर लोकसभा द्वारा उसका अनुमोदन आवश्यक है। इसके अतिरिक्त सर्वोच्च और उच्च न्यायालयों के न्यायाधीशों को पदच्युत करने सम्बन्धी प्रस्ताव लोकसभा एवं राज्यसभा द्वारा पृथक्-पृथक् रूप से तथा स्पष्ट बहुमत एवं उपस्थित सदस्यों के दो-तिहाई बहुमत से पारित करके प्रतिवेदन करने पर राष्ट्रपति न्यायाधीशों को पदच्युत कर सकता है।

**(6) अन्य शक्तियाँ**—(1) लोकसभा निर्वाचक मण्डल के रूप में भी कार्य करती है। संसद के दोनों सदनों के सदस्य तथा राज्य विधान सभाओं के सदस्य मिलकर राष्ट्रपति तथा उपराष्ट्रपति को निर्वाचित करते हैं।

(2) लोकसभा को अपने अध्यक्ष और उपाध्यक्ष निर्वाचित एवं पदच्युत करने का अधिकार प्राप्त है।

(3) विभिन्न संकटकालीन घोषणाओं को जारी रखने के लिए संसद की स्वीकृति आवश्यक है।

(4) लोकसभा अपने सदस्यों तथा किसी अन्य बाहरी व्यक्ति को सदन के विशेषाधिकार के हनन के लिए दण्ड दे सकती है।

(5) यदि राष्ट्रपति सर्वक्षमा देना चाहे तो उसकी स्वीकृति संसद से लेना आवश्यक है।

**निष्कर्ष**—लोकसभा भारतीय संसद का प्रमुख एवं प्रधान लोकप्रिय सदन है। वह भारतीय जनता का प्रतिनिधि सदन है और जनता के हितों का संरक्षक है। राज्यसभा की तुलना में लोकसभा अधिक शक्तिशाली है। देश के वित्त पर लोकसभा का एकाधिकार है। मन्त्रिपरिषद् लोकसभा के प्रति उत्तरदायी होती है। यह सम्पूर्ण देश शासन तन्त्र की केन्द्रीय धुरी है। व्यवहार में लोकसभा ही भारतीय संसद है। प्रधानमन्त्री लोकसभा में बहुमत दल का नेता होता है। इस प्रकार लोकसभा जनता का प्रतिनिधि सदन होने के कारण संसद का महत्वपूर्ण, शक्तिशाली एवं प्रभावशाली अंग है।

## राज्यसभा का संगठन या रचना
## (Organisation or Structure of Rajaya Sabha)

राज्य सभा का गठन सर्वप्रथम 3 अप्रैल, 1952 को हुआ था और उसकी प्रथम बैठक 13 मई, 1952 को हुई थी।

**(1) सदस्य संख्या**—संविधान के **अनुच्छेद** 80 द्वारा राज्यसभा के सदस्यों की अधिकतम संख्या 250 निश्चित की गयी है। इन सदस्यों में से 238 सदस्यों का निर्वाचन राज्यों तथा संघ-शासित क्षेत्रों की विधानसभाओं के निर्वाचित सदस्यों द्वारा किया जाता है और शेष 12 सदस्य राष्ट्रपति द्वारा मनोनीत किये जाते हैं। ये मनोनयन ऐसे सदस्यों का किया जाता है जो कला, साहित्य, विज्ञान या समाज सेवा के क्षेत्र में ख्याति प्राप्त हों और विशेष ज्ञान रखते हों। परन्तु वर्तमान में यह संख्या 245 ही है। इसमें 12 सदस्य राष्ट्रपति द्वारा मनोनीत हैं, शेष राज्यों तथा संघ शासित प्रदेशों का प्रतिनिधित्व करते हैं।

भारतीय संघ के विभिन्न राज्यों को राज्यसभा के लिए निम्न प्रकार प्रतिनिधित्व की व्यवस्था संविधान द्वारा की गई है—

| राज्य | सदस्य संख्या | राज्य | सदस्य संख्या |
|---|---|---|---|
| आन्ध्र प्रदेश | 18 | त्रिपुरा | 01 |
| बिहार | 16 | अरुणाचल प्रदेश | 01 |
| झारखण्ड | 06 | मिजोरम प्रदेश | 01 |
| असम | 07 | केरल | 09 |
| गुजरात | 11 | महाराष्ट्र | 19 |
| जम्मू-कश्मीर | 04 | उड़ीसा (ओड़ीसा) | 10 |
| मध्य प्रदेश | 11 | राजस्थान | 10 |
| छत्तीसगढ़ | 05 | उत्तर प्रदेश | 31 |
| कर्नाटक | 12 | उत्तराखण्ड | 03 |
| पंजाब | 07 | हरियाणा | 05 |
| तमिलनाडु | 18 | नागालैण्ड | 01 |
| पश्चिम बंगाल | 16 | गोवा | 01 |
| हिमाचल प्रदेश | 03 | **संघशासित प्रदेश** | |
| मेघालय | 01 | दिल्ली | 03 |
| मणिपुर | 01 | पाण्डिचेरी (पुड्डुचेरी) | 01 |
| सिक्किम | 01 | नामांकित | 12 |
| | | | 233 |

**(2) सदस्यों की योग्यताएँ**— संविधान के **अनुच्छेद** 102 के अन्तर्गत राज्यसभा के उम्मीदवार के लिए निर्धारित योग्यताएँ निम्नांकित हैं—

(*i*) वह भारत का नागरिक हो।

(*ii*) वह कम-से-कम 30 वर्ष की आयु पूरी कर चुका हो।

(*iii*) भारत सरकार या किसी राज्य सरकार के अधीन किसी लाभ के पद पर न हो।

(*iv*) संसद के अधिनियम द्वारा निर्धारित सभी योग्यताएँ पूर्ण करता हो।

(*v*) पागल व दिवालिया न हो।

(*vi*) किसी न्यायालय द्वारा किसी फौजदारी मामले में दो या दो से अधिक वर्ष के कारावास का दण्ड प्राप्त न हो।

(*vii*) पूर्व में यह स्थिति थी कि वह जिस राज्य से चुनाव लड़ रहा है, उस राज्य में लोकसभा के किसी निर्वाचन क्षेत्र से मतदाता हो। किन्तु अब इस स्थिति को समाप्त कर दिया गया है। अब वह देश के किसी भी क्षेत्र से मतदाता हो सकता है।

(*viii*) संसद द्वारा समय-समय पर निर्धारित अन्य शर्तों को भी पूर्ण करता हो।

**(3) निर्वाचन**—राज्यसभा के सदस्यों का चुनाव अप्रत्यक्ष विधि द्वारा किया जाता है। इनका चुनाव प्रत्येक राज्य की विधानसभा के निर्वाचित सदस्यों द्वारा आनुपातिक प्रतिनिधित्व के आधार पर एकल संक्रमणीय मत पद्धति द्वारा होता है। राज्यसभा के लिए कौन-सा राज्य कितने सदस्यों का चुनाव करेगा, यह संविधान द्वारा पूर्व में ही निर्धारित कर दिया गया है।

**(4) कार्यकाल**—संविधान के **अनुच्छेद** 83(1) के अनसुार, राज्यसभा एक स्थायी सदन है। यह सदन कभी विघटित नहीं होता। राज्यसभा के एक तिहाई सदस्य प्रति दो वर्ष बाद सेनानिवृत्त हो जाते हैं और उनके स्थान पर नए सदस्य चुन लिए जाते हैं। इस सदस्यों का निर्वाचन 6 वर्ष के लिए किया जाता है।

**(5) पदाधिकारी**—राज्यसभा की कार्यवाही के संचालन हेतु इसके दो पदाधिकारी होते हैं। इसमें एक सभापति और एक उपसभापति होता है। भारत का उपराष्ट्रपति राज्यसभा का पदेन सभापति होता है, जिसका कार्यकाल 5 वर्ष होता है। उपसभापति का निर्वाचन राज्यसभा के सदस्य अपने सदस्यों में से करते हैं, जो 6 वर्ष के लिए निर्वाचित किया जाता है। सभापति की अनुपस्थिति में उपसभापति सभापति के स्थान पर कार्य करता है।

राज्यसभा का सभापति लोकसभा अध्यक्ष की भाँति सदन की कार्यवाहियों का संचालन करता है। वह सदस्यों को अनुशासन में रखते हुए उन्हें वाद-विवाद का अवसर देता है। प्रस्तावों और विधेयकों पर मतदान कराता है तथा आवश्यकता पड़ने पर अपना निर्णायक मत देता है। अत: सभापति की अनुपस्थिति में उपसभापति और उपसभापति की अनुपस्थिति में राष्ट्रपति द्वारा नियुक्त राज्यसभा का सदस्य सभा में सभापतित्व करता है।

राज्यसभा के सभापति एवं उपसभापति के विरुद्ध अविश्वास या अयोग्यता का प्रस्ताव पारित करके उसको हटाया जा सकता है। सभापति को हटाने के लिए यदि राज्यसभा उपस्थित सदस्यों के बहुमत से प्रस्ताव पास कर दे और लोकसभा भी इस प्रस्ताव को अपनी स्वीकृति दे दे तो सभापति को उसके पद से हटाया जा सकता है। राज्यसभा में ऐसा प्रस्ताव रखने से पहले सभापति को 14 दिन का नोटिस देना आवश्यक है। उपसभापति को हटाने के प्रस्ताव पर लोकसभा की सहमति नहीं ली जा सकती है। केवल राज्यसभा के उपस्थित सदस्यों के बहुमत से यदि उसके विरुद्ध अविश्वास का प्रस्ताव पास कर दिया जाता है तो उपसभापति को अपना पद छोड़ना पड़ता है।

**राज्यसभा की गणपूर्ति**—राज्यसभा की कार्यवाही चलाने के लिए कुल सदस्य संख्या का दसवाँ भाग उपस्थित होना आवश्यक है।

**राज्यसभा के पदाधिकारियों का वेतन**—राज्यसभा के सभापति को 1.25 लाख रु. मासिक वेतन तथा भत्ता प्राप्त होता है। यह वेतन उसे भारत की संचित निधि से दिया जाता है।

राज्यसभा के सदस्यों को 1 जनवरी, 2008 से लगभग 68,000 रुपये वेतन और भत्ते प्राप्त हो रहे हैं। इसके अतिरिक्त सदस्यों को अन्य सुविधाएं भी प्राप्त होती हैं, जिनमें आवास, दूरभाष, चिकित्सकीय सेवाएं आदि प्रमुख हैं।

## राज्यसभा की शक्तियाँ एवं कार्य
## (Powers and Functions of Rajaya Sabha)

राज्यसभा की शक्तियाँ लोकसभा की तुलना में कम है क्योंकि राज्यसभा की रचना लोकसभा के सहयोगी सदन के रूप में की गई है। अत: राज्यसभा की शक्तियाँ और कार्य का अध्ययन निम्नलिखित शीर्षकों के अन्तर्गत किया जा सकता है—

**(1) विधायी शक्तियाँ**—राज्यसभा को लोकसभा के समान ही कानून बनाने सम्बन्धी शक्तियाँ प्राप्त हैं। गैर वित्त विधेयक लोकसभा अथवा राज्यसभा किसी भी सदन में पहले प्रस्तावित किया जा सकता है। इसे दोनों सदनों से पारित होने के बाद ही राष्ट्रपति के पास हस्ताक्षर के लिए भेजा जाता है। **अनुच्छेद** 108 के अनुसार, यदि किसी साधारण विधेयक के सम्बन्ध में लोकसभा और राज्यसभा में मतभेद उत्पन्न हो जाता है तो उस विधेयक पर दोनों सदनों की संयुक्त बैठक में विचार किया जाता है और विधेयक के पारित होने का निर्णय बहुमत के आधार पर किया जाता है। लोकसभा की सदस्य संख्या अधिक होने के कारण सामान्यत: उसकी इच्छा के अनुसार ही निर्णय हो जाता है। राज्यसभा किसी विधेयक के पारित होने में अधिक से अधिक 6 माह का विलम्ब ही कर सकती है।

**(2) वित्तीय शक्तियाँ**—वित्तीय मामलों में राज्यसभा बिल्कुल शक्तिहीन है। संविधान के अनुसार वित्त विधेयक पहले लोकसभा में ही प्रस्तुत किया जाता है। लोकसभा द्वारा पारित होने पर वित्त विधेयक राज्यसभा में भेजा जाता है। राज्यसभा में अधिक से अधिक 14 दिन तक इस विधेयक पर विचार किया जा सकता है। राज्यसभा वित्त विधेयक के सम्बन्ध में अपने सुझावों सहित लोकसभा को वापस भेज सकती है लेकिन लोकसभा राज्यसभा की सिफारिशों को मानने के लिए बाध्य नहीं

है। इस प्रकार वित्तीय क्षेत्र में राज्यसभा को केवल सूचना प्राप्त तथा लोकसभा द्वारा पारित बजट पर अपनी टीका-टिप्पणी करने का ही अधिकार प्राप्त है। भारत के संवैधानिक इतिहास में राज्यसभा ने पहली बार वर्ष 1977-78 के बजट में छह संशोधनों की संस्तुति की थी। लेकिन लोकसभा ने उन संस्तुतियों को निरस्त कर दिया था।

**(3) कार्यपालिका सम्बन्धी शक्तियाँ**—कार्यपालिका सम्बन्धी कार्यों के क्षेत्र में भी राज्यसभा को लोकसभा की तुलना में कम शक्तियाँ प्राप्त हैं। संसदीय शासन प्रणाली में मन्त्रिपरिषद् (कार्यपालिका) संसद के लोकप्रिय सदन के प्रति उत्तरदायी होती है। अत: भारत में भी मन्त्रिमण्डल लोकसभा के प्रति सामूहिक रूप से उत्तरदायी है, राज्यसभा के प्रति नहीं। परन्तु कार्यपालिका पर नियन्त्रण रखने के लिए राज्यसभा मन्त्रियों से प्रश्न पूछ सकती हैं, पूरक प्रश्न पूछ सकती है और उनकी आलोचना भी कर सकती है। इसके अतिरिक्त काम रोको प्रस्ताव, ध्यानाकर्षण प्रस्ताव, मर्यादा भंग प्रस्ताव आदि के माध्यम से मन्त्रियों पर अंकुश लगाये रख सकती है परन्तु उन्हें अविश्वास द्वारा हटाने का अधिकार राज्यसभा को प्रदान नहीं किया गया है।

**(4) संविधान में संशोधन सम्बन्धी शक्तियाँ**—संविधान संशोधन के सम्बन्ध में राज्यसभा को लोकसभा के समान ही महत्वपूर्ण शक्ति प्राप्त है। संविधान संशोधन का प्रस्ताव किसी भी सदन में प्रस्तुत किया जा सकता है लेकिन संशोधन प्रस्ताव तभी स्वीकृत समझा जायेगा, जबकि उसे दोनों सदन उपस्थित और मत देने वाले सदस्यों के दो तिहाई बहुमत से पारित कर दें। यदि संशोधन प्रस्ताव पर संसद के दोनों सदनों में असहमति होने पर संविधान में संशोधन का प्रस्ताव गिर जायेगा; जैसे सन् 1989 में 74वाँ और 65वाँ संविधान संशोधन विधेयक राज्यसभा में दो तिहाई बहुमत प्राप्त न होने के कारण समाप्त हो गये और 45वाँ संविधान संशोधन विधेयक उसी रूप में पारित हुआ, जिस रूप में राज्यसभा चाहती थी। इससे राज्यसभा की शक्ति का परिचय मिलता है। अत: स्पष्ट है कि संविधान संशोधन के सम्बन्ध में दोनों सदनों की शक्तियाँ समान हैं।

**(5) अन्य शक्तियाँ**—लोकसभा के समान राज्यसभा कई अन्य कार्य भी करती है। यह कार्य निम्नलिखित हैं—

(1) लोकसभा के सदस्यों के साथ-साथ राज्यसभा के निर्वाचित सदस्य राष्ट्रपति के निर्वाचन में भाग लेते हैं।

(2) उपराष्ट्रपति का निर्वाचन दोनों सदनों के सदस्य मिलकर करते हैं।

(3) राष्ट्रपति को उसके पद से हटाने के लिए महाभियोग लगाने का अधिकार दोनों ही सदनों को समान रूप से प्राप्त है। यदि एक सदन अभियोग लगाता है तो दूसरा सदन उसकी जाँच करता है।

(4) सर्वोच्च न्यायालय और उच्च न्यायालयों के न्यायाधीशों, नियन्त्रक और महालेखा परीक्षक तथा मुख्य चुनाव आयुक्त को पदच्युत करने के लिए दोनों सदनों की स्वीकृति आवश्यक है।

(5) राष्ट्रपति द्वारा की गई संकटकालीन उद्घोषणा की स्वीकृति संसद के दोनों सदनों से आवश्यक है।

(6) संविधान के **अनुच्छेद** 249 के अनुसार राज्यसभा उपस्थित और मतदान में भाग लेने वाले सदस्यों के दो-तिहाई बहुमत से घोषित कर सकती है कि राष्ट्रीय हित में संसद को राज्यसूची के अमुक विषय पर कानून बनाना चाहिए।

(7) राज्यसभा दो-तिहाई बहुमत से नवीन अखिल भारतीय सेवाओं की स्थापना के लिए प्रस्ताव पास करती है।

**निष्कर्ष**—इस प्रकार उपर्युक्त विवेचना से यह स्पष्ट है कि राज्यसभा को लोकसभा की तुलना में कम शक्तियाँ प्राप्त हैं क्योंकि संसदीय शासन व्यवस्था में अन्तिम निर्णय की शक्ति लोकप्रिय सदन को ही प्राप्त हो सकती है, अप्रत्यक्ष रूप से निर्वाचित द्वितीय सदन को नहीं।

## लोकसभा और राज्यसभा की तुलना
## (Comparison Between Lok Sabha and Rajaya Sabha)
### अथवा
## दोनों का पारस्परिक सम्बन्ध

भारतीय संसद अन्य देशों जैसे ग्रेट-ब्रिटेन, संयुक्त राज्य अमेरिका, स्विटजरलैण्ड एवं रूस की भाँति द्विसदनात्मक है। लोकसभा भारतीय संसद का प्रथम एवं निम्न सदन है और राज्यसभा संसद का द्वितीय लेकिन उच्च सदन है। अत: लोकसभा एवं राज्यसभा का तुलनात्मक अध्ययन या दोनों के पारस्परिक सम्बन्धों का अध्ययन निम्नलिखित शीर्षकों के अन्तर्गत किया जा सकता है—

**(1) नामकरण के सम्बन्ध में**—भारतीय संसद के दो सदन हैं—लोकसभा और राज्यसभा। लोकसभा जनता का सदन है और राज्यसभा संघ की इकाईयों एवं केन्द्रशासित प्रदेशों का वरिष्ठ सदन है।

**(2) प्रतिनिधित्व के सम्बन्ध में**—लोकसभा भारत की समस्त जनता का प्रतिनिधित्व करती है और राज्य सभा राज्यों तथा संघीय क्षेत्रों का प्रतिनिधित्व करती है लेकिन राज्यसभा में संघ के सभी राज्यों को समान प्रतिनिधित्व प्रदान नहीं किया गया है।

**(3) सदस्य संख्या के सम्बन्ध में**—लोकसभा की सदस्य संख्या अधिक से अधिक 552 हो सकती है। वर्तमान में यह सदस्य संख्या 545 है। राज्यसभा में अधिक से अधिक सदस्य 250 हो सकते हैं जिनमें से 12 सदस्य राष्ट्रपति द्वारा मनोनीत और 238 अप्रत्यक्ष रूप से निर्वाचित होंगे। वर्तमान में यह सदस्य संख्या (233 + 12)245 है। इस प्रकार लोकसभा की सदस्य संख्या राज्यसभा की तुलना में दुगनी से भी अधिक है।

**(4) कार्यकाल के सम्बन्ध में**—लोकसभा का कार्यकाल 5 वर्ष निर्धारित किया गया है लेकिन राज्यसभा एक स्थायी सदन है जो कभी भंग नहीं होता है। प्रत्येक सदस्य का कार्यकाल 6 वर्ष होता है क्योंकि इसके एक-तिहाई सदस्य प्रति दो वर्ष पश्चात् अवकाश ग्रहण कर लेते हैं और इतने ही नये सदस्य निर्वाचित कर लिये जाते हैं।

**(5) साधारण विधेयक के सम्बन्ध में**—साधारण विधेयक या अवित्तीय विधेयक के सम्बन्ध में दोनों सदनों की शक्तियाँ समान हैं परन्तु लोकसभा द्वारा पारित विधेयक को यदि राज्यसभा 6 माह की अवधि में पारित करके वापस नहीं भेजती है तो वह विधेयक स्वत: ही पारित मान लिया जाता है। यदि दोनों सदनों में किसी विधेयक के बारे में मतभेद उत्पन्न हो जाये तो संविधान के **अनुच्छेद** 108 के अनुसार राष्ट्रपति द्वारा दोनों सदनों की संयुक्त बैठक में बहुमत के आधार पर निर्णय ले लिया जाता है लेकिन लोकसभा की सदस्य संख्या राज्यसभा की तुलना में दुगनी होने के कारण लोकसभा की इच्छानुसार ही कार्य होने की सम्भावना अधिक रहती है। इसीलिए व्यवहार में राज्यसभा की स्थिति निर्बल एवं लोकसभा की स्थिति सबल है।

**(6) वित्तीय विधेयकों के सम्बन्ध में**—वित्तीय विधेयकों के सम्बन्ध में संविधान द्वारा ही लोकसभा को राज्यसभा से अधिक शक्ति प्रदान की गई है। वित्त विधेयक केवल लोकसभा में ही प्रस्तुत किये जा सकते हैं। क्योंकि राष्ट्रीय वित्त पर लोकसभा का पूर्ण नियन्त्रण है। लोकसभा द्वारा पारित वित्त विधेयक राज्यसभा की सिफारिशों के लिए भेजा जाता है और राज्यसभा को वह वित्त विधेयक 14 दिन के अन्दर पारित करके लोकसभा के पास नहीं भेजती है, तो उस विधेयक को स्वत: ही उसी रूप में पारित मान लिया जाता है, जिस रूप में लोकसभा ने उसे पारित किया था। इससे सिद्ध होता है कि वित्तीय क्षेत्र में राज्यसभा महत्वहीन और शक्तिहीन है।

**(7) कार्यपालिका पर नियन्त्रण के सम्बन्ध में**—संसदीय शासन में मन्त्रिमण्डल संसद के लोकप्रिय सदन के प्रति उत्तरदायी होता है। भारत में भी मन्त्रिमण्डल लोकसभा के प्रति सामूहिक रूप से उत्तरदायी है, राज्य सभा के प्रति नहीं। राज्यसभा के सदस्य मन्त्रियों से प्रश्न तथा पूरक प्रश्न पूछ सकते हैं और उनकी आलोचना भी कर सकते हैं परन्तु अविश्वास प्रस्ताव के आधार पर मन्त्रिमण्डल को पदच्युत करने का अधिकार केवल लोकसभा को ही प्राप्त है। इसके अतिरिक्त लोकसभा में किसी विधेयक के पारित न होने पर सम्पूर्ण मन्त्रिपरिषद् को त्यागपत्र देना पड़ता है परन्तु राज्यसभा द्वारा किसी विधेयक के पारित न होने पर मन्त्रिपरिषद् त्यागपत्र नहीं देती है। इस प्रकार कार्यपालिका पर नियन्त्रण के सम्बन्ध में लोकसभा राज्यसभा से अधिक शक्तिशाली है।

**निष्कर्ष**—इस प्रकार उपर्युक्त विश्लेषण से स्पष्ट है कि कानून बनाने, वित्तीय एंव कार्यपालिका के क्षेत्रों में राज्यसभा की स्थिति लोकसभा से निम्नतम हैं। साधारण विधेयकों को प्रस्तुत करने, संवैधानिक संशोधन, संकटकालीन घोषणा, राष्ट्रपति के निर्वाचन के लिए गठित निर्वाचक मण्डल की सदस्यता आदि के सम्बन्ध में सैद्धान्तिक दृष्टि से दोनों सदनों को समान शक्तियाँ प्रदान की गई हैं लेकिन संविधान निर्माताओं ने लोकसभा को ही शक्ति का केन्द्र बनाया है। राज्यसभा संसद का द्वितीय सदन ही है, वह लोकसभा के समान शक्तिशाली एवं महत्वपूर्ण सदन नहीं है। अत: राज्यसभा विश्व का कमजोर द्वितीय सदन है, जबकि अमेरिका एवं आस्ट्रेलिया में संसद का द्वितीय सदन सीनेट अधिक शक्तिशाली है।

## संसद की शक्तियाँ एवं कार्य
## (Powers and Functions of Parliament)

भारतीय संविधान के अनुसार संसद एक प्रभुत्वसम्पन्न संघीय व्यवस्थापिका सभा है। भारतीय संसद पर किसी भी बाहरी शक्ति का कोई नियन्त्रण नहीं है। इसकी शक्तियाँ अद्वितीय और अतुलनीय हैं। वर्तमान में यह अपनी शक्तियों में निरन्तर वृद्धि करती जा रही है। यद्यपि भारतीय संसद को ब्रिटिश संसद की भाँति सर्वोच्चता प्राप्त नहीं है तथापि वह विश्व की सर्वाधिक

1. 42वें संविधान संशोधन द्वारा समीपवर्ती सूची के विषयों की संख्या 52 हो गई है।

शक्तिशाली संसदों में से एक है। भारतीय संसद द्वारा बनाये गये कानून सम्पूर्ण देश पर लागू होते हैं। संसद की शक्तियाँ एवं कर्तव्यों को हम निम्नलिखित शीर्षकों के अन्तर्गत विभाजित कर सकते हैं–

**(1) विधि निर्माण (कानून बनाने) सम्बन्धी शक्तियाँ**–भारतीय संसद का प्रमुख कार्य देश के लिए कूनन बनाना है। इसलिए संसद को संघ सूची के 97 विषयों पर (वर्तमान में 99) कानून बनाने का एकाधिकार प्राप्त है। इसी के साथ-साथ समवर्ती सूची के 52 विषयों[1] पर कानून बनाने की शक्ति संसद और राज्य विधानमण्डल दोनों को ही प्राप्त है परन्तु विरोधाभास की स्थिति में संसद द्वारा बनाये गये कानून ही मान्य होते हैं तथा राज्य विधान सभा द्वारा बनाया हुआ कानून समाप्त हो जाता है।

राज्य सूची के प्रभावी 61 विषयों पर कानून बनाने की शक्ति यद्यपि राज्य विधानमण्डलों को प्राप्त है परन्तु यदि राज्यसभा अपने उपस्थित और मत देने वाले सदस्यों के दो-तिहाई बहुमत से प्रस्ताव पारित करके राज्य सूची के किसी विषय को राष्ट्रीय महत्व का घोषित कर दे, तो उस विषय पर संसद को साधारण परिस्थितियों में भी कानून बनाने की शक्ति प्राप्त हो जाती है। इसके अतिरिक्त आपातकाल में संसद सम्पूर्ण देश या देश के किसी भाग के लिए राज्य सूची के किसी भी विषय या समस्त विषयों पर भी कानून बना सकती है।

उन समस्त विषयों पर जो संघ सूची, राज्य सूची और समवर्ती सूची तीनों में नहीं आते, उन पर कानून बनाने की शक्ति संसद को प्राप्त है अर्थात् अवशिष्ट विषय संसद के अधीन हैं। इसके अतिरिक्त भारतीय संघ के संघशासित क्षेत्रों के समस्त विषयों पर कानून बनाने की शक्ति संसद को ही प्राप्त है।

**(2) कार्यपालिका सम्बन्धी शक्तियाँ**–संसद का एक महत्वपूर्ण कार्य मन्त्रिमण्डल पर नियन्त्रण रखना है। संसद मन्त्रियों से प्रश्न पूछकर, पूरक प्रश्न पूछकर, वाद-विवाद करके, कटौती प्रस्ताव, काम-रोको, निन्दा और अविश्वास प्रस्ताव रखकर तथा सरकार की नीतियों की आलोचना आदि विभिन्न साधनों का प्रयोग करके मन्त्रिपरिषद् पर अपना नियन्त्रण स्थापित करती है जिससे मन्त्रिपरिषद् संसद के प्रति उत्तरदायी बनी रहती है। इन सबके अतिरिक्त संसद को मन्त्रिमण्डल के विरुद्ध अविश्वास प्रस्ताव पास करके उसे पदच्युत करने का अधिकार प्राप्त है। इस प्रकार संसद संघ की वास्तविक कार्यपालिका अर्थात् मन्त्रिमण्डल पर प्रभावशाली रूप में नियन्त्रण रखती है।

**(3) वित्तीय शक्तियाँ**–देश के वित्त पर संसद का पूर्ण नियन्त्रण रहता है। उसके द्वारा ही राष्ट्र के व्यय की स्वीकृति दी जाती है। प्रतिवर्ष वित्तमन्त्री द्वारा संसद के दोनों सदनों के समक्ष वार्षिक बजट प्रस्तुत किया जाता है, जिसे संसद ही पारित करती है। बजट में आगामी वर्ष के कर तथा विभिन्न विभागों की व्यय सम्बन्धी माँगे सम्मिलित होती हैं। इन माँगों तथा करों को स्वीकार या अस्वीकार करने तथा इनमें कमी करने की शक्ति संसद को प्राप्त होती है परन्तु वह इन माँगों तथा करों में वृद्धि नहीं कर सकती। बजट पारित हुए बिना सरकार आय-व्यय सम्बन्धी कोई कार्य नहीं कर सकती। भारत की संचित निधि से किये जाने वाले व्ययों की माँगों पर केवल संसद ही विचार कर सकती है, उन्हें स्वीकृत या अस्वीकृत करने की शक्ति संसद को प्राप्त नहीं है। इस निधि से भारत के राष्ट्रपति, उपराष्ट्रपति तथा लोकसभा के अध्यक्ष, उपाध्यक्ष, राज्यसभा के सभापति और उपसभापति आदि के वेतन देने की व्यवस्था है। संसद ही अनुमान और सार्वजनिक लेखा समिति का गठन करती है तथा नियन्त्रक व महालेखा परीक्षक के प्रतिवेदन पर विचार कर उचित कार्यवाही करती है।

**(4) न्यायिक शक्तियाँ**–भारत की संसद को राष्ट्रपति, सर्वोच्च एवं उच्च न्यायालय के न्यायाधीशों तथा उपराष्ट्रपति के महाभियोग की जाँच करने का अधिकार प्राप्त है। संसद में निर्धारित प्रक्रिया का अनुपालन करके अर्थात् संसद के किसी एक सदन में राष्ट्रपति के विरुद्ध लगाये गये महाभियोग की जाँच न्यायालय के रूप में दूसरे सदन द्वारा की जाती है। दोनों सदनों द्वारा महाभियोग सम्बन्धी प्रस्ताव स्वीकृत हो जाने की स्थिति में राष्ट्रपति को अपने पद से त्याग-पत्र देना पड़ता है। इस प्रकार राष्ट्रपति के विरुद्ध लगाये गये महाभियोग पर निर्णय लेने की शक्ति संसद को ही प्राप्त है। इसके अतिरिक्त अन्य उच्च पदाधिकारियों के विरुद्ध भ्रष्टाचार एवं दुराचरण के आरोपों की जाँच करने की शक्ति भी संसद को ही प्राप्त है। यदि संसद के दोनों सदन अपने उपस्थित और मतदान करने वाले सदस्यों के दो-तिहाई बहुमत से प्रस्ताव पारित करके राष्ट्रपति को भेज देते हैं तो राष्ट्रपति सम्बन्धित पदाधिकारी को उसके पद से हटा देता है।

**(5) संविधान संशोधन सम्बन्धी शक्ति**–भारतीय संसद को संविधान में संशोधन करने की शक्ति प्रदान की गई है। संविधान संशोधन सम्बन्धी प्रस्ताव संसद के दोनों सदनों द्वारा पृथक्-पृथक् पारित होना आवश्यक होता है। संविधान के कुछ अनुच्छेदों में संसद साधारण बहुमत से ही संशोधन कर सकती है परन्तु अधिकांश अनुच्छेदों में कुल सदस्यों के बहुमत तथा उपस्थित और मतदान करने वाले सदस्यों के दो-तिहाई बहुमत से ही संशोधन किया जा सकता है। इसके अतिरिक्त संविधान

में कुछ ऐसी महत्वपूर्ण व्यवस्थाएँ भी हैं, जिनमें संशोधन के लिए भारतीय संघ के आधे राज्यों के विधानमण्डलों की स्वीकृति मिलाना आवश्यक होती है।

**(6) निर्वाचन सम्बन्धी शक्तियाँ**—**अनुच्छेद** 54 द्वारा संसद को कुछ निर्वाचन सम्बन्धी शक्तियाँ प्रदान की गयी हैं। संसद के दोनों सदनों के निर्वाचित सदस्य राष्ट्रपति के निर्वाचन के लिए गठित निर्वाचक मण्डल के अंग हैं। **अनुच्छेद** 66 के अनुसार, संसद सदस्य दोनों सदनों के संयुक्त अधिवेशन में उपराष्ट्रपति का निर्वाचन करते हैं।

**(7) आपातकालीन शक्तियाँ**—राष्ट्रपति द्वारा जारी की गयी आपातकालीन घोषणाओं को संसद के दोनों सदनों से स्वीकृत कराना अतिआवश्यक होता है। यदि संसद के दोनों सदन अपनी सम्पूर्ण सदस्य संख्या के बहुमत तथा उपस्थित और मतदान करने वाले सदस्यों के दो-तिहाई बहुमत से आपात घोषणाओं को स्वीकृत कर दें तो आपातकालीन घोषणा जारी रह सकती हैं, अन्यथा युद्ध, बाहरी आक्रमण अथवा आन्तरिक विद्रोह पर आधारित आपातकालीन घोषणाएँ जारी किये जाने के एक माह के पश्चात् स्वत: ही समाप्त हो जाती हैं। परन्तु राज्यों के संवैधानिक-तन्त्र की विफलता तथा वित्तीय संकट पर आधारित आपात घोषणाएँ दो माह के पश्चात् समाप्त होती हैं। आपातकालीन घोषणाओं के दौरान मौलिक अधिकारों को स्थगित किये जाने सम्बन्धी राष्ट्रपति का आदेश भी संसद के दोनों सदनों के सम्मुख स्वीकृति हेतु प्रस्तुत किया जाता है।

**(8) अन्य शक्तियाँ एवं कर्तव्य**—संसद को प्राप्त कुछ अन्य शक्तियाँ निम्नलिखित हैं—

(1) सर्वोच्च न्यायालय के न्यायाधीशों की संख्या में वृद्धि संसद द्वारा ही की जा सकती है।

(2) संसद राज्यों की सीमाओं तथा उनके नामों में परिवर्तन भी कर सकती है।

(3) भारत की नागरिकता सम्बन्धी सभी निर्णय संसद ही करती है।

(4) संसद सार्वजनिक समस्याओं से सम्बन्धित विवादों पर विचार करने का स्थल है। इस दृष्टि से संसद लोकप्रिय भावनाओं का दर्पण है तथा शिक्षण का कार्य करती है।

**निष्कर्ष**—इस प्रकार संसद की उपर्युक्त वर्णित शक्तियों से स्पष्ट है कि केवल न्यायिक पुनरीक्षण को छोड़कर भारतीय संसद को व्यापक एवं विस्तृत शक्तियाँ प्राप्त हैं। उसे अन्य संघीय देशों के विधानमण्डलों से अधिक शक्तियाँ प्राप्त हैं। उदाहरणार्थ—अमेरिकी काँग्रेस को राज्य सूची के विषयों पर विधि-निर्माण अथवा कानून की शक्ति प्राप्त नहीं है और स्विट्जरलैण्ड में व्यवस्थापिका को संविधान में संशोधन करने का अन्तिम अधिकार प्राप्त नहीं है। वहाँ संविधान जनमत संग्रह द्वारा ही स्वीकृत होते हैं। **डॉ. राजेन्द्र प्रसाद** के अनुसार, "भारतीय संसद लोकतन्त्रात्मक प्रणाली का केन्द्रबिन्दु है।"

## संसद में विधि निर्माण या कानून बनाने की प्रक्रिया
## (Process of Law-Making in the Parliament)

संसद का सर्वाधिक महत्वपर्ण कार्य, देश के लिए कानून (विधि) बनाना है। संसद को संघ सूची, समवर्ती सूची और संकटकाल में राज्य सूची के विषयों पर भी कानून बनाने का अधिकार प्राप्त है। संविधान के अनुच्छेद 107 से 122 तक विभिन्न क्षेत्रों में कानून बनाने की प्रक्रिया का उल्लेख है।

कानून बनाने के लिए संसद में विधेयक प्रस्तुत किये जाते हैं। किसी विधेयक (Bill) का अभिप्राय उस प्रलेख या मसविदा से होता है जो कानून बनाने के लिए संसद में प्रस्तुत किया जाता है। यह विधेयक संसद द्वारा पारित और राष्ट्रपति द्वारा स्वीकृत हो जाने पर ही कानून का रूप ग्रहण करता है। सामान्यत: विधेयक निम्न दो प्रकार के होते हैं—

(अ) साधारण विधेयक (Ordinary Bills)

(ब) वित्त विधेयक (Money Bills of Finance Bills)

**(अ) साधारण विधेयकों के पारित होने की प्रक्रिया**—साधारण विधेयक संसद के किसी भी सदन में प्रस्तुत किये जा सकते हैं। कानून बनाने के लिए प्रत्येक विधेयक के तीन वाचन होते हैं और पारित होकर कानून का रूप लेने के लिए उसे निम्नलिखित पाँच अवस्थाओं से गुजरना पड़ता है—

**(1) प्रथम वाचन-विधेयक का प्रस्तुतीकरण**—कुछ विषयों से सम्बन्धित विधेयकों को सदन में प्रस्तावित करने के लिए राष्ट्रपति की पूर्व अनुमति प्राप्त करना आवश्यक होती है, जैसे—राज्यों की सीमाओं में परिवर्तन करने वाले विधेयक। यदि संसद का कोई गैर सरकारी सदस्य, किसी विधेयक को सदन में प्रस्तुत करना चाहता है तो उसे एक माह पूर्व सदन के अध्यक्ष को इस सम्बन्ध में सूचना देनी पड़ती है, परन्तु सरकारी विधेयक को प्रस्तुत करने के लिए किसी भी प्रकार की सूचना देने की आवश्यकता नहीं होती। किन्तु निर्धारित तिथि पर विधेयक के प्रस्तुतकर्ता की आज्ञा अवश्य लेनी पड़ती है जो प्राय:

मिल-जाया करती है। आज्ञा मिलने पर प्रस्तुतकर्ता द्वारा प्रथम वाचन के रूप में विधेयक के शीर्षक को पढ़कर सुना दिया जाता है। साधारण विधेयक के प्रथम वाचन में कोई विवाद नहीं होता। एक सामान्य-सी बहस इस बात पर हो सकती है कि विधेयक वैध है अथवा नहीं है। अर्थात् यदि विधेयक अत्यधिक महत्वपूर्ण हो और उसके सम्बन्ध में किसी प्रकार का विवाद हो तो कभी-कभी अध्यक्ष अथवा सभापति विधेयक के सिद्धान्तों के विषय में कुछ बोलने के लिए प्रस्तुतकर्ता को अनुमति प्रदान कर देता है और विपक्षी सदस्य भी संक्षेप में उसका उत्तर देते हुए उसकी आलोचना कर सकते हैं। यही प्रथम वाचन है अर्थात् विधेयक का सदन में प्रस्तुत किया जाता। ही प्रथम वाचन कहलाता है। प्रस्तुतीकरण के उपरान्त विधेयक को भारतीय गजट में प्रकाशित कर दिया जाता है।

**(2) द्वितीय वाचन**—संसद में विधेयक प्रस्तुत किए जाने के बाद उस पर सैद्धान्तिक दृष्टि से विचार किया जाता है। इसे द्वितीय वाचन कहते हैं।

द्वितीय वाचन के प्रारम्भ में विधेयक की प्रतियाँ सदन में उपस्थित सदस्यों में वितरित कर दी जाती हैं। विधेयक के प्रथम वाचन और द्वितीय वाचन के मध्य प्राय: दो दिन का अन्तर होता है परन्तु यदि अध्यक्ष या सभापति आवश्यक समझें तो द्वितीय वाचन भी उसी दिन करा सकते हैं। सामान्यत: सरकारी विधेयकों का द्वितीय वाचन भी उसी दिन तुरन्त ही करा लिया जाता है। इस स्तर पर विधेयक के प्रत्येक अनुच्छेद पर विस्तार से विचार नहीं किया जाता, केवल मूल सिद्धान्तों पर ही विचार होता है और कोई संशोधन भी प्रस्तुत नहीं किया जाता। विचार-विमर्श में सत्तापक्ष विधेयक के गुणों और विपक्ष उसके अवगुणों पर प्रकाश डालता है। यदि आवश्यक समझा जाता है तो विधेयक को संयुक्त प्रवर समिति को विचारार्थ सौंप दिया जाता है।

**समिति अवस्था** में समिति द्वारा विधेयक के प्रत्येक अनुच्छेद पर सूक्ष्मता से विचार किया जाता है। विधेयक के बारे में विषय से सम्बन्धित विशेषज्ञों से भी परामर्श लिया जा सकता है। समिति को विधेयक में संशोधन करने का भी अधिकार प्राप्त है। पूर्ण रूप से विचार करने के उपरान्त समिति का सभापति तीन माह या सदन द्वारा निर्धारित अवधि में अपना प्रतिवेदन प्रस्तुत कर सकता है।

**प्रतिबेदन अवस्था** में समिति द्वारा प्रस्तुत प्रतिवेदन तथा विधेयक सम्बन्धी संशोधनों की प्रतियाँ सदन के समस्त सदस्यों में वितरित कर दी जाती हैं। यदि प्रवर समिति द्वारा प्रस्तुत प्रतिवेदन सहित विधेयक को सदन विचार के लिए स्वीकार कर लेता है तो सदन में विधेयक के संशोधित रूप की प्रत्येक धारा पर विस्तार से विचार कर लिया जाता है। सदस्यों द्वारा स्वयं भी अपनी ओर से संशोधन प्रस्तुत किये जाते हैं। संशोधन के प्रत्येक पहलू पर सदन में गम्भीर विचार-विमर्श एवं वाद-विवाद होता है। तत्पश्चात् विधेयक की प्रत्येक संशोधित धारा पर मतदान होता है। मतदान के बाद ही प्रत्येक धारा को स्वीकार अथवा अस्वीकार किया जाता है। तत्पश्चात् सम्पूर्ण विधेयक पर मतदान होता है। यदि मतदान द्वारा विधेयक को स्वीकार कर लिया जाता है तो प्रतिवेदन अवस्था पूर्ण हो जाती है। वास्तव में विधेयक पारित होने की सर्वाधिक महत्वपूर्ण अवस्था यही होती है।

**(3) तृतीय वाचन**—विधेयक पारित होने की अन्तिम अवस्था तृतीय वाचन कहलाती है। इस स्तर पर विधेयक की प्रत्येक धारा पर वाद-विवाद तथा मतदान नहीं होता बल्कि विधेयक के मूल सिद्धान्तों पर ही विचार विमर्श तथा वाद-विवाद होता है। अत: इस अवस्था में विधेयक में कोई महत्वपूर्ण परिवर्तन नहीं किया जाता है। साधारण विधेयक के अस्पष्ट शब्दों को स्पष्ट तथा उसमें भाषा सम्बन्धी सुधार ही किये जाते हैं। तत्पश्चात् सम्पूर्ण विधेयक पर मतदान कराया जाता है। यदि विधेयक सदन में उपस्थित और मतदान करने वाले समस्त सदस्यों के बहुमत से स्वीकार कर लिया जाता है तो सदन का अध्यक्ष या सभापति प्रमाणित करके विधेयक को दूसरे सदन में विचार करने के लिए भेज देता है।

**(4) विधेयक दूसरे सदन में**—तृतीय वाचन के पश्चात् जब विधेयक एक सदन द्वारा स्वीकृत हो जाता है तो उसे दूसरे सदन में विचार हेतु भेज दिया जाता है। प्रथम सदन की भाँति ही विधेयक को दूसरे सदन में भी उपर्युक्त इन्हीं अवस्थाओं से होकर गुजरना पड़ता है। अर्थात् फिर वही प्रथम वाचन, द्वितीय वाचन, समिति अवस्था, प्रतिवेदन अवस्था और तृतीय वाचन अवस्थाओं से गुजरना पड़ता है। दूसरे सदन द्वारा भी यदि विधेयक को उसी रूपी में स्वीकार कर लिया जाता है, जिस रूप में प्रथम सदन ने स्वीकार किया है तो वह राष्ट्रपति के पास स्वीकृति हेतु भेज दिया जाता है परन्तु यदि दूसरा सदन विधेयक को उसी रूप में स्वीकार न करते हुए अपने संशोधनों के साथ सदन को वापस भेज देता है तो प्रथम सदन में विधेयक के संशोधन पर पुन: विचार किया जाता है। दूसरे सदन द्वारा किये गये संशोधनों को यदि प्रथम सदन स्वीकार न करे, तो दोनों सदनों के इस गतिरोध को समाप्त करने के लिए संविधान के **अनुच्छेद** 108 की व्यवस्था के अनुसार राष्ट्रपति दोनों सदनों का संयुक्त अधिवेशन बुलाता है। इस संयुक्त अधिवेशन में यदि उपस्थित और मतदान करने वाले समस्त सदस्यों के बहुमत से उक्त विधेयक को स्वीकार कर लिया जाता है, तो विधेयक दोनों सदनों द्वारा पारित माना जाता है।

**(5) राष्ट्रपति की स्वीकृति**—संसद के दोनों सदनों द्वारा पारित हो जाने के पश्चात् विधेयक को राष्ट्रपति की स्वीकृति हेतु भेजा जाता है। विधेयक को स्वीकृत करने या अपनी सिफारिशों के साथ पुनर्विचार हेतु संसद को लौटाने का अधिकार राष्ट्रपति को प्रदान किया गया है। यदि संसद के दोनों सदन राष्ट्रपति द्वारा संशोधित रूप में या बिना संशोधन के ही पूर्व पारित रूप में विधेयक को पुन: पारित करके राष्ट्रपति के पास भेज देते हैं तो राष्ट्रपति को उस विधेयक पर अपने हस्ताक्षर करने ही पड़ते हैं। राष्ट्रपति के हस्ताक्षर हो जाने के पश्चात् विधेयक कानून (Law)का रूप ग्रहण कर लेता है। इसके पश्चात् कानून को सरकारी गजट में प्रकाशित करके लागू कर दिया जाता है।

**(ब) वित्त विधेयक के पारित होने की प्रक्रिया**—संविधान के अनुसार, वित्त विधेयक केवल लोकसभा में ही प्रस्तुत किया जा सकता है। वित्त विधेयक वह विधेयक है जिनका सम्बन्ध संघ सरकार की आय-व्यय से होता है। कर, उत्पादन, ऋण लेने या देने, देश की संचित निधि का लेखा-जोखा और उसकी जाँच से सम्बन्धित विधेयक वित्त विधयेक कहलाते हैं। ये विधेयक वित्त मन्त्रालय द्वारा तैयार किये जाते हैं। कोई विधेयक वित्त विधेयक है या नहीं, इस सम्बन्ध में लोकसभा अध्यक्ष का निर्णय अन्तिम होता है। वित्त विधेयक लोकसभा में प्रस्तुत करने से पूर्व राष्ट्रपति की स्वीकृति लेना आवश्यक होती है। वित्त विधेयक को भी कानून बनाने के लिए तीन वाचनों की अवस्था से गुजरना पड़ता है। लोकसभा द्वारा पारित विधेयकों को राज्यसभा में उसकी सिफारिशों (सुझावों) के लिए भेजा जाता है। राज्यसभा को वित्त विधेयक अपनी सिफारिशों के साथ 14 दिन में लोकसभा को वापस भेजना पड़ता है। वित्त विधेयक के सम्बन्ध में राज्यसभा की सिफारिशों को मानना अथवा न मानना लोकसभा की इच्छा पर निर्भर करता है। यदि लोकसभा राज्यसभा की सिफारिशों को स्वीकार न करे तो वित्त विधेयक उसी रूप में दोनों सदनों द्वारा पारित मान लिया जाता है, जिस रूप में उसे लोकसभा द्वारा पारित किया गया था। यदि राज्यसभा की सिफारिशों में से कोई सिफारिश लोकसभा द्वारा स्वीकार कर ली जाती है तो वित्त विधेयक राज्यसभा द्वारा सिफारिश किये गये संशोधन तथा लोकसभा द्वारा स्वीकृत संशोधनों सहित दोनों सदनों द्वारा पारित मान लिया जाता है। यदि राज्यसभा 14 दिन में विधेयक को लोकसभा में वापस नहीं भेजती है तो इस अवधि के समाप्त हो जाने के पश्चात् वह उसी रूप में पारित माना जाता है, जिस रूप में उसे लोकसभा ने पारित किया था। दोनों सदनों द्वारा पारित होने के पश्चात् विधेयक राष्ट्रपति की स्वीकृति हेतु भेजा जाता है। जब राष्ट्रपति उस पर हस्ताक्षर करके अपने स्वीकृति प्रदान कर देता है, तब ही वह विधेयक कानून का रूप ग्रहण करता है। इस प्रकार यहाँ यह उल्लेखनीय है कि राज्यसभा का वित्त विधेयकों पर नियन्त्रण नहीं है और न ही राष्ट्रपति ही उन्हें अस्वीकृत कर सकता है।

अत: संसद सभी प्रकार के विषयों पर कानून बनाती है जबकि कानून बनाने के लिए आवश्यक है कि वह सम्बन्धित विषय के विशेषज्ञों के गम्भीर विचार विमर्श का परिणाम हो। इसीलिए प्रत्येक संसद में महत्वपूर्ण समितियाँ गठित की जाती हैं, यह समितियाँ संसद को सभी प्रकार के विषयों पर कानून बनाने में सहयोग प्रदान करती हैं। **डॉ. वी. वी. शर्मा** ने भारतीय संसद की निम्न समितियों का उल्लेख किया है—

**(अ) सामान्य समिति**—जिसमें नियम समिति, कार्य पद्धति समिति, विशेषाधिकार समिति, सदन में अनुपस्थित रहने वाले सदस्यों की समिति और शासकीय आश्वासनों की समिति प्रमुख हैं।

**(ब) विधायी समितियाँ**—इसमें प्रवर समिति, याचिका समिति, प्राइवेट सदस्य विधेयक एवं संकल्प समिति और प्रदत्त विधायन सम्बन्धी समिति प्रमुख हैं।

**(स) वित्तीय समितियाँ**—इसमें सार्वजनिक लेखा समिति, प्राक्कलन समिति प्रमुख हैं। इस प्रकार उपर्युक्त सभी समितियाँ लोकसभा की समितियाँ हैं। इस प्रकार की समितियाँ राज्यसभा में भी होती हैं।

यद्यपि राष्ट्रपति संसद के किसी भी सदन का सदस्य नहीं होता, फिर भी संविधान द्वारा उसे संसद का अभिन्न अंग माना गया है। संविधान की इस व्यवस्था के अनुसार संसद तथा राष्ट्रपति का घनिष्ठ सम्बन्ध है क्योंकि दोनों ही अनेक रूपों में एक दूसरे पर निर्भर हैं; जैसे—संसद की राष्ट्रपति पर निर्भरता, अधिवेशनों से सम्बन्धित शक्तियाँ, राष्ट्रपति की संसद पर निर्भरता आदि प्रमुख हैं।

इस प्रकार संसद और मन्त्रिपरिषद का घनिष्ठ सम्बन्ध है परन्तु संसद और मन्त्रिपरिषद् के पारस्परिक सम्बन्धों का सैद्धान्तिक और व्यावहारिक रूप एक दूसरे के विपरीत है। सैद्धान्तिक रूप में संसद मन्त्रिपरिषद् की जन्मदात्री, मन्त्रिपरिषद् का लोकसभा के प्रति सामूहिक उत्तरदायित्व, मन्त्रिपरिषद् पर संसद का नियन्त्रण आदि हैं। यदि इसके व्यावहारिक रूप को देखा जाये तो मन्त्रिपरिषद् संसद पर कई कारणों से नियन्त्रण रखती है; जैसे—दल प्रणाली और दलीय अनुशासन, संसद सदस्यों की अयोग्यताएँ और मन्त्रिपरिषद एक छोटी व्यवस्था है। इस प्रकार उपर्युक्त अनेक आधारों पर संसद और मन्त्रिपरिषद् दोनों ही एक दूसरे से घनिष्ठ रूप में सम्बन्धित हैं।

# प्रश्न
# (Questions)

## दीर्घ उत्तरीय प्रश्न (Long Answer Type Questions)

1. राज्यसभा के गठन एवं कार्यों का वर्णन कीजिए।
   (Describe the organisation and functions of Rajaya Sabha.)
2. लोकसभा के अधिकारों का वर्णन कीजिए।
   (Describe the power of Lok Sabha.)
3. लोकसभा की रचना, कार्यों और शक्तियों का वर्णन कीजिए।
   (Descirbe the organisation, functions and powers of Lok Sabha.)
4. लोकसभा अध्यक्ष की नियुक्ति कैसे होती है ? उसकी स्थिति एवं शक्तियों का वर्णन कीजिए।
   (What is the procedure of appointment of Lok Sabha Speakers ?)

   **अथवा**

   लोकसभा अध्यक्ष की शक्तिगों एवं भूगिका को समझाइये।
   (Discuss the powers and role of Lokh Sabha Speaker.)
5. भारतीय संसद का संगठन एवं उसके कार्यों का वर्णन कीजिये।
   (Describe the organisation and functions of Indian Parliament.)
6. भारतीय संसद के अधिकारों एवं कार्यों का वर्णन कीजिए।
   (Describe the powers and functions of Indian Parliament.)
7. राज्यसभा के संगठन और उससे संबद्ध अधिकारियों की चर्चा कीजिए। उसके अधिकारों की लोकसभा के अधिकारों से तुलना कीजिए।
   (Discuss the organisation and powers of Rajaya Sabha. Make comparison its powers with Lok Sabha.)
8. संसद में धन विधेयक किस तरह पारित किया जाता है?
   (What procedure is to pass the money bill in parliament?)
9. राज्यसभा एवं लोकसभा की तुलना कीजिए।
   (Make comparison Rajaya Sabha and Lok Sabha.)
10. राज्यसभा के सभापति की शक्तियों व स्थिति की विवेचना कीजिए।
    (Discuss the powers and position of Rajya Sabha President.)
11. राज्यसभा की शक्तियों की विवंचना कीजए।
    (Discuss powers of Rajaya Sabha.)
12. 'लोकसभा व राज्यसभा में सम्बन्ध' विषय की संक्षेप में विवेचना कीजिए।
    (Discuss in brief the relation Lok Sabha and Rajaya Sabha.)

## लघु उत्तरीय प्रश्न (Short Answer Type Questions)

1. लोकसभा अध्यक्ष के कार्यों को लिखिए।
2. संसद का अधिवेशन कौन बुलाता है?
3. संसद का वित्तीय कार्य कौन-सा है?
4. भारतीय लोकसभा अध्यक्ष की नियुक्ति कौन करता है?
5. संसद किस प्रकार मन्त्रिमण्डल को नियन्त्रित करती है?
6. संसद की विधि निर्माण अथवा कानून बनाने की प्रक्रिया बताइये।
7. राज्यसभा की रचना किस प्रकार होती है?
8. लोकसभा की कोई दो शक्तियाँ लिखिए।

## बहुविकल्पीय वस्तुनिष्ठ प्रश्न (Multiple Choice Type Objective Questions)

**1. लोकसभा का नेतृत्व कौन करता है–**

(a) राष्ट्रपति (b) प्रधानमन्त्री

(c) उपराष्ट्रपति (d) लोकसभा का अध्यक्ष।

**उत्तर**–(d) लोकसभा का अध्यक्ष।

**2. कोई विधेयक वित्त विधेयक है अथवा नहीं, इसका निर्णय कौन करता है–**

(a) सर्वोच्च न्यायालय का मुख्य न्यायाधीश (b) लोकसभा का अध्यक्ष

(c) प्रधानमन्त्री (d) उपर्युक्त में से कोई नहीं।

**उत्तर**–(b) लोकसभा का अध्यक्ष।

**3. धन-विधेयक पहले किस सदन में प्रस्तुत किया जाता है–**

(a) राज्यसभा में (b) लोकसभा में

(c) किसी भी सदन में नहीं। (d) दोनों सदनों में

**उत्तर**–(b) लोकसभा में।

**4. राष्ट्रपति राज्यसभा में कितने सदस्य मनोनीत करता है–**

(a) 15 सदस्य (b) 12 सदस्य

(c) 10 सदस्य (d) 20 सदस्य।

**उत्तर**–(b) 12 सदस्य।

**5. संसद के दोनों सदनों की संयुक्त बैठक में अध्यक्षता कौन करता है–**

(a) राष्ट्रपति (b) लोकसभा का अध्यक्ष

(c) उपराष्ट्रपति (d) प्रधानमन्त्री।

**उत्तर**–(b) लोकसभा का अध्यक्ष।

**6. लोकसभा के सदस्यों की अधिकतम संख्या निम्न में से कितनी है–**

(a) 550 + 2 = 552 (b) 500

(c) 525 (d) 545.

**उत्तर**–(d) 545.

**7. राज्यसभा सदस्य कितनी अवधि के लिए निर्वाचित होते है–**

(a) 2 वर्ष (b) 5 वर्ष

(c) 4 वर्ष (d) 6 वर्ष।

**उत्तर**–(d) 6 वर्ष।

**8. राज्यसभा के सदस्यों की संख्या निम्न में से कितनी हैं–**

(a) 240 (b) 250

(c) 245 (d) 243

**उत्तर**–(b) 250.

**9. निम्न में से कौन संसद का अंग नहीं है–**

(a) लोकसभा (b) राज्यसभा

(c) राष्ट्रपति (d) उपराष्ट्रपति।

**उत्तर**–(d) उपराष्ट्रपति।

**10. स्वतन्त्र भारत की लोकसभा के प्रथम अध्यक्ष निम्न में से कौन थे–**

(a) पी.एम. सईद (b) पी.ए. संगमा

(c) जी.एम.सी. बालयोगी (d) जी.बी. मावलांकर

**उत्तर**–(d) जी.बी. मावलांकर।

●●

# संघीय कार्यपालिका : राष्ट्रपति

## [UNION EXECUTIVE : PRESIDENT]

*यहाँ इस बहस पर प्रकाश डालने की कोशिश की गई है कि क्या भारत ने ब्रिटेन, अमेरिका या स्विट्जरलैंड की कार्यपालिका में से ही किसी एक मॉडल को अपनाया है या उसने सुई जेनेरिस मॉडल अपनाया है। इस संवैधानिक बहस का एक सैद्धान्तिक और लकीर के फकीर के तरीके से उत्तर नहीं दिया जा सकता कि भारतीय संविधान, शासन की राष्ट्रपति प्रणाली को दर्शाता है या संसदीय प्रणाली को दर्शाता है। यह कहना गलत है कि भारतीय संविधान राष्ट्रपति प्रणाली का है और यह कहना भी उतना ही गलत है कि यह एक संसदीय प्रणाली सरकार का संविधान है। यह न तो राष्ट्रपति प्रणाली को दर्शाता है और न ही संसदीय प्रणाली पर आधारित है, बल्कि यह दोनों प्रणालियों का मिश्रण है।*

भारतीय संविधान की प्रस्तावना भारत को स्पष्ट रूप से एक गणतंत्र ठहराती है। गणतंत्र होने के नाते कोई वंशानुगत सम्राट नहीं, बल्कि राष्ट्रपति इसका राष्ट्र प्रमुख होता है। राष्ट्रपति का निर्वाचन प्रत्यक्ष नहीं, बल्कि परोक्ष रूप से होता है। राष्ट्रपति का चुनाव एक मतदाता समूह द्वारा किया जाता है, जिसमें संसद के दोनों सदनों और राज्य विधानसभाओं के निर्वाचित सदस्य सम्मिलित होते हैं। यह निर्वाचित सदस्य गुप्त मतदान द्वारा एकल हस्तांतरणीय मत से आनुपातिक प्रतिनिधित्व के अनुसार राष्ट्रपति का चुनाव करते हैं।

संविधान सभा के सदस्य भारत के लिए एक लोकतांत्रिक संविधान बनाने के प्रति प्रतिबद्ध थे, और इस बारे में तनिक भी संदेह नहीं था कि भारत को किस प्रणाली की सरकार अपनानी चाहिए। संविधान सभा ने जिस यूरोपियन-अमेरिकी संवैधानिक परम्परा को उदाहरण के तौर पर देखा था, उसमें कार्यपालिका के तीन प्रमुख प्रकार विकसित हो गए थे : अमेरिका की राष्ट्रपति शासन प्रणाली, स्विट्जरलैंड की निर्वाचित कार्यपालिका और ब्रिटिश कैबिनेट प्रणाली। इस अध्याय में इस विवाद पर प्रकाश डालने का प्रयास किया गया है कि क्या भारत ने उपरोक्त मॉडल्स में से ही किसी एक मॉडल को अपनाया है या उसने एक *'सुई जेनेरिस'* (*Sui generis*) [अपने आप में अनूठा उस तरह का एकमात्र][1] मॉडल अपनाया है।

सन् 1950 के बाद से भारत के संविधान का कामकाज यह बहुत स्पष्ट ढंग से व्यक्त करता है कि राष्ट्रपति मात्र एक औपचारिक प्रमुख होता है, जबकि कार्यपालिका की वास्तविक शक्ति मंत्री परिषद के हाथों में होती है। ऐसा एक भी मामला नहीं है जिसमें राष्ट्रपति ने दोनों सदनों द्वारा पारित किसी विधेयक पर वीटो किया हो या मंत्रिमंडल की सलाह को स्वीकार करने से इनकार कर दिया हो। भारत के पहले प्रधानमंत्री पंडित जवाहरलाल नेहरू ने कथित तौर पर यह कहकर स्थिति स्पष्ट कर दी थी कि किसी भी नीति के क्रियान्वयन का सम्पूर्ण उत्तरदायित्व सरकार का है, जो संसद के प्रति उत्तरदायी है और संसद लोगों के प्रति उत्तरदायी है और राष्ट्रपति एक संवैधानिक प्रमुख है, जो न किसी निर्णय में अवरोध बनता है, न किसी निर्णय में हस्तक्षेप करता है।

1. दि इंडियन कांस्टीट्यूशन कॉर्नर स्टोन ऑफ ए नेशन - ग्रेनविल आस्टिन, 1999 ऑक्सफोर्ड यूनिवर्सिटी प्रेस, पृष्ठ 116.

## राष्ट्रपति पद : विवाद

भारतीय संविधान के लागू होने के कुछ महीने के भीतर ही भारत के प्रथम राष्ट्रपति डॉ. राजेन्द्र प्रसाद ने प्रधानमंत्री पंडित जवाहर लाल नेहरू को एक पत्र लिखकर इच्छा व्यक्त की थी कि किसी विधेयक को स्वीकृति देने और संसद को संदेश भेजने के मामलों में वह मंत्रिमंडल से पूरी तरह स्वतंत्र रूप से अपने फैसले पर कदम उठाना चाहते हैं। उनका यह दृष्टिकोण संविधान के अनुच्छेद 111 और अनुच्छेद 86 के शाब्दिक पाठ पर आधारित था।[2] पंडित जवाहर लाल नेहरू ने तुरंत राष्ट्रपति और प्रधानमंत्री के संबंधों पर एटॉर्नी जनरल श्री एम.सी. सीतलवाड की अध्यक्षता में एक सदस्यीय समिति गठित कर दी थी। श्री एम.सी. सीतलवाड ने बहुत स्पष्ट तौर पर पंडित जवाहर लाल नेहरू को प्रसन्न करने का निर्णय किया और यह फैसला दिया कि राष्ट्रपति तो सिर्फ शून्य है। यह संबंधों को पटरी से उतारने की शुरुआत थी, जो तब से अब तक बिल्कुल नियमबद्ध ढंग से चली आ रही है।

सन् 1960 में फिर असहमति खुलकर सामने आई, जब 28 नवम्बर, 1960 को भारतीय विधि संस्थान की आधारशिला रखते हुए, राष्ट्रपति डॉ. राजेन्द्र प्रसाद ने कहा कि आमतौर पर यह माना जाता है कि ग्रेट ब्रिटेन के संप्रभु की तरह, भारत का राष्ट्रपति भी एक संवैधानिक प्रमुख है और वह केवल मंत्रिमंडल की सलाह के अनुसार कार्य कर सकता है। लेकिन संविधान में कई ऐसे प्रावधान मौजूद हैं, जिनमें राष्ट्रपति के विशिष्ट कर्त्तव्यों और कार्यों का वर्णन किया गया है, अत: इस सवाल का अध्ययन और जांच करने की आवश्यकता है कि किन कार्यों के संदर्भ में और किस सीमा तक राष्ट्रपति के अधिकार और कार्य ब्रिटिश संप्रभु से अलग हैं।

इस धारणा को संविधान निर्माताओं ने कभी स्वीकार नहीं किया था कि संविधान सभा ने केंद्र के लिए अमेरिका की तरह की राष्ट्रपति शासन प्रणाली नहीं, बल्कि ब्रिटेन की तरह की कैबिनेट शासन प्रणाली तय की है, जिसमें राष्ट्रपति को ब्रिटिश सम्राट का दर्जा मिल सकता है, चाहे संविधान के प्रावधानों में कुछ भी क्यों न कहा गया हो।

समस्या पर संपूर्णता से विचार करने के बाद संविधान का कोई गंभीर विद्यार्थी संभवत: यह धारणा नहीं रख सकता है कि एक निर्वाचित राष्ट्रपति की हैसियत ठीक वैसी ही हो सकती है, जैसी बिल्कुल ब्रिटिश सम्राट की तरह के किसी वंशानुगत राजप्रमुख की होती है। ब्रिटिश सम्राट के प्रति लोगों द्वारा व्यक्त की जाने वाली निष्ठा भावनाओं और इतिहास पर आधारित होती है और उसकी शक्तियां और उसकी हैसियत परिपाटियों और परंपराओं पर निर्भर करती है। दूसरी ओर राष्ट्रपति की हैसियत और राष्ट्रपति की शक्तियां उन अधिकारों और दायित्वों पर निर्भर करती हैं, जिनका प्रयोग वह संविधान के स्पष्ट प्रावधानों के अन्तर्गत कर सकते हैं।

ब्रिटिश सम्राट कुछ गलत नहीं कर सकते हैं (Rex non potest peccare), यानी उन पर कभी भी महाभियोग नहीं चलाया जा सकता है, क्योंकि उनके प्रत्येक कार्य के लिए मंत्री-उत्तरदायी होते हैं। दूसरी ओर, किसी निर्वाचित राष्ट्रपति द्वारा संविधान में स्पष्ट तौर पर उल्लेखित प्रावधानों के अन्तर्गत की गई अपनी शक्तियों के अनुप्रयोग को संविधान का उल्लंघन करने के आधार पर चुनौती दी जा सकती है।[3] लिहाजा, अगर राष्ट्रपति संविधन की रक्षा, संरक्षण और बचाव (Preserve, protect and defend) करने में विफल रहते हैं, तो उन पर महाभियोग चलाया जा सकता है।[4] वास्तव में राष्ट्रपति की शक्तियों का स्रोत उनकी शपथ में होता है और अपने कर्त्तव्यों के निर्वहन के लिए उन्हें प्रभावी साधन उपलब्ध कराए गए हैं। उदाहरण के लिए राष्ट्रपति को कानूनी मामलों पर सलाह देने के लिए भारत के एटॉर्नी जनरल का एक पद होता है, एटॉर्नी जनरल की योग्यता सुप्रीम कोर्ट के न्यायाधीश के बराबर होती है, और इतना ही नहीं, वह भी संवैधानिक महत्त्व के किसी भी मामले में सुप्रीम कोर्ट की राय ले सकते हैं।[5] अगर राष्ट्रपति के पास निभाने के लिए कोई भूमिका ही नहीं है, तो उन पर

---

2. यह सच है कि राष्ट्रपति को उनके कार्यों के निष्पादन में सहायता और सलाह देने के लिए प्रधानमंत्री के नेतृत्व में मंत्रियों की एक परिषद होती है। लेकिन संविधान के 42 वें संशोधन अधिनियम 1976 से पहले संविधान में इस तरह का कोई स्पष्ट प्रावधान नहीं था कि राष्ट्रपति मंत्रिमंडल की सलाह मानने के लिए बाध्य है।
3. अनुच्छेद 56(1) का प्रावधान (ख) कहता है, ''संविधान के उल्लंघन के लिए, राष्ट्रपति को अनुच्छेद 61 में उपबंधित रीति से चलाए गए महाभियोग से पद से हटाया जा सकेगा।
4. संविधान के अनुच्छेद 60 में राष्ट्रपति के लिए बहुत अनोखी शपथ का प्रावधान है- ''मैं ...... सत्यनिष्ठा से/ईश्वर के नाम पर शपथ लेता हूँ कि मैं भारत के राष्ट्रपति के पद का ईमानदारी से निर्वटन (या राष्ट्रपति के कृत्यों का निर्वहन) करूँगा और अपनी पूरी क्षमता से संविधान और कानून की रक्षा, संरक्षण और बचाव करूंगा और मैं अपने आपको भारत के लोगों की सेवा और उनके कल्याण के लिए समर्पित करूँगा।''
5. देखिए, संविधान का अनुच्छेद 76।

महाभियोग क्यों चलाया जा सकना चाहिए।[6] यदि राष्ट्रपति संविधान की रक्षा, संरक्षण और बचाव करने के लिए उत्तरदायी हैं, तो वह संवैधानिक संशोधन विधेयक सहित किसी अवैध विधेयक पर हस्ताक्षर करने के लिए बाध्य कैसे होते हैं, जिसका परिणाम उनके महाभियोग में निकल सकता है? एक मत के अनुसार राष्ट्रपति किसी अवैध विधेयक पर हस्ताक्षर करने के लिए बाध्य नहीं हैं, चाहे उसे दूसरी बार भेजा गया हो या कितनी भी बार भेजा गया हो।

राष्ट्रपति को संसद का हिस्सा[7] बनाना एक सशक्त विधायिका की शक्तियों को नियंत्रण में रखने के लिए एक प्रभावी अंतरंग नियंत्रण प्रणाली[8] थी। यदि किसी कल्पित परंपरा द्वारा या किसी और ढंग से राष्ट्रपति हमेशा मंत्रिमंडल की 'सहायता और सलाह' से बंधा होता, तो उसे एटॉर्नी जनरल[9] और सुप्रीम कोर्ट[10] की सहायता प्रदान करने की संवैधानिक आवश्यकता क्या है, इसका एकमात्र तर्कसंगत कारण राष्ट्रपति को संविधान की रक्षा, संरक्षण और बचाव करने में समर्थ बनाना प्रतीत होता है।

## राष्ट्रपति की स्थिति पर न्यायिक राय

देश के सुप्रीम कोर्ट ने राष्ट्रपति की संवैधानिक स्थिति पर एक से अधिक बार विचार किया है। **राम जवाया कपूर बनाम पंजाब राज्य** के मामले में अदालत ने टिप्पणी की थी कि भारतीय संविधान के अनुच्छेद 53(1) के अन्तर्गत संघ की कार्यपालिका शक्ति राष्ट्रपति में निहित हैं, लेकिन अनुच्छेद 74 के अंतर्गत राष्ट्रपति को अपने कार्यों के निष्पादन में सहायता और सलाह देने के लिए प्रधानमंत्री के नेतृत्व में मंत्रियों की एक परिषद है। इसीलिए भारतीय संविधान में, संसदीय कार्यपालिका की वही व्यवस्था स्थापित है, जैसी कि इंग्लैंड में है, और ब्रिटिश कैबिनेट की तरह मंत्रिपरिषद विधायिका के सदस्यों से बनी हुई है। ''यह एक शब्द-संधि है, जो राज्य के विधायी हिस्से को कार्यकारी हिस्से से जोड़ती है, एक बकसुआ (Buckle) है, जो इन्हें कस देता है।''

कैबिनेट को विधायिका में बहुमत प्राप्त होता है, और वह विधायी और कार्यकारी दोनों कार्यों के एक ढंग से नियंत्रण पर ध्यान केंद्रित करती है, और चूंकि यह माना जा सकता है कि मंत्रिमंडल में शामिल मंत्री बुनियादी बातों से सहमत रहते हैं और सामूहिक उत्तरदायित्व के सिद्धांत पर कार्य करते हैं, नीति के सबसे महत्त्वपूर्ण प्रश्न उनके द्वारा तैयार किए जाते हैं। लेकिन **सरदारी लाल बनाम भारत संघ** मामले में अदालत ने सर्वसम्मति से यह घोषणा करते हुए सुप्रीम कोर्ट द्वारा ऊपर बताई गई त्रुटि सुधारने के लिए प्रयास किया है कि राष्ट्रपति या राज्यपाल को जहाँ संतुष्ट किया जाना है, वह उनकी व्यक्तिगत संतुष्टि है। अंततः **शमशेर सिंह बनाम पंजाब राज्य** मामले में सुप्रीम कोर्ट की एक सात सदस्यीय पीठ ने कहा—''राष्ट्रपति की कार्यपालिका शक्तियों के संदर्भ में सरदारी लाल (मामला) कानून की सही व्याख्या नहीं है और वह इस अदालत के स्थापित और एक समान दृष्टिकोण के खिलाफ है, जो कई फैसलों में सन्निहित है।'' इस अदालत ने लगातार यह दृष्टिकोण अपनाया है कि राष्ट्रपति की शक्तियां और राज्यपाल की शक्तियां ब्रिटिश संसदीय पणाली में सम्राट की शक्तियों के समान हैं और राष्ट्रपति कार्यपालिका का संवैधनिक या औपचारिक प्रमुख है। वास्तविक कार्यकारी शक्तियां मंत्रियों की कैबिनेट में निहित हैं, लेकिन इसी से मिलते-जुलते एक फैसले में जस्टिस कृष्ण अय्यर और जे.जे. भगवती ने इस बात पर जोर दिया था कि 'भारत का राष्ट्रपति किसी भी दृष्टि से एक **'महिमामय शून्य'** (glorified cipher) नहीं है, बल्कि उसकी एक **'व्यापक और प्रेरक भूमिका'** (Pervasive and persuasive role) है।

इस संवैधानिक बहस का एक सैद्धांतिक और लकीर के फकीर तरीके से जवाब नहीं दिया जा सकता है कि भारतीय संविधान शासन की राष्ट्रपति प्रणाली को दर्शाती है या ससदीय प्रणाली को। यह कहना गलत है कि भारतीय संविधान राष्ट्रपति प्रणाली का है, और यह कहना भी उतना ही गलत है कि यह एक संसदीय प्रणाली सरकार का संविधन है। यह न तो राष्ट्रपति प्रणाली का संविधान है, और न ही संसदीय प्रणाली को दर्शाती है बल्कि यह दोनों प्रणालियों का मिश्रण है। भारत न केवल एक सांस्कृतिक मिश्रण है, बल्कि एक जटिल संवैधानिक मिश्रण भी है।

---

6. देखिए, संविधान का अनुच्छेद 143।
7. देखिए, संविधान का अनुच्छेद 79।
8. अन्तर अंग नियंत्रण से आशय अनेक और स्वतंत्र शक्तिधारकों यानी कार्यपालिका, विधायिका और न्यायपालिका के बीच पारस्परिक संबंधों से है।
9. देखिए संविधान का अनुच्छेद 76।
10. देखिए संविधान का अनुच्छेद 143।

उपर्युक्त तर्कों का उद्देश्य मात्र उन बुनियादी नीति विकल्पों से अवगत कराना है, जो उच्चतर दायित्व की विधि यानी संविधान के मूलभूत कानूनों में निहित है और इस बात से अवगत कराना है कि किस तरह उनकी मूल भावना का क्षरण उनका प्रयोग करने वालों द्वारा किया जा रहा है। राष्ट्रपति इसका मात्र एक पहलू है, ऐसे कई क्षेत्र हैं, जहां यह मूल भावना पटरी से उतर गई है और कानूनी शिक्षा क्षेत्र की ओर से उस पर विशेष ध्यान और अनुसंधान की जरूरत पैदा हो गई है।

## राष्ट्रपति का निर्वाचन

संविधान के अनुच्छेद 52 के प्रावधान के अनुसार कार्यपालिका में सबसे ऊपर राष्ट्रपति होता है। वह राज्य का अध्यक्ष (Head of State) होता है, जो सर्वाधिक सम्मान, गरिमा व प्रतिष्ठा का पद है। वह देश का प्रथम नागरिक होता है। संविधान के अनुच्छेद 56-57 के अनुसार राष्ट्रपति का कार्यकाल पद ग्रहण की तिथि या तारीख से पांच वर्ष का होता है। किंतु वह पुनर्निर्वाचन का पात्र है। वह अपने कार्यकाल की समाप्ति के बाद भी सामान्यतया तब तक पद पर बना रहता है जब तक उसका उत्तराधिकारी अपना पद ग्रहण न कर ले। पदासीन राष्ट्रपति का कार्यकाल पूरा होने से पहले नये राष्ट्रपति का चुनाव कराना ही होता है। किंतु मृत्यु, त्याग-पत्र या महाभियोग के कारण राष्ट्रपति का पद खाली होने पर उपराष्ट्रपति छह माह तक उस दायित्व को संभाल सकते हैं। राष्ट्रपति पद खाली होने की तिथि से छह माह के भीतर नये राष्ट्रपति के लिए चुनाव प्रक्रिया पूरी की जानी चाहिए। त्याग-पत्र की स्थिति में, राष्ट्रपति अपना पत्र उपराष्ट्रपति को सौंपते हैं।

**पात्रता :** संविधान के अनुच्छेद 58 के अनुसार कोई व्यक्ति राष्ट्रपति के रूप में चुने जाने के लिए तभी पात्र होगा जब वह—

(क) भारत का नागरिक हो,

(ख) 35 साल की आयु पूरी कर चुका हो, व

(ग) लोकसभा का सदस्य चुने जाने की योग्यता रखता हो, पर

(घ) केंद्र सरकार या किसी राज्य सरकार के अधीन या उक्त सरकारों में से किसी के नियंत्रण में किसी स्थानीय या अन्य प्राधिकारी के अधीन कोई लाभ का पद धारण नहीं कर रखा हो।

**निर्वाचन :** राष्ट्रपति अप्रत्यक्ष निर्वाचन पद्धति से निर्वाचित होता है। संविधान के अनुच्छेद 55(2) के अनुसार वह निर्वाचक गण द्वारा आनुपातिक प्रतिनिधित्व पद्धति (System of Proportional Representation) के अनुसार एकल संक्रमणीय मत (Single transferable vote) द्वारा चुना जाता है। भारत के राष्ट्रपति का चुनाव गुप्त मतदान द्वारा होता है।

राष्ट्रपति के निर्वाचन के संबंध में संवैधानिक प्रावधानों में पहला आधारभूत सिद्धांत है कि संघ और सभी राज्यों के बीच समानता रखी जाए। निर्वाचन में भिन्न-भिन्न राज्यों के प्रतिनिधित्व में प्रत्येक राज्य की जनसंख्या और विधानसभा के लिए निर्वाचित सदस्यों की कुल संख्या के अनुरूप समानता होगी। इसका दूसरा आधारभूत सिद्धांत है कि राष्ट्रपति के निर्वाचन के लिए सभी राज्यों के निर्वाचकगण के मत देश की जनता के मतों के बराबर होंगे। इस तरह राष्ट्रपति न केवल राष्ट्र का वरन् सभी राज्यों के लोगों का भी प्रतिनिधि होता है व संघीय प्रणाली में राज्यों को भी महत्त्वपूर्ण स्थान प्राप्त होता है।

## एकल संक्रमणीय मत

### (Single Transferable Votes)

निर्वाचक पहली वरीयता के लिए संबंधित उम्मीदवार के नाम के सामने 1 लिखता है। दूसरे उम्मीदवारों को इसके बाद की वरीयताएं (क्रमश: 2, 3, 4....) देना उसके अधिकार में है पर वह बाध्य नहीं।

**निर्वाचक-मंडल** (Electoral College) के सदस्य अपने विवेकानुसार राष्ट्रपति के चुनाव में उम्मीदवारों को वरीयता क्रम में अपना मत देते हैं। प्रत्येक निर्वाचक उम्मीदवारों की संख्या के बराबर वरीयताएं देने (Exercise as Many Preferences as Candidates) के लिए अधिक होता है। वह मत-पत्र पर प्रत्येक उम्मीदवार के नाम के सामने वरीयता क्रम अंकित करता है। किन्तु जीतने के लिए उम्मीदवार को डाले गए मतों का 50 फीसदी +1 (जिसे कोटा ऑफ वोट्स कहते हैं) प्राप्त करना होता है। यदि कोई उम्मीदवार कोटा या जीतने के लिए जरूरी मत संख्या प्राप्त नहीं करता है तो मत-गणना

के और दौर चलते हैं। मतगणना तब तक चलती रहती है जब तक कोई उम्मीदवार जीतने के लिए आवश्यक मत (कोटा ऑफ वोट्स) प्राप्त न कर ले।

राष्ट्रपति के अप्रत्यक्ष निर्वाचन प्रणाली की आलोचना में प्राय:— कहा जाता है कि यह लोकतंत्र के आदर्श के रूप में स्थापित सार्वजनिक मतदान प्रणाली तक नहीं पहुंचती। किन्तु राष्ट्रपति के अप्रत्यक्ष निर्वाचन के समर्थन में यह कहा जाता है कि (i) 121 करोड़ लोगों के देश में वयस्क मताधिकार प्राप्त लोगों की विशाल संख्या द्वारा प्रत्यक्ष निर्वाचन प्रक्रिया में बहुत अधिक समय, शक्ति व धन की जरूरत होगी। (ii) संविधन के प्रति उत्तरदायी सरकार की प्रणाली में संपूर्ण शक्तियां वस्तुत: केंद्रीय मंत्रिमंडल में निहित होती हैं इसलिए यदि राष्ट्रपति का प्रत्यक्ष निर्वाचन कर भी लिया जाता है तो वास्तविक शक्तियों के अभाव में एक विचित्र स्थिति बन जाएगी।

**निर्वाचक गण:** संविधान के अनुच्छेद 54 के अनुसार निर्वाचक-गण में (क) संसद के दोनों सदनों के निर्वाचित सदस्य, (ख) राज्यों की विधानसभाओं के निर्वाचित सदस्य और (ग) दिल्ली और पांडिचेरी संघ राज्य क्षेत्र की विधानसभाओं के निर्वाचित सदस्य होते हैं। निर्वाचकगण की वर्तमान स्थिति निम्न प्रकार है :

(i) लोकसभा सदस्य — 543

(ii) राज्यसभा सदस्य — 233

कुल संसद सदस्य — 776

(iii) 28 राज्य और विधानसभाओं वाली दिल्ली और पांडिचेरी (पुदुचेरी) के 2 संघ शासित क्षेत्र के कुल

विधायकगण — 4,120

कुल — 4,896

संविधान के अनुच्छेद 55 के स्पष्टीकरण के अनुसार निर्वाचक-गण के मतों के मूल्य की गणना के लिए सन् 1971 की जनगणना आधार रहेगी जब तक 2026 के बाद की जाने वाली जनगणना के आंकड़े उपलब्ध नहीं हो जाते।

**अधिसूचना**—कानून में प्रावधान किया गया है कि राष्ट्रपति पद के निर्वाचन के लिए अधिसूचना वर्तमान राष्ट्रपति के कार्यकाल के पूरा होने से कम से कम साठ दिन (या जब भी सुविधाजनक हो) पहले जारी की जानी चाहिए। भारत के 13वें राष्ट्रपति के निर्वाचन के लिए आयोग ने राज्यसभा के महासचिव वी.के. अग्निहोत्री को निर्वाचन अधिकारी के रूप में नियुक्त किया था। राष्ट्रपति के चुनाव के लिए निर्वाचन अधिकारी के रूप में लोकसभा और राज्यसभा के महासचिव बारी-बारी से नियुक्त किए जाते हैं।

**नामांकन**—राष्ट्रपति पद के लिए नामांकन आदि प्रक्रिया का विनियमन (Regulation) राष्ट्रपति और उपराष्ट्रपति निर्वाचन अधिनियम, 1952 तथा उसके अधीन बनाए गए नियमों द्वारा होता है। इस अधिनियम व उसी के अनुरूप निर्वाचन-नियम, 1952, 1974 और 1997 में संशोधन किए गए हैं।

राष्ट्रपति पद के उम्मीदवार द्वारा नामांकन-पत्र निर्धारित तरीके से भरा जाना चाहिए। वैध नामांकन के लिए कम से कम 50 निर्वाचकों द्वारा उम्मीदवार के नाम का प्रस्ताव और कम से कम 50 निर्वाचकों द्वारा प्रस्ताव का अनुमोदन किया जाना चाहिए। उम्मीदवार द्वारा नामांकन पत्र पर हस्ताक्षर कर नामांकन के प्रति सहमति प्रगट की जानी चाहिए। इसके अतिरिक्त प्रत्येक नामांकन-पत्र के साथ ऐसी प्रविष्टि की एक सत्यापित प्रति लगाई जानी चाहिए जिस संसदीय निर्वाचन-क्षेत्र की निर्वाचन-नामावली में उम्मीदवार का नाम निर्वाचक के रूप में दर्ज हो। नामांकन के साथ 15,000 रु. की जमानत भी दी जानी चाहिए।

सन् 1997 से पहले राष्ट्रपति पद के लिए नामांकन में केवल 10 प्रस्तावकों और 10 ही अनुमोदकों की आवश्यकता पड़ती थी और जमानत राशि केवल 2,500 रु. होती थी।

**मत-पत्र**—राष्ट्रपति पद के लिए चुनाव में निर्वाचन नियम, 1974 के नियम 17 के अनुसार मत-पत्र (Ballot Paper) में सभी वैध पाए गए नामांकनों को सम्मिलित किया जाता है। इसमें कोई भी उम्मीदवार किसी चुनाव-चिह्न का प्रयोग नहीं कर सकता। इसलिए मत-पत्र में केवल दो खाने होते हैं। पहले खाने में उम्मीदवार का नाम और दूसरे खाने में उसके सामने वरीयता क्रम अंकित करने के लिए निश्चित स्थान होता है।

**मत-गणना**—सबसे पहले, पहली वरीयता के मतों की गणना की जाती है। यदि पहली वरीयता मतों के आधार पर कोई उम्मीदवार स्पष्ट बहुमत (डाले गए मतों का 50 प्रतिशत +1) प्राप्त कर लेता है तो उसे निर्वाचित घोषित कर दिया जाता है। यदि पहली वरीयता मतों के आधार पर कोई भी उम्मीदवार स्पष्ट बहुमत प्राप्त नहीं करता तो न्यूनतम पहली वरीयता का मत प्राप्तकर्ता उम्मीदवार दौड़ से बाहर कर दिया जाता है और उसे मत देने वाले निर्वाचकों के दूसरी वरीयता मतों की गणना की जाती है जिन्हें दूसरे उम्मीदवारों को अंतरित कर दिया जाता है। इस अंतरण के बाद यदि कोई उम्मीदवार स्पष्ट बहुमत प्राप्त कर लेता है तो गणना रोक दी जाती है। किन्तु ऐसा न होने पर फिर से न्यूनतम मत प्राप्तकर्ता उम्मीदवार को बाहर कर दिया जाता है व उसे मत देने वाले निर्वाचकों के तीसरी वरीयता के मतों को दूसरे उम्मीदवारों को अंतरित कर परिणाम देखा जाता है। किसी एक उम्मीदवार को स्पष्ट बहुमत न मिलने तक यह प्रक्रिया निरंतर जारी रहती है। सन् 1969 के राष्ट्रपति चुनाव में पहली वरीयता के मतों की गणना के बाद किसी उम्मीदवार को स्पष्ट बहुमत नहीं मिल सका। उस समय वी.वी. गिरि, नीलम संजीव रेड्डी, सी.डी. देशमुख आदि उम्मीदवार थे। पहली वरीयता मतों में वी.वी. गिरि को 401, 515 पहली वरीयता के मत मिले थे। दूसरे उम्मीदवार रेड्डी को 3,13,548 मत मिले थे। स्पष्ट बहुमत के लिए वी.वी. गिरि को 16,654 मतों की जरूरत थी। दूसरी वरीयता के मतों की गणना के बाद गिरि को कुल 4,20,077 और रेड्डी को कुल 4,05,427 मत मिले। गिरि को राष्ट्रपति निर्वाचित घोषित कर दिया गया था।

## राजनैतिक दलों के मौजूदा प्रतिनिधित्व के आधार पर मतों का मूल्य

| | |
|---|---|
| **यूपीए व सहयोगी** | |
| कांग्रेस | 3,30,485 |
| तृणमूल | 48,049 |
| डीएमके | 21,780 |
| एनसीपी | 23,850 |
| आरजेडी | 8,934 |
| एनसी | 5,556 |
| आईयूएमएल | 4,456 |
| जेवीएम | 3,352 |
| एआईएमआईएम | 1,744 |
| बीपीएफ | 2,808 |
| केरल कांग्रेस | 2,076 |
| आरएलडी | 6,220 |
| यूपी | 881 |
| कुल | 4,50,191 |
| **एनडीए व सहयोगी** | |
| बीजेपी | 2,23,885 |
| जेडी (यू) | 42,153 |
| अकाली दल | 11,564 |
| शिव सेना | 18,495 |
| जेएमएम | 4,584 |
| एजीपी | 3,284 |

| | |
|---|---|
| जनहित कांग्रेस | 820 |
| कुल | 3,04,785 |
| दूसरे | |
| समाजवादी पार्टी | 68,812 |
| बीएसपी | 43,349 |
| एआईएडीएमके | 36,920 |
| वामदल | 51,682 |
| बीजेडी | 30,215 |
| टीडीपी | 20,516 |
| जेडी (एस) | 6,138 |
| पीडीपी | 1,584 |
| टीआरएस | 3,192 |
| **कुल** | **2,62,408** |

## राष्ट्रपति चुनाव के लिए विधायकों के मत के मूल्य की गणना

| क्र. सं. | राज्य का नाम | विधायिका की निर्धारित सीटों की संख्या निर्वाचन (3) | 1971 की जनगणना के अनुसार आबादी | हरेक एम.एल.ए. के वोट का मूल्य (5) | राज्य के वोटों का कुल मूल्य = (3) × (5) |
|---|---|---|---|---|---|
| 1. | आंध्र प्रदेश | 294 | 43502708 | 148 | 148 × 294 = 43512 |
| 2. | अरुणाचल प्रदेश | 60 | 467511 | 8 | 008 × 060 = 480 |
| 3. | आसाम | 126 | 14625152 | 116 | 116 × 126 = 14616 |
| 4. | बिहार | 243 | 42126236 | 173 | 173 × 243 = 42039 |
| 5. | छत्तीसगढ़ | 90 | 11637494 | 129 | 129 × 090 = 11610 |
| 6. | गोवा | 40 | 795120 | 20 | 020 × 040 = 800 |
| 7. | गुजरात | 182 | 26697475 | 147 | 147 × 182 = 26574 |
| 8. | हरियाणा | 90 | 10036808 | 112 | 112 × 090 = 10080 |
| 9. | हिमाचल प्रदेश | 68 | 3460434 | 51 | 051 × 068 = 3468 |
| 10. | जम्मू-कश्मीर | 87 | 6300000 | 72 | 072 × 087 = 6264 |
| 11. | झारखंड | 81 | 14227133 | 176 | 176 × 081 = 14256 |
| 12. | कर्नाटक | 224 | 29299014 | 131 | 131 × 224 = 29344 |
| 13. | केरल | 140 | 21347375 | 152 | 152 × 140 = 21280 |
| 14. | मध्य प्रदेश | 230 | 30016625 | 131 | 131 × 230 = 30130 |
| 15. | महाराष्ट्र | 288 | 50412235 | 175 | 175 × 288 = 50400 |
| 16. | मणिपुर | 60 | 1072753 | 18 | 018 × 060 = 1080 |
| 17. | मेघालय | 60 | 1011699 | 17 | 017 × 060 = 1020 |
| 18. | मिजोरम | 40 | 332390 | 8 | 008 × 040 = 320 |

| | | | | |
|---|---|---|---|---|
| 19. नागालैंड | 60 | 516449 | 9 | 009 × 060 = 540 |
| 20. ओडिसा | 147 | 21944615 | 149 | 149 × 147 = 21903 |
| 21. पंजाब | 117 | 13551060 | 116 | 116 × 117 = 13572 |
| 22. राजस्थान | 200 | 25765806 | 129 | 129 × 200 = 25800 |
| 23. सिक्किम | 32 | 209843 | 7 | 007 × 032 = 224 |
| 24. तमिलनाडु | 234 | 41199168 | 176 | 176 × 234 = 41184 |
| 25. त्रिपुरा | 60 | 1556342 | 26 | 026 × 060 = 1560 |
| 26. उत्तराखंड | 70 | 4491239 | 64 | 070 × 064 = 4480 |
| 27. उत्तर प्रदेश | 403 | 83849905 | 208 | 403 × 208 = 83824 |
| 28. पश्चिम बंगाल | 294 | 44312011 | 151 | 151 × 294 = 44394 |
| 29. दिल्ली | 70 | 4065698 | 58 | 058 × 070 = 4060 |
| 30. पांडिचेरी | 30 | 471707 | 16 | 016 × 030 = 480 |
| **कुल** | **4120** | **549302005** | | **= 549474** |

**विधायक के मत का मूल्य :** $\dfrac{\text{राज्य की कुल आबादी (1971 की जनगणना के अनुसार)}}{\text{निर्वाचित सदस्यों की कुल संख्या} \times 1000}$

**सांसद के मत का मूल्य :** = $\dfrac{\text{सभी राज्यों (30) के मतों का कुल मूल्य}}{\text{कुल संसद सदस्य}} \; \begin{matrix} = \\ = \end{matrix} \; \dfrac{549474}{776} = 708$

कुल सांसद : लोकसभा (543) + राज्यसभा (233) = 776

776 संसद सदस्यों के मतों का कुल मूल्य = 708 × 776 = 549408

राष्ट्रपति के चुनाव के लिए कुल निर्वाचक = सारे विधायक (4120) + संसद सदस्य (776) = 4896 कुल 4896 निर्वाचकों के मतों का कुल मूल्य = 549474 + 549408 = 1098882

भारत में अब तक जो 13 बार राष्ट्रपतियों के निर्वाचन (डॉ. राजेन्द्र प्रसाद दो बार भारत के राष्ट्रपति चुने गए) हुए। उनमें केवल सन् 1969 में राष्ट्रपति श्री वी.वी. गिरि के निर्वाचन में द्वितीय वरीयता के मतों की गणना की आवश्यकता पड़ी थी। शेष राष्ट्रपति प्रथम वरीयता के मतों से ही विजयी घोषित किए गए थे। राष्ट्रपति श्री नीलम संजीव रेड्डी सर्वसम्मति से राष्ट्रपति बनाये गए थे इसके लिए मतदान नहीं हुआ था।

अभी तक राष्ट्रपति पद पर निम्न व्यक्ति पदारूढ़ रहे एवं हैं—

| नाम | जन्म | अवधि |
|---|---|---|
| डॉ. राजेन्द्र प्रसाद | (1884–1963) | 26 मई, 1950–13 मई 1962 |
| डॉ. सर्वपल्ली राधाकृष्णन | (1888–1975) | 13 मई 1962–13 मई 1967 |
| डॉ. जाकिर हुसैन | (1897–1969) | 13 मई 1967–3 मई 1969 |
| वाराहगिरि वेंकटगिरि | (1894–1980) | 3 मई 1969–20 जुलाई 1969 (कार्यवाहक) |
| न्यायमूर्ति मुहम्मद हिदायतुल्लाह | (1905–1992) | 20 जुलाई 1964–24 अगस्त 1969 (कार्यवाहक) |
| वाराहगिरि वेंकटगिरि | | 24 अगस्त, 1969–24 अगस्त, 1974 |
| फखरुद्दीन अली अहमद | (1905–1977) | 24 अगस्त 1974–11 फरवरी, 1977 |
| बी. डी. जत्ती | (1913) | 11 फरवरी 1977–25 जुलाई, 1977 (कार्यवाहक) |
| नीलम संजीव रेड्डी | (1913–1996) | 25 जुलाई, 1977–25 जुलाई 1982 |
| ज्ञानी जैल सिंह | (1916–1994) | 25 जुलाई 1982–25 जुलाई, 1987 |
| आर. वेंकटरमन | (1910) | 25 जुलाई 1987–25 जुलाई, 1992 |

| | | |
|---|---|---|
| डॉ. शंकरदयाल शर्मा | (1918) | 25 जुलाई 1992 से 25 जुलाई 1995 |
| के. आर. नारायणन | (1920) | 25 जुलाई 1997 से 25 जुलाई 2002 |
| डॉ. ए.पी.जे. अब्दुल कलाम | (1931) | 25 जुलाई 2002 से 24 जुलाई 2007 तक |
| श्रीमती प्रतिभा पाटिल | (1934) | 25 जुलाई 2007 से 25 जुलाई, 2012 |
| प्रणव मुखर्जी | (1935) | 25 जुलाई 2012 से वर्तमान तक |

## प्रणव मुखर्जी भारत के 13वें राष्ट्रपति

राष्ट्रपति पद के उम्मीदवार प्रणव मुखर्जी 22 जुलाई, 2012 को भारत के 13वें राष्ट्रपति निर्वाचित हुए। राष्ट्रपति चुनाव में प्रणव मुखर्जी ने राष्ट्रपति पद के उम्मीदवार पीए संगमा को पराजित किया। भारत के मुख्य न्यायाधीश द्वारा 25 जुलाई, 2012 को संसद के सेंट्रल हॉल में प्रणब मुखर्जी को राष्ट्रपति पद की शपथ दिलाई गई। उन्होंने राष्ट्रपति प्रतिभा देवी सिंह पाटिल का स्थान लिया है, जिनका कार्यकाल 24 जुलाई, 2012 को समाप्त हो गया है। संयुक्त प्रगतिशील गठबंधन का समर्थन प्राप्त प्रणब मुखर्जी को राष्ट्रपति चुनाव में 7,13,763 वोट मिले और राष्ट्रीय जनतांत्रिक गठबंधन के समर्थन प्राप्त पीए संगमा को 3,15,987 वोट मिले। कुल 748 सांसदों में से प्रणब मुखर्जी को 527 सांसदों के मत, जबकि पीए संगमा को 206 सांसदों के मत मिले। 15 सांसदों के वोट खारिज कर दिए गए। प्रणब मुखर्जी के पक्ष में नौ और पीए संगमा के पक्ष में छह वोट खारिज हुए।

प्रत्येक सांसद के एक मत का मान 708 होता है। संसद के दोनों सदनों लोकसभा और राज्यसभा में 776 मत होते हैं। राज्यों के 4,120 विधायकों के मतों को भी राष्ट्रपति चुनाव में शामिल किया जाता है। भारत के चुनाव आयोग ने राष्ट्रपति चुनाव 2012 की अधिसूचना 16 जून, 2012 को जारी की थी। राष्ट्रपति चुनाव में नामांकन भरने की अंतिम तिथि 30 जून, 2012 थी। 19 जुलाई, 2012 को चुनाव संपन्न हुए। प्रणब मुखर्जी संयुक्त प्रगतिशील गठबंधन सरकार में 3 अगस्त, 2009 से 26 जून, 2012 तक केंद्रीय वित्त मंत्री रहे। उन्होंने 28 जून, 2012 को राष्ट्रपति पद के लिए नामांकन किया था। प्रणब मुखर्जी व्यक्ति के रूप में 13वें और राष्ट्रपति क्रम में 14वें राष्ट्रपति निर्वाचित हुए हैं।

## भारत के 13वें राष्ट्रपति पद के चुनाव हेतु निर्वाचकमंडल व उसके सदस्यों के मतों का मूल्य

भारत में राष्ट्रपति के चुनाव की प्रक्रिया संविधान के अनुच्छेद (54-55) में वर्णित है। यह चुनाव एक निर्वाचकमंडल द्वारा किया जाता है, जिसमें संसद के दोनों सदनों के साथ-साथ राज्य विधान सभाओं के निर्वाचित सदस्य शामिल होते हैं। राज्य सभा, लोक सभा व विधन सभाओं के मनोनीत सदस्य निर्वाचकमंडल के सदस्य नहीं होते। विधान परिषदों के सदस्य इस निर्वाचकमंडल के सदस्य नहीं होते। वर्तमान में निर्वाचक-मंडल में सदस्यों की कुल संख्या 4896 है, जिसमें 776 सदस्य संसद के व शेष 4120 सदस्य दिल्ली व पुदुचेरी सहित सभी राज्यों की विधान सभाओं के हैं। इनके मतों का कुल मूल्य 10,98,882 है, जिसमें विधयकों के मतों का मूल्य 5,49,474 व सांसदों के मतों का मूल्य 5,49,408 है। विधायकों के मतों के मूल्य की गणना निम्नलिखित तरीके से की जाती है–

### एक विधायक के मत के मूल्य का फॉर्मूला

$$\text{एक विधायक के मत का मूल्य} = \frac{\text{राज्य की कुल जनसंख्या*}}{\text{कुल विधायकों की संख्या} \times 1000}$$

## राज्यवार विधायकों का मत मूल्य

| क्र. सं. | राज्य | विधान सभा में सीटों की संख्या | जनसंख्या (1971) | एक विधायक के मत का मूल्य | राज्य के कुल निर्वाचित विधायकों के मतों का मूल्य |
|---|---|---|---|---|---|
| 1. | आंध्रप्रदेश | 294 | 43,502,708 | 148 | 148 × 294 = 43,512 |
| 2. | अरुणाचल प्रदेश | 60 | 467,511 | 8 | 8 × 60 = 480 |
| 3. | असम | 126 | 14,625,152 | 116 | 116 × 126 = 14,616 |
| 4. | बिहार | 243 | 42,126,236 | 173 | 173 × 243 = 42,039 |
| 5. | छत्तीसगढ़ | 90 | 11,637,494 | 129 | 129 × 90 = 11,610 |
| 6. | गोआ | 40 | 795,120 | 20 | 20 × 40 = 800 |
| 7. | गुजरात | 182 | 26,697,475 | 147 | 147 × 182 = 26,754 |
| 8. | हरियाणा | 90 | 10,036,808 | 112 | 112 × 90 = 10,080 |
| 9. | हिमाचल प्रदेश | 68 | 3,460,434 | 51 | 51 × 68 = 3,468 |
| 10. | जम्मू एवं कश्मीर | 87 | 6,300,000 | 72 | 72 × 87 = 6,264 |
| 11. | झारखण्ड | 81 | 14,227,133 | 176 | 176 × 81 = 14,256 |
| 12. | कर्नाटक | 224 | 29,299,014 | 131 | 131 × 224 = 29,344 |
| 13. | केरल | 140 | 21,347,375 | 152 | 152 × 140 = 21,280 |
| 14. | मध्य प्रदेश | 230 | 30,016,625 | 131 | 131 × 230 = 30,130 |
| 15. | महाराष्ट्र | 288 | 50,412,235 | 175 | 175 × 288 = 50,400 |
| 16. | मणिपुर | 60 | 1,072,753 | 18 | 18 × 60 = 1,080 |
| 17. | मेघालय | 60 | 1,011,699 | 17 | 17 × 60 = 1,020 |
| 18. | मिजोरम | 40 | 332,390 | 8 | 8 × 40 = 320 |
| 19. | नागालैंड | 60 | 516,449 | 9 | 9 × 60 = 540 |
| 20. | ओडिशा | 147 | 21,944,615 | 149 | 149 × 147 = 21,903 |
| 21. | पंजाब | 117 | 13,551,060 | 116 | 116 × 117 = 13,572 |
| 22. | राजस्थान | 200 | 25,765,806 | 129 | 129 × 200 = 25,800 |
| 23. | सिक्किम | 32 | 209,843 | 7 | 7 × 32 = 224 |
| 24. | तमिलनाडु | 234 | 41,199,168 | 176 | 176 × 234 = 41,184 |
| 25. | त्रिपुरा | 60 | 1,556,342 | 26 | 26 × 60 = 1,560 |
| 26. | उत्तर प्रदेश | 403 | 83,849,905 | 208 | 208 × 403 = 83,824 |
| 27. | उत्तराखंड | 70 | 4,491,239 | 64 | 64 × 70 = 4,480 |
| 28. | पश्चिम बंगाल | 294 | 44,312,011 | 151 | 151 × 294 = 44,394 |
| 29. | दिल्ली | 70 | 40,65,698 | 58 | 58 × 70 = 4,060 |
| 30. | पुदुचेरी | 30 | 471,707 | 16 | 16 × 30 = 480 |
| | **कुल** | **4120** | **549,302,005** | – | – = **549,474** |

राज्य के कुल निर्वाचित विधायकों के मतों का मूल्य ........................................ 549474

लोक सभा के कुल निर्वाचित सदस्यों की संख्या ........................................ 543

राज्य सभा के कुल निर्वाचित सदस्यों की संख्या ........................................ 233

कुल सांसदों की संख्या ........................................ 543 + 233 = 776

## एक सांसद के मत के मूल्य का फॉर्मूला

$$\text{एक सांसद के मत के मूल्य} = \frac{\text{राज्य के निर्वाचित विधायकों के कुल मतों का मूल्य यानी 549474}}{\text{कुल निर्वाचित सांसदों की संख्या यानी 776}}$$

**= 708.085 यानी 776 सांसदों के कुल मतों का मूल्य 708 × 776 = 549408**

इस बार के राष्ट्रपति चुनाव में भाग लेने वाले कुल मतदाताओं की संख्या कुल विधायक (4120) + कुल सांसद (776) = 4896

सभी मतदाताओं के कुल मतों का मूल्य = 549474 + 549408 = 1098882

*1971 की जनसंख्या के आधार पर

76 वर्षीय प्रणब मुखर्जी देश के 14वे (इस पद पर आसीन रहे व्यक्तियों की संख्या की दृष्टि से 13वें) राष्ट्रपति हैं। राष्ट्रपति पद का चुनाव लड़ने से पूर्व श्री मुखर्जी ने लाभ के सभी पदों के साथ-साथ कांग्रेस पार्टी की सदस्यता से भी त्यागपत्र दे दिया था। राष्ट्रपति पद हेतु उनके नामांकन-पत्र का पहला सैट 28 जून को दायर किया गया था तथा वित्तमंत्री पद से त्यागपत्र उन्होंने 26 जून को ही दे दिया था। इससे पूर्व केंद्र में विदेश मंत्रालय व रक्षा मंत्रालय के दायित्व भी वह संभाल चुके थे।

इस चुनाव के लिए चुनाव आयोग द्वारा वहीं के. अग्निहोत्री को चुनाव अधिकारी नियुक्त किया गया था। 62 उप-निर्वाचन अधिकारियों की नियुक्ति भी इस चुनाव के लिए चुनाव आयोग द्वारा की गई थी। नामांकनपत्र दायर करने की अंतिम तिथि 30 जून, 2012 तथा नाम वापसी की अंतिम तिथि 4 जुलाई, 2012 थी। चुनाव लड़ने के इच्छुक उम्मीदवारों को 15-15 हजार रुपए जमानत राशि के रूप में जमा करनी थी। नामांकन निर्वाचक मंडल के 50 सदस्य द्वारा प्रस्तावित व इतने ही सदस्यों द्वारा अनुमोदित होना आवश्यक था।

### भारत के राष्ट्रपति पद हेतु हुए चुनावों पर एक दृष्टि

| राष्ट्रपति चुनाव क्रमांक | मतदान की तिथि | उम्मीद-वारों की संख्या | निर्वाचित उम्मीदवार (व प्राप्त मतों की संख्या) | निकटतम प्रतिद्वंद्वी (व प्राप्त मतों की संख्या) | निर्वाचित राष्ट्रपति द्वारा पद ग्रहण करने की तिथि |
|---|---|---|---|---|---|
| 1. | 2-5-1952 | 56 | डॉ. राजेन्द्र प्रसाद (5,07,400) | के.टी. शाह (92,827) | 13-5-1952 |
| 2. | 6-5-1957 | 3 | डॉ. राजेन्द्र प्रसाद (4,59,698) | एन. एन दारा (2,000) | 13-5-1957 |
| 3. | 7-5-1962 | 3 | डॉ. सर्वपल्ली राधाकृष्णन (5,53,067) | चौधरी हरिराम (6,341) | 13-5-1962 |
| 4. | 6-5-1967 | 17 | डॉ. जाकिर हुसैन (4,71,244) | के. सुब्बाराव (3,63,971) | 13-5-1967 |

| | | | | | |
|---|---|---|---|---|---|
| 5. | 16-8-1969 | 15 | वी. वी. गिरि (4,20,007) | एन. संजीव रेड्डी (4,05,971) | 24-8-1969 |
| 6. | 17-8-1974 | 2 | फखरुद्दीन अली अहमद (7,65,587) | टी. चौधरी (1,89,186) | 24-8-1974 |
| 7. | 6-7-1977 | 1 | नीलम संजीव रेड्डी (निर्विरोध निर्वाचित | | 25-7-1977 |
| 8. | 12-7-1982 | 2 | ज्ञानी जैलसिंह (7,54,113) | एच.आर. खन्ना (2,82,685) | 25-7-1982 |
| 9. | 13-7-1987 | 3 | आर. वेंकटरमन (7,40,148) | वी.आर. अय्यर 2,81,550 | 25-7-1987 |
| 10. | 13-7-1992 | 4 | डॉ. शंकर दयाल शर्मा (6,75,864) | जी.जी. स्वैल (3,46,485) | 25-7-1992 |
| 11. | 14-7-1997 | 2 | के.आर. नारायणन (9,56,290) | टी.ए. एन. शेषन (50,431) | 25-7-1997 |
| 12. | 15-7-2002 | 2 | डॉ. ए.पी.जे. अब्दुल कलाम (9,22,884) | लक्ष्मी सहगल (1,07,366) | 25-7-2002 |
| 13. | 19-7-2007 | 2 | प्रतिभा देवी सिंह पाटिल (6,38,116) | भैरोंसिंह शेखावत (3,31,306) | 25-7-2007 |
| 14. | 19-7-2012 | 2 | प्रणव मुखर्जी (7,13,763) | पी.ए. संगमा (3,15,987) | 25-7-2012 |

राष्ट्रपति चुनाव में विभिन्न राज्यों में दोनों उम्मीदवारों के पक्ष में मत देने वाले विधायकों की संख्या

| राज्य | प्रणव मुखर्जी | पी.ए. संगमा |
|---|---|---|
| आंध्र प्रदेश | 182 | 3 |
| अरुणाचल | 54 | 2 |
| असम | 110 | 13 |
| बिहार | 190 | 90 |
| छत्तीसगढ़ | 39 | 50 |
| गोआ | 9 | 31 |
| हरियाणा | 53 | 21 |
| गुजरात | 59 | 123 |
| झारखंड | 60 | 20 |
| जम्मू-कश्मीर | 68 | 15 |
| हिमाचल | 23 | 44 |
| कर्नाटक | 117 | 103 |
| केरल | 124 | 00 |
| महाराष्ट्र | 225 | 47 |
| मणिपुर | 58 | 1 |
| मेघालय | 34 | 23 |

| | | |
|---|---|---|
| मिजोरम | 32 | 7 |
| नागालैंड | 58 | 00 |
| ओडिशा | 26 | 115 |
| पंजाब | 44 | 70 |
| राजस्थान | 113 | 85 |
| सिक्किम | 28 | 1 |
| तमिलनाडु | 45 | 148 |
| त्रिपुरा | 56 | 1 |
| पश्चिम बंगाल | 275 | 3 |
| उत्तराखंड | 39 | 30 |
| उत्तर प्रदेश | 351 | 46 |

इस चुनाव में कुल 748 सांसदों ने अपने मताधिकार का प्रयोग किया। इनमें 527 मत प्रणव मुखर्जी और 206 मत पी. ए. संगमा को मिले। 15 मत रद्द कर दिए गए।

## भारत के राष्ट्रपति

| डॉ. राजेन्द्र प्रसाद | डॉ. सर्वपल्ली राधाकृष्णन | डॉ. जाकिर हुसैन | श्री वी.वी. गिरी वेंकट गिरि |
|---|---|---|---|
| 26 जनवरी 1950–13 मई 1962 | 13 मई 1962–13 मई 1967 | 13 मई 1967–13 मई 1969 | 24 अगस्त 1969–24 अगस्त 1974 |
| डॉ. फखरूद्दीन अली अहमद | श्री नीलम संजीवा रेड्डी | ज्ञानी जैल सिंह | श्री आर. वेंकटरमण |
| 24 अगस्त 1974–11 फरवरी 1977 | 25 जुलाई 1977–25 जुलाई 1982 | 25 जुलाई 1982–25 जुलाई 1987 | 25 जुलाई 1987–25 जुलाई 1992 |
| डॉ. शंकर दयाल शर्मा | श्री के.आर. नारायणन | डॉ. ए.पी.जे. अब्दुल कलाम | श्रीमती प्रतिभा देवीसिंह पाटिल |
| 25 जुलाई 1992–25 जुलाई 1997 | 25 जुलाई 1997–25 जुलाई 2002 | 25 जुलाई 2002–25 जुलाई 2007 | 25 जुलाई 2007–25 जुलाई 2012 |

श्री प्रणव मुखर्जी

25 जुलाई 2012 को शपथ ली

कार्यवाहक राष्ट्रपति : श्री वी.वी गिरि (3 मई 1969–20 जुलाई 1969); न्यायमूर्ति एम. हिदायतुल्लाह (20 जुलाई 1969–24 अगस्त 1969); श्री बी.डी जट्टी (11 फरवरी 1977–25 जुलाई 1977)

# भारत के पूर्व राष्ट्रपति : एक दृष्टि में

**डॉ. राजेन्द्र प्रसाद**—(कार्यकाल 13 मई, 1952 से 13 मई, 1962) ऐसे एकमात्र राष्ट्रपति जो दो कार्यकाल के लिए निर्वाचित हुए। निर्दलीय उम्मीदवार के रूप में सन् 1952 में के.टी. शाह को और सन् 1957 में चौ. हरिराम को हराकर राष्ट्रपति बने।

**डॉ. सर्वपल्ली राधाकृष्णन**—(कार्यकाल : 13 मई, 1962 से 13 मई, 1967 तक) निर्दलीय उम्मीदवार के रूप में चौ. हरिराम को हराकर निर्वाचित हुए। प्रसिद्ध शिक्षाविद् दार्शनिक और लेखक थे।

**डॉ. जाकिर हुसैन**—(कार्यकाल : 13 मई, 1967 से 3 मई, 1969) निर्दलीय प्रत्याशी के रूप में सुब्बाराव को हराकर राष्ट्रपति बने। कार्यकाल के दौरान ही मृत्यु।

**वाराहगिरि वेंकट गिरि (कार्यवाहक)**—

(कार्यकाल : 3 मई, 1969 से 20 जुलाई, 1969 तक) जाकिर हुसैन की मृत्यु के बाद कार्यवाहक राष्ट्रपति बनाए गए।

**मुहम्मद हिदायतुल्ला (कार्यवाहक)**— (कार्यकाल : 20 जुलाई, 1969 से 24 अगस्त, 1969 तक) कार्यवाहक राष्ट्रपति वीवी गिरि के इस्तीफा देने के बाद मुख्य न्यायाधीश हिदायतुल्ला कार्यवाहक राष्ट्रपति बने।

**वाराहगिरि वेंकट गिरि**—(कार्यकाल : 24 अगस्त, 1969 से 24 अगस्त 1974 तक) कांग्रेस समर्थित नीलम संजीव रेड्डी को हराकर राष्ट्रपति निर्वाचित हुए।

**फखरुद्दीन अली अहमद**—(कार्यकाल : 24 अगस्त, 1974 से 21 फरवरी, 1977 तक) त्रिदिव चटर्जी को हराकर राष्ट्रपति निर्वाचित हुए। कार्यकाल के दौरान ही दिवंगत हुए दूसरे राष्ट्रपति।

**बीडी जत्ती (कार्यवाहक)**—(कार्यकाल : 21 फरवरी, 1977 से 25 जुलाई, 1977) फखरुद्दीन अली अहमद की मृत्यु के बाद कार्यवाहक राष्ट्रपति बने।

**नीलम संजीव रेड्डी**—(कार्यकाल : 25 जुलाई, 1977 से 25 जुलाई, 1982 तक) जनता पार्टी उम्मीदवार के रूप में निर्विरोध चुने गए अब तक के एकमात्र निर्विरोध निर्वाचित राष्ट्रपति।

**ज्ञानी जैल सिंह**—(कार्यकाल : 25 जुलाई, 1982 से 25 जुलाई, 1987 तक) कांग्रेस प्रत्याशी के रूप में निर्दलीय एच.आर. खन्ना को हराकर निर्वाचित हुए।

**ज्ञानी जैल सिंह का विशिष्ट निर्णय फैसला:** राष्ट्रपति ज्ञानी जैल सिंह ने प्रधनमंत्री राजीव गांधी को झटका देते हुए सन् 1987 में 'इंडियन पोस्टल संशोधन बिल, पर हस्ताक्षर करने से इनकार कर दिया था।

**रामास्वामी वेंकटरमण**—(कार्यकाल : 25 जुलाई, 1987 से 25 जुलाई, 1992 तक) कांग्रेस प्रत्याशी के रूप में निर्दलीय वी.आर. कृष्णा अय्यर को हराकर निर्वाचित हुए।

वेंकटरमन का विशिष्ट निर्णय : नवंबर 1990 में 58 सीटों वाले समाजवादी जनता पार्टी के नेता चंद्रशेखर को प्रधानमंत्री नियुक्त किया। जून 1991 में कांग्रेस द्वारा समर्थन वापस ले लेने से उसकी सरकार गिर गई।

**डॉ. शंकर दयाल शर्मा**—(कार्यकाल : 25 जुलाई, 1992 से 25 जुलाई, 1997 तक) निर्दलीय जीजी स्वेल को हरा राष्ट्रपति बने।

**डॉ. शंकर दयाल शर्मा का विशिष्ट निर्णय :** मार्च 1996 में सरकार द्वारा प्रस्तुत किए गए दो अध्यादेश अस्वीकार कर दिए।

**के.आर. नारायणन**—(कार्यकाल : 25 जुलाई, 1997 से 25 जुलाई, 2002 तक) कांग्रेस प्रत्याशी के रूप में टी.एन. शेषन को पराजित कर राष्ट्रपति बने।

**डॉ. ए.पी.जे. अब्दुल कलाम**—(कार्यकाल : 25 जुलाई, 2002 से 25 जुलाई, 2007 तक) निर्दलीय उम्मीदवार के रूप में सी.पी.आई. (एम) की लक्ष्मी सहगल को पराजित किया।

**डॉ. अब्दुल कलाम का विशिष्ट निर्णय :** सरकार की रबर स्टाम्प नहीं रहे। इन्होंने सन् 2006 में विवादास्पद प्रॉफिट बिल को लौटा दिया था। जिसे सरकार ने पुनः पास कर वापस राष्ट्रपति को भेज दिया तो 30 दिन बाद उसे मंजूरी दी।

**प्रतिभा देवी सिंह पाटिल**—(कार्यकाल : 25 जुलाई, 2007 से 25 जुलाई, 2012 तक) कांग्रेस उम्मीदवार के रूप में निर्दलीय प्रत्याशी भैरों सिंह शेखावत को हराकर निर्वाचित हुई वह भारत की पहली महिला राष्ट्रपति हैं।

**राष्ट्रपति पद की अवधि:** राष्ट्रपति अपने पद पर निश्चित अवधि की समाप्ति के उपरान्त भी उस समय तक आसीन रहेगा, जब तक कि उसका उत्तराधिकारी राष्ट्रपति का पद ग्रहण नहीं कर लेता है। मृत्यु, त्यागपत्र या महाभियोग स्वीकृत होने से राष्ट्रपति का पद रिक्त होने पर यथा सम्भव 6 माह के अन्दर-अन्दर नया निर्वाचन हो जाना चाहिए। निर्वाचन तक भारत का उपराष्ट्रपति उसके पद पर कार्य करता है।

**राष्ट्रपति के वेतन भत्ते एवं अन्य सुविधाएँ**—राष्ट्रपति के वेतन भत्ते एवं अन्य सुविधाएँ संसद द्वारा निश्चित किये जाते हैं। संविधान लागू किये जाने से सन् 1986 ई. तक राष्ट्रपति को 10,000 रुपये मासिक वेतन मिलता था। तत्पश्चात् सन् 1986 ई. में संसद ने वेतन एवं भत्तों में वृद्धि सम्बन्धी विधेयक पारित करके राष्ट्रपति का वेतन बढ़ाकर 15,000 रुपये मासिक कर दिया था, लेकिन 1 जून, 1991 ई. को संसद ने पुन: एक विधेयक पारित करके राष्ट्रपति का वेतन 20 हजार रुपया मासिक कर दिया इसके अतिरिक्त उन्हें नि:शुल्क निवास स्थान व संसद द्वारा स्वीकृत अन्य भत्ते भी प्राप्त होते हैं। संसद ने 4 अगस्त, 1998 ई. को पुन: एक विधेयक पारित करके राष्ट्रपति का मासिक वेतन 50 हजार रुपये कर दिया। 11 सितम्बर, 2008 को केन्द्रीय मन्त्रिमण्डल के निर्णय के अनुसार राष्ट्रपति का वेतन अब 1.50 लाख प्रतिमाह हो गया है। राष्ट्रपति के कार्यकाल में उसके वेतन तथा भत्ते में कमी नहीं की जा सकती है और न ही उसके विरुद्ध किसी दीवानी या फौजदारी न्यायालय में कोई मुकद्मा चलाया जा सकता है। सेवा निवृति के बाद राष्ट्रपति को पर्याप्त पेंशन प्राप्त होती है। राष्ट्रपति का वेतन आयकर से मुक्त होता है।

## राष्ट्रपति के अधिकार अथवा शक्तियाँ एवं कर्तव्य
## (Powers and Functions of the President)

संघीय सरकार की समस्त कार्यपालिका सम्बन्धी शक्तियाँ संविधान द्वारा भारत के राष्ट्रपति को प्रदान की गयी हैं, परन्तु भारत में संसदीय लोकतन्त्र होने के कारण राष्ट्रपति अपनी शक्तियों के प्रयोग और कर्तव्यों के सम्पादन हेतु मन्त्रिपरिषद् के परामर्श पर पूरी तरह निर्भर है। अत: व्यवहार में परम्परा के अनुसार राष्ट्रपति की समस्त वास्तविक शक्तियाँ मन्त्रिपरिषद् में निहित होती हैं। राष्ट्रपति अपनी शक्तियों का प्रयोग और कर्तव्यों का सम्पादन, प्रतीक के रूप में ही करता है। इस रूप में उसे व्यापक शक्तियाँ प्राप्त हैं जिन्हें सुविधा की दृष्टि से निम्न दो भागों में विभाजित किया जा सकता है—

(I) सामान्यकालीन शक्तियाँ एवं कर्तव्य।

(II) संकटकालीन शक्तियाँ एवं कर्तव्य।

## सामान्यकालीन शक्तियाँ एवं कर्तव्य
## (Ordinary Periodical Powers and Duties)

भारतीय संविधान के द्वारा साधारण काल में राष्ट्रपति को निम्नलिखित शक्तियाँ प्राप्त हैं—

**(1) कार्यपालिका अथवा प्रशासनिक शक्तियाँ**—संविधान के **अनुच्छेद** 53(1) में लिखा है कि, "भारत संघ की कार्यपालिका शक्तियाँ राष्ट्रपति में निहित होंगी तथा वह इनका प्रयोग इस संविधान के अनुसार या तो स्वयं या अपने अधीनस्थ पदाधिकारियों के द्वारा करेगा।" इस प्रकार शासन का समस्त कार्य राष्ट्रपति के नाम से होगा और सरकार के समस्त निर्णय उसके ही माने जायेंगे। उसे संघीय शासन से सम्बन्धित सभी मामलों में सूचना प्राप्त करने का अधिकार है। प्रधानमन्त्री के लिए यह आवश्यक है कि वह राष्ट्रपति को मन्त्रिपरिषद् के सभी निर्णयों और प्रशासन सम्बन्धी उन सभी मामलों की सूचना दे जिसके बारे में राष्ट्रपति ऐसी जानकारी माँगे। अत: कार्यपालिका सम्बन्धी शक्तियों के क्षेत्र में राष्ट्रपति को निम्नलिखित शक्तियाँ प्रदान की गई हैं—

**(अ) नियुक्ति एवं पदच्युति सम्बन्धी शक्तियाँ**—भारत संघ के अनेक महत्वपूर्ण अधिकारियों की नियुक्ति राष्ट्रपति द्वारा की जाती है; जैसे—प्रधानमन्त्री की नियुक्ति, सर्वोच्च न्यायालय के न्यायधीशों की नियुक्ति, राज्यों के राज्यपालों तथा विदेशों में भारत के राजदूतों की नियुक्ति, भारत के महान्यायवादी, नियन्त्रक एवं महालेखापरीक्षक तथा लोक सेवा आयोग के अध्यक्ष और सदस्यों की नियुक्ति आदि। इसके अतिरिक्त राष्ट्रपति को कुछ प्रशासनिक आयोगों की नियुक्ति का भी अधिकार प्राप्त हैं; जैसे—अन्तर्राज्य परिषद, निर्वाचन आयोग, वित्त आयोग, राजभाषा आयोग, योजना आयोग और पिछड़ा वर्ग आयोग आदि। जहाँ राष्ट्रपति इन उच्च पदाधिकारियों की नियुक्ति करता है वहीं दूसरी ओर इन उक्त पदाधिकारियों को पदमुक्त भी कर सकता है जिसके लिए निर्धारित विशेष प्रक्रिया का पालन करना आवश्यक होता है।

**(ब) शासन संचालन सम्बन्धी शक्तियाँ**—राष्ट्रपति को शासन संचालन के सम्बन्ध में महत्वपूर्ण शक्तियां प्राप्त हैं। शासन के सुचारू रूप से संचालन हेतु राष्ट्रपति विभिन्न प्रकार के नियम बना सकता है। वह संसद के दोनों सदनों की संयुक्त बैठक, उच्चतम न्यायालय के अधिकारियों एवं कर्मचारियों की नियुक्तियाँ तथा नियन्त्रक एवं महालेखा परीक्षक की शक्ति से सम्बन्धित नियम बना सकता है। राष्ट्रपति राज्यों के शासन की देखभाल राज्यपाल के माध्यम से करता है।

**(स) मन्त्रिपरिषद सम्बन्धी शक्तियाँ**—संविधान के अनुसार, राष्ट्रपति प्रधानमन्त्री और अन्य मन्त्रियों की नियुक्ति करता है। राष्ट्रपति ही मन्त्रियों के बीच कार्य का विभाजन करता है। वह प्रधानमन्त्री को बुलाकर देश की विभिन्न समस्याओं के सम्बन्ध में मन्त्रिमण्डल और उनके द्वारा लिये जाने वाले निर्णयों के सम्बन्ध में जानकारी प्राप्त कर सकता है।

**(द) प्रशासन का अध्यक्ष**—संविधान के **अनुच्छेद** 77 के अनुसार, संघीय सरकार की सम्पूर्ण प्रशासनिक कार्यवाही राष्ट्रपति के नाम से की जाती है। वह सम्पूर्ण प्रशासन का अध्यक्ष है। संसद द्वारा लिये गये सभी निर्णयों को क्रियान्वित करना उसी का कार्य है।

**(इ) वैदेशिक मामलों से सम्बन्धित शक्तियाँ**—राष्ट्रपति भारतीय संघ का वैधानिक प्रमुख होने के कारण वैदेशिक क्षेत्र में भारत का प्रतिनिधित्व करता है। अतः राष्ट्रपति विदेशों में अपने राजदूत नियुक्त करने के साथ ही साथ विदेशी राजदूतों को मान्यता प्रदान करता है। समस्त अन्तर्राष्ट्रीय समझौते एवं सन्धियाँ तथा विदेशों से सम्बन्धित समस्त कार्य राष्ट्रपति के नाम से ही किये जाते हैं। वैदेशिक मामलों में वह भारत का प्रतिनिधित्व करता है।

**(फ) सेना सम्बन्धी शक्तियाँ**—संविधान की व्यवस्था के अनुसार राष्ट्रपति जल, थल और वायु तीनों सेनाओं का सर्वोच्च सेनापति होता है। वह तीनों सेनाओं के सेनापतियों की नियुक्ति करता है। वह युद्ध प्रारम्भ करने तथा बन्द करने की घोषणा कर सकता है।

**(2) विधायी शक्तियाँ**—भारत का राष्ट्रपति भारतीय संघ की कार्यपालिका का वैधानिक प्रधान तो है ही, उसे भारतीय संसद का भी अभिन्न अंग माना गया है और इस रूप में राष्ट्रपति को विधायी क्षेत्र की निम्नलिखित शक्तियाँ प्राप्त हैं—

**(अ) संसद के संगठन सम्बन्धी शक्तियाँ**—राष्ट्रपति को संसद के दोनों सदनों में सदस्यों को मनोनीत करने का अधिकार प्राप्त है। लोकसभा में आंग्ल-भारतीयों को उचित प्रतिनिधित्व प्राप्त न होने की दशा में राष्ट्रपति लोकसभा के 2 सदस्य मनोनीत कर सकता है। इसके अतिरिक्त राज्य सभा में ऐसे 12 सदस्यों को मनोनीत कर सकता है जो साहित्य, कला, विज्ञान और समाजसेवा के क्षेत्र में विशेष ज्ञान एवं व्यावहारिक अनुभव रखते हों।

**(ब) संसद के अधिवेशनों से सम्बन्धित शक्तियाँ**—राष्ट्रपति को संसद के दोनों सदनों के अधिवेशन बुलाने, उन्हें स्थगित करने और उन्हें समाप्त करने का महत्वपूर्ण अधिकार प्राप्त है। राष्ट्रपति आवश्यकता पड़ने पर कभी भी, किसी भी समय और स्थान पर संसद के अधिवेशनों को आमन्त्रित कर सकता है। राष्ट्रपति का यह भी कर्तव्य है कि संसद के दो अधिवेशनों के मध्य 6 माह से अधिक समय का अन्तराल न हो पाये। वर्ष में संसद के कम से कम दो अधिवेशन होना अनिवार्य है परन्तु आवश्यकता पड़ने पर दो से अधिक सत्र भी आमन्त्रित किये जा सकते हैं। राष्ट्रपति लोकसभा के निर्वाचन के पश्चात् होने वाले प्रथम अधिवेशन तथा प्रत्येक वर्ष के प्रथम सत्र में संसद के दोनों सदनों की संयुक्त बैठक में अनिवार्य रूप से भाषण देता है। इस भाषण में वह शासन के कार्यक्रमों व नीतियों को स्पष्ट करता है। इसके अतिरिक्त वह प्रधानमन्त्री के परामर्श से निर्धारित कार्यकाल के पूर्व लोकसभा को भंग कर सकता है।

**(स) विधेयकों पर निषेधाधिकार सम्बन्धी अधिकार**—संसद द्वारा पारित प्रत्येक विधेयक राष्ट्रपति की स्वीकृति के बाद ही कानून का रूप ग्रहण करता है। राष्ट्रपति विधेयकों को अपनी इच्छानुसार स्वीकार या अस्वीकार कर सकता है। साधारण विधेयकों को कुछ सुझावों के साथ संसद को पुनः विचार के लिए लौटा सकता है, लेकिन यदि वह विधेयक संसद द्वारा पुनः संशोधन के साथ या बिना संशोधन के पारित कर दिया जाता है तो राष्ट्रपति को दूसरी बार उसे स्वीकृति देनी ही पड़ती है। इस प्रकार राष्ट्रपति को विधेयकों के विषय में विलम्ब करने का निषेधाधिकार ही प्राप्त है, पूर्ण निषेधाधिकार प्राप्त नहीं है। कुछ विधेयक तो ऐसे होते हैं जिन्हें संसद में प्रस्तुत करने से पूर्व राष्ट्रपति की स्वीकृति लेनी पड़ती है; जैसे—वित्त विधेयक, किसी राज्य की सीमा या नाम परिवर्तित करने सम्बन्धी विधेयक तथा कोई नया राज्य बनाने सम्बन्धी विधेयक आदि।

**(द) अध्यादेश जारी करने की शक्ति**—जब संसद का अधिवेशन न हो रहा हो तो राष्ट्रपति अध्यादेश जारी कर सकता है। इन अध्यादेशों का वही महत्व व प्रभाव होता है जो संसद द्वारा पारित कानूनों का होता है। यह अध्यादेश संसद सत्र में प्रारम्भ होने की तिथि से 6 सप्ताह तक ही प्रभावी रहता है। यदि संसद इसे पारित कर देती है तो वह अध्यादेश कानून बन जाता है अन्यथा यह समाप्त हो जाता है।

इस प्रकार भारत के राष्ट्रपति को विधायी क्षेत्र में बहुत अधिक महत्वपूर्ण शक्तियाँ प्राप्त हैं। इस सम्बन्ध में **प्रो. ए. वी. लाल** ने लिखा है कि, "लिखित संविधान तथा संसदीय प्रणाली वाले अन्य किसी भी देश में राज्याध्यक्ष को इतनी अधिक विधायिनी शक्तियाँ प्राप्त नहीं हैं।"

**(3) वित्तीय शक्तियाँ**—राष्ट्रपति को वित्तीय क्षेत्र में भी निम्नलिखित महत्वपूर्ण शक्तियाँ प्राप्त हैं—

**(अ) बजट प्रस्तुत करने की शक्ति**—प्रत्येक वर्ष के प्रारम्भ में वार्षिक बजट राष्ट्रपति के नाम से पहले लोकसभा में और बाद में राज्यसभा में प्रस्तुत किया जाता है।

**(ब) वित्त विधेयकों के प्रस्तुतीकरण पर पूर्व स्वीकृत सम्बन्धी शक्ति**—कोई भी वित्त विधेयक राष्ट्रपति की स्वीकृति लिये बिना लोकसभा में प्रस्तुत नहीं किया जा सकता। उस पर राष्ट्रपति की स्वीकृति मिलना आवश्यक होती है।

**(स) आकस्मिक निधि के नियन्त्रण सम्बन्धी शक्ति**—राष्ट्रपति संसद की पूर्व स्वीकृति लिये बिना आकस्मिक निधि के धन के व्यय की स्वीकृति प्रदान नहीं कर सकता, जिसकी संसद द्वारा स्वीकृति बाद में भी ली जा सकती है।

**(द) संचित निधि की व्यवस्था सम्बन्धी शक्ति**—भारत का संचित निधि से धन निकालने या जमा करने तथा इससे सम्बन्धित अन्य विषयों की व्यवस्था करने के लिए राष्ट्रपति को नियम बनाने का अधिकार प्राप्त है, परन्तु राष्ट्रपति इस सम्बन्ध में संसद द्वारा नियम न बनाये जाने की स्थिति में ही नियम बना सकता है।

**(इ) वित्त आयोग की नियुक्ति सम्बन्धी शक्ति**—वित्तीय मामलों में परामर्श लेने के लिए वित्त-आयोग का गठन राष्ट्रपति द्वारा किया जाता है जो संघ व राज्यों के मध्य करों से प्राप्त-आय के वितरण का निर्धारण और देश की वित्तीय व्यवस्था को मजबूत बनाने के लिए राष्ट्रपति को अपनी संस्तुति प्रस्तुत करता है।

**(4) न्यायिक शक्तियाँ**—भारतीय राष्ट्रपति को अन्य राज्याध्यक्षों की भाँति कुछ न्यायिक शक्तियाँ भी प्राप्त हैं जो निम्नलिखित हैं—

**(अ) क्षमादान की शक्ति**—किसी अपराध के लिए दण्डित किये गये व्यक्ति को क्षमादान करने, दण्ड को स्थगित करने या दण्ड के स्वरूप को परिवर्तित करने की शक्ति राष्ट्रपति को प्राप्त है। राष्ट्रपति अपनी इस शक्ति का प्रयोग मन्त्रिपरिषद् के परामर्श से ही करता है। राष्ट्रपति इस शक्ति का प्रयोग निम्नलिखित परिस्थितियों में कर सकता है—

(1) दण्ड उस विधि क उल्लंघन के लिए दिया गया हो, जो संघ की कार्यपालिका शक्ति के अन्तर्गत आती हो।

(2) दण्ड किसी सैनिक न्यायालय द्वारा दिया गया हो।

(3) दिया गया दण्ड मृत्युदण्ड हो।

**(ब) उच्चतम न्यायालय स परामर्श की शक्ति**—सार्वजनिक महत्व के कानून से सम्बन्धित विषयों पर राष्ट्रपति को उच्चतम न्यायालय से परामर्श लेने की शक्ति प्राप्त है। सम्बन्धित विषयों के परामर्श को मानना या न मानना राष्ट्रपति के विवेक पर निर्भर है।

**(5) राज्यों से सम्बन्धित शक्तियाँ**—राष्ट्रपति न केवल केन्द्रीय कार्यपालिका वरन् समस्त भारतीय संघ क। प्रधान है और राष्ट्रपति को भारतीय संघ के 28 राज्यों और 7 संघीय क्षेत्रों पर निम्नलिखित महत्वपूर्ण अधिकार प्राप्त हैं—

**(अ) राज्यों के विधेयकों पर स्वीकृति की शक्ति**—उच्च न्यायालय के अधिकार कम करने सम्बन्धी विधेयक और संसद द्वारा जीवन निर्वाह के लिए आवश्यक घोषित की गयी वस्तुओं पर कर लगाने सम्बन्धी विधेयक, राज्यपालों द्वारा राष्ट्रपति की स्वीकृति हेतु सुरक्षित रख लिये जाते हैं। इस प्रकार के विधेयकों को राष्ट्रपति स्वीकृत या अस्वीकृत कर सकता है अथवा राज्यों को उन पर पुनर्विचार हेतु लौटा सकता है। इसके अतिरिक्त कुछ विशेष प्रकार के विधेयक राष्ट्रपति की स्वीकृति के बाद ही विधानमण्डल में प्रस्तुत किये जा सकते हैं।

**(ब) राज्यों के वित्त पर नियन्त्रण की शक्ति**—केन्द्र द्वारा लगाये जाने वाले उस कर के लिए जिससे राज्य प्रभावित होते हों, राष्ट्रपति की पूर्व स्वीकृति लेना आवश्यक होती है। वित्त आयोग की सिफारिश पर राष्ट्रपति कृषि सम्बन्धी आय तथा अन्य प्रकार की आय का वितरण अपने आदेश द्वारा राज्यों के मध्य कर सकता है।

**(स) संघीय कार्यों को राज्यों को सौंपने की शक्ति**—राष्ट्रपति किसी राज्य सरकार को ऐसे विषयों से सम्बन्धित कुछ कार्य सौंप सकता है जो साधारण रूप से संघ की कार्यपालिका के हों।

इन सबके अतिरिक्त राष्ट्रपति राज्यों की कार्यपालिका के प्रधान (राज्यपालों) की नियुक्ति करता है और ये राज्यपाल राष्ट्रपति के प्रति विश्वासी रहकर ही अपने पदों पर कार्य करते हैं।

## राष्ट्रपति की संकटकालीन शक्तियाँ अथवा अधिकार
## (Emergency Power and Rights of President)

राष्ट्रपति (Emergency Powers) की शक्तियों में सर्वाधिक महत्वपूर्ण शक्तियाँ उसकी संकटकालीन शक्तियाँ हैं। आपात या संकटकालीन स्थिति के निवारण के लिए संविधान द्वारा राष्ट्रपति को विशेष व्यापक शक्तियाँ प्रदान की गई हैं। सन् 1975 ई. के 42वें संविधान संशोधन द्वारा संकटकालीन प्रावधानों को और अधिक कठोर बना दिया गया है। अप्रैल, सन् 1979 ई. में 44वें संविधान संशोधन द्वारा इस सम्बन्ध में अन्य आवश्यक व्यवस्थाएँ भी की गयी हैं। इस संविधान संशोधन के बाद वर्तमान में संविधान के संकटकालीन प्रावधानों की स्थिति निम्न प्रकार है–

**(1) युद्ध एवं बाहरी आक्रमण अथवा आन्तरिक सशस्त्र विद्रोह से उत्पन्न संकट की स्थिति में**–संविधान के अनुच्छेद 352 में कहा गया है कि यदि राष्ट्रपति को यह विश्वास हो जाये कि देश में युद्ध या बाह्य आक्रमण या आन्तरिक अशान्ति से भारत या उसके किसी एक भाग की सुरक्षा को खतरा पैदा हो गया है तो वह आपातकाल की घोषणा कर सकता है। इस प्रकार की घोषणा को संसद के दोनों सदनों के पृथक्-पृथक् बहुमत एवं उपस्थिति और मतदान में भाग लेने वाले सदस्यों के दो-तिहाई बहुमत से स्वीकृति मिलना आवश्यक होती है। प्रति 6 माह बाद संसद की स्वीकृति लेकर इस संकटकाल की घोषणा को अधिक से अधिक 3 वर्ष तक लागू रखा जा सकता है। 45वें संविधान संशोधन द्वारा अब राष्ट्रपति मन्त्रिमण्डल के लिखित अनुरोध पर आपातकाल की घोषणा कर सकता है।

संकटकालीन घोषणा के लिए राष्ट्रपति किसी के प्रति उत्तरदायी नहीं होता। वह नयी घोषणा द्वारा अपनी संकटकालीन घोषणा को समाप्त कर सकता है। इसके अतिरिक्त संकटकालीन घोषणा पर विचार हेतु लोकसभा के 1/10 सदस्यों की माँग पर बैठक बुलाना अनिवार्य है जिसमें उपस्थित और मत देने वाले सदस्यों के साधारण बहुमत से संकटकालीन घोषणा समाप्त की जा सकती है।

**संकटकालीन घोषणा के संवैधानिक प्रभाव**–संकटकालीन घोषणा के पश्चात् संघात्मक शासन लगभग एकात्मक हो जाता है। संकट काल लागू रहने की अवधि में–

(1) संसद को राज्य सूची के समस्त विषयों पर कानून बनाने की शक्ति प्राप्त हो जाती है और संसद के कानूनों के विरुद्ध राज्य सरकार द्वारा बनाये गये कानून अमान्य हो जाते हैं।

(2) संघीय कार्यपालिका, राज्य की कार्यपालिका को कोई भी आदेश दे सकती है और उनकी शक्ति की सीमा और कार्य करने की प्रणाली को नियन्त्रित कर सकती है।

(3) केन्द्र और राज्यों के मध्य राजस्व के बँटवारे के सम्बन्ध में नियमों को स्थगित करके राष्ट्रपति अपनी इच्छानुसार कोई भी निर्णय लेकर वित्तीय व्यवस्था में परिवर्तन कर सकता है।

(4) संविधान के अनुच्छेद 20 में वर्णित जीवन और शरीर के रक्षण की स्वतन्त्रता सम्बन्धी मौलिक अधिकारों को छोड़कर अनुच्छेद 19 में वर्णित 6 मौलिक अधिकारों को प्रतिबन्धित या स्थगित किया जा सकता है। राष्ट्रपति द्वारा जारी ऐसे आदेश के विरुद्ध कोई भी नागरिक न्यायालय की शरण नहीं ले सकता, परन्तु ऐसे आदेश को यथाशीघ्र संसद के प्रत्येक सदन में प्रस्तुत किया जाना आवश्यक है।

(5) आपातकाल में यदि संसद का अधिवेशन न चल रहा हो तो राष्ट्रपति राज्य सूची के विषयों पर अध्यादेश जारी करके कानून बना सकता है।

(6) राष्ट्रपति किसी भी अधिकारी को कोई भी कार्य सौंप सकता है।

**संकटकालीन घोषणा का व्यावहारिक रूप**–बाहरी आक्रमण से सम्बन्धित संकटकालीन घोषणा सर्वप्रथम 26 अक्टूबर, सन् 1962 ई. में चीन द्वारा भारत पर आक्रमण के समय की गयी थी और 10 जनवरी, सन् 1968 ई. को समाप्त की गयी थी। सन् 1965 ई. में पाकिस्तान द्वारा भारत पर किये गये आक्रमण के समय भी संकटकाल की घोषणा की गई थी। दिसम्बर, सन् 1971 ई. में बांग्लादेश के संकट के सन्दर्भ में पाकिस्तान ने भारत पर आक्रमण किया था तब राष्ट्रपति ने संकटकालीन घोषणा की थी।

आन्तरिक अशान्ति से सम्बन्धित संकटकालीन घोषणा 26 जून, 1975 ई. को गैर साम्यवादी विपक्षी दलों द्वारा तत्कालीन प्रधानमन्त्री श्रीमती इन्दिरा गाँधी से त्याग-पत्र माँगने के लिए देशव्यापी आन्दोलन की घोषणा कर दिये जाने के कारण की गयी थी। यह संकटकालीन घोषणा 21 मार्च, 1977 ई. को समाप्त हुई थी।

**(2) राज्यों में संवैधानिक तन्त्र के विफल होने से उत्पन्न संकटकालीन घोषणा**–संविधान के **अनुच्छेद** 355 के द्वारा केन्द्रीय सरकार को यह उत्तरदायित्व सौंपा गया है कि वह राज्यों के बाहरी आक्रमणों व आन्तरिक अशान्ति से रक्षा करे

और यह देखे कि राज्यों का शासन संविधान के अनुसार चल रहा है या नहीं। **अनुच्छेद** 356 में कहा गया है कि यदि राष्ट्रपति को किसी राज्यपाल के प्रतिवेदन या अन्य किसी प्रकार से आभास हो जाये कि ऐसी परिस्थिति पैदा हो गयी है कि राज्य का शासन संविधान के उपबन्धों के अनुसार नहीं चलाया जा सकता है तो वह संकटकाल की घोषणा कर सकता है। इस प्रकार की घोषणा को दो माह के भीतर संसद से स्वीकृत कराना आवश्यक होता है। इस घोषणा के पश्चात् राज्य में 6 माह के लिए राष्ट्रपति शासन लागू किया जा सकता है। 44वें संविधान संशोधन द्वारा राज्य में राष्ट्रपति शासन एक वर्ष की अवधि तक प्रभावी रखा जा सकता है और यदि पुनः इसकी अवधि बढ़ाई जाने से सम्बन्धित प्रस्ताव पारित किये जाते समय **अनुच्छेद** 352 के अन्तर्गत चुनाव आयोग यह प्रमाणित कर दे कि वर्तमान में राज्य में चुनाव करवाना सम्भव नहीं है तो राष्ट्रपति शासन की अवधि अधिक से अधिक 3 वर्ष तक और बढ़ायी जा सकती है लेकिन इससे अधिक किसी भी परिस्थिति में सम्भव नहीं है।

**संकटकालीन घोषणा के संवैधानिक प्रभाव–अनुच्छेद** 256 के अन्तर्गत की गयी आपात घोषणा के निम्नलिखित संवैधानिक प्रभाव हो सकते हैं–

(1) राज्य की समस्त कार्यपालिका शक्ति को राष्ट्रपति स्वयं ग्रहण कर सकता है।

(2) राष्ट्रपति यह घोषित कर सकता है कि राज्य विधानमण्डल की शक्तियों का प्रयोग संसद करेगी। संसद इस शक्ति के प्रयोग का अधिकार किसी अन्य अधिकारी को भी सौंप सकती है।

(3) राष्ट्रपति राज्य के उच्च न्यायालय की शक्ति को छोड़कर अन्य सभी शक्तियाँ स्वयं ग्रहण कर सकता है।

(4) राष्ट्रपति **अनुच्छेद** 19 द्वारा दी गई नागरिक स्वतन्त्रताओं पर रोक लगा सकता है और संवैधानिक उपचारों को भी स्थगित कर सकता है।

(5) जब लोकसभा अधिवेशन न चल रहा हो तो राष्ट्रपति राज्य की संचित निधि से व्यय करने की आज्ञा दे सकता है, जिसकी स्वीकृति बाद में संसद से प्राप्त करना अनिवार्य है।

**संकटकालीन घोषणा का व्यावहारिक रूप**–राज्यों के संवैधानिक तन्त्र की विफलता के परिणामस्वरूप इस प्रकार की घोषणा विभिन्न समयों पर उत्तर प्रदेश, राजस्थान, हरियाणा, बिहार, केरल, गुजरात, असम तथा जम्मू-कश्मीर आदि राज्यों में संविधान लागू होने से अब तक अनेक बार की जा चुकी है।

**(3) वित्तीय संकट की स्थिति में आपातकाल की घोषणा**–संविधान के **अनुच्छेद** 360 के अनुसार, यदि राष्ट्रपति को यह विश्वास हो जाये कि देश में ऐसी स्थिति पैदा हो गयी है कि राष्ट्र की वित्तीय स्थिरता या साख को खतरा उत्पन्न हो गया है तो वह वित्तीय संकट की घोषणा कर सकता है। इस प्रकार की घोषणा की अवधि दो माह होती है और इसे संसद के दोनों सदनों के समक्ष प्रस्तुत किया जाना आवश्यक होता है। संसद की अस्वीकृति से यह घोषणा दो माह पूर्व ही समाप्त हो जाती है। परन्तु संसद द्वारा स्वीकृति की स्थिति में यह घोषणा उस समय तक लागू रहती है जब तक की दूसरी घोषणा द्वारा इसे समाप्त नहीं कर दिया जाता। इसकी अवधि अधिक से अधिक प्रथम स्थिति में घोषित आपात काल के समान 3 वर्ष हो सकती है।

**वित्तीय संकट की घोषणा के संवैधानिक प्रभाव**–इस घोषणा के कुछ प्रभाव निम्न प्रकार हैं–

(1) राष्ट्रपति वित्तीय मामलों में राज्यों की सरकारों को किसी भी प्रकार का आदेश दे सकता है।

(2) वह राज्यों के सभी कर्मचारियों के वेतन, भत्तों आदि में कटौती करने का आदेश दे सकता है।

(3) वह केन्द्र सरकार के सभी कर्मचारियों और सर्वोच्च न्यायालय के न्यायाधीशों के वेतन, भत्ते आदि में भी कटौती करने का आदेश दे सकता है।

(4) राष्ट्रपति केन्द्र व राज्यों के मध्य वित्त-सम्बन्धी बँटवारों के उपबन्धों में यथोचित संशोधन कर सकता है।

(5) नागरिकों के मौलिक अधिकार पूर्व स्थितियों के समान स्थगित कर दिये जाते हैं अथवा **अनुच्छेद** 19 में दी गई स्वतन्त्रताएँ एवं संवैधानिक उपचारों के अधिकार स्थगित कर दिए जाते हैं।

(6) वह राज्य विधानमण्डल द्वारा पारित बजट को अपनी स्वीकृति के लिए मँगा सकता है।

**व्यावहारिक रूप**–संविधान लागू होने से अब तक भारत में वित्तीय संकट उत्पन्न नहीं हुआ है अतः एक बार भी वित्तीय संकट की घोषणा नहीं की गयी है।

**संकटकालीन शक्तियों का मूल्यांकन**–भारतीय संविधान द्वारा प्राप्त राष्ट्रपति की आपातकालीन शक्तियों की आलोचना का 42वें और 44वें संशोधन द्वारा पर्याप्त सीमा तक समाधान हो चुका है परन्तु राष्ट्रपति की संकटकालीन शक्तियाँ संविधान की रचना के समय से आज तक निरन्तर कटु आलोचना का विषय बनी रही हैं। संविधान सभा में संकटकालीन शक्तियों के

उपबन्ध पारित हो जाने पर **श्री एच. वी. कामथ** ने इसकी कटु आलोचना करते हुए कहा था कि, **"यह लज्जा और दुःख का दिन है, ईश्वर भारतीय जनता की रक्षा करे।"**[1] **प्रो. के. टी. शाह** ने व्यवस्थाओं को घोर प्रतिक्रियावादी बताते हुए कहा है कि, **"इन व्यवस्थाओं को देखकर मुझे लगता है कि संविधान में स्वतन्त्रता या लोकतन्त्र केवल नाम मात्र के लिए ही रह जायेंगे।"** आलोचकों का कहना कि किसी अन्य लोकतान्त्रिक देश में इतनी व्यापक शक्तियाँ कार्यपालिका को प्रदान नहीं की गयी हैं। इन शक्तियों के फलस्वरूप संघीय व्यवस्था का स्वरूप एकात्मक हो जाता है तथा इन शक्तियों के कारण राष्ट्रपति के अधिनायक बन जाने की सम्भावना रहती है। इसमें विरोधी दलों का निर्मम दमन सम्भव होता है और राज्यों की वित्तीय (व्यवस्था) स्वायत्तता समाप्त हो जाती है।

लेकिन इन शक्तियों को निरर्थक नहीं कहा जा सकता, क्योंकि प्रत्येक लोकतान्त्रिक देश में संकट का सामना करने के लिए कार्यपालिका को ऐसी शक्तियाँ प्रदान की गयी हैं। सत्य तो यह है कि संकटकाल में व्यक्ति की अपेक्षा राष्ट्र तथा किसी एक राज्य की तुलना में संघ की स्वतन्त्रता एवं सुरक्षा का कहीं अधिक महत्व है। राष्ट्रपति के निरंकुश होने का प्रश्न ही नहीं उठता क्योंकि इन शक्तियों का प्रयोग तो मन्त्रिमण्डल करता है; साथ ही इस पर संसद का व्यापक नियन्त्रण होता है। लेकिन यह भी सत्य है कि अनेक अवसरों पर राष्ट्रपति शासन विभिन्न राज्यों में व्याप्त राजनैतिक अस्थिरता को दूर करने के लिए लगाया गया है।

**राष्ट्रपति की स्थिति**—भारत के राष्ट्रपति की स्थिति प्रारम्भ से ही विवाद का विषय रही है। उसकी वास्तविक स्थिति के विषय में निम्नलिखित दो प्रकार की धारणाएँ रही हैं—

**(1) वास्तविक कार्यपालिका-प्रधान की धारणा**—इस धारणा के विचारकों के अनुसार राष्ट्रपति की स्थिति वास्तविक कार्यपालिका के प्रमुख की है, क्योंकि वह मन्त्रिपरिषद् के परामर्श और सहयोग से कार्यपालिका की शक्तियों का प्रयोग स्वतन्त्र रूप में कर सकता है। इस धारणा के पोषक **संविधान के अनुच्छेद 53(1)** की व्यवस्था का आश्रय लेते हैं। इस अनुच्छेद में कहा गया है कि, **"संघ की कार्यपालिका शक्ति राष्ट्रपति में निहित होगी तथा इन शक्तियों का प्रयोग वह संविधान के अनुसार अपने अधीनस्थ कर्मचारियों द्वारा करेगा।"** इस धारणा के पोषकों में **डॉ. बी. एस. शर्मा** और **ऐलेबग्लेड हिल** के नाम उल्लेखनीय हैं।

**(2) संवैधानिक कार्यपालिका प्रधान की धारणा**—इस धारणा के विचारकों के अनुसार राष्ट्रपति की स्थिति केवल एक संवैधानिक कार्यपालिका प्रधान की है। इन लोगों का मत है कि वह मन्त्रिपरिषद् के परामर्श के अनुसार ही समस्त कार्यों का सम्पादन कर सकता है, स्वतन्त्र रूप में कुछ भी नहीं कर सकता। इस धारणा के पोषक संविधान के **अनुच्छेद** 74(1) का आश्रय लेते हैं जिसमें कहा गया है कि, **"राष्ट्रपति को उसके कार्यों का सम्पादन करने में सहायता व परामर्श देने के लिए प्रधानमन्त्री की अध्यक्षता में एक मन्त्रिपरिषद् होगी और वह उसके परामर्श के अनुसार कार्य करेगा। परन्तु राष्ट्रपति मन्त्रिपरिषद् से सामान्यतः या अन्यथा अपने परामर्श पर पुनर्विचार करने की अपेक्षा कर सकता है तथा राष्ट्रपति इस प्रकार के पुनर्विचार के पश्चात् दिये हुए परामर्श के अनुसार कार्य करेगा। इस धारणा के पोषकों में पण्डित जवाहर लाल नेहरू, डॉ. भीमराव अम्बेडकर, श्री ए. के. अय्यर और भारत के प्रथम एटॉर्नी जनरल श्री एम. सी. सीतलवाड़ के नाम उल्लेखनीय हैं।"**

उपर्युक्त दोनों धारणाओं में संवैधानिक कार्यपालिका प्रधान की धारणा सत्य के अधिक समीप है, क्योंकि भारत में संसदीय शासन प्रणाली को अपनाया गया है जिसमें राष्ट्रपति एक संवैधानिक प्रधान ही हो सकता है। यदि प्रथम धारणा को सही मान लिया जाय तो भारत के राष्ट्रपति की स्थिति संसदीय प्रणाली के प्रधान की न रहकर अमेरिका जैसे अध्यक्षीय शासन प्रणाली वाले देश के निरंकुश अध्यक्ष की हो जायेगी जो संसदीय शासन प्रणाली के प्रतिकूल होगी। इसके विपरीत, यदि इंग्लैण्ड के सम्राट् की भाँति राष्ट्रपति को केवल संवैधानिक प्रधान ही मान लिया जाये तो वह निरंकुश मन्त्रिमण्डल की इच्छा पर कार्य करने वाली मात्र रबर की मुहर के समान हो जायेगा।

इस स्थिति में यही उचित है कि राष्ट्रपति तथा प्रधानमन्त्री एवं मन्त्रिपरिषद् परस्पर नियन्त्रित रहें और सन्तुलन की स्थिति बनी रहे।

अन्त में, निष्कर्ष रूप में कहा जा सकता है कि भारत का राष्ट्रपति कठपुतली मात्र नहीं है। वरन् स्वविवेक से निर्णय लेने

1. "This is a day of shame and sorrow, may God save Indian people." —*H. V. Kamath*

में भी सक्षम है जिसका सबसे महत्वपूर्ण उदाहरण मार्च 1996 में देखने को मिला है जिसमें राष्ट्रपति डॉ. शंकरदयाल शर्मा ने संविधान के **अनुच्छेद** 123 की व्यवस्था के अनुसार समस्या का समाधान न होने पर शासन द्वारा (राष्ट्रपति के समक्ष) प्रस्तुत किये गये अध्यादेश अस्वीकार कर दिये। जिसमें (1) दलित ईसाइयों को आरक्षण देने (2) आम चुनाव में प्रचार की अवधि घटाने से सम्बन्धित थे। ऐसा करते समय राष्ट्रपति ने संविधान प्रदत्त स्वविवेकी शक्ति का प्रयोग किया है और ठीक समय पर इस शक्ति का प्रयोग करते हुए यह भी सन्देश दिया कि भारत के राष्ट्रपति को केवल शोभा की वस्तु न समझा जाए बल्कि उसे संवैधानिक सीमाओं के भीतर शासन करने वाला वास्तविक राष्ट्रपति माना जाए। इससे राष्ट्रपति के पद की गरिमा में अभिवृद्धि हुई है। भारत में वास्तविक कार्यपालिका की शक्तियाँ मन्त्रिपरिषद् में निहित हैं और राष्ट्रपति एक संवैधानिक प्रधान मात्र है जो मन्त्रिपरिषद् के परामर्श को मानने के लिए बाध्य है। इस सम्बन्ध में **पण्डित जवाहर लाल नेहरू** का यह कथन उल्लेखनीय है कि, **"भारत में संसद और मन्त्रिमण्डल के पास वास्तविक शक्ति है न कि राष्ट्रपति के पास। हमने राष्ट्रपति को कोई वास्तविक शक्ति प्रदान नहीं की है वरन् हमने उसके पद को गौरव और गरिमा का पद बना दिया है।"** इस प्रकार राष्ट्रपति की वास्तविक स्थिति प्रभाव की है शक्ति की नहीं।

**राष्ट्रपति के पद का महत्व**—भारत का राष्ट्रपति केवल एक औपचारिक प्रधान मात्र है, वास्तविक कार्यपालिका शक्ति तो प्रधानमन्त्री और मन्त्रिमण्डल में निहित है। ऐसी स्थिति में अनेक व्यक्तियों द्वारा राष्ट्रपति पद के महत्व पर शंका की जाती रही है। वे यह सोचने लगते हैं कि यदि राष्ट्रपति पद समाप्त कर दिया जाये तो इससे स्थिति में कोई अन्तर नहीं आयेगा। लेकिन वास्तव में ऐसा सोचना भ्रमपूर्ण है। भारत की संसदात्मक व्यवस्था में राष्ट्रपति के पद का बहुत अधिक महत्व है जिसका वर्णन निम्नलिखित शीर्षकों के आधार पर किया जा सकता है—

**(1) राष्ट्र का प्रतीक**—भारत में लोकतन्त्रीय व्यवस्था है जो दलीय व्यवस्था पर आधारित है। इस व्यवस्था में सत्तारूढ़ दल बदलते रहते हैं और उनमें सदैव खींचतान बनी रहती है जिसके कारण प्रधानमन्त्री को राष्ट्र का प्रतिनिधि या प्रतीक नहीं कहा जा सकता। ऐसी स्थिति में राष्ट्रपति ही राष्ट्र का प्रतीक माना जा सकता है। वह दलगत राजनीति से ऊपर होता है। वह किसी दल विशेष का नेता न होकर सम्पूर्ण राष्ट्र का नेता होता है। साधारण जनता भी राष्ट्रपति के प्रति श्रद्धा, आस्था एवं विश्वास प्रकट करके उसे राष्ट्र का प्रतीक मानती है। यही कारण है कि शासन के समस्त कार्य राष्ट्रपति के नाम से ही किये जाते हैं।

**(2) लोकतन्त्र का प्रहरी**—सामान्य परिस्थितियों में राष्ट्रपति कार्यपालिका का औपचारिक प्रधान मात्र है वास्तविक शासन कार्य मन्त्रिमण्डल के द्वारा किया जाता है। किन्तु कुछ परिस्थितियों में राष्ट्रपति द्वारा लोकतन्त्र के प्रहरी और रक्षक के रूप में कार्य किया जा सकता है। उदाहरण के लिए, यदि मन्त्रिमण्डल लोकसभा का विश्वास खो देने पर भी त्यागपत्र नहीं देता है तो राष्ट्रपति मन्त्रिमण्डल को पदच्युत भी कर सकता है इस प्रकार भारत का राष्ट्रपति लोकतन्त्र का रक्षक या प्रहरी है।

**(3) मन्त्रिमण्डल का परामर्शदाता**—भारत का राष्ट्रपति केवल संवैधानिक प्रधान ही नहीं होता वरन् वह राष्ट्रीय समस्याओं और अन्य विषयों पर प्रधानमन्त्री तथा मन्त्रिमण्डल को समय-समय पर निर्देश एवं परामर्श भी दे सकता है। राष्ट्रपति का पद गौरव और सम्मान का पद होने के कारण मन्त्रिमण्डल, राष्ट्रहित के हित में राष्ट्रपति के निर्देश और परामर्श की अवहेलना नहीं कर सकता है। इस प्रकार राष्ट्रपति विभिन्न विषयों पर मन्त्रिमण्डल को परामर्श देकर एक परामर्शदाता के रूप में भी अपना महत्व रखता है।

**(4) संक्रमण-काल में व्यवस्था और स्थायित्व**—संसदीय शासन प्रणाली में एक मन्त्रिमण्डल का पतन अथवा त्यागपत्र देने और दूसरे मन्त्रिमण्डल के गठन और पदारूढ़ होने में कुछ समय लगता है। इस स्थिति को ही राजनीतिक दृष्टि से संक्रमण-काल कहा जाता है। इस संक्रमण-काल में राष्ट्रपति द्वारा ही शासन किया जाता है। इसके अतिरिक्त कभी ऐसी स्थिति भी आ सकती है जब किसी राजनीतिक दल को स्पष्ट बहुमत प्राप्त न होने के कारण मन्त्रिमण्डल के गठन में कठिनाई हो तो राष्ट्रपति स्वविवेक का प्रयोग करके ऐसे व्यक्ति को प्रधानमन्त्री नियुक्त करता है जिसे विभिन्न दलों के मिले-जुले समर्थन से बहुमत प्राप्त हो रहा हो। इस प्रकार राष्ट्रपति देश की शासन व्यवस्था में स्थायित्व लाने का प्रयास करता है जिससे देश में अराजकता की स्थिति उत्पन्न न हो। यदि लोकसभा में किसी दल का बहुमत न हो तो वह उसे भंग करके राष्ट्रपति शासन लागू कर नये चुनाव कराने के लिए अधिसूचना जारी कर सकता है।

**(5) संकटकाल में राष्ट्र का नेतृत्व**—संकटकाल में दलगत राजनीति से ऊपर उठकर राष्ट्रीय हितों को लक्ष्य बनाकर काम करना आवश्यक होता है परन्तु प्रधानमन्त्री और उसका मन्त्रिमण्डल तथा विपक्षी दल राजनीति से प्रेरित होकर कार्य करते हैं। यदि राष्ट्रपति को यह आभास हो जाये कि संकट का सामना करने के लिए मन्त्रिमण्डल आवश्यक कदम नहीं उठा

रहा है तो वह मन्त्रिमण्डल को राष्ट्रीय हितों के अनुरूप कार्य करने के लिए बाध्य कर सकता है। चूँकि राष्ट्रपति दलगत राजनीति से ऊपर होता है इसलिए उसे संकटकालीन शक्तियाँ प्रदान की गयी हैं। इन शक्तियों के आधार पर संकटकालीन हितों को ध्यान में रखकर राष्ट्रपति सुरक्षा हेतु आवश्यक कदम उठाता है।

**(6) अन्तर्राष्ट्रीय जगत में राष्ट्र का प्रतिनिधित्व**—अन्तर्राष्ट्रीय जगत में राष्ट्रपति ही राष्ट्र का प्रतिनिधित्व करता है। समस्त विदेशी राजदूत अपने प्रमाण-पत्र उसी के समक्ष प्रस्तुत करते हैं। विदेशों के लिए भारतीय राजदूतों की नियुक्तियाँ भी राष्ट्रपति द्वारा ही की जाती हैं। विदेशों में आमन्त्रित किये जाने पर विदेशों में राष्ट्रपति का भारत राष्ट्र के प्रतिनिधि एवं प्रतीक के रूप में शाही स्वागत किया जाता है।

इस प्रकार उपर्युक्त विवेचन के आधार पर कहा जा सकता है कि भारतीय राष्ट्रपति भारतीय राजव्यवस्था का पाचवाँ पहिया नहीं है। वह तो भारतीय संविधान और शासन की व्यवस्था का एक अति आवश्यक और महत्वपूर्ण अंग है। उसका पद सम्मान एवं प्रभाव का है। वह अपने दीर्घ राजनीतिक अनुभव एवं संवैधानिक शक्तियों से मन्त्रिमण्डल को परामर्श एवं चेतावनी दे सकता है। उससे सूचना प्राप्त करके उसे प्रभावित कर सकता है। उसका पद सिद्धान्त में शक्ति का है, व्यवहार में प्रभाव का है, परन्तु यह प्रभाव अत्यन्त निर्णायक होता है। यदि राष्ट्रपति दलीय दृष्टिकोण का परित्याग करके संवैधानिक कार्यों में पूर्ण निष्पक्षता का प्रदर्शन करता है तो भारतीय संवैधानिक शासनतन्त्र में वह प्रभावी एवं सम्मानीय भूमिका निभा सकता है।

## उप-राष्ट्रपति
## (Vice President)

**उपराष्ट्रपति**—भारतीय संविधान के 63वें **अनुच्छेद** में उपराष्ट्रपति के पद की व्यवस्था की गई है। यह व्यवस्था एकदम अनूठी है। संसार में ऐसा कोई दूसरा उदाहरण नहीं है।

**उपराष्ट्रपति पद के लिए योग्यताएँ**—संविधान के अनुसार उपराष्ट्रपति पद के लिए किसी व्यक्ति में निम्नलिखित योग्यताएँ होनी चाहिए—

(1) वह भारत का नागरिक हो।

(2) वह 35 वर्ष की आयु पूरी कर चुका हो।

(3) वह राज्यसभा का सदस्य बनने की योग्यता रखता हो।

(4) वह संघीय सरकार एवं राज्य सरकार के अन्तर्गत लाभ के पद पर न हो।

**उपराष्ट्रपति का निर्वाचन**—उपराष्ट्रपति का निर्वाचन संसद के दोनों सदनों के निर्वाचित सदस्य करते हैं। उपराष्ट्रपति का निर्वाचन आनुपातिक प्रतिनिधित्व प्रणाली के आधार पर एकल संक्रमणीय मत से गुप्त मतदान द्वारा होता है।

**उपराष्ट्रपति का कार्यकाल**—भारत के उपराष्ट्रपति का कार्यकाल 5 वर्ष का होता है किन्तु वह स्वेच्छा से त्यागपत्र द्वारा इस अवधि के पूर्व भी अपना पद छोड़ सकता है अथवा राज्यसभा के कुल बहुमत द्वारा पास किये गए प्रस्ताव से पदच्युत किया जा सकता है बशर्ते उस प्रस्ताव को लोकसभा भी स्वीकार कर ले। ऐसे प्रस्ताव की सूचना 14 दिन पूर्व दी जानी आवश्यक है। उपराष्ट्रपति अपने पद पर तब तक आसीन रहता है जब तक कि उसका उत्तराधिकारी उसके पद को न सम्हाल ले। भारत में उपराष्ट्रपति केवल अस्थायी रूप से ही राष्ट्रपति पद को ग्रहण कर सकता है।

**उपराष्ट्रपति का वेतन**—11 सितम्बर, 2008 के केन्द्रीय मन्त्रिमण्डल के अनुसार उपराष्ट्रपति को अब 1.25 लाख रु. मासिक वेतन के रूप में प्राप्त होते है। इसके अतिरिक्त उन्हें मासिक भत्ता भी दिया जाता है। केन्द्र सरकार के मन्त्रियों को मिलने वाली सभी सुविधाएँ भी उन्हें उपलब्ध कराई जाती हैं। इससे पूर्व सन् 1997 ई. में एक अधिनियम द्वारा उपराष्ट्रपति को पेन्शन एवं अन्य सुविधाएँ भी उपलब्ध कराये जाने का प्रावधान किया गया है।

**उपराष्ट्रपति के कार्य**—भारत का उपराष्ट्रपति मुख्य रूप से निम्न दो प्रकार से कार्य करता है—

**(1) राज्यसभा की अध्यक्षता**—उपराष्ट्रपति राज्यसभा का पदेन अध्यक्ष होता है। वह राज्यसभा की बैठकों की अध्यक्षता करता है, सभा की कार्यवाही का संचालन करता है परन्तु वह वाद-विवाद में भाग नहीं ले सकता। किन्तु सदन में किसी विषय पर मतदान के समय यदि बराबर मत पड़े हों तो वह अपना निर्णायक मत दे सकता है। इस दृष्टि से भारत का उपराष्ट्रपति अमेरिका के उपराष्ट्रपति के समतुल्य है।

**(2) कार्यवाहक राष्ट्रपति के रूप में कार्य**—यदि अचानक किन्हीं कारणों से राष्ट्रपति का पद रिक्त हो जाए तो उस समय उपराष्ट्रपति राष्ट्रपति के पद पर कार्य करता है और कार्यकारी राष्ट्रपति के रूप में कार्य करने के लिए वही शपथ लेता है जो राष्ट्रपति पद के लिए आवश्यक है। इस दौरान उपराष्ट्रपति अपना पुराना कार्य नहीं कर सकता। संविधान में इस व्यवस्था का उल्लेख किया गया है कि यदि बीमारी, त्यागपत्र, मृत्यु अथवा महाभियोग के कारण राष्ट्रपति का पद रिक्त होता है तो उसके छः माह के अन्दर राष्ट्रपति पद के लिए निर्वाचन हो जाना चाहिए। दूसरे शब्दों में, उपराष्ट्रपति को अधिक से अधिक 6 माह तक राष्ट्रपति बने रहने का गौरव प्राप्त हो सकता है। जिस काल में उपराष्ट्रपति राष्ट्रपति पद पर कार्य करेगा, उसे वही वेतन और भत्ते मिलेंगे जोकि राष्ट्रपति को प्राप्त होते हैं।

इस प्रकार भारत में उपराष्ट्रपति का पद अत्यन्त महत्व का पद है और उसके लिए भी तीव्र संघर्ष होने लगा है। वैसे शक्ति की दृष्टि से उपराष्ट्रपति का पद विशेष महत्व का नहीं है। इस सम्बन्ध में श्री हरि मोहन जैन ने यह मत व्यक्त किया है कि भारत में उपराष्ट्रपति का पद अनावश्यक है और इसे समाप्त करने या सुधारने का सुझाव दिया है।

## मोहम्मद हामिद अंसारी भारत के 14वें उपराष्ट्रपति

मोहम्मद हामिद अंसारी भारत के 14वें उपराष्ट्रपति निर्वाचित हुए हैं। उन्हें उपराष्ट्रपति पद चुनाव 2012 की जनगणना के बाद 7 अगस्त 2012 को उपराष्ट्रपति घोषित कर दिया गया। भारतीय लोकतन्त्र के इतिहास में सर्वपल्ली राधाकृष्णन (1952-1962 एवं 1962-1967) के बाद हामिद अंसारी दूसरे ऐसे व्यक्ति है जो लगातार दूसरी बार इस पद पर निर्वाचत किए गए हैं।

मोहम्मद हामिद अंसारी ने 11 अगस्त, 2007 को भारत के 13वें उपराष्ट्रपति पद का कार्यभार ग्रहण किया था और उनका कार्यकाल 10 अगस्त, 2012 को समाप्त हो रहा था। उपराष्ट्रपति चुनाव 2012 के लिए लोकसभा और राज्यसभा के 790 सांसदों में 736 ने मतदान किया। इसमें 490 वोट हामिद अंसारी को और 238 मत जसवंत सिंह को मिले। आठ वोट रद्द कर दिए गए।

## प्रश्न
## (Questions)

### दीर्घ उत्तरीय प्रश्न (Long Answer Type Questions)

1. राष्ट्रपति की शक्तियों एवं कार्यों का वर्णन कीजिए।
   (Discuss the powers and functions of President.)
2. भारत के राष्ट्रपति की शक्तियों की विवेचना कीजिए। क्या वह केवल नाममात्र का प्रधान है ?
   (Discuss the powers of India's President. Is he nominal chief ?)
3. राष्ट्रपति की वास्तविक स्थिति की विवेचना कीजिए।
   (Discuss the real position of President.)
4. भारत के राष्ट्रपति की वास्तविक स्थिति का परीक्षण कीजिए।
   (Examine the real position of India's President.)
5. भारत के राष्ट्रपति की संवैधानिक स्थिति का, उनकी शक्तियों और कार्यों को स्पष्ट करते हुए मूल्यांकन कीजिए।
   (Evaluate the constitutional position of India's President in the light of his powers and functions.)
6. भारत के राष्ट्रपति के अधिकारों की विवेचना कीजिए।
   (Discuss the powers of India's President.)
7. भारत के राष्ट्रपति के पद एवं शक्तियों की विवेचना कीजिए।
   (Discuss the designation and powers of India's President.)

8. भारत के राष्ट्रपति की संकटकालीन शक्तियों का विश्लेषण कीजिए।
(Analyse the emergency powers of India's President.)
9. भारत के राष्ट्रपति का चुनाव कैसे होता है उसकी कानूनी और संकटकालीन शक्तियाँ क्या हैं? क्या वह तानाशाह बन सकता है?
(What is the procedure of election of India's President ? What are his legal nad emergency powers ? Is he become dictator ?)
10. भारत के राष्ट्रपति का निर्वाचन एवं शक्तियों की विवेचना कीजिए।
(Discuss the election and powers of India's President).
11. भारत के उपराष्ट्रपति का चुनाव कैसे किया जाता है ? उनके कार्य क्या हैं ?
(What is the procedure of election of India's Vice President ? What are his functions ? )

## लघु उत्तरीय प्रश्न (Short Answer Type Questions)

1. राष्ट्रपति का निर्वाचन किस प्रकार होता है ?
2. उपराष्ट्रपति की नियुक्ति एवं शक्तियाँ क्या हैं ?
3. भारत के राष्ट्रपति की सामान्यकालीन शक्तियाँ बताइए।
4. राष्ट्रपति की किन्हीं दो आपातकालीन शक्तियों का वर्णन कीजिए।
5. राष्ट्रपति के महाभियोग की प्रक्रिया क्या है ?
6. राष्ट्रपति की स्थिति बताइए।
7. टिप्पणी लिखिए–
(1) उपराष्ट्रपति,
(2) राष्ट्रपति का निर्वाचन।

## बहुविकल्पीय वस्तुनिष्ठ प्रश्न (Multiple Choice Type Objective Questions)

**1. भारत के राष्ट्रपति का चुनाव कौन करता है–**
(a) संसद (b) लोकसभा
(c) संसद एवं राज्य विधानमण्डल (d) राज्य विधानमण्डल।
**उत्तर**–(c) संसद एवं राज्य विधानमण्डल।

**2. भारत की सुरक्षा सेनाओं का मुख्य सेनापति कौन है–**
(a) थल सेनाध्यक्ष (b) भारत का राष्ट्रपति
(c) रक्षामन्त्री (d) प्रधानमन्त्री।
**उत्तर**–(b) भारत का राष्ट्रपति।

**3. भारत के राष्ट्रपति का मासिक वेतन निम्न में से कितना है–**
(a) 10,000 रुपये (b) 1.50 लाख रुपये
(c) 15,000 रुपये (d) 12,000 रुपये।
**उत्तर**–(b) 1.50 लाख रुपये।

**4. भारत के राष्ट्रपति की आपातकालीन शक्तियाँ कितने प्रकार की हैं–**
(a) चार प्रकार की (b) तीन प्रकार की
(c) दो प्रकार की (d) सात प्रकार की।
**उत्तर**–(c) दो प्रकार की।

5. **उपराष्ट्रपति का निर्वाचन कौन करता है—**

(a) राष्ट्रपति (b) राज्य विधानसभा

(c) लोकसभा (d) लोकसभा व राज्यसभा।

**उत्तर**—(d) लोकसभा व राज्यसभा।

6. **राष्ट्रपति पर महाभियोग लगाने का अधिकार निम्न में से किसको है—**

(a) सर्वोच्च न्यायालय (b) संसद के दोनों सदनों

(c) लोकसभा अध्यक्ष (d) प्रधानमन्त्री।

**उत्तर**—(b) संसद के दोनों सदनों को।

7. **राष्ट्रपति राज्यसभा के कितने सदस्यों को मनोनीत करता है—**

(a) 02 (b) 12

(c) 10 (d) 06.

**उत्तर**—(b) 12.

8. **भारत के वर्तमान राष्ट्रपति निम्न में से कौन हैं—**

(a) प्रणव मुखर्जी (b) पी. ए. संगमा

(c) हामिद अन्सारी (d) जसवन्त सिंह।

**उत्तर**—(a) प्रणव मुखर्जी

9. **भारत के नए राष्ट्रपति प्रणव मुखर्जी ने निम्न में से किस तिथि को राष्ट्रपति पद की शपथ ग्रहण की—**

(a) 24 जुलाई, 2012 (b) 25 जुलाई, 2012

(c) 16 जुन 2012 (d) 30 जून, 2012

**उत्तर**—(b) 25 जुलाई 2012

10. **भारत के नए उपराष्ट्रपति निम्न में से कौन है—**

(a) जसवन्त सिंह (b) पी. ए. संगमा

(c) हामिद अन्सारी (d) प्रणव मुखर्जी

**उत्तर**—(c) 12.

●●

# अध्याय 26 प्रधानमन्त्री और संघीय मन्त्रिपरिषद्

## [PRIME MINISTER AND THE UNION COUNCIL OF MINISTERS]

*"मन्त्रिपरिषद् वह धुरी है, जिसके चारों ओर समस्त राजनीतिक मशीन घूमती है।"*
—जॉन मेरियट

*"प्रधानमन्त्री मन्त्रिमण्डल रूपी मेहराब की आधारशिला है।"* —डॉ. भीमराव अम्बेडर

भारत में संसदीय शासन की स्थापना की गयी है। संसदीय शासन व्यवस्था में देश की कार्यपालिका शक्ति राष्ट्रपति और मन्त्रिपरिषद् में निहित होती है। राष्ट्रपति संवैधानिक प्रमुख है और प्रशासन में मन्त्रिपरिषद् शासन की धुरी है। संविधान के **अनुच्छेद 74** में कहा गया है कि राष्ट्रपति को सहायता और परामर्श देने के लिए मन्त्रिपरिषद् होगी जिसका प्रमुख प्रधानमन्त्री होगा। यह मन्त्रिपरिषद् सामूहिक रूप से लोकसभा के प्रति उत्तरदायी होता है। राष्ट्रपति मन्त्रिपरिषद् के परामर्श को मानने के लिए बाध्य है। व्यवहार में राष्ट्रपति की समस्त शक्तियों का वास्तविक प्रयोग राष्ट्रपति को सहायता एवं परामर्श देने वाली मन्त्रिपरिषद् ही करती है। इस प्रकार मन्त्रिपरिषद् में ही वास्तविक कार्यपालिका शक्ति निहित होती है। विद्वान **जॉन मेरियट** ने कहा है कि, **"मन्त्रिपरिषद् वह धुरी है, जिसके चारों ओर समस्त राजनीतिक मशीन घूमती है।"** मन्त्रिपरिषद् ही राज्य की नीतियों का निर्धारण करती है। **ग्लेडस्टोन** ने कहा है कि, "कैबिनेट सूर्य पिण्ड है, जिसके चारों ओर अन्य पिण्ड घूमते हैं। इसीलिए **रैम्जेम्योर** का कथन पूर्णत: सत्य है कि, **"मन्त्रिपरिषद् राज्यरूपी जहाज का परिचालक यन्त्र है।" लावेल** ने कहा है कि, **"मन्त्रिमण्डल राजनीतिक भवन की आधारशिला है।"** इस प्रकार ब्रिटेन के समान भारत में मन्त्रिपरिषद् का महत्वपूर्ण स्थान है।

**मन्त्रिपरिषद् की रचना या संगठन**—मन्त्रिपरिषद् की रचना एक जटिल प्रश्न है। इसमें कुछ सैद्धान्तिक तथा अनेक व्यावहारिक प्रश्न निहित हैं। मन्त्रिपरिषद् की रचना के निम्नांकित चरण हैं—

**(1) प्रधानमन्त्री की नियुक्ति**—संविधान के **अनुच्छेद** 75(1) के अनुसार प्रधानमन्त्री की नियुक्ति राष्ट्रपति करेगा परन्तु व्यवहार में राष्ट्रपति द्वारा प्रधानमन्त्री की नियुक्ति केवल औपचारिकता मात्र ही है क्योंकि राष्ट्रपति लोकसभा में बहुमत दल के नेता को ही प्रधानमन्त्री के पद पर नियुक्त करता है परन्तु यदि लोकसभा में किसी दल को स्पष्ट बहुमत न मिला हो तो राष्ट्रपति स्वविवेक से उस व्यक्ति को प्रधानमन्त्री के पद पर नियुक्त करेगा, जिसे लोकसभा में स्पष्ट बहुमत का विश्वास प्राप्त हो।

संविधान के अनुच्छेद 75 के अलग 6 फरवरी 2012 से प्रधानमंत्री का वेतन 50,000 रु. मासिक निर्धारित कर दिया गया है। इस वेतन के अतिरिक्त महंगाई भत्ता 62,000 प्रतिमाह, संसदीय क्षेत्र माना 20,000 मासिक और अन्य भक्तों के रूप में 3000 रुपए अन्य मासिक भत्ते प्राप्त होते हैं। इस प्रकार प्रधानमंत्री के 1 लाख 35 हजार रु. मासिक वेतन प्राप्त होता है

**(2) अन्य मन्त्रियों की नियुक्ति**—संविधान के अनुसार, अन्य मन्त्रियों की नियुक्ति प्रधानमन्त्री के परामर्श पर राष्ट्रपति द्वारा किये जाने की व्यवस्था है परन्तु राष्ट्रपति अन्य मन्त्रियों की नियुक्ति के सम्बन्ध में भी स्वतन्त्र नहीं है। राष्ट्रपति प्रधानमन्त्री का परामर्श मानने को बाध्य है। राष्ट्रपति स्वेच्छा से एक भी मन्त्री की नियुक्ति नहीं कर सकता, क्योंकि मन्त्रिपरिषद् का लोकसभा के प्रति सामूहिक उत्तरदायित्व होता है इसीलिए प्रधानमन्त्री द्वारा अन्य मन्त्रियों की जो सूची तैयार की जाती है। राष्ट्रपति उन्हीं को अन्य मन्त्रियों के पद पर नियुक्त करता है। यहाँ—यह भी उल्लेखनीय है कि प्रधानमन्त्री भी

अन्य मन्त्रियों की नियुक्ति करने में पूर्णत: स्वतन्त्र नहीं है। मन्त्रियों की सूची तैयार करते समय या मन्त्रियों की नियुक्ति करते समय उसे कुछ बातों का विशेष ध्यान रखना पड़ता है; जैसे–

(1) मन्त्रिपरिषद् के सभी सदस्य उसके अपने ही राजनीतिक दल के हों।

(2) वे प्रधानमन्त्री के विश्वासपात्र हों।

(3) वे दल में प्रभावशाली हों तथा दल के विश्वासपात्र हों।

(4) वे देश के प्राय: सभी क्षेत्रों, सम्प्रदायों एवं वर्गों का न्यायसंगत प्रतिनिधित्व कर सकें।

(5) वे इतने योग्य हों कि अपने पदों के दायित्वों का भली-भाँति निर्वाह कर सकें। वे अपने विभाग का प्रशासन सम्भालने, संसद में भाषण देने तथा विरोधी दलों के प्रश्नों के उत्तर दे सकने की योग्यता रखते हों।

**(3) मन्त्रियों के लिए योग्यताएँ**–संविधान द्वारा यद्यपि मन्त्रियों के लिए कोई शैक्षणिक योग्यता निर्धारित नहीं की गयी है परन्तु व्यवहार में शिक्षित, योग्य एवं अनुभवी व्यक्ति ही मन्त्री नियुक्त किये जाते हैं। संविधान के अनुसार मन्त्रिपरिषद् के सभी सदस्यों के लिए संसद का सदस्य होना आवश्यक है। यदि प्रधानमन्त्री किसी ऐसे व्यक्ति को मन्त्रिपरषिद् में सम्मिलित कर लेता है जो संसद के किसी भी सदन का सदस्य नहीं है तो उस व्यक्ति को मन्त्री पद पर निगुक्ति की तिथि से 6 माह के भीतर संसद के किसी सदन का सदस्य निर्वाचित होना अनिवार्य होता है। यदि वह इस अवधि में निर्वाचित नहीं हो पाता तो उसे अपने पद से हटना पड़ेगा। सामान्यत: ऐसे व्यक्ति को, जिसे प्रधानमन्त्री मन्त्रिपरिषद् मे सम्मिलित करना चाहता है, प्रधानमन्त्री राष्ट्रपति द्वारा उसे मनोनीत करा लेता है। व्यावहारिक दृष्टि से अन्य योग्यताओं के सम्बन्ध में प्रधानमन्त्री द्वारा ही विचार किया जाता है।

**(4) मन्त्रिपरिषद् की सदस्य संख्या**–मन्त्रिपरिषद् की सदस्य संख्या संविधान द्वारा निश्चित नहीं की गई है परन्तु 97 वें संविधान संशोधन 2003 द्वारा मन्त्रियों की संख्या निर्धारित कर दी गई है। केन्द्र एंव राज्यों में मंत्रिपरिषद का अधिकतम आकार निचले सदन की कुल सदस्य संख्या का 15% हो सकेगा। सिक्किम व मिजोरम जैसे छोट राज्यों में यह संख्या 12 से अधिक नहीं होगी।

**(5) मन्त्रिपरिषद् का कार्यकाल**–मन्त्रिपरिषद् का कार्यकाल निश्चित नहीं होता। मन्त्रिपरिषद् तभी तक अपने पद पर रहती है, जब तक कि उसे संसद का विश्वास प्राप्त हो। मन्त्रिपरिषद् अधिक से अधिक लोकसभा के कार्यकाल तक अर्थात् 5 वर्ष तक अपने पद पर बनी रहती है। व्यक्तिगत रूप से किसी मन्त्री का कार्यकाल प्रधानमन्त्री के प्रति विश्वास पर निर्भर करता है। इसके अतिरिक्त जब तक प्रधानमन्त्री के दल को लोकसभा का बहुमत एवं विश्वास प्राप्त रहता है, उस समय तक ही मन्त्रिपरिषद् अपने पद पर सुरक्षित रह सकती है। इसीलिए लोकसभा के समान मन्त्रिपरिषद् का कार्यकाल भी 5 वर्ष ही समझा जाता है।

**(6) मन्त्रियों की श्रेणियाँ**–मन्त्रिपरिषद् में मन्त्रियों की तीन श्रेणियाँ होती हैं–(1) मन्त्रिमण्डलीय या कैबिनेट मन्त्री, (2) राज्यमन्त्री, (स्वतन्त्र प्रभार) (3) राज्य मन्त्री (4) उपमन्त्री

**(1) कैबिनेट मन्त्री** –ये प्रथम श्रेणी के सर्वोच्च मन्त्री होते हैं। मन्त्रिमण्डल के यह सदस्य महत्वपूर्ण विभागों के अध्यक्ष होते है। ये मन्त्री ही मन्त्रिमण्डल की बैठकों में भाग लेते हैं और देश के शासन संचालन हेतु नीति निर्धारित करते हैं।

**(2) राज्यमन्त्री**–ये द्वितीय श्रेणी के मन्त्री होते हैं। ये मन्त्री दो प्रकार के कार्य करते हैं कुछ मन्त्री किसी विभाग के शासन के स्वतन्त्र प्रभारी के रूप में कार्य करते हैं और कुछ मन्त्री केबिनेट मन्त्री के विभाग में रहकर उसकी सहायता करते हैं। सामान्यत: ये न तो मन्त्रिमण्डल की बैठकों में भाग लेते हैं और न नीति निर्धारण का कार्य करते हैं लेकिन जब उनके विभाग से सम्बन्धित कोई प्रश्न विचाराधीन होता है, तो प्रधानमन्त्री द्वारा इन मन्त्रियों को मन्त्रिमण्डल की बैठकों मे आमन्त्रित किया जाता है।

**(3) उपमन्त्री**–ये तृतीय श्रेणी के मन्त्री होते हैं ये मन्त्री न तो किसी विभाग के अध्यक्ष ही होते हैं और न इन्हें कोई स्वतन्त्र प्रभार ही प्रदान किया जाता है। सामान्यत: उपमन्त्री कैबिनेट मन्त्री या राज्यमन्त्री से सम्बद्ध होते हैं, वह मन्त्री के सहायक के रूप में कार्य करता है।

कभी-कभी प्रधानमन्त्री संसदीय सचिवों की नियुक्ति भी करता है। ये उपमन्त्री से नीचे की श्रेणी में आते हैं और प्रशासन तथा विशेष रूप से संसदीय कार्यों में मन्त्रियों की सहायता करते हैं। इनकी नियुक्ति करना या न करना प्रधानमन्त्री की स्वेच्छा पर निर्भर करता है।

संसदीय सचिवों के अतिरिक्त प्रत्येक विभाग में एक स्थायी सचिव और उसके अधीन अतिरिक्त सचिव, संयुक्त सचिव, अधीक्षक तथा लिपिक आदि होते हैं। संसदीय सचिव के अतिरिक्त सभी पद स्थायी होते हैं। मन्त्रिमण्डल के बदल जाने पर ये लोग प्रभावित नहीं होते, स्थायी रूप से अपने पद पर कार्य करते रहते हैं।

**मन्त्रिपरिषद् और मन्त्रिमण्डल में अन्तर**—मन्त्रिपरिषद् और मन्त्रिमण्डल शब्दों का प्रयोग सामान्यत: लोग एक ही अर्थ में करते हैं, परन्तु मन्त्रियों की तीन श्रेणियाँ होने के कारण मन्त्रिपरिषद् और मन्त्रिमण्डल दोनों का अर्थ अलग-अलग हो जाता है। प्रधानमन्त्री सहित कैबिनेट मन्त्रियों, राज्यमन्त्रियों और उपमन्त्रियों का सामूहिक नाम मन्त्रिपरिषद् है, जबकि मन्त्रिमण्डल केवल उच्चश्रेणी के मन्त्रियों अर्थात् कैबिनेट मंत्रियों का एक समूह होता है, जिनसे प्रधानमन्त्री प्रत्येक विषय पर परामर्श या विचार विमर्श करता है परन्तु आवश्यकता पड़ने पर वह किसी भी मन्त्री को विचार-विमर्श के लिए बुला सकता है। आकार की दृष्टि से मन्त्रिपरिषद् एक वृहद् (बड़ी) संस्था है और मन्त्रिमण्डल छोटी संस्था है। महत्व की दृष्टि से मन्त्रिमण्डल बड़ा होता है, क्योंकि वह देश के शासन संचालन हेतु नीति निर्धारित करता है। इसीलिए मन्त्रिमण्डल के सम्बन्ध में **रैम्जेम्योर** ने लिखा है कि, "मन्त्रिमण्डल, मन्त्रिपरिषद् का हृदय है, शासन का परिचालक यन्त्र है, जिसमें समस्त महत्वपूर्ण विभागों के अध्यक्ष सम्मिलित रहते हैं।"

**(7) मन्त्रियों का कार्य विभाजन**—संविधान के अनुसार मन्त्रिपरिषद् के गठन के बाद मन्त्रियों के विभागों का विभाजन राष्ट्रपति द्वारा किये जाने की व्यवस्था है, परन्तु व्यवहार में मन्त्रियों में विभाग वितरण का वास्तविक आधार प्रधानमन्त्री को प्राप्त है। सामान्यत: एक मन्त्री के अधीन एक ही विभाग रहता है, परन्तु कभी-कभी एक ही मन्त्री को एक से अधिक विभाग भी सौंपे जा सकते हैं। मन्त्रियों के विभागों में परिवर्तन भी किया जा सकता है। विभागों की संख्या आवश्यकता के अनुसार घटाई-बढ़ाई जा सकती है और नये विभागों का गठन भी किया जा सकता है। प्रशासनिक अनुभव के आधार पर मन्त्रियों को महत्वपूर्ण विभाग सौंपे जाते हैं। इस प्रकार प्रधानमन्त्री द्वारा किये गये कार्य-विभाजन के आधार पर बनायी गयी सूची को ही राष्ट्रपति अपनी स्वीकृति प्रदान कर देता है।

**(8) मन्त्रियों द्वारा शपथ ग्रहण**—पद ग्रहण करने से पूर्व प्रधानमन्त्री सहित प्रत्येक मन्त्री को राष्ट्रपति के समक्ष अपने पद और गोपनीयता की शपथ लेनी होती है। शपथ का प्रारूप निम्नानुसार है—

**पद की शपथ**

मैं .......... अमुक ............ ईश्वर की शपथ लेता हूँ, सत्यनिष्ठा से प्रतिज्ञा करता हूँ कि मैं विधि द्वारा स्थापित भारत के संविधान के प्रति सच्चाई, श्रद्धा और निष्ठा रखूँगा, मैं भारत की प्रभुता और अखण्डता को अक्षुण्ण रखूँगा, संघ के मन्त्री के रूप में अपने कर्तव्यों का श्रद्धापूर्वक और शुद्ध अन्तकरण से निर्वहन करूँगा तथा भय या पक्षपात, अनुराग या द्वेष के बिना मैं सब प्रकार के लोगों के प्रति संविधान और विधि के अनुसार न्याय करूँगा।

**गोपनीयता की शपथ**

मैं .......... अमुक ............ ईश्वर की शपथ लेता हूँ, सत्यनिष्ठा से प्रतिज्ञा करता हूँ कि जो विषय संघीय मन्त्री के रूप में मेरे विचार के लिए लाया जायेगा अथवा मुझे ज्ञात होगा, उसे व्यक्ति या व्यक्तियों को, उस अवस्था को छोड़कर जब मन्त्री के रूप में अपने कर्तव्यों के उचित निर्वाह के लिए ऐसा करना अपेक्षित हो, अन्य अवस्था में प्रत्यक्ष या अप्रत्यक्ष रूप में संसूचित या प्रकट नहीं करूँगा।

**मन्त्रिपरिषद् की प्रमुख विशेषताएँ**—भारत में संसदीय या मन्त्रिमण्डलीय व्यवस्था की प्रमुख विशेषताएँ वही हैं जो कि ब्रिटिश मन्त्रिमण्डलीय शासन पद्धति में है, ये विशेषताएँ निम्नलिखित हैं—

**(1) दोहरी कार्यपालिका**—भारत में संसदीय शासन व्यवस्था के अन्तर्गत दो प्रकार की कार्यपालिका के प्रधान हैं। एक राष्ट्रपति है, जो केवल संवैधानिक प्रधान या नाममात्र का अध्यक्ष होता है। वह मन्त्रिमण्डल के अधिवेशनों में भाग नहीं लेता और न अध्यक्षता करता है। दूसरा प्रधानमन्त्री है, जो कार्यपालिका का वास्तविक प्रधान होता है। ब्रिटेन की भाँति भारत का समस्त प्रशासन राष्ट्रपति के माध्यम से प्रधानमन्त्री अपनी मन्त्रिपरिषद् के नाम से चलाता है। राष्ट्रपति मन्त्रिपरिषद् का परामर्श मानने के लिए बाध्य होता है। इसलिए राष्ट्रपति को प्राप्त शक्तियों का वास्तविक प्रयोग मन्त्रिपरिषद् ही करती है। इस प्रकार मन्त्रिपरिषद् ही वास्तविक कार्यपालिका है।

**(2) संसद के बहुमत का प्रतिनिधित्व**—लोकसभा में जिस राजनीतिक दल को बहुमत प्राप्त होता है, उसी दल के नेता को राष्ट्रपति द्वारा प्रधानमन्त्री पद हेतु आमन्त्रित किया जाता है। व्यवहार में प्रधानमन्त्री ही मन्त्रिपरिषद् के सदस्यों का चयन करता है। इस चयन को ही सामान्यत: राष्ट्रपति अपनी स्वीकृति दे दिया करते हैं। इस प्रकार से गठित मन्त्रिपरिषद् लोकसभा के बहुमत का प्रतिनिधित्व करती है। यद्यपि सभी मन्त्री संसद के सदस्य होते हैं परन्तु मन्त्रिपरिषद् में ऐसे व्यक्तियों को भी

सम्मिलित कर लिया जाता है जो संसद के सदस्य नहीं होते तथा जिन्हें अपनी नियुक्ति की तिथि से 6 माह की अवधि में ही संसद के किसी सदन का सदस्य निर्वाचित होना पड़ता है अन्यथा उन्हें अपने पद से त्याग-पत्र देना पड़ता है।

**(3) सामूहिक उत्तरदायित्व**—"संविधान के **अनुच्छेद** 75(3) में कहा गया है कि मन्त्रिपरिषद् लोकसभा के प्रति सामूहिक रूप से उत्तरदायी होगा।" मन्त्रिमण्डल के सभी सदस्य एक साथ डूबते तथा एक साथ तैरते हैं। सामूहिक उत्तरदायित्व के सिद्धान्त के अनुसार कोई मन्त्री अपने कार्य के लिए अकेला ही उत्तरदायी नहीं होता है, वरन् उसके कार्य के लिए सम्पूर्ण मन्त्रिपरिषद् उत्तरदायी होता है। यदि कोई सरकारी विधेयक लोकसभा में पारित न हो पाये, तो यह पराजय उस विधेयक को प्रस्तुत करने वाले मन्त्री की ही पराजय नहीं मानी जाती, बल्कि प्रधानमन्त्री सहित सम्पूर्ण मन्त्रिपरिषद् की पराज़य मानी जाती है। इस पराजय के परिणामस्वरूप सम्पूर्ण मन्त्रिपरिषद को त्याग-पत्र देना पड़ता है। इसीलिए लोकसभा में जब किसी विधेयक पर वाद-विवाद होता है तो मन्त्रिपरिषद् के समस्त मंत्री उस विधेयक के पक्ष में ही अपना मत प्रकट करते हैं, भले ही वे उससे सहमत न हों। यदि कोई मन्त्रिपरिषद के अन्य मन्त्रियों के मत से सहमत नहीं होता है तो वह अपने पद से त्याग-पत्र देकर पृथक् हो सकता है। मन्त्रिपरिषद् से पृथक् होकर ही वह विधेयक का विरोध कर सकता है। विगत वर्षों में मन्त्रिपरिषद् के निर्णयों से सहमत न होने के कारण अनेक मन्त्रियों ने अपने पद से त्यागपत्र दिये हैं। इसके अतिरिक्त लोकसभा द्वारा एक मन्त्री के विरुद्ध पारित किया गया अविश्वास प्रस्ताव सम्पूर्ण मन्त्रिमण्डल के विरुद्ध अविश्वास माना जाता है।

परन्तु सामूहिक उत्तरदायित्व का यह अर्थ नहीं है कि एक मन्त्री की मूर्खता के लिए सम्पूर्ण मन्त्रिगण्डल को दोषी ठहराया जायेगा।

**(4) गोपनीयता**—मन्त्रिमण्डल के सम्बन्ध में एक महत्वपूर्ण तथ्य यह भी है कि मन्त्रिमण्डल की बैठकों की कार्यवाही एवं समस्त निर्णय गोपनीय रखे जाते हैं। कोई भी मन्त्री उन्हें प्रकट नहीं कर सकता। मन्त्री को पद ग्रहण करने के पूर्व राष्ट्रपति के समक्ष गोपनीयता की शपथ लेनी पड़ती है। यदि कोई मन्त्री इस शपथ का उल्लंघन करके गोपनीयता भंग करता है, तो प्रधानमन्त्री उसको पद से त्यागपत्र देने के लिए बाध्य कर सकता है।

**(5) राजनीतिक सजातीयता**—इसका अर्थ यह है कि मन्त्रिमण्डल के सभी सदस्य एक ही राजनैतिक विचारधारा के होने चाहिए। एक ही विचारधारा के मन्त्री संयुक्त उत्तरदायित्व की भावना से कार्य करते हैं। समान विचारधारा रखने वाले मन्त्री होने की स्थिति में मन्त्रिपरिषद् के कार्य को सुचारू रूप से संचालित किया जा सकता है। अत: राजनीतिक एकरसता मन्त्रिपरिषद् की एक प्रमुख विशेषता है।

**(6) प्रधानमन्त्री की सर्वोच्चता**—प्रधानमन्त्री मन्त्रिपरिषद् का प्रधान होता है। वह मन्त्रिपरिषद् का नेता होने के कारण मन्त्रिपरिषद् की बैठकों की अध्यक्षता करता है। उसका व्यक्तित्व ही मन्त्रिपरिषद् का व्यक्तित्व होता है। वह मन्त्रिमण्डल के गठन, जीवन एवं मृत्यु के लिए उत्तरदायी है। वही मन्त्रियों का चयन करता है। उन्हें पद से हटा सकता है और विभागों का बँटवारा करता है। वह नीति निर्धारण में प्रमुख भूमिका निभाता है। मन्त्रिपरिषद् का कोई भी सदस्य उसकी इच्छा के विरुद्ध कार्य नहीं कर सकता। उसका त्याग-पत्र सम्पूर्ण मन्त्रिपरिषद् का त्याग-पत्र माना जाता है। पण्डित नेहरू, श्रीमती इन्दिरा गाँधी मन्त्रिमण्डल के नेता ही नहीं, वरन् स्वामी थे और मन्त्रिमण्डल रबर की मोहर बन गया था। इस सम्बन्ध में **जैनिंग्स** का मत उल्लेखनीय है—**"प्रधानमन्त्री समान पद वाले व्यक्तियों में ही प्रथम ही नहीं है, वह तो सूर्य के समान है, जिसके चारों ओर उपग्रह चक्कर लगाते हैं।"**

## मन्त्रिपरिषद् की शक्तियाँ एवं कर्तव्य
## (Powers and Duties of Council of Ministers)

संविधान के **अनुच्छेद** 75(1) में कहा गया है कि राष्ट्रपति को सहायता एवं परामर्श देने के लिए एक मन्त्रिपरिषद् होगी। परन्तु व्यवहार में मन्त्रिमण्डल ही एक सर्वोच्च इकाई के रूप में भारतीय शासन व्यवस्था का संचालन करता है। मन्त्रिमण्डल, मन्त्रिपरिषद् का एक सर्वाधिक महत्वपूर्ण अंग है। यह ब्रिटिश मन्त्रिमण्डल का प्रतिरूप है और उसी के समान शक्तियों का भी प्रयोग करता है। इसीलिए मन्त्रिमण्डल को मन्त्रिपरिषद् की आत्मा एवं हृदय कहा जाता है। इस सम्बन्ध में **जॉन मेरियट** ने कहा है कि, "केबिनेट वह धुरी है, जिसके चारों ओर समस्त राजनीतिक चक्र घूमता है। **रैम्जेम्योर** ने भी कहा है कि, "मन्त्रिमण्डल राज्यरूपी जहाज को घुमाने वाला चक्र है।" **एयरी** के अनुसार, "मन्त्रिमण्डल शासन का केन्द्रीय यन्त्र है।" **लावेल** मन्त्रिमण्डल को राजनैतिक मेहराब की आधारशिला कहकर पुकारता है। पाश्चात्य विचारकों के ये विचार भारतीय मन्त्रिमण्डल पर भी पूर्ण रूप से लागू होते हैं। मन्त्रिमण्डल की शक्तियों एवं कर्तव्यों का उल्लेख अग्रलिखित शीर्षकों के अन्तर्गत किया जा सकता है—

**(1) नीति निर्धारण सम्बन्धी शक्तियाँ**—मन्त्रिमण्डल द्वारा ही वैदेशिक, वित्त, गृह, व्यापार, वाणिज्य, उद्योग, सुरक्षा आदि सभी विभागों की नीति निर्धारित की जाती है। समस्त राष्ट्रीय एवं अन्तर्राष्ट्रीय समस्याओं पर मन्त्रिमण्डल विचार करता है तथा निर्णय लेता है। देश के शासन को सुचारू रूप से संचालित करने के लिए वह शासन के कार्यों को विभिन्न भागों में विभाजित करता है। प्रधानमन्त्री विभागों के वितरण में प्रत्येक मन्त्री को एक या एक से अधिक विभाग सौंपता है। नीतियों के निर्धारण व क्रियान्वयन हेतु मन्त्रिमण्डल के विभिन्न विभागों में पारस्परिक सामंजस्य स्थापित करता है। संकटकाल में शान्ति स्थापित करने के सम्बन्ध में वह नीति निर्धारण करता है, जिनका संसद प्रायः अनुमोदन कर देती है। अतः नीति निर्धारण पर मन्त्रिमण्डल का एकाधिकार होता है।

**(2) नियुक्ति सम्बन्धी शक्तियाँ एवं कर्तव्य**—राष्ट्रपति के नाम पर उच्चतम एवं उच्च न्यायालयों के मुख्य न्यायाधीश, न्यायाधीश, राज्यपाल, महान्यायवादी, राजदूत, निर्वाचन आयोग, वित्त आयोग, लोक सेवा आयोग के अध्यक्ष एवं सदस्यों आदि की नियुक्ति मन्त्रिमण्डल ही करता है।

**(3) वित्तीय शक्तियाँ**—देश के वित्त पर मन्त्रिमण्डल का पूर्ण नियन्त्रण होता है। देश की वित्तीय नीति निर्धारित करना मन्त्रिमण्डल का कार्य है। देश की प्रगति हेतु योजनाएँ बनाकर उन्हें क्रियान्वित करना मन्त्रिमण्डल का ही उत्तरदायित्व है। देश में होने वाले सम्पूर्ण शासकीय आय-व्यय पर मन्त्रिमण्डल का अधिकार होता है। देश के वार्षिक आय-व्यय का बजट वित्तमन्त्री द्वारा लोकसभा में प्रस्तुत किया जाता है। बजट को पारित कराने का उत्तरदायित्व मन्त्रिमण्डल का होता है। संसद में मन्त्रिमण्डल के दल का बहुमत होने के कारण बजट पारित हो जाता है। शासन के किन विभागों पर कितना व्यय होगा, आदि निर्णय मन्त्रिमण्डल ही करता है। आर्थिक प्रश्नों पर अन्य महत्वपूर्ण निर्णय भी मन्त्रिमण्डल ही करता है। सन् 1966 तथा 1991 ई. में जब भारतीय रुपये का अवमूल्यन किया गया था तो यह निर्णय केवल वित्तमन्त्री का नहीं था, बल्कि सम्पूर्ण मन्त्रिमण्डल का निर्णय था। इसके अतिरिक्त पूरक तथा अनुपूरक माँगें तथा वित्त विधेयक भी मन्त्रिमण्डल के किसी सदस्य द्वारा लोकसभा में प्रस्तुत एवं पारित कराये जाते हैं। राष्ट्रपति द्वारा वित्त आयोग का गठन भी मन्त्रिमण्डल के परामर्श के आधार पर ही किया जाता है।

**(4) राष्ट्रपति को सहायता एवं परामर्श देना**—संविधान की व्यवस्था के अनुसार मन्त्रिपरिषद का कार्य राष्ट्रपति को परामर्श देना है। राष्ट्रपति मन्त्रिपरिषद् के परामर्श की उपेक्षा नहीं कर सकता, क्योंकि वह उसे मानने के लिए बाध्य है। संकट काल में राष्ट्रपति की संकटकालीन शक्तियों का प्रयोग करके मन्त्रिपरिषद् राष्ट्रपति की सहायता करती है।

**(5) राज्यों से सम्बन्धित शक्तियाँ**—मन्त्रिमण्डल राज्यपाल के माध्यम से राज्यों के शासन पर नियन्त्रण रखता है। संघ-शासित क्षेत्रों का शासन तो पूर्ण रूप से मन्त्रिमण्डल के अधीन ही होता है। मन्त्रिमण्डल संघ शासित क्षेत्रों में नियुक्त प्रशासनिक अधिकारियों के माध्यम से वहाँ का शासन चलाता है। मन्त्रिमण्डल को राज्यों के शासन में हस्तक्षेप करने की शक्ति प्राप्त है। संकटकालीन स्थिति में तो मन्त्रिमण्डल के आदेशों के अनुसार ही राज्यों को कार्य करना पड़ता है।

**(6) शासन सम्बन्धी महत्वपूर्ण विषयों पर निर्णय लेना**—नये राज्यों का गठन, राज्य की सीमाओं में परिवर्तन, भाषा के आधार पर प्रान्तों का गठन और रुपये के अवमूल्यन से सम्बन्धित महत्वपूर्ण विषयों पर मन्त्रिपरिषद को ही निर्णय लेना पड़ता है।

**(7) अन्य शक्तियाँ एवं कर्तव्य**—अपराधियों को क्षमा करना या उनके दण्ड को कम करना, विभिन्न सेवाओं के लिए उच्च पदकों तथा राष्ट्रीय पुरस्कारों एवं सम्मानों की घोषणा करना, विदेश यात्राएँ एवं देश में समन्वय स्थापित करने के उद्देश्य से विभिन्न राज्यों की यात्राएँ करना भी मन्त्रिपरिषद् के सदस्यों का ही कर्तव्य है।

इस प्रकार मन्त्रिमण्डल की उपर्युक्त शक्तियों का अध्ययन करने के पश्चात् यह निष्कर्ष निकालना गलत नहीं होगा कि मन्त्रिमण्डल की शक्तियाँ किसी अधिनायक से कम नहीं हैं। लेकिन उसकी शक्ति पर कई मर्यादाएँ रहती हैं। सिद्धान्ततः मन्त्रिमण्डल शासन का सर्वोच्च अंग है।

## प्रधानमन्त्री
## (Prime Minister)

**"प्रधानमन्त्री समकक्षों में प्रथम मात्र नहीं है, वह तो वास्तव में सूर्य है, जिसके चारों ओर ग्रह अथवा नक्षत्र घूमते रहते हैं।"**

भारत का प्रधानमन्त्री, ब्रिटिश प्रधानमन्त्री की भाँति समय और संयोग की सन्तान नहीं है। उसका पद संविधान द्वारा उपबन्धित किया गया है। भारतीय संविधान के **अनुच्छेद 74** के अनुसार, **"राष्ट्रपति को सहायता और परामर्श देने के लिए एक मन्त्रिपरिषद् होगी, जिसका प्रमुख प्रधानमन्त्री होगा।"** भारतीय संविधान के अनुसार भारतीय शासन व्यवस्था में प्रधानमन्त्री के पद का विशिष्ट महत्व है। भारतीय प्रधानमन्त्री अमेरिकी राष्ट्रपति तथा ब्रिटिश प्रधानमन्त्री के समान शक्तिशाली है। जब तक उसे लोकसभा में बहुमत का समर्थन प्राप्त है, उसे उसके पद से कोई नहीं हटा सकता। अत: प्रधानमन्त्री के विषय में यह कहना अनुचित न होगा कि वह ही राष्ट्र का कर्णधार और वास्तविक शासक होता है। **रैम्जेम्योर** के शब्दों में, **"मन्त्रिमण्डल राज्यरूपी जहाज का यन्त्र है और प्रधानमन्त्री उस यन्त्र का चालक है।"**

**प्रधानमन्त्री की नियुक्ति**— भारतीय संविधान के **अनुच्छेद 75 (1)** के अनुसार प्रधानमन्त्री की नियुक्ति राष्ट्रपति द्वारा किये जाने की व्यवस्था है, परन्तु प्रधानमन्त्री की नियुक्ति में राष्ट्रपति स्वतन्त्र नहीं है। संविधान में किये गये प्रावधान के अनुसार लोकसभा में जिस दल को बहुमत प्राप्त होता है, उस दल के नेता को प्रधानमन्त्री पद हेतु राष्ट्रपति को आमन्त्रित करना ही पड़ता है। बहुमत दल के नेता को ही वह प्रधानमन्त्री का पद ग्रहण करने के लिए कहता है। इस प्रकार लोकसभा में बहुमत दल का नेता ही प्रधानमन्त्री बनता है। परन्तु दो परिस्थितियों में राष्ट्रपति प्रधानमन्त्री को नियुक्त करने में स्वविवेक का प्रयोग कर सकता है। **प्रथम,** जब लोकसभा में बहुमत प्राप्त दल का कोई नेता स्पष्ट न हो अर्थात् नेता के सम्बन्ध में कोई विवाद हो। **द्वितीय,** जब लोकसभा में किसी एक राजनीतिक दल को स्पष्ट बहुमत प्राप्त न हुआ हो या बहुमत दल का नेता प्रधानमन्त्री पद से अपना त्याग पत्र प्रस्तुत कर दे और उस दल में अन्य कोई ऐसा नेता न हो जो प्रधानमन्त्री पद के दायित्व का भली-भाँति निर्वाह कर सके। इन परिस्थितियों में राष्ट्रपति स्वविवेक का प्रयोग करते हुए ऐसे व्यक्ति को प्रधानमन्त्री पद हेतु आमन्त्रित करता है, जिसे लोकसभा के सभी दलों का मिला-जुला समर्थन प्राप्त होने की आशा हो। ऐसे व्यक्ति को ही राष्ट्रपति प्रधानमन्त्री पद पर नियुक्त कर देता है। इसके अतिरिक्त राष्ट्रपति द्वारा राज्यसभा या बाहर से किसी व्यक्ति की नियुक्ति प्रधानमन्त्री पद पर की जा सकती है, परन्तु बाहरी व्यक्ति को पद ग्रहण करने की तिथि से 6 माह के भीतर संसद के किसी सदन का सदस्य निर्वाचित हो जाना अनिवार्य होता है अन्यथा उसे अपने पद से हटना पड़ता है।

## प्रधानमन्त्री की शक्तियाँ एवं कर्तव्य
## (Powers and Functions of The Prime Minister)

संसदीय शासन प्रणाली में शासन की वास्तविक शक्ति मन्त्रिपरिषद् में निहित होती है। मन्त्रिपरिषद् का नेतृत्व प्रधानमन्त्री करता है। प्रधानमन्त्री वास्तविक कार्यपालिका का वास्तविक अध्यक्ष होता है। प्रधानमन्त्री को **मन्त्रिगण रूपी तारों के मध्य चन्द्रमा** कहा जाता है। लोकसभा में बहुमत बने रहने तक उसे इतनी अधिक शक्तियाँ प्राप्त होती हैं, जितनी विश्व के किसी भी संवैधानिक प्रधान को प्राप्त नहीं हैं। प्रधानमन्त्री की शक्तियों एवं कर्तव्यों का वर्णन निम्नलिखित शीर्षकों के अन्तर्गत किया जा सकता है—

**(1) लोकसभा का नेता**—प्रधानमन्त्री लोकसभा के बहुमत दल का नेता होता है। वही सरकार की महत्वपूर्ण नीतियों की सदन में घोषणा करता है। वार्षिक बजट तथा अन्य सरकारी विधेयक उसी के निर्देशानुसार तैयार किये जाते हैं और सदन में प्रस्तुत किये जाते हैं। दलीय संचेतक द्वारा वह अपने दल के सदस्यों को निर्देश देने के साथ ही साथ लोकसभा की कार्यसंचालन सम्बन्धी व्यवस्था में लोकसभा अध्यक्ष की सहायता करता है। प्रधानमन्त्री अपने अन्य सहयोगियों द्वारा सदन में दिये गये भाषणों का स्पष्टीकरण करता है। कानून बनाने से सम्बन्धित समस्त कार्यों का नेतृत्व प्रधानमन्त्री ही करता है। इसके अतिरिक्त वह राष्ट्रपति को लोकसभा भंग करने का परामर्श भी दे सकता है। पूर्व में ऐसे अवसर आये हैं कि प्रधानमन्त्री ने राष्ट्रपति को परामर्श देकर लोकसभा को भंग कराया है। सन् 1977 ई. में सन् 1979 ई. में, सन् 1984 ई. में, सन् 1989 ई. में और मार्च, सन् 1991 ई. में प्रधानमन्त्री अटल बिहारी बाजपेयी द्वारा लोकसभा भंग कराकर नये चुनाव कराये गये थे।

**(2) मन्त्रिपरिषद् का गठन**—संविधान के **अनुच्छेद** 75 के अनुसार मन्त्रिपरिषद् के सदस्यों की नियुक्ति, प्रधानमन्त्री के परामर्श से राष्ट्रपति द्वारा किये जाने की व्यवस्था है, परन्तु व्यवहार में मन्त्रिपरिषद् के गठन में प्रधानमन्त्री ही सर्वशक्ति-सम्पन्न होता है। प्रधानमन्त्री ही निर्णय करता है कि मन्त्रिपरिषद् में कितने मन्त्री होंगे। वह मन्त्रियों की सूची तैयार करके राष्ट्रपति को प्रस्तुत करता है और राष्ट्रपति उसे स्वीकार कर लेता है। मन्त्रिपरिषद् का गठन करते समय प्रधानमन्त्री अनेक बातों का ध्यान रखता है; जैसे—प्रत्येक क्षेत्र, सम्प्रदाय, अल्पसंख्यकों तथा महिलाओं को प्रतिनिधित्व दिए जाने के साथ ही साथ वह अपने दल के प्रभावशाली तथा वरिष्ठ सदस्यों को भी मन्त्रिपरिषद् में स्थान देता है। इसके अतिरिक्त राजनीतिक सजीवता तथा एक समान विचारधारा वाले व्यक्तियों को मन्त्रिमण्डल में प्रमुखता प्रदान करता है। यदि प्रधानमन्त्री त्याग-पत्र दे दे तो सम्पूर्ण

मन्त्रिपरिषद् का जीवन समाप्त हो जाता है। इसीलिए **प्रो. लॉस्की** ने प्रधानमन्त्री को मन्त्रिपरिषद् का जीवन तथा मृत्यु का केन्द्र बिन्दु कहकर सम्बोधित किया है।

**(3) मन्त्रियों में विभागों का बँटवारा और परिवर्तन**—मन्त्रिपरिषद् का गठन करने के पश्चात् मन्त्रियों के मध्य विभागों का बँटवारा प्रधानमन्त्री ही करता है। वह मन्त्री की शिक्षा, योग्यता एवं अनुभव को ध्यान में रखकर विभागों का बँटवारा करता है। जो मन्त्री जिस-जिस विभाग के लिए योग्य होता है, उसे वही विभाग दिया जाता है। प्रधानमन्त्री जो विभाग अपने पास रखना चाहे, रख सकता है। प्रधानमन्त्री अपनी इच्छानुसार जब चाहे मन्त्रियों के विभागों में परिवर्तन कर सकता है। मन्त्रिपरिषद् का अन्त भी प्रधानमन्त्री की इच्छा पर ही निर्भर करता है। संसदीय शासन में प्रधानमन्त्री के त्यागपत्र को सम्पूर्ण मन्त्रिपरिषद् का त्यागपत्र समझा जाता है।

**(4) मन्त्रियों के विभागों और कार्यों में हस्तक्षेप**—यद्यपि प्रत्येक मन्त्री अपने विभाग से सम्बन्धित सभी कार्य सरकार द्वारा निर्धारित नीति के अनुसार ही करता है, परन्तु फिर भी प्रधानमन्त्री आवश्यकतानुसार उसके कार्यों में हस्तक्षेप कर सकता है। साथ ही मन्त्रिमण्डल सचिवालय और प्रधानमन्त्री सचिवालय के माध्यम से वह समस्त विभागों पर पूर्ण नियन्त्रण रखता है।

**(5) मन्त्रियों को एकता के सूत्र में बाँधना**—प्रधानमन्त्री का एक महत्वपूर्ण कार्य मन्त्रिपरिषद् के समस्त मन्त्रियों को एकता के सूत्र में बाँधना है। यदि किसी विषय पर दो या दो से अधिक मन्त्रियों के मध्य मतभेद उत्पन्न हो जाता है, तो प्रधामन्त्री मध्यस्थता करके उनके पारस्परिक मतभेदों को समाप्त कराता है। इस प्रकार प्रधानमन्त्री शासन के समस्त विभागों में समन्वय स्थापित करता है, जिससे कि समस्त शासन एक इकाई के रूप में कार्य कर सके।

**(6) मन्त्रिपरिषद् की बैठकों की अध्यक्षता**—प्रधानमन्त्री मन्त्रिपरिषद् का अध्यक्ष होता है। वह मन्त्रिपरिषद् की बैठकों की अध्यक्षता और मन्त्रिमण्डल की समस्त कार्यवाही का संचालन करता है। प्रधानमन्त्री की अनुपस्थिति में वरिष्ठतम मन्त्री बैठक की अध्यक्षता करता है। बैठकों में अत्यधिक औपचारिकता नहीं बरती जाती है और न ही कोई कोरम निर्धारित होता है। बैठक में निर्णय सर्वसम्मति से लिये जाते हैं। मतभेद की स्थिति में निर्णय बहुमत से लिया जाता है और बहुमत के आधार पर लिया गया निर्णय, सामूहिक निर्णय, माना जाता है, परन्तु बैठकों में लिये गये समस्त निर्णयों पर प्रधानमन्त्री का सर्वाधिक प्रभाव रहता है। प्रधानमन्त्री की इच्छा के विरुद्ध मन्त्रिपरिषद् की बैठक में कोई भी प्रस्ताव पारित नहीं हो सकता। प्रधानमन्त्री की स्वीकृति के बिना किसी मन्त्री द्वारा कोई प्रस्ताव मन्त्रिपरिषद् की बैठक में प्रस्तुत नहीं किया जा सकता।

**(7) मन्त्रियों को पदच्युत करना**—प्रत्येक मन्त्री का भविष्य प्रधानमन्त्री की इच्छा पर निर्भर करता है। कोई भी मन्त्री उसकी इच्छापर्यन्त ही मन्त्रिपद पर रह सकता है। प्रधानमन्त्री किसी भी मन्त्री से त्यागपत्र माँग सकता है। उसके कहने पर यदि कोई मन्त्री अपना त्यागपत्र न दे तो वह राष्ट्रपति से अनुशंसा करके उसे उसके पद से अपदस्थ करा सकता है। प्रधानमन्त्री और किसी मन्त्री के मध्य मतभेद को पारस्परिक विचार-विमर्श द्वारा समाप्त करने का प्रयास किया जाता है। यदि इससे भी मतभेद समाप्त न हो तो प्रधानमन्त्री अपना त्यागपत्र देकर मन्त्रिपरिषद् को समाप्त कर सकता है।

**(8) नियुक्ति सम्बन्धी परामर्श**—राष्ट्रपति को संविधान द्वारा जिन उच्च-अधिकारियों की नियुक्ति का अधिकार दिया गया है, व्यवहार में वे सभी नियुक्तियाँ प्रधानमन्त्री द्वारा ही की जाती हैं। प्रधानमन्त्री के परामर्श के बिना राष्ट्रपति द्वारा कोई भी नियुक्ति नहीं की जा सकती है; जैसे—उच्चतम तथा उच्च न्यायालय के मुख्य न्यायाधीश, न्यायाधीश, महान्यायवादी, राजदूत, राज्यपाल, सेनाओं के सेनापति, समस्त आयोगों के अध्यक्ष एवं सदस्य तथा अन्य उच्च पदाधिकारियों की नियुक्तियाँ व्यवहार में प्रधानमन्त्री द्वारा ही की जाती हैं।

**(9) मन्त्रिपरिषद् और राष्ट्रपति के मध्य कड़ी**—प्रधानमन्त्री मन्त्रिपरिषद् और राष्ट्रपति के मध्य एक कड़ी के रूप में सेतुफल के रूप में कार्य करता है। संविधान के **अनुच्छेद** 78 की व्यवस्था के अनुसार प्रधानमन्त्री मन्त्रिपरिषद् की समस्त कार्यवाहियों से राष्ट्रपति को अवगत कराता है। कोई कानून बनाने और कार्यपालिका के सम्बन्ध में यदि राष्ट्रपति कोई जानकारी प्राप्त करना चाहता है, तो प्रधानमन्त्री राष्ट्रपति को जानकारी देता है। यदि राष्ट्रपति भी मन्त्रिपरिषद् को कोई परामर्श या निर्देश देना चाहे, तो वह प्रधानमन्त्री के माध्यम से ही देता है। प्रधानमन्त्री की अनुमति के बिना कोई भी मन्त्री न तो राष्ट्रपति से भेंट कर सकता है और न ही कोई जानकारी दे सकता है।

**(10) उपाधियाँ प्रदान करना**—भारतीय संविधान द्वारा राष्ट्र की सेवा के उपलक्ष्य में भारतरत्न, पद्मविभूषण, पद्मभूषण और पद्मश्री आदि उपाधियाँ और सम्मान की जो व्यवस्था की गई है, व्यवहार में वे उपाधियाँ प्रधानमन्त्री के परामर्श पर ही राष्ट्रपति द्वारा प्रदान की जाती हैं।

**(11) सरकार का प्रधान प्रवक्ता**–प्रधानमन्त्री संसद में देश और विदेशों में सरकार की नीतियों का अधिकृत प्रमुख प्रवक्ता होता है। संसद में किन्हीं दो मन्त्रियों के परस्पर विरोधी वक्तव्यों के कारण उत्पन्न हुए भ्रम एवं विवाद की स्थिति प्रधानमन्त्री के वक्तव्य से ही समाप्त होती है। वह संसद में स्पष्टीकरण देकर प्रत्येक मन्त्री की सहायता करता है और देश का मार्गदर्शन करता है।

**(12) आपातकालीन शक्तियाँ**–राष्ट्रपति को प्राप्त आपातकालीन शक्तियों का वास्तविक प्रयोग प्रधानमन्त्री ही करता है। युद्ध प्रारम्भ करने तथा बन्द करने के सम्बन्ध में निर्णय प्रधानमन्त्री द्वारा ही लिया जाता है। युद्ध में जय एवं पराजय का उत्तरदायित्व प्रधानमन्त्री का ही होता है। विजय प्राप्ति पर देश और विदेशों में उसकी प्रतिष्ठा बढ़ती है अन्यथा उसकी आलोचना की जाती है; जैसे–सन् 1962 ई. के बर्बरतापूर्ण चीनी आक्रमण के समय प्रधानमन्त्री पं. जवाहरलाल नेहरू ने संकटकालीन शक्तियों का प्रयोग किया था, लेकिन युद्ध में सैनिकों की पराजय के कारण उनकी कुट आलोचना हुई थी। इसके विपरीत सन् 1965 ई. के भारत, पाकिस्तान, युद्ध में भारत की विजय से श्री लाल बहादुर शास्त्री जी की अत्यधिक प्रशंसा प्राप्त हुई थी। इसी तरह सन् 1971 ई. के भारत-पाकिस्तान युद्ध में भी श्रीमती इन्दिरा गाँधी के व्यक्तित्व से जनता बहुत प्रभावित हुई थी और श्रीमती इन्दिरा गाँधी ने विश्व में प्रतिष्ठा प्राप्त की थी। इसके अतिरिक्त किसी राज्य में राष्ट्रपति शासन लागू किये जाने और समाप्त होने के सम्बन्ध में भी व्यावहारिक रूप से प्रधानमन्त्री द्वारा ही निर्णय लिया जाता है।

**(13) महा-निर्वाचन-प्रधानमन्त्री का निर्वाचन**–प्रधानमन्त्री देश का सर्वाधिक लोकप्रिय नेता होता है। वही देश का नेतृत्व करता है। इसलिए देश का आम चुनाव या महा-निर्वाचन प्रधानमन्त्री के नाम पर ही लड़ा जाता है। देश का आम चुनाव प्रधानमन्त्री का चुनाव कहा जाता है। भारत के प्रथम तीन चुनाव 'काँग्रेस को वोट देकर नेहरू जी के हाथ मजबूत करो' का नारा देकर लड़े गये थे। मार्च, सन् 1971 ई. का लोकसभा चुनाव और फरवरी सन् 1972 ई. का आम चुनाव श्रीमती गाँधी के नाम पर लड़े गये। सन् 1977 ई. का आम चुनाव श्रीमती गाँधी द्वारा आपात काल में किये गये लोकतन्त्र विरोधी कार्यों के आधार पर लड़ा गया था। जनवरी, सन् 1980 ई. के लोकसभा चुनाव तो प्रधानमन्त्री का चुनाव ही था। श्रीमती गाँधी की हत्या के पश्चात् दिसम्बर, सन् 1984 ई. का आठवाँ लोकसभा चुनाव 'इन्दिरा गाँधी की अन्तिम इच्छा बूँद-बूँद से देश की रक्षा, का नारा देकर लड़ा गया था। सन् 1989 ई. को लोकसभा चुनाव राजीव गाँधी बनाम वी. पी. सिंह के रूप में जनादेश की स्वीकृति का परिचायक बना। सन् 1991 ई. का मध्यावधि लोकसभा चुनाव राजीव गाँधी की हत्या के पश्चात् उनके सपनों को साकार करने के नाम पर लड़ा गया। अप्रैल-मई, सन् 1996 ई. का लोकसभा चुनाव देश का विकास और स्थिर सरकार एवं नई आर्थिक नीति जारी रखने के नाम पर लड़ा गया। सन् 1999 ई. का चुनाव सोनिया गाँधी के विदेशी होने के मुद्दे और कारगिल विजय के अभियान को मुद्दा बनाकर लड़ा गया। सन् 2009 ई. का चुनाव स्थिरता और आतंकवाद को मुद्दा बनाकर लड़ा गया।

**(14) अन्तर्राष्ट्रीय जगत् में भारत का प्रतिनिधित्व**–भारतीय प्रधानमन्त्री अन्तर्राष्ट्रीय जगत् में भारत का प्रतिनिधित्व करता है। विदेश विभाग प्रधानमन्त्री के अधीन भले ही न हो, फिर भी विदेश नीति सम्बन्धी निर्णय अन्तिम रूप से प्रधानमन्त्री द्वारा ही लिये जाते हैं। महत्वपूर्ण अन्तर्राष्ट्रीय सम्मेलनों में भारतीय प्रतिनिधि के रूप में प्रधानमन्त्री ही भाग लेते हैं। इसके अतिरिक्त अन्तर्राष्ट्रीय समस्याओं एवं विवादों को सुलझाने, विदेशों से सन्धियाँ और समझौते करने में भी प्रधानमन्त्री भाग लेता है। अन्य देशों से आये हुए महत्वपूर्ण नेताओं का स्वागत और उनके समक्ष अपने देश का दृष्टिकोण प्रधानमन्त्री ही प्रस्तुत करता है।

**प्रधानमन्त्री की स्थिति**–भारतीय प्रधानमन्त्री की उपरिलिखित महत्वपूर्ण शक्तियों एवं कर्त्तव्यों से यह स्पष्ट है कि प्रधानमन्त्री ही वह धुरी है, जिसके चारों ओर अन्य मन्त्रियों और शासकों का चक्र घूमता रहता है। प्रधानमन्त्री मन्त्रिपरिषद् का गठन करने वाला, कार्यपालिका का प्रधान, मन्त्रिपरिषद् का अध्यक्ष और लोकसभा का नेता आदि होता है। समस्त राष्ट्र अपने मार्गदर्शन के लिए प्रधानमन्त्री की ओर देखता है। यदि प्रधानमन्त्री अपने कार्यों को सुचारू रूप से करता है और जनता के हित को स्वहित समझता है, तो वह समस्त देश की जनता का प्रशंसक बन सकता है। इस सम्बन्ध में इंग्लैण्ड के एक भूतपूर्व प्रधानमन्त्री **जेनिंग्स** का यह कथन पूर्णतया सत्य है कि, **"प्रधानमन्त्री अपने पद का महत्व स्वयं बढ़ाता है।"**

प्रधानमन्त्री की स्थिति के सम्बन्ध में विद्वानों का कहना है कि वास्तव में प्रधानमन्त्री सूर्य ही है; क्योंकि उसके चारों ओर मन्त्री रूपी नक्षत्र घूमते हैं। वह मन्त्रिपरिषद् का प्रधान है। प्रधानमन्त्री को **मन्त्रिपरिषद् रूपी मेहराब की आधारशिला** कहा जाता है। वह मन्त्रिपरिषद् का गठन करने वाला है। प्रधानमन्त्री की इच्छा के विरुद्ध मन्त्रिपरिषद् में कोई भी प्रस्ताव पारित नहीं किया जा सकता। समस्त मन्त्रियों को उसके आदेशों का अनिवार्य रूप से पालन करना पड़ता है। मन्त्रिपरिषद् के गठन में प्रधानमन्त्री बहुत बड़ी सीमा तक स्वविवेक का प्रयोग करता है।

प्रधानमन्त्री की उपर्युक्त शक्तियों एवं स्थिति का यह अर्थ कदापि नहीं लगाया जाना चाहिए कि वह निरंकुश, तानाशाह और स्वेच्छाचारी बन सकता है। फाइनर के शब्दों में, **"प्रधानमन्त्री कोई तानाशाह नहीं और ऐसा नहीं है कि उसे चुनौती न दी जा सके। उसकी शक्ति का एकमात्र आधार यह है कि वह राष्ट्र की कितनी सेवा कर सकता है, किसी भी समय उसका प्रतिद्वन्द्वी उसके स्थान को छीन सकता है।"** कोई भी प्रधानमन्त्री लोकसभा तथा जनता के समर्थन के बिना अपने पद पर नहीं रह सकता। यदि प्रधानमन्त्री अपने कार्यकाल में तानाशाह के रूप में कार्य करता है तो आगामी निर्वाचन में मतदाता उसे वोटों की शक्ति से अपदस्थ कर देते हैं।

प्रधानमन्त्री पद की गरिमा प्रधानमन्त्री के व्यक्तित्व पर निर्भर करती है। इस सम्बन्ध में **लॉर्ड ऑक्सफोर्ड तथा एरिक्वथ** ने ठीक ही कहा है कि, **"प्रधानमन्त्री का पद वैसा ही बन सकता है, जैसा पदासीन व्यक्ति उसे बनाना चाहता है।"**

## प्रश्न
## (Questions)

### दीर्घ उत्तरीय प्रश्न (Long Answer Type Questions)

1. भारत के प्रधानमन्त्री की शक्तियों एवं स्थिति का परीक्षण कीजिए।
   (Examine the powers and position of India's Prime Minister.)
2. भारतीय प्रधानमन्त्री की शक्तियों और कार्यों के महत्व पर प्रकाश डालिए।
   (Throw light on the importance of powers and functions of India's Prime Minister.)
3. भारतीय प्रधानमन्त्री की शक्तियों व पद स्थिति का परीक्षण करें।
   (Examine the powers and post position of India's Prime Minister.)
4. प्रधानमन्त्री की स्थिति, शक्तियों एवं कार्यों का वर्णन कीजिए।
   (Describe the position, powers and functions of Prime Minister.)
5. भारत के प्रधानमन्त्री की नियुक्ति किस प्रकार होती है ? उसके अधिकारों एवं कार्यों की विवेचना कीजिए।
   (What is the procedure of appointment of India's Prime Minister ? Discuss the powers and functions.)
6. "प्रधानमन्त्री का पद वैसा ही बन जाता है जैसा कि उस पद का अधिकारी उसको बनाना चाहता है।" लॉर्ड ऑक्सफोर्ड के इस कथन का आलोचनात्मक मूल्यांकन कीजिए।
   ("The post of Prime Minister takes shape according to the post holders." Evaluate critically this statement of Lord Oxford.)
8. भारतीय संघीय मन्त्रिपरिषद् की विशेषताओं का वर्णन कीजिए।
   (Describe the feature of Indian Federal Council of Ministers.)
9. भारतीय प्रधानमन्त्री की स्थिति एवं भूमिका को समझाइए।
   (Clear the role and position of India's Prime Minister.)
10. भारतीय प्रधानमन्त्री के अधिकारों एवं उसकी स्थिति की विवेचना कीजिए।
   (Discuss the joint responsibility of Council of Minister.)
11. मन्त्रिमण्डल के सामूहिक उत्तरदायित्व की संक्षेप में विवेचना कीजिए।
   (Discuss the joint responsibility of council of Ministers.)
12. भारत के प्रधानमन्त्री की शक्तियों, कार्यों एवं स्थिति की विवेचना कीजिए।
   (Discuss the powers, functions and position of India's Prime Minister.)

### लघु उत्तरीय प्रश्न (Short Answer Type Questions)

1. भारत के प्रधानमन्त्री की नियुक्ति कैसे होती हैं ?
2. भारत के प्रधानमन्त्री की स्थिति की विवेचना कीजिए।
3. प्रधानमन्त्री की शक्ति बताइए।
4. मन्त्रिमण्डल और मन्त्रिपरिषद् में अन्तर बताइए।

5. भारत के मन्त्रिमण्डल की विशेषताएँ बताइए।
6. "प्रधानमन्त्री मन्त्रिपरिषद् के जीवन और मरण का केन्द्र बिन्दु है।" स्पष्ट कीजिए।
7. मन्त्रिपरिषद् के सामूहिक उत्तरदायित्व के सिद्धान्त को बताइए।

## बहुविकल्पीय वस्तुनिष्ठ प्रश्न (Multiple Choice Type Objective Questions)

**1. संघीय कार्यपालिका किसके प्रति उत्तरदायी होती है–**
(a) प्रधानमन्त्री के प्रति (b) राष्ट्रपति के प्रति
(c) संसद के दोनों सदनों के प्रति (d) लोकसभा के प्रति।
**उत्तर**–(d) लोकसभा के प्रति।

**2. मन्त्रिपरिषद् का कार्यकाल निम्न में से कितने वर्ष का होता है–**
(a) 5 वर्ष (b) राष्ट्रपति के प्रसाद पर्यन्त
(c) राज्यसभा के विश्वास पर्यन्त (d) लोकसभा के विश्वास पर्यन्त।
**उत्तर**–(a) 5 वर्ष।

**3. संघीय सरकार की नीतियाँ किसके द्वारा निर्धारित की जाती हैं–**
(a) राष्ट्रपति द्वारा (b) राज्यमन्त्री द्वारा
(c) कैबिनेट मन्त्रियों द्वारा (d) राज्यसभा द्वारा।
**उत्तर**–(a) राष्ट्रपति द्वारा।

**4. मन्त्रिपरिषद् के सदस्यों के विभागों का वास्तविक रूप में बँटवारा निम्न में से कौन करता है–**
(a) राष्ट्रपति (b) उपराष्ट्रपति
(c) प्रधानमन्त्री (d) लोकसभा अध्यक्ष।
**उत्तर**–(c) प्रधानमन्त्री।

**5. मन्त्रियों की कितनी श्रेणियाँ होती हैं–**
(a) तीन श्रेणियाँ (b) पाँच श्रेणियाँ
(c) आठ श्रेणियाँ (d) दो श्रेणियाँ।
**उत्तर**–(a) तीन श्रेणियाँ।

**6. प्रधानमन्त्री की नियुक्ति कौन करता है–**
(a) राज्यपाल (b) राष्ट्रपति
(c) सर्वोच्च न्यायालय के न्यायाधीश (d) मुख्यमन्त्री।
**उत्तर**–(b) राष्ट्रपति।

**7. सर्वोच्च न्यायालय के मुख्य न्यायाधीश की नियुक्ति निम्न में से कौन करता है–**
(a) राष्ट्रपति (b) प्रधानमंत्री के परामर्श से राष्ट्रपति
(c) प्रधानमंत्री (d) मंत्रि परिषद
**उत्तर :** (b) प्रधानमंत्री के परामर्श से राष्ट्रपति।

**8. विदेश नीति का मुख्य निर्माता निम्न में से कौन होता है–**
(a) विदेश मंत्री (b) राष्ट्रपति
(c) प्रधानमंत्री (d) राजदूत।
**उत्तर :** (c) प्रधानमंत्री

**9. मंत्रिपरिषद की सदस्य संख्या निम्न में से किसके द्वारा निर्धारित की जाती है –**
(a) 97वें संविधान संशोधन द्वारा (b) राष्ट्रपति द्वारा
(c) प्रधानमंत्री द्वारा (d) राष्ट्रपति और प्रधानमंत्री द्वारा।
**उत्तर :** (a) 97वें संविधान संशोधन द्वारा।

**10. संसदीय शासन में वास्तविक शक्ति निम्न में से किसमें निहित होती है–**
(a) राष्ट्रपति एवं संसद में (b) संसद एवं प्रधानमंत्री में
(c) मंत्रिपरिषद एवं प्रधानमंत्री में (d) राष्ट्रपति एवं प्रधानमंत्री में।
**उत्तर :** (c) मंत्रिपरिषद एवं प्रधानमंत्री में।

●●

# संघीय न्यायपालिका : सर्वोच्च न्यायालय

## [THE UNION JUDICIARY : SUPREME COURT]

> *"किसी शासन की श्रेष्ठता जाँचने के लिए उसकी न्याय व्यवस्था की निपुणता से बढ़कर कोई अन्य कसौटी नहीं है, क्योंकि किसी और से नागरिक सुरक्षा व हितों पर इतना प्रभाव नहीं पड़ता, जितना उसके ज्ञान से कि वह एक निश्चित, शीघ्र और निष्पक्ष न्याय प्रशासन पर निर्भर रह सकता है।"*
>
> —लॉर्ड ब्राइस

संविधान द्वारा भारत में संघीय शासन व्यवस्था की स्थापना की गयी है। इस व्यवस्था के अन्तर्गत संघ और राज्यों के लिए न्यायपालिका का संगठन पृथक्-पृथक् न होकर सम्पूर्ण देश के लिए एकीकृत न्याय व्यवस्था है। भारत का संविधान बनाने वालों ने भारत का संविधान बनाते समय इस बात की आवश्यकता अनुभव की थी कि संघ तथा राज्यों में आपस में मतभेद उत्पन्न हो जाने पर तथा कार्यपालिका द्वारा नागरिकों को मौलिक अधिकारों का हनन किये जाने पर उनकी रक्षा हेतु एक स्वतन्त्र एवं निष्पक्ष न्यायपालिका की स्थापना होनी चाहिए, जो स्वतन्त्र रूप से निर्णय दे सके। इसके अभाव में नागरिकों की स्वतन्त्रता एवं उनके अधिकारों का न तो कोई मूल्य होता है और न ही कोई अस्तित्व होता है। इस प्रकार सरकार के तीनों अंगों में न्यायपालिका सरकार का एक अपरिहार्य अंग है। **लार्ड ब्राइस** ने ठीक ही लिखा है कि, **"यदि न्याय का दीपक अन्धेरे में बुझ जाये, तो वह अन्धेरा कितना होगा, इसकी कल्पना नहीं की जा सकती।"**

इस प्रकार न्यायपालिका ही जनता के अधिकारों की रक्षा करती है, सरकार को निरंकुश होने से रोकती है, संविधान की रक्षा करती है और कानूनों का उल्लंघन करने वालों को दण्ड देती है। **प्रोफेसर गार्नर** का तो यहाँ तक कहना है कि, **'न्याय विभाग के अभाव में एक समय राज्य की कल्पना नहीं की जा सकती। कोई भी समाज बिना विधानमण्डल के रहता है, यह बात समझ में आ सकती है, परन्तु ऐसे किसी सभ्य राज्य की कल्पना नहीं की जा सकती, जिसमें न्यायपालिका या न्यायाधिकरण की कोई व्यवस्था न हो।"**

**सर्वोच्च न्यायालय की आवश्यकता और महत्व**—भारतीय राजव्यवस्था में सर्वोच्च न्यायालय की आवश्यकता और महत्व का अध्ययन निम्नांकित बिन्दुओं के अन्तर्गत किया जा सकता है—

**(1) संविधान का रक्षक**—भारत में एक लिखित और कठोर संविधान को अपनाया गया है। संविधान की सर्वोच्चता बनाये रखने का कार्य सर्वोच्च न्यायालय को सौंपा गया है। अपनी इस शक्ति के आधार पर वह संविधान की प्रभुता और सर्वोच्चता की रक्षा करता है।

**(2) संघात्मक व्यवस्था का रक्षक**—संविधान द्वारा भारत में एक संघात्मक शासन व्यवस्था की स्थापना की गयी है। इस व्यवस्था के अन्तर्गत संविधान द्वारा संघीय और राज्य सरकार के बीच शक्तियों का विभाजन किया गया है। सर्वोच्च न्यायालय इस शक्ति विभाजन की रक्षा करता है और संघीय या राज्य सरकारों को अपने अधिकार क्षेत्र के बाहर कोई कार्य करने से रोक सकता है। वह दोनों सरकारों के मध्य उत्पन्न विवाद का निपटारा भी करता है।

**(3) मौलिक अधिकारों की रक्षा**—भारतीय संविधान द्वारा नागरिकों को मौलिक अधिकार प्रदान किये गये हैं। इन अधिकारों की रक्षा भी सर्वोच्च न्यायालय करता है। यदि व्यवस्थापिका, कार्यपालिका या अन्य कोई सत्ता नागरिकों के अधिकारों और स्वतन्त्रता में किसी भी प्रकार का हस्तक्षेप करती है, तो सर्वोच्च न्यायालय बन्दी प्रत्यक्षीकरण, परमादेश, प्रतिषेध, अधिकार पृच्छा और उत्प्रेषण आदेश जारी कर नागरिकों के मौलिक अधिकारों की रक्षा करता है।

अतः शक्ति पृथक्करण के सिद्धान्त को अपनाते हुए भारतीय संविधान द्वारा भारत के लिए एक स्वतन्त्र न्यायपालिका की व्यवस्था की गयी है। यह न्यायपालिका कार्यपालिका और व्यवस्थापिका के नियन्त्रण से पूरी तरह मुक्त है। इसीलिए भारतीय न्यायपालिका ने निष्पक्ष निर्णय देने में विश्व में अपना कीर्तिमान स्थापित किया है। आज उसने विश्व की सर्वाधिक शक्तिशाली न्यायपालिका का रूप धारण कर लिया है। भारत की न्यायपालिका अनेक विशेषताओं से युक्त है; जैसे–(1) एकीकृत एवं संगठित न्याय व्यवस्था, (2) निष्पक्ष न्याय व्यवस्था, (3) संविधान की व्याख्या एवं संरक्षण की व्यवस्था, (4) न्यायिक पुनरावलोकन की व्यवस्था, (5) राष्ट्रपति को परामर्श देने की व्यवस्था तथा (6) मौलिक अधिकारों की सुरक्षा आदि।

## उच्चतम (सर्वोच्च) न्यायालय की संरचना

अथवा

## सर्वोच्च न्यायालय का संगठन

## (Composition of the Supreme Court)

भारतीय न्याय व्यवस्था के शीर्ष पर उच्चतम न्यायालय है। भारत में सर्वोच्च न्यायालय 26 जनवरी, 1950 को अस्तित्व में आया। भारत के गणतंत्र बनने के दो दिन पश्चात् अर्थात् 28 जनवरी, 1950 को इसके कार्य करना प्रारंभ कर दिया। यह न्यायालय देश की राजधानी दिल्ली में स्थित है। सर्वोच्च न्यायालय भारतीय संविधान और नागरिकों के मौलिक अधिकारों का स्वतन्त्र एवं निष्पक्ष प्रहरी होने के साथ ही देश का सर्वोच्च एवं अन्तिम न्यायालय है। इसके अधीन भारतीय संघ के विभिन्न राज्यों में उच्च न्यायालय स्थापित हैं। इन उच्च न्यायालयों के अधीनस्थ अन्य न्यायालय हैं। इस प्रकार देश के समस्त न्यायालय सर्वोच्च न्यायालय के अधीन हैं। उच्चतम न्यायालय के गठन को निम्नलिखित शीर्षकों में विभाजित किया जा सकता है–

**(1) न्यायाधीशों की संख्या**–संविधान के **अनुच्छेद** 124(1) की व्यवस्था के अनुसार, सर्वोच्च न्यायालय के न्यायाधीशों की संख्या में संसद कानून पारित करके परिवर्तन कर सकती है। यद्यपि संविधान द्वारा न्यायाधीशों की संख्या निश्चित नहीं की गई है। मूल संविधान में सर्वोच्च न्यायालय में मुख्य न्यायाधीश के अलावा सात अन्य न्यायाधीशों की व्यवस्था की गई थी। किन्तु न्यायाधीशों की संख्या में समय-समय पर वृद्धि की जाती रही है। सन् 1956 में 11, सन् 1960 में 14, सन् 1978 में 18 तथा सन् 1986 में 26 न्यायाधीशों तक की वृद्धि कर दी गई। वर्तमान में उच्चतम न्यायालय में एक मुख्य न्यायाधीश और 30 अन्य न्यायाधीश (कुल 31 न्यायाधीश) हैं। 21 फरवरी, 2008 को केंद्रीय मंत्रिमंडल ने एक महत्त्वपूर्ण निर्णय में उच्चतम न्यायालय में न्यायाधीशों की संख्या 26 से बढ़ाकर 31 (मुख्य न्यायाधीश सहित) करने का निर्णय लिया था। इसके लिए 22 दिसम्बर, 2008 को लोकसभा के द्वारा उच्चतम न्यायालय न्यायाधीश संख्या विधेयक, 2008 पारित किया गया। इस विधेयक में उच्चतम न्यायालय में न्यायाधीशों की अधिकतम संख्या मुख्य न्यायाधीश के अतिरिक्त 30 करने का प्रावधान था। इसे वैधानिक रूप प्रदान करने के लिए उच्चतम न्यायालय (न्यायाधीशों की संख्या) अधिनियम, 1956 में संशोधन किया गया है।

**(2) न्यायाधीशों की नियुक्ति**–भारतीय संविधान के अनुच्छेद 124 में सर्वोच्च न्यायालय के मुख्य न्यायाधीश व अन्य न्यायाधीशों की नियुक्ति का प्रावधान किया गया है। इस अनुच्छेद के अनुसार 'राष्ट्रपति उच्चतम न्यायालय के और राज्यों के उच्च न्यायालयों के ऐसे न्यायाधीशों से, जिनसे विचार-विमर्श करना वह आवश्यक समझे, विचार-विमर्श करने के पश्चात् उच्चतम न्यायालय के न्यायाधीशों की नियुक्ति करेगा।' इसी अनुच्छेद में यह भी कहा गया है कि मुख्य न्यायाधीश से भिन्न किसी न्यायाधीश की नियुक्ति में भारत के मुख्य न्यायाधीश से अवश्य विचार-विमर्श किया जाएगा। संविधान में उच्चतम न्यायालय के मुख्य न्यायाधीश की नियुक्ति के संबंध में पृथक से कोई प्रावधान नहीं किया गया है। किन्तु उच्चतम न्यायालय के वरिष्ठतम न्यायाधीश को मुख्य न्यायाधीश के पद पर नियुक्त किये जाने की परम्परा सदैव ही रही है और वर्तमान मुख्य न्यायाधीश अलतमस कबीर की नियुक्ति में भी इसी परम्परा का पालन किया गया है। यद्यपि संविधान इस पर मौन है। किन्तु इसके दो अपवाद भी हैं अर्थात् तीन बार वरिष्ठता की परम्परा का पालन नहीं किया गया है। एक बार स्वास्थ्यगत कारणों से व दो बार कुछ राजनीतिक घटनाक्रम के कारण ऐसा किया गया। सन् 1964 में न्यायमूर्ति ईनाम, जो तत्समय वरिष्ठतम न्यायाधीश थे, पर लकवे के शिकार होने के कारण उनके स्थान पर न्यायमूर्ति पी.वी. गजेंद्र गड़कर को मुख्य न्यायाधीश नियुक्त किया गया था। किन्तु सन् 1973 में इस प्रथा का कुछ अन्य कारणों से उल्लंघन किया गया। उच्चतम न्यायालय के

3 वरिष्ठतम न्यायाधीशों क्रमशः न्यायमूर्ति जे.एस. शेलट, के.एस. हेगड़े तथा ए.एन. ग्रोवर की वरिष्ठता का उल्लंघन करके न्यायमूर्ति अजीत नाथ रे को भारत का मुख्य न्यायाधीश नियुक्त किया गया था। परिणामस्वरूप इन तीनों न्यायाधीशों ने विरोध में त्यागपत्र दे दिया था। इसी तरह सन् 1977 में न्यायमूर्ति एच. आर. खन्ना की वरिष्ठता का उल्लंघन कर न्यायमूर्ति एम.एच. बेग को भारत का मुख्य न्यायाधीश नियुक्त किया गया था। इन मामलों को छोड़कर सदैव मुख्य न्यायाधीश की नियुक्ति में वरिष्ठता के सिद्धान्त का पालन किया गया है। 6 अक्टूबर, 1993 को उच्चतम न्यायालय द्वारा दिये गये एक महत्त्वपूर्ण निर्णय के अनुसार मुख्य न्यायाधीश की नियुक्ति में सदैव वरिष्ठता के सिद्धांत का पालन किया जाना चाहिए।

सर्वोच्च न्यायालय में न्यायाधीशों की नियुक्ति के मामले में मुख्य न्यायाधीश से विचार-विमर्श भी कम विवाद का विषय नहीं रहा है। सन् 1982 में एस.पी. गुप्ता बनाम भारत संघ वाद में, जिसे कि प्रथम न्यायाधीश वाद भी कहा जाता है, सर्वोच्च न्यायालय ने स्पष्ट किया था कि न्यायाधीशों की नियुक्ति में कार्यपालिका की स्थिति सर्वोच्च है और राष्ट्रपति का मुख्य न्यायाधीश से विचार-विमर्श स्पष्टतः औपचारिक है। किन्तु इस निर्णय को सन् 1993 में अनुच्छेद 143 के अन्तर्गत राष्ट्रपति द्वारा विचार-विमर्श के अधिकार (प्रेसिडेंटियल रेफ्रेंश) के अन्तर्गत *एस.सी. एडवोकेट ऑन रिकॉर्ड एसोसिएशन बनाम भारत संघ* में उलट दिया गया। न्यायालय ने निर्णय दिया कि न्यायाधीशों की नियुक्ति में मुख्य भूमिका मुख्य न्यायाधीश की ही है और राष्ट्रपति किसी ऐसे व्यक्ति को न्यायाधीश नियुक्त नहीं कर सकता जिससे भारत का मुख्य न्यायाधीश असहमत हो।

सन् 1999 में उच्चतम न्यायालय की 9 सदस्यीय संविधान पीठ ने सर्वसम्मति से यह अभिनिर्धारित किया है कि उच्चतम न्यायालय और उच्च न्यायालयों के न्यायाधीशों की नियुक्ति और स्थानान्तरण के मामले में सन् 1993 के निर्णय में प्रतिपादन परामर्श प्रक्रिया का पालन किये बिना मुख्य न्यायाधीश द्वारा की गई अनुशंसाओं को मामने के लिए कार्यपालिका बाध्य नहीं है। इस प्रकार संविधान पीठ ने यह अभिनिर्धारित किया है कि उच्चतम न्यायालय के न्यायाधीशों के मामले में मुख्य न्यायाधीश को उच्चतम न्यायालय के 4 वरिष्ठतम न्यायाधीशों के समूह कॉलेजियम से विचार-विमर्श करके ही राष्ट्रपति को अपनी अनुशंसा भेजनी चाहिए। सन् 1993 के निर्णय में केवल 2 वरिष्ठतम न्यायाधीशों से विचार-विमर्श करने की बाध्यता थी। यह अभिनिर्धारित किया गया है कि उच्च न्यायालयों में न्यायाधीशों की नियुक्ति के मामले में उच्चतम न्यायालय के केवल 2 वरिष्ठतम न्यायाधीशों की।

## न्यायाधीश पद हेतु योग्यताएँ

सर्वोच्च न्यायालय का न्यायाधीश नियुक्त होने के लिए किसी भी व्यक्ति के पास निम्न योग्यताएं होनी चाहिए :

(*i*) वह भारत का नागरिक हो।

(*ii*) कम से कम 5 वर्ष तक किसी एक उच्च न्यायालय या लगातार दो या दो से अधिक ऐसे न्यायालयों का न्यायाधीश रह चुका हो।

(*iii*) या कम से कम 10 वर्षो तक किसी एक उच्च न्यायालय या लगातार दो या दो से अधिक ऐसे न्यायालयों का अधिवक्ता रह चुका हो।

(*iv*) राष्ट्रपति की दृष्टि में वह पारंगत विधिवेत्ता या कानून संबंधी विषयों में अति कुशल एवं पारंगत हो।

## कार्यकाल तथा वेतन

1. सर्वोच्च न्यायालय का मुख्य न्यायाधीश तथा अन्य न्यायाधीश 65 वर्ष की आयु तक अपने पद पर बने रह सकते हैं।
2. 65 वर्ष की आयु के पूर्व भी वे राष्ट्रपति को अपना त्यागपत्र देकर पद से मुक्त हो सकते हैं।
3. मुख्य न्यायाधीश या किसी भी न्यायाधीश को अवकाश प्राप्ति से पूर्व भी संसद द्वारा पारित महाभियोग प्रस्ताव के बाद राष्ट्रपति द्वारा पद से हटाया जा सकता है। यद्यपि अभी तक इस प्रक्रिया द्वारा सर्वोच्च या उच्च न्यायालय के किसी भी न्यायाधीश को हटाया नहीं गया है।
4. सर्वोच्च न्यायाल के मुख्य न्यायाधीश का वेतन एक लाख रुपए प्रति माह तथा अन्य न्यायाधीशों का वेतन 90 हजार रुपए प्रति माह निर्धारित किया गया है।

5. सर्वोच्च न्यायालय के वेतन तथा भत्ते भारत की संचित निधि पर भारित है। सामान्य परिस्थितियों में न्यायाधीशों के कार्यकाल में उनके वेतन एवं भत्ते कम नहीं किए जा सकते हैं। परामर्श लेना आवश्यक है। किन्तु स्थानांतरण के मामले में उच्चतम न्यायालय के 4 वरिष्ठतम न्यायाधीशों से विचार-विमर्श करना अनिवार्य है। साथ ही संबंधित उच्च न्यायालयों, जिससे स्थानान्तरण किया गया है और जिसको स्थानान्तरण किया गया है, उन मुख्य न्यायाधीशों से विचार-विमर्श करना भी अनिवार्य है।

**न्यायमूर्ति दिनाकरन नियुक्ति विवादः** न्यायमूर्ति दिनाकरन का प्रकरण एक ऐसा प्रकरण है, जिसने कोलोजियम पर प्रश्न चिह्न खड़ा कर दिया था। इस विवाद का प्रारम्भ 28 अगस्त, 2009 को उस समय हुआ जब सुप्रीम कोर्ट के कोलेजियम द्वारा न्यायमूर्ति दिनाकरन को सुप्रीम कोर्ट में पदोन्नति करने का निर्णय लिया गया। इस प्रकरण में वरिष्ठ अधिवक्ताओं और बार एसोसिएशन ने उनकी प्रोन्नति का कड़ा विरोध किया और भारत के मुख्य न्यायाधीश एवं कानून मंत्री तक ने आपत्ति व्यक्त की। उन्हें आपत्ति इस बात को लेकर थी कि जस्टिस दिनाकरन ने तथाकथित तौर पर पर्याप्त संपत्ति संग्रह कर रखी थी और, यह खनन संबंधी मामलों को धारवाड़ सर्किट बेंच से बेंगलुरू स्थानांतरित करने के बारे में संशय को बढ़ाता है। इस विवाद को देखते हुए दिनाकरण को सिक्किम उच्च न्यायालय का मुख्य न्यायाधीश नियुक्त किया गया तथा उनके स्थान पर उत्तराखंड के मुख्य न्यायमूर्ति जस्टिस जे.एस. खेहर को सुप्रीम कोर्ट का न्यायाधीश नियुक्त करने की अनुशंसा कोलोजियम ने की। कर्नाटक उच्च न्यायालय के मुख्य न्यायाधीश के रूप में उन पर महाभियोग चलाने की प्रक्रिया राज्यसभा में आरंभ भी हुई किन्तु इससे पूर्व ही 29 जुलाई, 2011 को उन्होंने अपने पद से त्यागपत्र दे दिया। तथाकथित तौर पर, जस्टिस दिनाकरन पर भ्रष्टाचार के अनेक मामलों में शामिल होने के आरोप लगाए गए थे। वास्तविक मुद्दा केवल दिनाकरन की पदोन्नति तक ही सीमित नहीं था, बल्कि इससे कहीं अधिक विस्तृत था। उच्च न्यायिक व्यवस्था में न्यायाधीशों की नियुक्ति एवं पदोन्नति और न्यायिक उत्तरदायित्व का मुद्दा कहीं अधिक महत्त्वपूर्ण है। यद्यपि न्यायाधीशों की नियुक्ति की जो व्यवस्था है, उसमें अनेक वर्षो से समुचित बदलाव विचाराधीन है। लेकिन विवाद उसके बाद भी है। यहां तक कि संविधान सभा में भी उच्च न्यायालय और सर्वोच्च न्यायालय में न्यायाधीशों की नियुक्ति की प्रक्रिया को लेकर सदस्यों के विचार अलग-अलग थे। संविधान सभा में भी किसी न्यायाधीश की नियुक्ति के लिए दिशा निर्देश देने का कोई प्रयास नहीं किया गया है। उसमें यह भी नहीं बताया गया है कि संवैधानिक दायित्वों को निभाने के लिए किसे अधिकृत किया जाएगा।

वर्षो तक न्यायाधीशों के कामकाज की दबे स्वरों में आलोचना के बाद नई दिल्ली में 18-19 सितंबर, 1992 को मुख्य न्यायाधीशों के सम्मेलन में एक प्रस्ताव पारित किया गया, जिसमें पहले से प्रचलन में रहे और विश्वव्यापी रूप से स्वीकार्य नियम, दिशानिर्देश और सिद्धांतों को अपनाने की बात कही गई। भारत के मुख्य न्यायाधीश ने मूल्यों की पुनर्बहाली का मसौदा तैयार करने के लिए एक कमेटी गठित की थी। इसका उद्देश्य न्यायाधीशों के व्यवहार के लिए एक दिशा निर्देश जारी करना था, बात चाहे उनकी निजी अथवा कार्यालयी जिंदगी की हो। मसौदा तैयार होकर स्वीकृति के लिए आया और स्वीकृत भी हो गया। ये प्रावधान उच्च नैतिकता और नैतिक मानदंडों की रक्षा करते हैं। सर्वोच्च न्यायालय और उच्च न्यायालय द्वारा इसे अपनाए जाने की आवश्यकता है।

## न्यायाधीशों की सेवानिवृत्ति/पदमुक्ति/महाभियोग

भारतीय संविधान के अनुसार सर्वोच्च न्यायालय का मुख्य न्यायाधीश तथा अन्य न्यायाधीश 65 वर्ष की आयु तक अपने पद पर बने रह सकते हैं। 65 वर्ष की आयु के पूर्व भी वो राष्ट्रपति को अपना त्यागपत्र देकर पद मुक्त हो सकते हैं। इसके अतिरिक्त उनको अवकाश प्राप्ति से पूर्व भी संसद द्वारा पारित महाभियोग प्रस्ताव के बाद राष्ट्रपति द्वारा पद से हटाया जा सकता है। अभी तक इस प्रक्रिया द्वारा सर्वोच्च या उच्च न्यायालय के किसी भी न्यायाधीश को हटाया नहीं गया है। लेकिन जस्टिस सौमित्र सेन राज्यसभा में महाभियोग झेलने पहले न्यायाधीश अवश्य बन गए हैं। सर्वोच्च न्यायालय के न्यायाधीश को राष्ट्रपति के आदेश से हटाया जा सकता है लेकिन राष्ट्रपति ऐसा आदेश साबित कदाचार या असमर्थता के आधार पर एक ही सत्र में विशेष बहुमत जो संसद के प्रत्येक सदन के कुल संख्या के बहुमत तथा उपस्थित तथा मत देने वालों के कम से कम दो-तिहाई बहुमत द्वारा समर्थित समावेदन पर ही दे सकता है।

**महाभियोग से हटाया जानाः** सर्वोच्च न्यायालय के न्यायाधीशों पर महाभियोग की प्रक्रिया जजेज इन्क्वायरी (1968) के अनुसार की जाती है। इसके अन्तर्गत निम्नलिखित प्रावधान हैं :

(1) पद विमुक्ति से संबंधित प्रस्ताव लोकसभा के मामले में 100 तथा राज्यसभा के मामले में 50 सदस्यों द्वारा हस्ताक्षरित प्रस्ताव लोकसभा अध्यक्ष या राज्य सभा सभापति को सौंपा जाता है।

(2) लोकसभा अध्यक्ष या राज्यसभा सभापति को यह अधिकार है कि वे इसे या तो स्वीकार करें या अस्वीकार कर दें।

(3) यदि यह स्वीकृत हो जाता है तो लोकसभा अध्यक्ष/सभापति आरोपों की जाँच पड़ताल करने के लिए तीन सदस्यों की समिति का गठन करते हैं।

(4) इस समिति में सर्वोच्च न्यायालय के मुख्य न्यायाधीश या न्यायाधीश तथा उच्च न्यायालय का एक मुख्य न्यायाधीश तथा एक प्रख्यात न्यायविद् सम्मिलित होते हैं।

(5) जब समिति जांच के बाद यह पाती है कि संबंधित न्यायाधीश दुर्व्यवहार या अक्षमता का दोषी है तो सदन महाभियोग प्रस्ताव पर विचार कर सकता है।

(6) प्रत्येक सदन द्वारा विशेष बहुमत से प्रस्ताव को पारित करने के बाद यदि राष्ट्रपति से न्यायाधीश को हटाने के लिए कहा जाए तो राष्ट्रपति के आदेश से न्यायाधीश को पद मुक्त कर दिया जाता है।

आज तक सर्वोच्च न्यायालय के इतिहास में किसी भी न्यायाधीश को महाभियोग की कारवाई द्वारा हटाया नहीं गया है। सन् 1993 में न्यायाधीश रामास्वामी दुर्व्यवहार के दोषी पाये गये थे लेकिन लोकसभा से कांग्रेस पार्टी द्वारा मतदान में भाग नहीं लेने के कारण महाभियोग प्रस्ताव लोकसभा से पारित नहीं हो सका था। डी.एम.के. ने भी क्षेत्रीयता के आधार पर अपना रुख तय किया था। उच्च न्यायालय के न्यायाधीश को भी इन्हीं आधारों और प्रक्रिया से उनके पद से हटाया जा सकता है। अभी तक भारत में किसी भी उच्च न्यायालय के न्यायाधीश को महाभियोग की कार्रवाई द्वारा हटाया नहीं गया है।

कलकत्ता उच्च न्यायालय के पूर्व न्यायाधीश सौमित्र सेन पर महाभियोग प्रस्ताव संसद के उच्च सदन (राज्यसभा) द्वारा पारित कर दिया गया था। लोकसभा द्वारा इसे अभी पारित किया जाना शेष था लेकिन बीच में ही उन्होंने अपना हस्तलिखित इस्तीफा राष्ट्रपति को सौंप दिया जिसे राष्ट्रपति ने स्वीकार कर लिया। जस्टिस सौमित्र सेन प्रकरण की जांच एक समिति द्वारा की गई थी। इस जांच समिति में न्यायाधीश बी. सुदर्शन रेड्डी, न्यायाधीश मुकुल मुगदल और प्रख्यात न्यायविद् फली. एस. नरीमन शामिल थे। तीन सदस्यीय समिति द्वारा उन पर लगाए गए आरोपों की जाँच की गई थी। आरोप सही पाए जाने पर यह मामला अभियोग तक जा पहुँचा था।

दरअसल राज्य सभा में 18 अगस्त, 2011 को कलकत्ता उच्च न्यायालय के पूर्व न्यायाधीश न्यायमूर्ति सौमित्र सेन के विरुद्ध महाभियोग प्रस्ताव पारित हो गया था। न्यायाधीश न्यायमूर्ति सौमित्र सेन के विरुद्ध महाभियोग प्रस्ताव के पक्ष में 189 और विपक्ष में 17 सदस्यों ने मत दिए। बहुजन समाज पार्टी ने प्रस्ताव के विरोध में मतदान किया। यद्यपि जस्टिस सौमित्र सेन ने सदन में उपस्थित होकर दो घंटे तक अपना बचाव किया था। बहुजन समाज पार्टी ने प्रस्ताव का यह कहकर विरोध किया था कि वकील के रूप में किए गए कार्यो के लिए न्यायाधीश सेन को दोषी नहीं ठहराया जा सकता। यह प्रस्ताव मार्क्सवादी कम्युनिस्ट पार्टी के सदस्य सीताराम येचुरी ने 17 अगस्त, 2011 को राज्य सभा में पेश किया था। सन् 1993 में कलकत्ता उच्च न्यायालय में अधिवक्ता के रूप में कार्य करते हुए सौमित्रा सेन को उच्च न्यायालय ने एक वित्तीय विवाद के निपटारे के लिए रिसीवर नियुक्त किया था। यह विवाद स्टील अथॉरिटी ऑफ इंडिया और शिपिंग कारपोरेशन के बीच का था। कलकत्ता उच्च न्यायालय के न्यायाधीश न्यायमूर्ति सौमित्र सेन पर आरोप था कि उन्होंने विवाद से जुड़ी 33.23 लाख रुपए की रकम कोर्ट को सौंपने के बजाए अपने निजी खाते में जमा कर ली थी। सन् 2003 में कलकत्ता उच्च न्यायालय का न्यायाधीश बननें पर भी उन्होंने अदालत को इसकी जानकारी नहीं दी थी। लेकिन सन् 2006 में उच्च न्यायालय के निर्देश पर उन्होंने सम्पूर्ण धनराशि ब्याज समेत न्यायालय में जमा करा दी थी। राज्यसभा के इतिहास में यह पहली बार हुआ कि किसी न्यायाधीश के विरुद्ध महाभियोग प्रस्ताव प्रस्तुत किया गया।

## तदर्थ न्यायाधीश (एड-हॉक जज)

संविधान में उच्चतम न्यायालय में तदर्थ न्यायाधीश नियुक्त करने का प्रावधान है। इस प्रकार के न्यायाधीशों की

नियुक्ति भारत के मुख्य न्यायाधीश राष्ट्रपति के पूर्व अनुमति से उस समय करता है जब उच्चतम न्यायालय में गणपूर्ति (कोरम) के अभाव में सत्र को चालू रखना होता है। भारत के मुख्य न्यायाधीश उच्च न्यायालय के किसी भी न्यायाधीश को सर्वोच्च न्यायालय में तदर्थ न्यायाधीश के रूप में कार्य करने के लिए कह सकता है। यह नियुक्ति उतने समय के लिए ही की जाती है जितने समय के लिए आवश्यंक हो।

तदर्थ (Adhoc) न्यायाधीशों की नियुक्ति का प्रावधान कनाडा की न्यायपालिका व्यवस्था में है। भारत में उसी के अनुरूप व्यवस्था की गई है। सर्वोच्च या संघीय न्यायालय के सेवा निवृत्त न्यायाधीश को भी सर्वोच्च न्यायालय का तदर्थ न्यायाधीश बनाया जा सकता है।

## न्यायाधीशों की स्वतंत्रता

न्यायाधीशों की स्वतंत्रता सुनिश्चित करने के लिए संविधान में व्यापक प्रावधान किए गए हैं। इनमें से कुछ प्रमुख प्रावधान निम्नलिखित हैं :

1. **न्यायाधीशों की नियुक्ति :** न्यायालयों के न्यायाधीशों की नियुक्ति के मामले में व्यवस्थापिका यानी संसद् या विधानसभा की भूमिका नहीं होती है।
2. न्यायाधीशों के वेतन व भत्ते भारत की संचित निधि पर भारित हैं तथा उस पर संसद द्वारा मतदान की आवश्यकता नहीं होती है।
3. न्यायाधीशों के वेतन तथा सेवा की शर्तों में उसके कार्यकाल के दौरान कोई परिवर्तन नहीं किया जा सकता है।
4. न्यायाधीशों को केवल असमर्थता एवं साबित सदाचार के सिद्ध होने पर ही संसद के दोनों सदनों द्वारा दो-तिहाई बहुमत से पारित किए गए प्रस्ताव के आधार पर ही राष्ट्रपति द्वारा हटाया जा सकता है।
5. उच्चतम न्यायालय का कोई भी न्यायाधीश अवकाश ग्रहण करने के बाद देश के किसी भी न्यायालय या न्यायिक अधिकरण के समक्ष वकालत नहीं कर सकता।
6. न्यायाधीशों द्वारा लिए गए निर्णयों अथवा कार्यों की आलोचना नहीं की जा सकती है।
7. संसद, न्यायाधीशों के किसी भी ऐसे कार्यो के बारे, जिसे कर्त्तव्य पालन करते हुए किया गया है, विचार-विमर्श नहीं कर सकती।
8. सर्वोच्च न्यायालय का अपने कर्मचारियों पर पूरा नियंत्रण रहता है। न्यायालय के सभी अधिकारियों तथा कर्मचारियों की नियुक्ति मुख्य न्यायाधीश तथा अन्य न्यायाधीशों द्वारा की जाती है। इसकी सेवा शर्तें भी न्यायालय द्वारा ही निर्धारित की जाती हैं।

## शक्तियाँ तथा क्षेत्राधिकार

सर्वोच्च न्यायालय को बहुत ही विस्तृत शक्तियां प्रदान की गई हैं। इन शक्तियों को निम्नलिखित शीर्षकों के अंतर्गत रखा जा सकता है :

**1. प्रारंभिक क्षेत्राधिकार :** उच्चतम न्यायालय की आरंभिक अधिकारिता का वर्णन संविधान के अनुच्छेद 131 में किया गया है। प्रारंभिक क्षेत्राधिकार का अर्थ है वैसे मुकदमें जो किसी दूसरे न्यायालय में न जाकर सीधे सर्वोच्च न्यायालय में आते हैं।

*इसके अंतर्गत ऐसे विवाद आते हैं–*

(*i*) भारत सरकार तथा एक या एक से अधिक राज्यों के बीच उत्पन्न विवाद।

(*ii*) केंद्र तथा एक या उससे अधिक राज्यों व एक अथवा उससे अधिक राज्यों के बीच होने वाले विवाद।

(*iii*) दो या उससे अधिक राज्यों के बीच उत्पन्न होने वाले विवाद।

(*iv*) मौलिक अधिकारों को कार्यान्वित करने से संबंधित विवाद।

**2. अपीलीय क्षेत्राधिकार :** सर्वोच्च न्यायालय भारत का सर्वोच्च अपीलीय न्यायालय है तथा इसके लेखों (रिट्स) तथा डिक्री का पालन समस्त देश में किया जाता है। वे सभी मुकदमें जो सर्वोच्च न्यायालय के सम्मुख निचली अदालतों के निर्णयों के विरुद्ध अपील के रूप में आते हैं, अपीलीय क्षेत्राधिकार के अन्तर्गत आते हैं। तीन प्रकार के मुकदमें सर्वोच्च न्यायालय के अपीलीय क्षेत्र में आते हैं—संवैधानिक, दीवानी तथा फौजदारी। संविधान के अनुच्छेद 132 के अनुसार उच्च न्यायालय यदि यह प्रमाणित कर दे कि मामले में सारभूत कानून का कोई प्रश्न जुड़ा है तो मामला सर्वोच्च न्यायालय के सम्मुख जाता है। यदि उच्च न्यायालय ऐसा प्रमाण पत्र न भी दे तो सर्वोच्च न्यायालय को यह अधिकार प्राप्त है कि वह ऐसी अपील की अनुमति प्रदान कर दे जिसमें उसको विश्वास हो जाए कि इसमें संविधान से संबंधित कोई प्रश्न जुड़ा हुआ है। दीवानी मामलों में उच्च न्यायालय के निर्णय, डिक्री तथा अंतिम आदेश के विरुद्ध सर्वोच्च न्यायालय में अपील की जा सकती है। फौजदारी मामलों में सर्वोच्च न्यायालय में उच्च न्यायालय के निर्णय, अंतिम आदेश अथवा दंड के विरुद्ध अपील तभी की जा सकती है यदि उच्च न्यायालय यह प्रमाणित कर दे कि इस पर निर्णय सर्वोच्च न्यायालय द्वारा दिया जाना आवश्यक है। उच्च न्यायालय के प्रमाण पत्र के बिना भी सर्वोच्च न्यायालय में अपील की जा सकती है यदि :

(क) उच्च न्यायालय किसी ऐसे अभियुक्त को मृत्युदंड दे देता है जिसे अधीनस्थ न्यायालय ने बरी कर दिया हो।

(ख) उच्च न्यायालय ने किसी अधीनस्थ न्यायालय से मुकदमा विचारार्थ अपने पास मंगाकर अभियुक्त को प्राण दंड दे दिया हो।

1. मूल संविधान में दीवानी मामलों में 20 हजार रुपए से अधिक की धनराशि या जायदाद की अपील सर्वोच्च न्यायालय में हो सकती थी, लेकिन संविधान के 30वें संशोधन के अनुसार धनराशि की सीमा अब हटा दी गई है।

2. अनुच्छेद 136 के अनुसार, सर्वोच्च न्यायालय को यह अधिकार दिया गया है कि सैनिक न्यायालय को छोड़कर वह भारत के किसी भी न्यायालय या न्यायमंडल के निर्णय के विरुद्ध सर्वोच्च न्यायालय में अपील करने की अनुमति प्रदान कर दे।

**3. सलाह देने संबंधी क्षेत्राधिकार :** संविधान ने सर्वोच्च न्यायालय को सलाह देने संबंधी क्षेत्राधिकार भी प्रदान किया है। संविधान के अनुच्छेद 143 के अनुसार यदि किसी समय राष्ट्रपति को यह ज्ञात हो कि कानून या तथ्य का कोई ऐसा प्रश्न उपस्थित हुआ है जो अत्यधिक सार्वजनिक महत्त्व का है तो उकत प्रश्न पर वह सर्वोच्च न्यायालय से सलाह, मांग सकता है। सर्वोच्च न्यायालय द्वारा दिए गए परामर्श को स्वीकार करना या न करना राष्ट्रपति की इच्छा पर निर्भर करता है।

**4. अभिलेख न्यायालय :** सर्वोच्च न्यायालय एक अभिलेख न्यायालय के रूप में भी कार्य करता है। इसका अर्थ यह है कि इस न्यायालय द्वारा किए सभी निर्णयों को प्रकाशित किया जाता है तथा अन्य मुकदमों में उसका उल्लेख किया जा सकता है। संविधान के अनुच्छेद 129 घोषित किया गया है कि सर्वोच्च न्यायालय अभिलेख न्यायालय के रूप में भी कार्य करेगा और उनको अपनी अवमानना के लिए दंड देने की शक्ति सहित ऐसे न्यायालय की सभी शक्तियां प्राप्त होगी। अभिलेख न्यायालय के निम्न दो आशय हैं :

(*i*) इस न्यायालय के निर्णय सभी जगह साक्ष्य के रूप में स्वीकार किए जाएंगे और इन्हें किसी समय न्यायालय में प्रस्तुत किए जाने पर उसकी प्रामाणिकता के विषय में प्रश्न नहीं उठाया जाएगा।

(*ii*) इस न्यायालय द्वारा अपनी मानहानि के लिए किसी भी प्रकार का दंड दिया जा सकता है।

**5. रिट न्यायालय :** मूल अधिकार के प्रवर्तन के लिए उच्चतम न्यायालय तथा उच्च न्यायालय को रिट अधिकारिता प्राप्त है। संविधान अनुच्छेद 32 के अन्तर्गत प्राप्त इस अधिकारिता का प्रयोग सर्वोच्च न्यायालय नागरिकों के मौलिक अधिकारों के हनन की स्थिति में राज्य के विरुद्ध उपचार प्रदान करने के लिए करता है। उच्चतम न्यायालय की इस अधिकारिता को कभी-कभी उसकी आरंभिक अधिकारिता के रूप में माना जाता है। यह इस अर्थ में आरंभिक है कि व्यथित पक्षकार को उच्चतम न्यायालय को याचिका प्रस्तुत करके अभ्यावेदन करने का अधिकार प्राप्त है। उसे इस न्यायालय में अपील के माध्यम से आने की आवश्यकता नहीं है।

**6. अन्य अधिकारिता :** उपर्युक्त शक्तियों के अतिरिक्त सर्वोच्च न्यायालय को कुछ अन्य शक्तियां भी प्राप्त हैं, जो निम्नलिखित हैं :

(*i*) यह अपने अधिकारियों एवं कर्मचारियों को संघ लोक सेवा आयोग के परामर्श से नियुक्त करने का अधिकार रखता है।

(*ii*) राष्ट्रपति की स्वीकृति से यह न्यायालय की पद्धति और प्रक्रिया संबंधी नियम बनाता है।

(*iii*) राज्य सरकार द्वारा केंद्र सरकार के आदेशों का पालन करते समय किए गए व्यय संबंधी सभी झगड़ों के लिए यह मध्यस्थ नियुक्त कर सकता है।

(*iv*) यह राष्ट्रपति एवं उपराष्ट्रपति के चुनाव से संबंधित विवाद निपटाता है।

(*v*) यह संघ लोक सेवा आयोग एवं राज्य लोक सेवा आयोग के अध्यक्षों एवं सदस्यों को उसके पद से हटाने की अनुशंसा करता है।

**न्यायाधीशों द्वारा शपथ ग्रहण :** सर्वोच्च न्यायालयं प्रत्येक न्यायाधीश को अपना पद ग्रहण करने से पूर्व राष्ट्रपति के समक्ष अपने पद की निम्नलिखित शपथ लेनी होती है–

**''मैं.... अमुक....भारत के सर्वोच्च न्यायालय के मुख्य न्यायाधीश/न्यायाधीश के रूप में नियुक्त होने पर ईश्वर की शपथ लेता हूँ। सत्यनिष्ठा से प्रतिज्ञा करता हूँ कि मैं विधि द्वारा स्थापित भारत के संविधान के प्रति सच्ची श्रद्धा व निष्ठा रखूँगा, मैं भारत की प्रभुसत्ता और अखंडता की रक्षा करूँगा, मैं अपने कार्यों का सम्पादन औचित्य और श्रद्धा एवं पूरी योग्यता, पूरे ज्ञान और निर्णय के साथ भय या पक्षपात, अनुराग या द्वेष के बिना करूँगा तथा मैं संविधान और विधियों को मान्यता प्रदान करूँगा।''**

**न्यायालय का मुख्य स्थान :** संविधान के अनुच्छेद 130 के अनुसार, भारत का उच्चतम न्यायालय दिल्ली में स्थित है। इसकी बैठकें सामान्यत: न्यायालय के भवन में ही होती हैं, परंतु आवश्यकतानुसार राष्ट्रपति की पूर्व स्वीकृति लेकर मुख्य न्यायाधीश द्वारा इसकी बैठकें अन्य स्थानों पर भी आमंत्रित की जा सकती हैं। अब तक हैदराबाद और श्रीनगर में इस प्रकार की बैठकें आयोजित की जा चुकी हैं।

**न्यायाधीशों पर प्रतिबन्ध :** सेवा निवृत्त होने के पश्चात् उच्चतम न्यायालय को कोई भी न्यायाधीश भारत राज्य क्षेत्र के किसी भी न्यायालय अथवा अन्य पदाधिकारी के समक्ष वकालत नहीं कर सकता और न वह किसी अन्य रूप में किसी न्यायालय में कोई ऐसा कार्य ही कर सकता है, जिससे न्याय व्यवस्था प्रभावित होती हो।

इस प्रकार सर्वोच्च न्यायालय भरत की संघीय व्यवस्था और मौलिक अधिकारों का रक्षक है।

## न्यायिक सक्रियता
## (Judiciary Activism)

अभी हाल ही में न्यायपालिका के काम काज में एक अनूठी संस्कृति को हावी होते हुए देखा गया है। पच्चीस वर्ष पूर्व शुरू होने वाली एक प्रक्रिया ने भारत के संवैधानिक लोकतंत्र की आंतरिक गतिशीलता बदल दी है। अदालत न्याय का लोकतंत्रीकरण करने के लिए हमेशा से अधिक उत्सुक थी और सार्वजनिक दृष्टि से उत्साही व्यक्ति और संगठन अदालत की यह इच्छा पूरी करने के लिए भी कटिबद्ध थे। अदालत ने अपनी प्रक्रिया को आम आदमी की पहुंच के दायरे में लाने को सरल बनाने और सरकार के अन्य निकायों को नियंत्रित करने के लिए एक साधन के रूप में अपनी प्रक्रिया को उदार कर दिया।

अदालत की शुरुआत एक ऐसी संस्था के रूप में हुई थी, जिसे विभिन्न पक्षों के बीच विवादों पर फैसला देने का कार्य सौंपा गया था,–किन्तु अदालत ने अपने आपको एक ऐसी संस्था में बदल लिया है जो भारतीय संविधान की प्रस्तावना में .......... .

## न्यायिक सक्रियता बनाम जनहित याचिका

भारतीय कानून में जनहित याचिका (Public Interest Litigation-PIL) का आशय है लोकहित के संरक्षण के लिए याचिका (litigation for the protection of the public interest) जनहित याचिका अदालत में प्रस्तुत की जाने वाली ऐसी याचिका है जिसे पीड़ित पक्ष के स्थान पर किसी अन्य निजी पक्ष द्वारा उठाया जाता है। यह न्यायिक सक्रियता के अन्तर्गत

न्यायालय द्वारा लोगों को प्रदान की गई एक शक्ति है। ऐसे मामलों में न्यायालय भी स्वयं संज्ञान ले सकती है। न्यायिक सक्रियता के अन्तर्गत अदालत ने जनता को जनहित याचिका के रूप में एक ऐसा हथियार सौंप दिया है जिससे जनहित से संबद्ध मसलों में प्रयोग किया जा सके। सन् 1980 से पहले केवल पीड़ित पक्ष ही न्याय के लिए अदालत से गुहार लगा सकता था। आज जनहित याचिका या सामाजिक हित याचिका का अत्यधिक महत्त्व है और इसने सभी संबंधित पक्षों का ध्यान आकर्षित किया है। सुने जाने के अधिकार के (लोकस स्टैंडी) परांगत नियम, जिसके अन्तर्गत जिस व्यक्ति के अधिकार का उल्लंघन हुआ है वही मुकदमा दायर कर सकता है। इस व्यवस्था में न्यायालय ने हाल ही के वर्षों में काफी छूट प्रदान की है। न्यायमूर्ति पीएन भगवती और जस्टिस वीआर कृष्णा अय्यर पहले न्यायाधीश थे जिन्होंने जनहित याचिका को अदालत में प्रस्तत करने की स्वीकृति दी। निम्नलिखित प्रावधानों के अन्तर्गत जनहित याचिका प्रस्तुत की जा सकती है :

1. संविधान के अनुच्छेद 32 के अन्तर्गत सर्वोच्च न्यायालय में,
2. संविधान के अनुच्छेद 226 के अन्तर्गत उच्च न्यायालय में और
3. सीआरपीसी की धारा 133 के अन्तर्गत मजिस्ट्रेट के कोर्ट में।

**खदानों में मजदूरों की दुर्दशा:** बंधुआ मुक्ति मोर्चा बनाम भारत संघ, एआइआर 1984 एसी 803 वाद में बंधुआ-मुक्ति के प्रति समर्पित एक संगठन ने एक पत्र द्वारा सर्वोच्च न्यायालय को सूचित किया कि हरियाणा के फरीदाबाद जिले में स्थित पत्थर खदानों में भारी संख्या में मजदूर 'अमानवीय तथा असह्य परिस्थितियों' में काम कर रहे हैं। न्यायालय ने केंद्र और राज्य सरकारों को कई मानक अपनाने के अतिरिक्त मजदूरों के पुनर्वास के निर्देश दिए।

जनहित याचिका के अनतर्गत न्यायालय ने अनेक महत्त्वपूर्ण निर्णय दिए हैं। सर्वोच्च न्यायालय द्वारा दिए गए निर्णय महत्त्वपूर्ण बदलाव वाला सिद्ध हुए है और इसके कारण अनेक परिवर्तन भी देखने को मिले हैं। कुछ महत्त्वपूर्ण निर्णयों को नीचे बॉक्स में दिया गया है। किन्तु हाल के कुछ निर्णयों के न्यायिक सक्रियता मसले पर कुछ ..........

● **बच्चों पर अत्याचार:** एक याचिका में शिकायत की गई कि विदेशियों को भारतीय बच्चे गोद देने के काम में लगे सामाजिक संगठन कदाचार कर रहे हैं। अदालत ने बच्चों का कल्याण सुनिश्चित करने के लिए सिद्धांत तथा मापदंड निर्धारित किए।

● पर्यावरण कार्यकर्त्ता एमसी मेहता ने ताजमहल को प्रदूषण से बचाने के लिए अदालत में याचिका प्रस्तुत की। सुप्रीम कोर्ट ने ताज परकोटे में आने वाले क्षेत्र में स्थित उद्योगों द्वारा कोयले के प्रयोग पर प्रतिबंध लगा दिया। इसके साथ ही ताजमहल के चारों ओर दो लाख पौधारोपण के आदेश भी दिए।

● एमसी मेहता ने गंगा नदी की स्वच्छता को लेकर दो प्रदूषक उद्योगों के विरुद्ध याचिका प्रस्तुत की लेकिन बाद में इस याचिका में एक लाख से अधिक उद्योगों और देश के आठ राज्यों के तीन सौ कस्बों को भी शामिल कर लिया गया। कोर्ट ने अपने निर्णय में औद्योगिक संयंत्रों को बंद करने के निर्देश दिए और प्रदूषकों पर वित्तीय उत्तरदायित्व भी सौंपा और 250 शहरों और कस्बों को सीवेज ट्रीटमेंट प्लांट स्थापित करने को कहा। पश्चिम बंगाल में चलाए जा रहे छह हजार चमड़े के कारखानों को एक सुनियोजित लेदर काम्पलेक्स में स्थानांतरित करने के आदेश दिए।

● प्रदूषित शहर दिल्ली की आबोहवा को सुधारने का श्रेय भी एमसी मेहता को ही जाता है। वायु प्रदूषण को कम करने के लिए मेहता ने एक याचिका प्रस्तुत की। फलस्वरूप सुप्रीम कोर्ट (उच्चतम न्यायालय) ने पूरे देश में शीशारहित पेट्रोल के उपयोग का आदेश दिया। इसके साथ-साथ वाहनों में प्राकृतिक गैस और अन्य स्वच्छ ईधनों को प्रोत्साहन दिए जाने का निर्देश दिया।

● दिल्ली के औद्योगिक कचरों के दुष्प्रभाव से लोगों को बचाने के लिए ऐसे उद्योगों को दिल्ली के पड़ोसी राज्यों में स्थापित करने की पहल की गई। सुप्रीम कोर्ट ने दिल्ली के रिहायशी क्षेत्रों में चल रहे उद्योग धंधों को एक औद्योगिक क्षेत्र में ले जाने का भी आदेश किया। इसके बाद अदालत ने दिल्ली सरकार को लघु उद्योगों के लिए 28 औद्योगिक क्षेत्रों में सीईटीपी (कॉमन ईफ्लुएंट ट्रीटमेंट प्लांट्स) स्थापित करने को कहा। इसके मामले के परिणामस्वरूप प्रदूषण फैलाने वाले एक लाख उद्योगों को दिल्ली से बाहर बसाया गया।

● पर्यावरण के प्रति जागरुकता और शिक्षा के मसले पर सुप्रीम कोर्ट के सामने अनूठे और ऐतिहासिक मसले को लाने वाले सचेतक एमसी मेहता ही हैं। इन्होंने देश भर के स्कूलों में पर्यावरण के प्रति जागरुकता को अनिवार्य विषय के

रूप में लागू किए जाने को लेकर सुप्रीम कोर्ट में याचिका प्रस्तुत की। अदालत ने पर्यावरण के प्रति जागरुकता को देशभर के विद्यालयों से लेकर विश्वविद्यालय स्तर के सभी शैक्षणिक संस्थानों में बतौर अनिवार्य विषय लागू किए जाने के आदेश दिए। भारत एकमात्र ऐसा देश है, जहां के स्कूलों और कॉलेजों में पर्यावरण के प्रति जागरुकता को एक अनिवार्य विषय के रूप में पढ़ाया जाता है।

.....सवाल भी खड़े किये हैं। वैसे न्यायिक सक्रियता के अनेक सुखद परिणाम भी सामने आए हैं, किन्तु न्यायपालिका को त्वरित न्याय दिलाने में भी सक्रियता दिखानी चाहिए, अन्यथा उसकी सक्रियता पूरी तरह सार्थक नहीं हो पाएगी। पूर्व सीवीसी पी.जे. थॉमस के प्रकरण में अदालत ने उनकी व्यक्तिगत ईमानदारी पर नहीं, प्रक्रिया के उल्लंघन पर सवाल उठाया है। थॉमस के विरुद्ध आरोप लगभग 20 वर्ष पुराना है। यदि किसी व्यक्ति को किसी मामले में आरोपित किया जाता है तो क्या न्यायपालिका को यह सुनिश्चित नहीं करना चाहिए कि मामले का जल्द निष्पादन हो। महाराष्ट्र के तत्कालीन मुख्यमंत्री स्व. विलासराव देशमुख द्वारा एक आपराधिक मामले में पुलिस पर दबाव डालकर जांच प्रक्रिया को प्रभावित करने के लिए अदालत ने राज्य सरकार पर 10 लाख रु. का जुर्माना किया।

वैसे भारत जैसे लोकतंत्र व्यवस्था वाले देश में न्यायिक सक्रियता पर सवाल उठना स्वाभाविक है। अब यह सवाल उठने लगा है कि कहीं यह विधायिका या कार्यपालिका की शक्तियों का अतिक्रमण तो नहीं है। आखिरकार न्यायालय को विधायिका या कार्यपालिका के कार्यों में हस्तक्षेप क्यों करना पड़ता है? आम धारणा है कि जब न्यायपालिका जनता के सवालों को लेकर जनहित याचिका के माध्यम से सशक्त हस्तक्षेप करने लगे तो यह समझ लेना चाहिए कि विधायिका और कार्यपालिका कमजोर हो चुकी है या अपना काम ठीक से नहीं कर रही है। नोट के बदले वोट मामले, सीवीसी की नियुक्ति को रद्द करने, लाखों टन खाद्यान्न के भंडारागारों के बाहर सड़ने व काले धन के सवाल।

## न्यायिक सक्रियता के कुछ नए उदाहरण

● 22 जुलाई, 2008 को संसद में मनमोहन सिंह सरकार के विश्वासमत के दौरान संसद में नोटों की गड्डियां लहराई गई थीं और बताया गया था कि ये नोट कुछ सांसदों को रिश्वत के तौर पर दिये गये थे। इस घटना को संपूर्ण विश्व ने देखा, किन्तु उन व्यक्तियों को सजा आज तक नहीं मिली, जिन्होंने संसद को भ्रष्ट करने का प्रयास किया था। इस मामले पर कोर्ट की फटकार के बाद सरकार सक्रिय हुई तो दो लोगों को हिरासत में लिया गया है।

● इसी प्रकार 3 मार्च, 2011 को पी.जे. थॉमस की सीवीसी के पद पर नियुक्ति का प्रकरण संभवत: पहला ऐसा अवसर था, जब किसी अदालत ने न केवल इतने उच्च पदस्थ नियुक्ति को अवैध करार कर दिया बल्कि उस अनुशंसा को ही निरस्त कर दिया, जिसके आधार पर नियुक्ति की गई थी। इस मामले में सरकार का तर्क था कि कार्यपालिका द्वारा की गई नियुक्तियों की समीक्षा अदालत नहीं कर सकती क्योंकि नियुक्ति उसका विशेषाधिकार है। सुप्रीम कोर्ट ने यह तर्ज निरस्त करते हुए व्यवस्था दी कि नियुक्ति की न्यायिक समीक्षा संविधान के मूल ढांचे का हिस्सा है। इस प्रकरण में भी सरकार को अपमान झेलना पड़ा।

● अक्टूबर 2010 में एफसीआई (फूड कॉरपोरेशन ऑफ इंडिया) के गोदामों में सड़ रहे अनाज पर भी सर्वोच्च न्यायालय ने टिप्पणी की थी जिसे कृषि मंत्री ने सलाह का दर्जा प्रदान किया था। देश के किसान किन विकट परिस्थितियों में परिश्रम कर अनाज पैदा करते हैं, किन्तु इस परिश्रम का फल जरूरतमंदों तक कम पहुंच पाता है। कुप्रबंधन के चलते अनाज खुले मैदानों, रेलवे प्लेटफार्मों पर रखा सड़ता रहता है। न्यायपालिका ने अनाज को सड़ाने के बजाय गरीबों में बांट देने का आदेश दिया। यह स्थिति कमजोर विधायिका एवं बेलगाम कार्यपालिका का घृणित सबूत है, साथ ही संवेदनशील न्यायपालिका का उज्ज्वल उदाहरण भी है।

● इसी तरह काले धन पर सुप्रीम कोर्ट की विशेष निगरानी और विशेष दल बनाने के उसके आदेश पर सरकार को लग रहा है कि यह उसके अधिकारों में हस्तक्षेप है। उसने इसकी समीक्षा के लिए याचिका भी प्रस्तुत की है। दरअसल, वर्तमान कानूनों में इस पर अंकुश लगाने की पर्याप्त व्यवस्था है परंतु सरकार की राजनीतिक इच्छाशक्ति की कमी के चलते कालाधन फल-फूल रहा है।

पर अदालत का सशक्त हस्तक्षेप इस कमजोरी को स्पष्ट करने के लिए पर्याप्त है। 2जी स्पेक्ट्रम, आदर्श सोसायटी घोटाला तथा राष्ट्रमंडल खेल घोटाले भी न्यायिक सक्रियता से ही जनता के सामने आए हैं। सर्वोच्च न्यायालय की इसी सक्रियता के कारण बड़े व ताकतवर राजनेताओं, नौकरशाहों और बड़े रसूखदारों को सलाखों के पीछे जाना पड़ा है। इन मुद्दों पर सरकार से पहल की अपेक्षा की जाती थी या की जाती है, तथाकथित गठबंधन की मजबूरी या सत्ता लोभ के कारण सरकार ऐसा करने में नाकाम रही है। इस कारण न्यायालय को हस्तक्षेप करना पड़ा और आज उसके नियंत्रण में ही इन मामलों की जांच चल रही है। फलस्वरूप लोगों द्वारा अपनी निर्वाचित सरकार से अधिक न्यायालय पर विश्वास बढ़ गया है और यह भी धारणा बन रही है कि कार्यपालिका के कमजोर होने से न्यायपालिका को उसका भी उत्तरदायित्व निभाना पड़ रहा है।

यद्यपि सर्वोच्च न्यायालय ने मध्य प्रदेश और गुजरात के दो फैसलों को पलटकर ऐसी चर्चाओं पर विराम लगाने का प्रयास किया है। निर्णय में न्यायपालिका, विधायिका, कार्यपालिका के अधिकार क्षेत्र को पुनः परिभाषित किया गया है। सर्वोच्च न्यायालय ने कहा है कि न्यायपालिका, विधायिका और कार्यपालिका की शक्तियों का अतिक्रमण नहीं कर सकती क्योंकि वह राज्य के अंगों के बीच शक्तियों के बंटवारे के संवैधानिक नियमों का उल्लंघन होगा। सर्वोच्च न्यायालय के न्यायाधीशों की पीठ ने अपने निर्णय में कहा है कि संविधान में शक्तियों का स्पष्ट बंटवारा किया गया है। इसी को दृष्टिगत रखते हुए उसने पूर्व सैनिकों की शिकायतें सुनने के लिए आयोग गठन के आदेश को वापस ले लिया था। इससे यह तो नहीं माना जा सकता कि विधायिका-कार्यपालिका-न्यायपालिका को दायित्वबोध नहीं है लेकिन जब विधायिका व कार्यपालिका अपने अधिकार क्षेत्र में आने वाली जनता की समस्याओं को ठीक से हल नहीं कर पाती हैं तो न्यायपालिका को सशक्त हस्तक्षेप करना पड़ता है। ऐसे में सरकारों को अपने अधिकारों-कर्त्तव्यों के प्रति सतत जागरुक रहना चाहिए। उसे ऐसा कोई अवसर नहीं देना चाहिए कि न्यायालय उसके अधिकार क्षेत्र में हस्तक्षेप करें दोनों अपनी सीमाओं में रहकर संविधान प्रदत्त कार्य-अधिकारों का निर्वहन करें तो कोई टकराव नहीं हो सकता।

## रिक्तता भरने का सिद्धांत

भारत के पूर्व मुख्य न्यायाधीश जे.एस. वर्मा ने रिक्तता भरने के सिद्धांत को दोहराया है और कहा है कि यदि विधायिका अपना काम न करे तो कार्यपालिका को उस रिक्तता या शून्य को भरना चाहिए क्योंकि इसका कार्यक्षेत्र विधायिका के साथ मिलता है और जहां कार्यपालिका भी किसी कारणवश अपना दायित्व न निभाए, वहां न्यायपालिका को संविधान के अनुच्छेद 32 और 142 के अंतर्गत अपने दायित्वों का निर्वाह करने के लिए हस्तक्षेप करना पड़ेगा, जब तक कि विधायिका कानून बनाकर उसे पूरा न कर दे। अदालत के इन निर्देशों का अनुपालन नहीं हुआ, किंतु इसके अदालत ने सरकार के विरुद्ध अवमानना की कार्यवाही शुरू नहीं की। प्रकाश पी. हिंदुजा वाद में सन् 2003 में सुप्रीम कोर्ट ने निर्णय दिया कि विधायिका द्वारा बनाए गए कानून को लागू कराने के लिए कोई मैंडामस जारी नहीं किया जा सकता। इसलिए, सीवीसी को कानूनी दर्जा दिए जाने के बारे में दिए गए निर्देश को ऐसा नहीं माना जा सकता, जिसका अनुपालन न किए जाने को अवमानना माना जाए। इस तरह अदालत ने अपनी परिधि से बाहर जाने की बात परोक्ष रूप से स्वीकार कर ली, किंतु इससे विनीत नाराषण मामले में दिए गए उसके निर्देशों का मजाक बना। इससे वैसे अदालती आदेशों का अनुपालन न किए जाने की गुंजाइश खुलती है जो कार्यपालिका की दृष्टि में न्यायपालिका के कार्यक्षेत्र से बाहर है।

यहां संविधान के लागू होते ही निर्वाचित सांसद यह मानने लगे थे कि देश की तकदीर को गढ़ने का जनादेश उन्हें ही प्राप्त हुआ है, लेकिन न्यायपालिका का भी स्पष्ट पक्ष था कि उसकी स्वाधीनता के साथ सरकार या विधायिका को कोई हस्तक्षेप नहीं करना चाहिए। 28 फरवरी, 1950 को सुप्रीम कोर्ट के उद्घाटन के अवसर पर मुख्य न्यायाधीश हीरालाल कानिया ने अपना रुख स्पष्ट कर दिया था कि न्यायपालिका को स्पर्श की कोई कोशिश कोई न करे। संविधान के प्रथम संशोधन के साथ ही नवीं अनुसूची का जन्म हुआ जिसमें डाले गए कानूनों की न्यायिक समीक्षा नहीं की जा सकती थी। सुप्रीम कोर्ट ने हाल मे इसे भी निरस्त कर दिया।

भारत के प्रथम प्रधानमंत्री जवाहर लाल नेहरू न्यायपालिका की स्वतंत्रता में पूरा विश्वास रखते थे, फिर भी उन्होंने 19 मई 1951 को संसद में कहा था कि बड़ी योजनाओं और बड़े सामाजिक परिवर्तनों में न्यायपालिका की कोई भूमिका नहीं है। गोलकनाथ मामले में जब सुप्रीम कोर्ट ने यह निर्णय दिया कि संसद मौलिक अधिकारों में संशोधन नहीं कर सकती तो उस

समय इसे न्यायिक सक्रियता का सबसे बड़ा उदाहरण माना गया था। संयुक्त सोशलिस्ट पार्टी के सांसद नाथ पई ने संसद के अधिकार को बहाल करने के लिए एक प्राइवेट मेंबर बिल प्रस्तुत किया। इसका जोरदार विरोध उसी पार्टी के राम मनोहर लोहिया और मधु लिमये ने किया। बाद में सन् 1973 में केशवानंद भारती मामले में संविधान के मौलिक ढांचे में संशोधन न करने की व्यवस्था देकर सुप्रीम कोर्ट ने संसद की शक्ति को सदैव के लिए सीमित कर दिया।

**जनहित याचिका का दुरुपयोग** : सन् 2008 में प्रधानमंत्री मनमोहन सिंह ने जनहित याचिका के दुरुपयोग के प्रति चिंता व्यक्त की थी। अभी हाल ही में उच्चतम न्यायालय ने अपने आदेश में निजी हित साधने के लिए जनहित याचिकाओं के गलत उपयोग पर एक बार पुन: खेद जताया। पी.आर. नरहरि राव बनाम केरल राज्य मामले में फैसला सुनाते हुए उच्चतम न्यायालय ने कहा, 'यह याचिका उन अनेक मामलों का प्रतिनिधित्व करती है, जो देश भर की अदालतों में दायर किए गए हैं और बिना किसी वास्तविक प्रामाणिकता के बावजूद अदालतों का मूल्यवान समय बरबाद कर रहे हैं। यह तथ्य है कि केरल उच्च न्यायालय ने 56 पृष्ठों की शीट को रिकॉर्ड करने में पर्याप्त समय दिया। यह भी तथ्य है कि एक दीवानी व निजी याचिका को जनहित याचिका का रूप देने के ऐसे मामलों से अदालतों पर व्यर्थ का बोझ पड़ता है और इससे उस मूल्यवान समय की बरबादी होती है, जो सुनवाई की तारीख मिलने की आशा में अनेक वर्षों से प्रतीक्षारत मामलों को दिया जा सकता है। यह मामला लगभग एक तीन सितारा होटल के निर्माण के दौरान एक प्लॉट की चहारदीवारी को हुए नुकसान के बारे में दायर किया गया था। दीवानी अदालत ने इस मामले की जांच के लिए एक आयुक्त की नियुक्ति की थी। लेकिन आयुक्त की रिपोर्ट से प्लॉट मालिक को संतुष्टि नहीं हुई। इसके बाद उसने अपनी शिकायत को जनहित याचिका का रूप देते हुए उच्च न्यायालय में भवन निर्माण के नियमों को चुनौती दी।

मामले के तथ्य स्पष्ट करते हुए अदालत ने अपने निर्णय में कहा कि जिस व्यक्ति ने यह याचिका प्रस्तुत की है, उसे किसी भी कल्पना के अन्तर्गत ऐसा व्यक्ति नहीं माना जा सकता है, जो जनहित में ऐसा कर रहा है। यह पूरी तरह से एक निजी हित याचिका है, जिसे जनहित याचिका का रूप देने का प्रयास किया गया है।

जनता द्वारा अपना असंतोष व्यकत करने का एक महत्त्वपूर्ण हथियार बन चुके जनहित याचिका अभियान का प्रारंभ लगभग तीन दशक पहले न्यायाधीशों की पहल पर ही हुई थी। शुरुआती आशंकाओं और समाज के अधिकार प्राप्त वर्ग का कड़ा विरोध झेलने के बावजूद इस अभियान ने तेजी से मजबूती प्राप्त करने की और यह भ्रष्ट व गैर-जिम्मेदार लोगों में भय पैदा करने में सफल रहा है।

वैसे देखा जाए तो अदालतों को अनेक फैसलों में जनहित याचिकाओं के प्रति अपने सकारात्मक रवैये को न्यायसंगत साबित करना पड़ा है। सन् 1982 में एस.पी. गुप्ता बनाम भारत संघ मामले में एक संवैधानिक पीठ ने कहा था कि, 'आज न्यायिक प्रक्रिया में एक आंदोलन आ रहा है, कानून के क्षेत्र में काफी तेजी से परिवर्तन रहा है और गरीबों की समस्याएं अदालतों के सामने आ रही हैं। अदालतों को नई प्रक्रियाएं शुरू करनी होंगी और नई रणनीति की रचना करनी होगी, जिससे व्यापक स्तर पर उस वर्ग की पहुंच न्याय तक सुनिश्चित की जाए, जिसे अभी तक बुनियादी मानवाधिकारों से अभी तक दूर रखा गया है और जिसके लिए स्वतंत्रता का कोई अर्थ नहीं है। न्यायालय ने जोर देते हुए कहा कि ऐसा करने का सिर्फ एक ही रास्ता है और वह है आम जनता के लिए अदालतों के दरवाजे खोलना।

यद्यपि अनेक बार 'जनहित याचिका अभियान' ने एक 'बेलगाम घोड़े' की तरह व्यवहार किया है। सुविधाओं से वंचित और आवाज उठाने में असमर्थ लोगों को न्याय दिलाने के लिए दी गई इस सुविधा का उपयोग अक्सर ही स्वार्थी और छद्म याची अधिक करते हैं। एक समय तो उच्चतम न्यायालय के पूर्व न्यायाधीश कृष्णा अय्यर ने पाया कि न्यायाधीश भी अपने हित साधने के लिए जनहित याचिकाओं का उपयोग करते हैं, 'जहां नई कार, ज्यादा फर्नीचर, अतिरिक्त सुविधाओं के लिए ऐसा किया गया था।' ब्रिटिश न्यायाधीश लॉर्ड डेनिंग के शब्दों में इसका समाधान है, 'अगर घोड़े की पीठ पर कोई कुशल सवार बैठा हो, तो वह उद्दंड घोड़े को नियंत्रण में कर सकता है। घोड़ा सभी कठिनाइयों को पार कर सकता है। अच्छे घुड़सवार के हाथ में लगाम होने पर घोड़ा काल्पनिक बातों द्वारा बनाए गए घेरे को तोड़कर न्याय के पक्ष में खड़ा हो सकता है।'

न्यायालय समय-समय पर अनेक मामलों में इस तरह के न्यायिक कदम प्राय: उठाते रहे हैं। न्यायालयों के सम्मुख ओछे और संताप करने योग्य जनहित याचिकाएं प्रस्तुत करने वालों को उच्चतम न्यायालय ने 'स्वार्थी, किसी अन्य के मामले

में हस्तक्षेप करने वाला, अकारण हस्तक्षेप करने वाला' करार दिया है। कुछ लोग तो मीडिया में सुर्खियों में आने के लिए जनहित याचिकाओं का आश्रय लेते हैं। इसीलिए अदालतों ने ऐसे याचियों पर अर्थदंड लगाना शुरू कर दिया है। दत्ताराज नाथूजी बनाम महाराष्ट्र राज्य मामले में उच्चतम न्यायालय ने अदालत के गलत उपयोग पर अत्यधिक असंतोष व्यक्त करते हुए कहा था, कि जनहित याचिका एक हथियार है और इसका उपयोग अत्यधिक ज़िम्मेदारी और समझदारी से किया जाना चाहिए। न्यायपालिका को भी अत्यधिक उत्तरदायित्व से यह जांचना चाहिए कि जनहित की आड़ में कहीं कोई व्यक्ति निजो दुर्भावना, निहित स्वार्थ साधने या सुर्खियों में आने के प्रयास में तो ऐसा नहीं कर रहा है। इसे कानून के शस्त्रगार में एक प्रभावशाली हथियार के रूप में उपयोग करना चाहिए, जिसकी सहायता से नागरिकों को सामाजिक न्याय दिलाया जा सके। अदालतों को इसके गलत उपयोग की अनुमति नहीं दी जानी चाहिए। 2010 में न्यायालय ने एक वकील पर 1 लाख रुपए का अर्थदंड लगाया गया, क्योंकि उत्तराखंड राज्य बनाम बलवंत सिंह मामले में इस वकील ने अदालत में एक कानून अधिकारी की नियुक्ति को चुनौती दी थी। अदालत ने याचियों की वास्तविकता जांचने के लिए 8 सूत्री परीक्षण भी तैयार किया। संजीव भटनागर बनाम भारत संघ और दत्ताराज बनाम महाराष्ट्र राज्य जैसे मामलों में अदालत ने दण्डात्मक कार्रवाई भी की है। उच्चतम न्यायालय ने यह भी सुझाव दिया है कि जब हल्की जनहित याचिकाओं के कारण परियोजनाओं में विलम्ब से उसकी लागत में हुई वृद्धि का बोझ याची के ऊपर डाला जाना चाहिए। जनहित यचिका के दुरुपयोग को रोकने के लिए केंद्रीय विधि मंत्रालय एक कानून बनाने पर काम कर रही है जिसमें उसकी सहायता जनहित याचिका को शुरू करने वाले न्यायाधीश कर रहे हैं।

## न्यायिक जवाबदेही व विधेयक

न्यायालय ने अपनी सक्रियता के माध्यम से देश में अनेक सुधारों व परिवर्तनों को जन्म दिया है जैसा कि पहले उल्लेख किया गया है, विशेषकर पर्यावरणीय मामलों में। किन्तु यह भी सही है कि जनहित याचिका के माध्यम से ही न्यायालय ने मुंबई व दिल्ली में झुग्गी-झोपड़ियों को हटाने के आदेश दिए जिससे लाखों लोग सड़क पर आ गए। दिल्ली के मामलों में यह तर्क दिया गया कि ये लोग जहां रहते हैं वहां नदी को प्रदूषित कर रहे थे।

# प्रश्न
# (Questions)

### दीर्घ उत्तरीय प्रश्न (Long Answer Type Questions)

1. भारतीय सर्वोच्च न्यायालय के संगठन एवं शक्तियों का वर्णन कीजिये।
   (Describe the organisation and powers of Indian Supreme Court.)
2. भारत के सर्वोच्च न्यायालय का संगठन, अधिकारों एवं कर्त्तव्यों की विवेचना कीजिये।
   (Discuss the organisation, powers and duties of supreme court in India.)
3. भारत के सर्वोच्च न्यायालय की संरचना तथा क्षेत्राधिकार की विवेचना कीजिये।
   (Discuss the structure and jurisdiction of Supreme Court in India.)
4. सिद्ध कीजिये कि भारतीय न्यायपालिका स्वतन्त्र है। वह भारतीय संविधान की रक्षा कैसे करती है?
   (Prove that Indian Judiciary is free. How it protects the Indian constitution ?)
5. न्यायिक पुनर्विलोकन से आपका क्या तात्पर्य है तथा संविधान में इसकी क्या व्यवस्थाएँ हैं?
   (What do you mean by Judicial Review and what are the arrangement of it in the constitution ? Discuss critically.)
6. वर्तमान सन्दर्भों में भारतीय न्यायपालिका की भूमिका पर निबन्ध लिखिए।
   (Write an essay on the role of Indian Judiciary in present context.)

7. नयायिक सक्रियता पर वर्तमान सन्दभों में एक संक्षिप्त निबन्ध लिखिए।

(Write an essay on judiciary Activeness in present context.)

## लघु उत्तरीय प्रश्न (Short Answer Type Questions)

1. सर्वोच्च न्यायालय का संगठन किस प्रकार होता है ?
2. सर्वोच्च न्यायालय के मुख्य न्यायाधीश की नियुक्ति कौन करता है ?
3. न्यायिक पुनरावलोकन क्या है ?
4. संविधान में न्यायाधीशों को स्वतन्त्र रखने के लिए क्या उपबन्ध दिये गये हैं ?
5. सर्वोच्च न्यायालय के न्यायाधीशों का कार्यकाल कितना रखा गया है ?
6. न्यायाधीशों के लिए योग्यताएँ क्या हैं ?
7. "सर्वोच्च न्यायालय देश का सर्वोच्च एवं अन्तिम न्यायालय है।" इस कथन की व्याख्या कीजिए।

## बहुविकल्पीय वस्तुनिष्ठ प्रश्न (Multiple Choice Type Objective Questions)

**1. सर्वोच्च न्यायालय के न्यायाधीशों की नियुक्ति कौन करता है–**

(a) राष्ट्रपति (b) प्रधानमन्त्री

(c) राष्ट्रपति एवं सर्वोच्च न्यायालय के न्यायाधीश पारस्परिक परामर्श द्वारा (d) संसद।

**उत्तर**–(c) राष्ट्रपति एवं सर्वोच्च न्यायालय के न्यायाधीश पारस्परिक परामर्श द्वारा।

**2. सर्वोच्च न्यायालय के मुख्य न्यायाधीश का वेतन कितना है–**

(a) 10,000 रुपये (b) 1,00,000 रुपये

(c) 6,000 रुपये (d) 8,000 रुपये।

**उत्तर**–(b) 1,00,000 रुपये।

**3. उच्चतम न्यायालय का न्यायाधीश पदच्युत किया जा सकता है–**

(a) विधि मन्त्री के प्रस्ताव पर संसद द्वारा (b) संसद के प्रस्ताव पर राष्ट्रपति द्वारा

(c) संसद के प्रस्ताव पर महान्यायवादी द्वारा (d) संसद के प्रस्ताव पर प्रधानमन्त्री द्वारा।

**उत्तर**–(b) संसद के प्रस्ताव पर राष्ट्रपति द्वारा।

**4. सर्वोच्च न्यायालय निम्न में से क्या करना है–**

(a) संविधान की रक्षा करता है (b) संसद की रक्षा करता है

(c) कार्यपालिका को संरक्षण देता है (d) उच्च न्यायालयों को संरक्षण देता है।

**उत्तर**–(a) संविधान की रक्षा करता है।

**5. सर्वोच्च न्यायालय के अन्य न्यायाधीशों को निम्न में से कितना वेतन मिलता है–**

(a) 80 हजार रु. मासिक (b) 90 हजार रु. मासिक

(c) 70 हजार रु. मासिक (d) 60 हजार रु. मासिक

**उत्तर**–(b) 90 हजार रु. मासिक।

**6. उच्चतम न्यायालय के न्यायाधीशों के निम्न में से किस आयु में अवकाश ग्रहण कर लेना होता है–**

(a) 60 वर्ष (b) 65 वर्ष

(c) 69 वर्ष (d) 70 वर्ष।

**उत्तर**–(b) 65 वर्ष।

**7. भारत का उच्चतम न्यायालय निम्न में से कहां स्थित है?**

(a) कोलकाता (b) मुम्बई

(c) नई दिल्ली (d) पुणे।

**उत्तर**–(c) नई दिल्ली।

# राज्यों की व्यवस्थापिका : संगठन एवं कार्य

# [LEGISLATURE OF STATES : ORGANISATION AND FUNCTIONS]

> *"प्रत्येक राज्य के लिए एक विधानमण्डल की व्यवस्था की गई जिसमें एक सदन होगा व इसके सदस्य सार्वजनिक वयस्क मताधिकार द्वारा प्रत्यक्ष रूप से निर्वाचित होंगे।"*
>
> —संविधान के अनुच्छेद 168

संविधान के अनुच्छेद 168 के अनुसार, **"प्रत्येक राज्य के लिए एक विधानमण्डल होगा, जो राज्यपाल तथा एक या दो सदनों से मिलकर बनता है, जहाँ किसी राज्य के विधानमण्डल के दो सदन होंगे, वहाँ एक विधानपरिषद् और दूसरा विधानसभा के नाम से जाना जायेगा।"** इस प्रकार संविधान द्वारा प्रत्येक राज्य के लिए एक विधानमण्डल की व्यवस्था की गई है।

संविधान की इस व्यवस्था के अनुसार कुछ राज्यों में विधानमण्डल के दो सदन हैं, जिन्हें विधानपरिषद् और विधानसभा कहते हैं। कुछ राज्यों में विधानमण्डल का एक सदन है जिसे विधानसभा कहा जाता है। आन्ध्र प्रदेश, बिहार, महाराष्ट्र, तमिलनाडु, कर्नाटक, उत्तर प्रदेश और जम्मू-कश्मीर राज्य में विधानमण्डल के दो सदन हैं और शेष अन्य राज्यों में विधानमण्डल का एक सदन है। राज्यपाल को विधानमण्डल का अभिन्न अंग माना जाता है।

**विधानमण्डल के अंग**--राज्य विधानमण्डल के निम्नलिखित तीन अंग हैं—

**(1) राज्यपाल**—राज्यपाल विधानमण्डल के किसी सदन का सदस्य न होते हुए भी विधानमण्डल का अभिन्न अंग माना जाता है।

**(2) विधान परिषद्**—इसे विधानमण्डल का द्वितीय या उच्च सदन कहा जाता है। इसके सदस्यों का निर्वाचन अप्रत्यक्ष रूप से होता है।

**(3) विधानसभा**—इसे विधानसभा का लोकप्रिय या प्रथम एवं निम्न सदन कहा जाता है। इसके सदस्यों का निर्वाचन प्रत्यक्ष रूप से जनता द्वारा किया जाता है।

जिन राज्यों में विधानमण्डल के दो सदन हैं, उनमें राज्यपाल, विधानपरिषद् तथा विधानसभा तीनों को संयुक्त रूप में विधानमण्डल कहते हैं। मध्य प्रदेश के लिए सन् 1956 ई. के सातवें संविधान संशोधन द्वारा विधानमण्डल के उच्च सदन विधानपरिषद् की स्वीकृति संसद द्वारा प्रदान कर दी गई है, परन्तु अभी तक यह गठित नहीं की गयी है।

## विधानपरिषद् की रचना या संगठन
## (Structure or Organisation of Legislative Council)

विधानपरिषद् राज्य विधानमण्डल का द्वितीय सदन है। इसे उच्च सदन भी कहा जाता है। यह सदन विधानमण्डल के प्रथम सदन की अपेक्षा कम महत्वपूर्ण है। इसका संगठन निम्न प्रकार होता है—

**(1) सदस्य संख्या**—संविधान के अनुच्छेद 171(1) के अनुसार किसी राज्य की विधानपरिषद् के सदस्यों की संख्या कम से कम 40 तथा उस राज्य की विधानसभा के समस्त सदस्यों की संख्या के एक-तिहाई से अधिक नहीं होगी।

**(2) सदस्यों का निर्वाचन**—विधानपरिषद् के सदस्यों का निर्वाचन अप्रत्यक्ष रूप से आनुपातिक प्रतिनिधित्व के आधार पर एकल संक्रमणीय मत पद्धति द्वारा होता है। विधानपरिषद् के सदस्यों का निर्वाचन एवं निर्वाचक मण्डल द्वारा किया जाता है। जिसमें निर्वाचन प्रणाली के अनुसार सदस्यों की संख्या का विभाजन निम्नानुसार है—

**(i) स्थानीय निकाय के निर्वाचक मण्डल द्वारा**—विधानपरिषद् की कुल सदस्य संख्या के 1/3 सदस्य नगरपालिकाओं, नगर निगमों, जिला परिषदों तथा संसद द्वारा निर्दिष्ट अन्य स्थानीय संस्थाओं से चुने जाते हैं।

**(ii) स्नातकों के निर्वाचक**—विधानपरिषद् की कुल संख्या के 1/2 सदस्य उन स्नातकों द्वारा निर्वाचित किए जाते हैं, जो स्नातक या उसके समकक्ष परीक्षा उत्तीर्ण करने के बाद कम से कम तीन वर्ष से सम्बन्धित राज्य में निवास कर रह हों।

**(iii) शिक्षकों के निर्वाचक मण्डल द्वारा**—विधानपरिषद् की कुल सदस्य संख्या के 1/12 सदस्य उन शिक्षकों द्वारा निर्वाचित किए जाते हैं जो सम्बन्धित राज्य के माध्यमिक विद्यालयों या उससे सम्बद्ध उच्च शिक्षण संस्थाओं में कम से कम तीन वर्ष से शिक्षण कार्य कर रहे हों।

**(iv) विधानसभा के निर्वाचक मण्डल द्वारा**—विधानपरिषद् की कुल सदस्य संख्या के 1/6 सदस्य राज्यपाल द्वारा मनोनीत किये जाते हैं ये व्यक्ति जो साहित्य कला, विज्ञान, समाज सेवा तथा सहकारिता आदि के क्षेत्र में ख्याति प्राप्त एवं विशेष ज्ञान रखने वाले होते हैं।

**विभिन्न राज्यों की विधानपरिषदों के सदस्यों की संख्या**

| क्रम | राज्य का नाम | स्थानीय संस्थाओं से निर्वाचित | स्नातकों द्वारा निर्वाचित | शिक्षकों द्वारा निर्वाचित | विधान सभा द्वारा निर्वाचित | राज्यपाल द्वारा मनोनीत | कुल सदस्य संख्या |
|---|---|---|---|---|---|---|---|
| 1. | उत्तर प्रदेश | 39 | 09 | 09 | 39 | 12 | 99 |
| 2. | बिहार | 34 | 08 | 08 | 34 | 12 | 75 |
| 3. | महाराष्ट्र | 22 | 07 | 07 | 30 | 12 | 78 |
| 4. | कर्नाटक | 21 | 06 | 06 | 21 | 09 | 75 |
| 5. | जम्मू-कश्मीर | 07 | — | 02 | 22 | 06 | 36 |
| | म. प्र. स्वीकृत परन्तु अभी गठित नहीं हुई है। | 31 | 08 | 08 | 31 | 12 | 90 |

**(3) विधानपरिषद् के सदस्यों की योग्यताएँ**—संविधान के अनुच्छेद 173 की व्यवस्था के अनुसार विधानपरिषद् के उम्मीदवार के लिये निम्नलिखित योग्यताएँ होनी आवश्यक हैं—

(1) वह भारत का नागरिक हो।

(2) वह कम से कम 30 वर्ष की आयु पूरी कर चुका हो।

(3) वह संघ या राज्य सरकार के अधीन लाभ के पद पर कार्यरत न हो।

(4) वह संसद द्वारा निर्धारित अन्य सभी योग्यताएँ रखता हो।

**(4) कार्यकाल**—संविधान के अनुच्छेद 172 (2) की व्यवस्था के अनुसार विधानपरिषद् एक स्थायी सदन है। यह सदन कभी भंग नहीं होता। इसके एक-तिहाई सदस्य प्रति दो वर्ष के उपरान्त अवकाश ग्रहण करते रहते हैं और उनके स्थान पर नवीन सदस्य निर्वाचित होते रहते हैं। इस प्रकार प्रत्येक सदस्य का कार्यकाल 6 वर्ष रहता है। परन्तु कोई भी सदस्य त्याग-पत्र देकर समय से पूर्व भी अपना पद छोड़ सकता है।

**(5) पदाधिकारी**—विधानपरिषद् अपने सदस्यों में से एक सभापति और एक उपसभापति का चुनाव करती है। (अध्यक्ष) सभापति की अनुस्थिति में उपसभापति सदन की बैठकों की अध्यक्षता करता है। यदि उपसभापति का पद रिक्त हो, तो सम्बन्धित सदन का ऐसा सदस्य, जिसे राज्यपाल इस कार्य के लिये नियुक्त करे, बैठक की अध्यक्षता करता है। ये दोनों पदाधिकारी सदन की अपनी सदस्यता-पर्यन्त अपने पद पर बने रहते हैं। ये दोनों एक-दूसरे को अपना त्याग-पत्र देकर अपना पद छोड़ सकते हैं।

सभापति सदन की कार्यवाही का संचालन करने के साथ-साथ सदन की कार्य सूची का निर्धारण भी करता है। इसके अतिरिक्त सदस्यों को भाषण देने, प्रश्न पूछने एवं प्रस्तावों और विधेयकों को प्रस्तुत करने की अनुमति देता है तथा प्रस्तावों

और विधेयकों पर मतदान कराता है। किसी विधेयक या प्रस्ताव के पक्ष व विपक्ष में समान मतदान होने की स्थिति में अपना निर्णायक मत देता है। सदन में अनुशासन बनाये रखना सभापति का ही कार्य होता है।

**विधान परिषद् की शक्तियाँ एवं कर्तव्य**—विधान परिषद् की प्रमुख शक्तियाँ एवं कर्त्तव्य निम्नलिखित हैं—

**(1) विधि निर्माण सम्बन्धी शक्तियाँ**—वित्त विधेयक के अतिरिक्त साधारण विधेयक विधानपरिषद् में प्रस्तुत किये जा सकते हैं। इन विधेयकों के पारित होने के लिए विधानपरिषद् की स्वीकृति आवश्यक होती है। विधान सभा द्वारा पारित किसी भी साधारण विधेयक को विधानपरिषद् 6 माह तक अपने पास विचाराधीन रख सकती है, परन्तु किसी विधेयक को निरस्त करने की शक्ति उसे प्राप्त नहीं है।

**(2) कार्यपालिका सम्बन्धी शक्तियाँ**—विधानपरिषद् के सदस्यों को मन्त्रिपरिषद् में सम्मिलित किया जा सकता है। विधानपरिषद् मन्त्रिपरिषद् के सदस्यों से प्रश्न पूछकर, प्रस्ताव पारित कर और वाद-विवाद के माध्यम से उसे नियन्त्रित करती है, परन्तु उसे अपदस्थ नहीं कर सकती। इस प्रकार विधानपरिषद् कार्यपालिका को (मंत्रिपरिषद्) परेशानी में डाल सकती है।

**(3) वित्तीय शक्तियाँ**—विधानसभा द्वारा पारित वित्त विधेयक जब विधानपरिषद् को उसकी सिफारिशों के लिये भेजा जाता है, तो 14 दिन की अवधि में विधानपरिषद् को अपनी सिफारिशों के साथ उस विधेयक को विधानसभा को लौटाना पड़ता है। यदि इस अवधि में विधानपरिषद् उक्त विधेयक को अपनी सिफारिशों के साथ विधानसभा को नहीं लौटाती है, तो वित्त विधेयक उसी रूप में दोनों सदनों द्वारा पारित समझा जाता है, जिस रूप में उसे विधानसभा ने पारित किया था।

इस प्रकार विधानपरिषद् की उपर्युक्त लिखित शक्तियों से स्पष्ट है कि यह विधानसभा की तुलना में एक शक्तिहीन सदन है, परन्तु इसका यह अर्थ कदापि नहीं लगाया जाना चाहिए कि विधानपरिषद् पूरी तरह निरर्थक और दिखावे मात्र का सदन है क्योंकि द्विसदनात्मक व्यवस्था वाले अनेक राज्यों में विधानपरिषदें सफलतापूर्वक कार्य करते हुए शासन तंत्र का एक अनिवार्य अंग सिद्ध हो रही हैं।

## विधानसभा की रचना अथवा संगठन
## (Structure and Organisation of Legislative Assembly)

विधानसभा राज्य विधानमण्डल का प्रथम सदन है। इसे निम्न सदन भी कहा जाता है। यह लोकप्रिय सदन है, जो विधानपरिषद् से अधिक शक्तिशाली है। इसका संगठन निम्न प्रकार होता है—

**(1) सदस्य संख्या**—संविधान के अनुच्छेद 170 (1) की व्यवस्था के अनुसार विधानसभा की कम से कम सदस्य संख्या 60 और अधिक से अधिक संख्या 500 निर्धारित है। परन्तु सिक्किम में 32, मिजोरम में 40 और अरुणाचल प्रदेश में विधानसभा के सदस्यों की संख्या 40 है। यह राज्य इस व्यवस्था के अपवाद हैं। निर्वाचन के लिये प्रत्येक राज्य को विभिन्न प्रादेशिक निर्वाचन क्षेत्रों में इस प्रकार बाँटा गया है कि 75 हजार जनसंख्या को एक से अधिक प्रतिनिधि प्राप्त न हों अर्थात् 75 हजार की जनसंख्या पर विधानसभा के लिये एक सदस्य निर्वाचित होता है। इस प्रकार प्रत्येक राज्य की विधानसभा के निर्वाचित सदस्यों की संख्या सन् 2001 ई. तक के लिये निश्चित कर दी गयी है, कालान्तर में इसे सन् 2026 ई. तक बढ़ा दिया गया है। निर्धारित सदस्य संख्या निम्नलिखित तालिका में दर्शायी गयी है—

**वर्तमान में विभिन्न राज्यों की विधान सभाओं के निर्वाचित सदस्यों की संख्या**

| क्र. सं. | राज्य का नाम | वर्तमान विधानसभा की कुल सदस्य संख्या |
|---|---|---|
| 1. | आन्ध्र प्रदेश | 294 |
| 2. | असम | 126 |
| 3. | बिहार | 243 |
| 4. | झारखण्ड | 81 |
| 5. | ओडिशा | 147 |
| 6. | उत्तर प्रदेश | 403 |
| 7. | उत्तराखण्ड | 70 |
| 8. | केरल | 140 |
| 9. | गुजरात | 182 |
| 10. | तमिलनाडु | 234 |

| | | |
|---|---|---|
| 11. | हरियाणा | 90 |
| 12. | मध्य प्रदेश | 230 |
| 13. | छत्तीसगढ़ | 90 |
| 14. | नागालैण्ड | 60 |
| 15. | पंजाब | 117 |
| 16. | पश्चिमी बंगाल | 294 |
| 17. | महाराष्ट्र | 288 |
| 18. | कर्नाटक | 224 |
| 19. | राजस्थान | 200 |
| 20. | हिमाचल प्रदेश | 68 |
| 21. | जम्मू-कश्मीर | 87[1] |
| 22. | मेघालय | 60 |
| 23. | मणिपुर | 60 |
| 24. | त्रिपुरा | 60 |
| 25. | सिक्किम | 32 |
| 26. | मिजोरम | 40 |
| 27. | अरुणाचल प्रदेश | 60 |
| 28. | गोआ | 40 |
| | **संघीय-क्षेत्र** | |
| 1. | पाण्डिचेरी (पुड्डूचेरी) | 30 |
| 2. | दिल्ली | 70 |

किसी विधानसभा के सामान्य निर्वाचन में यदि एंग्लो-इण्डियन समुदाय को उचित प्रतिनिधित्व न मिला हो, तो राज्यपाल इस समुदाय के किसी एक सदस्य को विधानसभा के लिए मनोनीत कर सकता है। इसके अतिरिक्त राज्यों की विधानसभाओं में अनुसूचित जातियों व अनुसूचित जनजातियों के आरक्षित स्थानों की व्यवस्था 25 जनवरी, सन् 2026 ई. तक के लिये कर दी गयी है।

**(2) सदस्यों का निर्वाचन**—विधानसभा के सदस्यों का निर्वाचन वयस्क मताधिकार के आधार पर प्रत्यक्ष एवं गुप्त मतदान द्वारा किया जाता है। राज्य की जनसंख्या और उस राज्य की विधानसभा के निश्चित स्थानों के आधार पर राज्य को अनेक निर्वाचन क्षेत्रों में बाँट दिया जाता है, ताकि राज्य के समस्त निर्वाचन क्षेत्रों में जनसंख्या का अनुपात समान हो। एक निर्वाचन क्षेत्र से एक ही सदस्य निर्वाचित होता है, जिसके लिये उस क्षेत्र में निवास कर रहे सभी वर्गों एवं जातियों के मतदाता मतदान करते हैं।

**(3) मतदाताओं की योग्यताएँ**—विधानसभा के सदस्यों को निर्वाचित करने के लिये मतदाता में निम्नलिखित योग्यताएँ होनी आवश्यक हैं—

(1) सन् 1989 ई. में 61वें संविधान संशोधन के बाद 18 वर्ष की आयु प्राप्त नागरिक अपने मत का उपयोग कर सकता है।

(2) वह भारत का नागरिक हो।

---

1. जम्मू-कश्मीर विधानसभा में विधायकों के रूप में 100 सदस्यों का प्रावधान किया गया था, लेकिन बाद में जम्मू-कश्मीर संविधान के अनुसार सन् 1988 में किए गए 20वें संशोधन के अनुरूप इनकी संख्या 111 कर दी गई। इनमें 24 सीटें पाक अधिकृत कश्मीर क्षेत्र में पड़ने वाले विधानसभा क्षेत्रों के लिए सुरक्षित रखी गई। जम्मू-कश्मीर संविधान के अनुच्छेद 48 के अंतर्गत ये सीटें शासनीय तौर पर रिक्त रखी जाती हैं। इन रिक्त सीटों की संख्या का उपयोग कोरम पूरा करने के लिए अथवा किसी विषय पर मतदान के लिए नहीं किया जाता है। इस प्रकार जम्मू-कश्मीर विधानसभा में निर्धारित सीटों की संख्या मात्र 87 है। राज्य के राज्यपाल द्वारा दो महिलाओं का विधायक के रूप में मनोनयन किया जाता है।

(3) वह पागल, दिवालिया और विदेशी न हो।

(4) उसे किसी फौजदारी आदि अपराध के कारण किसी न्यायालय द्वारा अपराधी घोषित न किया गया हो।

**(5) सदस्यों की योग्यतायें**—संविधान के अनुच्छेद 173 के अनुसार विधानसभा की सदस्यता के लिये प्रत्याशी में निम्नलिखित योग्यतायें होना आवश्यक हैं—

(1) वह भारत का नागरिक हो।

(2) उसकी आयु कम से कम 25 वर्ष हो।

(3) वह संसद या राज्य विधानसभा द्वारा निर्धारित शर्तों को पूरा करता हो।

(4) वह भारत सरकार या राज्य सरकार के अन्तर्गत किसी लाभ के पद पर न हो।

(5) वह पागल या दिवालिया घोषित न किया जा चुका हो।

(6) उसे जन प्रतिनिधित्व अधिनियम के अन्तर्गत अयोग्य घोषित न किया गया हो।

**(6) विधानसभा का कार्यकाल**—राज्य विधानसभा का कार्यकाल 5 वर्ष होता है, परन्तु 5 वर्ष से पूर्व भी राज्यपाल मुख्यमन्त्री की अनुशंसा पर इसे भंग कर सकता है। आपातकालीन स्थिति में संसद के पश्चात् इसका कार्यकाल 6 माह से अधिक नहीं बढ़ाया जा सकता।

**(7) गणपूर्ति**—विधानसभा की बैठकों में गणपूर्ति के लिये कुल सदस्य संख्या का दसवाँ भाग (1/10) या 10 सदस्य जो भी इसमें से अधिक हों, की उपस्थिति आवश्यक है।

**(8) अधिवेशन**—विधानसभा के एक वर्ष में दो अधिवेशन अवश्य होने चाहिए। एक अधिवेशन का अंतिम व दूसरे अधिवेशन की पहली तारीख के बीच 6 माह से अधिक समय का अन्तराल नहीं होना चाहिए। राज्यपाल विधानसभा के अधिवेशन बुलाता है एवं स्थगित करता है, परन्तु व्यवहार में यह कार्य मुख्यमन्त्री द्वारा किया जाता है।

**(9) पदाधिकारी**—संविधान के अनुच्छेद 178 के अनुसार विधानसभा के दो प्रमुख पदाधिकारी होते हैं—(1) अध्यक्ष, और (2) उपाध्यक्ष। इन दोनों पदाधिकारियों को विधानसभा अपने सदस्यों में से ही निर्वाचित करती है। अध्यक्ष विधानसभा की बैठकों का सभापतित्व करता है और अध्यक्ष की अनुपस्थिति में उपाध्यक्ष बैठकों का सभापतित्व करता है। इनका कार्यकाल विधानसभा के कार्यकाल तक होता है। इसके बीच अध्यक्ष अपना त्याग-पत्र उपाध्यक्ष को तथा उपाध्यक्ष अपना त्याग-पत्र अध्यक्ष को दे सकता है। इन दोनों को विधानसभा सदस्यों के बहुमत द्वारा स्वीकृत प्रस्ताव के आधार पर ही हटाया जा सकता है, किन्तु इन प्रकार की सूचना 14 दिन पूर्व अध्यक्ष या उपाध्यक्ष को देना आवश्यक है। विधानसभा भंग हो जाने पर अध्यक्ष अपने पद पर उस समय तक बना रहता है, जब तक कि नयी विधानसभा की प्रथम बैठक न हो।

**विधानसभा अध्यक्ष के अधिकार तथा कार्य**—विधानसभा अध्यक्ष के अधिकार तथा कार्य निम्न हैं—

(1) वह विधानसभा की बैठकों की अध्यक्षता करता है और सदन की कार्यवाही का संचालन करता है।

(2) सदन में शान्ति और व्यवस्था बनाये रखना उसका मुख्य उत्तरदायित्व है।

(3) सदन का कोई भी सदस्य अध्यक्ष की अनुमति से ही भाषण दे सकता है।

(4) सदन के नेता के परामर्श से वह सदन की कार्यवाही का क्रम निश्चित कर सकता है।

(5) वह प्रश्नों को स्वीकार करता है या नियम विरुद्ध होने पर उन्हें अस्वीकार कर सकता है।

(6) सदन तथा राज्यपाल के बीच सम्पर्क स्थापित करने का कार्य विधानसभा अध्यक्ष द्वारा ही किया जाता है।

(7) वह सदन के सदस्यों के अधिकारों की रक्षा करता है।

(8) विधानसभा और विधानपरिषद् के संयुक्त अधिवेशन की वही अध्यक्षता करता है।

(9) कोई विधेयक धन विधेयक है (Money Bill) है अथवा नहीं, इसका निर्णय अध्यक्ष करता है।

(10) वह किसी प्रश्न पर मतदान कराता है और परिणाम की घोषणा करता है।

(11) सामान्य स्थिति में वह सदन में मतदान में भाग नहीं लेता, लेकिन यदि किसी प्रश्न पर बराबर मत आयें तो वह निर्णायक वोट (Casting Vote) का प्रयोग कर सकता है।

(12) वह विधानमण्डल की कुछ समितियों का पदेन सभापति होता है।

अध्यक्ष की अनुपस्थिति में इन सभी कार्यों का सम्पादन उपाध्यक्ष करता है। यदि दोनों ही अनुपस्थित हों तो विधानसभा अपने सदस्यों में से एक को कार्यवाहक अध्यक्ष चुन लेती है।

**विधानसभा की शक्तियाँ एवं कर्तव्य**—विधानसभा राज्य विधान मण्डल का प्रथम एवं प्रमुख सदन है। यह विधानपरिषद् से अधिक शक्तिशाली सदन है। इसकी शक्तियाँ एवं कर्तव्यों का उल्लेख निम्नलिखित शीर्षकों के अन्तर्गत किया जा सकता है—

**(1) व्यवस्थापिका (कानून बनाने) सम्बन्धी शक्तियाँ**—कानून बनाने के क्षेत्र में विधानसभा विधानपरिषद् से अधिक शक्तिशाली सदन है। राज्य सूची के विषयों पर कानून बनाने करने का अधिकार विधानसभा को प्रदान किया गया है। इसके अतिरिक्त विधानसभा को समवर्ती सूची के विषयों पर कानून बनाने की शक्ति प्राप्त है। परन्तु इसके द्वारा बनाये गये कानून और संसद द्वारा बनाये कानून में विरोध की स्थिति होने पर विधान सभा द्वारा बनाया गया कानून निरस्त हो जाता है। विधानसभा द्वारा पारित किसी भी साधारण विधेयक को विधानपरिषद् केवल 6 माह तक ही अपने पास विचार के लिए रख सकती है। अन्तत: विधानसभा का निर्णय ही अन्तिम होता है।

**(2) कार्यपालिका सम्बन्धी शक्तियाँ**—विधानसभा का कार्यपालिका पर पूर्ण नियन्त्रण होता है, क्योंकि राज्य मंत्रिपरिषद् विधानसभा के प्रति पूर्णरूपेण उत्तरदायी होती है। विधानसभा "अविश्वास प्रस्ताव" पारित करके मंत्रिपरिषद् को अपदस्थ कर सकती है। इसके अतिरिक्त विधान सभा के सदस्य प्रश्न पूछकर, कार्य स्थगन प्रस्ताव द्वारा, निन्दा प्रस्ताव रखकर तथा सरकारी नीति की आलोचना करके मन्त्रिपरिषद् पर पूर्ण नियन्त्रण रखते हैं। इस प्रकार विधानसभा के विश्वास-पर्यन्त ही मन्त्रिपरिषद् अपने पद पर बनी रह सकती है।

**(3) वित्तीय शक्तियाँ**—विधानसभा का धन पर नियन्त्रण एक अविवादास्पद तथ्य है। कोई भी वित्तीय विधेयक सर्वप्रथम विधानसभा में प्रस्तुत किया जाता है, विधानपरिषद् में नहीं। विधानसभा द्वारा पारित हो जाने के पश्चात् उसे विधानपरिषद् को उसकी सिफारिशों के लिये भेजा जाता है। विधानपरिषद् अपनी सिफारिशों के साथ वितीय-विध्यकों को 14 दिन की अवधि में विधानसभा को लौटाने के लिये बाध्य होती है। विधान सभा को विधानपरिषद् की सिफारिशों को मानने या न मानने की शक्ति प्राप्त होती है। यदि 14 दिन की निर्धारित अवधि में विधानपरिषद् वित्त विधेयक को विधानसभा को नहीं लौटाती है, तो उक्त विधेयक को उसी रूप में दोनों सदनों द्वारा पारित मान लिया जाता है, जिस रूप में उसे विधानसभा ने पारित किया था।

**(4) अन्य शक्तियाँ**—उपर्युक्त शक्तियों के अतिरिक्त विधानसभा को निम्नलिखित अन्य शक्तियाँ भी प्राप्त हैं—

(i) विधानसभा के निर्वाचित सदस्य राष्ट्रपति के निर्वाचन में भाग लेते हैं।

(ii) संविधान के कुछ अनुच्छेदों में संशोधन करने के लिए भारतीय संघ के कम से कम आधे से अधिक राज्यों के विधानमण्डलों की स्वीकृति आवश्यक होती है।

विधानसभा की उपर्युक्त शक्तियों के आधार पर यह कहा जा सकता है कि विधानसभा विधानमण्डल का एक शक्तिशाली सदन और सर्वोच्च अंग है। व्यवहार में यही विधानमण्डल है।

**विधानमण्डल के दोनों सदनों पर समान रूप से लागू होने वाली व्यवस्थाएँ**—राज्य विधानमण्डल के दोनों सदनों पर समान रूप से लागू होने वाली व्यवस्थाएँ निम्नलिखित हैं—

**(1) सदस्यों के विशेषाधिकार**—विधानसभा के दोनों सदनों के सदस्यों को विचार अभिव्यक्ति की पूर्ण स्वतन्त्रता प्राप्त होती है। उन पर विधानमण्डल में कही गयी किसी भी बात पर न्यायालय में कोई कार्यवाही नहीं की जा सकती। इसके अतिरिक्त विधानमण्डल परिसर में दोनों सदनों के किसी भी सदस्य को अध्यक्ष या सभापति की अनुमति के बिना बन्दी नहीं बनाया जा सकता। यदि क्षेत्र के बाहर भी किसी व्यक्ति को बन्दी बनाया जाता है, तो इसकी अध्यक्ष को तुरन्त ही सूचना देना आवश्यक है।

**(2) सदस्यों के वेतन-भत्ते एवं सुविधाएँ**—विधानसभा और विधानपरिषद् के सदस्यों को समान रूप में वेतन और भत्ते मिलते हैं जो समय-समय पर विधानमण्डल द्वारा निश्चित किये जाते हैं। अन्य सुविधाओं में नि:शुल्क चिकित्सा, बिजली और पानी के साथ-साथ प्रदेश के अन्दर और बाहर यात्रा करने के लिए प्रथम श्रेणी के रेलवे कूपन तथा राजकीय बसों के पास मिलते हैं। वर्तमान में सभी राज्यों के अन्तर्गत विधानमण्डल के सदस्यों के लिये पेन्शन की व्यवस्था भी है।

**(3) सदस्यों द्वारा शपथ ग्रहण**—विधानमण्डल के दोनों सदनों के प्रत्येक सदस्य को अपना पद ग्रहण करने से पूर्व राज्यपाल के समक्ष गोपनीयता एवं कर्तव्य-पालन की शपथ लेनी होती है।

**(4) सदस्यों की सदस्यता का अन्त**—यदि कोई व्यक्ति विधानमण्डल के दोनों सदनों का सदस्य निर्वाचित हो जाये, तो उसे एक सदन की सदस्यता से त्याग-पत्र देना पड़ता है। यदि किसी सदस्य को सदस्य निर्वाचित हो जाने के पश्चात् किसी आधार पर अयोग्य घोषित कर दिया जाये, तो उसकी सदस्यता स्वत: समाप्त हो जाती है। इसके अतिरिक्त यदि कोई सदस्य सदन की अनुमति के बिना निरंतर 60 दिन तक सदन की बैठकों में अनुपस्थित रहता है, तो उसकी सदस्यता समाप्त हो जाती है।

**(5) विधानमण्डल की कार्यप्रणाली**—एक वर्ष में विधानमण्डल के दोनों सदनों के कम से कम दो अधिवेशन राज्यपाल द्वारा आमन्त्रित किए जाना अनिवार्य होता है। दोनों अधिवेशनों के मध्य अधिकतम 6 माह का अन्तर ही हो सकता है। गणपूर्ति के लिये 10 सदस्यों अथवा सदन के 1/10 सदस्यों की उपस्थिति आवश्यक होती हैं। इस निर्धारित उपस्थिति के अभाव में गणपूर्ति होने तक के लिये अध्यक्ष द्वारा बैठक निलम्बित कर दी जाती है।

**विधानमण्डल की शक्तियाँ एवं कर्तव्य**—राज्य विधानमण्डल राज्य की विधायिका होती है। अत: संविधान द्वारा राज्य विधानमण्डल को व्यापक शक्तियाँ प्रदान की गई हैं। यह शक्तियाँ निम्नलिखित हैं—

**(1) विधायी शक्तियाँ**—राज्य विधानमण्डल का महत्वपूर्ण प्रमुख कार्य नये कानून बनाना, पुराने अनावश्यक कानूनों को समाप्त करना अथवा उनमें संशोधन करना है। राज्यसूची तथा समवर्ती सूची के विषयों पर विधानमण्डल को कानून बनाने की शक्ति प्राप्त है। परन्तु समवर्ती सूची के किसी विषय पर राज्य विधानमण्डल द्वारा बनाया गया कानून यदि संसद द्वारा बनाये गये कानून के विरुद्ध होता है, तो राज्य द्वारा बनाया गया कानून निरस्त हो जाता है और संसद द्वारा बनाये गये कानून को ही मान्यता दी जाती है। अत: राज्य विधानमण्डल की कानून बनाने की शक्ति पर संसद द्वारा अनेक प्रतिबन्ध लगा दिये गये हैं—जैसे, अनुच्छेद 356 के अनुसार यदि राज्य में संवैधानिक तन्त्र भंग हो जाता है, तो राष्ट्रपति शासन लागू किया जा सकता है, तब ऐसी स्थिति में संसद ही राज्य सूची के सभी विषयों पर कानून बना सकती है। इसके अतिरिक्त यदि राज्य सभा अपने उपस्थित और मतदान करने वाले सदस्यों के दो-तिहाई बहुमत से राज्य सूची के किसी विषय को राष्ट्रीय महत्व का घोषित कर दे, तो संसद उस विषय पर कानून बना सकती है। साधारण विधेयक विधानमण्डल के किसी भी सदन में प्रस्तुत किये जा सकते हैं, किन्तु अन्तिम शक्ति विधानसभा को ही प्राप्त है।

**(2) कार्यपालिका या प्रशासनिक शक्तियाँ**—भारतीय संविधान राज्यों में भी संसदीय शासन की स्थापना करता है, इसलिए राज्य मन्त्रिपरिषद् को विधानमण्डल के (विधानसभा) प्रति उत्तरदायी बनाया गया है। मन्त्रिपरिषद् अपने पद पर तभी तक आसीन रह सकती है, जब तक कि इसे विधानसभा का विश्वास प्राप्त है। विधानमण्डल के सदस्य मन्त्रियों से प्रश्न व पूरक प्रश्न पूछकर, उनके विरुद्ध निन्दा प्रस्ताव या काम रोको प्रस्ताव आदि के द्वारा नियन्त्रण रखते हैं। यही नहीं, विधानसभा अविश्वास का प्रस्ताव पास करके मन्त्रिपरिषद् को पदच्युत कर सकती है। जिससे कार्यपालिका संविधान के अनुसार जनहित में कार्य करने के लिये प्रेरित होती है।

**(3) वित्तीय शक्तियाँ**—विधानमण्डल को राज्य के वित्त पर नियन्त्रण रखने का पूर्ण अधिकार है। राज्य का बजट विधानमण्डल की स्वीकृति के बाद ही क्रियान्वित होता है। वित्त विधेयक सर्वप्रथम विधानमण्डल में ही प्रस्तुत किया जा सकता है। वित्तमन्त्री प्रति वर्ष वार्षिक बजट प्रस्तुत करके उसे पारित कराता है। अत: कोई भी कर उस समय तक नहीं लगाया जा सकता या धन का व्यय नहीं किया जा सकता, जब तक उससे सम्बन्धित विधेयक विधानसभा द्वारा पारित नहीं हो जाता।

**(4) संविधान में संशोधन करने की शक्ति**—संविधान में कुछ धारायें ऐसी हैं, जिनमें संशोधन के लिये आवश्यक है कि संसद द्वारा विशेष बहुमत के आधार पर पारित प्रस्ताव कम से कम आधे राज्यों के विधानमण्डलों द्वारा स्वीकार किया जाये। इस प्रकार राज्य विधानमण्डल संविधान संशोधन के कार्य में भी भाग लेता है।

**(5) निर्वाचन सम्बन्धी शक्ति**—राज्य विधान मण्डल के (विधानसभा) निर्वाचित सदस्य राष्ट्रपति के निर्वाचन में भाग लेते हैं, जो विधानमण्डल का महत्वपूर्ण कार्य है।

**विधानमण्डल का महत्व**—सामान्यतया किसी भी राज्य का विधानमण्डल उस राज्य के शासन का सर्वाधिक महत्वपूर्ण अंग होता है। वह राज्य की जनता की आकांक्षाओं का दर्पण है। परन्तु गत कुछ समय से प्रजातंत्र का प्रहरी विधानमण्डल एक वरदान नहीं बल्कि अभिशाप बनने लगा है। अनेक राज्यों में बार-बार विधानसभा भंग होने और पुनर्निर्वाचन के पश्चात् कोई स्पष्ट परिणाम सामने न आने के परिणामस्वरूप कुछ विद्वानों ने कहा है कि राज्यों के स्तर पर संसदीय शासन प्रणाली सर्वथा असफल सिद्ध हो चुकी है। दल-बदल कानून द्वारा इस रोग से बचने का प्रयत्न किया जा रहा है।

**विधानसभा और विधानपरिषद् की तुलना**—राज्य विधानमण्डल के यदि दोनों सदनों का विश्लेषण किया जाये तो यह स्पष्ट है कि दोनों सदनों में कुछ अन्तर है, तो दूसरी ओर दोनों एक दूसरे से धनिष्ट रूप से सम्बद्ध भी हैं। तुलना की दृष्टि से दोनों सदनों के नामकरण, प्रतिनिधित्व, सदस्य संख्या, कार्यकाल, मंत्रिपरिषद् पर नियन्त्रण, वित्त विधेयक आदि की दृष्टि से अंतर देखने को मिलता है, जिससे स्पष्ट है कि विधानसभा की तुलना में विधानपरिषद् शक्तिहीन सदन है। इस सम्बन्ध में **डॉ. एम. पी. शर्मा** का यह कथन उल्लेखनीय है **"जो समानता का ढोंग लोकसभा और राज्यसभा के बीच है, वह विधानसभा और विधानपरिषद् के बीच नहीं है।"** विधानसभा का शक्तिशाली होना स्वाभाविक भी है, क्योंकि विधानसभा जनता द्वारा प्रत्यक्ष रूप से निर्वाचित है, विधानपरिषद् अप्रत्यक्ष रूप से निर्वाचित है।

इसके अतिरिक्त राज्य विधानमण्डल में कानून बनाने की प्रक्रिया केन्द्र में संसद की कानून बनाने की प्रक्रिया के ही समान है।

## प्रश्न
## (Questions)

### दीर्घ उत्तरीय प्रश्न (Long Answer Type Questions)

1. राज्य में विधान सभा का गठन किस प्रकार होता है। उनकी शक्तियाँ एवं कार्य क्या हैं ?
(What is the procedure to organisation of Legislative Assembly in State ? What are its powers and functions.)
2. राज्य विधानपरिषद् के संगठन, शक्तियों एवं कार्यों का वर्णन कीजिए।
(Describe the organisation, powers and functions of State Legislative Council.)
3. भारतीय राज्यों के विधानमण्डल की रचना, शक्तियों एवं कार्यों का वर्णन कीजिए।
(Describe the composition, powers and functions of Legislative Assemblies in Indian states.)
4. विधानसभा और विधानपरिषद् की तुलना कीजिए।
(Make comparison between Legislative Assembly and Legislative Council.)
5. विधान सभाध्यक्ष पर संक्षिप्त टिप्पणी लिखिए।
(Write a short note on speaker of Legislative Assembly)

### लघु उत्तरीय प्रश्न (Short Answer Type Questions)

1. विधानपरिषद् का गठन किस प्रकार होता है ?
2. विधानपरिषद् की दो शक्तियाँ बताइए।
3. विधानसभा का सदस्य बनने के लिये प्रत्याशी में क्या योग्यताएँ होनी चाहिए ?
4. विधानसभा का संगठन किस प्रकार होता है ?
5. विधानसभा की शक्तियों का संक्षेप में वर्णन कीजिए।
6. विधानसभा का कार्यकाल कितना है ?

### बहुविकल्पीय वस्तुनिष्ठ प्रश्न (Multiple choice Type objective Questions)

1. **किसी राज्य की विधानसभा में अधिकतम कितने सदस्य हो सकते हैं—**

(a) 320 (b) 425
(c) 500 (d) 192।

**उत्तर :** (c) 500

**2. विधानपरिषद् कितने समय तक धन विधेयक को कितने समय तक अपने पास विचार हेतु रख सकती है–**

(a) 30 दिंन (b) 15 दिन

(c) 14 दिन (d) 20 दिन।

**उत्तर :** (c) 14 दिन।

**3. राज्य विधानसभा का कार्यकाल कितना निश्चित किया गया है–**

(a) 6 वर्ष (b) 5 वर्ष

(c) 7 वर्ष (d) उपर्युक्त में से कोई नहीं।

**उत्तर :** (b) 5 वर्ष।

**4. विधानसभा का नेता कौन होता है–**

(a) विधानसभा का अध्यक्ष (b) विरोधीदल का नेता

(c) राज्यपाल (d) मुख्यमन्त्री।

**उत्तर :** (a) विधानसभा का अध्यक्ष।

**5. निम्न में से किस राज्य की विधानसभा में विधानसभा सदस्यों की संख्या सर्वाधिक है–**

(a) मध्य प्रदेश (b) उत्तर प्रदेश

(c) हरियाणा (d) तमिलनाडु

**उत्तर :** (b) उत्तर प्रदेश

**6. विधान सभा और विधान परिषद के संयुक्त अधिवेशन की अध्यक्षता निम्न में से कौन करता है–**

(a) राज्यपाल (b) मुख्यमंत्री

(c) विधानसभा का अध्यक्ष (d) इनमें से कोई नहीं।

**उत्तर :** (c) विधान सभा का अध्यक्ष।

**7. ''जो समानता का ढोंग लोकसभा और राज्यसभा के बीच है, वह विधानसभा और विधान परिषद के बीच नहीं है।'' यह कथन निम्न में से किसका है–**

(a) डॉ. इकबाल नारायण (b) सुभाष कश्यप

(c) प्रो. एम. वी. पायली (d) डॉ. एम. पी. शर्मा

**उत्तर :** (d) डा. एम.पी. शर्मा।

**8. सबसे कम विधानसभा सीटें निम्न में से किस राज्य में हैं–**

(a) सिक्किम (b) मिजोरम

(c) त्रिपुरा (d) मणिपुर

**उत्तर :** (a) सिक्किम।

**9. निम्न में से कितने राज्यों में विधान सभा सीटों की संख्या 60 है–**

(a) चार राज्यों (b) पाँच राज्यों

(c) छह राज्यों (d) सात राज्यों

**उत्तर :** (b) पाँच राज्यों।

●●

# राज्य कार्यपालिका—राज्यपाल, मुख्यमंत्री, मन्त्रिमण्डल

# [STATE EXECUTIVE — GOVERNOR, CHIEF MINISTER AND COUNCIL OF MINISTERS]

*"संविधान द्वारा या उसके अन्तर्गत जिस सीमा तक राज्यपाल को अपने विवेक के अन्तर्गत कार्य करना होता है, उसके अतिरिक्त उसके कार्यों में सहायता व परामर्श देने के लिए एक मन्त्रिपरिषद् होगी, जिसका प्रधान मुख्यमंत्री होगा।"* —भारतीय संविधान के अनुच्छेद 168 के अनुसार

*"राज्यपाल संवैधानिक व्यवस्था का प्रहरी है और वह एक ऐसी कड़ी है जो राज्य को केन्द्र से जोड़कर भारत की संवैधानिक व्यवस्था को बनाये रखने में योग देता है।"* —के. एम. मुन्शी

*"राज्यपाल मन्त्रिमण्डल का सूझ-बूझ वाला परामर्शदाता है, जो राज्य की अशान्त राजनीति में शान्त वातावरण पैदा कर सकता है।"* —एम. वी. पायली

केन्द्र की भाँति देश के राज्यों में भी प्रशासन का स्वरूप संसदात्मक है। कार्यपालिका का प्रधान एक संवैधानिक प्रधान होता है, जिसे मंत्रिपरिषद् के परामर्श पर कार्य करना होता है। भारतीय संविधान के अनुच्छेद 153 के अंतर्गत देश के विभिन्न राज्यों में राज्यपाल के पद का प्रावधान किया गया है। इस प्रावधान के अनुसार प्रत्येक राज्य में एक राज्यपाल होगा। दो या दो से अधिक राज्यों के लिए एक ही राज्यपाल भी हो सकता है। राज्य की कार्यपालिका शक्ति राज्यपाल में निहित होती है। वह अपनी कार्यपालिका शक्तियों का उपयोग या तो स्वयं या अपने अधीनस्थ अधिकारियों के माध्यम से करता है। 'अधीनस्थ अधिकारियों' शब्द के अंतर्गत मंत्रिगण भी आते हैं।

## राज्य की कार्यपालिका
## (Executive of State)

राज्य की कार्यपालिका राज्यपाल, मंत्रिपरिषद् और मुख्यमंत्री से मिलकर गठित होती है। भारत में जम्मू कश्मीर[1] राज्य को छोड़कर प्रत्येक राज्य में लगभग वैसी ही शासन व्यवस्था है, जैसी कि केंद्र में है अर्थात् संसदीय शासन व्यवस्था है, जिसमें एक कार्यपालिका का प्रधान होता है, जिसे 'राज्यपाल' कहते हैं। उसको परामर्श देने के लिए मुख्यमंत्री तथा उसकी मंत्रिपरिषद् होती है, जो विधानमंडल (व्यवस्थापिका) के प्रति उत्तरदायी होती है।

## राज्यपाल
## (Governor)

भारत जैसे विशाल देश में राज्यों की सरकारों को चलाने के लिए यह उचित ही है कि प्रत्येक राज्य का राज्यपाल (Governor) केंद्र सरकार द्वारा नियुक्त किया जाए, ताकि देश की अखंडता को बनाए रखने के लिए जिस नीति को केंद्र की सरकार अपनाए, उसको राज्यों में केंद्र का प्रतिनिधि राज्यपाल अच्छी तरह पालन करवा सके। इसी दृष्टिकोण को लेकर

1. संविधान की धारा 370 में जम्मू-कश्मीर राज्य की विशेष स्थिति का उल्लेख किया गया है।

भारतीय संविधान के अंतर्गत राज्यों में राज्य की इकाई का प्रमुख 'राज्यपाल' ही कहलाता है। संविधान के अनुसार राज्य की समस्त कार्यपालिका शक्ति राज्यपाल में ही निहित की गई है, जिसका प्रयोग वह स्वयं या अपने अधीनस्थ पदाधिकारियों द्वारा करवा सकेगा। राज्यपाल की स्थिति संसदीय सरकार की परंपरा के अनुसार एक संवैधानिक अध्यक्ष (Constitutional Head) की है। राज्यपाल की स्थिति राज्य की कार्यपालिका में वही है, जो केंद्रीय कार्यपालिका में राष्ट्रपति की है।

भारतीय संविधान के अनुच्छेद 153 के अनुसार, "प्रत्येक राज्य में एक राज्यपाल होगा।" राष्ट्रपति की भाँति राज्यपाल भी राज्य का वैधानिक अध्यक्ष होता है। राज्य के समस्त कार्य उसी के नाम से किए जाते हैं। राज्य की समस्त कार्यकारिणी शक्ति उसके पद में निहित है। जिस प्रकार संघ का राष्ट्रपति स्वयं या अपने अधीनस्थ कर्मचारियों द्वारा संघ का शासन-कार्य संचालित करता है, उसी प्रकार राज्यपाल भी संविधान के अधीन रहकर स्वयं या अपने अधीनस्थ कर्मचारियों द्वारा कार्यकारिणी की शक्तियों का उपयोग करता है। संविधान के अनुच्छेद 154 में स्पष्ट रूप से उपबंधित कर दिया गया है कि राज्य की समस्त कार्यकारिणी शक्तियाँ उस राज्य के राज्यपाल में निहित होंगी, किंतु इन शक्तियों के प्रयोग के लिए वह संविधान के अधीन रह कर कार्य करेगा।

## राज्यपाल की नियुक्ति
## (Appointment of Governor)

संविधान के प्रारूप (Draft) में राज्यपाल का जनता द्वारा निर्वाचित होने का प्रावधान किया गया था। इस प्रश्न पर संविधान सभा में बहुत वाद-विवाद भी हुआ था और अंत में यह निश्चय हुआ कि राज्यपाल की नियुक्ति राष्ट्रपति द्वारा ही की जाएगी।

## नियुक्ति हेतु योग्यताएँ
## (Qualifications for Appointment)

संविधान के अनुच्छेद 157 में राज्यपाल के पद के लिए निम्नलिखित योग्यताएँ निर्धारित की गई हैं—

(*i*) वह भारत का नागरिक हो।

(*ii*) वह 35 वर्ष की आयु पूरी कर चुका हो।

(*iii*) वह भारतीय संघ व उसके अंतर्गत किसी राज्य के विधानमंडल या सदन का सदस्य न हो। यदि वह नियुक्ति के समय किसी विधानमंडल या सदन का सदस्य हो, तो उसके पद-ग्रहण करने की तिथि से यह स्थान रिक्त समझा जाएगा।

(*iv*) राज्यपाल कोई अन्य लाभ का पद धारण नहीं करेगा।

## राज्यपाल का कार्यकाल
## (Tenure of Governor)

संविधान के अनुच्छेद 156 में राज्यपाल की पदावधि का उपबंध दिया गया है। इस अनुच्छेद के अनुसार राज्यपाल का कार्यकाल राष्ट्रपति की इच्छापर्यन्त होता है।[1] संविधान द्वारा राज्यपाल की नियुक्ति 5 वर्षों के लिए की जाती है और पुनर्नियुक्ति भी हो सकती है, किंतु इसके पूर्व राज्यपाल स्वयं भी राष्ट्रपति को संबोधित करके अपना त्याग-पत्र दे सकता है। अपना कार्यकाल समाप्त होने पर भी वह तब तक अपने पद पर बना रहेगा, जब तक कि उसके उत्तराधिकारी की नियुक्ति नहीं हो जाती है। कभी-कभी राष्ट्रपति मंत्रिपरिषद के परामर्श पर राज्यपाल को बर्खास्त भी कर सकता है।

---

1. दो-तीन राज्यपालों को छोड़कर किसी भी राज्यपाल ने अपना 5 वर्ष का निर्धारित कार्यकाल पूरा नहीं किया है। इसका प्रमुख कारण यह है कि केंद्र में बनने वाली सरकार यदि विपक्षी दल या दलों की होती है तो पूर्व केंद्र सरकार द्वारा नियुक्त राज्यपालों को पद छोड़ना ही पड़ता है। बिहार में रामा जोइस, जो 12 जून 2003 को राज्यपाल बने थे, नई केंद्र सरकार ने उन्हें हटाकर बूटा सिंह को बिहार का राज्यपाल बना दिया। यही स्थिति उत्तर प्रदेश में रही। यहाँ के राज्यपाल विष्णुकांत शास्त्री को हटाकर टी.वी. राजेश्वर को राज्यपाल बनाया गया। तमिलनाडु के राममोहन राव और राजस्थान के मदनलाल खुराना भी राज्यपाल पद से मुक्त कर दिए गए। इनके स्थान पर क्रमश: सुरजीत सिंह बरनाला और प्रतिभा पाटिल को राज्यपाल बनाया गया। इसी प्रकार झारखंड में सिब्ते रजी, मध्य प्रदेश में बलराम जाखड़, महाराष्ट्र में एस.एम. कृष्णा, उड़ीसा में रामेश्वर ठाकुर, छत्तीसगढ़ में कृष्णमोहन रुड़े तथा गुजरात में नवल किशोर शर्मा को नया राज्यपाल बनाया गया। उच्चतम न्यायालय के निर्णय के बाद 26 जनवरी, 2006 ई. को बिहार के राज्यपाल बूटासिंह को इस्तीफा देना पड़ा।

वर्तमान में देश के 28 राज्यों में निम्नांकित व्यक्ति राज्यपाल पद पर कार्यरत है :

| राज्य | राज्यपाल |
|---|---|
| आंध्र प्रदेश | श्री इक्काडु श्रीनिवासन लक्ष्मी नरसिम्हन |
| अरुणाचल प्रदेश | जनरल (सेवानिवृत्त) जे.जे. सिंह |
| असम | श्री जानकी पटनायक |
| बिहार | श्री देवानंद कंवर |
| छत्तीसगढ़ | श्री शेखर दत्त |
| गोवा | श्री बी. वी. वानचू |
| गुजरात | डॉ. कमला बेनीवाल |
| हरियाणा | श्री जगन्नाथ पहाड़िया |
| हिमाचल प्रदेश | श्रीमती उर्मिला सिंह |
| जम्मू और कश्मीर | श्री एन.एन. वोहरा |
| झारखंड | डॉ. सैयद अहमद |
| कर्नाटक | श्री हंसराज भारद्वाज |
| केरल | श्री हंसराज भारद्वाज (अतिरिक्त प्रभार) |
| मध्य प्रदेश | श्री राम नरेश यादव |
| महाराष्ट्र | श्री के शंकरनारायणन |
| मणिपुर | श्री गुरबचन जगत |
| मेघालय | श्री रंजीत शेखर मुशहरी |
| मिज़ोरम | श्री वेककोम पुरुषोत्तमन |
| नागालैंड | श्री निखिल कुमार |
| ओडिशा | श्री मुरलीधर चंद्रकांत भंडारे |
| पंजाब | श्री शिवराज पाटिल |
| राजस्थान | श्रीमती मार्ग रेट अल्वा |
| सिक्किम | श्री वाल्मीकि प्रसाद सिंह |
| तमिलनाडु | श्री के. रोसैया |
| त्रिपुरा | श्री डी वाई पाटिल |
| उत्तर प्रदेश | श्री बी. एल. जोशी |
| उत्तराखंड | श्री अजीज कुरैशी |
| पश्चिमी बंगाल | श्री एम.के. नारायणन |

## विमुक्तियाँ
## (Exemptions)

संविधान के अनुसार राज्यपाल को कुछ विमुक्तियाँ भी प्राप्त हैं। अपने कर्त्तव्यों का प्रयोग करते हुए वह जो भी कार्य करता है, उसके लिए उसे किसी न्यायालय के सम्मुख प्रस्तुत नहीं किया जा सकता। यद्यपि शासन के समस्त कार्य राज्यपाल के नाम से किए जाते हैं, किंतु वह उन कार्यों के लिए व्यक्तिगत रूप से उत्तरदायी नहीं होता। कोई भी व्यक्ति सरकार के विरुद्ध मुकदमा चला सकता है, किंतु राज्यपाल के विरुद्ध कोई मुकदमा नहीं चलाया जा सकता। राज्यपाल के विरुद्ध न तो कोई फौजदारी का मुकदमा चलाया जा सकता है न ही कोई अदालत उसकी गिरफ्तारी के लिए कार्यवाही कर सकती है। यदि किसी व्यक्ति को राज्यपाल के विरुद्ध दीवानी मुकदमा चलाना हो तो उसे दो माह का नोटिस देना पड़ेगा और नोटिस में मामले का पूरा-पूरा विवरण देना होगा।

## वेतन तथा भत्ते
## (Salary and Allowances)

राज्यपाल के वेतन तथा भत्तों आदि के निर्धारण का अधिकार भारतीय संसद को प्राप्त है। भारतीय संसद ने 'राज्यपाल-वेतन, भत्ते और सुविधाएं कानून 1982 में सन् 2008 में संशोधन कर राज्यपाल के वेतन में वृद्धि कर दी है। इस के अनुसार राज्यपाल को अब 1.10 लाख रुपये मासिक वेतन मिलता है और वे समस्त भत्ते तथा सुविधाएँ प्राप्त होती हैं जो भारतीय संविधान लागू होने से पूर्व ब्रिटिश प्रान्तों के राज्यपालों को अंग्रेजी शासनकाल में प्राप्त होती थीं। उसके कार्यकाल में वेतन और भत्तों आदि में किसी प्रकार की भी कमी नहीं की जा सकती है। आवास हेतु उसको बिना किराए का एक सरकारी भवन भी दिया जाता है।

## राज्यपाल के अधिकार और शक्तियाँ
## (Rights and Powers of Governor)

राज्यपाल राज्य का वैधानिक अध्यक्ष है। उसके अधिकार एवं कार्य प्राय: वही हैं, जो भारतीय केंद्र के शासन में राष्ट्रपति के होते हैं। **डॉ. दुर्गादास बसु** के अनुसार, ''संक्षेप में राज्यपाल की शक्तियाँ राष्ट्रपति के समान हैं, सिर्फ कूटनीति, सैनिक तथा संकटकालीन अधिकारों को छोड़कर।''

संविधान के अनुसार राज्यपाल को केवल उन कार्यों के लिए उसके कार्यों के संपादन में सहायता देने के लिए मंत्रिपरिषद् होती है, जो संविधान के अनुसार राज्यपाल के स्वविवेक के अधीन रखे गए हैं। इस प्रकार स्पष्ट है कि संविधान के अनुसार, राज्यपालों को अपने सभी कार्य मंत्रिपरिषद् की सहायता और परामर्श से संपादित करने होते हैं। राज्यपाल की इस स्थिति को ध्यान में रखते हुए उसके कार्य निम्नांकित वर्गों में विभक्त किए जा सकते हैं—

## कार्यकारिणी शक्तियाँ
## (Executive Powers)

राज्य की कार्यकारिणी शक्ति राज्यपाल में निहित होती है तथा उस शक्ति का प्रयोग राज्यपाल स्वयं या अपने अधीनस्थ कर्मचारियों के माध्यम से करता है। ये शक्तियाँ उन विषयों तक सीमित हैं, जिनका उल्लेख राज्य सूची और समवर्ती सूची में किया गया है। संघ सूची के विषयों के संबंध में उसको कोई शक्ति प्राप्त नहीं है। संक्षेप में उसकी कार्यकारिणी शक्तियाँ निम्नलिखित हैं—

**1. राज्य सूची पर आधारित अधिकार**— संविधान के अनुसार जो विषय राज्य सूची (State List) में रखे गए हैं, उनके संबंध में उसको समस्त अधिकार प्राप्त हैं। समवर्ती सूची के विषयों पर भी उसको अधिकार प्राप्त है, किंतु इस क्षेत्र में वह केंद्रीय शासन की कार्यकारिणी शक्ति के अधीन है।

**2. कार्यपालिका का महत्त्व**—राज्यपाल राज्य का अध्यक्ष है। शासन सम्बन्धी समस्त कार्यवाही उसी के नाम पर होती है। वह कार्यपालिका का संचालन करता है। तथा आवश्यकतानुसार उसमें परिवर्तन भी कर सकता है।

**3. नियुक्ति संबंधी शक्तियाँ**—विधानसभा के बहुमत प्राप्त दल के नेता को राज्यपाल मुख्यमंत्री के पद पर नियुक्त करता है और मुख्यमंत्री के परामर्श के अनुसार मंत्रिपरिषद् के अन्य सदस्यों की नियुक्ति करता है। इसके साथ-साथ वह राज्य के महाधिवक्ता (एडवोकेट जनरल), राज्य लोक सेवा आयोग के अध्यक्ष और सदस्यों आदि की नियुक्ति भी करता है। ये सभी नियुक्तियाँ वह मंत्रिपरिषद् के परामर्श के अनुसार ही करता है। जिन राज्यों में विधानमंडल के दो सदन हैं, उनमें उच्च सदन (विधानपरिषद्) के कुछ सदस्यों को भी मनोनीत करने का अधिकार संविधान द्वारा राज्यपाल को प्रदान किया गया है। राज्य लोक सेवा आयोग के सदस्यों की सेवा-शर्तो का निर्धारण और उनके कार्य के संबंध में नियम बनाने के अधिकार भी राज्यपाल को प्रदान किए गए हैं।

**4. मंत्रियों के कार्यों का विभाजन**—राज्यपाल ही मंत्रिपरिषद् के मंत्रियों के कार्यों का विभाजन मुख्यमंत्री के परामर्श के अनुसार करता है। वह राज्य के शासन को सुचारू रूप से चलाने के लिए नियम भी बनाता है।

**5. राज्यपाल का स्वेच्छाधिकार**—राज्यपाल को कुछ विषयों पर स्वेच्छा से विचार करने का अधिकार भी प्राप्त है। असम के राज्यपाल को अनुसूचित जातियों वाले क्षेत्र में स्वेच्छापूर्वक निर्णय तथा शासन करने का अधिकार दिया गया है। अन्य राज्यों के राज्यपालों को यह अधिकार प्राप्त नहीं है। राज्यपाल की स्वेच्छाधिकार शक्ति का विरोध हृदयनाथ कुँजरू तथा हरि विष्णु कामथ आदि ने किया था, किंतु उन्हें सफलता नहीं मिली थी।

## विधायी शक्तियाँ
## (Legislative Powers)

राज्यपाल की विधायी शक्तियाँ निम्नलिखित हैं—

**1. वह राज्य के विधानमंडल का अभिन्न अंग है**—यद्यपि राज्यपाल, विधानमंडल के किसी सदन का सदस्य नहीं होता, तथापि उसे विधानमंडल का अभिन्न अंग माना जाता है। अतः विधानमंडल के संगठन तथा कार्य के संबंध में उसके अधिकार महत्त्वपूर्ण है।

**2. विधानमंडल के कुछ सदस्यों को मनोनीत करने का अधिकार**—वह विधानपरिषद् के सदस्यों की पूरी संख्या के लगभग 1/6 सदस्यों को मनोनीत करता है। यदि उसको यह विश्वास हो जाए कि सदन में आंग्ल-भारतीय (एंग्लो-इंडियन) संप्रदाय का प्रतिनिधित्व पर्याप्त नहीं है तो वह विधानसभा में भी उस संप्रदाय के एक सदस्य को मनोनीत कर सकता है।

**3. विधानमंडल के अधिवेशन को बुलाना**—राज्यपाल समय-समय पर विधानमंडल का अधिवेशन बुला सकता है, किंतु पहले अधिवेशन की अंतिम तिथि और दूसरे अधिवेशन के प्रारंभ होने की तिथि के बीच 6 महीने से अधिक का समय नहीं होना चाहिए।

**4. विधानसभा को भंग करना एवं अवधि में वृद्धि करना**—राज्यपाल विधानसभा को उसका कार्यकाल समाप्त होने से पूर्व भी भंग कर सकता है तथा कुछ विशेष परिस्थितियों में विधानसभा की अवधि में वृद्धि भी कर सकता है।

**5. विधानमंडल में संबोधन देना एवं संदेश भेजना**—वह किसी एक अथवा दोनों सदनों को संबोधित कर सकता है तथा उनमें संदेश भेज सकता है। वास्तव में, राज्य के विधानमंडल का प्रत्येक अधिवेशन राज्यपाल के संबोधन से ही आरंभ होता है।

**6. संयुक्त अधिवेशन बुलाने का अधिकार**—यदि किसी समय विधानमंडल के दोनों सदनों के बीच कानून बनाने संबंधी किसी प्रश्न पर गत्यावरोध उत्पन्न हो जाता है, तो राज्यपाल संयुक्त अधिवेशन बुला सकता है तथा संदेश भेज सकता है।

**7. विधेयक संबंधी अधिकार**—अधिनियम का रूप धारण करने से पूर्व प्रत्येक विधेयक पर राज्यपाल की स्वीकृति प्राप्त करना अनिवार्य है। उस समय तक कोई विधेयक अधिनियम नहीं बन सकता जब तक कि राज्यपाल उसको अपनी स्वीकृति प्रदान न कर दे। अत: विधानमंडल द्वारा पारित प्रत्येक विधेयक को राज्यपाल के सम्मुख प्रस्तुत करना आवश्यक होता है। राज्यपाल को यह भी अधिकार है कि वह उस विधेयक की स्वीकृत करे या न करे या उसे पुनर्विचार के लिए सदन को वापस भेज दे। पुनर्विचार के पश्चात् दूसरी बार राज्यपाल को उस विधेयक पर अपनी स्वीकृति देनी ही पड़ती है। जिन विधेयकों को राज्यपाल राष्ट्रपति को विचारार्थ भेजता है, उन्हें स्वीकार करने या न करने का अधिकार राष्ट्रपति को है। राष्ट्रपति को यह भी अधिकार है कि वह उन विधेयकों को अपने सुझावों के साथ राज्य की विधानसभा को पुनर्विचार के लिए लौटा दे। इस प्रकार लौटाए हुए विधेयकों पर राज्य की विधानसभा को 6 मास के अंदर विचार करना होता है। यदि ये विधेयक पुन: स्वीकृत हो जाते हैं तो इन्हें फिर से राष्ट्रपति की स्वीकृति के लिए भेजा जाता है। राष्ट्रपति को अधिकार है कि वह विधेयक पर स्वीकृति दे या न दे। अत: अप्रत्यक्ष रूप से राज्यपाल किसी विधेयक को राष्ट्रपति के पास भेजकर समाप्त भी कर सकता है। कुछ विधेयक ऐसे भी होते हैं जिन्हें राष्ट्रपति की स्वीकृति के लिए भेजा जाना अनिवार्य होता है। यदि राज्यपाल की राय में किसी ऐसे विधेयक के स्वीकृत हो जाने से उच्च न्यायालय की शक्ति व स्थिति में कमी हो जाती है, तो राज्यपाल के लिए अनिवार्य है कि वह उस विधेयक को राष्ट्रपति के विचारार्थ अवश्य प्रेषित करे। इसके अतिरिक्त निम्नांकित विषयों से संबंधित विधेयकों को भी राष्ट्रपति की स्वीकृति के लिए भेजना अनिवार्य होता है—

(i) जिन बिधेयकों का उद्देश्य व्यक्तिगत संपत्ति को राज्य द्वारा अनिवार्य रूप से हस्तगत करना हो।

(ii) जिन विधेयकों का संबंध ऐसी वस्तुओं के क्रय-विक्रय पर कर लगाने के साथ हो जिन्हें संघ की संसद ने अनिवार्य वस्तु घोषित कर दिया हो।

(iii) जिन विधेयकों का उद्देश्य विद्युत शक्ति के वितरण पर कर लगाना हो।

**8. धन विधेयकों से संबंधित अधिकार**—धन विधेयक केवल राज्यपाल की सिफारिश पर ही विधानसभा में प्रस्तुत किए जा सकते हैं। उस पर कोई भी संशोधन राज्यपाल की सिफारिश के बिना प्रस्तुत नहीं किया जा सकता है। किंतु राज्यपाल धन विधेयकों को पुनर्विचार के लिए वापस नहीं भेज सकता, वरन् सामान्यतया वह उनको स्वीकृति दे देता है।

**9. अध्यादेश जारी करने का अधिकार**—यदि राज्य में विधानमंडल का अधिवेशन न हो रहा हो, तो राज्यपाल आवश्यकता पड़ने पर उन सभी विषयों पर अध्यादेश जारी कर सकता है, जिन पर राज्य के विधानमंडल को कानून बनाने का अधिकार प्राप्त है। ऐसे किसी अध्यादेश का प्रभाव वही होगा, जो कि राज्य के विधानमंडल द्वारा बनाए हुए किसी कानून का होता है। किंतु इस प्रकार के अध्यादेश को विधानमंडल के सम्मुख रखना पड़ता है और विधानमंडल के अधिवेशन के आरंभ होने की तिथि से 6 सप्ताह बाद तक ही यह लागू रह सकता है। इससे पूर्व भी विधानसभा यदि चाहे तो इसे रद्द कर सकती है। उन विषयों के बारे में जिनके संबंध में राष्ट्रपति की आज्ञा के बिना राज्य के विधानमंडल में कोई विधेयक प्रस्तुत नहीं किया जा सकता, राज्यपाल राष्ट्रपति की अनुमति के बिना अध्यादेश जारी नहीं कर सकता है।

इस प्रकार उपर्युक्त विवेचन से यह स्पष्ट हो जाता है कि राज्यपाल अध्यादेश संबंधी अधिकारों का प्रयोग उस तरह नहीं कर सकता, जिस तरह से अंग्रेजी शासनकाल में प्रांतों के गवर्नर किया करते थे। अंग्रेजी शासनकाल में गवर्नरों को किसी भी समय अध्यादेश जारी करने का अधिकार प्राप्त था, किंतु स्वतंत्र भारत में राज्यपाल का यह अधिकार सीमित कर दिया गया है। अब राज्यपाल इस अधिकार का प्रयोग विधानमंडलों की सहायता तथा सुविधा के लिए मंत्रिपरिषद् के परामर्श के अनुसार ही करते हैं।

## वित्तीय शक्तियाँ
## (Financial Powers)

राज्यपाल को वित्तीय वर्ष के आरंभ में, राज्य की उस वर्ष की अनुमानित आय-व्यय का विवरण (बजट) विधानमंडल के सम्मुख प्रस्तुत करने का अधिकार प्राप्त है। उसकी संस्तुति के बिना कोई भी अनुदान की माँग स्वीकृत नहीं की जा सकती है और न ही कोई धर विधेयक उसकी संस्तुति के बिना विधानसभा में प्रस्तुत किया जा सकता है। किंतु किसी कर के घटाने के लिए प्रावधान करने वाले किसी संशोधन को उसकी संस्तुति की आवश्यकता नहीं होती है। राज्य की आकस्मिक निधि (Contingency Fund) उसके अधीन होती है, जिसमें से वह आकस्मिक व्यय के लिए विधानमंडल की अनुमति के पूर्व भी धन दे सकता है।

## न्यायिक शक्तियाँ
## (Judicial Powers)

संविधान के अनुच्छेद 161 के अनुसार, राज्यपाल को यह अधिकार प्राप्त है कि वह उन अपराधों के लिए दंड पाए हुए व्यक्तियों के दंड को कम कर सकता है, स्थगित कर सकता है या पूर्णतया समाप्त कर सकता है जिसका संबंध राज्य के अधिकार-क्षेत्र से है। मृत्यु-दंड को क्षमा करने का कम करने का अधिकार उसे प्राप्त नहीं है। इसी प्रकार जिन अपराधों का संबंध संघ सरकार के अधिकार-क्षेत्र के अंतर्गत हो, उनके विषय में भी राज्यपाल को कोई अधिकार प्राप्त नहीं है।

## संकटकालीन अधिकार
## (Emergency Rights)

राज्यपाल यदि यह अनुभव करता है कि राज्य पर कोई वैधानिक संकट या राज्य में आंतरिक शांति के भंग होने की संभावना है, तो वह राष्ट्रपति को इसकी तुरंत सूचना देता है। संकटकाल में वह राष्ट्रपति के आदेशानुसार शासन का समस्त भार अपने हाथ में ले सकता है।

## स्वविवेक से किए जाने वाले कार्य
## (Actions Taken by Self Discretion)

कुछ कार्य ऐसे भी होते हैं, जिन्हें राज्यपाल मंत्रिपरिषद् से परामर्श लेने के बाद भी अपने विवेक से करता है। इस प्रकार के कार्यों को किसी न्यायालय में चुनौती नही दी जा सकती है। राज्यपाल किस विषय पर अपने विवेक से कार्य करेगा, इसका निर्णय भी वह स्वयं ही करता है। राष्ट्पति शासन लागू करने के लिए राष्ट्रपति को रिपोर्ट भेजना, कुछ विधेयकों को राष्ट्रपति की अनुमति के लिए अपने पास रोक लेना आदि मामलों में राज्यपाल मुख्यमंत्री और मंत्रिपरिषद् से परामर्श भी नहीं लेता है।

## राज्यपाल की वास्तविक स्थिति
## (Factual Position of Governor)

राज्यपाल का पद संविधान ने विशेष अधिकार से सुशोभित किया गया है, किंतु व्यावहारिक रूप में उसकी सभी शक्तियों का प्रयोग मंत्रिपरिषद् द्वारा किया जाता है। राज्यपाल तो राज्य का संवैधानिक अध्यक्ष मात्र है। मध्य प्रदेश के तत्कालीन राज्यपाल **डॉ. पट्टाभि सीतारमैया** ने कहा था, "राज्यपाल का कार्य आगंतुकों व आमंत्रित व्यक्तियों का स्वागत करने, उनको चाय-भोजन और दावत देने के अतिरिक्त और कुछ नहीं है।" राष्ट्रपति की भाँति वह मुख्यमंत्री व अन्य मंत्रियों की नियुक्ति में भी स्वतंत्र नहीं है। विधानसभा के बहुमत प्राप्त दल के नेता को उसे मुख्यमंत्री नियुक्त करना ही

होगा। वह अपनी मंत्रिपरिषद् के परामर्श के अनुसार कार्य करने के लिए बाध्य है। यदि वह ऐसा नहीं करेगा तो सामूहिक उत्तरदायित्व के सिद्धांत को व्यावहारिक रूप नहीं दिया जा सकेगा। कलकत्ता (कोलकाता) उच्च न्यायालय के मुख्य न्यायाधीश ने एक वाद में अपना निर्णय देते हुए राज्यपाल की स्थिति को स्पष्ट किया था, ''वर्तमान संविधान में राज्यपाल मंत्रियों के परामर्श से ही कार्य करेंगे। भारत सरकार के सन् 1935 ई. के अधिनियम के अनुसार राज्यपाल की स्थिति भिन्न थी। उस समय राज्यपाल कुछ कार्य अपने विवेक से भी कर सकता था अर्थात् मंत्रियों के परामर्श के बिना भी कार्य कर सकता था। कुछ कार्य वह अपने व्यक्तिगत निर्णय से करता था अर्थात् वह मंत्रियों का परामर्श तो लेता था, किंतु उनको मानने के लिए बाध्य नहीं था। भारत के वर्तमान संविधान में राज्यपाल से स्वविवेक संबंधी व व्यक्तिगत निर्णय संबंधी शक्तियाँ छीन ली गई हैं। राज्यपाल को अवश्य ही मंत्रियों के परामर्श के अनुसार कार्य करना चाहिए।''

राज्यपाल को पूर्ण रूप से शक्तिहीन भी नहीं कहा जा सकता। वह शासन न करते हुए भी राज्य के विषयों में पर्याप्त प्रभाव रखता है। **के. एम. मुंशी** के मतानुसार, ''ऐसा समय आ सकता है कि संकटकाल में मुख्यमंत्री विभिन्न दलों के बीच सामंजस्य स्थापित करने में विफल रहे, विशेष रूप से जब विधानमंडल में अनेक दल हों। ऐसे समय में राज्यपाल से मंत्रियों को बहुत अधिक सहायता मिल सकती है। वे उससे सभी प्रकार की गुप्त सूचना व सलाह प्राप्त कर सकते हैं, क्योंकि उसका संपर्क सभी दलों से होता है।'' इसके अतिरिक्त जब राज्यपाल स्वयं कोई कार्य नहीं करता और उसे मंत्रियों के निर्णय को अस्वीकार करने की कोई शक्ति प्राप्त नहीं होती, तो उसका यह नैतिक कर्त्तव्य हो जाता है कि वह महत्त्वपूर्ण विषयों पर मंत्रिपरिषद् को परामर्श दे। यह कार्य वह किसी दल के प्रतिनिधि के रूप में नहीं, वरन् संपूर्ण जनता के प्रतिनिधि के रूप में करता है। **बी. जी. खेर** ने संविधान सभा में कहा था, ''एक अच्छा राज्यपाल बहुत लाभ पहुँचा सकता है और एक बुरा राज्यपाल दुष्टता भी कर सकता है, यद्यपि संविधान ने उसको बहुत कम शक्तियाँ दी हैं।''

उपर्युक्त विवेचन के पश्चात् हम इस निष्कर्ष पर पहुँचते हैं कि सामान्य परिस्थितियों में यद्यपि राज्यपाल की शक्तियाँ सीमित हैं और उसे मंत्रिपरिषद् के परामर्श से कार्य करना पड़ता है तथापि संविधान में यह भी स्पष्ट नहीं किया गया है कि उसे मंत्रिपरिषद् का परामर्श मानना ही पड़ेगा। संविधान के 44वें संशोधन के अनुसार राष्ट्रपति मंत्रिपरिषद् के निर्णयों को मानने के लिए बाध्य है। अत: इससे यह भी स्पष्ट हो जाता है कि राज्यपाल भी मंत्रिपरिषद् के निर्णयों को मानने के लिए बाध्य होगा। वास्तव में, राज्यपाल की स्थिति उसके व्यक्तित्व पर निर्भर करती है। यदि राज्यपाल अच्छे व्यक्तित्व वाला व्यक्ति है तो वह शासन पर अच्छा प्रभाव डाल सकता है। वह राष्ट्रपति के प्रतिनिधि के रूप में राज्य का वैधानिक प्रमुख है। संविधान सभा के सदस्य **पी.के. सेन** के अनुसार, ''राज्यपाल का कार्य शासन-व्यवस्था के कुशल संचालन में सहायता व सहयोग प्रदान करना है, न कि नियंत्रण तथा निषेध करना।''

## राज्यपाल की भूमिका
## (Role of Governor)

राज्यपाल की स्थिति अथवा भूमिका के संबंध में सामान्य तौर पर परस्पर दो विरोधी मत प्रचलित हैं। इनमें से पहले मत के अनुसार राज्यपाल राज्य का केवल संवैधानिक अध्यक्ष है, किंतु द्वितीय मत में इस बात पर बल दिया गया है कि राज्य के प्रशासन में राज्यपाल की भूमिका एक संवैधानिक अध्यक्ष की तुलना में बहुत अधिक महत्त्वपूर्ण है। राज्यपाल की व्यावहारिक स्थिति को समझने के लिए इन दोनों मतों का अध्ययन करना अति आवश्यक है।

## राज्यपाल संवैधानिक शासक के रूप में
## (Governor as Constitutional Ruler)

भारतीय संविधान द्वारा राज्यों में भी संघ के अनुरूप संसदीय शासन की स्थापना की गई है। ऐसी शासन व्यवस्था में कार्यपालिका की वास्तविक शक्तियाँ ऐसे मंत्रिपरिषद् में निहित होती हैं जो व्यवस्थापिका के निचले सदन के प्रति उत्तरदायी हो। इसलिए मंत्रिपरिषद् राज्य की वास्तविक कार्यपालिका है तथा राज्यपाल केवल एक संवैधानिक अध्यक्ष है। संविधन के अनुच्छेद 163(1) में ''जिन मामलों में संविधान द्वारा अथवा संविधान के अधीन राज्यपाल से यह अपेक्षा की जाती है कि वह अपने कार्यों को स्वविवेक से करे। उन मामलों को छोड़कर राज्यपाल को अपने कार्यो का निर्वहन करने

में सहायता तथा मंत्रणा देने हेतु एक मंत्रिपरिषद् होगी।'' संविधान में राज्यपाल की स्वविवेक संबंधी शक्तियों का विशेषत: कोई उल्लेख नहीं किया गया है। केवल असम, अरुणाचल प्रदेश, मिजोरम, सिक्किम, मेघालय, त्रिपुरा तथा नागालैंड के राज्यपालों को ही कुछ स्वविवेक की शक्तियाँ प्राप्त हैं। अत: यह कहा जा सकता है कि राज्यपाल राज्य के शासन का संवैधानिक अध्यक्ष ही है तथा उसकी शक्तियाँ औपचारिक हैं।

राज्यपाल के पद पर कार्य कर चुके विभिन्न व्यक्तियों के वक्तव्यों से पता चलता है कि राज्यपाल एक संवैधानिक अध्यक्ष है जिसे अपने सभी कार्य मंत्रिपरिषद् के परामर्श से ही संपादित करने पड़ते हैं। उदाहरण के लिए, उत्तर प्रदेश की प्रथम राज्यपाल **सरोजिनी नायडू** ने स्वयं को 'सोने के पिजड़े में बंद चिड़िया' की संज्ञा दी थी। महाराष्ट्र के राज्यपाल **श्रीप्रकाश** ने एक बार कहा था, ''मुझे पूरा विश्वास है कि मैं केवल संवैधानिक अध्यक्ष हूँ जिसे छूटे हुए स्थानों पर हस्ताक्षर करने के अतिरिक्त और कुछ नहीं करना है।'' महाराष्ट्र की ही राज्यपाल **श्रीमती विजयलक्ष्मी पंडित** का मत था, ''यदि कोई व्यक्ति इस पद को स्वीकार करता है तो उसको पद नहीं, वरन् वेतन का आकर्षण है।''

यदि हम दूसरे मत का विश्लेषण करे तो राज्यपाल की शक्तियाँ वास्तविक न होते हुए भी राज्य शासन में उसका स्थान सर्वाधिक गरिमामय तथा प्रतिष्ठित होता है। वह दलगत राजनीति से परे होने के कारण निष्पक्ष होता है तथा राज्य के मंत्रिगण सदैव ही आवश्यकतानुसार उससे परामर्श प्राप्त कर सकते हैं। अपने निर्दलीय व्यक्तित्व के कारण राज्यपाल राज्य के शासन की राजनीति में स्थायित्व तथा स्थिरता ला सकता है। एक प्रभावशाली व्यक्तित्व वाला तथा कार्यशील राज्यपाल विरोधी दल तथा मंत्रिमंडल के मध्य अनेक मतभेदों को दूर करने में सफल हो सकता है। राज्य शासन को नियमित, सरल तथा कार्यकुशल बनाने में राज्यपाल का बहुत अधिक योगदान होता है। **एम.वी. पायली** के मतानुसार, ''राज्यपाल मंत्रिमंडल का सूझ-बूझ वाला परामर्शदाता है जो राज्य की अशांत राजनीति में शांत वातावरण पैदा कर सकता है।''

**दुर्गादास बसु** ने *'Commentary on the Constitution of India'* तथा **एम. वी. पायली** ने *'India's Constitution'* में राज्यपाल के कुछ स्वविवेकीय कार्यों का उल्लेख किया है जिनके व्यावहारिक रूप में क्रियान्वयन का विवरण निम्नलिखित प्रकार है—

**1. मुख्यमंत्री की नियुक्ति**—राज्यपाल का मुख्य कार्य मुख्यमंत्री की नियुक्ति करना है। राज्य की विधानसभा में यदि किसी एक राजनीतिक दल को स्पष्ट बहुमत प्राप्त है तथा बहुमत वाले राजनीतिक दल ने अपना नेता चुन लिया है, तो राज्यपाल के लिए यह अनिवार्य हो जाता है कि वह उसी नेता को मुख्यमंत्री नियुक्त करे, किंतु यदि राज्य की विधानसभा में किसी दल को स्पष्ट बहुमत प्राप्त नहीं है अथवा बहुमत प्राप्त दल में नेता पद के लिए एक से अधिक उम्मीदवार हैं, तब ऐसी स्थिति में राज्यपाल स्वविवेक का प्रयोग कर सकता है। इस स्थिति में स्वयं राज्यपाल यह निर्णय लेता है कि किस व्यक्ति के नेतृत्व में स्थायी सरकार का गठन हो सकता है।

**2. मंत्रिमंडल को भंग करना**—राज्यपाल को यह स्वविवेक की शक्ति प्राप्त है कि वह मंत्रिपरिषद् को अपदस्थ कर राष्ट्रपति से सिफारिश करे कि संबंधित राज्य में राष्ट्रपति शासन लागू कर दिया जाए।

**3. विधानसभा का सत्र आहूत करना**—सामान्यतया राज्यपाल मुख्यमंत्री के परामर्श पर विधानसभा का सत्र बुलाता है, किंतु असाधारण परिस्थितियों में राज्यपाल स्वविवेक से भी विधानसभा का सत्र बुला सकता है। यदि राज्यपाल ऐसा अनुभव करता है कि कुछ ऐसे महत्त्वपूर्ण मामले आ गए हैं, जिन पर तत्काल विचार किया जाना आवश्यक है, तो राज्यपाल अनुच्छेद 174 के अंतर्गत विधानमंडल के सत्र की कोई भी तिथि निश्चित कर सकता है। इस संबंध में राज्यपाल मुख्यमंत्री का परामर्श मानने के लिए बाध्य नहीं है चाहे मुख्यमंत्री को विधानसभा से बहुमत का समर्थन ही प्राप्त क्यों न हो।

**4. विधानसभा को भंग करना**—उत्तरदायी शासन की यह मान्यता है कि विधानसभा को भंग करने का कार्य राज्यपाल उसी समय करेगा, जबकि मुख्यमंत्री उसे ऐसा करने का परामर्श दे, किंतु असाधारण परिस्थिति में राज्यपाल विधानसभा भंग करने के संबंध में मुख्यमंत्री का परामर्श मानने से इन्कार कर सकता है अथवा मुख्यमंत्री के परामर्श के बिना विधानसभा को भंग कर सकता है। ऐसे उदाहरण हैं जिनमें इस संबंध में राज्यपाल ने अपने स्वविवेक से कार्य किया है।

## केंद्र सरकार के प्रतिनिधि के रूप में राज्यपाल की स्थिति
## (Position of Governor as A Representative of Central Government)

भारतीय संविधान ने राज्यपाल को दोहरी भूमिका प्रदान की है। एक ओर तो वह राज्य का प्रधान है तथा दूसरी ओर वह राज्य में केंद्र सरकार का प्रतिनिधि या एजेंट है। संविधान बनाने वालों की इच्छा भारत में एक ऐसी संघीय व्यवस्था स्थापित करने की थी, जो सहयोगी संघवाद की भावना पर आधारित हो और केंद्र तथा राज्य में सद्भावनापूर्ण संबंध स्थापित हो सके। इसके साथ ही प्रशासनिक एकरूपता और राष्ट्रीय एकता के लक्ष्य को भी प्राप्त किया जा सके। इन उद्देश्यों की पूर्ति के लिए उन्होंने राज्यपाल के पद की व्यवस्था केंद्र सरकार के प्रतिनिधि के रूप में की। इस संबंध में **के. एम. मुंशी** ने विधानसभा में कहा था, ''राज्यपाल संवैधानिक औचित्य का प्रहरी तथा वह कड़ी है जो राज्य को केंद्र के साथ जोड़ते हुए भारत की एकता के लक्ष्य को प्राप्त करती है।'' केंद्र सरकार के प्रतिनिधि के रूप में राज्यपाल निम्नलिखित कार्य करता है–

**(i)** भारतीय संविधान के अनुच्छेद 256 तथा 257 में कहा गया है कि केंद्र सरकार राज्यों की कार्यपालिकाओं को आवश्यक निर्देश दे सकती है। केंद्र सरकार द्वारा राज्य सरकारों को राष्ट्रीय महत्त्व की सड़कों तथा संचार साधनों की रक्षा का दायित्व सौंपा जा सकता है। तथा अनुच्छेद 258 के अंतर्गत केंद्र सरकार अपने कुछ प्रशासनिक कार्यों को भी राज्य सरकार को हस्तांतरित कर सकती है। केन्द्र सरकार के द्वारा राज्य सरकार को इस प्रकार के निर्देश और आदेश राज्यपाल के माध्यम से ही दिए जाते हैं तथा राज्यपाल का यह कर्त्तव्य है कि वह देखे कि राज्य सरकार इन निर्देशों, आदेशों का पालन कर रही है अथवा नहीं। यदि राज्य का मंत्रिमंडल राज्यपाल को राष्ट्रपति के निर्देशों के विरुद्ध कार्य करने का परामर्श देता है, तो वह इस प्रकार के परामर्श को अस्वीकार कर सकता है तथा राज्य सरकारों को राष्ट्रपति के निर्देश मानने के लिए बाध्य कर सकता है। यदि राज्य मंत्रिमंडल केंद्र सरकार के निर्देश के अनुसार कार्य नहीं करता तो राज्यपाल मंत्रिमंडल को चेतावनी दे सकता है तथा उसे संविधान के विरुद्ध कार्य मानकर अनुच्छेद 356 के अंतर्गत राष्ट्रपति को संवैधानिक संकट की रिपोर्ट दे सकता है। जब कभी राष्ट्रीय दृष्टि से महत्त्वपूर्ण किसी कार्यक्रम को केंद्र सरकार द्वारा अपनाया जाता है, तो राज्यपाल पर यह दायित्व आ जाता है कि वह इस बात की समीक्षा करे कि राज्य सरकार इस कार्यक्रम को पूरा करने की दिशा में आगे बढ़ रही है अथवा नहीं।

**(ii)** केंद्र सरकार के प्रतिनिधि के रूप में राज्यपाल का एक महत्त्वपूर्ण कार्य यह भी है कि वह राज्य के प्रशासन के संबंध में समय-समय पर राष्ट्रपति को रिपोर्ट देता रहे। इस रिपोर्ट में वह अपने सुझाव भी दे सकता है। राज्यपाल का सबसे प्रमुख कार्य यह देखना है कि राज्य सरकार संविधान के अनुसार कार्य कर रही है अथवा नहीं। यदि राज्य में संविधान के अनुरूप कार्य नहीं हो रहा है, तो राज्यपाल इस संबंध में राष्ट्रपति को रिपोर्ट देता है तथा इस रिपोर्ट के आधार पर राज्य में राष्ट्रपति शासन लागू किया जा सकता है। राज्यपाल राष्ट्रपति को ऐसी रिपोर्ट स्वविवेक से भेजता है। इस संबंध में वह राज्य मंत्रिमंडल का परामर्श मानने के लिए बाध्य नहीं है।

**(iii)** अनुच्छेद 200 के अनुसार, राज्य विधानमंडल द्वारा पारित किए गए किसी भी विधेयक को राज्यपाल राष्ट्रपति की स्वीकृति के लिए सुरक्षित रख सकता है। उदाहरण के लिए, संपत्ति के अनिवार्य अधिग्रहण अथवा उच्च न्यायालय की स्वीकृति की शक्तियों को कम करने से संबंधित विधेयक राज्यपाल द्वारा राष्ट्रपति की स्वीकृति के लिए सुरक्षित रखे जाएँगे। राज्यपाल इस संबंध में स्वविवेक से ही कार्य करता है।

**(iv)** अनुच्छेद 213 के अनुसार, राज्यपाल को अध्यादेश जारी करने का अधिकार दिया गया है, किंतु उसको कुछ विषयों के संबंध में अध्यादेश जारी करने से पूर्व राष्ट्रपति से स्वीकृति लेनी होती है।

इन सब कार्यों के अतिरिक्त राज्यपाल केंद्र सरकार के प्रतिनिधि के रूप में यह देखता है कि राज्य सरकार संकीर्ण प्रांतीयवाद को न अपनाकर समस्त संघ के हितों को ध्यान में रखे। तत्कालीन प्रधानमंत्री श्रीमती इंदिरा गांधी ने एक राज्यपाल सम्मेलन में कहा था, ''संकीर्ण प्रांतीयवाद पर विजय प्राप्त करने में राज्यपालों की भूमिका बहुत महत्त्वपूर्ण है।''

संविधान बनाने वालों का विश्वास था कि राज्यपाल दोहरी भूमिका निभाएगा। प्रथम भूमिका राज्य के संवैधानिक अध्यक्ष के रूप में तथा द्वितीय भूमिका राज्य में केंद्र सरकार के प्रतिनिधि के रूप में होगी, किंतु व्यवहार रूप में देखा गया

है कि अनेक बार राज्यपाल की द्वितीय भूमिका अधिक महत्त्वपूर्ण हो जाती है। ऐसा विशेष रूप से उस समय होता है जबकि केंद्र में एक राजनीतिक दल की सरकार हो तथा राज्य में किसी अन्य विरोधी राजनीतिक दल की अथवा कुछ विरोधी दलों की मिली-जुली सरकार हो। ऐसा देखा गया है कि जब कभी राज्यपाल की इन दोनों भूमिकाओं में विरोध की स्थिति पैदा हुई है तब राज्यपाल ने केंद्र सरकार के प्रतिनिधि के रूप में अपनी भूमिका का ही अनुगमन किया है।

भारत में प्राय: विरोधी दलों की यह शिकायत रही है कि केंद्र का सत्ताधारी दल राज्यपाल पद का उपयोग अपने राजनीतिक लक्ष्यों की प्राप्ति के लिए करते हैं। **इकबाल नारायण** ने लिखा है, ''राज्यपाल को राज्यों में गैर-कांग्रेसी सरकारों को गिराने हेतु केंद्र के कथित षड्यंत्र के तंत्र के रूप में देखा गया है।'' सन् 1984, 1988, 1989 तथा 1993 ई. के राजनीतिक फेरबदल ने स्पष्ट किया है कि राज्यपाल को संदेह तथा अविश्वास की दृष्टि से देखना अकारण नहीं है। उदाहरण के लिए, सिक्किम के राज्यपाल **तल्यार खाँ** ने नरबहादुर भंडारी को मुख्यमंत्री पद से हटाकर **बी.बी. गुरंग** को मुख्यमंत्री बनाया, जो मात्र 12 दिन तक ही इस पद पर कार्य कर सके। इसके बाद जम्मू-कश्मीर के राज्यपाल **जगमोहन** ने फारूक अब्दुल्ला सरकार को बर्खास्त कर **जी.एम. शाह** को मुख्यमंत्री बना दिया। अगस्त 1984 ई. में आध्र प्रदेश के राज्यपाल **रामलाल** ने एन.टी. रामाराव सरकार को अपदस्थ करके भास्कर राव को मुख्यमंत्री बना दिया। इसी प्रकार अगस्त 1988 ई. में राज्यपाल द्वारा नागालैंड में राष्ट्रपति शासन की सिफारिश करना तथा अप्रैल 1989 ई. में कर्नाटक के राज्यपाल **वेंकटसुबैया** द्वारा राज्य में राष्ट्रपति शासन लागू करवाना राज्यपाल की स्वविवेक की शक्ति के निष्पक्ष एवं तर्कसंगत प्रयोग के उदाहरण नहीं हैं। इतना ही नहीं राज्यपालों द्वारा राजस्थान, हिमाचल प्रदेश तथा मध्य प्रदेश और बिहार (2005 ई.) में राष्ट्रपति शासन लागू करने की सिफाशि करना भी राज्यपाल के आचरण को संदिग्ध बनाता है।

ऐसी राजनीतिक घटनाओं के उदाहरण न तो राज्यपाल पद के हित में हैं और न ही भारतीय राजव्यवस्था के अनुरूप ही हैं। वास्तव में, राज्यपाल की केंद्र के प्रतिनिधि के रूप में भूमिका तथा राज्य के संवैधानिक प्रधान के रूप में भूमिका में सामंजस्य स्थापित किया जाना चाहिए और राज्यपाल को केंद्र सरकार तथा राज्य सरकार दोनों की इच्छाओं में सामंजस्य स्थापित करके कार्य करना चाहिए।

## राज्यपाल तथा राष्ट्रपति की स्थितियों की तुलना
## (Comparison of the Positions of Governor and President)

राज्यपाल तथा राष्ट्रपति दोनों ही अपने-अपने क्षेत्र में संवैधानिक प्रधान हैं। राज्य तथा केंद्र दोनों में संसदात्मक शासन-व्यवस्था को अपनाए जाने के कारण राज्यपाल तथा राष्ट्रपति दोनों ही नाममात्र के शासनाध्यक्ष की भूमिका का निर्वहन करते हैं। राज्यपाल तथा राष्टपति की स्थितियों की तुलना के संबंध में निम्नलिखित तथ्य स्पष्ट किए जा सकते हैं–

संविधान द्वारा राज्यपाल को व्यापक शक्तियाँ प्रदान की गई हैं। राज्यों में राज्यपाल की वही स्थिति है जो केंद्र में राष्ट्रपति की होती है। अत: कुछ क्षेत्रों को छोड़कर इन दोनों संवैधानिक प्रधानों की शक्तियों में बहुत कुछ समानता है। **दुर्गादास बसु** के शब्दों में, ''केवल कूटनीतिक, सैनिक तथा संकटकालीन अधिकारों को छोड़कर राज्यपाल की शक्तियाँ राष्ट्रपति के समान ही हैं।'' यदि केंद्र में राष्ट्रपति के अधिकार तथा कार्यों की समीक्षा की जाए, तो राष्ट्रपति पूर्ण रूप से मंत्रिपरिषद् के परामर्श के अनुसार ही अपने अधिकारों का प्रयोग करता है, उसके लिए स्वविवेक से कार्य करने का क्षेत्र बहुत सीमित है। यदि लोकसभा में किसी भी दल को स्पष्ट बहुमत प्राप्त न हो तो राष्ट्रपति स्वविवेक से किसी भी व्यक्ति को, जिसे वह उपयुक्त समझे, प्रधानमंत्री पद पर नियुक्त कर सकता है, किंतु राज्यपाल का स्वविवेकी क्षेत्राधिकार राष्ट्रपति की तुलना में अधिक होता है। वह अनेक ऐसे कार्य करता है जिनमें राज्य की मंत्रिपरिषद् के परामर्श की कोई आवश्यकता नहीं होती है।

विधायी, अध्यादेश संबंधी तथा क्षमादान संबंधी अधिकारों में राज्यपाल और राष्ट्रपति की शक्तियों में निम्नलिखित अंतर है–

**(i)** राज्यपाल राज्य विधानमंडल द्वारा पारित विधेयक को वापस न लौटा कर या अनुमति न देकर उसे राष्ट्रपति के विचार हेतु आरक्षित करके रख सकता है। यह राज्यपाल का स्वविवेकी अधिकार है। यदि राज्यपाल ऐसे किसी विधेयक

को आरक्षित कर लेता है, जो राज्यपाल के उस विधेयक पर सभी अधिकार समाप्त हो जाते हैं तथा उस पर राष्ट्रपति का अधिकार हो जाता है।

राज्यपाल द्वारा आरक्षित विधेयक, यदि धन विधेयक है, तो राष्ट्रपति उस पर अनुमति दे भी सकता है और नहीं भी दे सकता है। यदि वह धन विधेयक नहीं है, तो वह विधेयक को राज्य विधानमंडल को पुनर्विचार के लिए वापस भेज सकता है। यदि वह विधेयक राज्य विधानमंडल द्वारा पारित होकर पुनः राष्ट्रपति के पास अनुमति हेतु आ जाता है, तो राष्ट्रपति उस पर अनुमति दे सकता है और नहीं भी दे सकता है। यदि राष्ट्रपति उस पर अनुमति नहीं देता है, तो वह विधेयक स्वयमेव रद्द हो जाता है।

**(ii)** राज्यपाल और राष्ट्रपति की अध्यादेश जारी करने की शक्ति में भी कुछ अंतर है। राज्यपाल कुछ मामलों में राष्ट्रपति के निर्देश के बिना अध्यादेश जारी नहीं कर सकता, विशेषकर उन विषयों के संबंध में, जिन्हें राष्ट्रपति के लिए आरक्षित किया जाता है।

यदि समवर्ती सूची के किसी विषय पर संघ सरकार का कानून है और राज्यपाल द्वारा राष्ट्रपति के निर्देश पर उसी विषय पर उसके विरोध में अध्यादेश जारी किया जाता है, तो वह ठीक उसी प्रकार प्रभावी होगा, जैसे कि उस विषय पर आरक्षित विधेयक को राष्ट्रपति की स्वीकृति मिल गई हो।

**(iii)** राज्यपाल द्वारा पारित अध्यादेश 6 सप्ताह तक प्रवर्तन में रहता है। यदि इस अवधि के अंदर राज्य विधानमंडल उसे अनुमोदित कर देता है, तो वह स्थायी कानून बन जाता है और यदि अस्वीकृत कर देता है, तो वह समाप्त हो जाता है। कोई निर्णय न होने की दशा में अध्यादेश 6 सप्ताह के बाद स्वतः समाप्त हो जाता है।

राष्ट्रपति द्वारा जारी अध्यादेश 6 सप्ताह के अंदर अनुमोदित होने पर प्रवर्तन में रहेगा, अन्यथा वह निरस्त या समाप्त हो जाएगा।

**(iv)** राज्यपाल को सैनिक न्यायालय द्वारा दिए गए दंडादेश के संबंध में किसी प्रकार का कोई अधिकार प्राप्त नहीं है।

राष्ट्रपति को सैनिक न्यायालय द्वारा दिए दंडादेश के संबंध में क्षमादान, प्रतिलंबन, विराम, विलम्बन, परिहार या लघुकरण का अधिकार प्राप्त है।

**(v)** राज्यपाल को क्षमादान की शक्ति वहीं तक प्राप्त है, जहाँ तक राज्य की कार्यपालिका का विस्तार है। राष्ट्रपति की क्षमादान की शक्ति संपूर्ण संघीय विस्तार तक विस्तीर्ण है।

**(vi)** राज्यपाल को मृत्युदंड में परिवर्तन करने का अधिकार नहीं है, जबकि राष्ट्रपति मृत्युदंड को क्षमा करने का अधिकार रखता है।

**(vii)** समवर्ती क्षेत्रों के संबंध में राष्ट्रपति और राज्यपाल को क्षमादान के समान अधिकार प्राप्त हैं।

**(viii)** राज्यपाल विधानपरिषद् की कुल सदस्य संख्या के 1/6 सदस्य मनोनीत करता है। जबकि राष्ट्रपति राज्यसभा के 12 सदस्य नामित करता है।

**(ix)** राज्यपाल को 1.10 लाख रुपये मासिक और राष्ट्रपति को 1,50,000 रुपये मासिक वेतन मिलता है।

## राज्य मंत्रिपरिषद् का गठन
## (Composition of State Council of Ministers)

भारतीय संविधान द्वारा संघ की भाँति इकाई राज्यों में भी संसदात्मक शासन-प्रणाली स्थापित की गई है। इस प्रकार राज्यों में भी वास्तविक कार्यपालिका शक्ति मंत्रिपरिषद् में ही निहित होती है।

संविधान के अनुच्छेद 163 के अनुसार, ''उन बातों को छोड़कर जिनमें राज्यपाल स्वविवेक से कार्य करता है, अन्य कार्यो को करने में उसकी सहायतार्थ एवं परामर्श हेतु एक मंत्रिपरिषद् होगी, जिसका अध्यक्ष मुख्यमंत्री होगा।'' यहाँ यह उल्लेखनीय है कि मंत्रिपरिषद् जो भी परामर्श राज्यपाल को देती है, उसकी जाँच करने का अधिकार किसी भी न्यायालय को नहीं है।

**1. मंत्रियों की नियुक्ति**—राज्यपाल विधानसभा के बहुमत प्राप्त दल के नेता को मुख्यमंत्री नियुक्त करता है। यदि किसी भी दल को स्पष्ट बहुमत प्राप्त नहीं होता है तो राज्यपाल ऐसे दल के व्यक्ति को मुख्यमंत्री नियुक्त करता है, जो बहुमत प्राप्त करने में सक्षम हो सके। तत्पश्चात उसके परामर्श से वह मंत्रिपरिषद् के अन्य मंत्रियों की नियुक्ति करता है।

**2. मंत्रियों की योग्यताएँ**—मंत्री बनने के लिए संविधान में किसी विशेष योग्यता का उल्लेख नहीं किया गया है, मंत्री बनने के लिए उन्हें केवल विधानमंडल के किसी सदन का सदस्य होना आवश्यक है। यदि किसी मंत्री को मुख्यमंत्री के परामर्श से राज्यपाल ने मंत्री नियुक्त कर दिया है और वह किसी भी सदन का सदस्य नहीं है तो उसे 6 माह की अवधि में किसी भी सदन की सदस्यता ग्रहण करनी होती है, अन्यथा उसे अपने पद से त्याग पत्र दे देना पड़ता है।

**3. मंत्रिपरिषद् की कार्यावधि**—संविधान के अनुसार, मंत्रिपरिषद् अपने पद पर उस समय तक ही कार्यरत् रहेगी, जब तक राज्यपाल की इच्छा होगी; किंतु व्यवहार मे मंत्रिपरिषद् उस समय तक कार्यरत रहती है, जब तक विधानसभा में उसका बहुमत और विश्वास बना रहता है। सामान्य रूप से मंत्रिपरिषद् का कार्यकाल विधानसभा के कार्यकाल के समान 5 वर्ष ही है।

**4. सामूहिक उत्तरदायितव**—मंत्रिपरिषद् सामूहिक रूप से विधानसभा के प्रति उत्तरदायी होती है, अत: किसी एक मंत्री के विभाग की आलोचना सब मंत्रियों के विभागों की आलोचना समझी जाती है। इस प्रकार नीति संबंधी मामलों में भी मंत्रिपरिषद् का सामूहिक उत्तरदायित्व होता है।

**5. शपथ ग्रहण**—प्रत्येक मंत्री को मंत्री पद ग्रहण करने से पूर्व राज्यपाल के समक्ष अपने पद के प्रति निष्ठा एवं मंत्रिपरिषद् के कार्यों को गुप्त रखने की शपथ लेनी होती है।

**6. मंत्रियों के वेतन और भत्ते**—मंत्रियों के वेतन एवं भत्ते राज्य के विधानमंडल द्वारा निश्चित किए जाते हैं। अत: भारतीय संघ के विभिन्न राज्यों में इस संबंध में अंतर है।

**7. मंत्रियों की संख्या एवं उनके मध्य कार्यों का विभाजन**—97वें संविधान संशोधन (2003 ई.) के अनुपालन में अब मंत्रियों की संख्या पर अंकुश लगा दिया गया है। यह संख्या विधानसभा के कुल सदस्यों की संख्या का 15 प्रतिशत होगी। सिक्किम, मिजोरम जैसे छोटे राज्यों में तो यह संख्या 12 से अधिक नहीं होगी। जहाँ तक मंत्रियों के बीच विभागों के बँटवारे का प्रश्न है मुख्यमंत्री को यह अधिकार प्राप्त है कि वह अपनी इच्छानुसार मंत्रियों के बीच विभागों का वितरण कर दे। राज्य के मंत्रिमंडल में भी तीन स्तर के मंत्री होते हैं—कैबिनेट स्तर के मंत्री, राज्यमंत्री और उपमंत्री।

## राज्य मंत्रिपरिषद् के कार्य
## (Functions of the State Council of Ministers)

मंत्रिपरिषद् राज्य के शासन का प्रमुख रूप से संचालन करती है। इसके कार्य निम्नलिखित हैं—

**1. प्रशासन संबंधी कार्य**—राज्य के प्रशासन का उत्तरदायित्व राज्य की मंत्रिपरिषद् पर होता है। राज्य के प्रशासन को सुचारू रूप से संचालित करने के लिए मंत्रियों के बीच विभागों का वितरण किया जाता है। सभी मंत्री अपने-अपने विभाग को संचालित करते हैं और विभाग के प्रशासन का समस्त उत्तरदायित्व संबंधित मंत्री पर होता है। मंत्रिपरिषद् सामूहिक रूप से कार्य करती है। साथ ही मंत्रिपरिषद् विधानसभा के प्रति भी सामूहिक रूप से उत्तरदायी होती है। वस्तुत: राज्य का संपूर्ण प्रशासन राज्य मंत्रिपरिषद् द्वारा ही संचालित किया जाता है।

**2. कानून-बनाने संबंधी कार्य**—मंत्रिपरिषद् ही राज्य के शासन से संबंधित समस्त कानूनों के प्रस्तावों (विधेयकों) की रचना करती है। इसके अतिरिक्त विधानमंडल में विधेयक प्रस्तुत करना तथा विधानमंडल से उसे पारित करवाना मंत्रिपरिषद् का महत्त्वपूर्ण कार्य है।

**3. विधानमंडल में पूछे गए प्रश्नों का उत्तर**—विधानमंडल में पूछे गए प्रश्नों एवं पूरक प्रश्नों का उत्तर देने का दायित्व मंत्रिपरिषद् का ही होता है।

**4. नीति-निर्धारण संबंधी कार्य**—राज्य सरकार की नीति का निर्धारण करना और उसे विधानमंडल से स्वीकृत करवाने का उत्तरदायित्व भी मंत्रिपरिषद् का ही होता है।

**5. वार्षिक आय-व्यय का विवरण तैयार करना**—वित्तमंत्री राज्य सरकार की आय व्यय के विभिन्न स्रोतों का निर्धारण करता है तथा वार्षिक बजट तैयार करवाकर विधानसभा में प्रस्तुत करता है। यहाँ यह उल्लेखनीय है कि किसी भी राज्य के बजट पर केंद्र की आर्थिक स्थिति का प्रत्यक्ष या परोक्ष प्रभाव पड़ता है।

**6. राज्यपाल को उच्च पदों पर नियुक्ति के संबंध में परामर्श देने का कार्य**—सुविधानुसार राज्यपाल को उसके कार्यों के संदर्भ में परामर्श देने और उसकी सहायता करने हेतु भी मंत्रिपरिषद् का प्रावधान किया गया है। संविधान के अनुसार राज्यपाल, महाधिवक्ता, राज्य लोक सेवा आयोग के अध्यक्ष और सदस्यों तथा अन्य उच्च अधिकारियों की नियुक्ति करता है। व्यवहार में ये सभी नियुक्तियाँ मंत्रिपरिषद् के परामर्श के आधार पर ही की जाती हैं।

**7. राज्यपाल को अपने निर्णयों से अवगत कराना**—मंत्रिपरिषद् का एक महत्त्वपूर्ण कार्य यह भी होता है कि वह कानून आदि बनाने की सूचना राज्यपाल को अवश्य देती रहे, जिससे कि राज्यपाल समस्त स्थितियों से अवगत रहे और शासन संबंधी अपेक्षित निर्णय ले सके।

राज्य प्रशासन में मंत्रिपरिषद् की स्थिति बहुत महत्त्वपूर्ण होती है। जब तक मंत्रिपरिषद् का विधान-परिषद् में पूर्ण बहुमत होता है, शासन संबंधी समस्त निर्णय लेने का अधिकार मंत्रिपरिषद् में ही निहित होता है। राज्यपाल मंत्रिपरिषद् के परामर्श के आधार पर ही शासन से संबंधित समस्त गतिविधियों का संचालन करता है। मंत्रिपरिषद् ही राज्य की वास्तविक कार्यपालिका है।

## राज्य मंत्रिपरिषद् तथा विधानमंडल के संबंध
## (Relationship between State Council of Ministers and Legislature)

यह निर्विवाद रूप से कहा जा सकता है कि मंत्रिपरिषद् ही राज्य की वास्तविक कार्यपालिका होती है। मंत्रिपरिषद् सामूहिक रूप से विधानसभा के प्रति उत्तरदायी होती है। विधानमंडल अनेक प्रकार से मंत्रिपरिषद् पर नियंत्रण रखता है। किंतु व्यवहार रूप में बहुमत प्राप्त दल का नेतृत्व करने के कारण मंत्रिपरिषद् ही विधानमंडल (विधानसभा) पर अपना प्रभावशाली नियंत्रण रखती है। विधानसभा विभिन्न साधनों द्वारा राज्य मंत्रिपरिषद् को अपदस्थ कर सकती है, जैसे—प्रश्न एवं पूरक प्रश्न पूछकर, काम रोको प्रस्ताव पारित करते, विधेयक या नीति को अस्वीकृत करके, प्रशासनिक जाँच की माँग करके और अविश्वास प्रस्ताव पारित करके।

## मुख्यमंत्री
## (Chief Minister)

केंद्रीय मंत्रिमंडल में जो स्थिति प्रधानमंत्री की होती है, वही राज्य के मंत्रिमंडल में मुख्यमंत्री की होती है। मुख्यमंत्री राज्य की मंत्रिपरिषद् का प्रधान होता है। संविधान के अनुच्छेद 164(1) में कहा गया है कि ''मुख्यमंत्री की नियुक्ति राज्य का राज्यपाल करेगा।'' विधानसभा में जिस राजनीतिक दल को बहुमत प्राप्त होता है, उसी दल के नेता को राज्यपाल मुख्यमंत्री नियुक्त करता है। यदि कभी ऐसी स्थिति पैदा हो जाती है कि किसी एक दल का स्पष्ट बहुमत नहीं होता है, तो राज्यपाल स्वविवेक का प्रयोग करते हुए किसी भी ऐसे दल के नेता को मुख्यमंत्री बना देता है, जो बहुमत प्राप्त करने में सक्षम हो। इसके पश्चात् वह मुख्यमंत्री के परामर्श से अन्य मंत्रियों की नियुक्ति करता है।

## मुख्यमंत्री के कार्य तथा शक्तियाँ
## (Functions and Powers of Chief Minister)

मुख्यमंत्री के कार्य तथा शक्तियाँ निम्नलिखित हैं—

**1. मंत्रिपरिषद् का गठन**—मुख्यमंत्री का सर्वप्रथम तथा अत्यंत महत्त्वपूर्ण कार्य मंत्रिपरिषद् का गठन करना होता है। मुख्यमंत्री मंत्रियों का चयन करके उनकी सूची राज्यपाल को प्रेषित करता है, जिसे राज्यपाल स्वीकार कर लेता है। मुख्यमंत्री की इच्छा के विरुद्ध सामान्यतया राज्यपाल किसी को भी मंत्री नियुक्त नहीं कर सकता है।

**2. मंत्रियों के विभागों का वितरण**—मुख्यमंत्री ही अन्य मंत्रियों के बीच विभागों और राज्य के अन्य कार्यों का वितरण करता है। वह चाहे तो अपने लिए कुछ अन्य मंत्रालयों का कार्यभार भी संरक्षित कर सकता है।

**3. नियुक्ति संबंधी अधिकार**—राज्यपाल को अनेक उच्च पदाधिकारियों, जैसे—महाधिवक्ता (Advocate General) और लोक सेवा आयोग का अध्यक्ष, को नियुक्त करने का अधिकार होता है, किंतु इन पदों पर नियुक्तियाँ राज्यपाल प्रायः मुख्यमंत्री के परामर्श से ही करता है।

**4. राज्यपाल का परामर्शदाता**—मुख्यमन्त्री ही राज्यपाल का प्रमुख परामर्शदाता है और वही राज्यपाल को विधानसभा भंग करने का परामर्श दे सकता है, वही मन्त्रिपरिषद् के अनेक निर्णयों से उसको अवगत भी कराता है और राज्यपाल की आज्ञाओं एवं संन्देशों को अन्य मन्त्रियों तक पहुंचता है। इस प्रकार वह राज्यपाल और मन्त्रिपरिषद् के बीच एक कड़ी के रूप में कार्य करता है।

## वर्तमान में विभिन्न राज्यों के मुख्यमंत्री (दिसंबर 2012 तक)

| राज्य | मुख्यमंत्री | राज्य | मुख्यमंत्री |
|---|---|---|---|
| आंध्र प्रदेश | **श्री एन. किरन कुमार रेड्डी** | अरुणाचल प्रदेश | **श्री नबाम टुकी** |
| असम | **श्री तरुण गोगड़** | बिहार | **श्री नितिश कुमार** |
| छत्तीसगढ़ | **डॉ. रमन सिंह** | दिल्ली | **श्रीमती शीला दीक्षित** |
| गोवा | **श्री मनोहर पार्रिकर** | गुजरात | **श्री नरेन्द्र मोदी** |
| हरियाणा | **श्री भूपेन्दर सिंह हुड्डा** | हिमाचल प्रदेश | **प्रो. प्रेम कुमार धूमल** |
| जम्मू और कश्मीर | **श्री उमर अब्दुल्ला** | झारखण्ड | **श्री अर्जुन मुंडा** |
| कर्नाटक | **श्री जगदीश शेट्टार** | केरल | **श्री उम्मन चांडी** |
| मध्यप्रदेश | **श्री शिवराज सिंह चौहान** | महाराष्ट्र | **श्री पृथ्वीराज चव्हाण** |
| मणिपुर | **श्री ओकराम डबोबी सिंह** | मेघालय | **डॉ. मुकुल संगमा** |
| मिज़ोरम | **श्री पू लल्थनवाला** | नागालैंड | **श्री नैफ्यू रियो** |
| ओडिशा | **श्री नवीन पटनायक** | पुडुचैरी | **श्री एन. रंगासामी** |
| पंजाब | **श्री प्रकाश सिंह बादल** | राजस्थान | **श्री अशोक गहलोत** |
| सिक्किम | **श्री पवन चमलिंग** | तमिलनाडु | **सुश्री जे. जयललिता** |
| त्रिपुरा | **श्री मानिक सरकार** | उत्तर प्रदेश | **श्री अखिलेश यादव** |
| उत्तराखंड | **श्री विजय बहुगुणा** | पश्चिम बंगाल | **सुश्री ममता बनर्जी** |

**5. मंत्रिमंडल का सभापति**—मुख्यमंत्री मंत्रिमंडल का अध्यक्ष होता है। वह मंत्रिमंडल की सभाओं में सभापतित्व करता है। इस प्रकार मुख्यमंत्री का मंत्रिमंडल पर पूरा नियंत्रण रहता है।

**6. नीति-निर्धारण का अधिकार**—व्यावहारिक रूप में मुख्यमंत्री को राज्य के शासन की वास्तविक नीति निर्धारित करने का अधिकार होता है।

**7. शासन-व्यवस्था का संचालक**—संवैधानिक दृष्टि से राज्य का अध्यक्ष राज्यपाल होता है, किंतु व्यावहारिक रूप से राज्य के शासन का अध्यक्ष मुख्यमंत्री होता है। वही अपने मंत्रियों के बीच विभागों का बँटवारा करता है, उन पर नियंत्रण रखता है तथा विभागों के बीच मतभेद होने की स्थिति में उनमें आपस में समझौता करवाता है। मंत्रियों को सभी महत्त्वपूर्ण विषयों में उससे परामर्श आवश्यक रूप से लेना होता है। इस प्रकार मुख्यमंत्री कार्यपालिका का वास्तविक प्रमुख होता है।

**8. शासन के विभिन्न विभागों में समन्वय**—मुख्यमंत्री इस बात का प्रयत्न करता है कि शासन के सभी विभागों में समन्वय बना रहे अर्थात् शासन के सभी विभाग एक इकाई के रूप में कार्य करें।

**9. विधानसभा का नेता**—मुख्यमंत्री का व्यक्तित्व दोहरा है। एक ओर तो वह शासन का प्रधान होता है तथा दूसरी ओर वह विधानसभा का नेता होता है। विधानसभा के नेता के रूप में उसे कानून बनाने के क्षेत्र में महत्त्वपूर्ण शक्तियाँ प्राप्त होती हैं। उसके परामर्श से ही विधानमंडल के अधिवेशन बुलाए जाते हैं।

**10. सरकार का प्रमुख प्रवक्ता**—मुख्यमंत्री राज्य सरकार का प्रमुख प्रवक्ता होता है। राज्य सरकार की ओर से अधिकृत घोषणाएँ मुख्यमंत्री द्वारा ही की जाती हैं।

## मुख्यमंत्री की स्थिति
## (Position of Chief Minister)

स्वतंत्र भारत की राजनीति में मुख्यमंत्रियों की स्थिति परिवर्तनशील रही है। अनेक राज्यों के कुछ मुख्यमंत्री तो बहुत प्रभावशाली और शक्तिशाली रहे हैं और उन्हें **'किंग मेकर्स'** की संज्ञा दी गई है। कुछ मंख्यमंत्री ऐसे भी हुए हैं जिनका व्यक्तित्व तथा कार्यप्रणाली विवादास्पद रही है और उनके विरुद्ध जाँच आयोग भी बिठाए गए हैं। कुछ मुख्यमंत्रियों ने अपने घटक दलों के बलबूते पर अपना पद कायम रखा है। कुछ मुख्यमंत्रियों को केंद्रीय सरकार का पिछलग्गू भी माना गया है। कुछ मुख्यमंत्रियों की गणना कठपुतली मुख्यमंत्री के रूप में की जाती है। **सी. पी. भाम्भरी** ने इन्हें **'पोस्टमैन'** की संज्ञा दी है।

वास्तव में, सत्ता की राजनीति में मुख्यमंत्री की स्थिति परिवर्तनशील होती है। साठ और सत्तर के दशक में मुख्यमंत्री राज्य की शक्ति के स्तंभ समझे जाते थे, किंतु इसके बाद मुख्यमंत्री पद की गरिमा निरंतर घटती गई और आज मिली-जुली सरकारों के युग में तो मुख्यमंत्री को स्वयं अपनी सत्ता बनाए रखने के लिए दाँव-पेंच से काम लेना पड़ता है।

## मुख्यमंत्री तथा राज्यपाल के संबंध
## (Relationship between Chief Minister and Governor)

निम्नलिखित बिंदुओं के आधार पर संविधान के अनुच्छेद 164 के अनुसार मुख्यमंत्री और राज्यपाल के संबंधों का निर्धारण किया जा सकता है—

1. राज्यपाल द्वारा मुख्यमंत्री की नियुक्ति होती है।
2. मुख्यमंत्री के परामर्श पर मंत्रिपरिषद् के अन्य मंत्रियों की नियुक्ति राज्यपाल द्वारा होती है।
3. यदि राज्य का शासन संविधान के अनुरूप नहीं चल रहा होता है तो राज्यपाल की रिपोर्ट पर राष्ट्रपति राज्य मंत्रिमंडल को भंग कर सकता है।
4. मुख्यमंत्री राज्यपाल का प्रमुख परामर्शदाता होता है।
5. मुख्यमंत्री के परामर्श पर राज्यपाल विधानसभा को भंग कर सकता है।

मुख्यमंत्री के कार्यों के विवरण के आधार पर राज्य के प्रशासन में मुख्यमंत्री की स्थिति स्पष्ट हो जाता है। मुख्यमंत्री राज्यपाल एवं मंत्रिपरिषद् के बीच एक कड़ी के रूप में कार्य करता है। वह राज्यपाल को मंत्रिपरिषद् के निर्णयों के संबंध में सूचना देता है। वास्तव में, मंत्रिपरिषद् का अध्यक्ष होने के नाते संविधान ने उसका यह कर्त्तव्य निश्चित किया है कि वह राज्यपाल को न केवल मंत्रिपरिषद् के निर्णयों के संबंध में सूचना ही दे, अपितु उसे शासन और विधान संबंधी सुझावों के संबंध में भी सूचित करे। उसे राज्यपाल के कहने पर किसी भी ऐसे मामले को, जिस पर मंत्रिपरिषद् ने विचार न किया हो, मंत्रिपरिषद् के समक्ष प्रस्तुत करना होता है। इस प्रकार राज्यपाल और मुख्यमंत्री के बीच घनिष्ठ संबंध होता है।

## मंत्रिपरिषद् और राज्यपाल का संबंध
## (Relation between Cabinet and Government)

संविधान के अनुच्छेद 163 में कहा गया है, "**राज्यपाल को उसके कार्यों के संपादन में सहायता और परामर्श देने के लिए एक मंत्रिपरिषद् होगी, जिसका प्रधान मुख्यमंत्री होगा।**" किंतु यह सब सैद्धांतिक है। व्यवहार में मंत्रिपरिषद् राज्य की वास्तविक कार्यपालिका सत्ता होती है। यद्यपि प्रशासन राज्य के नाम से ही किया जाता है, किंतु अधिकांश मामलों में वास्तविक निर्णय मंत्रिपरिषद् द्वारा ही लिए जाते हैं। सामान्य परिस्थितियों में राज्यपाल से मंत्रियों की मंत्रणा के आधार पर ही कार्य करने की आशा की जाती है। यदि राज्यपाल ऐसी मंत्रिपरिषद् की सलाह को अस्वीकार कर दे, जिसे विधानसभा का विश्वास प्राप्त है, तो मंत्रिपरिषद् विरोध स्वरूप त्याग-पत्र दे सकती है। ऐसा होने पर राज्यपाल कठिन स्थिति में पड़ सकता है।

# प्रश्न
# (Questions)

### दीर्घ उत्तरीय प्रश्न (Long Answer Type Questions)

1. **राज्य के राज्यपाल की नियुक्ति कौन करता है? राज्यपाल की शक्तियों का वर्णन कीजिए।**
   (i) गोविन्द वल्लभ पंत, डॉ. विधान चंद्र राय, चन्द्रभानु गुप्ता, मोहनलाल सुखाड़िया, श्रीकृष्ण सिन्हा, रविशंकर शुकल, कामराज, मोरारजी देसाई को दबंग व प्रभावशाली मुख्यमंत्री माना जाता था।
   (ii) ए.आर. अन्तुले, प्रताप सिंह कैरो, बीजू पटनायक, कृष्ण वल्लभ सहाय, बंसीलाल, करुणानिधि, भजन लाल, लालू प्रसाद यादव, ओमप्रकाश चौटाला जैसे मुख्यमंत्री अत्यधिक विवादास्पद रहे हैं।
   (iii) ऐसे मुख्यमंत्रियों में वीरेंद्र कुमार सकलेचा, रामनरेश यादव, कर्पूरी ठाकुर, देवी लाल, भैरोंसिंह शेखावत, मुलायम सिंह यादव, नवीन पटनायक, अर्जुन मुंडा आदि की गणना की जा सकती है।
   (iv) ऐसे मुख्यमंत्रियों में अर्जुन सिंह, मोतीलाल वोरा, अब्दुल गफूर, जगन्नाथ पहाड़िया, बाबा साहब भोंसले, घनश्याम ओझा, प्रकाश चंद्र सेठी, शिवचरण माथुर प्रमुख हैं।
   (v) सबसे दुर्बल मुख्यमंत्रियों की श्रेणी में अजय मुकर्जी, गोविंद नारायण सिंह, जी. एम. शाह तथा भास्कर राव आदि को रखा जा सकता है।

   (Who appoints the Governor of State? Describe the powers of Governor.)
2. **राज्यों के शासन में राज्यपाल की स्थिति तथा महत्त्व पर विस्तार से प्रकाश डालिए।**
   (Throw light in detail on the position and importance of Governor in administration of States.)
3. **राज्य में राज्यपाल के पद का क्या महत्त्व है? राज्यपाल के पद को निष्पक्ष बनाने के लिए कुछ सुझाव दीजिए।**
   (What is the importance of Governor in State? Give some suggestions to make impartial for the post of Governor.)
4. **राज्यपाल के कार्यों तथा शक्तियों की आलोचनात्मक विवेचना कीजिए।**
   (Discuss critically the functions and Powers of Governor.)
5. **मुख्यमंत्री की शक्तियों एवं महत्त्व का विवेचन कीजिए।**
   (Discuss the powers and importance of Chief Minister.)
6. **"राज्यपाल राज्य का संवैधानिक प्रधान है।" इस कथन का आलोचनात्मक परीक्षण कीजिए।**
   (Governor is the constitutional head of the State," Examine this statement critically.)

7. **राज्य के प्रशासन में मुख्यमंत्री की भूमिका का वर्णन कीजिए तथा राज्यपाल के साथ उसके संबंधों की विवेचना कीजिए।**

(Describe the role of Chief Minister in administration of State and discuss his relations with Governor.)

## लघु उत्तरीय प्रश्न (Short Answer Type Questions)

1. राज्यपाल पद के लिए निर्धारित योग्यताओं का उल्लेख कीजिए।
2. राज्यपाल की किन्हीं चार कार्यपालिका शक्तियों का वर्णन कीजिए।
3. मंत्रिपरिषद् के कार्यों का संक्षेप में वर्णन कीजिए।
4. किसी राज्य के मुख्यमंत्री की नियुक्ति किस प्रकार होती है?
5. राज्य प्रशासन में मुख्यमंत्री का क्या स्थान है?
6. मुख्यमंत्री के किन्हीं चार अधिकारों और कार्यों का वर्णन कीजिए।
7. यदि विधानसभा में किसी दल का स्पष्ट बहुमत नहीं है तो सरकार की रचना में राज्यपाल किन-किन विकल्पों का प्रयोग कर सकता है?

## बहुविकल्पीय वस्तुनिष्ठ प्रश्न (Multiple Choice Type Objective Questions)

1. **राज्यपाल की नियुक्ति कौन करता है–**

(a) प्रधानमन्त्री (b) सर्वोच्च न्यायालय का मुख्य न्यायाधीश
(c) राष्ट्रपति (d) उपर्युक्त में से कोई नहीं।

**उत्तर**–(c) राष्ट्रपति।

2. **राज्य की कार्यपालिका का संवैधानिक प्रधान निम्न में से कौन होता है–**

(a) राज्यपाल (b) मुख्यसचिव
(c) मुख्यमन्त्री (d) विधानसभा का अध्यक्ष।

**उत्तर**–(a) राज्यपाल।

3. **राज्यपाल की अनुपस्थिति में उसके पद को निम्न में से कौन ग्रहण करता है–**

(a) राष्ट्रपति (b) प्रधानमन्त्री
(c) मुख्यमन्त्री (d) उच्च न्यायालय का मुख्य न्यायाधीश।

**उत्तर**–(d) उच्च न्यायालय का मुख्य न्यायाधीश।

4. **राज्यपाल का वेतन निम्न में से कितना है–**

(a) 5,500 रुपए (b) 7,000 रुपए
(c) 1.10 लाख रुपए (d) 8,000 रुपए।

**उत्तर**–(c) 1.10 लाख रुपए।

5. **राज्य मन्त्रिपरिषद् का कार्यकाल निम्न में से कितना होता है–**

(a) 5 वर्ष होता है (b) राज्यपाल के प्रसाद-पर्यन्त
(c) अनिश्चित होता है (d) विधानसभा के कार्यकाल के बराबर होता है।

**उत्तर**–(d) विधानसभा के कार्यकाल के बराबर होता है।

6. **राज्य मन्त्रिपरिषद् सामूहिक रूप से किसके प्रति उत्तरदायी होती है–**

(a) विधानसभा के प्रति (b) राज्यपाल के प्रति
(c) संसद के प्रति (d) प्रधानमन्त्री के प्रति।

**उत्तर**–(a) विधानसभा के प्रति।

7. **राज्य की वास्तविक कार्यपालिका का अध्यक्ष निम्न में से कौन होता है–**

(a) राज्यपाल (b) विधानसभा का अध्यक्ष
(c) मुख्यमन्त्री (d) मुख्य सचिव।

**उत्तर**–(c) मुख्यमन्त्री।

**8. राज्यपाल नियुक्त होने के लिए न्यूनतम आयु निम्न में से कितनी है—**

(a) 25 वर्ष (b) 30 वर्ष

(c) 35 वर्ष (d) 40 वर्ष

**उत्तर**—(c) 35 वर्ष

**9. राज्यपाल को उसके पद से निम्न में से कौन हटा सकता है—**

(a) प्रधानमंत्री (b) राष्ट्रपति

(c) संसद (d) उच्च न्यायालय

**उत्तर**—(b) राष्ट्रपति।

**10. राज्य का मुख्यमंत्री किसके प्रति उत्तरदायी है—**

(a) विधानसभा (b) विधान परिषद

(c) राज्यपाल (d) प्रधानमंत्री।

**उत्तर**—(a) विधानसभा।

●●

# केन्द्र-राज्य सम्बन्ध

## [CENTRE-STATE RELATIONS]

> *"कोई भी संघ राज्य सफल नहीं हो सकता, जब तक संविधान द्वारा प्रदत्त उत्तरदायित्वों के निर्वहन के लिए संघ तथा राज्यों के पास पर्याप्त आर्थिक साधन न हों।"* —डी. डी. वसु

हम जानते हैं कि भारतीय संविधान द्वारा देश में संघीय व्यवस्था की स्थापना की गई है, परन्तु निश्चय ही उसका रुझान एकात्मक व्यवस्था की ओर है। कुछ आलोचकों का तो यहाँ तक कहना है कि संघ और राज्यों के बीच शक्तियों का विभाजन इस प्रकार किया गया है कि राज्यों की स्थिति नगरपालिकाओं के समान हो गयी है। दूसरी ओर, कुछ विद्वानों का ऐसा भी मानना है कि भारत वास्तव में एक संघ है, यद्यपि यहाँ केन्द्र अन्य संघीय राज्यों से अधिक शक्तिशाली है। वास्तविक स्थिति के आकलन के लिए संघ और राज्यों के आपसी सम्बन्धों की समीक्षा करना आवश्यक है। इन सम्बन्धों को हम मोटे तौर पर तीन भागों में विभाजित कर सकते हैं। वे हैं—प्रशासकीय सम्बन्ध, विधायी सम्बन्ध तथा वित्तीय सम्बन्ध।

**विधायी सम्बन्ध तथा शक्तियों का बँटवारा** (Legislative Relations and Distribution of Powers)—केन्द्र एवं राज्यों के बीच शक्तियों का विभाजन संघीय व्यवस्था का सार है। अमेरिका एवं कुछ अन्य संघों में मात्र केन्द्र की ही शक्तियों को सूचीबद्ध किया गया है और शेष शक्तियाँ राज्यों के लिए छोड़ दी गयी हैं। कनाडा और कुछ अन्य देशों में केन्द्र और राज्यों (प्रान्तों) की अलग-अलग शक्तियों की दो सूचियों की रचना की गई है। इस प्रकार की शक्ति विभाजन व्यवस्था का स्वरूप कठोर होता है और आवश्यकता के अनुसार उसे लचीला नहीं बनाया जा सकता है। इसलिए तीसरी सूची जिसे समवर्ती सूची भी कहते हैं, संविधानविदों ने उसकी व्यवस्था करने को उचित स्थान दिया है।

समवर्ती सूची में दिए गए विषयों पर संघ और राज्य दोनों के विधानमण्डल कानून बना सकते हैं। नए संघों में तो समवर्ती सूचियों के आकार में निरन्तर बढ़ोत्तरी होती जा रही है। जैसे-जैसे संघीय संविधानों का विकास होता जा रहा है, वैसे-वैसे शक्तियों के अधिकाधिक केन्द्रीयकरण की प्रवृत्ति भी बढ़ती जा रही है। यह केन्द्रण या तो संविधान की रचना के समय ही हो जाता है अथवा बाद में संविधान संशोधनों अथवा न्यायाधीशों की व्याख्या से होता है। भारतीय संविधान में इसकी ओर पर्याप्त ध्यान दिया गया है। इसी कारण भारतीय संविधान में आरम्भ से ही वे सारी शक्तियाँ केन्द्र को प्रदान की गयी हैं, जो उसके लिए अन्य देशों के अनुभवानुसार आवश्यक सिद्ध हुई हैं।

भारतीय संविधान में तीन सूचियों की पद्धति को अपनाया गया है। संविधान की सातवीं अनुसूची में तीनों सूचियों का वर्णन किया गया है। प्रथम सूची में उन विषयों का उल्लेख किया गया है, जो संघीय महत्व वाले हैं। इस कारण पूरे संघ में इन विषयों पर समान कानून होना अति आवश्यक है। इन पर केवल केन्द्रीय व्यवस्थापिका अर्थात् संसद को ही अनन्य विधायी शक्तियां प्राप्त है। इसे संघ सूची कहा गया है तथा इसमें 97 विषय शामिल हैं। अनुसूची का आकार सबसे लम्बा है। इनमें प्रतिरक्षा, सशस्त्र सैन्य, अस्त्र-शस्त्र तथा गोला-बारूद, परमाणु शक्ति, पर-राष्ट्र सम्बन्ध, राजनयिक प्रतिनिधित्व, संयुक्त राष्ट्र सन्धियाँ, युद्ध एवं शान्ति, नागरिकता और विदेशियों को नागरिक बना सकने का अधिकार, प्रत्यार्पण (Extradition), रेलवे, जहाजरानी व नौ-परिवहन, वायुमार्ग, डाक-तार व टेलीफोन, बेतार का तार और रेडियो, सार्वजनिक ऋण (संघीय), मुद्रा, नोट तथा विनिमय आदि, विदेशी ऋण, भारत का रिजर्व बैंक, विदेशी व्यापार, अन्तर्राज्यीय व्यापार एवं वाणिज्य, निगमन तथा उसका विनिमय (Incorporation and its Regulation), बैंकिंग, विनिमय-पत्र (Bill of Exchange),

बीमा, शेयर बाजार, एकस्व (Patent) तथा व्यापार चि आदि, तौल तथा मापों का प्रतिमान निर्धारित करना, उद्योग नियन्त्रण, खदानों, खनिज पदार्थों तथा तेल-संसाधनों का विनिमय एवं विकास राष्ट्रीय संग्रहालयों की सुरक्षा, पुस्तकालय तथा इसी प्रकार की अन्य संस्थाएँ, ऐतिहासिक स्मारक, भारत का सर्वेक्षण (Survery of India), जनगणना, संघीय लोक सेवाएँ, निर्वाचन, संसद के विशेषाधिकार, सरकारी खातों की लेखा परीक्षा, उच्चतम न्यायालय की रचना तथा संगठन, उच्च न्यायालय एवं संघीय लोक-सेवा आयोग, आयकर, सीमा शुल्क तथा निर्यात शुल्क, कॉर्पोरेशन टैक्स (निगम कर), उत्पादन शुल्क, सम्पत्ति के पूँजीगत मूल्य पर कर, सम्पदा शुल्क, सीमा कर (Terminal Tax), समाचार-पत्रों के क्रय-विक्रय पर कर, नमक, अफीम, सिनेमा, फिल्मों की स्वीकृति तथा केन्द्रीय विश्वविद्यालय शामिल हैं।

दूसरी सूची का नाम राज्य सूची है। इसमें वे विषय शामिल किए गए हैं, जिन पर केवल राज्यों का ही एकाधिकार रहता है। 42वें संविधान संशोधन से पूर्व 66 विषय थे, परन्तु 42वें संविधान संशोधन द्वारा शिक्षा तथा न्यायालयों की स्थापना और संगठन को इस सूची से हटाकर समवर्ती सूची में शामिल कर दिया गया। स्थानीय आवश्यकताओं के मद्देनजर, इन विषयों पर भिन्न-भिन्न प्रकार से व्यवहार की आवश्यकता के कारण ही इनको राज्य सूची में रखा गया है। भारत में संघात्मक सिद्धान्त को कहाँ तक लागू किया गया है, यह निर्णय इस सूची में प्रदत्त विषयों अर्थात् राज्यों की विधायी शक्ति के क्षेत्र से ही सम्भव है। इस सूची में मुख्य विषय हैं—सार्वजनिक व्यवस्था, पुलिस, प्रशासन, जेल तथा सुधारालय, स्थानीय शासन, सार्वजनिक स्वास्थ्य और स्वच्छता, चिकित्सालय और औषधालय, मादक पेय, श्मशान और कब्रिस्तान, राज्य द्वारा नियन्त्रित पुस्तकालय और संग्रहालय, राज्य के भीतर के संचार साधन, कृषि, पशुपालन, भूमि प्रबन्ध और भूमि-अधिकार, जल वितरण तथा सिंचाई, वन, मत्स्य-क्षेत्र, राज्य के अन्तर्गत वाणिज्य और व्यापार-मण्डियाँ और मेले, साहूकार, नाट्यशालाएँ और सिनेमा, पणक्रिया तथा जुआ, स्थानीय निर्वाचन, विधानमण्डलों के विशेषाधिकार, समस्त राज्य कर्मचारियों के वेतन और भत्ते, राज्य की लोक सेवाएँ, राज्य का लोकसेवा आयोग, भू-राजस्व, कृषि सम्बन्धी आयकर, भूमि तथा भवन कर, उत्तराधिकार शुल्क, राज्य में उत्पन्न किए गए अफीम तथा अन्य मादक द्रव्यों पर उत्पादन शुल्क, स्थानीय क्षेत्रों में माल के प्रवेश पर कर, विद्युत के उपभोग तथा विक्रय पर कर, समाचार-पत्रों को छोड़कर अन्य वस्तुओं पर बिक्री कर, जल तथा स्थल मार्गों द्वारा ले जाए गए माल तथा यात्रियों पर कर, वाहनों पर कर, पशु तथा गायों पर कर, चुंगी, व्यवसाय तथा उपजीविका आदि पर कर, भोग-विलास की वस्तुओं पर कर इत्यादि। इस सूची में दिए गए प्रत्येक विषय पर राज्य विधानमण्डल को अनन्य विधायी शक्ति प्राप्त है।

तीसरी सूची समवर्ती है। इसमें सम्मिलित विषयों पर समस्त देश में समान कानून होना आवश्यक है, परन्तु यह अनिवार्य नहीं है। इस कारण ये विषय केन्द्र और राज्यों दोनों ही के क्षेत्राधिकार में आते हैं। इनमें अपेक्षाकृत अधिक महत्वपूर्ण विषय हैं—शिक्षा, संघ सरकार के निर्देशन में देश के किसी भी भाग में सशस्त्र सेनाओं की तैनाती, न्याय-प्रशासन, उच्च और सर्वोच्च न्यायालयों के अतिरिक्त अन्य न्यायालयों की स्थापना और उनका संगठन, जंगली जीव और पक्षियों की रक्षा, जनसंख्या तथा परिवार नियोजन, फौजदारी कानून और दण्ड प्रक्रिया, निवारक निरोध, विवाह और तलाक, वसीयत विहीन स्थिति, गोद लेना और उत्तराधिकार, कृषि भूमि छोड़कर अन्य सम्पत्ति का हस्तान्तारण, रजिस्ट्री, ठेके, दिवालियापन और शोध अक्षमता, न्यास एवं न्यासधारी, व्यवहार प्रक्रिया, न्यायालय का अवमान, आवारागर्दी, पागलपन तथा मनोवैकल्प, खाद्य पदार्थ में मिलावट, औषधियाँ तथा विष, आर्थिक एवं सामाजिक योजनाएँ बनाना, वाणिज्यिक एवं औद्योगिक एकाधिकार, श्रमिक संघ, सामाजिक सुरक्षा, श्रमिक कल्याण, जीवन-मरण के आँकड़े, मूल्य नियन्त्रण, अनेक वस्तुओं में व्यापार एवं वाणिज्य, कारखाने, विद्युत, समाचार-पत्र, पुस्तकें तथा छापेखाने, स्टाम्प शुल्क, श्रमिक संघ एवं श्रम सम्बन्धी झगड़े, वकालत, डॉक्टरी, वैद्यक एवं अन्य पेशे तथा इस सूची के विषयों में से किसी के बारे में फीसें। इस सूची में सम्मिलित किसी भी विषय पर संसद और राज्य विधानमण्डल दोनों को कानून बनाने का अधिकार है।

जब तक इनमें से किसी विषय पर संसद द्वारा कानून नहीं बना दिया जाता, तब तक राज्य के विधानमण्डल उस विषय पर अपनी पसन्दानुसार कानून बना सकते हैं, किन्तु जब संसद द्वारा भी उस विषय पर कानून बना दिया जाता है, तो संसद द्वारा बनाया गया कानून राज्य विधानमण्डल द्वारा बनाए गए कानून पर प्रभावी हो जाता है। यह इस सामान्य विषय का एक अपवाद है। यदि संसद द्वारा किसी विषय पर कानून बनाने के बाद यदि कोई राज्य उसी विषय पर अधिक विस्तृत तथा उन्नत कानून बनाना चाहता है, तो राज्य विधानमण्डल द्वारा पारित होने के बाद वह कानून राष्ट्रपति की सम्मति के लिए आरक्षित होकर यदि राष्ट्रपति की सहमति प्राप्त कर लेता है, तो वह संसद द्वारा बनाए गए कानून के ऊपर होगा। बाद में यदि संसद चाहे तो राज्य के उस कानून को परिवर्तित और संशोधित कर सकती है। इस प्रक्रिया का लक्ष्य समवर्ती क्षेत्र में संसद और उसके

द्वारा निर्मित कानूनों की स्थिति सर्वोच्च बनाए रखना है। यद्यपि सुविधा के ख्याल से संघ विरोधी राज्य विधि की वैधता को बिल्कुल ही समाप्त नहीं कर दिया गया है, फिर भी उसकी वैधता कुछ मामलों में राष्ट्रपति की स्पष्ट स्वीकृति पर निर्भर करती है। यदि संसद चाहे तो वह राष्ट्रपति की स्वीकृति को भी नए कानून द्वारा निरर्थक कर सकती है।

**अवशिष्ट शक्तियाँ** (Residuary Powers)—वे शक्तियाँ अवशिष्ट शक्तियाँ कहलाती हैं, जिनका उल्लेख किसी भी सूची में नहीं होता है। संविधान निर्माता चाहे कितने ही सावधान और सतर्क क्यों न रहें, ऐसी व्यापक सूची का निर्माण सम्भव नहीं है, जिसमें समस्त शासकीय शक्तियों का स्पष्टतः उल्लेख हो। वर्तमान की परिवर्तनशील परिस्थितियों में नित्य नई शक्तियों का निर्माण हो रहा है। आज से दो पीढ़ी पूर्व किसी को यह अनुमान नहीं था कि वायु पथ पर भी शासकीय नियन्त्रण की आवश्यकता होगी, परन्तु विभागों के विकास और वायु यातायात के प्रसार के कारण वायु पथ पर सरकारी नियन्त्रण आवश्यक हो गया है। अतः प्रत्येक संघीय संविधान द्वारा इन अवशिष्ट शक्तियों को संघ के किसी पक्ष को सौंपा जाता है।

वर्तमान संघ राज्यों में संयुक्त राज्य अमेरिका, स्विट्जरलैण्ड और आस्ट्रेलिया के संविधान इकाइयों को अवशिष्ट शक्तियाँ प्रदान करते हैं, परन्तु कनाडा का संविधान यह शक्ति केन्द्र सरकार को प्रदान करता है। भारतीय संविधान भी अवशिष्ट शक्तियाँ तथा करों को, जिनका संविधान की सूचियों में से किसी में भी उल्लेख नहीं है, उसे संघ सरकार को प्रदान करता है। संघ सूची में से किसी भी विषय पर संसद द्वारा बनाई गई विधि के भली-भाँति कार्यान्वयन के लिए संसद अतिरिक्त न्यायालय की स्थापना कर सकती है। संसद को यह भी अधिकार है कि वह किसी देश अथवा अन्तर्राष्ट्रीय संस्था के साथ की गई सन्धि, करार अथवा उपसन्धि के क्रियान्वयन के लिए आवश्यक कानून का निर्माण करे। इन सबका प्रभाव यह है कि संघीय सरकार राज्यों की तुलना में सबल होगी।

**संघ संसद की राज्यों के विषयों के सम्बन्ध में विधि निर्माण की शक्ति** (Parliament's Power to Legislate on State Subjects)—राज्य सूची में दिए गए विषयों पर राज्य विधानमण्डलों को विधि-निर्माण का अनन्य अधिकार प्रदान किया गया है, परन्तु इसके कुछ अपवाद भी सामने आते हैं। कुछ विशिष्ट उद्देश्यों की प्राप्ति हेतु तथा कुछ विशेष अवस्थाओं में संघ संसद उन विषयों पर भी कानून बना सकती है, जो केवल राज्यों के क्षेत्राधिकार में हैं।

सर्वप्रथम, यदि राज्य सभा मतदान में भाग लेने वाले या उपस्थित सदस्यों के दो-तिहाई बहुमत द्वारा यह प्रस्ताव पारित कर देती है कि वैसा करना राष्ट्रीय हित की दृष्टि से आवश्यक है, तो संसद राज्य सूची में वर्णित किसी भी विषय पर कानून बना सकती है। यह प्रस्ताव एक बार पारित होने के बाद एक वर्ष तक प्रभावी रहेगा, परन्तु राज्यसभा उसे जितनी बार चाहे पुनः पारित कर उसकी अवधि बढ़ाती रह सकती है। जब तक यह प्रस्ताव प्रभावी रहता है, तब तक संसद उसमें वर्णित विषयों पर कानून बना सकती है। इस विधि से जो भी विधियाँ निर्मित की जाएँगी, उस प्रस्ताव की अवधि की समाप्ति के छः माह पश्चात् उस मात्रा में प्रभावहीन हो जाएँगी, जिसमें वे संसद के विधि-निर्माण की सीमा से बाहर हैं।

द्वितीय, यदि किसी राज्य में संवैधानिक व्यवस्था विफल हो जाए, तो संवैधानिक विफलता से उत्पन्न आपात की घोषणा कर राष्ट्रपति सम्बन्धित राज्य के लिए विधियाँ निर्मित करने की शक्ति संसद को दे सकता है। ऐसे राज्य के लिए संसद राज्य सूची में वर्णित विषयों पर भी कानून बना सकती है। संसद यदि चाहे तो इस शक्ति का स्वयं प्रयोग करने की जगह पर राष्ट्रपति को इस बात का अधिकार दे सकती है कि वे अपने किसी प्रतिनिधि को उक्त राज्य के लिए विधि-निर्माण का अधिकार सौंप दें। इस प्रकार जिन विधियों का निर्माण होगा, वे घोषणा की कालावधि की समाप्ति के एक वर्ष बाद अप्रवृत्त हो जाएँगी।

तृतीय, अनुच्छेद 352 के अन्तर्गत, राष्ट्रपति द्वारा की गई आपातकालीन घोषणा के दौरान संसद, राज्य सूची के किसी भी विषय पर, समस्त भारत अथवा उसके किसी भी भाग के लिए विधि-निर्माण कर सकती है। आपातकालीन घोषणा की समाप्ति के छः माह बाद ऐसी विधियाँ जो संसद के अधिकार क्षेत्र से बाहर हों, प्रभावहीन हो जाएँगी।

चौथे, यदि दो या इससे अधिक राज्यों के विधानमण्डल प्रस्ताव पारित करके संसद से ऐसा अनुरोध करें कि वह उनके लिए किसी राज्य के विषय पर संयुक्त विधि का निर्माण करें, तो वह ऐसा कर सकती है। बाद में उस विधि को अन्य राज्य भी अपने विधानमण्डलों द्वारा उस आशय का प्रस्ताव पारित कर स्वीकार कर सकते हैं।

अन्त में, किसी सन्धि अथवा अन्तर्राष्ट्रीय संविदा को कार्यान्वित करने के लिए संसद को ऐसी विधियों के निर्माण की शक्ति प्राप्त है जो आवश्यक हों, भले ही उन विधियों का सम्बन्ध राज्य सूची के विषयों से ही क्यों न हो। इस प्रकार की शक्ति के अभाव के कारण संयुक्त राज्य अमेरिका की संघ सरकार को कोई झगड़ों का सामना करना पड़ा। उदाहरण के लिए—कैलीफोर्निया राज्य का कहना था कि वह अपने यहाँ बसे जापानियों के साथ जैसा उचित समझे, वैसा व्यवहार करेगा तथा जापान अमेरिका में बसे जापानी लोगों के साथ दुर्व्यवहार के लिए बराबर अमेरिकी संघ सरकार पर दोषारोपण करता

रहा, परन्तु वास्तव में अमेरिकी शासन इस सम्बन्ध में बिल्कुल ही शक्तिहीन था। अमेरिकी संघ के इस अनुभव से भारत ने चेतावनी ग्रहण की। भारतीय संविधान ने संघ संसद को इस सम्बन्ध में पर्याप्त शक्तियाँ प्रदान की हैं।

डायसी महोदय संघ व्यवस्था का एक मौलिक दोष यह बताते हैं कि शक्ति-विभाजन के कारण संघीय सरकार देश के आन्तरिक और बाह्य मामलों का समुचित प्रबन्ध नहीं कर पाती। भारतीय संविधान में संघ शासन को उपरोक्त शक्तियाँ प्रदान किए जाने से संघीय व्यवस्था का मौलिक दोष बहुत हद तक कम हो जाता है, क्योंकि संविधान की व्यवस्थाओं के अनुसार आवश्यकता होने पर संसद राज्य सूची के विषयों पर भी कानून बना सकती है। यदि भारतीय संविधान की तुलना अन्य संघात्मक राज्यों के संविधानों के साथ की जाए तो स्पष्ट हो जाता है कि किसी अन्य द्वारा विधायी शक्तियों का इतना विस्तृत विवरण देने का प्रयास नहीं किया गया है। संघ एवं राज्यों की विधायी शक्ति का भारतीय संविधान में इतनी सूक्ष्मता से वर्णन किया गया है कि परस्पर विवादों एवं मुकदमेबाजी की सम्भावना बहुत कम रह गई है। यदि संविधान निर्माताओं द्वारा इसे संक्षिप्त कर दिया जाता तो मुकदमेबाजी के लिए व्यापक क्षेत्र तैयार हो जाता। संघ व्यवस्था सम्बन्धी इन उपबन्धों के अध्ययन से यह बात स्पष्ट हो जाती है कि भारत के संविधान निर्माता उन लम्बे चक्करदार रास्तों से बचना चाहते थे, जिससे प्राचीन संघों की शक्ति में धीरे-धीरे वृद्धि होती रही है। राजनीतिक एकता एवं आर्थिक स्थायित्व के लिए संघर्ष करते हुए यदि भारत की संघ सरकार न्यायपालिका की व्यवस्थाओं पर आश्रित रहती, तो इन लक्ष्यों की प्राप्ति में सफलता नहीं प्राप्त होती। सम्भव है दोनों ही लक्ष्यों की प्राप्ति न हो पाती।

**संघ एवं राज्यों के प्रशासनिक सम्बन्ध** (Administrative Relations)—संघात्मक शासन व्यवस्था की सबसे कठिन समस्या संघ और इकाइयों के बीच प्रशासकीय सम्बन्धों के समायोजन की होती है। यदि संविधान में इस सम्बन्ध में स्पष्ट उपबन्ध न हो, तो दोनों को अपना दायित्व निभाने में कठिनाई होती है। इसी कारण भारतीय संविधान-निर्माताओं ने इस सम्बन्ध में विस्तृत प्रावधानों की आवश्यकता महसूस की, ताकि प्रशासकीय क्षेत्र में संघ और राज्यों के बीच किसी प्रकार के विवाद पैदा न होने पाएँ। संविधान द्वारा निर्धारित केन्द्र-राज्य प्रशासकीय सम्बन्ध, भारत सरकार अधिनियम, 1935 पर आधारित है। इससे दो उद्देश्य प्राप्त करने का प्रयत्न किया गया है—पहला, संघ संसद के क्षेत्राधिकार में आने वाले मामलों पर संघीय कार्यपालिका का नियन्त्रण रहे तथा दूसरा, संघ और राज्यों की प्रशासकीय मशीनरी के बीच मतभेद उत्पन्न होने की कम-से-कम सम्भावना रहे।

साधारण तौर पर, जिन विषयों पर संसद को विधि-निर्माण का अधिकार है, प्रशासकीय शक्ति केन्द्र सरकार को प्रदान की गई है, जबकि राज्य-सूची के विषयों पर प्रशासकीय शक्ति राज्य सरकारों को प्राप्त है। वर्तमान व्यवस्था में सीमा कर, केन्द्रीय उत्पाद कर, आयकर, रेलपथ, डाकघर आदि का प्रशासन सीधे केन्द्रीय शासन के अधिकारियों तथा कर्मचारियों के हाथ में है और शेष संघीय विषयों का प्रशासन एवं केन्द्रीय विधियों को कार्यान्वित करने का कार्यभार सामान्यतः राज्य अधिकारियों के हाथ में सौंपा गया है। उच्चतम न्यायालय के अतिरिक्त केन्द्रीय अथवा संघीय विधियों का पालन कराने के लिए जितने भी न्यायालय हैं, वे राज्य न्यायालय ही हैं। यह सत्य है कि संघ की कुछ अखिल भारतीय सेवाएँ; जैसे—भारतीय प्रशासनिक सेवा (I.A.S.) तथा भारतीय पुलिस सेवा (I.P.S.) आदि। इन सेवाओं के अधिकारी दो राज्यों के उच्च पदों पर भी कार्य करते हैं। संघ शासन और राज्य प्रशासन के बीच ये सेवाएँ संकलात्मक कड़ियों का काम करती हैं। यह भी सही है कि और संघीय न्यायालयों की भी स्थापना की जा सकती है, जिससे संघीय विधियों का पालन ठीक तरह से हो सके, परन्तु इसकी कोई सम्भावना नहीं है कि संघीय विधियों के पालन और संघीय विषयों के प्रशासन हेतु केन्द्रीय शासन एक सर्वथा अलग संघीय अधिकारीमण्डल तथा न्यायालयों की स्थापना करे। संयुक्त राज्य अमेरिका ही एकमात्र ऐसा देश है, जिसमें संघीय विधियों का पालन कराने के लिए एक सांगोपांग संघीय कार्यपालिका एवं न्यायपालिका का एक अलग प्रबन्ध है, किन्तु इस प्रकार की व्यवस्था बड़ी ही असुविधाजनक होती है। भारत में संघ सरकार संघीय विधियों के पालन कराने में काफी हद तक कुछ राज्यों के अधिकारियों पर ही निर्भर करती है। वैसे अधिकांश अन्य संघ राज्य भी अपने अधिकारियों पर ही निर्भर करते हैं। भारतीय संविधान ने राष्ट्रपति को यह शक्ति प्रदान की है कि वह किसी संघीय विषय को प्रकाशनार्थ राज्य शासनों को सौंप सकता है। संघीय संसद भी संघीय विषयों के सम्बन्ध में राज्य के अधिकारियों को अधिकार प्रदान कर सकती है। यह अवश्य है कि संघ सम्बन्धी कार्यों को कराने में जो अतिरिक्त व्यय करना होगा, उसका व्यय सरकार करेगी।

भारतीय संविधान का अनुच्छेद 256 स्पष्ट निर्देश देता है कि प्रत्येक राज्य को अपनी कार्यपालिका शक्ति का प्रयोग कुशलतापूर्वक करना होगा, ताकि संसद द्वारा निर्मित विधियों और अधिनियमों का परिपालन निश्चितरूपेण हो सके। इसका कारण यह है कि राज्य केन्द्रीय विधियों अथवा कार्यों को रोकने में अनमनापन न दिखलाएँ तथा न उन कार्यों को असन्तोषजनक

ढंग से करें। इस प्रयोजन हेतु संघीय सरकार (कार्यपालिका) राज्यों की कार्यपालिका को उचित निर्देश दे सकती है। विशेषत: यह निर्देश राष्ट्रीय महत्व के संचार-साधनों के निर्माण तथा उन्हें बनाए रखने एवं राज्यों की सीमा में स्थित रेल पथों की रक्षा के लिए दिए जाते हैं। यदि किसी राज्य सरकार द्वारा संघीय विषयों के सम्बन्ध में शासन के निर्देशों का पालन नहीं किया जाता है, तो राष्ट्रपति अपने आपातकालीन अधिकारों का प्रयोग कर उक्त राज्य में संविधान को विफल घोषित कर उक्त राज्य के शासन की बागडोर अपने हाथ में लें सकता है। आपातकालीन घोषणा की अवधि में केन्द्र राज्य के अधिकारियों को यह निर्देश दे सकता है कि वे अपनी कार्यपालिका शक्ति का अमुक तरह से प्रयोग करें। संविधान के विफल होने की अवस्था में राष्ट्रपति घोषणा करके किसी भी राज्य के राज्यपाल अथवा अन्य किसी भी अधिकारी के पद एवं अधिकारों को अपने हाथ में ले सकता है।

भारत में केन्द्र और राज्यों के प्रशासकीय सम्बन्ध को इस प्रकार संगठित किया गया है कि केन्द्र सरकार राज्य की प्रशासन मशीनरी पर बहुत अधिक नियन्त्रण रख सकती है। राज्यों के राज्यपालों की नियुक्ति संघ सरकार अर्थात् राष्ट्रपति के द्वारा की जाती है। वे राष्ट्रपति के प्रसादपर्यन्त ही पद पर बने रहते हैं। इस कारण आमतौर पर राज्यपाल राज्यों में केन्द्रीय प्रतिनिधि के रूप में कार्य करते हैं तथा केन्द्र को राज्य की राजनीतिक और अन्य परिस्थितियों के विषय में रिपोर्ट देते रहते हैं।

संघ शासन का यह कर्तव्य होता है कि वह बाह्य आक्रमणों तथा आन्तरिक उत्पातों एवं संकटों से राज्यों की रक्षा करे तथा यह देखे कि उनका प्रशासन संविधान की व्यवस्थाओं के अनुसार हो रहा है या नहीं। इन कर्तव्यों का पालन करने में कभी-कभी केन्द्र को विशुद्ध राज्य विषयों में भी हस्तक्षेप करना पड़ सकता है।

केन्द्रीय शासन को संविधान द्वारा ऐसी कुछ शक्तियाँ दी गयी हैं, जिनकी सहायता से वह अभिन्न राज्यों की नीतियों का समन्वय कर सकता है। उनके आपसी झगड़े का निपटारा कर सकता है। राज्यों के आपस के झगड़ों के सम्बन्ध में निर्णयों में परामर्श देने के लिए राष्ट्रपति द्वारा अन्तर्राज्यीय परिषद् की नियुक्ति की जा सकती है। यह परिषद् राज्यों के लिए समान महत्व वाले विषयों का अनुसन्धान कर उन पर विचार-विमर्श कर सकती है। वह राज्यों को नीति के समन्वय एवं क्रियान्वयन में भी सलाह दे सकती है, परन्तु इसके कर्तव्य परामर्श देने तक ही सीमित रहेंगे। कई राज्यों से होकर बहने वाली नदियों के जल के उपभोग एवं वितरण सम्बन्धी मतभेदों का निर्णय संघ की विधि के अनुसार ही होगा। इस विषय में सर्वोच्च न्यायालय अथवा कोई अन्य न्यायालय हस्तक्षेप नहीं कर सकता है।

कुछ ऐसे भी मामले हैं जिनका सम्बन्ध केन्द्र एवं राज्य दोनों से है परन्तु उनका नियम या निर्माण तो केवल राज्य द्वारा या मुख्यत: केन्द्र द्वारा होता है। इन संघ एवं राज्यों में होने वाले सभी प्रकार के निर्वाचनों का अधीक्षण, निर्देशन और नियन्त्रण चुनाव आयोग द्वारा होता है, जिसकी नियुक्ति संघ का राष्ट्रपति करता है। इसी प्रकार संघ और राज्यों का लेखा परीक्षण, नियन्त्रण एवं महालेखापरीक्षक करता है, जिसकी नियुक्ति भी केन्द्र सरकार द्वारा की जाती है। राष्ट्रपति कुछ विशेष परिस्थितियों में राज्य लोकसेवा आयोगों के अध्यक्ष एवं सदस्यों को भी उनके पदों से हटा सकता है। अनुसूचित जातियों, जनजातियों और पिछड़े वर्गों के कल्याण की देखभाल का भार विशेष रूप से राष्ट्रपति को सौंपा गया है। उनकी अवस्था की जाँच-पड़ताल के लिए राष्ट्रपति आयोग नियुक्त कर सकता है तथा आयोग की सिफारिशों के अनुसार राज्यों से उनकी दशा में सुधार करने हेतु आदेश दे सकता है। यद्यपि उच्च न्यायालय राज्य न्यायालय है, फिर भी उनका संगठन संघीय विषय के अन्तर्गत है तथा उनके न्यायाधीशों की नियुक्ति, पदच्युति और स्थानान्तरण राष्ट्रपति द्वारा ही किया जाता है।

संघ और राज्यों को विधायी तथा प्रशासकीय शक्तियों के कारण वितरण के ध्यानपूर्वक विश्लेषण से स्पष्ट होता है कि संविधान एक ऐसे संघात्मक राज्य की स्थापना करता है, जिसका उद्देश्य अन्य संघ राज्यों की तरह अनेकता में एकता स्थापित करना है। भारतीय संविधान के निर्माता संघीय शासन की व्यवस्था के स्वामियों एवं खतरों से परिचित थे। प्रो. डायसी के अनुसार वैधानिकता-प्रधान व्यवस्था दुर्बल राज्य प्रणाली है। सत्ता हस्तान्तरण के समय भारत में जिस प्रकार की परिस्थितियाँ मौजूद थीं तथा वह सत्ता हस्तान्तरण के उपरान्त भी काफी समय तक बनी रही। उससे सत्ताधारियों के मन में यह भय था कि जिस राष्ट्रीय एकता के लिए शताब्दियों तक प्रयत्न किया गया है, कहीं वह संघात्मक शासन व्यवस्था के हाथों छिन्न-भिन्न न हो जाए। इसी कारण उनका जोर ऐसी संघात्मक व्यवस्था पर था, जिससे एकता को बनाए रखने के पर्याप्त उपाय मौजूद हों।

**संघ एवं राज्यों के वित्तीय सम्बन्ध** (Financial Relations)—संघीय प्रणाली में वित्त की आदर्श व्यवस्था तो यह होनी चाहिए कि संघ और राज्य के राजस्व के स्रोतों को स्पष्ट रूप से अलग-अलग बाँट दिया जाए तथा केन्द्र और राज्य दोनों वित्तीय दृष्टि से अपने-अपने क्षेत्रों में स्वतन्त्र हों, किन्तु वर्तमान में शायद ही ऐसा कोई देश हो जो इस आदर्श तक पहुँच सका हो। संयुक्त राज्य अमेरिका ही इस आदर्श के सबसे निकट पहुँच सका है, परन्तु अन्य देशों में या तो केन्द्र अपने कोष से राज्यों

की सहायता करता है अथवा राज्य अपनी आय से केन्द्रीय राजकोष को मदद देता है। कनाडा और आस्ट्रेलिया में तो केन्द्र ही इकाइयों की सहायता करता है, परन्तु स्विट्जरलैण्ड में इकाइयाँ संघ को अपनी आय का कुछ हिस्सा देने के लिए बाध्य होती हैं। वर्तमान समय में अमेरिका में भी केन्द्रीय शासन या संघ ने राज्यों को वित्तीय अनुदान देने प्रारम्भ कर दिए हैं। जिस आदर्श को धनी और सम्पन्न संघ राज्य भी क्रियान्वित न कर सकें, उस आदर्श स्वभाव की कल्पना भारत जैसे निर्धन देश के लिए सम्भव नहीं थी, जिसके फलस्वरूप संविधान में सूचियों के अन्तर्गत राजस्व के स्रोतों का विभाजन कर दिया गया है।

वित्तीय क्षेत्र में केन्द्र और राज्यों के सम्बन्धों का इतना विस्तार अन्य किसी संघात्मक संविधान में नहीं मिलता। भारतीय संविधान द्वारा एक वित्त आयोग की व्यवस्था की गई है। इसका प्रयोजन कुछ साधनों से होने वाली प्राप्तियों का केन्द्र और राज्यों के बीच वितरण तथा समायोजन करना है। इस प्रावधान द्वारा भारतीय संविधान ने संघात्मक राज्यों की एक कठिन समस्या सुलझाने के सम्बन्ध में एक मौलिक कदम उठाया है। भारत सरकार अधिनियम, 1935 द्वारा भी इस समस्या को सुलझाने का अच्छा प्रयत्न किया गया था। इन सभी गड़बड़ियों को दूर करने के लिए राजस्व के समस्त स्रोत केन्द्र और राज्यों के बीच बाँट दिए गए थे। कुछ विषयों में केन्द्र कर लगाता था और इकट्ठा भी करता था परन्तु जो राजस्व प्राप्त होता था, वह प्रान्तों में बाँट दिया जाता था। इस अधिनियम की वास्तविक खामी यह थी कि प्रान्तों को बहुत ही कम राजस्व स्रोत प्रदान किए गए थे। वर्तमान संविधान निर्माताओं ने भी सन् 1935 ई. के अधिनियम की त्रुटियों को दूर करते हुए उसकी व्यवस्था का अनुसरण किया। संविधान में संघ और राज्यों के बीच राजस्व के साधनों के वितरण की व्यवस्था की गई है, किन्तु संविधान के लागू होने के दो वर्षों के अन्दर ही राष्ट्रपति द्वारा नियुक्त वित्त आयोग को इस व्यवस्था के अनुसार विस्तारपूर्वक वितरण करने का कार्य सौंपा गया।

वित्तीय सम्बन्धों के विषय में सबसे पहले इस बात का ध्यान रखा जाना चाहिए कि संविधान में करों के विषय अलग नहीं दिए गए हैं। कर लगाने की शक्ति कानून बनाने की शक्ति के ही अन्तर्गत आती है। इस प्रकार जो विषय संघ सूची में हैं, उन पर कर लगाने का अधिकार केन्द्रीय सरकार को है तथा जो विषय 'राज्य सूची' में हैं, उन पर कर लगाने का अधिकार राज्य सरकारों को प्राप्त है। सातवीं अनुसूची में दी गई तीन सूचियों में केन्द्र और राज्यों के बीच राजस्व के साधनों को निम्न प्रकार विभाजित किया गया है। वे हैं—

**(I) संघ के राजस्व स्रोत** (Sources of Income of the Centre)—संघ के राजस्व स्रोत निम्न हैं—

(1) निगम कर।

(2) मुद्रा, मुद्रा-टंकन (Coinage), वैध प्रस्तुत (Legal Tender) तथा विदेशी विनिमय (Foreign Exchange)।

(3) सीमा शुल्क और निर्यात शुल्क।

(4) तम्बाकू तथा भारत में निर्मित व उत्पादित कुछ वस्तुओं पर उत्पादन शुल्क (Excise Duty)।

(5) कृषि भूमि से अन्य सम्पत्ति पर सम्पदा शुल्क।

(6) संघ सरकार की सम्पत्ति।

(7) हुण्डियों, चैकों तथा प्रामिसरी नोटों पर मुद्रांक शुल्क।

(8) व्यक्तियों तथा कम्पनियों की कृषि भूमि से भिन्न सम्पदा पर कर।

(9) समाचार-पत्रों के क्रय तथा विक्रय पर तथा उनमें दिए गए विज्ञापनों पर कर।

(10) रेल, समुद्र तथा वायु मार्ग से जाने वाले माल और यात्रियों पर सीमान्त कर।

(11) संघ का लोक ऋण।

(12) भारत सरकार अथवा राज्य सरकारों द्वारा लाटरियाँ।

(13) रेलें।

(14) विदेशी ऋण।

(15) डाक व तार, टेलीफोन, वायरलैस प्रसारण तथा इसी प्रकार के अन्य संचार साधन।

(16) न्यायालय में लिए जाने वाले शुल्क को छोड़कर संघ-सूची में वर्णित किन्हीं विषयों पर शुल्क।

(17) डाकखाना बचत बैंक।

(18) भारत का रिजर्व बैंक।

(19) शेयर बाजार तथा सट्टा बाजार के आदान-प्रदान पर मुद्रांक शुल्क से भिन्न कर।

(20) कृषि आय से भिन्न आय पर कर।

**(II) राज्यों के राजस्व स्रोत** (Sources of Income of the States)—राज्यों के राजस्व स्रोत निम्न हैं—

(1) प्रति व्यक्ति कर।

(2) कृषि भूमि पर सम्पदा शुल्क।

(3) कृषि भूमि उत्तराधिकार प्राप्त करने सम्बन्धी शुल्क।

(4) संघ सूची में वर्णित लेखों को छोड़कर अन्य लेखों पर मुद्रांक शुल्क।

(5) शराब, अफीम आदि जो मादक द्रव्य राज्यों में उत्पादित अथवा निर्मित होते हों, उन पर उत्पादन कर।

(6) भूमि एवं भवनों पर कर।

(7) भू-राजस्व।

(8) संसद द्वारा खनिज पदार्थों के विकास के लिए निश्चित सीमा के अधीन खनन अधिकार पर कर।

(9) कृषि आय पर कर।

(10) समाचार-पत्रों को छोड़कर अन्य वस्तुओं के क्रय और विक्रय पर कर।

(11) वाहनों पर कर।

(12) व्यवसाय, उपजीविकाओं, नौकरियों पर कर।

(13) बिजली के उपभोग तथा विक्रय पर.कर।

(14) पशुओं तथा नौकाओं पर कर।

(15) स्थानीय क्षेत्र में उपभोग, प्रयोग तथा विक्रय के लिए लाई गई वस्तुओं पर कर।

(16) सड़कों तथा अन्तर्देशीय जल-मार्गों पर ले जाए जाने वाले माल तथा यात्रियों पर कर।

(17) विलास वस्तुओं पर कर, जिनमें मनोरंजन, पण तथा जुआ भी सम्मिलित हैं।

(18) समाचार-पत्रों में प्रकाशित होने वाले विज्ञापनों को छोड़कर अन्य विज्ञापनों पर कर।

(19) चुंगी कर।

(20) न्यायालयों द्वारा लिए जाने वाले शुल्क को छोड़कर राज्य सूची में सम्मिलित विषयों पर शुल्क।

**(III) संघ द्वारा आरोपित और संग्रहित, किन्तु राज्यों को सौंपे जाने वाले कर (अनुच्छेद 269)** (Taxes levied and collected by the Centre but distributed among the States)—(1) रेल-भाड़ों तथा वस्तु भाड़ों पर कर।

(2) कृषि भूमि से अन्य सम्पत्ति पर सम्पदा शुल्क।

(3) कृषि भूमि से अन्य सम्पत्ति के उत्तराधिकार विषयक शुल्क।

(4) समाचार-पत्रों के अन्य अन्तर्राज्यीय व्यापार अथवा वाणिज्य में माल के क्रय-विक्रय पर कर।

(5) शेयर बाजार तथा सट्टा बाजार के आदान-प्रदानों पर मुद्रांक शुल्क से अन्य कर।

(6) रेल, समुद्र अथवा वायु मार्ग द्वारा ले जाए गए माल और यात्रियों पर सीमा कर।

(7) समाचार-पत्रों के क्रय-विक्रय तथा उनमें प्रकाशित विज्ञापनों पर कर।

**(IV) संघ द्वारा आरोपित किन्तु राज्यों द्वारा संग्रहीत विनियोजित किए जाने वाले शुल्क (अनुच्छेद 286)** (Taxes levied by the Centre but collected and used by States)—ऐसे मुद्रांक शुल्क तथा औषधियों और प्रसाधन वस्तुओं पर ऐसे उत्पादन शुल्क, जो संघ सूची में वर्णित हैं, संघ द्वारा आरोपित किए जाएँगे, किन्तु—

(क) केन्द्र प्रशासित क्षेत्रों में संघ द्वारा (भारत सरकार द्वारा) संग्रहित होंगे, तथा

(ख) राज्यों के राज्य क्षेत्र में राज्यों द्वारा संग्रहीत होंगे।

**(V) संघ द्वारा आरोपित व संग्रहित कर जिनका संघ और राज्यों के मध्य विभाजन किया जा सकता है (अनुच्छेद 270, 272)** (Taxes levied and collected by the Centre and distributed between Centre and the States)—(1) कृषि आय को छोड़कर अन्य आय पर कर।

(2) संघ सूची में वर्णित औषधियों तथा प्रसाधन सामग्री पर उत्पादन शुल्क से अन्य संघ उत्पादन शुल्क।

'आयकर' के अन्तर्गत निगम कर सम्मिलित नहीं है। आयकर की प्राप्तियों का वितरण समय-समय पर नियुक्ति वित्त आयोग की सिफारिशों के आधार पर किया जाता है।

आयकर का आरोपण तथा संग्रह केन्द्र के क्षेत्राधिकार में है, परन्तु राज्यों को भी व्यवसायों, व्यापारों, आजीविकाओं और नौकरियों पर कर लगाने का अधिकार है। ऐसा कर इस आयकर से सम्बद्ध होने के आधार पर अमान्य नहीं होगा। व्यवसायों पर कर आदि साधारणत: स्थानीय स्वशासित नगरपालिकाओं तथा नगर-मण्डलों के काम आते हैं।

**सहायता अनुदान (अनुच्छेद 275)** (Grants-in-aid by the Centre)—संविधान ने राज्यों को अनुदान देने की भी व्यवस्था की है। राज्यों को अनुसूचित कबीलों एवं कबीलीय क्षेत्रों में प्रशासन के सुधार हेतु निर्देश देने के संवैधानिक कर्त्तव्य के अलावा संविधान के अनुच्छेद 275 द्वारा यह सामान्य व्यवस्था भी की है कि केन्द्र राज्यों को अनुदान प्रदान करे। विकास की कुछ योजनाओं के लिए भी केन्द्र राज्यों को अनुदान प्रदान करता है। केन्द्रीय सरकार द्वारा ही इन अनुदानों की मात्रा तथा वे शर्तें निश्चित की जाती हैं, जिनके अन्तर्गत वे अनुदान प्रयोग में लाए जा सकते हैं। स्पष्ट है कि अनुदान राज्यों पर केन्द्र के निर्देशन और नियन्त्रण को विस्तृत और प्रभावशाली बनाने का एक तरीका है।

**ऋण लेने की शक्ति**—संविधान द्वारा राज्य के ऋण लेने की शक्ति की व्यवस्था की गयी है। कोई भी राज्य भारत में ही ऋण ले सकता है, परन्तु उसके लिए भारत सरकार की स्वीकृति आवश्यक है। यदि पिछले ऋण का कोई भाग अभी चुकाना शेष है, तो वह नया ऋण नहीं ले सकता है। उन शर्तों के अन्तर्गत, जो संसद द्वारा अथवा उसके बनाए हुए कानूनों द्वारा निश्चित की जाएँ, उसके अन्तर्गत केन्द्रीय सरकार किसी भी राज्य को ऋण दे सकती है, यदि ऋण की मात्रा संसद द्वारा निश्चित सीमा से अधिक न हो।

वित्तीय संकट की उद्घोषणा कर राष्ट्रपति केन्द्र को राज्यों की वित्तीय गतिविधियों पर नियन्त्रण का अधिकार दे सकता है तथा राज्यों के उन विधेयकों को अपनी स्वीकृति के लिए भेजने को कह सकता है। केन्द्र, सरकारी अधिकारियों और कर्मचारियों के वेतन इस अवस्था में कम कर सकता है।

केन्द्र और राज्यों के सम्बन्धों के उपर्युक्त विवरण से यह स्पष्ट होता है कि भारत में केन्द्रीय सरकार को अधिक अधिकार दिए गए हैं एवं उसे शक्तिशाली बनाने का प्रयत्न किया गया है। राज्यों की स्वायत्तता की अपेक्षा केन्द्र की शक्ति पर ज्यादा बल दिया गया है। वास्तव में, केन्द्र के हस्तक्षेप पर प्रतिबन्ध लगाए जाने की बजाय संविधान द्वारा राज्यों की शक्तियों पर प्रतिबन्ध लगाए गए हैं। राज्य सभा में राज्यों के समान प्रतिनिधित्व का अभाव, राज्यसभा के दो-तिहाई बहुमत द्वारा राज्य सूची पर संसद को विधि-निर्माण की शक्ति, केन्द्र को राज्यों को निर्देश देने की शक्ति तथा राष्ट्रपति को आपातकाल के समय राज्य संविधान को बिल्कुल निलम्बित करने की शक्ति भारतीय संघ की कुछ असाधारण विशेषताएँ हैं, जिनसे आलोचकों को यह कहने का अवसर प्राप्त होता है कि भारतीय संघ पूर्ण रूप से एकसंघीय राज्य नहीं है।

## प्रश्न
## (Questions)

### दीर्घ उत्तरीय प्रश्न (Long Answer Type Questions)

1. निम्नलिखित पर संक्षिप्त टिप्पणी लिखते हुए प्रत्येक सूची में दिए तीन-तीन विषय भी लिखिए—
   Write short notes on the following and mention three subjects each included in the following lists :
   (क) संघ सूची (Union List),
   (ख) राज्य सूची (State List),
   (ग) समवर्ती सूची (Concurrent List)।
2. संघ और राज्यों के विधायी सम्बन्धों का वर्णन कीजिए।
   (Describe the legislative relations between the Union and the States.)
3. राज्य सूची के विषयों पर किन परिस्थितियों में केन्द्रीय संसद कानून बना सकती है ?
   (Under what circumstances can the Union Parliament legislate on the subjects of State List ?)
4. संघ और राज्य सरकारों के बीच प्रशासनिक सम्बन्धों की व्याख्या कीजिए।
   (Describe the Union-State administrative relations.)
5. केन्द्र और राज्यों के वित्तीय सम्बन्धों का वर्णन कीजिए।
   (Describe the financial relations between the Union and the States.)
6. शक्तियों के वितरण के आधार पर हम भारत को किस हद तक अर्द्ध-संघीय देश कह सकते हैं ?
   (How far can we describe the country as 'quasi-federal state' on the basis of distribution of powers between Union and the States ?)

## लघु उत्तरीय प्रश्न (Short Answer Type Questions)

1. केन्द्रीय सरकार और राज्यों के मध्य शक्तियों का बँटवारा किस प्रकार किया गया है ?
2. संघ सूची में कितने व कौन-कौन से विषय हैं ?
3. राज्य सूची में कौन-से विषय हैं ?
4. समवर्ती सूची की दो विशेषताएँ लिखिए।
5. संघ व राज्यों के प्रशासनिक सम्बन्ध पर पाँच पंक्तियाँ लिखिए।

## बहुविकल्पीय वस्तुनिष्ठ प्रश्न (Multiple Choice Type Objective Questions)

**1. समवर्ती सूची राज्य और केन्द्र की व्यवस्थापिका को समवर्ती के द्वारा कितने विषय पर अधिकार प्रदान करती है–**

(a) 99 विषयों पर (b) 52 विषयों पर

(c) 61 विषयों पर (d) बिना निर्धारित विषयों पर।

उत्तर–(b) 52 विषयों पर।

**2. अगर तीनों सूचियों के मामले आपस में एक-दूसरे को प्रभावित करते हैं, तो किसको अन्तिम रूप से माना जाता है–**

(a) संघीय व्यवस्थापिका (b) राज्य विधानमण्डल

(c) सर्वोच्च न्यायालय (d) इनमें से कोई नहीं।

उत्तर–(a) संघीय व्यवस्थापिका।

**3. निम्न में से कौन-सा विषय संघीय सूची में नहीं है–**

(a) बैंकिंग प्रणाली (b) मुद्रा

(c) शिक्षा (d) रक्षा।

उत्तर–(c) शिक्षा।

**4. निम्न में से कौन-सा विषय राज्य सूची में नहीं है–**

(a) पुलिस और लोक आदेश (b) मुद्रा और सिक्का ढलाई

(c) कृषि (d) स्थानीय सरकार।

उत्तर–(b) मुद्रा और सिक्का ढलाई।

**5. केन्द्र और राज्य की व्यवस्थापिका दोनों किस विषय पर विधि बना सकती हैं–**

(a) आपराधिक कानून और क्रिया विधि (b) विवाह, समझौता और हानि

(c) आर्थिक और सामाजिक योजनाएँ (d) उपरोक्त सभी।

उत्तर–(d) उपरोक्त सभी।

**6. समवर्ती क्षेत्र में अगर केन्द्र और राज्य के बीच किसी एक विषय पर विवाद हो जाता है, तब–**

(a) पहली मानी जाएगी (b) बाद वाली लागू होगी

(c) राष्ट्रपति निर्णय देगा (d) सर्वोच्च न्यायालय निर्णय देगा।

उत्तर–(a) पहली मानी जाएगी।

●●

# भारत के राजनीतिक दल
# [POLITICAL PARTIES OF INDIA ]

*"लोकतान्त्रिक शासन का दूसरा नाम राजनीतिक दलों द्वारा शासन है। राजनीतिक दलों के अभाव में कहीं स्वतन्त्र शासन नहीं रहा है।"*

—मुनरो

आधुनिक लोकतांत्रिक शासन व्यवस्था में राजनीतिक दलों की महत्ता को अस्वीकार नहीं किया जा सकता है। दल पद्धति के बिना लोकतंत्र का सफल संचालन संभव नहीं है। ब्राइस के मतानुसार, **''राजनीतिक दल अनिवार्य हैं। कोई भी बड़ा स्वतंत्र देश उनके बिना नहीं रह सकता है। किसी व्यक्ति ने यह नहीं दिखाया कि लोकतंत्र उनके बिना कैसे चल सकता है।''**

राजनीतिक दल ऐसे व्यक्तियों का समुदाय होता है, जिनका सार्वजनिक महत्त्व के प्रश्नों पर सामान्य दृष्टिकोण होता है तथा जो अपने सिद्धांतों को कार्यान्वित करने के लिए शासन पर वैधानिक रूप से अपना प्रभुत्व स्थापित करना चाहते हैं। राजनीतिक दल को अनेक विद्वानों ने अपने-अपने दृष्टिकोण से परिभाषित किया। कुछ प्रमुख परिभाषाएँ निम्नांकित हैं—

**गिलक्राइस्ट** के अनुसार, **''राजनीतिक दल नागरिकों के उस संगठित समूह को कहते हैं, जिसके सदस्य समान राजनीतिक विचार रखते हों और एक राजनीतिक इकाई के रूप में कार्य करते हुए सरकार पर नियंत्रण करना चाहते हों।''**

बर्क के अनुसार, **''राजनीतिक दल मनुष्यों के उस समूह को कहते हैं, जो किसी स्वीकृत सिद्धांत के आधार पर सामूहिक प्रयासों द्वारा राष्ट्रीय हितों की वृद्धि के लिए संगठित होता है।''**

**मैकाइवर** के शब्दों में, **''राजनीतिक दल किसी नीति या सिद्धांत के लिए संगठित एक संस्था है, जो उस नीति को संवैधानिक साधनों से शासन का आधार बनाना चाहती है।''**

गैटिल के अनुसार, **''राजनीतिक दल न्यूनाधिक संगठित उन नागरिकों का एक समूह है, जो एक राजनीतिक इकाई के रूप में कार्य करते हैं और जिनका उद्देश्य अपने मताधिकार के प्रयोग द्वारा सरकार पर अधिकार जमाना** तथा अपनी सामान्य नीति को लागू करना होता है।''

प्रो. लास्की के शब्दों में, **''राजनीतिक दल से हमारा तात्पर्य नागरिकों के उस संगठित समूह से है, जो एक संगठन के रूप में कार्य करते हैं।''**

लीकॉक के अनुसार, **''राजनीतिक दल संगठित मानवों के उन समुदायों को कहते हैं, जो इकट्ठे मिलकर एक राजनीतिक समुदाय के रूप में रहते हैं। उनके विचार राजनीतिक प्रश्नों पर समान होते हैं और वे एक सामान्य उद्देश्य की पूर्ति के लिए मतदान की शक्ति का प्रयोग करके सरकार पर अपना आधिपत्य स्थापित करना चाहते हैं।''**

इन परिभाषाओं के आधार पर यह स्पष्ट होता है कि राजनीतिक दल ऐसे व्यक्तियों का एक समुदाय है, जिसका सार्वजनिक महत्त्व के प्रश्नों पर सामान्य दृष्टिकोण होता है तथा अपने सिद्धांतों को कार्यान्वित करने के लिए वैधानिक रूप से शासन पर अपना प्रभुत्व स्थापित करना चाहता है।

## लोकतंत्र में राजनीतिक दलों का महत्त्व
## (Importance of Political Partics in Democracy)

लोकतंत्रात्मक शासन के लिए राजनीतिक दलों का होना अनिवार्य है। **गिलक्राइस्ट** के मतानुसार, "**प्रजातंत्र शासन जनता का शासन न होकर जनता के प्रतिनिधियों का ही शासन होता है।**"

**लॉर्ड ब्राइस** के अनुसार, "**प्रजातंत्र में राजनीतिक दल अनिवार्य हैं। कोई भी विशाल स्वतंत्र देश उनके बिना नहीं रह सकता है। कोई भी यह स्पष्ट नहीं कर सका है कि उनके अभाव में प्रतिनिध्यात्मक शासन किस प्रकार चलाया जा सकता है।**"

**लीकॉक** के अनुसार, "**केवल दलीय प्रणाली ही ऐसी वस्तु है, जो लोकतंत्रीय शासन को संभव बनाती है।**" प्रजातंत्ररूपी इंजन को चलाने के लिए राजनीतिक दल पटरी के रूप में कार्य करते हैं।

संक्षेप में, प्रजातंत्र में राजनीतिक दलों का महत्त्व इसलिए है, क्योंकि वे स्वस्थ लोकमत की रचना, निर्वाचनों का संचालन, सभी वर्गों के हितों का प्रतिनिधित्व, मतों एवं सिद्धांतों का प्रचार, सरकार का गठन और संचालन, शासन सत्ता को मर्यादित रखते हैं तथा शासन के विभिन्न अंगों में समन्वय स्थापित करते हैं।

## राजनीतिक दलों के कार्य
## (Functions of Political Parties)

आधुनिक युग में राजनीतिक दल लोकतंत्र की सफलता के लिए अति आवश्यक है। राजनीतिक दलों की इसी आवश्यकता को दृष्टिगत रखते हुए उन्हें लोकतंत्र का प्राण कहा जाता है। इनके प्रमुख कार्य निम्नांकित हैं—

(1) राजनीतिक दल स्वस्थ जनमत की रचना करते हैं।

(2) ये राजनीतिक शिक्षा का प्रसार करते हैं।

(3) ये सरकार और जनता के बीच की कड़ी का काम करते हैं।

(4) दलीय नीति का प्रचार और प्रसार करते हैं तथा निर्वाचन में भाग लेते हैं।

(5) निर्वाचन के बाद सरकार का गठन करते हैं।

(6) सरकार के विभिन्न विभागों में समन्वय और सामंजस्य स्थापित करते हैं।

(7) सामाजिक और सांस्कृतिक विकास का कार्य करते हैं।

(8) विरोधी दल सरकार की आलोचना करते हैं।

(9) राजनीतिक दल समय-समय पर सार्वजनिक सभाओं और वार्षिक अधिवेशनों का आयोजन करते हैं।

(10) जनता को राजनीतिक गतिविधियों से परिचित कराते हैं।

(11) सरकार का उचित पथ-प्रदर्शन करते हैं।

## भारत की दलीय व्यवस्था
## (Party System of India)

भारत में फ्रांस तथा इटली की भाँति बहुदलीय प्रणाली का विकास हुआ है। यही कारण है कि देश की लोकसभा तथा विधानसभाओं में अनेक राष्ट्रीय तथा क्षेत्रीय दलों ने स्थान प्राप्त कर लिया है। भारत में बहुदलीय पद्धति के विकास का कारण, यहाँ की राजनीतिक स्थिति तथा देश की विभिन्न क्षेत्रों में विद्यमान अनेकता है। स्वतंत्रता प्राप्ति के पश्चात् कांग्रेस दल देश के सुसंगठित व लोकप्रिय दल के रूप में उभरकर सामने आया था, किंतु कालांतर में कांग्रेस की आंतरिक फूट के कारण, इसके अनेक गुटों ने अलग होकर नए राजनीतिक दलों का रूप धारण कर लिया है। इस प्रकार भारत में राजनीतिक दलों की बाढ़-सी आ गई है, फरवरी-मार्च 1998 ई. के लोकसभा चुनाव में भ्जाजपा ने 13, कांग्रेस ने 5 और और संयुक्त मोर्चा ने 9 घटक दलों की सहायता से चुनाव लड़ा। इनमें तृणमूल कांग्रेस, लोकशक्ति, हरियाणा विकास पार्टी (हविपा), आदि कई नए दल भी सम्मिलित थे। नवम्बर 1999 ई. तक देश में सात राष्ट्रीय और 48 राज्यस्तरीय दल थे। वर्ष 2004 के

चुनाव में 6 राष्ट्रीय दल तथा 45 राज्यस्तरीय दल और 702 पंजीकृत पार्टियाँ चुनाव मैदान में थीं। वर्ष 2009 के लोकसभा चुनावों में 7 राष्ट्रीय दल, 46 क्षेत्रीय दल एवं 1000 पंजीकृत पार्टियाँ चुनाव मैदान में थीं।[1]

लोकतंत्र की सफलता के लिए संगठित विरोधी दल आवश्यक हैं। ये संगठित विरोधी दल भी शासक दल के समान महत्त्वपूर्ण होते हैं। विरोधी दल का प्रमुख कार्य सत्तारूढ़ दल की आलोचना करना है। सत्तारूढ़ दल को निरंतर यह भय बना रहता है कि विरोधी दल आगामी सामान्य निर्वाचन में उसको अपदस्थ कर सकता है। अत: शासक दल अपने कर्त्तव्यों के प्रति सजग रहता है। दुर्भाग्य से भारत में बहुदलीय प्रणाली के कारण संगठित विरोधी दल का घोर अभाव है।

प्राय: सभी भारतीय राजनीतिक दलों की नीतियाँ तथा कार्यक्रम अस्पष्ट एवं अनिश्चित हैं। कांग्रेस दल की नीति सदैव परिवर्तनशील रही है। प्राय: प्रत्येक वर्ष आयोजित होने वाले कांग्रेसी अधिवेशनों में इसके नारे में परिवर्तन होते देखा गया है। इसने समाजवाद को अपना लक्ष्य बनाया है। दिसम्बर 1984 ई. के सामान्य निर्वाचन में कांग्रेस (इ) ने देश की अखंडता एवं एकता के नाम पर चुनाव लड़ा व लोकसभा में अभूतपूर्व सफलता अर्जित की थी। नवीं लोकसभा में जनता दल व भारतीय जनता पार्टी ने भ्रष्टाचार और महँगाई के नाम पर लोकसभा के निर्वाचनों में भाग लिया था। फरवरी-मार्च, 1998 ई. में संपन्न चुनावों में जनता को आकर्षित करने के लिए विभिन्न राजनीतिक दलों द्वारा पुन:-पुन: नए कार्यक्रम प्रस्तुत किए गए थे तथा भ्रष्टाचार उन्मूलन और स्थायी सरकार देने के नाम पर जनता से वोट माँगे गए थे। सन् 2004 के चुनावों में भी लगभग पूर्व के चुनावों जैसी ही स्थिति थी। सन् 2009 के चुनावों में आतंकवाद और महँगाई चुनावी मुद्दे थे।

भारतीय दलीय व्यवस्था की एक महत्त्वपूर्ण विशेषता यह है कि यहाँ दीर्घकाल तक एक दल की प्रधानता रही है। स्वतंत्रता-प्राप्ति से 1967 ई. तक, केंद्र तथा राज्यों में अधिकांशत: कांग्रेस की ही सरकारें रही हैं। सन् 1967 ई. में आठ राज्यों में 'गैर-कांग्रेसवाद' से प्रभावित होकर संविद सरकारों का गठन हुआ, किंतु ये सरकारें स्थायी न रह सकीं और समाप्त हो गई। तमिलनाडु में द्रमुक, जम्मू-कश्मीर में नेशनल कॉन्फ्रेंस तथा पश्चिम बंगाल में कम्युनिस्ट सरकार को छोड़कर संपूर्ण देश में कांग्रेस का ही शासन रहा। लेकिन सन् 1996 ई. में संपन्न हुए लोकसभा के आम चुनावों के बाद से देश में एक दल की प्रधानता का जादू लगभग समाप्त हो गया है।

भारतीय दल व्यवस्था की एक खतरनाक प्रवृत्ति दल-बदल की है। इससे शासन में अस्थिरता, भ्रष्टाचार तथा गुटबंदी उत्पन्न हुई है और लोकतंत्र को खतरा उत्पन्न हो गया है। सन् 1967 ई. के चुनावों में अनेक राज्यों में दल-बदल इतनी तेजी से हुआ था कि स्थायी सरकारों का गठन लगभग कठिन हो गया था। दल-बदल के कारण ही जनता पार्टी का विघटन और पतन हुआ और देश में राजनीतिक अस्थिरता व्याप्त हो गई। दल-बदल जैसी भीषण राजनीतिक बुराई को समाप्त करने के लिए जनवरी 1985 ई. में भारतीय संसद ने संविधान का 52वाँ संशोधन **'दल-बदल विरोधी विधेयक'** पारित किया, जिसके अनुसार दल-बदल करने पर संसद या विधानमंडल की सदस्यता भी समाप्त हो जाती है। किंतु विभाजन और विलय के नाम पर दल-बदल की स्थिति आज भी देखी जाती है। उत्तर प्रदेश में अभी हाल ही के वर्षों में हुआ दल-बदल इसका जीवंत प्रमाण है। यद्यपि दल-बदल करने वाले विधायकों की विधानसभा की सदस्यता समाप्त हो गई।

यद्यपि भारत में अनेक राजनीतिक दल हैं, फिर भी संसद और विधानसभाओं में पर्याप्त संख्या में स्वतंत्र अथवा निर्दलीय सदस्य भी हैं, जो किसी दल से संबंधित नहीं होते हैं। प्रथम निर्वाचन में 20 प्रतिशत मतदाताओं ने निर्दलीय सदस्यों को पसंद किया था। विधानसभाओं में 289 तथा लोकसभा में 36 ऐसे सदस्य चुने गए थे। चौथे आम चुनावों में यह संख्या क्रमश: विधानसभाओं में 310 और लोकसभा में 41 हो ई थी। मार्च 1977 ई. तथा 1980 ई. के मध्यवधि चुनावों में स्वतंत्र सदस्यों ने अपेक्षा त कम स्थान प्राप्त किए थे। 15वीं लोकसभा के लिए 2009 मे सपन्न चुनावों में निर्दलीयों को 9 स्थान प्राप्त हुए। विभिन्न राज्यों के विधानसभा के चुनावों में भी निर्दलीय सदस्यों ने अपनी उल्लेखनीय भूमिका निभाई। निर्दलीय सदस्यों का निर्वाचित होना, स्वस्थ लोकतांत्रिक परंपरा के अनुकूल नहीं है। निर्दलीय सदस्यों की कोई स्पष्ट नीति तथा कार्यक्रम नहीं होते हैं। ये किसी दल के अनुशासन में भी नहीं होते हैं तथा अवसर का लाभ उठाकर राजनीतिक अस्थिरता व भ्रष्टाचार को बढ़ाते हैं।

भारत में प्रारंभ से ही कुछ राजनीतिक दल क्षेत्रीय आधार पर गठित होते रहे हैं और इनका कुछ विशेष क्षेत्रों में पर्याप्त प्रभाव है। वर्तमान में केंद्र सरकार के गठन में इन क्षेत्रीय दलों की ही महत्त्वपूर्ण भूमिका है। भारतीय राजनीति में आज भी कुछ

1. भारत का चुनाव आयोग विज्ञाप्ति सं. 56/2009/PPS-II दिनांक 14/3/2009.

धर्माधारित दल हैं। इन दलों का प्रभाव तेजी से बढ़ रहा है। स्वस्थ जनतंत्र के अस्तित्व के लिए इस प्रकार के दलों का अस्तित्व घातक है।

भारत के प्राय: प्रत्येक दल में आंतरिक मतभेद और गुटबंदी व्याप्त है। इसी कारण विभिन्न दलों से पृथक् हुए गुट, नए राजनीतिक दलों का रूप धारण करते जा रहे हैं।

## भारतीय दलीय व्यवस्था की विशेषताएँ
## (Characteristics of Indian Party System)

भारत की लोकतन्त्रात्मक व्यवस्था में राजनीतिक दलों की अत्यन्त विशिष्ट भूमिका है। भारत एक बहुदलीय देश है। अन्य लोकतान्त्रिक देशों की भाँति भारतीय राजनीतिक दल किसी विचारधारा विशेष के आधार पर गठित नहीं हैं। किसी भी राजनीतिक दल को न तो पूर्ण रूप से समाजवाद या पूँजीवाद का समर्थक ही कहा जा सकता है और न आलोचक ही कहा जा सकता है। लगभग सभी राजनीतिक दलों की नीतियों में समाजवादी और पूँजीवादी सिद्धान्तों की झलक दिखायी देती है। अत: यह कहा जा सकता है कि भारतीय राजनीतिक दलों के गठन का आधार कोई विशेष विचारधारा नहीं है।

सन् 1947 ई. से लेकर सन् 2009 ई. तक के काल में ऐसा प्रतीत हुआ है कि भारत की दलीय व्यवस्था नवीन दिशा ग्रहण करती जा रही है। भारत में विभिन्न समयों पर हुए लोकसभा एवं विधानसभा चुनावों में राजनीतिक दलों की स्थिति देखते हुए यह कहा जा सकता है कि बहुदलीय पद्धति में एक दल की प्रधानता के लिए प्रतियोगिता की स्थिति बनी हुई है। आज एक दल की प्रधानता के लिए प्रतियोगिता इन दोनों प्रकृतियों की मिल-जुली स्थिति है। साथ ही साझा सरकार के महत्व पर जोर दिया जा रहा है। सन् 1993-2012 ई. तक के वर्षों में काँग्रेस की लोकप्रियता में भारी कमी आई है तथा काँग्रेस की छवि धूमिल-सी प्रतीत होने लगी है। फिर भी सन् 2004 ई. तथा सन् 2009 ई. में हुए लोकसभा चुनावों में काँग्रेस की लोकप्रियता में थोड़ी-सी वृद्धि दिखाई दी है। आज परिस्थितियों में भारतीय दलीय व्यवस्था की कुछ महत्वपूर्ण विशेषताएँ निम्नलिखित हैं—

**(1) बहुदलीय प्रणाली**— भारतीय दलीय व्यवस्था की महत्वपूर्ण विशेषता यह है कि भारत में ब्रिटेन या अमेरिका की भाँति द्विदलीय प्रणाली न होकर बहुदलीय प्रणाली है। अन्य लोकतान्त्रिक देशों की अपेक्षा भारत में राजनीतिक दलों की संख्या बहुत अधिक है। 80 से अधिक छोटे-बड़े राजनीतिक दल अस्तित्व में हैं। इनमें से 30 से अधिक राजनीतिक दल लोकसभा के चुनावों में एवं 50 से अधिक विभिन्न राज्यों की विधान सभाओं के चुनावों में भाग लेते हैं। इनमें से कुछ दलों को छोड़कर अन्य के पास कोई नीति अथवा कार्यक्रम नहीं है, और न ही पर्याप्त साधन हैं। भारत में इतने अधिक दलों के गठन के कारण रहे हैं; जैसे—स्वतन्त्र भारत, वैचारिक विभेद, देश की विशालता तथा भाषा, धर्म एवं क्षेत्र की विभिन्नताएँ, विभिन्न सम्प्रदायों में पारस्परिक अविश्वास एवं सन्देह, स्वतन्त्र निर्वाचन पद्धति आदि प्रमुख हैं। इन्हीं कारणों से स्वतन्त्र भारत में अनेक गुटों ने नये-नये राजनीतिक दलों का गठन कर लिया है। कुछ राजनेताओं ने अपने व्यक्तिगत सम्मान को बनाये रखने के लिए नये राजनीतिक दल गठित कर लिये हैं। वयस्क मताधिकार के परिणामस्वरूप अनेक वर्गों की सत्ता प्राप्ति की लालसा तथा पिछड़े वर्गों के लिए आरक्षण नीति ने भी नये राजनीतिक दलों के गठन को प्रेरित किया है। असम में खासियों तथा मिजो द्वारा गठित दल इसके उदाहरण हैं। इन सबके अतिरिक्त विभिन्न राजनीतिक दलों के आन्तरिक गुट संघर्षों ने भी अनेक राजनीतिक दलों को जन्म दिया है, जैसे—ममता बनर्जी की पार्टी 'तृणमूल काँग्रेस' या शरद पवार की पार्टी 'राष्ट्रवादी काँग्रेस।' सन् 2009 ई. के लोकसभा चुनाव में 7 राष्ट्रीय दल, 47 राज्य स्तरीय दल और 1000 पंजीकृत गैर-मान्यता प्राप्त दलों ने भाग लिया था। लोकसभा के चुनाव में पहले से अधिक राजनीतिक दल चुनाव मैदान में थे। लगभग 800 से अधिक दलों ने पंद्रहवीं लोकसभा चुनाव में भाग लिया था। भारतीय राष्ट्रीय काँग्रेस के रूप में इन्दिरा काँग्रेस, तमिल मनीला काँग्रेस और राष्ट्रवादी काँग्रेस के रूप में तीन उपधाराएँ निकलकर अलग हो चुकी हैं। इसी तरह क्षेत्रीय दलों की बात कहें तो आन्ध्र प्रदेश की तेलगू देशम दो भागों में बँट चुकी है। तमिलनाडु में चार द्रविड़ पार्टियाँ अस्तित्व में आ गई हैं। कुल मिलाकर पन्द्रहवीं लोकसभा के चुनाव में राष्ट्रीय जनतान्त्रिक गठबन्धन, काँग्रेस गठबन्ध एवं तीसरे मोर्चा के ध्रुव सम्मुख आये थे।

**(2) एक दल की प्रधानता**— भारत में यद्यपि बहुदलीय प्रणाली का प्रचलन है, लेकिन अखिल भारतीय स्तर पर केवल एक ही दल की प्रधानता रही है। अर्थात् लोकसभा के सामान्य निर्वाचन परिणामों के आधार पर उसे एक दल का प्रधान बहुदलीय कहा जा सकता है। देश में प्राय: एक ही दल का प्रभुत्व रहा है। उदाहरणार्थ, स्वतन्त्रता प्राप्ति से सन् 1977 ई. तक के निर्वाचनों तक काँग्रेस देश का सबसे बड़ा दल था। देश की राजनीति पर काँग्रेस का एकछत्र आधिपत्य था। सन् 1977 ई. में गैर-काँग्रेस वाद के नाम पर विभिन्न राजनीतिक दलों ने अपने मूल भूत सिद्धान्तों को छोड़कर एक मंच पर एकत्रित होना स्वीकार किया, किन्तु जनता पार्टी के नाम से सामने आये इस गठबन्धन की प्रचण्ड बहुमत वाली सरकार का विघटन असमय ही हो गया। तत्पश्चात् सन् 1989 ई. में भारतीय जनता पार्टी के समर्थन से वी. पी. सिंह के नेतृत्व में जनता दल सरकार का गठन हुआ, किन्तु यह सरकार भी अधिक दिनों तक नहीं चली। वी. पी. सिंह के बाद चन्द्रशेखर के नेतृत्व में काँग्रेस के बाहरी समर्थन से सरकार का गठन हुआ। यह सरकार भी चार माह के बाद गिरा दी गई। इसके बाद सन् 1991 ई. में पी. वी. नरसिम्हा राव के नेतृत्व में काँग्रेस की अल्पमत सरकार बनी। इस सरकार को संसद में अपना बहुमत सिद्ध करने के लिए अनेक कठिनाइयों का सामना करना पड़ा। इसके बाद सन् 1996 ई. में हुए आम चुनाव में किसी भी दल को स्पष्ट बहुमत न मिलने के कारण पहले अटल बिहारी बाजपेयी के नेतृत्व में भाजपा सरकार बनी, जो केवल तेरह दिनों तक चली। तत्पश्चात् काँग्रेस के समर्थन से जनता दल नेता और संयुक्त मोर्चा प्रत्याशी एच. डी. दैवगौड़ा के नेतृत्व में सरकार बनी, किन्तु काँग्रेस द्वारा समर्थन वापस ले लिये जाने के कारण पहले दैवगौड़ा की सरकार गिरी, फिर काँग्रेस के ही समर्थन से इन्द्र कुमार गुजराल के नेतृत्व में जो सरकार बनी थी, पुन: काँग्रेस द्वारा समर्थन वापस ले लेने के कारण यह सरकार भी अपना कार्यकाल पूरा नहीं कर सकी। परिणामस्वरूप ग्यारहवीं लोकसभा को विघटित कर राष्ट्रपति को बारहवीं लोकसभा के लिए चुनाव कराने का आदेश देना पड़ा। सन् 1998 ई. मे हुए मध्यावधि चुनाव के बाद सरकार बनी, किन्तु 17 अप्रैल, सन् 1998 ई. को लोकसभा में अटल बिहारी वाजपेयी अपना बहुमत सिद्ध करने में विफल रहे। लगभग दस दिनों तक निरन्तर प्रयास करने के बावजूद विपक्षी दलों द्वारा कोई वैकल्पिक सरकार गठन न किये जाने के कारण 26 अप्रैल, सन् 1999 ई. को राष्ट्रपति द्वारा 12वीं लोकसभा को भंग कर दिया गया।

सन् 1977 ई. के बाद गठित हुई उपर्युक्त सभी सरकारें (नरसिम्हा राव की सरकार को छोड़कर) विभिन्न राजनीतिक दलों के गठबन्धन से गठित हुई थीं। तेरहवीं लोकसभा के लिए सितम्बर, सन् 1999 ई. में हुए चुनावों में भी 24 दलों के सहयोग से गठित 'राष्ट्रीय जनतान्त्रिक गठबन्ध' की सरकार भाजपा के नेतृत्व में बनी। चौदहवीं लोकसभा के आम चुनाव अक्टूबर, सन् 2004 ई. तक होने थे, लेकिन कार्यकाल पूर्ण होने के समय से पहले ही लोकसभा भंग कर दिए जाने के कारण चुनाव अप्रैल-मई, सन् 2004 ई. में कराए गए। इसमें कांग्रेस नेतृत्व वाले संप्रग (संयुक्त प्रगतिशील गठबधंन) की सरकार गठित हुई। सन् 2009 ई. में हुए चुनावों में भी संप्रग की ही सरकार गठित हुई है। उपर्युक्त विवरण यह सिद्ध करता है कि भारत की राजनीति में एक दल की प्रधानता का लोप होता जा रहा है। यह भारतीय दल प्रणाली की एक अनूठी विशेषता है।

**(3) साम्प्रदायिक एवं क्षेत्रीय दलों का बाहुल्य**— भारत की दलीय व्यवस्था की एक विशेषता साम्प्रदायिक एवं क्षेत्रीय दलों का बाहुल्य है। ऐसे दलों में हिन्दू महासभा, मुस्लिम लीग, अकाली दल, रिपब्लिकन दल एवं शिवसेना आदि साम्प्रदायिक राजनीतिक दल हैं। इसी के साथ साथ मणिपुर पीपुल्स पार्टी, नागालैण्ड लोकतान्त्रिक दल, जम्मू-कश्मीर की नेशनल कान्फ्रेंस, असम का असम गण परिषद्, आन्ध्र प्रदेश का तेलगू देशम्, पंजाब का अकाली दल, तमिलनाडु का द्रविड़ मुन्नेत्र कड़गम, गोवा का गोमान्तक दल और सिक्किम डेमोक्रेटिक फ्रण्ट आदि क्षेत्रीय दल प्रभावशाली हैं। ये क्षेत्रीय तथा साम्प्रदायिक दल लोकसभा चुनावों में अपनी शक्ति तथा प्रभाव का सीमित परिचय दे पाते हैं, किन्तु गत कुछ वर्षों में इन दलों की संख्या और प्रभाव में अत्यधिक वृद्धि हुई है। सन् 1977 ई. लोकसभा निर्वाचन के पश्चात् यह आशा की गयी थी कि इन साम्प्रदायिक एवं क्षेत्रीय दलों का तेजी से पतन हो जायेगा, किन्तु ऐसा नहीं हुआ क्योंकि मई, सन् 1980 ई. तथा जनवरी, सन् 1983 ई. के विधानसभा चुनाव तथा सन् 1984 ई. के लोकसभा चुनाव परिणामों ने यह स्पष्ट कर दिया कि काँग्रेस (इ) को सीमित क्षेत्र में चुनौती देने की क्षमता इन क्षेत्रीय दलों की ही है। इसी तरह सन् 1996, 1998, 1999 ई. सन् 2004 ई. सन् 2009 ई. के लोकसभा चुनाव परिणामों से यह स्पष्ट हुआ है कि भारतीय राजनीति में इन क्षेत्रीय दलों की महत्वपूर्ण भूमिका है। इन आम चुनावों में किसी एक राजनीतिक दल को स्पष्ट बहुमत न मिलने के कारण इन क्षेत्रीय दलों का महत्व और अधिक बढ़ गया है। सन् 1996, 1998 एवं 2004 ई. के चुनावों में इन क्षेत्रीय दलों की संख्या 76 से बढ़कर 85 हो गई है। अत: जिस भी राष्ट्रीय दल को इन क्षेत्रीय दलों का समर्थन मिल जाता है, उसकी सरकार बन जाती है। इसीलिए वर्तमान चुनाव परिणाम से यह स्पष्ट है कि क्षेत्रीय दलों का महत्व अत्याधिक बढ़ता जा रहा है। देवगौड़ा एंव भाजपा के नेता अटल बिहारी वाजपेयी को इन दलों का समर्थन मिलने के कारण ही सरकार बनाने का अवसर प्राप्त हुआ।

**(4) प्रधानता के लिए प्रतियोगिता की स्थिति**—नवीं लोकसभा चुनावों के पूर्व भारत की बहुदलीय व्यवस्था में एक राजनीतिक दल की प्रधानता की स्थिति थी, लेकिन इन लोकसभा चुनावों से भारतीय राजनीति ने एक दल की प्रधानता वाली स्थिति से निकलकर उस स्थिति में प्रवेश किया है, जिसमें विभिन्न दलों में प्रधानता प्राप्त करने के लिए प्रतियोगिता प्रारम्भ हो गई है। दसवीं लोकसभा के चुनाव भारत के राजनीतिक मानचित्र की अस्पष्टता को बहुत थोड़ी सीमा तक दूर कर पाये थे। लेकिन मई, सन् 1996, 98, 99 ई. और सन् 2004 ई. तथा सन् 2009 ई. के लोकसभा चुनाव परिणामों को देखते हुए पुनः प्रधानता के लिए प्रतियोगिता की स्थिति उत्पन्न हो गई है। दैवगौड़ा से लेकर अटल बिहारी वाजपेयी की सरकार के पतन के मूल में भारी प्रतियोगिता की भावना ही निहित थी।

**(5) अनुशासन का अभाव**—भारत के अधिकांश राजनीतिक दलों में संगठनात्मक ढाँचा बहुत ढीला है अर्थात् आन्तरिक लोकतन्त्र का अभाव है। दल के नेताओं और कार्यकर्ताओं में अनुशासन का बहुत अभाव है। इसीलिए दलों में फूट पड़ती रहती है। काँग्रेस का संगठनात्मक पक्ष तो सदैव शिथिल ही रहा है, परन्तु संगठन के मामले में अन्य दलों की स्थिति भी निराशाजनक ही है। अधिकांश राजनीतिक दलों में लम्बे समय से संगठनात्मक चुनाव नहीं हुए हैं। सब कुछ तदर्थ आधार तथा मनोनयन की पद्धति को अपनाते हुए चल रहा है। दलों का गठन किन्हीं प्रक्रियाओं, मर्यादाओं, सिद्धान्तों या कानूनों के आधार पर नहीं होता और दलों की आय-व्यय का कोई लेखा-जोखा सदस्यों के सामने प्रस्तुत नहीं किया जाता। कोई भी राजनीतिक दल लोकसभा चुनाव में हुए व्यय का विवरण चुनाव आयोग के समक्ष ईमानदारी से प्रस्तुत नहीं करता है। राजनीतिक दलों में अनुशासनहीनता का यह एक उदाहरण है। कई दलों में आज भी अन्य अनेक दृष्टियों से अनुशासन का अभाव देखने को मिलता है।

**(6) संगठित विरोधी दल का अभाव एवं शक्तिशाली विपक्ष का उदय**—संगठित विपक्ष एवं सशक्त प्रभावशाली विरोधी दल संसदीय लोकतन्त्र की सफलता का मूलाधार है। अन्य लोकतान्त्रिक देशों में कभी एक दल की सरकार बनती है, तो कभी दूसरे दल की सरकार बनती है, इसीलिए वहाँ सरकार पर विरोधी दल का कड़ा अंकुश देखने को मिलता है। किन्तु भारतीय राजनीति के इतिहास में स्वतन्त्रता प्राप्ति से सन् 1977 ई. तक भारत में संगठित एवं सशक्त विपक्ष का अभाव रहा है लेकिन सन् 1977 ई. के लोकसभा निर्वाचन के परिणामस्वरूप स्थिति में कुछ परिवर्तन आया है। इस निर्वाचन में और सन् 1989 ई. के लोकसभा निर्वाचन में काँग्रेस एक शक्तिशाली विपक्षी दल की स्थिति में उभर कर सामने आयी थी। यह भी कहा जा सकता है कि नवीं, दसवीं, ग्यारहवीं, बारहवीं, तेरहवीं, चौदहवीं और पन्द्रहवीं लोकसभा के चुनावों ने संसद और देश की राजनीति में एक शक्तिशाली विपक्ष को जन्म दिया है। सन् 2009 ई. के लोकसभा चुनाव के परिणामस्वरूप भारतीय जनता पार्टी एवं अन्य कुछ विपक्षी दल शक्तिशाली विपक्ष की स्थिति में हैं।

राज्य स्तर पर भी अधिकांश राज्यों में विपक्ष पर्याप्त शक्तिशाली है या कम से कम उसे मान्यता प्राप्त विपक्षी दल की स्थिति प्राप्त है। इस प्रकार प्रारम्भ में एवं सन् 1980 से 1989 ई. तक संसद एवं राज्य विधान सभाओं में संगठित विरोधी दलों का अभाव रहा है। सन् 1991 से 2009 ई. के चुनावों के बाद अब वह स्थिति नहीं है, वरन् सशक्त विपक्ष का प्रादुर्भाव हो चुका है, जो भारतीय दलीय प्रणाली की महत्वपूर्ण विशेषता है।

**(7) दल-बदल की प्रवृत्ति**—भारतीय राजनीतिक दलों के आचरण में नैतिकता का पूर्णतया अभाव है। उनमें अनैतिकता और अवसरवादिता स्पष्ट रूप से दृष्टिगोचर होती है। इसी अनैतिकता के परिणामस्वरूप भारत में दल-बदल की स्थिति सदैव विद्यमान रहती है। प्रायः विधायक सत्ता के लोभ में एक दल को छोड़कर दूसरे दल में सम्मिलित होने में कोई संकोच और शर्म का अनुभव नहीं करते है। कई बार एक ही विधायक को एक दल की सदस्यता को त्याग कर दूसरे दल की और फिर तीसरे दल की सदस्यता ग्रहण करते हुए देखा गया है। दल-बदल की प्रवृत्ति का मूल कारण प्रायः कोई सैद्धान्तिक मतभेद न होकर व्यक्तिगत या राजनीतिक स्वार्थ सिद्धि होता है। जिसे लोकतन्त्र की सफलता के लिए एक व्यवधान कहा जा सकता है। परिणामस्वरूप अनेक सरकारों का पतन होता रहा है तथा अनेक राज्यों में राजनीतिक अस्थिरता की स्थिति पैदा होती रही है। यह दल-बदल राजनीतिक अस्थिरता का कारण और परिणाम दोनों ही रहा है। इसने राजनीतिक वातावरण को दूषित करने का ही कार्य किया है। इसीलिए जनवरी, सन् 1985 ई. में भारतीय संविधान में 52वाँ संविधान संशोधन कर दल-बदल पर कानूनी रोक लगा दी गई है, लेकिन इस कानून में प्रावधान है कि एक राजनीतिक दल के विभाजन और एक राजनीतिक दल के दूसरे राजनीतिक दल में विलय को दल-बदल नहीं समझा जायेगा। ऐसी स्थिति में विभाजन और विलय के नाम पर दल-बदल की स्थिति वर्तमान में भी देखी जा रही है। सन् 1990 ई. में दल-बदल की बड़ी घटना जनता जल के विभाजन के रूप में सामने आयी, जिससे राष्ट्रीय मोर्चा की सरकार का पतन हुआ तथा सन् 1991 से 2005 ई. तक के वर्षों में भी दल-बदल की स्थितियाँ निरन्तर जन्म लेती रही हैं।

**(8) नीतियों एवं कार्यक्रमों की समानता**—भारतीय राजनीतिक दलों की नीतियों एवं कार्यक्रमों में इतनी अधिक समानता है कि उनके आधार पर न तो किसी दल को दक्षिण-पन्थी ही कहा जा सकता है और न ही वामपन्थी। भारतीय साम्यवादी दल तो एक निश्चित एवं स्पष्ट विचारधारा के आधार पर गठित किये गये हैं, परन्तु अन्य सभी दलों की नीतियाँ व कार्यक्रम एक समान प्रतीत होते हैं। सभी दल लोगों के जीवन-स्तर को सुधारने, स्थिर सरकार देने, गरीबी हटाने, भ्रष्टाचार का अन्त करने, आरक्षण देने, गुट निरपेक्षता नीति का अनुसरण करने की नीतियों एवं कार्यक्रमों में विश्वास व्यक्त करते हैं। इस प्रकार विभिन्न राजनीतिक दलों के घोषणा-पत्रों के अध्ययन के आधार पर यह कहा जा सकता है कि उनकी नीतियों एवं कार्यक्रमों में बहुत ही कम अन्तर है। इसलिए प्रायः एक राजनीतिक दल के सदस्य अपने दल को छोड़कर किसी अन्य दल की सदस्यता ग्रहण करने में कोई परेशानी का अनुभव नहीं करते, क्योंकि वे यह जानते हैं कि दोनों दलों की नीतियों एवं कार्यक्रमों में कोई विशेष अन्तर नहीं है।

**(9) आन्तरिक गुटबन्दी**—भारत की दल प्रणाली की एक प्रमुख विशेषता विभिन्न दलों की आन्तरिक गुटबन्दी है। लगभग सभी राजनीतिक दलों में छोटे-छोटे गुट पाये जाते हैं। एक गुट जो सत्ता में है और दूसरा गुट जो असन्तुष्ट है। इन गुटों में पारस्परिक मतभेद इस सीमा तक पाया जाता है कि कभी-कभी निर्वाचन में एक गुट के समर्थक उम्मीदवार दूसरे गुट के सदस्य को पराजित कराने का भरसक प्रयत्न करते हैं। दल में आन्तरिक गुटबन्दी काँग्रेस दल में सबसे अधिक पाई जाती है। इसका मूल कारण यह है कि काँग्रेस लम्बे समय तक सत्तारूढ़ रही है और सत्ता के लिए संघर्ष ने काँग्रेस में ही सबसे अधिक गुटबन्दी को जन्म दिया है। अन्य राजनीतिक दलों में भी लगभग यही स्थिति रही है। जनता दल में गहरी गुटबन्दी की स्थिति रही है। अनुशासित समझी जाने वाली भारतीय जनता पार्टी भी गुटबन्दी से मुक्त नहीं है। संक्षेप में कहा जा सकता है कि भारत के राजनीतिक दलों में गुटबन्दी बहुत अधिक है। यह भारतीय राजनीतिक दल प्रणाली की महत्वपूर्ण विशेषता है।

**(10) राजनीतिक दलों की नीतियों और कार्यक्रमों में अस्पष्टता एवं अनिश्चितता**—भारत के राजनीतिक दलों की नीतियों और कार्यक्रमों में अनिश्चितता है। इसी कारण वे जनता के सम्मुख स्पष्ट विकल्प प्रस्तुत करने में असफल रहे हैं। कुछ राजनीतिक दलों के पास अपना कोई निश्चित कार्यक्रम न होने के कारण उनके द्वारा अनावश्यक रूप में आन्दोलनकारी राजनीति को अपनाया जाता है और विघटनकारी तत्वों को प्रोत्साहित किया जाता है। आज स्थिति यह है कि आर्थिक और राजनीतिक कार्यक्रम नहीं, वरन् मन्दिर-मस्जिद विवाद राजनीतिक दलों की पहचान बन गया है। विभिन्न राजनीतिक दलों की नीतियाँ और कार्यक्रमों में सम्मिलित समाजवादी समाज, धर्म निरपेक्षता, गाँधीवादी सिद्धान्तों के प्रति आस्था, रामराज्य की अवधारणा, सामाजिक न्याय का लक्ष्य आदि ऐसी शब्दावलियाँ हैं, जिनका कोई स्पष्ट और सर्वमान्य अर्थ नहीं है। राजनीतिक दलों द्वारा समय, स्थान, परिस्थितियों और सुविधानुसार परिवर्तन किया जाता रहता है। सन् 2009 ई. के लोकसभा चुनावों में प्रत्येक दल के घोषणा-पत्रों में कुछ एक बातों को छोड़कर लगभग उन्हीं बातों को दोहराया गया है जो इससे पूर्व के घोषणा पत्रों में कही जा चुकी हैं।

**(11) दलों में विभाजन, विघटन और अस्थायित्व की प्रवृत्ति**—भारतीय राजनीति में न केवल अनेक दल है, वरन् उन राजनीतिक दलों में बिखराव, विभाजन और अस्थायित्व की स्थिति भी बनी हुई है। सर्वप्रथम राजनीतिक दल भारतीय काँग्रेस का सन् 1969 ई. में विभाजन हुआ था, और इस विभाजन से जन्म लेने वाले राजनीतिक दल सत्ता काँग्रेस का पुनः सन् 1978 ई. में विभाजन हुआ और मई, सन् 1995 ई. में सत्तारूढ़ काँग्रेस (इ) का पुनः विभाजन हुआ और तिवारी काँग्रेस (तिकां) अस्तित्व में आई। सन् 1998 ई. में शरद पवार, संगमा जैसे नेताओं द्वारा काँग्रेस अध्यक्ष सोनिया गाँधी का विरोध किये जाने के कारण काँग्रेस का पुनः विभाजन हुआ। इस विभाजन के परिणामस्वरूप शरद पवार के नेतृत्व में 'राष्ट्रवादी काँग्रेस' का गठन हुआ। इसी प्रकार सन् 1959 ई. में साम्यवादी दल का विभाजन हुआ। सन् 1977 ई. में गठित जनता पार्टी भी चार भागों में विभक्त हो गई। इस तरह न केवल तथाकथित राष्ट्रीय दल वरन् डी. एम. के., अकाली दल, केरल काँग्रेस, शिवसेना, झारखण्ड पार्टी जैसे क्षेत्रीय दल भी अनेक भागों में विभक्त हो गये हैं। आज भी राजनीतिक दलों में कोई स्थायित्व नहीं है। राजनीतिक चित्र में अस्पष्टता अभी भी बनी हुई है, जो भारतीय दलीय प्रणाली का एक प्रमुख लक्षण है।

**(12) नेतृत्व का महत्व**—भारतीय दलीय प्रणाली की एक अन्य प्रमुख विशेषता यह है कि भारत में अनेक राजनीतिक दल, नेताओं के प्रभाव के आधार पर गठित किये गये हैं। भारतीय राजनीतिक दलों का आकलन उनकी नीतियों एवं कायक्रमों के आधार पर नहीं किया जाता, वरन् उनके नेतृत्व के आधार पर किया जाता है। सन् 1967 ई. से पूर्व काँग्रेस की ख्याति का मुख्य कारण पण्डित जवाहर लाल नेहरु का अद्भुत नेतृत्व था। उनकी मृत्यु के पश्चात् लाल बहादुर शास्त्री, श्रीमती इन्दिरा गाँधी और नरसिम्हा राव के नेतृत्व के कारण काँग्रेस भारतीय राजनीति में चर्चित रही। वर्तमान में सोनिया गाँधी के नेतृत्व में

काँग्रेस चर्चा का विषय बनी हुई है। इसी प्रकार 1977 ई. के निर्वाचन में जनता पार्टी की अभूतपूर्व विजय के पीछे राष्ट्रीय नेता जय प्रकाश नारायण का अद्भुत व्यक्तित्व था। सन् 1996 और 1999 के लोकसभा चुनावों में भारतीय जनता पार्टी की सफलता के पीछे अटल बिहारी वाजपेयी का अद्भुत व्यक्तित्व था। इसी तरह क्षेत्रीय दलों की सफलता के पीछे किसी न किसी अद्भुत व्यक्तित्व की छाप रही है, जैसा कि उपर्युक्त विवेचन से स्पष्ट है कि भारतीय दल प्रणाली नेतृत्व पर आधारित है। पश्चिम बंगाल में ममता बनर्जी, स्व. ज्योति बसु, महाराष्ट्र में स्व. बाल ठाकरे आदि इसके प्रमुख उदाहरण हैं।

**(13) सत्ता लोलुपता**–लोकतन्त्रात्मक शासन व्यवस्था में प्रत्येक राजनीतिक दल सत्ता हथियाने का प्रयास करता है। उनके इस प्रयास को अवांछनीय और अशोभनीय नहीं माना जा सकता, क्योंकि सत्ता के लिए संघर्ष राजनीतिक, दलीय व्यवस्था का एक प्रमुख लक्षण है, किन्तु भारतीय दल व्यवस्था की एक प्रमुख विशेषता यह है कि वे इतने अधिक सत्ता लोलुप हैं कि सत्ता हथियाने के लिए किसी भी प्रकार के अवांछनीय, अनुचित, अशोभनीय एवं अनैतिक साधनों का प्रयोग करने में भी किसी भी प्रकार का संकोच नहीं करते हैं। सत्ता हथियाने और सत्ता में बने रहने के लिए राष्ट्रीय दलों ने अकाली दल और मुस्लिम लीग जैसी साम्प्रदायिक शक्तियों से भी गठबन्धन किये हैं। भारत के सबसे बड़े और महत्वपूर्ण दल काँग्रेस ने सत्ता में बने रहने के लिए वामपन्थी शक्तियों विशेषकर साम्यवादी दल से सौदेबाजी की है। सन् 1999 ई. के लोकसभा चुनाव में भाजपा ने अनेक क्षेत्रीय दलों से गठबन्धन कर 'राष्ट्रीय जनतान्त्रिक गठबन्धन' बनाया है। इसी गठबन्धन के सहारे भाजपा ने पुनः केन्द्र में सत्ता ग्रहण की थी। इस सत्ता लोलुपता के कारण ही **आयाराम** और **गयाराम** की राजनीति विकसित हुई है। इस प्रकार भारतीय दल प्रणाली की एक प्रमुख विशेषता सत्ता लोलुपता है।

**(14)सभी राजनीतिक दलों और राजनीतिक अभिजन की कथनी और करनी में भारी अन्तर**–सभी प्रजातान्त्रिक देशों के राजनीतिक दलों और उनके नेताओं की कथनी और करनी में भारी अन्तर देखा गया है, लेकिन भारत के राजनीतिक दलों और नेताओं की कथनी और करनी में अभी हाल ही के वर्षों में जो अन्तर देखा गया है, वैसा अन्यत्र और विशेष रूप से विकसित लोकतान्त्रिक देशों में देख पाना सम्भव नहीं है। सभी ने "लोक लुभावने मुखौटे" ओढ़ रखे हैं। वस्तुतः ये सत्ता के प्रति और केवल स्वयं के प्रति समर्पित हैं। सभी दलों और नेताओं में ईमानदारी का घोर अभाव है। इसीलिए ये सभी जनता में विश्वसनीयता खोते जा रहे हैं। यह एक गम्भीर एवं विचारणीय प्रश्न है। इस सम्बन्ध में **नार्मन डी पामर** का यह कथन आज भी सत्य है कि, **"भारत में अब तक स्वस्थ दलीय व्यवस्था उभर नहीं पाई है और निकट भविष्य में भी ऐसा हो सकना कठिन ही मालूम होता है।"**

**(15) चुनाव में निर्दलीय उम्मीदवारों की बड़ी संख्या अथवा निर्दलीय सदस्यों का अस्तित्व**–भारतीय दलीय व्यवस्था की एक अन्य महत्वपूर्ण विशेषता यह भी है कि राजनीतिक दल सभी प्रत्याशियों को अपने भीतर सम्मिलित करने में सक्षम नहीं हैं। इसीलिए अनेक प्रत्याशी निर्दलीय रूप में चुनावों में भाग लेते हैं और चुनावों में विजयी भी होते हैं। इस तरह संसद तथा राज्य विधान मण्डलों में निर्दलीय तथा स्वतन्त्र सदस्यों की पर्याप्त संख्या हो जाती है। सन् 1967 ई. के बाद भारत के कुछ राज्यों में सरकार बनाने और गिराने में निर्दलीय उम्मीदवारों की महत्वपूर्ण भूमिका रही है। अब तक भारत में पन्द्रह आम चुनाव हो चुके हैं और अब तक प्रत्येक लोकसभा और राज्य विधानसभा चुनावों में निर्दलीय उम्मीदवार बड़ी संख्या में रहे हैं। इन निर्दलीय उम्मीदवारों ने कुल मिलाकर 10 प्रतिशत से अधिक मत प्राप्त कर चुनाव, संघर्ष तथा परिणामों को प्रभावित किया है। नवम्बर, सन् 1993 ई. के राजस्थान विधान सभा के चुनावों में 21 निर्दलीय सदस्यों के निर्वाचन ने उनकी स्थिति को महत्वपूर्ण बना दिया था। सन् 1996 ई. के लोकसभा चुनावों में माधव राव सिंधिया सहित अनेक निर्दलीय प्रत्याशियों ने भाग लिया था। ये निर्दलीय सदस्य न केवल विजयी होते हैं, वरन् उन्हें मन्त्रिपरिषद् में महत्वपूर्ण स्थान या पद भी प्रदान किया जाता है। मई, सन् 1996 ई. के आम चुनावों में इन निर्दलीय सदस्यों की संख्या सात रही, जिन्होंने भारतीय राजनीति को प्रभावित करने में महत्वपूर्ण भूमिका निभाई थी। सितम्बर, सन् 1999 ई. के चुनावों में मात्र 4 निर्दलीय प्रत्याशी ही चुनाव जीतने में सफल हो सके। सन् 2004 ई. के लोकसभा चुनावों में कुल 7 निर्दलीय उम्मीदवार चुनाव जीत सके थे। सन् 2009 के लोकसभा चुनाव में 9 निर्दलीय ही चुनाव जीत सके हैं। इस प्रकार निर्दलीय प्रत्याशी निर्वाचित हो जाने के पश्चात् राजनीतिक अस्थिरता का कारण और लोकतन्त्र के प्रति खतरा सिद्ध होते हैं। अतः इस सम्बन्ध में कुछ इस प्रकार की संवैधानिक व्यवस्था किया जाना आवश्यक है, जिससे निर्दलीय प्रत्याशियों की संख्या को सीमित किया जा सके।

# भारत के प्रमुख राजनीतिक दल
## (Main Political Parties of India)

यद्यपि स्वतन्त्रता प्राप्ति के पूर्व भी भारत में अनेक राजनीतिक दल अस्तित्व में थे, किन्तु स्वतन्त्रता प्राप्ति के पश्चात् तो भारत में राजनीतिक दलों की बाढ़-सी आ गई है। वर्तमान में भारत में अनेक राजनीतिक दल हैं। सन् 1985 ई. के दल-बदल निषेध कानून के साथ राजनीतिक दल वैधानिक व्यवस्था के अंग बन गये हैं। सन् 1989 ई. में जन प्रतिनिधित्व अधिनियम की धारा 29 के अन्तर्गत की गई व्यवस्था के अनुसार सभी राजनीतिक दलों के लिए संविधान के प्रति समाजवाद, धर्म निरपेक्ष तथा लोकतन्त्र के प्रति निष्ठा घोषित करना आवश्यक है। इस प्रकार अब भारत में राजनीतिक दल वैधानिक व्यवस्था के अंग बन गये हैं। राजनीतिक दलों के लिए चुनाव आयोग में पंजीयन कराना आवश्यक कर दिया गया है। चुनाव आयोग ने राजनीतिक दलों की निम्न तीन श्रेणियाँ बनाई हैं—

(1) राष्ट्रीय राजनीतिक दल अथवा अखिल भारतीय दल,

(2) राज्य स्तरीय राजनीतिक दल अथवा क्षेत्रीय साम्प्रदायिक तथा स्थानीय राजनीतिक दल,

(3) अमान्यता प्राप्त पंजीकृत दल अथवा अन्य दल।

## (1) भारतीय राष्ट्रीय दल
### अथवा
## राष्ट्रीय राजनीतिक दल
### (National Political Party)

पन्द्रहवीं लोकसभा के चुनाव के समय चुनाव आयोग ने केवल 7 राजनीतिक दलों को राष्ट्रीय दल या अखिल भारतीय दल के रूप में मान्यता प्रदान की थी। राष्ट्रीय दल के रूप में मान्यता प्राप्त प्रमुख दल हैं—काँग्रेस (इ), बसपा, भाजपा, माकपा, राकांपा, राजद, भाकपा इन राष्ट्रीय दलों के अतिरिक्त 46 राज्य स्तरीय पार्टियों के अतिरिक्त अमान्यता प्राप्त पंजीकृत दल तथा अन्य दल हैं।[1]

वर्तमान राजनीतिक मानचित्र में 6 राजनीतिक दलों को राष्ट्रीय दल या अखिल भारतीय दल के रूप में मान्यता प्राप्त है। 46 राजनीतिक दलों को राज्य स्तरीय दल के रूप में मान्यता प्राप्त है। प्रमुख राष्ट्रीय राजनीतिक दल निम्नलिखित हैं—

**(1) भारतीय राष्ट्रीय काँग्रेस : स्वरूप, नीतियाँ कार्यक्रम**—भारतीय काँग्रेस देश का सबसे पुराना और सशक्त दल है। इसकी स्थापना सेवानिवृत अंग्रेज अधिकारी **एम. ओ. ह्यूम** के प्रयासों के परिणामस्वरूप दिसम्बर, सन् 1885 ई. को मुम्बई में हुई थी। इसी दल ने राष्ट्रीय आन्दोलन का सक्रिय संचालन करके देश को स्वतन्त्रता दिलाई थी। स्वतन्त्रता के पश्चात् काँग्रेस ने ही देश को राजनीतिक स्थायित्व प्रदान करके इसे लोकतान्त्रिक पथ की ओर अग्रसर किया। स्वतन्त्रता से पूर्व राष्ट्रीय काँग्रेस में सभी विचारधारा वाले व्यक्ति सम्मिलित थे और स्वतन्त्रता के बाद भी राष्ट्रीय काँग्रेस का लगभग यही स्वरूप बना रहा।

सन् 1948 ई. में गाँधीजी और सन् 1950 ई. में सरदार वल्लभ भाई पटेल के निधन के पश्चात् जवाहर लाल नेहरू के नेतृत्व में काँग्रेस ने समाजवाद को अपना लक्ष्य घोषित किया। तत्पश्चात् औद्योगिक क्षेत्र में राज्य की सक्रिय भूमिका और सामूहिक कृषि या कृषि में सहकारिता के प्रस्ताव पारित किये गये। इन सबके अतिरिक्त सन् 1951 ई. में ही पंचवर्षीय योजनाओं के रूप में आर्थिक विकास के लिए नियोजन के मार्ग को अपनाया गया। अन्तर्राष्ट्रीय क्षेत्र में पण्डित जवाहर लाल नेहरू ने साम्राज्यवाद का विरोध किया और विश्व बन्धुत्व के लिए कार्य किया और पंचशील द्वारा विश्व में शन्ति स्थापना के लिए विभिन्न राष्ट्रों में सहयोग की भावना का प्रचार किया। 27 मई, सन् 1964 ई. को पण्डित जवाहर लाल नेहरू के निधन के पश्चात् लाल बहादुर शास्त्री काँग्रेस दल के नेता चुने गये और भारत के दूसरे काँग्रेसी प्रधानमन्त्री बने। लाल बहादुर शास्त्री बहुत ही अल्प समय तक पदारूढ़ रहे।

जनवरी, सन् 1966 ई. में श्रीमती इन्दिरा गाँधी काँग्रेस दल की नेता बनीं और भारत की तीसरी काँग्रेसी प्रधानमन्त्री बनीं। इन नेताओं के कार्यकाल में काँग्रेस को एक निश्चित दिशा देने वाले प्रस्ताव निरन्तर पारित किये जाते रहे। यद्यपि ये सभी प्रस्ताव अत्यधिक अस्पष्ट थे और काँग्रेस के अन्दर विद्यमान भिन्न-भिन्न वर्गों द्वारा इसकी अपने-अपने ढंग से व्याख्या कर ली गयी थी। काँग्रेस के अन्दर विद्यमान वामपन्थी और दक्षिण-पन्थी विचारधारा वाले व्यक्तियों में विचारभेद तो था ही, इसके

1 Election Com. of India Notification No 56/2008/PPS 17 अक्टू. 2008

साथ हीं सत्ता के लिए संघर्ष की गुटबन्दी भी चल रही थी। इन मतभेदों के कारण सन् 1969 ई. में भारतीय राष्ट्रीय काँग्रेस दो गुटों में विभाजित हो गयी—सत्ता काँग्रेस और संगठन काँग्रेस।

सन् 1971 ई. में मध्यावधि चुनावों में श्रीमती इन्दिरा गाँधी के नेतृत्व में इन्दिरा काँग्रेस ने भारी विजय प्राप्त की। इस चुनाव में सत्ता काँग्रेस का मुख्य नारा था "गरीबी हटाओ।" इन चुनावों में अल्पसंख्यक, पिछड़े हुए वर्गों और भारत के जन-साधारण द्वारा सत्ता काँग्रेस को बहुत अधिक समर्थन प्रदान किया गया। परिणामस्वरूप सत्ता काँग्रेस में श्रीमती इन्दिरा गाँधी निर्विवाद नेता के रूप में स्थापित हो गईं। सन् 1977 ई. के आम चुनावो में काँग्रेस दल की पराजय हुई और केन्द्र तथा राज्यों में जनता पार्टी की विजय हुई। आपसी फूट तथा कुछ अन्य कारणों से अनेक राजनीतिक दलों का यह गठबन्धन भारतीय राजनीति में अधिक समय तक नहीं टिक पाया और सन् 1979 ई. में इसका विघटन हो गया लेकिन इससे पूर्व सन् 1978 ई. में सत्ता काँग्रेस में गुटबन्दी होने के कारण पुनः सत्ता काँग्रेस का दो दलों में विभाजन हो गया—एक रेड्डी काँग्रेस और दूसरी इन्दिरा काँग्रेस। इस प्रकार यह विभाजन व्यक्तित्वों पर आधारित था और सत्ता राजनीति का एक अंग था। दूसरे शब्दों में यह कहा जा सकता है कि यह विभाजन किन्हीं सिद्धान्तों पर आधारित नहीं था।

जनवरी, सन् 1980 ई. के मध्यावधि चुनावों में इन्दिरा काँग्रेस ने ऐतिहासिक सफलता प्राप्त की और उसे वास्तविक भारतीय राष्ट्रीय काँग्रेस के रूप में मान्यता प्राप्त हुई। काँग्रेस (इ) संसदीय दल ने श्रीमती इन्दिरा गाँधी को सर्व-सम्मति से अपना नेता निर्वाचित किया, फलस्वरूप उन्हें देश का प्रधानमन्त्री निर्वाचित किया गया। अतः सन् 1980 ई. के लोकसभा चुनावों में काँग्रेस द्वारा प्रकाशित घोषणापत्र में बीस-सूत्री कार्यक्रम की उपलब्धियों का वर्णन करते हुए दावा किया गया कि—यह गरीबों, भूमिहीन कारीगरों, हाथ करघों, बुनकरों तथा समाज के अन्य कमजोर और दबे हुए वर्गों के लिए वरदान सिद्ध हुआ। इसके अतिरिक्त प्रत्येक परिवार में से एक वयस्क व्यक्ति को रोजगार उपलब्ध कराने और अल्पसंख्यकों को संरक्षरण देने हेतु सभी वर्गों की एक शान्ति सेना तैयार करने की योजना का वचन दिया गया। 31 अक्टूबर, सन् 1984 ई. को श्रीमती इन्दिरा गाँधी की हत्या कर दी गई।

दिसम्बर, सन् 1984 ई. के आम चुनावों में लोकसभा में काँग्रेस ने विजय के पिछले सभी रिकार्ड तोड़ दिये। आठवीं लोकसभा (दिसम्बर, सन् 1984 ई.) के चुनाव हेतु जारी किये गये घोषणा-पत्र में काँग्रेस (इ) ने आश्वासन दिया कि फसल बीमा योजना को व्यापक बनाया जायेगा, धार्मिक स्थानों का दुरुपयोग रोकने के लिए कड़ी कार्यवाही की जायेगी, भ्रष्टाचार, गरीबी और बेरोजगारी दूर करने के प्रयास जारी रहेंगे। लोकसभा चुनावों में इस दल के प्रमुख नारे थे—देश की एकता और अखण्डता की रक्षा, केन्द्र में शक्तिशाली सरकार और राजीव गाँधी का नेतृत्व। विधानसभा चुनावों में इस दल का प्रमुख नारा था—केन्द्र और राज्यों में एक ही दल की सरकार। इस प्रकार आठवीं लोकसभा चुनाव और उसके बाद सन् 1985 ई. के विधानसभा चुनावों में राजीव गाँधी के नेतृत्व में इन्दिरा काँग्रेस ने भारी सफलता प्राप्त की थी लेकिन सन् 1987 ई. से ही इन्दिरा काँग्रेस और शासन के सम्मुख एक के बाद एक अनेक राजनीतिक चुनौतियाँ आने लगीं। इसी पृष्ठभूमि में 6 नवम्बर, सन् 1989 ई. को नवीं लोकसभा के चुनाव हुए।

6 नवम्बर, सन् 1989 ई. को जारी किये गये नवीं लोकसभा चुनाव के घोषणा-पत्र में काँग्रेस दल ने सत्ता के दलालों का सफाया कर जनता को सीधे सत्ता सौंपने का संकल्प दोहराया। इसके अतिरिक्त पंचायत राज व नगरपालिका विधेयक लाये गये, लेकिन विपक्ष ने उन्हें पास नहीं होने दिया। तब कहा गया कि अब अगर काँग्रेस (इ) सत्ता में आई तो दोनों विधेयकों को पुनः संसद में प्रस्तुत किया जायेगा, जिससे विकास की प्रक्रिया के प्रत्येक स्तर पर जनता सक्रिय रूप से भागीदार बन सके। इस घोषणा-पत्र में निर्धन कमजोर वर्गों को शीघ्र और कम खर्च में न्याय दिलाने के लिए न्याय व्यवस्था में ठोस सुधार करने का वचन दिया। काँग्रेस ने अपने घेषणा-पत्र में धर्म निरपेक्ष आदर्शों को बनाये रखने का संकल्प भी दोहराया। काँग्रेस (इ) के घोषणा पत्र में शहरी और ग्रामीण क्षेत्रों के सन्तुलित विकास का कार्यक्रम अपनाने की बात कही गई थी तथा रोजगार-उन्मुख विकास नीति लागू करने का आश्वासन दिया गया था। यह संकल्प भी दोहराया गया था कि काँग्रेस सरकार अल्पसंख्यक वर्गों के आर्थिक तथा सामाजिक विकास को बढ़ायेगी, लेकिन नवीं लोकसभा चुनाव में काँग्रेस (इ) स्पष्ट बहुमत प्राप्त करने में असफल रही अतः उसने विरोधी दल की भूमिका निभायी। वी. पी. सिंह भारत के प्रधानमन्त्री बने लेकिन शीघ्र ही वी. पी. सिंह की सरकार के पतन के बाद काँग्रेस (इ) के समर्थन से समाजवादी जनता पार्टी (चन्द्रशेखर के नेतृत्व) की सरकार बनी लेकिन चार महीने से भी कम समय में मतभेद पैदा हो गये। अतः राष्ट्रपति ने नवीं लोकसभा को भंग कर दसवीं लोकसभा के चुनाव की घोषणा की।

जून, 1991 ई. में लोकसभा के मध्यावधि चुनाव हुए। उसमें श्री नरसिम्हा राव के नेतृत्व में काँग्रेस (इ) की अल्पमत सरकार पदासीन हुई। इस सरकार को 30 दिसम्बर, सन् 1993 ई. को लोकसभा में उस समय बहुमत प्राप्त हो गया जब अजीत सिंह के साथ जनता दल (अ) के सांसद काँग्रेस में सम्मिलित हो गये। इससे दल की लोकसभा में संख्या 256 से बढ़कर 266 हो गई। दसवीं लोकसभा चुनाव में 6 अप्रैल, सन् 1991 ई. को जारी किये काँग्रेस (इ) के 64 पृष्ठीय चुनाव घोषणा-पत्र में कहा गया कि उनका दल ही एक मात्र ऐसा राजनीतिक दल है, जो देश को स्थिर सरकार प्रदान कर सकता है। घोषणा पत्र में कहा गया कि धार्मिक स्थलों के सम्बन्ध में सरकार पूर्ववत् स्थिति चाहती है। जिससे देश की एकता और अखण्डता को बनाये रखा जा सके। इसमें साम्प्रदायिक ताकतों से लड़ने और पृथक्‌तावादी तत्वों को कुचलने का वायदा किया गया। जम्मू-कश्मीर के सम्बन्ध में कहा गया कि पाकिस्तान और नियन्त्रण रेखा से लगती सीमा को सील कर दिया जायेगा। पंजाब और असम में पृथक्‌तावादी तत्वों से कड़ाई से निपटा जायेगा। जन-जन के बीच सत्ता का विकेन्द्रीकरण किया जायेगा और पंचायती राज को सुदृढ़ किया जायेगा। इसके अतिरिक्त अल्पसंख्यकों, अनुसूचित जातियों व जनजातियों के हितों की रक्षा की जायेगी। आर्थिक क्षेत्र में बढ़ती कीमतों को रोकने और बिगड़ी हुई अर्थव्यवस्था को सुधारने का संकल्प व्यक्त किया गया। चुनाव घोषणा पत्र में कहा गया कि प्रतिवर्ष एक करोड़ लोगों के लिए रोजगार के नवीन अवसर जुटायें जायेंगे आदि। काँग्रेस (इ) कहने के लिए आज भी समाजवाद में अपना विश्वास व्यक्त करती है, लेकिन वस्तुतः इन्दिरा काँग्रेस ने समाजवाद और समाजवादी अर्थव्यवस्था को अस्वीकार कर दिया है। जून, सन् 1991 ई. से तो काँग्रेस ने "उदारवादी अर्थव्यवस्था" को अपना स्पष्ट लक्ष्य बना लिया है। इस तरह सत्ता काँग्रेस के संगठन का ढाँचा कम से कम दिखावे में पूर्णरूपेण जनवादी है तथा इसकी इकाइयाँ देश के प्रत्येक क्षेत्र में विस्तृत हैं। यह विश्व का सबसे बड़ा लोकतान्त्रिक दल है। लेकिन केन्द्रीय स्तर और प्रादेशिक स्तरों पर इस दल में आज भी गहरी गुटबन्दी है।

काँग्रेस की इसी गुटबन्दी के फलस्वरूप मई, सन् 1995 ई. में एक बार फिर काँग्रेस का तीसरी बार विभाजन हुआ। एन.डी. तिवारी और अर्जुन सिंह के नेतृत्व में असन्तुष्ट काँग्रेसियों का एक सम्मेलन 9 मई, सन् 1995 ई. को दिल्ली में आयोजित हुआ। इस सम्मेलन मे अपने आपको असली काँग्रेस बताते हुए इस नवगठित काँग्रेस ने एन. डी. तिवारी को अपना अध्यक्ष घोषित किया। इस दल का विधिवत गठन 3 दिसम्बर, सन् 1995 ई. को किया गया। इस दल ने ग्यारहवीं लोकसभा के चुनावों में अपने दल को तिवारी काँग्रेस के नाम से घोषित किया तथा लोकसभा की अधिकांश सीटो पर अपने प्रत्याशी खड़े किये। तिवारी काँग्रेस ने घोषणा-पत्र में कहा गया कि वह धर्म निरपेक्षता की रक्षा एवं मँहगाई, अशिक्षा, उद्योग के प्रति अन्याय आदि समस्याओं के समाधान के लिए कार्य करेगी तथा भारत को विश्व में सम्मान दिलायेगी आदि।

इस प्रकार यह काँग्रेस का तीसरा विभाजन नीतिगत मतभेदों का परिणाम नहीं, वरन् दल के अन्दर चल रहे सत्ता संघर्ष का ही अंग था।

(नरसिम्हा राव) काँग्रेस (इ) ने ग्यारहवीं लोकसभा चुनाव हेतु अपने 40 पृष्ठीय घोषणा पत्र में ग्रामीण और शहरी गरीबों को सार्वजनिक वितरण प्रणाली के अन्तर्गत चावल और गेहूँ दो रुपये प्रति किलो की दर से देने और सन् 2002 ई. तक सबको रोजगार उपलब्ध कराने का आश्वासन दिया था। काँग्रेस (इ) के घोषणा-पत्र में कहा गया था कि काँग्रेस के पुनः सत्ता में आने पर उच्चपदों पर आसीन लोगों के भ्रष्टाचार की जाँच के लिए लोकपाल की नियुक्ति की जायेगी। प्रधानमन्त्री और मुख्यमन्त्री को भी इसकी परिधि में लाया जायेगा। घोषणा-पत्र में महिलाओं के लिए लोकसभा और विधानसभाओं में सीटें आरक्षित करने के साथ दलित एवं ईसाइयों जैसे वर्गों को भी नौकरियों, में आरक्षण देने की बात कही गई थी। वेतन आयोग की सिफारिश पर सैंतीस लाख केन्द्रीय कर्मचारियों की सेवा निवृत्ति बढ़ाने का भी आश्वासन दिया गया था। काँग्रेस (इ) द्वारा किये गये वायदो मे बेघरो को घर, समूची जनसंख्या को पेयजल, सभी प्राथमिक विद्यालयों के बच्चों को दोपहर का मुफ्त भोजन और किसानों को लाभकारी मूल्य दिलाना आदि भी सम्मिलित थे।

मई, सन् 1996 ई. के आम चुनावों में भारतीय राष्ट्रीय काँग्रेस मात्र 140 स्थान ही प्राप्त कर पाई। काँग्रेस की इस पराजय का प्रमुख कारण दल का विभाजन एंव आन्तरिक कलह माना जाता है। काँग्रेस ने 140 स्थान प्राप्त कर केन्द्र की संयुक्त मोर्चा सरकार का बाहर से समर्थन करते रहने का निर्णय लिया था।

विश्व के सबसे बड़े लोकतन्त्र भारत की 12वीं लोकसभा के चुनाव फरवरी और मार्च, सन् 1998 ई. में तीन चरणों में सम्पन्न हुए। गत तीन लोकसभा चुनावों की भाँति इस बार भी जनमत ने किसी को स्पष्ट जनादेश नहीं दिया। इन चुनावों में भी काँग्रेस ने 141 स्थान प्राप्त किये और उसकी स्थिति यथावत रही।

काँग्रेस की डूबती नैया को बचाने के लिए सोनिया गाँधी को राजनीति में आना पड़ा। उन्हें सन् 1998 ई. में काँग्रेस का अध्यक्ष नियुक्त किया गया। फरवरी-मार्च, सन् 1998 ई. में सम्पन्न हुए लोकसभा चुनावों के बाद नवम्बर, सन् 1998 ई. के विधान सभा चुनावों में काँग्रेस को भारी सफलता मिली। इस सफलता का पूर्ण श्रेय सोनिया गाँधी को दिया गया। काँग्रेस में सोनिया गाँधी की निरन्तर बढ़ती लोकप्रियता से काँग्रेस के कुछ वरिष्ठ नेताओं का चिन्तित होना स्वाभाविक था। काँग्रेस के वरिष्ठ नेता शरद पवार, पी. ए. संगमा और तारिक अनवर ने काँग्रेस अध्यक्ष सोनिया गाँधी के विदेशी मूल के होने का पार्टी में प्रश्न उठाया। इस प्रश्न ने पार्टी में तूफान की स्थिति पैदा कर दी। सोनिया गाँधी ने इस विवाद से क्षुब्ध होकर काँग्रेस अध्यक्ष पद से त्याग पत्र दे दिया। काँग्रेस के वरिष्ठ और छोटे नेताओं द्वारा उपर्युक्त तीनों नेताओं को पार्टी से निष्कासित किये जाने की माँग जोर पकड़ने लगी। देश के कोने-कोने से इस माँग को व्यापक समर्थन मिलने लगा। परिणामस्वरूप 20 मई, सन् 1999 ई. को काँग्रेस कार्यसमिति ने शरद पवार, पी. ए. संगमा और तारिक अनवर को पार्टी की प्राथमिक सदस्यता से छः वर्ष के लिए निष्कासित कर दिया। तत्पश्चात् 24 मई, सन् 1999 ई. को सोनिया गाँधी ने काँग्रेस अध्यक्ष पद से अपना त्याग पत्र वापस ले लिया।

उपर्युक्त तीनों नेताओं के काँग्रेस पार्टी से निष्कासन के साथ ही काँग्रेस (इ) का एक और विभाजन हो गया। 27 मई, सन् 1999 ई. को काँग्रेस से निष्कासित नेताओं ने शरद पवार के नेतृत्व में **'राष्ट्रवादी काँग्रेस पार्टी'** के नाम से नई पार्टी का गठन कर लिया।

17 अप्रैल, सन् 1999 ई. को अटल बिहारी वाजपेयी सरकार की लोकसभा में एक वोट से पराजय के बाद 26 अप्रैल, सन् 1999 ई. को राष्ट्रपति के. आर. नारायणन ने मन्त्रिमण्डल की अनुशंसा पर 12वीं लोकसभा को भंग कर दिया। 4 मई, सन् 1999 ई. को चुनाव आयोग की घोषणा के अनुसार 13वीं लोकसभा के गठन के लिए मध्यावधि चुनाव सितम्बर-अक्टूबर, सन् 1999 ई. में कराये गए। चुनाव आयोग द्वारा निर्धारित तिथि पर मध्यावधि चुनाव हुए। 13वीं लोकसभा के लिए हुए चुनावों में काँग्रेस का प्रदर्शन अत्यधिक खराब रहा। उसे मात्र 112 सीटों पर विजय प्राप्त हुई। काँग्रेस का यह प्रदर्शन उसके जीवन का सबसे अधिक निराशाजनक प्रदर्शन रहा। चौदहवीं लोकसभा के चुनाव अप्रैल-मई, सन् 2004 ई. में सम्पन्न हुए। काँग्रेस ने इस चुनाव में 145 स्थान प्राप्त किए। इन्हीं 145 स्थानों के बल पर काँग्रेस ने मनमोहन सिंह के नेतृत्व में समान विचारधारा वाले अन्य दलों के सहयोग से केन्द्र में सरकार गठित की। सन् 2009 ई. में सम्पन्न 15वीं लोकसभा के चुनावों में इसे 206 स्थान प्राप्त हुए। कांग्रेस के नेतृत्व वाले संप्रग संयुक्त प्रगतिशील गठबंधन ने केन्द्र में सरकार बनाई। यह सरकार वर्तमान में भी पदस्थ है। किन्तु भारतीय कम्युनिस्ट पार्टी, मार्क्सवादी कम्युनिष्ट पार्टी और तृणमूल कांग्रेस ने इस सरकार से अपना समर्थन वापस ले लिया है। अब यह सरकार समाजवादी पार्टी और बहुजन समाज पार्टी के बाहर से मिल रहे समर्थन पर चल रही है।

**(1) काँग्रेस का संगठन**—इस प्रकार भारतीय राजनीतिक व्यवस्था में यह भी एक विशेषता है कि जहाँ शासन का ढाँचा संघात्मक है, वहीं राजनीतिक दलों का ढाँचा एकात्मक है। काँग्रेस की सभी इकाइयाँ स्थानीय से लेकर राष्ट्रीय स्तर तक हाई कमान के अधीन हैं। ग्राम या मुहल्ला, काँग्रेस कमेटी, काँग्रेस संगठन की आधारभूत इकाइयाँ हैं। इनके ऊपर तहसील या तालुका समितियाँ, उन पर जिला समितियाँ और उनके ऊपर प्रदेश या प्रान्तीय काँग्रेस समितियाँ पदस्थ होती हैं। प्रान्तीय काँग्रेस समिति के अन्तर्गत प्रत्येक प्रान्त में जिला और मध्यम समितियाँ होती हैं। इन समितियों का क्षेत्र प्रदेश काँग्रेस का राष्ट्रीय अथवा भारतीय संगठन होता है। ये संगठन एक अध्यक्ष, एक कार्यकारिणी समिति, एक अखिल भारतीय काँग्रेस समिति और काँग्रेस के खुले वार्षिक अधिवेशन से मिलकर गठित हुआ है। केन्द्रीय कार्यकारणी में 21 सदस्य होते हैं। इनमें प्रधानमन्त्री के अतिरिक्त 7 निर्वाचित व 13 मनोनीत सदस्य होते हैं। केन्द्रीय कार्यकारणी समिति ही काँग्रेस का सर्वोच्च अंग है। काँग्रेस की सदस्यता दो प्रकार की है—प्रारम्भिक और सक्रिय। कम से कम 18 वर्ष की आयु वाला कोई भी व्यक्ति जो काँग्रेस के उद्देश्यों में आस्था रखता है, काँग्रेस का सदस्य बन सकता है यदि वह किसी अन्य दल का सदस्य न हो। वह व्यक्ति जो दो वर्ष तक लगातार काँग्रेस का प्राथमिक सदस्य रह चुका है तथा जिसकी आयु कम से कम 21 वर्ष है। 25 रुपये का चन्दा अथवा 25 प्राथमिक सदस्यों की भर्ती करके काँग्रेस की सक्रिय सदस्यता प्राप्त कर सकता है। इस प्रकार 3 करोड़ व्यक्ति काँग्रेस के प्राथमिक सदस्य हैं। यह विश्व का सबसे बड़ा लोकतान्त्रिक दल है। 21 वर्ष बाद वर्ष 1991-92 में काँग्रेस के संगठनात्मक चुनाव सम्पन्न हुए थे और पी.वी. नरसिंह राव को सर्वसम्मति से वर्ष 1992-94 की अवधि के लिए दल का अध्यक्ष निर्वाचित किया गया था।

अभी हाल के वर्षों में इन्दिरा काँग्रेस की संस्कृति में भारी परिवर्तन आया है। इंका की संस्कृति काँग्रेस के परम्परागत मूल्यों

से अलग हटकर है। मई, सन् 1994 ई. में संसदीय दल का अध्यक्ष पुन: श्री नरसिंह राव को बनाया गया। सन् 1997 ई. तक श्री पी. वी. नरसिंह राव काँग्रेस क निर्विवाद अध्यक्ष बने रहे, किन्तु उनके विरुद्ध भ्रष्टाचार और धोखाधड़ी के मामले प्रकाश में आने के बाद दल में उनका विरोध तेजी से बढ़ता गया। अन्तत: उन्हें अध्यक्ष पद से त्याग पत्र देना पड़ा। सन् 1998 ई. में श्रीमती सोनिया गाँधी काँग्रेस के अध्यक्ष पद पर आसीन हुई। 13वीं, 14वीं तथा 15वीं लोकसभा का चुनाव काँग्रेस द्वारा उन्हीं के नेतृत्व में लड़ा गया। 15वीं लोकसभा के चुनाव में सीटें प्राप्त करने की दृष्टि से 114 वर्ष पुरानी काँग्रेस पार्टी ने 206 सीटों पर विजय प्राप्त करने में सफलता प्राप्त की। यद्यपि पार्टी ने गत चुनाव के मुकाबले इस बार अधिक वोट प्राप्त किये।

**(2) भारतीय जनता पार्टी (BJP)**—जनता पार्टी के द्वितीय विभाजन के परिणामस्वरूप जनता पार्टी के जनसंघ घटक ने 5 अप्रैल, सन् 1980 ई. को '**भारतीय जनता पार्टी**' की स्थापना की। सम्भवत: इसीलिए भारतीय जनता पार्टी को पुराने जनसंघ का नया रूप कहा जाता है, परन्तु ऐसा कहा जाना पूर्णरूपेण सत्य नहीं है, क्योंकि इस नई पार्टी में पुराने जनसंघ के सदस्यों के अतिरिक्त अन्य अनेक दक्षिण-पन्थी सदस्य भी सम्मिलित हुए थे। यह एक नई पार्टी होते हुए भी कार्यकर्ताओं पर आधारित राजनीतिक संगठन है। इसके नवगठन के समय अटल बिहारी वाजपेयी को इस नवीन दल का अध्यक्ष और लालकृष्ण आडवानी, सिकन्दर बख्त और मुरली मनोहर जोशी को दल का महासचिव नियुक्त किया गया था तथा शान्तिभूषण, श्रीमती विजयराजे सिन्धिया जैसे योग्य, अनुभवी एवं दिग्गज नेता इसके सदस्य थे। पार्टी ने जयप्रकाश नारायण की सम्पूर्ण क्रान्ति तथा गाँधीवादी अर्थ दृष्टि को अपना आदर्श बनाया था और 6 मई, सन् 1980 ई. को जारी किये गये अपने आधारभूत नीति वक्तव्य में पार्टी को 5 निष्ठाओं से प्रतिबद्ध किया था। ये निष्ठा हैं - राष्ट्रवाद और राष्ट्रीय समन्वय, लोकतन्त्र, प्रभावकारी धर्म निरपेक्षता, गाँधीवादी समाजवाद और सिद्धान्तों पर आधारित साफ-सुथरी राजनीति।

सन् 1980 ई. के उत्तरार्द्ध में भारतीय जनता पार्टी में सभी स्तरों पर संगठनात्मक चुनाव हुए और दिसम्बर, सन् 1980 ई. में अटल बिहारी वाजपेयी पुन: निर्विरोध अध्यक्ष निर्वाचित हुए। सन् 1983 ई. में वे पुन: अध्यक्ष निर्वाचित हुए। सन् 1991-92 ई. में मुरली मनोहर जोशी इसके अध्यक्ष बनाये गये। सन् 1993 ई. में लाल कृष्ण आडवानी इसके अध्यक्ष निर्वाचित किये गये तत्पश्चात् राजनाथ सिंह भाजपा के राष्ट्रीय अध्यक्ष बने। वर्तमान में नितिन गडकरी भारतीय जनता पार्टी के अध्यक्ष हैं।

सन् 1980 ई. में हुए नौ राज्य विधान सभाओं के निर्वाचन में इस पार्टी ने बहुत अच्छी भूमिका का निर्वाह किया तथा विरोधी दलों में सर्वाधिक 149 स्थान प्राप्त किये, लेकिन सन् 1984 ई. के लोकसभा निर्वाचन में इस पार्टी की राजनीतिक स्थिति बहुत ही निराशाजनक रही। मार्च, सन् 1985 ई. में हुए विधान सभाओं के निर्वाचन में भारतीय जनता पार्टी ने अपनी स्थिति में कुछ सुधार किया। राजस्थान, उत्तर प्रदेश, आन्ध्र प्रदेश तथा गुजरात में इस पार्टी ने पिछली विधानसभाओं की तुलना मे अधिक स्थान प्राप्त किये, परन्तु बिहार, कर्नाटक, मध्य प्रदेश और हिमाचल प्रदेश में इसकी संख्या बहुत कम हो गयी।

सन् 1989 ई. में भारतीय जनता पार्टी ने राष्ट्रीय मोर्चा सरकार का समर्थन किया, लेकिन इसी समय अयोध्या विवाद के कारण भाजपा के अध्यक्ष लालकृष्ण आडवानी ने अपना समर्थन वापस ले लिया। परिणामस्वरूप इस दल की स्थिति बहुत खराब हो गई। जून, 1991 ई. में नवीं लोकसभा के निर्वाचन में भारतीय जनता पार्टी ने अपनी एक विशिष्ट पहचान बना ली। यह एक सशक्त विरोधी दल के रूप में सत्ता में रही। मई, सन् 1996 इ. के आम चुनावों में भी भारतीय जनता पार्टी की स्थिति थोड़ी सुदृढ़ हो गई। वह एक बड़ी पार्टी के रूप में उभरकर सामने आयी। उसके द्वारा लोकसभा में सबसे अधिक 162 सीटें प्राप्त करने पर अटल बिहारी वाजपेयी के नेतृत्व में सरकार का गठन किया गया, लेकिन बहुमत सिद्ध न होने की आशंका में प्रधानमन्त्री अटल बिहारी वाजपेयी ने अपने पद से त्याग-पत्र दे दिया। फरवरी-मार्च सन् 1998 ई. के लोकसभा चुनावों के बाद भारतीय जनता पार्टी के नेतृत्व में केन्द्र में भाजपा गठबन्धन सरकार बनी। अटल बिहारी वाजपेयी को इस सरकार का प्रधानमन्त्री नियुक्त किया गया, किन्तु इस गठबन्धन सरकार के एक दल अन्नाद्रमुक द्वारा सरकार से समर्थन वापस ले लिये जाने के कारण 17 अप्रैल, सन् 1999 ई. को विश्वास मत के लिए आयोजित मतदान में वाजपेयी सरकार एक वोट से पराजित हो गई। 26 अप्रैल, सन् 1999 ई. को राष्ट्रपति के. आर. नारायणन ने मन्त्रिमण्डल की अनुशंसा पर 12वीं लोकसभा को भंग कर दिया। चुनाव आयोग ने 13वीं लोकसभा के लिए सितम्बर-अक्टूबर, सन् 1999 ई. में चुनाव कराये। इन चुनावों में भारतीय जनता पार्टी ने 180 सीटें प्राप्त कीं और सबसे बड़ी पार्टी के रूप में उभर कर सामने आई। 15 मई, सन् 1999 ई. को भाजपा द्वारा बनाये गये 'राष्ट्रीय जनतान्त्रिक गठबन्धन' के निर्वाचित नेता अटल बिहारी वाजपेयी के नेतृत्व में मन्त्रिमण्डल को पद व गोपनीयता की शपथ दिलाई गई। 14वीं लोकसभा के लिए हुए चुनावों में इस पार्टी ने सिर्फ 135 स्थान प्राप्त किए। 15वीं लोकसभा के चुनाव में इसे मात्र 116 स्थान प्राप्त हुए। वर्तमान में वह लोकसभा में विपक्ष की भूमिका निभा रही है।

## भारतीय जनता पार्टी की नीतियाँ एवं कार्यक्रम

भारतीय जनता पार्टी राष्ट्रवाद, राष्ट्रीय समन्वय, लोकतन्त्र, सकारात्मक धर्म निरपेक्षता आदि में आस्था रखती है। यह सभी धर्मों तथा विचारधाराओं के लोगों के मध्य शान्तिपूर्ण तथा मैत्रीपूर्ण सम्बन्धों की स्थापना और सबकी उन्नति हेतु कार्य करने के पक्ष में है। वह देश की एकता एवं अखण्डता को बनाये रखने की कट्टर समर्थक है और जम्मू-कश्मीर की विशेष स्थिति को तुरन्त समाप्त करके भारत की एकता की रक्षा करने के लिए कृत संकल्प है। इसके अतिरिक्त अल्पसंख्यकों के जीवन और सम्पत्ति की सुरक्षा का आश्वासन देते हुए जनता के नैतिक स्तर को सुधारने में विश्वास रखती है। यह सभी प्रकार के आर्थिक व राजनीतिक भ्रष्टाचार को समाप्त करना चाहती है।

सन् 1989 ई. को नवीं लोकसभा चुनावों में भारतीय जनता पार्टी ने अपने घोषणा पत्र में विभिन्न राजनीतिक, आर्थिक कार्यक्रमों का उल्लेख किया था। इस घोषणा पत्र में पंचायतों और अन्य स्थानीय संस्थाओं को संवैधानिक दर्जा देने, जम्मू-कश्मीर समस्या का हल खोजने, भारतीय प्रेस, आकाशवाणी तथा दूरदर्शन को स्वायत्तशासी निगम बनाने, काम के अधिकार को मौलिक अधिकार बनाने, किसान, खेत मजदूरों और दस्तकारों के ऋण माफ किये जाने तथा सभी गरीब वृद्ध लोगों को पेन्शन और रोजगार गारण्टी योजना को लागू कर देने का भी आश्वासन दिया था।

जून, सन् 1991 ई. में दसवीं लोकसभा चुनावों में इस दल ने अपने घोषणा-पत्र में **राम, रोटी और न्याय** का नारा देते हुए अलगाववादी प्रवृत्तियों को रोक के लिए व्यापक उपाय करने तथा जम्मू-लद्दाख के लिए **क्षेत्रीय विकास परिषद्** की स्थापना करने का आश्वासन दिया था। जम्मू-कश्मीर तथा पंजाब दोनों राज्यों में सामान्य स्थिति देने का भी आश्वासन दिया गया था। इसके अतिरिक्त असम में उल्फा की माँगों के मान लेने तथा भारतीय सेना को आणविक शस्त्रों से लैस करने, नौसेना को शक्तिशाली बनाने, एक शक्तिशाली केन्द्र सरकार, अधिक स्वायत्ततापूर्ण राज्य सरकारें तथा जाति और धर्म से ऊपर उठकर सभी भारतीयों के लिए अधिक से अधिक अवसर प्रदान करने की बात भी घोषणा पत्र में कही गई थी। आर्थिक क्षेत्र में सामाजिक न्याय के प्रति प्रगति का वायदा किया गया था। आवश्यक वस्तुओं के मूल्यों पर तत्काल नियन्त्रण किया जायेगा। कर सम्बन्धी खर्चों में काफी कटौती की जायेगी। 48 हजार रुपये वार्षिक तक की आय को आयकर से मुक्त कर दिया जायेगा। होटल, परिवहन, उत्पादन तथा वितरण आदि उद्योगों को निजी क्षेत्र के बड़े पैमाने पर शामिल किया जायेगा। आर्थिक प्रगति की दर 5 प्रतिशत से 7.5 तक पहुँचा दी जायेगी। हथकरघा शिल्प तथा कुटीर-उद्योग को प्रोत्साहन तथा कृषकों को उत्पादन का उचित मूल्य दिलाया जायेगा। खेत मजदूर की न्यूनतम मजदूरी की दर बढ़ाई जायेगी। इसके अलावा दल मातृशक्ति के पूर्ण उपयोग को भी प्राथमिकता देगा। युवकों के उत्थान के लिए शिक्षा एवं रोजगार के अवसर मुहैया करवायेगी। ग्रामीण महिलाओं के लिए धुँआरहित चूल्हा तथा शौचालय की व्यवस्था होगी। इस प्रकार पार्टी का कहना है कि अब तक नकरात्मक धर्म निरपेक्षता को अपनाया गया है, लेकिन पार्टी सकरात्मक धर्म निरपेक्षता की पक्षधर है। इसी तरह सन् 1993-95 ई. के वर्षों में जिन राज्यों की विधानसभाओं के चुनाव हुए, उनमें भारतीय जनता पार्टी केवल दिल्ली, राजस्थान, गुजरात और महाराष्ट्र में अपने व्यापक जनाधार का परिचय दे पाई।

मई, सन् 1996 ई. में ग्यारहवीं लोकसभा चुनावों में भारतीय जनता पार्टी ने अपने घोषणा-पत्र में वर्तमान शासन पद्धति को पूरी तरह बदलकर इसे नागरिकों के प्रति उत्तरदायी बनाने तथा राजनीतिक, सामाजिक और आर्थिक क्षेत्रों में आमूल-चूल परिवर्तन करने का आश्वासन दिया था। तत्कालीन पार्टी अध्यक्ष आडवानी ने घोषणा-पत्र जारी करते हुए कहा कि हमारा लक्ष्य रामराज्य है और यह घोषणा-पत्र आने वाली सरकार का प्रतिज्ञा-पत्र होगा। पार्टी ने हिन्दुत्व की अपनी पैनी धार को बनाये रखने का संकल्प किया था। अयोध्या में जन्म-स्थान पर श्री राम का भव्य मन्दिर बनाने के प्रति पार्टी का संकल्प दोहराते हुए कहा गया था कि सत्ता में आते ही वह इसके रास्ते में आने वाली सभी रुकावटों को दूर कर देगी। देश की सुरक्षा के हित में परमाणु नीति की समीक्षा करने का आश्वासन घोषणा-पत्र में दिया गया था। घोषणा पत्र में कहा गया था कि वह परमाणु शस्त्रों को सेना को उपलब्ध कराने के विकल्प का इस्तेमाल करेगी तथा पृथक् छत्तीसगढ़ की माँग को पूरा करेगी।

मई, सन् 1996 ई. के आम चुनाव में भाजपा ने सबसे अधिक 162 स्थान प्राप्त कर सरकार का गठन किया था, लेकिन अन्य दलों का समर्थन हासिल करने में सफल न होने के कारण प्रधानमन्त्री अटल बिहारी वाजपेयी ने अपने पद से त्याग-पत्र दे दिया। तत्पश्चात् संयुक्त मोर्चा को सरकार बनाने का अवसर प्राप्त हुआ था। लगभग यही स्थिति भाजपा सरकार की सन् 1998 ई. में रही। सन् 1999 ई. में उसे पुनः राष्ट्रीय जनतान्त्रिक गठबन्धन के नेतृत्व में सरकार बनाने का अवसर प्राप्त हुआ था। किन्तु सन् 2009 ई. से वह विपक्ष की भूमिका निभा रही है।

**(3) भारतीय साम्यवादी दल** (C.P.I.)–भारतीय साम्यवादी दल की स्थापना सन् 1992 ई. में हुई थी। भारत चीन सीमा विवाद और अन्य दलीय नीतियों के सम्बन्ध में मत भिन्नता के कारण यह दल सन् 1964 ई. में विधिवत् रूप से दो गुटों में बँट गया–भारतीय साम्यवादी दल (दक्षिणी पन्थी) और भारतीय साम्यवादी (वामपन्थी या मार्क्सवादी)। इनमें से साधारणतया प्रथम को साम्यवादी दल और द्वितीय को मार्क्सवादी दल कहा जाता है।

सन् 1966 ई. से सन् 1977 ई. के वर्षों में भारतीय साम्यवादी दल और मार्क्सवादी दल के बीच मतभेद का सबसे प्रमुख बिन्दु था सत्ता काँग्रेस और उसकी नेता श्रीमती गाँधी के प्रति आलोचानत्मक दृष्टिकोण। भारतीय साम्यवादी दल तत्कालीन शासक दल के प्रति सहयोग की नीति अपनाये हुए थे, लेकिन मार्क्सवादी दल विरोध की नीति का अनुसरण कर रहा था लेकिन सन् 1978 ई. में आपसी विरोध की यह स्थिति समाप्त हो गई। कुछ समय तक भारतीय साम्यवादी दल इस बात पर जोर देता रहा कि देश के प्रगतिशील वामपन्थी तत्वों द्वारा मिलकर भारतीय जनता पार्टी और इन्दिरा काँग्रेस का एक ऐसा विकल्प तैयार किया जाना चाहिए, जिसका उद्देश्य साम्प्रदायिकता, प्रतिक्रियावादिता और तानाशाही प्रवृत्तियों का विरोध करना हो। इस नीति के परिणामस्वरूप भारतीय साम्यवादी दल और मार्क्सवादी दल एक दूसरे के समीप आये और आगे के वर्षों में भी इनके बीच यह निकटता बनी रही। सन् 1975 ई. में आपातकाल की घोषणा का साम्यवादी दल ने समर्थन किया, जिससे सन् 1977 ई. के आम चुनावों में उसे भारी पराजय का सामना करना पड़ा। सन् 1979 ई. में तीसरी शक्ति के उदय का नारा लगाया गया और सभी वामपन्थी ताकतों के साथ मिलकर गठबन्धन का जो निर्णय लिया गया, वह स्वप्न में भी पूरा नहीं हुआ। सन् 1980 ई. के लोकसभा चुनावों में दल को आशा के अनुरूप सफलता नहीं मिली। धीरे-धीरे मार्क्सवादियों का प्रभाव बढ़ने लगा। मार्क्सवादी दल ही मुख्य साम्यवादी दल बनने लगा। सन् 1984 ई. के लोकसभा चुनाव में साम्यवादियों को केवल 6 स्थान मिले। सन् 1989, 1991 से 1996, 1998 एवं 1999 ई. के लोकसभा चुनावों में भी दल की स्थिति में विशेष सुधार नहीं हुआ। सन् 2004 ई. के लोकसभा चुनावों में भारतीय कम्युनिस्ट पार्टी ने 10 स्थान प्राप्त किए 15वीं लोकसभा (2009) के चुनावों में इस दल को 4 स्थान प्राप्त हुए हैं।

**साम्यवादी दल का संगठन**–साम्यवादी दल विश्व के अन्य साम्यवादी दलों की भाँति अपने संगठनात्मक ढाँचे पर अधिक बल देता है। इसके संगठन की सबसे छोटी इकाई सैल (Cell) होती है। यह किसी भी कारखाने, गाँव, मोहल्ले या संस्थान में स्थापित हो सकता है। सैल के बाद गाँव, शहर, क्षेत्र, प्रदेश और अन्त में सबसे ऊपर राष्ट्रीय स्तर पर समितियों का सीढ़ीनुमा संगठन किया जाता है। केन्द्रीय स्तर पर प्रतिनिधि संस्था अखिल भारतीय काँग्रेस होती है। यही एक केन्द्रीय कार्यकारिणी चुनती है, जिसमें महत्वपूर्ण पदाधिकारी महामन्त्री होता है। महामन्त्री और पोलिट ब्यूरो ही साम्यवादी दल की समस्त नीतियाँ और उसकी रणनीति निर्धारित करते हैं।

**साम्यवादी दल की नीतियाँ**–सिद्धान्ततः भारत का साम्यवादी दल मार्क्स दल लेनिन द्वारा निर्देशित राज्य विहीन, वर्ग-विहीन समाज की स्थापना करना चाहता है। वह भारत में साम्यवादी देशों की भाँति सर्वहारा-वर्ग का अधिनायक स्थापित करना चाहता है, परन्तु इसके लिए अपनाई जाने वाली रणनीति के सम्बन्ध में समय-समय पर आवश्यकतानुसार परिवर्तन होता है। साम्यवादी दल भारत में पूंजीवाद का अन्त चाहता है।

आठवीं लोकसभा के चुनाव के समय जारी किये गये चुनाव घोषणा-पत्र में वर्तमान पूँजीवादी व्यवस्था की समाप्ति, चीनी मिलों व कपड़ा मिलों का राष्ट्रीयकरण, भूमि सुधार में तेजी, भ्रष्टाचार समाप्ति आदि पर जोर दिया गया था।

इसी प्रकार नवीं, दसवीं और ग्यारहवीं, बारहवीं, तेरहवीं लोकसभा चुनावों में भारतीय साम्यवादी दल ने अपने घोषणा-पत्र में भ्रष्टाचार, बोफोर्स, राजनीति के अपराधीकरण, कृषि के खेतिहर मजदूरों, हरिजनों और आदिवासियों की उपेक्षा, बेरोजगारी, विदेशी ऋण, बढ़ती हुई मँहगाई, अगोभ्गा गुदे गर आन्दोलन का मार्ग त्यागने की अपील की है। वर्तमान में भारतीय साम्यवादी दल सरकार की उदार आर्थिक नीतियों का प्रबल विरोध कर रहा है। गत अनेक वर्षों से भारतीय साम्यवादी दल में महत्वपूर्ण स्थिति सी. राजेश्वर राव को प्राप्त थी। सन् 1991-96 ई. में इन्द्रजीत गुप्त को दल का महासचिव चुना गया।

मई, सन् 1996 ई. में आम चुनावों में भारतीय कम्युनिष्ट पार्टी (C. P. T.) में रामो-वामों के साथ गठबन्धन कर संसद में 12 स्थान प्राप्त किये और नई सरकार के गठन के बाद कुछ दिनों के लिए श्री इन्द्रजीत गुप्त को लोकसभा का अस्थायी अध्यक्ष बनाया गया। संयुक्त मोर्चा की सरकार बनाने पर श्री इन्द्रजीत गुप्त को केन्द्रीय मंत्रीमण्डल में शमिल किया गया। सन् 1998 ई. के लोकसभा चुनाव में इस दल को केवल 9 स्थान प्राप्त हुए। तेरहवीं लोकसभा के लिए हुए चुनावों में इस दल ने मात्र 4 स्थान प्राप्त किये। 14वीं लोकसभा में इसके 10 सदस्य थे। 15वीं लोकसभा में इसके मात्र 4 सदस्य हैं। अतः भारत

में साम्यवादी दल को अपनी तेजी से गिर रही स्थिति पर गम्भीरता से पुनर्विचार करना होगा। उसे मार्क्सवादी दल के साथ अपने सम्बन्धों पर भी पुनर्विचार करना होगा।

**(4) मार्क्सवादी दल**—मार्क्सवादी दल पुराने साम्यवादी दल की अपेक्षा अधिक उग्रवादी पक्ष है। सन् 1962 ई. में विश्व साम्यवाद को दो भागों में बाँट दिया गया। सोवियत समर्थक दल और चीन द्वारा समर्थित साम्यवादी दल। चीन द्वारा समर्थित साम्यवादी दल ने अपना नाम मार्क्सवादी दल रखा। मार्क्सवादी दल उग्रवामपन्थ में विश्वास करता है और उग्र साधनों द्वारा भारत में साम्यवादी समाज की स्थापना करना चाहता है। ज्योति बसु तथा नम्बूदरीपाद, हरि किशन सिंह सुरजीत द्वारा भारत में साम्यवादी समाज की स्थापना करना चाहता है। ज्योति वसु तथा नम्बूदरीपाद, हरि किशन सिंह सुरजीत आदि इसके प्रमुख नेता हैं। वर्तमान में हरि किशन सिंह सुरजीत इस दल के महासचिव हैं। मार्क्सवादी दल के प्रमुख प्रभाव क्षेत्र पश्चिम बंगाल, केरल और त्रिपुरा राज्य हैं। आज की भारतीय राजनीति में भारतीय साम्यवादी दल और मार्क्सवादी दल एक दूसरे के समीप हैं लेकिन भविष्य में दोनों के एक होने की सम्भावनाएँ हैं।

सन् 1967 ई. के आम चुनाव में साम्यवादी दल की तुलना में मार्क्सवादी दल को अधिक सफलता, प्राप्त थी। लोकसभा में इसे 19 स्थान मिले थे। सन् 1971 ई. के चुनावों में इसके सदस्य बढ़कर 23 हो गये। आपातकाल के दौरान मार्क्सवादी दल ने रचनात्मक भूमिका निभाई। इन्होंने आपातकाल का विरोध किया इस दल के नेताओं को पकड़कर जेल में डाल दिया गया। आपातकाल के सक्रिय विरोध के कारण इस दल की प्रतिभा और अधिक निखरी और सन् 1977 ई. के लोकसभा चुनाव में और पश्चिमी बंगाल में विधानसभा चुनाव में मार्क्सवादी दल को विशेष सफलता प्राप्त हुई। उसने लोकसभा में 22 स्थान प्राप्त किये और पश्चिमी बंगाल में इस दल को स्पष्ट बहुमत मिला। ज्योति वसु मुख्यमन्त्री बने। सन् 1980 ई. के चुनावों में भी इस दल की शानदार विजय हुई। लोकसभा में इस दल के 25 सदस्य विजयी होकर आये। सन् 1984 ई. के चुनावों में भी इस दल के 35 सदस्य विजयी होकर आये। सन् 1984 ई. के चुनावों में इसके 22 सदस्य लोकसभा के लिए चुने गये। केरल और पश्चिम बंगाल में इसकी सरकारें बनीं। सन् 1991 ई. में इस दल के सदस्यों में वृद्धि हुई और लोकसभा में इसकी सदस्यता 35 हो गई। सन् 1996 ई. के लोकसभा चुनावो में माकपा की स्थिति लगभग पूर्ववत् ही रही। लोकसभा चुनावों में 33 स्थान प्राप्त कर रामो–वामो गठबन्धन में महत्वपूर्ण स्थान प्राप्त किया। सन् 1998 ई. के लोकसभा चुनावों में इस दल ने 32 स्थान प्राप्त किये और सन् 1999 ई. के चुनावों में भी इसने पुन: 32 स्थान प्राप्त कर अपनी पूर्वस्थिति को दोहराया। सन् 2004 ई. के चुनावों में इसने 43 स्थान प्राप्त किए तथा सन् 2009 ई. के चुनावों में इसे 5 स्थान मिले।

विभिन्न अवसरों पर हुए लोकसभा के चुनावों में मार्क्सवादी दल ने जो घोषणा–पत्र जारी किये हैं उनमें कुछ प्रमुख सूत्र इस प्रकार हैं—भूमि सुधार कार्यक्रमों का तेजी से कार्यान्वयन, विदेशी ऋणों पर निर्भरता को समाप्त करना, बेरोजगारों को भत्ता देना, महिलाओं को पुरुषों के समान अधिकार देना, सत्ता के विकेन्द्रीकरण के प्रति आस्था, गुट निरपेक्षता की विदेश नीति, राजीव गाँधी की आर्थिक नीतियों को समाप्त करने, जूट वस्त्र उद्योग का तुरन्त राष्ट्रीयकरण करने की आवश्यकता पर बल, बहुराष्ट्र कम्पनियों के विरुद्ध संघर्ष, भूमि सुधार कानून लागू करने, नई आर्थिक उदारीकरण की नीति का विरोध, अयोध्या मुद्दे पर आन्दोलन का मार्ग त्यागने की अपील, सरकारी संचार साधनों की स्वायत्तता आदि।

जनवरी, सन् 1992 ई. में मद्रास (चेन्नई) में 14वीं काँग्रेस ने मार्क्सवादी सिद्धान्तों के प्रति अपनी आस्था को दोहराया है और इस बात पर बल दिया है कि यह आस्था भारत की सामाजिक–आर्थिक यथार्थताओं के अनुरूप है। दल ने भारत के विकास के लिए आश्वासन दिया। मई, सन् 1996 ई. के चुनावों से यह स्पष्ट है कि पश्चिम बंगाल में यह पूर्व के समान सफलता प्राप्त नहीं कर पाया और विधानसभा की 294 सीटों में सबसे अधिक 150 सीटें प्राप्त कीं और लोकसभा में 33 सीटें प्राप्त कीं। पश्चिमी बंगाल में ज्योति वसु पुन: मुख्यमन्त्री बनाये गये। हरि किशन सिंह भाकपा के महासचिव निर्वाचित किये गये। बाद में बुद्धदेव भट्टाचार्य पश्चिम बंगाल के मुख्यमन्त्री और माकपा के वरिष्ठ नेता बने रहे। पश्चिम बंगाल विधान सभा के लिए हुए चुनावों में ममता बनर्जी के नेतृत्व में तृणमूल कांग्रेस भारी बहुमत से उभर कर सामने आई है। वर्तमान में पश्चिम बंगाल में ममता बनर्जी के नेतृत्व में तृणमूल कांग्रेस की सरकार है।

**(5) बहुजन समाज पार्टी (B.S.P. बसपा)**—इस पार्टी की स्थापना 14 अप्रैल, सन् 1984 ई. को डॉ. भीमराव अम्बेडकर के जन्म दिवस पर उत्तर प्रदेश में हुई थी। उस समय से लेकर पिछले कुछ समय तक इस दल के सबसे प्रमुख नेता कांशीराम, किन्तु वर्तमान में मायावती इसकी प्रमुख हैं। इस दल की स्थापना के समय इस दल की पृष्ठभूमि में दलित समाज, शोषित संघर्ष समिति और पिछड़ी जाति और अल्प संख्यक समुदाय कर्मचारी संघ, इन दो दबाव समूहों की शक्ति थी।

बसपा नेता कांशीराम के अनुसार, "हम ब्राह्मणवादी व्यवस्था का सदैव और खुले रूप में विरोध करते हैं। बसपा सामाजिक परिवर्तन और दलितों के उद्धार की पार्टी है।" उनका कहना था, कि दलित और पिछड़े हुए वर्गों का देश में भारी बहुमत है। भारतीय समाज के कुल 85 प्रतिशत व्यक्ति दलित हैं, लेकिन दुर्भाग्यवश अनेक सदियों से उन पर अल्पमत के उच्चवर्गों द्वारा शासन किया जा रहा है। उच्च वर्गों की संख्या सम्पूर्ण समाज में मात्र 14 प्रतिशत है। हमारा उद्देश्य सार्वजनिक जीवन के सभी क्षेत्रों में उच्च जातियों की प्रमुखता को समाप्त करना और दलितों को संख्या के अनुपात में सत्ता में भागीदारी दिलाना है। अत: कांशीराम के अनुसार दलितों को आरक्षण नहीं, अनुकम्पा नहीं, वरन् सत्ता की भागीदारी चाहिए। एक पार्टी के रूप में बसपा के पास न तो कोई श्रृंखलाबद्ध संगठित ढाँचा है और न पार्टी का कोई संविधान ही है। इस विषय में पार्टी नेता कांशीराम का कहना है कि, "मैं लोगों में अभी चेतना का निर्माण कर रहा हूँ। जैसे-जैसे आवश्यकता होगी मैं वैसे-वैसे पार्टी को रूप देता जाऊँगा।"

म. प्र. में सन् 1989 ई. के चुनावों में बसपा ने राज्य स्तरीय दल के रूप में कुल 34 स्थानों पर अपने उम्मीदवार खड़े किये थे। यद्यपि उस समय बसपा को कोई उपलब्धि तो नहीं मिल पाई थी, लेकिन उसने 4.26 प्रतिशत मत लेकर प्रदेश की राजनीति में अपनी उपस्थिति का अहसास करा दिया था। सन् 1991 ई. के लोकसभा चुनाव में बसपा ने प्रदेश की 40 में से 21 सीटों पर चुनाव लड़ा था, किन्तु इसका परिणाम खट्टा-मीठा रहा और मत प्रतिशत घटकर 3.54 प्रतिशत रह गया। सन् 1993 ई. के विधानसभा के चुनाव में बसपा के 11 विधायक चुनकर आये। 1 मई, सन् 1996 ई. में हुए ग्यारहवीं लोकसभा के चुनाव में बसपा ने 28 स्थानों पर अपने प्रतिनिधि खड़े किये थे। इस चुनाव में बसपा 11 स्थानों पर सफलता प्राप्त कर पाई थी। पार्टी अध्यक्ष कांशीराम उत्तर प्रदेश के फूलपुर चुनाव में पराजित हो गये थे।

सन् 1988 ई. से सन् 1996 ई. तक के वर्षों में बसपा ने उत्तर प्रदेश, मध्य प्रदेश तथा पंजाब में अपनी शक्ति का परिचय दिया था, लेकिन सन् 1996 ई. के आम चुनावों में बसपा मात्र 11 स्थान ही प्राप्त कर पाई थी, जिससे स्पष्ट है कि वह अपनी स्थिति पूर्व के समान मजबूत नहीं रख पाई। सन् 1998 ई. के लोकसभा चुनावों में बसपा ने मात्र 5 स्थानों पर विजय प्राप्त की थी। सन् 1999 ई. के चुनावों में इसे 14 स्थानों पर विजय प्राप्त हुई। सन् 2004 ई. के लोकसभा चुनावों में बसपा ने 18 स्थान प्राप्त किए। सन् 2009 ई. के लोकसभा चुनावों में इस दल को 21 स्थान प्राप्त हुए। उ.प्र. में अब तक इस दल की सरकार थी और सुश्री मायावती उ.प्र. की मुख्यमंत्री थीं। किन्तु सन् 2012 के चुनावों में मुलायम सिंह यादव के नेतृत्व में समाजवादी पार्टी ने 224 सीटें प्राप्त की भारी सफलता अर्जित की। वर्तमान में समाजवादी पार्टी के युवा नेता अखिलेश यादव उत्तर प्रदेश के मुख्यमंत्री हैं।

**(6) राष्ट्रवादी कांग्रेस पार्टी**—कांग्रेस में सोनिया गांधी के विदेशी मूल के मुद्दे के परिणामस्वरूप टकराव में कुछ लोगों ने सन् 1999 ई. में अलग होकर राष्ट्रवादी कांग्रेस पार्टी का गठन किया। थोड़ी सी अवधि में ही इस दल ने राष्ट्रीय दलों में स्थान प्राप्त कर लिया। इसके प्रभाव वाले 4 राज्य हैं—महाराष्ट्र, मेघालय, मणिपुर तथा अरुणाचल प्रदेश। इसके मुख्य नेताओं में शरद पवार तथा पी.ए. संगमा है। बाद में पी.ए. संगमा भी इससे अलग हो गए। आजकल फिर से इस दल में हैं। चौदहवीं लोकसभा में इस दल को नौ स्थान प्राप्त हुए और पन्द्रहवीं लोकसभा में इसे 12 स्थान प्राप्त हुए हैं। यह संप्रग का घटक दल है। शरद पवार इसके राष्ट्रीय अध्यक्ष हैं। इस दल का चुनाव चिन्ह 'दीवार घड़ी' है।

**7. राष्ट्रीय जनता दल**—राष्ट्रीय जनता दल की स्थापना लालू यादव द्वारा की गई। 'सामाजिक न्याय' इस दल का प्रमुख नारा और लालू की लोक लुभावन शैली तथा जातिवादी गठजोड़ इस दल की प्रमुख सम्पति है। 14वीं लोकसभा में इस दल ने अच्छी सफलता प्राप्त की थी और यह संप्रग का सहयोगी दल था। संप्रग की सरकार में लालू यादव रेलमंत्री भी रहे। वर्ष 2009 ई. के लोकसभा चुनावों पर इस दल ने संप्रग से नाता तोड़ लिया था। इन चुनावों में इसे मात्र 4 स्थान ही प्राप्त हुए। इस दल का चुनाव चिन्ह 'लालटेन' है। अब यह दल राष्ट्रीय दल की श्रेणी में नहीं आता।

**क्षेत्रीय, साम्प्रदायिक और स्थानीय दल**—भारत में उपर्युक्त राष्ट्रीय दलों के अतिरिक्त कुछ क्षेत्रीय साम्प्रदायिक और स्थानीय दल भी हैं जो भारतीय राजनीति में सक्रिय हैं। ये दल निम्नांकित हैं—

**(1) समाजवादी पार्टी**—जनता दल (समाजवादी) का गठन सन् 1990 ई. में हुआ था। इनके तीन नेता थे—चन्द्रशेखर, देवीलाल और मुलायम सिंह। चन्द्रशेखर और मुलायम सिंह के बीच मतभेद होने पर मुलायम सिंह ने जनता दल (समाजवादी) से अलग होकर अक्टूबर, सन् 1992 ई. में समाजवादी पार्टी की स्थापना कर ली और 4 अक्टूबर, सन् 1992 ई. को लखनऊ सम्मेलन में इस पार्टी को औपचारिक रूप दे दिया गया। समाजवाद, धर्म निरपेक्षता और लोकतन्त्र इस दल के आदर्श हैं।

यह पार्टी अपने आपको अल्पसंख्यकों का प्रबल पक्षधर बताती है और पार्टी का दावा है कि भारतीय जनता पार्टी के नेतृत्व में सक्रिय हिन्दू साम्प्रदायिक तत्वों का मुकाबला करने में केवल यही पार्टी सक्षम है। उत्तर प्रदेश इस पार्टी का प्रमुख कार्य क्षेत्र रहा है। इस दल ने कांशीराम की बहुजन समाज पार्टी के साथ मिलकर पहले तो भाजपा विरोधी और साम्प्रदायिकता विरोधी अभियान चलाया तथा फिर बसपा के साथ गठबन्धन के आधार पर ही चुनाव लड़े। इस गठबन्धन ने महत्वपूर्ण सामाजिक और आर्थिक प्रश्न उठाये। सन् 1991 ई. के चुनावों में मुलायम सिंह यादव की स्थिति कुछ भ्रामक थी, लेकिन सन् 1993 ई. के चुनावों में मुलायम सिंह ने अपने आपको साम्प्रदायिकता विरोधी लेकिन सबको साथ लेकर चलने वाले उदारवादी नेता के रूप में प्रस्तुत किया। अल्पसंख्यकों और दलित वर्गों के सम्मान तथा हितों की रक्षा के साथ समाजवादी पार्टी ने अनेक चुनाव वायदे किये थे। अन्य कुछ वायदों में नकल विरोधी कानून का अन्त, बिक्री कर की समाप्ति आदि प्रमुख थे। यह पार्टी उत्तर प्रदेश की जनता का विश्वास प्राप्त करने में बहुत कुछ सफल रही। सन् 1996 ई. में समाजवादी पार्टी ने उत्तर प्रदेश के अतिरिक्त देश के कुछ अन्य राज्यों में भी अपना प्रभाव स्थापित करने के प्रयत्न किये, किन्तु उसे इन प्रयत्नों में कोई सफलता प्राप्त नहीं हुई। सन् 1996 ई. के आम चुनावों में यह दल 17 स्थान ही प्राप्त कर सका और उत्तर प्रदेश में पूरी तरह धराशाही हो गया, लेकिन संयुक्त मोर्चा की सरकार का समर्थन करने के कारण मुलायम सिंह यादव को केन्द्रीय मन्त्रिमण्डल में शामिल किया गया। सन् 1998 ई. के चुनाव में सपा ने 20 स्थान प्राप्त किये। सन् 1999 ई. के चुनावों में इस पार्टी ने 26 स्थान प्राप्त किये। सन् 2004 ई. के लोकसभा चुनाव में समाजवादी पार्टी ने 35 स्थान प्राप्त किए। 15वीं लोकसभा में इसे 23 स्थान मिले। वर्तमान में उत्तर प्रदेश में इसी दल की सरकार है।

**(2) अकाली दल**—अकाली दल पंजाब का एक क्षेत्रीय और साम्प्रदायिक दल है। अकाली दल द्वारा समय-समय पर जारी किये गये चुनाव घोषणा-पत्रों में दावा किया जाता रहा है कि यह दल आर्थिक, सांस्कृतिक और राजनीतिक न्याय के आधार पर संगठित राजनीतिक दल है। इस दल का प्रमुख उद्देश्य अधिनायकवाद का विरोध और व्यक्ति की स्वतन्त्रता की रक्षा करना है। अकाली दल राज्यों की स्वायत्तता, अल्पसंख्यकों के सामाजिक, धार्मिक, सांस्कृतिक और भाषायी हितों की रक्षा के मुद्दों पर विशेष बल देता है। यह पंजाब और अन्य क्षेत्रों में गुरुमुखी भाषा और लिपि के अधिकाधिक प्रयोग का समर्थक है। भूमि सुधार, कृषि का आधुनिकीकरण और ग्रामीण तथा कुटीर उद्योग-धन्धों का विकास इसकी प्रमुख नीतियाँ हैं। अकाली दल में सदैव से ही या अधिक गुटों में विभाजन की स्थिति रही है तथा आज भी ऐसा ही है। अकाली राजनीति के प्रमुख नेता प्रकाश सिंह बादल और जी. एस. तोहरा हैं। सन् 1989 ई. के लोकसभा चुनाव में अकाली दल (मान गुट) को लोकसभा में 6 स्थान प्राप्त हुए थे, इसी तरह सन् 1991 एवं 1996 ई. में अकाली दल की स्थिति में वृद्धि हुई। मई, सन् 1996 ई. के आम चुनावों मे अकाली दल ने 8 स्थान प्राप्त किये। इस प्रकार मई, सन् 1996 ई. के लोकसभा चुनाव में अकाली दल की स्थिति पहले की अपेक्षा मजबूत हुई तथा पार्टी अध्यक्ष प्रकाश सिंह बादल ने दैवगौड़ा सरकार को मुद्दे पर आधारित समर्थन देने का फैसला लिया। सन् 1998 ई. के चुनावों में अकाली दल ने 8 स्थानों पर विजय प्राप्त की थी। सन् 1999 ई. के लोकसभा चुनावों में उसे मात्र 1 स्थान पर ही सफलता मिल सकी है। इससे स्पष्ट होता है कि अकाली दल की लोकप्रियता में भारी कमी आई है। पंजाब में इन दिनों भारतीय जनता पार्टी के समर्थन से अकाली दल की सरकार हैं। प्रकाश सिंह बादल इस सरकार के मुख्यमंत्राी हैं।

**(3) शिरोमणि अकाली दल**—लम्बे समय से अकाली दल के विभिन्न गुटों में एकता स्थापित करने की आवश्यकता अनुभव की जा रही थी। इसलिए सन् 1995 ई. के प्रारम्भ में अकाली दल के विभिन्न गुटों में एकता स्थापित कर शिरोमणि अकाली दल की स्थापना की गई है और प्रकाश सिंह बादल इस दल के अध्यक्ष हैं। अकाली दल की अपनी अनेक विसंगतियाँ हैं। अकाली दल की समस्त राजनीति धार्मिक प्रश्नों और धर्म स्थानों एवं उनके प्रबन्ध के साथ गहरे रूप में जुड़ी हुई है। इस दल द्वारा सत्ता राजनीति का खेल भी धार्मिक बाना-धारण कर ही खेला जाता है। नरमपंथी नेतृत्व की विसंगति यह है कि वह पर्याप्त शक्तिशाली नहीं हो पाता। इस तरह मई, सन् 1996 ई. के आम चुनाव में अकाली दल के दोनों गुटों ने 13 में से (मानसिंह और बादल गुट) 8 स्थान प्राप्त कर अपनी स्थिति मजबूत की। सन् 1999 ई. के चुनावों में अकाली दल (शिरोमणि) को मात्र 2 स्थानों पर विजय प्राप्त हो सकी। वर्तमान में यह दल 'राष्ट्रीय जनतान्त्रिक गठबन्धन' का एक हिस्सा है। वर्तमान में लोकसभा (2009) में इस दल के 4 सदस्य हैं।

**(4) नेशनल कांफ्रेन्स-जम्मू-कश्मीर**—नेशनल कांफ्रेन्स जम्मू-कश्मीर का मुख्य क्षेत्रीय दल है। इसकी स्थापना कश्मीर के सबसे लोकप्रिय नेता शेख अब्दुल्ला द्वारा की गई थी। इसकी नीतियों और कार्यक्रमों में जम्मू-कश्मीर के बारे में

संविधान के अनुच्छेद 370 को बनाये रखने, राज्य के भारतीय संघ में विलय को अन्तिम मानने और इसे भारत का अभिन्न अंग बनाने, धर्म निरपेक्षता के सिद्धान्त को मुख्य रूप से शामिल कर सकते हैं। इसके नेता शेख अब्दुल्ला का राजनीतिक इतिहास अनेक उतार-चढ़ावों से भरा हुआ था। उन्हें अनेक बार नजरबन्द रखा गया। तत्पश्चात् फरवरी, सन् 1975 ई. में ही शेख ने काँग्रेस के सहयोग से सत्ता ग्रहण की। सन् 1977 ई. में राज्य विधानसभा के चुनावों में शेख अब्दुल्ला ने पुनः बहुमत प्राप्त कर अपनी सरकार बनाई। शेख अब्दुल्ला ने अपने पुत्र फारुख अब्दुल्ला को अपना नेता स्वीकार कर लिया। नेशनल कांफ्रेन्स भारतीय संघ में जम्मू-कश्मीर की विशेष स्थिति (भारतीय संविधान का अनुच्छेद 370) को बनाये रखने के समर्थक है। सन् 1984 ई. से 86 के वर्षों में नेशनल कांफ्रेन्स और काँग्रेस (इ) के बीच बहुत अधिक तनावपूर्ण सम्बन्धों की स्थिति थी, लेकिन सन् 1987 ई. के प्रारम्भ में ही दोनों दलों के बीच समझौता सम्पन्न हुआ और मार्च, सन् 1987 ई. के विधान सभा चुनावों में इस गठबन्धन ने भारतीय बहुमत प्राप्त किया। इस दल ने दसवीं लोकसभा के चुनाव में काँग्रेस (इ) को अपना समर्थन दिया था। ग्यारहवीं लोकसभा चुनावों में सात वर्षों बाद कश्मीर के नागरिकों ने बड़े उत्साह के साथ छः सीटों के लिए अधिक से अधिक मतदान किया। सन् 1998 ई. के चुनावों में इसे दो स्थान प्राप्त हुए थे। सन् 1999 ई. के चुनावों में इसने 4 स्थानों पर सफलता प्राप्त की। वर्तमान में लोकसभा (2009) में इस दल के तीन सदस्य हैं।

**(5) द्रविड़ मुन्नेत्र कड़गम** (D.M.K.)—सन् 1949 ई. में सी. एम. अन्नादुराई ने द्रविड़ कड़गम से पृथक् होकर द्रविड़ मुन्नेत्र कड़गम दल की स्थापना की थी। इसका उद्देश्य द्रविड़ परम्परा और संस्कृति की रक्षा करना और तमिल समुदाय को राजनीतिक क्षेत्र में प्रभावी स्थिति प्रदान कराना है। हिन्दी विरोध और राज्यों के लिए स्वायत्तता इस दल की नीति और कार्यक्रमके प्रमुख आधार रहे हैं। सन् 1979 ई. से 1982 के वर्षों में डी. एम. के. भारतीय राजनीति में इन्दिरा काँग्रेस के साथ था, लेकिन सन् 1983 ई. में इन दोनों दलों के बीच समझौते की स्थिति समाप्त हो गई। परिणामस्वरूप वह दल तत्कालीन विपक्ष के साथ जुड़ गया और सन् 1984 ई. के लोकसभा चुनावों में इसे केवल 01 सीट प्राप्त हुई तथा विधानसभा की 234 सीटों में से केवल 20 सीटें ही यह दल जीत सका अर्थात् सन् 1984 ई. के चुनावों में इस दल को भारी पराजय का सामना करना पड़ा। करुणानिधि अपने प्रभावी व्यक्तित्व के बावजूद अपनी पार्टी को नहीं जीता सके। जनवरी, सन् 1989 ई. में तमिलनाडु विधानसभा के चुनाव में इस दल को पूर्ण बहुमत प्राप्त हुआ। एम. करुणानिधि मुख्यमन्त्री बने, लेकिन सन् 1991 ई. के संसदीय और विधान सभा चुनाव में इस दल का लगभग सफाया हो गया और सन् 1992 ई. के अन्तिम महीनों में इस दल के नेताओं के बीच भारी मतभेद पैदा हो गये। सन् 1993 ई. के अन्तिम महीनों में दल के एक प्रमुख नेता गोपाला स्वामी को दल से निष्कासित कर दिया गया। इस प्रकार द्रमुक में पुनः विभाजन हो गया।

मई, सन् 1996 ई. के आम चुनावों में डी. एम. के. ने 18 स्थान प्राप्त किये और राज्य विधानसभा में 172 स्थान प्राप्त किये। दल के नेता करुणानिधि तमिलनाडु के मुख्यमन्त्री बने। डी. एम. के. को इसमें 20 स्थान प्राप्त हुए, जिससे दल की स्थिति काफी मजबूत हुई थी। सन् 1998 ई. के और सन् 1999 ई. के लोकसभा चुनावों में इस दल को क्रमशः 06 और 11 स्थान प्राप्त हुए। वर्तमान में यह कांग्रेस के नेतृत्व वाले गठबन्धन का एक अंग है और सन् 2004 ई. के लोकसभा चुनाव में इस पार्टी को 16 स्थान प्राप्त हुए। सन् 2009 ई. के लोकसभा चुनाव मे इस दल को 18 स्थान प्राप्त हुए है।

**(6) अन्ना डी. एम. के.** (Anna D.M.K.)—अविभाजित द्रमुक (D.M.K.) के अध्यक्ष करुणानिधि और कोषाध्यक्ष एम. जी. राम चन्द्रन के बीच मतभेद पैदा हो जाने पर नवम्बर, सन् 1972 ई. में रामचन्द्रन ने अपना पृथक् दल अन्ना द्रमुक (A.D.M.K.) का गठन किया। इस दल का पूरा नाम **'अखिल भारतीय अन्ना द्रविड़ मुन्नेत्र कड़गम'** है। यह भी क्षेत्रीय दल है। इस दल का प्रभाव क्षेत्र तमिलनाडु और पाण्डिचेरी है। इस दल की मुख्य नीति है कि राज्य में सत्तारूढ़ होने और अपने हाथ में सत्ता सुरक्षित रखने के लिए केन्द्र में शासक दल के साथ अच्छे सम्बन्ध बनाये रखे जायें। आपातकाल की अवधि में भी यह दल श्रीमती गाँधी का कट्टर समर्थक था। उसके बाद इस दल ने न केवल जनता पार्टी का समर्थन किया, बल्कि जनता पार्टी के मन्त्रिमण्डल में अन्ना द्रमुक के दो सदस्य के वाला पंजनूर और श्रीमती सत्यवाणी मृथु मन्त्री भी रहे। अन्ना द्रमुक ने अपना कोई घोषणा-पत्र प्रकाशित नहीं किया, लेकिन ग्रामीण महिलाओं और युवकों में इस दल और उसके नेता राम चन्द्रन की भारी लोकप्रियता थी। इस लोकप्रियता का कारण था कि वे सिने-कलाकार भी थे। इसीलिए तमिलनाडु की राजनीति को सिनेमाई राजनीति कहा जाता है।

मई-जून, सन् 1991 ई. के लोकसभा और विधानसभा चुनाव में इस दल ने एम. जी. आर. की स्मृति तथा काँग्रेस (इ) के साथ गठबन्धन के आधार पर भाग लिया। दल के सबसे प्रमुख वायदे थे—पूर्ण नशाबन्दी, भ्रष्टाचार रहित प्रशासन और

स्थानीय संस्थाओं के नियमित चुनाव। इस दल के घोषणा पत्र में कहा गया कि पिछड़ी जातियों के लिए केन्द्र सरकार द्वारा सभी वर्गों की नौकरियों में 27 प्रतिशत नहीं, वरन् 50 प्रतिशत आरक्षण दिया जाना चाहिए और पिछड़ी जातियों के निर्धनों के लिए पृथक् आरक्षण होना चाहिए एवं आतंकवादी तत्वों का घोर विरोध किया जाना चाहिए। इस प्रकार विभाजित इस दल ने भी जयललिता के नेतृत्व में सफलता प्राप्त की और राज्य के सभी 40 लोकसभा सीटों पर काँग्रेस (इ) तथा अखिल भारतीय अन्ना द्रमुक गठबन्धन को विजय प्राप्त हुई। यह विजय सुश्री जयललिता की विजय थी। अतः उन्होंने राज्य में महानायिका की छवि बनाई और राज्य की भूमिका का विश्लेषण करना प्रासंगिक है। श्री नरसिंह राव के नेतृत्व वाली अल्पमतीय काँग्रेस (इ) सरकार को सत्ता में बनाये रखने में अखिल भारतीय अन्ना द्रमुक का सहयोग बहुत महत्वपूर्ण था। मई, सन् 1996 ई. के ग्यारहवीं लोकसभा चुनावों में भी अन्ना द्रमुक और इंका गठबन्धन का पलड़ा भारी दिखाई दिया भले ही पाण्डिचेरी के कृष्णन गुट ने इस दल से अलग होकर द्रमुक टी. एम. सी. से हाथ मिलाया, लेकिन इस दल की स्थिति पूर्व के समान है तथा श्री वैध लिंगम की स्थिति मजबूत है। तेजी से बदलते परिप्रेक्ष्य में इस दल ने केन्द्र में अटल बिहारी वाजपेयी के मन्त्रिमण्डल को समर्थन दिया। इस दल के सदस्य वाजपेयी मन्त्रिमण्डल के सदस्य भी रहे किन्तु कुछ प्रश्नों पर मतभेद पैदा हो जाने के परिणामस्वरूप इस दल ने भाजपा के नेतृत्व वाली सरकार से अपना समर्थन वापस लेकर देश को मध्यावधि चुनावों में धकेल दिया। सन् 2009 ई. के लोकसभा चुनावों में इस दल को 9 स्थानों पर विजय प्राप्त हुई।

**(7) डी. एम. के. (एम.)**—तमिलनाडु के तीसरे क्षेत्रीय दल डी. एम. के. (एच) अर्थात् मुरलारची की स्थापना की मई, सन् 1994 ई. में हुई। इसके नेता गोपालास्वामी हैं। इस दल का मुख्य उद्देश्य तमिलनाडु की जनता में पुनर्जागरण लाना और मुख्यमन्त्री जयललिता को सत्ता से हटाना है। वर्तमान लोकसभा (2009) में इसे 1 स्थान प्राप्त है।

**(8) तेलगूदेशम्**—तेलगूदेशम् आन्ध्र प्रदेश का क्षेत्रीय दल है। सन् 1982 ई. के प्रारम्भिक महीनों में इस दल की स्थापना हुई। इस दल की स्थापना में इस के अध्यक्ष एन. टी. रामाराव, तेलगू भाषा के समाचार-पत्र इन्राह के सम्पादक रामोत्री राव और पी उपेन्द्र की महत्वपूर्ण भूमिका रही। अपनी स्थापना के समय और उसके बाद चुनावों में तेलगूदेशम् का सबसे प्रमुख नारा था **"तेलगू आत्म गौरव की रक्षा"**। इस दल ने जनवरी, सन् 1993 ई. के विधान सभा चुनावों में भारी बहुमत प्राप्त किया। तेलगूदेशम् दल राज्य स्वायत्तता का प्रबल समर्थक है और सदैव ही केन्द्र राज्य सम्बन्धों पर पुनर्विचार की माँग करता रहा है। इस दल ने अपने शासन काल में जनता को दो रुपये किलो की दर से चावल दिलवाये और प्राथमिक पाठशालाओं के छात्रों के लिए दोपहर के भोजन का व्यापक कार्यक्रम चलाया।

एन. टी. रामाराव की राजनीतिक महत्वाकांक्षाएँ आन्ध्र प्रदेश तक सीमित नहीं थीं। अतः सन् 1988 ई. में राष्ट्रीय मोर्चा की स्थापना में एन. टी. आर. ने प्रमुख भूमिका निभाई थी। जिसके कारण वे आन्ध्र प्रदेश में भारी राजनीतिक सफलता की आशा करते थे, लेकिन स्थिति घोर निराशाजनक रही। आठवीं लोकसभा में तेलगूदेशम् सबसे बड़ा विपक्षी दल था। नवीं लोकसभा में तेलगूदेशम् मात्र दो स्थान ही प्राप्त कर सका। सम्भवतया आन्ध्र प्रदेश की जनता एन. टी. आर. के तानाशाही रवैये से और उनके द्वारा अपनाये गये दामाद वाद से घोर असन्तुष्ट थी। इसी कारण दसवीं लोकसभा चुनाव के समय तेलगूदेशम् ने आन्ध्र में पुनः अपना वर्चस्व स्थापित करने का प्रयत्न किया, जिसमें उसे आंशिक सफलता ही प्राप्त हुई। सन् 1988 ई. से तेलगूदेशम् में चली आ रही गुटबन्दी ने सन् 1992 ई. में स्पष्ट विभाजन को जन्म दिया। आज तेलगूदेशम् दो गुटों में विभाजित है। तेलगूदेशम् (एन. टी. आर. गुट) और तेलगूदेशम् (राजूगुट)। इनमें राजूगुट ने नरसिंह राव सरकार की काँग्रेस को समर्थन दिया था। सन् 1994 ई. के अन्तिम महीनों में आन्ध्र विधानसभा के चुनावों में तेलगुदेशम् को जनता का भारी समर्थन प्राप्त हुआ। इन चुनावों में तेलगूदेशम् ने दो रुपये किलो चावल तथा साथ ही मद्य-निषेध के लोकप्रिय वायदे किये थे। जिसके कारण उन्हें जनता का समर्थन विश्वास प्राप्त हुआ। इसी के साथ सन् 1995 ई. के अन्तिम महीनों में एन. टी. रामाराव की दामाद नीति के विरोध स्वरूप चन्द्रबाबू नायडू आन्ध्र प्रदेश के मुख्यमन्त्री बने। कुछ समय पश्चात् एन. टी. रामाराव के निधन के पश्चात् तेलगूदेशम् का प्रभाव और अधिक बढ़ गया। मई, सन् 1996 ई. के ग्यारहवीं लोकसभा में तेलगूदेशम् के विभाजन के बाद इस दल ने 42 सीटों पर अपने प्रत्याशी खड़े किये, जिसमें पार्वती और नायडू के बीच सीधा मुकाबला था। लेकिन सफलता तेलगूदेशम् पार्टी को ही प्राप्त हुई। जिसने मई, सन् 1996 ई. के लोकसभा चुनाव में तेलगूदेशम नायडू के गुट ने 17 स्थान प्राप्त कर एक लम्बे समय से चली आ रही एन. टी. रामाराव की पार्टी (पार्वती गुट) को करारी हार दी। तेलगूदेशम् पार्टी ने संयुक्त मोर्चा की सरकार का समर्थन किया। इसके सदस्य बी. बी. रमैया को केन्द्रीय मन्त्रिमण्डल में शमिल किया गया। तेलगूदेशम् पार्टी आज सम्पूर्ण रूप से भाजपा के नेतृत्व वाले 'राष्ट्रीय जनतान्त्रिक

गठबन्धन' के साथ है। सन् 1999 ई. के लोकसभा चुनावों में इस पार्टी ने 29 स्थान प्राप्त कर केन्द्र में अपने महत्व को बनाये रखा। सन् 1998 ई. के चुनावों में तेलगूदेशम पार्टी को मात्र 12 स्थान ही प्राप्त हुए थे। चन्द्रा बाबू नायडू इस दल के अध्यक्ष हैं। केन्द्र में अटल बिहारी वाजपेयी की सरकार को तेलगूदेशम् पार्टी बार से समर्थन दे रही थी। वर्तमान लोकसभा (2009) में इसके 6 सदस्य हैं।

**(9) शिवसेना**—शिवसेना वर्तमान भारतीय राजनीति में एक ऐसा दल है जो क्षेत्रीय होने के साथ-साथ साम्प्रदायिक भी है। बाल ठाकरे इस दल के निर्विवाद नेता हैं। शिवसेना एक "हिन्दुत्ववादी" दल है। महाराष्ट्र इस दल का प्रमुख कार्य क्षेत्र है। नवीं लोकसभा चुनाव में बाल ठाकरे के चुनाव लड़ने पर और वोट डालने पर प्रतिबन्ध लगा दिया गया था। उन्हें चुनाव में धर्म का दुरुपयोग करने और भ्रष्ट तरीका अपनाने का दोषी पाया गया था। बाद में चुनाव आयोग ने इस दल को महाराष्ट्र के एक क्षेत्रीय दल के रूप में मान्यता प्रदान की है।

सन् 1986 से 1991 ई. के मध्य शिवसेना ने अपनी शक्ति और प्रभाव में भारी वृद्धि की है। शिव सेना अब महाराष्ट्र के छोटे-छोटे गाँवों तक पहुँच गई है। पूरे महाराष्ट्र राज्य में सेना की 10 हजार से अधिक शाखाएँ स्थापित हो गयी हैं। नवीं और दसवीं लोकसभा के चुनाव एवं ग्यारहवीं लोकसभा के चुनाव शिवसेना ने महाराष्ट्र में भाजपा के साथ गठबन्धन के आधार पर लड़े थे और सीमित सफलता प्राप्त की थी। सन् 1995 ई. के प्रारम्भ में महाराष्ट्र विधानसभा के चुनाव में अपनी लोकप्रियता का परिचय देकर शिवसेना ने सत्ता प्राप्त कर ली थी। शिवसेना और बालठाकरे लोकतान्त्रिक सीमाओं का पालन करने वाली शक्ति और उत्तरदायी एवं संयमित आचरण का पालन कर पायेंगे अथवा नहीं, यह बात भविष्य के गर्भ में है, लेकिन मई, सन् 1996 ई. के लोकसभा चुनाव में 15 स्थान प्राप्त कर यह स्पष्ट कर दिया है कि इस दल की स्थिति में उत्तरोत्तर वृद्धि होती जा रही है और भाजपा के साथ गठबन्धन होने के कारण भाजपा का पूरा समर्थन कर रही है। सन् 1998 ई. के लोकसभा चुनावों में इस दल को 8 स्थान प्राप्त हुए थे। सन् 1999 ई. के लोकसभा चुनावों में इस दल ने 5 स्थान प्राप्त कर अपनी लोकप्रियता का परिचय दिया है। महाराष्ट्र विधानसभा के चुनावों में भाजपा-शिवसेना गठबन्धन को उल्लेखनीय सफलता प्राप्त नहीं हो सकी है। वर्तमान में (2009) लोकसभा में शिवसेना के 11 सदस्य है। सन् 2005 और 2006 ई. में शिवसेना के कई महत्वपूर्ण नेता इससे अलग हो गए। इनमें प्रमुख हैं—राणे, राज ठाकरे आदि। 17 नवम्बर 2012 को शिवसेना के संस्थापक बाल ठाकरे का लम्बी बीमारी के बाद निधन हो जाने के पश्चात् अब उनके पुत्र उधव ठाकरे इस दल के प्रमुख बन गए हैं।

**(10) असमगण परिषद्**—सन् 1979 से 1985 ई. के वर्षों में असम आन्दोलन को संचालित करने वाले दो प्रमुख संगठन है—**'अखिल असम छात्र संघ' 'अखिल असम गण परिषद्'** (अगप)। इन दोनों संगठनों का ही राजनीतिक रूप **'असम गण परिषद्'** है। अगस्त, सन् 1985 ई. में सम्पन्न असम समझौते के बाद असम में लोकतान्त्रिक पद्धति से सत्तारूढ़ होना इस दल का प्रमुख कार्यक्रम था—असम में अवैध रूप से प्रवेश करने वाले विदेशियों की रोकथाम असमी भाषा, असमी संस्कृति, असम मूल निवासियों के हितों की रक्षा आदि। इस दल ने अल्पसंख्यकों के जानमाल और हितों की रक्षा का आश्वासन भी दिया था। असम गण परिषद् के अध्यक्ष थे प्रफुल्ल कुमार मोहन्ती और भृगु कुमार फूकन महामन्त्री थे। इन दोनों के बीच मतभेदों के परिणामस्वरूप सन् 1991 ई. में यह परिषद् दो दलों में बँट गई। दसवीं लोकसभा और विधानसभा के चुनावों में असम गण परिषद् के जन समर्थन में भारी गिरावट आयी है। लेकिन ग्यारहवीं लोकसभा के चुनावों में असम गण परिषद् ने 5 स्थान प्राप्त किये थे। दल के अध्यक्ष प्रफुल्ल कुमार मोहन्ती निर्वाचित किये गये थे। इस तरह असम गण परिषद् ने पुन: जन समर्थन प्राप्त किया। यह दल संयुक्त मोर्चा सरकार का समर्थन कर सरकार में भी सम्मिलित हुआ था। वर्तमान लोकसभा (2009) में इसे 1 स्थान प्राप्त हुआ है।

**(11) झारखण्ड मुक्ति मोर्चा** (J.M.M.)—यह बिहार का एक क्षेत्रीय दल है। जिसे बिहार की जनजाति क्षेत्रों में अच्छा समर्थन प्राप्त है। इस दल या मोर्चा का सर्वप्रमुख उद्देश्य—बिहार, उड़ीसा, मध्य प्रदेश और पश्चिमी बंगाल के जनजाति क्षेत्रों को मिलाकर झारखण्ड राज्य की स्थापना करना है। दसवीं लोकसभा के चुनाव में झारखण्ड मुक्ति मोर्चा ने राष्ट्रीय मोर्चा के साथ जुड़कर चुनाव लड़े थे। बिहार की लालू प्रसाद यादव सरकार के समर्थन या विरोध के प्रश्न पर सन् 1992 ई. में झारखण्ड मुक्ति मोर्चा भी दो भागों में बँट गया हैं। इस मोर्चा के तीन गुट हैं—सोरेन गुट, भाडी गुट और हीरो गुट। मई, सन् 1996 ई. के आम चुनाव में इस दल ने मात्र 01 स्थान प्राप्त किया था। वर्तमान लोकसभा (2009) में इस दल को 2 स्थान प्राप्त हैं।

**(12) हरियाणा विकास पार्टी**—हरियाणा विकास पार्टी एक क्षेत्रीय दल है। इस दल का नेतृत्व बंसीलाल के हाथों में है। यह दल 6 वर्षों से हरियाणा में सक्रिय है। मई, सन् 1996 ई. में ग्यारहवीं लोकसभा में इस पार्टी ने भाजपा के साथ गठबन्धन कर अपनी शक्ति में वृद्धि की और लोकसभा में कुछ स्थान प्राप्त किये और विधानसभा में पूर्ण बहुमत प्राप्त किया। बंसीलाल हरियाणा के मुख्यमन्त्री नियुक्त किये गये। सन् 1999 ई. में अविश्वास प्रस्ताव के कारण बंसीलाल को मुख्यमन्त्री पद से हटना पड़ा। तत्पश्चात् इनेलोद के नेता ओमप्रकाश चौटाला हरियाणा के मुख्यमन्त्री बने। वर्तमान में भूपेन्द्र सिंह हुड्डा हरियाणा के मुख्यमन्त्री हैं। यहाँ काँग्रेस पार्टी की सरकार है। इस दल की नीति इस प्रकार है—भ्रष्टाचार का अन्त हरियाणा राज्य का विकास, मद्यनिषेध और कृषि तथा उद्योग-धन्धे का विकास आदि।

**अन्य राजनीतिक दल**—उपर्युक्त मुख्य राजनीतिक दलों के अतिरिक्त अन्य राजनीतिक दल विभिन्न राज्यों की राजनीति में सक्रिय हैं; जैसे—मणिपुर में पीपुल्स पार्टी, मिजोरम में मिजो नेशनल फ्रन्ट, नागालैण्ड फ्रन्ट, असम हरियाणा विकास पार्टी में प्लेसे ट्राइबल्स काउन्सिल, सिक्किम संग्राम परिषद, त्रिपुरा में त्रिपुरा उपजाति सभा, गोवा-दमन और दीव में महाराष्ट्र वादी गोमान्तक पार्टी, केरल काँग्रेस (मणिगुट और मुस्लिम लीग), मेघालय ऑल पार्टी हिल, लीडर्स कांफ्रेन्स, हिल स्टेट यूनियन, अरुणाचल में पीपुल्स पार्टी।

इसी प्रकार मई, सन् 1996, 1998, 1999, 2004 ई. और 2009 ई. के आम चुनावों में अन्य अनेक छोटे-छोटे राजनीतिक दलों ने भाग लिया, जिसमें एम. आइ. एम., एम. जी. पी. यू. जी. पी., एम. यू. एल., एस. डी. एफ. ए. एस. डी. सी., भारतीय लोक पंचायत आदि प्रमुख हैं।

इस प्रकार उत्तर प्रदेश, महाराष्ट्र और बिहार की राजनीति में समय-समय पर कुछ अन्य राजनीतिक दलों का उदय व अस्त होता जा रहा है। वस्तुत: ये सभी राजनीतिक दल भारतीय राजनीति की अस्थिर, अनिश्चित और अवसरवादी प्रकृतियों का परिणाम है। प्रजातान्त्रिक आचार विचार को बनाये रखने की दृष्टि से इन छोटे-छोटे दलों का अपने समान विचारधारा वाले राष्ट्रीय दलों के साथ विलय ही उचित है।

## प्रश्न
## (Questions)

**दीर्घ उत्तरीय प्रश्न** (Long Answer Type Questions)

1. भारत में दलीय प्रणाली की मुख्य विशेषताओं का वर्णन कीजिए।
   (Discribe the chief characteristics of Party System in India.)
2. भारतीय राजनीतिक दल प्रणाली में उदित हो रही नई प्रवृत्तियों का वर्णन कीजिए।
   (Describe the new tendencies of Indian Political Parties.)
3. भारतीय प्रजातन्त्र के क्रियान्वयन में प्रमुख क्षेत्रीय एवं राज्य स्तर दलों की भूमिका की विवेचना कीजिए।
   (Discuss the role of main provincial parties and state level parties in the exection of Indian democracy.)
4. भारत के संसदीय प्रजातन्त्र की कार्यकारिणी में भारतीय जनता दल की भूमिका का वर्णन कीजिए।
   (Describe the role if Indian Janta dal in the executive of Parliamentary Democracy in India.)
5. भारतीय राजनीतिक दल पद्धति पर एक आलोचनात्मक लेख लिखिए।
   (Write a critical essay on Indian Political Party System.)
6. भारतीय प्रजातन्त्र में राष्ट्रीय राजनीतिक दलों की विशेषताओं का वर्णन कीजिए।
   (Describe the characteristics of National Political Parties in Indian Democracy.)
7. भारतीय राष्ट्रीय काँग्रेस(इ) की विचारधारा और नीतियों का वर्णन कीजिए।
   (Describe the thoughts and policies in Indian National Congress(I).)
8. भारतीय जनता पार्टी की विचारधारा और नीतियों का वर्णन कीजिए।
   (Describe the thoughts nad policies of Bhartiya Janta Party.)

9. भारत में दलीय पद्धति के विकास का वर्णन कीजिए।
(Describe the development of Party System in India.)
10. भारत के प्रमुख राजनीतिक दलों का वर्णन कीजिए।
(Describe the chief political parties of India.)
11. राष्ट्रीय हितों को सुरक्षित रखने में भारत के प्रमुख राजनीतिक दल क्या भूमिका निभाते हैं और कैसे ?
(What is the role of chief political parties of India to safe the national interests.)
12. भारत के राजनीतिक दलों के आचरण में क्या कमियाँ हैं ? उसके निराकरण के उपाय समझाइए।
(What are the short comings in the character of Indian Political Parties ? Give suggestions to remove these short comings.)
13. भारत के राजनीतिक दलों की प्रमुख विशेषताओं का उल्लेख करें।
(Discuss the chief characteristics of political parties of India.)
14. भारत के किसी भी एक राष्ट्रीय दल की नीतियों एवं कार्यक्रमों का वर्णन कीजिए।
(Describe the policies and programmes of one National Party of India.)
15. भारत की बहुदलीय प्रणाली के गुण-दोषों की विवेचना कीजिए।
(Discuss the merits and demerits of multi party system in India.)
16. भारत की बहुदलीय राजनीतिक प्रणाली का आलोचनात्मक वर्णन कीजिए।
(Describe critically the multi party political system of India.)
17. भारतीय संसद में विरोधी दलों के गठन, उद्देश्य एवं कार्य-पद्धति का वर्णन कीजिए।
(Describe the organisation aims and functions method of opposition parties in Indian Parliament.)
18. भारतीय संसद में विरोधी दल की भूमिका की विवेचना कीजिए।
(Discuss the role of opposition party in Indian Parliament.)
19. भारतीय राजनीतिक दल की दुर्बलताओं का आलोचनात्मक परीक्षण कीजिए।
(Examine critically the short comings of Indian political parties.)
20. भारतीय दल प्रणाली की प्रमुख विशेषताओं का वर्णन कीजिए।
(Describe the chief characteristics of Indian Party System.)
21. भारतीय राजनीति के प्रमुख क्षेत्रीय दलों की मुख्य विशेषताओं एवं उनकी भूमिका की विवेचना कीजिए।
(Discuss the main characteristics of major regional parties of India and their role in Indian politics.)
22. भारत में राजनीति दल पद्धति की विशेषताओं का वर्णन कीजिए।
(Describe the characteristics of politics party system in India.)
23 "भारत में राजनीतिक दल है, परन्तु दल व्यवस्था नहीं।" व्याख्या कीजिए।
("There are political Parties in India, but there is no party system." Discuss.)
24. भारत के कुछ प्रमुख राजनीति दलों के संगठन तथा उद्देश्यों का वर्णन कीजिए।
(Describe the organisation and aims of some chief political parties of India.)
25. भारतीय दलीय प्रणाली के मुख्य दोष क्या हैं ? इन दोषों को दूर करने के लिए अपने सुझाव दीजिये।
(What are the chief demerits of Indian party system ? Give your suggestions to remove the demerits.)
26. राजनीतिक दल की परिभाषा दीजिए। दबाव समूह में ये किस प्रकार भिन्न हैं ? प्रजातान्त्रिक व्यवस्था में राजनीतिक दलों के महत्व को स्पष्ट कीजिए।
(Define political party. How they are differ from Pressure Groups ? Discuss the importance of Political in Democracy.)
27. भारतीय राजनीति में राजनीतिक दलों की भूमिका स्पष्ट कीजिए।
(Clear the role of Political parties in Indian Politics.)
28. सन् 1999 ई. के पश्चात् भारत में दल व्यवस्था के स्वरूप और लक्षणों का परीक्षण कीजिए।
(Examine the nature and features of party system in India after 1999.)

29. भारतीय राजनीति के प्रमुख क्षेत्रीय दलों की मुख्य विशेषताओं, एवं उनकी भूमिका की विवेचना कीजिए।
(Discuss the main characteristics and role of main regional parties in Indian Politics.)

## लघु उत्तरीय प्रश्न (Short Answer Type Questions)

1. भारत के कुछ प्रमुख क्षेत्रीय राजनीतिक दलों के नाम लिखिए।
2. भारतीय जनता पार्टी की स्थापना कब हुई ?
3. निम्नलिखित में से किसी एक राजनीतिक दल पर संक्षिप्त निबन्ध लिखिए–
   (अ) काँग्रेस (इ)
   (ब) भारतीय जनता पार्टी
   (स) भारतीय साम्यवादी पार्टी एवं मार्क्सवादी दल।
4. बहुदलीय प्रणाली की चार विशेषताएँ बताइए।
5. तिवारी काँग्रेस की स्थापना कब हुई ?
6. राष्ट्रपति की स्थिति बताइए।
7. टिप्पणी लिखिए–
   (1) उपराष्ट्रपति
   (2) राष्ट्रपति का निर्वाचन।

## बहुविकल्पीय वस्तुनिष्ठ प्रश्न (Multiple Choice Type Objective Questions)

**1. लोकसभा में मान्यता प्राप्त विरोधी दल कौन-सा है–**

(a) काँग्रेस (b) तेलगूदेशम्
(c) भाजपा (d) कम्युनिस्ट पार्टी।

**उत्तर**–(c) भाजपा।

**2. भारत में कौन-से प्रकार की दल प्रणाली हैं–**

(a) बहुदलीय पद्धति (b) द्विलीय पद्धति
(c) एकदलीय पद्धति (d) दलविहीन पद्धति।

**उत्तर**–(a) बहुदलीय पद्धति।

**3. कौन-सा दल राष्ट्रीय नहीं है–**

(a) बहुजन समाज पार्टी (b) झामुमो
(c) काँग्रेस (इ) (d) साम्यवादी दल।

**उत्तर**–(b) झामुमो ।

**4. सन् 1997 ई. में कौन-सा गठबन्धन सत्तासीन था–**

(a) जनता दल (b) काँग्रेस (इ)
(c) राष्ट्रीय जनतान्त्रिक गठबन्धन (d) साम्यवादी दल।

**उत्तर**–(c) राष्ट्रीय जनतान्त्रिक गठबन्धन।

**5. राष्ट्रवादी काँग्रेस की स्थापना कब हुई–**

(a) मई, सन् 1995 ई. (b) जून, सन् 1993 ई.
(c) जनवरी, सन् 1990 ई. (d) मई, सन् 1999 ई.।

**उत्तर**–(c) जनवरी, सन् 1990 ई.।

●●

# दबाव समूह : प्रकार और पद्धतियाँ

# [PRESSURE GROUPS : TYPES AND METHODS]

> *"एक दबाव समूह उन लोगों का औपचारिक संगठन होता है, जिनके एक या अधिक सामान्य उद्देश्य होते हैं और घटनाचक्र को, विशेष रूप से विधि निर्माण और प्रशासनिक कार्यों को प्रभावित करने के लिए प्रयत्नशील रहते हैं, जिससे कि वे अपने हितों की रक्षा कर सकें और उन्हें प्रोत्साहन भी दे सकें।"*
>
> —ओडीगार्ड

वर्तमान राजनीतिक प्रक्रिया में दबाव समूह को धोखा, भ्रष्टाचार, बुराई आदि का प्रतीक मानते हुए लोकतन्त्र की जड़ें कमजोर करने वाला माना जाता है, परन्तु वास्तव में दबाव समूह लोकतन्त्र के पक्ष पोषक एवं सहयोगी हैं। इसका कारण यह है कि राजनीतिक दल समस्त वर्गीय हितों का पूर्ण प्रतिनिधित्व करने में असमर्थ हैं। इसीलिए विभिन्न वर्गीय हितों का प्रतिनिधित्व करने के उद्देश्य से दलीय प्रणाली के साथ दबाव समूह व हित समूह विकसित हुए हैं। ये समूह गैर सरकारी एवं अराजनीतिक संगठन होते हुए भी इतने सक्रिय हैं कि शासकीय निर्णय की प्रक्रिया पूर्णत: इनसे प्रभावित होती है अत: वर्तमान में राजनीति केवल राज्य और शासन का ही विज्ञान नहीं रह गया है, वरन् दबाव समूह व हित समूहों को भी अध्ययन के क्षेत्र में सम्मिलित किया जाने लगा है।

इस प्रकार दबाव समूह आधुनिक लोकतन्त्र के अभिन्न अंग हैं। लोकतन्त्रीय देशों में राजनीतिक दलों के विकास के साथ-साथ दबाव समूह व हित समूह विकसित हुए हैं। ये समूह गैर सरकारी एवं अराजनीतिक संगठन होते हुए भी इतने सक्रिय हैं कि शासकीय निर्णय की प्रक्रिया पूर्णत: इनसे प्रभावित होती है अत: वर्तमान में राजनीति केवल राज्य और शासन का ही विज्ञान नहीं रह गया है, वरन् दबाव समूह व हित समूहों को भी अध्ययन के क्षेत्र में सम्मिलित किया जाने लगा है।

इस प्रकार दबाव समूह आधुनिक लोकतन्त्र के अभिन्न अंग हैं। लोकतन्त्रीय देशों में राजनीतिक दलों के विकास के साथ-साथ अथवा हित समूह का विकास होता है। ये देश की राजनीति में महत्वपूर्ण भूमिका का निर्वाह करते हैं। इनका उद्देश्य राजनीतिक दलों की भाँति सत्ता प्राप्त करना नहीं होता, वरन् सत्तारूढ़ दल की नीतियों को अपने पक्ष में प्रभावित करना होता है। राजनीतिक दल चुनावों में भाग लेते हैं, जबकि दबाव समूह चुनाव में अपने उम्मीदवार खड़े नहीं करते। इसके अतिरिक्त राजनीतिक दलों के उद्देश्य तथा कार्यक्रम बहुत व्यापक होते हैं, जबकि दबाव समूहों के लक्ष्य अपेक्षाकृत संकुचित होते हैं। राजनीतिक दल व्यवस्थापिका में कार्य करते हैं, जबकि दबाव समूह व्यवस्थापिका के बाहर कार्य करते है। ये व्यक्तिगत संगठन होते हैं, जो विशेष सामाजिक, आर्थिक और व्यावसायिक हितों की रक्षा के लिए प्रयत्नशील रहते हैं। राजनीतिक क्षेत्र में नीति निर्धारण और प्रशासन पर दिन-प्रतिदिन इनका प्रभाव बढ़ता जा रहा है।

## हित समूह या दबाव समूह का अर्थ एवं परिभाषा

## (Meaning and Definition of Pressure Gropus)

प्राय: हित समूह और दबाव को समान मानते हुए इन्हें दबाव समूह के नाम से ही सम्बोधित किया जाता है, परन्तु हित समूह हित वाले लोग अपने हित की रक्षा करने के उद्देश्य से संगठित हो जाते हैं; जैसे—मजदूर, कृषक, उद्योगपति, शिक्षक एवं व्यवसायी संघ आदि। इस प्रकार प्रत्येक समाज और देश में विभिन्न हितों के आधार पर विभिन्न हित समूह बन जाते हैं, जिनका

उद्देश्य अपने सदस्यों के विविध सामाजिक, आर्थिक, व्यावसायिक आदि हितों की रक्षा करना होता है। एक व्यक्ति के समाज में अनेक हित हो सकते हैं। अत: यह एक साथ अनेक हित समूहों का सदस्य हो सकता है।

प्रत्येक समाज में अलग-अलग हितों की रक्षा और सम्वर्द्धन के लिए बने हित समूहों का उद्देश्य होता है—अपने हितों की रक्षा करना तथा उनका सम्वर्द्धन करना। जब कोई हित समूह अपने उद्देश्य की पूर्ति हेतु राजनीतिक दृष्टि से सक्रिय होकर शासन को प्रभावित करने का प्रयत्न करता है। तो वह हित समूह दबाव समूह बन जाते हैं अथवा जब कोई हित समूह अपने उद्देश्य की पूर्ति के लिए सरकार से सहायता चाहने लगता है पर अपने सदस्यों के हितों के अनुकूल कानून निर्माण और उसमें संशोधन के लिए विधेयक को प्रभावित करने लगता है, तो यही हित समूह दबाव समूह बन जाते हैं। दूसरे शब्दों में, जब कोई हित समूह अपने हितों की पूर्ति के लिए शासन पर दबाव डालने लगता है, तो वह दबाव समूह बन जाता है।

**दबाव समूह एवं हित समूह में अन्तर**

हित समूह राजनीतिक प्रक्रिया से प्रत्यक्ष रूप से सम्बन्धित नहीं होते हैं। हित समूह अपने उद्देश्यों की पूर्ति हेतु अनुनय-विनय और समझौता वार्ता जैसे वैधानिक साधनों को अपनाते हैं, जबकि दबाव समूह सामान्यत: तोड़-फोड़, आतंक और हिंसा जैसे, दबाव को साधनों का प्रयोग करते हैं, परन्तु अनेक विद्वानों ने इन दोनों के सूक्ष्म से अन्तर को कोई महत्व न देते हुए दोनों को एक ही मानते हुए अनेक नामों से सम्बोधित किया है। जैसे—हित समूह, गैर सरकारी संगठन, लॉबीज, अनौपचारिक संगठन आदि।

**दबाव समूह की परिभाषा**

व्यक्तियों के ऐसे समूह को दबाव समूह कहा जाता है, जो किसी कार्यक्रम के आधार पर निर्वाचकों को प्रभावित नहीं करते; परन्तु जिनका सम्बन्ध विशेष मसलों पर होता है। ये राजनीतिक संगठन नहीं होते परन्तु इनका उद्देश्य अपने हितों के अनुकूल कानून का निर्माण और अपने हितों के विरोधी विधेयकों को वापस करने या पारित न होने देने का प्रयास करते हैं, परन्तु ये तभी सक्रिय होते हैं, जब इनके हितों को खतरा होता है, अन्यथा ये निष्क्रिय बने रहते हैं। इसीलिए इन्हें अज्ञात साम्राज्य कहा जाता है। विभिन्न विचारकों ने दबाव समूह को निम्नलिखित रूपों में परिभाषित किया है—

**(1) प्रो. एम. जी. गुप्ता** के अनुसार, "दबाव समूह वास्तव में एक ऐसा माध्यम है, जिसके द्वारा सामान्य हित वाले व्यक्ति सार्वजनिक मामलों को प्रभावित करने का प्रयास करते हैं। इस अर्थ में ऐसा कोई भी सामाजिक समूह जो प्रशासकीय और विधायी दोनों ही प्रकार के निर्णय कर्त्ताओं को सरकार पर नियन्त्रण करने हेतु कोई प्रयास किये बिना ही प्रभावित करना चाहता है, तो वह दबाव समूह कहलायेगा।

**(2) आर. सी. बोन** के अनुसार, "यह (दबाव समूह) राजनीतिक प्रक्रिया में सम्मिलित व्यक्तियों का संयोजन है, जो शासन प्रक्रिया पर औपचारिक नियन्त्रण के बिना ही समाज के मूल्यों के अधिकाधिक नियन्त्रण में अपने उद्देश्यों को प्राथमिकता के मुद्दे बनाता है।"

**(3) माइरन वीनर** के अनुसार, "दबाव समूह का अभिप्राय: स्वेच्छा है जो शासकीय ढाँचा से बाहर रहकर शासकीय अधिकारियों के निर्वाचन मनोनयन तथा सार्वजनिक नीति के निर्माण एवं क्रियान्वयन को (अपने हित में) प्रभावित करने का प्रयास करती है।

**(4) एच जेग्लर** (H. Zeigler) के अनुसार, "दबाव समूह ऐसे व्यक्तियों का संगठित समूह है, जो अपने सदस्यों को औपचारिक रूप से सरकारी पदों पर आसीन कराये बिना सरकारी निर्णयों को प्रभावित करने का प्रयास करता है।"

**(5) फ्रांसिस केसिल्स** के अनुसार, "दबाव समूह का तात्पर्य ऐसे व्यक्ति समूह से होता है, जो शासकीय गतिविधियों के माध्यम से अथवा उसके बिना ही राजनीतिक सुपरिवर्तन लाने का प्रयास करते हैं। ऐसे दबाव समूहों को विधानमण्डल में राजनीतिक दलों के रूप में प्रतिनिधित्व प्राप्त नहीं होता।"

इस प्रकार उपर्युक्त परिभाषाओं का विश्लेषण करने पर स्पष्ट होता है कि दबाव समूह राजनीतिक दल नहीं है और न ही चुनावों में भाग लेते हैं। ये एक समान उद्देश्यों वाले व्यक्तियों का समूह होता हैं, जो अपने उद्देश्यों की पूर्ति हेतु शासन एवं राजनीतिक प्रक्रिया को प्रभावित करने का प्रयास करते हैं। इनका सम्बन्ध विशिष्ट मामलों से होता है। ये शासन एवं राजनीतिक गतिविधियों से प्रत्यक्ष रूप से सम्बन्धित होते हैं तथा अपने हितों को खतरा होने पर ये सक्रिय होते हैं, अन्यथा निष्क्रिय बने रहते हैं।

दबाव समूह और राजनीतिक दल में अन्तर करना कठिन है, क्योंकि भारत में बहुदलीय प्रणाली है। विभिन्न जातियों व वर्गों को ही राजनीतिक दल का रूप दे रखा है, परन्तु दबाव समूह व राजनीतिक दल में घनिष्ठ सम्बन्ध होते हुए भी उनमें आधारभूत अन्तर है, जो अग्र प्रकार है—

(1) राजनीतिक दलों के विस्तृत उद्देश्य व कार्यक्रम होते हैं, परन्तु दबाव समूहों के उद्देश्य बहुत ही सीमित होते हैं।

(2) राजनीतिक दल सामान्य चुनावों में सक्रिय रूप से भाग लेते हैं, परन्तु दबाव समूह निर्वाचनों में अपने उम्मीदवार खड़े नहीं करते हैं।

(3) राजनीतिक दल विधानमण्डलों के भीतर व बाहर दोनों जगह कार्य करते हैं, परन्तु दबाव समूह केवल विधानमण्डल के बाहर ही कार्य करते हैं।

(4) राजनीतिक दल संगठित होते हैं, परन्तु दबाव-समूह और असंगठित दोनों ही हो सकते हैं।

(5) राजनीतिक दल अपने उद्देश्यों की प्राप्ति के लिए केवल संवैधानिक साधनों का सहारा लेते हैं, परन्तु दबाव समूह आवश्यकता अनुसार असंवैधानिक साधनों का प्रयोग से भी नहीं चूकता है।

(6) राजनीतिक दल का उद्देश्य अपनी सरकार बनाना होता है, जिससे वे अपने कार्यक्रम व नीतियों पर अमल करा सकें परन्तु दबाव गुट सरकार बनाना नहीं चाहते हैं, वे तो अपनी विशिष्ट स्वार्थ की पूर्ति के लिए ही जीवित हैं।

## दबाव समूह और लॉबी में अन्तर
## (Difference Between Pressure Groups And Lobby)

लॉबी दबाव समूह की गतिविधियों में से एक विशिष्ट कार्य में लुप्त व्यक्तियों के समूह को कहा जाता है। **राबर्ट सी. बोन** ने लॉबी की परिभाषा करते हुए कहा है कि, **"लॉबी व्यक्तियों का ऐसा समूह है जो विधानमण्डलों के सदस्यों को अपने समूह के विशेष हितों के अनुरूप मत देने के लिए प्रभावित करने का अभियान चलाता है।"** इस प्रकार लॉबी एक प्रकार का दबाव समूह ही है, परन्तु इसका कार्यक्षेत्र बहुत सीमित एवं सुनिश्चित होता है। लॉबी केवल विधेयकों को ही प्रभावित करने के लिए प्रयत्नशील रहते हैं, जबकि दबाव समूह का कार्य राजनीतिक प्रक्रिया को अपने हितों की पूर्ति के लिए विशेष रूप से प्रभावित करना है, जब दबाव समूह का संगठन औपचारिक हो। इस प्रकार लॉबी का कार्यक्षेत्र व लक्ष्य व्यापक है।

## दबाव समूह की विशेषताएँ
## (Characteristics of Pressure Groups)

दबाव समूह की प्रमुख विशेषताएँ निम्नलिखित हैं—

**(1) गैर सरकारी संगठन**—दबाव समूह की महत्वपूर्ण विशेषता यह है कि गैर सरकारी और पूर्णतः निजी संगठन (Private Organisation) होते हैं, जो कुछ स्वार्थ और भ्रष्टाचारी, उद्योगपतियों, अधिकारियों, श्रमिकों और समाज के प्रभावशाली लोगों द्वारा मनमाने ढंग से संगठित कर लिये जाते हैं। इनका कोई संवैधानिक आधार नहीं होता।

**(2) अराजनीतिक संगठन**—दबाव समूह न तो राजनीतिक संगठन होते हैं और न शासन सत्ता पर अधिकार करने का ही उनका कोई लक्ष्य होता है। शासकीय एवं राजनीतिक ढाँचे से बाहर रहकर ही अपने उद्देश्यों की पूर्ति हेतु अपनी गतिविधियों द्वारा राजनीतिक ढाँचे और शासकीय नीतियों को प्रभावित करने का प्रयास करते हैं। चुनाव में अपने प्रत्याशी खड़े नहीं करते, परन्तु अन्य प्रत्याशियों को जिताने में उनकी सहायता करते तथा अपनी हित साधना करने वाली प्रत्येक राजनीतिक गतिविधि से प्रत्यक्ष रूप से सम्बद्ध रहते हैं।

**(3) पारस्परिक सहयोग का अभाव**—भारत में विभिन्न दबाव-समूह में पारस्परिक सहयोग व सद्भाव की कमी है, इतना ही नहीं, इन गुटों में प्रायः कटुभाव व संघर्ष भी रहता है परिणामतः सरकार भी इन दबाव गुटों का विशेष ध्यान नहीं रखती है, जो दबाव समूह का एक प्रमुख लक्षण है।

**(4) संगठन का स्वरूप अनिश्चित**—दबाव समूहों का कोई संवैधानिक आधार न होने के कारण उनका संगठनात्मक स्वरूप भी निश्चित नहीं होता। इसलिए ये संगठित या असंगठित और औपचारिक या अनौपचारिक भी हो सकते हैं। इनके स्वरूप के सम्बन्ध में विद्वान **टुमेन** ने कहा है कि, **"यह आवश्यक नहीं है कि सब समूहों के संगठन का स्वरूप औपचारिक ही हो।"**

**(5) कार्यकाल अनिश्चित**—दबाव समूहों का कार्यकाल निश्चित नहीं होता, क्योंकि ये समूह अपने विशेष उद्देश्यों की पूर्ति या हितों की रक्षा के लिए संगठित होते हैं और लक्ष्य की पूर्ति के पश्चात् इनके स्वरूप में परिवर्तन होते रहते हैं।

**(6) सुनिश्चित एवं समिति सदस्यता**—दबाव समूहों की सदस्यता अनिवार्य नहीं होती, क्योंकि ये समूह अपने विशेष उद्देश्यों की पूर्ति एवं हितों की रक्षा के लिए संगठित होते हैं और लक्ष्य की पूर्ति के पश्चात् इनके स्वरूप में परिवर्तन होते रहते हैं।

**(7) बाह्य नियन्त्रण का प्रभाव**–भारतीय दबाव समूहों पर प्रायः बाह्य नियन्त्रण देखा जाता है। उदाहरण के लिए श्रमिक संघों का मध्यमवर्गीय बुद्धिजीवियों तथा राजनीतिज्ञों का प्रभाव होता है। यह दबाव-समूह की महत्वपूर्ण विशेषता है।

**(8) सैद्धान्तिक वचनबद्धता का अभाव**–भारत में दबाव समूहों की एक महत्वपूर्ण विशेषता यह भी है कि ये दबाव-समूह सिद्धान्तों से इतने प्रभावित नहीं है, जितने कि वे धर्म, जाति आदि से प्रभावित हैं।

**(9) सर्वव्यापकता**–दबाव-समूह को आधुनिक लोकतन्त्र का तो पक्ष पोषक एवं सहयोगी माना जाता है अतः लोकतान्त्रिक राजनीतिक व्यवस्था में तो इनका होना स्वाभाविक है परन्तु राजनीतिक व्यवस्था का स्वरूप कैसा भी क्यों न हो, प्रत्येक राजनीतिक व्यवस्था में ये पाये जाते हैं। यहाँ तक कि निरंकुश और साम्यवादी राजनीतिक व्यवस्था में इनका अस्तित्व पाया जाता है, परन्तु इस प्रकार की व्यवस्थाओं में इनकी गतिविधियाँ गुप्त और सीमित रहती हैं। इस सम्बन्ध में **आर. सी. बोन** ने लिखा है कि, **"दबाव समूह समस्त राजनीतिक व्यवस्थाओं में यहाँ तक कि सर्वाधिकारी राज्यों में भी पाये जाते हैं।"** केवल यह तथ्य कि दबाव समूह साम्यवादी राज्यों में भी होते हैं, इनकी सर्वव्यापकता का प्रमाण है।

**(10) उचित एवं अनुचित साधनों का प्रयोग**–दबाव-समूह का उद्देश्य अपने निजी हितों की पूर्ति करना होता है जिसके लिए वे उचित-अनुचित, वैधानिक-अवैधानिक, नैतिक-अनैतिक तथा अशान्तिपूर्ण आदि सभी प्रकार के साधनों का गुप्त रूप में या सार्वजनिक रूप में प्रयोग करते हैं। इन साधनों द्वारा दबाव समूह को भ्रष्ट करने का भी प्रयास करते हैं। अमेरिका में दबाव समूह का भारी महत्व है और वे राजनीति के आवश्यक अंग के रूप में स्वीकार किये जा चुके हैं परन्तु भारत में दबाव-समूहों को हेय दृष्टि से देखा जाता है और उन्हें प्रजातन्त्र की आधारशिला नष्ट करने वाला समझा जाता है। सरकार प्रायः उनकी उपेक्षा करती है। फलतः इन दबाव गुटों को अपने सदस्यों के हितों की रक्षा के लिए आन्दोलनों, रैलियों, घेरावों, भूख हड़तालों आदि का सहारा लेना पड़ता है। अनेक बार हिंसात्मक घटनाएँ भी हो जाती हैं।

## भारतीय दबाव समूहों का वर्गीकरण
## (Classification of Indian Pressure Groups)

यद्यपि भारत में दबाव-समूहों की संख्या उतनी नहीं है, जितनी की पाश्चात्य देशों में है, तथापि भारत में भी अनेक दबाव-समूह हैं, जिन्हें निम्नलिखित आधारों पर वर्गीकृत किया जा सकता है–

**(1) विशिष्ट हितों पर आधारित**–इस श्रेणी में औद्योगिक, व्यावसायिक, श्रमिक, कृषक, शासकीय, कर्मचारी, छात्रसंघ, शिक्षकसंघ आदि से सम्बन्धित संगठन आते हैं।

**(2) धर्मों एवं सम्प्रदायों पर आधारित**–इस श्रेणी में अकाली दल, मुस्लिम लीग, हिन्दू महासभा, जमायते इस्लामी, ऐंग्लो इण्डियन एसोसियेशन, आर्य समाज, पादरियों की एसोसियेशन आदि आते हैं।

**(3) गाँधीवादी विचारधारा पर आधारित**–इस श्रेणी में हिन्दुस्तानी प्रचार सभा, सर्व-सेवा संघ, सर्वोदय समाज, गाँधी शान्ति प्रतिष्ठान, नौ सेवा संघ, खादी ग्रामोद्योग, ग्रामीण उद्योग प्रचार संघ आदि गाँधीवादी विचारधारा से सम्बन्धित समूह आते हैं, जो सार्वजनिक कल्याण के लिए सक्रिय रहते हैं।

**(4) जातिवाद और क्षेत्रवाद पर आधारित**–इस श्रेणी में वैश्य महासभा, जाट महासभा, कायस्थ महासभा, ब्राह्मण सभा, मारवाड़ी संघ, हरिजन सेवक संघ, सिन्धी पंचायत आदि जातिवाद पर आधारित हैं तथा तेलंगाना प्रजा समिति, शिवसेना, त्रिशुल सेना, असमगण संग्राम परिषद, तेलगूदेशम्, द्रविड़ मुन्नेत्र कड़गम और अकाली दल जैसे क्षेत्रवाद पर आधारित संगठन होते हैं।

**(5) विदेशी व साम्यवादी विचारधारा पर आधारित**–इस श्रेणी में भारत-सोवियत सांस्कृतिक मैत्री संघ, भारत-जर्मन, जनवादी गणतन्त्र मैत्री संघ, भारत-यूगोस्लाव मैत्री संघ, भारत-चीन सांस्कृतिक संघ और अफ्रो-एशियाई एकता संघ विश्व शान्ति परिभाषा आदि संगठन आते हैं।

विद्वान् आमण्ड तथा बी. बी. पॉवेल के अनुसार भारत में पाये जाने वाले दबाव समूहों को चार भागों में विभक्त किया जा सकता है–

(1) संस्थात्मक,

(2) समुदायात्मक दबाव-समूह,

(3) असमुदायात्मक दबाव-समूह,

(4) प्रदर्शनात्मक दबाव-समूह।

विद्वान् आमण्ड तथा पॉवले[1] मॉडल के आधार पर चार भागों में वर्गीकृत किये गये दबाव-समूह के वर्गीकरण को निम्नलिखित तालिका के अन्तर्गत स्पष्ट किया जा सकता है—

**भारत में दबाव समूह**

| क्र.सं. | संस्थानात्मक दबाव समूह | समुदायात्मक दबाव समूह | असमुदायात्मक दबाव समूह | प्रदर्शनात्मक दबाव समूह |
|---|---|---|---|---|
| 1. | काँग्रेस कार्य समिति | श्रमिक संघ | साम्प्रदायिक तथा धार्मिक समुदाय | शिवसेना |
| 2. | काँग्रेस संसदीय बोर्ड | व्यावसायिक संघ | जातिगत समुदाय | नक्सल वादी |
| 3. | मुख्यमन्त्री क्लब | कृषक समुदाय | भाषागत समुदाय | नव निर्माण समिति |
| 4. | केन्द्रीय चुनाव समिति | छात्र समुदाय | गाँधीवादी संघ | सर्वोदय तथा तरुण सेना |
| 5. | नौकरशाही | कर्मचारी संघ | युवा तुर्क संघ | असम संग्राम परिषद् |
| 6. | सेना असम विद्यार्थी संघ | साम्प्रदायिक | सिण्डीकेट | अखिल |

# भारतीय राजनीति को प्रभावित करने वाले प्रमुख दबाव-समूह
## (Main Affecting Pressure Groups of Indian Politics)
**अथवा**
# प्रमुख दबाव समूहों के प्रकार
## (Types of Pressure Groups)

भारत में दबाव समूहों का उदय और विकास पाश्चात्य देशों की भाँति नहीं हुआ, क्योंकि पाश्चात्य देशों में इनके उदय का आधार वर्गीय हित रहे हैं, परन्तु भारत में इनका उदय और विकास सामाजिक, क्षेत्रीय, जातीय भाषायी और वर्गीय आदि विभिन्न आधारों पर हुआ है। इस तरह भारत में कई प्रकार के दबाव-समूह हैं। अध्ययन की सुविधा की दृष्टि से **आमण्ड** एवं **पॉवेल** मॉडल के आधार पर दबाव समूहों के लिए किये गये वर्गीकरण को हम निम्नलिखित रूपों में भली प्रकार स्पष्ट कर सकते हैं—

**(1) संस्थागत दबाव समूह**—संस्थागत दबाव समूह राजनीतिक दलों, विधान मण्डलों, सेना, नौकरशाही, मुख्यमन्त्री क्लब इत्यादि में सक्रिय रहते हैं। इनका औपचारिक संगठन होता है। ये स्वायत्त रूप से गतिशील रहते हैं। कुछ दबाव समूह इस प्रकार हैं—

**(अ) काँग्रेस कार्य समिति**—राष्ट्रीय आन्दोलन में काँग्रेस की भूमिका सर्वोपरि थी। स्वतन्त्रता प्राप्ति के पश्चात् काँग्रेस एक प्रमुख दल के रूप में संगठित हुआ। विगत वर्षों में अधिकांशतः शासन की बागडोर काँग्रेस के हाथों में रही अतः भारत की राजनीति काँग्रेस के इर्द-गिर्द घूमती है और काँग्रेस कार्य समिति काँग्रेस का "हाई कमान" है। काँग्रेस हाईकमान की भूमिका सदैव बेताज बादशाह-सी रही है। राष्ट्रपति पद के लिए दलीय प्रत्याशियों का चयन सदैव हाईकमान ने किया। लाल बहादुर शास्त्री तथा श्रीमती इन्दिरा गांधी को प्रधानमन्त्री पद पर आसीन करने में हाईकमान ने सक्रिय भूमिका का निर्वाह किया। संस्थागत दबाव समूह के रूप में काँग्रेस कार्य समिति ने बहुत से राजनीतिक एवं शासकीय निर्णयों को प्रभावित किया है।

**(ब) काँग्रेस संसदीय बोर्ड**—काँग्रेस संसदीय बोर्ड भी प्रभावशाली दबाव समूह रहा है। संसदीय बोर्ड का अपना पृथक् कार्यालय तथा सगठन है। काँग्रेस दल के महत्वपूर्ण नेता बोर्ड के सदस्य होते हैं। संसदीय बोर्ड ने दबाव समूह के रूप में कार्य करते हुए अनेक बार शासकीय निर्णयों को प्रभावित किया है जैसे, सन् 1957 ई. में पण्डित नेहरु की इच्छा के विरुद्ध बोर्ड ने डॉ. राजेन्द्र प्रसाद को राष्ट्रपति पद का प्रत्याशी घोषित किया।[2] नवम्बर, सन् 1962 ई. में बोर्ड ने पण्डित नेहरू की इच्छा के विरुद्ध श्री कृष्ण मेनन को रक्षा मन्त्री पद से त्याग-पत्र देने के लिए बाध्य किया।[3] इसी तरह नीलम संजीव रेड्डी के राष्ट्रपति बनने में संसदीय बोर्ड ने अपनी महत्वपूर्ण भूमिका निभाई है तथा जून, सन् 1991 ई. के चयन में काँग्रेस संसदीय बोर्ड और

1. G. A. Almond and B. B. Powell : *Comparative Policies*, 1996 pp. 75-78.
2. Rao R. P.—*The Congress Splits*, 1971 p. 68.
3. Bareacher—*Succession in India*, p. 46.

काँग्रेस संसदीय बोर्ड और काँग्रेस कार्य समिति ने निश्चित रूप से भूमिका निभाई है। जिसे परामर्शदात्री भूमिका का नाम देना ही उचित है।

**(स) मुख्यमन्त्रियों का दबाव समूह**—राजकीय नीतियों को प्रभावित करने में मुख्यमन्त्रियों की भूमिका भी महत्वपूर्ण रही है। शक्तिशाली मुख्यमन्त्रियों ने केन्द्रीय निर्णयों को कई बार प्रभावित किया है। चतुर्थ आम चुनाव में जब राज्यों में गैर कानूनी काँग्रेसी सरकारों की स्थापना हुई तब मुख्यमन्त्रियों ने मिलकर केन्द्र के निर्णयों को प्रभावित किया। 15 जनवरी, सन् 1996 ई. को अनेक मुख्यमन्त्रियों ने श्रीमती गाँधी को प्रधानमन्त्री पद पर प्रतिष्ठित कराने में खुलकर समर्थन किया था।[1] सन् 1964 से 1970 ई. तक की राजनीति में मुख्यमन्त्रियों की भूमिका शक्तिशाली थी। लेकिन सन् 1971 से 1999 ई. की राजनीति में सम्पूर्ण राज व्यवस्था में मुख्यमन्त्रियों के प्रभाव में अत्यधिक गिरावट आई है।

इसके अतिरिक्त केन्द्रीय दल की केन्द्रीय चुनाव समिति भी निर्णय प्रक्रिया को प्रभावित करती हैं। जन निर्वाचन में प्रत्याशियों के चयन का भार चुनाव समिति पर ही डाला जाता है।

**(द) नौकरशाही**—भारत में नौकरशाही ने संगठित होकर दबाव समूह की भूमिका का निर्वाह किया है। उच्च सेवा में कार्यरत अधिकारियों के अपने संघ हैं, जो उनके हितों की सुरक्षा करते हैं। भारतीय नागरिक सेवा तथा भारतीय प्रशासनिक सेवा के अधिकारियों के अपने संगठन हैं जिसे "भारतीय नागरिक या प्रशासनिक सेवा संघ" कहा जाता है। इसकी शाखाएँ विभिन्न प्रान्तों में हैं। यह संघ अत्यधिक शक्तिशाली हैं। इसकी पुष्टि एक उदाहरण से की जा सकती है। एक बार मध्य प्रदेश के मुख्यमन्त्री ने एक आई.ए.एस.अधिकारी को जब निलम्बित कर दिया तो संघ के अधिकारियों ने एक बैठक आयोजित कर मुख्यमन्त्री को अपना पूर्व निर्णय बदलने को तैयार कर लिया।[2] ऐसा माना जाता है कि नेहरू जी के पश्चात् निर्णय प्रक्रिया में नौकरशाही का प्रभाव निरन्तर बढ़ा है।

इसके अतिरिक्त नवोदित राष्ट्रों की राजनीति में "सेना भी दबाव समूह के रूप में विशद् भूमिका अदा कर रही है, लेकिन निर्णायक स्थिति में नहीं है। अत: संस्थानात्मक दबाव समूह भारतीय राजनीति को प्रभावित करते हैं।"

**(2) साम्प्रदायिक दबाव समूह**—भारत विविधताओं वाला देश है। इसमें विभिन्न धर्मों के मानने वाले लोग निवास करते हैं। जिसमें हिन्दू, मुस्लिम, सिक्ख, इसाई, पारसी, जैन एवं बौद्ध आदि प्रमुख है। इसलिए भारतीय संविधान द्वारा भारत को एक धर्म निरपेक्ष राष्ट्र का स्वरूप दिया गया है, परन्तु अभी तक भारतीय राजनीतिक जीवन से साम्प्रदायिकता का उन्मूलन नहीं हो सका। विभिन्न धर्मों एवं सम्प्रदायों के लोगों ने उपासना, कर्मकाण्डों, मान्यताओं और प्रथाओं आदि को लेकर अनेक मत और अपने-अपने अलग साम्प्रदायिक संगठन खड़े कर लिये हैं। इनमें शिरोमणि गुरु द्वारा प्रबन्ध समिति, जमायते इस्लामी, मुस्लिम, हिन्दू, महासभा, रामराज्य परिषद्, आर्य प्रतिनिधि सभा, ऐंग्लो इण्डियन एसोसियेशन, पारसी एसोसियेशन आदि प्रमुख हैं। जो साम्प्रदायिक हितों की रक्षा करने या उन्हें संरक्षण देने के लिए दबाव समूहों के रूप में शासन को प्रभावित करते हैं। जिन्हें वोट की राजनीति ने और अधिक सम्प्रदाय के हैं और संख्या की दृष्टि से मुस्लिम सम्प्रदाय के मतदाताओं का दूसरा स्थान है परन्तु मुस्लिम मतदाताओं के वोट प्राप्त करने के लिए इस सम्प्रदाय को प्रसन्न रखने का यथासम्भव प्रयास करता है इस प्रकार परिस्थितियों के अनुसार सभी साम्प्रदायिक दबाव समूह शासन को किसी न किसी रूप में प्रभावित करते रहते हैं।

**(3) जातीय दबाव समूह**—जातिवाद भारतीय राजनीतिक संस्कृति का प्रमुख तत्व रहा है। प्रारम्भ से ही भारतीय समाज विभिन्न जातियों तथा उपजातियों में विभाजित रहा। जिन्होंने अपने जाति के आधार पर विभिन्न संगठन का निर्माण करके प्रारम्भ से ही भारतीय राजनीति को विभिन्न रूपों में प्रभावित कया। जिनमें प्रमुख जातीय दबाव समूह इस प्रकार हैं—महाराष्ट्र में **मराठाओं का कृष मजदूर दल**, तमिलनाडु में **नाडार जाति संघ**, केरल में **नायर सर्विस सोसाइटी**, गुजरात की **जाट सभा** और राजपूत सभा आन्ध्र प्रदेश में **कम्मा** और **रेड्डी जातीय** समुदाय आदि ऐसे संगठन हैं जो जातीय दबाव समूह के रूप में कार्यरत हैं। वर्तमान में राजनीतिक दल भी जातीय आधार पर ही निर्वाचन में अपने प्रत्याशी खड़े करते हैं और राजनीतिक तथा अराजनीतिक नियुक्तियों को अपने हितों की रक्षा के लिए प्रभावित करते हैं। इसलिए **मेयर** ने लिखा है कि, **"जातीय संगठन राजनीतिक महत्व के दबाव समूह के रूप में प्रवृत्त हैं।"**

**(4) क्षेत्रीय दबाव समूह**—भारत एक विशाल क्षेत्रफल वाला देश है, जो प्रशासनिक सुविधा की दृष्टि से विभिन्न प्रदेशों में विभाजित कर दिया गया है। इन प्रदेशों अथवा क्षेत्रों के अपने अलग-अलग क्षेत्रीय हित हैं। जिनकी रक्षा के लिए क्षेत्रीय

1. Rao, R. P.—*Ibid, p. 32.*
2. *The Times of India*, 8 Feb., 1974, p. 1.

आधार पर गठित विभिन्न संगठन शासन को इस रूप में प्रभावित करते हैं कि शासन को उनसे समझौता करना ही पड़ता है; जैसे—जम्मू-कश्मीर की **नेशनल कान्फ्रेन्स** के दबाव के कारण संविधान के अनुच्छेद 370 के अन्तर्गत जम्मू-कश्मीर को विशेष राज्य का दर्जा दिया जाना प्रमुख है। इसी तरह डी.एम.के. के दबाव में आकर मद्रास राज्य का नाम बदलकर तमिलनाडु रखा जाना, **मिजो नेशनल** फ्रन्ट के नेताओं से समझौता करके मिजोरम को पूर्ण राज्य का दर्जा दिया जाना, मेघालय और नागालैण्ड राज्यों का निर्माण, **असम गण संग्राम** परिषद् के आन्दोलनकारियों से समझौता आदि दबाव समूहों के शासन पर दबाव के ही परिणाम हैं। पंजाब में खालिस्तान की माँग, उत्तर प्रदेश में उत्तराखण्ड की माँग, मध्य प्रदेश में छत्तीसगढ़ की माँग आदि को लेकर जो कुछ हो रहा है, वह सब क्षेत्रीय दबाव समूहों की गतिविधियों का ही दुष्परिणाम है। शासन में मन्त्रिपरिषद् के गठन पर भी इन दबाव समूहों का विशेष प्रभाव रहता है। कभी-कभी तो इनके प्रभाव के कारण शासन को अपने निर्णय तक बदलने पड़ते हैं। इसके अतिरिक्त सार्वजनिक उद्योगों की स्थापना, बाँध बनाना, अस्पताल खोलना आदि से सम्बन्धित निर्णय भी दबाव समूहों के दबाव पर निर्भर करते हैं। इस प्रकार क्षेत्रीय दबाव समूह भारतीय राजनीति को अनेक तरीकों से प्रभावित करते हैं।

**(5) भाषायी दबाव समूह**—भारत एक विभिन्न भाषा-भाषी देश है। संविधान द्वारा हिन्दी को राजभाषा के रूप में मान्यता दिये जाने के बाद भी अपनी-अपनी भाषाओं के प्रति लोगों में जो विशेष रूचि है, उसने भाषा सम्बन्धी एक प्रकार का विवाद उत्पन्न कर दिया गया है। जो देश के लिए एक गम्भीर समस्या बन गया है, क्योंकि पंजाब, हरियाणा, आन्ध्र प्रदेश, महाराष्ट्र और गुजरात आदि प्रान्तों का गठन भाषायी दंगों के परिणाम स्वरूप ही हुआ। अत: उर्दू भाषा को समुचित स्थान दिलाने के लिए उत्तर प्रदेश में **अंजुन तारिख ए-हिन्द संगठन** का निर्माण किया गया, जो भाषायी आधार पर गठित था। दबाव समूह निरन्तर शक्तिशाली होते जा रहे हैं और अपनी-अपनी शक्तियों को मान्यता देने और विशेष संरक्षण प्रदान करने के लिए शासन पर दबाव डालते रहते हैं। अभी तक शासन द्वारा हिन्दी को राजभाषा के रूप में प्रतिष्ठित न कर पाना भाषायी दबाव समूहों के प्रभाव का स्पष्ट परिणाम है। इस प्रकार **केरल समाज, कन्नड़ समाज, तेलगू कान्फ्रेन्स, हिन्दी साहित्य सम्मेलन** और तमिल संघ आदि ऐसे ही दबाव समूह हैं, जो भारतीय राजनीति में एक शक्तिशाली भूमिका निभा रहे हैं।

**(6) वर्गीय या आर्थिक दबाव समूह अथवा समुदायात्मक दबाव समूह**—वर्गीय, आर्थिक अथवा समुदायात्मक दबाव समूह हितों की अभिव्यक्ति के विशेषीकृत संघ हैं। इनका प्रमुख उद्देश्य विशिष्ट हितों की पूर्ति करना होता है। ये अपने आधुनिक परिवेश में भारतीय राजनीति में सक्रिय हैं और अपने हितों के लिए शासन पर दबाव डालते रहते हैं। इनमें से कुछ समूह निम्नलिखित हैं—

**(अ) व्यावसायिक दबाव समूह**—भारत में समाजवादी समाज व्यवस्था के ध्येय को स्वीकार किया गया है। इतना होने के बावजूद अनेक धनाढ्य परिवारों ने भारत के अधिकांश व्यापार पर अपना प्रभाव जमा रखा है, ये सार्वजनिक नीति को प्रभावित करने की क्षमता रखते हैं। इनका निर्माण उद्योगपतियों, व्यापारियों एवं व्यवसायियों द्वारा किया जाता है जिनमें दबाव समूह के रूप में कार्य करने की क्षमता सबसे अधिक है जिसमें **फेडरेशन ऑफ इण्डियन चैम्बर्स ऑफ कामर्स एण्ड इण्डस्ट्रीज, उत्तर प्रदेश व्यापार वाणिज्य मण्डल चैम्बर्स ऑफ कामर्स और मारवाड़ी चैम्बर्स ऑफ कामर्स** आदि उद्योगपतियों के संगठन हैं। **मिल मालिक संघ, भारतीय मालिकान संघ** व्यापारिक संघ है। इनके अतिरिक्त **टाटा, बिड़ला, बाल चन्द्र डालमियां, साहुजैन, गोयनका, थापर** और **सिंहानिया** आदि ऐसे व्यापार समूह हैं, जो स्वयं ही शासकीय नीतियों को पूरी तरह प्रभावित करते हैं।

**(ब) श्रमिक संघ**—श्रमिक संघ ऐसे दबाव समूह हैं, जो विभिन्न उद्योगों में कार्यरत श्रमिकों के हितों की रक्षा के लिए कार्य करते हैं। इनकी संख्या भारत में बहुत अधिक है जो निरन्तर बढ़ती जा रही है। इन संघों का प्रमुख राजनीतिक दलों से सम्बन्ध और इनका प्रभाव प्राय: नगरीय क्षेत्र तक ही सीमित है। इनमें प्रमुख रूप से इण्डियन नेशनल ट्रेड **यूनियन काँग्रेस**, हिन्दू मजदूर सभा, भारतीय मजदूर संघ और सेण्ट्रल ऑफ इण्डियन ट्रेड यूनियन प्रमुख रूप से सक्रिय हैं।

**(स) कृषक संघ**—भारत एक कृषि प्रधान देश होते हुए भी यहाँ किसानों का अखिल भारतीय स्तर पर कोई संगठन नहीं है अत: श्रमिक संगठनों की अपेक्षा कृषक संगठनों की स्थिति बहुत दुर्बल रही है। इन संगठनों पर किसी न किसी राजनीतिक दल का नियन्त्रण हैं। अखिल **भारतीय किसान सभा** पर साम्यवादी दल का नियन्त्रण है। **हिन्दू किसान** पंचायत पर समाजवादी दल का नियन्त्रण रहा। अत: यह तो स्पष्ट है कि भारत में कृषि नीतियों को प्रभावित करने में किसान संघों की भूमिका महत्वपूर्ण रही, फिर भी विभिन्न राजनीतिक दल कृषकों का सहयोग लेने के लिए प्रयत्नशील हैं। किसान रैलियों का महत्व तथा प्रभाव भारतीय राजनीति पर देखा जा सकता है।

**(द) छात्र संगठन**—प्राय: प्रत्येक विद्यालय और विश्वविद्यालय में छात्रों के संगठन हैं, जो अखिल भारतीय स्तर के हैं और प्रमुख राजनीतिक दलों से सम्बद्ध है। **राष्ट्रीय छात्र संगठन** काँग्रेस (इ) से, जनता युवा मोर्चा जनता पार्टी से, **स्टूडैण्ट फेडरेशन ऑफ इण्डिया** साम्यवादी दल से सम्बद्ध संगठन है। इन संघों को आर्थिक सहायता विभिन्न राजनीतिक दल ही देते हैं और कभी-कभी राजनीतिक दलों के आह्वान पर ये संगठन हड़ताल, घेराव बन्द आदि का सहारा भी लेते हैं अभी हाल के वर्षों में कुछ ऐसे संगठन भी स्थापित हो गये जिनके द्वारा आतंकवादी तौर तरीके भी अपना लिये गये हैं जिनमें सिक्ख राजनीति से जुड़ा हुआ **ऑल इण्डिया सिक्ख स्टूडेण्ट फेडरेशन** (AISSF) मेघालय में **खासी स्टूडेण्टस यूनियन** है। इनका छात्रों एवं युवाओं पर विशेष प्रभाव है।

**(ड.) कर्मचारियों या शिक्षित वर्गों के दबाव समूह**—सरकारी कर्मचारियों के भी अपने-अपने विशिष्ट संगठन हैं। भारत के शिक्षकों, प्राध्यापकों, डाक्टरों, व वकीलों और इन्जीनियरों आदि के दबाव समूह अपने कार्य की शर्तें, वेतनमान, पदोन्नति और नौकरी की सुरक्षा के बारे में सचेत हैं और उसके लिए संघर्ष भी करते हैं तथा हड़ताल, धरना और प्रदर्शन आदि का सहारा लेते हैं। इनमे ऑफ इण्डिया यूनीवर्सिटी एण्ड कॉलेज टीचर्स एसोसिएयशन (AIFUCTO) "ऑल इण्डिया पोस्ट एण्ड टेलीग्राफ वर्क्स यूनियन, ऑल इण्डियन रेलवेमैन एसोसियशन" आदि प्रमुख हैं। विविध राज्यों के स्तर पर "राज्य कर्मचारी संघ" सक्रिय हैं। विगत वर्षों में कर्मचारियों के इन दबाव समूहों ने वेतन संशोधन तथा मँहगाई भत्ते आदि की जोरदार माँग रखी है. जिससे सरकार की वेतन एंव अन्य सुविधाएँ प्रदान करने सम्बन्धी नीति को ये दबाव समूह प्रभावित करते रहते हैं। इसके अतिरिक्त महिलाओं के हितों की रक्षा के लिए भी कुछ संगठन हैं, कुछ सांस्कृतिक समूह हैं जो भारतीय राजनीति को प्रभावित करते हैं।

**(7) वैचारिक दबाव-समूह या गाँधीवादी समुदाय**—भारत में वैचारिक प्रतिबद्धता बहुत कम होते हुए भी लोग विचारधारा के साम्य के आधार पर परस्पर जुड़ जाते हैं। इनमें साम्यवादी और समाजवादी आदि विचारधाराओं के अतिरिक्त गाँधीवाद भी एक विशिष्ट विचारधारा है। इस विचारधारा पर आधारित दबाव-समूह गाँधी जी की विचारधारा तथा कार्यक्रमों का प्रचार-प्रसार करने का प्रयास करते हैं तथा साधारण जनता को गाँधीवादी तरीके से जीवन व्यतीत करने के लिए प्रेरित करते हैं। जैसे—सर्व सेवासंघ सर्वोदय, भूदान, खादी ग्रामोद्योग संघ और गाँधी शान्ति प्रतिष्ठान इत्यादि ऐसे समूह हैं, जो शासकीय राजनीतियों को प्रभावित करते हैं। इनका नेतृत्व विनोवा भावे, जयप्रकाश नारायण, काका कालेकर और दादा धर्माधिकारी जैसे प्रखर व्यक्तित्व वाले संत करते रहे हैं। संसद, विधान मण्डल और मन्त्रिगण इनको आदर की दृष्टि से देखते हैं और उनकी नीतियों और सुझावों का राजनीति में आदर कर राष्ट्रपिता बापू के प्रति अपने श्रद्धा सुमन अर्पित करते हैं। ये गाँधीवादी समूह अपने स्वार्थों एवं हितों के लिए नहीं, अपितु सार्वजनिक कल्याण की भावना से कार्यरत हैं।

**(8) मानवीय अधिकार रक्षक समुदाय**—मानवीय अधिकारों और स्वतन्त्रताओं के लिए भी कुछ संगठन सक्रिय हैं जिनमें "पीपुल्स यूनियन फ्रन्ट सिविल लिबर्टीज" (PUCL) और पीपुल्स यूनियन फॉर डेमोक्रेटिक राइटस (PUDR) दो संगठन प्रमुख हैं। इसके अलावा एक अन्य संगठन सिटीजन्स फॉर डेमोक्रेसी भी है। इन संगठनों ने अनेक उल्लेखनीय कार्य किये हैं। इन संगठनों में न्यायमूर्ति मारकुण्डे की भूमिका प्रमुख रही। मधु मेहता के नेतृत्व में गठित **हिन्दुस्तानी आन्दोलन** भी ऐसा ही एक जागरूक संगठन है। लेकिन अब तक के सार्वजनिक जीवन में ये संगठन सीमित भूमिका ही निभा पाये हैं।

**(9) युवा तुर्क दबाव समूह**—काँग्रेस दल और सरकार से सम्बद्ध एक नया दबाव गुट सन् 1996 ई. के पश्चात् भारतीय राजनीति में सक्रिय हुआ, जिसे युवा तुर्क (Young Turks) के नाम से जाना जाता है। युवा तुर्क से अभिप्राय है—वामपन्थी विचारधारा और दूरगामी आर्थिक परिवर्तन में विश्वास करने वाले संसद सदस्य। काँग्रेस विभाजन के पश्चात् इस वामपन्थी गुट ने अनेक राजनीतिक और आर्थिक निर्णयों को प्रभावित किया था। वे शासन की पूँजीवादी समर्थक नीतियों की कटु आलोचना करते हैं और समाजवादी निर्णयों के क्रियान्वयन पर जोर देते हैं। काँग्रेस विभाजन के पश्चात् अनेक क्रान्तिकारी निर्णय; जैसे—बैंकों का राष्ट्रीकरण, नरेशों के शाही विशेषाधिकार एवं शाहीथैली उन्मूलन, सामान्य बीमे का राष्ट्रीयकरण, गेहूँ व्यापार का राष्ट्रीयकरण आदि वामपन्थी गुट के प्रभाव का ही परिणाम कहा जा सकता है। कभी-कभी यंग तुर्क जैसे, गुट अपने विशेष हितों के लिए सक्रिय रहे हैं। जब मार्च, सन् 1972 ई. में इस गुट के एक सदस्य को राज्यसभा का टिकट नहीं दिया गया तो गुट के सदस्य एक जुट होकर प्रधानमन्त्री से मिलने गये। इससे स्पष्ट है युवाओं के संगठन भारतीय राजनीति को विशेष रूप से प्रभावित करते हैं।[1]

---

1. *Statesman of India*, 23 Sept., p. 1.

**(10) प्रदर्शनकारी दबाव समूह**—प्रदर्शनकारी दबाव समूह उन समूहों को कहा जाता है, जो अपने हितों की पूर्ति के लिए क्रान्तिकारी या अवैधानिक उपायों का प्रयोग करते हैं जिसमें वे हिंसा, राजनीतिक हत्या दंगे और अन्य आक्रामक रवैया अपना लेते हैं। प्रदर्शनकारी विरोध और प्रत्यक्ष कार्यवाही कई प्रकार की है, जैसे—जन सभाएँ, पदयात्रा, सार्वजनिक सम्पत्ति को हानि पहुँचाना, अग्नि दाह, आवागमन अवरूद्ध करना, घेराव आदि प्रमुख हैं। इनके द्वारा संगठित गुट न केवल असन्तोष व्यक्त करते हैं, अपितु सरकार के निवेश तथा निर्गत ढाँचे को प्रभावित करते हुए, नियम निर्माण नियम प्रयुक्त एवं नियम अधिनिर्णय के स्वरूप को भी अपना लेते हैं। ये गुट किसी विशेष नीति से बनवाने अथवा बदलने के लिए सरकार पर दबाव डालते हैं। इस प्रकार दबाव समूहों में ये प्रमुख हैं—महाराष्ट्र में शिवसेना, बंगाल में नक्सलवादी आन्दोलन, अखिल असम विद्यार्थी संघ एवं निर्माण समिति आदि प्रदर्शनकारी दबाव समूह है, जिसके कारण चेन्नई, मुम्बई व पंजाब राज्यों का विभाजन हुआ व पूर्वांचल में नये राज्यों का निर्माण करना सरकार की गौवध नीति के विरोध में साधुओं ने अनशन किया एवं हिन्दी भाषा के समर्थकों ने अंग्रेजी के विरोध में सत्याग्रह किया। महाराष्ट्र में प्रान्तीयता की संकुचित भावना के प्रसार के लिए शिवसेना का गठन किया, जिसमें बालठाकरे की भूमिका रही। वर्तमान में ऐसा एक दबाव समूह बिहार की मजदूर किसान संग्राम समिति है, जिसके जन्मदाता और अध्यक्ष डॉ. विनयन हैं। इस दबाव समूह द्वारा भूस्वामी वर्ग के दबाव समूह द्वारा भूमिहार सेना आदि का विरोध किया जा रहा हैं भले ही बिहार सरकार ने इसे गैर कानूनी संगठन घोषित कर दिया। मार्च, सन् 1975 ई. में गुजरात विधानसभा को भंग करने का निर्णय नव निर्मित समिति जैसे दबाव समूह के कारण ही लेना पड़ा। असम आन्दोलन प्रदर्शनकारी दबाव समूह का एक उदाहरण है। इस प्रकार आज ये प्रदर्शनकारी दबाव समूह अपने उद्देश्य की पूर्ति के लिए भारतीय राजनीति को विशेष रूप से प्रभावित करते हैं।

**(11) विदेशी दबाव समूह**—भारत के विश्व का एक बड़ा और महत्वपूर्ण देश होने के कारण यहाँ विदेशी दबाव समूहों का होना स्वाभाविक है। भारत में अमेरिकी रूसी और अरब देशों के दबाव समूह विशेष रूप में सक्रिय हैं।

अमेरिका का दबाव समूह बड़ा सूक्ष्म है और सामान्यत: अदृश्य होते हुए भी अप्रत्यक्ष रूप से सी.आई.ए. के माध्यम से भारतीय राजनीति को विभिन्न रूपों में प्रभावित करता है। अब यह दबाव समूह विश्व बैंक और मुद्रा कोष से भी भारत पर दबाव डाल रहा है।

रूस में साम्यवादी दल तो प्रत्यक्ष रूप से एक महत्वपूर्ण दबाव समूह के रूप में कार्य करता है। भारतीय साम्यवादी दल रूस से परामर्श और निर्देशन प्राप्त करता है। भले सन् 1991 ई. में सोवियत संघ का विघटन हुआ, लेकिन साम्यवादियों का भारतीय राजनीति पर प्रभाव पूर्ववत् ही है।

भारत में अरब देशों का भी दबाव समूह बहुत सशक्त है। भारत भी तेल के लिए अरब देशों पर निर्भरता के कारण तथा अरब देशों के साथ बढ़ते हुए व्यापारिक सम्बन्धों के कारण अरब देशों पर पर्याप्त रूप से निर्भर हैं। अत: अरब देशों का एक विशेष दबाव समूह भारत में बन गया है। यह दबाव समूह भारत के आन्तरिक निर्णयों को भी प्रभावित करता है। इस प्रकार यह स्पष्ट है कि सभी प्रकार की राज व्यवस्था में विदेशी लॉबीज़ भी सक्रिय रहते हैं। विदेशों में सरकारी और गैर सरकारी हितों के संरक्षक प्रतिनिधि लॉबी कहलाते हैं।

इस प्रकार भारत में अनेक प्रकार के हित समूह और दबाव समूह हैं। ये दबाव समूह शासन की नीतियाँ निर्धारित करने और उन नीतियों का पालन करने में विशेष भूमिका निभाते हैं तथा भारतीय राजनीति को प्रभावित करते हैं।

## दबाव समूहों की प्रमुख पद्धतियाँ
## (Methods of Pressure Groups)

अन्य देशों के दबाव समूहों की भाँति भारत में भी दबाव-समूह अपने-अपने हितों की रक्षा करने और उनकी अभिवृद्धि के लिए अनेक प्रकार के साधनों का प्रयोग करते हैं। उनमें से प्रमुख साधन निम्नलिखित हैं—

**(1) प्रचार-प्रसार**—दबाव समूह अपने उद्देश्यों की पूर्ति हेतु प्रचार-प्रसार के उन समस्त साधनों का प्रयोग करते हैं जिनके द्वारा जनमत को अपने पक्ष में किया जा सके। इसीलिए वे समाचार-पत्र, रेडियो, दूरदर्शन, चलचित्र आदि प्रचार-प्रसार के साधनों का प्रयोग करते हैं और सार्वजनिक सम्बन्धों के विशेषज्ञों की सहायता लेकर विभिन्न पत्र-पत्रिकाओं में लेख छपवाना, विज्ञापन देना, समय-समय पर गोष्ठियों का आयोजन करना और आँकड़ों का प्रकाशन करना उनकी कार्यशैली होती है।

**(2) शान्तिपूर्ण आन्दोलन**—दबाव समूह अपने उद्देश्य की पूर्ति हेतु प्राय: शान्तिपूर्ण गाँधीवादी सांकेतिक हड़ताल, कलम बन्द या चॉक-डाउन, हड़ताल, काली पट्टियाँ बाँधकर विरोध प्रदर्शन, अधिकारियों का घेराव करना आदि साधनों को अपनाते हैं।[1]

**(3) राजनीतिक दलों से सम्पर्क**—दबाव समूह लगभग समस्त प्रभावशाली दलों से सम्पर्क रखते हैं। सामान्य निर्वाचन के समय निर्वाचन चन्दे के रूप में धन देते हैं। निर्वाचन में अपने हित रक्षक प्रत्याशियों को जिताने और अपने हित विरोधी प्रत्याशियों को हराने के लिए अप्रत्यक्ष रूप से प्रयास करते हैं।

**(4) विधेयकों को प्रभावित करना**—दबाव समूह विधि निर्माण की प्रक्रिया को प्रभावित करते हैं इसके लिए मजदूरों के वेतन या कार्य के घण्टों पर कोई निर्णय लेने से पहले श्रम मन्त्रालय "मजदूर यूनियनों" से विचार विमर्श करता है। इसके अतिरिक्त दबाव समूह संसद सदस्यों तक अपनी बात पहुँचाने के लिए बहुत से तरीके अपनाते हैं। संसद सदस्यों से उनके प्रतिनिधि मिलते हैं, उन्हें तार व पत्र भेजते हैं तथा संसद भवन के समीप प्रदर्शन व रैलियाँ की जाती हैं।

**(5) गोष्ठियाँ आयोजित करना**—दबाव-समूह अपने दृष्टिकोण को स्पष्ट करने के लिए गोष्ठियाँ, सेमीनार और भाषण मालाओं आदि का आयोजन करते हैं, जिसमें वे संसद विधानमण्डल व सरकार के प्रतिनिधियों को भी आमन्त्रित करते हैं। इस प्रकार दबाव गुट उन्हें प्रभावित करते हैं।

**(6) जन-प्रतिनिधियों से सम्पर्क**—दबाव समूह की सफलता इस बात पर निर्भर करती है कि वह जनमत को किस सीमा तक प्रभावित करा पाता है। प्रचार साधनों के बढ़ जाने के कारण दबाव समूहों के लिए अब यह सम्भव है कि अपनी माँगों को जनता तक पहुँचा सकें। इसके लिए वे जनता से व्यक्तिगत सम्पर्क करके या अन्य माध्यम से उनके दृष्टिकोण को अपने पक्ष में करने का प्रयास करते हैं, जिससे वे उनकी हित रक्षा करने के लिए प्रेरित हो सकें। अपने एजेण्टों के माध्यम से सभाकक्ष में जाकर किसी सरकारी विधेयक पर होने वाले मतदान को वे प्रभावित करते हैं।

**(7) मन्त्रियों को प्रभावित करने का प्रयास**—भारत, ब्रिटेन और जापान आदि संसदीय पद्धति वाले देशों में वास्तविक सत्ता मन्त्रियों के हाथों में रहती है इसलिए दबाव समूहों के प्रतिनिधि उनसे साँठ-गाँठ करने की कोशिश करते हैं। वैसे मन्त्रियों के सामूहिक उत्तरदायित्व के कारण प्रत्येक महत्वपूर्ण नीति पर पूरे मन्त्रिमण्डल की सहमति आवश्यक है। इसलिए दबाव समूह किसी एक मन्त्री को प्रभावित करके उससे एक निश्चित सीमा तक ही लाभ उठा सकते हैं।

**(8) सरकारी पदाधिकारियों पर दबाव**—दबाव-समूह के प्रतिनिधि, अधिकारी वर्ग से मेल-जोल बढ़ाते हैं। उनका यह प्रयास रहता है कि पदाधिकारियों से सम्पर्क स्थापित करने के लिए ऐसे लोगों को नियुक्त किया जाये जो किसी समय उच्च सरकारी पदों पर आसीन थे। वास्तव में दबाव समूह उच्च पदाधिकारियों तक पहुँचाने के लिए चतुर लोगों की सेवाएँ हासिल करने की कोशिश करते हैं।

**(9) न्यायपालिका की शरण में**—कभी-कभी दबाव समूह उन कानूनों को रद्द करने के लिए न्यायपालिका की शरण लेते हैं, जो उनके हितों के विरुद्ध होते हैं उदाहरण के लिए बैंकों के राष्ट्रीयकरण कर प्रणाली वेतन नीति तथा कर्मचारियों की सेवा शर्तों के सम्बन्ध में न्यायपालिका की शरण लेते हैं। व्यापार मण्डल और मजदूर संघ कई बार कानूनों को अदालत में चुनौती देते हैं।

**(10) रिश्वत, बेईमानी एवं अन्य उपाय**—दबाव समूह अपने उद्देश्यों की पूर्ति के लिए रिश्वत, घूस देने से भी नहीं कतराते। बेईमानी के तरीकों का भी वे यथासम्भव प्रयोग करते हैं तथा विरुद्ध हितों को अपने स्वार्थ सिद्धि से बदनाम भी करा देते हैं। कहीं-कहीं तो आवश्यकतानुसार अनैतिक साधनों का भी प्रयोग करते हैं। इन साधनों का प्रयोग करने में व्यावसायिक दबाव समूहों से बहुत आगे रहते हैं। इनके एजेण्ट धन व्यय कर सत्तारूढ़ दल के शीर्षस्थ राजनीतिज्ञों के लिए बड़े-बड़े होटलों में प्रीतिभोज का आयोजन और मनोरंजन के कार्यक्रम का आयोजन करते हैं। इसके अतिरिक्त व्यावसायिक प्रतिष्ठानों में शीर्षस्थ राजनीतिज्ञों के परिवारजनों और सम्बन्धियों को तथा अवकाश प्राप्त उच्च अधिकारियों को अधिक वेतन पर नियुक्त करके भी हितों की रक्षा के लिए साधन जुटाते हैं।

**(11) हिंसा एवं तोड़-फोड़**—लोकतन्त्र में हिंसा और तोड़-फोड़ करना अवैधानिक है, परन्तु कभी-कभी जब शान्तिपूर्ण आन्दोलन द्वारा दबाव समूहों के उद्देश्यों की पूर्ति नहीं हो पाती, तो वे हिंसा तोड़-फोड़ के साधनों को भी अपनाते

1. Ghosh shellan-foreign Lobbie Seminar No. 137 Jan., 1971 P. P. 51-51.

हैं। सार्वजनिक सम्पत्ति को नष्ट-भ्रष्ट करना, राजकीय अधिकारियों एवं संसदीय अधिकारियों पर पथराव करना या उनके साथ मार-पीट करना, आतंक का वातावरण बनाना, विमानों का अपहरण करना, निर्दोषों की हत्या करना आदि अवैधानिक एवं अमानवीय साधनों का दबाव समूहों द्वारा प्रयोग किया जाता है। पंजाब में आतंकवादी दबाव-समूहों द्वारा की जा रही हिंसात्मक एवं तोड़-फोड़ की गतिविधियाँ इसके ज्वलन्त उदाहरण हैं।

इस प्रकार भारत में शासन के अनेक कार्यों का निर्धारण और संचालन हित समूहों के अनुरूप होता है। हित समूहों के आधार पर बने हुए अनेक दबाव समूह तरह-तरह के साधनों द्वारा शासन की नीतियों, निर्णयों और कार्यों को प्रभावित करते रहते हैं। इसका अर्थ यह नहीं कि शासन का कोई विवेक नहीं होता या जन-कल्याण की धारणा कोई महत्व नहीं रखती। दबाव समूह की अपनी परिधियाँ होती हैं, उनकी अपनी सीमायें होती हैं। शासन तो व्यापक हितों की रक्षा के आधार पर टिके रह सकते हैं। वे जनहित और जन-कल्याण के अनेक कार्यों को भी करते हैं, लेकिन समूह में अनेक कमियाँ होने के बावजूद भी वे भारतीय राजनीति को महत्वपूर्ण रूप से प्रभावित करते हैं।

**दबाव समूह का महत्व या भूमिका**—आधुनिक लोकतान्त्रिक व्यवस्था में दबाव समूहों का विशिष्ट स्थान है, क्योंकि दबाव समूहों को वर्तमान में लोकतन्त्र का पक्ष पोषक और सहयोगी मानते हुए इनके अस्तित्व को आवश्यक माना जाता है। शासन के कार्य क्षेत्र में विस्तार हो जाने के कारण शासक समाज के सभी वर्गों के हितों का प्रतिनिधित्व नहीं कर पाते। अत: समाज के सभी वर्ग दबाव समूहों के माध्यम से अपने हितों की रक्षा कर सकते हैं, जिससे समाज के सभी वर्गों के हितों का सन्तुलन बना रहता है। दबाव समूहों का दबाव जब तक शासन को बाध्य नहीं कर देता तब तक समाज के कुछ वर्गों की माँगों एवं हितों की शासन उपेक्षा ही करता रहता है। अत: राजनीतिक प्रक्रिया में दबाव समूहों की महत्वपूर्ण भूमिका है। इसकी आवश्यकता एवं उपयोगिता को नकारा नहीं जा सकता है। इनकी महत्ता एवं उपयोगिता के प्रमुख कारण निम्नलिखित हैं—

(1) दबाव समूह स्वस्थ जनमत का निर्माण करके लोकतन्त्र में सहायता करते हैं।

(2) ये दबाव समूह उपयोगी सूचनाएँ एकत्रित करते हैं और प्रचार कार्य भी करते हैं।

(3) दबाव समूह जनता व प्रशासन के बीच संचार के मुख्य साधन हैं।

(4) दबाव समूह अपने साधनों द्वारा सरकारी निरंकुशता कम करते हैं।

(5) दबाव समूहों के कारण ही समाज के विभिन्न हितों और वर्गों के बीच सन्तुलन स्थापित होता है।

(6) दबाव समूह विधि निर्माण में विधेयको की सहायता करते हैं।

(7) ये दबाव समूह (संगठित होकर) दलीय पद्धति में प्रतिनिधित्व के कार्य को सम्पन्न करते और क्षेत्रीय प्रतिनिधित्व की कमी दूर कर देते हैं।

**दबाव समूहों की आलोचना**—भारतीय राजनीति प्रक्रिया में दबाव समूह की भूमिका महत्वपूर्ण है, परन्तु इनकी भूमिका में वास्तविक लोकतन्त्र का निर्वाह नहीं हो पाता, क्योंकि दबाव समूह साधन सम्पन्न होते हैं और कार्यपालिका और व्यवस्थापिका को अपने वर्गीय हितों के लिए प्रभावित करते हैं। अत: आलोचना द्वारा दबाव समूह की निम्न आधारों पर तीव्र आलोचना की गई—

(1) दबाव समूह अनुचित साधनों का प्रयोग करके शासन तन्त्र को भ्रष्ट करते हैं और इस प्रकार राजनीतिक जीवन में अनैतिकता फैलाते हैं।

(2) दबाव समूहों के वर्गीय हितों से सामान्य हितों को हानि पहुँचती है।

(3) दबाव गुटों की गतिविधियों से विभिन्न समूहों के बीच हितों का संघर्ष होता है।

(4) जो दबाव समूह निर्बल और असंगठित होते हैं, उनके साथ न्याय नहीं हो पाता है।

(5) इन दबाव समूहों के कारण विदेशी लॉबीज हमारे सुरक्षा सम्बन्धी गुप्त दस्तावेजों तक को प्राप्त करने में कामयाब हो जाते हैं।

(6) अनेक अवसरों पर दबाव समूह सरकार के समक्ष ऐसी माँग रखते हैं और गलत तरीके अपनाते है जिन्हें कोई भी सरकार नहीं मान सकती है।

(7) दबाव समूह सरकार के विरुद्ध हिंसात्मक साधनों का प्रयोग करते हैं, जिससे समाज के दूसरे लोगों पर प्रतिकूल प्रभाव पड़ता है।

(8) इससे प्रशासन व्यवस्था ठप्प हो जाती है. जब सरकारी कर्मचारी द्वारा अचानक कार्य बन्द कर दिया जाता है।

पूर्वोक्त आलोचनाओं में सत्य का अंश अवश्य है, किन्तु किसी लोकतान्त्रिक व्यवस्था के लिए दबाव समूह व हित समूहों से छुटकारा पाना सम्भव नहीं है। साम्यवादी और अधिनायकवादी शासन व्यवस्थाओं में भी दबाव समूह सक्रिय रहते हैं। लोकतान्त्रिक व्यवस्था में तो उन्हें संवैधानिक संरक्षण प्राप्त होता हे। दबाव समूह के प्रति नकरात्मक दृष्टिकोण अपनाने के स्थान पर हमें सकरात्मक दृष्टिकोण अपनाना होगा। वर्तमान जनतन्त्रात्मक व्यवस्था में दबाव समूह जब शासक निर्माता बन गये हैं, तो हमारी समस्या यह नहीं है कि उन्हें किस प्रकार समाप्त किया जाये, अपितु हमारी वास्तविक समस्या यह है कि उन्हें सही दिशा में किस प्रकार मोड़ा जाये ?

अत: हमारी राजनीतिक निर्णय प्रक्रिया में दबाव समूहों को स्थान देने के लिए निम्नलिखित सुझाव दिये जा सकते हैं—

(1) नीति निर्माण के विभिन्न स्तरों पर सरकार को प्रभावित हितों से परामर्श करने की स्थायी आदत डालनी चाहिए।

(2) संसद की परामर्शदात्री समितियों में हित समूहों के सदस्यों को यह सदस्यता प्रदान की जानी चाहिए जिससे राजव्यवस्था की परिपक्वता में वृद्धि होगी।

(3) राज्य सभा और राज्य विधान परिषदों में हित समूहों के प्रतिनिधियों को अधिक से अधिक स्थान दिया जाना चाहिए।

(4) सरकार के विभिन्न (अंगों) विभागों के साथ कार्यरत प्रतिनिधि परामर्शदात्री समितियों के सदस्यों का मनोनयन हित समूहों द्वारा किये जाने की परम्परा होनी चाहिए।

(5) सामान्यतया जनता और स्थानीय प्रशासक के मध्य गहन सम्पर्क सूत्र होने आवश्यक हैं। इससे प्रशासन में व्यक्त लालफीताशाही नियन्त्रित होगी और उत्तरदायित्व की भावना का विकास होगा।

अत: दबाव समूहों को नियन्त्रित करने के लिए संसद को एक अधिनियम पारित करके दबाव समूहों की गतिविधियों पर नियन्त्रण स्थापित करना चाहिए कि वे अपना वार्षिक (बजट) आय-व्यय प्रतिवेदन प्रस्तुत करें। गुटों को अपना पंजीकरण करवाना चाहिए और यदि वे अवैधानिक साधनों का प्रयोग करें, तो उनका पंजीकरण समाप्त कर दिया जाना चाहिए। हमारी सरकार इस दिशा में विचार कर रही है और अभी विदेशी अनुदान नियन्त्रण कानून बनाया गया है।

इस प्रकार दबाव समूह और हित समूहों से हम अपेक्षा करते हैं कि वे सार्वजनिक हित की अवधारणा को स्वीकार करते हुए सार्वजनिक जीवन की अभिवृद्धि तथा उन्नति के लिए आपने आपको प्रस्तुत करेंगे। अभी तक हित समूह तथा सार्वजनिक हित के मध्य सन्तुलन स्थापित करना एक समस्या बमी हुई है। यह स्पष्ट है कि जनतन्त्र में दबाव समूह आवश्यक एवं उपयोगी है।

## प्रश्न
## (Questions)

### दीर्घ उत्तरीय प्रश्न (Long Answer Type Questions)

1. भारत में दबाव समूहों के विभिन्न प्रकारों का उल्लेख कीजिए।
   (Discuss the different types of Pressure Groups in India.)
2. भारतीय दबाव समूह का वर्गीकरण और कार्य प्रणाली का वर्णन कीजिए।
   (Describe the classification and working system of Indian Pressure Groups.)
3. दबाव समूह की परिभाषा दीजिए तथा भारत के सन्दर्भ में उसके दोष गुण बताइए।
   (Give the definition of Pressure Groups and discuss its merits and demerits in reference of India.)
4. दबाव समूह के प्रकार एवं साधन बताइए।
   (Discuss the types and means of Pressure Groups.)
5. दबाव समूह क्या है ? प्रमुख दबाव समूहों का वर्णन कीजिए।
   (What are the Pressure Groups ? Describe the chief Pressure Groups.)
6. भारत के दबाव समूहों द्वारा प्रयोग किये जाने वाले साधनों का वर्णन कीजिए।
   (Describe the means which are used by the Pressure Groups of India.)

7. भारतीय राजनीति में दबाव समूहों की विशेषताओं का वर्णन कीजिए।
   (Describe the characteristies of Pressure Groups of Indian Politics.)
8. भारतीय दबाव समूहों का संक्षेप में वर्णन कीजिए।
   (Describe the characteristies of Pressure Groups of Indian Politics.)
9. दबाव समूह क्या हैं ? भारत के प्रमुख दबाव समूहों का वर्णन कीजिए।
   (What are Pressure Groups ? Describe the main Pressure Groups of India.)
10. भारत की राजनीति पर दबाव समूहों का क्या प्रभाव हैं ? वे क्या तरीके अपनाते हैं ?
   (What is the effect of Pressure Groups on Indian Politics ? What methods they adopt.)
11. भारतीय राजनीतिक व्यवस्था में दबाव समूह पर एक निबन्ध लिखिए।
   (Write an essay on 'Pressure Groups' in Indian Political System.)
12. दबाव समूह की परिभाषा दीजिए। उसकी विशेषताओं का वर्णन कीजिए।
   (Give the defenition of Pressure Groups. Describe its characteristics.)
13. दबाव समूह से आप क्या समझते हैं ? भारतीय दबाव समूह का वर्गीकरण कीजिए।
   (What do you understand by Pressure Groups ? Give the classification of Indian Pressure Groups.)
14. भारतीय राजनीति में दबाव समूहों के प्रभाव का मूल्यांकन कीजिए।
   (Evaluate the impact of Pressure Groups on Indian Politics.)
15. दबाव समूहों से आप क्या समझते हैं ? राजनीति दल और दबाव समूह में अन्तर बताइये।
   (What do you understand by Pressure Groups ? What is the difference between Political Party and Pressure Group.)
16. भारतीय राजनीति में प्रमुख दबाव समूह कौन-कौन से हैं ? भारतीय राजनीति में उनकी क्या भूमिका है ?
   (Whach are the main Pressure Groups of Indian Politics ? What is their role in Indian Politics ?)
17. भारतीय राजनीति में दबाव समूह की भूमिका लिखिए।
   (Write the role of Pressure Groups in Indian Politics.)
18. दबाव समूहों के प्रकार और पद्धतियों का वर्णन कीजिए।
   (Describe the types and methods of Pressure Groups.)
19. दबाव समूहों द्वारा भारतीय राजनीतिक व्यवस्था में क्या तरीके अपनाये जाते हैं ? उदाहरण सहित स्पष्ट कीजिए।
   (What methods adopted by Pressure Groups in Indian Politics ? Clear with examples.)
20. भारत के दबाव समूह अपने उद्देश्यों की प्राप्ति हेतु कौन-कौन से विभिन्न साधनों को अपनाते हैं ? समीक्षा कीजिए।
   (Which different methods adopts the Indian Pressure Groups for the fulfiment of their aims ? Elucidate.)
21. भारतीय दबाव समूह की कार्यप्रणाली की विवेचना कीजिए।
   (Discuss the working system of Indian Pressure Groups.)
22. दबाव समूह क्या है ? वह कैसे कार्य करता है ?
   (What are Pressure Groups ? How they works ?)

## लघु उत्तरीय प्रश्न (Short Answer Type Questions)

1. दबाव समूह से आप क्या समझते हैं ?
2. भारत में विद्यमान दबाव समूहों का वर्गीकरण कीजिए।
3. दबाव समूह की चार विशेषताओं का वर्णन कीजिए।
4. दबाव समूह के तीन साधनों का संक्षिप्त वर्णन कीजिए।
5. भारत में जातीय एवं भाषायी दबाव समूह का क्या प्रभाव है ? वर्णन कीजिए।
6. दबाव गुट और राजनीतिक दल में अन्तर बताइए।
7. दबाव समूह और लॉबी में अन्तर समझाइए।
8. श्रमिक कृषक और व्यापारिक दबाव समूहों के नाम लिखिए।
9. दबाव समूह का अर्थ समझाइए ?

## बहुविकल्पीय वस्तुनिष्ठ प्रश्न (Multiple Choice Type Objective Questions)

1. **दबाव समूह के निर्माण का मुख्य आधार है–**

(a) राष्ट्रीय हित (b) सामाजिक विकास

(c) अपने उद्देश्य की पूर्ति (d) नैतिकता का विकास।

**उत्तर**–(a) राष्ट्रीय हित।

2. **दबाव समूह की विशेषता है–**

(a) राजनीतिक संगठन होते हैं (b) अपने हितों का खतरा होने पर सक्रिय होते हैं

(c) उद्देश्य अनिश्चित और असीमित होते हैं (d) राष्ट्रीय हित के लिए प्रेरित होते हैं।

**उत्तर**–(c) उद्देश्य अनिश्चित और असीमित होते हैं।

3. **जमायतक इस्लामी दबाव सूमह है–**

(a) साम्प्रदायिक (b) वर्गीय

(c) भाषायी (d) क्षेत्रीय।

**उत्तर**–(a) साम्प्रदायिक।

4. **दबाव समूह का मुख्य कार्य है–**

(a) राजनीतिक शक्ति प्राप्त करना (b) जनता को प्रभावित करना

(c) सामाजिक हित के लिए (d) अपने समूह के लिए।

**उत्तर**–(c) सामाजिक हित के लिए।

5. **निम्नांकित में कौन सा दबाव समूह नहीं है–**

(a) स्टूडेण्ट फैडरेशन (b) भारतीय राष्ट्रीय कॉंग्रेस

(c) ए.आई.टी.यू.सी. (d) चैम्बर ऑफ कॉमर्स।

**उत्तर**–(b) भारतीय राष्ट्रीय कॉंग्रेस।

# भारतीय संविधान में संशोधन की प्रक्रिया

# [PROCESS OF AMENDMENT IN INDIAN CONSTITUTION]

भारतीय संविधान की रचना करने वाले संविधान में संशोधन की अनिवार्यता से भलीभाँति परिचित थे। वे जानते थे कि संशोधन की प्रक्रिया के अभाव में संविधान का विकास आगे नहीं हो सकेगा। देश में तेजी से बदलते परिवेश में संविधान संशोधन की अवधारणा एक अनिवार्य आवश्यकता बन गई है। भारत के संविधान में अब तक 92 संविधान संशोधन हो चुके हैं। भारत में संविधान संशोधन के लिए निम्न तीन प्रणालियों को अपनाया गया है—

**1. साधारण विधि द्वारा संशोधन**—संविधान के अनेक अनुच्छेदों में साधारण कानून बनाकर ही संशोधन करने की व्यवस्था है। संसद के साधारण बहुमत से पारित होकर और राष्ट्रपति की स्वीकृति मिलने पर संविधान में संशोधन हो जाता है। इस क्षेत्रा के विषयों में—राज्यों का पुनर्गठन, नए राज्यों का गठन, राज्यों का क्षेत्र घटाना या बढ़ाना, राज्यों का नाम परिवर्तित करना, नागरिकता, अनुसूचित क्षेत्रों और अनुसूचित जनजातियों की प्रशासन व्यवस्था तथा राज्यों के उच्च सदनों का सृजन तथा समाप्ति आदि सम्मिलित हैं।

**2. विशिष्ट बहुमत द्वारा संशोधन**—संविधान संशोधन का विधेयक संसद के किसी भी सदन में प्रस्तुत किया जा सकता है। यदि सदन की कुल सदस्य-संख्या का बहुमत एवं उपस्थित व मतदान में भाग ले रहे सदस्यों के दो-तिहाई बहुमत से संशोधन विधेयक को पारित कर दिया जाता है, तो वह विधेयक दूसरे सदन को विचार करने हेतु भेज दिया जाता है। वहाँ भी इसी प्रकार पारित होने पर वह विधेयक राष्ट्रपति की अनुमति के लिए भेज दिया जाता है। राष्ट्रपति की अनुमति मिलने पर संविधान में संशोधन कर दिया जाता है तथा किया गया संशोधन संविधान का अंग बन जाता है। संविधान का अधिकांश भाग इसी विधि के आधार पर संशोधित किया जाता है। मौलिक अधिकार तथा नीति-निदेशक तत्त्व संशोधन की इसी प्रक्रिया के अन्तर्गत आते हैं।

**3. विशिष्ट बहुमत तथा राज्यों की स्वीकृति के आधार पर संशोधन**—इस विधि के अन्तर्गत संविधान संशोधन के लिए संसद के दोनों सदनों में अलग-अलग सदस्य-संख्या का बहुमत तथा उपस्थित और मतदान में भाग लेने वाले सदस्यों का दो तिहाई बहुमत होना अति आवश्यक है। इसके साथ ही देश के आधे राज्यों की विधानसभाएँ भी संविधान में दिए गए संशोधन को अपनी स्वीकृति प्रदान करती हैं। इस प्रकार संशोधन की इस विधि के अन्तर्गत 28 राज्यों में से 14 राज्यों की स्वीकृति प्राप्त होनी आवश्यक है। उसके उपरान्त राष्ट्रपति विधेयक पर अपनी स्वीकृति प्रदान करता है और संविधान में वांछित संशोधन हो जाता है। इस प्रकार यह एक जटिल प्रक्रिया है। राष्ट्रपति, केन्द्र-राज्य सम्बन्ध, राज्यपाल, संसद, केन्द्र तथा राज्यों की मन्त्रिपरिषद्, उच्चतम एवं उच्च न्यायालयों से सम्बन्धित अनुच्छेदों को इस संशोधन विधि के द्वारा ही संशोधित किया जाता है।

अब तक भारतीय संविधान में 94 संशोधन किए जा चुके हैं। इन संशोधनों का विवेचन निम्नानुसार है—

## संविधान में संशोधन

**1. संविधान (प्रथम संशोधन) अधिनियम, 1950**—इस संशोधन के द्वारा संविधान के अनुच्छेद 19 में दिए गए बोलने की स्वतंत्रता और अभिव्यक्ति की स्वतन्त्रता के अधिकार तथा कोई वृत्ति, उपजीविका, व्यापार या कारोबार करने के अधिकार

पर प्रतिबंध लगाने के नए अधिकार पर प्रतिबंध लगाने के नए अधिकारों की व्यवस्था की गई है। इन प्रतिबंधों का प्रावधान सार्वजनिक व्यवस्था, विदेशी राज्यों के साथ मैत्रीपूर्ण संबंधों अथवा बोलने की स्वतंत्रता के अधिकार के संदर्भ में अपराध -उद्दीपन और व्यावसायिक या तकनीकी अर्हताएं विहित करने अथवा कोई व्यापार या कारोबार चलाने के अधिकार के संदर्भ में राज्य आदि द्वारा कोई व्यापार, कारोबार, उद्योग अथवा सेवा चलाने के संबंध में किया गया है। इस संशोधन द्वारा दो नए अनुच्छेद 31क और 31ख तथा नौवीं अनुसूची को शामिल किया गया है ताकि भूमि सुधार कानूनों को चुनौती न दी जा सके।

**2. संविधान (द्वितीय संशोधन) अधिनियम, 1952**—इस संविधान संशोधन द्वारा लोकसभा चुनाव के लिए प्रतिनिधित्व के अनुपात को पुन: समायोजित किया गया है।

**3. संविधान (तृतीय संशोधन) अधिनियम, 1954**—इस संविधान संशोधन द्वारा समवर्ती सूची 3 की प्रविष्टि 33 प्रतिस्थापित की गई है, ताकि वह अनुच्छेद 369 के समान हो सके।

**4. संविधान (चतुर्थ संशोधन) अधिनियम, 1955**—निजी संपत्ति को अनिवार्य रूप से अर्जित करने या अधिग्रहीत करने की राज्य की शक्तियों की फिर से ठीक-ठीक ढंग से व्याख्या करने और इसे उन मामलों से जहां राज्य की विनियमनकारी और प्रतिषेधात्मक विधियों के प्रवर्तन से किसी व्यक्ति को संपत्ति से वंचित किया गया हो, अलग करने के लिए संविधान के अनुच्छेद 31(2) में संशोधन किया गया है। संविधान के अनुच्छेद 31क की परिधि का जर्मीदारी उन्मूलन जैसे आवश्यक कल्याणकारी कानूनों तक विस्तार करने तथा शहरी एवं ग्रामीण क्षेत्रों के समुचित आयोजन और देश के खनिज तथा तेल स्रोतों पर पूरा नियंत्रण करने के उद्देश्य से इस अनुच्छेद का संशोधन किया गया है। नौंवीं अनुसूची में छह अधिनियम भी शामिल किए गए हैं। राज्य-एकाधिपत्यों के लिए उपबंध करने वाली विधियों के समर्थन में अनुच्छेद 305 में भी संशोधन किया गया है।

**5. संविधान (पांचवां संशोधन) अधिनियम, 1955**—इस संविधान संशोधन में अनुच्छेद 3 में संशोधन किया गया है। इस संशोधन द्वारा राष्ट्रपति को यह शक्ति दी गई है कि वह राज्य विधान-मंडलों द्वारा अपने-अपने राज्यों के क्षेत्र, सीमाओं आदि पर प्रभाव डालने वाली प्रस्तावित केंद्रीय विधियों के बारे में अपने विचार भेजने के लिए कोई समय-सीमा निर्धारित कर सकते हैं।

**6. संविधान (छठा संशोधन) अधिनियम, 1956**—इस संविधान संशोधन द्वारा अंतरराज्यीय व्यापार और वाणिज्य में वस्तुओं के क्रय-विक्रय पर करों के संबंध में अनुच्छेद 269 और 286 में कुछ परिवर्तन किए गए हैं। इसी संशोधन द्वारा संविधान की सातवीं अनुसूची की संघ सूची में एक प्रविष्टि 92क शामिल की गई है।

**7. संविधान (सातवां संशोधन) अधिनियम, 1956**—राज्य पुनर्गठन आयोग की सिफारिशों को लागू करने और पारिणामिक परिवर्तनों को शामिल करने के उद्देश्य से यह संशोधित किया गया था। मोटे तौर पर तत्कालीन राज्यों और राज्य क्षेत्रों का राज्यों और केंद्रशासित प्रदेशों के रूप में वर्गीकरण किया गया था। संशोधन में लोकसभा का गठन, प्रत्येक जनगणना के पश्चात् पुन: समायोजन, नए उच्च न्यायालयों की स्थापना और उच्च न्यायालय के न्यायाधीशों आदि के बारे में उपबंधों की भी व्यवस्था की गई है।

**8. संविधान (आठवां संशोधन) अधिनियम, 1960**—संसद और राज्य विधानमंडलों में अनुसूचित जातियों तथा अनुसूचित जनजातियों के लिए और नामनिर्देशन द्वारा आंग्ल भारतीय समुदाय के लिए स्थानों के आरक्षण की अवधि 10 वर्ष और बढ़ाने के लिए अनुच्छेद 334 में संशोधन किया गया था।

**9. संविधान (नौंवा संशोधन) अधिनियम, 1960**—भारत और पाकिस्तान की सरकारों के बीच हुए समझौतों के अनुसरण में पाकिस्तान को कुछ राज्य क्षेत्रों का हस्तांतरण करने की दृष्टि से यह संशोधन किया गया था। यह संशोधन करना इसलिए आवश्यक था कि बेरुबाड़ी के हस्तांतरण के मामले में उच्चतम न्यायालय ने यह निर्णय दिया था कि किसी राज्य-क्षेत्र को किसी दूसरे देश को देने के समझौते को अनुच्छेद 3 के अधीन बनाई गई किसी विधि द्वारा क्रियान्वित नहीं किया जा सकता, अत: इसे संविधान में संशोधन करके ही क्रियान्वित किया जा सकता था।

**10. संविधान (10वां संशोधन) अधिनियम, 1961**—इस संविधान संशोधन द्वारा दादरा और नगर हवेली के क्षेत्र को केंद्रशासित प्रदेश के रूप में शामिल करने और राष्ट्रपति की विनियम बनाने की शक्तियों के अन्तर्गत उसमें प्रशासनिक व्यवस्था करने के लिए अनुच्छेद 240 और पहली अनुसूची को संशोधित किया गया था।

**11. संविधान (11वां संशोधन) अधिनियम, 1961**—इस संविधान संशोधन का उद्देश्य संविधान के अनुच्छेद 66 और 71 का इस दृष्टि से संशोधन करना था, जिससे उपयुक्त निर्वाचकमंडल में किसी रिक्त पद के आधार पर राष्ट्रपति और उपराष्ट्रपति के निर्वाचन को चुनौती न दी जा सके।

**12. संविधान (12वां संशोधन) अधिनियम, 1962**—इस संविधान संशोधन के द्वारा गोवा, दमन और दीव को केंद्रशासित प्रदेश के रूप में शामिल किया गया था और इस प्रयोजन को पूरा करने के लिए अनुच्छेद 240 का संशोधन किया गया था।

**13. संविधान (13वां संशोधन) अधिनियम, 1962**—इस संविधान संशोधन द्वारा भारत सरकार और नागा पीपुल्स कन्वेंशन के बीच हुए एक समझौते के पालन हेतु नागालैंड राज्य के संबंध में विशेष उपबंध करने के लिए एक नया अनुच्छेद 371क जोड़ा गया था।

**14. संविधान (14वां संशोधन) अधिनियम, 1962**—इस संविधान संशोधन अधिनियम के द्वारा पांडिचेरी को केंद्रशासित प्रदेश के रूप में प्रथम अनुसूची में जोड़ा गया था और इस अधिनियम के द्वारा हिमाचल प्रदेश, मणिपुर, त्रिपुरा, गोवा, दमन और दीव तथा पांडिचेरी के केंद्रशासित प्रदेशों के लिए संसदीय विधि द्वारा विधानमंडलों के गठन का प्रावधान किया गया था।

**15. संविधान (15वां संशोधन) अधिनियम, 1963**—इस संविधान संशोधन द्वारा न्यायालय के न्यायाधीशों की सेवानिवृत्ति की आयु बढ़ाने और एक उच्च न्यायालय से दूसरे उच्च न्यायालय में स्थानांतरित किए जाने वाले न्यायाधीशों को प्रतिपूरक भत्ता देने का उपबंध किया गया था। इस संशोधन अधिनियम के द्वारा सेवानिवृत्त न्यायाधीशों को उच्च न्यायालय के न्यायाधीशों के स्थान पर नियुक्त किए जाने की भी व्यवस्था की गई थी। इस संशोधन द्वारा संविधान के अनुच्छेद 226 का भी विस्तार किया गया, ताकि उच्च न्यायालयों को यह शक्ति प्रदान की जा सके कि वे किसी प्राधिकारी को निर्देश, आदेश या हुक्मनामा (रिट) जारी कर सकें। यदि ऐसी शक्ति के प्रयोग के लिए वाद का कारण उन राज्य क्षेत्रों में पैदा हुआ हो, जिनमें वहाँ का उच्च न्यायालय क्षेत्राधिकार का प्रयोग करता है, चाहे उस सरकारी अधिकारी का स्थान इन राज्य क्षेत्रों के अंदर नहीं हो। इस अधिनियम द्वारा सेवा आयोगों के अध्यक्ष की अनुपस्थिति में उसकी शक्तियों का प्रयोग किसी अन्य सदस्य द्वारा कराए जाने का भी प्रावधान किया गया है।

**16. संविधान (16वां संशोधन) अधिनियम, 1963**—इस संशोधन अधिनियम द्वारा संविधान के अनुच्छेद 19 में संशोधन किया गया है। इस संविधान संशोधन द्वारा भारत की प्रभुसत्ता और अखंडता के हित में बोलना और अभिव्यक्ति की स्वतंत्रता शांतिपूर्ण और शस्त्ररहित सम्मेलन तथा संस्था बनाने के अधिकारों पर प्रतिबंध लगाया गया है। संसद और राज्य विधानमंडलों के निर्वाचन के लिए उम्मीदवारों द्वारा ली जाने वाली शपथ या अधिनियम का संशोधन करके उसमें यह शर्त भी शामिल की गई है कि वे भारत की प्रभुसत्ता और अखंडता को अक्षुण्ण बनाए रखेंगे। इन संविधान संशोधनों का उद्देश्य राष्ट्रीय एकता को प्रोत्साहन देना है।

**17. संविधान (17वां संशोधन) अधिनियम, 1964**- इस संविधान संशोधन द्वारा संविधान के अनुच्छेद 31क में और आगे संशोधन किया गया है। इस संशोधन के अनुसार निजी खेती के अधीन भूमि का अधिग्रहण तब तक नहीं किया जा सकता, जब तक कि प्रतिपूर्ति के रूप में उसका बाजार मूल्य न दिया जाए। साथ ही, इस संशोधन द्वारा उक्त अनुच्छेद में दी गई 'संपदा' शब्द की परिभाषा को पीछे की तारीख से लागू किया गया है। इस संशोधन द्वारा संविधान की नौवीं अनुसूची में भी संशोधन किया गया है और उसमें 44 और अधिनियम शामिल किए गए हैं।

**18. संविधान (18वां संशोधन) अधिनियम, 1966**—इस संशोधन द्वारा अनुच्छेद 3 का संशोधन यह स्पष्ट करने के लिए किया गया है कि 'राज्य' शब्द में केंद्रशासित प्रदेश भी शामिल होगा और इस अनुच्छेद के अन्तर्गत नया राज्य बनाने की शक्ति में किसी राज्य या केंद्रशासित प्रदेश के एक भाग को किसी दूसरे राज्य या केंद्रशासित प्रदेश से मिलाकर एक नया राज्य या केंद्रशासित प्रदेश बनाने की शक्ति को भी शामिल किया गया है।

**19. संविधान (19वां संशोधन) अधिनियम, 1966**—इस संविधान संशोधन द्वारा निर्वाचन न्यायाधिकरणों को समाप्त करने और उच्च न्यायालय द्वारा चुनाव याचिकाओं की सुनवाई किए जाने के निर्णय के परिणामस्वरूप संविधान के अनुच्छेद 324 का संशोधन इस परिणामिक परिवर्तन के लिए किया गया है।

**20. संविधान (20वां संशोधन), अधिनियम, 1966**—यह संशोधन चंद्रमोहन बनाम उत्तर प्रदेश सरकार के मामले में उच्चतम न्यायालय के उस निर्णय के कारण आवश्यक हुआ, जिसमें उच्चतम न्यायालय द्वारा उत्तर प्रदेश राज्य में जिला न्यायाधीशों की कुछ नियुक्तियों को निरस्त घोषित कर दिया गया था। इस संशोधन द्वारा एक नया अनुच्छेद 233क जोड़ा गया और राज्यपाल द्वारा की गई नियुक्तियों को विधिमान्य बना दिया गया।

**21. संविधान (21वां संशोधन) अधिनियम, 1967**—इस संविधान संशोधन द्वारा सिंधी भाषा को अष्टम अनुसूची में शामिल किया गया है।

**22. संविधान (22वां संशोधन) अधिनियम, 1969**—यह संविधान संशोधन अधिनियम असम राज्य में एक नए स्वायत्त राज्य मेघालय का गठन करने की दृष्टि से लागू किया गया था।

**23. संविधान (23वां संशोधन) अधिनियम, 1969**—इस संशोधन द्वारा अनुसूचित जातियों और अनुसूचित जनजातियों तथा आंग्ल भारतीयों के लिए संसद और राज्य विधानमंडलों में स्थानों के आरक्षण की अवधि 10 वर्ष तक और बढ़ाने के लिए संविधान के अनुच्छेद 334 का संशोधन किया गया।

**24. संविधान (24वां संशोधन) अधिनियम, 1971**—यह संविधान संशोधन गोलकनाथ के मामले से उत्पन्न हुई स्थिति के संदर्भ में पारित हुआ। तदनुसार इस अधिनियम द्वारा मूल अधिकारों सहित संविधान में संशोधन करने के संसद के अधिकारों के बारे में सभी प्रकार के संदेहों एवं शंकाओं को दूर करने के लिए संविधान के अनुच्छेद 13 और अनुच्छेद 368 में संशोधन किया गया।

**25. संविधान (25वां संशोधन) अधिनियम, 1971**—इस संविधान संशोधन द्वारा बैंकों के राष्ट्रीयकरण के मामले को देखते हुए संविधान के अनुच्छेद 31 में संशोधन किया गया। 'मुआवजा' शब्द की 'पर्याप्त मुआवजा' के रूप में न्यायिक व्याख्या को देखते हुए 'मुआवजा' शब्द के स्थान पर 'रकम' शब्द को स्थान दिया गया।

**26. संविधान (26वां संशोधन) अधिनियम, 1971**—इस संविधान संशोधन द्वारा भारतीय रियासतों के शासकों के 'प्रिवीपर्स' और विशेषाधिकारों को समाप्त किया गया। यह संशोधन माधवराव के मामलों में उच्चतम न्यायालय के निर्णय के परिणामस्वरूप पारित किया गया था।

**27. संविधान (27वां संशोधन) अधिनियम, 1971**—यह संशोधन अधिनियम उत्तर-पूर्वी राज्यों के पुनर्गठन के कारण आवश्यक कुछ बातों की व्यवस्था करने के लिए पारित किया गया था। इस संशोधन के अन्तर्गत संविधान में एक नया अनुच्छेद 239ख जोड़ा गया। इस संशोधन के फलस्वरूप कुछ केंद्रशासित प्रदेशों के प्रशासन अध्यादेश जारी करने के लिए समर्थ हो गए।

**28. संविधान (28वां संशोधन) अधिनियम, 1972**—यह संविधान संशोधन भारतीय सिविल सेवा के सदस्यों के अवकाश पेंशन और अनुशासन के मामलों के संबंध में विशेषाधिकारों को समाप्त करने के लिए पारित किया गया।

**29. संविधान (29वां संशोधन) अधिनियम, 1972**—इस संशोधन अधिनियम द्वारा संविधान की नौवीं अनुसूची का संशोधन करके उसमें भूमि सुधार के बारे में केरल के दो अधिनियम शामिल किए गए।

**30. संविधान (30वां संशोधन) अधिनियम, 1972**—इस संविधान संशोधन का उद्देश्य संविधान के अनुच्छेद 133 का संशोधन करके उसमें निर्धारित 20,000 रुपये की मूल्यांकन परीक्षा समाप्त करना तथा उसके स्थान पर सिविल कार्यवाही में उच्चतम न्यायालय में अपील की व्यवस्था करना है, जो केवल उच्च न्यायालय के इस प्रमाणपत्र पर ही की जा सकेगी कि उस मामले में सामान्य महत्त्व की विधि का सारवान प्रश्न अंतरग्रस्त है और उच्च न्यायालय के मत में उस प्रश्न पर उच्चतम न्यायालय द्वारा निर्णय लिए जाने की आवश्यकता है।

**31. संविधान (31वां संशोधन) अधिनियम, 1973**—इस संविधान संशोधन अधिनियम द्वारा अन्य बातों के साथ-साथ लोकसभा में राज्यों के प्रतिनिधित्व की अधिकतम संख्या 500 से बढ़ाकर 525 कर दी गई तथा केंद्रशासित प्रदेशों के सदस्यों की अधिकतम संख्या को 25 से घटाकर 20 कर दिया गया।

**32. संविधान (32वां संशोधन) अधिनियम, 1973**—इस संशोधन अधिनियम द्वारा आंध्र प्रदेश राज्य के विभिन्न क्षेत्रों में समान अवसर प्रदान करने वाले उपबंध को लागू करने के लिए आवश्यक संवैधानिक प्राधिकारी की व्यवस्था की गई और लोक सेवाओं से संबंधित शिकायतों की सुनवाई के लिए एक प्रशासनिक न्यायाधिकरण गठित किथा गया। इसके द्वारा संसद को यह शक्ति भी प्रदान की गई कि वह उस राज्य में एक केंद्रीय विश्वविद्यालय की स्थापना के लिए कानून बना सकती है।

**33. संविधान (33वां संशोधन) अधिनियम, 1974**—इस संविधान संशोधन द्वारा संसद सदस्यों और राज्य विधानमंडलों से त्यागपत्र दिए जाने की प्रक्रिया को सुचारु बनाए रखने के लिए अनुच्छेद 101 तथा 120 में संशोधन किया गया।

**34. संविधान (34वां संशोधन) अधिनियम, 1974**—इस संशोधन अधिनियम द्वारा विभिन्न राज्य विधानमंडलों द्वारा बनाए गए 20 और काश्तकारी व भूमि सुधार कानूनों को नौवीं अनुसूची में शामिल किया गया।

**35. संविधान (35वां संशोधन) अधिनियम, 1974**—इस संशोधन अधिनियम द्वारा संविधान में एक नया अनुच्छेद 2क जोड़ा गया, जिसके द्वारा सिक्किम को भारतीय संघ के सह-राज्य का दर्जा दिया गया। संविधान के अनुच्छेद 80-81 में परिणामिक संशोधन किए गए। संविधान में एक नई अनुसूची, अर्थात् 10वीं अनुसूची जोड़ी गई जिसमें सिक्किम के भारतीय संघ में शामिल होने की शर्तों को अन्तिम रूप दिया गया।

**36. संविधान (36वां संशोधन) अधिनियम, 1975**—इस संविधान संशोधन द्वारा सिक्किम को भारतीय संघ का पूर्ण सदस्य बनाया गया और उसे संविधान की प्रथम अनुसूची में शामिल किया गया। सिक्किम को राज्यसभा और लोकसभा में एक-एक स्थान देने के लिए भी यह अधिनियम बनाया गया। 35वें संविधान संशोधन अधिनियम द्वारा जोड़े गए अनुच्छेद 2क और 10वीं अनुसूची को संविधान से हटाकर अनुच्छेद 80 और 81 का आवश्यक संशोधन किया गया।

**37. संविधान (37वां संशोधन) अधिनियम, 1975**—इस संशोधन अधिनियम द्वारा केंद्रशासित प्रदेश अरुणाचल प्रदेश में विधानसभा की व्यवस्था की गई। इस संशोधन द्वारा संविधान के अनुच्छेद 240 का भी संशोधन किया गया और यह उपबंध किया गया कि विधानमंडल वाले अन्य केंद्रशासित प्रदेशों की तरह केंद्रशासित प्रदेश अरुणाचल प्रदेश के लिए विनिमय बनाने की राष्ट्रपति की शक्ति का प्रयोग तब किया जा सकेगा, जब विधानसभा या तो भंग हो गई हो या उसके कार्य निलंबित रखे गए हों।

**38. संविधान (38वां संशोधन) अधिनियम, 1975**—इस संशोधन अधिनियम द्वारा संविधान के अनुच्छेद 123, 213 और 352 में संशोधन करके यह उपबंध किया गया कि इन अनुच्छेदों में उल्लिखित राष्ट्रपति या राज्यपाल के संवैधानिक निर्णय को किसी भी न्यायालय में चुनौती दी जा सकेगी।

**39. संविधान (39वां संशोधन) अधिनियम, 1975**—इस अधिनियम द्वारा यह प्रावधान किया गया कि राष्ट्रपति, उपराष्ट्रपति, प्रधानमंत्री और लोकसभा अध्यक्ष के निर्वाचन संबंधी विवादों पर ऐसे प्राधिकारी द्वारा विचार किया जा सकेगा, जो संसदीय कानून द्वारा नियुक्त किया गया हो। इस संशोधन अधिनियम द्वारा नौवीं अनुसूची में कुछ केंद्रीय कानूनों को भी शामिल किया गया।

**40. संविधान (40वां संशोधन) अधिनियम, 1976**—इस संशोधन अधिनियम द्वारा राष्ट्रीय महासागरीय सीमा अथवा देश के भू-भाग के अंदर अथवा पूरी तरह भारत के आर्थिक क्षेत्र में आने वाली सभी खदानों, खनिज पदार्थों और अन्य मूल्यवान वस्तुओं को संघ के अधिकार में बनाए रखने का उपबंध किया गया। इसमें इस बात का भी उपबंध किया गया कि भारत के आर्थिक क्षेत्र के सभी अन्य संसाधन भी पूरी तरह संघ के अधिकार क्षेत्र में रहेंगे। इस अधिनियम द्वारा इस बात का भी प्रावधान किया गया कि राष्ट्रीय जल सीमा, देश के भू-भाग और भारत के आर्थिक क्षेत्र की सीमाएं पूरी तरह विनिर्दिष्ट होंगी जो समय-समय पर संसद द्वारा अथवा संसद द्वारा बनाए गए कानून के द्वारा निर्धारित की जाएंगी। इस संशोधन द्वारा संविधान की नौवीं अनुसूची में कुछ और अधिनियम भी जोड़े गए।

**41. संविधान (41वां संशोधन) अधिनियम, 1976**—इस संशोधन अधिनियम द्वारा अनुच्छेद 316 में संशोधन करके राज्य लोक सेवा और संयुक्त लोक सेवा आयोगों के सदस्यों की सेवा-निवृत्ति की आयु को 60 से बढ़ाकर 62 वर्ष कर दिया गया।

**42. संविधान (42वां संशोधन) अधिनियम, 1976**—इस अधिनियम द्वारा संविधान में अनेक महत्त्वपूर्ण संशोधन किए गए। ये संशोधन मुख्यत: स्वर्णसिंह आयोग की सिफारिशों को लागू करने के लिए किए गए थे।

कुछ महत्त्वपूर्ण संशोधन समाजवाद, धर्मनिरपेक्षता और राष्ट्र की अखंडता के उच्चादर्शों को स्पष्ट रूप से परिभाषित करने के लिए, नीति निर्देशक सिद्धांतों को अधिक व्यापक बनाने के लिए और उन मूल अधिकारों पर वरीयता देने के उद्देश्य से किए गए जिनकी आड़ लेकर सामाजिक-आर्थिक सुधारों को निष्फल किया जाता रहा है। इस संशोधनकारी अधिनियम द्वारा संविधान में नागरिकों के मूल कर्त्तव्यों के संबंध में एक नया अध्याय जोड़ा गया और समाज विरोधी गतिविधियों से, चाहे वे व्यक्तियों द्वारा हों या संस्थाओं द्वारा, निपटने के लिए विशेष प्रावधान किए गए। कानूनों की संवैधानिक वैधता से संबंधित

प्रश्नों पर निर्णय लेने के लिए न्यायाधीशों की न्यूनतम संख्या निर्धारित करने तथा किसी कानून को संवैधानिक दृष्टि से अवैध घोषित करने के लिए कम-से-कम दो-तिहाई न्यायाधीशों की विशेष बहुमत व्यवस्था करके न्यायपालिका संबंधी उपबंधों का भी संशोधन किया गया।

उच्च न्यायालयों में अनिर्णय की स्थिति में पड़े। मामलों की बढ़ती हुई संख्या को कम करने के लिए और सेवा, राजस्व, सामाजिक-आर्थिक विकास और प्रगति के संदर्भ में कुछ अन्य मामलों के शीघ्र निपटारे को सुनिश्चित करने के लिए इस संशोधनकारी अधिनियम द्वारा संविधान के अनुच्छेद 136 के अधीन ऐसे मामलों में उच्चतम न्यायालय के अधिकार क्षेत्र को सुरक्षित रखते हुए प्रशासनिक और अन्य न्यायाधिकरणों के गठन के लिए उपबंध किया गया। संविधान के अनुच्छेद 226 के अधीन उच्च न्यायालयों के रिट अधिकार क्षेत्र में भी कुछ संशोधन किया गया।

**43. संविधान (43वां संशोधन) अधिनियम, 1977**—इस संशोधन अधिनियम के द्वारा अन्य बातों के साथ-साथ, 42वें संतिधान संशोधन, अधिनियम, 1976 के लागू होने से उच्चतम न्यायालय और उच्च न्यायालयों के अधिकार क्षेत्र में जो कटौती हो गई थी, उसे पुन: बहाल करने का प्रावधान किया गया। इस संशोधन द्वारा संविधान में शामिल किए गए अनुच्छेद 32क, 131क, 144क, 226क और 228क को इस अधिनियम के माध्यम से हटा दिया गया। इस अधिनियम द्वारा संविधान के अनुच्छेद 31घ को भी हटा दिया गया। इस अनुच्छेद द्वारा राष्ट्र विरोधी गतिविधियों के विरुद्ध कानून बनाने के लिए संसद को कुछ विशेष शक्तियां प्रदान की गई थीं।

**44. संविधान (44वां संशोधन) अधिनियम, 1978**—संविधान के इस संशोधन द्वारा संपत्ति के अधिकार को मूल अधिकार के रूप में से हटाकर केवल विधिक अधिकार बना दिया गया। यहाँ यह उल्लेखनीय है कि संपत्ति के अधिकार के कारण अनेक संशोधन करने पड़े। फिर भी यह ध्यान रखा गया कि संपत्ति के अधिकार को मूल अधिकारों की सूची से हटाने से अल्पसंख्यकों के अपनी पसंद के शिक्षा संस्थानों की स्थापना करने और संचालन संबंधी अधिकारों पर कोई प्रभाव न पड़े। संविधान के अनुच्छेद 352 का संशोधन करके यह प्रावधान किया गया कि आपात स्थिति की घोषणा के लिए मुख्य कारण 'सशस्त्र विद्रोह' होना चाहिए। आंतरिक गड़बड़ी, यदि यह सशस्त्र विद्रोह नहीं है तो आपात स्थिति की घोषणा के लिए आधार नहीं बनाया जा सकेगा। व्यक्तिगत स्वतंत्रता के अधिकार को, जैसा कि अनुच्छेद 21 और 22 में दिया गया है, इस उपबंध द्वारा और अधिक शक्तिशाली बनाया गया है। इसके अनुसार निवारक नजरबंदी कानून के अधीन व्यक्ति को किसी भी स्थिति में दो महीने से अधिक अवधि के लिए नजरबंद नहीं रखा जा सकता, जब तक कि सलाहकार बोर्ड यह रिपोर्ट नहीं देता कि ऐसी नजरबंदी के पर्याप्त कारण हैं। इसके लिए अतिरिक्त संरक्षण की व्यवस्था इस अपेक्षा से की गई है कि सलाहकार बोर्ड का अध्यक्ष किसी समुचित उच्च न्यायालय का सेवारत न्यायाधीश होगा और बोर्ड का गठन उस उच्च न्यायालय के मुख्य न्यायाधीश की सिफारिशों के अनुसार किया जाएगा।

विलंब से बचने की दृष्टि से अनुच्छेद 132 और 134 में संशोधन किया गया है और उसमें एक नया अनुच्छेद 134क सम्मिलित किया गया है, जिसके द्वारा यह उपबंध किया गया है कि निर्णय, डिग्री, अंतिम आदेश अथवा सजा सुनाए जाने के तत्काल बाद संबंधित पक्ष के मौखिक आवेदन के आधार पर अथवा यदि उच्च न्यायालय उचित समझे तो स्वयं ही उच्चतम न्यायालय में अपील करने के प्रमाणपत्र मंजूर किए जाने के प्रश्न पर विचार करे। इस अधिनियम द्वारा किए गए अन्य संशोधन मुख्यत: आंतरिक आपात स्थिति की अवधि के दौरान किए गए संशोधन के कारण संविधान में आई विकृतियों को दूर करने अथवा सुधार करने के लिए हैं।

**45. संविधान (54वां संशोधन) अधिनियम, 1980**—यह संविधान संशोधन अधिनियम संसद तथा राज्य विधान सभाओं में अनुसूचित जातियों, अनुसूचित जनजातियों और आंग्ल भारतीयों के लिए स्थानों के आरक्षण संबंधी व्यवस्था को 10 वर्षों की अवधि के लिए और बढ़ाने के उद्देश्य से पारित किया गया था।

**46. संविधान (46वां संशोधन) अधिनियम, 1982**—इस संशोधन द्वारा अनुच्छेद 269 का संशोधन किया गया है ताकि अंतर्राज्यीय व्यापार और वाणिज्य के दौरान भेजे जाने वाले सामान पर लगाया गया कर राज्यों को सौंप दिया जाए। इस अनुच्छेद का संशोधन इस दृष्टि से भी किया गया है ताकि संसद कानून द्वारा यह निर्धारित कर सके कि किस स्थिति में भेजा जाने वाला माल अंतरराज्यीय व्यापार या वाणिज्य के दौरान भेजा हुआ माना जाएगा। संघ सूची में एक नई प्रविष्टि 92ख भी शामिल की गई है ताकि ऐसी स्थिति में जब माल अंतरराज्यीय व्यापार या वाणिज्य के दौरान भेजा जाए तो उस माल पर कर लगाया जा सके।

इस संशोधन के द्वारा संविधान के अनुच्छेद 286 के खंड (3) का भी संशोधन किया गया है ताकि संसद कानून द्वारा कार्य-संविदा के निष्पादन के दौरान वस्तुओं के हस्तांतरण में, किराया-खरीद अथवा किस्तों में अदायगी के आधार पर माल की सुपुर्दगी पर कर लगाने की प्रणाली, दरों और अन्य बातों के संबंध में प्रतिबंध और शर्तें विनिर्दिष्ट कर सकें।

'माल के क्रय और विक्रय पर कर' की परिभाषा में यह जोड़ने के लिए संविधान के अनुच्छेद 366 का यथोचित संशोधन किया गया है। उसमें नियंत्रित वस्तुओं के प्रतिफलार्थ अंतरण, कार्य-संविदा के निष्पादन से संबंधित वस्तुओं के रूप में संपत्ति का अंतरण, किराया-खरीद अथवा किस्तों में अदायगी आदि की प्रणाली में माल की सुपुर्दगी को भी शामिल किया गया है।

**47. संविधान (47वां संशोधन) अधिनियम, 1984**—इस संविधान संशोधन का उद्देश्य संविधान की नवम् अनुसूची में कुछ भूमि सुधार अधिनियमों को शामिल करना है, ताकि उन अधिनियमों को लागू किए जाने में रुकावट डालने वाली मुकदमेबाजी को रोका जा सके।

**48. संविधान (48वां संशोधन) अधिनियम, 1984**—संविधान के अनुच्छेद 356 के अधीन पंजाब राज्य के बारे में राष्ट्रपति द्वारा जारी की गई उद्घोषणा तब तक एक वर्ष से अधिक समय तक लागू नहीं रह सकती, जब तक कि उक्त अनुच्छेद के खंड (5) में उल्लिखित शर्त पूरी नहीं होती। चूंकि यह अनुभव किया गया है कि उक्त उद्घोषणा का लागू रहना अति आवश्यक है, इसीलिए यह संशोधन किया गया है, ताकि इस मामले में अनुच्छेद 356 के खंड (5) में उल्लिखित शर्तें लागू न होने पाएं।

**49. संविधान (49वां संशोधन) अधिनियम, 1984**—त्रिपुरा सरकार ने सिफारिश की थी कि संविधान की छठी अनुसूची के उपबंधों को उस राज्य के जनजातीय क्षेत्रों में लागू किया जाए। इस अधिनियम द्वारा किए गए संशोधन का उद्देश्य उस राज्य में काम कर रही स्वायत्तशासी जिला परिषद को संवैधानिक सुरक्षा प्रदान करना है।

**50. संविधान (50वां संशोधन) अधिनियम, 1984**—संविधान के अनुच्छेद 33 द्वारा संसद को यह निर्धारित करने के लिए कानून बनाने की शक्ति प्रदान की गई है कि संविधान के भाग 3 द्वारा प्रदत्त किसी अधिकारी को सशस्त्र सेनाओं अथवा लोक-व्यवस्था बनाए रखने के लिए प्रभारित बलों पर लागू करने में किस सीमा तक प्रतिबंधित अथवा निराकृत किया जा सकता है, ताकि उनके द्वारा कर्तव्यों के उचित निर्वहन और उनमें अनुशासन बनाए रखने को सुनिश्चित किया जा सके।

संविधान के अनुच्छेद 33 की परिधि में निम्नलिखित बातों को लाने के लिए इसका संशोधन प्रस्तावित है :

(1) राज्य की अथवा उसके प्रभार या कब्जे में संपत्ति के संरक्षण के लिए प्रभारित बलों के सदस्य, अथवा

(2) आसूचना अथवा प्रति-आसूचना के प्रयोजन के लिए राज्य द्वारा स्थापित ब्यूरो अथवा अन्य संगठनों में नियुक्त व्यक्ति, अथवा

(3) किसी बल, ब्यूरो अथवा संगठन के प्रयोजन के लिए स्थापित दूरसंचार प्रणालियों में नियुक्त अथवा उनसे संबंधित व्यक्ति।

अनुभव से पता चला है कि इनके द्वारा कर्तव्यों के उचित निर्वहन तथा उनमें अनुशासन बनाए रखने को सुनिश्चित करने की आवश्यकता राष्ट्रीय हित में अत्यंत महत्त्वपूर्ण है।

**51. संविधान (51वां संशोधन) अधिनियम, 1984**—इस संशोधन अधिनियम द्वारा अनुच्छेद 330 में संशोधन किया गया है, ताकि मेघालय, नागालैंड, अरुणाचल प्रदेश और मिजोरम की अनुसूचित जनजातियों के लिए संसद में स्थान आरक्षित किए जा सकें। साथ ही, स्थानीय जनजातियों की आकांक्षाओं को पूरा करने के लिए संविधान के अनुच्छेद 332 में संशोधन करके नागालैंड और मेघालय की विधानसभाओं में भी इसी तरह के आरक्षण का प्रावधान किया गया है।

**52. संविधान (52वां संशोधन) अधिनियम, 1986**—इस संविधान संशोधन द्वारा यह व्यवस्था की गई है कि यदि कोई संसद-सदस्य या विधानसभा-सदस्य दल-बदल करता है या दल द्वारा निकाल दिया जाता है, जिसने उसे चुनाव में खड़ा किया था, या कोई निर्दलीय उम्मीदवार जो चुने जाने के छह महीने के अंदर किसी राजनीतिक दल का सदस्य बन जाता है, वह सदन का सदस्य होने के अयोग्य ठहरा दिया जाएगा। इस अधिनियम में राजनीतिक दलों के विभाजन तथा विलय के संबंध में समुचित प्रावधान किया गया है।

**53. संविधान (53वां संशोधन) अधिनियम, 1986**—यह संविधान संशोधन भारत सरकार और मिजोरम सरकार द्वारा मिजोरम नेशनल फ्रंट के साथ 30 जून, 1986 को हुए मिजोरम समझौते को लागू करने के लिए किया गया है। इसके लिए एक नया अनुच्छेद 371जी संविधान में जोड़ा गया है, जिसमें अन्य बातों के अतिरिक्त, मिजो लोगों के धार्मिक और सामाजिक

रीति-रिवाजों, परंपरागत कानून और विधि के संबंध में संसद द्वारा कानून बनाने की मनाही है। दीवानी तथा फौजदारी संबंधी मामलों, जिन पर मिजो लोगों के परंपरागत कानून के अनुसार निर्णय लिया जाता है तथा जमीन के स्वामित्व और हस्तांतरण के बारे में भी तब तक संसदीय कानून लागू नहीं होगा, जब तक मिजोरम की विधानसभा इसे मंजूरी नहीं दे देती। लेकिन यह धारा मिजोरम राज्य में संशोधन के जारी होने से पहले से लागू होने वाले केंद्रीय कानूनों पर लागू नहीं होगी। नई धारा में यह भी व्यवस्था की गई है कि मिजोरम विधानसभा में कम-से-कम 40 सदस्य होंगे।

**54. संविधान (54वां संशोधन) अधिनियम, 1986**—इस संशोधन अधिनियम द्वारा उच्चतम न्यायालय एवं उच्च न्यायालयों के न्यायाधीशों के वेतन को निम्न प्रकार से बढ़ाया गया है :

| | |
|---|---|
| भारत के मुख्य न्यायाधीश | 10,000 रुपये प्रतिमाह |
| उच्चतम न्यायालय के न्यायाधीश | 9,000 रुपये प्रतिमाह |
| उच्च न्यायालयों के मुख्य न्यायाधीश | 9,000 रुपये प्रतिमाह |
| उच्च न्यायालयों के न्यायाधीश | 8,000 रुपये प्रतिमाह |

इस अधिनियम द्वारा द्वितीय अनुसूची के भाग 'घ' में संशोधन करके वेतन को उपर्युक्त प्रकार से बढ़ाया गया है तथा अनुच्छेद 125 एवं 221 में यह प्रावधान किया गया है कि संसद कानून बनाकर भविष्य में न्यायाधीशों के वेतन में सुधार कर सकती है।

**55. संविधान (55वां संशोधन) अधिनियम, 1986**—इस संविधान संशोधन में केंद्रशासित प्रदेश अरुणाचल प्रदेश को राज्य का दर्जा दिए जाने के भारत सरकार के प्रस्ताव को लागू किया गया है। इसके लिए संविधान में एक नया अनुच्छेद 371एच जोड़ा गया है। अन्य बातों के अतिरिक्त, इस अनुच्छेद में अरुणाचल प्रदेश के राज्यपाल को प्रदेश की अत्यंत नाजुक स्थिति के कारण कानून और व्यवस्था के क्षेत्र में विशेष जिम्मेदारी सौंपी गई है। इसके अनुसार अपने दायित्वों को पूरा करने में राज्यपाल मंत्रिपरिषद में सलाह-मशविरा करके की जाने वाली कार्रवाई के बारे में अपना व्यक्तिगत निर्णय ले सकेंगे। यदि राष्ट्रपति चाहे तो राज्यपाल की यह जिम्मेदारी खत्म की जा सकेगी। नए अनुच्छेद के अनुसार यह भी व्यवस्था की गई है कि अरुणाचल प्रदेश की विधानसभा में 30 से कम सदस्य नहीं होंगे।

**56. संविधान (56वां संशोधन) अधिनियम, 1987**—इस संविधान संशोधन द्वारा भारत सरकार ने केंद्रशासित प्रदेश गोवा, दमन व दीव के गोवा जिले में शामिल क्षेत्र को गोवा राज्य के रूप में तथा उसी केंद्रशासित प्रदेश के दमन व दीव में शामिल क्षेत्र को दमन व दीव नामक एक नए केंद्रशासित प्रदेश के रूप में गठन का प्रस्ताव किया। इस संदर्भ में यह प्रस्तावित किया गया कि नए राज्य गोवा की विधानसभा में 40 सदस्य होंगे। केंद्रशासित प्रदेश गोवा, दमन व दीव की मौजूदा विधानसभा में 30 निर्वाचित सदस्य हैं तथा तीन मनोनीत सदस्य हैं। ऐसा विचार किया गया कि जब तक मौजूदा विधानसभा की पांच वर्ष की अवधि समाप्त होकर नए निर्वाचन न करा लिए जाएं, तब तक गोवा राज्य के लिए बनी नई विधानसभा में दमन व दीव का प्रतिनिधित्व करने वाले दो सदस्यों को शामिल न किया जाए। अतएव, नए राज्य गोवा को ऐसी विधानसभा देने का निश्चय किया गया, जिसमें 30 से कम सदस्य न हों। इस संशोधन ने उक्त प्रस्ताव को प्रभावी बनाने के लिए अपेक्षित विशेष प्रावधान को प्रभावी बनाया है।

**57. संविधान (57वां संशोधन) अधिनियम, 1987**—संविधान (51वां संशोधन) अधिनियम, 1984 लोकसभा में नागालैंड, मेघालय, मिजोरम और अरुणाचल प्रदेश की अनुसूचित जनजातियों के लिए स्थान आरक्षित करने तथा संविधान के अनुच्छेद 330 व 332 को समुचित प्रकार से संशोधित करके नागालैंड और मेघालय की विधानसभाओं में अनुसूचित जनजातियों के लिए स्थान आरक्षित करने के लिए अधिनियमित किया गया था। यद्यपि ये क्षेत्र जनजाति-बहुल हैं, तथापि इस संशोधन का उद्देश्य यह था कि इस क्षेत्र में रहने वाली जनजातियां अपना न्यूनतम प्रतिनिधित्व तो प्राप्त कर ही सकें, क्योंकि वे विकसित वर्ग के लोगों के साथ चुनाव लड़ने में सक्षम नहीं हैं। यद्यपि संविधान का 51वां संशोधन अधिनियम औपचारिक रूप से प्रभावी था, फिर भी यह पूरी तरह से तब तक लागू नहीं हो सकता था, जब तक यह निर्धारित न हो जाए कि इन क्षेत्रों में अनुसूचित जनजातियों के लिए किन-किन स्थानों का आरक्षण प्रदान करना है। किसी भी राज्य में अनुसूचित जाति व अनुसूचित जनजातियों के लिए स्थानों का आरक्षण संविधान के अनुच्छेद 332 के अंतर्गत संविधान के अनुच्छेद 332(3) के प्रावधानों को ध्याान में रखकर ही निर्धारित किया जाता है, किंतु उत्तर-पूर्वी राज्यों की ऐतिहासिक पृष्ठभूमि को देखते हुए, इन राज्यों की अनुसूचित जनजातियों के विकास व अन्य संबंधित बातों पर विचार करके यह आवश्यक समझा गया कि इन

क्षेत्रों में रहने वाली अनुसूचित जनजातियों के आरक्षण के लिए विशेष प्रावधान किए जाएं, ताकि ये लोग भी सामान्य जीवन व्यतीत कर सकें जैसी कि संविधान में संकल्पना की गई है। संविधान के अनुच्छेद 332 को अस्थाई प्रावधान बनाने के लिए फिर से उसे संशोधित किया गया, जिससे अनुच्छेद 170 के अंतर्गत वर्ष 2000 के बाद पहली जनगणना के आधार पर अनुसूचित जनजातियों के लिए स्थानों के आरक्षण का पुन: निर्धारण किया जा सके। इस संशोधन में यह इच्छा व्यक्त की गई कि यदि ऐसे राज्यों की विधानसभाओं (जो संशोधित अधिनियम के लागू होने की तिथि पर अस्तित्व में थीं) में सभी स्थान अनुसूचित जनजातियों के सदस्यों द्वारा अधिग्रहीत किए गए हों, तो एक को छोड़कर सभी स्थान अनुसूचित जनजातियों के लिए आरक्षित किए जाएं तथा अन्य किसी मामले में जहां पर स्थानों की संख्या कुल संख्या के बराबर हो, एक ऐसा अनुपात हो जिसमें मौजूदा विधानसभा के सदस्यों की संख्या मौजूदा विधानसभा के कुछ सदस्यों की संख्या के बराबर हो। यह अधिनियम इन उद्देश्यों को प्राप्त करता है।

**58. संविधान (58वां संशोधन) अधिनियम, 1987**—हिंदी में संविधान के अधिकृत पाठ की मांग सामान्यत: रही है। विधि प्रक्रिया में संविधान का सरलता से प्रयोग किया जा सके, इसके लिए आवश्यक है कि इसका हिंदी पाठ भी अधिकृत हो। संविधान का कोई भी हिंदी संस्करण न केवल संवैधानिक सभा द्वारा प्रकाशित हिंदी अनुवाद के अनुरूप हो, बल्कि हिंदी में केंद्रीय अधिनियमों के अधिकृत पाठों की भाषा, शैली व शब्दावली के भी अनुरूप हो। संविधान को संशोधित करके राष्ट्रपति को यह शक्ति प्रदान की गई है कि वह अपने प्राधिकार के अन्तर्गत संविधान के हिंदी अनुवाद को, जिस पर संवैधानिक सभा के सदस्यों ने अपने हस्ताक्षर किए हुए हैं तथा जिनमें उन सभी परिवर्तनों को शामिल कर लिया गया है जिससे यह हिंदी भाषा के केंद्रीय अधिनियमों के अधिकृत पाठों की भाषा, शैली व शब्दावली के अनुरूप हो, प्रकाशित करा सकें। राष्ट्रपति को यह शक्ति भी प्रदान की गई है कि वह संविधान में किए गए प्रत्येक अंग्रेजी संशोधन का हिंदी में अनुवाद प्रकाशित करवाएं।

**59. संविधान (59वां संशोधन) अधिनियम, 1988**—इस संशोधन अधिनियम द्वारा संविधान के अनुच्छेद 356(5) का संशोधन किया गया, जिससे कि अनुच्छेद 356 के खंड (1) के अधीन राष्ट्रपति की उद्घोषणा का एक वर्ष की अवधि से आगे विस्तार किया जा सके और यदि आवश्यक हो तो पंजाब राज्य में अशांति की स्थिति बनी रहने के कारण अनुच्छेद 356 के खंड (4) के अधीन यथा अनुज्ञेय तीन वर्ष की अवधि तक प्रभावी बनाया जा सके। इस अधिनियम द्वारा आपात स्थिति की उद्घोषणा से संबंधित संविधान के अनुच्छेद 352 का, पंजाब राज्य में इसे लागू किए जाने की बाबत संशोधन किए जाने के परिणामस्वरूप, अनुच्छेद 358 और अनुच्छेद 359 का भी संशोधन किया गया है। पंजाब राज्य के संबंध में अनुच्छेद 352, 358 और 359 के संशोधन की तारीख 30 मार्च, 1988 से जो इस संशोधन के प्रारंभ की तारीख है, दो वर्ष की अवधि के लिए ही प्रवर्तनीय रहेंगे।

**60. संविधान (60वां संशोधन) अधिनियम, 1988**—इस अधिनियम द्वारा संविधान के अनुच्छेद 276 के खंड (2) का इस दृष्टि से संशोधन किया गया है, जिससे कि वृत्तियों, व्यापारों, आजीविकाओं और नियोजनों पर कर की अधिकतम सीमा को 250 रुपये प्रतिवर्ष से बढ़ाकर 2,500 रुपये प्रतिवर्ष किया जा सके। इस कर में वृद्धि करने से राज्यों को अतिरिक्त स्रोत जुटाने में सहायता मिलेगी। धारा (2) के उपबंध का लोप किया गया है।

**61. संविधान (61वां संशोधन) अधिनियम, 1989**—इस संशोधन अधिनियम के द्वारा संविधान के अनुच्छेद 326 का संशोधन करके मताधिकार की आयु 21 वर्ष से घटाकर 18 वर्ष की दी गई है, ताकि देश के उस युवा-वर्ग को जिसे अभी तक कोई प्रतिनिधित्व प्राप्त नहीं हो पाया था, अपनी भावनाएं व्यक्त करने का अवसर मिल सके और वे राजनीतिक प्रक्रिया का अंग बन सकें।

**62. संविधान (62वां संशोधन) अधिनियम, 1989**—संविधान के अनुच्छेद 334 में यह प्रावधान किया गया है कि अनुसूचित जातियों तथा अनुसूचित जनजातियों की सीटों के आरक्षण तथा लोकसभा और विधानसभाओं में आंग्ल-भारतीय समुदाय के प्रतिनिधित्व से संबंधित व्यवस्था संविधान में लागू होने के 40 वर्ष बाद समाप्त हो जाएगी। यद्यपि अनुसूचित जातियों और जनजातियों ने गत 40 वर्षों में पर्याप्त प्रगति की है, किंतु संविधान सभा के सामने इस तरह की व्यवस्था बनाने समय जो कारण थे, वे अभी यथावत हैं। अत: इस अधिनियम के द्वारा अनुच्छेद 334 को संशोधित करके यह व्यवस्था की गई है कि अनुसूचित जातियों और अनुसूचित जनजातियों का आरक्षण और आंग्ल-भारतीय समुदाय का मनोनयन द्वारा प्रतिनिधित्व अगले 10 वर्षों तक जारी रहेगा।

**63. संविधान (63वां संशोधन) अधिनियम, 1989**—यह संविधान (59वां संशोधन) संशोधन अधिनियम मार्च 1988 में लागू किया गया, जिससे पंजाब में आपात स्थिति की घोषणा और राज्य में राष्ट्रपति शासन की अवधि के संबंध में कुछ परिवर्तन किए गए थे। इस पर पुनर्विचार करने पर सरकार ने निर्णय किया कि संशोधन में पंजाब में आपात स्थिति की घोषणा के संबंध में जिस विशेष अधिकारी की व्यवस्था की गई थी, उसकी अब आवश्यकता नहीं रही। तद्नुसार, अनुच्छेद 356 की धारा 5 तथा अनुच्छेद 359क को हटा दिया गया।

**64. संविधान (64वां संशोधन) अधिनियम, 1990**—इस संशोधन अधिनियम के द्वारा संविधान के अनुच्छेद 356 की धारा 4 व 5 के अंतर्गत संविधान के अनुच्छेद 356 की धारा 1 के अन्तर्गत पंजाब के संबंध में 11 मई, 1987 को संशोधित की गई घोषणा की अवधि को साढ़े-तीन वर्ष के लिए बढ़ा दिया गया।

**65. संविधान (65वां संशोधन) अधिनियम, 1990**—इस संशोधन द्वारा संविधान के अनुच्छेद 338 में एक विशेष अधिकारी का प्रावधान किया गया है, जो संविधान के अन्तर्गत अनुसूचित जातियों और अनुसूचित जनजातियों के हितों से संबंधित मामलों की जांच करेगा और इस संबंध में राष्ट्रपति को अपनी रिपोर्ट प्रस्तुत करेगा। अब यह अनुच्छेद संशोधित कर दिया गया है। नए संशोधन के अनुसार अब अनुसूचित जातियों और अनुसूचित जनजातियों के लिए राष्ट्रीय आयोग के गठन की व्यवस्था की गई है, जिसमें एक अध्यक्ष, एक उपाध्यक्ष तथा पांच अन्य सदस्य रखे गए हैं, जिन्हें राष्ट्रपति अपनी मुहर से नियुक्त करेंगे। संशोधित अनुच्छेद में आयोग के कार्यों के बारे में विस्तार से बताया गया है और उसके उन कदमों के बारे में भी बताया गया है, जो उसे केंद्र अथवा राज्य सरकार को कमीशन की रिपोर्ट के प्रभावी कार्यान्वयन के लिए उठाने होंगे। इसमें यह भी व्यवस्था की गई है कि आयोग के पास शिकायत पर की जाने वाली जांच के दौरान वे सभी अधिकारी होंगे, जो कि एक न्यायिक अदालत को होते हैं और आयोग की रिपोर्ट संसद और राज्य विधानसभाओं के सम्मुख रखी जाएगी।

**66. संविधान (66वां संशोधन) अधिनियम, 1990**—इस अधिनियम के अन्तर्गत भूमि सुधार तथा कृषि भूमि सीमा से संबंधित राज्य सरकारों के उन 55 नियमों को संविधान की नौंवी अनुसूची में शामिल तथा सुरक्षित कर दिया गया है, जिन्हें आंध्र प्रदेश, बिहार, गुजरात, हिमाचल प्रदेश, कर्नाटक, केरल, मध्य प्रदेश, चेन्नई, उड़ीसा, राजस्थान, तमिलनाडु, उत्तर-प्रदेश, पश्चिमी बंगाल और केंद्रशासित प्रदेश पांडिचेरी के प्रशासन ने इस आशय से बनाया था कि इन्हें अदालत में चुनौती नहीं दी जा सकेगी।

**67. संविधान (67वां संशोधन) अधिनियम, 1990**—संविधान के 64वें संशोधन में पंजाब के संबंध में 11 मई, 1987 को की गई घोषणा को तीन वर्ष से बढ़ाकर चार वर्ष किया गया था। 67वें संशोधन के अन्तर्गत अनुच्छेद 356 की धारा 4 को पुनः संशोधित करके इस अवधि को बढ़ाकर पांच वर्ष कर दिया गया है।

**68. संविधान (68वां संशोधन) अधिनियम, 1991**—संविधान के 67वें संशोधन अन्तर्गत पंजाब के संबंध में 11 मई, 1987 को की गई घोषणा को बढ़ाकर चार वर्ष किया गया था। 68वें संशोधन के द्वारा अनुच्छेद 356 की धारा 4 को संशोधित करके इस अवधि को बढ़ाकर पांच वर्ष कर दिया गया है।

**69. संविधान (69वां संशोधन) अधिनियम, 1991**—भारत सरकार ने 24 दिसम्बर, 1987 को दिल्ली के प्रशासन से संबंधित विभिन्न मामलों का अध्ययन करने तथा प्रशासनिक ढांचे को चुस्त बनाने के उपाय सुझाने के लिए एक कमेटी गठित की थी। पूरी जांच-पड़ताल और अध्ययन के बाद इस समिति ने यह सिफारिश की थी कि दिल्ली एक केंद्रशासित प्रदेश बना रहे और इसमें एक विधानसभा तथा एक मंत्रिपरिषद भी हो, जो आम आदमी से संबंधित मामलों के बारे में पूरी तरह से अधिकारसंपन्न हो। कमेटी ने यह सिफारिश भी की थी कि स्थायित्व और सुदृढ़ता को दृष्टि में रखते हुए ऐसी व्यवस्था की जाए, जिससे राष्ट्रीय राजधानी को अन्य केंद्रशासित प्रदेशों की तुलना में एक विशेष दर्जा प्राप्त हो। यह अधिनियम उपर्युक्त सिफारिशों को लागू करने के लिए पारित किया गया था।

**70. संविधान (70वां संशोधन) अधिनियम, 1992**—संविधान (69वां संशोधन) विधेयक, 1991 और राष्ट्रीय राजधानी सीमा क्षेत्र सरकार, विधेयक 1991 पर संसद के दोनों सदनों में विचार प्रकट करते समय केंद्रशासित प्रदेशों की विधानसभाओं के निर्वाचित सदस्यों को भी संविधान के अनुच्छेद 54 के अंतर्गत राष्ट्रपति के चुनाव के लिए निर्वाचनमंडल में शामिल करने के पक्ष में विचार प्रकट किए गए। इस समय राष्ट्रपति के निर्वाचन से संबंधित अनुच्छेद 54 में निर्वाचनमंडल के लिए केवल निर्वाचित संसद सदस्यों और राज्यों के विधानसभा सदस्यों (इसमें केंद्रशासित प्रदेश शामिल नहीं है) को शामिल करने का प्रावधान किया गया है। इसी प्रकार अनुच्छेद 55 में इस प्रकार के चुनाव के तरीके के लिए राज्यों की विधानसभाओं की भी बात की गई है।

अनुच्छेद 55 में शामिल की गई एक व्याख्या के अनुसार अनुच्छेद 54 और 55 में 'राज्य' के संदर्भ में इस बात का प्रावधान किया गया कि इसमें राष्ट्रपति के निर्वाचन के लिए निर्वाचनमंडल में राष्ट्रीय राजधानी सीमा क्षेत्र दिल्ली और केंद्रशासित प्रदेश पांडिचेरी को भी शामिल किया जाएगा। इससे अनुच्छेद 239ए के प्रावधानों के अन्तर्गत केंद्रशासित प्रदेश पांडिचेरी के लिए बनाई गई विधानसभा के निर्वाचित सदस्यों और अनुच्छेद 239ए के अंतर्गत राष्ट्रीय राजधानी सीमा क्षेत्र दिल्ली की प्रस्तावित विधानसभाओं के निर्वाचित सदस्यों को भी निर्वाचन-मंडल में शामिल किया जा सकेगा।

**71. संविधान (71वां संशोधन) अधिनियम, 1992**—संविधान की आठवीं अनुसूची में कुछ भाषाएं और जोड़ने की मांग चल रही थी। इस अधिनियम से संविधान की आठवीं अनुसूची में संशोधन करके इसमें कोंकणी, मणिपुरी और नेपाली भाषाओं को शामिल किया गया है।

**72. संविधान (72वां संशोधन) अधिनियम, 1992**—त्रिपुरा राज्य में जहां गड़बड़ी का माहौल बना हुआ है, शांति और सद्भाव बनाए रखने के लिए गत 12 अगस्त, 1988 को भारत सरकार और त्रिपुरा राष्ट्रीय स्वयंसेवकों के बीच एक समझौते पर हस्ताक्षर किए गए। इस समझौते को लागू करने के लिए संविधान (72वां संशोधन) अधिनियम, 1992 के माध्यम से संविधान के अनुच्छेद 332 में संशोधन किया गया है, ताकि त्रिपुरा राज्य विधानसभा में अनुसूचित जनजातियों के लिए सुरक्षित सीटों की संख्या निर्धारित करने के लिए तब तक के लिए अस्थाई व्यवस्था की जा सके, जब तक कि संविधान के 170वें अनुच्छेद के अंतर्गत वर्ष 2000 के बाद प्रथम जनगणना के आधार पर सीटों का तालमेल न हो जाए।

**73. संविधान (73वां संशोधन) अधिनियम, 1993**—संविधान के अनुच्छेद 40 में सुरक्षित किए गए राज्यों की नीति निर्देशक सिद्धांतों में से एक में यह कहा गया है कि राज्यों को ग्राम पंचायतों का गठन करने और उन्हें वे सभी अधिकार प्रदान करने के लिए कदम उठाने चाहिए, जो उन्हें एक स्वायत्तशासी सरकार की इकाइयों के रूप में काम करने के लिए आवश्यक हैं।

ऊपर दिए गए प्रावधानों को ध्यान में रखते हुए संविधान में पंचायत से संबंधित एक नया पैरा-9 जोड़ा गया है। इसका उद्देश्य अन्य चीजों के अतिरिक्त, एक गांव में अथवा गांवों के समूह में ग्रामसभा स्थापित करना, गांव के स्तर पर तथा अन्य स्तरों पर पंचायतों का गठन करना, गांव और उसके बीच के स्तर पर पंचायतों की सभी सीटों के लिए सीधे चुनाव करना, ऐसे स्तरों पर पंचायतों के यदि सरपंच हैं तो उनका चुनाव कराना, पंचायतों में सदस्यता के लिए और सभी स्तरों पर पंचायत के पदाधिकारियों के चुनाव के लिए जनसंख्या के आधार पर अनुसूचित जाति और अनुसूचित जनजाति के लिए सीटों का आरक्षण, महिलाओं के लिए कम-से-कम एक-तिहाई सीटों का आरक्षण, पंचायतों के लिए पांच साल की कार्यावधि निश्चित करना और यदि कोई पंचायत भंग हो जाती है तो छह महीने के भीतर उसका चुनाव कराने की व्यवस्था करना है।

**74. संविधान (74वां संशोधन) अधिनियम, 1993**—अनेक राज्यों के विभिन्न कारणों से स्थानीय निकाय कमजोर और बेअसर हो गए हैं। इनमें नियमित चुनाव न होना, लंबे समय तक भंग रहना और कर्तव्यों तथा अधिकारों का समुचित हस्तांतरण न होना शामिल हैं। इसके परिणामस्वरूप, शहरी स्थानीय निकाय एक स्वायत्तशासी सरकार की जीवंत लोकतांत्रिक इकाई के रूप में कारगर ढंग से काम नहीं कर पा रहे हैं।

इन कमियों को देखते हुए संविधान में पालिकाओं के संबंध में एक नया भाग 9ए शामिल किया गया है, ताकि अन्य चीजों के अतिरिक्त निम्नलिखित प्रावधान किए जा सकें : तीन तरह की पालिकाओं का गठन, जैसे कि ग्रामीण से शहरी क्षेत्र में परिवर्तित हो रहे क्षेत्रों के लिए नगर पंचायतें, छोटे शहरी क्षेत्रों के लिए नगर परिषदें और बड़े शहरी क्षेत्रों के लिए नगर निगम।

**75. संविधान (75वां संशोधन) अधिनियम, 1994**—इन दिनों विभिन्न राज्यों में जो किराया नियंत्रण कानून लागू हैं, उनमें कई कमियाँ हैं, जिनके कारण अनेक अवांछनीय परिणाम सामने आ रहे हैं। किराया नियंत्रण कानूनों के कुछ वैधानिक दुष्परिणाम सामने आए हैं—निरन्तर बढ़ती हुई मुकदमेबाजी, न्यायालयों द्वारा समय पर न्याय न दे पाना, किराया नियंत्रण कानूनों से बचने के तरीके निकालना और किराए के लिए मिल सकने वाले मकानों की निरंतर कमी।

उच्चतम न्यायालय ने देश में किराया नियंत्रण कानूनों की अनिश्चित और तर्करहित स्थिति को ध्यान में रखते हुए प्रभाकरण नय्यर और अन्य बनाम तमिलनाडु राज्य (सिविल रिट पेटीशन संख्या 506 आफ 1986) तथा अन्य रिट याचिकाओं के संदर्भ में यह विचार व्यक्त किया था कि उच्चतम न्यायालय और उच्च न्यायालयों को किराया कानूनों के जबर्दस्त भार से मुक्त कर दिया जाना चाहिए। इन मुकद्मों में अपील करने के अवसर कम कर दिए जाने चाहिए। किराया नियंत्रण कानून, सरल, विवेकपूर्ण और स्पष्ट होने चाहिए। मुकदमेबाजी जल्दी ही अवश्य समाप्त हो जानी चाहिए।

इसीलिए इस कानून द्वारा संविधान के भाग 14(क) के अनुच्छेद 323(ख) में संशोधन किया गया है, ताकि किराएदारों और मकानमालिकों को समय पर राहत मिल सके। इस संशोधन में राज्य स्तर पर किराया नियंत्रण न्यायाधिकरण स्थापित करने और अन्य सभी अदालतों में मकान मालिक-किराएदार से संबद्ध मुकदमे दायर करने पर रोक लगाने की व्यवस्था है। इस व्यवस्था के कारण ऐसे मुकदमों के फैसलों की अपील संविधान के अनुच्छेद 136 के अधीन केवल उच्चतम न्यायालय में की जा सकेगी।

**76. संविधान (76वां संशोधन) अधिनियम, 1994**—पिछड़े वर्गों, अनुसूचित जातियों और अनुसूचित जनजातियों के लिए शिक्षा संस्थाओं और सरकारी नौकरियों में स्थान सुरक्षित करने की नीति का लंबा इतिहास सन् 1921 में तमिलनाडु से शुरू हुआ था। राज्य सरकार अधिकांश लोगों की आवश्यकता के अनुरूप सुरक्षित स्थानों की संख्या समय-समय पर निरन्तर बढ़ाती रही है। अब सुरक्षित स्थानों की संख्या बढ़कर 69 प्रतिशत हो गई है— 18 प्रतिशत अनुसूचित जातियां, एक प्रतिशत अनुसूचित जनजातियां और 50 प्रतिशत अन्य पिछड़े वर्ग। उच्चतम न्यायालय ने इंदिरा साहनी और अन्य बनाम भारत सरकार और अन्य (ए आई आर 1993 एस सी 477) में 16 नवम्बर, 1992 को निर्णय दिया था कि अनुच्छेद 16(4) के अधीन कुल सुरक्षित स्थानों की संख्या 50 प्रतिशत से अधिक नहीं होनी चाहिए।

तमिलनाडु सरकार ने तमिलनाडु पिछड़े वर्गों, अनुसूचित जातियों, अनुसूचित अनजातियों (शिक्षा संस्थाओं में स्थान और राज्य के अधीन नौकरियों में नियुक्तियां या पद सुरक्षित करना) विधेयक 1993 पारित कर, इसे संविधान के अनुच्छेद 31सी की व्यवस्थाओं के अनुसार भारत के राष्ट्रपति के विचारार्थ भारत सरकार के पास भेजा। भारत सरकार ने राज्य सरकार के इस कानून की व्यवस्थाओं का अनुमोदन किया और राष्ट्रपति ने तमिलनाडु के इस विधेयक को स्वीकृति दे दी। इस निश्चय के परिणामस्वरूप यह जरूरी था कि 1994 के तमिलनाडु कानून, 45 को संविधान की नौवीं अनुसूची की परिधि में लाया जाए, ताकि संविधान के अनुच्छेद 31बी के अधीन न्यायालयों द्वारा विचार न कर सकने के बारे में इस कानून को संरक्षण मिल सके।

**77. संविधान (77वां संशोधन) अधिनियम, 1995**—अनुसूचित जाति और अनुसूचित जनजाति वर्ग के लोगों को 1955 से ही पदोन्नतियों में आरक्षण की सुविधा मिल रही है। लेकिन इंदिरा साहनी और अन्य बनाम भारत सरकार और अन्य के मुकदमे में 16 नवम्बर, 1992 को उच्चतम न्यायालय ने अपने निर्णय में यह कहा कि संविधान के अनुच्छेद 16(4) के अंतर्गत नियुक्तियों अथवा पदों का आरक्षण केवल शुरू में की जाने वाली नियुक्ति पर लागू होता है तथा इसे पदोन्नतियों के मामले में आरक्षण पर लागू नहीं किया जा सकता है। उच्चतम न्यायालय के इस निर्णय से अनुसूचित जाति और अनुसूचित जनजाति के हितों पर विपरीत प्रभाव पड़ना स्वाभाविक था। चूंकि अनुसूचित जाति और अनुसूचित जनजाति के लोगों का राज्यों की नौकरियों में प्रतिनिधित्व अभी उस स्तर तक नहीं पहुंचा है जिस स्तर पर होना चाहिए था, अतः अनुसूचित जाति और अनुसूचित जनजाति के लिए पदोन्नति में आरक्षण प्रदान करने की वर्तमान छूट को जारी रखना आवश्यक है। अनुसूचित जाति और अनुसूचित जनजाति के हितों की रक्षा के प्रति सरकार की वचनबद्धता को देखते हुए सरकार ने अनुसूचित जाति और अनुसूचित जनजाति के लिए पदोन्नतियों में आरक्षण की वर्तमान नीति को जारी रखने का फैसला किया है। इसके लिए यह आवश्यक था कि संविधान के अनुच्छेद 16 में एक नई धारा (4ए) जोड़कर उसमें संशोधन किया जाए, ताकि अनुसूचित जाति और अनुसूचित जनजाति को पदोन्नतियों में आरक्षण प्रदान किया जा सके। यह कानून उपर्युक्त उद्देश्य पूरा करने के लिए है।

**78. संविधान (78वां संशोधन) अधिनियम, 1995**—संविधान का अनुच्छेद 31बी नौवीं अनुसूची में शामिल उन कानूनों को इस आधार पर कानूनी चुनौती देने से संवैधानिक छूट प्रदान करता है कि इससे संविधान के खंड-3 में सुरक्षित मौलिक अधिकारों का उल्लंघन होता है। इस अनुसूची में विभिन्न राज्यों की सरकारों और केंद्रीय सरकार द्वारा बनाए गए कानूनों की सूची है, जो अन्य चीजों के अतिरिक्त भूमि-सहित संपत्ति के हितों और अधिकारों को प्रभावित करती हैं।

पहले जब कभी यह अनुभव किया गया कि जिन प्रगतिशील कानूनों की परिकल्पना जनता के हित में गई है, उनके सामने मुकदमेबाजी का खतरा है तो उसके लिए नौवीं अनुसूची का सहारा लिया गया। तद्नुसार, भूमि सुधारों और कृषि योग्य भूमि की हदबंदी से संबंधित विभिन्न राज्यों के कानूनों को पहले ही नौवीं अनुसूची में शामिल कर लिया गया है। चूंकि सरकार भूमि सुधारों को महत्व देने के प्रति वचनबद्ध है, अतः भूमि सुधार कानूनों को नौंवी अनुसूची में शामिल करने का फैसला लिया गया, ताकि उन्हें अदालतों में चुनौती न दी जा सके। बिहार, कर्नाटक, केरल, उड़ीसा, राजस्थान, तमिलनाडु और पश्चिम

बंगाल की राज्य सरकारों ने भूमि से संबंधित अपने कानूनों को नौवीं अनुसूची में शामिल करने का सुझाव दिया गया है।

चूंकि उन कानूनों में संशोधन को, जो पहले ही नौवीं अनुसूची में शामिल हैं, कानूनी चुनौती से स्वत: छूट नहीं मिली हुई है, अत: नौवीं अनुसूची में कुछ मूलभूत कानूनों के साथ-साथ अनेक संशोधित कानूनों को भी शामिल किया गया है, ताकि यह सुनिश्चित किया जा सके कि लागू होने पर ये कानून मुकदमेबाजी से प्रभावित नहीं होंगे।

**79. संविधान (79वां संशोधन) अधिनियम, 1999**—इस संविधान संशोधन द्वारा सरकार ने अनुसूचित जातियों, अनुसूचित जनजातियों तथा एंग्लो इंडियन्स के लिए लोकसभा में और राज्यों की विधानसभाओं में आरक्षण दस वर्षों के लिए बढ़ा दिया गया है।

**80. संविधान (80वां संशोधन) अधिनियम, 2000**—दसवें वित्त आयोग की सिफारिशों के आधार पर संविधान (80वें संशोधन) अधिनियम-2000 में संघ और राज्यों के बीच करों से एकत्र राजस्व बांटने के बारे में वैकल्पिक योजना पर अमल करने की व्यवस्था की गई है। इस योजना के अनुसार आयकर, उत्पादन शुल्कों, विशेषत: उत्पादन शुल्कों तथा रेल यात्री किरायों पर कर के बदले अनुदानों के लिए अब तक राज्य सरकारों को केंद्रीय करों तथा शुल्कों से एकत्रित कुल राजस्व का जितना हिस्सा मिलता था अब उसका 26 प्रतिशत भाग राज्यों को दिया जाएगा।

**81. संविधान (81वां संशोधन) अधिनियम, 2000**—इस संविधान संशोधन द्वारा यह व्यवस्था की गई है कि संविधान के अनुच्छेद 16 की किसी भी व्यवस्था के अधीन अनुसूचित जातियों और अनुसूचित जनजातियों के लिए वर्ष में जितने खाली सरकारी पद आरक्षित हैं यदि वे पद उस वर्ष नहीं भरे जाते हैं तो उन पर आगामी वर्ष में या वर्षों में जो नियुक्तियां की जाएंगी उन्हें पृथक वर्ग की नियुक्ति समझा जाएगा तथा उस वर्ग की नियुक्तियों को सम्बद्ध नियुक्ति वर्ष के कुल पदों के पचास प्रतिशत आरक्षित पदों की अधिकतम सीमा निर्धारित करने के लिए शामिल नहीं किया जाएगा।

**82. संविधान (82वां संशोधन) अधिनियम, 2000**—इस संशोधन के द्वारा यह व्यवस्था की गई है कि संघ या किसी राज्य के मामलों से सम्बद्ध किसी सेवा के किन्हीं वर्गों या वर्ग अथवा पदों पर पदोन्नति देने के लिए अनुसूचित जातियों और अनुसूचित जनजातियों के सदस्यों के पक्ष में किसी परीक्षा के अर्हता अंकों में अथवा मूल्यांकन के स्तरों में नरमी बरतने के लिए की गई किसी व्यवस्था को संविधान के अनुच्छेद 335 का कोई भी प्रावधान राज्य को नहीं रोक सकेगा।

**83. संविधान (83वां संशोधन) अधिनियम, 2000**—इस संविधान संशोधन द्वारा संविधान के अनुच्छेद 243 एम में संशोधन कर व्यवस्था की गई है कि अनुसूचित जनजातियों से पूरी तरह बसे अरुणाचल प्रदेश की पंचायतों में अनुसूचित जातियों के लिए किसी प्रकार का आरक्षण करने की कोई आवश्यकता नहीं है।

**84. संविधान (84वां संशोधन) अधिनियम, 2001**—इस कानून द्वारा संविधान के अनुच्छेद 82 और 170(3) की शर्तों में संशोधन किया गया है ताकि वर्ष 1991 की जनगणना के दौरान सुनिश्चित की गयी जनसंख्या के आधार पर प्रत्येक राज्य के लिए आवंटित लोकसभा सीटों और राज्यों की विधानसभा सीटों की संख्या में कोई परिवर्तन किये बिना राज्यों के निर्वाचन क्षेत्रों को परिवर्तित तथा पुनर्गठित किया जा सके। इसमें अनुसूचित जाति और अनुसूचित जनजाति के निर्वाचन क्षेत्र भी शामिल हैं। ऐसा विभिन्न निर्वाचन क्षेत्रों में जनसंख्या/मतदाताओं की संख्या में अनियमित वृद्धि के कारण पैदा हुए असंतुलन के दूर करने के लिए किया गया है। इससे वर्ष 1991 की जनगणना के दौरान सुनिश्चित की गयी जनसंख्या के आधार पर राज्यों की विधानसभाओं और लोकसभा के लिए आरक्षित, अनुसूचित जाति और अनुसूचित जनजाति की सीटों की संख्या भी फिर से निर्धारित की जा सकेगी।

**85. संविधान (85वां संशोधन) अधिनियम, 2001**—इस कानून द्वारा संविधान के अनुच्छेद 16(4ए) म सशोधन किया गया है ताकि अनुसूचित जाति और अनुसूचित जनजाति के सरकारी कर्मचारियों को आरक्षण नियमों के अन्तर्गत पदोन्नति के मामले में आनुषंगिक वरीयता प्रदान की जा सके। इसे 17 जून, 1995 से प्रभावी माना गया है।

**86. संविधान (86वां संशोधन) अधिनियम, 2002**—इसका संबंध अनुच्छेद 21 के पश्चात जोडे गए नए अनुच्छेद 21ए से है। नया अनुच्छेद 21ए, शिक्षा के अधिकार से संबंधित है—''राज्य को छह से 14 वर्ष तक के सभी बच्चों को नि:शुल्क तथा अनिवार्य शिक्षा उपलब्ध करानी होगी। यह संबंधित राज्य द्वारा निर्धारित कानून के अतंर्गत होगी।''

संविधान के अनुच्छेद 45 में निम्नलिखित अनुच्छेद जोड़ा गया है जिसमें छह वर्ष से कम उम्र के बच्चों की शुरुआती देखभाल और उनकी शिक्षा की व्यवस्था की गई है। अनुच्छेद 45 ''राज्य को तब तक सभी बच्चों की शुरुआती देखभाल और शिक्षा की व्यवस्था करने के लिए प्रयास करना होगा जब तक वह छह वर्ष की आयु का नहीं हो जाता है।''

संविधान के अनुच्छेद 51ए में संशोधन करके (जे) के बाद नया अनुच्छेद (के) जोड़ा गया है, ''इसमें छह वर्ष से 14 वर्ष तक की आयु के बच्चे के माता-पिता या अभिभावक अथवा संरक्षक को अपने बच्चे को शिक्षा दिलाने के लिए अवसर उपलब्ध कराने का प्रावधान है।''

**87. संविधान (87वां संशोधन) अधिनियम, 2003**—संविधान के अनुच्छेद 81 के खंड (3) के उपबंध में धारा (ii) में, '1991' के स्थान पर '2001' लिखा जाए।

संविधान के अनुच्छेद 82 के तीसरे उपबंध की धारा (ii) में '1991' के स्थान पर '2001' लिखा जाए।

संविधान के अनुच्छेद 170 की व्याख्या में धारा 2(i) के उपबंध में '1991' के स्थान पर '2001' लिखा जाए; व्याख्या में धारा (3) (ii) में तीसरे उपखंड में '1991' की जगह '2001' लिखा जाए। अनुच्छेद 330 में व्याख्या में उपखंड में '1991' के स्थान पर '2001' लिखा जाए।

**88. संविधान (88वां संशोधन) अधिनियम, 2003**—यह संशोधन केंद्र सरकार द्वारा सरकारी गजट में अधिसूचित होने की तारीख से प्रभावी माना जाएगा।

संविधान के अनुच्छेद 268 के बाद निम्नलिखित अनुच्छेद जोड़ा जाए :

''268ए (1) सेवाओं पर कर भारत सरकार द्वारा लगाया जाएगा और इन करों का संग्रहण और उपयोग भारत सरकार और राज्यों द्वारा धारा (2) में दिए गए प्रावधानों के अनुसार किया जाएगा।''

(2) किसी भी वित्तीय वर्ष में धारा (1) में दिए गए प्रावधानों के मुताबिक लगाए गए ऐसे किसी भी कर को—(क) भारत सरकार और राज्य एकत्रित करेंगे; (ख) भारत सरकार और राज्यों द्वारा इसका उचित उपयोग किया जाएगा और यह संग्रहण और उपयोग उन सिद्धांतों के आधार पर किया जाएगा जैसा कि संसद ने कानून द्वारा निर्धारित किया गया हो।

संविधान के अनुच्छेद 270 की धारा (1) में 'अधिनियम 268 और 269' के स्थान पर 'अधिनियम 268, 268ए और 269' लिखा जाए।

संविधान की सातवीं अनुसूची में **सूची I-केंद्रीय सूची** में 92बी के बाद '92सी-सेवाओं पर कर' को सूचीबद्ध किया जाए।

**89. संविधान (89वां संशोधन) अधिनियम, 2003**—यह संशोधन उस दिन से प्रभावी होगा जिस दिन से केंद्र सरकार इसे अधिसूचना द्वारा सरकारी गजट में शामिल करेगी।

संविधान के अनुच्छेद 338(ए) में उपांतिक (मार्जिनल) शीर्षक की जगह निम्नलिखित उपांतिक शीर्षक लिखा जाए: ''अनुसूचित जातियों के लिए राष्ट्रीय आयोग''।

(बी) धारा (1) और (2) के स्थान पर निम्नलिखित धारायें शामिल की जाएं :

''(1) अनुसूचित जातियों के लिए एक आयोग गठित होना चाहिए जिसे अनुसूचित जातियों के लिए राष्ट्रीय आयोग के नाम से जाना जाए।''

(2) संसद द्वारा इस बारे में बनाए गए कानून के प्रावधानों के अनुसार आयोग में एक अध्यक्ष, उपाध्यक्ष तथा तीन अन्य सदस्य होंगे और नियुक्त किए गए अध्यक्ष, उपाध्यक्ष तथा तीन अन्य सदस्यों की सेवा की शर्तें तथा कार्यकाल राष्ट्रपति द्वारा निर्धारित नियमों से निर्धारित होंगे।''

(सी) धारा (5), (9) तथा (10) में जहां भी 'अनुसूचित जनजाति' शब्द का प्रयोग हुआ हो, उसे हटा दिया जाए। अनुच्छेद 338 के स्थान पर निम्नलिखित अनुच्छेद जोड़ा जाए :

338ए (1) अनुसूचित जनजातियों के लिए एक आयोग होना चाहिए जिसे अनुसूचित जनजातियों के लिए राष्ट्रीय आयोग के नाम से जाना जाएगा।

(2) संसद द्वारा इस संदर्भ में पारित किसी कानून के प्रावधानों के अनुसार, आयोग में एक अध्यक्ष, उपाध्यक्ष तथा तीन अन्य सदस्य होंगे और नियुक्त किए गए अध्यक्ष, उपाध्यक्ष तथा तीन अन्य सदस्यों की सेवा शर्तें तथा कार्यकाल राष्ट्रपति द्वारा निर्धारित नियमों से निर्धारित होंगे।

(3) आयोग के अध्यक्ष, उपाध्यक्ष तथा अन्य सदस्यों की नियुक्ति राष्ट्रपति द्वारा अपने हाथ से जारी सीलबंद वारंट द्वारा की जाएगी।

(4) आयोग को अपनी कार्यप्रक्रिया स्वयं निर्धारित करने का अधिकार होगा।

(5) आयोग का यह कर्त्तव्य होगा कि–(ए) संविधान या वर्तमान में प्रभावी अन्य किसी कानून के अंतर्गत या सरकार द्वारा जारी किसी आदेश के अन्तर्गत अनुसूचित जातियों को दी गई सुरक्षा से संबंधित सभी मामलों की छानबीन एवं निगरानी तथा इन निर्धारित किए गए सुरक्षा मानदंडों का मूल्यांकन; (बी) अनुसूचित जनजातियों को उनके अधिकारों तथा सुरक्षा से वंचित करने के संदर्भ में किसी विशेष शिकायत की जांच; (सी) अनुसूचित जनजातियों के सामाजिक-आर्थिक विकास की योजना प्रक्रिया में शामिल होना एवं परामर्श देना और केंद्र तथा किसी राज्य के अंतर्गत उनके विकास का मूल्यांकन; (डी) निर्धारित सुरक्षा मानकों के कारगर होने या न होने के बारे में आयोग अपनी रिपोर्ट वार्षिक तथा अन्य किसी ऐसे समय, जब उसे उचित लगे, राष्ट्रपति को सौंपेगा; (ई) ऐसी रिपोर्ट अथवा सिफारिशें करेगा, उपाय सुझाएगा जो केंद्र या किसी राज्य सरकार द्वारा इन सुरक्षा उपायों को प्रभावी ढंग से लागू करने के लिए उठाए/कार्यान्वित किए जाएंगे ताकि अनुसूचित जन जातियों के हितों की रक्षा, उनका कल्याण और आर्थिक सामाजिक विकास हो सके। (एफ) अनुसूचित जनजातियों के संरक्षण, कल्याण एवं विकास तथा उनकी प्रगति संबंधी ऐसे कार्य करेगा जोकि संसद द्वारा बनाए गए किसी कानून के अनुसार राष्ट्रपति निर्दिष्ट करे।

(6) राष्ट्रपति यह सुनिश्चित करे कि ऐसी सभी रिपोर्टें संसद के प्रत्येक सदन के पटल पर रखी जाएं। साथ ही, केंद्र से संबंधित सिफारिशों के संदर्भ में उठाए गए या प्रस्तावित कदमों के बारे में ज्ञापन भी हो जिसमें किसी सिफारिश को अगर स्वीकार नहीं किया गया हो तो उसका कारण भी निर्दिष्ट हो।

(7) जहां ऐसी कोई रिपोर्ट, या उसका कोई हिस्सा, किसी ऐसे मामले से संबंधित हो जोकि किसी राज्य सरकार से संबद्ध हो, ऐसी रिपोर्ट की एक प्रति राज्य के राज्यपाल को भेजी जानी चाहिए जोकि यह सुनिश्चित करे कि वह रिपोर्ट राज्य विधानमंडल के सम्मुख रखी जाए। साथ ही, राज्य से संबद्ध सिफारिशों के संदर्भ में उठाए गए या प्रस्तावित कदमों के बारे में जानकारी देने के लिए एक ज्ञापन भी हो जिसमें किसी सिफारिश को अगर स्वीकार नहीं किया गया है, तो उसकी अस्वीकृति के कारणों के बारे में भी बताया जाए।

(8) आयोग धारा 5 की उपधारा (ए) में दिए गए किसी मामले की छानबीन कर रहा हो या उपधारा बी के अन्तर्गत किसी शिकायत की जांच कर रहा हो, ऐसे में उसे वह सभी शक्तियां प्राप्त होंगी जो किसी मुदकमें की सुनवाई के दौरान सिविल कोर्ट को प्राप्त होती हैं, विशेष रूप से निम्नलिखित मामलों के संदर्भ में जो निम्न प्रकार हैं :

(ए) भारत के किसी भी हिस्से से किसी व्यक्ति की उपस्थिति के लिए उसे सम्मन जारी करना तथा उसकी उपस्थिति दर्ज करना और शपथ से उसकी जांच करना; (बी) किसी दस्तावेज की खोज तथा प्रस्तुति की आवश्यकता पड़ने पर; (सी) शपथपत्र पर प्रमाण प्राप्त करने पर; (डी) किसी अदालत या कार्यालय से कोई सार्वजनिक रिकार्ड या प्रति प्राप्त करने के लिए प्रार्थना; (ई) गवाहों तथा दस्तावेजों की जांच-परख के लिए कमीशन जारी करना, (एफ) अन्य कोई मामला जो किसी नियम के अनुसार राष्ट्रपति सामने रखे।

(9) केंद्र तथा सभी राज्य सरकारें अनुसूचित जनजातियों को प्रभावित करने वाले सभी बड़े नीतिगत मामलों पर आयोग से विचार-विमर्श करेंगी।

**90. संविधान (90वां संशोधन) अधिनियम, 2003**—संविधान के अनुच्छेद 332 की धारा (6) में निम्नलिखित उपबंध जोड़ा गया जो कि निम्न प्रकार है :

"असम राज्य के लिए विधानसभा चुनावों हेतु बोडोलैंड प्रादेशिक क्षेत्रीय जिला सहित निर्वाचन क्षेत्रों में अनुसूचित जनजातियों तथा गैर-अनुसूचित जनजातियों का प्रतिनिधित्व, जैसाकि अधिसूचित हो, तथा जो वर्तमान में बोडोलैंड क्षेत्रीय जिला गठित होने से पहले हैं, को यथावत रखा जाए।"

**91. संविधान (91वां संशोधन) अधिनियम, 2003**—संविधान के अनुच्छेद 75 में धारा (1) के बाद निम्नलिखित धाराएं जोड़ी गईं।

"(1ए) मंत्रिपरिषद् में प्रधानमंत्री सहित मंत्रियों की कुल संख्या सदन के सदस्यों की कुल संख्या के 15 प्रतिशत से अधिक नहीं होनी चाहिए।

(1बी) संसद के किसी भी सदन का सदस्य जोकि किसी भी राजनीतिक दल से संबद्ध हो तथा उसे दसवीं अनुसूची के पैरा 2 के अंतर्गत उस सदन का सदस्य बनने के अयोग्य घोषित कर दिया गया हो, वह धारा (1) के अन्तर्गत मंत्री के पद पर नियुक्ति के लिए भी अयोग्य माना जाएगा और यह अवधि उसे अयोग्य घोषित किए जाने की तारीख से शुरू होगी और उस

तारीख तक लागू रहेगी जिस अवधि तक उसका सदस्य के रूप में कार्यकाल समाप्त नहीं होता या उस अवधि के समाप्त होने से पहले उस तारीख तक, जब वह कहीं से संसद के किसी भी सदन के लिए हुए चुनाव में खड़ा हुआ हो, और उसे निर्वाचित घोषित किया गया हो, जो भी पहले हो''।

संविधान के अनुच्छेद 164 में धारा (1) के बाद निम्नलिखित धाराएं जोड़ी गईं :

''(1ए) राज्य में मंत्रिपरिषद् में मुख्यमंत्री सहित मंत्रियों की कुल संख्या राज्य की विधानसभा के सदस्यों की कुल संख्या के 15 प्रतिशत से अधिक नहीं होनी चाहिए :

बशर्ते राज्य में मंत्रियों की कुल संख्या मुख्यमंत्री सहित 12 से कम नहीं हो :

बशर्ते जहां किसी राज्य में मंत्रिपरिषद् में मंत्रियों की कुल संख्या मुख्यमंत्री सहित संविधान (91वां संशोधन) अधिनियम, 2003 प्रभावी होने की तारीख को उपर्युक्त 15 प्रतिशत या पहले उपखंड में निर्दिष्ट संख्या से अधिक हो, जैसा भी मामला हो, तब उस राज्य में मंत्रियों की कुल संख्या को इस धारा के प्रावधानों के अनुसार निर्धारित करने के लिए राष्ट्रपति द्वारा इस बारे में सार्वजनिक अधिसूचना जारी करने की तारीख के छह महीने के भीतर इस धारा के प्रावधानों का पालन किया जाए।

(1बी) राज्य विधानसभा या राज्य विधानमंडल के किसी भी सदन, जहां विधानपरिषद् हो, का सदस्य जो किसी भी राजनीतिक दल से संबद्ध हो तथा जिसे दसवीं अनुसूची के पैरा 2 के अन्तर्गत उस सदन का सदस्य बनने के अयोग्य घोषित कर दिया गया हो, धारा (1) के अन्तर्गत उसे मंत्री पद पर नियुक्ति के लिए भी अयोग्य माना जाएगा तथा वह अवधि उसे अयोग्य घोषित किए जाने की तारीख से उस तारीख तक जारी रहेगी जब तक उसकी उस सदस्य के रूप में नियुक्ति की अवधि समाप्त नहीं हो जाती या उस अवधि के समाप्त होने से पहले, उस तारीख से, जब वह राज्य विधानसभा या विधानमंडल के किसी भी सदन के लिए चुनाव लड़े, जहां विधानपरिषद् हो, जैसा भी मामला हो, उसे निर्वाचित घोषित किया जाए, जो भी पहले हो।''

संविधान के अनुच्छेद 361ए के बाद निम्नलिखित अनुच्छेद जोड़ा गया जो निम्न प्रकार है :

'361बी–किसी भी राजनीतिक दल से संबद्ध सदन का सदस्य जिसे दसवीं अनुसूची के पैरा 2 के अंतर्गत सदन की सदस्यता के अयोग्य घोषित कर दिया गया हो, वह उस अवधि में किसी लाभकारी राजनीतिक पद के लिए भी अयोग्य माना जाएगा। उसे अयोग्य घोषित किए जाने की तारीख से तब तक के लिए, तब तक उसकी सदस्य के रूप में नियुक्ति की अवधि समाप्त नहीं हो जाती या उस तारीख तक, जब वह सदन के लिए कोई चुनाव लड़ें और निर्वाचित घोषित किया जाए, जो भी पहले हो।'

व्याख्या इस अनुच्छेद के उद्देश्य से–

(ए) 'सदन' का अर्थ वही समझा जाएगा जो दसवीं अनुसूची के पैरा 1 की धारा (ए) में दिया गया है। (बी) शब्द 'लाभकारी राजनीतिक पद' से आशय किसी कार्यालय में (i) भारत सरकार या राज्य सरकार के अन्तर्गत जहां ऐसे कार्यालय में वेतन या पारिश्रमिक भारत सरकार या राज्य सरकार के सार्वजनिक राजस्व से दिया जाता हो, जैसा भी मामला हो, या (ii) ऐसा संकाय, जो निगमित हो या नहीं, पूरी तरह या आंशिक रूप से भारत सरकार या राज्य सरकार के अधीन हो तथा ऐसे कार्यालय का वेतन या पारिश्रमिक ऐसे संकाय द्वारा दिया जाता है, ऐसे मामलों को छोड़कर जहां ऐसा वेतन या पारिश्रमिक प्रतिपूरक के रूप में दिया जाता हो।

संविधान की दसवीं अनुसूची में (ए) पैरा 1 में धारा बी में शब्दों तथा संख्या को ''पैरा 3 या, जैसा भी मामला हो, हटा दिया गया'', (बी) पैरा 2 के उप-पैरा (1) में शब्दों तथा संख्या ''पैरा 3, 4 तथा 5'', के स्थान पर ''पैरा 4 तथा 5'' लिखा जाए, (सी) पैरा 3 को हटा दिया गया।

**92. संविधान (92वां संशोधन) अधिनियम, 2003**—संविधान की आठवीं अनुसूची में–

(ए) वर्तमान प्रविष्टि 3 को प्रविष्टि 5 किया गया तथा प्रविष्टि 5 से पहले निम्नलिखित प्रविष्टि जोड़ी गई–

''3. बोडो; 4. डोगरी''।

(बी) वर्तमान 4 से 7 तक की प्रविष्टियों को क्रमशः प्रविष्टि 6 से 9 लिखा जाए;

(सी) वर्तमान प्रविष्टि 8 के स्थान पर प्रविष्टि 11 लिखा जाए तथा प्रविष्टि 11 से पहले निम्नलिखित प्रविष्टि को जोड़ा जाए :

"10 मैथिली"

(डी) वर्तमान 9 से 14 तक की प्रविष्टि के स्थान पर क्रमश: 12 से 17 लिखा जाए;

(ई) वर्तमान प्रविष्टि 15 की जगह प्रविष्टि 19 लिखा जाए और प्रविष्टि 19 से पहले निम्नलिखित प्रविष्टि जोड़ी जाए:

"18 संथाली"

(एफ) वर्तमान प्रविष्टि 16 से 18 के स्थान पर क्रमश: प्रविष्टि 20 से 22 लिखा जाए।

**93. संविधान (93वां संशोधन) अधिनियम, 2006**—बड़ी संख्या में अनुसूचित जाति, अनुसूचित जनजाति के विद्यार्थियों और सामाजिक तथा शिक्षा के स्तर पर पिछड़े हुए अन्य वर्गों के नागरिकों के लिए व्यावसायिक शिक्षा सहित उच्च शिक्षा प्राप्त करना एक महत्त्वपूर्ण समस्या है। शिक्षा संस्थानों में, अनुसूचित जाति, अनुसूचित जनजाति और अन्य पिछड़े वर्गों के नागरिकों के प्रवेश के लिए सीटों के आरक्षण की व्यवस्था, संविधान के अनुच्छेद 15 की धारा (4) के प्रावधानों के अन्तर्गत की गई है। इस समय सहायता प्राप्त अथवा प्रशासन द्वारा संचालित संस्थानों में विशेषतौर पर व्यावसायिक शिक्षा के लिए जो सीटें उपलब्ध हैं वे गैर सहायता प्राप्त निजी संस्थानों की तुलना में सीमित हैं।

संविधान के अनुच्छेद 30 की धारा (1) के प्रावधानों के अन्तर्गत सभी अल्पसंख्यकों को अपनी इच्छानुसार शिक्षण संस्थान स्थापित करने और उसे संचालित करने का अधिकार है। अल्पसंख्यक वर्गों को संस्थानों की स्थापना और उसके संचालन के बारे में जो अधिकार मिले हुए हैं, उनकी रक्षा करना आवश्यक है। इसके फलस्वरूप जिन संस्थानों को सरकार ने अनुच्छेद 30 की धारा (1) के अन्तर्गत अल्पसंख्यक घोषित कर रखा है, उन्हें इस कानून की सीमा से बाहर रखा गया है।

सामाजिक और शिक्षा के स्तर पर पिछड़े हुए वर्गों के नागरिकों, अर्थात अनुसूचित जाति व अनुसूचित जनजाति तथा अन्य पिछड़े वर्गों के विद्यार्थियों को, अनुच्छेद 30 की धारा (1) के अन्तर्गत आने वाले अल्पसंख्यक शिक्षण संस्थानों को छोड़कर बाकी गैर सहायता प्राप्त शिक्षण संस्थानों में प्रवेश देने के मामले में अनुच्छेद 15 के प्रावधानों का विस्तार किया गया है। अनुच्छेद 15 की नयी धारा (5) के अन्तर्गत संसद तथा राज्यों की विधायिकाएं ऊपर दिए गए उद्देश्य के लिए समुचित कानून बना सकती हैं।

**94. संविधान (94वां संशोधन) अधिनियम, 2006**—संविधान के अनुच्छेद 164 की धारा (1) के प्रावधान में बिहार के लिए झारखंड पृथक कर दिया गया।

**95. 25 जनवरी, 2010**—संविधान के अनुच्छेद 334 में संशोधन किया गया। इस संशोधन के अनुसार लोकसभा व राज्य विधानसभाओं में अनुसूचित जातियों व अनुसूचित जनजातियों के लिए सीटों के आरक्षण की अवधि साठ वर्ष से बढ़ाकर सत्तर वर्ष कर दी गई।

**96. 23 सितम्बर, 2011**—संविधान के अनुच्छेद 8 में संशोधन किया गया। 'उड़िया' शब्द के स्थान पर 'ओडिया' शब्द किया गया।

**97. 19 जनवरी, 2012**—संविधान के अनुच्छेद 19(1)(C) में संशोधन किया गया। इस संशोधन के द्वारा 'यूनियन' शब्द के आगे 'सहकारी समितियां' शब्द जोड़ा गया। इस संशोधन का उद्देश्य सहकारी समितियों को प्रोत्साहन देना है।

## प्रश्न
## (Questions)

**दीर्घ उत्तरीय प्रश्न** (Long Answer Type Questions)

1. भारतीय संविधान में संशोधन की प्रक्रिया को समझाइए।
   (Point out the process of amendment in the Indian Constitution.)
2. 42वें संविधान संशोधन की संक्षेप में विवेचना कीजिए।
   (Discuss in brief the 42nd amendment in the constitution.)
3. महत्त्वपूर्ण संविधान संशोधनों की विवेचना कीजिए।
   (Discuss important constitution amendment.)

## लघु उत्तरीय प्रश्न (Short Answer Type Questions)

1. संविधान में अब तक कितने संशोधन किए जा चुके हैं? संविधान में संशोधन की साधारण विधि की विवेचना कीजिए।
2. 42वें, 43वें और 44वें संविधान संशोधन के महत्त्व को समझाइए।

## बहुविकल्पी वस्तुनिष्ठ प्रश्न (Multiple Choice Type Objective Questions)

**1. भारतीय संविधान में अब तक कितने संशोधन हुए हैं—**

(a) 94 (b) 95

(c) 96 (d) 97

उत्तर—(d) 97 ।

**2. अन्तिम संविधान संशोधन किस वर्ष हुआ?**

(a) 2005 (b) 2006

(c) 2007 (d) 2008

उत्तर—(b) 2006 ।

**3. किस संविधान संशोधन द्वारा संविधान में मौलिक कर्त्तव्यों को जोड़ा गया—**

(a) 40वें संशोधन द्वारा (b) 41वें संशोधन द्वारा

(c) 42वें संशोधन द्वारा (d) 43वें संशोधन द्वारा

उत्तर—(c) 42वें संशोधन द्वारा।

**4. किस संविधान संशोधन द्वारा भारतीय संविधान में 'समाजवादी', 'धर्मनिरपेक्ष' और 'एकता तथा अखण्डता' शब्दों को जोड़ा गया—**

(a) 39वें संशोधन द्वारा (b) 40वें संशोधन द्वारा

(c) 41वें संशोधन द्वारा (d) 42वें संशोधन द्वारा

उत्तर—(d) 42वें संशोधन द्वारा।

# संविधान के अनुच्छेद 370 का विशेष अध्ययन

## [DETAILED SURVEY OF ARTICLE 370 OF THE CONSTITUTION]

संविधान की धारा 370 के अन्तर्गत जम्मू-कश्मीर राज्य को एक विशेष दर्जा प्राप्त है। भारतीय संविधान की जो धाराएँ भारतीय राजनीति में अत्यधिक विवादास्पद बनी हुई हैं, उन्हीं में एक धारा 370 भी है।

भारतीय संविधान के भाग 21 के अन्तर्गत अस्थायी, संक्रमणकालीन और विशेष उपबन्धों का प्रावधान किया गया है। संविधान के इस भाग द्वारा भारतीय संघ के 11 राज्यों—जम्मू-कश्मीर, महाराष्ट्र, गुजरात, नागालैण्ड, असम, मणिपुर, आन्ध्र प्रदेश, सिक्किम, मिजोरम, अरुणाचल प्रदेश और गोवा के लिए अस्थायी रूप से विशेष व्यवस्थाओं का प्रावधान किया गया है। इनमें से कुछ राज्यों के लिए की गई विशेष व्यवस्था का प्रावधान संविधान में मात्र उल्लेख के लिए किया गया है, उनको व्यावहारिक रूप कभी नहीं दिया गया; जैसे—गोवा राज्य। किन्तु कुछ राज्यों के लिए विशेष व्यवस्था का प्रावधान सही अर्थों में किया गया है। इनमें जम्मू-कश्मीर राज्य के लिए की गई विशेष व्यवस्था सर्वाधिक उल्लेखनीय है।

जम्मू-कश्मीर राज्य देश के अन्य राज्यों की भाँति भारत का एक अभिन्न अंग है। किन्तु कुछ विशेष ऐतिहासिक कारणों से उसे अनुच्छेद 370 के अन्तर्गत विशेष संवैधानिक दर्जा प्रदान किया गया है। जम्मू-कश्मीर की यह स्थिति भारत सरकार और जम्मू-कश्मीर राज्य के बीच हुए एक समझौते के फलस्वरूप प्राप्त हुई है। इस समझौते के अनुसार, जम्मू-कश्मीर राज्य के तत्कालीन शासक महाराजा हरिसिंह ने भारत संघ में शामिल होने का निर्णय लिया था। इस समझौते की पुष्टि जम्मू-कश्मीर राज्य की जनता ने अपनी संविधान सभा के माध्यम से सन् 1951 में कर दी थी। 15 अगस्त, 1947 को देश को स्वतन्त्रता मिलने के साथ ही जम्मू-कश्मीर राज्य को भी आजादी मिल गई थी। जम्मू-कश्मीर राज्य के महाराजा द्वारा अपने राज्य को भारत संघ में विलय करने के फैसले से तिलमिला कर पाकिस्तानी सेनाओं ने जम्मू-कश्मीर राज्य पर आक्रमण कर दिया, तब महाराजा हरिसिंह ने भारत से सहायता की अपील की और भारत संघ में सम्मिलित होने के लिए 26 अक्तूबर, 1947 को 'अधिमिलन पत्र' पर हस्ताक्षर किए गए। इस प्रकार यद्यपि जम्मू-कश्मीर राज्य भारत का एक अभिन्न अंग है और संविधान की प्रथम अनुसूची में (भारत संघ के राज्यों की सूची में) जम्मू-कश्मीर राज्य का नाम शामिल है, किन्तु कुछ विशेष परिस्थितियों के कारण 'जम्मू-कश्मीर राज्य' को भारतीय संघ में विशेष दर्जा प्राप्त है। निम्नलिखित दृष्टियों से जम्मू-कश्मीर की स्थिति अन्य राज्यों से पूरी तरह भिन्न है—

(*i*) संविधान के अनुच्छेद 152 के अन्तर्गत उल्लिखित 'राज्य' पद के अन्तर्गत जम्मू-कश्मीर राज्य सम्मिलित नहीं है।

(*ii*) जम्मू-कश्मीर राज्य का अपना स्वयं का संविधान है। यह संविधान वहाँ 26 जनवरी, 1957 से लागू है। इस संविधान के उपबन्धों के अनुसार ही इस राज्य का प्रशासन संचालित होता है। देश के अन्य राज्यों की प्रशासन सम्बन्धी व्यवस्थाएँ इस राज्य पर लागू नहीं होती हैं।

(*iii*) इस राज्य के लिए कानून बनाने की संसद की शक्ति संघ सूची और समवर्ती सूची के उन विषयों तक सीमित रखी गई है जिनको राष्ट्रपति उस राज्य की सरकार से परामर्श करके यह घोषित करे कि वे विलय पक्ष में अंकित विषयों के अनुरूप ही हैं। अर्थात् जम्मू-कश्मीर राज्य के सम्बन्ध में कोई भी विधि राज्य सरकार की सहमति प्राप्त करके ही बनाई जा सकती है।

(*iv*) यह भी प्रावधान किया गया है कि संघीय संविधान तथा जम्मू-कश्मीर के संविधान में परस्पर विरोध नहीं होगा।

(*v*) संघ सरकार, जम्मू-कश्मीर की सीमाओं तथा नाम में उसकी इच्छा के बिना कोई परिवर्तन नहीं कर सकती है।

(*vi*) नागरिकता के नियम यहाँ लागू होते हैं, लेकिन यहाँ की सरकार को समय-समय पर 'स्थायी निवासी' की व्याख्या करनी होती है।

(*vii*) मौलिक अधिकार इस राज्य में भी लागू होते हैं, लेकिन वे प्रतिबन्धित रूप में लागू होते हैं।

(*viii*) संघीय संविधान में वर्णित राज्य के नीति-निदेशक तत्त्व यहाँ लागू नहीं होते हैं।

(*ix*) समवर्ती सूची के किसी विषय पर राज्य के कानून को केन्द्र की सर्वोच्चता के आधार पर समाप्त नहीं किया जा सकता है।

(*x*) अवशिष्ट शक्तियाँ (Residuary Powers) जम्मू-कश्मीर राज्य के अधीन रखी गई हैं। केन्द्र, राज्य सूची के विषयों पर केवल आपातकाल को छोड़कर कोई कानून नहीं बना सकता, लेकिन अन्तर्राष्ट्रीय संविदा अथवा समझौते को लागू करने के लिए राज्य सूची के विषय पर संसद द्वारा कानून बनाया जा सकता है। केन्द्र सूची के विषयों पर बनाए गए कानून यहाँ लागू होते हैं।

(*xi*) उच्चतम न्यायालय (Supreme Court) का क्षेत्राधिकार (अनुच्छेद 135 और 139 को छोड़कर) इस राज्य पर पूरी तरह लागू होता है।

(*xii*) राष्ट्रीय आपात स्थिति यहाँ भी लागू हो सकती है, लेकिन यह जम्मू-कश्मीर सरकार की सहमति पर पूरी तरह निर्भर करती है।

(*xiii*) राज्य का संवैधानिक तन्त्र विफल हो जाने पर आपात स्थिति की घोषणा पहले स्वयं राज्य करता है, उसके छह माह पश्चात् राष्ट्रपति शासन लागू किया जा सकता है।

(*xiv*) संघ सरकार जम्मू-कश्मीर में अनुच्छेद 360 के अन्तर्गत वित्तीय आपात की उद्घोषणा नहीं कर सकती है।

(*xv*) संघीय संविधान के आंग्ल-भारतीय (Anglo-Indian) तथा दलित वर्गों के प्रावधान यहाँ लागू नहीं होते हैं।

(*xvi*) जम्मू-कश्मीर राज्य के संविधान में संशोधन का अधिकार केवल वहाँ के विधानमण्डल को प्राप्त है, केन्द्रीय सरकार को इस सम्बन्ध में कोई अधिकार प्राप्त नहीं है।

(*xvii*) संविधान आदेश का संशोधन करके नियन्त्रक-महालेखा परीक्षक, निर्वाचन आयोग तथा उच्चतम न्यायालय का विशेष अधिकारिता विस्तार जम्मू-कश्मीर पर किया गया है।

(*xviii*) अनुच्छेद 368 के अन्तर्गत संविधान में किए गए संशोधन जम्मू-कश्मीर राज्य में तब तक लागू नहीं होंगे, जब तक राष्ट्रपति अपने आदेश द्वारा उसे जम्मू-कश्मीर राज्य पर लागू न करें।

## संविधान का अनुच्छेद 370 (Article 370 of the Constitution)

संविधान का अनुच्छेद 370 जम्मू-कश्मीर राज्य के सम्बन्ध में अस्थायी व्यवस्था का ही प्रावधान करता है। अनुच्छेद 370(1)(घ) में यह प्रावधान भी किया गया है कि उपर्युक्त के अतिरिक्त संविधान के अन्य प्रावधान ऐसे अपवादों और रूपान्तरणों सहित जम्मू-कश्मीर राज्य में पूर्णत: प्रभावी होंगे जिनके विषय में राष्ट्रपति आदेश देकर निश्चित करे। किन्तु राष्ट्रपति कुछ विषयों में ऐसे आदेश राज्य सरकार से परामर्श लिए बिना जारी नहीं कर सकता। राष्ट्रपति ऐसे प्रावधानों को प्रभावी करने के बाद भी उनमें संशोधन कर सकता है अथवा आवश्यक परिवर्तन कर सकता है। इस सन्दर्भ में राष्ट्रपति ने एक आदेश '**संविधान संशोधन अध्यादेश 1954**' जारी करके संविधान के अनेक प्रावधानों को जम्मू-कश्मीर राज्य पर प्रभावी किया था। सन् 1954 के इस आदेश को समय-'समय पर आवश्यकतानुसार संशोधित भी किया जाता रहा है। सन् 1954 में जारी किया गया आदेश और उसमें किए गए संशोधन ही जम्मू-कश्मीर राज्य की संवैधानिक स्थिति को स्पष्ट करते हैं। सन् 1954 का आदेश और उसमें किए गए संशोधनों व परिवर्तनों के मुख्य प्रावधान निम्नानुसार हैं—

(*i*) 26 जनवरी, 1957 से लागू जम्मू-कश्मीर राज्य का अपना संविधान यथावत् स्थिति में प्रभावी रहेगा।

(*ii*) जम्मू-कश्मीर राज्य में स्थित उच्च न्यायालय को वे सभी शक्तियाँ प्राप्त हैं, जो देश के अन्य राज्यों में स्थित उच्च न्यायालयों को मिली हुई हैं। किन्तु जम्मू-कश्मीर उच्च न्यायालय को अन्य प्रयोजनों के लिए लेख जारी करने का अधिकार नहीं है।

(*iii*) उच्चतम न्यायालय (Supreme Court) के क्षेत्राधिकार के अन्तर्गत जम्मू-कश्मीर राज्य आता है। किंतु संविधान के अनुच्छेद 135 और 139 में उच्चतम न्यायालय कोई हस्तक्षेप नहीं कर सकता है।

(*iv*) संसद जम्मू-कश्मीर के लिए संघ सूची के सभी विषयों पर और समवर्ती सूची के कुछ विषयों पर कानून बना सकती है, किन्तु संघ सूची की प्रविष्टि 8, 9, 34, 60, 79 और 97 में संसद हस्तक्षेप नहीं कर सकती।

(*v*) संघ की कार्यपालिका शक्ति जम्मू-कश्मीर राज्य पर पूर्णरूप से प्रभावी होती है। केन्द्र सरकार द्वारा बनाए गए कानूनों का पालन जम्मू-कश्मीर राज्य पूरी निष्ठा से करेगा और जम्मू-कश्मीर राज्य अपनी कार्यपालिका शक्तियों का प्रयोग केन्द्र से प्राप्त निर्देशों के अनुसार ही करेगा।

(*vi*) व्यापार, वाणिज्य एवं समागम की स्वतन्त्रता, लोक सेवाओं और नागरिकता सम्बन्धी सभी प्रावधान जम्मू-कश्मीर राज्य पर संविधान के अनुसार ही प्रभावी होंगे। जम्मू-कश्मीर राज्य में होने वाले सभी चुनावों का नियन्त्रण केन्द्रीय चुनाव आयोग ही करेगा।

उपर्युक्त संवैधानिक प्रावधानों को जम्मू-कश्मीर में प्रभावी करने के बाद भी भारतीय संविधान के कुछ अन्य प्रावधानों को लागू करने का क्रम निरन्तर जारी है। संविधान के आदेश सन् 1986 द्वारा अनुच्छेद 249 के प्रभाव क्षेत्र के अन्तर्गत जम्मू-कश्मीर राज्य को ले आया गया है। इस प्रावधान के अनुसार, राज्यसभा द्वारा राष्ट्र के हित में पारित प्रस्ताव के आधार पर जब संसद राज्य सूची के विषय पर कोई कानून बनाएगी, तब वह कानून जम्मू-कश्मीर राज्य पर भी लागू होगा।

अनुच्छेद 370 में जम्मू-कश्मीर राज्य के लिए विशेष व्यवस्थाएँ होते हुए भी संसद और भारत सरकार को भारतीय संघ की प्रभुसत्ता, अखंडता और राष्ट्रीय सम्मान को बनाए रखने के लिए जम्मू-कश्मीर राज्य के सम्बन्ध में भी समस्त कार्यवाही करने का पूर्ण अधिकार प्राप्त है। इस प्रकार किसी भी दशा में जम्मू-कश्मीर राज्य को भारत संघ से अलग होने का कोई अधिकार प्राप्त नहीं है।

## अनुच्छेद 370 को समाप्त करने के संवैधानिक उपबन्ध (Constitutional Provisions of Terminating Article 370)

**अनुच्छेद 370** के खण्ड (3) में अनुच्छेद 370 को समाप्त करने की विधि का उल्लेख किया गया है। उसके अनुसार "इस अनुच्छेद में पूर्वगामी उपबन्धों में किसी बात के होते हुए भी, राष्ट्रपति लोक अधिसूचना द्वारा घोषणा कर सकेगा कि यह अनुच्छेद प्रवर्तन में नहीं रहेगा अथवा ऐसे अपवादों तथा उपान्तरणों सहित और ऐसी तारीख से प्रवर्तन में रहेगा, जो वह विनिर्दिष्ट करे। किन्तु राष्ट्रपति द्वारा ऐसी अधिसूचना जारी करने से पूर्व खण्ड (2) में निर्दिष्ट उस समय की संविधान सभा की सिफारिश आवश्यक होगी।"

जम्मू-कश्मीर राज्य की संविधान सभा अस्तित्व में न होने की स्थिति में राष्ट्रपति स्वयं अनुच्छेद 370 को समाप्त करने की घोषणा कर सकता है। अनुच्छेद 370 के समाप्त हो जाने से जम्मू-कश्मीर राज्य की विशेष स्थिति समाप्त हो जाएगी तथा यह भारत के अन्य राज्यों के समकक्ष आ जाएगा।

## अनुच्छेद 370 को समाप्त करने की माँग (Demand of Terminating Article 370)

जम्मू-कश्मीर राज्य को **धारा 370** के अन्तर्गत विशेष स्थिति तत्कालीन परिस्थितियों के कारण ही दी गई थी। दूसरे शब्दों में यह भी कहा जा सकता है कि जम्मू-कश्मीर राज्य को **धारा 370** के अन्तर्गत प्राप्त यह विशेष स्थिति संविधान का अस्थायी प्रावधान है। अत: किसी भी दशा में यह नहीं सोचा जाना चाहिए कि जम्मू-कश्मीर को प्राप्त यह विशेष स्थिति सदैव ही बनी रहेगी अर्थात् कभी समाप्त होने की स्थिति में नहीं आएगी। वर्तमान में भारत की एकता और अखण्डता का कट्टर समर्थक मानी जाने वाली भारतीय जनता पार्टी, शिवसेना आदि राजनीतिक दल धारा 370 को समाप्त करने की माँग वर्षों से निरन्तर करते चले आ रहे हैं। उनका तर्क यह है कि जम्मू-कश्मीर में आज जो आतंकवाद और अलगाववाद की स्थिति है उसका मूल कारण धारा 370 ही है। अत: इन स्थितियों को समाप्त करने के लिए धारा 370 को शीघ्र समाप्त किया जाना चाहिए।

यह निर्विवाद सत्य है कि अनुच्छेद 370 की ओट में अलगाववादी शक्तियों ने अपने को मजबूत बनाया है। यह अनुच्छेद जम्मू-कश्मीर राज्य के आर्थिक विकास में भी एक व्यवधान रहा है। भारत में कुछ ऐसे भी राजनेता हैं जो यह मानते हैं कि जम्मू-कश्मीर राज्य में वर्तमान में जो आतंकवाद और अलगाववाद की स्थिति है उसके मूल में धारा 370 की कोई भूमिका

**नहीं है। भारत के** भूतपूर्व प्रधानमंत्री और भारतीय जनता पार्टी के गंभीर विचारक **अटल बिहारी वाजपेयी** का यह कथन भी विचार योग्य है कि केवल धारा 370 हटाने से ही कश्मीर समस्या का हल संभव नहीं है।

भारतीय राजनीति के कुछ अन्य विचारकों का मत है कि अनुच्छेद 370 को समाप्त करने के लिए यह समय बिल्कुल उपयुक्त नहीं है, क्योंकि यदि धारा 370 को वर्तमान स्थितियों में समाप्त करने का प्रयत्न किया जाए तो यह निर्णय जम्मू-कश्मीर राज्य की स्थिति को और अधिक उलझन वाली बना देगा। निष्कर्ष रूप में मात्र इतना कहा जा सकता है कि भविष्य में आने वाली कोई भी दृढ़ इच्छा शक्ति वाली सरकार इस धारा को समाप्त कर सकती है और ऐसा किया भी जाना चाहिए। किन्तु वर्तमान स्थितियाँ किसी भी ऐसे निर्णय के लिए उपयुक्त नहीं है।

वर्तमान 'संयुक्त प्रगतिशील गठबन्धन' की केन्द्र सरकार और उसके प्रधानमंत्री मनमोहन सिंह धारा 370 को यथावत् बनाए रखने के पक्ष में हैं।

## विशिष्ट राज्य का दर्जा प्राप्त भारत संघ के अन्य राज्य

महाराष्ट्र, गुजरात, आन्ध्र प्रदेश, सिक्किम और गोवा भी भारत संघ के ऐसे राज्य हैं जिनके लिए संविधान में कुछ विशिष्ट प्रावधान हैं। उत्तर-पूर्वी भारत के राज्यों—असम, नागालैण्ड, मणिपुर, मिजोरम और अरुणाचल प्रदेश के लिए भी उनकी विशिष्ट स्थिति और जनजातियों की विशिष्ट, संस्कृति को सुरक्षित बनाए रखने के लिए संविधान में कुछ विशेष प्रावधान रखे गए हैं।

2 मई, 2001 को भारत सरकार ने उत्तराखण्ड को भी विशेष राज्य का दर्जा प्रदान कर दिया है। उत्तराखण्ड भारत संघ का ग्यारहवाँ राज्य है, जिसे विशेष दर्जा प्राप्त राज्यों की सूची में शामिल किया गया है। उत्तराखण्ड को विशिष्ट राज्य का दर्जा प्राप्त होने के निम्नलिखित कारण हैं—

पर्वतीय और दुर्गम क्षेत्र, जनसंख्या का घनत्व बहुत कम, सामरिक स्थिति की दृष्टि से महत्त्वपूर्ण, आर्थिक दृष्टि से अत्यधिक पिछड़ा हुआ राज्य, अत्यधिक संरचनात्मक पिछड़ापन तथा वित्तीय दृष्टि से अक्षम राज्य। विशिष्ट राज्य का दर्जा प्राप्त हो जाने के बाद उत्तराखण्ड उदार शर्तों पर अधिक केन्द्रीय सहायता प्राप्त करने का हकदार बन गया है। यहाँ यह उल्लेखनीय है कि विशिष्ट दर्जा प्राप्त राज्य केन्द्र से 90 प्रतिशत अनुदान प्राप्त करने के साथ ही 10 प्रतिशत ऋण भी प्राप्त करते हैं जबकि अन्य राज्यों को 30 प्रतिशत अनुदान और 70 प्रतिशत ऋण प्राप्त होता है।

उपर्युक्त विवेचन के पश्चात् निष्कर्ष रूप में इतना अवश्य कहा जा सकता है कि विशेष स्थिति वाले राज्यों में जम्मू-कश्मीर की स्थिति बिल्कुल अलग और सर्वोपरि है।

## अनुच्छेद 370 का भारतीय राजनीति पर प्रभाव (Effects of Article 370 on Indian Politics)

संविधान बनाने वालों ने भारत की अखण्डता को बनाए रखने के लिए तथा आपात स्थिति को दृष्टि में रखकर संविधान में **अनुच्छेद 370** का प्रावधान किया था और इसे अस्थायी ही रखा था, ताकि समय विशेष या अनुकूल परिस्थितियों में इस अनुच्छेद में संशोधन किया जा सके या इसे समाप्त किया जा सके, किन्तु जम्मू-कश्मीर में व्याप्त आतंकवाद, अलगाववाद, गरीबी, बेकारी आदि समस्याओं के कारण अनुच्छेद 370 भारतीय राजनीतियों के बीच सदैव वाद-विवाद का एक प्रमुख मुद्दा बन रहा है। भारतीय जनता पार्टी अनुच्छेद 370 को समाप्त करने के पक्ष में है। जबकि अन्य कुछ दल अनुच्छेद 370 को बनाए रखना चाहते हैं।

## प्रश्न
## (Questions)

### दीर्घ उत्तरीय प्रश्न (Long Answer Type Questions)

1. जम्मू-कश्मीर राज्य के सम्बन्ध में धारा 370 का आलोचनात्मक परीक्षण कीजिए।
   (Examine critically article 370 about Jammu-Kashmir State.)
2. भारतीय संविधान के अनुच्छेद 370 के महत्त्व की विवेचना कीजिए।
   (Discuss the importance of article 370 of Indian Constitution.)

## लघु उत्तरीय प्रश्न (Short Answer Type Questions)

1. जम्मू-कश्मीर राज्य की स्थिति देश के अन्य राज्यों से किस प्रकार भिन्न है? कोई तीन स्थितियाँ लिखिए।
2. अनुच्छेद 370 को समाप्त करने के संवैधानिक उपबन्धों की संक्षेप में विवेचना कीजिए।

## बहुविकल्पीय वस्तुनिष्ठ प्रश्न (Multiple Choice Type Objective Questions)

**1. भारतीय संविधान की धारा 370 निम्नलिखित में से किस राज्य से सम्बन्धित है—**

(a) उत्तर प्रदेश (b) सिक्किम

(c) जम्मू-कश्मीर (d) बिहार।

**उत्तर**—(c) जम्मू-कश्मीर।

**2. भारत संघ और जम्मू-कश्मीर के महाराजा हरिसिंह ने विलयन समझौते पर किस तिथि को हस्ताक्षर किए थे—**

(a) 26 अक्टूबर, 1947 को (b) 15 अगस्त, 1947 को

(c) 26 जनवरी, 1950 को (d) 26 अक्टूबर, 1950 को।

**उत्तर**—(a) 26 अक्टूबर, 1947 को।

**3. जम्मू-कश्मीर के महाराजा का क्या नाम था—**

(a) गुलाम नवी आजाद (b) शेख अब्दुल्ला

(c) जाकिर हुसैन (d) महाराजा हरिसिंह।

**उत्तर**—(d) महाराजा हरिसिंह।

**4. जम्मू-कश्मीर के भारत में विलयन के प्रस्ताव की जम्मू-कश्मीर की संविधान सभा ने किस सन् में पुष्टि की—**

(a) 1957 (b) 1958

(c) 1959 (d) 1960.

**उत्तर**—(a) 1957।

**5. संविधान के किस अनुच्छेद के अन्तर्गत उल्लिखित 'राज्य' पद के अन्तर्गत जम्मू-कश्मीर राज्य सम्मिलित नहीं है—**

(a) अनुच्छेद 152 (b) अनुच्छेद 153

(c) अनुच्छेद 154 (d) अनुच्छेद 155.

●●

# 15वीं लोकसभा का चुनाव एवं गठन

15वीं लोकसभा के गठन के लिए अप्रैल-मई 2009 में पांच चरणों में आम चुनाव सम्पन्न हुए। यह चुनाव 16 अप्रैल, 2009 से लेकर 13 मई, 2009 तक की अवधि में संपन्न हुए। पांच चरणों में सम्पन्न हुए इन चुनावों में श्रीमती सोनिया गांधी की अध्यक्षता वाले 'संयुक्त प्रगतिशील गठबंधन' (United Progressive Alliance) ने ऐतिहासिक सफलता प्राप्त की और अनेक नए प्रतिमान स्थापित किए। डॉ. मनमोहन सिंह 22 मई, 2009 को पुन: देश के प्रधानमंत्री पद पर आसीन हुए। यहां यह उल्लेखनीय है कि सन् 1962 में पंडित जवाहर लाल नेहरू के बाद मनमोहन सिंह दूसरे ऐसे प्रधानमंत्री हैं जिन्होंने पांच वर्ष की अपनी अवधि पूर्ण पुन: अगली अवधि में भी देश का पुन: प्रधानमंत्री बनने का गौरव प्राप्त किया है।

यहां यह भी उल्लेखनीय है कि वर्ष 1991 के बाद कांग्रेस ने 15वीं लोकसभा के लिए हुए चुनावों में सबसे विशाल विजय दर्ज की है। **'संयुक्त प्रगतिशील गठबन्धन'** (United Progressive Alliance) ने **'भारतीय राष्ट्रीय कांग्रेस'** के नेतृत्व को 262 सीटों पर विजय प्राप्त की तथा देश में नवीन सरकार के गठन का मार्ग प्रशस्त किया। भारतीय राष्ट्रीय कांग्रेस के नेतृत्व में गठित 'संयुक्त प्रगतिशील गठबंधन' (U.P.A.) में शामिल विभिन्न राजनीतिक दलों ने आम चुनाव में निम्नानुसार, संख्या में सीटों पर विजय प्राप्त की-

भारतीय राष्ट्रीय कांग्रेस-206, तृणमूल कांग्रेस-19, द्रविड़ मुनेत्र कड़घम (डी.एम.के.)-18, राष्ट्रीय क्रान्ति पार्टी-9, नेशनल कान्फ्रेंस-3, आई.यू.एम.एल.-1, झारखण्ड मुक्ति मोर्चा (झामुमो-2) व अन्य-4।

दूसरी ओर स्वयं को सत्ता का प्रवल दावेदार मान रहे 'राष्ट्रीय लोकतान्त्रिक गठबन्धन' (National Democratic Alliance) को मात्र 157 सीटों पर विजय प्राप्त कर सन्तोष करना पड़ा और अन्त में उन्हें यह घोषणा करने के लिए विवश होना पड़ा कि वे अपनी पराजय स्वीकार करते हैं और देश की जनता द्वारा दिए गए जनादेश को ससम्मान शिरोधार्य करते हैं। 'राष्ट्रीय लोकतान्त्रिक गठबंधन' (एन.डी.ए.) में शामिल दलों को प्राप्त सीटों की संख्या का विवरण निम्नानुसार हैं-

भारतीय जनता पार्टी-116 (यहां यह उल्लेखनीय है कि 'भारतीय जनता पार्टी', 'राष्ट्रीय जनतान्त्रिक गठबंधन' की मुख्य पार्टी है), जनता दल (यू)-20, अकादी दल-4, शिव सेना-11, असम गण परिषद-1 व राष्ट्रीय लोकदल-5।

विभिन्न चुनाव पूर्व किए गए सर्वेक्षणों में उपर्युक्त दोनों गठबन्धनों की दावेदारी को लगभग समान बताया जा रहा था।

15वीं लोकसभा के लिए हुए चुनावों में वामदलों के नेतृत्व वाले तीसरे मोर्चे को भी भारी निराशा का सामना करना पड़ा और वह केवल 74 सीटें ही प्राप्त कर सके। वामदलों के नेतृत्व वाले तीसरे मोर्चे को चुनाव में प्राप्त सीटों का विवरण निम्नानुसार हैं-

वामदल (मार्क्सवादी कम्युनिष्ट पार्टी, भारतीय कम्युनिष्ट पार्टी आदि)-24, बहुजन समाज पार्टी-21, जनता दल (एस)-3, अन्नाद्रमुक-9, तेलगूदेशम-6, टी.आर.एस.-2 व अन्य-9।

चुनावों से ठीक पहले यू.पी.ए. का साथ छोड़कर चौथा मोर्चा गठित करने वाले तीनों दलों-समाजवादी पार्टी, राष्ट्रीय जनता दल व लोक जनशक्ति पार्टी का तो इस चुनाव में लगभग सफाया हो गया। समाजवादी पार्टी को सिर्फ 23 सीटें ही मात्र उत्तर प्रदेश से ही प्राप्त हो सकी। लालू प्रसाद यादव के 'राष्ट्रीय जनता दल' को मात्र 4 सीटें बिहार से ही प्राप्त हो सकीं, ज़बकि रामविलास पासवान की 'लोक जनशक्ति पार्टी' इस चुनाव में एक भी स्थान प्राप्त करने में सफल न हो सकी। लोक जनशक्ति पार्टी के अध्यक्ष राम विलास पासवान स्वयं हाजीपुर निर्वाचन क्षेत्र से पराजित हो गए।

पन्द्रहवों लोकसभा के चुनावों में सर्वाधिक सीटों पर विजय प्राप्त करने वाले गठबन्धन यू.पी.ए. के प्रमुख घटक 'भारतीय राष्ट्रीय कांग्रेस ने अकेले ही 206 सीटों पर विजय प्राप्त कर इस चुनाव में अपनी व अपने गठबंधन की स्थिति पहले से अधिक सुदृढ़ कर ली है। यहां यह उल्लेखनीय है कि वर्ष 2004 में हुए लोकसभा के चुनाव में 'भारतीय राष्ट्रीय कांग्रेस' मात्र 145 सीटें ही प्राप्त करने में सफल हो सकी थी। दूसरी ओर 'भारतीय जनता पार्टी' वर्ष 2009 के लोकसभा चुनाव में मात्र 116 सीटों पर ही सफलता प्राप्त कर सकी, जबकि वर्ष 2004 के लोकसभा चुनाव में भारतीय जनता पार्टी ने 138 सीटों पर विजय प्राप्त की थी।

केन्द्र की राजनीति में पहुंचने के लिए मतगणना के समय तक सौदेबाजी करने वाले राजनीतिक दलों को चुनाव परिणामों से भारी निराशा एवं हताशा हुई है। यहां तक कि केन्द्र में सरकार गठन के समय अनेक राजनीतिक दलों (समाजवादी पार्टी, बहुजन समाज पार्टी आदि) ने कांग्रेस के मार्ग बिना कोई शर्त न रखकर समर्थन देकर यह सिद्ध कर दिया है कि केन्द्र में गठित यू.पी.ए. की सरकार पर किसी भी राजनीतिक दल का अनावश्यक दबाब नहीं है और वह पूर्ण रूप से स्थाई है।

इस प्रकार 22 मई, 2009 को डॉ. मनमोहन सिंह के नेतृत्व में कांग्रेस के नेतृत्व वाली यू.पी.ए. सरकार ने दूसरी बार देश के शासन की बागडोर संभाल ली है।

22 मई, 2009 को राष्ट्रपति भवन के ऐतिहासिक अशोक हॉल में राष्ट्रपति प्रतिभा देवी सिंह पाटिल ने प्रधानमंत्री के रूप में डॉ. मनमोहन सिंह और उनके 19 मंत्रिमण्डलीय सहयोगियों को पद एवं गोपनीयता की शपथ दिलाई। पांच वर्ष पूर्व 22 मई, 2004 को ही डॉ. मनमोहन सिंह ने पहली बार प्रधानमंत्री पद की शपथ ली थी। प्रधानमंत्री पद पर पूरे पांच वर्ष तक रहने के पश्चात्, इस पद पर पुनः वापसी करने वाले वह पं. जवाहरलाल नेहरू के बाद दूसरे प्रधानमंत्री हैं।

**वर्तमान लोकसभा में दलगत स्थिति—कुल चुनावी सीटें-543**

| राजनीतिक दल का नाम | 2009 के लोकसभा चुनाव में प्राप्त सीटें | 2004 के लोकसभा चुनाव में प्राप्त सीटें |
|---|---|---|
| 1. भारतीय राष्ट्रीय कांग्रेस | 206 | 145 |
| 2. भारतीय जनता पार्टी (BJP) | 116 | 138 |
| 3. मार्क्सवादी कम्युनिस्ट पार्टी (CPM) | 16 | 43 |
| 4. बहुजन समाज पार्टी (BSP) | 21 | 19 |
| 5. भारतीय कम्युनिस्ट पार्टी (CPI) | 5 | 10 |
| 6. राष्ट्रीय क्रान्ति पार्टी (NCP) | 9 | 9 |
| 7. समाजवादी पार्टी (SP) | 23 | 36 |
| 8. राष्ट्रीय जनता दल (RJD) | 4 | 24 |
| 9. द्रमुक (DMK) | 18 | 16 |
| 10. शिवसेना | 11 | 12 |
| 11. बीजू जनता दल | 14 | 11 |
| 12. जनता दल (यू) | 20 | 8 |
| 13. अकाली दल | 4 | 8 |
| 14. पी.एम.के. | 0 | 6 |
| 15. तेलगू देशम पार्टी | 6 | 5 |
| 16. झारखण्ड मुक्ति मोर्चा | 2 | 5 |
| 17. एम.डी.एम.के. (MDMK) | 1 | 4 |

| | | | |
|---|---|---|---|
| 18. | जनता दल (एस) | 3 | 3 |
| 19. | राष्ट्रीय लोकदल | 5 | 3 |
| 20. | आर.एस.पी. | 2 | 3 |
| 21. | फारवर्ड ब्लाक | 2 | 2 |
| 22. | तृणमूल कांग्रेस (TMC) | 19 | 2 |
| 23. | असमगण परिषद | 1 | 2 |
| 24. | नेशनल कान्फ्रेंस | 3 | 2 |
| 25. | टी.आर.एस. | 2 | 5 |
| 26. | लोकजनशक्ति पार्टी | 0 | 4 |
| 27. | निर्दलीय | 6 | 2 |
| 28. | अन्य | 25 | 12 |

वर्तमान में तृणमूल कांग्रेस, भारतीय कम्युनिस्ट पार्टी और मार्क्सवादी ने केन्द्र सरकार से अपना समर्थन वापस ले लिया है।

## भारत के निर्वाचन आयोग की वर्तमान महत्वपूर्ण उपलब्धियाँ

- अप्रैल–मई 2009 के सामान्य निर्वाचन में भारत निर्वाचन आयोग ने 28 राज्यों तथा 7 केन्द्र शासित क्षेत्रों में लोकसभा के 543 स्थानों एवं तीन राज्यों की 473 विधान सभा सीटों (294 आंध्र प्रदेश, 147 उड़ीसा तथा 22 सिक्किम) के लिए चुनाव संपन्न कराए।
- इस निर्वाचन में 71 करोड़ 41 लाख 3 हजार 70 मतदाताओं ने भाग लिया।
- मतदान का प्रतिशत 60 रहा।
- लोकसभा की 543 सीटों के लिए विभिन्न दलों के 8070 उम्मीदवार चुनाव मैदान में थे। उम्मीदवारों की इस संख्या में निर्दलीय उम्मीदवारों की संख्या भी शामिल है।
- उम्मीदवारों की उपर्युक्त संख्या में 556 उम्मीदवार महिलाएं थीं।
- लोकसभा चुनाव संपन्न कराने के लिए 8 लाख 28 हज़ार 804 मतदान केन्द्र बनाए गए थे। इनमें से जम्मू–कश्मीर में लेह संसदीय सीट के लिए 15,300 फुट की ऊँचाई पर एक मतदान केन्द्र स्थापित किया गया था तथा जम्मू–कश्मीर में ही 13,700 फुट की ऊंचाई पर दो मतदान केन्द्र बनाए गए थे।
- लेह का मतदान केन्द्र विश्व में सर्वाधिक ऊंचाई पर बनाया गया मतदान केन्द्र था।
- उपर्युक्त तीनों मतदान केन्द्रों पर मतदाताओं की कुल संख्या 37 थी।
- मतदान संपन्न कराने के लिए 47 लाख 90 हजार 576 कर्मचारियों की ड्यूटी लगाई गई थी।

  दस चुनावी प्रबन्धन एवं प्रशासन हेतु अत्याधुनिक सूचना प्रौद्योगिकी का प्रयोग करने के मामले में भी भारतीय निर्वाचन आयोग बहुत आगे है। 28 फरवरी, 1998 को इसने अपनी स्वयं की बेबसाइड www.eci.gov.in जारी की जो चुनावों, चुनाव कानूनों, मेन्यूअलों एवं हैण्डबुकों के बारे में सटीक सूचना उपलब्ध कराती है। वर्ष 1999, 2004 व 2009 के सामान्य निर्वाचनों, निर्वाचन सदन को सीधे मतदान केन्द्रों से जोड़ दिया गया था, जहां से प्रत्येक चक्र की गणना के आंकड़े सीधे आयोग को प्राप्त हो रहे थे और इन्टरनैट द्वारा सारे विश्व में प्रसारित हो रहे थे।
- वर्ष 2009 के सामान्य निर्वाचन में मतदान सूचियों पर मतदाताओं के फोटो भी लगाए गए थे।
- मतदान केन्द्रों पर कार्य करने वाले कर्मचारियों की सुरक्षा के पुख्ता प्रबन्ध किए गए थे।
- मतदान केन्द्रों का निर्धारण कंप्यूटर द्वारा ''दैव विधि'' (Randomisation) द्वारा किया गया था। भारतीय संसद ने इस चुनाव के लिए 1,120 करोड़ रु. के बजट का प्रावधान किया था।

परिशिष्ट 2

# वर्ष 2011 व 2012 में कुछ राज्य विधानसभाओं के चुनाव और उनके परिणाम

## वर्ष 2011 में सम्पन्न हुए विधानसभा चुनाओं के परिणाम व 2012 में कुछ राज्य विधानसभाओं के चुनाव और उनके परिणाम

वर्ष 2011 में केरल, तमिलनाडु, असम, पांडिचेरी, पश्चिम बंगाल, विधानसभा के चुनाव संपन्न हुए। इन राज्यों में हुए चुनावों के परिणाम निम्नानुसार रहे :

**असम :** असम विधान सभा के लिए 4 और 11 अप्रैल, 2011 को मतदान संपन्न हुआ। इन चुनावों में भारतीय राष्ट्रीय कांग्रेस ने 126 सीटों पर अपने प्रत्याशी खड़े किए थे। इसमें 70 प्रत्याशी विजयी हुए। कांग्रेस को कुल मतदान प्रतिशत के 39.35 प्रतिशत वोट प्राप्त हुए।

'ऑल इंडिया यूनाइटेड डेमोक्रेटिक फ्रंट, 77 सीटों पर अपने प्रत्याशी खड़े किए थे। इसमें 18 प्रत्याशियों ने विजय प्राप्त की और कुल मतदान के 12.56 प्रतिशत वोट प्राप्त किए।

'वोडो लैण्ड प्यूपिल्स फ्रन्ट' ने 29 प्रत्याशियों को चुनाव मैदान में उतारा था जिनमें से 12 प्रत्याशियों ने विजय प्राप्त की और कुल मतदान के 6.13 प्रतिशत मत प्राप्त किए।

'असम गण परिषद' ने 104 सीटों पर चुनाव लड़ा था जिसमें 10 सीटों पर उन्होंने विजय प्राप्त की और 16.83 प्रतिशत मत प्राप्त किए।

'भारतीय जनता पार्टी' ने 120 सीटों पर अपने प्रत्याशी खड़े किए थे और उसे मात्र 5 सीटों पर ही विजय प्राप्त हो सकी। कुल मतदान का 11.45 प्रतिशत वोट 'भारतीय जनता पार्टी' को प्राप्त हो सका। 'ऑल इंडिया तृणमूल कांग्रेस' ने 99 प्रत्याशियों को चुनाव में उतारा था, किंतु वह केवल एक सीट पर ही विजय प्राप्त कर सकी और उसे मात्र 1.98 प्रतिशत वोट ही प्राप्त हो सके। 9.26 प्रतिशत मत प्राप्त करके 2 निर्दलीय प्रत्याशी भी विजयी रहे।

**केरल :** केरल में विधानसभा के लिए 13 अप्रैल, 2011 को मतदान हुआ। इस विधानसभा चुनाव में 'भारतीय राष्ट्रीय कांग्रेस', 81 सीटों पर अपने प्रत्याशी खड़े किए थे। इनमें से 38 प्रत्याशियों ने विजय प्राप्त की और कुल मतदान के 26.32 प्रतिशत वोट प्राप्त किए। 'भारतीय यूनियन मुस्लिम लीग' ने 23 सीटों के लिए चुनाव लड़ा था और उसने 20 सीटों पर जीत हासिल की थी। इस प्रकार उसने कुल मतदान के 7.9 प्रतिशत वोट प्राप्त किए। केरल कांग्रेस (एम) ने 15 सीटों पर प्रत्याशियों को चुनाव लड़ाया था और उसके 9 प्रत्याशी विजयी हुए थे। इस दल को कुल मतदान का 4.92 प्रतिशत वोट प्राप्त हुए थे। कम्युनिस्ट पार्टी ऑफ इंडिया (मार्क्सवादी) और भारतीय कम्युनिस्ट पार्टी ने क्रमश: 85 और 27 सीटों पर प्रत्याशी खड़े किए थे। इनमें क्रमश: दोनों पार्टियों ने 45 और 13 सीटों पर जीत हासिल की थी। दोनों पार्टियों ने कुल हुए मतदान के क्रमश: 28.1 और 8.69 प्रतिशत मत प्राप्त किए थे। इन राजनीतिक दलों के अतिरिक्त एस.यू.सी.आई. (सी), केरल कांग्रेस (वी), आई.डी.के., ए.पी.एम., जनता दल (सेक्यूलर), रिवोल्यूशनरी सोशलिस्ट पार्टी, नेशनलिस्ट कांग्रेस पार्टी और आई.एन.डी. (एल.डी.ए.) पार्टियों ने भी अपने-अपने उम्मीदवार चुनाव मैदान में उतारे थे।

**पांडिचेरी :** पांडिचेरी (जिसे अब पुड्डूचेरी के नाम से जाना जाता है) विधान सभा के चुनाव 13 अप्रैल, 2011 को संपन्न हुए थे। इस चुनाव में 'ऑल इंडिया एन.आर. कांग्रेस' ने 17 प्रत्याशियों को चुनाव मैदान में उतारा था, इनमें से 15

प्रत्याशियों ने विजय हासिल की थी और उसने कुल मतदान के 31.75 प्रतिशत वोट प्राप्त किए थे भारतीय राष्ट्रीय कांग्रेस ने 16 प्रत्याशी चुनाव के मैदान में उतारे थे और 7 प्रत्याशी विजयी हुए थे। 'ऑल इंडिया द्रविड़ मुनेत्र कड़गम' ने 7, द्रविड़ मुनेत्र कड़गम ने 10 प्रत्याशी खड़े किए थे।

**तमिलनाडु :** तमिलनाडु विधानसभा के लिए मतदान 13 अप्रैल, 2011 को हुआ था। इस चुनाव में 'ऑल इंडिया अन्ना द्रविड़ मुनेत्र कड़गम' ने सबसे अधिक 165 प्रत्याशी खड़े किए थे और 150 सीटों पर विजय प्राप्त की थी। 'देशीय मुरपोक्का द्रविड़ कड़गम' ने 41 प्रत्याशियों को चुनाव में उम्मीदवार बनाया था और उसके 29 प्रत्याशी विजयी हुए थे। 'कम्युनिस्ट पार्टी ऑफ इंडिया' (मार्क्सवादी) ने 12 प्रत्याशी चुनाव में खड़े किए थे इनमें 10 प्रत्याशियों ने जीत हासिल की थी। इसी प्रकार भारतीय कम्युनिस्ट पार्टी ने चुनाव में 10 प्रत्याशी खड़े किए थे। इनमें से 9 प्रत्याशियों ने विजय प्राप्त की थी। द्रविड़ मुनेत्र कड़गम ने 23, भारतीय राष्ट्रीय कांग्रेस ने 5 और पट्टाली मक्कल काची ने तीन सीटों पर विजय प्राप्त की थी।

**पश्चिम बंगाल :** पश्चिम बंगाल विधान सभा के लिए मतदान 18, 23, 27 अप्रैल, 2011 व 3, 7 और 10 मई, 2011 को संपन्न हुआ था। इस चुनाव में तृणमूल कांग्रेस ने 220 प्रत्याशी चुनाव में खड़े किए थे और 184 सीटों पर विजय प्राप्त कर सबसे बड़ी पार्टी के रूप में उभर कर सामने आई थी। भारतीय राष्ट्रीय कांग्रेस ने 66 सीटों पर अपने प्रत्याशी खड़े किए थे और 42 सीटों पर विजय प्राप्त की थी। मार्क्सवादी कम्युनिस्ट पार्टी ऑफ इंडिया के 213 प्रत्याशियों में से मात्र 40 प्रत्याशियों ने विजय प्राप्त की थी।

## सन् 2012 में संपन्न हुए राज्य विधानसभा चुनावों के परिणाम

सन् 2012 में देश के पाँच राज्य विधान सभाओं के चुनाव संपन्न हुए। इसके परिणामों का विवेचन निम्नानुसार है :

**उत्तर प्रदेश :** फरवरी-मार्च 2012 में संपन्न विधान सभाई चुनावों में उत्तर प्रदेश की 403 चुनावी सीटों में से 224 सीटों पर विजय पाकर समाजवादी पार्टी स्पष्ट बहुमत प्राप्त करने में सफल रही। पिछले चुनाव में 206 सीटों पर विजयी रही बहुजन समाज पार्टी की सीटों की संख्या इस बार घटकर मात्र 80 रह गई। तीसरा स्थान भाजपा का रहा, जिसकी सीटें 51 से घटकर इस बार 47 रह गई। कांग्रेस, जिसने राष्ट्रीय लोकदल के साथ गठबंधन कर इस बार चुनाव लड़ा था, केवल 28 सीटों पर ही सिमट गई, जबकि उसकी सहयोगी रालोद को 9 सीटें ही प्राप्त हो सकीं। इन चुनाव परिणामों के चलते उत्तर प्रदेश में सपा ने अकेले अपने ही बल पर सरकार बनाई है। सरकार का नेतृत्व सपा सुप्रीमो मुलायम सिंह यादव के 39 वर्षीय पुत्र अखिलेश यादव, जो पार्टी के प्रादेशिक अध्यक्ष भी हैं तथा चुनाव प्रचार में जिनकी आतिशी भूमिका रही थी, को सौंपा गया है। पार्टी विधायक दल ने उन्हें सर्वसम्मति से विधायक दल का नेता 13 मार्च, 2012 को चुना। 15 मार्च, 2012 को राज्यपाल बी.एल. जोशी ने लखनऊ में उन्हें मुख्यमंत्री के रूप में शपथ दिलाई। अखिलेश यादव सर्वाधिक जनसंख्या वाले इस प्रदेश के सबसे युवा मुख्यमंत्री हैं।

### उत्तर प्रदेश विधान सभा : दलीय स्थिति

| | |
|---|---|
| **कुल सीटें** | 403 |
| **चुनाव हुए** | 403 |
| समाजवादी पार्टी | 224 |
| बहुजन समाज पार्टी (बसपा) | 80 |
| भारतीय जनता पार्टी (भाजपा) | 47 |
| कांग्रेस | 28 |
| राष्ट्रीय लोक दल | 9 |
| अन्य | 15 |
| **योग** | 403 |

**उत्तराखंड :** फरवरी-मार्च 2012 में उत्तराखंड में संपन्न विधान सभाई चुनावों के पश्चात् स्थिति विषम हो गई। सत्तारूढ़ भाजपा व कांग्रेस के बीच काँटे के संघर्ष के बीच कोई भी दल स्पष्ट बहुमत प्राप्त नहीं कर सका तथापि भाजपा से

एक सीट अधिक जीतकर कांग्रेस सबसे बड़ी पार्टी अवश्य बन गई। प्रदेश की 70 चुनावी सीटों में भाजपा की सीटों की संख्या 34 से घटकर 31 रही। जबकि कांग्रेस ने 32 सीटों पर विजय प्राप्त की। पिछले विधान सभा चुनाव में कांग्रेस की सीटों की संख्या 21 ही थी। तीसरा स्थान बसपा का रहा, जिसकी सीटें 8 से घटकर इस बार 3 रह गई। उत्तराखंड के विधान सभाई चुनाव में सर्वाधिक चौंकाने वाला परिणाम कोटद्वार निर्वाचन क्षेत्र में रहा, जहाँ मुख्यमंत्री भुवनचंद्र खंडूरी चुनाव में पराजित हो गए। इन चुनाव परिणामों के चलते सबसे बड़ी पार्टी कांग्रेस ने उक्रांद-पी व 3 निर्दलीय विधायकों के समर्थन से सरकार के गठन हेतु आवश्यक बहुमत तो जुटा लिया, किंतु मुख्यमंत्री के चयन के मुद्दे पर पार्टी में एकजुटता नहीं बनी। इस पद के लिए पार्टी हाईकमान की पसंद के आधार पर सांसद **विजय बहुगुणा** को कांग्रेस विधायक दल का नेता तो चुन लिया गया, किंतु इस पद के एक अन्य प्रमुख दावेदार **हरीश रावत** के समर्थकों ने विद्रोह का विगुल फूँक दिया, ऐसे में विजय बहुगुणा को 13 मार्च, 2012 को एक संक्षिप्त समारोह में मुख्यमंत्री पद की शपथ राज्यपाल श्रीमती मार्गेट अल्वा ने दिलाई।

## उत्तराखंड विधान सभा : दलीय स्थिति

| | |
|---|---|
| **कुल सीटें** | 70 |
| **चुनाव हुए** | 70 |
| कांग्रेस | 32 |
| भारतीय जनता पार्टी (भाजपा) | 31 |
| बहुजन समाज पार्टी (बसपा) | 3 |
| उक्रांद-पी | 1 |
| निर्दलीय | 3 |
| **योग** | **70** |

**पंजाब :** फरवरी-मार्च 2012 में संपन्न हुए पंजाब विधान सभा चुनावों में इतिहास रचा गया। विधान सभा की 117 सीटों में से शिरोमणि अकाली दल (SAD) व भाजपा के गठबंधन ने 68 सीटें (अकाली दल 56 व भाजपा 12) जीतकर सत्ता पर अपना कब्जा बरकरार रखा। 1966 में पंजाब के पुनर्गठन के पश्चात् यह पहला अवसर रहा, जब कोई सत्तारूढ़ पार्टी गठबंधन सत्ता पर कब्जा बनाए रखने में सफल हुआ। कांग्रेस, जिसे 44 सीटें पिछली विधान सभा में प्राप्त हुई थीं, इस बार उसने 46 सीटों पर कब्जा किया। अकाली दल-भाजपा गठबंधन ने अपनी कुल सीटों की संख्या 67 (48 अकाली दल व 19 भाजपा) से बढ़ाकर 68 (56 अकाली दल व 12 भाजपा) कर ली है। इन चुनाव परिणामों के चलते शिरोमणि अकाली दल के प्रमुख व निवर्तमान मुख्यमंत्री प्रकाश सिंह बादल को ही एक बार पुनः मुख्यमंत्री वहाँ बनाया गया। 14 मार्च, 2012 को मोहाली में आयोजित समारोह में राज्यपाल शिवराज पाटिल ने उन्हें मुख्यमंत्री पद की शपथ दिलाई। वह पाँचवीं बार पंजाब के मुख्यमंत्री बने हैं।

## पंजाब विधान सभा : दलीय स्थिति

| | |
|---|---|
| **कुल सीटें** | **117** |
| **चुनाव हुए** | **117** |
| शिरोमणि अकाली दल | 56 |
| भारतीय जनता पार्टी (भाजपा) | 12 |
| कांग्रेस | 46 |
| अन्य | 3 |
| **योग** | **117** |

**गोवा :** फरवरी-मार्च 2012 में संपन्न विधान सभाई चुनावों में गोवा की 40 सदस्यीय विधान सभा में स्पष्ट बहुमत प्राप्त कर भाजपा ने बड़ी सफलता इस चुनाव में प्राप्त की। इस चुनाव में कांग्रेस की सीटों की संख्या 9 ही रह गई है, जबकि 21 सीटों पर विजयी रहकर पहली बार अकेले ही स्पष्ट बहुमत भाजपा ने प्राप्त किया है। चुनाव में उसकी सहयोगी महाराष्ट्रवादी गोमांतक पार्टी (MGP) की 3 सीटों को मिलाकर भाजपा गठबंधन की कुल सीटें 24 हैं। विजयी रहे 5 निर्दलीय

उम्मीदवारों में से 2 भाजपा समर्थित थे। इन चुनाव परिणामों के चलते भाजपा के **मनोहर पारिकर** एक बार पुन: यहाँ मुख्यमंत्री बने हैं। 9 मार्च, 2012 को राज्यपाल शंकर नारायण ने पणजी में एक समारोह में उन्हें मुख्यमंत्री के रूप में शपथ दिलाई। आईआईटी बॉम्बे से स्नातक पारिकर तीसरी बार गोवा के मुख्यमंत्री बने हैं। वह इससे पूर्व 2000–2005 के दौरान दो बार गोवा के मुख्यमंत्री रहे थे, किंतु दोनों ही बार वह अपना कार्यकाल पूरा नहीं कर सके थे।

## गोवा विधान सभा : दलीय स्थिति

| | |
|---|---|
| **कुल सीटें** | 40 |
| **चुनाव हुए** | 40 |
| भारतीय जनता पार्टी (भाजपा) | 21 |
| महाराष्ट्र गोमांतक पार्टी | 3 |
| कांग्रेस | 9 |
| निर्दलीय व अन्य | 7 |
| **योग** | 40 |

**मणिपुर :** मणिपुर की 60 सदस्यीय विधान सभा में स्पष्ट बहुमत प्राप्त करके कांग्रेस ने लगातार तीसरी बार सरकार बनाई है। मणिपुर में कांग्रेस की बढ़ती लोकप्रियता का आभास इससे होता है कि 2002 के चुनाव में वहाँ इस पार्टी को जहाँ

## मणिपुर विधान सभा : दलीय स्थिति

| | |
|---|---|
| **कुल सीटें** | 60 |
| **चुनाव हुए** | 60 |
| कांग्रेस | 42 |
| तृणमूल कांग्रेस | 7 |
| मणिपुर स्टेट कांग्रेस | 5 |
| नगा पीपुल्स फ्रंट | 4 |
| राष्ट्रवादी कांग्रेस पार्टी | 1 |
| एलजेपी | 1 |
| **योग** | 60 |

20 सीटें मिली थीं तथा 2007 में यह संख्या बढ़कर 30 हो गई थी, वहीं इस बार 42 सीटों पर कांग्रेस ने विजय प्राप्त की है। तृणमूल कांग्रेस, जिसने 47 सीटों पर चुनाव इस बार लड़ा था, को केवल 7 सीटों पर ही विजय प्राप्त हो सकी। 5 सीटें मणिपुर स्टेट कांग्रेस को व 4 सीटें नागालैंड की नगा पीपुल्स फ्रंट को इस चुनाव में प्राप्त हुई हैं।